Die erfolgreiche
Kanzlei

Dr. Hans-Jochem Mayer
Rechtsanwalt und Fachanwalt für Arbeitsrecht und
für Verwaltungsrecht, Bühl

Gebühren-
formulare

Ansprüche | Schriftwechsel | Durchsetzung

Die Formulierungsbeispiele in diesem Buch wurden mit Sorgfalt und nach bestem Wissen erstellt. Sie stellen jedoch lediglich Anregungen für die Lösung typischer Fallgestaltungen dar. Autor und Verlag übernehmen keine Haftung für die Richtigkeit und Vollständigkeit der in dem Buch und auf der CD-ROM enthaltenen Ausführungen und Formulierungsmuster.

Die Deutsche Nationalbibliothek verzeichnet diese Publikation in der Deutschen Nationalbibliografie; detaillierte bibliografische Daten sind im Internet über http://www.d-nb.de abrufbar.

ISBN 978-3-8329-2490-4

1. Auflage 2008
© Nomos Verlagsgesellschaft, Baden-Baden 2008. Printed in Germany. Alle Rechte, auch die des Nachdrucks von Auszügen, der fotomechanischen Wiedergabe und der Übersetzung, vorbehalten.

Einleitung

Die Rahmenbedingungen für eine wirtschaftlich erfolgreiche anwaltliche Tätigkeit sind in den letzten Jahren stetig schwieriger geworden. Während im Jahre 1950 insgesamt 12.844 Anwälte zugelassen waren, waren es 1990 bereits 56.638, im Jahre 2000 104.067 und schließlich im Jahre 2007 142.830.[1] Der rasant ansteigenden Zahl anwaltlicher Berufsträger steht andererseits kein sich im selben Verhältnis vergrößernder Markt gegenüber; vielmehr ist die gegenläufige Entwicklung zu beobachten. Klassische anwaltliche Berufsfelder werden mehr und mehr von anderen Berufsgruppen thematisch besetzt. Während der schon geraume Zeit zurückliegende weitgehende Verlust der Beratungskompetenz im Steuerrecht vielleicht noch als zu verschmerzender Betriebsunfall abgehakt werden konnte, werden die anwaltlichen Betätigungsfelder, die zunehmend auch von anderen Berufsgruppen besetzt werden, immer zahlreicher. Die Rechtsprechung des Bundesverfassungsgerichts, angefangen von der Ausklammerung der Patentgebührenüberwachung aus dem Anwaltsvorbehalt des Rechtsberatungsgesetzes[2] bis hin zur einschränkenden Auslegung des Begriffs der „Geschäftsmäßigkeit" in Art. 1 § 1 I 1 Rechtsberatungsgesetz bei der altruistischen Rechtsberatung durch einen berufserfahrenen Juristen,[3] europarechtliche Vorgaben wie beispielsweise der sogenannte Montibericht[4] sowie gesellschaftliche Entwicklungen wie das Entstehen neuer Dienstleistungsberufe und neuer Studiengänge haben den Gesetzgeber veranlasst, das Rechtsberatungsgesetz zu überdenken und ein Rechtsdienstleistungsgesetz[5] zu erarbeiten, in dem Rechtsdienstleistungen, die bislang Anwälten vorbehalten waren, auch Nichtanwälten ermöglicht werden.[6] Auch das Prozesskostenhilfebegrenzungsgesetz, welches sich derzeit im Gesetzgebungsprozess befindet und mit dem der Gesetzgeber die Leistungen der Prozesskostenhilfe auf das verfassungsrechtlich gebotene Maß begrenzen möchte,[7] wird dazu führen, dass es für die auf die Prozesskostenhilfe angewiesene Partei schwieriger wird, einen Rechtsstreit zu führen mit der Folge, dass entsprechend die Nachfrage nach anwaltlichen Dienstleistungen in diesem Zusammenhang sinkt.

Trotz ständig steigender Kosten fallen lineare Erhöhungen der in der Gebührenordnung vorgesehenen Anwaltsgebühren – weil nicht in die politische Landschaft passend – viele Jahre lang aus und werden dann – verbrämt durch eine neue Vergütungsstruktur, nämlich das RVG,[8] nur partiell korrigiert. Stattdessen führen die „Deregulierung des anwaltlichen Vergütungsrechts im Bereich Beratung und Begutachtung"[9] und die Auslegungsspielräume zulassende gesetzliche Umsetzung in § 34 RVG dazu, dass Rechtsschutzversicherungen ihren Leistungsumfang mit Hilfe der ARB in diesem Bereich stark einschränken und für ein erstes Beratungsgespräch auf 190 Euro sowie

---

1 Quelle: Entwicklung der Zahl zugelassener Rechtsanwälte von 1950-2007, zu finden unter www.brak.de.
2 NJW 1998, 3481 ff.
3 BverfG BeckRS 2006,21609; vgl auch OVG Lüneburg, NvWz-RR 2006, 361 ff.
4 KOM (2004) 83 endgültig.
5 Vgl Entwurf eines Gesetzes zur Neuregelung des Rechtsberatungsrechts BT-Drucks. 16/3655, 26 ff.
6 Vgl §§ 3 ff. RDG-E.
7 BT-Drucks. 16/1974, 1.
8 BGBl. I 2004, S. 718.
9 Wendungen nach Kilian, BB 2006, 1509 ff.

Einleitung

im Übrigen auf 250 Euro begrenzen.[10] Dies bedeutet de facto eine „Deckelung" des Gegenstandswertes auf die Grenze von 4.500 Euro, ein Wert, der bei einer Vielzahl von Rechtsangelegenheiten, beispielsweise der Beratung in einer erbrechtlichen Angelegenheit, meistens um ein Vielfaches überschritten wurde. Auch wenn der EuGH in der mit Spannung erwarteten Entscheidung in der Angelegenheit Cipolla[11] das in Italien geltende Verbot, von den Mindestgebühren der Rechtsanwälte abzuweichen, nicht als eine gegen die Wettbewerbsvorschriften verstoßende Kartellabsprache angesehen, sondern „lediglich" einen Verstoß gegen die Dienstleistungsfreiheit iS des Art. 49 EG bejaht hat mit dem Hinweis, dass die Beschränkung durch von nationalen Gerichten zu prüfende zwingende Gründe des Gemeinwohls gerechtfertigt sein könnte, und damit das auch über das in Deutschland derzeit noch geltende Verbot der Unterschreitung von Mindestgebühren schwebende Damoklesschwert etwas zurückgezogen hat, bewegt sich gleichwohl die anwaltliche Berufsausübung in einem ökonomisch stets schwieriger werdenden Umfeld. Umso wichtiger ist es aber dann, dass die anwaltlichen Leistungen komplett erfasst und richtig abgerechnet und beim wirtschaftlichen Kostenträger auch durchgesetzt werden. Durch Nachlässigkeit oder Unwissen „Gebühren zu verschenken", ist im derzeitigen Umfeld der Ausübung anwaltlicher Tätigkeit vielfach unverzeihlicher denn je.

---

10 So § 5 I a ARB 2007 einer Rechtsschutzversicherung, die gemeinhin damit wirbt, in Anwaltskreisen besonders beliebt zu sein; vgl hierzu näher auch Enders, JurBüro 2006, 337 ff.
11 EuZW 2006, 18 ff.

Inhaltsübersicht

Einleitung		5
Teil 1 Vergütungsanspruch gegen den Mandanten		**45**
§ 1	Allgemeine Korrespondenz	45
§ 2	Allgemeine Gebühren – Teil 1 VV	202
§ 3	Außergerichtliche Tätigkeiten einschließlich der Vertretung in Verwaltungsverfahren – Teil 2 VV	223
§ 4	Allgemeine Bestimmungen für bürgerliche Rechtsstreitigkeiten, Verfahren der freiwilligen Gerichtsbarkeit, der öffentlich-rechtlichen Gerichtsbarkeiten, Verfahren nach dem Strafvollzugsgesetz und ähnliche Verfahren	289
§ 5	Erster Rechtszug in bürgerlichen Rechtsstreitigkeiten, Verfahren der freiwilligen Gerichtsbarkeit, der öffentlich-rechtlichen Gerichtsbarkeiten, Verfahren nach dem Strafvollzugsgesetz und ähnliche Verfahren	339
§ 6	Berufung, Revision, bestimmte Beschwerden und Verfahren vor dem Finanzgericht	423
§ 7	Revision	447
§ 8	Mahnverfahren, Zwangsvollstreckung bei den unter Teil 3 VV fallenden Verfahren	455
§ 9	Sonderfragen in den unter Teil 3 VV fallenden Verfahren	485
§ 10	Strafsachen	541
§ 11	Bußgeldsachen	576
Teil 2 Durchsetzung des Vergütungsanspruchs gegen den Mandanten		**593**
§ 12	Vergütungsfestsetzungsverfahren nach § 11 RVG	593
§ 13	Honorarprozess	619
Teil 3 Vergütungsanforderung von der Staatskasse		**627**
§ 14	Beratungshilfe	627
§ 15	Prozesskostenhilfe	634
§ 16	Vergütung des Pflichtverteidigers	640
Teil 4 Vergütungsanforderung von der Rechtsschutzversicherung und vom Gegner		**645**
§ 17	Vergütungsanforderung von der Rechtsschutzversicherung	645
§ 18	Vergütungsanspruch gegen die Gegenseite	656
Stichwortverzeichnis		659

Inhaltsverzeichnis

Einleitung	5
Teil 1 Vergütungsanspruch gegen den Mandanten	**45**
§ 1 Allgemeine Korrespondenz	**45**
A. Mandatsannahme	45
I. Erfassung des Begehrens des Mandanten	45
II. Einordnung in gebührenrechtliche Kategorien	45
1. Angelegenheit	45
a) Einheitlicher Auftrag	46
b) Gleicher Rahmen	47
c) Innerer Zusammenhang	47
d) Einzelfallentscheidung	48
2. Gegenstand	48
3. Auftrag	48
III. Hinweispflicht nach § 49b V BRAO	49
1. Anwendungsbereich	49
2. Zeitpunkt des Hinweises	50
3. Adressat des Wertgebührenhinweises	51
4. Form	51
5. Inhalt des Hinweises	52
6. Folgen eines unterbliebenen Hinweises nach § 49b V BRAO	52
7. Muster	53
a) *Muster*: Wertgebührenhinweis nach § 49b V BRAO – Grundfassung	53
b) *Muster*: Wertgebührenhinweis nach § 49b BRAO – ausführliche Fassung	53
IV. Belehrung über die Kostentragungspflicht nach § 12a I ArbGG	53
1. Ausschluss der Kostenerstattung	53
2. Ausnahme	54
3. Belehrungspflicht	54
4. Ausnahmen von der Belehrungspflicht	54
Muster: Belehrung über die Kostentragungspflicht nach § 12a I ArbGG	55
V. Abtretung von Kostenerstattungsansprüchen	55
1. Grundlagen	55
2. Muster	56
a) *Muster*: Abtretung von Kostenerstattungsansprüchen mit eingeschränktem Recht zur Offenlage	56
b) *Muster*: Abtretung von Kostenerstattungsansprüchen mit Recht zur Offenlage der Abtretung	57
VI. Mandatsbestätigung	57
1. Grundlagen	57
2. Muster	58
a) *Muster*: Mandatsbestätigung – Grundform	58
b) Mandatsbestätigung für die Einreichung eines Prozesskostenhilfeantrags	59
aa) Grundlagen	59
bb) *Muster*: Mandatsbestätigung für die Einreichung eines Prozesskostenhilfeantrags	59

	c) Mandatsbestätigung bei zusätzlicher Verpflichtung zur Einholung der Deckungszusage der Rechtsschutzversicherung ..	60
	aa) Grundlagen	60
	bb) *Muster:* Mandatsannahme mit Annahme des weiteren Auftrags der Einholung der Deckungszusage der Rechtsschutzversicherung	61
B. Abrechnung auf der Grundlage einer Vergütungsvereinbarung		62
I. Bedeutung der Vergütungsvereinbarung für die anwaltliche Honorierung		62
1. Vereinbarung einer höheren als der gesetzlichen Vergütung		64
	a) Generelle Formvorschriften	64
	aa) Schriftlich	64
	bb) Trennung von der Vollmacht	65
	b) Zusätzliche Formerfordernisse bei nicht vom Auftraggeber verfassten Vergütungsvereinbarungen	65
	aa) Bezeichnung als Vergütungsvereinbarung	66
	bb) Deutlich von anderen Vereinbarungen abgesetzt	67
	cc) Vergütungsvereinbarung und „andere Vereinbarungen", insbesondere Vereinbarungen über den Inhalt des Mandats	68
	c) Folgen einer nicht formwirksam abgeschlossenen Vergütungsvereinbarung	69
	aa) Freiwilligkeit	69
	bb) Ohne Vorbehalt	71
	d) Sonstige Fehlerquellen	71
	aa) Bestimmbarkeit der Vergütung	71
	bb) Potentieller Verstoß gegen § 138 BGB	72
	cc) Erfolgshonorar oder Vereinbarung einer quota litis	73
	dd) Folgerungen aus der Entscheidung des Bundesverfassungsgerichts vom 12.12.2006 zum Verbot des Erfolgshonorars	77
	ee) Arten der Vergütungsvereinbarung	79
	(1) Pauschalvergütung	79
	(2) Zeitvergütung	80
	(3) Vergütungsvereinbarung durch Modifikation der gesetzlichen Regelung	82
	ff) Herabsetzung nicht angemessener Vergütung	82
	gg) Belehrungspflichten im Zusammenhang mit Vergütungsvereinbarungen	85
2. Vereinbarung einer niedrigeren als der gesetzlichen Vergütung		86
	a) Zulässigkeit	86
	b) Erlaubter Inhalt	87
	aa) Außergerichtliche Angelegenheit	87
	bb) Beitreibungssachen	87
	c) Untergrenze	87
	d) Form und Beweislast	88
3. AGB-Kontrolle und Vergütungsvereinbarung		88
	a) Bedeutung	88
	b) Anwendungsbereich	89
	aa) Allgemeine Geschäftsbedingungen gegenüber Verbraucher, Unternehmer und Arbeitnehmer	89
	bb) Prüfprogramme	90
	cc) Inhaltskontrolle beim Preis?	90
	c) Einzelfragen	92

	aa)	Vereinbarung der Fortgeltung des bisherigen Rechts über den 1.7.2006 hinaus	92
	bb)	Vorschussklauseln	93
	cc)	Erleichterter Nachweis der anwaltlichen Tätigkeit	93
	dd)	Verzugswirkungen ohne Mahnung	94
	ee)	Anwaltliche Verrechnungsstelle	94
	ff)	Einziehungsermächtigung	96
	gg)	Zahlung per Kreditkarte oder mit EC-Karte	97

II. Muster für die gesetzliche Vergütung übersteigende Vergütungsvereinbarungen 97
   1. Vergütungsvereinbarung durch Modifikationen der gesetzlichen Regelung 97
      a) Modifikationen beim Gegenstandswert 98
         aa) *Muster:* Vergütungsvereinbarung durch Modifikation der gesetzlichen Regelung des Gegenstandswerts (Basisversion) 98
         bb) *Muster:* Vergütungsvereinbarung durch Modifikation der gesetzlichen Regelung des Gegenstandswerts mit Belehrung beim rechtsschutzversicherten Mandanten 99
         cc) *Muster:* Vergütungsvereinbarung durch Modifikation der gesetzlichen Regelung des Gegenstandswerts mit ausführlicher Belehrung 100
      b) Modifikationen bei den Gebührentatbeständen 101
         aa) *Muster:* Vergütungsvereinbarung durch Modifikation des Gebührensatzes bei Wertgebühren 101
         bb) *Muster:* Vergütungsvereinbarung durch Modifikation der gesetzlichen Gebühren bei Rahmengebühren 102
      c) Vergütungsvereinbarungen in Form von Pauschalvergütung 103
         aa) *Muster:* Vergütungsvereinbarung mit Pauschalhonorar (Basisversion) 103
         bb) *Muster:* Vergütungsvereinbarung mit Pauschalhonorar mit ausführlicher Belehrung 104
         cc) *Muster:* Vergütungsvereinbarung mit Pauschalvergütung und Regelung für den Fall vorzeitiger Beendigung 106
         dd) *Muster:* Vergütungsvereinbarung mit Pauschalhonorar in Kombination mit Zeithonorar 107
      d) Vergütungsvereinbarung in Form von Zeithonoraren 108
         aa) *Muster:* Vergütungsvereinbarung mit Zeithonorar (Basisversion) 108
         bb) *Muster:* Vergütungsvereinbarung mit Zeithonorar und Zeittaktung 109
         cc) *Muster:* Vergütungsvereinbarung mit Zeithonorar und ausführlicher Belehrung 110
         dd) Vergütungsvereinbarung mit Zeithonorar und Regelung für Vertreter 111
            Muster: Vergütungsvereinbarung mit Zeithonorar und Regelung für Vertreter 111
         ee) Vergütungsvereinbarung mit Zeithonorar und Regelung für Hilfspersonal 112
            Muster: Vergütungsvereinbarung mit Zeithonorar und Regelung für Hilfspersonal 112
         ff) Vergütungsvereinbarung mit Zeithonorar auch für Fahrt- und Wartezeiten 113
            Muster: Vergütungsvereinbarung mit Zeithonorar auch für Fahrt- und Wartezeiten 114

gg)	*Muster:* Vergütungsvereinbarung mit Zeithonorar und gestaffelter Vergütung für Fahrt- und Wartezeiten	115
hh)	Vergütungsvereinbarung mit Zeithonorar auch für Fahrt- und Wartezeiten unter Berücksichtigung der Gefahr des „double-billing"	116
	Muster: Vergütungsvereinbarung mit Zeithonorar auch für Fahrt- und Wartezeiten unter Berücksichtigung der Gefahr des „double-billing"	116
ii)	Vergütungsvereinbarung mit Zeithonorar und gesonderter Regelung für Auslagen	117
	Muster: Vergütungsvereinbarung mit Zeithonorar und gesonderter Regelung für Auslagen	118
jj)	Vergütungsvereinbarung mit Zeithonorar und Hinweis auf fehlende Anrechnung	119
	Muster: Vergütungsvereinbarung mit Zeithonorar und Hinweis auf fehlende Anrechnung	120
kk)	Vergütungsvereinbarung mit Zeithonorar und ausdrücklicher Vereinbarung der Anrechnung auf nachfolgende Gebühren	121
	Muster: Vergütungsvereinbarung mit Zeithonorar und ausdrücklicher Vereinbarung der Anrechnung auf nachfolgende Gebühren	121
ll)	*Muster:* Vergütungsvereinbarung mit Zeithonorar und Zuschlägen für ungewöhnliche Arbeitszeiten	122
mm)	Vergütungsvereinbarung mit Zeithonorar und Obergrenze	123
	Muster: Vergütungsvereinbarung mit Zeithonorar und Obergrenze	124
nn)	*Muster:* Vergütungsvereinbarung mit Zeithonorar und Mindestpauschale	125
oo)	*Muster* Vergütungsvereinbarung mit Zeithonorar und Fiktion der Abrechnungsanerkennung	126
e)	Erfolgsbezogene Vergütungsvereinbarungen	127
aa)	Vergütungsvereinbarung mit Berücksichtigung der Möglichkeiten des § 49b II 2 BRAO (strenge Auffassung) .	127
	Muster: Vergütungsvereinbarung mit Berücksichtigung der Möglichkeiten des § 49b II 2 BRAO (strenge Auffassung) .	127
bb)	*Muster:* Vergütungsvereinbarung mit Berücksichtigung der Möglichkeiten des § 49b II 2 BRAO (weite Auffassung)	128
f)	Vergütungsvereinbarung mit Berücksichtigung der Möglichkeiten des § 49b II 2 BRAO (Mittelmeinungen)	129
aa)	*Muster:* Vergütungsvereinbarung und Erhöhung der Einigungsgebühr	129
bb)	*Muster:* Vergütungsvereinbarung und Erhöhung der Erledigungsgebühr	130
g)	Vergütungsvereinbarung mit erfolgsbezogener Erhöhung aller Gebühren	131
	Muster: Vergütungsvereinbarung mit erfolgsbezogener Erhöhung sämtlicher Gebühren bei einer Einigung	131
h)	Vergütungsvereinbarung mit inhaltlicher Voraussetzung für die Erhöhung der Einigungsgebühr	132
aa)	*Muster:* Vergütungsvereinbarung mit inhaltlicher Regelung des Erfolgsbezugs und Erhöhung nur erfolgsbezogener Gebühren	132

		bb) *Muster* für Vergütungsvereinbarung mit inhaltlicher Regelung des Erfolgsbezugs und Erhöhung sämtlicher Gebühren	133
	i)	Vergütungsvereinbarungen mit inhaltlich definiertem Erfolgsbezug und Staffelung nach Ergebnis	134
		aa) *Muster:*Vergütungsvereinbarung mit nach Inhalt des erzielten Erfolgs gestaffelter Vergütung	135
		bb) *Muster:* Vergütungsvereinbarung mit nach Inhalt des erzielten Urteils gestaffelter Vergütung	136
C. Abrechnung auf der Grundlage einer Gebührenvereinbarung			**138**
I.	Anwendungsbereich		138
	1.	Beratung	138
	2.	Ausarbeitung eines schriftlichen Gutachtens	139
	3.	Tätigkeit als Mediator	139
	4.	Sonderfall Entwurf von Schriftstücken	139
	5.	Subsidiarität der Regelung	140
II.	Begriff der Gebührenvereinbarung		140
III.	Form		141
IV.	Gebühren nach den Vorschriften des bürgerlichen Rechts		142
V.	Sonderregelung für Verbraucher		144
	1.	Allgemeines	144
	2.	Erhöhung bei mehreren Auftraggebern	145
VI.	Anrechnung nach § 34 II RVG		145
VII.	Muster für Vereinbarungen nach § 34 RVG		147
	1.	*Muster:* Gebührenvereinbarung nach § 34 I 1 RVG (Basisversion) ..	147
	2.	*Muster:* Gebührenvereinbarung nach § 34 I 1 RVG nebst Anrechnungsausschluss nach § 34 II RVG	148
	3.	*Muster:* Gebührenvereinbarung nach § 34 I 1 RVG (Beratungspauschale) nebst Anrechnungsausschluss nach § 34 II RVG	149
	4.	*Muster:* Gebührenvereinbarung nach § 34 I 1 RVG (Vereinbarung der Fortgeltung des außer Kraft getretenen Vergütungstatbestandes VV Nr. 2100 aF)	150
	5.	*Muster:* Gebührenvereinbarung nach § 34 I 1 RVG (Vereinbarung der Beratungsgebühr nach VV Nr. 2101 aF) in strafrechtlichen, bußgeldrechtlichen und bestimmten sozialrechtlichen Angelegenheiten	151
	6.	*Muster:* Gebührenvereinbarung nach § 34 I RVG mit Verbraucher für ein erstes Beratungsgespräch und Begrenzung auf Höchstbetrag	152
D. Vorschuss nach § 9 RVG			**154**
I.	Allgemeines		154
II.	Anwendungsbereich		156
	1.	Sachlich	156
	2.	Persönlich	157
	3.	Sonderregelungen	158
		a) Vorschussrechtsbegründend	158
		b) Den Vorschussanspruch beschränkend	158
III.	Anspruchsgegner		161
IV.	Form		162
V.	Höhe des Vorschusses		165
VI.	Muster von Vorschussrechnungen		166
	1.	*Muster:* Vorschussrechnung über Pauschalbetrag (Basisversion) ...	166
	2.	*Muster:* Vorschussrechnung mit Rechnungsausgleich als Voraussetzung für die Mandatsannahme	166

Inhaltsverzeichnis

	3.	*Muster:* Vorschussanforderung nach Vergütungs- oder Gebührenvereinbarung		167
	4.	Vorschussanforderung bei Auftrag, einen Prozesskostenhilfeantrag für die Klage einzureichen		168
		Muster: Vorschussanforderung bei Auftrag, einen Prozesskostenhilfeantrag für die Klage einzureichen		168
	5.	*Muster:* Vorschussanforderung für erstinstanzliches Klageverfahren im Verfahren nach Teil 3, in denen Wertgebühren entstehen		169
	6.	Vorschussanforderung bei der Geschäftsgebühr nach Nr. 2300 VV		170
		a)	Anforderung eines Vorschusses in Höhe der Regelgeschäftsgebühr	170
			Muster: Anforderung eines Vorschusses in Höhe der Regelgeschäftsgebühr	170
		b)	Vorschussanforderung in Höhe der Mittelgebühr	170
			Muster: Vorschussanforderung in Höhe der Mittelgebühr	171
		c)	Vorschussanforderung in Höhe der Höchstgebühr bei der Geschäftsgebühr	172
			Muster: Vorschussanforderung in Höhe der Höchstgebühr bei der Geschäftsgebührr	172
	7.	Anforderung eines weiteren Vorschusses nach bereits erfolgter erster Vorschussanforderung		173
		Muster: Anforderung eines weiteren Vorschusses nach bereits erfolgter erster Vorschussanforderung		173
E.	Abrechnung nach § 10 RVG			173
I.	Allgemeines			173
II.	Fälligkeit			174
	1.	Grundsätzliches		174
	2.	Erledigung des Auftrags		175
	3.	Beendigung der Angelegenheit		176
		a)	Allgemeines	176
		b)	Mehrere Angelegenheiten im Rahmen eines einheitlichen Auftrags	176
			aa) Gesetzlich ausdrücklich geregelt	176
			bb) Nicht ausdrücklich geregelt	178
		c)	Mehrere zeitlich aufeinander folgende Angelegenheiten	178
		d)	Außergerichtliche Tätigkeiten	178
		e)	Gerichtliche Tätigkeiten	179
	4.	Ergehen einer Kostenentscheidung		179
	5.	Beendigung des Rechtszugs		180
	6.	Ruhen des Verfahrens länger als drei Monate		180
III.	Anwendungsbereich			181
IV.	Form			182
	1.	Anforderungen nach dem RVG		183
		a)	Unterschrift	183
		b)	Beträge der einzelnen Gebühren und Auslagen	183
		c)	Vorschüsse	184
		d)	Kurze Bezeichnung des Gebührentatbestands	184
		e)	Bezeichnung der Auslagen	184
		f)	Angewandte Nummer des Vergütungsverzeichnisses	184
		g)	Gegenstandswert	185
		h)	Angelegenheit	185
	2.	Steuerrechtliche Anforderungen		185
		a)	Vollständiger Name und vollständige Anschrift des leistenden Unternehmers und des Leistungsempfängers	186

		b)	Steuernummer oder Umsatzsteuer-Identifikationsnummer	186

- b) Steuernummer oder Umsatzsteuer-Identifikationsnummer 186
- c) Ausstellungsdatum 186
- d) Rechnungsnummer 186
- e) Art und Umfang der erbrachten Leistung 187
- f) Leistungszeitpunkt 187
- g) Entgelt 188
- h) Steuersatz und Steuerbetrag 188
- i) Rechnungen über Kleinbeträge 188
- j) Berechnung der Vergütung gegenüber Dritten 189
- k) Aufbewahrungspflicht 189
- V. Muster 189
  - 1. *Muster:* Einfache Vergütungsberechnung 189
  - 2. *Muster:* Vergütungsberechnung unter Berücksichtigung einer Vorschusszahlung 191
  - 3. *Muster:* Vergütungsabrechnung auf der Basis einer Vergütungsvereinbarung (Zeithonorar) 192
  - 4. *Muster:* Vergütungsabrechnung auf der Grundlage einer Gebührenvereinbarung nach § 34 I 1 RVG 193
  - 5. *Muster:* Vergütungsabrechnung auf der Basis einer Gebührenvereinbarung nach § 34 I 1 RVG mit Ausschluss der Anrechnung nach § 34 II RVG 194
  - 6. *Muster:* Vergütungsabrechnung auf der Basis einer Vergütung nach den Vorschriften des bürgerlichen Rechts nach § 34 I 2 RVG 194
  - 7. *Muster:* Vergütungsabrechnung für erstes Beratungsgespräch mit Verbraucher ohne Abschluss einer Gebührenvereinbarung 195
  - 8. *Muster:* Vergütungsabrechnung bei Beratung eines Verbrauchers ohne Abschluss einer Gebührenvereinbarung 196
  - 9. *Muster:* Vergütungsabrechnung bei Erstattung eines schriftlichen Gutachtens an einen Verbraucher ohne vorherigen Abschluss einer Gebührenvereinbarung 196
- F. Bestimmung der angemessenen Gebühr – § 14 RVG 197
  - I. Allgemeines 197
  - II. Ausübung der Bestimmung 197
  - III. Bei der Ermessensausübung zu berücksichtigende Umstände 198
    - 1. Umfang 198
    - 2. Schwierigkeit der anwaltlichen Tätigkeit 198
    - 3. Bedeutung der Angelegenheit 199
    - 4. Einkommensverhältnisse des Auftraggebers 199
    - 5. Vermögensverhältnisse des Auftraggebers 199
    - 6. Haftungsrisiko 200
    - 7. Sonstige Bewertungskriterien 200
    - 8. Toleranzgrenze 200

§ 2 Allgemeine Gebühren – Teil 1 VV 202
- A. Anwendungsbereich 202
- B. Gebührentatbestände 202
  - I. Einigungsgebühr Nr. 1000 VV 202
    - 1. Allgemeines 202
    - 2. Sonderfälle 203
      - a) Unfallregulierung 203
      - b) Ratenzahlungsvergleich 204
      - c) Familienrecht 204
      - d) Arbeitsrecht 204

Inhaltsverzeichnis

	e) Festsetzbarkeit der Einigungsgebühr	205
II.	Aussöhnungsgebühr VV Nr. 1001	206
	1. Allgemeines	206
	2. Höhe der Gebühr	206
III.	Erledigungsgebühr VV Nr. 1002	206
	1. Allgemeines	206
	2. Voraussetzungen des Vergütungstatbestands	207
	a) Rechtssache	207
	b) Erledigung	208
	c) Mitwirkung des Rechtsanwalts	210
	d) Vermutung für Ursächlichkeit der Mitwirkung	213
	3. Höhe der Gebühr	213
IV.	Nr. 1003 VV	213
	1. Allgemeines	213
	2. Anhängigkeit eines anderen gerichtlichen Verfahrens	214
	a) Anhängigkeit	214
	aa) Zeitpunkt der Anhängigkeit	214
	bb) Sonderfälle	214
	3. Anderes gerichtliches Verfahren als selbstständiges Beweisverfahren	215
	4. Prozesskostenhilfeverfahren	215
	a) Grundsatz	215
	b) Prozesskostenhilfe nur für ein selbstständiges Beweisverfahren	215
	c) Prozesskostenhilfe nur für die gerichtliche Protokollierung des Vergleichs beantragt	215
	d) Beiordnung nach § 48 III RVG	216
	5. Verfahren vor dem Gerichtsvollzieher	216
	6. Mischfälle	216
V.	Nr. 1004 VV	216
	1. Allgemeines	216
	2. Anhängigkeit im Berufungs- oder Revisionsverfahren	217
	3. Erweiternde Auslegung des Gebührentatbestands	217
	4. Mischfälle	217
VI.	VV Nrn. 1005, 1006 und 1007	218
VII.	VV Nr. 1008	218
	1. Allgemeines	218
	2. Sonderfragen	218
VIII.	VV Nr. 1009	219
	1. Allgemeines	219
	2. Auszahlung und Rückzahlung	219
	3. Erstattungsfähigkeit	220
C. Muster		221
I.	Einigungs- und Erledigungsgebühr	221
	1. *Muster:* Beratung mit Einigung (Gegenstandswert: 10.000 Euro)	221
	2. *Muster:* Einigung im erstinstanzlichen zivilrechtlichen Verfahren (Gegenstandswert: 10.000 Euro)	221
	3. *Muster:* Einigung im Berufungsverfahren (Gegenstandswert: 10.000 Euro)	222
	4. *Muster:* Einigung über nicht anhängige (Wert: 5.000 Euro), in 1. Instanz anhängige (Wert: 10.000 Euro) und in der Berufungsinstanz anhängige Gegenstände (Wert: 6.000 Euro)	222

Inhaltsverzeichnis

§ 3	Außergerichtliche Tätigkeiten einschließlich der Vertretung in Verwaltungsverfahren – Teil 2 VV	223
A.	Prüfung der Erfolgsaussicht eines Rechtsmittels	223
I.	Gebührentatbestände	223

1. Vergütungstatbestand VV Nr. 2100 223
   a) Anwendungsbereich 223
   b) Voraussetzungen des Vergütungstatbestands 224
   c) Höhe der Gebühr 227
   d) Anrechnung 228
   e) Gegenstandswert 228
   f) Kostenerstattung 228
   g) Rechtsschutzversicherung 228
   h) Vergütungsfestsetzungsverfahren nach § 11 RVG 229
2. VV Nr. 2101 – Prüfung der Erfolgsaussicht eines Rechtsmittels mit Ausarbeitung eines schriftlichen Gutachtens 229
   a) Anwendungsbereich 229
   b) Voraussetzungen des Vergütungstatbestands 229
3. Vergütungstatbestand VV Nr. 2102 232
   a) Anwendungsbereich 232
   b) Voraussetzungen des Vergütungstatbestands 233
   c) Mehrvertretungszuschlag 233
   d) Anrechnung 234
4. Vergütungstatbestand VV Nr. 2103 235
   a) Anwendungsbereich 235
   b) Voraussetzungen des Vergütungstatbestands 235
   c) Mehrvertretungszuschlag 235
   d) Anrechnung 235

II. Muster 236
1. *Muster:* Prüfung der Erfolgsaussichten eines Rechtsmittels nach VV Nr. 2100 (Normalfall) 236
2. *Muster:* Prüfung der Erfolgsaussichten eines Rechtsmittels mit extremem Schwierigkeitsgrad 237
3. *Muster:* Prüfung der Erfolgsaussichten der Beschwerde bei besonderer Bedeutung der Angelegenheit für den Auftraggeber 238
4. *Muster:* Prüfung der Erfolgsaussichten eines Rechtsmittels bei mehreren Auftraggebern 239
5. *Muster:* Prüfung der Erfolgsaussichten eines Rechtsmittels mit Anrechnung auf die im Rechtsmittelverfahren anfallende Verfahrensgebühr bei gleichem Gegenstandswert 240
6. *Muster:* Prüfung der Erfolgsaussichten der Berufung und Einlegung der Berufung wegen eines Teilbetrages 241
7. *Muster:* Prüfung der Erfolgsaussichten des Rechtsmittels bei vorzeitiger Beendigung des Verfahrensauftrags in der Rechtsmittelinstanz und insgesamt 3 Auftraggebern 242
8. *Muster:* Prüfung der Erfolgsaussichten des Rechtsmittels mit schriftlichem Gutachten 243
9. *Muster:* Prüfung der Erfolgsaussichten eines Rechtsmittels mit Ausarbeitung eines schriftlichen Gutachtens und zwei Auftraggebern 244
10. *Muster:* Prüfung der Erfolgsaussichten eines Rechtsmittels verbunden mit schriftlichem Gutachten und Anrechnung auf die Gebühr im Rechtsmittelverfahren 245

Inhaltsverzeichnis

11. *Muster:* Prüfung der Erfolgsaussichten eines Rechtsmittels durch schriftliches Gutachten und anschließendes Rechtsmittelverfahren ohne Anrechnung 246
12. *Muster:* Prüfung der Erfolgsaussichten eines Rechtsmittels verbunden mit schriftlichem Gutachten und späterer teilweiser Rechtsmitteleinlegung, 2 Auftraggeber 247
13. *Muster:* Abrechnung Vergütungstatbestand VV Nr. 2102 (Basisversion) 249
14. *Muster:* Abrechnung Vergütungstatbestand VV Nr. 2102 mit Anrechnung auf nachfolgenden Rechtsstreit 249
15. *Muster:* Abrechnung Vergütungstatbestand VV Nr. 2102 mit gequotelter Anrechnung auf nachfolgendes Verfahren 250
16. *Muster:* Prüfung der Erfolgsaussichten eines Rechtsmittels verbunden mit schriftlichem Gutachten nach VV Nr. 2103 und Anrechnung auf die Gebühr im Rechtsmittelverfahren 252
17. *Muster:* Prüfung der Erfolgsaussichten eines Rechtsmittels durch schriftliches Gutachten nach VV Nr. 2103 und anschließendes Rechtsmittelverfahren ohne Anrechnung 253
18. *Muster:* Abrechnung Vergütungstatbestand VV Nr. 2103 mit gequotelter Anrechnung auf nachfolgendes Verfahren 254

B. Herstellung des Einvernehmens 255
  I. Gebührentatbestände 255
    1. Vergütungstatbestand VV Nr. 2200 255
        a) Anwendungsbereich 255
        b) Vergütung des dienstleistenden europäischen Rechtsanwalts 257
        c) Gebührenschuldner 258
        d) Voraussetzungen des Vergütungstatbestands 258
        e) Abgeltungsbereich 259
        f) Höhe der Gebühr 260
        g) Mehrere Auftraggeber 261
        h) Weitere Vergütungstatbestände für den Einvernehmensanwalt .. 262
        i) Anrechnung 262
        j) Vergütungsfestsetzung 262
        k) Kostenerstattung 263
    2. Vergütungstatbestand VV Nr. 2201 263
        a) Voraussetzungen des Vergütungstatbestands 263
        b) Höhe der Gebühr 263
    3. Muster 264
        a) *Muster:* Vergütungsabrechnung des Einvernehmensanwalts, wenn der ausländische dienstleistende Rechtsanwalt in 1. Instanz vor dem LG tätig ist (Streitwert zB 20.000 Euro) 264
        b) *Muster:* Vergütungsabrechnung des Einvernehmensanwalts, wenn der ausländische dienstleistende Rechtsanwalt in 1. Instanz vor dem LG tätig ist, bei vorzeitiger Beendigung des Auftrags des dienstleistenden Rechtsanwalts (Streitwert zB 20.000 Euro) 264
        c) *Muster:* Vergütungsabrechnung des Einvernehmensanwalts, wenn der ausländische dienstleistende Rechtsanwalt im Berufungsverfahren (zB Bürgerliche Rechtsstreitigkeiten, arbeitsgerichtliches Verfahren und Verfahren der Verwaltungsgerichtsbarkeit) tätig ist (Streitwert 20.000 Euro) .. 265
        d) *Muster:* Vergütungsabrechnung des Einvernehmensanwalts, wenn der ausländische dienstleistende Rechtsanwalt im Berufungsverfahren (Bürgerliche Rechtsstreitigkeiten, arbeits-

gerichtliches Verfahren und Verfahren der Verwaltungsgerichtsbarkeit) tätig ist, bei vorzeitiger Beendigung des Auftrags des dienstleistenden Rechtsanwalts (Streitwert 20.000 Euro) 265

e) *Muster:* Vergütungsabrechnung des Einvernehmensanwalts, wenn der ausländische dienstleistende Rechtsanwalt im Revisionsverfahren vor dem BAG oder dem BVerwG tätig ist (Streitwert 20.000 Euro) 266

f) *Muster:* Vergütungsabrechnung des Einvernehmensanwalts, wenn der ausländische dienstleistende Rechtsanwalt im Revisionsverfahren vor dem BAG oder dem BVerwG tätig ist, bei vorzeitiger Beendigung des Auftrags des dienstleistenden Rechtsanwalts (Streitwert 20.000 Euro) 266

g) *Muster:* Vergütungsabrechnung des Einvernehmensanwalts, wenn der ausländische dienstleistende Rechtsanwalt in 1. Instanz vor dem OVG tätig ist (Streitwert 20.000 Euro) 267

h) *Muster:* Vergütungsabrechnung des Einvernehmensanwalts, wenn der ausländische dienstleistende Rechtsanwalt in 1. Instanz vor dem OVG tätig ist, bei vorzeitiger Beendigung des Auftrags des dienstleistenden Rechtsanwalts (Streitwert 20.000 Euro) 267

i) *Muster:* Vergütungsabrechnung des Einvernehmensanwalts, wenn der ausländische dienstleistende Rechtsanwalt im Verfahren mit Anwaltszwang, im Urkunden- oder Wechselprozess sowie im Nachverfahren tätig ist (Streitwert 20.000 Euro) 268

j) *Muster:* Vergütungsabrechnung des Einvernehmensanwalts, wenn der ausländische dienstleistende Rechtsanwalt im Revisionsverfahren vor dem BSG in einem Verfahren, in dem Betragsrahmengebühren entstehen, tätig ist 269

k) *Muster:* Vergütungsabrechnung des Einvernehmensanwalts, wenn der ausländische dienstleistende Rechtsanwalt erstmals im 1. Rechtszug vor dem OLG, dem Schwurgericht oder der Strafkammer nach den §§ 74a, 74c GVG einen in Haft befindlichen Beschuldigten verteidigt 269

l) *Muster:* Vergütungsabrechnung des Einvernehmensanwalts, wenn der ausländische dienstleistende Rechtsanwalt in 1. Instanz vor dem Landgericht tätig ist und es nicht zur Herstellung des Einvernehmens kommt (Streitwert: 20.000 Euro) 270

m) *Muster:* Vergütungsabrechnung des Einvernehmensanwalts, wenn der ausländische dienstleistende Rechtsanwalt im Revisionsverfahren vor dem BSG in einem Verfahren, in dem Betragsrahmengebühren entstehen, tätig ist, wenn es nicht zur Herstellung des Einvernehmens kommt 270

n) *Muster:* Vergütungsabrechnung des Einvernehmensanwalts, wenn der ausländische dienstleistende Rechtsanwalt erstmals im 1. Rechtszug vor dem OLG, dem Schwurgericht oder der Strafkammer nach den §§ 74a, 74c GVG einen in Haft befindlichen Beschuldigten verteidigt, wenn es nicht zur Herstellung des Einvernehmens kommt 271

o) *Muster:* Vergütungsabrechnung des Einvernehmensanwalts im erstinstanzlichen Verfahren vor dem Landgericht, wenn das Einvernehmen teilweise nicht hergestellt wird, weil sich der Verfahrensauftrag des europäischen dienstleistenden

Rechtsanwalts vorzeitig teilweise erledigt, Beispiel:
20.000 Euro, vorzeitig in Höhe von 5.000 Euro erledigt 271
C. **Vertretung** **272**
   I. Allgemeines 272
   II. VV Nr. 2300 272
      1. Allgemeines 272
      2. Höhe der Geschäftsgebühr 273
         a) Gebührenrahmen 273
         b) Schwellengebühr 273
         c) Regelgeschäftsgebühr 277
         d) Mehrvertretungszuschlag 277
         e) Toleranzgrenze 277
   III. Nachprüfungsverfahren VV Nr. 2301 278
      1. Allgemeines 278
      2. Höhe der Gebühr 278
   IV. Einfache Schreiben VV Nr. 2302 278
      1. Allgemeines 278
      2. Voraussetzungen des Vergütungstatbestands 279
   V. Güte- und Schlichtungsverfahren VV Nr. 2303 279
      1. Allgemeines 279
      2. Besonderheiten 279
   VI. Muster 280
      1. *Muster:* Geschäftsgebühr, durchschnittliche Angelegenheit, 1
         Auftraggeber (Wert: 5.000 Euro) 280
      2. *Muster:* Geschäftsgebühr, durchschnittliche Angelegenheit, 2
         Auftraggeber (Wert: 5.000 Euro) 280
      3. *Muster:* Verwaltungsrechtliche Angelegenheit, Tätigkeit im
         Verwaltungsverfahren, im Widerspruchsverfahren und im
         anschließenden Klageverfahren, durchschnittliche Angelegenheit
         (Auffangstreitwert gem. § 52 II GKG: 5.000 Euro) 281
      4. *Muster:* Abwandlung; Anwaltliche Tätigkeit erst ab
         Widerspruchsverfahren 282
      5. *Muster:* Verfahren vor Ausschuss nach § 111 II ArbGG (Wert:
         1.500 Euro) 282
      6. *Muster:* Abwandlung; es ist bereits eine außergerichtliche Tätigkeit
         vorausgegangen 283
      7. *Muster:* Abwandlung; außergerichtliche Tätigkeit, Tätigkeit vor
         dem Schlichtungsausschuss und anschließende gerichtliche
         Tätigkeit 284
D. **Vertretung in bestimmten sozialrechtlichen Angelegenheiten** **285**
   I. Allgemeines 285
   II. Gebührentatbestände VV Nrn. 2400 und 2401 285
      1. VV Nr. 2400 285
      2. VV Nr. 2401 285
   III. Muster 286
      1. *Muster:* Vertretung im Verwaltungsverfahren in einer
         sozialrechtlichen Angelegenheit, in der im gerichtlichen Verfahren
         Betragsrahmengebühren entstehen, durchschnittliche Angelegenheit 286
      2. *Muster:* Abwandlung; es schließt sich eine Tätigkeit im
         Widerspruchsverfahren an 286
      3. *Muster:* Weitere Abwandlung; es schließt sich ein erstinstanzliches
         gerichtliches Verfahren an 287

		4. *Muster:* Weitere Abwandlung; Beauftragung des Anwalts erst im Nachprüfungsverfahren, anschließendes gerichtliches Verfahren, durchschnittliche Angelegenheit	288

§ 4 Allgemeine Bestimmungen für bürgerliche Rechtsstreitigkeiten, Verfahren der freiwilligen Gerichtsbarkeit, der öffentlich-rechtlichen Gerichtsbarkeiten, Verfahren nach dem Strafvollzugsgesetz und ähnliche Verfahren 289

- A. Grundsätzliches 289
  - I. Gesetzessystematik 289
  - II. Geltungsbereich 289
    - 1. Sachlicher Geltungsbereich 289
    - 2. Persönlicher Geltungsbereich 290
- B. Inhalt 290
  - I. Beistand für einen Zeugen oder Sachverständigen, Vorbemerkung 3 Absatz 1 VV 290
    - 1. Allgemeines 290
    - 2. Regelungsgehalt 290
      - a) Beistand 290
      - b) Zeuge oder Sachverständiger 291
      - c) Verfahren, für die sich die Gebühren nach Teil 3 VV bestimmen 291
      - d) Verfahrensgebühr 291
      - e) Terminsgebühr 292
      - f) Vergütungshöhe 293
      - g) Kostenerstattung 293
  - II. Verfahrensgebühr (Vorbemerkung 3 Absatz 2 VV) 293
    - 1. Allgemeines 293
    - 2. Regelungsgehalt 294
      - a) Grundsatz 294
      - b) Information 294
      - c) Betreiben des Geschäfts 294
      - d) Verwertung besonderer Erkenntnisse und Fähigkeiten 295
      - e) Maßgeblichkeit des Innenverhältnisses 295
  - III. Terminsgebühr (Vorbemerkung 3 Absatz 3) 296
    - 1. Allgemeines 296
    - 2. Regelungsgehalt 296
      - a) Bedeutung der Terminsgebühr 296
      - b) Vertretung in einem Verhandlungs-, Erörterungs- oder Beweisaufnahmetermin 296
      - c) Wahrnehmung eines von einem gerichtlich bestellten Sachverständigen anberaumten Termins 298
      - d) Mitwirkung an auf die Vermeidung oder Erledigung des Verfahrens gerichteten Besprechungen ohne Beteiligung des Gerichts 298
        - aa) Grundsatz 298
        - bb) Vermeidung oder Erledigung eines Verfahrens 299
        - cc) Auch ohne Beteiligung des Gerichts 300
        - dd) Mitwirkung 300
        - ee) Besprechung 301
        - ff) Nicht für Besprechungen mit dem Auftraggeber 303
        - gg) Kostenfestsetzung bei außergerichtlich entstandener Terminsgebühr 304
        - hh) Ungeschriebenes Tatbestandsmerkmal: nur in Verfahren mit mündlicher Verhandlung 304

Inhaltsverzeichnis

IV. Anrechnung der Geschäftsgebühr (Vorbemerkung 3 Absatz 4) 306
    1. Allgemeines 306
    2. Wegen desselben Gegenstands 307
    3. Anrechnungshöhe 308
    4. Mehrere Geschäftsgebühren 309
    5. Nach dem Wert des Gegenstands, der auch Gegenstand des gerichtlichen Verfahrens ist 309
    6. Durchsetzung der außergerichtlich entstandenen Geschäftsgebühr .. 310
       a) Auswirkung der Anrechnung auf die Verfahrensgebühr 310
       b) Durchsetzung im Rahmen der prozessualen Kostenfestsetzung .. 311
       c) Durchsetzung der Geschäftsgebühr durch eigenständigen Klagantrag oder im Mahnverfahren 312
       d) Kein Kammergutachten 312
       e) Durchsetzung der Geschäftsgebühr durch eigenständige Klage oder selbstständigen Mahnbescheid 312
       f) Sonderfragen 313
          aa) Mehrere Verfahrensgebühren 313
          bb) Anrechnung der Geschäftsgebühr und Prozesskostenhilfe .. 314
    7. Muster 316
       a) *Muster:* Anrechnung der Regelgeschäftsgebühr von 1,3 nach VV Nr. 2300 auf das gerichtliche Verfahren, bei identischem Gegenstandswert, personeller und zeitlicher Zusammenhang gegeben 316
       b) *Muster:* Anrechnung der Geschäftsgebühr nach VV Nr. 2300 in Höhe der Mittelgebühr von 1,5 auf das gerichtliche Verfahren, bei identischem Gegenstandswert, personeller und zeitlicher Zusammenhang gegeben 317
       c) *Muster:* Anrechnung der Geschäftsgebühr nach VV Nr. 2300 mit einem Gebührensatz von 2,0 auf das gerichtliche Verfahren, bei identischem Gegenstandswert, personeller und zeitlicher Zusammenhang gegeben 318
       d) *Muster:* Anrechnung der Geschäftsgebühr nach VV Nr. 2300 mit einem Gebührensatz von 2,0 auf das gerichtliche Verfahren, bei identischem Gegenstandswert, personeller, nicht jedoch zeitlicher Zusammenhang gegeben 319
       e) *Muster:* Anrechnung der Geschäftsgebühr nach VV Nr. 2300 mit einem Gebührensatz von 2,0 auf die Verfahrensgebühr, die aufgrund vorzeitiger Beendigung des Auftrags nur in beschränkter Höhe entsteht 320
       f) *Muster:* Anrechnung der Geschäftsgebühr nach VV Nr. 2300 in Höhe der Mittelgebühr von 1,5 auf die Verfahrensgebühr, die aufgrund vorzeitiger Beendigung des Auftrags nur in beschränkter Höhe entsteht 320
       g) *Muster:* Anrechnung der Regelgeschäftsgebühr von 1,3 nach VV Nr. 2300 auf die Verfahrensgebühr des anschließenden Mahnverfahrens 321
       h) *Muster:* Anrechnung der Regelgeschäftsgebühr von 1,3 nach VV Nr. 2300 auf die Verfahrensgebühr, die jedoch niedriger ist als die hälftige anzurechnende Geschäftsgebühr 322
       i) *Muster:* Anrechnung der Regelgeschäftsgebühr von 1,3 nach VV Nr. 2300 auf das gerichtliche Verfahren, der Gegenstandswert der Verfahrensgebühr ist höher als der Gegenstandswert der außergerichtlichen Tätigkeit 323

j) *Muster:* Anrechnung der Regelgeschäftsgebühr von 1,3 nach VV Nr. 2300 auf das gerichtliche Verfahren, der Gegenstandswert der Verfahrensgebühr ist niedriger als der Gegenstandswert der außergerichtlichen Tätigkeit 324

k) *Muster:* Anrechnung der Geschäftsgebühr von 1,5 nach VV Nr. 2300 auf das gerichtliche Verfahren, bei mehreren Auftraggebern, identischem Gegenstandswert, personeller und zeitlicher Zusammenhang gegeben 324

l) *Muster:* Anrechnung der Geschäftsgebühr nach VV Nr. 2300 in Höhe der Mittelgebühr von 1,5 auf das gerichtliche Verfahren, bei 8 Auftraggebern, identischem Gegenstandswert, personeller und zeitlicher Zusammenhang gegeben 325

m) *Muster:* Anrechnung der Geschäftsgebühr auf das gerichtliche Verfahren, wenn mehrere Geschäftsgebühren entstanden sind, der Umfang der Tätigkeit nicht umfangreich oder schwierig war, bei identischem Gegenstandswert, personeller und zeitlicher Zusammenhang gegeben 326

n) *Muster:* Anrechnung der Geschäftsgebühren nach VV Nrn. 2300 und 2303 Nr. 2 auf das gerichtliche Verfahren, bei identischem Gegenstandswert, personeller und zeitlicher Zusammenhang gegeben 327

o) *Muster:* Anrechnung, wenn die Geschäftsgebühr erst nach der Verfahrensgebühr entsteht (Verhandlungen vor Gericht zur Einigung über in einem Verfahren nicht rechtshängige Ansprüche führen erst nach deren Scheitern und Beendigung des Verfahrens zum Auftrag einer Geschäftstätigkeit) 328

V. Anrechnung bei selbstständigem Beweisverfahren (Absatz 5 der Vorbemerkung 3 VV) 329
  1. Allgemeines 329
  2. Voraussetzungen 330
  3. Anrechnung bei vorausgegangener Vertretungstätigkeit 331
  4. Gegenstandswert des selbstständigen Beweisverfahrens 332
  5. Übergangsrecht 332
  6. Muster 332
     a) *Muster:* Anrechnung der Verfahrensgebühr des selbstständigen Beweisverfahrens auf die Verfahrensgebühr des Hauptsacheverfahrens bei identischem Streitwert 332
     b) *Muster:* Anrechnung der Verfahrensgebühr des selbstständigen Beweisverfahrens auf die Verfahrensgebühr des Hauptsacheverfahrens, Gegenstand des selbstständigen Beweisverfahrens ist höher als der Gegenstandswert im Hauptsacheverfahren 333
     c) *Muster:* Anrechnung der Verfahrensgebühr des selbstständigen Beweisverfahrens auf die Verfahrensgebühr des Hauptsacheverfahrens, Gegenstand des Hauptsacheverfahrens ist höher als der Gegenstandswert des selbstständigen Beweisverfahrens 334
     d) *Muster:* Vertretungstätigkeit in der Angelegenheit selbstständiges Beweisverfahren, anschließendes selbstständiges Beweisverfahren und nachfolgendes Hauptsacheverfahren, identischer Streitwert 335
     e) *Muster:* Außergerichtliche Vertretungstätigkeit im Hinblick auf das Hauptsacheverfahren, anschließenden selbstständiges

Beweisverfahren sowie nachfolgendes Hauptsacheverfahren, identischer Streitwert 336
   f) *Muster:* Anrechnung der BRAGO-Prozessgebühr in den Fällen des Übergangsrechts 337
VI. Anrechnung der Verfahrensgebühr bei Zurückverweisung der Sache (Absatz 6 der Vorbemerkung 3 VV) 338
   1. Allgemeines 338
   2. Regelungsgehalt 338
VII. Vorrang der Gebührenvorschriften von Teil 6 VV 338
   1. Allgemeines 338
   2. Regelungsgehalt 338

§ 5 Erster Rechtszug in bürgerlichen Rechtsstreitigkeiten, Verfahren der freiwilligen Gerichtsbarkeit, der öffentlich-rechtlichen Gerichtsbarkeiten, Verfahren nach dem Strafvollzugsgesetz und ähnliche Verfahren 339

A. Anwendungsbereich 339
B. Verfahrensgebühr VV Nr. 3100 339
   I. Grundsätzliches 339
   II. Inhalt 340
      1. Entstehen der Gebühren 340
      2. Höhe der Gebühr 340
      3. Besondere Anrechnungsvorschriften 341
         a) Vereinfachtes Verfahren über den Unterhalt Minderjähriger (Absatz 1 der Anmerkung zu Nr. 3100 VV) 341
         b) Urkunden- oder Wechselprozess (Absatz 2 der Anmerkung zu Nr. 3100 VV) 342
         c) Vermittlungsverfahren nach § 52a FGG (Absatz 3 der Anmerkung zu Nr. 3100 VV) 343
      4. Muster 344
         a) *Muster:* Vereinfachtes Verfahren zur erstmaligen Festsetzung des gesetzlich geschuldeten Unterhalts nach den §§ 645 ff. 344
         b) *Muster:* Vereinfachtes Verfahren auf Unterhaltsfestsetzung und nachfolgendes streitiges Verfahren 345
         c) *Muster:* Abänderung des Titels bei wiederkehrenden Unterhaltsleistungen im vereinfachten Verfahren 346
         d) *Muster:* Abänderung des Titels bei wiederkehrenden Unterhaltsleistungen im vereinfachten Verfahren und anschließende Klage gemäß § 656 ZPO gegen den Abänderungsbeschluss 346
         e) *Muster:* Identischer Streitwert im Urkundenprozess und im Nachverfahren, es wird jeweils mündlich verhandelt 347
         f) *Muster:* Streitwert im Nachverfahren ist niedriger als Streitwert im Urkundenprozess, es wird jeweils mündlich verhandelt 348
         g) *Muster:* Streitwert im Nachverfahren ist höher als Streitwert im Urkundenprozess, es wird jeweils mündlich verhandelt 349
         h) *Muster:* Vermittlungsverfahren gem. § 52a FGG nebst anschließendem gerichtlichen Umgangsverfahren 349
C. Beschränkte Verfahrensgebühr VV Nr. 3101 350
   I. Normzweck 350
   II. Inhalt 351
      1. Vorzeitiges Auftragsende (Nr. 3101 Nr. 1 VV) 351
         a) Allgemeines 351
         b) Beendigung des Auftrags 351

	c)	„Bevor"		352
	d)	Einreichung		352
	e)	Die die volle Verfahrensgebühr auslösenden Handlungen		353
		aa) Klage		353
		bb) Der ein Verfahren einleitende Antrag		353
		cc) Schriftsatz mit Sachvortrag		354
		dd) Schriftsatz mit Sachanträgen		354
		ee) Zurücknahme der Klage und Zurücknahme des Antrags		355
		ff) Wahrnehmung eines gerichtlichen Termins		355
2.	Antrag, eine Einigung vor Gericht zu protokollieren oder nach § 278 VI ZPO festzustellen (Nr. 3101 Nr. 2 1. Alternative VV)			356
	a)	Antragsgebühr		356
	b)	Einigung		356
	c)	Der Parteien oder mit Dritten		357
	d)	Vergleich nach § 278 VI ZPO		357
	e)	Nicht in diesem Verfahren rechtshängige Ansprüche		358
	f)	Muster		358
		aa) *Muster:* Protokollierung einer Einigung auch über in diesem Verfahren nicht rechtshängige Ansprüche		358
		bb) *Muster:* Abwandlung; wie Muster aa), aber mit nachträglichem Widerruf des Vergleichs		359
		cc) *Muster:* Vergleich nach § 278 VI ZPO mit Mehrwert		360
		dd) *Muster:* Abwandlung; es handelt sich nicht um ein Verfahren mit vorgeschriebener mündlicher Verhandlung		361
		ee) *Muster:* Einigung der Parteien über rechtshängige Ansprüche		361
3.	Führen von Verhandlungen vor Gericht (VV Nr. 3102 Nr. 2, 2. Alternative)			362
	a)	Allgemeines		362
	b)	Gebührentatbestand		362
		aa) Verhandlungen zur Einigung		362
		bb) Vor Gericht		363
		cc) In diesem Verfahren nicht rechtshängige Ansprüche		363
		dd) Lediglich Entgegennahme der Information		363
	c)	Verhandlungen außerhalb des Gerichts zur Einigung über nicht rechtshängige Ansprüche		364
	d)	Beispielsfall zur Abgrenzung von Vertretungsauftrag und Auftrag auch für Verhandlungen vor Gericht		364
		aa) Vertretungsauftrag und anschließend Auftrag auch für Verhandlungen vor Gericht		365
		bb) Kein außergerichtlicher Vertretungsauftrag, sondern nur Auftrag, Verhandlungen zur Einigung vor Gericht zu führen		367
		cc) Prozessauftrag für die noch nicht rechtshängigen Ansprüche		368
4.	Führen von erfolgreichen Verhandlungen vor Gericht			369
5.	Einfache FGG-Verfahren (Nr. 3101 Nr. 3 VV)			369
	a)	Gebührentatbestand		369
	b)	Bedeutung der Anmerkung Abs. 2 zu Nr. 3101 VV		370
6.	Begrenzung nach § 15 III RVG			370
7.	Anrechnung bei anderweitiger Anhängigkeit			371
	a)	Allgemeines		371
	b)	Regelungsgehalt		371
	c)	Von der Anrechnung betroffenes Verfahren		373

Inhaltsverzeichnis

	d)	Bereits entstandene Verfahrensgebühren	373
	e)	Tätigkeit eines anderen Rechtsanwalts	374
D.	Verfahrensgebühr Nr. 3102 VV		374
	I. Allgemeines		374
	II. Inhalt		374
	1. Entstehen der Gebühr		374
	2. Höhe der Gebühr		375
E.	VV Nr. 3103		375
	I. Allgemeines		375
	II. Inhalt		376
	1. Entstehen der Gebühr		376
	2. Höhe der Gebühr		376
	3. Bestimmung der konkreten Gebühr		376
F.	Terminsgebühr VV Nr. 3104		376
	I. Allgemeines		376
	II. Inhalt		377
	1. Entstehung der Terminsgebühr		377
	a) Entstehungsvarianten nach Vorbemerkung 3 Absatz 3 VV		377
	aa) Verhandlungs-, Erörterungs- oder Beweisaufnahmetermin		377
	bb) Wahrnehmung eines von einem gerichtlich bestellten Sachverständigen anberaumten Termins		378
	cc) Mitwirkung an auf die Vermeidung oder Erledigung des Verfahrens gerichteten Besprechungen		378
	b) Entscheidung ohne mündliche Verhandlung (Absatz 1 Nr. 1 der Anmerkung zu VV Nr. 3104)		378
	aa) Im Einverständnis der Parteien		378
	(1) Mündliche Verhandlung vorgeschrieben		378
	(2) Einverständnis der Parteien.		379
	(3) Entscheidung des Gerichts		380
	bb) Entscheidung nach § 307 ZPO		380
	cc) Verfahren nach billigem Ermessen, § 495a ZPO		381
	dd) Schriftlicher Vergleich		381
	c) Entscheidung durch Gerichtsbescheid im verwaltungsgerichtlichen und sozialgerichtlichen Verfahren (Anmerkung Absatz 1 Nr. 2 zu Nr. 3104 VV)		382
	aa) Gerichtsbescheid nach § 84 I 1 VwGO		383
	bb) Entscheidung durch Gerichtsbescheid nach § 105 I SGG		383
	d) Ende des Verfahrens vor dem Sozialgericht nach angenommenem Anerkenntnis ohne mündliche Verhandlung (Absatz 1 Nr. 3 der Anmerkung zu Nr. 3104 VV)		383
	2. Anrechnung der Terminsgebühr (Absatz 2 der Anmerkung zu Nr. 3104 VV)		384
	a) Regelungsgehalt der Anrechnungsbestimmung		384
	aa) Höhe des Anrechnungsbetrags		384
	bb) Anrechnungsgegenstand		385
	b) Beispiel		386
	3. Protokollierungstermin (Absatz 3 der Anmerkung zu Nr. 3104 VV)		386
	4. Anrechnung der Terminsgebühr aus vorausgegangenem Mahnverfahren oder vereinfachten Verfahren über den Unterhalt Minderjähriger (Absatz 4 der Anmerkung zu Nr. 3104 VV)		387
G.	Verminderte Terminsgebühr VV Nr. 3105		387
	I. Allgemeines		387
	II. Inhalt		387

       1. Entstehen der verminderten Terminsgebühr Nr. 3105 VV 387
          a) Voraussetzungen 387
             aa) Säumnis einer Partei oder nicht ordnungsgemäße
                 Vertretung der Partei 388
             bb) Nur Antrag auf Versäumnisurteil oder zur Prozess- oder
                 Sachleitung 389
          b) Entscheidungen zur Prozess- und Sachleitung des Gerichts von
             Amts wegen (Absatz 1 Nr. 1 der Anmerkung zu Nr. 3105 VV) . 390
          c) Schriftliches Versäumnisurteil nach § 331 III ZPO (Absatz 1
             Nr. 2 der Anmerkung zu Nr. 3105 VV) 390
          d) Nichtverhandeln der erschienenen Partei (Absatz 3 der
             Anmerkung zu Nr. 3105 VV) 391
       2. Entsprechende Anwendung der Anmerkung Absatz 1 Nr. 3104 VV
          (Absatz 2 der Anmerkung zu Nr. 3105 VV) 392
H. Terminsgebühr im Verfahren vor den Sozialgerichten, in denen Betragsrahmengebühren entstehen, VV Nr. 3106 .... **392**
  I. Allgemeines 392
  II. Inhalt 392
       1. Voraussetzungen des Vergütungstatbestands 392
       2. Höhe der Gebühr 393

I. Muster **393**
  I. Verfahrensgebühr 393
       1. *Muster:* Klageeinreichung, Erledigung bevor es zu einem gerichtlichen Termin oder einer außergerichtlichen
          Erledigungsbesprechung kommt, Wert 10.000 Euro 393
       2. *Muster:* Klageeinreichung, 3 Auftraggeber, Erledigung bevor es zu
          einem gerichtlichen Termin oder einer außergerichtlichen
          Erledigungsbesprechung kommt, Wert 10.000 Euro 393
       3. *Muster:* Zunächst Auftrag zur außergerichtlichen Vertretung,
          anschließend Klagauftrag und Klageeinreichung, Erledigung bevor
          es zu einem gerichtlichen Termin oder einer außergerichtlichen
          Erledigungsbesprechung kommt, Wert 20.000 Euro 394
       4. *Muster:* Zunächst Auftrag zur außergerichtlichen Vertretung,
          anschließend Klagauftrag und Klageeinreichung, 4 Auftraggeber,
          Erledigung bevor es zu einem gerichtlichen Termin oder einer
          außergerichtlichen Erledigungsbesprechung kommt, Wert 10.000
          Euro 395
  II. Beschränkte Verfahrensgebühr VV Nr. 3101 396
       1. *Muster:* Nach erteiltem Prozessauftrag, Beendigung des Auftrags
          bevor die Klageeinreichung erfolgte, Wert 30.000 Euro 396
       2. *Muster:* Der Anwalt ist zunächst außergerichtlich
          in durchschnittlichem Umfang tätig, erhält sodann den Prozessauftrag,
          vor Einreichung der Klage endet der Auftrag, Wert 30.000 Euro 396
       3. *Muster:* Der Anwalt ist zunächst außergerichtlich tätig, die
          Angelegenheit ist umfangreich iS der Anmerkung zu VV Nr. 2300;
          nach erteiltem Prozessauftrag endet Auftrag, bevor es zur
          Klageeinreichung kommt, Wert 30.000 Euro 397
       4. *Muster:* Der Anwalt ist zunächst außergerichtlich tätig, die
          Angelegenheit ist umfangreich iS der Anmerkung zu VV Nr. 2300;
          sonstigen Bemessungskriterien sind überdurchschnittlich; nach
          erteiltem Prozessauftrag endet Auftrag, bevor es zur
          Klageeinreichung kommt, Wert 30.000 Euro 398
       5. *Muster:* Die Parteien einigen sich ohne anwaltliche Mitwirkung
          über einen in diesem Verfahren nicht rechtshängigen Anspruch i.H.

		von 2.000 Euro und bitten, diese Einigung anlässlich eines Verfahrens mit Streitwert von 8.000 Euro zu Protokoll zu nehmen	399
	6.	*Muster:* Abwandlung; die Ansprüche, über die sich die Parteien geeinigt haben, sind in einem anderen Verfahren anhängig	399
	7.	*Muster:* In einem Verfahren mit einem Streitwert von 10.000 Euro werden vor Gericht Verhandlungen über in diesem Verfahren nicht rechtshängige Ansprüche der Parteien im Wert von weiteren 6.000 Euro geführt	400
	8.	*Muster:* Abwandlung; die Ansprüche, über die Verhandlungen vor Gericht zur Einigung geführt werden, sind in einem anderen Verfahren anhängig	401
	9.	*Muster:* In einem Verfahren mit Streitwert von 10.000 Euro werden noch Verhandlungen zur Einigung über nicht rechtshängige Ansprüche i.H. von 6.000 Euro geführt, die zu einer Gesamteinigung führen	402
	10.	*Muster:* Verhandlungen außerhalb des Gerichts zur Einigung mit Prozessauftrag	402
	11.	*Muster:* Abwandlung: ohne Prozessauftrag	403
III.	VV Nr. 3104		404
	1.	*Muster:* Außergerichtliche Vermeidungsbesprechung vor Klageeinreichung	404
	2.	*Muster:* Außergerichtliche Erledigungsbesprechung	405
	3.	*Muster:* Außergerichtliche Erledigungsbesprechung in Verfahren ohne vorgeschriebene mündliche Verhandlung	405
	4.	*Muster:* Das Verwaltungsgericht entscheidet über eine Anfechtungsklage (Streitwert: 5.000 Euro) gem. § 101 II VwGO ohne mündliche Verhandlung	406
	5.	*Muster:* Bei einer Zahlungsklage (Wert: 30.000 Euro) erkennt der Beklagte die Forderung schriftlich an und wird aufgrund des bereits schon in der Klageschrift gestellten Antrags im Wege eines Anerkenntnisurteils zur Zahlung verurteilt	407
	6.	*Muster:* Bei einer Zahlungsklage über eine Forderung i.H. von 500 Euro bestimmt das Gericht nach § 495a S. 1 ZPO das Verfahren nach billigem Ermessen, es erfolgt keine mündliche Verhandlung, das Gericht entscheidet durch Urteil über die Klage ..	407
	7.	*Muster:* In einem einstweiligen Verfügungsverfahren (Wert: 30.000 Euro) schließen die Parteien einen gerichtlichen Vergleich nach § 278 VI 1 ZPO, eine mündliche Verhandlung findet nicht statt	408
	8.	*Muster:* Vergleich nach § 278 VI ZPO in Verfahren mit vorgeschriebener mündlicher Verhandlung	408
	9.	*Muster:* Zahlungsklage über eine Forderung i.H. von 5.000 Euro, der Anwalt erklärt nach Aufruf der Sache, dass er nur die Mandatsniederlegung mitteilen wolle	409
	10.	*Muster:* Flucht in die Säumnis durch Beklagtenvertreter	410
	11.	*Muster:* In einem Verfahren (Streitwert: 10.000 Euro) entschließt sich der Klägervertreter im Termin zur mündlichen Verhandlung nach Hinweisen des Gerichts zur Flucht in die Säumnis	410
	12.	*Muster:* Das Verwaltungsgericht entscheidet ein Verfahren mit einem Streitwert von 5.000 Euro durch Gerichtsbescheid; ein Verhandlungstermin oder eine außergerichtliche Erledigungsbesprechung finden nicht statt	411

	13. *Muster:* Sozialgericht entscheidet eine Konkurrentenklage gegen die Zulassung als Kassenarzt nach § 105 I 1 SGG ohne mündliche Verhandlung durch Gerichtsbescheid, Wert: 15.000 Euro	411
	14. *Muster:* Anrechnung der Differenzverfahrens- und der Terminsgebühr bei erfolglosen Verhandlungen über Mehrvergleich	412
	15. *Muster:* In einem Verfahren mit Streitwert 20.000 Euro einigen sich die Parteien ohne Mitwirkung ihrer Anwälte nach Klageeinreichung und beauftragen ihre Anwälte mit der Protokollierung der von ihnen bereits ausformulierten Einigung	413
	16. *Muster:* Protokollierung einer ohne anwaltliche Mitwirkung getroffenen Einigung über einen nicht rechtshängigen Gegenstand	414
	17. *Muster:* Abwandlung; bezüglich der weiteren Forderung i.H. von 10.000 Euro ist zwischen den Parteien ein weiterer Rechtsstreit anhängig, in dem auch bereits die Terminsgebühr angefallen ist	414
	18. *Muster:* Mahnverfahren mit außergerichtlicher Erledigungsbesprechung und Anrechnung der Terminsgebühr im späteren streitigen Verfahren	415
IV.	Verminderte Terminsgebühr VV Nr. 3105	416
	1. *Muster:* Bei einer Zahlungsklage über 10.000 Euro erscheint der Gegner nicht, ohne weitere Erörterungen der Angelegenheit mit dem Gericht beantragt der Klägervertreter Versäumnisurteil, welches ergeht	416
	2. *Muster:* Abwandlung; der Antragsgegner legt Einspruch ein, erscheint aber wiederum nicht zum Termin zur Verhandlung über den Einspruch, so dass ein 2. Versäumnisurteil ergeht	417
	3. *Muster:* Bei einer Zahlungsklage mit Streitwert 10.000 Euro erscheint der Beklagte nicht zum Verhandlungstermin, der Klägervertreter stellt daraufhin keinen Antrag, das Gericht vertagt die Angelegenheit daraufhin von Amts wegen	418
	4. *Muster:* Zahlungsklage, Streitwert 10.000 Euro, nachdem der Beklagte im schriftlichen Vorverfahren seine Verteidigungsabsicht nicht anzeigt, ergeht Versäumnisurteil nach § 331 III ZPO aufgrund des bereits schon in der Klageschrift gestellten Antrags	418
V.	Einigungsgebühr	419
	1. *Muster:* In einem Verfahren mit einem Streitwert von 10.000 Euro schließen die Parteien im Termin zur mündlichen Verhandlung einen das Verfahren beendenden Vergleich	419
	2. Abwandlung: Der Vergleichsabschluss erfolgt nicht im gerichtlichen Termin, sondern der Vergleich kommt nach § 278 VI ZPO zustande, ohne dass es zu einem Termin zur mündlichen Verhandlung kommt	419
	3. *Muster:* Vergleich über einen Teil des Streitgegenstandes	420
	4. *Muster:* In einem Verfahren mit Streitwert 30.000 Euro wird im Termin zur mündlichen Verhandlung ein widerruflicher Vergleich geschlossen, der anschließend von einer der Parteien widerrufen wird	420
	5. *Muster:* Widerruflicher Vergleich mit Mehrwert	421
	6. *Muster:* Vergleich mit Beitritt eines Nebenintervenienten	421

§ 6 Berufung, Revision, bestimmte Beschwerden und Verfahren vor dem Finanzgericht ... 423

A. Allgemeines ... 423
  I. Anwendungsbereich ... 423
  II. Muster ... 424
   1. *Muster:* Ein Rechtsstreit über einen Anspruch mit Wert von 30.000 Euro ist in der Berufungsinstanz anhängig. Dort wird erstmals der Erlasse einer einstweiligen Verfügung beantragt ... 424
   2. *Muster:* Bei einer Anfechtungsklage gegen einen belastenden Verwaltungsakt wird erstmals, als sich der Rechtsstreit bereits in der Berufungsinstanz befindet, nach § 80 V VwGO die Wiederherstellung der aufschiebenden Wirkung beantragt ... 425
   3. *Muster:* Normenkontrollverfahren mit einstweiliger Anordnung ... 426
   4. *Muster:* Nachprüfungsverfahren vor der Vergabekammer, sofortige Beschwerde und Antrag nach § 118 I 3 GWB ... 426
B. Berufung, bestimmte Beschwerden und Verfahren vor dem Finanzgericht ... 428
  I. Anwendungsbereich ... 428
  II. Gebührentatbestände ... 429
   1. VV Nr. 3200 ... 429
   2. VV Nr. 3201 ... 430
   3. VV Nr. 3202 ... 430
   4. VV Nr. 3203 ... 431
   5. VV Nr. 3204 ... 432
   6. VV Nr. 3205 ... 432
  III. Muster ... 432
   1. *Muster:* Klageverfahren vor dem Finanzgericht. Das Gericht entscheidet im Einverständnis der Parteien ohne mündliche Verhandlung durch Urteil ... 432
   2. *Muster:* Beschwerde nach § 621e ZPO ... 433
   3. *Muster:* Abwandlung; im Termin zur mündlichen Verhandlung erledigen die Parteien den Rechtsstreit durch eine Vereinbarung ... 434
   4. *Muster:* Beendigung des Auftrags vor Berufungseinlegung ... 434
   5. *Muster:* Prüfung der Erfolgsaussichten der Berufung in Form eines schriftlichen Gutachtens ... 435
   6. *Muster:* Rücknahme der zur Fristwahrung eingelegten Berufung ... 435
   7. *Muster:* Zurückweisung der Berufung nach § 522 II ZPO ... 436
   8. *Muster:* Zurückweisung der Berufung nach § 522 II ZPO mit außergerichtlicher Erledigungsbesprechung ... 436
   9. *Muster:* Beiderseitige Berufungseinlegung gegen erstinstanzliches Urteil, Verfahrensverbindung erst im Termin zur mündlichen Verhandlung ... 437
   10. *Muster:* Der Anwalt legt in einem Verfahren mit Streitwert 30.000 Euro auftragsgemäß Berufung ein, das Berufungsverfahren endet nach mündlicher Verhandlung durch Urteil des Berufungsgerichts .. 438
   11. *Muster:* Abwandlung; der Anwalt hat vor Einlegung der Berufung auftragsgemäß die Erfolgsaussichten der Berufung geprüft und diese in vollem Umfang bejaht ... 439
   12. *Muster:* Prüfung der Erfolgsaussichten der Berufung, Berufungseinlegung wegen Teilforderung ... 439
   13. *Muster:* Berufungsverfahren mit Verhandlungen zur Einigung über in 1. Instanz anhängige weitere Forderung ... 440
   14. *Muster:* Säumnis des Berufungsklägers ... 441
   15. *Muster:* Säumnis des Berufungsbeklagten ... 442

		16. *Muster:* Beiderseitige Berufungseinlegung, Säumnis des Beklagten ...	443
		17. *Muster:* In einem Berufungsverfahren mit Streitwert 30.000 Euro einigen sich die Parteien im Termin zur mündlichen Verhandlung auf einen Vergleich	443
		18. *Muster:* Vergleich mit Mehrwert (nicht anhängiger Anspruch) im Berufungsverfahren	444
		19. *Muster:* Vergleich mit Mehrwert (sowohl nicht anhängiger als auch in 1. Instanz anhängiger Anspruch) im Berufungsverfahren	445

§ 7 Revision 447

A. Allgemeines 447
B. Gebührentatbestände 447
    I. VV Nr. 3206 447
   II. VV Nr. 3207 447
  III. VV Nrn. 3208 und 3209 447
  IV. VV Nrn. 3210 und 3211 448
   V. VV Nrn. 3212 und 3213 449
  VI. Muster 449
     1. *Muster:* Vorzeitige Beendigung bei Revision 449
     2. *Muster:* Das Bundesverwaltungsgericht entscheidet in einem Revisionsverfahren nach mündlicher Verhandlung durch Urteil – Streitwert 50.000 Euro 450
     3. *Muster:* Vorzeitige Beendigung bei Revision vor BGH 450
     4. *Muster:* Nach Zulassung der Revision im Urteil des OLG legt der BGH-Anwalt Revision ein, über die Revision wird mündlich verhandelt – Streitwert 80.000 Euro 451
     5. *Muster:* Revisionsverfahren vor dem BGH, Revisionskläger im Termin nicht ordnungsgemäß vertreten 452
     6. *Muster:* Revisionsverfahren vor dem BGH, Revisionsbeklagter im Termin nicht ordnungsgemäß vertreten 452
     7. *Muster:* Einigung mit Mehrwert (nicht anhängiger Anspruch) im Revisionsverfahren 453
     8. *Muster:* Revision vor dem Bundessozialgericht 454

§ 8 Mahnverfahren, Zwangsvollstreckung bei den unter Teil 3 VV fallenden Verfahren 455

A. Allgemeines 455
B. Mahnverfahren 455
    I. Allgemeines 455
   II. Gebühren des Antragstellervertreters 455
     1. Verfahrensgebühr VV Nr. 3305 455
     2. VV Nr. 3306 457
     3. Terminsgebühr 457
     4. VV Nr. 3308 458
  III. Gebühren des Antragsgegnervertreters 459
     1. VV Nr. 3307 459
     2. Terminsgebühr 460
  IV. Muster 460
     1. *Muster:* Der Anwalt erwirkt für seinen Mandanten auftragsgemäß einen Mahnbescheid – Streitwert 30.000 Euro 460
     2. *Muster:* Abwandlung; der Anwalt hat zwei Personen als Auftraggeber in derselben Angelegenheit 461
     3. *Muster:* Vorzeitige Beendigung im Mahnverfahren 461

4. *Muster:* Abwandlung; Auftraggeber sind in derselben Angelegenheit zwei Personen 462
5. *Muster:* Mahnverfahren und außergerichtliche Vermeidungsbesprechnungy 462
6. *Muster:* Abwandlung; die vor Einreichung des Mahnbescheids geführten Gespräche sind erfolgreich und führen zur Einigung 463
7. *Muster:* Mahnverfahren und außergerichtliche Erledigungsbesprechung 464
8. *Muster:* Abwandlung; die Gespräche zwischen dem Antragsgegner und dem Antragstellervertreter sind erfolgreich und führen zur Einigung 464
9. *Muster:* Anrechnung der Verfahrensgebühr VV Nr. 3305 auf die Verfahrensgebühr nach Nr. 3100 VV des nachfolgenden Rechtsstreits bei unverändertem Gegenstandswert 465
10. *Muster:* Anrechnung der Verfahrensgebühr VV Nr. 3305 auf die Verfahrensgebühr VV Nr. 3100 bei höherem Streitwert des streitigen Verfahrens (20.000 Euro im Mahnverfahren, 30.000 Euro im gerichtlichen Verfahren) 466
11. *Muster:* Anrechnung der Verfahrensgebühr des Mahnverfahrens nach VV Nr. 3305 auf die Verfahrensgebühr des gerichtlichen Verfahrens nach VV Nr. 3100 bei niedrigerem Streitwert des gerichtlichen Verfahrens (10.000 Euro statt 30.000 Euro) 466
12. *Muster:* Anrechnung der Verfahrensgebühr des Mahnverfahrens nach VV Nr. 3305 auf eine reduzierte Verfahrensgebühr VV Nr. 3101 Nr. 1 bei gleich bleibendem Streitwert 467
13. *Muster:* Anrechnung der Verfahrensgebühr des Mahnverfahrens nach VV Nr. 3305 auf eine reduzierte Verfahrensgebühr VV Nr. 3101 Nr. 1 bei höherem Streitwert im gerichtlichen Verfahren (30.000 Euro statt 10.000 Euro) 468
14. *Muster:* Anrechnung der Verfahrensgebühr des Mahnverfahrens nach VV Nr. 3305 auf eine reduzierte Verfahrensgebühr VV Nr. 3101 Nr. 1 bei geringerem Streitwert im gerichtlichen Verfahren (10.000 Euro statt 30.000 Euro) 469
15. *Muster:* Mahnverfahren mit Antrag auf Erlass eines Vollstreckungsbescheids (Streitwert 30.000 Euro) 470
16. *Muster:* Mahnverfahren mit Antrag auf Erlass eines Vollstreckungsbescheids bei mehreren Auftraggebern (2 Auftraggeber, Streitwert 30.000 Euro) 470
17. *Muster:* Nur Antrag auf Erlass eines Vollstreckungsbescheids (Streitwert 30.000 Euro) 471
18. *Muster:* Nur Antrag auf Erlass eines Vollstreckungsbescheids bei 2 Auftraggebern (Streitwert 30.000 Euro) 471
19. *Muster:* Vertretung des Antragsgegners – Widerspruch gegen den Mahnbescheid (Streitwert 30.000 Euro) 472
20. *Muster:* Vertretung der Antragsgegner im Mahnverfahren, Auftraggeber sind in derselben Angelegenheit 2 Personen (Streitwert 30.000 Euro) 472
21. *Muster:* Anrechnung der Verfahrensgebühr VV Nr. 3307 auf die Verfahrensgebühr VV Nr. 3100 bei identischem Streitwert 473
22. *Muster:* Abwandlung: Streitwert im Rechtsstreit ist höher 473
23. *Muster:* Abwandlung: Streitwert im Rechtsstreit ist niedriger 474
24. *Muster:* Anrechnung der Verfahrensgebühr VV Nr. 3307 auf eine beschränkte Verfahrensgebühr VV Nr. 3101 Nr. 1 bei identischem Streitwert (30.000 Euro) 475

		25. *Muster:* Abwandlung: Streitwert des gerichtlichen Verfahrens ist höher	476
		26. *Muster:* Abwandlung: Streitwert des gerichtlichen Verfahrens ist niedriger	477
		27. *Muster:* Terminsgebühr bei Vertretung des Antragsgegners sowohl im Mahnverfahren wie im gerichtlichen Verfahren (Streitwert 30.000 Euro)	477
C.	Zwangsvollstreckung		478
	I.	Allgemeines	478
	II.	Gebührentatbestände	479
		1. VV Nr. 3309	479
		2. Gegenstandswert	480
		3. Terminsgebühr VV Nr. 3310	480
		4. Einigungsgebühr (Nr. 1000 VV), insbesondere Ratenzahlungsvergleich	481
	III.	Muster	482
		1. *Muster:* Vollstreckungsauftrag (Hauptforderung, Zinsen, festgesetzte Kosten und Kosten der bisherigen Vollstreckungsmaßnahmen, insgesamt 3.750 Euro)	482
		2. *Muster:* Vollstreckungsandrohung	483
		3. *Muster:* Zwangsvollstreckungsauftrag; Auftraggeber in derselben Angelegenheit sind mehrere Personen (insgesamt 3 Auftraggeber)	484

§ 9 Sonderfragen in den unter Teil 3 VV fallenden Verfahren **485**

A.	Erinnerung und Beschwerde		485
	I.	Gebührentatbestände	485
		1. Erinnerung und Beschwerde außer in Verfahren vor den Gerichten der Sozialgerichtsbarkeit in Verfahren, in denen Betragsrahmengebühren entstehen	485
		2. Erinnerung und Beschwerde in Verfahren vor den Gerichten der Sozialgerichtsbarkeit, wenn in den Verfahren Betragsrahmengebühren entstehen	487
	II.	Muster	487
		1. *Muster:* Beschwerdeverfahren (Wert 10.000 Euro)	487
		2. *Muster:* Beschwerdeverfahren, mehrere Auftraggeber (3 weitere Auftraggeber, Wert 10.000 Euro)	488
		3. *Muster:* Beschwerdeverfahren, vorzeitiges Auftragsende (Wert 10.000 Euro)	488
		4. *Muster:* Beschwerdeverfahren mit außergerichtlicher Erledigungsbesprechung (Wert 2.000 Euro)	489
		5. *Muster:* Beschwerde gegen die Ablehnung des Antrags auf Erlass einer einstweiligen Verfügung durch Beschluss, Entscheidung des Beschwerdegerichts nach mündlicher Verhandlung durch Urteil (Wert 100.000 Euro)	489
		6. *Muster:* Erinnerung (Wert 1.500 Euro)	490
		7. *Muster:* Erinnerung, mehrere Auftraggeber (2 weitere Auftraggeber, Wert 1.500 Euro)	490
		8. *Muster:* Allgemeine Beschwerde in Verfahren vor den Gerichten der Sozialgerichtsbarkeit, wenn im Verfahren Betragsrahmengebühren entstehen	491
		9. *Muster:* Abwandlung: 2 weitere Auftraggeber	491
		10. *Muster:* Abwandlung: 1 Auftraggeber mit außergerichtlicher Erledigungsbesprechung	492

Inhaltsverzeichnis

B.	Rechtsbeschwerde nach § 574 ZPO, § 78 S. 2 ArbGG	492
	I. Gebührentatbestände	492
	II. Muster	493
	1. *Muster:* Rechtsbeschwerde, Wert 2.500 Euro	493
	2. *Muster:* Rechtsbeschwerde, 2 weitere Auftraggeber, Wert 6.000 Euro	493
	3. *Muster:* Rechtsbeschwerde, vorzeitige Beendigung des Auftrags, Wert 10.000 Euro	494
	4. *Muster:* Rechtsbeschwerde mit Terminsgebühr, Wert 8.000 Euro ...	494
	5. *Muster:* Rechtsbeschwerde mit Terminsgebühr und Einigung, Wert 6.000 Euro	495
C.	Beschwerde gegen die Nichtzulassung der Berufung	495
	I. Gebührentatbestände	495
	II. Muster	496
	1. *Muster:* Nichtzulassungsbeschwerde (Wert 24.000 Euro)	496
	2. *Muster:* Nichtzulassungsbeschwerde, vorzeitige Beendigung des Auftrags (Wert 24.000 Euro)	496
	3. *Muster:* Nichtzulassungsbeschwerde mit Terminsgebühr (Wert 24.000 Euro)	497
	4. *Muster:* Nichtzulassungsbeschwerde mit Terminsgebühr und Einigung (Wert 24.000 Euro)	497
	5. *Muster:* Nichtzulassungsbeschwerde und anschließendes Berufungsverfahren (Wert 24.000 Euro)	498
	6. *Muster:* Nichtzulassungsbeschwerde mit Termin, anschließendes Berufungsverfahren mit mündlicher Verhandlung (Wert 24.000 Euro)	499
D.	Beschwerde gegen die Nichtzulassung der Berufung vor dem Landessozialgericht, wenn Betragsrahmengebühren entstehen	499
	I. Gebührentatbestände	499
	II. Muster	500
	1. *Muster:* Beschwerde gegen die Nichtzulassung der Berufung	500
	2. *Muster:* Beschwerde gegen die Nichtzulassung der Berufung mit Terminsgebühr	500
	3. *Muster:* Nichtzulassungsbeschwerde mit nachfolgendem Berufungsverfahren	501
	4. *Muster:* Nichtzulassungsbeschwerdeverfahren mit Terminsgebühr, nachfolgendem Berufungsverfahren mit mündlicher Verhandlung ..	501
E.	Beschwerde gegen die Nichtzulassung der Revision	502
	I. Gebührentatbestände	502
	II. Muster	503
	1. *Muster:* Beschwerde gegen die Nichtzulassung der Revision durch das LAG (Wert 24.000 Euro)	503
	2. *Muster:* Beschwerde gegen die Nichtzulassung der Revision durch das LAG, vorzeitige Beendigung des Auftrags (Wert 24.000 Euro) ..	504
	3. *Muster:* Beschwerde gegen die Nichtzulassung der Revision im Urteil des LAG, außergerichtliche Erledigungsbesprechung (Wert 24.000 Euro)	504
	4. *Muster:* Beschwerde gegen die Nichtzulassung der Revision im Urteil des LAG, anschließendes Revisionsverfahren vor dem BAG (Wert 24.000 Euro)	505
	5. *Muster:* Abwandlung: mit außergerichtlicher Erledigungsbesprechung	505
	6. *Muster:* Beschwerde gegen die Nichtzulassung der Revision zum BGH (Wert 80.000 Euro)	506

	7. *Muster:* Beschwerde gegen die Nichtzulassung der Revision zum BGH, vorzeitige Beendigung (Wert 80.000 Euro)	507
	8. *Muster:* Beschwerde gegen die Nichtzulassung der Revision zum BGH, ausnahmsweise mündliche Verhandlung über die Nichtzulassungsbeschwerde (Wert 80.000 Euro)	507
	9. *Muster:* Beschwerde gegen die Nichtzulassung der Revision zum BGH, anschließendes Revisionsverfahren (Wert 80.000 Euro)	508
	10. *Muster:* Beschwerde gegen die Nichtzulassung der Revision zum BGH, mündliche Verhandlung im Nichtzulassungsbeschwerdeverfahren, anschließendes Revisionsverfahren (Wert 80.000 Euro)	509
	11. *Muster:* Beschwerde gegen die Nichtzulassung der Revision vor dem BSG	510
	12. *Muster:* Beschwerde gegen die Nichtzulassung der Revision vor dem BSG mit Termin	510
	13. *Muster:* Beschwerde gegen die Nichtzulassung der Revision vor dem BSG, nachfolgendes Revisionsverfahren	510
	14. *Muster:* Beschwerde gegen die Nichtzulassung der Revision vor dem BSG mit Termin, nachfolgendes Revisionsverfahren mit mündlicher Verhandlung	511
F.	**Verfahrensgebühr für Beschwerdeverfahren vor dem Bundespatentgericht**	**512**
G.	**Verfahrensbevollmächtigter und Verkehrsanwalt**	**512**
	I. Gebührentatbestände	512
	II. Muster	513
	1. *Muster:* Prozessbevollmächtigter und Verkehrsanwalt, normaler Verfahrensverlauf, 1. Instanz (Wert: 10.000 Euro)	513
	2. *Muster:* Prozessbevollmächtigter und Verkehrsanwalt, Berufungsverfahren (Wert: 30.000 Euro)	514
	3. *Muster:* Vorzeitiges Ende des Auftrags des Verkehrsanwalts, bevor der Verfahrensbevollmächtigte beauftragt wurde (Wert: 30.000 Euro)	515
	4. *Muster:* Vorzeitiges Ende des Auftrags des Verfahrensbevollmächtigten (Wert: 30.000 Euro)	516
	5. *Muster:* Verkehrsanwalt mit widerruflich abgeschlossenem Vergleich, der nach Besprechung mit der Partei nicht widerrufen wird (Wert: 30.000 Euro)	517
	6. *Muster:* Revisionsverfahren vor dem BSG mit Verkehrsanwalt im Verfahren, in dem Betragsrahmengebühren entstehen	518
	7. *Muster:* Revisionsverfahren vor dem BGH mit Verkehrsanwalt (Wert: 80.000 Euro)	519
	8. *Muster:* Verkehrsanwalt und Verhandlungen vor Gericht zur Einigung über in diesem Verfahren nicht rechtshängige Ansprüche (Wert: 10.000 Euro; verhandelt wird über weitere 10.000 Euro), erste Instanz	520
H.	**Terminsvertreter**	**521**
	I. Gebührentatbestände	521
	II. Muster	524
	1. *Muster:* Verfahrensbevollmächtigter und Terminsvertreter 1. Instanz, Wert 30.000 Euro	524
	2. *Muster:* Verfahrensbevollmächtigter und Terminsvertreter 1. Instanz in Verfahren vor den Sozialgerichten, in denen Betragsrahmengebühren entstehen	525
	3. *Muster:* Verfahrensbevollmächtigter im Berufungsverfahren und Terminsvertreter (Wert: 30.000 Euro)	526

Inhaltsverzeichnis

4. *Muster:* Verfahrensbevollmächtigter und Terminsvertreter im Berufungsverfahren in Verfahren vor dem Landessozialgericht, in denen Betragsrahmengebühren entstehen 527
5. Verfahrensbevollmächtigter und Terminsvertreter im Revisionsverfahren (Wert: 30.000 Euro) 528
6. *Muster:* Verfahrensbevollmächtigter und Terminsvertreter im Revisionsverfahren vor dem Bundessozialgericht in Verfahren, in den Betragsrahmengebühren entstehen 529
7. *Muster:* Verfahrensbevollmächtigter und Terminsvertreter, vorzeitige Beendigung des Auftrags des Terminsvertreters (Wert: 30.000 Euro) 530
8. *Muster:* Verfahrensbevollmächtigter und Terminsvertreter, vorzeitige Beendigung des Auftrags des Terminsvertreters in Verfahren vor den Sozialgerichten, in denen Betragsrahmengebühren entstehen 531
9. *Muster:* Verfahrensbevollmächtigter und Terminsvertreter in Berufungsverfahren vor dem Landessozialgericht, in denen Betragsrahmengebühren entstehen, vorzeitige Beendigung des Auftrags des Terminsvertreters 532
10. *Muster:* Verfahrensbevollmächtigter und Terminsvertreter in Revisionsverfahren vor dem Bundessozialgericht in Verfahren, in denen Betragsrahmengebühren entstehen, vorzeitige Beendigung des Auftrags des Terminsvertreters 533
11. *Muster:* Verfahrensbevollmächtigter und Terminsvertreter, vorzeitige Beendigung des Auftrags des Verfahrensbevollmächtigten, bereits Wahrnehmung eines Termins durch den Terminsvertreter (Wert: 5.000 Euro), erste Instanz 534
12. *Muster:* Verfahrensbevollmächtigter und Terminsvertreter, vorzeitige Beendigung des Auftrags des Verfahrensbevollmächtigten, bereits Wahrnehmung eines Termins durch den Terminsvertreter (Wert: 10.000 Euro), Berufungsverfahren 535
13. *Muster:* Verfahrensbevollmächtigter und Terminsvertreter, im Termin wird der zwischen den Prozessbevollmächtigten ausgehandelte Vergleich protokolliert, 1. Instanz (Wert: 20.000 Euro) 536
14. *Muster:* Verfahrensbevollmächtigter und Terminsvertreter, im Termin wird ein widerruflicher Vergleich abgeschlossen, der nach Beratung mit dem Verfahrensbevollmächtigten bestandskräftig wird, 1. Instanz (Wert: 20.000 Euro) 537
15. *Muster:* Abwandlung: Nicht anhängige Gegenstände in Vergleich einbezogen 538
16. *Muster:* Abwandlung: Vergleich wird widerrufen 539

§ 10 Strafsachen **541**
A. Allgemeines 541
   I. Systematik 541
   II. Anwendungsbereich 541
   III. Gebührentatbestände 541
      1. Verfahrensgebühr 541
      2. Terminsgebühr 541
B. Gebühren des Verteidigers 542
   I. Allgemeine Gebühren 542

	1.	Grundgebühr	542
	2.	Terminsgebühr für Termin außerhalb der Hauptverhandlung, VV Nr. 4102	543
II.	Vorbereitendes Verfahren		544
	1.	Anwendungsbereich	544
	2.	Verfahrensgebühr VV Nr. 4104	544
III.	Gerichtliches Verfahren – 1. Rechtszug		545
	1.	Anwendungsbereich	545
	2.	Allgemeine Gebühren	545
	3.	Gebühren im Rechtszug	546
		a) Rechtszug vor dem Amtsgericht	546
		aa)Verfahrensgebühr	546
		bb)Terminsgebühr	546
		b) 1. Rechtszug vor der Strafkammer	548
		c) 1. Rechtszug vor dem Oberlandesgericht, dem Schwurgericht oder der Strafkammer nach den §§ 74a und 74c GVG	548
IV.	Berufungsverfahren		549
	1.	Anwendungsbereich	549
	2.	Gebührentatbestände	549
V.	Revision		550
	1.	Anwendungsbereich	550
	2.	Vergütungstatbestände	550
VI.	Zusätzliche Gebühr VV Nr. 4141		551
	1.	Allgemeines	551
	2.	Nicht nur vorläufige Einstellung	551
	3.	Hauptverhandlung entbehrlich	552
	4.	Sonderfall Rücknahme der Revision	552
	5.	Rücknahme des Strafbefehls	553
	6.	Höhe der Gebühr	553
VII.	Pauschgebühr § 42 RVG		554
VIII.	Muster		555
	1.	*Muster:* Verteidigung im vorbereitenden Verfahren, Beschuldigter auf freiem Fuß, keine Terminswahrnehmung (auf der Grundlage der Mittelgebühr)	555
	2.	*Muster:* Abwandlung; Mandant befand sich nicht auf freiem Fuß	555
	3.	*Muster:* Weitere Abwandlung; Mandant auf freiem Fuß, Teilnahme an einer richterlichen Vernehmung	556
	4.	*Muster:* Abwandlung; Mandant befand sich nicht auf freiem Fuß	556
	5.	*Muster:* 1. Rechtszug vor dem Amtsgericht, 1 Hauptverhandlungstag, Anwalt noch nicht im vorbereitenden Verfahren tätig (auf der Grundlage der Mittelgebühr)	557
	6.	*Muster:* Abwandlung; der Mandant befindet sich nicht auf freiem Fuß	557
	7.	*Muster:* Weitere Abwandlung; es finden 2 Hauptverhandlungstage statt	558
	8.	*Muster:* 1. Rechtszug vor dem Amtsgericht, Anwalt bereits im vorbereitenden Verfahren tätig (auf der Grundlage der Mittelgebühr)	558
	9.	*Muster:* Abwandlung; der Mandant befindet sich nicht auf freiem Fuß	559
	10.	*Muster:* Abwandlung; es finden 2 Hauptverhandlungstage statt	559
	11.	*Muster:* Anwalt nicht im vorbereitenden Verfahren tätig, gerichtliches Verfahren im 1. Rechtszug vor der Strafkammer (auf der Grundlage der Mittelgebühr)	560

12. *Muster:* Abwandlung; Mandant befindet sich nicht auf freiem Fuß . 560
13. *Muster:* Weitere Abwandlung; es finden 2 Hauptverhandlungstage statt 561
14. *Muster:* Anwalt bereits im vorbereitenden Verfahren tätig, 1. Rechtszug vor der Strafkammer (auf der Grundlage der Mittelgebühr) 561
15. *Muster:* Abwandlung; Mandant befindet sich nicht auf freiem Fuß . 562
16. *Muster:* Weitere Abwandlung; 2 Hauptverhandlungstage 562
17. *Muster:* Erstinstanzliches Verfahren vor dem Oberlandesgericht, dem Schwurgericht oder der Strafkammer nach §§ 74a und 74c GVG, Anwalt nicht bereits im vorbereitenden Verfahren tätig (auf der Grundlage der Mittelgebühr) 563
18. *Muster:* Abwandlung; der Mandant befindet sich nicht auf freiem Fuß 563
19. *Muster:* Abwandlung; 2 Hauptverhandlungstage 564
20. *Muster:* 1. Rechtszug vor dem Oberlandesgericht, dem Schwurgericht oder der Strafkammer nach den §§ 74a und 74c GVG, Anwalt bereits im vorbereitenden Verfahren tätig (auf der Grundlage der Mittelgebühr) 564
21. *Muster:* Abwandlung; der Mandant befindet sich nicht auf freiem Fuß 565
22. *Muster:* Weitere Abwandlung; 2 Hauptverhandlungstage 565
23. *Muster:* Berufungsverfahren mit Hauptverhandlung, Anwalt erstmals tätig 566
24. *Muster:* Abwandlung; der Mandant befindet sich nicht auf freiem Fuß 566
25. *Muster:* Weitere Abwandlung; 2 Hauptverhandlungstage 567
26. *Muster:* Berufungsverfahren, Anwalt war bereits in einem früheren Verfahrensstadium tätig (auf der Grundlage der Mittelgebühr) 567
27. *Muster:* Abwandlung; der Mandant befindet sich nicht auf freiem Fuß 568
28. *Muster:* Weitere Abwandlung; es finden 2 Hauptverhandlungstage statt 568
29. *Muster:* Anwalt erstmals tätig, Revisionsverfahren (auf der Grundlage der Mittelgebühr) 569
30. *Muster:* Abwandlung; der Beschuldigte befindet sich nicht auf freiem Fuß 569
31. *Muster:* Abwandlung; es finden 2 Hauptverhandlungstage statt 570
32. *Muster:* Anwalt war bereits in einem früheren Verfahrensstadium tätig, weitere Tätigkeit im Revisionsverfahren 570
33. *Muster:* Abwandlung; der Mandant befindet sich nicht auf freiem Fuß 571
34. *Muster:* Weitere Abwandlung; 2 Hauptverhandlungstage 571
IX. Muster zusätzliche Gebühr VV Nr. 4141 572
1. *Muster:* Einstellung des Verfahrens im Ermittlungsverfahren durch anwaltliche Mitwirkung 572
2. *Muster:* Abwandlung; der Mandant befindet sich nicht auf freiem Fuß 572
3. *Muster:* Einstellung des Verfahrens durch anwaltliche Mitwirkung außerhalb der Hauptverhandlung, 1. Rechtszug vor dem Amtsgericht (Anwalt bereits im vorbereitenden Verfahren tätig) 573
4. *Muster:* Abwandlung; Einstellung im ersten Rechtszug vor der Strafkammer 573

    5. *Muster*: Abwandlung; Einstellung im ersten Rechtszug vor dem Oberlandesgericht, dem Schwurgericht oder der Strafkammer nach den §§ 74a und 74c GVG 574
    6. *Muster*: Einstellung außerhalb der Hauptverhandlung unter Mitwirkung des Verteidigers im Berufungsverfahren 574
    7. *Muster*: Zusätzliche Gebühr im Revisionsverfahren 575

§ 11 Bußgeldsachen 576
A. Allgemeines 576
   I. Gliederung 576
   II. Anwendungsbereich 576
   III. Gebührentatbestände 576
B. Gebühren des Verteidigers 576
   I. Allgemeine Gebühren 576
   II. Verfahren vor der Verwaltungsbehörde 577
      1. Anwendungsbereich 577
      2. Gebührentatbestände 577
         a) Verfahrensgebühr 577
         b) Terminsgebühr 578
   III. Gerichtliches Verfahren im 1. Rechtszug 578
      1. Anwendungsbereich 578
      2. Verfahrensgebühr 579
      3. Terminsgebühr 579
   IV. Verfahren über die Rechtsbeschwerde 580
      1. Anwendungsbereich 580
      2. Verfahrensgebühr 580
      3. Terminsgebühr 580
   V. Zusätzliche Gebühr VV Nr. 5115 581
   VI. Muster 582
      1. *Muster*: Bußgeldverfahren vor der Verwaltungsbehörde, Bußgeld unter 40 Euro 582
      2. *Muster*: Abwandlung; Geldbuße von 40 Euro–5.000 Euro ... 582
      3. *Muster*: Weitere Abwandlung; Geldbuße über 5.000 Euro ... 583
      4. *Muster*: Bußgeldverfahren vor der Verwaltungsbehörde mit Vernehmung, Geldbuße weniger als 40 Euro 583
      5. *Muster*: Abwandlung; die Geldbuße liegt zwischen 40 Euro und 5.000 Euro 584
      6. *Muster*: Weitere Abwandlung; die Geldbuße liegt über 5.000 Euro . 584
      7. *Muster*: Bußgeldverfahren, gerichtliches Verfahren im 1. Rechtszug, 1 Hauptverhandlungstermin, Geldbuße weniger als 40 Euro 585
      8. *Muster*: Abwandlung; Bußgeldverfahren mit einer Geldbuße von 40 Euro–5.000 Euro 585
      9. *Muster*: Weitere Abwandlung; Bußgeldverfahren mit einer Geldbuße von mehr als 5.000 Euro 586
     10. *Muster*: Antrag auf Zulassung der Rechtsbeschwerde, der Antrag wird begründet 586
     11. *Muster*: Abwandlung; die Rechtsbeschwerde wird zugelassen und die Hauptverhandlung durchgeführt 587
     12. *Muster*: Rechtsbeschwerde nach § 79 I 1 OWiG zulässig, Einlegung mit Hauptverhandlung, Anwalt erstmals im Rechtsbeschwerdeverfahren beauftragt 587
     13. *Muster*: Verfahren vor der Verwaltungsbehörde mit Einstellung des Bußgeldverfahrens, Geldbuße unter 40 Euro 588

Inhaltsverzeichnis

    14. *Muster:* Abwandlung; Bußgeldverfahren mit einer Geldbuße zwischen 40 Euro und 5.000 Euro 588
    15. *Muster:* Weitere Abwandlung; Bußgeldverfahren mit einer Geldbuße von mehr als 5.000 Euro 589
    16. *Muster:* Gerichtliches Verfahren, Rücknahme des Einspruchs mehr als 2 Wochen vor dem Termin der Hauptverhandlung, Bußgeld weniger als 40 Euro 589
    17. *Muster:* Abwandlung; Bußgeldverfahren mit einer Geldbuße von 40 Euro–5.000 Euro 590
    18. *Muster:* Weitere Abwandlung; Bußgeldverfahren mit einer Geldbuße von über 5.000 Euro 590
    19. *Muster:* Rechtsbeschwerde wird eingelegt und rechtzeitig vor der Hauptverhandlung (mehr als 2 Wochen) zurückgenommen 591

Teil 2 Durchsetzung des Vergütungsanspruchs gegen den Mandanten **593**

§ 12 Vergütungsfestsetzungsverfahren nach § 11 RVG **593**

  A. Allgemeines 593
  B. Voraussetzungen 594
      I. Verfahrensbeteiligte 594
        1. Rechtsanwalt 594
        2. Auftraggeber 594
      II. Gegenstand der Festsetzung 594
        1. Gesetzliche Vergütung 595
          a) Gebühren 595
            aa) Grundsatz 595
            bb) Sonderfälle 595
              (1) Abrategebühr 595
              (2) Beratungshilfe 596
              (3) Einigungsgebühr 596
              (4) Einzeltätigkeit 596
              (5) FGG-Verfahren 598
              (6) Mahnverfahren 598
              (7) Prozesskostenhilfeprüfungsverfahren 598
              (8) Schutzschrift 598
              (9) Vorverfahren 598
              (10) Vorzeitige Beendigung 599
              (11) Zwangsvollstreckung 599
          b) Auslagen 599
        2. Pauschgebühr 599
        3. Zu ersetzende Aufwendungen nach § 670 BGB 600
          a) Grundsatz 600
          b) Einzelfälle 600
        4. Rahmengebühren 601
          a) Grundsatz 601
          b) Festsetzung der Mindestgebühr 601
          c) Festsetzung über der Mindestgebühr liegender Gebühren 602
            aa) Inhalt der Zustimmungserklärung des Auftraggebers 602
            bb) Form der Zustimmungserklärung des Auftraggebers 602
            cc) Vorlage der Zustimmungserklärung 604
        5. Vereinbarte Vergütung 605
        6. Vergütung für Hilfskräfte 605
        7. Zinsen 605

III.	Verfahren	605
	1. Zuständigkeit	605
	a) Grundsatz	605
	b) Sonderfälle	606
	2. Antrag	606
	a) Form	606
	b) Antrag des Rechtsanwalts	606
	c) Antrag des Auftraggebers	607
	d) Rechtliches Gehör	608
	3. Anzuwendende Verfahrensvorschriften	609
	4. Entscheidung	609
	5. Aussetzung nach § 11 IV RVG	609
IV.	Zwangsvollstreckung	610
	1. Vollstreckbarkeit	610
	2. Vollstreckungsgegenklage	610
V.	Nicht gebührenrechtliche Einwendungen	610
	1. Allgemeines	610
	2. Gebührenrechtliche Einwendungen	611
	3. Nicht gebührenrechtliche Einwendungen	611
	a) Beachtlichkeit des Vorbringens	611
	b) Einzelfälle	612
VI.	Verhältnis des Vergütungsfestsetzungsverfahrens zum Honorarprozess	613
	1. Rechtsschutzbedürfnis	613
	2. Nicht gebührenrechtliche Einwendungen	614
	3. Unzutreffender Ablehnungsbeschluss nach § 11 V 1 RVG	615
	4. Vergütungsfestsetzungsverfahren und obligatorisches Güteverfahren	615

C. Muster ... 616
   I. *Muster:* Vergütungsfestsetzungsantrag gem. § 11 RVG – Zivilverfahren ... 616
  II. *Muster:* Vergütungsfestsetzungsantrag gem. § 11 RVG – Rahmengebühr (Mindestgebühr) ... 617
 III. *Muster:* Vergütungsfestsetzungsantrag gem. § 11 RVG – Rahmengebühren mit Zustimmungserklärung des Auftraggebers ... 617
 IV. *Muster:* Stellungnahme im Vergütungsfestsetzungsantrag gem. § 11 RVG bei unbeachtlichen Einwendungen ... 618

§ 13 Honorarprozess ... 619

A. Allgemeines ... 619
B. Honorarprozess ... 619
   I. Zuständigkeit ... 619
     1. Gerichtsstand des Hauptprozesses ... 619
     2. Gerichtsstand des Erfüllungsortes ... 620
     3. Allgemeiner Gerichtsstand ... 620
  II. Obligatorisches Schlichtungsverfahren ... 620
 III. Aktivlegitimation ... 620
 IV. Aufbau der Klageschrift ... 621
     1. Auftrag ... 621
     2. Aufklärungs- und Hinweispflicht ... 621
     3. Entstehungsvoraussetzungen der Gebührentatbestände ... 621
     4. Vereinbarte Vergütung ... 622
     5. Erfolglosigkeit des Vergütungsfestsetzungsverfahrens nach § 11 RVG ... 622
     6. Vergütungsabrechnung gem. § 10 RVG ... 622

        V. Kostenerstattung 623
        VI. *Muster:* Honorarklage 623
C. Mahnverfahren 625
        I. Allgemeines 625
        II. Vortrag zur Zulässigkeit 626

Teil 3 Vergütungsanforderung von der Staatskasse **627**

§ 14 Beratungshilfe **627**

A. Allgemeines 627
B. Einzelfragen 627
        I. Sachlicher Geltungsbereich 627
        II. Abwicklung der Beratungshilfe 628
            1. Berechtigungsschein für Beratungshilfe liegt vor 628
            2. Berechtigungsschein für Beratungshilfe liegt nicht vor 628
        III. Angelegenheit 629
C. Beratungshilfevergütung 630
        I. Vergütungstatbestände 630
            1. Beratungshilfegebühr VV Nr. 2500 630
            2. Beratungsgebühr VV Nr. 2501 630
            3. Beratungstätigkeit bei der Schuldenbereinigung VV Nr. 2502 631
            4. Geschäftsgebühr VV Nr. 2503 631
            5. VV Nrn. 2504–2507 632
            6. Einigungs- und Erledigungsgebühr VV Nr. 2508 632
        II. Auslagen 632
D. Muster 632

§ 15 Prozesskostenhilfe **634**

A. Allgemeines 634
B. Wichtige Einzelfragen 635
        I. Teilweise Bewilligung von Prozesskostenhilfe 635
        II. Berechnung von Zahlungen und Vorschüssen 637
C. Muster zur Kostenberechnung im Rahmen der der Prozesskostenhilfe bei
    teilweiser Bewilligung 638
        Muster: Kostenberechnung im Rahmen der Prozesskostenhilfe gegenüber der
            Staatskasse 638
        Muster: Kostenberechnung gegenüber Mandant 638

§ 16 Vergütung des Pflichtverteidigers **640**

A. Allgemeines 640
B. Einzelfragen 640
        I. Pauschgebühr § 51 RVG 640
        II. Anspruch gegen den Beschuldigten oder den Betroffenen gem. § 52
            RVG 641
C. Muster 642
        I. *Muster:* Antrag auf Festsetzung einer Pauschgebühr 642
        II. *Muster:* Antrag auf Feststellung der Leistungsfähigkeit des
            Beschuldigten nach § 52 II 1 Alt. 2 RVG 642

Teil 4 Vergütungsanforderung von der Rechtsschutzversicherung und vom Gegner	**645**
§ 17 Vergütungsanforderung von der Rechtsschutzversicherung	**645**
A. Allgemeines	645
I. Grundlagen	645
II. Deckungsvoraussetzungen und Versicherungsfall	645
III. Stichentscheid, Schiedsgutachterverfahren und Vorstandsbeschwerde ...	647
B. Einzelfragen	650
I. Deckungsanfrage	650
II. Vorschussanforderung	650
III. Form der Abrechnung	651
IV. Erstattungspflicht der Rechtsschutzversicherung bei Teildeckung	651
V. Deckungszusage für die nächste Instanz	652
C. Muster	652
I. *Muster:* Einfache Deckungsanfrage	652
II. *Muster:* Ausführliche Deckungsanfrage	653
III. *Muster:* Vorschussanforderung	653
IV. *Muster:* Abrechnung gegenüber Rechtsschutzversicherung bei nicht vorsteuerabzugsberechtigtem Mandanten	653
V. *Muster:* Abrechnung gegenüber Rechtsschutzversicherung bei vorsteuerabzugsberechtigtem Mandanten	654
VI. *Muster:* Übergang von der 1. Instanz ins Berufungsverfahren	655
§ 18 Vergütungsanspruch gegen die Gegenseite	**656**
A. Allgemeines	656
B. Einzelfragen	656
I. Beratungshilfe	656
II. Beitreibungsrecht nach § 126 ZPO	656
III. Anspruch auf Wahlverteidigergebühren gem. § 52 RVG	657
C. Muster	658
Muster: Kostenfestsetzungsantrag im eigenen Namen nach § 126 I ZPO	658
Stichwortverzeichnis	**659**

Teil 1 Vergütungsanspruch gegen den Mandanten

§ 1 Allgemeine Korrespondenz

A. Mandatsannahme

I. Erfassung des Begehrens des Mandanten

Eine entscheidende Weichenstellung für die spätere Abrechnung eines Mandats erfolgt bereits bei der Mandatsannahme. Entscheidend wichtig für die anwaltliche Tätigkeit, nicht nur aus gebührenrechtlicher, sondern auch aus haftungsrechtlicher Sicht, ist die vollständige Erfassung des Lebenssachverhalts und der Zielrichtungen, die den Mandanten veranlasst haben, einen Anwalt aufzusuchen. Vergütungsrechtlich ist entscheidend wichtig, die gewonnenen Informationen in die für die spätere Mandatsabrechnung relevanten gebührenrechtlichen Kategorien einzuordnen.

II. Einordnung in gebührenrechtliche Kategorien

Hier gilt es zunächst, die Begriffe Angelegenheit, Auftrag und Gegenstand präzise zu unterscheiden:

1. Angelegenheit

Der zentrale Begriff, auf den das gesamte Vergütungssystem des RVG aufbaut, ist der Begriff der Angelegenheit. Der Begriff der Angelegenheit wird im Gesetz nicht ausdrücklich bestimmt, er wird aber in den §§ 15–18 RVG vorausgesetzt.

Nach dem BGH ist unter einer „Angelegenheit" im gebührenrechtlichen Sinn **das gesamte Geschäft** zu verstehen, das der Rechtsanwalt für den Auftraggeber besorgen soll. Ihr Inhalt bestimmt den Rahmen, innerhalb dessen der Rechtsanwalt tätig wird. Ob eine oder mehrere Angelegenheiten vorliegen, ist unter Berücksichtigung der Lebensverhältnisse im Einzelfall abzugrenzen. Dabei ist nach dem BGH insbesondere der **Inhalt des erteilten Auftrags** maßgebend.[1]

Nach einhelliger Meinung in der Literatur sind für den Begriff der „Angelegenheit" **drei Kriterien** maßgebend; so setzt das Vorliegen einer Angelegenheit voraus, dass der anwaltlichen Tätigkeit

- ein einheitlicher Auftrag zugrunde liegt,
- sie sich im gleichen Rahmen hält,
- und zwischen den einzelnen Handlungen und/oder Gegenständen der anwaltlichen Tätigkeit ein innerer Zusammenhang besteht.[2]

---

[1] BGH, NJW 1995, 1431; kritisch zur Definition des Begriffs in der Rechtsprechung Bischof/*Bischof*, RVG, § 15 Rn 13.
[2] Mayer/Kroiß-*Winkler*, § 15 Rn 8; Gerold/Schmidt-*Madert*, § 15 Rn 7 ff.; Hartung/*Römermann*/Schons, § 15 Rn 14 f.; AnwK-RVG/*N.Schneider*, § 15 Rn 22; weniger auf die Kriterien abstellend Riedel/Sußbauer-*Fraunholz*, § 15 Rn 5 ff.

§ 1 Allgemeine Korrespondenz

a) Einheitlicher Auftrag

6 Das auf den ersten Blick völlig griffig erscheinende Tatbestandsmerkmal des „einheitlichen Auftrags" erweist sich in der konkreten Anwendung als nicht unproblematisch. Sicher ist, dass ein einheitlicher Auftrag dann vorliegt, wenn der Rechtsanwalt bezüglich eines bestimmten Rechts oder Rechtsverhältnisses einen konkreten Auftrag erhält.[3]

7 Auch wird von einem einheitlichen Auftrag in diesem Sinne selbst dann noch gesprochen, wenn ein einmal erteilter Auftrag lediglich erweitert wird.[4] Bei einer solchen **sukzessiven Auftragserteilung** muss aber Einigkeit zwischen Mandant und Anwalt bestehen, dass die Ansprüche gemeinsam behandelt werden sollen.[5] Es darf sich nicht um völlig neue Aufträge handeln, die mit dem ersten nicht im Zusammenhang stehen.[6]

8 Voraussetzung dafür, bei sukzessiven Erweiterungen noch einen einheitlichen Auftrag anzunehmen ist aber, dass bei Erteilung des weitergehenden Auftrags der ursprüngliche Auftrag noch nicht erledigt ist; wird der weitere Auftrag erst erteilt, nachdem der erste bereits vollständig erledigt ist, liegen immer zwei verschiedene Angelegenheiten vor.[7]

9 Teilweise wird das Abgrenzungskriterium „Auftrag" wegen der **Regelung des § 15 V RVG** als problematisch angesehen; nach § 15 V 1 RVG erhält der Rechtsanwalt, nachdem er in einer Angelegenheit tätig geworden ist, im Falle der Beauftragung, in derselben Angelegenheit weiter tätig zu werden, nicht mehr an Gebühren, als er erhalten würde, wenn er von vornherein beauftragt worden wäre.[8] Die Abgrenzung von nacheinander erteilten Aufträgen, die jeweils erteilt wurden, nachdem der vorausgegangene bereits vollständig erledigt ist, von den in § 15 V 1 RVG geregelten Fällen ist jedoch dergestalt vorzunehmen, dass § 15 V RVG voraussetzt, dass ein Mandat abgeschlossen ist und nunmehr in der gleichen Angelegenheit ein neues Mandat erteilt wird.[9]

10 Wird beispielsweise der Anwalt beauftragt, für den Vermieter gegen einen nach Zahlungsrückständen ausgezogenen ehemaligen Mieter noch die rückständigen Monatsmieten für Oktober–Dezember beizutreiben und erhält der Anwalt, während die außergerichtliche Geltendmachung der Mietrückstände noch läuft, zusätzlich noch den Auftrag, auch die aus der jetzt fertiggestellten Betriebskostenabrechnung resultierende Forderung zusätzlich gegen den früheren Mieter geltend zu machen, liegt nur eine Erweiterung des Auftrags und damit eine Angelegenheit vor. Anders wäre es jedoch zu beurteilen, wenn der Anwalt zunächst lediglich beauftragt wird, die rückständige Miete für die Monate Oktober–Dezember beizutreiben und, nachdem der ehemalige Mieter diese rückständigen Mieten bezahlt hat, der Vermieter auch noch die Betriebskostenabrechnung fertiggestellt hat und anschließend den Anwalt beauftragt, auch die

---

3 Vgl Mayer/Kroiß-*Winkler*, § 15 Rn 9; AnwK-RVG/*N.Schneider*, § 15 Rn 23.
4 Mayer/Kroiß-*Winkler*, § 15 Rn 10; AnwK-RVG/*N.Schneider*, § 15 Rn 23.
5 Gerold/Schmidt-*Madert*, § 15 RVG Rn 7; AnwK-RVG/*N.Schneider*, § 15 Rn 23.
6 AnwK-RVG/*N.Schneider*, § 15 Rn 23.
7 AnwK-RVG/*N.Schneider*, § 15 Rn 24; Mayer/Kroiß-*Winkler*, § 15 Rn 11; Bischof/*Bischof*, § 15 Rn 29.
8 Vgl. Bischof/*Bischof*, § 15 Rn 29.
9 Mayer/Kroiß-*Winkler*, § 15 Rn 169.

aus der Betriebskostenabrechnung resultierende Forderung geltend zu machen. Ein Fall des § 15 V 1 RVG läge dann vor, wenn der Anwalt zunächst auftragsgemäß die rückständigen Mieten für Oktober–Dezember gegen den früheren Mieter geltend macht und die Bemühungen aber einstellen muss, weil der frühere Mieter unbekannt verzogen ist, so dass der Anwalt das Mandat abschließt. Wird dann dem Vermieter vor Ablauf der in § 15 V 2 RVG genannten Frist von 2 Kalenderjahren die neue Anschrift des ehemaligen Mieters doch bekannt und beauftragt er den Anwalt erneut, nunmehr gegen den ehemaligen Mieter unter der jetzt bekannt gewordenen Anschrift die rückständigen Mieten für die Monate Oktober–Dezember beizutreiben, liegt ein Fall des § 15 V 1 RVG vor.[10]

b) Gleicher Rahmen

Auch das Merkmal des gleichen Rahmens der anwaltlichen Tätigkeit ist begrifflich nicht scharf konturiert. Während teilweise dieses Kriterium lediglich dahingehend verstanden wird, dass eine weitgehende Übereinstimmung in Inhalt und Zielsetzung bei der anwaltlichen Tätigkeit sein muss,[11] stellen andere wieder auf formale Kriterien wie beispielsweise der Geltendmachung der Ansprüche in getrennten Schreiben ab.[12] Eindeutig ist, dass ein gleicher Rahmen anwaltlicher Tätigkeit immer dann gegeben ist, wenn die Tätigkeit sich auf einen **einzigen Gegenstand** beschränkt.[13]

Werden **mehrere Gegenstände** bearbeitet, liegt ein gleicher Rahmen noch vor, wenn sowohl ein tatsächlicher als auch rechtlicher Zusammenhang besteht.[14] Ein tatsächlicher Zusammenhang ist dann anzunehmen, wenn sich die anwaltliche Tätigkeit gegen denselben Gegner richtet,[15] ein rechtlicher Zusammenhang, wenn die verschiedenen Gegenstände in einem einheitlichen Vorgehen geltend gemacht werden können und die anwaltlichen Tätigkeiten sachlich nicht erheblich voneinander abweichen.[16] Gegen einen gleichen Rahmen spricht es, wenn die unterschiedlichen Gegenstände in verschiedenen Rechtszügen oder gar Rechtswegen zu verfolgen wären.[17] In der Regel ist der gleiche Rahmen aber dann nicht mehr gegeben, wenn die Ansprüche gegen verschiedene Gegner geltend zu machen sind, auch wenn die Ansprüche aus einem gleichen Lebenssachverhalt stammen.[18]

c) Innerer Zusammenhang

Ein innerer Zusammenhang ist evident immer dann gegeben, wenn der Anwalt lediglich hinsichtlich eines Gegenstandes beauftragt ist.[19] Ist der Anwalt hinsichtlich mehrerer Gegenstände mandatiert, so erfordert dieses Kriterium, dass die Gegenstände

---

10 Vgl. hierzu auch das Beispiel in AnwK-RVG/*N.Schneider*, § 15 Rn 24 sowie Mayer/Kroiß-*Winkler*, § 15 Rn 11.
11 Hartung/*Römermann*/Schons, § 15 Rn 14.
12 Gerold/Schmidt-*Madert*, § 15 RVG Rn 8; in diesem Sinne wohl auch Bischof/*Bischof*, § 15 Rn 30.
13 Mayer/Kroiß-*Winkler*, § 15 Rn 18; AnwK-RVG/*N.Schneider*, § 15 Rn 30.
14 Mayer/Kroiß-*Winkler*, § 15 Rn 18.
15 Mayer/Kroiß-*Winkler*, § 15 Rn 19; AnwK-RVG/*N.Schneider*, § 15 Rn 30.
16 AnwK-RVG/*N.Schneider*, § 15 Rn 31 f.; vgl auch Mayer/Kroiß-*Winkler*, § 15 Rn 19 f.; stärker auf den Inhalt des erteilten Auftrags abstellend Hansens/*Braun*/Schneider, Teil 1 Rn 238.
17 AnwK-RVG/*N.Schneider*, § 15 Rn 33; Mayer/Kroiß-*Winkler*, § 15 Rn 21.
18 AnwK-RVG/*N.Schneider*, § 15 Rn 34.
19 Mayer/Kroiß-*Winkler*, § 15 Rn 22; AnwK-RVG/*N.Schneider*, § 15 Rn 35; Hansens/*Braun*/Schneider, Teil 1 Rn 239.

einem einheitlichen Lebensvorgang entstammen und in einem Verfahren gleichzeitig verfolgt werden können.[20]

d) Einzelfallentscheidung

14   Bei der konkreten Anwendung der vorgenannten Kriterien muss aber stets berücksichtigt werden, dass die Abgrenzung, ob eine oder mehrere Angelegenheiten vorliegen, häufig eine Einzelfallentscheidung ist.[21] Für eine richtige Gebührenabrechnung ist daher entscheidend, die umfangreiche von der Rechtsprechung entwickelte Kasuistik zu berücksichtigen.[22]

2. Gegenstand

15   Auch der Begriff des Gegenstandes der anwaltlichen Tätigkeit ist für die Vergütungsabrechnung von Bedeutung. Allgemein wird unter Gegenstand das **Recht oder** das **Rechtsverhältnis** verstanden, auf das sich auftragsgemäß die Tätigkeit des Rechtsanwalts bezieht.[23] Der Begriff des Gegenstandes hat insbesondere Bedeutung für die sogenannten Wertgebühren. Diese werden nach § 2 I RVG nach dem Wert berechnet, den der Gegenstand der anwaltlichen Tätigkeit hat. Dabei ist gleichgültig, ob es sich um ein bestehendes oder künftiges, ein nur angestrebtes oder behauptetes Recht oder Rechtsverhältnis handelt.[24] Die Bewertung ist nach objektiven Kriterien durchzuführen, rein persönliche Interessen des Auftraggebers, etwa ein Affektionsinteresse, bleiben unberücksichtigt. Subjektive Momente beeinflussen den Gegenstandswert dann, wenn sie objektivierbar sind.[25]

16   Die Begriffe Angelegenheit und Gegenstand sind nicht identisch, vielmehr ist unter „Angelegenheit" der Rahmen zu verstehen, innerhalb dessen sich die anwaltliche Tätigkeit abspielt.[26]

3. Auftrag

17   Der Auftrag, also das dem Anwalt erteilte Mandat, ist für die Vergütungsabrechnung in mehrfacher Hinsicht bedeutsam. So bestimmt der Auftrag den Gegenstand der anwaltlichen Tätigkeit,[27] indem er das Recht oder Rechtsverhältnis festlegt, auf das sich die Tätigkeit des Anwalts beziehen soll. Des Weiteren bestimmt der Auftrag, in welcher Form der Anwalt, zB beratend oder begutachtend, im Wege der Geschäftstätigkeit oder durch gerichtliche Geltendmachung in Bezug auf den ebenfalls durch den Auftrag definierten Gegenstand tätig werden soll.

---

20 Mayer/Kroiß-*Winkler*, § 15 Rn 22; AnwK-RVG/*N.Schneider*, § 15 Rn 35; Hansens/*Braun*/Schneider, Teil 1 Rn 239.
21 Vgl. BGH, NJW 1995, 1431; AnwK-RVG/*N.Schneider*, § 15 Rn 29, 34 f.
22 S. hierzu näher die alphabetischen Darstellungen Mayer/Kroiß-*Winkler*, § 15 Rn 25 ff.; AnwK-RVG/*N.Schneider*, § 15 Rn 37.
23 OLG München, NJW 1965, 258 ff., 259; Mayer/Kroiß-*Klees*, § 2 Rn 16; Gerold/Schmidt-*Madert*, § 2 Rn 3; Hartung/ Römermann/Schons, § 2 Rn 10; AnwK-RVG/*Rick*/*N.Schneider*, § 2 Rn 21; Riedel/Sußbauer-*Fraunholz*, § 2 Rn 2, Bischof/*Bischof*, § 2 Rn 9.
24 Mayer/Kroiß-*Klees*, § 2 Rn 16; Gerold/Schmidt-*Madert*, § 2 Rn 3; Riedel/Sußbauer-*Fraunholz*, § 2 Rn 3; Hartung/ Römermann/Schons, § 2 Rn 11.
25 AnwK-RVG/*Rick*/*N.Schneider*, § 2 Rn 23; Mayer/Kroiß-*Klees*, § 2 Rn 16.
26 OLG München, NJW 1965, 258 ff., 259; Bischof/*Bischof*, § 2 Rn 9.
27 Gerold/Schmidt-*Madert*, § 2 Rn 4.

III. Hinweispflicht nach § 49b V BRAO

§ 49b V BRAO wurde durch das Kostenrechtsmodernisierungsgesetz[28] neu eingeführt. Nach dieser Regelung hat der Anwalt dann, wenn sich die zu erhebenden Gebühren nach dem Gegenstandswert richten, vor Übernahme des Auftrags hierauf hinzuweisen.

1. Anwendungsbereich

Die durch § 49b V BRAO statuierte Hinweispflicht gilt für alle Mandate, bei denen sich die **Gebühren nach Gegenstandswert** richten, unter ihren Anwendungsbereich fallen nicht Mandate, für die Rahmengebühren gelten.[29] Die Hinweispflicht wird somit in vielen in den Teilen 2 und 3 VV geregelten Angelegenheiten bedeutsam.[30] Sie ist aber auch von Bedeutung in Straf- und Bußgeldsachen sowie in den sich nach Teil 6 VV richtenden sonstigen Verfahren, soweit sich die anwaltliche Vergütung dort nach Gegenstandswert richtet.[31] Ein Hinweis nach § 49b V BRAO des Verteidigers ist jedoch in folgenden Fällen erforderlich:

- Einziehung und verwandte Maßnahmen VV Nr. 4142 und Nr. 5116,[32]
- Adhäsionsverfahren VV Nrn. 4143, 4144,[33]
- Verfahrensgebühr für das Verfahren über die Beschwerde gegen den Beschluss, nach dem nach § 406 V 2 StPO von einer Entscheidung abgesehen wird,
- Verfahren über einen Antrag auf gerichtliche Entscheidung oder über die Beschwerde gegen eine den Rechtszug beendende Entscheidung nach § 25 I 3-5, § 13 StrRehaG VV Nr. 4146,[34]
- Im Erinnerungs- und Beschwerdeverfahren gegen den Gerichtskostenansatz und gegen einen Kostenfestsetzungsbeschluss (Vorbemerkung 4 Absatz 5 Nr. 1 VV, Vorbemerkung 5 Absatz 4 Nr. 1 VV und Vorbemerkung 6.2 Absatz 3 Nr. 1 VV),[35]
- In bestimmten Verfahren der Zwangsvollstreckung und in den entsprechenden Beschwerdeverfahren (Vorbemerkung 4 Absatz 5 Nr. 2 VV, Vorbemerkung 5 Absatz 4 Nr. 2 VV und Vorbemerkung 6.2 Absatz 3 Nr. 2 VV),[36]
- In den Fällen, in denen eine Einigungsgebühr nach Nr. 1000 VV ff. entstehen kann.[37]

Die Hinweispflicht besteht unabhängig von der Höhe des Gegenstandswertes.[38]

Teilweise wird vertreten, dass eine Hinweispflicht nach § 49b V BRAO auch bei Abschluss einer **Vergütungsvereinbarung** gilt, soweit sich die vereinbarte Vergütung

---

[28] BGBl. I 2004, S. 718.
[29] Gerold/Schmidt-*Madert*, § 4 Rn 95.
[30] Hansens, ZAP 2005, 885.
[31] Burhoff, Teil B Hinweispflicht Rn 5.
[32] Gerold/Schmidt-*Madert*, § 4 Rn 95; Burhoff, Teil B, Hinweispflicht Rn 6.
[33] Gerold/Schmidt-*Madert*, § 4 Rn 95; Burhoff, Teil B, Hinweispflicht Rn 6.
[34] Burhoff, Teil B Hinweispflicht Rn 6; Gerold/Schmidt-*Madert*, § 4 Rn 95.
[35] Gerold/Schmidt-*Madert*, § 4 Rn 95; Burhoff, Teil B Hinweispflicht Rn 6.
[36] Gerold/Schmidt-*Madert*, § 4 Rn 95; Burhoff, Teil B Hinweispflicht Rn 6.
[37] Gerold/Schmidt-*Madert*, § 4 Rn 95; vgl auch Burhoff, Teil B Hinweispflicht Rn 6.
[38] Hansens, ZAP 2005, 885; Hansens/*Braun/Schneider*, Teil 1 Rn 111; AnwK-RVG/*Rick/N.Schneider*, § 2 Rn 47.

nach dem Gegenstandswert richtet, etwa weil die Parteien als Vergütung einen Aufschlag auf die gesetzlichen Gebühren oder die Abrechnung nach einem höheren Gegenstandswert vereinbart haben.[39] Dieser Auffassung ist jedoch entgegenzuhalten, dass die Hinweispflicht nach § 49b V BRAO nicht davon abhängig sein kann, welchen Inhalt eine Vergütungsvereinbarung nach § 4 RVG hat. § 49b I BRAO spricht ausdrücklich von den zu erhebenden Gebühren. Zu erhebende Gebühren sind jedoch nur solche, die ihre Grundlage im RVG und nicht in einer Vergütungsvereinbarung haben. Dies spricht dafür, dass die Hinweispflicht in allen Fällen besteht, in denen das RVG eine Vergütung in Form von Wertgebühren vorsieht, auch wenn es im konkreten Mandat zum Abschluss einer Vergütungsvereinbarung kommt.

2. Zeitpunkt des Hinweises

21 Nach dem Wortlaut der gesetzlichen Regelung hat der Anwalt den Wertgebührenhinweis dem potentiellen Mandanten **vor Übernahme des Auftrags** zu erteilen. Dies stößt vielfach auf erhebliche praktische Schwierigkeiten, so dass diese Anforderung vielfach restriktiv ausgelegt wird. Ist zB zum Zeitpunkt der Übernahme des Mandats noch nicht erkennbar, dass Gebührentatbestände verwirklicht werden, die Wertgebühren vorsehen, entsteht die Hinweispflicht erst später, und zwar dann, wenn erkennbar wird, dass auch Gebühren entstehen (können), die sich nach Gegenstandswert richten.[40] Wird der Anwalt schriftlich beauftragt, so soll ausreichend bei schriftlicher Mandatsannahme sein, dass der Hinweis im Mandatsbestätigungsschreiben durch den Anwalt erteilt wird.[41] Bei Dauermandanten, also Auftraggebern, die einen Anwalt laufend in einer Vielzahl gleichartiger Angelegenheiten mit der Vertretung beauftragen, soll ein für alle vergleichbaren Fälle geltender „Generalhinweis" genügen und eine gesonderte Belehrung in jedem Einzelfall überflüssig machen.[42]

22 An die Hinweispflicht nach § 49b V BRAO muss auch beim Abschluss einer Vergütungsvereinbarung gedacht werden. So kann sich nach Übernahme des Auftrags herausstellen, dass eine geschlossene Vergütungsvereinbarung unwirksam ist. Oder bei einer wirksamen Vergütungsvereinbarung nach § 4 III 2 RVG ist die Festsetzung der Vergütung dem Ermessen eines Vertragsteils überlassen. Da in beiden Fällen nur die gesetzliche Vergütung berechnet werden kann, es sei denn das vereinbarte Honorar liegt darunter, wird empfohlen, bereits in die Vergütungsvereinbarung einen vorsorglichen Hinweis nach § 49b V BRAO für den Fall der Unwirksamkeit der Vergütungsvereinbarung aufzunehmen.[43] Auch dann, wenn die Vergütungsvereinbarung lediglich an einem Formmangel nach § 4 I RVG leidet und somit eine unvollkommene Verbindlichkeit begründet,[44] soll nach einer Auffassung die verbraucherschutzrechtlich motivierte ratio legis der Regelung des § 49b V BRAO es gebieten, auch vorsorglich

---

39 Schneider, Vergütungsvereinbarung Rn 1540 f.; AnwK-RVG/*Rick/N.Schneider*, § 2 Rn 44.
40 Burhoff, Teil B Hinweispflicht Rn 7; vgl auch AnwK-RVG/*Rick/N.Schneider*, § 2 Rn 62; noch weiter gehend – keine Hinweispflicht mehr, weil nicht mehr erfüllbar – Gerold/Schmidt-*Madert*, § 4 Rn 97.
41 AnwK-RVG/*Rick/N.Schneider*, § 2 Rn 62; Hartung, MDR 2004, 1092, 1093.
42 Hansens, ZAP 2005, 885, 886; AnwK-RVG/*Rick/N.Schneider*, § 2 Rn 63.
43 AnwK-RVG/*Rick/N.Schneider*, § 2 Rn 65 f.
44 Mayer/Kroiß-*Teubel*, § 4 Rn 15; AnwK-RVG/*Rick/N.Schneider*, § 2 Rn 67.

für diesen Fall eine Art „salvatorische Klausel" mit einem entsprechenden Wertgebührenhinweis in die Vergütungsvereinbarung aufzunehmen.[45]

3. Adressat des Wertgebührenhinweises

Wer Adressat des Wertgebührenhinweises ist, wird in § 49b V BRAO nicht ausdrücklich geregelt. Aus dem Sachzusammenhang, dass der Hinweis „vor Übernahme des Auftrags" erteilt werden soll, ergibt sich jedoch, dass der Hinweis **dem potentiellen Auftraggeber** zu erteilen ist.[46] Dies gilt auch bei rechtsschutzversicherten Mandanten, eines Hinweises an die Rechtsschutzversicherung bedarf es nicht.[47]

4. Form

Einigkeit besteht darüber, dass der Wertgebührenhinweis nach § 49b V BRAO **keiner Form** bedarf.[48] Strittig ist, ob ein Aushang im Wartezimmer oder am Empfang liegende Merkblätter ausreichend sind.[49] Ungeeignet ist jedoch die Aufnahme des Wertgebührenhinweises in die Vollmacht.[50] Denn es spricht viel dafür, dass ein Wertgebührenhinweis in der Vollmacht als überraschende Klausel iS des § 305c I BGB zu bewerten ist.[51] Der Mandant, der eine Vollmacht unterzeichnet, erwartet, dass in der Vollmacht die von ihm erforderlichen Erklärungen enthalten sind, damit der Anwalt für ihn nach außen hin tätig werden kann. Er rechnet jedoch nicht bei der Unterzeichnung der Vollmacht damit, dass diese an ihn selbst gerichtete Hinweise enthält.

Ein Hinweis im **Mandatsbestätigungsschreiben** dürfte dem Erfordernis widersprechen, dass ein Wertgebührenhinweis vor Übernahme des Auftrags zu erfolgen hat.[52] Am naheliegendsten ist es, vom Mandanten vor Abschluss des Mandatsvertrags die schriftliche Bestätigung einzuholen, dass der Anwalt seiner Hinweispflicht nach § 49b V BRAO nachgekommen ist.[53] Allerdings ist eine solche nachträgliche Bestätigung des erfolgten Wertgebührenhinweises in einem vorformulierten Schreiben nach § 309 Nr. 12 BGB problematisch, da in der Bestätigung dieser Tatsache eine Beweislastumkehr liegen könnte.[54] Empfehlenswert ist daher, dass nicht in einem vorformulierten Schreiben der erteilte Hinweis bestätigt wird, sondern es sollte die Belehrung tatsächlich erteilt werden und erst sodann die Auftragserteilung erfolgen, wobei die zeitliche Reihenfolge sich aus der Urkunde ergeben sollte.[55]

---

45 AnwK-RVG/*Rick/N.Schneider*, § 2 Rn 67.
46 Hansens, ZAP 2005, 885 ff., 887; AnwK-RVG/*Rick/N.Schneider*, § 2 Rn 55.
47 Hansens, ZAP 2005, 885 ff., 887; AnwK-RVG/*Rick/N.Schneider*, § 2 Rn 55; Hartung, MDR 2004, 1092, 1093.
48 Gerold/Schmidt-*Madert*, § 4 Rn 100; AnwK-RVG/*Rick/N.Schneider*, § 2 Rn 58; Hansens/*Schneider*, Teil 1 Rn 7; Hansens, ZAP 2005, 885, 886.
49 Dafür Gerold/Schmidt-*Madert*, § 4 Rn 100; nicht ausreichend Hansens/*Schneider*, Teil 1 Rn 7; Hansens, RVGreport 2004, 443.
50 So aber Gerold/Schmidt-*Madert*, § 4 Rn 100.
51 AnwK-RVG/*Rick/N.Schneider*, § 2 Rn 58 mwN.
52 Für die Zulässigkeit des Wertgebührenhinweises im Mandatsbestätigungsschreiben Gerold/Schmidt-*Madert*, § 4 Rn 100.
53 So Gerold/Schmidt-*Madert*, § 4 Rn 100; AnwK-RVG/*Rick/N.Schneider*, § 2 Rn 60; Hansens, ZAP 2005, 885, 886.
54 Hansens/*Schneider*, Teil 1 Rn 12 f.; Jungbauer, JurBüro 2006, 171 ff., 179.
55 Hansens/*Schneider*, Teil 1 Rn 14.

5. Inhalt des Hinweises

26 Nach weit überwiegender Meinung genügt die **pauschale, schlichte Erklärung,** dass sich die Gebühren nach dem Gegenstandswert richten. Ungefragt muss der Anwalt nach dieser Auffassung keine weitergehenden Erläuterungen zur Höhe des Gegenstandswertes und zur daraus resultierenden Vergütung geben.[56] Es sind jedoch Zweifel angebracht, ob ein solcher pauschaler Hinweis dem vom Gesetzgeber mit der Einführung der Vorschrift verfolgten Zweck gerecht wird. Der Gesetzgeber wollte mit dem neu eingeführten § 49b V BRAO die in der Vergangenheit immer wieder aufgetretenen Unzuträglichkeiten vermeiden, wenn Mandanten vor allem bei hohen Gegenstandswerten von der Abrechnung „überrascht" werden. Allerdings sah der Gesetzgeber eine solche Hinweispflicht auch als ausreichend an, nach einem entsprechenden Hinweis werde ein Mandant – so die Vorstellung des Gesetzgebers –, der die Folgen dieser Form der Gebührenberechnung nicht abschätzen könne, den Anwalt hierzu befragen.[57] Berücksichtigt man jedoch den Zweck des neu eingeführten § 49b V BRAO zu verhindern, dass Mandanten von einer Gebührenabrechnung „überrascht" werden, ist zweifelhaft, ob der bloße Hinweis des Anwalts, dass sich in einer bestimmten Rechtssache die Gebühren nach Gegenstandswert richten, ausreicht. Selbst wenn der Mandant weiß, dass sich in seinem Fall die Gebühren nach dem Gegenstandswert richten, weiß er noch lange nicht, welche Kosten auf ihn durch die in Auftrag gegebene anwaltliche Tätigkeit zukommen. Hinzu kommt ferner, dass häufiger weniger das Verhältnis der Gebühr zum Streitwert, sondern die Art der Streitwertberechnung den juristischen Laien überrascht. Da der Wortlaut des § 49b V BRAO durchaus auch eine weitergehende Auslegung zulässt, ist es sicherlich ratsam nicht lediglich darauf hinzuweisen, dass sich die zu erhebenden Gebühren nach Gegenstandswert richten, sondern – soweit abschätzbar – zumindest auch die Höhe des Gegenstandswertes dem Mandanten mitzuteilen.

6. Folgen eines unterbliebenen Hinweises nach § 49b V BRAO

27 Teilweise wird vertreten, dass ein Verstoß gegen § 49b V BRAO nur berufsrechtliche Folgen hat.[58] Nach anderer Auffassung kann darüber hinaus ein Schadensersatzanspruch aus pVV auf Nichterhebung der Gebühren entstehen.[59] Da die Hinweispflicht des Anwalts nach § 49b V BRAO „vor Übernahme des Auftrags" zu erfolgen hat, kommt als Anspruchsgrundlage für einen **Schadensersatzanspruch** das Rechtsinstitut der **c.i.c.** richtiger Auffassung nach in Betracht.[60] Da nach weit überwiegender Meinung ein Hinweis genügt, dass die Gebühren nach dem Gegenstandswert abgerechnet werden, ist es im Streitfalle Sache des Mandanten darzulegen und ggf unter Beweis zu

---

[56] BGH, BeckRS 2007, 10345 mit Anm. Mayer FD-RVG 2007, 233542; Hansens, ZAP 2005, 885, 886; Gerold/Schmidt-*Madert,* § 4 Rn 96; Hansens, RVGreport 2004, 183; Hansens, RVGreport 2004, 443; Burhoff, Teil B, Hinweispflicht Rn 8; AnwK-RVG/*Rick/N.Schneider,* § 2 Rn 8.
[57] BT-Drucks. 15/1971, S. 232.
[58] Völtz, BRAK-Mitteilungen 2004, 103 ff.; AG Berlin-Charlottenburg, BeckRS 2007, 08370 mit Anm. Mayer FD-RVG 2007, 225669.
[59] Bischof/*Bischof,* § 1 Rn 48.
[60] BGH BeckRS 2007, 10345 mit Anm. Mayer FD-RVG 2007, 233542; Gerold/Schmidt-*Madert,* § 4 Rn 98; Hansens, ZAP 2005, 885, 888; Hansens, RVGreport 2004, 183; Hansens, RVGreport 2004, 443, 448; AnwK-RVG/*Rick/N.Schneider,* § 2 Rn 73.

stellen, wie er auf eine solche allgemeine Information reagiert hätte.[61] Richtiger Auffassung nach erfüllt die Verletzung der Hinweispflicht nicht die Straftatbestände des Betruges (§ 263 StGB) und der Untreue (§ 266 StGB).[62]

7. Muster

a) Muster: Wertgebührenhinweis nach § 49b V BRAO – Grundfassung

Nach § 49b V BRAO hat der Rechtsanwalt vor Übernahme des Auftrags darauf hinzuweisen, wenn sich die zu erhebenden Gebühren nach dem Gegenstandswert richten.

In Erfüllung dieser gesetzlichen Verpflichtung wird Herr/Frau ▪▪▪ von Rechtsanwalt/Rechtsanwältin ▪▪▪ darauf hingewiesen, dass sich in der Angelegenheit ▪▪▪ die zu erhebenden Gebühren nach dem Gegenstandswert richten.

Dies berücksichtigend beauftragt Herr/Frau ▪▪▪ Rechtsanwalt/Rechtsanwältin ▪▪▪, in der vorgenannten Angelegenheit tätig zu werden.

Ort, Datum

▪▪▪

Unterschrift Auftraggeber

b) Muster: Wertgebührenhinweis nach § 49b BRAO – ausführliche Fassung

Nach § 49b V BRAO hat der Rechtsanwalt vor Übernahme des Auftrags darauf hinzuweisen, wenn sich die zu erhebenden Gebühren nach dem Gegenstandswert richten.

In Erfüllung dieser gesetzlichen Verpflichtung wird Herr/Frau ▪▪▪ von Rechtsanwalt/Rechtsanwältin ▪▪▪ darauf hingewiesen, dass sich in der Angelegenheit ▪▪▪ die zu erhebenden Gebühren nach dem Gegenstandswert richten und dass dieser Gegenstandswert in der vorgenannten Angelegenheit mindestens ▪▪▪ Euro beträgt.

Dies berücksichtigend beauftragt Herr/Frau ▪▪▪ Rechtsanwalt/Rechtsanwältin ▪▪▪, in der vorgenannten Angelegenheit tätig zu werden.

Ort, Datum

▪▪▪

Unterschrift Auftraggeber

IV. Belehrung über die Kostentragungspflicht nach § 12a I ArbGG

1. Ausschluss der Kostenerstattung

Nach § 12a I 1 ArbGG besteht im **Urteilsverfahren des ersten Rechtszugs** kein Anspruch der obsiegenden Partei auf Entschädigung wegen Zeitversäumnis und auf Erstattung der Kosten für die Zuziehung eines Prozessbevollmächtigten oder Beistandes. § 12a I 2 ArbGG bestimmt ferner, dass vor Abschluss der Vereinbarung über die Vertretung auf den Ausschluss der Kostenerstattung nach § 12a I 1 ArbGG hinzuweisen ist. Anders als im „normalen" Zivilprozess werden auch bei vollem Obsiegen in 1. Instanz die der obsiegenden Partei in 1. Instanz entstandenen Anwaltskosten nicht vom unterlegenen Gegner erstattet. Zweck der Regelung ist eine „Verbilligung" des

---

[61] BGH BeckRS 2007, 10345 mit Anm. Mayer FD-RVG 2007, 233542.
[62] AnwK-RVG/*Rick/N.Schneider*, § 2 Rn 83 ff.

erstinstanzlichen Verfahrens vor den Gerichten für Arbeitssachen, keine Partei soll damit rechnen können und müssen, dass ihr im Falle des Obsiegens die eigenen Kosten ihres Prozessbevollmächtigten erstattet werden, oder dass ihr im Falle des Unterliegens die Kosten des Prozessbevollmächtigten des Gegners auferlegt werden könnten. Aus diesem Normzweck folgt ferner, dass § 12a I 1 ArbGG nicht nur den prozessualen Kostenerstattungsanspruch einschränkt, sondern **zugleich materiell-rechtliche Wirkungen** entfaltet, so dass jeder Kostenerstattungsanspruch unabhängig von seiner Anspruchsgrundlage (beispielsweise auch allgemein auf § 826 BGB oder § 823 BGB gestützte Schadensersatzansprüche) durch § 12 a I 1 ArbGG ausgeschlossen sind; die Grenze liegt erst dort, wenn festzustellen ist, dass die Regelung des § 12a I 1 ArbGG bewusst missbraucht wurde, um dem Gegner konkreten Schaden zuzufügen, der Rechtsstreit also in der Absicht geführt worden ist, dem Gegner die Kosten seines Prozessbevollmächtigten aufzubürden.[63]

2. Ausnahme

31 Geht das Verfahren in die 2. **Instanz**, so bleibt es beim Ausschluss der Kostenerstattung für die 1. Instanz. Die im Berufungsverfahren unterlegene Partei hat dann der Gegenseite nur die Kosten des Berufungsverfahrens zu erstatten, während es hinsichtlich der ersten Instanz beim Ausschluss der Kostenerstattung für die Zuziehung eines Prozessbevollmächtigten bleibt. § 12a ArbGG gilt auch für die **außergerichtliche Auseinandersetzung**, so dass auch für außergerichtlich aufgewendete Anwaltskosten kein Erstattungsanspruch besteht, § 12a ArbGG ist aber in **Zwangsvollstreckungsverfahren** nicht anzuwenden ebenso wie im **Beschlussverfahren**.[64]

3. Belehrungspflicht

32 Da somit jeder erstinstanzliche Rechtsstreit und sogar auch jede außergerichtliche Tätigkeit zu Kosten des Mandanten führt, die – von Sonderfällen abgesehen – von der Gegenseite nicht zu erstatten sind, ist der Mandant vor Abschluss der Vereinbarung über die gerichtliche Vertretung und – bei außergerichtlicher Tätigkeit vor Übernahme des Mandats – auf den Ausschluss der Kostenerstattung hinzuweisen. Der Partei sind auf Verlangen die voraussichtlichen Kosten mitzuteilen. Unterbleibt die Belehrung, kann ein Schadensersatzanspruch aus Verschulden bei Vertragsschluss gegen den Prozessbevollmächtigten bestehen, der auf das negative Interesse gerichtet ist, also auf den Betrag, der nicht entstanden wäre, wäre die Belehrung rechtzeitig erfolgt. Mit ihm kann gegen die Gebührenforderung aufgerechnet werden.[65]

4. Ausnahmen von der Belehrungspflicht

33 Die Belehrung kann jedoch unterbleiben, wenn feststeht, dass die Partei kein Kostenrisiko treffen kann, weil eine **Rechtsschutzversicherung** in vollem Umfang eintritt.[66]

---

63 BAG, AP ArbGG § 12a Nr. 6.
64 Rolfs/Giesen/Kreikebohm/Udsching, § 12a ArbGG vor Rn 1; BAG, NZA 1995, 545 für den Ausschluss der Vorschrift im Beschlussverfahren.
65 ErfKoArbR-*Koch*, § 12a ArbGG Rn 6.
66 GMP-*Germelmann*, § 12a Rn 30.

A. Mandatsannahme

Die mögliche Bewilligung von **Prozesskostenhilfe** hingegen schließt die Belehrungspflicht nicht aus.[67]

Wendet die Partei im Vergütungsfestsetzungsverfahren nach § 11 RVG ein, vor Mandatsübernahme von ihrem Prozessbevollmächtigten nicht auf den Ausschluss der Kostenerstattung nach § 12a I 2 ArbGG hingewiesen worden zu sein, handelt es sich zwar um eine außergebührenrechtliche Einwendung iS von § 11 V 1 RVG, die jedoch erfolglos bleibt, wenn die Partei bereits zuvor vom Arbeitsgericht mit einem Merkblatt auf die Kostenregelung des § 12a I ArbGG hingewiesen worden war oder in sonstiger Weise positive Kenntnis hat.[68]

34

Muster: Belehrung über die Kostentragungspflicht nach § 12a I ArbGG

35

Vor Erteilung des Mandats in der Angelegenheit ▪▪▪ / ▪▪▪ wegen ▪▪▪ wird Herr/Frau ▪▪▪ von Rechtsanwalt/Rechtsanwältin ▪▪▪ darauf hingewiesen, dass es in arbeitsgerichtlichen Urteilsverfahren des ersten Rechtszugs keinen Anspruch auf Entschädigung wegen Zeitversäumnis oder auf Erstattung der Kosten für die Zuziehung eines Prozessbevollmächtigten selbst bei Obsiegen in vollem Umfang gegen die Gegenseite gibt. Rechtsanwalt/Rechtsanwältin ▪▪▪ weist ausdrücklich darauf hin, dass der Ausschluss der Kostenerstattung grundsätzlich auch für die Kosten der außergerichtlichen Tätigkeit gilt.

3

Ort, Datum

▪▪▪

Unterschrift Auftraggeber

V. Abtretung von Kostenerstattungsansprüchen

1. Grundlagen

Je nach den wirtschaftlichen Verhältnissen des Mandanten kann es sinnvoll sein, wenn sich der Anwalt zur **Absicherung der eigenen Vergütungsansprüche** die Kostenerstattungsansprüche des Mandanten abtreten lässt. Der prozessuale Kostenerstattungsanspruch einer Partei oder ihres Streithelfers gegen die andere oder deren Streithelfer entsteht nicht erst im Zeitpunkt der Kostengrundentscheidung, sondern schon im Zeitpunkt der Begründung des Prozessrechtsverhältnisses, meist also mit der Rechtshängigkeit oder mit der Einlegung eines Rechtsmittels usw.[69] Vor Erlass einer Kostengrundentscheidung oder dem Eintritt eines Ereignisses, das eine gesetzliche Kostengrundvorschrift wirksam werden lässt, etwa einer wirksamen Klagerücknahme nach § 269 III 2 ZPO, ist der prozessuale Kostenerstattungsanspruch allerdings noch nicht fällig, sondern aufschiebend bedingt.[70] Der Kostenerstattungsanspruch ist auch schon als aufschiebend bedingter abtretbar.[71] Vielfach kann jedoch der Prozessgegner gegen den Kostenerstattungsanspruch nach § 406 BGB wirksam Aufrechnung erklären. Nach den Grundsätzen der Kostenfestsetzung kann über den zur Aufrechnung gestellten Anspruch nicht im Kostenfestsetzungsverfahren entschieden werden, es sei

36

---

67 ErfKoArbR-*Koch*, § 12a ArbGG Rn 6.
68 LAG Düsseldorf, NZA-RR 2004, 433 zu dem insoweit inhaltlich unveränderten § 19 BRAGO aF.
69 Baumbach/Lauterbach, ÜB § 91 Rn 33.
70 Baumbach/Lauterbach, ÜB § 91 Rn 34.
71 Baumbach/Lauterbach, ÜB § 91 Rn 34.

denn, er ist unstreitig. Bei der Kostenfestsetzung im Zivilprozess wird daher ohne Berücksichtigung der Aufrechnung festgesetzt und der Aufrechnungsgläubiger auf die Vollstreckungsgegenklage verwiesen.[72]

37 Eine Sonderregelung findet sich in **§ 43 RVG für Straf- und Bußgeldsachen**. Hat der Beschuldigte oder der Betroffene seinen Anspruch gegen die Staatskasse auf Erstattung von Anwaltskosten als notwendige Auslagen an seinen Verteidiger abgetreten, ist eine von der Staatskasse gegenüber dem Beschuldigten oder dem Betroffenen erklärte Aufrechnung insoweit unwirksam, als sie den Anspruch des Rechtsanwalts vereiteln oder beeinträchtigen würde, vorausgesetzt, wenn zum Zeitpunkt der Aufrechnung eine Urkunde über die Abtretung oder eine Anzeige des Beschuldigten oder des Betroffenen über die Abtretung in den Akten vorliegt.

38 Unabhängig davon, dass sich außerhalb von Straf- und Bußgeldsachen die Abtretung der Kostenerstattungsansprüche des Mandanten vielfach als ein stumpfes Schwert zur Durchsetzung der eigenen Vergütung erweist, sollte der Anwalt bei Mandatsannahme es sich zur Bedingung machen, dass die eigene Vergütung gesichert sein muss; auf ein Vabanquespiel dergestalt, dass er darauf hoffen muss, dass das Verfahren zu einem Kostenerstattungsanspruch des eigenen Mandanten führt und er diesen auch noch erfolgreich durchsetzt, sollte sich der Anwalt nicht einlassen.

2. Muster

a) Muster: Abtretung von Kostenerstattungsansprüchen mit eingeschränktem Recht zur Offenlage

39 In der Angelegenheit ▪▪▪ / ▪▪▪

wird zwischen Rechtsanwalt/Rechtsanwältin ▪▪▪ (künftig „Rechtsanwalt")

und

Herrn/Frau ▪▪▪ (künftig „Mandant")

folgendes vereinbart:

§ 1

Der Mandant tritt an den Rechtsanwalt alle Kostenerstattungsansprüche, gleich ob bereits entstanden oder künftig noch entstehend, ab, die ihm gegen den Prozessgegner in der Angelegenheit ▪▪▪ / ▪▪▪, Aktenzeichen ▪▪▪, ▪▪▪ (Gericht) zustehen. Der Mandant tritt ferner an den Rechtsanwalt ab alle ihm in der vorgenannten Angelegenheit gegen die Staatskasse zustehenden Ansprüche auf Rückerstattung nicht verbrauchter Gerichtskosten und Auslagenvorschüsse.

§ 2

Die vorgenannten Abtretungen dienen der Absicherung des Vergütungsanspruchs des Rechtsanwalts in der vorgenannten Angelegenheit.

§ 3

Der Rechtsanwalt ist berechtigt, diese Abtretung offenzulegen, sobald der Mandant mit dem Ausgleich einer fälligen Vergütungsabrechnung iS von § 10 RVG oder mit einer Vorschussanforderung nach § 9 RVG in Verzug gekommen ist.

---

72 V.Eicken/Hellstab/Lappe/*Madert*/Mathias, F 173.

Ort, Datum

▄▄▄

Unterschrift Mandant

Ort, Datum

▄▄▄

Unterschrift Rechtsanwalt

b) Muster: Abtretung von Kostenerstattungsansprüchen mit Recht zur Offenlage der Abtretung

In der Angelegenheit ▄▄▄ / ▄▄▄

wird zwischen Rechtsanwalt/Rechtsanwältin ▄▄▄ (künftig „Rechtsanwalt")

und

Herrn/Frau ▄▄▄ (künftig „Mandant")

folgendes vereinbart:

§ 1

Der Mandant tritt an den Rechtsanwalt alle Kostenerstattungsansprüche, gleich ob bereits entstanden oder künftig noch entstehend, ab, die ihm gegen den Prozessgegner in der Angelegenheit ▄▄▄ / ▄▄▄, Aktenzeichen ▄▄▄, ▄▄▄ (Gericht) zustehen. Der Mandant tritt ferner an den Rechtsanwalt ab alle ihm in der vorgenannten Angelegenheit gegen die Staatskasse zustehenden Ansprüche auf Rückerstattung nicht verbrauchter Gerichtskosten und Auslagenvorschüsse.

§ 2

Die vorgenannten Abtretungen dienen der Absicherung des Vergütungsanspruchs des Rechtsanwalts in der vorgenannten Angelegenheit.

§ 3

Der Rechtsanwalt ist berechtigt, die vorstehend geregelten Abtretungen jederzeit offenzulegen und die abgetretenen Forderungen einzuziehen.

Ort, Datum

▄▄▄

Unterschrift Mandant

Ort, Datum

▄▄▄

Unterschrift Rechtsanwalt

VI. Mandatsbestätigung

1. Grundlagen

Der Umfang des dem Anwalt erteilten Auftrags sollte aus verschiedenen Gründen präzise dokumentiert werden. Zum einen ist eine entsprechende Beauftragung des Anwalts Grundvoraussetzung, dass überhaupt Vergütungsansprüche entstehen können, und ein nachgewiesener Auftrag vielfach auch unabdingbare Voraussetzung dafür, dass Vergütungsansprüche erfolgreich gegen den Mandanten – außergerichtlich oder sogar gerichtlich – durchgesetzt werden können. Darüber hinaus sollte der Umfang des dem Anwalt erteilten Auftrags auch aus haftungsrechtlichen Gründen präzise dokumentiert werden, damit zwischen den Parteien des Mandatsverhältnisses Klarheit darüber herrscht, hinsichtlich welcher Gegenstände der Anwalt rechtliche Überprüfungen anzustellen hat und welche Fragestellungen nicht mehr von ihm rechtlich überprüft werden müssen.

42 Bei der Mandatsannahme ist es sicherlich am elegantesten, wenn es gelingt, den Mandanten durch das Mandatsbestätigungsschreiben zu einer konkret nachweisbaren Handlung, beispielsweise der Unterzeichnung und Rücksendung einer Vollmacht oder eines anderen Schriftstücks, aufzufordern, damit der **Zugang** des Schreibens und das Einverständnis des Mandanten **eindeutig nachgewiesen** sind. Doch auch dann, wenn lediglich eine Mandatsbestätigung erfolgt, die inhaltlich so abgefasst ist, dass der Mandant hierauf nicht antworten muss, ist zumindest die Tatsache, dass der Mandant nicht widerspricht und die Tätigkeit des Anwalts zur Kenntnis nimmt, ein gewichtiges Indiz dafür, dass der Mandant den entsprechenden Auftrag erteilt hat.[73]

2. Muster

a) Muster: Mandatsbestätigung – Grundform

43 An

Herrn Dr. ■■■

■■■-Straße ■■■

■■■ Ort

Betr.: Neue Forderungsangelegenheit gegen ■■■

Sehr geehrter Herr Dr. ■■■

wir bestätigen dankend den Eingang Ihres Schreibens vom ■■■ nebst Anlagen, mit dem Sie uns beauftragen wollen, Ihre offene Privatabrechnung, Rechnung Nr. ■■■ vom ■■■, bei ■■■ einzuziehen. Für das weitere Vorgehen schlagen wir vor, die genannte Rechnung außergerichtlich anzumahnen und bei fruchtlosem Fristablauf gerichtlich, dh zunächst durch Beantragung eines Mahnbescheids und im Falle eines Widerspruchs des Schuldners auch im streitigen Verfahren, durchzusetzen.

§ 49b V BRAO verpflichtet uns, dann, wenn sich die anwaltliche Vergütung nach dem Gegenstandswert richtet, ausdrücklich darauf hinzuweisen, dass die zu erhebenden Gebühren nach dem Gegenstandswert richten. Auch in der Forderungsangelegenheit gegen ■■■ richten sich die von uns zu erhebenden Gebühren nach dem Gegenstandswert, dieser beträgt mindestens ■■■ Euro.

Den uns übermittelten Unterlagen können wir entnehmen, dass sich der Schuldner seit dem ■■■ in Verzug befindet. Sollten wir von Ihnen nicht noch eine gegenteilige Anweisung erhalten, gehen wir davon aus, dass lediglich die gesetzlichen Verzugszinsen nach § 288 BGB iHv 5 Prozentpunkten über dem Basiszinssatz geltend zu machen sind.

Der guten Ordnung halber und zum Zeichen Ihres Einverständnisses mit der vorstehend geschilderten Vorgehensweise bitten wir um Unterzeichnung und Rückgabe des beigefügten Vollmachtsformulars im Original.

---

73 S. hierzu näher Hansens/*Schneider*, Teil 2 Rn 7 f.

A. Mandatsannahme

Mit freundlichen Grüßen

■■■

Rechtsanwalt

b) Mandatsbestätigung für die Einreichung eines Prozesskostenhilfeantrags

aa) Grundlagen

Die finanziellen Möglichkeiten einer Partei erlauben es vielfach nur, einen Rechtsstreit mittels Prozesskostenhilfe zu führen. Tritt der Mandant an den Anwalt mit der Bitte heran, für ein bestimmtes Begehren einen Prozesskostenhilfeantrag zu stellen, sollte der Mandant auf verschiedene Umstände hingewiesen werden.

So ist der **Irrtum verbreitet**, die anwaltliche Tätigkeit koste den Mandanten, dann, wenn er Prozesskostenhilfe beanspruchen wolle, auf jeden Fall nichts. Der Anwalt verdient aber nach VV Nr. 3335 für das Verfahren über die Prozesskostenhilfe eine Verfahrensgebühr nach Nr. 3335 oder Nr. 3336 VV. Nach VV Nr. 3336 entsteht für das Verfahren über die Prozesskostenhilfe vor Gerichten der Sozialgerichtsbarkeit, wenn in dem Verfahren, für das Prozesskostenhilfe beantragt wird, Betragsrahmengebühren entstehen, eine Verfahrensgebühr mit einem Satz von 30 Euro–320 Euro, nach VV Nr. 3335 entsteht die Verfahrensgebühr in den sonstigen Verfahren über die Prozesskostenhilfe in Höhe der Verfahrensgebühr für das Verfahren, für das Prozesskostenhilfe beantragt wird, höchstens jedoch mit dem Satz von 1,0.

Zu empfehlen ist auch ein Hinweis darauf, dass der Gegenstandswert für das Verfahren über die Bewilligung der Prozesskostenhilfe sich **nach dem Wert der Hauptsache**, also dem Wert des Anspruchs, für den Prozesskostenhilfe beantragt wird und der im Rahmen des Rechtsstreits verfolgt wird, nach Absatz 1 der Anmerkung zu VV Nr. 3335 bestimmt.[74]

Angebracht ist weiter ein Hinweis auf die **Regelung des § 123 ZPO**. Denn die Bewilligung der Prozesskostenhilfe hat nach dieser Vorschrift auf die Verpflichtung, dem Gegner entstandene Kosten zu erstatten, keinen Einfluss. Die Bewilligung von Prozesskostenhilfe wirkt somit nicht wie eine Rechtsschutzversicherung und schützt nicht vor der Verpflichtung, im Unterliegensfall dem Prozessgegner dessen entstandene Kosten erstatten zu müssen. Hinzu kommen noch die allgemeinen Hinweispflichten nach § 49b V BRAO sowie ggf nach § 12a I ArbGG.

bb) Muster: Mandatsbestätigung für die Einreichung eines Prozesskostenhilfeantrags

Sehr geehrte(r) Herr/Frau ■■■,

wir bestätigen dankend den Eingang Ihres Schreibens vom ■■■, mit dem Sie uns beauftragen wollen, einen Prozesskostenhilfeantrag für eine Klage gegen Ihre geschiedene Ehefrau/geschiedenen Ehemann auf Zahlung einer Zugewinnausgleichsforderung in Höhe von ■■■ Euro einzureichen.

Wir machen vorsorglich darauf aufmerksam, dass die Einreichung des Prozesskostenhilfeantrags durch uns eine Verfahrensgebühr nach VV Nr. 3335 iHv 1,0 entstehen lässt. Weiter

---

74 S. hierzu näher Mayer/Kroiß-*Gierl*, VV Nr. 3335 Rn 16.

ist auch darauf hinzuweisen, dass im Prozesskostenhilfeprüfungsverfahren eine Terminsgebühr nach VV Nr. 3104 mit einem Gebührensatz von 1,2 sowie eine Einigungsgebühr nach Nr. 1003 VV mit einem Gebührensatz von 1,0[75] entstehen kann.

Nach § 49b V BRAO sind wir gehalten, wenn sich die zu erhebenden Gebühren nach dem Gegenstandswert richten, vor Übernahme des Auftrags darauf hinzuweisen. So verhält es sich auch in Ihrem Fall. Die zu erhebenden Gebühren richten sich nach dem Gegenstandswert, dieser bestimmt sich nach Absatz 1 der Anmerkung zu VV Nr. 3335 nach dem Wert der Hauptsache, also dem Wert der von Ihnen veranschlagten Zugewinnausgleichsforderung von ▪▪▪ Euro.[76]

Abschließend weisen wir noch darauf hin, dass die Bewilligung von Prozesskostenhilfe für die beabsichtigte Zugewinnausgleichsklage nach § 123 ZPO Sie nicht dafür schützt, im Unterliegensfalle der Gegenseite die entstandenen Anwaltskosten erstatten zu müssen.

Dies vorausgeschickt bitten wir um Unterzeichnung und Rückgabe des beigefügten Vollmachtsformulars im Original. Nach Rücklauf der unterzeichneten Vollmacht werden wir den o.g. Prozesskostenhilfeantrag anfertigen.

Mit freundlichen Grüßen

▪▪▪

Rechtsanwalt

c) Mandatsbestätigung bei zusätzlicher Verpflichtung zur Einholung der Deckungszusage der Rechtsschutzversicherung

aa) Grundlagen

49 Wenn der Mandant vom Anwalt wünscht, dass dieser nicht nur sein eigentliches Anliegen selbst bearbeitet, sondern auch noch die Deckungszusage der Rechtsschutzversicherung für die anwaltliche Tätigkeit einholen soll, stellen sich gebührenrechtlich zwei Fragen. Zum Einen muss entschieden werden, ob die Einholung der Deckungszusage gebührenrechtlich eine **besondere Angelegenheit** darstellt **oder** als **Annex** des übrigen Mandates anzusehen ist. Des Weiteren ist die Frage zu entscheiden, ob der Anwalt für die Einholung der Deckungszusage nur dann gesonderte Gebühren abrechnen kann, wenn er den Mandanten auf die für die Einholung der Deckungszusage anfallenden gesonderten Kosten hingewiesen hat.

50 Nach einhelliger Meinung in der **Literatur** ist die Einholung der Kostendeckungszusage der Rechtsschutzversicherung eine andere Angelegenheit als der Vorgang, für den die Kostendeckung eingeholt wird, sie ist somit nach herrschender Meinung in der Literatur eine besondere Angelegenheit.[77]

51 In der **Rechtsprechung** wird teilweise die Einholung der Deckungszusage als Annex des jeweilgen Mandats angesehen, und damit nicht als eine besondere Angelegenheit, zumindest aber eine Zahlungsverpflichtung des Mandanten davon abhängig gemacht,

---

[75] S. hierzu näher Mayer/Kroiß-*Gierl*, VV Nr. 3335 Rn 14.
[76] S. näher zu der Frage, ob beim Wertgebührenhinweis der zugrunde liegende Gegenstandswert konkret zu nennen ist, s. oben unter § 1 Rn 26; für einen konkreten Werthinweis nur bei ungewöhnlich hohen Gegenstandswerten oder dann, wenn der Mandant über die Höhe des Gegenstandswertes offensichtlich falsche Vorstellungen hat Hansens/*Schneider*, Teil 2 Rn 57.
[77] Mayer/Kroiß-*Winkler*, § 15 Rn 50; Gerold/Schmidt-*Müller-Rabe*, § 19 Rn 27; AnwK-RVG/*Mock*, § 19 Rn 8; Hartung/*Römermann*/Schons, § 19 Rn 23; Bischof/*Bischof*, § 19 Rn 15 f.; Hansens/Braun/Schneider, Teil 1, Rn 109, 243; Enders, JurBüro 2002, 25 f.

A. Mandatsannahme

dass er vom Anwalt zuvor darauf hingewiesen wird, dass der Anwalt insoweit nur gegen Gebühren tätig wird,[78] andere Gerichte wiederum gehen zutreffend davon aus, dass die Einholung der Deckungszusage eine gesonderte gebührenrechtliche Angelegenheit ist,[79] machen aber teilweise den Gebührenanspruch des Rechtsanwalts für die Einholung der Deckungszusage der Rechtsschutzversicherung davon abhängig, dass der Rechtsanwalt seinen Auftraggeber sowohl darüber aufgeklärt hat, dass es sich um eine eigene Angelegenheit handelt, und weiter darüber, dass die Kosten vom Auftraggeber selbst und nicht vom Rechtsschutzversicherer zu tragen sind.[80] Auch in der Literatur wird – zur Vermeidung von Auseinandersetzungen mit dem Mandanten über die Kostenerstattungspflicht – empfohlen, den Mandanten auf das Entstehen gesonderter Gebühren hinzuweisen.[81]

Der **Gegenstandswert** für die Einholung der Kostendeckungszusage der Rechtsschutzversicherung richtet sich nach den zu erwartenden Kosten des Mandanten und des Gegners (Anwaltskosten, Gerichtsgebühren und zu erwartende Auslagen).[82]

bb) Muster: Mandatsannahme mit Annahme des weiteren Auftrags der Einholung der Deckungszusage der Rechtsschutzversicherung

Sehr geehrte(r) Herr/Frau ■■■,

wir bestätigen den Eingang Ihres Schreibens vom ■■■ nebst Anlagen, in dem Sie uns bitten, in Ihrem Namen Widerspruch gegen die von der Stadt ■■■ am ■■■ Ihrem Nachbarn erteilte Baugenehmigung einzulegen und Deckungszusage Ihrer Rechtsschutzversicherung für diese Angelegenheit einzuholen.

Die Einlegung des Widerspruchs gegen die Ihrem Nachbarn von der Stadt ■■■ erteilte Baugenehmigung vom ■■■ und die Einholung der Deckungszusage durch Ihre Rechtsschutzversicherung sind gebührenrechtlich gesonderte Angelegenheiten, die auch gesonderte Anwaltsgebühren auslösen. Nach § 49b V BRAO sind wir verpflichtet, dann, wenn sich die zu erhebenden Anwaltsgebühren nach dem Gegenstandswert richten, den Mandanten vor Erteilung des Auftrags darauf hinzuweisen. Sowohl in der Angelegenheit „Widerspruch gegen die Baugenehmigung der Stadt ■■■ vom ■■■" als auch in der Angelegenheit „Einholung der Deckungszusage" richten sich die zu erhebenden Gebühren nach dem Gegenstandswert.

Nach Ihrem eingangs erwähnten Schreiben gehen wir davon aus, dass der Widerspruch gegen die Baugenehmigung unbedingt eingelegt werden soll, also nicht davon abhängig ist, ob wir überhaupt oder gar rechtzeitig eine Kostendeckungszusage Ihrer Rechtsschutzversicherung erhalten. Wir werden daher fristgerecht innerhalb der laufenden Widerspruchsfrist bis zum ■■■ gegen die von der Stadt ■■■ Ihrem Nachbarn erteilte Baugenehmigung Widerspruch einlegen und parallel hierzu die Deckungszusage Ihrer Rechtsschutzversicherung beantragen.

---

78 So LG München, JurBüro 1993, 163 und OLG München, JurBüro 1993, 163 mit kritischer Anmerkung Mümmler.
79 AG Charlottenburg, JurBüro 2002, 25; LG Zwickau, AGS 2005, 525 ff. mit Anmerkung Henke; AG Ettenheim, AGS 2006, 275 ff. mit Anmerkung Winkler.
80 So LG Zwickau, aaO.
81 AnwK-RVG/Mock, § 19 Rn 8; Hansens/*Braun/Schneider*, Teil 1 Rn 109; Enders, JurBüro 2002, 25 f.; strenger wohl Mayer/Kroiß- *Winkler*, § 19 Rn 50; für eine strenge Hinweispflicht Gerold/Schmidt-*Müller-Rabe*, § 19 Rn 30.
82 Gerold/Schmidt-*Müller-Rabe*, § 19 Rn 32.

Zum Zeichen Ihres Einverständnisses mit der geschilderten Vorgehensweise bitten wir um Unterzeichnung und Rückgabe der beiden beigefügten Vollmachtsformulare[83] im Original.

Mit freundlichen Grüßen

■■■

Rechtsanwalt

B. Abrechnung auf der Grundlage einer Vergütungsvereinbarung

I. Bedeutung der Vergütungsvereinbarung für die anwaltliche Honorierung

54 Vergütungsvereinbarungen, also die vertragliche Absprache einer anderen als der durch das Gesetz festgelegten Vergütung, spielen bei der anwaltlichen Vergütung eine immer größere Rolle. Sie hängt zum Einen mit der als Gegenwartsproblem der anwaltlichen Vergütung diskutierten Tatsache zusammen, dass die **Quersubventionierung** kleinerer Mandate durch große, lukrative Mandate, an der das an Streitwerten orientierte Vergütungssystem des RVG orientiert ist, für zahlreiche Kanzleien nicht mehr zum Tragen kommt.[84] Auf zahlreichen rechtlich anspruchsvollen anwaltlichen Tätigkeitsfeldern sind zudem die regelmäßig von den Gerichten festgesetzten Streitwerte zu gering, um die anwaltliche Tätigkeit dem Aufwand entsprechend angemessen zu honorieren. Man denke beispielsweise nur an eine Nachbarklage im öffentlichen Baurecht; nach dem Streitwertkatalog beträgt der Streitwert der Nachbarklage 7.500 Euro, mindestens jedoch den Betrag einer Grundstückswertminderung.[85] Der insoweit im Regelfall maßgebliche Wert von 7.500 Euro führt jedoch, wenn im Rahmen eines vom Nachbarn geführten Widerspruchsverfahrens oder einstweiligen Rechtsschutzverfahrens komplexe, auch spezialisiertes Wissen voraussetzende Fragen des Bauordnungs- und Bauplanungsrechts abzuarbeiten sind, nicht zu einer angemessenen Honorierung der anwaltlichen Tätigkeit. Vielfach ist auch der **Gegenstandswert künstlich „gedeckelt"**, so ist für die Wertberechnung bei Streitigkeiten über das Bestehen, das Nichtbestehen oder die Kündigung eines Arbeitsverhältnisses nach § 42 IV GKG höchstens der Betrag des für die Dauer eines Vierteljahres zu leistenden Arbeitsentgeltes maßgebend; dieser Wert steht jedoch in keinem Verhältnis zur wirtschaftlichen Bedeutung der Angelegenheit und lässt auch deshalb das Bedürfnis für eine vertragliche Vereinbarung der anwaltlichen Vergütung entstehen.

55 Auch **aus Sicht der Mandanten** können Vergütungsvereinbarungen interessant sein, beispielsweise dann, wenn sie die für den Laien häufig nur schwer durchschaubaren Regelungen des RVG durch übersichtlichere Regelungen ersetzen wollen, wenn sie durch Pauschalierung vor Durchführung des Anwaltsvertrages wissen wollen, was die anwaltliche Leistung kostet oder wenn der Mandant wegen seines besonderen Interesses an der Angelegenheit die Leistung des Anwalts höher vergüten möchte, als vom Gesetzgeber generell vorgesehen.[86] Zwar rechneten 74 % der Befragten bei einer Studie in der Anwaltschaft ihre Mandate auch auf der Grundlage von Vergütungsver-

---

[83] Wenn man der Auffassung ist, dass die Einholung der Kostendeckungszusage eine besondere Angelegenheit ist, ist es nur konsequent, auch getrennt für diesen Auftrag eine gesonderte Vollmacht erteilen zu lassen.
[84] S. hierzu näher Hommerich/Kilian, Vergütungsvereinbarungen deutscher Rechtsanwälte, 19 ff.
[85] Ziff. 9.7.1 des Streitwertkatalogs für die Verwaltungsgerichtsbarkeit 2004.
[86] Mayer/Kroiß-*Teubel*, § 4 Rn 2.

B. Abrechnung auf der Grundlage einer Vergütungsvereinbarung

einbarungen ab, allerdings schwankt der Anteil von Mandaten, die über Vergütungsvereinbarungen abgerechnet werden, stark nach der Kanzleigröße; je größer die Kanzlei, desto häufiger werden Mandate per Vergütungsvereinbarung abgerechnet.[87]

Aber auch Einzelkanzleien und kleinere Sozietäten, bei denen bislang der Anteil der auf der Grundlage von Vergütungsvereinbarungen abgerechneten Mandate deutlich kleiner war als bei Sozietäten oder gar Sozietäten mit mehr als 20 Anwälten,[88] werden künftig nicht umhinkommen, aufgrund der nicht mehr hinreichend funktionierenden Quersubventionierung verstärkt auch auf Vergütungsvereinbarungen zurückzugreifen. Zu einer vertraglichen Regelung der eigenen Honorierung werden zudem alle Anwälte ohnehin durch § 34 I 1 RVG im Bereich der außergerichtlichen Beratung gezwungen.

Auch die **Entscheidung des Bundesverfassungsgerichts vom 12.12.2006**, wonach das Verbot anwaltlicher Erfolgshonorare einschließlich des Verbots der „quota litis" in § 49b II 1 BRAO mit Art. 12 I GG insoweit nicht vereinbar ist, als es keine Ausnahme für den Fall zulässt, dass der Rechtsanwalt mit der Vereinbarung einer erfolgsbasierten Vergütung besonderen Umständen in der Person des Auftraggebers Rechnung trägt, die diesen sonst davon abhielten, seine Rechte zu verfolgen,[89] wird bei Umsetzung der Entscheidung durch den Gesetzgeber Vergütungsvereinbarungen in der speziellen Form einer Erfolgshonorarvereinbarung legal möglich machen. Je nach Ausmaß der Lockerung des Verbots, Erfolgshonorare zu vereinbaren, durch den Gesetzgeber, wird sich der **Spielraum** erweitern, auch in der speziellen Form der Erfolgshonorarvereinbarung vertragliche Regelungen über die eigene Vergütung mit dem Mandanten zu treffen.

Vergütungsvereinbarungen sind **in zwei Richtungen denkbar**, nämlich die Vereinbarung einer höheren als der gesetzlichen Vergütung und die Vereinbarung einer niedrigeren als der gesetzlichen Vergütung. Dieser grundsätzlichen Weichenstellung kommt erhebliche praktische Bedeutung zu. Denn während für die Vereinbarung einer höheren als der gesetzlichen Vergütung § 4 I RVG eine nicht zu unterschätzende Hürde von Formerfordernissen aufstellt, sieht § 4 II 4 RVG für die Vereinbarung einer niedrigeren als der gesetzlichen Vergütung, sofern sie denn überhaupt berufsrechtlich nach § 49b I 1 BRAO zulässig ist, lediglich eine Sollvorschrift vor: Sie soll schriftlich getroffen werden, eine formlos geschlossene Vereinbarung ist ohne Weiteres wirksam.

Brisant wird diese grundsätzliche Unterscheidung dadurch, dass die Frage, ob die Parteien eine höhere oder eine niedrigere als die gesetzliche Vergütung vereinbart haben, sich nicht etwa anhand des Willens der vertragsschließenden Parteien beurteilt, sondern durch einen Vergleich der für die geleistete Tätigkeit insgesamt verdienten gesetzlichen Vergütung mit dem vereinbarten Honorar zu beantworten ist – also in der Regel **erst am Ende der Tätigkeit** des Rechtsanwalts, wenn sich die Höhe der gesetzlichen Vergütung ermitteln lässt.[90] Der „großzügige" Abschluss einer Vergütungsvereinbarung über eine vermeintlich niedrigere als die gesetzliche Vergütung kann sich im Nachhinein im Streitfall als eine Vereinbarung einer höheren als der

---

87 Hommerich/Kilian, Vergütungsvereinbarungen deutscher Rechtsanwälte, 29.
88 Hommerich/Kilian, Vergütungsvereinbarungen deutscher Rechtsanwälte, 30.
89 S. näher hierzu unten § 1 Rn 89 ff.
90 BGH, NJW 2004, 2818 ff. mit Bespr. Mayer, RVG-Letter 2004, 102ff; Gerold/Schmidt-*Madert*, § 4 Rn 3.

gesetzlichen Vergütung mit den dann möglicherweise nicht eingehaltenen gesetzlichen Formerfordernissen entpuppen.

1. Vereinbarung einer höheren als der gesetzlichen Vergütung

a) Generelle Formvorschriften

60 § 4 I 1 RVG stellt für alle Vereinbarungen einer höheren als der gesetzlichen Vergütung die Formerfordernisse auf, dass die Erklärung des Auftraggebers schriftlich abgegeben werden muss und nicht in der Vollmacht enthalten sein darf.

aa) Schriftlich

61 Nicht die gesamte Vergütungsvereinbarung muss schriftlich abgeschlossen werden. Es genügt, wenn sie die **eigenhändige Namensunterschrift des Mandanten** trägt. Einigkeit besteht darüber, dass Blankounterschrift, gescannte Unterschrift, Faksimile-Stempel, Telex und Telegramm nicht ausreichen,[91] umstritten ist die Erklärung durch Telefax und E-Mail. Was die Abgabe der Erklärung des Auftraggebers per E-Mail anbelangt, so ist diese im Falle einer digital signierten E-Mail iS von § 126a I BGB ausreichend,[92] was die Abgabe per Telefax angeht, ist das Meinungsbild nach wie vor uneinheitlich.[93] Da der Anwalt selbstverständlich gerade auch in den Angelegenheiten der eigenen Vergütung den sichersten Weg wählen sollte, ist zumindest derzeit noch streng darauf zu achten, dass dem Anwalt die Vergütungsvereinbarung versehen mit der Originalunterschrift des Mandanten und nicht per bloßer Telefax-Übermittlung zugeht.[94]

62 Ausreichend ist allerdings, wenn dem Anwalt der Vermerk „einverstanden" mit der Unterschrift des Mandanten zugeht, sofern eindeutig feststeht, mit welchem Erklärungsinhalt das Einverständnis des Mandanten besteht.[95] Eine mündliche Vereinbarung reicht niemals aus, ebenso wenig die mündliche Bestätigung einer mündlichen Vereinbarung.[96] Erklärt jedoch der Auftraggeber in Kenntnis des Umstands, dass die auf einer (formunwirksamen) Vereinbarung beruhende Anwaltskostenrechnung die gesetzlichen Gebühren übersteigt, zahlen zu wollen, kann hierin die Bestätigung eines nichtigen Rechtsgeschäfts liegen, beispielsweise dann, wenn der Auftraggeber den Rechtsanwalt schriftlich um Zahlungsaufschub für bestimmte Rechnungen bittet und der Anwalt dieses Angebot annimmt.[97]

---

91 Mayer/Kroiß-*Teubel*, § 4 Rn 28; Schneider, Vergütungsvereinbarung Rn 529-534.
92 AnwK-RVG/*Rick*, § 4 Rn 54; Mayer/Kroiß-*Teubel*, § 4 Rn 30; Hartung/*Römermann*/Schons, § 4 Rn 88.
93 Nicht ausreichend: Mayer/Kroiß-*Teubel*, § 4 Rn 30; vgl auch OLG Hamm, AGS 2006, 9 mit Bespr. Mayer, RVG-Letter 2005, 142; ausreichend Hartung/Römermann/Schons, § 4 Rn 87; Gerold/Schmidt-*Madert*, § 4 Rn 18; Hansens/Braun/*Schneider*, Praxis des Vergütungsrechts, Teil 2 Rn 76; differenzierend – ausreichend, wenn der Auftraggeber seine Erklärung eigenhändig verfasst und unterzeichnet hat, nicht ausreichend bloßer „Einverstanden-Vermerk" auf der Erklärung des Rechtsanwalts – AnwK-RVG/*Rick*, § 4 Rn 56.
94 So auch Bischof/*Bischof*, § 4 Rn 18.
95 Hartung/*Römermann*/Schons, § 4 Rn 89; Gerold/Schmidt-*Madert*, § 4 Rn 25.
96 AnwK-RVG/*Rick*, § 4 Rn 8.
97 OLG Celle, NJW-RR 2004, 492 f. mit Bespr. Mayer, RVG-Letter 2004, 48.

bb) Trennung von der Vollmacht

§ 4 I 1 RVG fordert des Weiteren, dass die Vergütungsvereinbarung nicht in der Vollmacht enthalten ist.[98] Die Formulierung ist sprachlich ungenau, gemeint ist, dass die Erklärung **nicht in einer Vollmachtsurkunde** enthalten sein darf. Daher müssen de facto mindestens zwei Urkunden vorhanden sein, eine Vollmachtsurkunde und eine weitere Urkunde über die Vergütungsvereinbarung.[99] Nicht ausreichend ist es, wenn Vergütungsvereinbarung und Vollmacht zwar in eine Urkunde aufgenommen werden, beide Erklärungen aber iS von § 4 I 2 RVG deutlich abgesetzt werden; das RVG unterscheidet zwischen der generell unzulässigen Verbindung mit der Vollmacht und der unter bestimmten Umständen zulässigen Verbindung mit anderweitigen Vereinbarungen.[100] Das **Trennungsgebot** gilt auch dann, wenn die Vollmacht handschriftlich gefertigt ist.[101] Auch ein Auftragsschreiben des Mandanten, welches sowohl die Vollmacht als auch die Erklärung, für diesen Auftrag eine bestimmte höhere Vergütung zahlen zu wollen, enthält, genügt dem Formerfordernis des § 4 I 1 RVG nicht.[102]

63

b) Zusätzliche Formerfordernisse bei nicht vom Auftraggeber verfassten Vergütungsvereinbarungen

Weitere Voraussetzungen stellt § 4 I 2 RVG auf für Vergütungsvereinbarungen, die – was in der Praxis der **Regelfall** sein dürfte – nicht vom Auftraggeber verfasst sind. Dann muss die Vereinbarung als Vergütungsvereinbarung bezeichnet und von anderen Vereinbarungen deutlich abgesetzt sein. Anders als die von § 4 I 1 RVG aufgestellten Formerfordernisse greifen die in Satz 2 genannten Formvorschriften dann aber nicht ein, wenn die Erklärung vom Auftraggeber selbst verfasst worden ist.[103] Darlegungs- und beweispflichtig dafür, dass das Schriftstück nicht von dem Auftraggeber verfasst ist, ist derjenige, der sich auf diese Bestimmung beruft, also in der Regel der Auftraggeber, der sich gegen die Zahlungspflicht wendet.[104]

64

Der Auftraggeber ist dann Verfasser der Vereinbarung über die Vergütung des Anwalts, wenn er **Urheber** dieses Schriftstücks ist.[105] Er muss es nicht persönlich geschrieben haben, kann hierzu beispielsweise einen Mitarbeiter eingesetzt haben.[106] Ob die Formulierung von ihm stammen muss, ist zweifelhaft. Er wird jedenfalls nicht zum Verfasser iS von § 4 I 2 RVG, wenn er beispielsweise ein vom Anwalt überlassenes Formular abschreibt. Anderseits ist er aber Verfasser im Sinne dieser Norm, wenn er ein Formular oder ein Muster verwendet, das er sich selbst beschafft hat oder das er aus anderer Sache – allerdings nicht vom selben Anwalt – kennt.[107] Denn die

65

---

98 Kritisch zu diese Regelung Hartung/*Römermann*/Schons, § 4 Rn 90 ff.
99 Schneider, Vergütungsvereinbarung Rn 554; AnwK-RVG/*Rick*, § 4 Rn 59; Bischof/*Bischof*, § 4 Rn 20; Hansens/Braun/*Schneider*, Praxis des Vergütungsrechts, Teil 2 Rn 82.
100 Mayer/Kroiß-*Teubel*, § 4 Rn 32; Hinne/Klees/Teubel/Winkler, § 1 Rn 22.
101 Gerold/Schmidt-*Madert*, § 4 Rn 13.
102 Mayer/Kroiß-*Teubel*, § 4 Rn 33; Hinne/Klees/Teubel/Winkler, § 1 Rn 22; kritisch zu dieser Konsequenz Schneider, Vergütungsvereinbarung Rn 559.
103 Schneider, Vergütungsvereinbarung Rn 561.
104 Mayer/Kroiß-*Teubel*, § 4 Rn 35.
105 Mayer/Kroiß-*Teubel*, § 4 Rn 36.
106 Mayer/Kroiß-*Teubel*, § 4 Rn 36; Bischof/*Bischof*, § 4 Rn 22.
107 Mayer/Kroiß-*Teubel*, § 4 Rn 36; Bischof/*Bischof*, § 4 Rn 22.

Vorschrift hat Warnfunktion zugunsten des Auftraggebers, die dann nicht eingreift, wenn der Auftraggeber selbst für Inhalt und Gestaltung der Vereinbarung sorgt.[108]

66 Wird die Vergütungsvereinbarung vom Auftraggeber wie vom Rechtsanwalt verfasst, müssen die zusätzlichen Voraussetzungen nach § 4 I 2 RVG insoweit erfüllt sein, als die Urkunde vom Anwalt stammt.[109] **Unerheblich** ist hingegen, ob die Vergütungsvereinbarung im Einzelnen „ausgehandelt" wurde und ob ein Vertragspartner sie bei Abschluss der Vergütungsvereinbarung iS der §§ 305, 310 BGB „gestellt" hat.[110]

aa) Bezeichnung als Vergütungsvereinbarung

67 Nach § 4 I 2 RVG muss das Schriftstück, wenn es nicht vom Auftraggeber verfasst worden ist, **als Vergütungsvereinbarung** bezeichnet werden. Mit dem Erfordernis, dass die Vergütungsvereinbarung als solche bezeichnet sein muss, soll eine Warnfunktion erfüllt werden, der Auftraggeber soll erkennen, dass hier eine Vereinbarung über eine von der gesetzlichen Vergütung abweichende höhere Vergütung getroffen wird.[111] Nach weit überwiegender Meinung ist dieses Formerfordernis **streng auszulegen**.[112] Unzureichend ist es auf jeden Fall, wenn sich aus dem Text insgesamt lediglich ergibt, dass es sich um eine Vergütungsvereinbarung handelt, denn das wird letztlich bei jeder Vergütungsvereinbarung der Fall sein, so dass das Gesetz hier strengere Anforderungen stellt.[113] Der Begriff der „Vergütungsvereinbarung" muss nicht als Überschrift des Schriftstücks gewählt werden, ausreichend ist es, wenn er im Text erscheint, beispielsweise in der Wendung, dass „folgende Vergütungsvereinbarung geschlossen wird".[114] Strittig ist, ob die Verwendung des Begriffes „Vergütungsvereinbarung" in dem Sinne zwingend ist, dass die Benutzung inhaltsähnlicher, aber nicht der gesetzlichen Terminologie entsprechender Formulierungen zur Formwidrigkeit führen. Nach der strengsten Auffassung führt die Verwendung nicht der gesetzlichen Terminologie entsprechender Begriffe wie „Honorarvereinbarung", „Honorarschein" oder „Vergütungsregelung" zur Formwidrigkeit der Vereinbarung,[115] teilweise wird an die Rechtsprechung appelliert, nicht am Wortlaut zu kleben und auch die Verwendung von Begriffen wie „Honorarvereinbarung" oder „Gebührenvereinbarung" zu akzeptieren.[116] Am weitesten geht die Auffassung, wonach auch Bezeichnungen wie „Auslagenvereinbarung" oder „Reisekostenvereinbarung" bzw „Kopiekostenvereinbarung" ausreichen, wenn nur Vereinbarungen über Auslagen oder spezielle Kosten getroffen werden.[117] Das zur Begründung der zuletzt genannten Auffassung herangezogene Argument, der Gesetzgeber verwende in § 34 RVG selbst den

---

108 Mayer/Kroiß-*Teubel*, § 4 Rn 36.
109 Mayer/Kroiß-*Teubel*, § 4 Rn 37; Schneider, Vergütungsvereinbarung Rn 563.
110 Mayer/Kroiß-*Teubel*, § 4 Rn 38.
111 Schneider, Vergütungsvereinbarung Rn 571.
112 Mayer/Kroiß-*Teubel*, § 4 Rn 40; Hinne/Klees/Teubel/Winkler, § 1 Rn 24; Schneider, Vergütungsvereinbarung Rn 572; Hansens/Braun/*Schneider*, Praxis des Vergütungsrechts, Teil 2 Rn 87; aA für eine großzügige Auslegung Hartung/*Römermann*/Schons, § 4 Rn 95.
113 Mayer/Kroiß-*Teubel*, § 4 Rn 40, aA wohl Schneider, Vergütungsvereinbarung Rn 579.
114 Mayer/Kroiß-*Teubel*, § 4 Rn 41; Hartung/*Römermann*/Schons, § 4 Rn 94.
115 Krämer/Mauer/Kilian, Vergütungsvereinbarung und -management Rn 646.
116 Mayer/Kroiß-*Teubel*, § 4 Rn 42; Hinne/Klees/Teubel/Winkler, § 1 Rn 26; Schneider, Vergütungsvereinbarung Rn 573; AnwK-RVG/*Rick*, § 4 Rn 62; bei den einzelnen Begriffen differenzierend Hartmann, Kostengesetze, § 4 RVG Rn 19; Gerold/Schmidt-*Madert*, § 4 Rn 15; *Madert*/Schons, Teil 1 Rn 11; Riedel/Sußbauer-*Fraunholz*, § 4 Rn 7.
117 Schneider, Vergütungsvereinbarung Rn 574 f.; Hansens/Braun/*Schneider*, Praxis des Vergütungsrechts, Teil 2 Rn 87; Mayer/Kroiß-*Teubel*, § 4 Rn 42; Hinne/Klees/Teubel/Winkler, § 1 Rn 26.

B. Abrechnung auf der Grundlage einer Vergütungsvereinbarung

Begriff „Gebührenvereinbarung",[118] überzeugt jedoch nicht. Für die Tätigkeit als Mediator sieht das RVG keine gesetzlich festgelegten Gebühren vor. Es fordert zum Abschluss einer Gebührenvereinbarung auf. Gleiches gilt nach § 34 RVG in der seit 1.7.2006 geltenden Fassung auch für die Beratung und die Ausarbeitung eines schriftlichen Gutachtens. Wenn das RVG für die genannten Tätigkeiten keine Gebührenregelungen vorsieht, ist es konsequent, die vertragliche Absprache der Parteien über das dann vom Mandanten zu entrichtende Honorar als „Gebührenvereinbarung" zu bezeichnen.[119] Der Begriff der „Vergütungsvereinbarung" hat dagegen eine Warnfunktion: Durch die Verwendung des Begriffs „Vergütungsvereinbarung" soll dem Mandanten vor Augen geführt werden, dass er gerade nicht eine Vergütung zahlt, die der Gesetzgeber nach dem RVG vorgesehen hat.[120]

Für die **Praxis** ist es sicherlich ratsam, sich nicht auf vermeidbare Imponderabilien der Auslegung dieses Tatbestandsmerkmals einzulassen und an Stelle der zu Zweifeln Anlass gebenden Begriffe ausschließlich die Bezeichnung „Vergütungsvereinbarung" zu verwenden.[121]

68

bb) Deutlich von anderen Vereinbarungen abgesetzt

§ 4 I 2 RVG schreibt für nicht vom Auftraggeber verfasste Vergütungsvereinbarungen vor, dass sie nicht nur als Vergütungsvereinbarung bezeichnet werden müssen, sondern dass die Vergütungsvereinbarung auch **von anderen Vereinbarungen deutlich abgesetzt** sein muss. Nicht zu den „anderen Vereinbarungen", von denen die Vergütungsvereinbarung abzusetzen ist, gehören jedoch alle Klauseln, die die Vergütung unmittelbar betreffen, beispielsweise Fälligkeitsregelungen, Vorschussregelungen, Regelungen über die Vergütung bei vorzeitiger Beendigung des Mandats sowie Gerichtsstandsvereinbarungen für die Vergütungsklage, soweit rechtlich zulässig.[122] Vertreten wird auch, dass u.a. der Hinweis auf den Ausschluss der Kostenerstattung nach § 12a I 2 ArbGG und der Hinweis darauf, dass die vereinbarte Vergütung die gesetzliche übersteigt, nicht zu den von der Vergütungsvereinbarung abzusetzenden „anderen Vereinbarungen" iS des § 4 I 2 RVG gehört.[123] Zu den abzusetzenden „anderen Vereinbarungen" gehören jedoch beispielsweise Gerichtsstandsvereinbarungen für Klagen aus dem Mandatsverhältnis, Haftungsbeschränkungen, Vereinbarungen über die Art und Weise der Mandatsbearbeitung wie zB Bearbeitung durch einen bestimmten Anwalt, Unterrichtungspflichten und Vereinbarungen über den Ausschluss von Kündigungsrechten.[124] **Problematisch** sind jedoch Klauseln, die sowohl die Vergütung wie auch das übrige Mandatsverhältnis betreffen, also etwa eine generelle Gerichtsstandsvereinbarung für Vergütungsklagen und für sonstige Klagen aus dem Mandatsverhältnis.[125] Aus der gesetzgeberischen Intention, Vergütungsvereinbarungen nicht kleinlich zu unterbinden, folgt, dass sowohl die Aufnahme in die eigentliche Vergütungsvereinbarung wie auch die Aufnahme in den davon zu trennenden

69

---

118 Schneider, Vergütungsvereinbarung Rn 573.
119 Kritisch zu dieser begrifflichen Unterscheidung Toussaint, AnwBl. 2007, 67 ff., 68.
120 Hansens/Braun/*Schneider*, Praxis des Vergütungsrechts, Teil 2 Rn 87.
121 Vgl. Mayer, AnwBl. 2006, 160 ff., 162.
122 Mayer/Kroiß-*Teubel*, § 4 Rn 44.
123 Schneider, Vergütungsvereinbarung Rn 589 f.
124 Mayer/Kroiß-*Teubel*, § 4 Rn 47 mwN.
125 Mayer/Kroiß-*Teubel*, § 4 Rn 50.

Teil der „anderen Vereinbarung" mit § 4 I 2 RVG zu vereinbaren ist.[126] Allerdings sollte auch hier der sicherste Weg gewählt werden und solche Vereinbarungen in den deutlich zu trennenden Teil der anderen Vereinbarungen aufgenommen werden.[127]

70 Was das Erfordernis anbelangt, die Vergütungsvereinbarung von den „anderen Vereinbarungen" deutlich abzusetzen, besteht zumindest in der Literatur Einigkeit darüber, dass die Vergütungsvereinbarung sich bereits **optisch** von anderweitigen Erklärungen abheben muss, so dass für den Auftraggeber sofort erkennbar ist, dass hier eine gesonderte Vereinbarung getroffen wird.[128] Uneinheitlich ist jedoch die Literatur in der Frage, welche Kriterien bei der Beurteilung anzulegen sind, ob eine ausreichende optische Auffälligkeit gegeben ist. Zum Teil wird darauf abgestellt, dass der Gesetzgeber die Begrifflichkeit „deutlich abgesetzt" bereits in § 4 IV Heilmittelwerbegesetz (HWG) und in § 11 V 2 Arzneimittelgesetz (AMG) verwandt hat, und daraus abgeleitet, dass eine „deutliche Zäsur" zwischen den voneinander abzugrenzenden Texten gegeben sein muss.[129] Andere stellen – ergebnisorientiert – darauf ab, dass die Erklärung des Auftraggebers und deren Bezeichnung optisch so scharf vom übrigen Text zu sondern ist, dass der Auftraggeber „beim besten Willen nicht überzeugend behaupten kann", die Vergütungsvereinbarung nicht gewollt zu haben.[130] Nach anderer Auffassung ist dieses Erfordernis dahingehend zu verstehen, dass eine drucktechnische Trennung bzw Hervorhebung vorgenommen werden muss.[131] Im Hinblick auf die erforderliche Deutlichkeit wird auf die Rechtsprechung zu § 355 II 1 BGB zurückgegriffen,[132] wonach dem Verbraucher eine deutlich gestaltete Belehrung über sein Widerrufsrecht bei Verbraucherverträgen mitzuteilen ist.

71 Da in vielen Fällen die Beurteilung zweifelhaft sein kann, ob die vorgenommene optische Gestaltung zu einem ausreichend deutlichen Absetzen der Vergütungsvereinbarung von den „anderen Vereinbarungen" führt, empfehlen sich **unterschiedliche Überschriften** als Mittel des deutlichen Absetzens. Zu empfehlen ist, die Vergütungsvereinbarung mit der Überschrift „Vergütungsvereinbarung" zu versehen, die sonstigen Vereinbarungen mit einer davon abweichenden Überschrift, etwa mit „Mandatsvereinbarungen" oder „Das übrige Mandatsverhältnis betreffende Vereinbarungen" zu kennzeichnen, auch die Überschrift „sonstige Vereinbarungen" setzt diesen Teil der Gesamtvereinbarung von der Vergütungsvereinbarung deutlich ab.[133]

cc) Vergütungsvereinbarung und „andere Vereinbarungen", insbesondere Vereinbarungen über den Inhalt des Mandats

72 Regelmäßig gehören die Regelung der Verpflichtung des Anwalts einerseits und die Zahlungspflicht des Mandanten andererseits zusammen, es handelt sich um die synal-

---

[126] Mayer/Kroiß-*Teubel*, § 4 Rn 51; aA Schneider, Vergütungsvereinbarung Rn 591 f.
[127] Mayer/Kroiß-*Teubel*, § 4 Rn 52.
[128] AnwK-RVG/*Rick*, § 4 Rn 62; Hansens/Braun/*Schneider*, Praxis des Vergütungsrechts, Teil 2 Rn 92; Bischof/*Bischof*, § 4 Rn 25.
[129] Krämer/Mauer/Kilian, Vergütungsvereinbarung und -management Rn 649.
[130] Hartmann, Kostengesetze, § 4 Rn 20; Gerold/Schmidt-*Madert*, § 4 Rn 15; *Madert*/Schons, Teil A Rn 12.
[131] Hartung/*Römermann*/Schons, § 4 Rn 96.
[132] Hartung/*Römermann*/Schons, § 4 Rn 97; Mayer/Kroiß-*Teubel*, § 4 Rn 48; Hinne/Klees/Teubel/Winkler, § 1 Rn 30.
[133] Mayer/Kroiß-*Teubel*, § 4 Rn 50; Hinne/Klees/Teubel/Winkler, § 1 Rn 31; Schneider, Vergütungsvereinbarung Rn 598 ff.

B. Abrechnung auf der Grundlage einer Vergütungsvereinbarung

lagmatischen Verpflichtungen aus dem Vertrag.[134] Zu beachten ist aber, dass nach dem BGH die Vereinbarung der vom Anwalt für das Honorar geschuldeten, im Gegenseitigkeitsverhältnis stehenden Hauptleistung als „andere Erklärung" iS von § 3 I 1 BRAGO aF einzuordnen war,[135] so dass der Abschluss des Anwaltsvertrages selbst, insbesondere die Vereinbarung der Leistungspflicht des Anwalts, zu den „anderen Vereinbarungen" iS von § 4 I 2 RVG gehört.[136]

Es ist also zu unterscheiden: 73

- Zulässig und nicht der Verpflichtung zum Absetzen unterliegt die Darlegung, wofür die Vergütung gezahlt wird, also
 "In der Sache X ./. Y wird für die außergerichtliche Vertretung des X zur Abwehr des Unterhaltsanspruchs der Y folgende Vergütungsvereinbarung geschlossen: ...".
- Dagegen mangels hinreichenden Absetzens unzulässig:
 "X beauftragt die Rechtsanwälte ■■■ mit seiner Vertretung in der außergerichtlichen Unterhaltsangelegenheit und zahlt dafür folgende Vergütung ...".[137]

Wenn der Anwaltsauftrag selbst und die Modalitäten seiner Ausführung in die Vergütungsvereinbarung aufgenommen werden sollen, müssen die Regelungen daher iS von § 4 I 2 RVG deutlich voneinander abgesetzt werden.[138]

c) Folgen einer nicht formwirksam abgeschlossenen Vergütungsvereinbarung

Eine zwingende Formvorschrift iS des § 125 BGB besteht für Vergütungsvereinbarungen, die eine höhere als die gesetzliche Vergütung vorsehen, nicht. Aus § 4 I 1 u. 2 RVG folgt lediglich, dass aus einer Vereinbarung, die nicht den dort genannten Anforderungen entspricht, der Rechtsanwalt keine höhere als die gesetzliche Vergütung fordern kann. Die Vereinbarung ist also grundsätzlich wirksam, aber nicht durchsetzbar.[139] Darüber hinaus bestimmt § 4 I 3 RVG, dass der Mandant, wenn er freiwillig und ohne Vorbehalt geleistet hat, das Geleistete nicht deshalb zurückfordern kann, weil seine Erklärung nicht den Vorschriften des § 4 I 1 u. 2 RVG entspricht. 74

aa) Freiwilligkeit

Freiwilligkeit bedeutet nicht, dass der Mandant weiß, dass dem Rechtsanwalt kein klagbarer Anspruch gegen ihn zusteht,[140] vielmehr liegt Freiwilligkeit vor, wenn der Mandant mehr zahlen will, als er nach dem Gesetz ohne die Vereinbarung zu zahlen hätte; er muss also wissen, dass seine Zahlungen die gesetzliche Vergütung übersteigen, dagegen muss ihm nicht bekannt sein, dass der Rechtsanwalt auf die höhere Vergütung keinen klagbaren Anspruch hat.[141] Ebenso ist nicht erforderlich, dass der Mandant die genaue Höhe der gesetzlichen Gebühren bei seiner Zahlung kannte. 75

---

134 Hinne/Klees/Teubel/Winkler, § 1 Rn 28.
135 BGH, NJW 2004, 2818 ff. mit Bespr. Mayer, RVG-Letter 2004, 102 ff.; BGH, BeckRS 2007 02307 mit Bespr. Mayer, RVG-Letter 2007, 35 f.
136 Mayer/Kroiß-*Teubel*, § 4 Rn 45; Mayer, AnwBl. 2006, 160 ff., 162.
137 Vgl Mayer/Kroiß-*Teubel*, § 4 Rn 45.
138 Mayer/Kroiß-*Teubel*, § 4 Rn 46.
139 Mayer/Kroiß-*Teubel*, § 4 Rn 10 ff.; Schneider, Vergütungsvereinbarung Rn 499.
140 Mayer/Kroiß-*Teubel*, § 4 Rn 54.
141 BGH, NJW 2004, 2818 ff. mit Bespr. Mayer, RVG-Letter 2004, 102 ff.; BGH, NJW 2003, 819 ff.; Mayer/Kroiß-*Teubel* § 4 Rn 54 u. Rn 56; Schneider, Vergütungsvereinbarung Rn 2036 u. 2040; teilw. aA Bischof/*Bischof*, § 4 Rn 40, der sogar die Kenntnis des Mandanten von der Mehrzahlung nicht für erforderlich hält.

Ausreichend ist, wenn er bei Zahlung weiß und damit rechnet, dass die vereinbarte Vergütung die gesetzliche Vergütung übersteigt.[142] Auf dem Hintergrund der Möglichkeit, dass nach § 4 II 1 u. 2 RVG auch niedrigere als die gesetzlichen Gebühren vereinbart werden können, dürfte das von manchen[143] vorgetragene Argument nicht zwingend sein, dass bei Vorliegen einer Vergütungsvereinbarung in aller Regel dem Mandanten klar ist, dass die Vereinbarung einen höheren Vergütungsanspruch als die gesetzliche Vergütung zur Folge haben kann.[144]

76   Für das Vorliegen der Voraussetzungen des § 4 I 3 RVG trägt der Anwalt die **Darlegungs- und Beweislast**.[145] Denn es handelt insoweit nicht um eine Voraussetzung des Bereicherungsanspruchs. Vielmehr sieht das Gesetz eine Ausnahme für den Fall freiwilliger und vorbehaltloser Leistung vor, die nach allgemeinen Grundsätzen der in Anspruch genommene – hier der auf Rückzahlung des bereits gezahlten Anwaltshonorars verklagte Anwalt – darzulegen und zu beweisen hat. So liegt es auch in dem vergleichbaren Fall des § 814 BGB. Eine solche Verteilung der Darlegungs- und Beweislast entspricht nach Auffassung des BGH der Billigkeit; es sei Sache des Anwalts, der eine Vergütungsvereinbarung abschließe, durch die Einhaltung der gesetzlich vorgesehenen Form von vornherein für eine tatsächlich und rechtlich eindeutige Vertragsgrundlage zu sorgen.[146]

77   Der Begriff der Freiwilligkeit, der bereits schon in § 3 I 2 BRAGO aF enthalten war, wird mitunter durchaus streng ausgelegt. Eine freiwillige Leistung liegt beispielsweise dann nicht mehr vor, wenn der Auftraggeber erst zahlt, nachdem der Anwalt ihm angedroht hat, das Honorar einzuklagen.[147] Auch dann, wenn der Rechtsanwalt die Zahlung eines Vorschusses verlangt und seine Tätigkeit von der Zahlung abhängig macht, ist eine freiwillige Leistung zumindest dann ausgeschlossen, wenn dem Mandanten zu diesem Zeitpunkt ein Anwaltswechsel nicht zuzumuten ist.[148] Andererseits schließt die missliche Lage, in der sich eine Ehefrau befindet, wenn ihr Ehemann in Untersuchungshaft sitzt und dringend einen Verteidiger benötigt, grundsätzlich die Freiwilligkeit iS von § 4 I 3 RVG nicht aus.[149]

78   Empfehlenswert ist daher im Hinblick auf die Beweislastverteilung bei einer Rückforderungsklage, dass der Anwalt den Mandanten – etwa in der Rechnung – ausdrücklich schriftlich darüber belehrt, dass die verlangte Vergütung die gesetzliche Vergütung übersteigt.[150]

---

142 Schneider, Vergütungsvereinbarung Rn 2037; Krämer/Mauer/Kilian, Vergütungsvereinbarung und -management Rn 669.
143 Hartung/*Römermann*/Schons, § 4 Rn 21.
144 So auch Schneider, Vergütungsvereinbarung Rn 2039.
145 BGH, NJW 2004, 2818 ff. mit Bespr. Mayer, RVG-Letter 2004, 102 ff.; Gerold/Schmidt-*Madert*, § 4 Rn 26; Krämer/Mauer/Kilian, Vergütungsvereinbarung und -management Rn 674; aA – bei Vorliegen einer formunwirksamen Vereinbarung muss der Auftraggeber beweisen, dass er entweder nicht freiwillig oder nur unter Vorbehalt geleistet hat – AnwK-RVG/*Rick*, § 4 Rn 84, Bischof/*Bischof*, § 4 Rn 44.
146 BGH, NJW 2004, 2818 ff. mit Bespr. Mayer, RVG-Letter 2004, 102 ff. zu § 3 I 2 BRAGO aF.
147 AnwK-RVG/*Rick*, § 4 Rn 79.
148 KG, NJOZ 2004, 2028 ff. mit Bespr. Mayer, RVG-Letter 2004, 71 f.
149 OLG München, NJW-RR 2004, 1573 f. mit Bespr. Mayer, RVG-Letter 2004, 116.
150 Mayer/Kroiß-*Teubel*, § 4 Rn 57.

bb) Ohne Vorbehalt

Die Leistung des Mandanten ist dann nicht ohne Vorbehalt erfolgt, wenn der Mandant entweder ausdrücklich einen Vorbehalt erklärt oder jedenfalls Zweifel an der Berechtigung der Forderung des Rechtsanwalts äußert.[151] Bedenklich unter der gegebenen Darlegungs- und Beweislast des Anwalts ist die Auffassung,[152] dass diese negative Voraussetzung zumeist nur dann praktisch relevant werden könne, wenn ein entsprechender Vorbehalt des Mandanten schriftlich niedergelegt sei, etwa in einem Schreiben an den Rechtsanwalt oder durch einen Vermerk auf dem Überweisungsträger.

79

d) Sonstige Fehlerquellen

Sonstige Fehlerquellen bei Vergütungsvereinbarungen liegen insbesondere in dem Erfordernis der Bestimmbarkeit der Vergütung und in einem potentiellen Verstoß gegen § 138 BGB. Die Problematik Erfolgshonorar oder Vereinbarung einer quota litis ist ebenfalls streng genommen zu den Fehlerquellen zu rechnen, wird aber der Bedeutung entsprechend unten stehend ausführlich abgehandelt.

80

aa) Bestimmbarkeit der Vergütung

Ein in der Praxis vielfach unterschätztes Erfordernis ist die Bestimmbarkeit der Vergütung. Für die Wirksamkeit einer Vergütungsvereinbarung ist es erforderlich, dass sie genügend bestimmt ist, es muss dabei ein Maßstab gewählt werden, der **ohne Schwierigkeiten eine ziffernmäßige Berechnung der Vergütung zulässt**.[153] Nicht ausreichend ist also, wenn in der Vergütungsvereinbarung nur festgelegt wird, dass die Gebühren nach einem „angemessenen Streitwert" zu berechnen sind,[154] dass eine angemessene Gebühr zu zahlen ist oder der Anwalt sich vorbehält, die vom Mandanten zu zahlende Gebühr nachträglich festzulegen.[155] Nachdem ein Instanzgericht eine komplette Honorarvereinbarung bereits deshalb zu Fall brachte, weil es dem Begriff „Spesen" die erforderliche Bestimmbarkeit absprach,[156] musste sogar das Bundesverfassungsgericht mit einer Verfassungsbeschwerde zur Hilfe gerufen werden, welches die Auffassung, der Begriff „Spesen" sei nicht bestimmbar, als verfassungsrechtlich nicht haltbar und den weiteren Einwand des Instanzgerichts, es sei keine Obergrenze der zulässigen Auslagen vereinbart und auch im Übrigen bei Abschluss der Honorarvereinbarung keine Eingrenzung der abrechnungsfähigen Kosten vorgenommen worden, unter Berücksichtigung der Berufsausübungsfreiheit mit einer verfassungsrechtlich gebotenen Auslegung unvereinbar angesehen hat.[157] Ausreichend bestimmt ist auch eine Vergütungsregelung, die eine **Verbindung eines Pauschalhonorars mit einem zusätzlichen Zeithonorar** vorsieht, obwohl die Vergütung des Anwalts (umgerechnet auf die einzelne Arbeitsstunde) nicht von vornherein feststeht, sondern je nach tatsächlich

81

---

151 Schneider, Vergütungsvereinbarung Rn 2047 f.; Krämer/Mauer/Kilian, Vergütungsvereinbarung und -management Rn 673.
152 Krämer/Mauer/Kilian, Vergütungsvereinbarung und -management Rn 673.
153 BGH, NJW 1965, 1023; NJW 2005, 2142 ff.; Krämer/Mauer/Kilian, Vergütungsvereinbarung und -management Rn 554; Schneider, Vergütungsvereinbarung Rn 704.
154 BGH, NJW 1965, 1023.
155 Mayer/Kroiß-*Teubel*, § 4 Rn 74.
156 OLG Koblenz, AGS 2002, 200.
157 BVerfG, NJW 2002, 3314 f.

aufgewendeter Zeit variiert. Die Berechnung der Vergütung auf der Grundlage der Vergütungsvereinbarung ist in einem solchen Fall gleichwohl ohne Schwierigkeiten möglich. Dies ist evident für das vereinbarte Pauschalhonorar. Was die Stundenlohnvereinbarung anbelangt, ist zwar das Ausmaß der zeitlichen Beanspruchung bei Abschluss der Vergütungsvereinbarung noch offen, jedoch wird dadurch die Leistung nicht unbestimmt, vielmehr reicht es auch, wenn die Leistung bestimmbar ist; dies ist bei einem aufwandsbezogenen Stundenhonorar der Fall, da der Zeitaufwand für den Mandanten nachprüfbar darzulegen ist und demgemäß objektiv ermittelt werden kann.[158]

bb) Potentieller Verstoß gegen § 138 BGB

82 Vergütungsvereinbarungen, die eine höhere Vergütung als die gesetzliche Vergütung vorsehen, können Anlass zur Frage bieten, ob ein Verstoß gegen § 138 BGB gegeben ist. § 4 Abs. 4 RVG sieht jedoch ein Verfahren für die Herabsetzung einer überhöhten Vergütung vor, so dass sich die Frage stellt, ob neben diesem Herabsetzungsverfahren noch eine Prüfung nach § 138 BGB überhaupt stattfinden kann. Nach einer in der Literatur vertretenen Auffassung findet sich in § 4 Abs. 4 RVG eine spezielle Regelung für den Fall einer unangemessen hohen Anwaltsvergütung, die Vorrang vor den allgemeinen Regeln wie etwa des § 138 BGB hat.[159] Da jedoch das Herabsetzungsverfahren nach § 4 Abs. 4 RVG und § 138 BGB unterschiedliche Voraussetzungen haben und unterschiedliche Rechtsfolgen zeitigen, sind auf eine überhöhte Vergütungsvereinbarung sowohl § 138 BGB als auch § 4 Abs. 4 RVG anwendbar.[160] Zu beachten ist, dass ein **unterschiedlicher Prüfungsmaßstab** besteht; nach § 4 Abs. 4 RVG sind alle Umstände, also auch die erst nach Abschluss der Vereinbarung im Zuge der Durchführung des Mandats eingetretenen Umstände, zu berücksichtigen, während nach § 138 BGB auf den Zeitpunkt des Abschlusses der Vereinbarung abzustellen ist. Ferner bestehen unterschiedliche Rechtsfolgen. Nach § 4 Abs. 4 RVG bleibt die Vereinbarung bestehen, es erfolgt lediglich die Herabsetzung auf den angemessenen Betrag bis zur Höhe der gesetzlichen Vergütung, dagegen führt ein Verstoß gegen § 138 BGB zur Nichtigkeit, die allerdings nach § 139 BGB nicht zur vollständigen Nichtigkeit des Anwaltsvertrages führt, sondern nur zur Nichtigkeit der Vergütungsvereinbarung, so dass die gesetzlichen Gebühren anfallen.[161]

83 Die von der Rechtsprechung entwickelten Grundsätze für das auffällige Missverhältnis auf anderen Gebieten von knapp 100 % Überschreitung der „normalen" Vergütung gilt für Vergütungsvereinbarungen im unteren und mittleren Streitwertbereich nicht.[162] In der Rechtsprechung ist anerkannt, dass die gesetzlichen Gebühren nicht immer den mit der anwaltlichen Tätigkeit verbundenen Aufwand angemessen abdecken.[163] In der Praxis bejaht der BGH dann ein **auffälliges Missverhältnis**, wenn die Vergütung gleichzeitig iS des § 4 IV RVG unangemessen hoch ist.[164] Es können daher

---

158 BGH, NJW 2005, 2142 ff.; LG München I, NJW 1975, 937.
159 Hartung/*Römermann*/Schons, § 4 Rn 104.
160 Mayer/Kroiß-*Teubel*, § 4 Rn 78; vgl auch Bischof/*Bischof*, § 4 Rn 29.
161 Mayer/Kroiß-*Teubel*, § 4 Rn 78; vgl auch Bischof/*Bischof*, § 4 Rn 29.
162 BGH, NJW 2000, 2669 ff.; BGH, NJW 2003, 2386 ff.; OLG Köln, NJW 1998, 1960 ff.; Mayer/Kroiß-*Teubel* § 4 Rn 89; Bischof/*Bischof*, § 4 Rn 30.
163 BGH, NJW 2002, 2774.
164 Mayer/Kroiß-*Teubel*, § 4 Rn 90 mwN.

B. Abrechnung auf der Grundlage einer Vergütungsvereinbarung

grundsätzlich die Maßstäbe angewandt werden, die im Rahmen des Mäßigungsgebots gemäß § 4 IV RVG gelten.[165] Wesentlich ist allerdings, dass im Rahmen der Prüfung nach § 138 BGB auf den **Zeitpunkt des Vertragsschlusses** abzustellen ist, während die Angemessenheitsgrenze des § 4 IV RVG anhand der Betrachtung nach Abschluss des Mandats zu bestimmen ist.[166]

Liegt bei einer Vergütungsvereinbarung ein auffälliges Missverhältnis zwischen Leistung und Gegenleistung vor, so ist nach der Rechtsprechung in der Regel davon auszugehen, dass das Missverhältnis den Schluss auf die verwerfliche Gesinnung desjenigen rechtfertigt, der sich diese erhöhte Vergütung hat zusagen lassen.[167]

84

Weitere Gründe der Sittenwidrigkeit ergeben sich dann, wenn eine **persönlich problematische Situation** des Mandanten ausgenutzt wird, beispielsweise die Drohung mit der Mandatsniederlegung unmittelbar nach der Verhaftung des Mandanten, unmittelbar vor dem Hauptverhandlungstermin oder sogar unmittelbar vor dem Plädoyer.[168] Derartige Zwangslagen dürfen nicht verwechselt werden mit der Erklärung des Anwalts, nur bei Abschluss einer Vergütungsvereinbarung das Mandat übernehmen zu wollen oder das bereits übertragene Mandat niederzulegen, falls keine Vergütungsvereinbarung abgeschlossen wird.[169]

85

cc) Erfolgshonorar oder Vereinbarung einer quota litis

Bei der Erörterung des möglichen Inhalts von Vergütungsvereinbarungen stellt sich stets auch die Frage nach der Zulässigkeit der Vereinbarung eines Erfolgshonorars oder der Vereinbarung einer quota litis bzw – modern formuliert – die Frage nach der Zulässigkeit sogenannter „output-basierter" Vergütungsmodelle.[170] Nach § 49b II 1 BRAO sind Vereinbarungen, durch die eine Vergütung oder ihre Höhe vom Ausgang der Sache oder vom Erfolg der anwaltlichen Tätigkeit abhängig gemacht wird (Erfolgshonorar) oder nach denen der Rechtsanwalt einen Teil des erstrittenen Betrags als Honorar erhält (quota litis), unzulässig.[171]

86

Allerdings hat das Kostenrechtsmodernisierungsgesetz[172] in § 49b II BRAO einen Satz 2 angefügt, nach dem ein Erfolgshonorar im Sinne des Satzes 1 nicht vorliegt, wenn **nur die Erhöhung von gesetzlichen Gebühren** vereinbart wird.[173] Die Tragweite dieser Bestimmung ist streitig. Nach der engsten, strengsten Auffassung bedeutet diese Neuregelung lediglich, dass auch die Vereinbarung höherer, zB doppelter gesetzlicher Gebühren unabhängig vom Erfolg auch dann zulässig ist, wenn in der Folge erfolgsabhängige Gebührentatbestände verwirklicht werden. Nach dieser Auffassung drückt die Neuregelung somit lediglich aus, dass dann, wenn die Parteien zB per Vergütungsvereinbarung das Doppelte der gesetzlichen Vergütung vereinbaren, der Anwalt im Falle einer Einigung auch das Doppelte der Einigungsgebühr erhält.[174] Nach einer

87

---

165 Mayer/Kroiß-*Teubel*, § 4 Rn 91.
166 Mayer/Kroiß-*Teubel*, § 4 Rn 92.
167 Mayer/Kroiß-*Teubel*, § 4 Rn 93; BGH, NJW 2000, 2669 ff., 2671; BGH, NJW 2003, 3486.
168 Mayer/Kroiß-*Teubel*, § 4 Rn 81; Bischof/*Bischof*, § 4 Rn 35.
169 Mayer/Kroiß-*Teubel*, § 4 Rn 83.
170 S. zum Begriff Krämer/Mauer/Kilian, Vergütungsvereinbarung und -management Rn 15.
171 Zur Entscheidung des BVerfG v. 12.12.2006 s. unten Rn 89.
172 BGBl. I 2004, 718.
173 S. hierzu Mayer, AnwBl. 2007, 561 ff.
174 Schneider, Vergütungsvereinbarung Rn 332, 361 f.

anderen Auffassung ist nunmehr eine Vergütungsvereinbarung über ein Erfolgshonorar unter der Voraussetzung zulässig, dass der Mandant in jedem Fall, also auch im Misserfolgsfall, die gesetzlichen Gebühren schuldet. Nach dieser Auffassung ist belanglos, in welcher Form der Zuschlag für den Fall des Erfolges definiert wird, ob er unmittelbar an die gesetzlichen Gebühren angeknüpft wird, also ein 1,2-Faches, 1,5-Faches, das Doppelte oder das Dreifache der gesetzlichen Gebühren oder ein Festbetrag für den Fall des Erfolges oder auch ein pro rata des Erfolges gestaffelter Festbetrag vereinbart wird. Unzulässig sollen nach dieser Auffassung nur „no win, no fee"-Vereinbarungen, die Ermäßigung der gesetzlichen Gebühren für den Fall des gänzlichen oder teilweisen Misserfolgs und ein pactum de quota litis sein.[175]

88 Der Wortlaut des neu eingeführten Satzes 2 in § 49b II BRAO ist zwar in der Tat sehr weitreichend und deckt die Erhöhung sämtlicher gesetzlichen Gebühren, also beispielsweise auch der Verfahrens- oder der Terminsgebühr, ab. Allerdings ergibt sich aus der Gesetzesbegründung, dass der Gesetzgeber lediglich die Erhöhung der erfolgsbezogenen Gebühren ermöglichen wollte und im Übrigen jedoch am Verbot des Erfolgshonorars festhält.[176] Zulässig ist es daher nunmehr, eine Erhöhung der im RVG enthaltenen erfolgsbezogenen Gebühren – somit in erster Linie bedeutsam die Einigungsgebühr nach Nr. 1000 VV und die Erledigungsgebühr nach Nr. 1002 VV – zu vereinbaren.[177] Andere wiederum gehen davon aus, dass jede Gebühr des RVG im Falle des Erfolges nach der Neuregelung des § 49b II BRAO vervielfacht werden kann[178] und lassen es sogar zu, den vereinbarten Erfolg, von dem die erfolgsbezogene Einigungsgebühr abhängig gemacht werden kann, nicht im Formalakt der Einigung selbst zu sehen, sondern an eine ziffernmäßig festgelegte Summe des Erfolges bei einer Einigung anzuknüpfen[179] oder lassen es zu, den Begriff des Erfolges selbst zu definieren, etwa in der Weise, dass eine Einigungsgebühr mehrfach nicht nur anfällt, wenn der Rechtsanwalt an einer Einigung mitwirkt, sondern auch wenn eine Entscheidung durch Urteil gefällt wird und in diesem ein bestimmter Erfolg erzielt wird.[180]

89 Die vorstehend geschilderte Rechtslage wird jedoch nur noch für einen Übergangszeitraum Bestand haben. Denn das **Bundesverfassungsgericht hat mit dem Beschluss vom 12.12.2006**, Aktenzeichen 1 BvR 2576/04, das Verbot anwaltlicher Erfolgshonorare einschließlich des Verbots der „quota litis" in § 49b II 1 BRAO mit Art. 12 I GG insoweit als nicht vereinbar angesehen, als es keine Ausnahme für den Fall zulässt, dass der Rechtsanwalt mit der Vereinbarung einer erfolgsbasierten Vergütung besonderen Umständen in der Person des Auftraggebers Rechnung trägt, die diesen sonst davon abhielten, seine Rechte zu verfolgen.[181]

90 Das Bundesverfassungsgericht hat in dieser Entscheidung zunächst festgestellt, dass durch das gesetzliche Verbot anwaltlicher Erfolgshonorare in den **Schutzbereich der**

---

175 Pohl, Berliner AnwBl. 2005, 102 ff., 106 f.
176 BT-Drucks. 15/1971, S. 232.
177 Mayer/Kroiß-*Mayer*, § 1 Rn 249; Mayer, AnwBl. 2006, 160 ff., 165; Burhoff, RVG, Teil B „Erfolgshonorar (§ 49 II BRAO)" Rn 6; Enders, RVG für Anfänger Rn 303 f.; Gerold/Schmidt-*Madert*, § 4 Rn 58; Madert, AGS 2005, 536 ff., 538; Hinne/Klees/Teubel/Winkler, § 1 Rn 59.
178 Braun, Festschrift für Madert, 43 ff., 55 f.; Bischof/*Bischof*, § 4 Rn 122.
179 Bischof, Festschrift für Madert, 1 ff.; Bischof/*Bischof*, § 4 Rn 124; vgl auch Winkler, Festschrift für Madert, 239 ff., 246.
180 Braun, Festschrift für Madert, 43 ff., 55 f.
181 NJW 2007, 997 ff.

Berufsfreiheit des Anwalts eingegriffen wird. Der Vorschrift lägen zwar legitime Zwecke zugrunde. Mit dem Schutz der anwaltlichen Unabhängigkeit verfolge der Gesetzgeber mit Blick auf das übergeordnete Gemeinwohlziel einer funktionierenden Rechtspflege einen legitimen Zweck; auch sei es verfassungsrechtlich nicht zu beanstanden, dass der Gesetzgeber die anwaltliche Unabhängigkeit bei Vereinbarung eines Erfolgshonorars als gefährdet ansehe. Zwar vermag nach dem Bundesverfassungsgericht das eigene wirtschaftliche Interesse des Rechtsanwalts an dem erfolgreichen Abschluss eines Mandats für sich genommen noch keine Gefährdung der anwaltlichen Unabhängigkeit zu begründen, da kommerzielles Denken mit dem Anwaltsberuf nicht schlechthin unvereinbar sei. Vor dem Hintergrund des gesetzgeberischen Beurteilungsspielraums bestünden jedoch keine verfassungsrechtlichen Bedenken dagegen, dass der Gesetzgeber bei Vereinbarung eines Erfolgshonorars von einer spezifischen Gefährdung der anwaltlichen Unabhängigkeit ausgehe, weil hierdurch eine weitgehende Parallelität der wirtschaftlichen Interessen von Rechtsanwalt und Auftraggeber herbeigeführt werde. Auch sei ein weiterer legitimer Zweck des Verbots von Erfolgshonoraren in dem Schutz der Rechtsuchenden vor einer Übervorteilung durch überhöhte Vergütungssätze zu sehen. Schließlich verfolge das gesetzliche Verbot des Erfolgshonorars auch im Hinblick auf die Förderung der prozessualen Waffengleichheit ein hinreichendes Gemeinwohlziel, weil der Beklagte – im Gegensatz zum Kläger – nicht über die Möglichkeit verfüge, sein Kostenrisiko auf vergleichbare Art zu verlagern.

Andere zur Rechtfertigung des Verbots anwaltlicher Erfolgshonorare in Erwägung gezogene Gemeinwohlziele ließ hingegen das Bundesverfassungsgericht nicht gelten. Das Ziel, eine starke Zunahme substanzloser Prozesse abzuwehren, scheide als Zweck des Verbotes aus, da der die Sache betreuende Rechtsanwalt gerade wegen der Abhängigkeit seiner Vergütung vom Ausgang des Rechtsstreits ein gesteigertes Interesse daran habe, nur hinlänglich aussichtsreiche Rechtsstreitigkeiten zu vertreten, hinzu komme, dass der Mandant für den Fall des Unterliegens die ihn regelmäßig treffende Verpflichtung etwa gemäß §§ 91 ff. ZPO berücksichtigen müsse, nicht nur die Gerichtskosten zu tragen, sondern auch die Kosten des Prozessgegners zu erstatten.

Auch werden nach dem Bundesverfassungsgericht grundlegende Institute des geltenden Verfahrensrechts durch ein anwaltliches Erfolgshonorar nicht in Frage gestellt. Hervorgehoben wurde in diesem Zusammenhang insbesondere das Modell der **Kostenerstattung** sowie das System der **Prozesskostenhilfe**. In diesem Zusammenhang betonte das Bundesverfassungsgericht, dass aus Art. 3 I in Verbindung mit dem Rechtsstaatsgrundsatz folge, dass das Grundgesetz eine weitgehende Angleichung der Situation von Bemittelten und Unbemittelten bei der Verwirklichung ihres Rechtsschutzes gebiete, so dass es daher notwendig sei, Vorkehrungen zu treffen, die auch Unbemittelten einen weitgehend gleichen Zugang zum Gericht ermöglichten. Dem habe der Gesetzgeber mit dem Institut der Prozesskostenhilfe entsprochen. Vor dem Hintergrund dieses verfassungsrechtlichen Handlungsgebots kann nach dem Bundesverfassungsgericht die Möglichkeit, mit einem Rechtsanwalt ein Erfolgshonorar zu vereinbaren, das Institut der Prozesskostenhilfe nicht ersetzen. Weiter stellte sich das Bundesverfassungsgericht bei seiner Entscheidung auf den Standpunkt, dass das Verbot anwaltlicher Erfolgshonorare auch zur Erreichung der legitimen Ziele des Schutzes der anwaltlichen Unabhängigkeit, des Mandantenschutzes und der Förderung der prozessualen Wahrheitspflicht geeignet sei.

93 Auch ist das Verbot anwaltlicher Erfolgshonorare nach dem Bundesverfassungsgericht zur Verfolgung der legitimen Gemeinwohlziele erforderlich. Dies gilt nach dem Bundesverfassungsgericht zum einen für den Gesichtspunkt des Schutzes der anwaltlichen Unabhängigkeit und zum anderen auch für den Gesichtspunkt des Schutzes des Mandanten. Zwar stünden Alternativen zum Verbot von Erfolgshonoraren zur Verfügung, soweit Mandanten vor überhöhten Vergütungsvereinbarungen geschützt werden sollen, auch könne der Gesetzgeber – zumindest für bestimmte Verfahrensarten – prüfen, ob im Interesse eines effektiven Mandantenschutzes nicht gesetzliche Begrenzungen, insbesondere von Streitanteilsvergütungen, möglich seien, auch könne der Gesetzgeber zum Schutz der Rechtsuchenden vor einem unüberlegten Abschluss von Honorarvereinbarungen dadurch beitragen, dass er über das schon jetzt vor Honorarvereinbarung geltende Schriftformerfordernis (§ 4 I RVG) hinaus auch die Erfüllung von Aufklärungspflichten durch den Rechtsanwalt zur Wirksamkeitsvoraussetzung einer Erfolgshonorarvereinbarung bestimmt.

94 Allerdings war nach dem Bundesverfassungsgericht die gesetzliche Regelung nicht in jeder Hinsicht angemessen, und zwar deshalb, weil sie keine Ausnahme zulässt und selbst dann zu beachten ist, wenn der Rechtsanwalt mit der Vereinbarung einer erfolgsbasierten Vergütung besonderen Umständen in der Person des Auftraggebers Rechnung trägt, die diesen sonst davon abhielten, seine Rechte zu verfolgen. So beeinträchtigte nach dem Bundesverfassungsgericht das strikte, ausnahmslose Verbot einer erfolgsbasierten Vergütung nicht nur die Vertragsfreiheit der Rechtsanwälte und ihrer Auftraggeber, es führe aufgrund seines umfassenden Geltungsanspruchs auch zu nachteiligen Folgen für die Wahrnehmung und Durchsetzung der Rechte des Einzelnen. Für die Wahrnehmung und Durchsetzung von Rechten sei es im Rechtsstaat aus Gründen der Chancen- und Waffengleichheit von maßgeblicher Bedeutung, dass sich der Einzelne der Unterstützung durch Rechtsanwälte versichern könne. Bei der Entscheidung der Rechtsuchenden über die Inanspruchnahme anwaltlicher Hilfe sei die Kostenfrage von maßgebender Bedeutung. Zwar könnten die von der Rechtsordnung eröffneten Möglichkeiten, Beratungshilfe im außergerichtlichen Bereich und Prozesskostenhilfe in Gerichtsverfahren in Anspruch zu nehmen, die Verwirklichung des Rechtsschutzes zugunsten unbemittelter Rechtsuchender fördern. Die Bewilligung einer solchen Unterstützung sei jedoch von engen wirtschaftlichen Voraussetzungen abhängig. Vor diesem Hintergrund könnten auch Rechtsuchende, die aufgrund ihrer Einkommens- und Vermögensverhältnisse keine Prozesskostenhilfe oder Beratungshilfe beanspruchen können, vor der Entscheidung stehen, ob es ihnen **die eigene wirtschaftliche Lage vernünftigerweise erlaube**, die finanziellen Risiken einzugehen, die angesichts des unsicheren Ausgangs der Angelegenheit mit der Inanspruchnahme qualifizierter rechtlicher Betreuung und Unterstützung verbunden seien. Nicht wenige Betroffene würden das Kostenrisiko aufgrund verständiger Erwägung scheuen und daher von der Verfolgung ihrer Rechte absehen. Für diese Rechtsuchenden ist nach dem Bundesverfassungsgericht das Bedürfnis anzuerkennen, das geschilderte Risiko durch Vereinbarung einer erfolgsbasierten Vergütung zumindest teilweise auf den

vertretenden Rechtsanwalt zu verlagern; anders als der einzelne Rechtsuchende sei er aufgrund der Vielzahl der Mandate zu Diversifikation der Kostenrisiken in der Lage und könne nicht zuletzt deshalb diese besser tragen.

Die Beurteilung des einschränkungslosen Verbots einschließlich des Erfolgshonorars als unangemessen rechtfertigte das Bundesverfassungsgericht ferner mit den Erwägungen, dass der Schutz der Rechtsuchenden vor Übervorteilung auf andere Weise erlangt werden könne, beispielsweise durch gesetzliche Regelungen über die vom Anwalt zu erfüllenden Informationspflichten zugunsten des Mandanten oder die Darlegung der genauen Berechnungsmethode der erfolgsbasierten Vergütung, auch stellte sich das Bundesverfassungsgericht auf den Standpunkt, dass es keinen überzeugenden Grund gebe, die Vereinbarung eines Erfolgshonorars speziell in Form einer Streitanteilsvergütung als Möglichkeit der Risikoverlagerung auszuschließen und an dem ausnahmslos geltenden Verbot für den Fall einer quota litis festzuhalten. Für den Erlass einer verfassungsmäßigen Neuregelung setzte das Bundesverfassungsgericht dem Gesetzgeber eine **Frist bis 30.6.2008**, bis dahin bleibt § 49b I 1 BRAO in Kraft. 95

dd) Folgerungen aus der Entscheidung des Bundesverfassungsgerichts vom 12.12.2006 zum Verbot des Erfolgshonorars

Die Entscheidung des Bundesverfassungsgerichts vom 12.12.2006, wonach das Verbot anwaltlicher Erfolgshonorare einschließlich des Verbots der „quota litis" in § 49b II 1 BRAO mit Art. 12 I GG insoweit nicht vereinbar ist, als es keine Ausnahme für den Fall zulässt, dass der Rechtsanwalt mit der Vereinbarung einer erfolgsbasierten Vergütung besonderen Umständen in der Person des Auftraggebers Rechnung trägt, die diesen sonst davon abhielten, seine Rechte zu verfolgen, wird die anwaltliche Tätigkeit in Zukunft spürbar verändern. Wie groß die Veränderungen sein werden, wird von dem Ausgang der politischen Diskussion in den nächsten Monaten abhängen. Das Bundesverfassungsgericht hat dem Gesetzgeber für die Behebung des verfassungswidrigen Zustandes eine Frist bis 30.6.2008 zur Verfügung gestellt und ihm dabei einen weiten Gestaltungsspielraum eingeräumt. So kann er nach dem Bundesverfassungsgericht zwar an dem grundsätzlichen Verbot des Erfolgshonorars festhalten, jedoch in Anlehnung an § 49b I 2 BRAO einen Ausnahmetatbestand zumindest für die Fälle eröffnen, in denen aufgrund der wirtschaftlichen Situation des Auftraggebers bei verständiger Betrachtung erst die Vereinbarung einer erfolgsbasierten Vergütung die Inanspruchnahme qualifizierter anwaltlicher Hilfe ermöglicht. Andererseits ist der Gesetzgeber nach der Entscheidung des Bundesverfassungsgerichts auch nicht gehindert, dem verfassungswidrigen Regelungszustand dadurch die Grundlage zu entziehen, dass das Verbot anwaltlicher Erfolgshonorare völlig aufgegeben oder an ihm nur noch unter engen Voraussetzungen, wie etwa im Fall unzulänglicher Aufklärung des Mandanten, festgehalten wird.[182] 96

Anwälte werden daher künftig auf jeden Fall mit **Erfolgshonorarvereinbarungen** umzugehen haben. Neben den vom Gesetzgeber künftig noch näher zu konkretisierenden formellen Voraussetzungen von Erfolgshonorarvereinbarungen wie anwendbare Formvorschriften und Aufklärungspflichten wird sich künftig für den Anwalt die 97

---

182 BVerfG, NJW 2007, 997 ff., B II 1.

Aufgabe stellen, das für ihn erforderliche „Erfolgshonorar" im Einzelfall zu kalkulieren. Die betriebswirtschaftlichen Anforderungen an den mit Erfolgshonoraren arbeitenden Rechtsanwalt sind erheblich – Erfolgshonorare ähneln in ihrer Funktionsweise einer Versicherung, da die Mandate ohne erfolgreichen Ausgang, die ohne Vergütung bleiben, von den erfolgreichen Mandaten quersubventioniert werden.[183] Wenn man ferner noch bedenkt, dass nach einer empirischen Studie jüngeren Datums bei Einzelkanzleien und Sozietäten mit bis zu 5 Anwälten lediglich 22 % aller Mandate aufgrund von Vergütungsvereinbarungen abgerechnet wurden[184] und berücksichtigt man ferner die erheblichen „Preisfindungsschwierigkeiten" bei der durch § 34 I 1 RVG verordneten Gebührenvereinbarung für die Beratung und die Ausarbeitung schriftlicher Gutachten, wird deutlich, welche große neue Herausforderungen die vom Bundesverfassungsgericht dem Gesetzgeber aufgegebene Veränderung des anwaltlichen Vergütungssystems bringen wird.

98 Andererseits liegen in der Entscheidung des Bundesverfassungsgerichts auch **Chancen für die Anwaltschaft**.[185] Denn der fehlende Ausnahmetatbestand vom Verbot des anwaltlichen Erfolgshonorars, der nach dem Bundesverfassungsgericht Ursache des Verfassungsverstoßes ist, betrifft Verfahren und Prozesse, die in der Vergangenheit aufgrund des ausnahmslosen Verbots eines anwaltlichen Erfolgshonorars nicht geführt wurden. Positiv gewendet vergrößert damit das Bundesverfassungsgericht den Markt, auf dem anwaltliche Dienstleistungen legal – nach der dem Gesetzgeber bis spätestens 30.6.2008 obliegenden gesetzlichen Neuregelung – angeboten werden können.

99 Sucht man nach Kriterien, wie im konkreten Fall die aus Anwaltssicht „richtige" Erfolgshonorarvereinbarung **kalkuliert** werden kann, liegt es nahe, zunächst die gesetzlichen Regelungen in den Blick zu nehmen in Ländern, in denen Erfolgshonorare zulässig sind.[186] Allerdings muss stets berücksichtigt werden, dass sämtliche Regeln zur Kalkulation eines Erfolgshonorars jeweils eingebettet sind in das rechtliche und wirtschaftliche Umfeld der Rechtsordnung, aus der sie stammen. Auf diesem Hintergrund ist deren Aussagekraft zwar begrenzt, aber gleichwohl von erheblichem Erkenntniswert.[187] Konkrete Berechnungsrichtwerte sind bei der englischen conditional fee zu finden; diese erlaubt es dem Anwalt, vom Mandanten eine Vergütung für seine Tätigkeit nur im Erfolgsfall zu verlangen, dafür aber dann mit einem Zuschlag.[188] Der Zuschlag beträgt maximal 100 %.[189]

100 Als Richtschnur gelten dabei folgende Zuschlagswerte:

Erfolgswahrscheinlichkeit	Zuschlag in %
100 %	0
95 %	5
90 %	11

---

183 Kilian, BB 2006, 225 ff., 230.
184 Hommerich/Kilian, Vergütungsvereinbarungen deutscher Rechtsanwälte, 31.
185 Vgl. Mayer AnwBl. 2007, 561 ff.
186 S. hierzu auch den Überblick von Kilian, AnwBl. 2006, 515 ff.
187 Mayer, AnwBl. 2007, 561 ff.
188 Section 58 des „Courts and Legal Services act 1990".
189 Conditional Fee Agreements Order 2000.

B. Abrechnung auf der Grundlage einer Vergütungsvereinbarung

80 %	25
75 %	33
70 %	43
67 %	50
60 %	67
55 %	82
50 %	100

Die erheblichen Unterschiede beim Zuschlag zwischen einer Erfolgswahrscheinlichkeit von 50 % und einer Erfolgswahrscheinlichkeit von 67 % erklären sich zwanglos daraus, dass bei einer Erfolgswahrscheinlichkeit von 67 % zwei von drei Verfahren gewonnen werden, so dass ein Zuschlag von 50 % je gewonnenem Verfahren ausreicht, um die eigene Honorierung in dem einen bei einer Erfolgswahrscheinlichkeit von 67 % verlorenen Verfahren auszugleichen. Liegt die Erfolgswahrscheinlichkeit jedoch nur bei 50 %, muss der Zuschlag 100 % betragen, da ja jedes zweite Verfahren verloren wird.[190]

101

Im englischen System hat grundsätzlich der Mandant bei einer conditional fee die Kosten des Prozessgegners zu tragen, auch handelt es sich nicht um eine Streitanteilsvergütung in Form einer quota litis. Abgerundet wird das englische System durch spezielle Versicherungsangebote, die es ermöglichen, auch nach Entstehen der Rechtsstreitigkeit im Wege einer sogenannten „after the event insurance" das Kostenrisiko bei einem Prozessverlust gegen Versicherungsprämie zu versichern.[191]

102

Die für die englische conditional fee diskutierten Richtwerte für den Risikozuschlag bieten daher einen **groben Orientierungsrahmen** auch für die Kalkulation einer Erfolgshonorarvereinbarung nach deutschem Recht.

103

ee) Arten der Vergütungsvereinbarung

Soweit die rechtlichen Rahmenbedingungen, insbesondere die vorstehend genannten Fehlerquellen beachtet werden, sind der Kreativität bei der Herausbildung von Vergütungsvereinbarungen kaum Grenzen gesetzt. In der Praxis haben sich jedoch strukturell drei Grundtypen von Vergütungsvereinbarungen herausgebildet, nämlich die Pauschalvergütung, die Zeitvergütung und die Vergütungsvereinbarung, die inhaltlich auf die gesetzlichen Regelungen mit mehr oder minder gravierenden Veränderungen zurückgreift.

104

(1) Pauschalvergütung

Die in der deutschen Anwaltschaft nach einer empirischen Untersuchung am zweithäufigsten vereinbarte außertarifliche Vergütung ist die Pauschalvergütung.[192] Eine Pauschalvergütung liegt vor, wenn Mandant und Rechtsanwalt eine bestimmte Angelegenheit definieren, die vom Rechtsanwalt gegen **Zahlung eines Pauschalbetrages** übernommen wird.[193] Der Vorteil einer solchen Regelung besteht in der ziffernmäßi-

105

---

190 Mayer, AnwBl. 2007, 561 ff.
191 Vgl. beispielsweise die Angebote unter www.ateinsurance.com bzw www.temple-legal.co.uk.
192 Hommerich/Kilian, Vergütungsvereinbarungen deutscher Rechtsanwälte, 58.
193 Hartung/*Römermann*/Schons, § 4 Rn 58.

gen Festlegung der Vergütung, die nicht mehr vom Umfang der anwaltlichen Tätigkeit oder von besonderen Verfahrensgestaltungen oder -abläufen abhängt.[194]

106 Andererseits ergeben sich aus diesem Vorteil jedoch auch wieder Probleme, denn häufig lässt sich bei Übernahme des Mandats nicht absehen, welche Leistung der Rechtsanwalt im Einzelnen noch zu erbringen hat,[195] so dass das Risiko besteht, dass der Anwalt bei der Vereinbarung des Pauschalbetrages die von ihm zu erbringenden Leistungen falsch einschätzt. Auf jeden Fall ist darauf zu achten, dass präzise festgelegt wird, welche Tätigkeiten mit der vereinbarten pauschalen Vergütung abgegolten sein sollen und für welche Tätigkeiten evtl eine zusätzliche Vergütung (in welcher Höhe) zu zahlen ist.[196]

107 Im Allgemeinen sind Festhonorare dann zu empfehlen, wenn

- es sich um Mandate mit Routineangelegenheiten handelt, bei denen der erforderliche Zeitaufwand durch den Anwalt gut abgeschätzt werden kann;[197]
- ein starker Wettbewerb herrscht und das Angebot einer Pauschale einen Wettbewerbsfaktor darstellt;[198]
- der Anwalt bereit ist, ein gewisses Risiko zu übernehmen, beispielsweise wenn er sich in eine Thematik einarbeiten will bzw eine Spezialisierung anstrebt;
- Beratungen für einen Mandanten wiederholt ablaufen;[199]
- sich die Höhe der gesetzlichen Vergütung nicht leicht berechnen lässt;[200]
- dem Anwalt ein besonderer Leistungsanreiz gegeben werden soll, beispielsweise bei Manager-Outplacement-Verhandlungen.[201]

Damit nicht die Gefahr besteht, dass mit der Pauschalvergütung auch die Auslagen abgegolten sind, muss ausdrücklich vereinbart werden, dass neben der Pauschalvergütung auch noch **Auslagen** berechnet werden, dies gilt auch für die Umsatzsteuer.[202]

(2) Zeitvergütung

108 Die gängigste Form der durch Vereinbarung geregelten Vergütung des Rechtsanwalts ist die zeitabhängige Vergütung bzw das sogenannte Stundenhonorar; mehr als die Hälfte der bei einer empirischen Untersuchung Befragten vereinbaren immer oder häufig ein Zeithonorar.[203]

109 Zeitvergütungen sind am gebräuchlichsten in Form einer Abrechnung auf Stundenhonorarbasis, sie sind aber auch in Form einer Vergütung pro Tag zu finden. Zeitvergütungen haben den Vorteil, dass sich die Höhe der Vergütung nach dem Umfang der anwaltlichen Tätigkeit richtet, auch sind Zeitvergütungen vielen Auftraggebern auch

---

194 Mayer/Kroiß-*Teubel*, § 4 Rn 250.
195 Mayer/Kroiß-*Teubel*, § 4 Rn 251.
196 Enders RVG für Anfänger, Rn 298.
197 Krämer/Mauer/Kilian, Vergütungsvereinbarung und -management Rn 241 f.
198 Krämer/Mauer/Kilian, Vergütungsvereinbarung und -management Rn 241 f.
199 Krämer/Mauer/Kilian, Vergütungsvereinbarung und -management Rn 241 f.
200 Krämer/Mauer/Kilian, Vergütungsvereinbarung und -management Rn 241 f.
201 Krämer/Mauer/Kilian, Vergütungsvereinbarung und -management Rn 242 ff.
202 Hansens/Braun/*Schneider*, Praxis des Vergütungsrechts, Teil 2 Rn 184 mwN.
203 Hommerich/Kilian, Vergütungsvereinbarungen deutscher Rechtsanwälte, 58.

B. Abrechnung auf der Grundlage einer Vergütungsvereinbarung

deshalb leicht zu vermitteln, da sie aus eigener Tätigkeit an derartige Vergütungen gewöhnt sind.[204]

Der Nachteil der Zeitvergütung besteht jedoch in der **mangelnden Durchsetzbarkeit im Streitfall**. Der Rechtsanwalt muss die von ihm geleisteten Stunden nachweisen. Geschäftsbedingungen, die den Nachweis erleichtern würden, halten regelmäßig einer rechtlichen Überprüfung nicht stand.[205]

Wichtig bei der Vereinbarung einer Zeitvergütung ist, dass in der Vergütungsvereinbarung unbedingt geregelt wird, in welchen **Zeiteinheiten** abgerechnet wird (Stunden, Minuten, Viertelstunde o.Ä.). Auch sollte konkret vereinbart werden, ob angefangene Einheiten als ganze Einheiten gewertet werden oder ob minutengenaue Abrechnung erfolgt. Schließlich sollte auch in der Vereinbarung geregelt werden, wie zB Reisezeiten (zu Besprechungen etc.) abgerechnet und vergütet werden.[206]

Auch sollte bei dem Abschluss einer Vergütungsvereinbarung auf der Basis einer Zeitvergütung bedacht werden, dass bei der Bearbeitung der Angelegenheit uU auch Referendare, wissenschaftliche Mitarbeiter, Rechtsanwaltsfachangestellte oder anderes Personal herangezogen wird. In der Vereinbarung sollte klar geregelt werden, dass auch für die Tätigkeit dieser Mitarbeiter eine gesonderte Vergütung – wenn auch ein geringerer Satz für die Zeiteinheit – zu zahlen ist.[207]

In der Vergütungsvereinbarung sollte auch festgehalten werden, dass **Auslagen** wie Reisekosten, Dokumentenpauschale, Aufwendungen für Post- und Telekommunikationsentgelte o.Ä. gesondert neben der vereinbarten Vergütung zu zahlen sind und dass auf die vereinbarte Vergütung und die Auslagen noch die gesetzliche Umsatzsteuer zu zahlen ist.[208]

Unabdingbar für einen nach Zeitvergütung arbeitenden Anwalt ist es jedoch, den Zeitaufwand und den Inhalt der durchgeführten Tätigkeiten präzise zu dokumentieren. Dies gilt zum einen aufgrund der nach der Rechtsprechung des BGH ex post anzustellenden Betrachtung, ob eine Vergütungsvereinbarung über eine höhere oder über eine niedrigere als die gesetzliche Vergütung vorliegt.[209] Hinzu kommt ferner, dass eine präzise und übersichtlich dokumentierte Aufstellung des Zeitaufwands die beste Grundlage für die Akzeptanz einer Zeitvergütung durch den Mandanten darstellt.[210]

Der Schwäche der Zeitvergütung, nämlich der mangelnden Durchsetzbarkeit im Streitfall, kann in der Praxis am ehesten – neben der ohnehin selbstverständlichen gründlichen und geordneten Erfassung des Zeitaufwands – durch **häufige Zwischenabrechnungen** des geleisteten Stundenaufwands entgegengewirkt werden.[211]

---

204 Mayer/Kroiß-*Teubel*, § 4 Rn 257.
205 Mayer/Kroiß-*Teubel*, § 4 Rn 258 f.; für die Zulässigkeit einer Vereinbarung in AGBs, wonach fingiert wird, dass der Auftraggeber die Abrechnung anerkennt, wenn er nicht innerhalb einer bestimmten Frist widerspricht, Hansens/Braun/*Schneider*, Praxis des Vergütungsrechts, Teil 2 Rn 200.
206 Enders RVG für Anfänger, Rn 291; vgl hierzu näher Schneider, Vergütungsvereinbarung Rn 983 ff.
207 Enders RVG für Anfänger, Rn 292.
208 Enders RVG für Anfänger, Rn 296.
209 S. hierzu oben näher § 1 Rn 59.
210 Vgl. in diesem Zusammenhang auch Hansens/Braun/*Schneider*, Praxis des Vergütungsrechts, Teil 2 Rn 203.
211 So auch Hansens/Braun/*Schneider*, Praxis des Vergütungsrechts, Teil 2 Rn 199.

(3) Vergütungsvereinbarung durch Modifikation der gesetzlichen Regelung

116 Eine dritte Gruppe von Vergütungsvereinbarungen ist dadurch gekennzeichnet, dass sie die Vergütung durch Modifizierungen der gesetzlichen Regelungen des RVG oder gar der BRAGO regeln. Diese Form der Vergütungsvereinbarung findet sich in der Praxis weniger häufig als die Pauschal- oder die Zeitvergütung.[212]

117 Vergütungsvereinbarungen, die die Vergütung unter Zuhilfenahme gesetzlicher Kriterien, aber in bewusster Abweichung von diesen Regeln, beispielsweise durch die Vereinbarung eines höheren Streitwerts, eines höheren Gebührensatzes für einen bestimmten Vergütungstatbestand oder durch den Ausschluss von Anrechnungsbestimmungen bestimmen, haben auf jeden Fall den Vorteil, dass sie sowohl dem Mandanten als auch dem Anwalt insoweit Sicherheit geben, als sie sich weitgehend auf Bewährtes und Bekanntes stützen können und im Falle von Auslegungsfragen auf die Rechtsprechung zur gesetzlichen Vergütung zurückgegriffen werden kann.[213]

118 Die möglichen Gestaltungsformen sind immens und lassen eine individuell zugeschnittene Regelung auf die unterschiedlichsten Sachverhalte zu, wenngleich die wirtschaftlichen Auswirkungen einer Vergütungsvereinbarung auf der Basis eines Pauschalhonorars oder in Form eines Zeithonorars im Regelfall besser überblickt werden können.

ff) Herabsetzung nicht angemessener Vergütung

119 Nach § 4 IV 1 RVG kann eine vereinbarte Vergütung, wenn sie unter Berücksichtigung aller Umstände unangemessen hoch ist, im Rechtsstreit auf den angemessenen Betrag bis zur Höhe der gesetzlichen Vergütung herabgesetzt werden. Vor der Herabsetzung hat das Gericht nach § 4 IV 2 RVG ein Gutachten des Vorstands der Rechtsanwaltskammer einzuholen, dies gilt jedoch dann nicht, wenn der Vorstand der Rechtanwaltskammer die Vergütung bereits nach § 4 III 1 RVG festgesetzt hat.

120 **Zuständig** für die Herabsetzung ist **das Gericht**, Voraussetzung ist somit ein Rechtsstreit über die Vergütung.[214] Die Einholung eines Gutachtens nach § 4 IV 2 RVG ist jedoch nicht in jedem Streitfall über die Angemessenheit einer vereinbarten Vergütung erforderlich, sondern nur dann, wenn das Gericht eine Unangemessenheit in Erwägung zieht und demnach die Gebühr herabzusetzen ist.[215]

121 Entscheidend ist die Frage, wann eine vereinbarte Vergütung unter Berücksichtigung aller Umstände **unangemessen hoch** ist. Nach der einen Auffassung bietet die gesetzliche Vergütung bei der Festlegung der angemessenen Vergütung keinen geeigneten Anhaltspunkt. Die Parteien wollten gerade von ihr abweichen. Bei dieser Auffassung können insoweit die gesetzlichen Kriterien der Ermessensausübung bei Rahmengebühren herangezogen werden.[216] Teilweise wird auch vertreten, dass neben den Be-

---

[212] Hommerich/Kilian, Vergütungsvereinbarung deutscher Rechtsanwälte, 58.
[213] Schneider, Vergütungsvereinbarung Rn 784; Hansens/Braun/*Schneider*, Praxis des Vergütungsrechts, Teil 2 Rn 199.
[214] Mayer/Kroiß-*Teubel*, § 4 Rn 188.
[215] Mayer/Kroiß-*Teubel*, § 4 Rn 191; AnwK-RVG/*N.Schneider*, § 4 Rn 121; Riedel/Sußbauer/*Fraunholz*, § 4 Rn 10.
[216] Hartung/*Römermann*/Schons, § 4 Rn 113 f.

B. Abrechnung auf der Grundlage einer Vergütungsvereinbarung

messungskriterien des § 14 RVG auch die Höhe der gesetzlichen Vergütung in die Betrachtung mit einzustellen ist.[217]

Mit der Entscheidung vom 27.1.2005,[218] noch ergangen zum Mäßigungsgebot des § 3 III 1 BRAGO, hat der **BGH** wichtige Grundsätze auch für die Herabsetzung der Vergütung nach § 4 IV 1 RVG aufgestellt. Für die Beantwortung der Frage, ob die vereinbarte Vergütung unangemessen hoch ist, kommt es nach dem BGH nicht darauf an, was bei Vertragsschluss vorauszusehen war und bei der Vereinbarung kalkuliert wurde, sondern es ist die spätere Entwicklung zu berücksichtigen. Der Gesetzgeber habe den Begriff „unter Berücksichtigung aller Umstände" nicht näher erläutert. Nach dem BGH sind insbesondere die Schwierigkeit und der Umfang der Sache, ihre Bedeutung für den Auftraggeber, das Ziel, das der Auftraggeber mit dem Auftrag erstrebt hat und in welchem Umfang dieses Ziel durch die Tätigkeit des Anwalts erreicht worden ist, inwieweit also das Ergebnis tatsächlich und rechtlich als Erfolg des Rechtsanwalts anzusehen ist, von Bedeutung, ferner sind nach dem BGH die Stellung des Rechtsanwalts und die Vermögensverhältnisse zu berücksichtigen. Für Strafverteidigungen entwickelte der BGH in der genannten Entscheidung eine allgemein verbindliche Honorargrenze; nach dem BGH spricht eine tatsächliche Vermutung dafür, dass eine Vergütung unangemessen hoch ist, wenn ein Rechtsanwalt bei Strafverteidigungen eine Vergütung vereinbart, die mehr als das 5-fache über den gesetzlichen Höchstgebühren liegt. Die Vermutung kann zwar durch den Rechtsanwalt entkräftet werden, er muss aber dann ganz ungewöhnliche, geradezu extreme einzelfallbezogene Umstände darlegen, die es möglich erscheinen lassen, die Vergütung bei Abwägung aller Umstände nicht als unangemessen hoch anzusehen.[219]

Der BGH hat erstmals in der vorgenannten Entscheidung vom 27.1.2005 versucht, der Praxis grundsätzliche Vorgaben an die Hand zu geben, wobei maßgebender Gesichtspunkt u.a. war, die Instanzgerichte bei der häufig sehr schwierigen und aufwendigen Einzelfallprüfung zu entlasten, gleichzeitig auch eine einheitliche Rechtsanwendung zu gewährleisten.[220]

Der BGH verweist in der Entscheidung vom 27.1.2005 auf seine frühere Rechtsprechung, wonach bei hohen Streitwerten und streitwertabhängigen gesetzlichen Gebühren das vereinbarte Honorar unangemessen hoch ist, wenn es die gesetzlichen Gebühren um mehr als das 5-fache übersteigt.[221] Was unter einem hohen Streitwert im Sinne der Rechtsprechung des BGH zu verstehen ist, wurde vom BGH bislang noch nicht entschieden, die Gebührenreferenten der Bundesrechtsanwaltskammer gehen aber auf der Basis der Rechtsprechung des BGH davon aus, dass es sich um einen Streitwert im hohen sechsstelligen Bereich handeln muss.[222] Auch wenn sich der BGH bei der Entscheidung vom 27.1.2005 bewusst war, dass seine Rechtsprechung zur Unangemessenheit eines Honorars, welches bei hohen Streitwerten mehr als das 5-fache der gesetzlichen Gebühren beträgt, nicht ohne Weiteres auf den zur Entscheidung anstehen-

---

217 Schneider, Vergütungsvereinbarung Rn 1712 f.; Hansens/Braun/*Schneider*, Praxis des Vergütungsrechts, Teil 2 Rn 324.
218 BGH, NJW 2005, 2142 ff. mit Bespr. Mayer, RVG-Letter 2005, 74 ff.
219 BGH, aaO; kritisch zu dieser Entscheidung auch Anm. Henke, AGS 2005, 384 f.
220 Mayer/Kroiß-*Teubel*, § 4 Rn 195.
221 BGH, NJW 2005, 2142, 2144; BGH, NJW 2000, 2669 ff.
222 Mayer/Kroiß-*Teubel*, § 4 Rn 198.

§ 1 Allgemeine Korrespondenz

den Fall einer Honorarvereinbarung eines Strafverteidigers übertragen werden kann,[223] hat der BGH gleichwohl mit der genannten Entscheidung für einen wesentlichen Teil der nicht streitwertabhängigen Gebühren (nämlich für die Gebühr der Strafverteidigung, Teil 4 des Vergütungsverzeichnisses, sinngemäß wohl auch anzuwenden auf die Bußgeldsachen nach Teil 5 des Vergütungsverzeichnisses und die sonstigen, in Teil 6 des Vergütungsverzeichnisses geregelten strafverfahrensähnlichen Verfahren) eine grundsätzliche Honorargrenze mit dem 5-fachen der gesetzlichen Höchstgebühren gezogen, es sei denn, dass ganz ungewöhnliche, geradezu extreme einzelfallbezogene Umstände vorliegen (und vom Rechtsanwalt dargelegt werden), die es möglich erscheinen lassen, die Vergütung bei Abwägung aller für § 4 IV RVG maßgeblichen Gesichtspunkte nicht als unangemessen hoch anzusehen.[224]

125 Richtiger Auffassung nach sind bei der Beurteilung der Unangemessenheit einer vereinbarten Vergütung **zwei Gesichtspunkte zu kombinieren:** Zum einen sind vereinbarte Vergütungen nicht unangemessen, wenn sie das **5-fache bis 6-fache** der gesetzlichen Höchstgebühr nicht überschreiten.[225] Überschreiten sie das 5-fache bis 6-fache der gesetzlichen Höchstgebühr, sind sie jedoch dann nicht unangemessen, wenn sie gleichwohl ein angemessenes Entgelt für den anwaltlichen Aufwand darstellen.[226] Überschreitet die vereinbarte Gebühr nicht das 5-fache bis 6-fache der gesetzlichen Höchstgebühr, ist die Prüfung damit abzuschließen; die vereinbarte Vergütung ist nicht unangemessen hoch.[227] Überschreitet die vereinbarte Vergütung jedoch das 5-fache bis 6-fache der gesetzlichen Höchstgebühr, ist in einem zweiten Schritt zu prüfen, **wie viel Stunden der Anwalt** sachgerecht in der Angelegenheit tätig war und die vereinbarte Vergütung in Beziehung zu setzen zu einem angemessenen Stundensatz, der derzeit mit 250 Euro veranschlagt wird.[228] Beträgt also der anwaltliche Aufwand 10 Stunden, ist ein vereinbartes Pauschalhonorar von 2.500 Euro nicht unangemessen, selbst wenn das 5-fache bis 6-fache der gesetzlichen Vergütung um ein Vielfaches überschritten werden sollte.[229] Handelt es sich nicht um eine Pauschalvergütung oder eine Mischform zwischen Zeit- und Pauschalvergütung, sondern um eine reine Zeitvergütung, bedarf es keines Rückgriffs auf die gesetzliche Vergütung, sondern maßgeblich ist allein der Stundensatz, der angemessen sein muss.[230] In der Regel ist ein Stundensatz bis 500 Euro nicht unangemessen, Stundensätze über 500 Euro sind nicht per se unangemessen, insbesondere dann nicht, wenn besondere Schwierigkeiten der anwaltlichen Tätigkeit, die besondere Bedeutung der Angelegenheit für den Auftraggeber und/oder besondere Reputation des Anwalts oder die besondere wirtschaftliche Bedeutung der Angelegenheit den höheren Stundensatz rechtfertigen.[231]

---

[223] BGH, NJW 2005, 2142, 2144.
[224] Mayer/Kroiß-*Teubel*, § 4 Rn 203.
[225] Mayer/Kroiß-*Teubel*, § 4 Rn 228.
[226] Mayer/Kroiß-*Teubel*, § 4 Rn 228.
[227] Mayer/Kroiß-*Teubel*, § 4 Rn 229.
[228] Mayer/Kroiß-*Teubel*, § 4 Rn 230.
[229] Mayer/Kroiß-*Teubel*, § 4 Rn 230.
[230] Mayer/Kroiß-*Teubel*, § 4 Rn 231.
[231] Mayer/Kroiß-*Teubel*, § 4 Rn 231.

B. Abrechnung auf der Grundlage einer Vergütungsvereinbarung

gg) Belehrungspflichten im Zusammenhang mit Vergütungsvereinbarungen

Die Hinweispflicht nach § 49b V BRAO[232] besteht auch beim Abschluss einer Vergütungsvereinbarung.[233] Betrifft die Vergütungsvereinbarung ein Urteilsverfahren des 1. Rechtszugs vor den Gerichten der Arbeitsgerichtsbarkeit, gilt gleichwohl die Belehrungspflicht über die Kostentragungspflicht nach § 12a I ArbGG.[234]

126

Eine normierte Verpflichtung des Anwalts, darauf hinzuweisen, dass die vereinbarte Vergütung die gesetzliche übersteigt, besteht nicht; eine solche Regelung findet sich weder im RVG noch in der Bundesrechtsanwaltsordnung und der Berufsordnung für Rechtsanwälte.[235] **Grundsätzlich** muss daher der Rechtsanwalt **nicht darüber aufklären**, dass die vereinbarte Vergütung die gesetzlichen Gebühren übersteigt.[236] Die Rechtsprechung hat jedoch bei den gesetzlichen Gebühren eine aus besonderen Umständen des Einzelfalls nach Treu und Glauben (§ 242 BGB) bestehende Pflicht des Rechtsanwalts bejaht, auch ohne diesbezügliche Frage des Auftraggebers diesen über die voraussichtliche Höhe der anwaltlichen Vergütung zu belehren. Die insoweit erforderliche Gesamtwürdigung hat einerseits den Schwierigkeitsgrad und den Umfang der anwaltlichen Aufgabe, einen ungewöhnlich hohen Gegenstandswert und die sich daraus ergebenden hohen Gebühren, die das vom Auftraggeber erstrebte Ziel wirtschaftlich sinnlos machen können, andererseits aber auch die Bedeutung der Angelegenheit für den Mandanten sowie dessen Vermögensverhältnisse und Erfahrung im Umgang mit Rechtsanwälten zu berücksichtigen.[237] Letztlich hängt nach der Rechtsprechung die anwaltliche Pflicht, den Auftraggeber vor Vertragsschluss über die voraussichtliche Höhe der Vergütung aufzuklären, entscheidend davon ab, ob der Rechtsanwalt nach den Umständen des Einzelfalls ein entsprechendes Aufklärungsbedürfnis erkennen konnte und musste.[238] Eine solche aus § 242 BGB folgende Belehrungspflicht besteht auch und gerade dann, wenn die anwaltliche Vergütung nicht nach gesetzlichen Vorschriften bestimmt ist, sondern durch eine Vergütungsvereinbarung geregelt wird.[239] Teilweise verlangt die Rechtsprechung, dass der Rechtsanwalt eine erkennbar nicht vermögende Partei schon vor Erteilung eines außergerichtlichen Mandats darauf hinweist, dass er zur Übernahme eines evtl künftigen Prozessmandats nur bei Abschluss einer Vergütungsvereinbarung bereit ist. Dabei soll diese Verpflichtung auch den Hinweis beinhalten, dass das deutlich über den gesetzlichen Gebühren und Auslagen liegende zu vereinbarende Honorar in jedem Fall von der Partei selbst zu tragen ist, weil es weder von der Rechtsschutzversicherung übernommen wird noch im Falle des Obsiegens vom Gegner zu erstatten ist.[240] **Belehrungspflichten aus**

127

---

232 S. hierzu näher oben unter § 1 Rn 20.
233 Hansens/Braun/*Schneider*, Teil 2 Rn 294.
234 Hansens/Braun/*Schneider*, Teil 2 Rn 295; zum Inhalt der Belehrung s. näher oben unter § 1 Rn 30 ff.
235 Hansens/Braun/*Schneider*, Teil 2 Rn 296.
236 Krämer/Mauer/Kilian, Vergütungsvereinbarung und -management Rn 541; Hansens/Braun/*Schneider*, Teil 2 Rn 296.
237 BGH, NJW 1998, 3486 ff., 3487.
238 BGH, aaO, mwN.
239 Hansens/Braun/*Schneider*, Teil 2 Rn 297; Krämer/Mauer/Kilian, Vergütungsvereinbarung und -management Rn 542; vgl auch AnwK-RVG/*Rick*, § 4 Rn 16.
240 So OLG Stuttgart, BeckRS 2002 30276694 = JurBüro 2003, 585 ff.; s. hierzu auch Krämer/Mauer/Kilian, Vergütungsvereinbarung und -management Rn 543; anders wohl die Rechtsprechung des BGH, wonach die Androhung einer Mandatsniederlegung zur Durchsetzung des Abschlusses einer Honorarvereinbarung nicht zu beanstanden ist, wenn der mit dem Auftrag verbundene Aufwand den Umfang, den die gesetzliche Gebührenbemessung als durchschnittlich voraussetzt, deutlich überschreitet, vgl NJW 2002, 2774 ff.

Treu und Glauben bestehen typischerweise auch dann, wenn der Auftraggeber, dem eine Vergütungsvereinbarung vorgeschlagen wird, über eine Rechtsschutzversicherung verfügt, die Deckungsschutz gewährt hat, aber nach den ARB grundsätzlich nur die gesetzlichen Gebühren trägt. Auf diese zusätzliche Kostenbelastung durch Abschluss einer Vergütungsvereinbarung muss daher hingewiesen werden.[241]

128 Ein „faktischer Zwang"[242] folgt aus der **Regelung des § 4 I 3 RVG**. Nach dieser Vorschrift kann ein Mandant, wenn er freiwillig und ohne Vorbehalt geleistet hat, das Geleistete nicht deshalb zurückfordern, weil seine Erklärung nicht den Vorschriften des § 4 I 1 und 2 RVG entspricht. Freiwilligkeit liegt aber nur dann vor, wenn der Mandant mehr zahlen will, als er nach dem Gesetz ohne die Vereinbarung zu zahlen hätte; er muss also wissen, dass seine Zahlungen die gesetzliche Vergütung übersteigen.[243] Eine solche Belehrung kann beispielsweise schriftlich bei Übersendung der Rechnung erteilt werden[244] oder bereits in der Vergütungsvereinbarung erfolgen.[245]

129 Eine **allgemeine Hinweis- oder Aufklärungspflicht** dafür, dass eine höhere als die gesetzliche Vergütung vom Prozessgegner nicht zu erstatten sein wird, besteht zwar nicht,[246] gleichwohl wird empfohlen, dass in die Vergütungsvereinbarung der Hinweis aufgenommen wird, dass die vereinbarte Vergütung über den gesetzlichen Gebühren liegt und dass, falls ein Dritter zur Erstattung der Kosten verpflichtet ist, diese Pflicht nur in Höhe der niedrigeren gesetzlichen Gebühren, nicht aber in Höhe der vereinbarten Vergütung besteht.[247]

2. Vereinbarung einer niedrigeren als der gesetzlichen Vergütung

a) Zulässigkeit

130 Nach § 49 b I 1 BRAO ist es unzulässig, geringere Gebühren und Auslagen zu vereinbaren oder zu fordern, als das Rechtsanwaltsvergütungsgesetz vorsieht, soweit dieses nichts anderes bestimmt. § 49 b I 2 BRAO gestattet dem Rechtsanwalt aber, besonderen Umständen in der Person des Auftraggebers, insbesondere dessen Bedürftigkeit, Rechnung zu tragen durch Ermäßigung oder Erlass von Gebühren oder Auslagen nach Erledigung des Auftrags. § 49 b I 2 BRAO regelt jedoch nicht eine Form der Vergütungsvereinbarung, sondern erlaubt lediglich nach Abschluss des Mandats einen Gebührenerlass, sofern besondere Umstände in der Person des Mandanten dies rechtfertigen. Dies geschieht in Form eines Erlassvertrages, der bloße Erlass ist aber keine Vereinbarung einer Vergütung iS des § 4 RVG.[248] Eine Ausnahme vom generellen Verbot des Unterschreitens der gesetzlichen Gebühren nach § 49 b I 1 BRAO enthält aber § 4 II RVG.

---

241 Krämer/Mauer/Kilian, Vergütungsvereinbarung und -management, Teil 3 Rn 544; AnwK-RVG/*Rick*, § 4 Rn 16; vgl auch OLG Düsseldorf, NJW 2000, 1650 f.
242 Begriff nach Krämer/Mauer/Kilian, Vergütungsvereinbarung und -management Rn 546.
243 S. hierzu oben § 1 Rn 75 ff.
244 S. hierzu oben § 1 Rn 78.
245 Krämer/Mauer/Kilian, Vergütungsvereinbarung und -management Rn 547.
246 Hansens/Braun/*Schneider*, Teil 3 Rn 300.
247 Krämer/Mauer/Kilian, Vergütungsvereinbarung und -management Rn 588.
248 Hartung/*Römermann*/Schons, § 4 Rn 118.

b) Erlaubter Inhalt

aa) Außergerichtliche Angelegenheit

Nach § 4 II 1 RVG können in außergerichtlichen Angelegenheiten **Pauschalvergütungen und Zeitvergütungen** vereinbart werden, die niedriger sind als die gesetzlichen Gebühren. Strittig ist in diesem Zusammenhang, wie streng diese Regelung auszulegen ist. So muss nach einer Auffassung eine Vergütung in Form einer Pauschale oder eine Vergütung berechnet nach Zeitaufwand vereinbart werden.[249] Nach anderer Auffassung sind auch Mischformen oder etwa Naturalleistungen zulässig.[250] Ob eine gerichtliche oder außergerichtliche Angelegenheit vorliegt, richtet sich danach, ob sich die Tätigkeit des Anwalts auf ein gerichtliches Verfahren bezieht oder nicht.[251]

131

Soweit Pauschal- oder Zeitvergütungen im engeren Sinne vereinbart werden, werden diese nicht auf die gesetzliche Vergütung einer nachfolgenden Angelegenheit angerechnet. Zum einen fehlt es bereits an einer Anrechnungsvorschrift, zum anderen würde dies dem Pauschalcharakter zuwiderlaufen. Schließlich lässt sich in der Regel kaum ermitteln, welcher Gebührenanteil, der in der Pauschal- oder Zeitvergütung steckt, den außergerichtlichen gesetzlichen Gebühren entspricht, die anzurechnen wären.[252]

132

bb) Beitreibungssachen

Für gerichtliche Mahnverfahren und Zwangsvollstreckungsverfahren nach den §§ 803–863 und 899–915 b ZPO kann sich der Rechtsanwalt ferner nach § 4 II 2 RVG verpflichten, dass er, wenn der Anspruch des Auftraggebers auf Erstattung der gesetzlichen Vergütung nicht beigetrieben werden kann, einen Teil des Erstattungsanspruchs **an Erfüllungs statt** annehmen wird. Dies bedeutet, dass auch für die genannten Verfahren eine Vereinbarung unterhalb der gesetzlichen Gebühren unzulässig ist, der Anwalt jedoch das Risiko der Beitreibbarkeit übernimmt mit der Folge, dass er regelmäßig mit dem nicht beitreibbaren Teil ausfällt und wirtschaftlich dadurch eine niedrigere Vergütung erhält, als im Gesetz ansonsten vorgesehen.[253]

133

c) Untergrenze

Nach § 4 II 3 RVG müssen der nicht durch Abtretung zu erfüllende Teil der gesetzlichen Vergütung und die sonst nach diesem Absatz vereinbarten Vergütungen in einem **angemessenen Verhältnis** zu Leistung, Verantwortung und Haftungsrisiko des Anwalts stehen. Dieser Maßstab zeigt die Untergrenze auf. Der Anwalt soll insbesondere davor geschützt werden, dass wirtschaftlich übermächtige Auftraggeber ihn bei derartigen Vergütungsvereinbarungen ausnutzen.[254] Wo diese Untergrenze verläuft, lässt sich schwer präzise allgemeingültig beziffern. Teilweise wird vertreten, dass die Beschränkung des Gesetzes auf die Kriterien Leistung, Verantwortung und Haftungsrisiko des Anwalts nicht bedeutet, dass die Parteien nicht noch weitere Gesichtspunkte

134

---

249 AnwK-RVG/*N.Schneider*, § 4 Rn 143; Hartung/*Römermann*/Schons, § 4 Rn 119; Burhoff, RVG Teil B „Vergütungsvereinbarung" Rn 43; unklar Riedel/Sußbauer-*Fraunholz*, § 4 Rn 3.
250 Hinne/Klees/Teubel/Winkler, Teil 1 Rn 40; Mayer/Kroiß-*Teubel*, § 4 Rn 63.
251 Mayer/Kroiß-*Teubel*, § 4 Rn 65.
252 AnwK-RVG/*N.Schneider*, § 4 Rn 147 mwN.
253 Mayer/Kroiß-*Teubel*, § 4 Rn 66.
254 Mayer/Kroiß-*Teubel*, § 4 Rn 69.

bei der Festlegung der Gesamtvergütung und ihrer Bestandteile berücksichtigen dürften, dass der Vorschrift also kein abschließender Charakter zukomme, dass aber die Prüfung, ob sich eine bestimmte Vereinbarung nach dem Gesetz als zulässig darstelle, nur auf den drei Kriterien Leistung, Verantwortung und Haftungsrisiko beruhe.[255] Nach anderer Auffassung ist eine Gesamtschau der Tätigkeit des Anwalts wesentlich und die Prüfung anzuschließen, ob die zu zahlende Vergütung „dazu völlig aus dem Rahmen" fällt.[256]

135 Die Rechtsprechung hat sich bislang hierzu vor allem unter wettbewerbsrechtlichen Aspekten mit dem Problem des Preisdumpings befasst.[257] Beanstandet wurden ein Gebührenrahmen zwischen 10 Euro und 50 Euro für eine arbeitsrechtliche Beratung[258] und das Angebot, den Forderungseinzug bei Forderungen zwischen 5.000 Euro und 1,5 Millionen Euro zu einem Pauschalpreis von 75 Euro netto durchzuführen.[259] Auch nach dem Wegfall der gesetzlichen Gebührentatbestände für die anwaltliche Beratung am 1.7.2006 verstößt eine pauschale Beratungsgebühr für Verbraucher von 20 Euro inklusive Mehrwertsteuer in allen Angelegenheiten gegen § 4 II 3 RVG.[260]

d) Form und Beweislast

136 Nach § 4 II 4 Halbs. 1 RVG sollen Vereinbarungen über eine (erlaubte) niedrigere Vergütung als der gesetzlichen Vergütung schriftlich getroffen werden. Das Schriftformerfordernis ist als **„Soll"vorschrift** ausgestaltet; wird die Schriftform nicht eingehalten, ist gleichwohl die Vereinbarung einer nach § 4 II 1–3 RVG zulässigen niedrigeren Vergütung als der gesetzlichen Vergütung wirksam.[261] Ist streitig, ob es zu einer Vereinbarung einer niedrigeren als der gesetzlichen Vergütung nach § 4 II 1-3 RVG gekommen ist, trifft nach § 4 II 4 Halbs. 2 RVG den Auftraggeber die **Beweislast**.

3. AGB-Kontrolle und Vergütungsvereinbarung

a) Bedeutung

137 Anders als § 3 I BRAGO aF lässt § 4 I 2 RVG nunmehr auch die Aufnahme von anderen Vereinbarungen in das Schriftstück mit der Vergütungsvereinbarung zu, wenn diese von der Vergütungsvereinbarung deutlich abgesetzt sind. Damit nimmt auch die Bedeutung der AGB-Kontrolle bei Vergütungsvereinbarungen zu, denn Klauseln, die in der Vergangenheit wegen eines Verstoßes gegen § 3 I BRAGO aF regelmäßig in der Vergütungsvereinbarung keine Verwendung fanden und für die es deshalb nicht auf die Vereinbarkeit mit AGB-Recht ankam, sind nunmehr nach den §§ 307 ff. BGB zu überprüfen.[262]

---

255 Hartung/*Römermann*/Schons, § 4 Rn 49.
256 Mayer/Kroiß-*Teubel*, § 4 Rn 70.
257 AnwK-RVG/*Rick*, § 4 Rn 151.
258 OLG Hamm, NJW 2004, 3269.
259 OLG Köln, NJW 2006, 923.
260 LG Ravensburg, NJW 2006, 2930.
261 Hartung/*Römermann*/Schons, § 4 Rn 53; AnwK-RVG/*N.Schneider*, § 4 Rn 149; Mayer/Kroiß-*Teubel*, § 4 Rn 58.
262 Krämer/Mauer/Kilian, Vergütungsvereinbarung und -management Rn 652.

b) Anwendungsbereich

aa) Allgemeine Geschäftsbedingungen gegenüber Verbraucher, Unternehmer und Arbeitnehmer

Nach § 305 I 1 BGB gelten die §§ 305 ff. BGB dann, wenn die Vertragsbedingungen der Vergütungsvereinbarung, die eine Vertragspartei verwendet oder verwenden will, **für eine Vielzahl von Verträgen vorformuliert sind**.[263] Allgemeine Geschäftsbedingungen liegen nur dann nicht vor, soweit die Vertragsbedingungen zwischen dem Anwalt und dem Mandanten im Einzelnen ausgehandelt worden sind, § 305 I 3 BGB. Für das Vorliegen einer Individualvereinbarung trägt der Verwender, also im Regelfall der Rechtsanwalt, die Beweislast.[264]

138

Wird die Vergütungsvereinbarung zwischen dem Anwalt und einem als Verbraucher zu qualifizierenden Mandanten geschlossen, liegt ein **Verbrauchervertrag** vor; vorformulierte Vertragsbedingungen unterliegen dann nach § 310 III 2 BGB auch schon dann der Unklarheitenregel des § 305 c II BGB und der Inhaltskontrolle nach den §§ 307–309 BGB, wenn sie nur zur einmaligen Verwendung formuliert wurden, vorausgesetzt der Mandant hatte keine Möglichkeit, inhaltlich auf die betroffene Klausel Einfluss zu nehmen. Eine Mehrfachverwendungsabsicht des Rechtsanwalts bezüglich der vorformulierten Vertragsbedingungen ist nicht erforderlich.[265] Entscheidend für den Umfang der AGB-Kontrolle ist somit, ob die Vergütungsvereinbarung mit dem Mandanten in seiner Eigenschaft als Verbraucher abgeschlossen wird oder der Anwalt einem Mandanten gegenübersteht, der als Unternehmer iS des § 14 BGB einzustufen ist. Nach § 13 BGB ist darauf abzustellen, ob das Rechtsgeschäft – der Anwaltsvertrag – zu einem Zweck geschlossen wird, der weder der gewerblichen noch der selbstständigen beruflichen Tätigkeit des Mandanten zugerechnet werden kann. Entscheidend ist, ob das Mandat Ansprüche oder Regelungen aus dem Gewerbebetrieb oder der dem Gewerbe gleichgestellten, nämlich freiberuflichen, künstlerischen oder landwirtschaftlichen Berufstätigkeit des Mandanten zum Gegenstand hat.[266]

139

Von erheblicher praktischer Bedeutung in diesem Zusammenhang ist die Frage, ob ein Verbrauchervertrag iS des § 310 III BGB vorliegt, wenn eine Vergütungsvereinbarung mit einem **Arbeitnehmer** in einer sein Arbeitsverhältnis betreffenden Angelegenheit geschlossen wird. Ob der Arbeitnehmer in seiner Eigenschaft als solcher „Verbraucher" ist, ist in der Literatur stark umstritten,[267] in der Rechtsprechung wurde die Frage zunächst ebenfalls uneinheitlich beantwortet. Das OLG Hamm stellte sich in der Entscheidung vom 3.8.2004[268] – allerdings ohne ins Detail gehende Begründung – auf den Standpunkt, dass der Arbeitnehmer nicht als Verbraucher im Sinne des Gebührentatbestandes Nr. 2102 VV aF anzusehen ist. Das BAG ließ die Frage, ob der Arbeitnehmer in seiner Eigenschaft als solcher „Verbraucher" ist, zunächst ausdrück-

140

---

263 Schneider, Vergütungsvereinbarung Rn 665.
264 BGH, NJW 1998, 2600ff; Bamberger/Roth-*J.Becker*, § 305 BGB Rn 40.
265 Bamberger/Roth-*J.Becker*, § 310 BGB Rn 17.
266 Mayer/Kroiß-*Teubel*, § 4 Rn 97.
267 Vgl zum Streitstand ErfKoArbR-Preis, 6. Aufl. 2006, § 611 Rn 208 mit zahlreichen weiteren Nachweisen.
268 NJW 2004, 3296 f.

lich offen,[269] in der Folgezeit hat das BAG jedoch den Arbeitnehmer im Rahmen des Arbeitsvertrages als Verbraucher iS des § 13 BGB eingeordnet.[270]

bb) Prüfprogramme

141 Bei der AGB-Kontrolle von Vergütungsvereinbarungen können somit **drei verschiedene Prüfungsprogramme** unterschieden werden: Liegen allgemeine Geschäftsbedingungen, also für eine Vielzahl von Verträgen vorformulierte Vertragsbedingungen, vor und schließt der Mandant die Vergütungsvereinbarung in seiner Eigenschaft als Verbraucher, müssen sich die vorformulierten Vertragsbedingungen an den §§ 305 ff. BGB, insbesondere auch an § 308 BGB (Klauselverbote mit Wertungsmöglichkeit) und § 309 BGB (Klauselverbote ohne Wertungsmöglichkeit) messen lassen.[271]

142 Werden vom Rechtsanwalt beim Abschluss der Vergütungsvereinbarung für eine Vielzahl von Verträgen vorformulierte Vertragsbedingungen – beispielsweise im Fachhandel zu beziehende vorgedruckte Vergütungsvereinbarungen[272] – angewandt und ist der Mandant beim Abschluss des Anwaltsvertrages als Unternehmer iS des § 14 BGB zu qualifizieren, ist das Schutzniveau abgesenkt und es erfolgt lediglich eine erleichterte Inhaltskontrolle; nach § 310 I 1 BGB beschränkt sich die Inhaltskontrolle allein auf die Generalklausel des § 307 BGB, die Klauselverbote der §§ 308 und 309 BGB finden keine Anwendung, allerdings stellt § 310 I 2 BGB klar, dass bei der Anwendung von § 307 BGB die Wertungen der §§ 308, 309 BGB mittelbar in die Inhaltskontrolle einfließen sollen.[273]

143 Tritt der Mandant dem Rechtsanwalt beim Abschluss der Vergütungsvereinbarung jedoch in seiner Eigenschaft als Verbraucher gegenüber, so unterliegen vorformulierte Vertragsbedingungen in der Vergütungsvereinbarung auch dann der Unklarheitenregel des § 305 c II BGB und der Inhaltskontrolle nach den §§ 307–309 BGB, wenn sie nur zur einmaligen Verwendung formuliert wurden, vorausgesetzt, der Verbraucher hatte aufgrund der Vorformulierung keine Möglichkeit, inhaltlich auf die betroffene Klausel Einfluss zu nehmen.[274]

cc) Inhaltskontrolle beim Preis?

144 Ein Grundsatzproblem bei der AGB-Kontrolle von Vergütungsvereinbarungen stellt sich in jedem Fall: Denn der **Inhaltskontrolle** nach den §§ 307 ff. BGB unterliegen nur Vorschriften, durch die von Rechtsvorschriften abweichende oder diese ergänzende Regelungen vereinbart werden. Klauseln, die Art und Umfang der vertraglichen Hauptleistungspflicht und den dafür zu zahlenden Preis unmittelbar regeln, unterliegen nicht der Inhaltskontrolle, da die Vertragsparteien nach dem Grundsatz der Privatautonomie Leistung und Gegenleistung grundsätzlich frei bestimmen können.[275] Teilweise wird dies mit der Begründung, beim RVG handle es sich um „subsidiäres

---

269 NJW 2004, 2401 ff.
270 NJW 2005, 3305 ff.; AP ArbZG § 6 Nr. 8.
271 Mayer, AnwBl. 2006, 168.
272 Schneider, Vergütungsvereinbarung Rn 665.
273 HK-BGB/Schulte-Mölke, § 310 Rn 2; Mayer, AnwBl. 2006, 168.
274 Bamberger/Roth-*J.Becker*, § 310 BGB Rn 17; Mayer, AnwBl. 2006, 168.
275 BGH, NJW 1992, 688 f.; NJW 1994, 318 ff.; NJW 1997, 2752 f.; NJW 1998, 383 f.; BGHZ 141, 380 ff., 382; BGHZ 143, 128, 139.

B. Abrechnung auf der Grundlage einer Vergütungsvereinbarung

Recht", unterschiedslos auf Vergütungsvereinbarungen übertragen,[276] so dass nach dieser Auffassung eine AGB-Kontrolle bei vertraglichen Absprachen zur anwaltlichen Vergütung nicht gegeben ist, ausgenommen lediglich sollen Regelungen sein, die den „Preis" nicht hinreichend klar und verständlich beschreiben.[277] Dabei wird jedoch übersehen, dass der BGH Klauseln über das Entgelt immer auch dann einer Inhaltskontrolle unterzogen hat, wenn in den allgemeinen Geschäftsbedingungen **von gesetzlich vorgeschriebenen Preisen**, also von Rechtsvorschriften, abgewichen werden soll; so wurde die Inhaltskontrolle bejaht bei einer von der HOAI abweichenden Regelung eines Architektenhonorars,[278] für eine von der Gebührenordnung für Zahnärzte abweichenden Honorarvereinbarung[279] und für eine von der GOÄ abweichende ärztliche Honorarvereinbarung.[280] Eine vergleichbare Rechtsprechung fehlt jedoch bislang zum Anwaltsvergütungsrecht.[281] Allerdings hat das OLG Düsseldorf zwar die Vereinbarung eines Stundensatzes von 450 Euro in einer Honorarvereinbarung als keiner Inhaltskontrolle unterliegende Preisabrede angesehen, aber eine Zeittaktklausel, wonach jede angefangene Viertelstunde zur Abrechnung gelangt, als Verstoß gegen § 307 I 1, II Nr. 1 BGB gewertet, weil sie strukturell geeignet ist, das dem Schuldrecht im Allgemeinen und dem Dienstvertragsrecht im Besonderen zugrunde liegende Prinzip der Gleichwertigkeit von Leistung und Gegenleistung (Äquivalenzprinzip) empfindlich zu verletzen; denn nach der Zeittaktklausel ist nicht nur jede Tätigkeit, die etwa nur wenige Minuten oder gar auch nur Sekunden in Anspruch nimmt, im Zeittakt von jeweils 15 Minuten zu vergüten, sondern auch jede länger andauernde Tätigkeit, die den jeweiligen Zeitabschnitt von 15 Minuten auch nur um Sekunden überschreitet, und zwar nicht beschränkt auf eine einmalige Anwendung zB am Ende des Arbeitstages, sondern gerichtet auf die stetige Anwendung auch mehrmals täglich.[282]

In der Literatur wird die Meinung vertreten, dass im Einzelfall zu prüfen ist, ob durch eine Vergütungsvereinbarung gegen § 307 I iVm. II Nr. 1 BGB verstoßen wird; es komme darauf an, ob die Vergütungsvereinbarung von den wesentlichen Grundgedanken der gesetzlichen Regelung so weit abweiche, dass sie nicht mehr damit zu vereinbaren sei und darüber hinaus dadurch der Mandant entgegen den Geboten von Treu und Glauben benachteiligt werde.[283] Nach dieser Auffassung sind generell die Grundsätze, die zur Prüfung der Unangemessenheit nach § 4 IV RVG entwickelt worden sind, auf die Prüfung nach § 307 II Nr. 1 BGB entsprechend anzuwenden mit der einen Ausnahme, dass es bei der Prüfung nach § 4 IV RVG auf eine Gesamtschau aller Umstände im Zeitpunkt der Beendigung des Mandats ankomme, während bei der Klauselkontrolle nach § 307 BGB auf den Zeitpunkt des Vertragsabschlusses abzustellen sei.[284]

145

---

276 Krämer/Mauer/Kilian, Vergütungsvereinbarung und -management Rn 653.
277 Krämer/Mauer/Kilian, aaO.
278 BGHZ 81, 229, 232 f.
279 BGH, NJW 1998, 1786 ff.
280 BGHZ 115, 391 ff., 395.
281 Mayer/Kroiß-*Teubel*, § 4 Rn 129; Schneider, Vergütungsvereinbarung Rn 723.
282 OLG Düsseldorf, NJW-RR 2007, 129 ff. = AGS 2006, 530 ff. – nicht rechtskräftig, Nichtzulassungsbeschwerde zum BGH eingelegt unter IX ZR 144/06, vgl AGS 2006, 538.
283 Mayer/Kroiß-*Teubel*, § 4 Rn 130 ff.
284 Mayer/Kroiß-*Teubel*, § 4 Rn 138.

146 Allerdings ist in diesem Zusammenhang zwischen der **Gebührenvereinbarung im engeren Sinn** und der **Vergütungsvereinbarung im engeren Sinne** zu unterscheiden.[285] Das RVG verwendet den Begriff der Gebührenvereinbarung in § 34. Nach § 34 I 1 RVG hat der Rechtsanwalt bei einem mündlichen oder schriftlichen Rat oder einer Auskunft (Beratung) sowie der Ausarbeitung eines schriftlichen Gutachtens und für eine Tätigkeit als Mediator auf eine Gebührenvereinbarung hinzuwirken. Da es in diesen Fällen an einer gesetzlich festgelegten Vergütung durch das RVG fehlt, findet bei einer Gebührenvereinbarung in diesem Sinne keine Inhaltskontrolle nach § 307 BGB hinsichtlich der vereinbarten Höhe statt, für die Preisbildung fehlt es an einem rechtlichen Kontrollmaßstab.[286] Dem steht auch nicht entgegen, dass nach § 34 I 2 RVG dann, wenn keine Vereinbarung getroffen wird, die Gebühr nach den Vorschriften des bürgerlichen Rechts zu bestimmen ist. § 34 I 2 RVG scheidet für eine Inhaltskontrolle der Preisabrede aus, denn die Vorschrift enthält eine sekundäre Regelung für den Fall, dass die Höhe der Vergütung nicht bestimmt ist, sie setzt das Fehlen einer Vereinbarung voraus und greift nicht ein, wenn eine Preisvereinbarung vorliegt.[287] Anders ist es jedoch bei einer Vergütungsvereinbarung im engeren Sinn, also der Vereinbarung einer höheren als der gesetzlich durch das RVG geregelten Vergütung. Insoweit liegen gesetzlich geregelte Preisvorschriften vor, so dass Vergütungsklauseln in einer Inhaltskontrolle nach § 307 I iVm. II Nr. 1 BGB daraufhin zu untersuchen sind, ob sie von den wesentlichen Grundgedanken der gesetzlichen Regelung (des RVG) so weit abweichen, dass sie damit nicht mehr zu vereinbaren sind und darüber hinaus dadurch der Mandant entgegen den Geboten von Treu und Glauben benachteiligt wird.[288]

c) Einzelfragen

aa) Vereinbarung der Fortgeltung des bisherigen Rechts über den 1.7.2006 hinaus

147 Für all diejenigen, die von der vom Gesetzgeber verordneten Freiheit bei der Vereinbarung der Gebühren bei Beratung und Ausarbeitung eines schriftlichen Gutachtens ab 1.7.2006 keinen Gebrauch machen wollen, bietet sich eine Klausel an, wonach derartige Tätigkeiten auch nach dem 1.7.2006 **weiterhin nach den Vergütungstatbeständen VV Nr. 2100–VV Nr. 2103 in der bis 30.6.2006 geltenden alten Fassung** abgerechnet werden sollen. Von vornherein AGB-rechtlich unbedenklich ist die Klausel nach § 307 II Nr. 1 BGB. Da es in diesen anwaltlichen Tätigkeitsbereichen ab 1.7.2006 an einer gesetzlich festgelegten Vergütung durch das RVG fehlt, kann auch keine Inhaltskontrolle hinsichtlich der vereinbarten Höhe stattfinden, weil es für die Preisbildung an einem rechtlichen Kontrollmaßstab fehlt. Kritischer ist eine solche Klausel unter dem Blickwinkel des Transparenzgebotes des § 307 I 2 BGB zu beurteilen. Für den insoweit den Maßstab bildenden, juristisch nicht vorgebildeten Durchschnittsmandanten[289] ist es sicherlich unter dem Aspekt des Transparenzgebotes nicht ausreichend, wenn lediglich vereinbart wird, dass sich die anwaltliche Vergütung weiterhin nach den Vergütungstatbeständen VV Nr. 2100–VV Nr. 2103 aF richten

---

285 Mayer, AnwBl. 2006, 168 ff., 169.
286 Mayer, AnwBl. 2006, 168 ff., 169; Mayer/Kroiß-*Teubel*, § 34 Rn 131.
287 Mayer, AnwBl. 2006, 168 ff., 169; vgl hierzu BGH, NJW 1992, 688 f. zur Regelung des § 632 II BGB.
288 Mayer, AnwBl. 2006, 168 ff., 169; Mayer/Kroiß-*Teubel*, § 4 Rn 132.
289 Vgl BGHZ 106, 42 ff., 49.

B. Abrechnung auf der Grundlage einer Vergütungsvereinbarung

soll. Erforderlich ist auf jeden Fall, dass im Rahmen einer solchen Klausel der jeweilige Inhalt der Vergütungstatbestände, deren Fortgeltung vereinbart werden soll, wiedergegeben wird, also die Tatbestandsvoraussetzungen einschließlich der Anmerkungen zum Vergütungstatbestand sowie der Gebührenrahmen. Um dem Transparenzgebot zu genügen, ist ferner an dieser Stelle auch ein Hinweis erforderlich, nach welchen Kriterien bei diesen Rahmengebühren die konkrete Gebühr im Einzelfall bestimmt wird, ein Hinweis auf § 14 RVG und die genannten Kriterien sollte daher nicht vergessen werden. Eine auf der Basis der vorstehenden Ausführungen transparent abgefasste Klausel ist AGB-rechtlich unbedenklich, und zwar sowohl als klassische allgemeine Geschäftsbedingung, die gegenüber Unternehmern und Verbrauchern verwandt wird, als auch als sogenannte Einmalklausel gegenüber einem Verbraucher.[290]

Ein Sonderproblem bei derartigen Gebührenvereinbarungen liegt jedoch darin, dass bei einer solchen Regelung die Bestimmbarkeit der Vergütung angezweifelt werden könnte. Denn die Vergütungstatbestände VV Nr. 2100 und VV Nr. 2101 aF sind als Rahmengebühren ausgestaltet, bei dem Vergütungstatbestand VV Nr. 2103 aF wird hinsichtlich der Gebührenhöhe lediglich eine „angemessene" Gebühr vorgegeben. Für die Festlegung der im Einzelfall richtigen Gebühr sind somit die Bemessungskriterien des § 14 RVG ausschlaggebend. Es könnte daher eingewandt werden, bei einer derartigen Gebührenvereinbarung sei kein Maßstab gewählt worden, der ohne Schwierigkeiten eine ziffernmäßige Berechnung der Vergütung zulasse.[291] Dem steht jedoch entgegen, dass anhand der Bemessungskriterien des § 14 RVG auch bei Rahmengebühren die richtige Gebührenhöhe eindeutig bestimmt werden kann. Unschädlich ist, dass in diesem Zusammenhang ein Ermessensspielraum des Rechtsanwalts von bis zu 20 % anerkannt ist.[292] Denn eine vom Gesetzgeber bislang für die Regelung der gesetzlichen Vergütung angewandte Vorschrift kann nicht nunmehr mit dem Verdikt der mangelnden Bestimmbarkeit der Vergütung belegt werden, wenn sie nunmehr kraft privatautonomer Vereinbarung und nicht mehr als gesetzliche Regelung Geltung beansprucht.[293]

bb) Vorschussklauseln

Bei Vergütungsvereinbarungen bietet es sich selbstverständlich an, Regelungen über eine **Vorschusszahlung des Mandanten** zu treffen.[294] Derartige Klauseln müssen sich zwar eine Inhaltskontrolle nach § 307 II Nr. 1 BGB sowohl bei ihrer Verwendung als klassische allgemeine Geschäftsbedingung gegenüber Unternehmern und Verbrauchern als auch als eine Einmalklausel gegenüber einem Verbraucher gefallen lassen, sind jedoch unbedenklich, soweit sie inhaltlich § 9 RVG entsprechen.[295]

cc) Erleichterter Nachweis der anwaltlichen Tätigkeit

Vor allem bei Stundensatzvereinbarungen stellt der Nachweis der geleisteten Stunden ein Problem dar, da grundsätzlich, also ohne vertragliche Regelung, der Anwalt für

---

290 Mayer, AnwBl. 2006, 168 ff., 170.
291 Mayer, AnwBl. 2006, 168 ff., 170.
292 Mayer/Kroiß-*Winkler*, § 14 Rn 46; AG Aachen, NJOZ 2005, 190 ff. mit Bespr. Mayer, RVG-Letter 2005, 42 f.
293 Mayer, AnwBl. 2006, 168 ff., 170.
294 Mayer, AnwBl. 2006, 168 ff., 170.
295 Schneider, Vergütungsvereinbarung Rn 721; Brieske, Die anwaltliche Honorarvereinbarung, 109.

den Umfang der von ihm geleisteten Tätigkeit beweispflichtig ist.[296] Eine Klausel, die dem Mandanten die Beweislast gegen die Abrechnung des Anwalts auferlegt, verstößt gegen § 309 Ziff. 12a BGB.[297] Strittig ist, ob Klauseln, die dem Mandanten eine Art Verschweigungsfrist setzen, dass die abgerechneten Stunden als anerkannt gelten, wenn er nicht einer bestimmten Frist widerspricht, als (versteckte) unzulässige Beweislastumkehr gegen § 309 Ziff. 12 BGB verstoßen.[298] Eine solche Klausel dürfte auch gegen § 307 II Nr. 1 BGB verstoßen, da der Mandant gegenüber der gesetzlichen Regelung, die dem Anwalt die Beweislast auferlegt und keine Erklärungspflicht des Mandanten vorsieht, unangemessen benachteiligt wird.[299] Einigkeit besteht aber darin, dass auf jeden Fall die Voraussetzungen des § 308 Nr. 5 BGB einzuhalten sind, wonach das fingierte Anerkenntnis des Auftraggebers nur dann zulässig ist, wenn eine angemessene Frist zur Abgabe einer ausdrücklichen Erklärung eingeräumt ist und der Klauselverwender, also der Rechtsanwalt, sich verpflichtet, den Vertragspartner bei Beginn der Frist auf die vorgesehene Bedeutung seines Verhaltens besonders hinzuweisen.[300]

151 Es empfiehlt sich daher, das **Dilemma pragmatisch zu lösen**; zu empfehlen ist, dass dem Mandanten in kurzfristigen Abständen Rechnungen über den geleisteten Stundenaufwand übersandt werden und gleichzeitig vereinbart wird, dass weitere Leistungen des Anwalts erst dann erbracht werden, wenn über den Umfang der erbrachten Leistung für die vergangene Periode Einigkeit erzielt worden ist oder die Rechnungen bezahlt sind.[301]

dd) Verzugswirkungen ohne Mahnung

152 Klauseln, die den Anwalt von der gesetzlichen Obliegenheit freistellen, **den anderen Vertragsteil zu mahnen**, sind hingegen problematisch. Sie verstoßen gegen § 309 Nr. 4 BGB und sind somit als allgemeine Geschäftsbedingung und auch als sogenannte Einmalklausel gegenüber einem Verbraucher unwirksam.[302] Wird die Vergütungsvereinbarung jedoch mit einem Mandanten in seiner Eigenschaft als Unternehmer geschlossen, so ist, wenn die Klausel als allgemeine Geschäftsbedingung zu qualifizieren ist, streitig, ob die Verzugswirkungen nur nach vorheriger Mahnung eintreten dürfen.[303] Zu beachten in diesem Zusammenhang ist auch die Regelung des § 286 III BGB.[304]

ee) Anwaltliche Verrechnungsstelle

153 Erhebliches Interesse in der Praxis hat das Angebot der Deutschen Anwaltliche Verrechnungsstelle AG (AnwVS) ausgelöst, welche Rechtsanwälten die Dienstleistung

---

296 Mayer/Kroiß-*Teubel*, § 4 Rn 144.
297 Mayer/Kroiß-*Teubel*, § 4 Rn 145; Hansens/Braun/*Schneider*, Praxis des Vergütungsrechts, Teil 2 Rn 134.
298 Verstoß wohl bejahend Mayer/Kroiß-*Teubel*, § 4 Rn 146; kein Verstoß Hansens/Braun/*Schneider*, Praxis des Vergütungsrechts, Teil 2 Rn 134; Schneider, Vergütungsvereinbarung Rn 736.
299 Mayer/Kroiß-*Teubel*, § 4 Rn 146.
300 Mayer/Kroiß-*Teubel*, § 4 Rn 146; Hansens/Braun/*Schneider*, Praxis des Vergütungsrechts, Teil 2 Rn 134; Schneider, Vergütungsvereinbarung Rn 737.
301 Brieske, Die anwaltliche Honorarvereinbarung, 110; Schneider, Vergütungsvereinbarung Rn 738; Mayer/Kroiß-*Teubel*, § 4 Rn 147.
302 Mayer, AnwBl. 2006, 168 ff., 170.
303 Mahnung erforderlich Palandt-*Grüneberg*, § 309 Rn 23; aA Bamberger/Roth-*J.Becker*, § 309 Nr. 4 BGB Rn 9; HK-BGB/*Schulte-Mölke*, § 309 BGB Rn 18.
304 Mayer, AnwBl. 2006, 168 ff., 170.

anbietet, die anwaltlichen Honorarforderungen anzukaufen und die Abrechnung mit dem Mandanten abzuwickeln. Das Interesse geht so weit, dass sogar ein Hersteller von Anwaltssoftware auf drängenden Kundenwunsch ins Gebührenprogramm eine Schnittstelle zur EDV der Deutschen Anwaltliche Verrechnungsstelle AG aufgenommen hat.[305]

De lege lata[306] jedoch steht der Nutzung dieses Dienstleistungsangebots der AnwVS durch die Rechtsanwälte § 49 b IV 2 BRAO entgegen, wonach die Abtretung von Gebührenforderungen oder die Übertragung ihrer Einziehung an einen nicht als Rechtsanwalt zugelassenen Dritten unzulässig ist, es sei denn, die Forderung ist rechtskräftig festgestellt, ein erster Vollstreckungsversuch fruchtlos ausgefallen und der Rechtsanwalt hat die ausdrückliche, schriftliche Einwilligung des Mandanten eingeholt.[307] Nach überwiegender Meinung müssen die drei in § 49 b IV 2 BRAO aufgeführten Voraussetzungen, also rechtskräftige Feststellung, fruchtloser Vollstreckungsversuch sowie Zustimmung des Mandanten kumulativ vorliegen.[308] Andere wiederum sind der Auffassung, dass § 49 b IV 2 BRAO berichtigend in der Weise zu lesen ist, dass die Abtretung der Honorarforderung an Dritte wirksam ist, wenn entweder die ausdrückliche schriftliche Einwilligung des Mandanten vorliegt oder aber ein erster Vollstreckungsversuch aus rechtskräftig festgestellter Forderung fruchtlos verlaufen ist.[309] Nach derzeitiger Rechtslage ist die Nutzung der Dienstleistung der AnwVS nur dann zulässig, wenn man sich der geschilderten, für eine berichtigende Auslegung des § 49 b IV 2 BRAO eintretenden Auffassung anschließt. AGB-rechtliche Bedenken gegen die nach dieser Auffassung allein relevante ausdrückliche, schriftliche Einwilligung des Mandanten als Klausel klassischer allgemeiner Geschäftsbedingungen, als auch in Form einer sogenannten Einmalklausel bestehen nicht.[310]

154

AGB-rechtlich deutlich problematischer sind die Fragen, die sich daraus ergeben, dass die angebotene Dienstleistung der AnwVS nicht lediglich die Abtretung der anwaltlichen Vergütungsforderung erfordert, sondern wirtschaftlich nur dann durchführbar ist, wenn der Mandant, um dessen Honorarleistung es geht, von der AnwVS einer Bonitätsprüfung unterzogen wird. So verlangt die AnwVS die Zustimmung zur Abtretung der sich aus dem Mandat ergebenden Forderungen an die Close Finance GmbH und die Zustimmung des Mandanten dazu, dass die Close Finance GmbH bei der Entscheidung, ob sie die Honorarforderung ankauft, die Bonität (Zahlungsfähigkeit) des Mandanten prüft und hierbei eine Auskunft bei einer Auskunftei oder Kreditschutzorganisation (Schufa, CEG-Creto o.Ä.) einholt. Die Zustimmung des Mandanten zu dieser Bonitätsprüfung kann jedoch nicht per allgemeiner Geschäftsbedingung oder als Einmalklausel von Mandanten sowohl in ihrer Eigenschaft als Unternehmer

155

---

305 Mayer, AnwBl. 2006, 168 ff., 170.
306 Beachte aber den Gesetzesentwurf zur Neuregelung des Rechtsberatungsrechts, BT-Drucks. 16/355, S. 14, der eine Neufassung von § 49b IV 2 BRAO vorsieht.
307 Das OLG Köln sieht jedoch in dem Betrieb der Verrechnungsstelle für Anwaltshonorare keinen Verstoß gegen das Wettbewerbsrecht, da § 49b IV BRAO als berufsrechtliche Regelung keine Außenwirkung und deshalb auch kein Marktbezug zukommt, GRUR-RR 2006, 166 = BeckRS 2006, 02148; vgl auch die Vorinstanz LG Köln, BeckRS 2005, 12114.
308 Statt vieler Berger, NJW 1995, 1406 ff.
309 Frenzel, AnwBl. 2005, 121 ff., 123; Hartung/*Römermann*/Schons, § 1 RVG Rn 115.
310 Mayer, AnwBl. 2006, 168 ff., 170.

als auch als Verbraucher eingeholt werden.³¹¹ Bei der gebotenen umfassenden Abwägung der beiderseitigen Interessen nach § 307 BGB sind auch die objektiven Wertentscheidungen des Grundgesetzes und die Grundrechte zu berücksichtigen.³¹² Art und Gegenstand, Zweck und besondere Eigenart des jeweiligen Vertrages sind zu berücksichtigen.³¹³ Dem Wesen des von einer besonderen Qualität des Vertrauensverhältnisses geprägten Anwaltsvertrages widerspricht es, solche Zustimmungserklärungen des Mandanten per allgemeiner Geschäftsbedingung oder per Einmalklausel, auf deren Inhalt der Mandant keinen Einfluss nehmen kann, einzufordern; solche Klauseln verstoßen mithin gegen § 307 BGB.³¹⁴

ff) Einziehungsermächtigung

156 Ein weniger problematisches Mittel, um für einen zeitnahen Ausgleich fälliger Honorarrechnungen durch den Mandanten zu sorgen, ist die Vereinbarung einer Einziehungsermächtigung für den Rechtsanwalt. Zu beachten ist in diesem Zusammenhang zunächst, dass das Lastschriftverfahren zwei Gestaltungsweisen kennt, nämlich zum Einen die **Einzugsermächtigung** und zum Anderen den **Abbuchungsauftrag**.³¹⁵ Im Abbuchungsverfahren erteilt der Schuldner seiner Bank die generelle Weisung, zu Lasten seines Girokontos vom Gläubiger eingehende Lastschriften einzulösen.³¹⁶ Mit der Einlösung der Lastschrift ist die Weisung ausgeführt und der Schuldner kann sie nicht mehr widerrufen.³¹⁷ Anders ist es jedoch im Einziehungsermächtigungsverfahren. Dort räumt der Schuldner dem Gläubiger schriftlich die Ermächtigung ein, die zu leistende Zahlung mittels Lastschrift bei der Schuldnerbank einzuziehen. Der Zahlungspflichtige kann deshalb der Kontobelastung widersprechen und die Wiedergutschrift des abgebuchten Betrages verlangen.³¹⁸

157 Die in allgemeinen Geschäftsbedingungen enthaltene Klausel, wonach Kunden zur Begleichung der Rechnungsbeträge eine Einzugsermächtigung erteilen müssen, stellt somit keine unangemessene Benachteiligung iS von § 307 BGB dar,³¹⁹ zumindest dann, wenn dem Kunden zwischen dem Zugang der Rechnung und dem Einzug des Rechnungsbetrages **ausreichend Zeit** verbleibt, die Rechnung zu prüfen und ggf für ausreichende Deckung seines Girokontos zu sorgen.³²⁰ Der BGH hat bei Mobilfunkverträgen eine Zeitspanne von mindestens 5 Werktagen zwischen dem Zugang der Rechnung und dem Einzug des Rechnungsbetrages gefordert.³²¹ Da je nach Ausgestaltung der Vergütungsvereinbarung die Überprüfung der anwaltlichen Honorarforderung durchaus kompliziert sein kann und da die nach der Vergütungsvereinbarung einzuziehenden Rechnungsbeträge eine mit monatlichen Mobilfunkabrechnungen nicht mehr zu vergleichende Größenordnung erreichen, sollte durch eine entsprechen-

---

311 Mayer, AnwBl. 2006, 168 ff., 170 f.
312 BGH, NJW-RR 2005, 1161, 1162.
313 BGH, NJW 1986, 2102 f., 2103.
314 Mayer, AnwBl. 2006, 168 ff., 171.
315 Mayer, AnwBl. 2006, 168 ff., 171.
316 OLG Rostock, NJW-RR 1996, 882 f.
317 OLG Rostock, aaO; BGH, NJW 1985, 2326 ff.
318 OLG Rostock, aaO; BGH, aaO; s. hierzu auch Abschnitt I Nr. 1 Lastschriftabkommen, Baumbach/*Hopt*, HGB, 31. Aufl.
319 BGH, NJW 1986, 988 ff.; OLG Nürnberg, NJW-RR 1995, 1144 ff., jeweils zu § 9 AGBG.
320 BGH, NJW 2003, 1237 ff., 1239.
321 BGH, NJW 2003, 1237 ff., 1239.

de Klauselgestaltung bei Vergütungsvereinbarungen sichergestellt werden, dass zwischen dem Zugang der Honorarabrechnung und dem Einzug des Rechnungsbetrages zumindest ein Zeitraum von mehreren Wochen liegt.[322] Im Übrigen besteht jedoch kein Bedenken, im Rahmen einer Vergütungsvereinbarung sowohl in Form einer klassischen allgemeinen Geschäftsbedingung als auch als sogenannte Einmalklausel mit als Verbraucher zu qualifizierenden Mandanten eine Einziehungsermächtigung für die fälligen Vergütungsansprüche zu vereinbaren.[323] Streng sollte jedoch bei der Abfassung der Klausel darauf geachtet werden, dass nicht die Gefahr besteht, dass durch ungeschickte **Wortwahl** wie zB „abgebucht" der Eindruck erweckt wird, es sei das Abbuchungsverfahren vereinbart worden.[324] Denn die Verpflichtung zur Zahlung im Abbuchungsverfahren stellt eine unangemessene Benachteiligung dar.[325]

gg) Zahlung per Kreditkarte oder mit EC-Karte

Nach überwiegender Meinung liegt bei Zahlung mit einer Kreditkarte ein durch Unterzeichnung und Übergabe eines Belastungsbelegs aufschiebend bedingtes, abstraktes Schuldversprechen und kein Forderungskauf vor.[326] Erfolgt die Zahlung mit einer EC-Karte unter Eingabe einer Geheimzahl (PIN) an einer autorisierten Kasse, liegt ein Schuldversprechen nach § 780 BGB des kartenausgebenden Kreditinstituts gegenüber dem angeschlossenen Unternehmen zur Zahlung des – (online) autorisierten – Umsatzes vor.[327] Da kein Forderungskauf vorliegt, ist der Einsatz derartiger Zahlungsmittel im Rahmen von Vergütungsvereinbarungen unter dem Aspekt des § 49 b IV 2 BRAO unproblematisch.[328]

158

Klauseln in Vergütungsvereinbarungen, die dem Mandanten die Möglichkeit einräumen, neben den sonst bestehenden Zahlungsmöglichkeiten (Barzahlung, Scheck, Überweisung) wahlweise auch per Kreditkarte oder mittels EC-Karte zu bezahlen, sind sowohl als klassische allgemeine Geschäftsbedingung als auch als sogenannte Einmalklausel unproblematisch.[329]

159

II. Muster für die gesetzliche Vergütung übersteigende Vergütungsvereinbarungen

1. Vergütungsvereinbarung durch Modifikationen der gesetzlichen Regelung

Vergütungsvereinbarungen in Form von Modifikationen der gesetzlichen Regelung finden sich zwar in der Praxis weniger häufig als die Pauschal- oder die Zeitvergütung,[330] gleichwohl eignet sich dieser Typus von Vergütungsvereinbarungen gut dafür, eine angemessene Vergütung der anwaltlichen Tätigkeit sicherzustellen, wenn die gesetzlichen Gebühren entweder wegen der Regelung des Gegenstandswerts oder des zur Anwendung gelangenden Vergütungstatbestands zu unangemessenen Ergebnissen führen. Strukturell zu unterscheiden sind die gesetzliche Regelung modifizierende

160

---

322 Mayer, AnwBl. 2006, 168 ff., 171.
323 Mayer, AnwBl. 2006, 168 ff., 171.
324 OLG Brandenburg, NJW-RR 2002, 1640 f.
325 Palandt-*Heinrichs*, § 307 BGB Rn 124.
326 BGH, NJW 2002, 285 ff.; Baumbach/Hopt, HGB Bankgeschäfte Rn F/46.
327 Bamberger/Roth-*Denhardt*, § 362 BGB Rn 36.
328 Mayer, AnwBl. 2006, 168 ff., 171.
329 Mayer, AnwBl. 2006, 168 ff., 171.
330 Hommerich/Kilian, Vergütungsvereinbarung deutscher Rechtsanwälte, 58.

Vergütungsvereinbarungen, die einerseits beim Gegenstandswert und andererseits bei den gesetzlichen Vergütungstatbeständen ansetzen.

a) Modifikationen beim Gegenstandswert

161 Vergütungsvereinbarungen in diesem Bereich bieten sich insbesondere dann an, wenn der gesetzlich vorgesehene Gegenstandswert nicht die **wahre wirtschaftliche Bedeutung der Angelegenheit** korrekt abbildet. Geht es beispielsweise bei einem Bauvorbescheidsverfahren um die prinzipielle Frage der Bebaubarkeit eines Grundstücks, ist grundsätzlich Streitwert die mutmaßliche Bodenwertsteigerung. Fehlen Angaben zu der im Falle der Bebaubarkeit bestehenden Bodenwertsteigerung, wird auf den Streitwert eines Verfahrens auf Erteilung einer Baugenehmigung zurückgegriffen.[331] Der Streitwert einer Klage auf Erteilung einer Baugenehmigung für ein Einfamilienhaus beispielsweise beträgt nach dem Streitwertkatalog für die Verwaltungsgerichtsbarkeit 2004 nur 20.000 Euro.[332] Auch wird in der Rechtsprechung der Verwaltungsgerichtsbarkeit die mutmaßliche Bodenwertsteigerung nur sehr zurückhaltend bemessen, so dass es sich anbietet, in derartigen Verfahren mit dem Mandanten einen konkreten Gegenstandswert zu vereinbaren.

162 Bei Streitigkeiten vor den Gerichten für Arbeitssachen über das Bestehen, das Nichtbestehen oder die Kündigung eines Arbeitsverhältnisses gilt nach § 42 IV GKG als Streitwert der Quartalsverdienst. Diese gesetzliche Deckelung des Streitwerts bildet ebenfalls die wahre wirtschaftliche Bedeutung des Verfahrens für den Mandanten nicht identisch ab. Auch insoweit bietet es sich an, per Vergütungsvereinbarung beispielsweise einen Einjahresverdienst zugrunde zu legen.

163 Im Familienrecht beispielsweise gilt für ein isoliertes Umgangsrechtsverfahren ein Regelwert von 3.000 Euro.[333] In Anbetracht der häufig sehr zeitaufwändigen Umgangsrechtsverfahren ist es auch insoweit überlegenswert, per Vergütungsvereinbarung durch eine Modifikation des gesetzlich vorgesehenen Gegenstandswerts eine angemessene Honorierung der anwaltlichen Tätigkeit sicherzustellen.

aa) Muster: Vergütungsvereinbarung durch Modifikation der gesetzlichen Regelung des Gegenstandswerts (Basisversion)

164 Zwischen

9

Herrn/Frau ▪▪▪ (Name), ▪▪▪ (Straße), ▪▪▪ (PLZ), ▪▪▪ (Ort)

– im Folgenden „Mandant/Mandantin" genannt –

und

Herrn Rechtsanwalt ▪▪▪ (Name), ▪▪▪ (Straße), ▪▪▪ (PLZ), ▪▪▪ (Ort)

– im Folgenden „Rechtsanwalt" genannt –

wird folgende

Vergütungsvereinbarung

geschlossen:

---

331 Vgl. Mayer/Kroiß-*Mayer*, Anhang II Rn 434.
332 Vgl. Mayer/Kroiß-*Mayer*, Anhang II Rn 428.
333 Mayer/Kroiß-*Ebert*, Anhang II Rn 294.

B. Abrechnung auf der Grundlage einer Vergütungsvereinbarung

§ 1

Für die außergerichtliche und gerichtliche Vertretung bei der Durchsetzung des Antrags auf Erteilung eines Bauvorbescheids vom ▪▪▪ für das Grundstück ▪▪▪ vereinbaren die Parteien einen Gegenstandswert iHv

100.000 Euro (i.W.: einhunderttausend Euro).

Sollte in einem gerichtlichen Verfahren ein höherer Gegenstandswert festgesetzt werden, ist dieser maßgebend.

§ 2

Ansonsten verbleibt es bei der gesetzlichen Vergütung des RVG.

▪▪▪

Ort, Datum

▪▪▪

Rechtsanwalt

▪▪▪

Ort, Datum

▪▪▪

Mandant/Mandantin

bb) **Muster:** Vergütungsvereinbarung durch Modifikation der gesetzlichen Regelung des Gegenstandswerts mit Belehrung beim rechtsschutzversicherten Mandanten

Zwischen

Herrn/Frau ▪▪▪ (Name), ▪▪▪ (Straße), ▪▪▪ (PLZ), ▪▪▪ (Ort)

– im Folgenden „Mandant/Mandantin" genannt –

und

Herrn Rechtsanwalt ▪▪▪ (Name), ▪▪▪ (Straße), ▪▪▪ (PLZ), ▪▪▪ (Ort)

– im Folgenden „Rechtsanwalt" genannt –

wird folgende

Vergütungsvereinbarung

geschlossen:

§ 1

Im Verfahren vor dem Arbeitsgericht ▪▪▪, Aktenzeichen ▪▪▪, vereinbaren die Parteien abweichend von § 42 IV GKG einen Gegenstandswert iHv

60.000 Euro (i.W.: sechzigtausend Euro).

Die Parteien sind dabei von dem Ansatz eines Bruttojahresverdienstes ausgegangen.

§ 2

Ansonsten verbleibt es bei der gesetzlichen Vergütung des RVG.

§ 3

Die hiermit vereinbarte Vergütung übersteigt die gesetzliche Vergütung. Die Rechtsschutzversicherung des Mandanten/der Mandantin kommt allenfalls für die Kosten in Höhe der gesetzlichen Vergütung auf. Die darüber hinausgehenden Beträge bis zur Höhe der vereinbarten Vergütung hat der Mandant/die Mandantin zu tragen.

165

10

§ 1 Allgemeine Korrespondenz

■■■

Ort, Datum

■■■

Rechtsanwalt

■■■

Ort, Datum

■■■

Mandant/Mandantin

cc) Muster: Vergütungsvereinbarung durch Modifikation der gesetzlichen Regelung des Gegenstandswerts mit ausführlicher Belehrung

166 Zwischen

Herrn/Frau ■■■ (Name), ■■■ (Straße), ■■■ (PLZ), ■■■ (Ort)

– im Folgenden „Mandant/Mandantin" genannt –

und

Herrn Rechtsanwalt ■■■ (Name), ■■■ (Straße), ■■■ (PLZ), ■■■ (Ort)

– im Folgenden „Rechtsanwalt" genannt –

wird folgende

Vergütungsvereinbarung

geschlossen:

§ 1

Für die Vertretung im Verfahren beim Amtsgericht ■■■, Aktenzeichen ■■■, vereinbaren die Parteien einen Gegenstandswert iHv

3.000 Euro (i.W.: dreitausend Euro).

Sollte das Gericht in dem vorgenannten Verfahren einen höheren Streitwert festsetzen, ist dieser maßgebend.

§ 2

Im Übrigen bestimmt sich die Vergütung nach dem RVG.

§ 3

Die in dieser Vereinbarung vereinbarte Vergütung übersteigt die gesetzliche Vergütung des RVG. Soweit eine Rechtsschutzversicherung in dieser Angelegenheit eintrittspflichtig ist, besteht deren Eintrittspflicht bedingungsgemäß nur in Höhe der gesetzlichen Vergütung. Die darüber hinausgehenden Differenzbeträge sind vom/von der Mandanten/Mandantin zu tragen.

Sofern es im in § 1 genannten Verfahren zu einer gesetzlichen Kostenerstattungspflicht des Prozessgegners kommt, besteht lediglich eine Verpflichtung zur Erstattung der Kosten nur in Höhe der gesetzlichen Gebühren. Auch insoweit sind die Differenzbeträge vom/von der Mandanten/Mandantin zu tragen.

■■■

Ort, Datum

■■■

Rechtsanwalt

B. Abrechnung auf der Grundlage einer Vergütungsvereinbarung

■■■

Ort, Datum

■■■

Mandant/Mandantin

b) Modifikationen bei den Gebührentatbeständen

Vergütungsvereinbarungen, die andere als die gesetzlich vorgesehenen Gebührensätze vorsehen, bieten sich – zwar nicht nur, aber dort insbesondere – an, wo der gesetzlich vorgesehene Gebührensatz unangemessen erscheint. So ist beispielsweise für Beschwerdeverfahren in Nachlasssachen lediglich eine Verfahrensgebühr iHv 0,5 nach VV Nr. 3500 und eine Terminsgebühr iHv 0,5 nach VV Nr. 3513 vorgesehen, obwohl vielfach insoweit eine Verfahrensgebühr nach Nr. 3200 mit einem Gebührensatz von 1,6 als angemessen angesehen wird.[334]

aa) Muster: Vergütungsvereinbarung durch Modifikation des Gebührensatzes bei Wertgebühren

Zwischen

Herrn/Frau ■■■ (Name), ■■■ (Straße), ■■■ (PLZ), ■■■ (Ort)

– im Folgenden „Mandant/Mandantin" genannt –

und

Herrn Rechtsanwalt ■■■ (Name), ■■■ (Straße), ■■■ (PLZ), ■■■ (Ort)

– im Folgenden „Rechtsanwalt" genannt –

wird folgende

Vergütungsvereinbarung

geschlossen:

§ 1

Für das Beschwerdeverfahren gegen den Beschluss des Amtsgerichts ■■■ vom ■■■, Aktenzeichen ■■■, vereinbaren die Parteien, dass die Verfahrensgebühr VV Nr. 3500 mit einem Gebührensatz von 1,6, der Vergütungstatbestand VV Nr. 3503 mit einem Gebührensatz von 1,1 und die Terminsgebühr nach VV Nr. 3513 mit einem Gebührensatz von 1,2 abgerechnet wird.

§ 2

Im Übrigen bleibt es bei den Regelungen des RVG.

§ 3

Die in § 1 vereinbarte Vergütung übersteigt die gesetzlichen Gebühren.

Sofern es im in § 1 genannten Verfahren zu einer gesetzlichen Kostenerstattungspflicht des Prozessgegners kommt, besteht lediglich eine Verpflichtung zur Erstattung der Kosten in Höhe der gesetzlichen Gebühren. Die Differenzbeträge sind vom/von der Mandanten/Mandantin zu tragen.

■■■

Ort, Datum

---

[334] S. hierzu Kroiß, RVG-Letter 2004, 110 f.; zur nur Gebühren nach Nr. 3500 ff. VV ansetzenden Rechtsprechung vgl OLG München, NJW-RR 2006, 1787 und OLG München, BeckRS 15286 mit Bespr. Kroiß, RVG-Letter 2007, 17.

§ 1 Allgemeine Korrespondenz

▬▬▬

Rechtsanwalt

▬▬▬

Ort, Datum

▬▬▬

Mandant/Mandantin

bb) Muster: Vergütungsvereinbarung durch Modifikation der gesetzlichen Gebühren bei Rahmengebühren

169

13

Zwischen

Herrn/Frau ▬▬▬ (Name), ▬▬▬ (Straße), ▬▬▬ (PLZ), ▬▬▬ (Ort)

– im Folgenden „Mandant/Mandantin" genannt –

und

Herrn Rechtsanwalt ▬▬▬ (Name), ▬▬▬ (Straße), ▬▬▬ (PLZ), ▬▬▬ (Ort)

– im Folgenden „Rechtsanwalt" genannt –

wird folgende

Vergütungsvereinbarung

geschlossen:

§ 1

Die Parteien vereinbaren, dass im Bußgeldverfahren vor dem Amtsgericht ▬▬▬, Aktenzeichen ▬▬▬, folgende Beträge gelten:

Die Verfahrensgebühr VV Nr. 5107 beträgt 300 Euro und die Terminsgebühr VV Nr. 5108 600 Euro.

§ 2

Im Übrigen bleibt es bei den Regelungen des RVG.

§ 3

Die in § 1 vereinbarte Vergütung übersteigt die gesetzlichen Gebühren.

Eine evtl eintrittspflichtige Rechtsschutzversicherung trägt die Kosten nur bis zur Höhe der gesetzlichen Vergütung. Die darüber hinausgehenden Differenzbeträge trägt der Mandant/die Mandantin.

Sollte es zu einer gesetzlichen Kostenerstattungspflicht in dem in § 1 genannten Verfahren kommen, sind nur Kosten in Höhe der gesetzlichen Gebühren erstattungsfähig. Die darüber hinausgehenden Differenzbeträge hat der Mandant/die Mandantin zu tragen.

▬▬▬

Ort, Datum

▬▬▬

Rechtsanwalt

▬▬▬

Ort, Datum

▬▬▬

Mandant/Mandantin

B. Abrechnung auf der Grundlage einer Vergütungsvereinbarung

c) Vergütungsvereinbarungen in Form von Pauschalvergütung

Die in der deutschen Anwaltschaft am zweithäufigsten vereinbarte außertarifliche Vergütung, nämlich die Pauschalvergütung,[335] ist für den Anwalt nicht unproblematisch,[336] andererseits wünschen Mandanten gerne dann eine Vergütungsvereinbarung durch eine Pauschale, wenn sie die Gesamtkosten präzise im Griff haben wollen. In geeigneten Fällen, beispielsweise Routineangelegenheiten, sind somit Vergütungsvereinbarungen in Form einer Pauschalvergütung durchaus angebracht.

170

aa) Muster: Vergütungsvereinbarung mit Pauschalhonorar (Basisversion)

Zwischen

171

Herrn/Frau ▪▪▪ (Name), ▪▪▪ (Straße), ▪▪▪ (PLZ), ▪▪▪ (Ort)

– im Folgenden „Mandant/Mandantin" genannt –

und

Herrn Rechtsanwalt ▪▪▪ (Name), ▪▪▪ (Straße), ▪▪▪ (PLZ), ▪▪▪ (Ort)

– im Folgenden „Rechtsanwalt" genannt –

wird folgende

Vergütungsvereinbarung

geschlossen:

§ 1

Für die Einlegung und Begründung der Verfassungsbeschwerde gegen das Urteil des LG ▪▪▪, Aktenzeichen ▪▪▪, vom ▪▪▪ und des OLG ▪▪▪, Aktenzeichen ▪▪▪, vom ▪▪▪ zahlt der Mandant/die Mandantin an den Rechtsanwalt ein Pauschalhonorar iHv

2.500 Euro (i.W.: zweitausendfünfhundert Euro)

zzgl Umsatzsteuer, insgesamt also 2.975 Euro.

§ 2

Sollte die gesetzliche Vergütung für die in § 1 genannte anwaltliche Tätigkeit über dem dort vereinbarten Pauschalhonorar liegen, ist die gesetzliche Vergütung maßgebend.

§ 3

Sollten über die Einlegung und Begründung der Verfassungsbeschwerde und der Übermittlung gerichtlicher Verfügungen oder Entscheidungen hinaus weitere anwaltliche Tätigkeiten erforderlich werden, insbesondere weitere Schriftsätze erstellt oder Termine wahrgenommen werden müssen, werden die Parteien gesondert eine Vereinbarung über die weitere Vergütung dieser Tätigkeiten treffen.

§ 4

Der Rechtsanwalt ist berechtigt, nach Unterzeichnung dieser Vergütungsvereinbarung einen Kostenvorschuss auf die vereinbarte Vergütung iHv 50 % der vereinbarten Pauschalvergütung dem Mandanten/der Mandantin in Rechnung zu stellen.

▪▪▪

Ort, Datum

---

335 Hommerich/Kilian, Vergütungsvereinbarungen deutscher Rechtsanwälte, 58.
336 S. hierzu näher oben § 1 Rn 106.

§ 1 Allgemeine Korrespondenz

■■■

Rechtsanwalt

■■■

Ort, Datum

■■■

Mandant/Mandantin

bb) Muster: Vergütungsvereinbarung mit Pauschalhonorar mit ausführlicher Belehrung

172

Zwischen

Herrn/Frau ■■■ (Name), ■■■ (Straße), ■■■ (PLZ), ■■■ (Ort)

– im Folgenden „Mandant/Mandantin" genannt –

und

Herrn Rechtsanwalt ■■■ (Name), ■■■ (Straße), ■■■ (PLZ), ■■■ (Ort)

– im Folgenden „Rechtsanwalt" genannt –

wird folgende

Vergütungsvereinbarung

geschlossen:

§ 1

Für die Vertretung des Mandanten/der Mandantin im Revisionsverfahren ■■■, Aktenzeichen ■■■, vor dem Bundesarbeitsgericht zahlt der Mandant/die Mandantin an den Rechtsanwalt ein Pauschalhonorar iHv

10.000 Euro (i.W.: zehntausend Euro).

zzgl Umsatzsteuer, insgesamt also 11.900 Euro.

§ 2

Sollte die gesetzlichen Gebühren nach den Regelungen des RVG über der in § 1 vereinbarten Pauschalvergütung liegen, sind die gesetzlichen Gebühren maßgebend.

§ 3[337]

Zu dem in § 1 genannten Zeithonorar erstattet der Mandant/die Mandantin die anfallenden Auslagen des Rechtsanwalts wie folgt:

– Pauschale für die Herstellung und Überlassung von Dokumenten:

für Ablichtungen und Ausdrucke

a) aus Behörden- und Gerichtsakten, soweit deren Herstellung zur sachgemäßen Bearbeitung der Rechtssache geboten war,

b) zur Zustellung oder Mitteilung an Gegner oder Beteiligte und Verfahrensbevollmächtigte aufgrund einer Rechtsvorschrift oder nach Aufforderung durch das Gericht, die Behörde oder die sonst das Verfahren führende Stelle, soweit hierfür mehr als 100 Ablichtungen zu fertigen waren,

---

[337] Inhaltlich orientiert sich die Regelung an den Vergütungstatbeständen VV Nr. 7000 ff. Ein pauschaler Verweis in der Vergütungsvereinbarung auf diese Regelungen des RVG dürfte jedoch dann, wenn der Mandant Verbraucher ist, aufgrund mangelnder Transparenz AGB-rechtlich problematisch sein.

c) zur notwendigen Unterrichtung des Auftraggebers, soweit hierfür mehr als 100 Seiten zu fertigen waren,

d) in sonstigen Fällen nur, wenn sie im Einverständnis mit dem Auftraggeber zusätzlich, auch zur Unterrichtung Dritter, angefertigt worden sind:
für die ersten 50 abzurechnenden Seiten je Seite 0,50 Euro
für jede weitere Seite 0,15 Euro,

– für die Überlassung von elektronisch gespeicherten Dateien anstelle der in Nummer 1 Buchstabe d genannten Ablichtungen und Ausdrucke:
je Datei 2,50 Euro.

– Entgelte für Post- und Telekommunikationsdienstleistungen in voller Höhe, mindestens jedoch 20 Euro,

– Fahrtkosten für eine Geschäftsreise bei Benutzung eines eigenen Kraftfahrzeugs: für jeden gefahrenen Kilometer 0,30 Euro,

– Fahrtkosten für eine Geschäftsreise bei Benutzung eines anderen Verkehrsmittels, soweit sie angemessen sind, in voller Höhe,

– Tage- und Abwesenheitsgeld bei einer Geschäftsreise

von nicht mehr als 4 Stunden 20 Euro,

von mehr als 4-8 Stunden 35 Euro,

von mehr als 8 Stunden 60 Euro,

– sonstige Auslagen anlässlich einer Geschäftsreise, soweit sie angemessen sind, in voller Höhe,

jeweils zzgl der gesetzlichen Umsatzsteuer.

§ 4

Die in § 1 vereinbarte Vergütung übersteigt die gesetzliche Vergütung.

Eine evtl eintrittspflichtige Rechtsschutzversicherung trägt die Kosten nur bis zur Höhe der gesetzlichen Vergütung. Die darüber hinausgehenden Differenzbeträge trägt der Mandant/die Mandantin.

Sollte es zu einer gesetzlichen Kostenerstattungspflicht in dem in § 1 genannten Verfahren kommen, sind nur Kosten in Höhe der gesetzlichen Gebühren erstattungsfähig. Die darüber hinausgehenden Differenzbeträge hat der Mandant/die Mandantin zu tragen.

§ 5

Der Rechtsanwalt ist berechtigt, nach Unterzeichnung dieser Vergütungsvereinbarung einen Kostenvorschuss auf die vereinbarte Vergütung iHv 50 % der vereinbarten Pauschalvergütung dem Mandanten/der Mandantin in Rechnung zu stellen.

▪▪▪

Ort, Datum

▪▪▪

Rechtsanwalt

▪▪▪

Ort, Datum

▪▪▪

Mandant/Mandantin

cc) Muster: Vergütungsvereinbarung mit Pauschalvergütung und Regelung für den Fall vorzeitiger Beendigung

173

Zwischen

Herrn/Frau ▪▪▪ (Name), ▪▪▪ (Straße), ▪▪▪ (PLZ), ▪▪▪ (Ort)

– im Folgenden „Mandant/Mandantin" genannt –

und

Herrn Rechtsanwalt ▪▪▪ (Name), ▪▪▪ (Straße), ▪▪▪ (PLZ), ▪▪▪ (Ort)

– im Folgenden „Rechtsanwalt" genannt –

wird folgende

Vergütungsvereinbarung

geschlossen:

§ 1

Für die Beratung und Vertretung des Mandanten/der Mandantin bei Verhandlungen über den Abschluss eines Arbeitsvertrages mit ▪▪▪ zahlt der Mandant/die Mandantin an den Rechtsanwalt ein Pauschalhonorar iHv

12.000 Euro (i.W.: zwölftausend Euro)

zzgl Umsatzsteuer, insgesamt 14.280 Euro.

§ 2

Endet das Mandat des Rechtsanwalts innerhalb von 2 Wochen nach Unterzeichnung dieser Vereinbarung, ermäßigt sich das in § 1 genannte Pauschalhonorar auf 3.000 Euro, endet das Mandat innerhalb eines Monats ab Abschluss dieser Vereinbarung, ermäßigt sich die in § 1 genannte Pauschalvergütung auf 6.000 Euro, jeweils zzgl der gesetzlichen Umsatzsteuer.

§ 3

Die in §§ 1 und 2 geregelte Pauschalvergütung übersteigt die gesetzliche Vergütung des RVG.[338]

Eine Anrechnung der nach §§ 1 oder 2 gezahlten Beträge auf etwaige in späteren gerichtlichen Verfahren anfallende Vergütungstatbestände erfolgt nicht.[339]

§ 5

Der Rechtsanwalt ist berechtigt, nach Unterzeichnung dieser Vergütungsvereinbarung einen Kostenvorschuss auf die vereinbarte Vergütung iHv 50 % der in § 1 vereinbarten Pauschalvergütung dem Mandanten/der Mandantin in Rechnung zu stellen.

▪▪▪

Ort, Datum

▪▪▪

Rechtsanwalt

---

[338] Hinweise auf die auf die gesetzlichen Gebühren begrenzte Kostenerstattungspflicht im Falle gesetzlicher Kostenerstattung und im Falle der Eintrittspflicht einer Rechtsschutzversicherung erübrigen sich, da für die in Rede stehende anwaltliche Tätigkeit weder eine gesetzliche Kostenerstattungspflicht in Betracht kommt noch eine Eintrittspflicht einer Rechtsschutzversicherung.

[339] Pauschalvergütungen werden grundsätzlich nicht auf die gesetzliche Vergütung einer nachfolgenden Angelegenheit angerechnet, empfehlenswert ist es jedoch, den Mandanten hierauf ausdrücklich hinzuweisen – vgl Schneider, Vergütungsvereinbarung Rn 941 und Rn 950.

B. Abrechnung auf der Grundlage einer Vergütungsvereinbarung

∎∎∎

Ort, Datum

∎∎∎

Mandant/Mandantin

dd) Muster: Vergütungsvereinbarung mit Pauschalhonorar in Kombination mit Zeithonorar

Zwischen

Herrn/Frau ∎∎∎ (Name), ∎∎∎ (Straße), ∎∎∎ (PLZ), ∎∎∎ (Ort)

– im Folgenden „Mandant/Mandantin" genannt –

und

Herrn Rechtsanwalt ∎∎∎ (Name), ∎∎∎ (Straße), ∎∎∎ (PLZ), ∎∎∎ (Ort)

– im Folgenden „Rechtsanwalt" genannt –

wird folgende

Vergütungsvereinbarung

geschlossen:

§ 1

Für die Einlegung und Begründung der Verfassungsbeschwerde gegen das Urteil des LG ∎∎∎, Aktenzeichen ∎∎∎, vom ∎∎∎ und des OLG ∎∎∎, Aktenzeichen ∎∎∎, vom ∎∎∎ zahlt der Mandant/die Mandantin an den Rechtsanwalt ein Pauschalhonorar iHv

2.500 Euro (i.W.: zweitausendfünfhundert Euro)

zzgl Umsatzsteuer, insgesamt also 2.975 Euro.

§ 2

Sollten über die Einlegung und Begründung der Verfassungsbeschwerde und der Übermittlung gerichtlicher Verfügungen oder Entscheidungen hinaus weitere anwaltliche Tätigkeiten erforderlich werden, insbesondere weitere Schriftsätze erstellt oder Termine wahrgenommen werden müssen, verpflichtet sich der Mandant/die Mandantin, diese dem Rechtsanwalt mit einem Stundensatz von ∎∎∎ Euro (i.W.: ∎∎∎ Euro) zzgl Umsatzsteuer zu vergüten.

Der Zeitaufwand wird minutengenau erfasst und bei der Endabrechnung ggf auf volle 15 Minuten aufgerundet.[340]

§ 3

Übersteigt die gesetzliche Vergütung nach dem RVG die nach den §§ 1 und 2 geschuldeten Beträge, ist die gesetzliche Vergütung des RVG maßgebend.

§ 4

Die in den §§ 1 und 2 geregelte Vergütung übersteigt voraussichtlich die gesetzliche Vergütung.

Sollte es zu einer gesetzlichen Kostenerstattungspflicht in dem in § 1 genannten Verfahren kommen, sind nur Kosten in Höhe der gesetzlichen Gebühren erstattungsfähig. Die darüber hinausgehenden Differenzbeträge hat der Mandant/die Mandantin zu tragen.

---

340 Regelung vorsorglich um den Bedenken des OLG Düsseldorf gegen eine stetige Zeittaktklausel von 15 Minuten vorzubeugen, s. oben näher § 1 Rn 144.

§ 5

1. Der Rechtsanwalt ist berechtigt, nach Unterzeichnung dieser Vergütungsvereinbarung einen Kostenvorschuss auf die vereinbarte Vergütung iHv 50 % der in § 1 vereinbarten Pauschalvergütung dem Mandanten/der Mandantin in Rechnung zu stellen.
2. Der Rechtsanwalt ist berechtigt, bei nach Stundensatz zu vergütenden Tätigkeiten angemessene Vorschusszahlungen zu verlangen.

▪▪▪

Ort, Datum

▪▪▪

Rechtsanwalt

▪▪▪

Ort, Datum

▪▪▪

Mandant/Mandantin

d) Vergütungsvereinbarung in Form von Zeithonoraren

aa) Muster: Vergütungsvereinbarung mit Zeithonorar (Basisversion)

Zwischen

Herrn/Frau ▪▪▪ (Name), ▪▪▪ (Straße), ▪▪▪ (PLZ), ▪▪▪ (Ort)
– im Folgenden „Mandant/Mandantin" genannt –
und
Herrn Rechtsanwalt ▪▪▪ (Name), ▪▪▪ (Straße), ▪▪▪ (PLZ), ▪▪▪ (Ort)
– im Folgenden „Rechtsanwalt" genannt –
wird folgende

Vergütungsvereinbarung

geschlossen:

§ 1

In dem Rechtsstreit ▪▪▪ / ▪▪▪, Amtsgericht ▪▪▪, Aktenzeichen ▪▪▪ zahlt der Mandant/die Mandantin an den Rechtsanwalt eine Vergütung iHv

▪▪▪ **Euro (i.W.: ▪▪▪ Euro) pro Stunde (60 Min.)**

zzgl Umsatzsteuer, insgesamt also ▪▪▪ Euro, pro Stunde.

Der Zeitaufwand wird minutengenau erfasst und bei der Endabrechnung ggf auf volle 15 Minuten aufgerundet.[341]

§ 2

Übersteigt die gesetzliche Vergütung nach dem RVG den nach § 1 geschuldeten Betrag, ist die gesetzliche Vergütung des RVG maßgebend.

§ 3

Der Rechtsanwalt ist berechtigt, angemessene Vorschusszahlungen auf das Zeithonorar gemäß § 1 zu verlangen.

---

341 Regelung vorsorglich um den Bedenken des OLG Düsseldorf gegen eine stetige Zeittaktklausel von 15 Minuten vorzubeugen, s. oben näher § 1 Rn 144.

B. Abrechnung auf der Grundlage einer Vergütungsvereinbarung **1**

■■■

Ort, Datum

■■■

Rechtsanwalt

■■■

Ort, Datum

■■■

Mandant/Mandantin

bb) Muster: Vergütungsvereinbarung mit Zeithonorar und Zeittaktung

Zwischen

Herrn/Frau ■■■ (Name), ■■■ (Straße), ■■■ (PLZ), ■■■ (Ort)

– im Folgenden „Mandant/Mandantin" genannt –

und

Herrn Rechtsanwalt ■■■ (Name), ■■■ (Straße), ■■■ (PLZ), ■■■ (Ort)

– im Folgenden „Rechtsanwalt" genannt –

wird folgende

Vergütungsvereinbarung

geschlossen:

§ 1

In dem Rechtsstreit ■■■ / ■■■, Amtsgericht ■■■, Aktenzeichen ■■■ zahlt der Mandant/die Mandantin an den Rechtsanwalt eine Vergütung iHv

■■■ Euro (i.W.: ■■■ Euro) pro Stunde (60 Min.)

zzgl Umsatzsteuer, insgesamt also ■■■ Euro, pro Stunde.

Der Zeitaufwand für die einzelnen Tätigkeiten des Rechtsanwalts/der Rechtsanwältin wird jeweils auf volle 5/10/15 Minuten aufgerundet.

§ 2

Übersteigt die gesetzliche Vergütung nach dem RVG den nach § 1 geschuldeten Betrag, ist die gesetzliche Vergütung des RVG maßgebend.

§ 3

Der Rechtsanwalt ist berechtigt, angemessene Vorschusszahlungen auf das Zeithonorar gemäß § 1 zu verlangen.

■■■

Ort, Datum

■■■

Rechtsanwalt

■■■

Ort, Datum

■■■

Mandant/Mandantin

176

19

cc) Muster: Vergütungsvereinbarung mit Zeithonorar und ausführlicher Belehrung

177

Zwischen

Herrn/Frau ▪▪▪ (Name), ▪▪▪ (Straße), ▪▪▪ (PLZ), ▪▪▪ (Ort)

– im Folgenden „Mandant/Mandantin" genannt –

und

Herrn Rechtsanwalt ▪▪▪ (Name), ▪▪▪ (Straße), ▪▪▪ (PLZ), ▪▪▪ (Ort)

– im Folgenden „Rechtsanwalt" genannt –

wird folgende

Vergütungsvereinbarung

geschlossen:

§ 1

In dem Rechtsstreit ▪▪▪ / ▪▪▪, Amtsgericht ▪▪▪, Aktenzeichen ▪▪▪ zahlt der Mandant/die Mandantin an den Rechtsanwalt eine Vergütung iHv

▪▪▪ Euro (i.W.: ▪▪▪ Euro) pro Stunde (60 Min.)

zzgl Umsatzsteuer, insgesamt also ▪▪▪ Euro, pro Stunde.

Der Zeitaufwand wird minutengenau erfasst und bei der Endabrechnung ggf auf volle 15 Minuten aufgerundet.[342]

§ 2

Sollte die gesetzliche Vergütung nach den Regelungen des RVG über dem in § 1 vereinbarten Honorar liegen, ist die gesetzliche Vergütung maßgebend.

§ 3

Soweit die in § 1 vereinbarte Vergütung die gesetzliche Vergütung übersteigt, trägt eine evtl eintrittspflichtige Rechtsschutzversicherung die Kosten nur bis zur Höhe der gesetzlichen Vergütung. Die darüber hinausgehenden Differenzbeträge trägt der Mandant/die Mandantin.

Sollte es zu einer gesetzlichen Kostenerstattungspflicht in dem in § 1 genannten Verfahren kommen, sind nur Kosten in Höhe der gesetzlichen Gebühren erstattungsfähig. Die darüber hinausgehenden Differenzbeträge hat der Mandant/die Mandantin zu tragen.

§ 4

Der Rechtsanwalt ist berechtigt, angemessene Vorschusszahlungen auf das Zeithonorar gemäß § 1 zu verlangen.

▪▪▪

Ort, Datum

▪▪▪

Rechtsanwalt

▪▪▪

Ort, Datum

▪▪▪

Mandant/Mandantin

---

[342] Regelung vorsorglich um den Bedenken des OLG Düsseldorf gegen eine stetige Zeittaktklausel von 15 Minuten vorzubeugen, s. oben näher § 1 Rn 144.

B. Abrechnung auf der Grundlage einer Vergütungsvereinbarung

dd) Vergütungsvereinbarung mit Zeithonorar und Regelung für Vertreter

Ist Vertragspartner des Mandanten bei der Vergütungsvereinbarung ein einzelner Rechtsanwalt oder eine einzelne Rechtsanwältin, so gilt, dass eine Vergütungsvereinbarung grundsätzlich höchstpersönlicher Natur ist und die Vergütung nur dann nach der Vereinbarung abgerechnet werden kann, wenn der Anwalt die Tätigkeit in eigener Person ausführt. Soweit er andere Personen – auch solche aus dem Bereich des § 5 RVG – einschaltet, kann er grundsätzlich nicht nach der vereinbarten Vergütung abrechnen, selbst wenn es sich um einen Rechtsanwalt handelt. Dies ist vielmehr nur möglich, wenn es ausdrücklich vereinbart wurde.[343]

178

Muster: Vergütungsvereinbarung mit Zeithonorar und Regelung für Vertreter

179

21

Zwischen

Herrn/Frau ▄▄▄ (Name), ▄▄▄ (Straße), ▄▄▄ (PLZ), ▄▄▄ (Ort)

– im Folgenden „Mandant/Mandantin" genannt –

und

Herrn Rechtsanwalt ▄▄▄ (Name), ▄▄▄ (Straße), ▄▄▄ (PLZ), ▄▄▄ (Ort)

– im Folgenden „Rechtsanwalt" genannt –

wird folgende

Vergütungsvereinbarung

geschlossen:

§ 1

In dem Rechtsstreit ▄▄▄ / ▄▄▄, Amtsgericht ▄▄▄, Aktenzeichen ▄▄▄ zahlt der Mandant/die Mandantin an den Rechtsanwalt eine Vergütung iHv

▄▄▄ Euro (i.W.: ▄▄▄ Euro) pro Stunde (60 Min.)

zzgl Umsatzsteuer, insgesamt also ▄▄▄ Euro, pro Stunde.

Der Zeitaufwand wird minutengenau erfasst und bei der Endabrechnung ggf auf volle 15 Minuten aufgerundet.[344]

§ 2

Die in § 1 genannte Vergütung wird auch geschuldet, wenn sich der Rechtsanwalt durch Herrn Rechtsanwalt ▄▄▄ oder Frau Rechtsanwältin ▄▄▄ vertreten lässt.

§ 3

Sollte die gesetzliche Vergütung nach den Regelungen des RVG über dem in § 1 vereinbarten Honorar liegen, ist die gesetzliche Vergütung maßgebend.

§ 4

Soweit die in § 1 vereinbarte Vergütung die gesetzliche Vergütung übersteigt, trägt eine evtl eintrittspflichtige Rechtsschutzversicherung die Kosten nur bis zur Höhe der gesetzlichenVergütung. Die darüber hinausgehenden Differenzbeträge trägt der Mandant/die Mandantin.

---

[343] Hansens/Braun/*Schneider*, Praxis des Vergütungsrechts, Teil 2 Rn 193; Kammergericht, NStZ-RR 2000, 191 f. für die Vergütungsvereinbarung mit einem Wahlverteidiger.

[344] Regelung vorsorglich um den Bedenken des OLG Düsseldorf gegen eine stetige Zeittaktklausel von 15 Minuten vorzubeugen, s. oben näher § 1 Rn 144.

Sollte es zu einer gesetzlichen Kostenerstattungspflicht in dem in § 1 genannten Verfahren kommen, sind nur Kosten in Höhe der gesetzlichen Gebühren erstattungsfähig. Die darüber hinausgehenden Differenzbeträge hat der Mandant/die Mandantin zu tragen.

§ 5

Der Rechtsanwalt ist berechtigt, angemessene Vorschusszahlungen auf das Zeithonorar gemäß § 1 zu verlangen.

■■■

Ort, Datum

■■■

Rechtsanwalt

■■■

Ort, Datum

■■■

Mandant/Mandantin

ee) Vergütungsvereinbarung mit Zeithonorar und Regelung für Hilfspersonal

180 Sinnvoll ist es auch dann, wenn absehbar ist, dass der die Vergütungsvereinbarung abschließende Rechtsanwalt bestimmte Tätigkeiten Hilfspersonen wie beispielsweise Rechtsreferendaren oder wissenschaftlichen Hilfskräften überträgt oder sich durch einen angestellten Anwalt bzw Juniorpartner zuarbeiten lässt, in der Vergütungsvereinbarung differenzierende Stundensätze auszuweisen.[345]

181 Muster: Vergütungsvereinbarung mit Zeithonorar und Regelung für Hilfspersonal

Zwischen

Herrn/Frau ■■■ (Name), ■■■ (Straße), ■■■ (PLZ), ■■■ (Ort)

– im Folgenden „Mandant/Mandantin" genannt –

und

Herrn Rechtsanwalt ■■■ (Name), ■■■ (Straße), ■■■ (PLZ), ■■■ (Ort)

– im Folgenden „Rechtsanwalt" genannt –

wird folgende

Vergütungsvereinbarung

geschlossen:

§ 1

In dem Rechtsstreit ■■■ / ■■■, OLG ■■■, Aktenzeichen ■■■ zahlt der Mandant/die Mandantin an den Rechtsanwalt eine Vergütung iHv

■■■ Euro (i.W.: ■■■ Euro) pro Stunde (60 Min.)

zzgl Umsatzsteuer, insgesamt also ■■■ Euro, pro Stunde.

---

345 Krämer/Mauer/Kilian, Vergütungsvereinbarung und -management Rn 594; Hansens/Braun/*Schneider*, Praxis des Vergütungsrechts, Teil 2 Rn 193.

Der Zeitaufwand wird minutengenau erfasst und bei der Endabrechnung ggf auf volle 15 Minuten aufgerundet.[346]

§ 2

Führt der Rechtsanwalt die in § 1 genannte Tätigkeit nicht in eigener Person aus, sondern schaltet hierfür Hilfspersonen ein, kann er dem Mandanten/der Mandantin für deren Tätigkeit folgende Vergütung in Rechnung stellen:

Rechtsreferendar ▪▪▪ Euro (i.W.: ▪▪▪ Euro) pro Stunde,

wissenschaftliche Hilfskraft (Student/Studentin ab dem ▪▪▪ Fachsemester Jura) ▪▪▪ Euro (i.W.: ▪▪▪ Euro) pro Stunde,

angestellter Rechtsanwalt ▪▪▪ Euro (i.W. ▪▪▪ Euro) pro Stunde,

Juniorpartner ▪▪▪ Euro (i.W. ▪▪▪ Euro) pro Stunde

jeweils zzgl Umsatzsteuer.

§ 3

Sollte die gesetzliche Vergütung nach den Regelungen des RVG über dem in § 1 vereinbarten Honorar liegen, ist die gesetzliche Vergütung maßgebend.

§ 4

Soweit die in § 1 vereinbarte Vergütung die gesetzlichen Gebühren übersteigt, trägt eine evtl eintrittspflichtige Rechtsschutzversicherung die Kosten nur bis zur Höhe der gesetzlichen Gebühren. Die darüber hinausgehenden Differenzbeträge trägt der Mandant/die Mandantin.

Sollte es zu einer gesetzlichen Kostenerstattungspflicht in dem in § 1 genannten Verfahren kommen, sind nur Kosten in Höhe der gesetzlichen Gebühren erstattungsfähig. Die darüber hinausgehenden Differenzbeträge hat der Mandant/die Mandantin zu tragen.

§ 5

Der Rechtsanwalt ist berechtigt, angemessene Vorschusszahlungen auf das Zeithonorar gemäß § 1 zu verlangen.

▪▪▪

Ort, Datum

▪▪▪

Rechtsanwalt

▪▪▪

Ort, Datum

▪▪▪

Mandant/Mandantin

ff) Vergütungsvereinbarung mit Zeithonorar auch für Fahrt- und Wartezeiten

Zulässig ist es auch, den vereinbarten Stundensatz für Fahrt- und Wartezeiten in Ansatz zu bringen.[347] Auch während Fahrt- und Wartezeiten wird der Anwalt davon abgehalten, anderer gewinnbringender Tätigkeit in der Kanzlei oder bei Wahrneh-

---

346 Regelung vorsorglich um den Bedenken des OLG Düsseldorf gegen eine stetige Zeittaktklausel von 15 Minuten vorzubeugen, s. oben näher § 1 Rn 144.
347 OLG Hamm, AGS 2002, 268; Krämer/Mauer/Kilian, Vergütungsvereinbarung und -management Rn 598; Hansens/Braun/*Schneider*, Praxis des Vergütungsrechts, Teil 2 Rn 196.

mung von Terminen nachzugehen. Aus diesem Grunde ist es gerechtfertigt, dass der Rechtsanwalt seine volle Vergütung auch für Zeiten in Anspruch nimmt, in denen er für den Mandanten keine spezifisch juristischen Leistungen erbringt.[348]

183 Muster: Vergütungsvereinbarung mit Zeithonorar auch für Fahrt- und Wartezeiten

23

Zwischen

Herrn/Frau ▄▄▄ (Name), ▄▄▄ (Straße), ▄▄▄ (PLZ), ▄▄▄ (Ort)

– im Folgenden „Mandant/Mandantin" genannt –

und

Herrn Rechtsanwalt ▄▄▄ (Name), ▄▄▄ (Straße), ▄▄▄ (PLZ), ▄▄▄ (Ort)

– im Folgenden „Rechtsanwalt" genannt –

wird folgende

Vergütungsvereinbarung

geschlossen:

§ 1

In dem Rechtsstreit ▄▄▄ / ▄▄▄, Amtsgericht ▄▄▄, Aktenzeichen ▄▄▄ zahlt der Mandant/die Mandantin an den Rechtsanwalt eine Vergütung iHv

▄▄▄ Euro (i.W.: ▄▄▄ Euro) pro Stunde (60 Min.)

zzgl Umsatzsteuer, insgesamt also ▄▄▄ Euro, pro Stunde.

Der Zeitaufwand wird minutengenau erfasst und bei der Endabrechnung ggf auf volle 15 Minuten aufgerundet.[349]

§ 2

Anfallende Fahrt- und Wartezeiten sind ebenfalls mit dem in § 1 genannten Stundensatz dem Rechtsanwalt zu vergüten.

§ 3

Sollte die gesetzliche Vergütung nach den Regelungen des RVG über dem in § 1 und § 2 vereinbarten Honorar liegen, ist die gesetzliche Vergütung maßgebend.

§ 4

Soweit die in § 1 und § 2 vereinbarte Vergütung die gesetzliche Vergütung übersteigt, trägt eine evtl eintrittspflichtige Rechtsschutzversicherung die Kosten nur bis zur Höhe der gesetzlichen Vergütung. Die darüber hinausgehenden Differenzbeträge trägt der Mandant/die Mandantin.

Sollte es zu einer gesetzlichen Kostenerstattungspflicht in dem in § 1 genannten Verfahren kommen, sind nur Kosten in Höhe der gesetzlichen Gebühren erstattungsfähig. Die darüber hinausgehenden Differenzbeträge hat der Mandant/die Mandantin zu tragen.

§ 5

Der Rechtsanwalt ist berechtigt, angemessene Vorschusszahlungen auf das Zeithonorar gemäß § 1 und § 2 zu verlangen.

---

[348] Krämer/Mauer/Kilian, Vergütungsvereinbarung und -management Rn 598; Hansens/Braun/*Schneider*, Praxis des Vergütungsrechts, Teil 2 Rn 196.
[349] Regelung vorsorglich um den Bedenken des OLG Düsseldorf gegen eine stetige Zeittaktklausel von 15 Minuten vorzubeugen, s. oben näher § 1 Rn 144.

B. Abrechnung auf der Grundlage einer Vergütungsvereinbarung **1**

▪▪▪

Ort, Datum

▪▪▪

Rechtsanwalt

▪▪▪

Ort, Datum

▪▪▪

Mandant/Mandantin

gg) Muster: Vergütungsvereinbarung mit Zeithonorar und gestaffelter Vergütung für Fahrt- und Wartezeiten

Möglich ist es auch, für Fahrt- und Wartezeiten einen niedrigeren Stundensatz zu vereinbaren.[350] **184**

Zwischen

Herrn/Frau ▪▪▪ (Name), ▪▪▪ (Straße), ▪▪▪ (PLZ), ▪▪▪ (Ort)

– im Folgenden „Mandant/Mandantin" genannt –

und

Herrn Rechtsanwalt ▪▪▪ (Name), ▪▪▪ (Straße), ▪▪▪ (PLZ), ▪▪▪ (Ort)

– im Folgenden „Rechtsanwalt" genannt –

wird folgende

Vergütungsvereinbarung

geschlossen:

§ 1

In dem Rechtsstreit ▪▪▪ / ▪▪▪, Amtsgericht ▪▪▪, Aktenzeichen ▪▪▪ zahlt der Mandant/die Mandantin an den Rechtsanwalt eine Vergütung iHv

▪▪▪ Euro (i.W.: ▪▪▪ Euro) pro Stunde (60 Min.)

zzgl Umsatzsteuer, insgesamt also ▪▪▪ Euro, pro Stunde.

Der Zeitaufwand wird minutengenau erfasst und bei der Endabrechnung ggf auf volle 15 Minuten aufgerundet.[351]

§ 2

Anfallende Fahrt- und Wartezeiten werden dem Rechtsanwalt mit einem Stundensatz iHv ▪▪▪ Euro (i.W.: ▪▪▪ Euro) zzgl Umsatzsteuer vergütet.

§ 3

Sollte die gesetzliche Vergütung nach den Regelungen des RVG über dem in § 1 und § 2 vereinbarten Honorar liegen, ist die gesetzliche Vergütung maßgebend.

§ 4

Soweit die in § 1 und § 2 vereinbarte Vergütung die gesetzliche Vergütung übersteigt, trägt eine evtl eintrittspflichtige Rechtsschutzversicherung die Kosten nur bis zur Höhe der

---

350 Hansens/Braun/*Schneider*, Praxis des Vergütungsrechts, Teil 2 Rn 196.
351 Regelung vorsorglich um den Bedenken des OLG Düsseldorf gegen eine stetige Zeittaktklausel von 15 Minuten vorzubeugen, s. oben näher § 1 Rn 144.

gesetzlichen Vergütung. Die darüber hinausgehenden Differenzbeträge trägt der Mandant/die Mandantin.

Sollte es zu einer gesetzlichen Kostenerstattungspflicht in dem in § 1 genannten Verfahren kommen, sind nur Kosten in Höhe der gesetzlichen Gebühren erstattungsfähig. Die darüber hinausgehenden Differenzbeträge hat der Mandant/die Mandantin zu tragen.

§ 5

Der Rechtsanwalt ist berechtigt, angemessene Vorschusszahlungen auf das Zeithonorar gemäß § 1 und § 2 zu verlangen.

■■■

Ort, Datum

■■■

Rechtsanwalt

■■■

Ort, Datum

■■■

Mandant/Mandantin

hh) Vergütungsvereinbarung mit Zeithonorar auch für Fahrt- und Wartezeiten unter Berücksichtigung der Gefahr des „double-billing"

185 Die Vergütung auch von Fahrt- und Wartezeiten mit dem vereinbarten Stundenhonorar birgt naturgemäß die Gefahr in sich, dass der Anwalt diese Zeiten nutzt, um auch sich mit anderen Mandaten zu beschäftigen. Dieses „double-billing" ist einer der wesentlichen Gründe dafür, weshalb die Abrechnungspraxis US-amerikanischer Anwälte in Verruf geraten ist.[352] Deshalb kann es angebracht sein, im Formular bereits eine Regelung für den Fall zu treffen, dass Fahrt- und Wartezeiten für anderweitige Arbeit genutzt werden können.

186 Muster: Vergütungsvereinbarung mit Zeithonorar auch für Fahrt- und Wartezeiten unter Berücksichtigung der Gefahr des „double-billing"

25

Zwischen

Herrn/Frau ■■■ (Name), ■■■ (Straße), ■■■ (PLZ), ■■■ (Ort)

– im Folgenden „Mandant/Mandantin" genannt –

und

Herrn Rechtsanwalt ■■■ (Name), ■■■ (Straße), ■■■ (PLZ), ■■■ (Ort)

– im Folgenden „Rechtsanwalt" genannt –

wird folgende

Vergütungsvereinbarung

geschlossen:

§ 1

In dem Rechtsstreit ■■■ / ■■■, OLG ■■■, Aktenzeichen ■■■ zahlt der Mandant/die Mandantin an den Rechtsanwalt eine Vergütung iHv

---

[352] Krämer/Mauer/Kilian, Vergütungsvereinbarung und -management Rn 598.

■■■ Euro (i.W.: ■■■ Euro) pro Stunde (60 Min.)
zzgl Umsatzsteuer, insgesamt also ■■■ Euro, pro Stunde.
Der Zeitaufwand wird minutengenau erfasst und bei der Endabrechnung ggf auf volle 15 Minuten aufgerundet.[353]

§ 2
Anfallende Fahrt- und Wartezeiten sind ebenfalls mit dem in § 1 genannten Stundensatz dem Rechtsanwalt zu vergüten. Der Stundensatz ermäßigt sich auf ■■■ Euro (i.W.: ■■■ Euro) zzgl Umsatzsteuer, für Fahrt- und Wartezeiten, die der Rechtsanwalt für die Bearbeitung anderweitiger Mandate nutzen kann.

§ 3
Sollte die gesetzliche Vergütung nach den Regelungen des RVG über dem in § 1 und § 2 vereinbarten Honorar liegen, ist die gesetzliche Vergütung maßgebend.

§ 4
Soweit die in § 1 und § 2 vereinbarte Vergütung die gesetzliche Vergütung übersteigt, trägt eine evtl eintrittspflichtige Rechtsschutzversicherung die Kosten nur bis zur Höhe der gesetzlichen Vergütung. Die darüber hinausgehenden Differenzbeträge trägt der Mandant/die Mandantin.

Sollte es zu einer gesetzlichen Kostenerstattungspflicht in dem in § 1 genannten Verfahren kommen, sind nur Kosten in Höhe der gesetzlichen Gebühren erstattungsfähig. Die darüber hinausgehenden Differenzbeträge hat der Mandant/die Mandantin zu tragen.

§ 5
Der Rechtsanwalt ist berechtigt, angemessene Vorschusszahlungen auf das Zeithonorar gemäß § 1 und § 2 zu verlangen.

■■■

Ort, Datum

■■■

Rechtsanwalt

■■■

Ort, Datum

■■■

Mandant/Mandantin

ii) Vergütungsvereinbarung mit Zeithonorar und gesonderter Regelung für Auslagen

Fehlt es an einer ausdrücklichen Bestimmung, ob die vereinbarte Vergütung die vom Rechtsanwalt zu tätigenden Auslagen mitumfasst oder ob diese separat zu vergüten sind, ist im Zweifelsfall iS von §§ 133, 157 BGB davon auszugehen, dass die Vereinbarung die gesamte Vergütung des Rechtsanwalts einschließlich der Auslagen, ja sogar der Umsatzsteuer, umfasst.[354] Hinzu kommt ferner, dass die Legaldefinition in § 1 I 1 RVG die anwaltliche Vergütung mit „Gebühren und Auslagen" definiert und § 4 I 2 RVG ausdrücklich von „Vergütungs"-Vereinbarung spricht, die damit nach

187

---
[353] Regelung vorsorglich um den Bedenken des OLG Düsseldorf gegen eine stetige Zeittaktklausel von 15 Minuten vorzubeugen, s. oben näher § 1 Rn 144.
[354] Krämer/Mauer/Kilian, Vergütungsvereinbarung und -management Rn 562.

der Legaldefinition in § 1 I 1 RVG auch die Auslagen mitumfasst.³⁵⁵ Sinnvoll ist daher beim Pauschalhonorar und beim Zeithonorar eine ausdrückliche Regelung, falls Auslagen gesondert vergütet werden sollen.

188 Muster: Vergütungsvereinbarung mit Zeithonorar und gesonderter Regelung für Auslagen

Zwischen

Herrn/Frau ▪▪▪ (Name), ▪▪▪ (Straße), ▪▪▪ (PLZ), ▪▪▪ (Ort)

– im Folgenden „Mandant/Mandantin" genannt –

und

Herrn Rechtsanwalt ▪▪▪ (Name), ▪▪▪ (Straße), ▪▪▪ (PLZ), ▪▪▪ (Ort)

– im Folgenden „Rechtsanwalt" genannt –

wird folgende

Vergütungsvereinbarung

geschlossen:

§ 1

In dem Rechtsstreit ▪▪▪ / ▪▪▪, OLG ▪▪▪, Aktenzeichen ▪▪▪ zahlt der Mandant/die Mandantin an den Rechtsanwalt eine Vergütung iHv

▪▪▪ **Euro (i.W.: ▪▪▪ Euro) pro Stunde (60 Min.)**

zzgl Umsatzsteuer, insgesamt also ▪▪▪ Euro, pro Stunde.

Der Zeitaufwand wird minutengenau erfasst und bei der Endabrechnung ggf auf volle 15 Minuten aufgerundet.³⁵⁶

§ 2³⁵⁷

Zu dem in § 1 genannten Zeithonorar erstattet der Mandant/die Mandantin die anfallenden Auslagen des Rechtsanwalts wie folgt:

– Pauschale für die Herstellung Überlassung von Dokumenten:

a) für Ablichtungen und Ausdrucke aus Behörden- und Gerichtsakten, soweit deren Herstellung zur sachgemäßen Bearbeitung der Rechtssache geboten war,

b) zur Zustellung oder Mitteilung an Gegner oder Beteiligte und Verfahrensbevollmächtigte aufgrund einer Rechtsvorschrift oder nach Aufforderung durch das Gericht, die Behörde oder die sonst das Verfahren führende Stelle, soweit hierfür mehr als 100 Ablichtungen zu fertigen waren,

c) zur notwendigen Unterrichtung des Auftraggebers, soweit hierfür mehr als 100 Ablichtungen zu fertigen waren,

d) in sonstigen Fällen nur, wenn sie im Einverständnis mit dem Auftraggeber zusätzlich, auch zur Unterrichtung Dritter, angefertigt worden sind:

für die ersten 50 abzurechnenden Seiten je Seite 0,50 Euro

für jede weitere Seite 0,15 Euro,

---

355 Krämer/Mauer/Kilian, Vergütungsvereinbarung und -management Rn 562.
356 Regelung vorsorglich um den Bedenken des OLG Düsseldorf gegen eine stetige Zeittaktklausel von 15 Minuten vorzubeugen, s. oben näher § 1 Rn 144.
357 S. näher hierzu oben unter § 1 Rn 113.

B. Abrechnung auf der Grundlage einer Vergütungsvereinbarung

– für die Überlassung von elektronisch gespeicherten Dateien an Stelle unter Buchstabe d genannten Ablichtungen und Ausdrucke:
je Datei 2,50 Euro.

– Entgelte für Post- und Telekommunikationsdienstleistungen in voller Höhe, mindestens jedoch 20 Euro,

– Fahrtkosten für eine Geschäftsreise bei Benutzung eines eigenen Kraftfahrzeugs: für jeden gefahrenen Kilometer 0,30 Euro,

– Fahrtkosten für eine Geschäftsreise bei Benutzung eines anderen Verkehrsmittels, soweit sie angemessen sind, in voller Höhe,

– Tage- und Abwesenheitsgeld bei einer Geschäftsreise

von nicht mehr als 4 Stunden 20 Euro,

von mehr als 4-8 Stunden 35 Euro,

von mehr als 8 Stunden 60 Euro,

– sonstige Auslagen anlässlich einer Geschäftsreise, soweit sie angemessen sind, in voller Höhe,

jeweils zzgl der gesetzlichen Umsatzsteuer.

§ 3
Sollte die gesetzlichen Gebühren nach den Regelungen des RVG über dem in § 1 vereinbarten Honorar liegen, sind die gesetzlichen Gebühren maßgebend.

§ 4
Soweit die in § 1 vereinbarte Vergütung die gesetzliche Vergütung übersteigt, trägt eine evtl eintrittspflichtige Rechtsschutzversicherung die Kosten nur bis zur Höhe der gesetzlichen Vergütung. Die darüber hinausgehenden Differenzbeträge trägt der Mandant/die Mandantin.

Sollte es zu einer gesetzlichen Kostenerstattungspflicht in dem in § 1 genannten Verfahren kommen, sind nur Kosten in Höhe der gesetzlichen Gebühren erstattungsfähig. Die darüber hinausgehenden Differenzbeträge hat der Mandant/die Mandantin zu tragen.

§ 5
Der Rechtsanwalt ist berechtigt, angemessene Vorschusszahlungen auf das Zeithonorar gemäß § 1 zu verlangen.

...

Ort, Datum

...

Rechtsanwalt

...

Ort, Datum

...

Mandant/Mandantin

jj) Vergütungsvereinbarung mit Zeithonorar und Hinweis auf fehlende Anrechnung

Eine Vergütung nach Zeithonorar wird grundsätzlich nicht auf die gesetzliche Vergütung einer nachfolgenden Angelegenheit angerechnet. Zum einen fehlt es an einer

§ 1 Allgemeine Korrespondenz

Anrechnungsvorschrift – ausgenommen die Regelung des § 34 II RVG für die Gebührenvereinbarung –, auch ließe sich in der Regel kaum ermitteln, welcher Gebührenanteil der Zeitvergütung den außergerichtlichen gesetzlichen Gebühren entspricht, die anzurechnen wären.[358] Ein klarstellender Hinweis in der Vergütungsvereinbarung ist, insbesondere dann, wenn es sich um Allgemeine Geschäftsbedingungen handelt, sinnvoll.[359]

190 Muster: Vergütungsvereinbarung mit Zeithonorar und Hinweis auf fehlende Anrechnung

Zwischen

Herrn/Frau ▪▪▪ (Name), ▪▪▪ (Straße), ▪▪▪ (PLZ), ▪▪▪ (Ort)
– im Folgenden „Mandant/Mandantin" genannt –

und

Herrn Rechtsanwalt ▪▪▪ (Name), ▪▪▪ (Straße), ▪▪▪ (PLZ), ▪▪▪ (Ort)
– im Folgenden „Rechtsanwalt" genannt –

wird folgende

Vergütungsvereinbarung

geschlossen:

§ 1

Für die Beratung und Vertretung des Mandanten/der Mandantin in der Arzthaftungssache ▪▪▪ gegen ▪▪▪ zahlt der Mandant/die Mandantin an den Rechtsanwalt eine Vergütung iHv ▪▪▪ **Euro (i.W.: ▪▪▪ Euro) pro Stunde (60 Min.)**

zzgl Umsatzsteuer, insgesamt also ▪▪▪ Euro, pro Stunde.

Der Zeitaufwand wird minutengenau erfasst und bei der Endabrechnung ggf auf volle 15 Minuten aufgerundet.[360]

§ 2

Soweit die in § 1 vereinbarte Vergütung die gesetzliche Vergütung übersteigt, trägt eine evtl eintrittspflichtige Rechtsschutzversicherung die Kosten nur bis zur Höhe der gesetzlichen Vergütung. Die darüber hinausgehenden Differenzbeträge trägt der Mandant/die Mandantin.

Sollte es zu einer gesetzlichen Kostenerstattungspflicht in der in § 1 genannten Angelegenheit kommen, sind nur Kosten in Höhe der gesetzlichen Gebühren erstattungsfähig. Die darüber hinausgehenden Differenzbeträge hat der Mandant/die Mandantin zu tragen.

§ 3

Die mit dieser Vereinbarung geregelte Vergütung wird nicht auf sonstige gesetzliche Gebührentatbestände angerechnet. Dies gilt auch dann, wenn gesetzliche Anrechnungsvorschriften bestehen.

---

358 Hansens/Braun/*Schneider*, Praxis des Vergütungsrechts, Teil 2 Rn 198; Schneider, Vergütungsvereinbarung Rn 1000; Hinne/Klees/Teubel/Winkler, Teil 1 Rn 367.
359 Schneider, Vergütungsvereinbarung Rn 1004; Hinne/Klees/Teubel/Winkler, Teil 1 Rn 367.
360 Regelung vorsorglich um den Bedenken des OLG Düsseldorf gegen eine stetige Zeittaktklausel von 15 Minuten vorzubeugen, s. oben näher § 1 Rn 144.

§ 4

Der Rechtsanwalt ist berechtigt, angemessene Vorschusszahlungen auf das Zeithonorar gemäß § 1 zu verlangen.

■■■

Ort, Datum

■■■

Rechtsanwalt

■■■

Ort, Datum

■■■

Mandant/Mandantin

kk) Vergütungsvereinbarung mit Zeithonorar und ausdrücklicher Vereinbarung der Anrechnung auf nachfolgende Gebühren

Vereinbarungen zur Anrechnung von Zeitvergütung sind zwar möglich, aber unüblich.[361] Gleichwohl kann im Einzelfall dem Mandanten die Notwendigkeit des Abschlusses einer Vergütungsvereinbarung leichter vermittelt werden, wenn zumindest sichergestellt wird, dass die vereinbarte Zeitvergütung für den außergerichtlichen Bereich zumindest in der Höhe der fiktiven gesetzlichen Gebühren in einem nachfolgenden Rechtsstreit angerechnet wird.

Muster: Vergütungsvereinbarung mit Zeithonorar und ausdrücklicher Vereinbarung der Anrechnung auf nachfolgende Gebühren

28

Zwischen

Herrn/Frau ■■■ (Name), ■■■ (Straße), ■■■ (PLZ), ■■■ (Ort)

– im Folgenden „Mandant/Mandantin" genannt –

und

Herrn Rechtsanwalt ■■■ (Name), ■■■ (Straße), ■■■ (PLZ), ■■■ (Ort)

– im Folgenden „Rechtsanwalt" genannt –

wird folgende

Vergütungsvereinbarung

geschlossen:

§ 1

Für die Beratung und Vertretung des Mandanten/der Mandantin in der Arzthaftungssache ■■■ gegen ■■■ zahlt der Mandant/die Mandantin an den Rechtsanwalt eine Vergütung iHv **■■■ Euro (i.W.: ■■■ Euro) pro Stunde (60 Min.)**

zzgl Umsatzsteuer, insgesamt also ■■■ Euro, pro Stunde.

---

361 Hansens/Braun/*Schneider*, Praxis des Vergütungsrechts, Teil 2 Rn 198.

Der Zeitaufwand wird minutengenau erfasst und bei der Endabrechnung ggf auf volle 15 Minuten aufgerundet.[362]

§ 2

Soweit die in § 1 vereinbarte Vergütung die gesetzliche Vergütung übersteigt, trägt eine evtl eintrittspflichtige Rechtsschutzversicherung die Kosten nur bis zur Höhe der gesetzlichen Vergütung. Die darüber hinausgehenden Differenzbeträge trägt der Mandant/die Mandantin.

Sollte es zu einer gesetzlichen Kostenerstattungspflicht in der in § 1 genannten Angelegenheit kommen, sind nur Kosten in Höhe der gesetzlichen Gebühren erstattungsfähig. Die darüber hinausgehenden Differenzbeträge hat der Mandant/die Mandantin zu tragen.

§ 3

Die in § 1 geregelte Vergütung wird in Höhe der gesetzlichen Vergütung, soweit diese niedriger als die in § 1 geregelte Vergütung ist, ansonsten in Höhe der tatsächlich entstandenen Vergütung nach § 1, und mit dem für die gesetzlichen Gebühren vorgesehenen Anteil auf die Verfahrensgebühr eines gerichtlichen Verfahrens angerechnet. Dies gilt nur, soweit die Zeitvergütung gemäß § 1 und das gerichtliche Verfahren denselben Gegenstand betreffen.

§ 4

Der Rechtsanwalt ist berechtigt, angemessene Vorschusszahlungen auf das Zeithonorar gemäß § 1 zu verlangen.

■■■

Ort, Datum

■■■

Rechtsanwalt

■■■

Ort, Datum

■■■

Mandant/Mandantin

II) Muster: Vergütungsvereinbarung mit Zeithonorar und Zuschlägen für ungewöhnliche Arbeitszeiten

Zwischen

Herrn/Frau ■■■ (Name), ■■■ (Straße), ■■■ (PLZ), ■■■ (Ort)

– im Folgenden „Mandant/Mandantin" genannt –

und

Herrn Rechtsanwalt ■■■ (Name), ■■■ (Straße), ■■■ (PLZ), ■■■ (Ort)

– im Folgenden „Rechtsanwalt" genannt –

wird folgende

Vergütungsvereinbarung

geschlossen:

---

362 Regelung vorsorglich um den Bedenken des OLG Düsseldorf gegen eine stetige Zeittaktklausel von 15 Minuten vorzubeugen, s. oben näher § 1 Rn 144.

B. Abrechnung auf der Grundlage einer Vergütungsvereinbarung

§ 1

In dem Rechtsstreit ▪▪▪ / ▪▪▪, LG ▪▪▪, Aktenzeichen ▪▪▪ zahlt der Mandant/die Mandantin an den Rechtsanwalt eine Vergütung iHv

▪▪▪ Euro (i.W.: ▪▪▪ Euro) pro Stunde (60 Min.)

zzgl Umsatzsteuer, insgesamt also ▪▪▪ Euro, pro Stunde.

Der Zeitaufwand wird minutengenau erfasst und bei der Endabrechnung ggf auf volle 15 Minuten aufgerundet.[363]

§ 2

Soweit Tätigkeiten des Rechtsanwalts an Samstagen, Sonntagen oder Feiertagen erforderlich werden, erhöht sich der in § 1 genannte Stundensatz um 25 %, beträgt also dann

▪▪▪ Euro (i.W.: ▪▪▪ Euro) pro Stunde (60 Min.)

zzgl Umsatzsteuer, insgesamt also ▪▪▪ Euro, pro Stunde.

§ 3

Sollte die gesetzliche Vergütung nach den Regelungen des RVG über dem in § 1 und § 2 vereinbarten Honorar liegen, ist die gesetzliche Vergütung maßgebend.

§ 4

Soweit die in § 1 und § 2 vereinbarte Vergütung die gesetzliche Vergütung übersteigt, trägt eine evtl eintrittspflichtige Rechtsschutzversicherung die Kosten nur bis zur Höhe der gesetzlichen Vergütung. Die darüber hinausgehenden Differenzbeträge trägt der Mandant/die Mandantin.

Sollte es zu einer gesetzlichen Kostenerstattungspflicht in dem in § 1 genannten Verfahren kommen, sind nur Kosten in Höhe der gesetzlichen Gebühren erstattungsfähig. Die darüber hinausgehenden Differenzbeträge hat der Mandant/die Mandantin zu tragen.

§ 5

Der Rechtsanwalt ist berechtigt, angemessene Vorschusszahlungen auf das Zeithonorar gemäß § 1 und § 2 zu verlangen.

▪▪▪

Ort, Datum

▪▪▪

Rechtsanwalt

▪▪▪

Ort, Datum

▪▪▪

Mandant/Mandantin

mm) Vergütungsvereinbarung mit Zeithonorar und Obergrenze

Eine verbreitete Befürchtung der Mandanten bei Abschluss einer Vergütungsvereinbarung auf Zeithonorarbasis ist, dass sie sich insoweit auf letztlich nicht zu kalkulierende Gesamtkosten einlassen. Dieser Befürchtung kann vielfach dadurch Rechnung getragen werden, dass der erforderliche Zeitaufwand in der Angelegenheit abge-

---

[363] Regelung vorsorglich um den Bedenken des OLG Düsseldorf gegen eine stetige Zeittaktklausel von 15 Minuten vorzubeugen, s. oben näher § 1 Rn 144.

§ 1 Allgemeine Korrespondenz

schätzt wird und mit dem Mandanten im Rahmen der Vergütungsvereinbarung ein maximaler Zeitaufwand festgeschrieben wird, für den die Vergütungsvereinbarung gilt. Sollte der prognostizierte Zeitaufwand nicht ausreichen, die Angelegenheit zu erledigen, empfiehlt sich die Vereinbarung, dass dann die Parteien über eine Weiterführung der Zeithonorarvereinbarung Verhandlungen führen.

195 Muster: Vergütungsvereinbarung mit Zeithonorar und Obergrenze

Zwischen

Herrn/Frau ▪▪▪ (Name), ▪▪▪ (Straße), ▪▪▪ (PLZ), ▪▪▪ (Ort)

– im Folgenden „Mandant/Mandantin" genannt –

und

Herrn Rechtsanwalt ▪▪▪ (Name), ▪▪▪ (Straße), ▪▪▪ (PLZ), ▪▪▪ (Ort)

– im Folgenden „Rechtsanwalt" genannt –

wird folgende

Vergütungsvereinbarung

geschlossen:

§ 1

Für die Beratung und Vertretung des Mandanten/der Mandantin bei Verhandlungen über die Erteilung der Baugenehmigung für das Vorhaben ▪▪▪ mit ▪▪▪ zahlt der Mandant/die Mandantin an den Rechtsanwalt eine Vergütung iHv

▪▪▪ **Euro (i.W.: ▪▪▪ Euro) pro Stunde (60 Min.)**

zzgl Umsatzsteuer, insgesamt also ▪▪▪ Euro, pro Stunde.

Der Zeitaufwand wird minutengenau erfasst und bei der Endabrechnung ggf auf volle 15 Minuten aufgerundet.[364]

§ 2

Die Parteien gehen davon aus, dass die in § 1 erwähnte Angelegenheit nach derzeitigem Stand der Dinge mit einem Arbeitsaufwand von maximal ▪▪▪ Stunden erledigt werden kann. Sollte die Angelegenheit nicht in dem vorgenannten Zeitrahmen von ▪▪▪ Stunden zum Abschluss gebracht werden können, werden die Parteien darüber verhandeln, ob die Zeithonorarvereinbarung über die vorgenannte Obergrenze von ▪▪▪ Stunden hinaus weitergeführt werden soll.

§ 3

Sollte es zu einer gesetzlichen Kostenerstattungspflicht in der in § 1 genannten Angelegenheit kommen, sind nur Kosten in Höhe der gesetzlichen Gebühren erstattungsfähig. Die darüber hinausgehenden Differenzbeträge hat der Mandant/die Mandantin zu tragen.

§ 4

Der Rechtsanwalt ist berechtigt, angemessene Vorschusszahlungen auf das Zeithonorar gemäß § 1 zu verlangen.

▪▪▪

Ort, Datum

---

364 Regelung vorsorglich um den Bedenken des OLG Düsseldorf gegen eine stetige Zeittaktklausel von 15 Minuten vorzubeugen, s. oben näher § 1 Rn 144.

■■■
Rechtsanwalt

■■■
Ort, Datum

■■■
Mandant/Mandantin

nn) Muster: Vergütungsvereinbarung mit Zeithonorar und Mindestpauschale

Zwischen

Herrn/Frau ■■■ (Name), ■■■ (Straße), ■■■ (PLZ), ■■■ (Ort)

– im Folgenden „Mandant/Mandantin" genannt –

und

Herrn Rechtsanwalt ■■■ (Name), ■■■ (Straße), ■■■ (PLZ), ■■■ (Ort)

– im Folgenden „Rechtsanwalt" genannt –

wird folgende

Vergütungsvereinbarung

geschlossen:

§ 1

Für die Beratung und Vertretung des Mandanten/der Mandantin bei Verhandlungen über die Auflösung des Arbeitsvertrages mit ■■■ zahlt der Mandant/die Mandantin an den Rechtsanwalt eine Vergütung iHv

■■■ Euro (i.W.: ■■■ Euro) pro Stunde (60 Min.)

zzgl Umsatzsteuer, insgesamt also ■■■ Euro, pro Stunde.

Der Zeitaufwand wird minutengenau erfasst und bei der Endabrechnung ggf auf volle 15 Minuten aufgerundet.[365]

§ 2

Berechnet wird aber auf jeden Fall unabhängig vom zeitlichen Aufwand des Rechtsanwalts eine Mindestpauschale iHv

■■■ Euro (i.W.: ■■■ Euro)

zzgl Umsatzsteuer, insgesamt also ■■■ Euro.

§ 3

Soweit die in den §§ 1 und 2 vereinbarte Vergütung die gesetzliche Vergütung übersteigt, trägt eine evtl eintrittspflichtige Rechtsschutzversicherung die Kosten nur bis zur Höhe der gesetzlichen Vergütung. Die darüber hinausgehenden Differenzbeträge trägt der Mandant/die Mandantin.

§ 4

Der Rechtsanwalt ist berechtigt, angemessene Vorschusszahlungen auf das Honorar gemäß §§ 1 und 2 zu verlangen.

■■■
Ort, Datum

---

[365] Regelung vorsorglich um den Bedenken des OLG Düsseldorf gegen eine stetige Zeittaktklausel von 15 Minuten vorzubeugen, s. oben näher § 1 Rn 144.

§ 1 Allgemeine Korrespondenz

■■■

Rechtsanwalt

■■■

Ort, Datum

■■■

Mandant/Mandantin

oo) Muster Vergütungsvereinbarung mit Zeithonorar und Fiktion der Abrechnungsanerkennung

197 AGB-rechtlich äußerst problematisch sind Vereinbarungen in Allgemeinen Geschäftsbedingungen, wonach fingiert wird, dass der Auftraggeber die Abrechnung anerkennt, wenn er nicht innerhalb einer bestimmten Frist widerspricht. Ob derartige Regelungen wirksam sind oder nicht, ist umstritten.[366]

32

Zwischen

Herrn/Frau ■■■ (Name), ■■■ (Straße), ■■■ (PLZ), ■■■ (Ort)

– im Folgenden „Mandant/Mandantin" genannt –

und

Herrn Rechtsanwalt ■■■ (Name), ■■■ (Straße), ■■■ (PLZ), ■■■ (Ort)

– im Folgenden „Rechtsanwalt" genannt –

wird folgende

Vergütungsvereinbarung

geschlossen:

§ 1

Für die Beratung und Vertretung des Mandanten/der Mandantin bei den Verhandlungen über ■■■ mit ■■■ zahlt der Mandant/die Mandantin an den Rechtsanwalt eine Vergütung iHv

■■■ Euro (i.W.: ■■■ Euro) pro Stunde (60 Min.)

zzgl Umsatzsteuer, insgesamt also ■■■ Euro, pro Stunde.

Der Zeitaufwand wird minutengenau erfasst und bei der Endabrechnung ggf auf volle 15 Minuten aufgerundet.[367]

§ 2

Über den angefallenen Zeitaufwand nach § 1 erteilt der Rechtsanwalt gegenüber dem Mandanten/der Mandantin jeweils monatlich Abrechnung. Soweit der Mandant/die Mandantin der Abrechnung nicht binnen einer Frist von 14 Tagen ab Zugang der Abrechnung widerspricht, gilt die Abrechnung als anerkannt.

§ 3

Soweit die in § 1 vereinbarte Vergütung die gesetzliche Vergütung übersteigt, trägt eine evtl eintrittspflichtige Rechtsschutzversicherung die Kosten nur bis zur Höhe der ge-

---

[366] Für die Wirksamkeit Hansens/Braun/*Schneider*, Praxis des Vergütungsrechts, Teil 2 Rn 200; aA – Unwirksamkeit nach § 309 Nr. 12 BGB – Krämer/Mauer/Kilian, Vergütungsvereinbarung und -management Rn 604.

[367] Regelung vorsorglich um den Bedenken des OLG Düsseldorf gegen eine stetige Zeittaktklausel von 15 Minuten vorzubeugen, s. oben näher § 1 Rn 144.

setzlichen Vergütung. Die darüber hinausgehenden Differenzbeträge trägt der Mandant/die Mandantin.

Sollte es zu einer gesetzlichen Kostenerstattungspflicht in der in § 1 genannten Angelegenheit kommen, sind nur Kosten in Höhe der gesetzlichen Gebühren erstattungsfähig. Die darüber hinausgehenden Differenzbeträge hat der Mandant/die Mandantin zu tragen.

§ 4
Der Rechtsanwalt ist berechtigt, angemessene Vorschusszahlungen auf das Zeithonorar gemäß § 1 zu verlangen.

■■■

Ort, Datum

■■■

Rechtsanwalt

■■■

Ort, Datum

■■■

Mandant/Mandantin

e) Erfolgsbezogene Vergütungsvereinbarungen

aa) Vergütungsvereinbarung mit Berücksichtigung der Möglichkeiten des § 49b II 2 BRAO (strenge Auffassung)

Nach § 49b II 2 BRAO liegt ein Erfolgshonorar im Sinne des Satzes 1 nicht vor, wenn nur die Erhöhung von gesetzlichen Gebühren vereinbart wird. Nach der engsten, strengsten Auffassung bedeutet diese Neuregelung lediglich, dass auch die Vereinbarung höherer, zB doppelter gesetzlicher Gebühren, unabhängig vom Erfolg auch dann zulässig ist, wenn in der Folge erfolgsabhängige Gebührentatbestände verwirklicht werden. Nach dieser Auffassung drückt die Regelung lediglich aus, dass dann, wenn die Parteien zB per Vergütungsvereinbarung das Doppelte der gesetzlichen Vergütung vereinbaren, der Anwalt im Falle einer Einigung auch das Doppelte der Einigungsgebühr erhält.[368]

198

Vergütungsvereinbarungen mit einer pauschalen Vervielfachung der gesetzlichen Gebühren bieten sich beispielsweise dann an, wenn die Angelegenheit sachlich zwar komplex, der Gegenstandswert aber eher niedrig ist, und es dem Mandanten entscheidend darauf ankommt, dass das Verfahren möglichst zügig und einvernehmlich zu Ende gebracht wird.

199

Muster: Vergütungsvereinbarung mit Berücksichtigung der Möglichkeiten des § 49b II 2 BRAO (strenge Auffassung)

200

Zwischen
Herrn/Frau ■■■ (Name), ■■■ (Straße), ■■■ (PLZ), ■■■ (Ort)
– im Folgenden „Mandant/Mandantin" genannt –

33

---

368 S. hierzu näher oben § 1 Rn 87.

§ 1 Allgemeine Korrespondenz

und

Herrn Rechtsanwalt ▪▪▪ (Name), ▪▪▪ (Straße), ▪▪▪ (PLZ), ▪▪▪ (Ort)

– im Folgenden „Rechtsanwalt" genannt –

wird folgende

Vergütungsvereinbarung

geschlossen:

§ 1

Für das Verfahren beim Arbeitsgericht ▪▪▪, Aktenzeichen ▪▪▪, vereinbaren die Parteien, dass die Verfahrensgebühr VV Nr. 3100 mit einem Gebührensatz von 2,6, der Vergütungstatbestand VV Nr. 3101 mit einem Gebührensatz von 1,6, die Terminsgebühr VV Nr. 3104 mit einem Gebührensatz von 2,4 und der Vergütungstatbestand VV Nr. 3105 mit einem Gebührensatz von 1,0, die Vergütungstatbestände VV Nrn. 1000 bzw 1003 mit den Gebührensätzen von 3,0 bzw 2,0 entstehen.

§ 2

Im Übrigen bleibt es bei den Regelungen des RVG.

§ 3

Die in § 1 genannte Vergütungsregelung gilt nur für das erstinstanzliche Verfahren.

§ 4

Die in § 1 vereinbarte Vergütung übersteigt die gesetzlichen Gebühren.

§ 5

Eine evtl eintrittspflichtige Rechtsschutzversicherung trägt die Kosten nur bis zur Höhe der gesetzlichen Gebühren. Die darüber hinausgehenden Differenzbeträge trägt der Mandant/die Mandantin.

▪▪▪

Ort, Datum

▪▪▪

Rechtsanwalt

▪▪▪

Ort, Datum

▪▪▪

Mandant/Mandantin

bb) Muster: Vergütungsvereinbarung mit Berücksichtigung der Möglichkeiten des § 49b II 2 BRAO (weite Auffassung)

201 Nach der zur Bedeutung des § 49b II 2 BRAGO vertretenen weiten Auffassung ist eine Vergütungsvereinbarung über ein Erfolgshonorar unter der Voraussetzung zulässig, dass der Mandant in jedem Fall, also auch im Misserfolgsfall, die gesetzlichen Gebühren schuldet.[369]

Zwischen

Herrn/Frau ▪▪▪ (Name), ▪▪▪ (Straße), ▪▪▪ (PLZ), ▪▪▪ (Ort)

---

[369] S. hierzu oben näher § 1 Rn 87.

B. Abrechnung auf der Grundlage einer Vergütungsvereinbarung

– im Folgenden „Mandant/Mandantin" genannt –
und
Herrn Rechtsanwalt ▪▪▪ (Name), ▪▪▪ (Straße), ▪▪▪ (PLZ), ▪▪▪ (Ort)
– im Folgenden „Rechtsanwalt" genannt –
wird folgende
Vergütungsvereinbarung
geschlossen:

§ 1

Im Verfahren beim Arbeitsgericht ▪▪▪, Aktenzeichen ▪▪▪, gilt die gesetzliche Vergütung des RVG; eine evtl in diesem Verfahren entstehende Einigungsgebühr nach Nr. 1003 beträgt aber abweichend von den gesetzlichen Werten 5.000 Euro, es sei denn, die gesetzlichen Werte führen zu einem höheren Gebührenbetrag.

§ 2

Die in § 1 genannte Vergütungsregelung gilt nur für die 1. Instanz.

§ 3

Die in § 1 vereinbarte Vergütung übersteigt die gesetzliche Vergütung.

§ 4

Eine evtl eintrittspflichtige Rechtsschutzversicherung trägt die Kosten nur bis zur Höhe der gesetzlichen Vergütung. Die darüber hinausgehenden Differenzbeträge trägt der Mandant/die Mandantin.

▪▪▪

Ort, Datum

▪▪▪

Rechtsanwalt

▪▪▪

Ort, Datum

▪▪▪

Mandant/Mandantin

f) Vergütungsvereinbarung mit Berücksichtigung der Möglichkeiten des § 49b II 2 BRAO (Mittelmeinungen)

Nach einer Auffassung ist es durch § 49b II 2 BRAO nur erlaubt, eine Erhöhung der im RVG enthaltenen erfolgsbezogenen Gebühren zu vereinbaren.[370]

aa) Muster: Vergütungsvereinbarung und Erhöhung der Einigungsgebühr

Zwischen
Herrn/Frau ▪▪▪ (Name), ▪▪▪ (Straße), ▪▪▪ (PLZ), ▪▪▪ (Ort)
– im Folgenden „Mandant/Mandantin" genannt –
und
Herrn Rechtsanwalt ▪▪▪ (Name), ▪▪▪ (Straße), ▪▪▪ (PLZ), ▪▪▪ (Ort)

---

370 S. hierzu näher oben § 1 Rn 88.

– im Folgenden „Rechtsanwalt" genannt –

wird folgende

Vergütungsvereinbarung

geschlossen:

§ 1

Im Verfahren beim Arbeitsgericht ■■■, Aktenzeichen ■■■, gilt die gesetzliche Vergütung des RVG; eine evtl in diesem Verfahren entstehende Einigungsgebühr nach Nr. 1003 entsteht mit einem Gebührensatz von 2,0.

§ 2

Die in § 1 genannte Vergütungsregelung gilt nur für die 1. Instanz.

§ 3

Die in § 1 vereinbarte Vergütung übersteigt die gesetzliche Vergütung.

§ 4

Eine evtl eintrittspflichtige Rechtsschutzversicherung trägt die Kosten nur bis zur Höhe der gesetzlichen Vergütung. Die darüber hinausgehenden Differenzbeträge trägt der Mandant/die Mandantin.

■■■

Ort, Datum

■■■

Rechtsanwalt

■■■

Ort, Datum

■■■

Mandant/Mandantin

bb) Muster: Vergütungsvereinbarung und Erhöhung der Erledigungsgebühr

Zwischen

Herrn/Frau ■■■ (Name), ■■■ (Straße), ■■■ (PLZ), ■■■ (Ort)

– im Folgenden „Mandant/Mandantin" genannt –

und

Herrn Rechtsanwalt ■■■ (Name), ■■■ (Straße), ■■■ (PLZ), ■■■ (Ort)

– im Folgenden „Rechtsanwalt" genannt –

wird folgende

Vergütungsvereinbarung

geschlossen:

§ 1

Für die außergerichtliche Vertretung zur Durchsetzung des Antrags auf Erteilung eines Bauvorbescheids vom ■■■ für das Grundstück ■■■ gilt die gesetzliche Vergütung des RVG. Hiervon abweichend entsteht jedoch die Erledigungsgebühr nach Nr. 1002 VV mit einem Gebührensatz von 3,0.

B. Abrechnung auf der Grundlage einer Vergütungsvereinbarung

§ 2
Ansonsten verbleibt es bei den gesetzlichen Gebühren des RVG.

§ 3
Die in § 1 vereinbarte Vergütung übersteigt die gesetzliche Vergütung.

§ 4
Soweit es im in § 1 genannten Verfahren zu einer gesetzlichen Kostenerstattungspflicht des Verfahrensgegners kommt, besteht lediglich eine Verpflichtung zur Erstattung der Kosten in Höhe der gesetzlichen Gebühren. Die Differenzbeträge sind vom Mandanten/von der Mandantin zu tragen.

■■■

Ort, Datum

■■■

Rechtsanwalt

■■■

Ort, Datum

■■■

Mandant/Mandantin

g) Vergütungsvereinbarung mit erfolgsbezogener Erhöhung aller Gebühren

Nach einer weiteren Auffassung kann jede Gebühr des RVG im Falle des Erfolges nach der Neuregelung des § 49b II BRAO vervielfacht werden.[371]

Muster: Vergütungsvereinbarung mit erfolgsbezogener Erhöhung sämtlicher Gebühren bei einer Einigung

Zwischen

Herrn/Frau ■■■ (Name), ■■■ (Straße), ■■■ (PLZ), ■■■ (Ort)

– im Folgenden „Mandant/Mandantin" genannt –

und

Herrn Rechtsanwalt ■■■ (Name), ■■■ (Straße), ■■■ (PLZ), ■■■ (Ort)

– im Folgenden „Rechtsanwalt" genannt –

wird folgende

Vergütungsvereinbarung[372]

geschlossen:

§ 1
Im Verfahren beim ■■■, Aktenzeichen ■■■, gelten die gesetzlichen Gebühren des RVG; kommt es in diesem Verfahren zu einer Einigung über sämtliche anhängigen Gegenstände im Sinne des Vergütungstatbestandes VV Nr. 1003, fällt die Verfahrensgebühr VV Nr. 3100

37

---

[371] S. hierzu näher oben unter § 1 Rn 88.
[372] Ein ähnliches wirtschaftliches Ergebnis lässt sich auch mit dem Formular f) aa) erzielen, wenn dort die Einigungsgebühr mit dem Faktor 5 vereinbart wird, was unter Berücksichtigung der Rechtsprechung des BGH – vgl oben § 1 Rn 124 – grundsätzlich gerade noch tolerabel sein dürfte – Bischof/Bischof, § 4 Rn 123.

mit dem Gebührensatz von 2,6, die Terminsgebühr nach VV Nr. 3104 mit dem Gebührensatz von 2,4 und die Einigungsgebühr nach VV Nr. 1003 mit dem Gebührensatz von 2,0 an.

§ 2

Die in § 1 genannte Vergütungsregelung gilt nur für die 1. Instanz.

§ 3

Im Falle einer Einigung übersteigt die in § 1 vereinbarte Vergütung die gesetzliche Vergütung.

§ 4

Eine evtl eintrittspflichtige Rechtsschutzversicherung trägt die Kosten nur bis zur Höhe der gesetzlichen Vergütung. Die darüber hinausgehenden Differenzbeträge trägt der Mandant/die Mandantin.

■■■

Ort, Datum

■■■

Rechtsanwalt

■■■

Ort, Datum

■■■

Mandant/Mandantin

h) Vergütungsvereinbarung mit inhaltlicher Voraussetzung für die Erhöhung der Einigungsgebühr

207 Nach anderer Auffassung ist es zulässig, den vereinbarten Erfolg, von dem die erfolgsbezogene Einigungsgebühr abhängig gemacht werden kann, nicht im Formalakt der Einigung selbst zu sehen, sondern an eine ziffernmäßig festgelegte Summe des Erfolgs bei einer Einigung anzuknüpfen.[373]

aa) Muster: Vergütungsvereinbarung mit inhaltlicher Regelung des Erfolgsbezugs und Erhöhung nur erfolgsbezogener Gebühren

208 Zwischen

Herrn/Frau ■■■ (Name), ■■■ (Straße), ■■■ (PLZ), ■■■ (Ort)

– im Folgenden „Mandant/Mandantin" genannt –

und

Herrn Rechtsanwalt ■■■ (Name), ■■■ (Straße), ■■■ (PLZ), ■■■ (Ort)

– im Folgenden „Rechtsanwalt" genannt –

wird folgende

Vergütungsvereinbarung

geschlossen:

§ 1

Im Verfahren beim ■■■, Aktenzeichen ■■■, gilt die gesetzliche Vergütung des RVG. Sofern es in diesem Verfahren zu einer Einigung im Sinne des Vergütungstatbestandes VV

---

[373] S. hierzu oben § 1 Rn 88.

B. Abrechnung auf der Grundlage einer Vergütungsvereinbarung

Nr. 1003 kommt und Inhalt der Einigung eine Zahlungsverpflichtung des Mandanten/der Mandantin von weniger als ▬▬▬ Euro ist, entsteht die Einigungsgebühr nach VV Nr. 1003 abweichend von den gesetzlichen Werten mit dem Gebührensatz von 3,0.

Bei der Beurteilung, ob die in Absatz 1 genannte, für die Entstehung der Höhe der Einigungsgebühr maßgebende Grenze der Zahlungsverpflichtung erreicht wird, bleiben evtl ebenfalls im Wege der Einigung mitgeregelte Kostenerstattungsansprüche außer Betracht.

§ 2
Die in § 1 genannte Vergütungsregelung gilt nur für die 1. Instanz.

§ 3
Die in § 1 vereinbarte Vergütung kann die gesetzliche Vergütung übersteigen.

§ 4
Eine evtl eintrittspflichtige Rechtsschutzversicherung trägt die Kosten nur bis zur Höhe der gesetzlichen Vergütung. Die darüber hinausgehenden Differenzbeträge trägt der Mandant/die Mandantin.

Sollte bei einer die erhöhte Einigungsgebühr auslösenden Einigung iS von § 1 eine Kostenausgleichung vereinbart werden, sind nur Kosten in Höhe der gesetzlichen Gebühren erstattungsfähig. Die darüber hinausgehenden Differenzbeträge hat der Mandant/die Mandantin zu tragen.

▬▬▬

Ort, Datum

▬▬▬

Rechtsanwalt

▬▬▬

Ort, Datum

▬▬▬

Mandant/Mandantin

bb) Muster für Vergütungsvereinbarung mit inhaltlicher Regelung des Erfolgsbezugs und Erhöhung sämtlicher Gebühren[374]

Zwischen

Herrn/Frau ▬▬▬ (Name), ▬▬▬ (Straße), ▬▬▬ (PLZ), ▬▬▬ (Ort)
– im Folgenden „Mandant/Mandantin" genannt –
und
Herrn Rechtsanwalt ▬▬▬ (Name), ▬▬▬ (Straße), ▬▬▬ (PLZ), ▬▬▬ (Ort)
– im Folgenden „Rechtsanwalt" genannt –
wird folgende
Vergütungsvereinbarung
geschlossen:

---

[374] Zulässig nach Braun, Festschrift für Madert, 42 ff., 55.

§ 1

Im Verfahren beim ▪▪▪, Aktenzeichen ▪▪▪, gilt die gesetzliche Vergütung des RVG. Sofern es in diesem Verfahren zu einer Einigung im Sinne des Vergütungstatbestandes VV Nr. 1003 kommt und Inhalt der Einigung eine Zahlungsverpflichtung des Mandanten/der Mandantin von weniger als ▪▪▪ Euro ist, beträgt die Verfahrensgebühr nach VV Nr. 3100 3,9, die Terminsgebühr nach VV Nr. 3104 3,6 und die Einigungsgebühr nach VV Nr. 1003 3,0.

§ 2

Die in § 1 genannte Vergütungsregelung gilt auch für ein evtl sich anschließendes Berufungsverfahren. Sollte es dort zu einer Einigung im Sinne des Vergütungstatbestandes VV Nr. 1004 mit der in § 1 genannten Bedingung kommen, beträgt die Verfahrensgebühr in der Berufungsinstanz VV Nr. 3200 4,8, die Terminsgebühr VV Nr. 3202 3,6 und die Einigungsgebühr VV Nr. 1004 3,9.

§ 3

Die in § 1 vereinbarte Vergütung kann die gesetzliche Vergütung übersteigen.

§ 4

Eine evtl eintrittspflichtige Rechtsschutzversicherung trägt die Kosten nur bis zur Höhe der gesetzlichen Vergütung. Die darüber hinausgehenden Differenzbeträge trägt der Mandant/die Mandantin.

Sollte bei einer die erhöhte Einigungsgebühr auslösenden Einigung iS von § 1 oder § 2 eine Kostenausgleichung vereinbart werden, sind nur Kosten in Höhe der gesetzlichen Gebühren erstattungsfähig. Die darüber hinausgehenden Differenzbeträge hat der Mandant/die Mandantin zu tragen.

▪▪▪

Ort, Datum

▪▪▪

Rechtsanwalt

▪▪▪

Ort, Datum

▪▪▪

Mandant/Mandantin

i) Vergütungsvereinbarungen mit inhaltlich definiertem Erfolgsbezug und Staffelung nach Ergebnis

210 Schließlich wird auch vertreten, dass die Regelung des § 49b II 2 BRAO es erlaubt, den Erfolg selbst zu definieren, dh gestaffelt bei der Erreichung bestimmter Ziele Gebühren des RVG doppelt oder mehrfach zu vereinbaren.[375] Noch einen Schritt weiter gehend wird vertreten, dass es auch möglich ist, den Begriff des Erfolges selbst in der Weise zu definieren, dass eine Einigungsgebühr mehrfach nicht nur anfällt, wenn der Rechtsanwalt an einer Einigung mitwirkt, sondern auch eine Entscheidung durch Urteil gefällt wird und in diesem Urteil ein bestimmter Erfolg erzielt wird.[376]

---

375 Braun, Festschrift für Madert, 46 ff., 55.
376 Braun, aaO.

B. Abrechnung auf der Grundlage einer Vergütungsvereinbarung

Unklar bleibt bei dieser Auffassung, ob die Anknüpfung des Erfolgsbezugs an den Urteilsinhalt nur zur Möglichkeit der Erhöhung einer im eigentlichen Sinn selbst erfolgsbezogenen Gebühr, also in erster Linie der Einigungs- und der Erledigungsgebühr, führt oder ob auch in solchen Fällen eine je nach Ausmaß des erzielten Erfolgs gestaffelte Erhöhung aller Gebühren des RVG möglich ist.[377]

aa) Muster: Vergütungsvereinbarung mit nach Inhalt des erzielten Erfolgs gestaffelter Vergütung

Zwischen

Herrn/Frau ■■■ (Name), ■■■ (Straße), ■■■ (PLZ), ■■■ (Ort)

– im Folgenden „Mandant/Mandantin" genannt –

und

Herrn Rechtsanwalt ■■■ (Name), ■■■ (Straße), ■■■ (PLZ), ■■■ (Ort)

– im Folgenden „Rechtsanwalt" genannt –

wird folgende

Vergütungsvereinbarung

geschlossen:

§ 1

Im Verfahren beim Arbeitsgericht ■■■, Aktenzeichen ■■■, gilt die gesetzliche Vergütung des RVG.

§ 2

Kommt es in diesem Verfahren zu einer den Vergütungstatbestand VV Nr. 1003 erfüllenden Einigung der Parteien, gilt Folgendes: Verpflichtet sich der Prozessgegner zur Zahlung einer Sozialabfindung gemäß den §§ 9, 10 KSchG von bis zu maximal 10.000 Euro, entstehen die Gebühren des RVG mit folgenden Werten:

Verfahrensgebühr VV Nr. 3100 1,3,

Terminsgebühr VV Nr. 3104 1,2

Einigungsgebühr VV Nr. 1003 1,0.

Verpflichtet sich der Prozessgegner zur Zahlung einer Sozialabfindung gemäß den §§ 9, 10 KSchG von bis zu maximal 20.000 Euro, entstehen die Gebühren des RVG mit folgenden Werten:

Verfahrensgebühr VV Nr. 3100 2,6,

Terminsgebühr VV Nr. 3104 2,8

Einigungsgebühr VV Nr. 1003 2,0.

Verpflichtet sich der Prozessgegner zur Zahlung einer Sozialabfindung gemäß den §§ 9, 10 KSchG von bis zu maximal 30.000 Euro, entstehen die Gebühren des RVG mit folgenden Werten:

Verfahrensgebühr VV Nr. 3100 3,9,

Terminsgebühr VV Nr. 3104 3,6

Einigungsgebühr VV Nr. 1003 3,0.

211

40

---

[377] Das in Hansens/*Braun*/Schneider, Praxis des Vergütungsrechts, 1. Aufl., Teil 1 Rn 546 geschilderte Beispiel spricht für die 1. Alternative; kritisch zur Zulässigkeit der Anknüpfung an den Urteilsinhalt Bischof/*Bischof*, § 4 Rn 125.

Verpflichtet sich der Prozessgegner zur Zahlung einer Sozialabfindung gemäß den §§ 9, 10 KSchG von mehr als 30.000 Euro, entstehen die Gebühren des RVG mit folgenden Werten:

Verfahrensgebühr VV Nr. 3100 5,2,

Terminsgebühr VV Nr. 3104 4,8

Einigungsgebühr VV Nr. 1003 4,0.

§ 3

Die in den §§ 1 und 2 bestimmte Vergütungsregelung gilt nur für die 1. Instanz.

§ 4

Soweit es in dem in § 1 genannten Verfahren zu einer Einigung mit einer Zahlungsverpflichtung des Prozessgegners zu einer Sozialabfindung gemäß den §§ 9, 10 KSchG von mehr als 10.000 Euro kommt, übersteigt die in dieser Vereinbarung geregelte Vergütung die gesetzliche Vergütung. Eine evtl eintrittspflichtige Rechtsschutzversicherung trägt die Kosten nur bis zur Höhe der gesetzlichen Gebühren. Die darüber hinausgehenden Differenzbeträge trägt der Mandant/die Mandantin.

▪▪▪

Ort, Datum

▪▪▪

Rechtsanwalt

▪▪▪

Ort, Datum

▪▪▪

Mandant/Mandantin

bb) Muster: Vergütungsvereinbarung mit nach Inhalt des erzielten Urteils gestaffelter Vergütung

Zwischen

Herrn/Frau ▪▪▪ (Name), ▪▪▪ (Straße), ▪▪▪ (PLZ), ▪▪▪ (Ort)

– im Folgenden „Mandant/Mandantin" genannt –

und

Herrn Rechtsanwalt ▪▪▪ (Name), ▪▪▪ (Straße), ▪▪▪ (PLZ), ▪▪▪ (Ort)

– im Folgenden „Rechtsanwalt" genannt –

wird folgende

Vergütungsvereinbarung

geschlossen:

§ 1

Im Verfahren beim ▪▪▪, Aktenzeichen ▪▪▪, gilt die gesetzliche Vergütung des RVG. Hiervon abweichend entstehen die Verfahrensgebühr VV Nr. 3100 und die Terminsgebühr VV Nr. 3104 in folgender Höhe:

Bei vollständiger Klageabweisung:

Der Vergütungstatbestand VV Nr. 3100 entsteht mit dem Satz von 3,9,

die Terminsgebühr VV Nr. 3104 entsteht mit dem Satz von 3,6.

B. Abrechnung auf der Grundlage einer Vergütungsvereinbarung

Bei Verurteilung zu einer Zahlungsverpflichtung von nicht mehr als 30.000 Euro:
Der Vergütungstatbestand VV Nr. 3100 entsteht mit dem Satz von 2,6,
die Terminsgebühr VV Nr. 3104 entsteht mit dem Satz von 2,4.
Bei Verurteilung zu einer Zahlungsverpflichtung von über 30.000 Euro verbleibt es bei den im RVG vorgesehenen Beträgen.

§ 2

Wird der Rechtsstreit erst in 2. Instanz rechtskräftig entschieden, gelten folgende Regelungen:
Bei vollständiger Klageabweisung:
Der Vergütungstatbestand VV Nr. 3200 entsteht mit dem Satz von 4,8,
die Terminsgebühr VV Nr. 3202 entsteht mit dem Satz von 3,6.
Bei Verurteilung zu einer Zahlungsverpflichtung von nicht mehr als 30.000 Euro:
Der Vergütungstatbestand VV Nr. 3200 entsteht mit dem Satz von 3,2,
die Terminsgebühr VV Nr. 3202 entsteht mit dem Satz von 2,4.
Bei Verurteilung zu einer Zahlungsverpflichtung von über 30.000 Euro verbleibt es bei den im RVG vorgesehenen Beträgen.

§ 3

Sollte der Rechtsstreit nicht durch Urteil, sondern im Wege einer Einigung der Parteien beendet werden, fällt zu den in §§ 1 und 2 genannten Gebühren noch die Einigungsgebühr in folgender Höhe an:
Bei Einigung in 1. Instanz ohne jegliche Zahlungsverpflichtung:
Der Vergütungstatbestand VV Nr. 1003 entsteht mit dem Satz von 3,0.
Bei Einigung in 1. Instanz mit einer Zahlungsverpflichtung von nicht mehr als 30.000 Euro:
Der Vergütungstatbestand VV Nr. 1003 entsteht mit dem Satz von 2,0.
Bei Einigung in 1. Instanz mit einer Zahlungsverpflichtung von über 30.000 Euro:
Der Vergütungstatbestand VV Nr. 1003 entsteht in der im Vergütungsverzeichnis vorgesehenen Höhe.
Wird die Einigung in der Berufungsinstanz getroffen, gilt Folgendes:
Bei Einigung in 2. Instanz ohne jegliche Zahlungsverpflichtung:
Der Vergütungstatbestand VV Nr. 1004 entsteht mit dem Satz von 3,9.
Bei Einigung in 2. Instanz mit einer Zahlungsverpflichtung von nicht mehr als 30.000 Euro:
Der Vergütungstatbestand VV Nr. 1004 entsteht mit dem Satz von 2,6.
Bei Einigung in 2. Instanz mit einer Zahlungsverpflichtung von über 30.000 Euro:
Der Vergütungstatbestand VV Nr. 1004 entsteht in der im Vergütungsverzeichnis vorgesehenen Höhe.

§ 4

Soweit es in dem in § 1 genannten Verfahren durch Urteil oder Einigung zu keiner Zahlungsverpflichtung oder zu einer Zahlungsverpflichtung kommt, die den Betrag von 30.000 Euro nicht übersteigt, übersteigt die in den §§ 1, 2 und 3 vereinbarte Vergütung die gesetzliche Vergütung.

§ 5

Sollte es zu einer gesetzlichen Kostenerstattungspflicht in dem in § 1 genannten Verfahren kommen, sind nur Kosten in Höhe der gesetzlichen Gebühren erstattungsfähig. Die darüber hinausgehenden Differenzbeträge trägt der Mandant/die Mandantin.

Soweit die in den §§ 1–3 vereinbarte Vergütung die gesetzlichen Gebühren übersteigt, trägt eine evtl eintrittspflichtige Rechtsschutzversicherung die Kosten nur bis zur Höhe der gesetzlichen Gebühren. Die darüber hinausgehenden Differenzbeträge trägt der Mandant/die Mandantin.

▪▪▪

Ort, Datum

▪▪▪

Rechtsanwalt

▪▪▪

Ort, Datum

▪▪▪

Mandant/Mandantin

C. Abrechnung auf der Grundlage einer Gebührenvereinbarung

I. Anwendungsbereich

213   Vielfach beginnt anwaltliche Tätigkeit damit, dass der Mandant von ihm einen Rat wünscht. Die **Beratung** ist im Regelfall der **Ausgangspunkt aller anwaltlichen Tätigkeit**. Während unter der Geltung der BRAGO und auch unter dem RVG noch in einer Übergangszeit bis 1.7.2006 die anwaltliche Tätigkeit in Form von Ratserteilung oder durch die Erteilung einer Auskunft durch konkrete Vergütungstatbestände geregelt war, hat der Gesetzgeber ab 1.7.2006 die unter dem Begriff der „Beratung" zusammengefassten Fälle der Ratserteilung und der Auskunftserteilung aus dem Vergütungsverzeichnis ausgegliedert und in § 34 I RVG eingeordnet. Nach § 34 I 1 RVG soll der Rechtsanwalt für einen mündlichen oder schriftlichen Rat oder eine Auskunft (Beratung), die nicht mit einer anderen gebührenpflichtigen Tätigkeit zusammenhängen, für die Ausarbeitung eines schriftlichen Gutachtens und für die Tätigkeit als Mediator auf eine Gebührenvereinbarung hinwirken, soweit in Teil 2 Abschnitt 1 des Vergütungsverzeichnisses keine Gebühren bestimmt sind. Anwendungsbereich der Gebührenvereinbarung nach § 34 I 1 RVG ist somit die Beratung, die nicht mit einer anderen gebührenpflichtigen Tätigkeit zusammenhängt, die Ausarbeitung eines schriftlichen Gutachtens und die Tätigkeit als Mediator.

1. Beratung

214   § 34 I 1 RVG fasst unter dem Begriff der Beratung die Erteilung eines mündlichen oder schriftlichen Rats oder einer Auskunft zusammen. Unter **Rat** ist die Empfehlung des Rechtsanwalts zu verstehen, wie sich der Mandant in einer konkreten Situation

verhalten soll.³⁷⁸ Unter **Auskunft** wird die Beantwortung einer allgemeinen Rechtsfrage verstanden, die sich nicht auf eine konkrete Rechtsangelegenheit bezieht.³⁷⁹

2. Ausarbeitung eines schriftlichen Gutachtens

Unter „**Gutachten**" wird eine eingehende Untersuchung eines Falles unter Berücksichtigung der Rechtsprechung und Rechtslehre mit eigener Stellungnahme, die zu einer bestimmten Einschätzung des Falles führt, verstanden.³⁸⁰ 215

Formal erfordert das Gutachten, dass es **schriftlich** erstellt wird, der zu beurteilende Sachverhalt muss geordnet dargestellt werden, die rechtlichen Probleme des Falles sind darzustellen, die Auffassungen von Rechtsprechung und Literatur mitzuteilen, erforderlich ist ferner eine eigene Stellungnahme des gutachtenden Rechtsanwalts zu Rechtsprechung und Literatur, schließlich sind die hieraus gezogenen Schlüsse für den Auftraggeber im Gutachten darzustellen.³⁸¹ 216

3. Tätigkeit als Mediator

Im allgemein akzeptierten Sinn ist Mediation als ein strukturiertes, außergerichtliches Verfahren anzusehen, in dem ein besonders geschulter neutraler Dritter versucht, ohne eigene Entscheidungskompetenz eine Einigung mit den Konfliktparteien zu erarbeiten.³⁸² Nach § 18 BORA unterliegt der Anwalt den Regeln des Berufsrechts, wenn er als Vermittler, Schlichter oder Mediator tätig wird. Die Tätigkeit des Anwalts als Mediator ist somit durch § 18 BORA anerkannt.³⁸³ Mediation iS des § 34 RVG ist weit zu verstehen.³⁸⁴ Die Abgrenzung zwischen Beratung und Mediation ist in der Weise vorzunehmen, dass Beratung Interessenwahrnehmung des einzelnen Auftraggebers ist gegen einen vom Anwalt nicht vertretenen Gegner, während die Mediation dem gleichgerichteten Interesse der an der Mediation Beteiligten dient, gerichtet auf das Ziel einer einvernehmlichen Regelung.³⁸⁵ 217

4. Sonderfall Entwurf von Schriftstücken

Begrifflich beschränkt sich die Beratung auf den Informationsaustausch zwischen Anwalt und Auftraggeber.³⁸⁶ Zur Beratung kann aber auch noch das Entwerfen eines Schriftstückes für den Mandanten gehören.³⁸⁷ Nach Absatz 3 der Vorbemerkung 2.3 entsteht die Geschäftsgebühr für das Betreiben des Geschäfts einschließlich der Information und für die Mitwirkung bei der Gestaltung eines Vertrages. Der Entwurf eines vom Mandanten abzusendenden Schreibens überschritt bei der Vorgängerregelung des § 118 I Nr. 1 BRAGO (... Betreiben des Geschäfts einschließlich der Information, des Einreichens, Fertigens und Unterzeichnens von Schriftsätzen oder Schreiben und 218

---

378 Mayer/Kroiß-*Teubel/Winkler*, § 34 Rn 30.
379 Mayer/Kroiß-*Teubel/Winkler*, § 34 Rn 33.
380 Mayer/Kroiß-*Teubel/Winkler*, § 34 Rn 188.
381 Mayer/Kroiß-*Teubel/Winkler*, § 34 Rn 189.
382 AnwK-RVG/*Rick*, § 34 Rn 59.
383 Mayer/Kroiß-*Teubel/Winkler*, § 34 Rn 23.
384 Mayer/Kroiß-*Teubel/Winkler*, § 34 Rn 25.
385 Mayer/Kroiß-*Teubel/Winkler*, § 34 Rn 26.
386 AnwK-RVG/*Rick*, § 34 Rn 15.
387 Mayer/Kroiß-*Teubel/Winkler*, § 34 Rn 36.

des Entwerfens von Urkunden ...) den Bereich der Beratungsgebühr deutlich rascher als die jetzige Regelung.[388]

219 Ganz besonders brisant wird diese Unterscheidung dann, wenn es um den **Entwurf eines Testamentes** geht. Während nach der einen Auffassung der Entwurf eines Testaments durch den Anwalt, nachdem er den Mandanten zuvor erbrechtlich beraten hatte, als beratende Tätigkeit eingeordnet wird, weil in der Definition der Geschäftsgebühr nach Nr. 2300 VV das Entwerfen von Urkunden nicht mehr erwähnt ist,[389] geht die andere Auffassung davon aus, dass VV Nr. 2300 nicht nur dann anzuwenden ist, wenn die herzustellende Urkunde ein Vertrag ist, sondern auch bei einer einseitigen Willenserklärung wie beispielsweise einem eigenhändigen Testament, da der Gesetzesbegründung kein gegenteiliger Hinweis zu entnehmen sei.[390] Einigkeit besteht jedoch, dass dann, wenn der Anwalt nach einer erbrechtlichen Beratung mit dem Entwurf eines Erbvertrages beauftragt wird, der Anwendungsbereich der Geschäftsgebühr eröffnet ist.[391] Strittig wiederum ist die gebührenrechtliche Einordnung des **gemeinschaftlichen Testaments**.[392]

5. Subsidiarität der Regelung

220 Nach § 34 I 1 RVG soll der Anwalt bei der Beratung, für die Ausarbeitung eines schriftlichen Gutachtens und für die Tätigkeit als Mediator nur dann auf eine Gebührenvereinbarung hinwirken, wenn in Teil 2 Abschnitt 1 des Vergütungsverzeichnisses für die entsprechende anwaltliche Tätigkeit keine Gebühren bestimmt sind.

221 Nach VV Nr. 2100 entsteht eine Gebühr mit dem Gebührensatz von 0,5–1,0 für die Prüfung der Erfolgsaussicht eines Rechtsmittels, soweit im Vergütungstatbestand VV Nr. 2102 nichts anderes bestimmt ist. Der Vergütungstatbestand VV Nr. 2102 sieht eine Rahmengebühr von 10 Euro–260 Euro für die Prüfung der Erfolgsaussicht eines Rechtsmittels in sozialrechtlichen Angelegenheiten, in denen im gerichtlichen Verfahren Betragsrahmengebühren entstehen, und in Angelegenheiten, für die nach den Teilen 4–6 Betragsrahmengebühren entstehen, vor. Die Vergütungstatbestände VV Nrn. 2101 und 2103 treffen jeweils ergänzende Regelungen für den Fall, dass die Prüfung der Erfolgsaussicht eines Rechtsmittels mit der Ausarbeitung eines schriftlichen Gutachtens verbunden ist, so beträgt die Gebühr VV Nr. 2100 nach dem Vergütungstatbestand VV Nr. 2103 dann den Satz von 1,3, die Gebühr VV Nr. 2102 nach dem Vergütungstatbestand VV Nr. 2103 entsteht dann mit einem Rahmen von 40 Euro–400 Euro.

II. Begriff der Gebührenvereinbarung

222 § 34 I 1 RVG legt dem Anwalt den Abschluss einer Gebührenvereinbarung nahe, ohne diesen Begriff zu definieren.[393] **Abzugrenzen** ist die Gebührenvereinbarung von

---

388 Mayer/Kroiß-*Teubel/Winkler*, § 34 Rn 37; aA wohl Gerold/Schmidt-*Madert*, § 34 Rn 15, Entwurf von AGBs fällt unter VV Nr. 2300.
389 Mayer/Kroiß-*Teubel/Winkler*, § 34 Rn 41.
390 Gerold/Schmidt-*Madert*, VV Nrn. 2300, 2301 Rn 13; Schneider, AGS 2006, 60 f., der von unklarer Rechtslage spricht.
391 Mayer/Kroiß-*Teubel/Winkler*, § 34 Rn 42; Schneider, AGS 2006, 60.
392 Geschäftsgebühr Mayer/Kroiß-*Teubel/Winkler*, § 34 Rn 41; keine Geschäftstätigkeit Schneider, AGS 2006, 60.
393 AnwK-RVG/*Rick*, § 34 Rn 7.

der sogenannten Vergütungsvereinbarung, die in § 4 I RVG eine nicht unerhebliche Formerfordernisse aufstellende Regelung bei Vereinbarung einer höheren als der gesetzlichen Vergütung und in § 4 II RVG eine vergleichsweise großzügige Regelung im Falle der Vereinbarung einer niedrigeren als der gesetzlichen Vergütung erfahren hat.

In der Literatur wird vielfach zwischen Gebühren- und Vergütungsvereinbarung nicht differenziert und § 34 RVG dahingehend verstanden, dass der Anwalt auf eine Vergütungsvereinbarung nach § 4 RVG hinwirken soll.[394] Andere wiederum erklären die doch signifikant unterschiedliche Terminologie mit einem in der Hektik eines kontroversen Gesetzgebungsverfahrens zustande gekommenen Redaktionsversehen[395] oder begründen die unterschiedliche Wortwahl mit der Legaldefinition der Vergütung als Gebühren und Auslagen in § 1 I RVG mit der Folge, dass neben der Gebührenvereinbarung nach § 34 I 1 RVG sich der Anspruch des Anwalts auf Auslagenerstattung weiterhin nach den Nrn. 7000 ff. VV richtet.[396]

223

Der Begriff der Vergütungsvereinbarung ist aber auch nicht der Oberbegriff zu den Vereinbarungen nach § 4 und § 34 I RVG,[397] sondern beide Begriffe lassen sich systematisch klar voneinander unterscheiden: Das Gesetz verwendet den Begriff „Vergütungsvereinbarung" in § 4 I und II RVG dann, wenn eine höhere oder eine niedrigere als die gesetzlich festgelegte Vergütung zwischen Anwalt und Mandant vereinbart wird. Durch die Verwendung des Begriffs „Vergütungsvereinbarung" soll dem Mandanten vor Augen geführt werden, dass er gerade nicht eine Vergütung zahlt, die der Gesetzgeber nach dem RVG vorgesehen hat.[398] Im Anwendungsbereich des § 34 I 1 RVG fehlt es jedoch an gesetzlich festgelegten Gebühren, so dass die von § 34 I 1 RVG geforderte **primäre Vereinbarung des Honorars** zwischen Anwalt und Mandant folgerichtig als „Gebührenvereinbarung" vom Gesetzgeber bezeichnet wird.[399]

224

III. Form

Die unterschiedlichen Auffassungen über den Begriff der Gebührenvereinbarung nach § 34 I 1 RVG haben Konsequenzen für die an eine solche Vereinbarung zu stellenden Formerfordernisse. Für die Auffassung, die die Gebührenvereinbarung nach § 34 I 1 RVG mit der Vergütungsvereinbarung nach § 4 RVG gleichsetzt, ergibt sich zwangsläufig, dass auch bei der Gebührenvereinbarung die Formvorschriften des § 4 RVG zu beachten sind.[400] Nach anderer, richtiger Auffassung gilt die Formvorschrift des § 4 RVG nicht für die Vereinbarung nach § 34 RVG, so dass diese ungeachtet ihrer Höhe **formlos wirksam** ist.[401] Nicht überzeugend ist die differenzierende Meinung, wonach

225

---

394 Enders, RVG für Anfänger Rn 477; Lutje, RVG von A–Z, „Vergütungsvereinbarung", 298; Henssler, NJW 2005, 1537 ff.; von Seltmann, NJW Spezial 2006, 141 f.
395 Mayer/Kroiß-*Teubel/Winkler*, § 34 Rn 76 f.; Hinne/Klees/Teubel/Winkler, Vereinbarungen mit Mandanten, § 1 Rn 8.
396 AnwK-RVG/*Rick*, § 34 Rn 8; vgl auch Schneider, Vergütungsvereinbarung Rn 1311; *Hansens*/Braun/Schneider, Praxis des Vergütungsrechts, Teil 8 Rn 62; gegen diese Argumentation Mayer/Kroiß- *Teubel/Winkler*, § 34 Rn 74.
397 So aber Mayer/Kroiß-*Teubel/Winkler*, § 34 Rn 75; Toussaint, AnwBl. 2007, 67 ff., 68.
398 Hansens/Braun/*Schneider*, Praxis des Vergütungsrechts, Teil 2 Rn 87.
399 S. hierzu näher Mayer, AnwBl. 2006, 160 ff., 167.
400 Vgl. Enders, RVG für Anfänger Rn 477.
401 Riedel/Sußbauer-*Schmahl*, § 34 Rn 17; AnwK-RVG/*Rick*, § 34 Rn 9; Mayer/Kroiß-*Teubel/Winkler*, § 34 Rn 79 ff.; Hinne/Klees/Teubel/Winkler, Vereinbarungen mit Mandanten, § 1 Rn 202; Toussaint, AnwBl. 2007, 67 ff., 68; Hansens/Braun/Schneider, Praxis des Vergütungsrechts, Teil 8 Rn 63; Hartung/Römermann/Schons, § 34 Rn 47, sofern

die Gebührenvereinbarung nach § 34 I 1 RVG dann in der Form des § 4 I RVG abgeschlossen werden muss, wenn eine höhere als die Vergütung nach den Vorschriften des bürgerlichen Rechts gemäß § 612 II BGB und damit der üblichen Vergütung vereinbart wird.[402] Diese Auffassung verkennt nämlich, dass die in § 34 I 2 RVG genannten Gebühren nach den Vorschriften des bürgerlichen Rechts gerade nicht die gesetzliche Vergütung sind, an der sich eine Gebührenvereinbarung messen lassen müsste, sondern nur hilfsweise dann gelten, wenn eine Gebührenvereinbarung nicht zu Stande gekommen ist.[403] Vielmehr ist im Anwendungsbereich des § 34 RVG bereits die **vereinbarte Vergütung die gesetzliche Vergütung**, so dass schon begrifflich keine Vereinbarung einer höheren als der gesetzlichen Vergütung iS des § 4 I RVG gegeben sein kann.[404] Der hiergegen vorgetragene – formalbegriffliche – Einwand, eine vereinbarte Vergütung ergebe sich aus Vertrag und nicht aus Gesetz und könne daher keine „gesetzliche Vergütung" sein,[405] berücksichtigt nicht den Kontext, in dem § 34 RVG steht. Ausgangspunkt ist nämlich ein Taxsystem – das RVG –, welches die anwaltliche Vergütung gesetzlich regelt. Wenn dieses System für einen Teilbereich – nämlich die Gebührenvereinbarung – keine gesetzlichen Werte vorsieht, sondern die Regelung der Vergütungshöhe der Parteivereinbarung überantwortet, ist die in diesem Rahmen – quasi mit gesetzlicher Ermächtigung – vereinbarte Vergütung die gesetzliche Vergütung im Sinne des Taxsystems.

226 Angesichts der in der Frage der bei einer Gebührenvereinbarung nach § 34 I 1 RVG einzuhaltenden Formvorschriften gegebenen Rechtsunsicherheit wird in der Literatur weit überwiegend der **Ratschlag** erteilt, die Gebührenvereinbarung schriftlich[406] oder – noch sicherer – unter Einhaltung der Formerfordernisse des § 4 I RVG[407] abzuschließen, zumal zweifelhaft ist, ob der Gesetzgeber die mit der Regelung des § 4 I 1 RVG verbundenen Konsequenzen bei einer Gebührenvereinbarung bedacht hat.[408]

IV. Gebühren nach den Vorschriften des bürgerlichen Rechts

227 Wenn der Anwalt dem Appell[409] des Gesetzgebers nicht folgt, in den in § 34 I 1 RVG genannten Bereichen eine Gebührenvereinbarung herbeizuführen, soll der Anwalt nach § 34 I 2 RVG Gebühren nach den Vorschriften des bürgerlichen Rechts erhalten. Gleiches gilt, wenn zwar eine Gebührenvereinbarung abgeschlossen, diese aber unwirksam ist.[410] Maßgeblich sind somit **§ 612 II BGB** bei einer Beratung, da inso-

---

Mandant kein Verbraucher ist; Krämer/Mauer/Kilian, Vergütungsvereinbarung und -management Rn 630, soweit nicht bei einem Verbraucher für eine Erstberatung eine höhere als die in § 34 I 3 RVG vorgesehene Vergütung vereinbart werden soll; vgl in diesem Zusammenhang auch Mayer, AnwBl. 2006, 160 ff.

402 Gerold/Schmidt-*Madert*, § 34 Rn 106.
403 Mayer, AnwBl. 2006, 160 ff., 167.
404 Mayer/Kroiß-*Teubel/Winkler*, § 34 Rn 82; Mayer, AnwBl. 2006, 160 ff. 167.
405 Toussaint, AnwBl. 2007, 67 ff., 68.
406 Mayer/Kroiß-*Teubel/Winkler*, § 34 Rn 83; Hinne/Klees/Teubel/Winkler, Vereinbarungen mit Mandanten, § 1 Rn 205; Riedel/Sußbauer-*Schmahl*, § 34 Rn 17.
407 *Hartung*/Römermann/Schons, § 34 Rn 48 f.; Mayer, AnwBl. 2006, 160 ff., 167; *Hansens*/Braun/Schneider, Praxis des Vergütungsrechts, Teil 8 Rn 63.
408 Vgl. Krämer/Mauer/Kilian, Vergütungsvereinbarung und -management Rn 630; kritisch zur Empfehlung, Formvorschriften bei der Gebührenvereinbarung einzuhalten mit guten Gründen Henke, AnwBl. 2006, 653.
409 *Hartung*/Römermann/Schons, § 34 Rn 37.
410 *Hartung*/Römermann/Schons, § 34 Rn 69; AnwK-RVG/*Rick*, § 34 Rn 72.

C. Abrechnung auf der Grundlage einer Gebührenvereinbarung

weit ein Dienstvertrag vorliegt,[411] bzw § 632 II BGB bei einem als Werkvertrag zu qualifizierenden Mandat auf Erstattung eines Gutachtens.[412] Nach beiden Normen ist zunächst die taxmäßige Vergütung maßgeblich. Eine solche Taxe besteht jedoch nach der Streichung der einschlägigen Vergütungstatbestände des RVG im Bereich der Beratung und der Gutachtenerstattung gerade nicht mehr.[413]

Nach den §§ 612 II bzw 632 II BGB ist daher die **übliche Vergütung** maßgeblich, also das, was normalerweise am gleichen Ort in gleichen oder ähnlichen Gewerben oder Berufen für entsprechende Dienstleistungen gezahlt zu werden pflegt.[414] Was nun die „übliche" Vergütung bei Beratung und Gutachtenerstattung ist bzw wie eine solche festgestellt werden kann, ist umstritten. Teilweise wird vertreten, dass die „übliche Vergütung" das ist, was am 1.7.2006 üblich war, also die Abrechnung nach den außer Kraft getretenen Vergütungstatbeständen Nrn. 2100 ff. VV,[415] nach anderer – richtiger – Auffassung kann es jedoch nicht Sinn der durch § 34 RVG gewollten Abkopplung der Beratungsgebühr von dem bisherigen streitwertbezogenen Vergütungssystem sein, auf dem Umweg über die Feststellung von üblichen Vergütungen wiederum zum bisherigen Vergütungssystem zurückzukehren, so dass allenfalls für eine mehrmonatige Übergangszeit noch angenommen werden konnte, dass die bisherige Gebühr nach Nr. 2100 VV aF noch üblich ist.[416]

228

Für die Zeit nach dieser allenfalls mehrmonatigen Übergangszeit scheinen die Vorschläge zur Feststellung der üblichen Vergütung wenig praktikabel; sie reichen von einer Befragung aller Rechtsanwälte am konkreten Ort,[417] wobei unter Ort, für den die übliche Vergütung zu ermitteln ist, teilweise auch der OLG-Bezirk verstanden wird, in welchem der betreffende Rechtsanwalt seine Kanzlei unterhält,[418] bis hin zur eigeninitiativen Sammlung empirischen Materials oder repräsentativen Befragung durch die regionalen Rechtsanwaltskammern in ihrem Bezirk.[419] Scheitert die Ermittlung einer „üblichen Vergütung", so gilt nach überwiegender Meinung die **Vergütungsbestimmung des Rechtsanwalts** nach den §§ 315, 316 BGB.[420]

229

Nach welchen Maßstäben das dem Anwalt durch § 315 BGB eingeräumte billige Ermessen auszuüben ist, ist derzeit ungeklärt.[421] Teilweise wird für die Heranziehung der Kriterien des § 14 RVG plädiert[422] oder auf die aufgehobenen Vergütungstatbestände VV Nrn. 2100 ff. als Maßstab für die richtige Gebührenbestimmung verwie-

230

---

411 Mayer/Kroiß-*Teubel/Winkler*, § 34 Rn 84; *Hartung*/Römermann/Schons, § 34 Rn 71; AnwK-RVG/*Rick*, § 34 Rn 73.
412 Mayer/Kroiß-*Teubel/Winkler*, § 34 Rn 85; *Hartung*/Römermann/Schons, § 34 Rn 72; AnwK-RVG/*Rick*, § 34 Rn 73.
413 Mayer/Kroiß-*Teubel/Winkler*, § 34 Rn 88; *Hartung*/Römermann/Schons, § 34 Rn 74; AnwK-RVG/*Rick*, § 34 Rn 74.
414 Bamberger/Roth-*Fuchs*, § 612 BGB Rn 12; MüKo-*Müller-Glöge*, § 612 BGB Rn 29; Mayer/Kroiß-*Teubel-Winkler*, § 34 Rn 89; *Hartung*/Römermann/Schons, § 34 Rn 75.
415 Schneider, Vergütungsvereinbarung Rn 1317.
416 Mayer/Kroiß-*Teubel/Winkler*, § 34 Rn 91 f.
417 *Hartung*/Römermann/Schons, § 34 Rn 75.
418 Hansens/Braun/Schneider, Praxis des Vergütungsrechts, Teil 8 Rn 70.
419 AnwK-RVG/*Rick*, § 34 Rn 78.
420 Mayer/Kroiß-*Teubel/Winkler*, § 34 Rn 95 ff.; *Hartung*/Römermann/Schons, § 34 Rn 77; Hansens/Braun/Schneider, Praxis des Vergütungsrechts, Teil 8 Rn 74; in diesem Sinne wohl auch Gerold/Schmidt-*Madert*, § 34 Rn 1; aA AnwK-RVG/*Rick*, § 34 Rn 79 f., der ein einseitiges Gebührenbestimmungsrechts des Anwalts aufgrund des Charakters als gegenseitiger Vertrag als ausgeschlossen ansieht und stattdessen auf ergänzende Vertragsauslegung zurückgreift.
421 Mayer/Kroiß-*Teubel/Winkler*, § 34 Rn 99; Hansens/Braun/Schneider, Praxis des Vergütungsrechts, Teil 8 Rn 74.
422 *Hartung*/Römermann/Schons, § 34 Rn 77; zurückhaltend insoweit Hansens/Braun/Schneider, Praxis des Vergütungsrechts, Teil 8 Rn 75.

sen[423] oder darauf abgestellt, nach welchen Gebührengrundsätzen der Rechtsanwalt regelmäßig bei außergerichtlicher Tätigkeit verfährt, insbesondere welche er in Praxisbroschüren, Aushängen oder durch Internet-Auftritt bekannt gibt.[424]

V. Sonderregelung für Verbraucher

1. Allgemeines

231 Nach § 34 I 3 RVG beträgt die Gebühr dann, wenn keine Vereinbarung getroffen worden ist und der **Auftraggeber Verbraucher** ist, für die Beratung oder für die Ausarbeitung eines schriftlichen Gutachtens höchstens **250 Euro**, für ein erstes Beratungsgespräch höchstens **190 Euro**. Nach der Gesetzesbegründung ist auf die Verbraucherdefinition in § 13 BGB zurückzugreifen.[425] Nach § 13 BGB ist Verbraucher jede natürliche Person, die ein Rechtsgeschäft zu einem Zwecke abschließt, der weder ihrer gewerblichen noch ihrer selbstständigen beruflichen Tätigkeit zugeordnet werden kann.

232 Teilweise wurde in diesem Zusammenhang problematisiert, ob der Auftraggeber Verbraucher in Bezug auf den Beratungsgegenstand oder Verbraucher in Bezug auf den Abschluss des Anwaltsvertrages sein müsse.[426] Allerdings dürfte es sich bei der kritisierten Unklarheit, ob der Auftraggeber Verbraucher in Bezug auf den Beratungsgegenstand oder Verbraucher in Bezug auf den Abschluss des Anwaltsdienstvertrages sein muss, um ein Scheinproblem handeln. Denn wenn der Auftraggeber Verbraucher ist in Bezug auf den Beratungsgegenstand, schlägt dies auch auf den Abschluss des Anwaltsdienstvertrages durch.[427]

233 Eine erheblich praktische Bedeutung hat die Regelung überdies im **Arbeitsrecht**, da das BAG den **Arbeitnehmer** im Rahmen des Arbeitsvertrages als **Verbraucher** iS des § 13 BGB eingeordnet hat,[428] so dass das arbeitsrechtliche Mandat für den Arbeitnehmer grundsätzlich auf einem Verbrauchervertrag zwischen Anwalt und Mandant beruht.[429] Entscheidend ist aber, in welcher Funktion der Auftraggeber den Anwalt mit der Wahrnehmung seiner rechtlichen Interessen im Einzelfall betraut, so dass beispielsweise die Beratung des selbstständigen Unternehmers über die arbeitsrechtlichen Möglichkeiten, eine Kündigung gegenüber einem seiner Arbeitnehmer auszusprechen, nicht unter die Regelung des § 34 I 3 RVG fällt.[430]

234 Ist der Auftraggeber Verbraucher, also beispielsweise bei der Beratung eines Arbeitnehmers in einer sein Arbeitsverhältnis betreffenden Angelegenheit, hat der Anwalt bei Fehlen einer Vereinbarung eine angemessene Gebühr nach den §§ 612 II, 315, 316 BGB zu berechnen, wobei aber die Kappungsgrenze nach § 34 I 3 RVG in Höhe von 250 Euro und bei einem ersten Beratungsgespräch auf 190 Euro eingreift.[431]

---

423 Gerold/Schmidt-*Madert*, § 34 Rn 5.
424 Mayer/Kroiß-*Teubel/Winkler*, § 34 Rn 113.
425 Vgl. BT-Drucks. 15/1971, S. 206.
426 Burhoff, RVG, 1. Aufl., Teil B, „Beratungsgebühr" Rn 25.
427 Vgl. Mayer, RVG-Letter 2004, 111 ff. zu VV Nr. 2102 aF.
428 BAG; NJW 2005, 3305; ablehnend AnwK-RVG/*Rick*, § 34 Rn 90; kritisch auch wohl Hartung/Römermann/Schons, § 34 Rn 82.
429 Mayer/Kroiß-*Teubel/Winkler*, § 34 Rn 117.
430 AnwK-RVG/*Rick*, § 34 Rn 88.
431 Mayer/Kroiß-*Teubel/Winkler*, § 34 Rn 121, Rn 152.

2. Erhöhung bei mehreren Auftraggebern

Richtiger Auffassung nach erhöhen sich die in § 34 I 2 RVG genannten Höchstbeträge für Beratung und die Ausarbeitung eines schriftlichen Gutachtens von 250 Euro bzw von 190 Euro für ein erstes Beratungsgespräch bei **mehreren Auftraggebern** gemäß VV Nr. 1008 um 30 %, wobei mehrere Erhöhungen das Doppelte des Höchstbetrages nicht übersteigen dürfen.[432] Der Wortlaut des Vergütungstatbestandes VV Nr. 1008 erwähnt ausdrücklich nur die Geschäfts- und die Verfahrensgebühr, ist aber auch – um den entsprechenden Mehraufwand des Anwalts abzudecken – auch auf die in § 34 I 3 RVG genannten Höchstwerte anzuwenden.[433]

235

Die Erhöhung der Gebühr für das erste Beratungsgespräch nach § 34 I 3 RVG bei mehreren Auftraggebern führt zu folgenden Werten:[434]

236

Auftraggeber	Erstberatungsgebühr
1	190 Euro
2	247,50 Euro
3	304 Euro
4	361 Euro
5	418 Euro
6	475 Euro
7	532 Euro
ab 8	570 Euro

Die Höchstgebühr für Beratung und Abfassung eines schriftlichen Gutachtens nach § 34 I 3 RVG erhöht sich bei mehreren Auftraggebern wie folgt:[435]

237

Auftraggeber	Gebühr gem. § 34 I 3 RVG iVm VV Nr. 1008
1	250 Euro
2	325 Euro
3	400 Euro
4	475 Euro
5	550 Euro
6	625 Euro
7	700 Euro
ab 8	750 Euro

VI. Anrechnung nach § 34 II RVG

Nach § 34 II RVG ist die **Gebühr** für die **Beratung**, wenn nichts anderes vereinbart ist, auf eine Gebühr für eine sonstige Tätigkeit, die mit der Beratung zusammenhängt,

238

---

432 Mayer/Kroiß-*Teubel/Winkler*, § 34 Rn 126, Rn 162; AnwK-RVG/*Rick*, § 34 Rn 92 f.; *Hansens*/Braun/Schneider, Praxis des Vergütungsrechts, Teil 8 Rn 81, Rn 83.
433 *Hansens*/Braun/Schneider, Praxis des Vergütungsrechts, Teil 8 Rn 81; s. allgemein zu den durch den Mehrvertretungszuschlag nach Nr. 1008 VV erhöhungsfähigen Gebühren Mayer, RVG-Letter 2004, 86 f.
434 Vgl Mayer/Kroiß-*Teubel/Winkler*, § 34 Rn 163.
435 Vgl Mayer/Kroiß-*Teubel/Winkler*, § 34 Rn 126.

anzurechnen. Von der Anrechnung werden die vereinbarte Beratungsgebühr nach § 34 I 1 RVG, die übliche Beratungsgebühr nach § 34 I 2 RVG sowie die gekappte Beratungsgebühr nach § 34 I 3 RVG erfasst.[436] Eine Anrechnung der Gebühr für die Ausarbeitung eines schriftlichen Gutachtens ist gesetzlich nicht bestimmt.[437]

239 Die gesetzliche Anrechnungsregel nach § 34 II RVG gilt nur dann, wenn nichts anderes vereinbart ist, also nur hilfsweise. Derjenige, der sich auf die gesetzliche Anrechnung beruft (das ist in der Regel der Mandant) muss darlegen und beweisen, dass keine Vereinbarung getroffen worden ist, allerdings muss dazu der Anwalt substantiiert die Vereinbarung darlegen.[438]

240 Die Pauschale nach VV Nr. 7002 ist, sofern sie anlässlich der Beratung entstanden ist und in der Vergütungsvereinbarung als abrechenbar vereinbart wurde, nicht anzurechnen, da eine Anrechnungsvorschrift fehlt und zudem die Anmerkung zu VV Nr. 7002 bestimmt, dass die Pauschale in jeder Angelegenheit an Stelle der tatsächlichen Auslagen gefordert werden kann; die Beratung ist aber im Verhältnis zur Vertretung eine eigene selbstständige Angelegenheit, was sich bereits daraus ergibt, dass ansonsten die Anrechnungsvorschrift des § 34 II RVG überflüssig wäre.[439]

241 Die Anrechnungsvorschrift des § 34 II RVG wirft insbesondere dann erhebliche **praktische Schwierigkeiten** auf, wenn für die Beratung nach § 34 RVG ein Vergütungssystem vereinbart wird, das nicht streitwertabhängig ist (Stundensätze oder Pauschalen), es bei der Vergütung für die Vertretung nach VV Nr. 2300 oder VV Nr. 3100 bei der gesetzlichen Vergütung bleibt und der Gegenstand der Beratung nur teilweise deckungsgleich mit dem Gegenstand der Vertretung ist.[440] Fraglich ist dann, in welchem Umfang die vereinbarte Beratungsgebühr nach § 34 II RVG auf die streitwertabhängige Geschäfts- bzw Verfahrensgebühr anzurechnen ist.[441]

242 Grundsätzlich gilt, dass nicht auf sämtliche weiteren Gebühren angerechnet wird, sondern nur auf diejenige Gebühr, die bei einem umfassenden Mandat auch die Beratungstätigkeit abdeckt, etwa die Geschäftsgebühr nach VV Nr. 2300 oder die Verfahrensgebühr nach Nr. 3101 VV.[442] Eine **Gebührenanrechnung** kommt aber **nur einmal** in Betracht, auch wenn der Rechtsanwalt nacheinander mehrere Gebühren berechnet, die mit der Beratung zusammenhängen.[443] Allgemein wird daher empfohlen, die Anrechnung nach § 34 II RVG durch Vereinbarung auszuschließen.[444]

243 Die Gebührenanrechnung kann einmal in der nach § 34 I 1 RVG zu schließenden Gebührenvereinbarung ausgeschlossen werden; jedoch auch dann, wenn der Rechtsanwalt mit dem Auftraggeber keine Gebührenvereinbarung getroffen hat, kann durch eine gesonderte Vereinbarung die Anrechnung der üblichen Gebühr oder der einseitig bestimmten Gebühr ausgeschlossen werden.[445]

---

[436] AnwK-RVG/ *Rick*, § 34 Rn 100.
[437] *Hansens*/Braun/Schneider, Praxis des Vergütungsrechts, Teil 8 Rn 85.
[438] Mayer/Kroiß-*Teubel/Winkler*, § 34 Rn 168.
[439] Mayer/Kroiß-*Teubel/Winkler*, § 34 Rn 169 ff.
[440] Mayer/Kroiß-*Teubel/Winkler*, § 34 Rn 171.
[441] Mayer/Kroiß-*Teubel/Winkler*, § 34 Rn 171.
[442] *Hansens*/Braun/Schneider, Praxis des Vergütungsrechts, Teil 8 Rn 86.
[443] *Hansens*/Braun/Schneider, Praxis des Vergütungsrechts, Teil 8 Rn 87.
[444] Mayer/Kroiß-*Teubel/Winkler*, § 34 Rn 78 ff.; AnwK-RVG/*Rick*, § 34 Rn 111.
[445] *Hansens*/Braun/Schneider, Praxis des Vergütungsrechts, Teil 8 Rn 188.

VII. Muster für Vereinbarungen nach § 34 RVG

1. Muster: Gebührenvereinbarung nach § 34 I 1 RVG (Basisversion)

Zwischen

Herrn/Frau ▪▪▪ (Name), ▪▪▪ (Straße), ▪▪▪ (PLZ), ▪▪▪ (Ort)

– im Folgenden „Mandant/Mandantin" genannt –

und

Herrn Rechtsanwalt ▪▪▪ (Name), ▪▪▪ (Straße), ▪▪▪ (PLZ), ▪▪▪ (Ort)

– im Folgenden „Rechtsanwalt" genannt –

wird folgende

Vergütungsvereinbarung[446]

geschlossen:

§ 1

Für die Beratung in der Angelegenheit ▪▪▪ zahlt der Mandant/die Mandantin an den Rechtsanwalt gemäß § 34 I 1 RVG eine Gebühr iHv

▪▪▪ Euro (i.W.: ▪▪▪ Euro)

zzgl Umsatzsteuer je angefangene 15 Minuten, also ▪▪▪ Euro, pro angefangene 15 Minuten.

§ 2

Im Übrigen gelten die Regelungen des RVG. Es können daher die weiter im RVG geregelten Auslagentatbestände sowie evtl entstehende weitere Vergütungstatbestände neben der in § 1 vereinbarten Gebühr anfallen.

§ 3

Es ist nicht gewährleistet, dass eine evtl eintrittspflichtige Rechtsschutzversicherung die in § 1 vereinbarte Vergütung in voller Höhe übernimmt. Die von der Rechtsschutzversicherung ggf nicht übernommenen Beträge trägt endgültig der Mandant/die Mandantin.[447]

§ 4

Auch bei einem evtl bestehenden materiell-rechtlichen Kostenerstattungsanspruch des Mandanten/der Mandantin gegen einen Dritten ist nicht gewährleistet, dass dieser die in § 1 vereinbarte Vergütung in voller Höhe zu erstatten hat. Verbleibende Differenzbeträge hat endgültig der Mandant/die Mandantin zu tragen.

▪▪▪

Ort, Datum

▪▪▪

Rechtsanwalt

---

[446] Obwohl § 34 I 1 RVG von Gebührenvereinbarung spricht, sollte man dann, wenn man der überwiegenden Empfehlung folgt, die Formvorschriften des § 4 I RVG einzuhalten, konsequenterweise die Vereinbarung als Vergütungsvereinbarung bezeichnen und nicht als Gebührenvereinbarung.

[447] Da die Höhe der von einer evtl eintrittspflichtigen Rechtsschutzversicherung übernommenen Beträge von den zugrunde liegenden Versicherungsbedingungen und auch von der jeweiligen Praxis der Rechtsschutzversicherungen abhängig ist – s. hierzu näher Enders, JurBüro 2006, 337 ff. – ist eine ausdrückliche Regelung in der Vereinbarung empfehlenswert.

§ 1 Allgemeine Korrespondenz

■■■

Ort, Datum

■■■

Mandant/Mandantin

2. Muster: Gebührenvereinbarung nach § 34 I 1 RVG nebst Anrechnungsausschluss nach § 34 II RVG

Zwischen

Herrn/Frau ■■■ (Name), ■■■ (Straße), ■■■ (PLZ), ■■■ (Ort)

– im Folgenden „Mandant/Mandantin" genannt –

und

Herrn Rechtsanwalt ■■■ (Name), ■■■ (Straße), ■■■ (PLZ), ■■■ (Ort)

– im Folgenden „Rechtsanwalt" genannt –

wird folgende

Vergütungsvereinbarung[448]

geschlossen:

§ 1

Für die Beratung in der Angelegenheit ■■■ zahlt der Mandant/die Mandantin an den Rechtsanwalt gemäß § 34 I 1 RVG eine Gebühr iHv

■■■ Euro (i.W.: ■■■ Euro)

zzgl Umsatzsteuer je angefangene 15 Minuten, also ■■■ Euro, pro angefangene 15 Minuten.

§ 2

Im Übrigen gelten die Regelungen des RVG. Es können daher die weiter im RVG geregelten Auslagentatbestände sowie evtl entstehende weitere Vergütungstatbestände neben der in § 1 vereinbarten Gebühr anfallen.

§ 3

Eine Anrechnung der in § 1 vereinbarten Gebühr auf eine Gebühr für eine sonstige Tätigkeit, die mit der Beratung zusammenhängt, wird ausgeschlossen.

§ 4

Es ist nicht gewährleistet, dass eine evtl eintrittspflichtige Rechtsschutzversicherung die in § 1 vereinbarte Vergütung in voller Höhe übernimmt. Die von der Rechtsschutzversicherung ggf nicht übernommenen Beträge trägt endgültig der Mandant/die Mandantin.[449]

§ 5

Auch bei einem evtl bestehenden materiell-rechtlichen Kostenerstattungsanspruch des Mandanten/der Mandantin gegen einen Dritten ist nicht gewährleistet, dass dieser die in

---

[448] Obwohl § 34 I 1 RVG von Gebührenvereinbarung spricht, sollte man dann, wenn man der überwiegenden Empfehlung folgt, die Formvorschriften des § 4 I RVG einzuhalten, konsequenterweise die Vereinbarung als Vergütungsvereinbarung bezeichnen und nicht als Gebührenvereinbarung.

[449] Da die Höhe der von einer evtl eintrittspflichtigen Rechtsschutzversicherung übernommenen Beträge von den zugrunde liegenden Versicherungsbedingungen und auch von der jeweiligen Praxis der Rechtsschutzversicherungen abhängig ist – s. hierzu näher Enders, JurBüro 2006, 337 ff. – ist eine ausdrückliche Regelung in der Vereinbarung empfehlenswert.

§ 1 vereinbarte Vergütung in voller Höhe zu erstatten hat. Verbleibende Differenzbeträge hat endgültig der Mandant/die Mandantin zu tragen.

■■■

Ort, Datum

■■■

Rechtsanwalt

■■■

Ort, Datum

■■■

Mandant/Mandantin

3. Muster: Gebührenvereinbarung nach § 34 I 1 RVG (Beratungspauschale) nebst Anrechnungsausschluss nach § 34 II RVG

Zwischen

Herrn/Frau ■■■ (Name), ■■■ (Straße), ■■■ (PLZ), ■■■ (Ort)

– im Folgenden „Mandant/Mandantin" genannt –

und

Herrn Rechtsanwalt ■■■ (Name), ■■■ (Straße), ■■■ (PLZ), ■■■ (Ort)

– im Folgenden „Rechtsanwalt" genannt –

wird folgende

Vergütungsvereinbarung[450]

geschlossen:

§ 1

Für die Beratung in der Angelegenheit ■■■ zahlt der Mandant/die Mandantin an den Rechtsanwalt gemäß § 34 I 1 RVG eine Gebühr iHv

750 Euro (i.W.: siebenhundertfünfzig Euro)

zzgl Umsatzsteuer, insgesamt also 892,50 Euro.

§ 2

Im Übrigen gelten die Regelungen des RVG. Es können daher die weiter im RVG geregelten Auslagentatbestände sowie evtl entstehende weitere Vergütungstatbestände neben der in § 1 vereinbarten Gebühr anfallen.

§ 3

Eine Anrechnung der in § 1 vereinbarten Gebühr auf eine Gebühr für eine sonstige Tätigkeit, die mit der Beratung zusammenhängt, wird ausgeschlossen.

§ 4

Es ist nicht gewährleistet, dass eine evtl eintrittspflichtige Rechtsschutzversicherung die in § 1 vereinbarte Vergütung in voller Höhe übernimmt. Die von der Rechtsschutzversicherung ggf nicht übernommenen Beträge trägt endgültig der Mandant/die Mandantin.[451]

---

450 Obwohl § 34 I 1 RVG von Gebührenvereinbarung spricht, sollte man dann, wenn man der überwiegenden Empfehlung folgt, die Formvorschriften des § 4 I RVG einzuhalten, konsequenterweise die Vereinbarung als Vergütungsvereinbarung bezeichnen und nicht als Gebührenvereinbarung.

§ 1 Allgemeine Korrespondenz

§ 5

Auch bei einem evtl bestehenden materiell-rechtlichen Kostenerstattungsanspruch des Mandanten/der Mandantin gegen einen Dritten ist nicht gewährleistet, dass dieser die in § 1 vereinbarte Vergütung in voller Höhe zu erstatten hat. Verbleibende Differenzbeträge hat endgültig der Mandant/die Mandantin zu tragen.

■■■

Ort, Datum

■■■

Rechtsanwalt

■■■

Ort, Datum

■■■

Mandant/Mandantin

4. Muster: Gebührenvereinbarung nach § 34 I 1 RVG (Vereinbarung der Fortgeltung des außer Kraft getretenen Vergütungstatbestandes VV Nr. 2100 aF)

Zwischen

Herrn/Frau ■■■ (Name), ■■■ (Straße), ■■■ (PLZ), ■■■ (Ort)

– im Folgenden „Mandant/Mandantin" genannt –

und

Herrn Rechtsanwalt ■■■ (Name), ■■■ (Straße), ■■■ (PLZ), ■■■ (Ort)

– im Folgenden „Rechtsanwalt" genannt –

wird folgende

Vergütungsvereinbarung[452]

geschlossen:

§ 1

Für die Beratung in der Angelegenheit ■■■ zahlt der Mandant/die Mandantin an den Rechtsanwalt gemäß § 34 I 1 RVG eine Beratungsgebühr mit dem Satz von 0,1–1,0.

Innerhalb des Rahmens von 0,1–1,0 bestimmt der Rechtsanwalt die Gebühr im Einzelfall unter Berücksichtigung aller Umstände, vor allem des Umfangs und der Schwierigkeit der anwaltlichen Tätigkeit, der Bedeutung der Angelegenheit sowie der Einkommens- und Vermögensverhältnisse des Mandanten/der Mandantin nach billigem Ermessen. Bei der Bemessung kann auch ein besonderes Haftungsrisiko des Rechtsanwalts herangezogen werden. Sind die vorstehend genannten Kriterien jeweils nur in durchschnittlicher Ausprägung vorhanden, fällt die Mittelgebühr von 0,55 an.

---

451 Da die Höhe der von einer evtl eintrittspflichtigen Rechtsschutzversicherung übernommenen Beträge von den zugrunde liegenden Versicherungsbedingungen und auch von der jeweiligen Praxis der Rechtsschutzversicherungen abhängig ist – s. hierzu näher Enders, JurBüro 2006, 337 ff. – ist eine ausdrückliche Regelung in der Vereinbarung empfehlenswert.

452 Obwohl § 34 I 1 RVG von Gebührenvereinbarung spricht, sollte man dann, wenn man der überwiegenden Empfehlung folgt, die Formvorschriften des § 4 I RVG einzuhalten, konsequenterweise die Vereinbarung als Vergütungsvereinbarung bezeichnen und nicht als Gebührenvereinbarung.

C. Abrechnung auf der Grundlage einer Gebührenvereinbarung

§ 2

Im Übrigen gelten die Regelungen des RVG. Es können daher die weiter im RVG geregelten Auslagentatbestände sowie evtl entstehende weitere Vergütungstatbestände neben der in § 1 vereinbarten Gebühr anfallen.

§ 3

Eine Anrechnung der in § 1 vereinbarten Gebühr auf eine Gebühr für eine sonstige Tätigkeit, die mit der Beratung zusammenhängt, wird ausgeschlossen.

§ 4

Es ist nicht gewährleistet, dass eine evtl eintrittspflichtige Rechtsschutzversicherung die in § 1 vereinbarte Vergütung in voller Höhe übernimmt. Die von der Rechtsschutzversicherung ggf nicht übernommenen Beträge trägt endgültig der Mandant/die Mandantin.[453]

§ 5

Auch bei einem evtl bestehenden materiell-rechtlichen Kostenerstattungsanspruch des Mandanten/der Mandantin gegen einen Dritten ist nicht gewährleistet, dass dieser die in § 1 vereinbarte Vergütung in voller Höhe zu erstatten hat. Verbleibende Differenzbeträge hat endgültig der Mandant/die Mandantin zu tragen.

■■■

Ort, Datum

■■■

Rechtsanwalt

■■■

Ort, Datum

■■■

Mandant/Mandantin

5. Muster: Gebührenvereinbarung nach § 34 I 1 RVG (Vereinbarung der Beratungsgebühr nach VV Nr. 2101 aF) in strafrechtlichen, bußgeldrechtlichen und bestimmten sozialrechtlichen Angelegenheiten

Zwischen

Herrn/Frau ■■■ (Name), ■■■ (Straße), ■■■ (PLZ), ■■■ (Ort)

– im Folgenden „Mandant/Mandantin" genannt –

und

Herrn Rechtsanwalt ■■■ (Name), ■■■ (Straße), ■■■ (PLZ), ■■■ (Ort)

– im Folgenden „Rechtsanwalt" genannt –

wird folgende

Vergütungsvereinbarung[454]

geschlossen:

---

453 Da die Höhe der von einer evtl eintrittspflichtigen Rechtsschutzversicherung übernommenen Beträge von den zugrunde liegenden Versicherungsbedingungen und auch von der jeweiligen Praxis der Rechtsschutzversicherungen abhängig ist – s. hierzu näher Enders, JurBüro 2006, 337 ff. – ist eine ausdrückliche Regelung in der Vereinbarung empfehlenswert.

454 Obwohl § 34 I 1 RVG von Gebührenvereinbarung spricht, sollte man dann, wenn man der überwiegenden Empfehlung folgt, die Formvorschriften des § 4 I RVG einzuhalten, konsequenterweise die Vereinbarung als Vergütungsvereinbarung bezeichnen und nicht als Gebührenvereinbarung.

§ 1

Für die Beratung in der Angelegenheit ▄▄▄ zahlt der Mandant/die Mandantin an den Rechtsanwalt gemäß § 34 I 1 RVG eine Gebühr nach VV Nr. 2101 aF iHv 10 Euro–260 Euro.

Innerhalb des vorgenannten Rahmens bestimmt der Rechtsanwalt die Gebühr im Einzelfall unter Berücksichtigung aller Umstände, vor allem des Umfangs und der Schwierigkeit der anwaltlichen Tätigkeit, der Bedeutung der Angelegenheit sowie der Einkommens- und Vermögensverhältnisse des Mandanten/der Mandantin nach billigem Ermessen. Das Haftungsrisiko ist zu berücksichtigen.

§ 2

Im Übrigen gelten die Regelungen des RVG. Es können daher die weiter im RVG geregelten Auslagentatbestände sowie evtl entstehende weitere Vergütungstatbestände neben der in § 1 vereinbarten Gebühr anfallen.

§ 3

Eine Anrechnung der in § 1 vereinbarten Gebühr auf eine Gebühr für eine sonstige Tätigkeit, die mit der Beratung zusammenhängt, wird ausgeschlossen.

§ 4

Es ist nicht gewährleistet, dass eine evtl eintrittspflichtige Rechtsschutzversicherung die in § 1 vereinbarte Vergütung in voller Höhe übernimmt. Die von der Rechtsschutzversicherung ggf nicht übernommenen Beträge trägt endgültig der Mandant/die Mandantin.[455]

§ 5

Auch bei einem evtl bestehenden materiell-rechtlichen Kostenerstattungsanspruch des Mandanten/der Mandantin gegen einen Dritten ist nicht gewährleistet, dass dieser die in § 1 vereinbarte Vergütung in voller Höhe zu erstatten hat. Verbleibende Differenzbeträge hat endgültig der Mandant/die Mandantin zu tragen.

▄▄▄

Ort, Datum

▄▄▄

Rechtsanwalt

▄▄▄

Ort, Datum

▄▄▄

Mandant/Mandantin

6. Muster: Gebührenvereinbarung nach § 34 I RVG mit Verbraucher für ein erstes Beratungsgespräch und Begrenzung auf Höchstbetrag

Zwischen

Herrn/Frau ▄▄▄ (Name), ▄▄▄ (Straße), ▄▄▄ (PLZ), ▄▄▄ (Ort)

– im Folgenden „Mandant/Mandantin" genannt –

und

---

[455] Da die Höhe der von einer evtl eintrittspflichtigen Rechtsschutzversicherung übernommenen Beträge von den zugrunde liegenden Versicherungsbedingungen und auch von der jeweiligen Praxis der Rechtsschutzversicherungen abhängig ist – s. hierzu näher Enders, JurBüro 2006, 337 ff. – ist eine ausdrückliche Regelung in der Vereinbarung empfehlenswert.

C. Abrechnung auf der Grundlage einer Gebührenvereinbarung

Herrn Rechtsanwalt ▪▪▪ (Name), ▪▪▪ (Straße), ▪▪▪ (PLZ), ▪▪▪ (Ort)

– im Folgenden „Rechtsanwalt" genannt –

wird folgende

Vergütungsvereinbarung[456]

geschlossen:

§ 1

Für ein erstes Beratungsgespräch in der Angelegenheit ▪▪▪ zahlt der Mandant/die Mandantin an den Rechtsanwalt gemäß § 34 I RVG eine Gebühr in Höhe von ▪▪▪ Euro

▪▪▪ Euro (i.W.: ▪▪▪ Euro)

zzgl Umsatzsteuer je angefangene 15 Minuten, also ▪▪▪ Euro pro angefangene 15 Minuten, maximal jedoch ▪▪▪ Euro zzgl Umsatzsteuer, also ▪▪▪ Euro.

§ 2

Im Übrigen gelten die Regelungen des RVG. Es können daher die weiter im RVG geregelten Auslagentatbestände neben der in § 1 vereinbarten Gebühr anfallen.

§ 3

Eine Anrechnung der in § 1 vereinbarten Gebühr auf eine Gebühr für eine sonstige Tätigkeit, die mit der Beratung zusammenhängt, wird ausgeschlossen.

§ 4

Es ist nicht gewährleistet, dass eine evtl eintrittspflichtige Rechtsschutzversicherung die in § 1 vereinbarte Vergütung in voller Höhe übernimmt. Die von der Rechtsschutzversicherung ggf nicht übernommenen Beträge trägt endgültig der Mandant/die Mandantin.[457]

§ 5

Auch bei einem evtl bestehenden materiell-rechtlichen Kostenerstattungsanspruch des Mandanten/der Mandantin gegen einen Dritten ist nicht gewährleistet, dass dieser die in § 1 vereinbarte Vergütung in voller Höhe zu erstatten hat. Verbleibende Differenzbeträge hat endgültig der Mandant/die Mandantin zu tragen.

▪▪▪

Ort, Datum

▪▪▪

Rechtsanwalt

▪▪▪

Ort, Datum

▪▪▪

Mandant/Mandantin

---

456 Obwohl § 34 I 1 RVG von Gebührenvereinbarung spricht, sollte man dann, wenn man der überwiegenden Empfehlung folgt, die Formvorschriften des § 4 I RVG einzuhalten, konsequenterweise die Vereinbarung als Vergütungsvereinbarung bezeichnen und nicht als Gebührenvereinbarung.

457 Da die Höhe der von einer evtl eintrittspflichtigen Rechtsschutzversicherung übernommenen Beträge von den zugrunde liegenden Versicherungsbedingungen und auch von der jeweiligen Praxis der Rechtsschutzversicherungen abhängig ist – s. hierzu näher Enders, JurBüro 2006, 337 ff. – ist eine ausdrückliche Regelung in der Vereinbarung empfehlenswert.

§ 1 Allgemeine Korrespondenz

D. Vorschuss nach § 9 RVG

I. Allgemeines

250 Nach § 9 RVG steht dem Anwalt das Recht zu, zu Beginn einer anwaltlichen Tätigkeit und während einer solchen Tätigkeit bis zu deren Abschluss von seinem Auftraggeber eine Vorauszahlung auf den später fällig werdenden Vergütungsanspruch zu verlangen.[458] Der Anwalt ist nicht verpflichtet, Vorschuss zu verlangen. Ob und in welcher Höhe er einen Vorschuss fordert, liegt in seinem **Ermessen**.[459] In der Praxis wird häufig von dem Recht des Anwalts, einen Vorschuss zu verlangen, viel zu zurückhaltend Gebrauch gemacht. Viele Gründe sprechen aber dafür, dass der Anwalt sein Recht auf Vorschuss in Anspruch nimmt.[460] So vermag der Anwalt als Freiberufler sich nur zu behaupten, wenn er durch seine Arbeit ein ausreichendes Gebühreneinkommen erzielt und diese Gebühren auch tatsächlich eingehen,[461] der Vorschuss sichert die Gebührenansprüche des Anwalts sowohl gegen eine mögliche spätere Insolvenz des Auftraggebers als auch gegen dessen möglicherweise sinkende Zahlungsbereitschaft,[462] auch ist auf die Dauer des Mandats nicht absehbar, welche Unwägbarkeiten entstehen, ob der Mandant Einwendungen gegen die Führung des Mandats erhebt, ob er verstirbt oder Ähnliches.[463] Vielfach ziehen sich Mandate auch längere Zeit hin, da die Kosten für Personal und den allgemeinen Bürobetrieb ständig weiterlaufen, ist eine überlegte Handhabung des Vorschussrechts ein geeignetes Mittel, für ausreichende Umsätze zu sorgen.[464]

251 Bei Mandanten, deren Zahlungsfähigkeit oder Zahlungsbereitschaft zweifelhaft ist, empfiehlt es sich sogar, die **Annahme des Mandats** von der Zahlung eines Vorschusses abhängig zu machen[465] und ggf bei bereits laufendem Mandat die Ausführung bestimmter Arbeiten, beispielsweise die Einreichung der Klageerwiderung bei Gericht oder die Übersendung eines modifizierten Vertragsentwurfs an die Gegenseite, von dem Eingang einer vorherigen Vorschusszahlung abhängig zu machen.

252 Auch aus Sicht des Mandanten ist ein vom Anwalt geforderter Gebührenvorschuss nicht nur negativ zu sehen. Vielfach gewinnen Mandanten erst durch eine Vorschussanforderung des Anwalts eine realistische Vorstellung der auf sie durch die Beauftragung des Anwalts zukommenden Kosten, auch belasten mehrere einzelne Vorschüsse manche Mandanten nicht so sehr als eine hohe Schlussabrechnung.[466]

253 Auch dann, wenn eine Rechtsschutzversicherung Deckungszusage erteilt hat, sollte der Anwalt nicht von der Anforderung eines Vorschusses nach § 9 RVG absehen. Verlangt der Anwalt vom Versicherungsnehmer einen Vorschuss, dann ist dies ein Teil seiner gesetzlichen Vergütung iS von § 2 I a ARB 75 und demzufolge vom

---

458 Mayer/Kroiß-*Klees*, § 9 Rn 1.
459 AnwK-RVG/*N.Schneider*, § 9 Rn 24.
460 Gerold/Schmidt-*Madert*, § 9 Rn 14.
461 Gerold/Schmidt-*Madert*, § 9 Rn 1 und Rn 14.
462 AnwK-RVG/*N.Schneider*, § 9 Rn 24; Gerold/Schmidt-*Madert*, § 9 Rn 14.
463 AnwK-RVG/*N.Schneider*, § 9 Rn 24; Gerold/Schmidt-*Madert*, § 9 Rn 14.
464 AnwK-RVG/*N.Schneider*, § 9 Rn 26; Gerold/Schmidt-*Madert*, § 9 Rn 14.
465 AnwK-RVG/*N.Schneider*, § 9 Rn 25.
466 AnwK-RVG/*N.Schneider*, § 9 Rn 27.

D. Vorschuss nach § 9 RVG

Rechtsschutzversicherer zu übernehmen.[467] Vom Recht auf Anforderung eines Vorschusses sollte bei einem rechtsschutzversicherten Mandanten **auch dann** Gebrauch gemacht werden, wenn der Rechtsschutzversicherer den Anwalt gebeten hat, von der Anforderung von Gebührenvorschüssen beim Versicherungsnehmer abzusehen. Denn die Auffassung, hierin liege ein Garantieversprechen des Rechtsschutzversicherers, die Anwaltskosten auch dann zu übernehmen, wenn hierzu nach dem Versicherungsvertrag keine Verpflichtung besteht, wird mit überzeugenden Gründen in Zweifel gezogen.[468]

Trotz erteilter Deckungszusage ist es in einer ganzen Reihe von Konstellationen möglich, dass die Rechtsschutzversicherung bei der Endabrechnung Zahlung verweigert. So kann der rechtsschutzversicherte Mandant das Mandat kündigen und einen anderen Anwalt beauftragen und dabei seinen Rechtsschutzversicherer anweisen, nicht mehr an den bisherigen Anwalt zu zahlen, sondern an den neuen.[469] Auch können spätere Probleme im Vertragsverhältnis zwischen Mandant und Rechtsschutzversicherung dazu führen, dass der Rechtsschutzversicherer nicht mehr zur Zahlung bereit ist, so kann sich beispielsweise erst im Verlauf des Rechtsstreits herausstellen, dass ein Ausschlussgrund vorliegt, der anfangs noch nicht erkennbar war,[470] oder die Rechtsschutzversicherung verweigert eine Zahlung im Hinblick auf eingetretene Prämienrückstände des Versicherungsnehmers.

Auch ist die Rechtsschutzversicherung nach § 2 III c ARB 75, § 5 III g ARB 94 bzw § 5 III g ARB 2000 nicht mehr zur Zahlung verpflichtet, sobald der Gegner in die Kosten verurteilt worden ist; die Zahlungspflicht setzt erst wieder ein, wenn der Gegner erfolglos zur Zahlung aufgefordert worden ist.[471] Dies kann dazu führen, dass nach erfolgreichem Abschluss des Rechtsstreits zunächst einmal der Rechtsschutzversicherer nicht in Anspruch genommen werden kann bis feststeht, ob der Gegner zahlt. Auch dürfte dann der rechtsschutzversicherte Mandant kein Verständnis dafür aufbringen, wenn er nunmehr mit den Kosten in Vorlage treten müsste, zumal der Einwand naheliegend ist, der Anwalt hätte rechtzeitig einen Kostenvorschuss von der Versicherung fordern können und müssen.[472]

Ein klarer **taktischer Fehler** ist es, bei einem rechtsschutzversicherten Mandanten in bestimmten strafrechtlichen und straßenverkehrsrechtlichen Angelegenheiten keinen Kostenvorschuss von der Rechtsschutzversicherung anzufordern. So ist nach § 4 III a ARB 75 für die Verteidigung gegen den Vorwurf, ein nicht verkehrsrechtliches Vergehen begangen zu haben, welches sowohl bei vorsätzlicher als auch bei fahrlässiger Begehung strafbar ist, der Versicherungsschutz je nach der Art der vorgeworfenen Schuldform zeitlich unterschiedlich begrenzt. „Solange" dem Versicherungsnehmer vorgeworfen wird, den gesetzlichen Tatbestand fahrlässig erfüllt zu haben, ist der Versicherer leistungspflichtig.[473] Eine vergleichbare Regelung findet sich in § 2 i bb

---

[467] Harbauer, § 2 ARB 75 Rn 38; vgl auch AG Dieburg, NJW-RR 2004, 932 mit Bespr. Mayer, RVG-Letter 2004, 71.
[468] Harbauer, § 2 ARB 75 Rn 39; AnwK-RVG/*N.Schneider*, § 9 Rn 96.
[469] AnwK-RVG/*N.Schneider*, § 9 Rn 97.
[470] AnwK-RVG/*N.Schneider*, § 9 Rn 97.
[471] AnwK-RVG/*N.Schneider*, § 9 Rn 98.
[472] AnwK-RVG/*N.Schneider*, § 9 Rn 98; Gerold/Schmidt-*Madert*, § 9 Rn 28.
[473] Harbauer-*Maier*, § 4 ARB 75 Rn 194.

ARB 94/2000.[474] Wird dem Versicherungsnehmer die Verletzung einer verkehrsrechtlichen Vorschrift vorgeworfen, so besteht nach § 4 III b ARB 75 nur dann kein Versicherungsschutz, wenn rechtskräftig festgestellt wird, dass der Versicherungsnehmer die Straftat vorsätzlich begangen hat. Erst wenn das Gericht rechtskräftig feststellt, dass der Versicherungsnehmer eine verkehrsrechtliche Strafvorschrift vorsätzlich verletzt hat, endet der bis dahin bestehende durch eine rechtskräftige Verurteilung auflösend bedingte Versicherungsschutz mit Eintritt der Rechtskraft des Urteils oder des Strafbefehls.[475] Eine vergleichbare Regelung findet sich in § 2 i aa ARB 94/2000. Nach § 2 j bb ARB 94 steht die Verteidigung gegen den Vorwurf einer nicht verkehrsrechtlichen Ordnungswidrigkeit ohne Rücksicht auf den Schuldvorwurf unter Versicherungsschutz, allerdings auflösend bedingt mit der Folge entsprechender Rückzahlungspflicht, soweit bestands- oder rechtskräftig festgestellt wird, dass der Versicherungsnehmer vorsätzlich gehandelt hat.[476] Der Anwalt kann in den geschilderten Fällen jederzeit Vorschüsse anfordern.[477] Erlischt in den geschilderten Fällen der Versicherungsschutz, kann der Anwalt zuvor gezahlte Vorschüsse der Rechtsschutzversicherung behalten, die Rückzahlungsansprüche des Versicherers wegen Wegfalls des Versicherungsschutzes richten sich gegen den Mandanten, nicht gegen den Anwalt.[478]

257 Ist der Versicherungsnehmer **vorsteuerabzugsberechtigt**, schuldet der Rechtsschutzversicherer keine Umsatzsteuerbeträge auf die Vorschüsse, die Umsatzsteuer muss vom Mandanten angefordert werden.[479]

II. Anwendungsbereich

1. Sachlich

258 § 9 RVG steht in Abschnitt 1 – allgemeine Vorschriften – des RVG und greift mit der Wendung „Gebühren und Auslagen" den in § 1 I 1 RVG im Wege einer Legaldefinition bestimmten Begriff der anwaltlichen Vergütung nach dem RVG auf. § 9 RVG gilt somit für die gesetzliche Vergütung nach dem RVG.

259 Darüber hinaus gilt § 9 RVG auch für die vereinbarte Vergütung.[480] Auch für eine Gebührenvereinbarung nach § 34 I 1 RVG gilt das Vorschussrecht des Anwalts nach § 9 RVG, zumal die nach § 34 I 1 RVG vereinbarte Gebühr die gesetzliche Vergütung im Sinne des RVG darstellt.[481]

260 Teilweise wird problematisiert, ob sich die Vorschusspflicht bei der vereinbarten Vergütung in allen Fällen aus § 9 RVG ergibt oder ob die Zahlung von Vorschüssen ggf in der Vereinbarung ausdrücklich geregelt sein muss.[482] So wird danach differenziert, ob die Vergütungsvereinbarung derart gestaltet ist, dass an Stelle der gesetzlichen Gebühren andere – nämlich zwischen den Parteien vereinbarte – Gebühren und

---

474 Harbauer-*Stahl*, § 2 ARB 94/2000 Rn 19.
475 Harbauer-*Maier*, § 4 ARB 75 Rn 214.
476 Harbauer-*Stahl*, § 2 ARB 94/2000 Rn 22.
477 AnwK-RVG/ *N.Schneider*, § 9 Rn 99; Mayer/Kroiß-*Klees*, § 9 Rn 23; Gerold/Schmidt-*Madert*, § 9 Rn 28.
478 AnwK-RVG/ *N.Schneider*, § 9 Rn 99; Mayer/Kroiß-*Klees*, § 9 Rn 23; Gerold/Schmidt-*Madert*, § 9 Rn 28.
479 AnwK-RVG/ *N.Schneider*, § 9 Rn 95.
480 Gerold/Schmidt-*Madert*, § 9 Rn 11; Krämer/Mauer/Kilian, Vergütungsvereinbarung und -management Rn 577; Schneider, Vergütungsvereinbarung Rn 1766; Madert/Schons, Teil B Rn 285 ff.; AnwK-RVG/ *N.Schneider*, § 9 Rn 90.
481 S. hierzu näher oben § 1 R 223 ff.
482 AnwK-RVG/ *N.Schneider*, § 9 Rn 90.

Auslagen geschuldet werden, etwa das Doppelte der gesetzlichen Gebühren oder die gesetzlichen Gebühren nach einem höheren Streitwert, dann soll § 9 RVG bedenkenlos anwendbar sein; anders ist es nach dieser Auffassung, wenn die Parteien von dem Gebühren- und Auslagensystem des RVG völlig abgerückt sind und Pauschal- oder Zeitvergütungen vereinbart haben, dann handle es sich nicht um „Gebühren" und nicht um Auslagen, so dass § 9 RVG vom Wortlaut her nicht anzuwenden sei.[483] Da § 4 RVG, welcher die Vergütungsvereinbarung regelt, ebenso wie § 9 RVG, in dem der mit „allgemeine Vorschriften" überschriebenen Abschnitt 1 des RVG enthalten ist, gilt das **Vorschussrecht** des Anwalts nach § 9 RVG **auch für die im Wege einer Vergütungsvereinbarung nach § 4 RVG vereinbarte Vergütung**, und zwar ungeachtet der Art der Vergütungsbemessung. Und dass die Vorschusspflicht nach § 9 RVG auch für die **Gebührenvereinbarung** nach § 34 I 1 RVG gilt, und zwar ebenfalls ungeachtet der Art der dort vereinbarten Bemessung der Vergütung, folgt daraus, dass es sich bei der nach § 34 I 1 RVG vereinbarten Vergütung um die gesetzliche Vergütung im Sinne des RVG handelt.[484]

Die Anforderung von Vorschüssen bei einer nach § 4 RVG und nach § 34 I 1 RVG vereinbarten Vergütung ist jedoch vielfach dem Mandanten einfacher zu vermitteln, wenn bereits schon in der mit dem Mandanten geschlossenen Vereinbarung eine Klausel des Inhalts aufgenommen worden ist, dass der Anwalt jederzeit berechtigt ist, angemessene Vorschüsse auf das in der Vereinbarung geregelte Honorar zu verlangen.[485]

261

Enthält die Vergütungsvereinbarung nach § 4 RVG oder die Gebührenvereinbarung iS von § 34 I 1 RVG konkrete Regelungen, wann Abschlags- oder Teilzahlungen zu leisten sind, ist der Rechtsanwalt daran gebunden. Darüber hinausgehende Vorschusszahlungen sind dann konkludent ausgeschlossen.[486]

262

2. Persönlich

Das Recht auf Vorschuss nach § 9 RVG steht jedem Rechtsanwalt bzw jedem sonstigen Berechtigten zu, der nach dem RVG abrechnen darf, hierzu zählen auch Rechtsbeistände oder auch europäische Rechtsanwälte, die nach dem EuRAG in die Rechtsanwaltskammer aufgenommen worden sind.[487]

263

Für die Anwendung des § 9 RVG ist unerheblich, in welcher Funktion der Rechtsanwalt tätig wird, etwa im Beratungs- oder Prozessbereich; entscheidend ist lediglich, dass die Tätigkeit, für die ein Vorschuss nach § 9 RVG beansprucht wird, eine dem Anwendungsbereich des RVG unterliegende Tätigkeit ist, die in § 1 von der Anwendung des RVG ausgenommenen Tätigkeiten lösen das Recht auf Vorschuss nicht aus.[488] § 9 RVG ist daher nicht anwendbar, wenn der Rechtsanwalt seine Vergütung

264

---

483 AnwK-RVG/*N.Schneider*, § 9 Rn 90.
484 S. hierzu näher oben § 1 Rn 223 ff.
485 Im Ergebnis zur selben Empfehlung kommt AnwK-RVG/*N.Schneider*, § 9 Rn 90.
486 AnwK-RVG/*N.Schneider*, § 9 Rn 90.
487 Mayer/Kroiß-*Klees*, § 9 Rn 3.
488 Mayer/Kroiß-*Klees*, § 9 Rn 4.

nach anderen Vorschriften erhält, wie zB als Vormund, Betreuer oder Pfleger iS von § 1 II RVG.[489]

3. Sonderregelungen

265 Zu berücksichtigen ist auch, dass zahlreiche Spezialregelungen die Vorschussrechte des Anwalts begründen oder begrenzen:

a) Vorschussrechtsbegründend

266 So steht nach § **39 S. 1 RVG** einem nach § 625 ZPO dem Antragsgegner beigeordneten Rechtsanwalt ein Vorschussrecht zu.[490] Auch § **40 RVG** billigt dem Rechtsanwalt, der als gemeinsamer Vertreter nach § 67a I 2 VwGO bestellt worden ist, das Recht zu, einen Vorschuss von den Personen, für die er bestellt ist, zu verlangen.[491]

267 Der **Notanwalt** nach § 78b ZPO kann nach § 78c II ZPO die Übernahme der Vertretung davon abhängig machen, dass die Partei ihm einen nach dem Rechtsanwaltsvergütungsgesetz zu bemessenden Vorschuss zahlt. Nach dem Wortlaut der Vorschrift besteht das Vorschussrecht nur bis zur Übernahme der Vertretung.[492] Diese Einschränkung wird jedoch allgemein als zu eng empfunden, so entstehen beispielsweise Unbilligkeiten zu Lasten des Notanwalts bei Klageerweiterungen oder dem Erfordernis von Streitverkündungen, deshalb wird dem Notanwalt auch noch nach Übernahme der Vertretung ein Vorschussrecht zugebilligt, und zwar für bereits entstandene wie auch künftig entstehende Gebühren und Auslagen.[493]

268 Eine von § 9 RVG abweichende Regelung des Vorschusses enthält § 47 I 1 RVG für den Anspruch des Rechtsanwalts auf Zahlung eines Vorschusses gegen die Staatskasse. Anders als bei einem Vorschussanspruch gegen den Mandanten nach § 9 RVG kann für Gebühren ein Vorschuss aus der Staatskasse nach § 47 I 1 RVG nur verlangt werden, soweit diese bereits entstanden sind und nicht auch soweit sie voraussichtlich entstehen werden.[494] Der Vorschussanspruch nach § 47 I 1 RVG gilt nicht nur für den im Rahmen der Prozesskostenhilfe, sondern auch für den nach § 11a ArbGG beigeordneten Rechtsanwalt.[495] Auch für die nach § 57 oder § 58 ZPO zum Prozesspfleger bestellten Anwälte bestimmt sich der Vorschussanspruch gegen die Staatskasse nach § 47 I 1 RVG.[496]

b) Den Vorschussanspruch beschränkend

269 Nach § **41 S. 2 RVG** kann der Rechtsanwalt, der nach § 57 oder § 58 ZPO dem Beklagten als Vertreter bestellt ist, von diesem zwar die Vergütung eines zum Prozessbevollmächtigten bestellten Rechtsanwalts verlangen, aber keinen Vorschuss fordern. Der insoweit beauftragte Anwalt muss sich überlegen, wie er seine Gebühren sichern

---

489 Bischof/*Matthias*, § 9 Rn 11.
490 Mayer/Kroiß-*Klees*, § 9 Rn 7; anderer Auffassung ohne nähere Begründung Gerold/Schmidt-*Madert*, § 9 Rn 4.
491 Mayer/Kroiß-*Klees*, § 9 Rn 8; anderer Ansicht ohne nähere Begründung Gerold/Schmidt-*Madert*, § 9 Rn 4.
492 Mayer/Kroiß-*Klees*, § 9 Rn 9.
493 Mayer/Kroiß-*Klees*, § 9 Rn 9; Gerold/Schmidt-*Madert*, § 9 Rn 5; AnwK-RVG/*N.Schneider*, § 9 Rn 12.
494 Mayer/Kroiß-*Ebert*, § 47 Rn 4.
495 Gerold/Schmidt-*Madert*, § 9 Rn 5.
496 AnwK-RVG/*N.Schneider*, § 9 Rn 13.

kann, er darf das ihm angetragene Amt auch ablehnen, er braucht es nicht anzunehmen.[497]

§ 52 RVG regelt ergänzende Vergütungsansprüche des **Pflichtverteidigers** gegen seinen Mandanten.[498] Nach § 52 I 1 Halbs. 2 RVG darf der Rechtsanwalt keinen Vorschuss fordern, er darf auch seine Tätigkeit nicht von einer Vorschusszahlung abhängig machen.[499] Die Wahlverteidigergebühren können gemäß § 52 II RVG in dem dort festgelegten Umfang geltend gemacht werden; durch die Zubilligung eines Vorschussrechts würde diese Einschränkung des § 52 II RVG obsolet.[500]

Ebenso entfällt das Recht auf Vorschuss für den dem Privatkläger, dem Nebenkläger, dem Antragsteller im Klageerzwingungsverfahren oder den in sonstigen Angelegenheiten, in denen sich die Gebühren nach Teil 4, 5 oder 6 des Vergütungsverzeichnisses richten, beigeordneten Rechtsanwalt, nach § 53 I RVG, der auf eine entsprechende Anwendung des § 52 RVG verweist.[501] § 53 RVG bezieht sich auf die Differenzvergütungsansprüche gegen den Mandanten des Rechtsanwalts, der im Wege der Prozesskostenhilfe dem Nebenkläger, Privatkläger etc. beigeordnet wurde.[502]

Der im Wege der **Prozesskostenhilfe** beigeordnete Rechtsanwalt kann nach § 122 I Nr. 3 ZPO Ansprüche auf Vergütung gegen die Partei nicht geltend machen und hat demzufolge auch keinen Vorschussanspruch gegen seinen Mandanten. Dies gilt selbst dann, wenn die Voraussetzungen des § 50 RVG gegeben sind.[503]

Bei nur **teilweiser Bewilligung von Prozesskostenhilfe** steht dem Rechtsanwalt hinsichtlich des nicht bewilligten Teils das Vorschussrecht des § 9 RVG weiterhin zu, wenn ihn der Mandant mit der Prozessführung auch hinsichtlich des nicht bewilligten Teils beauftragt; als Vorschuss kann der Rechtsanwalt nur die Differenzgebühr zwischen den Wahlanwaltsgebühren aus dem Teil, für den Prozesskostenhilfe bewilligt ist, und den insgesamt anfallenden Gebühren fordern.[504] Bei der Berechnung des möglichen weiteren Vorschussanspruchs ist danach zu differenzieren, ob der Streitwert des Teils, für den Prozesskostenhilfe bei Wertgebühren bewilligt wurde, 3.000 Euro übersteigt oder nicht. Denn ab einem Wert von mehr als 3.000 Euro unterscheiden sich die Wertgebühren aus der Staatskasse nach § 49 RVG von den Wertgebühren nach § 13 RVG. Übersteigt der Wert des Teils, für den Prozesskostenhilfe bewilligt wurde, nicht 3.000 Euro, so besteht ein Vorschussanspruch des Anwalts in Höhe der Differenz zwischen der Vergütung aus der Staatskasse nach den Werten des § 49 RVG und den Gebühren aus dem gesamten Streitwert berechnet nach den Sätzen des § 13 RVG.

Beispiel: Es werden 6.000 Euro eingeklagt, Prozesskostenhilfe ist aber lediglich in Höhe eines Teilbetrags von 3.000 Euro bewilligt. Der „Differenz"-Vorschussanspruch

---

497 Mayer/Kroiß-*Klees*, § 9 Rn 11.
498 Bischof/*Uher*, § 52 Rn 1.
499 Mayer/Kroiß-*Kroiß*, § 52 Rn 3.
500 Mayer/Kroiß-*Klees*, § 9 Rn 13.
501 Mayer/Kroiß-*Klees*, § 9 Rn 14.
502 Bischof/*Uher*, § 53 Rn 1.
503 AnwK-RVG/*N.Schneider*, § 9 Rn 14.
504 Mayer/Kroiß-*Klees*, § 9 Rn 16 mwN.

des mit der gerichtlichen Durchsetzung der Forderung iHv 6.000 Euro beauftragten Rechtsanwalts berechnet sich wie folgt:

275 Ingesamt anfallende Gebühren:

- 1,3 Verfahrensgebühr VV Nr. 3100, 13 RVG
  (Wert: 6.000 Euro) 439,40 Euro
- 1,2 Terminsgebühr VV Nr. 3104, 13 RVG (Wert: 6.000 Euro) 405,60 Euro
- Auslagenpauschale VV Nr. 7002 20,00 Euro
- Umsatzsteuer VV Nr. 7008 <u>164,35 Euro</u>
- Summe 1.029,35 Euro

276 Die Gebühren für den Teil, für den Prozesskostenhilfe bewilligt wurde, berechnen sich wie folgt:

- 1,3 Verfahrensgebühr VV Nr. 3100, 49 RVG
  (Wert: 3.000 Euro) 245,70 Euro
- 1,2 Terminsgebühr VV Nr. 3104, 49 RVG (Wert: 3.000 Euro) 226,80 Euro
- Auslagenpauschale VV Nr. 7002 20,00 Euro
- Umsatzsteuer VV Nr. 7008 <u>93,58 Euro</u>
- Summe 586,08 Euro

Die Differenz der insgesamt anfallenden Anwaltsvergütung und der Vergütung für den Teil, für den Prozesskostenhilfe bewilligt wurde, beträgt 443,27 Euro, insoweit besteht auch ein Vorschussanspruch des mit der Durchsetzung der Klageforderung iHv 6.000 Euro beauftragten Anwalts nach § 9 RVG gegen den Mandanten.

277 Anders liegt jedoch der Fall, wenn der Streitwert für den Teil, für den Prozesskostenhilfe bewilligt worden ist, 3.000 Euro übersteigt. Dann sind die Gebührenwerte nach § 49 RVG niedriger als die Gebührensätze nach § 13 RVG. Für die Berechnung des „Differenz"-Vorschussanspruchs kann daher nicht auf die konkret anfallende PKH-Vergütung zurückgegriffen werden, sondern **entscheidend ist die Differenz** zwischen der Wahlanwaltsvergütung aus dem vollem Wert und der Vergütung berechnet nach den Werten des § 13 RVG aus dem Teilbetrag, für den Prozesskostenhilfe bewilligt wurde.

278 Beispiel: Die Klageforderung beträgt 30.000 Euro, Prozesskostenhilfe wird lediglich hinsichtlich eines Teilbetrags von 15.000 Euro bewilligt. Der „Differenz"-Vorschussanspruch des mit der gerichtlichen Geltendmachung der Gesamtforderung von 30.000 Euro beauftragten Rechtsanwalts berechnet sich wie folgt:

279 Wahlanwaltsvergütung aus einem Wert von 30.000 Euro:

- 1,3 Verfahrensgebühr VV Nr. 3100, 13 RVG
  (Wert: 30.000 Euro) 985,40 Euro
- 1,2 Terminsgebühr VV Nr. 3104, 13 RVG (Wert: 30.000 Euro) 909,60 Euro
- Auslagenpauschale VV Nr. 7002 20,00 Euro
- Umsatzsteuer VV Nr. 7008 <u>363,85 Euro</u>
- Summe 2.278,85 Euro

D. Vorschuss nach § 9 RVG

Die Wahlanwaltsvergütung aus einem Streitwert von 15.000 Euro, für den Prozesskostenhilfe bewilligt wurde, berechnet sich wie folgt: 280

- 1,3 Verfahrensgebühr VV Nr. 3100, 13 RVG
  (Wert: 15.000 Euro)   735,80 Euro
- 1,2 Terminsgebühr VV Nr. 3104, 13 RVG
  (Wert: 15.000 Euro)   679,20 Euro
- Auslagenpauschale VV Nr. 7002   20,00 Euro
- Umsatzsteuer VV Nr. 7008   <u>272,65 Euro</u>
- Summe   1.707,65 Euro

Der „Differenz"-Vorschussanspruch beträgt somit 2.278,85 Euro – 1.707,65 Euro, also 571,20 Euro.

Falsch wäre es, im vorliegenden Fall der Wahlanwaltsvergütung aus dem Gesamtstreitwert von 30.000 Euro die PKH-Vergütung aus einem Streitwert von 15.000 Euro gegenüberzustellen. Die PKH-Vergütung aus dem Streitwert von 15.000 Euro beläuft sich wie folgt: 281

- 1,3 Verfahrensgebühr VV Nr. 3100, 49 RVG
  (Wert: 15.000 Euro)   334,10 Euro
- 1,2 Terminsgebühr VV Nr. 3104, 49 RVG (Wert: 15.000 Euro)   308,40 Euro
- Auslagenpauschale VV Nr. 7002   20,00 Euro
- Umsatzsteuer VV Nr. 7008   <u>125,88 Euro</u>
- Summe   788,38 Euro

Würde man den „Differenz"-Vorschuss zwischen der konkret anfallenden PKH-Vergütung von 788,38 Euro und den Wahlanwaltsgebühren aus dem Gesamtwert von 30.000 Euro mit 2.278,85 Euro errechnen, bliebe die Sperrwirkung der aus dem Teilbetrag von 15.000 Euro bewilligten Prozesskostenhilfe, die sich nunmehr durch die unterschiedliche Höhe der Wertgebühren in § 13 und § 49 RVG auswirkt, zu Lasten des Mandanten unberücksichtigt. 282

§ 47 II RVG schließt einen Vorschussanspruch bei Beratungshilfe aus. Hiervon ist jedoch nicht betroffen die Beratungshilfegebühr VV Nr. 2500 iHv 10 Euro, die der Rechtsanwalt als Eigenanteil des Rechtsuchenden beanspruchen kann. § 47 II RVG steht im Zusammenhang mit der Regelung des Vorschusses gegenüber der Staatskasse. Dem Anwalt kann auch nicht zugemutet werden, den geringfügigen Eigenanteil nach Durchführung der Beratung ggf auch noch gerichtlich gegenüber dem Mandanten verfolgen zu müssen.[505] 283

III. Anspruchsgegner

Haftungsschuldner des Vorschussanspruchs ist der **Auftraggeber**, der nicht unbedingt mit dem vertretenen Mandanten identisch sein muss, oder ein **Dritter**, der nach allgemeinen zivilrechtlichen Grundsätzen wie Bürgschaft und Schuldübernahme haftet.[506] 284

---

[505] Mayer/Kroiß-*Klees*, § 9 Rn 17; AnwK-RVG/*N.Schneider*, § 9 Rn 21.
[506] Mayer/Kroiß-*Klees*, § 9 Rn 19.

§ 1 Allgemeine Korrespondenz

Keinen unmittelbaren Anspruch auf Vorschuss aus eigenem Recht hat der Rechtsanwalt gegen Dritte, die lediglich seinem Auftraggeber vorschusspflichtig sind, zB nach § 1360a IV BGB.[507] Bei **Parteien kraft Amtes** wie Testamentsvollstrecker oder Insolvenzverwalter, die selbst Auftraggeber sind, besteht ein Vorschussanspruch gegenüber diesen Amtswaltern direkt.[508]

285 Vorsicht ist bei der **Vertretung Minderjähriger** geboten; ohne Einwilligung des gesetzlichen Vertreters des Minderjährigen kommt nämlich kein Mandatsvertrag zustande.[509] Auch soweit der gesetzliche Vertreter des Minderjährigen den Auftrag erteilt, diesen zu vertreten, ist Vorsicht geboten. Denn weigert sich der gesetzliche Vertreter später, die Anwaltsgebühren zu bezahlen und hat der minderjährige Mandant selbst keine Einkünfte, lässt sich der Vergütungsanspruch schwerlich durchsetzen, da keine Haftung des Inhabers der elterlichen Sorge für die Anwaltskosten besteht.[510] Empfehlenswert ist daher eine Vergütungsvereinbarung mit den gesetzlichen Vertretern des Minderjährigen, denn nur so erhält der Rechtsanwalt einen eigenen Anspruch gegen die gesetzlichen Vertreter und damit ein Recht auf Zahlung eines Vorschusses von diesen.[511] Ansonsten ist darauf zu achten, dass der Rechtsanwalt von den Eltern des Minderjährigen aufgrund deren Unterhaltspflicht (§§ 1602, 1610 II BGB) einen angemessenen Vorschuss erhält.[512] Haben die Eltern einen Vorschuss bezahlt, kann dieser nicht mehr zurückgefordert werden, da hierdurch der Anspruch des Rechtsanwalts gegenüber dem Kind in Höhe der Zahlung erloschen ist.[513]

286 Die Rechtsschutzversicherung des Mandanten ist nicht Auftraggeber des Rechtsanwalts, gleichwohl sollte keinesfalls versäumt werden, den Vorschussanspruch nach § 9 RVG gegenüber der Rechtsschutzversicherung des Mandanten geltend zu machen.[514]

IV. Form

287 Für die Anforderung eines Vorschusses gilt § 10 I RVG nicht. Der Vorschuss kann daher **formlos**, also auch mündlich, angefordert werden.[515] Praktische und umsatzsteuerrechtliche Gründe zwingen jedoch im Regelfall dazu, auch bei der Anforderung eines Vorschusses iS von § 9 RVG eine Reihe von Förmlichkeiten einzuhalten. Dies gilt zunächst für den Inhalt der Vorschussanforderung. Teilweise wird lediglich verlangt, dass der Anwalt dem Mandanten die Höhe des Vorschusses mittels einer Berechnung „plausibel" macht,[516] andere empfehlen, in die Vorschussrechnung die voraussichtliche Vergütung nach den Nummern des Vergütungsverzeichnisses und den Gebührentatbestand aufzunehmen.[517] Die schriftliche Erläuterung der Berechnung des angeforderten Vorschusses erspart im Regelfall Rückfragen des Mandanten

---

507 Mayer/Kroiß-*Klees*, § 9 Rn 20; Bischof/*Matthias*, § 9 Rn 16.
508 Mayer/Kroiß-*Klees*, § 9 Rn 21; Bischof/*Matthias*, § 9 Rn 17.
509 Gerold/Schmidt-*Madert*, § 9 Rn 16; Bischof/*Matthias*, § 9 Rn 18.
510 Gerold/Schmidt-*Madert*, § 9 Rn 16; Bischof/*Matthias*, § 9 Rn 19.
511 Mayer/Kroiß-*Klees*, § 9 Rn 22.
512 Gerold/Schmidt-*Madert*, § 9 Rn 16; Bischof/*Matthias*, § 9 Rn 20.
513 Mayer/Kroiß-*Klees*, § 9 Rn 22; enger wohl AnwK-RVG/*N.Schneider*, § 9 Rn 34.
514 S. hierzu näher oben unter § 1 Rn 252 ff.
515 AnwK-RVG/*N.Schneider*, § 9 Rn 69; Bischof/*Matthias*, § 9 Rn 3.
516 Bischof/*Matthias*, § 9 Rn 3.
517 Mayer/Kroiß-*Klees*, § 9 Rn 28.

und gibt sowohl Anwalt als auch dem Auftraggeber einen Überblick darüber, welcher Teil der Vergütung bereits abgerechnet ist.[518]

Auch das Umsatzsteuerrecht erfordert die Einhaltung bestimmter Förmlichkeiten bei einer Vorschussabrechnung. Ist der Mandant selbst Unternehmer und vorsteuerabzugsberechtigt, hat er aus einer Nebenpflicht des Anwaltsvertrages einen Anspruch auf eine ordnungsgemäße Rechnungstellung mit Umsatzsteuerausweisung wie auch sonst jeder Mandant das Recht auf Ausstellung einer Quittung, § 368 BGB, ebenfalls mit Umsatzsteuerausweisung hat.[519] 288

Nach § 14 V 1, IV 1 Nr. 1 UStG muss auch die Vorschussberechnung den **vollständigen Namen** und die **vollständige Anschrift** des leistenden Unternehmers und des Leistungsempfängers enthalten. Neben dem vollständigen Namen und der vollständigen Anschrift des Rechtsanwalts bzw der Rechtsanwaltsgesellschaft müssen die entsprechenden Angaben auch des Auftraggebers enthalten sein. Den steuerlichen Anforderungen genügt es, wenn aufgrund der in der Rechnung enthalten Angaben sich jeweils der Name und die Anschrift eindeutig feststellen lassen. Bei Postfächern und Großkundenadressen ist ausreichend, diese statt der Anschrift zu nennen.[520] 289

Nach § 14 V 1, IV 1 Nr. 2 UStG ist ferner die dem Rechtsanwalt vom Finanzamt erteilte **Steuernummer** oder die ihm vom Bundeszentralamt für Steuern erteilte **Umsatzsteueridentifikationsnummer** in der Vorschussabrechnung anzugeben. Wer sich eine Umsatzsteueridentifikationsnummer hat zuteilen lassen, soll vorzugsweise diese verwenden, da die „normale" Steuernummer Organisationsmerkmale offenbart, die Rückschlüsse über die Art der steuerlichen Veranlagung zulassen könnten, auch wird hierdurch jeglicher Missbrauch mit der eigenen Steuernummer ausgeschlossen.[521] Weiter muss nach § 14 V 1, IV 1 Nr. 3 UStG in der Vorschussabrechnung das Ausstellungsdatum angegeben werden. 290

§ 14 V 1, IV 1 Nr. 4 UStG schreibt weiter vor, dass die Rechnung eine **Rechnungsnummer** enthalten muss. Bei der Rechnungsnummer muss es sich um eine fortlaufende Nummer mit ein oder mehreren Zahlenreihen handeln, die zur Identifizierung der Rechnung vom Rechnungsaussteller, also hier vom Rechtsanwalt, einmal vergeben wird. Nicht ausreichend ist, wenn die Rechnung lediglich die Prozessregisternummer der Angelegenheit trägt, sondern alle Rechnungen, die der Rechtsanwalt bzw die Kanzlei ausstellt, müssen gesondert und fortlaufend durchnummeriert werden.[522] Bei der Rechnungsnummer ist auch eine Kombination von Zahlen- und Buchstabenreihen möglich, dabei bleibt es dem Rechnungsaussteller überlassen, ob und wie viele separate Nummernkreise er schafft. Denkbar ist, verschiedene Nummernkreise für unterschiedliche Standorte, Bearbeiter, etc. zu vergeben. Es muss nur gewährleistet sein, dass die jeweilige Nummer leicht und eindeutig einem Nummernkreis zugeordnet werden kann und die Rechnungsnummer einmalig ist, so dass sichergestellt ist, dass die vom Unternehmer erstellte Rechnung einmalig ist. Neben der Überprüfung von Doppelerstellungen hat das Finanzamt durch die Rechnungsnummern ferner die Mög- 291

---

518 AnwK-RVG/*N.Schneider*, § 9 Rn 70.
519 Mayer/Kroiß-*Klees*, § 9 Rn 28.
520 Spatschek, AnwBl. 2004, 174; Mayer/Kroiß-*Mayer*, § 10 Rn 20.
521 Spatschek, AnwBl. 2004, 174; Hansens, RVGreport 2004, 44; Mayer/Kroiß-*Mayer*, § 10 Rn 21.
522 Enders, JurBüro 2002, 60; Mayer/Kroiß-*Mayer*, § 10 Rn 22.

lichkeit, Rechnungslücken zu entdecken und nachzuforschen, ob Rechnungen nachträglich, zB nach einer Barzahlung, aus der Buchhaltung entnommen wurden.[523] Das gesetzliche Gebot, eine fortlaufende Rechnungsnummer zu vergeben, bezieht sich nur auf Rechnungen, die der Rechtsanwalt an einen anderen Unternehmer für dessen Unternehmen oder eine juristische Person stellt. Aus praktischen Gründen und wegen des durchgängigen Nachweises im Falle einer Betriebsprüfung empfiehlt es sich doch, sämtliche Honorarrechnungen mit einer fortlaufenden Rechnungsnummer zu versehen, also auch diejenigen, die an einen Mandanten adressiert sind, der nicht vorsteuerabzugsberechtigt ist.[524]

292 Nach § 14 V 1, IV 1 Nr. 5 UStG muss die Vorschussabrechnung **Angaben über den Umfang und die Art der Leistung** enthalten, diese Angaben müssen sich auf die Leistung im Ganzen beziehen.[525] Erforderlich ist daher in der Vorschussabrechnung zumindest eine Kurzbezeichnung dessen, wofür der Vorschuss geleistet wird, beispielsweise „Beratung in der Erbsache ..." oder „Vertretung in dem Rechtsstreit X / Y, Aktenzeichen ... – Amtsgericht ...".[526]

293 Die nach § 14 V 1, IV 1 Nr. 6 UStG erforderliche Angabe des **Leistungszeitpunkts** macht bei Vorschussabrechnungen naturgemäß gewisse Schwierigkeiten. So ist der voraussichtliche Zeitpunkt der Leistung anzugeben, wobei die Angabe des Kalendermonats nach § 31 IV UStDV reicht.[527] Fehlt eine entsprechende Festlegung, ist zumindest ein Zeitpunkt anzugeben, bis zu dem mit der Leistung zu rechnen ist.[528] Kommt selbst eine grobe Angabe nach Monaten nicht in Betracht, ist ausreichend, darauf hinzuweisen, dass über eine bislang noch nicht erbrachte Leistung abgerechnet wird.[529] § 14 IV 1 Nr. 7 UStG erfordert fordern, dass in der Rechnung das nach Steuersätzen und einzelnen Steuerbefreiungen aufgeschlüsselte sowie jede im Voraus vereinbarte Minderung des Entgelts, soweit sie nicht bereits im Entgelt berücksichtigt ist, angegeben wird, § 14 IV 1 Nr. 8 UStG bestimmt, dass in der Rechnung der angewandte Steuersatz, also derzeit 19 %, ausdrücklich genannt sein muss ebenso wie der auf das Entgelt entfallende Steuerbetrag sowie im Falle einer Steuerbefreiung ein Hinweis darauf, dass für die Lieferung oder eine sonstige Leistung eine Steuerbefreiung gilt. § 14 V 1 UStG erklärt u.a. § 14 IV 1 Nr. 7 und § 14 IV 1 Nr. 8 UStG für Vorschussrechnungen sinngemäß anwendbar. Nach Abschnitt 187 VI UStR 2005 kann der Unternehmer – in diesem Fall der Rechtsanwalt – über die Leistung im Voraus eine Rechnung erteilen, in der das gesamte Entgelt und die Steuer für diese Leistung insgesamt gesondert ausgewiesen werden, zusätzliche Rechnungen über Voraus- oder Anzahlungen sollen dann entfallen. Teilweise wird aber vertreten, dass die Angabepflicht in § 14 V UStG strenger zu verstehen ist, die Angabe des Entgelts und des darauf entfallenden Steuerbetrags in der Rechnung muss auf den Betrag der Voraus-

---

523 Spatschek, AnwBl. 2004, 174 f.; Mayer/Kroiß-*Mayer*, § 10 Rn 23.
524 Enders, JurBüro 2004, 60; Mayer/Kroiß-*Mayer*, § 10 Rn 23.
525 Sölch/Ringleb-*Wagner*, § 14 UStG Rn 441.
526 Vgl. Hansens, RVGreport 2004, 44; Mayer/Kroiß-*Mayer*, § 10 Rn 24.
527 Sölch/Ringleb-*Wagner*, § 14 UStG Rn 442.
528 Sölch/Ringleb-*Wagner*, § 14 UStG Rn 442.
529 Spatschek, AnwBl. 2004, 176; skeptisch hierzu Sölch/Ringleb-*Wagner*, § 14 UStG Rn 442.

zahlung zugeschnitten sein, zumindest müssen diese Beträge kenntlich gemacht sein.[530]

Ob die Vereinfachungsregelung des § 33 UStV, wonach eine Rechnung, deren Gesamtbetrag 150 Euro nicht übersteigt, lediglich als Angaben den vollständigen Namen und die vollständige Anschrift des leistenden Unternehmers, das Ausstellungsdatum, den Umfang und die Art der Leistung sowie das Entgelt und den darauf entfallenden Steuerbetrag in einer Summe sowie den anzuwendenden Steuersatz oder im Falle einer Steuerbefreiung ein Hinweis darauf, dass für die sonstige Leistung eine Steuerbefreiung gilt, enthalten muss, auch bei Vorschussrechnungen anwendbar ist, ist zweifelhaft. Jedenfalls muss über die Mindestanforderung des § 33 UStV hinaus die Angabe des Zeitpunkts der zukünftigen Leistung erfolgen, um die Vorausberechnung kenntlich zu machen.[531]

294

Nach § 14 I 1 UStG muss der Rechtsanwalt ein Doppel der Rechnung, die er selbst ausgestellt hat, 10 Jahre **aufbewahren**. Dies betrifft auch Vorschussabrechnungen. Unzweckmäßig dürfte sein, ein Doppel der Rechnung nur in der Handakte aufzubewahren, da diese bereits nach 5 Jahren vernichtet werden können; sinnvoll ist es vielmehr, Doppel der Rechnungen getrennt von der Handakte in der Finanzbuchhaltung aufzubewahren, wobei sich die Ablage der Rechnungsdoppel in numerischer Reihenfolge allein schon deshalb empfiehlt, um bei einer späteren Betriebsprüfung nachweisen zu können, dass die Rechnungsnummern fortlaufend vergeben wurden.[532]

295

V. Höhe des Vorschusses

Nach § 9 RVG kann der Anwalt von seinem Auftraggeber für die entstandenen und die voraussichtlich entstehenden Gebühren und Auslagen einen angemessenen Vorschuss fordern. Die Wendung, dass der Vorschuss „angemessen" sein muss, hat jedoch keine eigenständige einschränkende Bedeutung, sondern sagt lediglich aus, dass der Rechtsanwalt selbst entscheiden kann, bis zu welcher Höhe er den Vorschuss geltend machen will.[533]

296

Als **Grundsatz** gilt, dass der Anwalt einen Vorschuss in Höhe aller im Mandat bereits entstandenen und voraussichtlich noch entstehender Gebühren und Auslagen fordern kann.[534] Angemessen ist der Vorschuss daher auch dann noch, wenn der Rechtsanwalt etwa aus Überlegungen zur finanziellen Leistungsfähigkeit des Mandanten den Rahmen des § 9 RVG voll ausschöpft und alle voraussichtlich entstehenden Gebühren und Auslagen als Vorschuss anfordert.[535]

297

Bei Satz- oder Betragsrahmengebühren muss der Anwalt allerdings sich an den zu erwartenden Gebühren und an der voraussichtlichen Bemessung orientieren, so ist es unbillig, bei Rahmengebühren bereits die Höchstgebühr als Vorschuss anzufordern, wenn sich noch nicht übersehen lässt, ob die erforderliche Tätigkeit des Anwalts

298

---

530 Sölch/Ringleb-*Wagner*, § 14 UStG Rn 444.
531 Sölch/Ringleb-*Wagner*, § 14 UStG Rn 448.
532 Enders, JurBüro 2004, 61; Mayer/Kroiß-*Mayer*, § 10 Rn 30.
533 Mayer/Kroiß-*Klees*, § 9 Rn 26; AnwK-RVG/*N.Schneider*, § 9 Rn 41.
534 Gerold/Schmidt-*Madert*, § 9 Rn 7; Mayer/Kroiß-*Klees*, § 9 Rn 26; AG Dieburg, NJW-RR 2004, 932 mit Bespr. Mayer, RVG-Letter 2004, 71.
535 Mayer/Kroiß-*Klees*, § 9 Rn 26 mwN.

diesen Gebührensatz rechtfertigt. Wenn es mindestens ebenso gut möglich ist, dass nach dem tatsächlichen Aufwand der Mandatserfüllung am Ende nur die Mittel- oder die Mindestgebühr verdient ist, darf auch nur der jeweils vorhersehbare Gebührensatz in die Vorschussbemessung einbezogen werden.[536] Je nach der Entwicklung des Mandats ist bei diesen Gebühren ggf weiterer Vorschuss nachzufordern.[537]

299 In Bußgeld- oder Strafsachen wird jedenfalls in der Regel die Anforderung der Mittelgebühr – auch von der Rechtsschutzversicherung – keinen Bedenken begegnen.[538]

VI. Muster von Vorschussrechnungen

1. Muster: Vorschussrechnung über Pauschalbetrag (Basisversion)

48

300 Sehr geehrte(r) Frau/Herr ▄▄▄,

wir nehmen Bezug auf die Besprechung vom ▄▄▄ und bitten um die Überweisung eines anwaltsüblichen Kostenvorschusses gemäß beigefügter Kostenvorschussrechnung.

Mit freundlichen Grüßen

▄▄▄ (Rechtsanwalt)

Herrn/Frau ▄▄▄

▄▄▄ (Straße)

▄▄▄ (PLZ, Ort)

Vorschussrechnung

    Rechnungsnummer ▄▄▄

    Leistungszeitraum ▄▄▄

    Steuer-Nr. oder Umsatzsteuerident-Nr. ▄▄▄

Vorschuss, § 9 RVG	2.000,00 Euro
19 % Umsatzsteuer, VV Nr. 7008	380,00 Euro
Summe	2.380,00 Euro

▄▄▄

(Rechtsanwalt)

2. Muster: Vorschussrechnung mit Rechnungsausgleich als Voraussetzung für die Mandatsannahme

49

301 Sehr geehrte(r) Frau/Herr ▄▄▄,

wir nehmen Bezug auf die Besprechung vom ▄▄▄ .

Wie bereits mitgeteilt, können wir das von Ihnen angetragene Mandat in der Angelegenheit ▄▄▄ nur dann annehmen, wenn zuvor von Ihnen ein Kostenvorschuss gemäß beigefügter Kostenvorschussnote an uns gezahlt wird.

---

[536] BGH, NJW 2004, 1043 ff., 1047 mit Bespr. Mayer, RVG-Letter 2004, 31; Mayer/Kroiß-*Klees*, § 9 Rn 26.
[537] BGH, aaO.
[538] Mayer/Kroiß-*Klees*, § 9 Rn 26; AG München, AGS 2005, 430 f. mit Anm. N. Schneider; AG Chemnitz, AGS 2005, 430 f. mit Anm. N. Schneider.

D. Vorschuss nach § 9 RVG   1

Wir bitten daher um umgehenden Ausgleich der beigefügten Kostenvorschussnote.

Mit freundlichen Grüßen

■■■ (Rechtsanwalt)

Herrn/Frau ■■■
■■■ (Straße)
■■■ (PLZ, Ort)

Vorschussrechnung

    Rechnungsnummer ■■■
    Leistungszeitraum ■■■
    Steuer-Nr. oder Umsatzsteuerident-Nr. ■■■

Vorschuss, § 9 RVG	2.000,00 Euro
19 % Umsatzsteuer, VV Nr. 7008	380,00 Euro
Summe	2.380,00 Euro

■■■

(Rechtsanwalt)

3. Muster: Vorschussanforderung nach Vergütungs- oder Gebührenvereinbarung   302

Sehr geehrte(r) Frau/Herr ■■■,

wie in § ■■■ der Vergütungsvereinbarung vom ■■■ geregelt, bitte ich um Ausgleich der beigefügten Kostenvorschussrechnung.

50

Mit freundlichen Grüßen

■■■ (Rechtsanwalt)

Herrn/Frau ■■■
■■■ (Straße)
■■■ (PLZ, Ort)

Vorschussrechnung

    Rechnungsnummer ■■■
    Leistungszeitraum ■■■
    Steuer-Nr. oder Umsatzsteuerident-Nr. ■■■

Vorschuss, § 9 RVG	2.000,00 Euro
19 % Umsatzsteuer, VV Nr. 7008	380,00 Euro
Summe	2.380,00 Euro

■■■

(Rechtsanwalt)

4. Vorschussanforderung bei Auftrag, einen Prozesskostenhilfeantrag für die Klage einzureichen

303 Wünscht der Mandant, dass Prozesskostenhilfeantrag für eine Klage eingereicht wird, ist es sinnvoll, die Verfahrensgebühr VV Nr. 3335 bzw VV Nr. 3336 als **Kostenvorschuss** vom Mandanten anzufordern. Da das Verfahren über die Prozesskostenhilfe und das Verfahren, für das die Prozesskostenhilfe beantragt worden ist, nach § 16 Nr. 2 RVG dieselbe Angelegenheit sind, ist zwar die Verfahrensgebühr für das Verfahren über die Prozesskostenhilfe nach VV Nr. 3335 im Falle der Bewilligung von Prozesskostenhilfe auf die Verfahrensgebühr VV Nr. 3100 im Klageverfahren[539] bzw die Verfahrensgebühr VV Nr. 3336 auf die Verfahrensgebühr VV Nr. 3102 anzurechnen,[540] allerdings ist der geleistete Kostenvorschuss in Höhe der Verfahrensgebühr VV Nr. 3335 oder 3336 nach § 58 II RVG zunächst auf den Unterschiedsbetrag zur weiteren Vergütung nach § 50 RVG anzurechnen, so dass bei Wertgebühren bei Streitwerten ab 3.500 Euro durch den erhaltenen Kostenvorschuss die Gesamtvergütung aufgebessert wird.

304 Nach Absatz 1 der Anmerkung zum Vergütungstatbestand VV Nr. 3335 bestimmt sich der Gegenstandswert im Verfahren über die Bewilligung der Prozesskostenhilfe nach dem für die Hauptsache maßgebenden Wert.

305 Muster: Vorschussanforderung bei Auftrag, einen Prozesskostenhilfeantrag für die Klage einzureichen

51

Sehr geehrte(r) Frau/Herr ■■■,

ich nehme Bezug auf Ihren Auftrag, unter dem Vorbehalt der Bewilligung von Prozesskostenhilfe Klage gegen ■■■ auf ■■■ beim ■■■ einzureichen.

Der Auftrag, Antrag auf Bewilligung von Prozesskostenhilfe zu stellen, löst die Verfahrensgebühr VV Nr. 3335 aus. Diese gebe ich auf der beiliegenden Kostenvorschussnote bekannt. Sobald der aus der beiliegenden Kostennote ersichtliche Gesamtbetrag hier eingegangen ist, werde ich die unter dem Vorbehalt der Bewilligung von Prozesskostenhilfe einzureichende Klageschrift anfertigen.

Mit freundlichen Grüßen

■■■ (Rechtsanwalt)

Herrn/Frau ■■■

■■■ (Straße)

■■■ (PLZ, Ort)

Kostenvorschussrechnung

    Rechnungsnummer ■■■

    Leistungszeitraum ■■■

    Steuer-Nr. oder Umsatzsteuerident-Nr. ■■■

---

539 Mayer/Kroiß-*Gierl*, VV Nr. 3335 Rn 9.
540 Mayer/Kroiß-*Gierl*, VV Nr. 3336 Rn 4.

D. Vorschuss nach § 9 RVG

Verfahrensgebühr VV Nr. 3335, 1,0	758,00 Euro
(Wert: 30.000 Euro)	
19 % Umsatzsteuer, VV Nr. 7008	144,02 Euro
Summe	902,02 Euro

■■■
(Rechtsanwalt)

5. Muster: Vorschussanforderung für erstinstanzliches Klageverfahren im Verfahren nach Teil 3, in denen Wertgebühren entstehen

Sehr geehrte(r) Frau/Herr ■■■,

wir nehmen Bezug auf Ihre Anweisung, Ihren Anspruch gegen ■■■ durch Klage beim zuständigen Gericht geltend zu machen.

Wir werden die Klageschrift auf der Basis der uns überlassenen Unterlagen und Informationen anfertigen, sobald der bei der Klageeinreichung zu verauslagende Gerichtskostenvorschuss sowie der Kostenvorschuss in Höhe der in dieser Angelegenheit in 1. Instanz voraussichtlich anfallenden Gebühren gemäß beigefügter Kostenvorschussnote auf einem unserer untenstehenden Konten eingegangen ist.

Mit freundlichen Grüßen

■■■ (Rechtsanwalt)

Herrn/Frau ■■■
■■■ (Straße)
■■■ (PLZ, Ort)

Kostenvorschussrechnung

    Rechnungsnummer ■■■

    Leistungszeitraum ■■■

    Steuer-Nr. oder Umsatzsteuerident-Nr. ■■■

Verfahrensgebühr VV Nr. 3100 1,3	1.359,80 Euro
(Wert: 50.000 Euro)	
Terminsgebühr VV Nr. 3104 1,2	1.255,20 Euro
(Wert: 50.000 Euro)	
Auslagenpauschale VV Nr. 7002	20,00 Euro
19 % Umsatzsteuer, VV Nr. 7008	500,65 Euro
Summe	3.135,65 Euro
Gerichtskosten	1.368,00 Euro
Gesamtsumme	4.503,65 Euro

■■■
(Rechtsanwalt)

§ 1 Allgemeine Korrespondenz

6. Vorschussanforderung bei der Geschäftsgebühr nach Nr. 2300 VV

307 Durch den weiten Rahmen von 0,5–2,5 und die Kappung auf den Satz von 1,3, wenn die Tätigkeit des Anwalts nicht umfangreich oder schwierig ist, bildet die Geschäftsgebühr nach Nr. 2300 VV vielfach Anlass zu Irritationen bei der Vorschussanforderung von dem Mandanten oder insbesondere von der Rechtsschutzversicherung.

a) Anforderung eines Vorschusses in Höhe der Regelgeschäftsgebühr

308 Vielfach mit dem geringsten Begründungsaufwand ist eine Vorschussanforderung in Höhe der **Regelgeschäftsgebühr** in Höhe von 1,3 durchsetzbar, wobei aber zu empfehlen ist, bei der Vorschussanforderung nicht den Gebührensatz von 1,3 auszuweisen, sondern einen Pauschalbetrag, zahlenmäßig orientiert an einer 1,3 Geschäftsgebühr aus dem maßgeblichen Streitwert, anzufordern

309 Muster: Anforderung eines Vorschusses in Höhe der Regelgeschäftsgebühr

53

Sehr geehrte(r) Frau/Herr ■■■,

in der oben bezeichneten Angelegenheit bitten wir um Überweisung eines anwaltsüblichen Kostenvorschusses gemäß beigefügter Kostenvorschussrechnung.

Mit freundlichen Grüßen

■■■ (Rechtsanwalt)

Herrn/Frau ■■■

■■■ (Straße)

■■■ (PLZ, Ort)

Kostenvorschussrechnung

    Rechnungsnummer ■■■

    Leistungszeitraum ■■■

    Steuer-Nr. oder Umsatzsteuerident-Nr. ■■■

Vorschuss, § 9 RVG	650,00 Euro[541]
19 % Umsatzsteuer, VV Nr. 7008	<u>123,50 Euro</u>
Summe	773,50 Euro

■■■

(Rechtsanwalt)

b) Vorschussanforderung in Höhe der Mittelgebühr

310 Teilweise wird bei der außergerichtlichen Vertretung empfohlen, die 1,5 Mittelgebühr der VV Nr. 2300 als Vorschuss anzufordern und sich nicht mit der Schwellengebühr zu begnügen. Entstehe später Streit darüber, ob die Mittelgebühr angemessen ist oder ein Fall der Schwellengebühr vorliegt, müsse nicht der Anwalt nachfordern und ggf

---

[541] Beispielsweise bei einem Streitwert von 10.000 Euro.

D. Vorschuss nach § 9 RVG

klagen, vielmehr müsse dann der Mandant Rückzahlung verlangen und selbst ggf Klage erheben, wenn er mit der Rechnung nicht einverstanden ist.[542]

Diese Empfehlung ist sicherlich richtig, wenn die anwaltliche Geschäftstätigkeit bereits schwierig oder umfangreich im Sinne der Anmerkung zum Vergütungstatbestand VV Nr. 2300 war oder voraussichtlich sicher werden wird. Problematisch ist die Empfehlung wohl dann, wenn der Sachverhalt keinerlei Anhaltspunkte dafür bietet, dass die anwaltliche Tätigkeit die Erfordernisse übersteigt, die die Anmerkung zum Vergütungstatbestand VV Nr. 2300 für das Überschreiten der Schwellengebühr von 1,3 stellt. Eine gangbare Alternative ist auch, zunächst eine Vorschussanforderung in Höhe einer 1,3 Geschäftsgebühr zu stellen und dann, wenn sich um Zuge der Mandatsbearbeitung zeigt, dass die Tätigkeit des Anwalts umfangreich oder schwierig ist, weiteren Kostenvorschuss vom Mandanten nachzufordern, wobei dies ggf sogar mit dem Druckmittel verknüpft werden kann, die weitere Tätigkeit in der Angelegenheit solange einzustellen, bis der Mandant die weitere Vorschussrechnung ausgeglichen hat.

311

Muster: Vorschussanforderung in Höhe der Mittelgebühr

312

54

Sehr geehrte(r) Frau/Herr ■■■,

in der oben bezeichneten Angelegenheit haben Sie uns beauftragt, auf der Basis der von Ihnen bereits eingeholten Sachverständigengutachten Ihre Gewährleistungsrechte aufgrund des Bauvertrages vom ■■■ gegen ■■■ geltend zu machen.

Da hierzu von uns komplizierte technische Zusammenhänge aufgearbeitet werden müssen, bitten wir zunächst um die Überweisung eines anwaltsüblichen Kostenvorschusses in Höhe einer 1,5 Geschäftsgebühr nach VV Nr. 2300 (Mittelgebühr), errechnet auf der Basis eines Gegenstandswertes von ■■■ Euro.

Mit freundlichen Grüßen

■■■ (Rechtsanwalt)

Herrn/Frau ■■■

■■■ (Straße)

■■■ (PLZ, Ort)

Kostenvorschussrechnung

    Rechnungsnummer ■■■

    Leistungszeitraum ■■■

    Steuer-Nr. oder Umsatzsteuerident-Nr. ■■■

Geschäftsgebühr VV Nr. 2300, 1,5	1.569,00 Euro
(Streitwert: 50.000 Euro)	
Auslagenpauschale	20,00 Euro
Zwischensumme	1.589,00 Euro

---

542 Hansens/*Schneider*, Teil 2 Rn 138.

§ 1 Allgemeine Korrespondenz

19 % Umsatzsteuer, VV Nr. 7008	301,91 Euro
Summe	1.890,91 Euro

■■■

(Rechtsanwalt)

c) Muster: Vorschussanforderung in Höhe der Höchstgebühr bei der Geschäftsgebühr

313 Die Höchstgebühr der Geschäftsgebühr wird der Anwalt nur in **außergewöhnlichen Fällen** anfordern können.[543] Denkbar ist aber eine solche Vorschussanforderung auf jeden Fall zumindest dann, wenn die anwaltliche Tätigkeit auf jeden Fall umfangreich werden wird und der Streitwert verhältnismäßig geringfügig ist und die ansonsten für derartige Mandate zu empfehlende Vergütungsvereinbarung nicht durchsetzbar ist.

314 Muster: Vorschussanforderung in Höhe der Höchstgebühr bei der Geschäftsgebühr

55

Sehr geehrte(r) Frau/Herr ■■■,

wir nehmen Bezug auf unsere Besprechung vom ■■■ Sie hatten uns beauftragt, gegen den Hundesteuerbescheid der Stadt ■■■ vom ■■■ Widerspruch einzulegen und die Rechtmäßigkeit des Hundesteuerbescheides im Rahmen des Widerspruchsverfahrens klären zu lassen.

Da wir hierzu nicht nur die Hundesteuersatzung der Stadt ■■■ vom ■■■ , sondern verschiedene weitere gemeindliche Satzungen, darunter auch die Bekanntmachungssatzung, zu überprüfen haben, bitten wir um die Überweisung eines Kostenvorschusses gemäß beigefügter Kostenvorschussnote. Wegen des geschilderten Aufwands haben wir der Vorschussanforderung eine Geschäftsgebühr nach VV Nr. 2300 mit dem Gebührensatz von 2,5 zugrunde gelegt.

Mit freundlichen Grüßen

■■■ (Rechtsanwalt)

Herrn/Frau ■■■

■■■ (Straße)

■■■ (PLZ, Ort)

Kostenvorschussrechnung

    Rechnungsnummer ■■■

    Leistungszeitraum ■■■

    Steuer-Nr. oder Umsatzsteuerident-Nr. ■■■

Geschäftsgebühr VV Nr. 2300, 2,5	62,50 Euro
(Streitwert: 156 Euro)	
Auslagenpauschale	12,50 Euro
Zwischensumme	75,00 Euro
19 % Umsatzsteuer, VV Nr. 7008	14,25 Euro
Summe	89,25 Euro

---

543 Hansens/*Schneider*, Teil 2 Rn 142.

▪▪▪ (Rechtsanwalt)

7. Anforderung eines weiteren Vorschusses nach bereits erfolgter erster Vorschussanforderung

Je nach Entwicklung des Mandats bietet sich auch an, einen weiteren Vorschuss nachzufordern, beispielsweise dann, wenn der Umfang der anwaltlichen Tätigkeit nunmehr die Grenzen der Schwellengebühr von 1,3 bei der Geschäftsgebühr überschreitet oder wenn beispielsweise im gerichtlichen Verfahren ein Verhandlungstermin anberaumt wird. 315

Muster: Anforderung eines weiteren Vorschusses nach bereits erfolgter erster Vorschussanforderung 316

Sehr geehrte(r) Frau/Herr ▪▪▪,

in der Anlage übersenden wir in Kopie die Ladung des LG ▪▪▪ zum Termin am ▪▪▪ Spätestens in diesem Termin wird die Terminsgebühr nach VV Nr. 3104 anfallen. Diese geben wir auf der beiliegenden Kostenvorschussrechnung b ekannt. Wir bitten um Ausgleich der beiliegenden Rechnung rechtzeitig vor dem ▪▪▪

Mit freundlichen Grüßen

▪▪▪ (Rechtsanwalt)

56

Herrn/Frau ▪▪▪

▪▪▪ (Straße)

▪▪▪ (PLZ, Ort)

Kostenvorschussrechnung

    Rechnungsnummer ▪▪▪

    Leistungszeitraum ▪▪▪

    Steuer-Nr. oder Umsatzsteuerident-Nr. ▪▪▪

Terminsgebühr VV Nr. 3104, 1,2	775,20 Euro
(Streitwert: 20.000 Euro)	
19 % Umsatzsteuer, VV Nr. 7008	<u>147,29 Euro</u>
Summe	922,49 Euro

▪▪▪

E. Abrechnung nach § 10 RVG

I. Allgemeines

Das RVG unterscheidet zwischen der Entstehung, der Fälligkeit und der Einforderbarkeit der Vergütung. Die Verfahrensgebühr Nr. 3100 VV entsteht nach Absatz 2 der Vorbemerkung 3 zu Teil 3 VV für das Betreiben des Geschäfts einschließlich der Information und damit in der Regel bereits mit der Entgegennahme der Information. 317

318 Fällig wird die Vergütung hingegen, wenn der Auftrag erledigt oder die Angelegenheit beendet ist nach § 8 I 1 RVG oder im gerichtlichen Verfahren zusätzlich noch unter den Voraussetzungen des § 8 I 2 RVG. Einforderbar dagegen ist die Vergütung vom Mandanten erst dann, wenn der Rechtsanwalt eine den Anforderungen des § 10 I und II RVG genügende Vergütungsberechnung dem Mandanten mitgeteilt hat. Unerheblich ist die Mitteilung dieser Berechnung jedoch für den Lauf der Verjährungsfrist nach § 10 I 2 RVG. Die Verjährung des Vergütungsanspruchs des Anwalts tritt unabhängig von dem Zeitpunkt ein, wann dem Mandanten eine den Anforderungen des § 10 RVG genügende Vergütungsberechnung mitgeteilt wurde.

319 Die Erforderlichkeit der Vergütungsberechnung für die Anforderung des Honorars wird in § 10 I RVG geregelt, in § 10 II RVG werden die inhaltlichen Anforderungen des RVG an die Vergütungsberechnung detailliert aufgeführt. § 10 III RVG stellt weiter klar, dass der Anspruch des Auftraggebers auf Mitteilung einer den Anforderungen des § 10 RVG genügenden Berechnung so lange dauert, wie der Rechtsanwalt zur Aufbewahrung der Handakten verpflichtet ist.

II. Fälligkeit

1. Grundsätzliches

320 Zu unterscheiden ist die Entstehung und die Fälligkeit der Vergütung des Anwalts. Die Vergütung des Anwalts entsteht, sobald er nach Erteilung des Auftrags die ersten für den Gebührentatbestand relevanten Tätigkeiten ausübt, die Fälligkeit der Vergütung hingegen tritt nicht sofort ein, sondern erst zu den in § 8 I RVG geregelten Zeitpunkten. Erst danach kann der Anwalt seine Vergütung abrechnen und seinem Auftraggeber in Rechnung stellen, insoweit stellt § 8 RVG eine Sondervorschrift zu § 271 BGB dar.[544] Der Nachteil, der für den Anwalt mit den durch § 8 I RVG hinausgeschobenen Fälligkeitszeitpunkten verbunden ist, wird durch die Möglichkeit, einen Vorschuss nach § 9 RVG anzufordern, wieder ausgeglichen. Auch dies zeigt, welche Bedeutung die regelmäßige Vorschussanforderung nach § 9 RVG in der anwaltlichen Praxis haben sollte.

321 Nach § 8 I 1 RVG wird die Vergütung fällig, wenn der **Auftrag erledigt** oder die **Angelegenheit beendet** ist. Ist der Rechtsanwalt in einem gerichtlichen Verfahren tätig, wird die Vergütung nach § 8 I 2 RVG auch fällig, wenn eine **Kostenentscheidung** ergangen oder der **Rechtsstreit beendet** ist oder wenn das Verfahren länger als **3 Monate ruht**.

322 Die einzelnen Fälligkeitstatbestände stehen gleichberechtigt nebeneinander, so dass für den Eintritt der Fälligkeit genügt, dass einer dieser Tatbestände erfüllt ist.[545] Bei Vorliegen der Voraussetzungen für mehrere Tatbestände ist der Eintritt des am frühesten eingetretenen Fälligkeitstatbestands maßgeblich.[546]

323 Nach § 8 I RVG sind fünf Fälligkeitstatbestände zu unterscheiden. So wird die Vergütung nach § 8 I 1 RVG fällig, wenn der Auftrag erledigt oder die Angelegenheit been-

---

544 Mayer/Kroiß-*Gierl*, § 8 Rn 1.
545 Mayer/Kroiß-*Gierl*, § 8 Rn 1.
546 Gerold/Schmidt-*Madert*, § 8 Rn 4; Mayer/Kroiß-*Gierl*, § 8 Rn 3 mwN; *Hansens*/Braun/Schneider, Praxis des Vergütungsrechts, Teil 4 Rn 4.

det ist. Es handelt sich insoweit um Grundtatbestände der Fälligkeit, die für alle Angelegenheiten (gerichtlich wie außergerichtlich) gelten.[547] In gerichtlichen Verfahren tritt die Fälligkeit darüber hinaus auch dann ein, wenn eine Kostenentscheidung ergangen oder der Rechtszug beendet ist oder wenn das Verfahren länger als drei Monate ruht. Die in § 8 I 1 RVG geregelten Grundtatbestände des Eintritts der Fälligkeit, nämlich die Erledigung des Auftrags oder die Beendigung der Angelegenheit, sind auch auf gerichtliche Verfahren anwendbar.[548]

2. Erledigung des Auftrags

Der Auftrag des Rechtsanwalts ist im Regelfall erledigt, wenn dieser seinen Verpflichtungen aus dem Anwaltsvertrag **vollständig nachgekommen** ist.[549] Dieser Zeitpunkt deckt sich meist auch mit der Beendigung der Angelegenheit.[550] Unerheblich ist aber, ob das Ziel, weswegen der Auftrag erteilt worden war, auch tatsächlich erreicht wurde.[551] Eine Erledigung des Auftrags kann auch vor dessen Erfüllung erfolgen,[552] und zwar bei

324

- Beendigung des Auftrags vor dessen Erfüllung.[553]
  Dies ist beispielsweise dann der Fall, wenn der Anwaltsvertrag von einer der Vertragsparteien gekündigt wird oder einvernehmlich aufgehoben wird.[554] Für den im Wege der Prozesskostenhilfe beigeordneten Anwalt erledigt sich der Auftrag erst durch die Aufhebung seiner Beiordnung, Gleiches gilt auch für den Pflichtverteidiger[555] und den nach § 11a ArbGG beigeordneten Rechtanwalt,[556]
- Unmöglichkeit der Auftragserfüllung.
  So tritt eine Erledigung des Auftrags auch in den Fällen ein, in denen ein Tätigwerden des Anwalts zum Zwecke der Erfüllung des Auftrags aus rechtlichen oder tatsächlichen Umständen, die in der Sache oder in der Person (zB Beendigung der Zulassung durch Rückgabe oder Entzug; Verweisung oder Abgabe der Sache an ein Gericht, bei dem der Anwalt nicht zugelassen ist) begründet liegen, unmöglich wird.[557]
- Tod des Rechtsanwalts.
  Der Tod des Rechtsanwalts führt grundsätzlich zur Erledigung des Auftrags, sofern der Anwalt nicht Mitglied einer Sozietät war und der Auftrag allen Sozien erteilt worden war oder für den Anwalt ein Abwickler nach § 55 BRAO bestellt worden ist.[558] Ist für die Kanzlei des verstorbenen Rechtsanwalts nach § 55 BRAO ein Abwickler bestellt worden, setzt sich das Auftragsverhältnis mit diesem fort, sofern dann der Mandant nicht anderweitig für seine Vertretung gesorgt hat (§ 55 II 4

---

547 Mayer/Kroiß-*Gierl*, § 8 Rn 2.
548 Mayer/Kroiß-*Gierl*, § 8 Rn 15.
549 Hansens/Braun/Schneider, Praxis des Vergütungsrechts, Teil 4 Rn 5.
550 Hansens/Braun/Schneider, Praxis des Vergütungsrechts, Teil 4 Rn 5.
551 Gerold/Schmidt-*Madert*, § 8 Rn 10; Mayer/Kroiß-*Gierl*, § 8 Rn 16.
552 Mayer/Kroiß-*Gierl*, § 8 Rn 17; Hansens/Braun/Schneider, Praxis des Vergütungsrechts, Teil 4 Rn 5.
553 Mayer/Kroiß-*Gierl*, § 8 Rn 17.
554 Mayer/Kroiß-*Gierl*, § 8 Rn 18; Hansens/Braun/Schneider, Praxis des Vergütungsrechts, Teil 4 Rn 6.
555 Mayer/Kroiß-*Gierl*, § 8 Rn 19.
556 Hansens/Braun/Schneider, Praxis des Vergütungsrechts, Teil 4 Rn 7.
557 Mayer/Kroiß-*Gierl*, § 8 Rn 20 mwN.
558 Mayer/Kroiß-*Gierl*, § 8 Rn 21.

BRAO).[559] Der Tod des Auftraggebers führt jedoch nach § 672 S. 1 BGB im Zweifel nicht zur Erledigung des Auftrags, es sei denn, dieser war personenbezogen wie beispielsweise bei Strafverteidigungen.[560]

3. Beendigung der Angelegenheit

a) Allgemeines

325 Der Fälligkeitstatbestand der Beendigung der Angelegenheit knüpft an den gebührenrechtlichen Begriff der Angelegenheit an.[561] Von Bedeutung ist dieser Fälligkeitstatbestand dann, wenn ein Auftrag aus mehreren Angelegenheiten besteht. Umfasst der Auftrag mehrere Angelegenheiten, so kann einerseits die Vergütung für Tätigkeiten, die gebührenrechtlich eine Angelegenheit iS des § 15 I RVG darstellen, fällig werden, obwohl der Auftrag als Ganzes noch nicht erfüllt ist, und andererseits die Fälligkeit für weitere Tätigkeiten, die ihrerseits gebührenrechtlich gesonderte Angelegenheiten darstellen, nicht eintreten, so dass im Rahmen eines einheitlichen Auftrags die Vergütungsansprüche des Anwalts zu unterschiedlichen Zeitpunkten fällig werden können.[562]

b) Mehrere Angelegenheiten im Rahmen eines einheitlichen Auftrags

326 Mehrere Angelegenheiten im Rahmen eines einheitlichen Auftrags liegen immer dann vor, wenn das Gesetz die Tätigkeit des Anwalts ausdrücklich jeweils als neue oder besondere Angelegenheit bestimmt oder wenn das Gesetz auch ohne ausdrückliche Bestimmung durch die Anordnung einer Anrechnung der Vergütung für zeitlich vorausgehende Tätigkeiten auf nachfolgende zu erkennen gibt, dass es die Tätigkeiten als jeweils gesonderte oder besondere Angelegenheit ansieht.[563]

aa) Gesetzlich ausdrücklich geregelt

327 So legt die abschließende Aufzählung in § 17 RVG fest, welche Verfahren, die einander ähnlich sind, als verschiedene Angelegenheiten anzusehen sind mit der Folge, dass für jedes Verfahren gesonderte Gebühren entstehen.[564] § 18 RVG trennt in seiner abschließenden Aufzählung die Tätigkeiten, bei denen entweder Zweifel bestehen könnten, ob es dieselben oder verschiedene Angelegenheiten sind, oder die eigentlich als eine Angelegenheit angesehen werden müssten, in selbstständige Angelegenheiten, auch wenn sie mit anderen Tätigkeiten zusammenhängen.[565]

328 Von großer praktischer Bedeutung sind insbesondere **folgende Konstellationen:**
- Vertretung im Verwaltungsverfahren, im anschließenden Widerspruchsverfahren und im sich dann anschließenden gerichtlichen Verfahren: Nach § 17 Nr. 1 RVG sind das **Verwaltungsverfahren**, das einem gerichtlichen Verfahren vorausgehende und der Nachprüfung des Verwaltungsakts dienende weitere Verwaltungsverfah-

---

[559] *Hansens*/Braun/Schneider, Praxis des Vergütungsrechts, Teil 4 Rn 9.
[560] Mayer/Kroiß-*Gierl*, § 8 Rn 22.
[561] S. zum Begriff der Angelegenheit näher oben § 1 Rn 3 ff.
[562] Mayer/Kroiß-*Gierl*, § 8 Rn 23.
[563] Mayer/Kroiß-*Gierl*, § 8 Rn 24.
[564] Mayer/Kroiß-*Rohn*, § 17 Rn 1.
[565] Mayer/Kroiß-*Rohn*, § 18 Rn 1.

ren (**Nachprüfungsverfahren**) sowie das **gerichtliche Verfahren** jeweils gesonderte Angelegenheiten. Beschränkt sich der Auftrag nicht lediglich auf die Vertretung im Verwaltungsverfahren oder im Widerspruchsverfahren oder nur im gerichtlichen Verfahren, sondern ist er allgemein darauf gerichtet, dem Mandanten beispielsweise bei der außergerichtlichen und gerichtlichen Durchsetzung seines Anspruchs auf Erteilung einer Baugenehmigung zu vertreten, so wird die Vergütung für die Tätigkeit im Verwaltungsverfahren – bei gesetzlicher Vergütung die Geschäftsgebühr nach Nr. 2300 VV – mit dem Erlass des Ablehnungsbescheids, die Vergütung für die Vertretung im Widerspruchsverfahren – die Geschäftsgebühr nach Nr. 2301 VV, wenn derselbe Anwalt bereits im vorausgegangenen Verwaltungsverfahren tätig war – mit Erlass des Widerspruchsbescheids fällig, auch wenn der Auftrag insgesamt noch nicht erledigt ist.

- Durchsetzung eines Zahlungsanspruchs im **Mahn-** und im **gerichtlichen Verfahren**: Nach § 17 Nr. 2 RVG sind das Mahnverfahren und das streitige Verfahren verschiedene Angelegenheiten. Beschränkt sich der Auftrag des Anwalts nicht auf die Vertretung ausschließlich im Mahnverfahren oder ausschließlich im gerichtlichen Verfahren, sondern ist generell auf die Durchsetzung der Forderung zunächst im Mahnverfahren und sodann ggf im gerichtlichen Verfahren gerichtet, wird die Vergütung für die Tätigkeit im Mahnverfahren nach Nr. 3305 ff. VV mit der Beendigung des Mahnverfahrens fällig, die Vergütung im streitigen Verfahren nach Nrn. 3100 ff. VV erst später.[566]

- Verteidigung im **strafrechtlichen Ermittlungsverfahren** und im sich **anschließenden Bußgeldverfahren**: Nach § 17 Nr. 10 RVG sind das strafrechtliche Ermittlungsverfahren und ein nach dessen Einstellung sich anschließendes Bußgeldverfahren verschiedene Angelegenheiten. Verteidigt der Rechtsanwalt den Beschuldigten zunächst im strafrechtlichen Ermittlungsverfahren und nach dessen Einstellung im anschließenden Bußgeldverfahren, wird die Vergütung für die Tätigkeit im strafrechtlichen Ermittlungsverfahren nach Teil 4 des Vergütungsverzeichnisses früher fällig als die Vergütung im anschließenden Bußgeldverfahren nach Teil 5 VV.[567]

- **Hauptsacheverfahren** und **Verfahren auf Erlass einer einstweiligen Verfügung** oder **eines Arrestes**: Ist der Anwalt sowohl beauftragt, Hauptsacheklage einzureichen als auch eine einstweilige Verfügung oder einen Arrest zu beantragen, so sind im Verhältnis zum Hauptsacheverfahren das Verfahren auf Anordnung eines Arrestes nach § 17 Nr. 4a RVG bzw auf Erlass einer einstweiligen Verfügung nach § 17 Nr. 4b RVG verschiedene Angelegenheiten, so dass die Vergütung auch zu unterschiedlichen Zeitpunkten fällig werden kann.[568]

Unerheblich ist in diesem Zusammenhang, dass Gebühren für zeitlich aufeinander folgende Tätigkeiten anzurechnen sind; die Anordnung der Anrechnung steht einem Fälligwerden der Vergütung für die zeitlich vorausgegangene Tätigkeit nicht entgegen.[569]

---

566 *Hansens*/Braun/Schneider, Praxis des Vergütungsrechts, Teil 4 Rn 10.
567 *Hansens*/Braun/Schneider, Praxis des Vergütungsrechts, Teil 4 Rn 10.
568 AnwK-RVG/ *N.Schneider*, § 8 Rn 29.
569 Mayer/Kroiß-*Gierl*, § 8 Rn 24 mwN; *Hansens*/Braun/Schneider, Praxis des Vergütungsrechts, Teil 4 Rn 12.

bb) Nicht ausdrücklich geregelt

329 Auch ohne ausdrückliche Bestimmung gibt das Gesetz durch die Anordnung einer **Anrechnung** der Vergütung für zeitlich vorausgehende Tätigkeiten auf nachfolgende zu erkennen, dass die Tätigkeiten gesonderte und besondere Angelegenheiten darstellen (zB Anrechnung der Geschäftsgebühr nach Nr. 2300 VV auf die gerichtliche Verfahrensgebühr Nr. 3100 VV nach Vorbemerkung 3 Absatz 4).[570] Bei Erledigung der anzurechnenden Tätigkeit ist diese beendet, so dass die Vergütung der anzurechnenden Tätigkeit bereits fällig wird, obwohl der Auftrag des Anwalts noch nicht erledigt ist, vorausgesetzt es liegt ein einheitlicher Auftrag vor sowohl für die Tätigkeit, für die die anzurechnende Vergütung angefallen ist, als auch für die Tätigkeit, in der die Gebühren entstehen, auf die anzurechnen ist.[571]

c) Mehrere zeitlich aufeinander folgende Angelegenheiten

330 In der Regel werden in den Fällen, in denen zeitlich nachfolgende Angelegenheiten – mit oder ohne Anordnung einer Anrechnung – besonders vergütet werden, mit dem Beginn der Tätigkeit in der neuen Angelegenheit die zeitlich vorausgegangene Angelegenheit beendet sein, so dass für diese die Fälligkeit eingetreten ist (zB Verfahren über einen Antrag auf Abänderung eines Vollstreckungstitels nach § 655 I ZPO [Verfahrensgebühr nach VV Nr. 3331] und nachfolgende Klage nach § 656 ZPO [Verfahrensgebühr nach VV Nr. 3100, Anrechnungsbestimmung in Absatz 1 der Anmerkung zu VV Nr. 3100]; mehrere zeitlich nachfolgende Vollstreckungsmaßnahmen iS des § 18 Nr. 3 RVG).[572]

d) Außergerichtliche Tätigkeiten

331 Problematisch ist vielfach die Beendigung der Angelegenheit bei außergerichtlichen Tätigkeiten.[573] Grundsätzlich ist eine Angelegenheit dann beendet, wenn sich das auf diese Sache bezogene Rechtsschutzziel des Auftraggebers verwirklicht hat oder feststeht, dass es sich nicht erreichen lässt.[574] Ist beispielsweise der Anwalt beauftragt, eine Forderung iHv 10.000 Euro einzutreiben und lehnt der Antragsgegner eine außergerichtliche Einigung ab, ist die Gebühr Nr. 2300 VV fällig geworden.[575] Zahlt der Antragsgegner aber einen Betrag iHv 10.000 Euro und lehnt er einen darüber hinausgehenden Betrag ab, ist die Geschäftsgebühr nach Nr. 2300 VV ebenfalls fällig.[576] Beruft er sich neben der Zahlung iHv 10.000 Euro hingegen auf ein Zurückbehaltungsrecht, ist strittig, ob die Angelegenheit beendet ist, da der Restbetrag noch nicht

---

570 Mayer/Kroiß-*Gierl*, § 8 Rn 24.
571 AnwK-RVG/*N.Schneider*, § 8 Rn 31.
572 Mayer/Kroiß-*Gierl*, § 8 Rn 26.
573 Mayer/Kroiß-*Gierl*, § 8 Rn 28; *Hansens*/Braun/Schneider, Praxis des Vergütungsrechts, Teil 4 Rn 13.
574 AnwK-RVG/*N.Schneider*, § 8 Rn 43; Mayer/Kroiß-*Gierl*, § 8 Rn 29; *Hansens*/Braun/Schneider, Praxis des Vergütungsrechts, Teil 4 Rn 13.
575 Mayer/Kroiß-*Gierl*, § 8 Rn 30 mwN.
576 Mayer/Kroiß-*Gierl*, § 8 Rn 30.

bezahlt worden ist.[577] Hat der Rechtsanwalt einen Vertrag, Geschäftsbedingungen oder eine sonstige Urkunde zu entwerfen, ist die Angelegenheit mit Aushändigung des Entwurfs an den Auftraggeber beendet.[578] Voraussetzung für den Eintritt der Fälligkeit durch Beendigung einer außergerichtlichen Tätigkeit ist ferner, dass der Rechtsanwalt Kenntnis von der Beendigung der Angelegenheit erhält.[579]

e) Gerichtliche Tätigkeiten

Im gerichtlichen Verfahren endet die Angelegenheit in der Regel mit dem Erlass der gerichtlichen Entscheidung, also grundsätzlich mit der Verkündung, im schriftlichen Verfahren jedoch erst mit Zustellung der Entscheidung.[580] Insoweit deckt sich der Fälligkeitstatbestand der „Beendigung" mit denen des „Erlass einer Kostenentscheidung" nach § 8 I 2 Alt. 1 RVG oder der „Beendigung des Rechtszugs" nach § 8 I 2 Alt. 2 RVG.[581]

4. Ergehen einer Kostenentscheidung

Nach § 8 I 2 Alt. 1 RVG tritt in gerichtlichen Verfahren eine Fälligkeit der Vergütung auch dann ein, wenn eine Kostenentscheidung ergangen ist. Der Anwendungsbereich dieses Tatbestands wird oft mit denen des § 8 I 1 oder des § 8 I 2 Alt. 2 RVG zusammentreffen, so dass er eine eigenständige Bedeutung nur dann erlangt, wenn bei Erlass der Kostenentscheidung weder der Auftrag erledigt noch die Angelegenheit oder der Rechtszug beendet ist.[582]

Unter Kostenentscheidung versteht man jede Entscheidung über den Kostenpunkt, wobei es nicht darauf ankommt, ob die Entscheidung nur die außergerichtlichen oder nur die Gerichtskosten betrifft.[583] Eine Kostenregelung in einem Vergleich entspricht einer Kostenentscheidung iS von § 8 I 2 Alt. 1 RVG und führt somit zur Fälligkeit der Vergütung.[584] Einigkeit besteht, dass der Mahnbescheid keine Kostenentscheidung beinhaltet,[585] strittig ist jedoch, ob der Vollstreckungsbescheid eine Kostenentscheidung beinhaltet.[586]

Ergangen ist eine Kostenentscheidung mit ihrer Verkündung (§ 329 I ZPO), mit ihrer formlosen Mitteilung (§ 329 II ZPO) und bei einer Entscheidung ohne mündliche

---

577 Keine Beendigung AnwK-RVG/*N.Schneider*, § 8 Rn 37, da der Restbetrag noch nicht bezahlt und der Gegner die Zahlung auch nicht endgültig verweigert hat; aA Mayer/Kroiß-*Gierl*, § 8 Rn 30, wonach nach dem Rechtsschutzziel des Mandanten danach zu differenzieren sei, ob die Forderung eingezogen werden sollte, gleich ob Gegenrechte bestehen oder nicht, dann keine Beendigung, oder es kommt dem Auftraggeber darauf an, die Forderung uneingeschränkt zu erhalten, dann Beendigung, weil feststeht, dass der Anspruch so nicht mehr außergerichtlich durchsetzbar ist.
578 Gerold/Schmidt-*Madert*, § 8 Rn 11.
579 Hansens/Braun/Schneider, Praxis des Vergütungsrechts, Teil 4 Rn 13.
580 Mayer/Kroiß-*Gierl*, § 8 Rn 32.
581 Mayer/Kroiß-*Gierl*, § 8 Rn 32.
582 Mayer/Kroiß-*Gierl*, § 8 Rn 34.
583 Hansens/Braun/Schneider, Praxis des Vergütungsrechts, Teil 4 Rn 15.
584 Hansens/Braun/Schneider, Praxis des Vergütungsrechts, Teil 4 Rn 16.
585 AnwK-RVG/*N.Schneider*, § 8 Rn 60; Mayer/Kroiß-*Gierl*, § 8 Rn 38; Hansens/Braun/Schneider, Praxis des Vergütungsrechts, Teil 4 Rn 17.
586 Wegen § 699 III ZPO eine Kostenentscheidung bejahend Mayer/Kroiß-*Gierl*, § 8 Rn 38; Riedel/Sußbauer-*Fraunholz*, § 8 Rn 9; AnwK-RVG/*N.Schneider*, § 8 Rn 60; aA Hansens/Braun/Schneider, Praxis des Vergütungsrechts, Teil 4 Rn 17.

Verhandlung mit ihrer Zustellung (§ 128 II und III ZPO).[587] Rechtskraft oder auch nur vorläufige Vollstreckbarkeit der Kostenentscheidung sind nicht erforderlich.[588]

5. Beendigung des Rechtszugs

336 Die Beendigung des Rechtszugs ist nicht nach gebührenrechtlichen, sondern nach **prozessrechtlichen Kriterien** zu bestimmen, und zwar für jeden **Rechtszug**.[589] Bedeutsam wird dieser Fälligkeitstatbestand, wenn eine den Rechtszug beendende Entscheidung keine Kostenentscheidung enthält.[590]

337 Gerichtliche Entscheidungen führen nur dann zum Eintritt der Fälligkeit, wenn diese die Instanz abschließen; insoweit führt weder der Erlass eines Zwischenurteils iS des § 303 ZPO noch der eines Grundurteils nach § 304 ZPO oder eines Vorbehaltsurteils nach § 302 ZPO zum Eintritt der Fälligkeit iS von § 8 I 2 Alt. 2 RVG.[591] Beim Grundurteil tritt aber dann eine Fälligkeit der Vergütung ein, wenn das Rechtsmittelgericht in der Sache entscheidet und das Verfahren zur Entscheidung über die Höhe an das untere Gericht zurückverweist; da infolge des Beginns einer neuen Angelegenheit (vgl § 21 RVG) zugleich die Angelegenheit beendet ist, tritt insoweit Fälligkeit gemäß § 8 I 1 Alt. 2 RVG ein.[592] Der Rechtszug kann aber nicht nur durch gerichtliche Entscheidungen beendet werden, vielmehr kommt auch eine Beendigung durch Klagerücknahme, Rechtsmittelrücknahme, Vergleich oder Einigung sowie Rücknahme der Anklage oder eines sonstigen Verfahrensantrags in Betracht.[593]

338 Strittig ist die Behandlung der **übereinstimmenden Erledigungserklärung**; nach einer Auffassung tritt allein durch die Abgabe der übereinstimmenden Erklärung der Parteien, der Rechtsstreit sei in der Hauptsache erledigt, eine Beendigung des Rechtsstreits ein, da die Erledigungserklärungen die Rechtshängigkeit der Hauptsache beenden,[594] nach anderer Auffassung ist der Rechtszug erst dann beendet, wenn eine Kostenentscheidung nach § 91a ZPO oder die Parteien einen Kostenvergleich schließen, da bis dahin der Streit im Kostenpunkt noch anhängig bleibt.[595]

6. Ruhen des Verfahrens länger als drei Monate

339 Nach § 8 I 2 Alt. 3 RVG tritt in einem gerichtlichen Verfahren die Fälligkeit der Vergütung des Rechtsanwalts ein, wenn das Verfahren länger als drei Monate ruht. Sinn und Zweck der Regelung ist, dem Anwalt trotz Nichtbetreibens der Sache durch das Gericht die Möglichkeit der Abrechnung zu eröffnen und zu diesem Zweck den Vergütungsanspruch fällig zu stellen.[596]

340 Das Ruhen des Verfahrens iS von § 8 I 2 Alt. 3 RVG bestimmt sich nach **gebührenrechtlichen Kriterien** und ist nicht im prozessrechtlichen Sinne zu verstehen; hierunter

---

587 Hansens/Braun/Schneider, Praxis des Vergütungsrechts, Teil 4 Rn 19.
588 Hansens/Braun/Schneider, Praxis des Vergütungsrechts, Teil 4 Rn 19; AnwK-RVG/N.Schneider, § 8 Rn 68.
589 Mayer/Kroiß-Gierl, § 8 Rn 39; Hansens/Braun/Schneider, Praxis des Vergütungsrechts, Teil 4 Rn 20.
590 Mayer/Kroiß-Gierl, § 8 Rn 39; Mayer/Kroiß-Gierl, § 8 Rn 41 mwN.
591 Mayer/Kroiß-Gierl, § 8 Rn 41 mwN.
592 Mayer/Kroiß-Gierl, § 8 Rn 42 mwN.
593 Hansens/Braun/Schneider, Praxis des Vergütungsrechts, Teil 4 Rn 21.
594 Vgl Hansens/Braun/Schneider, Praxis des Vergütungsrechts, Teil 4 Rn 24.
595 Mayer/Kroiß-Gierl, § 8 Rn 47; AnwK-RVG/N.Schneider, § 8 Rn 46.
596 Mayer/Kroiß-Gierl, § 8 Rn 50.

fällt zum einen die gerichtliche Anordnung iS von § 251 ZPO, aber auch ein faktischer Stillstand des Verfahrens für mehr als drei Monate.[597] Entscheidend ist aber, dass das Gericht durch Untätigkeit zu erkennen gibt, dass es das Verfahren bis auf Weiteres nicht weiterbetreiben will; kein Ruhen iS von § 8 I 2 Alt. 3 RVG liegt daher vor, wenn das Gericht über einen dreimonatigen Zeitraum hinaus terminiert und bis zur Durchführung der Verhandlung nichts mehr geschieht oder wenn es eine Frist zur Stellungnahme von mehr als drei Monaten einräumt.[598]

Ist Fälligkeit im Sinne dieser Vorschrift eingetreten, wird sie nicht dadurch beseitigt, dass das Verfahren später wieder weiterbetrieben wird.[599] Strittig ist, ob die Vergütung drei Monate nach Anordnung der Aussetzung des Verfahrens (zB §§ 148 ff. ZPO) oder nach der Unterbrechung des Verfahrens (§§ 239 ff. ZPO) fällig wird.[600] 341

In Strafsachen führt auch die vorläufige Einstellung nach § 205 StPO zur Fälligkeit der Vergütung, da das Gericht zu erkennen gibt, in der Sache zunächst nichts Weiteres zu veranlassen; dies gilt allerdings nicht für eine Pauschvergütung nach §§ 42, 51 RVG, da für deren Bewilligung eine Gesamtschau erforderlich ist, die erst nach Abschluss der Instanz vorgenommen werden kann.[601] 342

III. Anwendungsbereich

Eine den Anforderungen des § 10 RVG genügende Berechnung ist Voraussetzung dafür, dass der Rechtsanwalt seine Vergütung einfordern kann. **Einfordern** ist jedes Geltendmachen des Anspruchs, also schon die Aufforderung zur Zahlung, weiter die Mahnung, ferner die Aufrechnung oder die Zurückbehaltung gegenüber einem Geldanspruch und schließlich das gerichtliche Geltendmachen des Anspruchs mittels Klage oder im Wege des Mahnverfahrens.[602] Der Antrag auf Festsetzung des Gegenstandswerts ist hingegen kein Einfordern, denn damit soll erst die Grundlage für die Berechnung geschaffen werden.[603] 343

Die die Form der Berechnung regelnde Vorschrift des § 10 RVG gilt nur für die Abrechnung der Vergütung des Rechtsanwalts. Hierunter sind nach der Legaldefinition des § 1 I 1 RVG Gebühren und Auslagen zu verstehen. Eine den Anforderungen des § 10 RVG genügende Berechnung ist daher nicht erforderlich, wenn der Anwalt Leistungen abrechnet, die nicht nach dem RVG vergütet werden, beispielsweise bei Tätigkeiten nach § 1 II RVG.[604] § 10 RVG findet grundsätzlich auch Anwendung auf Vergütungsvereinbarungen iS von § 4 RVG, es sei denn, aus der Vereinbarung ergibt sich 344

---

597 Mayer/Kroiß-*Gierl*, § 8 Rn 51; Hansens/Braun/Schneider, Praxis des Vergütungsrechts, Teil 4 Rn 25.
598 Mayer/Kroiß-*Gierl*, § 8 Rn 51.
599 Mayer/Kroiß-*Gierl*, § 8 Rn 52; Hansens/Braun/Schneider, Praxis des Vergütungsrechts, Teil 4 Rn 27; Gerold/Schmidt-*Madert*, § 8 Rn 31.
600 Bejahend Gerold/Schmidt-*Madert*, § 8 Rn 30; AnwK-RVG/*N.Schneider*, § 8 Rn 94; Hartmann, Kostengesetze, § 8 Rn 18; aA Unterbrechung und Aussetzung stehen dem Ruhen nicht gleich, wohl aber der dadurch bewirkte tatsächliche Verfahrensstillstand Riedel/Sußbauer-*Fraunholz*, § 8 Rn 15; vgl in diesem Zusammenhang auch Mayer/Kroiß-*Gierl*, § 8 Rn 52.
601 AnwK-RVG/*N.Schneider*, § 8 Rn 95; Mayer/Kroiß-*Gierl*, § 8 Rn 52.
602 Gerold/Schmidt-*Madert*, § 10 Rn 4; Mayer/Kroiß-*Mayer*, § 10 Rn 3.
603 Riedel/Sußbauer-*Fraunholz*, § 10 Rn 2a; Mayer/Kroiß-*Mayer*, § 10 Rn 3.
604 Mayer/Kroiß-*Mayer*, § 10 Rn 4; AnwK-RVG/*N.Schneider*, § 10 Rn 4.

§ 1 Allgemeine Korrespondenz

345 etwas anderes.⁶⁰⁵ § 10 gilt ferner grundsätzlich auch für die Gebührenvereinbarung nach § 34 I RVG.⁶⁰⁶

345 Die Anforderungen an die Berechnung nach § 10 RVG gelten nicht für die **Anforderung von Auslagen** nach § 675 BGB iVm § 670 BGB. Zwar können die zu ersetzenden Aufwendungen, die zu den Kosten eines gerichtlichen Verfahrens gehören, nach § 11 I RVG festgesetzt werden. Weiter stellt Absatz 1 Satz 2 der Vorbemerkung 7 des Vergütungsverzeichnisses klar, dass, soweit nicht in Teil 7 VV etwas anderes bestimmt ist, der Rechtsanwalt auch Ersatz der entstandenen Aufwendungen verlangen kann. Denn die in § 10 II RVG enthaltenen inhaltlichen Anforderungen an die Vergütungsberechnung, insbesondere die Notwendigkeit, die angewandte Nummer des Vergütungsverzeichnisses anzugeben, zeigt, dass der Gesetzgeber davon ausgeht, dass nach § 675 iVm § 670 BGB zu erstattende Aufwendungen nicht unter Beachtung der in § 10 RVG aufgestellten Formerfordernisse abgerechnet werden müssen.⁶⁰⁷ Allerdings muss die Abrechnung nachvollziehbar und verständlich sein.⁶⁰⁸

346 Für das Anfordern eines Vorschusses nach § 9 RVG gilt § 10 RVG ebenfalls nicht.⁶⁰⁹ Für die Berechnung der aus der **Staatskasse** dem beigeordneten oder bestellten Rechtsanwalt zu gewährenden Vergütung gilt § 10 RVG ebenfalls nicht, die entsprechende Vergütungsfestsetzung sieht nach § 55 I RVG einen Antrag des Rechtsanwalts vor.⁶¹⁰

347 Für das **Kostenfestsetzungsverfahren** nach den §§ 103 ff. ZPO ist ebenfalls keine den formellen Anforderungen des § 10 RVG genügende Vergütungsberechnung erforderlich, da hier keine Vergütung eingefordert, sondern ein Erstattungsanspruch geltend gemacht wird.⁶¹¹ Gleiches gilt bei materiell-rechtlichen Kostenersatzansprüchen.⁶¹²

348 Ebenso wenig muss dem Rechtsschutzversicherer eine nach § 10 RVG ordnungsgemäße Kostenberechnung vorgelegt werden, nicht er, sondern der Versicherte ist Auftraggeber und dieser kann auf eine Berechnung verzichten; der Rechtsschutzversicherer kann jedoch verlangen, dass ihm eine nachvollziehbare Aufstellung der Gebühren und Auslagen vorgelegt wird.⁶¹³

IV. Form

349 Die formellen und inhaltlichen Anforderungen an eine Vergütungsberechnung ergeben sich zum einen aus § 10 RVG, zum anderen aus den Anforderungen des Umsatzsteuerrechts.

---

605 Mayer/Kroiß-*Mayer*, § 10 Rn 4; AnwK-RVG/*N.Schneider*, § 10 Rn 5; Hartung/*Römermann*/Schons, § 10 Rn 37 f.; aA Krämer/Mauer/Kilian, Rn 694, wenn ein Pauschalhonorar vereinbart worden ist, auf das keine Vorschüsse geleistet wurden und neben dem Auslagen beansprucht werden können und Hartmann, Kostengesetze, § 10 Rn 1, wonach § 10 RVG auf vereinbartes Honorar nur insoweit anwendbar ist, als die Partner kein Festhonorar vereinbart haben oder als der Anwalt einen Vorschuss oder Auslagen abrechnen muss sowie Riedel/Sußbauer-*Fraunholz*, § 10 Rn 12.
606 So auch AnwK-RVG/*N.Schneider*, § 10 Rn 4 für die Vergütung nach den Vorschriften des bürgerlichen Rechts.
607 Mayer/Kroiß-*Mayer*, § 10 Rn 5; im Ergebnis ebenso AnwK-RVG/*N.Schneider*, § 10 Rn 7.
608 AnwK-RVG/*N.Schneider*, § 10 Rn 7; Mayer/Kroiß-*Mayer*, § 10 Rn 5.
609 Riedel/Sußbauer-*Fraunholz*, § 10 Rn 5; Mayer/Kroiß-*Mayer*, § 10 Rn 5.
610 Mayer/Kroiß-*Mayer*, § 10 Rn 6.
611 Mayer/Kroiß-*Mayer*, § 10 Rn 7; AnwK-RVG/*N.Schneider*, § 10 Rn 10.
612 AnwK-RVG/*N.Schneider*, § 10 Rn 11; Mayer/Kroiß-*Mayer*, § 10 Rn 7.
613 AnwK-RVG/*N.Schneider*, § 10 Rn 12.

E. Abrechnung nach § 10 RVG

1. Anforderungen nach dem RVG

Nach § 10 I 1 RVG muss die Vergütungsberechnung vom Rechtsanwalt unterzeichnet sein. Der nach dem RVG notwendige Inhalt der anwaltlichen Kostenberechnung ergibt sich aus § 10 II RVG. Demnach muss die Kostenberechnung zwingend die Beträge der einzelnen Gebühren und Auslagen, die Vorschüsse, eine kurze Bezeichnung des jeweiligen Gebührentatbestands, die Bezeichnung der Auslagen sowie die angewandten Nummern des Vergütungsverzeichnisses und bei Gebühren, die sich nach Gegenstandswert richten, den Gegenstandswert ausweisen.[614]

350

a) Unterschrift

Aus dem Erfordernis in § 10 I 1 RVG, dass die Berechnung vom Rechtanwalt unterzeichnet worden sein muss, folgt zum einen, dass die Berechnung schriftlich erfolgen muss und zum anderen, dass der Anwalt die Berechnung unterzeichnen muss. Grundsätzlich ist eine **eigenhändige handschriftliche Unterschrift** erforderlich, ein Faksimile-Stempel reicht ebenso wenig wie die handschriftliche oder gar faksimilierte Unterschrift des Bürovorstehers oder anderer Mitarbeiter.[615] Ausreichend ist jedoch die handschriftliche Unterschrift eines Sozius oder eines Anwalts, an den der bisherige Forderungsinhaber die Forderung abgetreten hat.[616] Der ehemalige Rechtsanwalt ist als Gläubiger seiner Vergütungsansprüche auch nach dem Ausscheiden aus der Anwaltschaft berechtigt und verpflichtet, zur Einforderung dieser Ansprüche außerhalb eines Kostenfestsetzungsverfahrens entsprechende Berechnungen zu unterzeichnen und den Auftraggebern mitzuteilen, wenn der bestellte Abwickler insoweit nicht tätig geworden ist.[617]

351

Nach dem RVG muss die Rechnung nicht auf einem gesonderten Rechnungsblatt erteilt werden, sie kann vielmehr auch in ein Anschreiben gefasst oder an das Ende eines Anschreibens an den Mandanten gesetzt werden. Gleichwohl aus Gründen der Übersichtlichkeit wie auch aus steuerlichen Gründen empfiehlt es sich jedoch, stets ein gesondertes Rechnungsformular zu verwenden.[618]

352

b) Beträge der einzelnen Gebühren und Auslagen

§ 10 II 1 RVG nennt unter den inhaltlichen Anforderungen an die Vergütungsberechnung zunächst die **Beträge der einzelnen Gebühren und Auslagen**. Der sich pro Gebührentatbestand ergebende Euro-Betrag muss deshalb in der Vergütungsberechnung einzeln aufgeführt werden, eine Zusammenfassung mehrerer Gebühren zu einem Gesamtbetrag genügt dieser Anforderung nicht. Auch bei den Auslagentatbeständen Nrn. 7000 VV–7008 VV ist der jeweilige Einzelbetrag anzugeben. Allerdings genügt nach § 10 II 2 RVG bei den Entgelten für Post- und Telekommunikationsdienstleistungen die Angabe des Gesamtbetrages. Diese Regelung macht nur Sinn, wenn man sie nicht nur auf die Post- und Telekommunikationsdienstleistungspauschale Nr. 7002 VV, sondern auch für die konkret berechneten Entgelte für Post- und Tele-

353

---

614 Mayer/Kroiß-*Mayer*, § 10 Rn 9.
615 Gerold/Schmidt-*Madert*, § 10 Rn 7; Hartmann, Kostengesetze, § 10 Rn 16; Mayer/Kroiß-*Mayer*, § 10 Rn 10.
616 Hartmann, Kostengesetze, § 10 Rn 16; Mayer/Kroiß-*Mayer*, § 10 Rn 10.
617 BGH, NJW-RR 2004, 1144 f. mit Bespr. Mayer, RVG-Letter 2004, 79 f.
618 AnwK-RVG/*N.Schneider*, § 10 Rn 13; Mayer/Kroiß-*Mayer*, § 10 Rn 10.

kommunikationsdienstleistungen Nr. 7001 VV bezieht. Bei dem Auslagentatbestand Nr. 7001 VV genügt somit die Angabe des Gesamtbetrages, der erst auf entsprechende Nachfrage hin aufzuschlüsseln ist.[619]

c) Vorschüsse

354 Nach § 10 II 1 RVG muss die Vergütungsberechnung auch die erhaltenen Vorschüsse ausweisen. Der Zeitpunkt des Eingangs des Vorschusses ist nach den Anforderungen des RVG nur insofern anzugeben, als Verzinsungsfragen davon abhängen können.[620] Aus umsatzsteuerrechtlichen Gründen kann es jedoch erforderlich sein, den Zeitpunkt der Vereinnahmung des Vorschusses in der Rechnung anzugeben.[621] Im Übrigen ist es zweckmäßig, die Nettobeträge der Vorschüsse von der Nettovergütung abzuziehen und erst dann die Umsatzsteuer auszuweisen, damit ein doppelter Mehrwertsteuerausweis vermieden wird.[622]

d) Kurze Bezeichnung des Gebührentatbestands

355 § 10 II 1 RVG sieht vor, dass in der Vergütungsberechnung eine kurze Bezeichnung des jeweiligen Gebührentatbestands enthalten sein muss. Ausreichend ist insoweit die Wiedergabe der im Vergütungsverzeichnis enthaltenen **Bezeichnung des Gebührentatbestands**, zB „Geschäftsgebühr". Die Angabe des Gebührensatzes wird durch § 10 II 1 RVG nicht zwingend vorgeschrieben, aus Gründen der Nachvollziehbarkeit der Berechnung kann jedoch auf die Angabe des Gebührensatzes nicht verzichtet werden, da der Mandant einen Anspruch darauf hat, dass auch er als Laie nachvollziehen kann, wie der Anwalt seine Vergütung berechnet hat.[623]

e) Bezeichnung der Auslagen

356 In der Vergütungsberechnung müssen die Auslagen konkret bezeichnet und einzeln ausgewiesen werden, also zB Fahrtkosten bei Benutzung des eigenen Kraftfahrzeugs (Nr. 7003 VV), Fahrtkosten für die Benutzung der Bundesbahn (Nr. 7004 VV) oder Tage- und Abwesenheitsgeld bei einer Dauer von mehr als 8 Stunden (Nr. 7005 Nr. 3 VV).[624]

f) Angewandte Nummer des Vergütungsverzeichnisses

357 Nach dem RVG genügt es, wenn der Anwalt die entsprechende **Nummer des Vergütungsverzeichnisses** in der Vergütungsberechnung angibt, da diese den Gebührentatbestand ausreichend bestimmt wiedergibt.[625] Die angewandten Nummern des Vergütungsverzeichnisses müssen aber so genau wie möglich bezeichnet werden. Wenn eine Nummer des Vergütungsverzeichnisses mehrere unterschiedliche Tatbestände enthält, ist die jeweilige Untergliederung anzugeben.[626] Also zB Nr. 4302 VV Nr. 1 bei der Verfahrensgebühr für die Einlegung eines Rechtsmittels oder Nr. 7005 VV Nr. 2 bei

---

619 Mayer/Kroiß-*Mayer*, § 10 Rn 11; Hansens, RVGreport 2004, 65; AnwK-RVG/*N.Schneider*, § 10 Rn 43.
620 Hartmann, Kostengesetze, § 10 Rn 15; Mayer/Kroiß-*Mayer*, § 10 Rn 12.
621 S. näher hierzu unten § 1 Rn 359 ff. und § 14 Rn UStG.
622 AnwK-RVG/*N.Schneider*, § 10 Rn 45; Mayer/Kroiß-*Mayer*, § 10 Rn 12; s. hierzu ferner unten das Muster § 1 Rn 375.
623 AnwK-RVG/*N.Schneider*, § 10 Rn 20; Mayer/Kroiß-*Mayer*, § 10 Rn 13.
624 Hansens, RVGreport 2004, 65; Mayer/Kroiß-*Mayer*, § 10 Rn 14.
625 Vgl BT-Drucks. 15/1971, 188; Mayer/Kroiß-*Mayer*, § 10 Rn 15.
626 Hansens, RVGreport 2004, 65; Mayer/Kroiß-*Mayer*, § 10 Rn 15.

Tage- und Abwesenheitsgeld bei einer Geschäftsreise von mehr als 4 bis zu 8 Stunden.[627] Ist in einer Nummer der Gebührentatbestand einer Gebühr enthalten und wird in den folgenden Nummern nur noch eine abweichende Gebührenhöhe geregelt (so zB bei der Einigungsgebühr VV Nr. 1000 ff.), sollte die gesamte Nummernkette zitiert werden.[628]

g) Gegenstandswert

Nach § 10 II 1 RVG muss in der Vergütungsberechnung der Gegenstandswert dann angegeben werden, wenn in der Vergütungsberechnung Gebühren abgerechnet werden, die nach dem Gegenstandswert berechnet sind. Die Wertangabe sollte in einer für den Auftraggeber möglichst nachvollziehbaren Weise erfolgen, die Angabe der für die Wertermittlung herangezogenen Gesetzesbestimmungen ist zwar nicht vorgeschrieben, aber empfehlenswert.[629] 358

h) Angelegenheit

Strittig ist, ob über die in § 10 II 1 RVG ausdrücklich aufgeführten Pflichtinhalte hinaus auch zwingend die abgerechnete Angelegenheit bezeichnet werden muss.[630] Wird die Vergütungsabrechnung mittels einer der gebräuchlichen Anwaltssoftwareprogramme erstellt, so wird das Programm in der Regel ohne Weiteres die Aktenkurzbezeichnung und damit auch die Bezeichnung der Angelegenheit in die Vergütungsabrechnung aufnehmen. Bei in anderer Weise hergestellten Vergütungsabrechnungen empfiehlt es sich zumindest aus Gründen der Nachvollziehbarkeit für den Auftraggeber, mitzuteilen, auf welche Angelegenheit sich die Vergütungsberechnung bezieht. 359

2. Steuerrechtliche Anforderungen

Weit höhere Anforderungen an die Vergütungsberechnung als nach dem RVG ergeben sich aus den steuerrechtlichen Rahmenbedingungen.[631] Ist der Mandant selbst Unternehmer und vorsteuerabzugsberechtigt, hat er aus einer Nebenpflicht des Anwaltsvertrags einen Anspruch auf eine ordnungsgemäße Rechnungsstellung mit Umsatzsteuerausweisung wie auch sonst jeder Mandant das Recht auf Ausstellung einer Quittung, § 368 BGB, ebenfalls mit Umsatzsteuerausweisung, hat.[632] Durch das Steuerrechtsänderungsgesetz 2003 wurden mit Wirkung vom 1.1.2004 in § 14 II UStG die Berechtigung und die Verpflichtung zur Rechnungsausstellung sowie die berechtigten Aussteller und die Ausstellungsverfahren (Rechnung oder Gutschrift) zusammengefasst.[633] § 14 II 1 Nr. 2 S. 2 UStG bestimmt, dass dann, wenn der Unternehmer eine andere als eine steuerpflichtige Werklieferung oder sonstige Leistung im Zusammenhang mit einem Grundstück an einen anderen Unternehmer für dessen Unternehmen oder an eine juristische Person ausführt, er verpflichtet ist, innerhalb von 6 Monaten 360

---

627 Mayer/Kroiß-*Mayer*, § 10 Rn 15.
628 AnwK-RVG/*N.Schneider*, § 10 Rn 30; Mayer/Kroiß-*Mayer*, § 10 Rn 15.
629 Mayer/Kroiß-*Mayer*, § 10 Rn 16; strenger wohl Hartmann, Kostengesetze, § 10 Rn 11 (genaue Zitierung erforderlich, wenn der Auftraggeber die Ermittlung des Gegenstandswerts anders nur schwer nachvollziehen könnte).
630 Dafür AnwK-RVG/*N.Schneider*, § 10 Rn 18; dagegen Hansens, RVGreport 2004, 66.
631 Mayer/Kroiß-*Mayer*, § 10 Rn 18.
632 Vgl Mayer/Kroiß-*Klees*, § 9 Rn 28.
633 Sölch/Ringleb-*Wagner*, § 14 UStG Rn 65.

nach Ausführung der Leistung eine Rechnung auszustellen. Wird der Anwalt somit für einen Unternehmer in dessen Eigenschaft als Unternehmer oder für eine juristische Person tätig, ist er nach § 14 II 1 Nr. 2 S. 2 UStG verpflichtet, innerhalb von 6 Monaten nach Ausführung der Leistung eine Rechnung auszustellen. Die Ausstellungspflicht gilt lediglich nicht bei Leistungen an Nichtunternehmer, also für den nichtunternehmerischen Bereich.[634]

361 Erbringt der Rechtsanwalt Leistungen an einen anderen Unternehmer oder an eine juristische Person, muss seine Vergütungsberechnung die nach § 14 IV 1 Nrn. 1–8 UStG erforderlichen Pflichtangaben enthalten:[635]

a) Vollständiger Name und vollständige Anschrift des leistenden Unternehmers und des Leistungsempfängers

362 Nach § 14 IV 1 Nr. 1 UStG muss die Vergütungsberechnung den **vollständigen Namen und die vollständige Anschrift** des leistenden Unternehmers und des Leistungsempfängers enthalten. Neben dem vollständigen Namen und der vollständigen Anschrift des Rechtsanwalts bzw der Rechtsanwaltsgesellschaft müssen die entsprechenden Angaben auch des Mandanten enthalten sein. Den steuerlichen Anforderungen ist genügt, wenn aufgrund der in der Rechnung enthaltenen Angaben sich jeweils der Name und die Anschrift eindeutig feststellen lassen. Bei Postfächern und Großkundenadressen ist ausreichend, diese statt der Anschrift zu nennen.[636]

b) Steuernummer oder Umsatzsteuer-Identifikationsnummer

363 Nach § 14 IV 1 Nr. 2 UStG ist ferner die dem leistenden Unternehmer vom Finanzamt erteilte **Steuernummer** oder die ihm vom Bundeszentralamt für Steuern erteilte **Umsatzsteuer-Identifikationsnummer** in der Abrechnung anzugeben. Wer sich eine Umsatzsteuer-Identifikationsnummer hat zuteilen lassen, soll vorzugsweise diese verwenden, da die „normale" Steuernummer Organisationsmerkmale offenbart, die Rückschlüsse über die Art der steuerlichen Veranlagung zulassen könnten, auch wird hierdurch jeglicher Missbrauch mit der eigenen Steuernummer ausgeschlossen.[637]

c) Ausstellungsdatum

364 Nach § 14 IV 1 Nr. 3 UStG gehört auch das **Ausstellungsdatum** zu den Pflichtangaben. Unter Ausstellungsdatum ist das Rechnungsdatum zu verstehen.[638]

d) Rechnungsnummer

365 § 14 IV 1 Nr. 4 UStG schreibt vor, dass eine Rechnung eine **fortlaufende Nummer** mit einer oder mehreren Zahlenreihen, die zur Identifizierung der Rechnung vom Rechnungsaussteller einmal vergeben wird, enthalten muss. Zweck dieses Erfordernisses ist es, sicherzustellen, dass über einen bestimmten Umsatz nur einmalig abgerechnet wird.[639] Bei der Rechnungsnummer muss es sich um eine fortlaufende Nummer

---

[634] Sölch/Ringleb-*Wagner*, § 14 UStG Rn 84.
[635] Mayer/Kroiß-*Mayer*, § 10 Rn 19.
[636] Spatschek, AnwBl. 2004, 174; Mayer/Kroiß-*Mayer*, § 10 Rn 20; vgl auch Sölch/Ringleb-*Wagner*, § 14 UStG Rn 227.
[637] Spatschek, AnwBl. 2004, 174; Hansens, RVGreport 2004, 44; Mayer/Kroiß-*Mayer*, § 10 Rn 21.
[638] Sölch/Ringleb-*Wagner*, § 14 UStG Rn 266.
[639] Sölch/Ringleb-*Wagner*, § 14 UStG Rn 271.

mit ein oder mehreren Zahlenreihen handeln, die zur Identifizierung der Rechnung vom Rechnungsaussteller, also hier vom Rechtsanwalt, einmal vergeben wird. Nicht ausreichend ist, wenn die Rechnung lediglich die Prozessregisternummer der Angelegenheit trägt, sondern alle Rechnungen, die der Rechtsanwalt bzw die Kanzlei ausstellt, müssen gesondert und fortlaufend durchnummeriert werden.[640]

Bei der **Rechnungsnummer** ist auch eine Kombination von Zahlen- und Buchstabenreihen möglich, dabei bleibt es dem Rechnungsaussteller überlassen, ob und wie viele separate Nummernkreise er schafft. Denkbar ist, verschiedene Nummernkreise für unterschiedliche Standorte, Bearbeiter etc. zu vergeben; es muss nur gewährleistet sein, dass die jeweilige Nummer leicht und eindeutig einem Nummernkreis zugeordnet werden kann und die Rechnungsnummer einmalig ist, so dass sichergestellt ist, dass die vom Unternehmer erstellte Rechnung einmalig ist. Neben der Überprüfung von Doppelerstellungen hat das Finanzamt durch die Rechnungsnummern ferner die Möglichkeit, Rechnungslücken zu entdecken und nachzuforschen, ob Rechnungen nachträglich, zB nach einer Barzahlung, aus der Buchhaltung entnommen wurden.[641]

366

Das gesetzliche Gebot, eine fortlaufende Rechnungsnummer zu vergeben, bezieht sich nur auf Rechnungen, die der Rechtsanwalt an einen anderen Unternehmer für dessen Unternehmen oder an eine juristische Person stellt. Aus praktischen Gründen und wegen des durchgängigen Nachweises im Falle einer Betriebsprüfung empfiehlt es sich doch, sämtliche Honorarrechnungen mit einer fortlaufenden Rechnungsnummer zu versehen, also auch diejenigen, die an einen Mandanten adressiert sind, der nicht vorsteuerabzugsberechtigt ist.[642]

367

e) Art und Umfang der erbrachten Leistung

Nach § 14 IV 1 Nr. 5 UStG muss in der Abrechnung ferner Art und Umfang der erbrachten Leistung angegeben werden. Für den Anwalt bedeutet dies, dass zumindest aus einer Kurzbezeichnung entnommen werden können muss, welche Dienstleistung erbracht wurde, beispielsweise Beratung in der Mietangelegenheit XY-Straße oder Vertretung in dem Rechtsstreit X / Y, Aktenzeichen ..., Amtsgericht ... .[643] Entscheidend ist, dass die Leistung **eindeutig identifizierbar** ist.[644] Da Rechtsanwälte nach einer gesetzlichen Gebührenordnung abrechnen, gilt auch die Angabe des einschlägigen Vergütungstatbestands zu der umsatzsteuerrechtlich gebotenen Angabe von Umfang und Art der Leistung.[645]

368

f) Leistungszeitpunkt

Des Weiteren muss die Abrechnung nach § 14 IV 1 Nr. 6 UStG den Zeitpunkt, zu dem die anwaltliche Leistung ausgeführt wird, mitteilen. Denkbar ist zB „Vertretung in dem Verfahren X / Y wegen ▄▄▄ von November 2006–Januar 2007".[646] Erfolgt die

369

---

640 Enders, JurBüro 2002, 60; Mayer/Kroiß-*Mayer*, § 10 Rn 22.
641 Spatschek, AnwBl. 2004, 174 f.; Mayer/Kroiß-*Mayer*, § 10 Rn 23; zu den Gestaltungsmöglichkeiten bei der Rechnungsnummer s. auch Sölch/Ringleb-*Wagner*, § 14 UStG Rn 272 ff.
642 Enders, JurBüro 2004, 60; Mayer/Kroiß-*Mayer*, § 10 Rn 23.
643 Hansens, RVGreport 2004, 44; Mayer/Kroiß-*Mayer*, § 10 Rn 24.
644 Spatschek, AnwBl. 2004, 175; Mayer/Kroiß-*Mayer*, § 10 Rn 24.
645 Bei Sölch/Ringleb-*Wagner*, § 14 UStG Rn 298.
646 Mayer/Kroiß-*Mayer*, § 10 Rn 25.

Leistung des Rechtsanwalts im Einzelfall an einem einzigen Tag, so ist dieser ohne Weiteres in der Rechnung als Leistungszeit anzugeben. Allerdings erbringt der Rechtsanwalt vielfach innerhalb derselben Angelegenheit Einzelleistungen zu verschiedenen Zeitpunkten. So wird beispielsweise die Verfahrensgebühr im Februar 2007 und die Terminsgebühr im März 2007 verdient. Insoweit ist ausreichend, den **Zeitraum** anzugeben, in dem der Rechtsanwalt seine Leistungen erbracht hat.[647]

g) Entgelt

370 Nach § 14 IV 1 Nr. 7 UStG muss die Rechnung das nach Steuersätzen und einzelnen Steuerbefreiungen aufgeschlüsselte Entgelt für die Leistung sowie jede im Voraus vereinbarte Minderung des Entgelts, sofern sie nicht bereits im Entgelt berücksichtigt ist, ausweisen. Die Angabepflicht für die Entgeltsminderungen beschränkt sich auf Minderungen (wie Boni, Skonti, Rabatte), deren Höhe im Zeitpunkt der Rechnungsausstellung nicht feststeht,[648] und dürfte daher bei anwaltlichen Vergütungsabrechnungen selten praktische Bedeutung haben. Die Aufschlüsselung des Entgelts nach Steuersätzen und einzelnen Steuerbefreiungen bedeutet, dass dann, wenn die in der Rechnung zusammengefassten Positionen verschiedenen Steuersätzen oder -befreiungen unterliegen, eine Trennung der Entgelte nach Steuersätzen/-befreiungen erforderlich und für jede Gruppe von Umsätzen die nach dem maßgeblichen Steuersatz darauf entfallende Umsatzsteuer gesondert auszuweisen ist.[649]

h) Steuersatz und Steuerbetrag

371 § 14 IV 1 Nr. 8 UStG verlangt ferner, dass die Rechnung den anzuwendenden **Steuersatz** sowie den auf das Entgelt entfallenden **Steuerbetrag** oder im Falle einer Steuerbefreiung einen Hinweis darauf, dass für die Lieferung oder sonstige Leistung eine Steuerbefreiung gilt, ausweist. Der anzuwendende Steuersatz, derzeit also 19 %, muss in der Rechnung ausdrücklich genannt sein. Der auf das Entgelt entfallende Steuerbetrag, also der gesonderte Ausweis der Umsatzsteuer in der Rechnung, ist für die Zwecke der Umsatzbesteuerung die wichtigste Angabe.[650] Die Inrechnungstellung von Umsatzsteuer muss in der Abrechnung eindeutig, klar und unbedingt sein.[651] Im Falle einer Steuerbefreiung muss in der Rechnung ein Hinweis darauf enthalten sein, dass für die sonstige Leistung eine Steuerbefreiung gilt.[652]

i) Rechnungen über Kleinbeträge

372 Zur Vereinfachung des Besteuerungsverfahrens enthält § 33 UStDV eine Sonderregelung für Rechnungen über **Kleinbeträge**; diese sind Rechnungen, deren **Gesamtbetrag 150 Euro** nicht übersteigt.[653] Übersteigt der Gesamtbetrag der Rechnung nicht 150 Euro, genügt es umsatzsteuerrechtlich, wenn diese den vollständigen Namen und die vollständige Anschrift des Rechtsanwalts, das Ausstellungsdatum, Art und Umfang der anwaltlichen Dienstleistung sowie das Entgelt und den darauf entfallenden

---

647 Hansens, RVGreport 2004, 45; Mayer/Kroiß-*Mayer*, § 10 Rn 25.
648 Sölch/Ringleb-*Wagner*, § 14 UStG Rn 341.
649 Sölch/Ringleb-*Wagner*, § 14 UStG Rn 345.
650 Sölch/Ringleb-*Wagner*, § 14 UStG Rn 352.
651 Sölch/Ringleb-*Wagner*, § 14 UStG Rn 356.
652 Mayer/Kroiß-*Mayer*, § 10 Rn 27.
653 Sölch/Ringleb-*Wagner*, § 14 UStG Rn 462.

Steuerbetrag in einer Summe sowie den anzuwendenden Steuersatz oder im Falle einer Steuerbefreiung einen Hinweis darauf, dass eine Steuerbefreiung gilt, enthält. Auf die Angabe der Steuernummer oder Umsatzsteueridentifikationsnummer wird ebenso verzichtet wie auf das Erfordernis der Vergabe einer Rechnungsnummer. Ausreicht, wenn das Entgelt und der darauf entfallende Steuerbetrag in einer Summe genannt wird.[654] Der Empfänger einer solchen Kleinbetragsrechnung hat gemäß § 35 UStDV das Recht, die Vorsteuer aus dem ausgewiesenen Bruttobetrag selbst zu errechnen.[655]

j) Berechnung der Vergütung gegenüber Dritten

Die Formerfordernisse des Umsatzsteuergesetzes gelten **nur für die Berechnung der Vergütung gegenüber dem eigenen Auftraggeber.** Diese Erfordernisse müssen nicht erfüllt sein zB bei einer Berechnung eines materiellen Schadensersatzanspruches gemäß § 280 II BGB gegenüber dem Gegner des eigenen Mandanten, für Kostenfestsetzungsanträge nach § 104 ZPO, für Vergütungsfestsetzungsanträge nach § 11 RVG, für Anträge auf Festsetzung der Vergütung für PKH, für Beratungshilfe, für die Pflichtverteidigervergütung (§ 55 RVG), für die Festsetzung einer Pauschgebühr (§ 51 RVG) und Kostenberechnungen gegenüber der Haftpflichtversicherung des Anspruchsgegners des Auftraggebers.[656]

373

k) Aufbewahrungspflicht

Sowohl eingehende Rechnungen als auch ein Doppel aller ausgestellten Rechnungen müssen nach § 14b I 1 und 2 UStG 10 Jahre lang aufbewahrt und lesbar gehalten werden. Die Aufbewahrungsfrist beginnt mit dem Ende des Kalenderjahres, in dem die Rechnung ausgestellt worden ist, § 14b I 3 UStG. Unzweckmäßig dürfte es sein, ein Doppel der Rechnung nur in der Handakte aufzubewahren, da diese bereits nach 5 Jahren vernichtet werden können. Sinnvoll ist es vielmehr, Doppel der Rechnungen getrennt von der Handakte in der Finanzbuchhaltung aufzubewahren, wobei sich die Ablage der Rechnungsdoppel in numerischer Reihenfolge alleine schon deshalb empfiehlt, um bei einer späteren Betriebsprüfung nachweisen zu können, dass die Rechnungsnummer fortlaufend vergeben wurde.[657]

374

V. Muster

1. Muster: Einfache Vergütungsberechnung

Sehr geehrte(r) Frau/Herr ■■■,

375

in der Anlage übermittle ich in Abschrift das mir am ■■■ zugestellte Urteil des Landgerichts ■■■ vom ■■■

57

Wie Sie dem Urteil entnehmen können, hat das LG ■■■ die Klage leider abgewiesen. Im Rahmen der Urteilsbegründung hat sich das Gericht auf den Standpunkt gestellt, dass ■■■

Gegen das Urteil des LG ■■■ vom ■■■ kann binnen eines Monats ab Zustellung, also im vorliegenden Fall bis spätestens ■■■, Berufung beim OLG ■■■ eingelegt werden. Die Berufungseinlegung muss durch einen beim OLG ■■■ zugelassenen Rechtsanwalt, bei-

---

654 Spatschek, AnwBl. 2004, 176; Mayer/Kroiß-*Mayer*, § 10 Rn 28.
655 Sölch/Ringleb-*Wagner*, § 14 UStG Rn 467.
656 Hansens, RVGreport 2004, 43 f.; Mayer/Kroiß-*Mayer*, § 10 Rn 29.
657 Enders, JurBüro 2004, 61; Mayer/Kroiß-*Mayer*, § 10 Rn 30.

spielsweise den Unterzeichner, erfolgen. Sofern Sie Berufungseinlegung durch mich wünschen, bitte ich höflichst um eine ausdrückliche dementsprechende Anweisung rechtzeitig vor dem ■■■. Der guten Ordnung halber und zur Vermeidung von Missverständnissen halte ich hiermit fest, dass ich ohne Ihre ausdrückliche anderslautende schriftliche Anweisung rechtzeitig vor dem ■■■ gegen das Urteil des LG ■■■ vom ■■■, Aktenzeichen ■■■, keine Berufung einlegen werde, so dass dieses dann rechtskräftig, dh für Sie nicht weiter anfechtbar wird.

Da nunmehr das erstinstanzliche gerichtliche Verfahren abgeschlossen ist, gebe ich auf der beiliegenden Kostennote die bei mir in dieser Instanz angefallenen Gebühren mit der höflichen Bitte um Ausgleich bekannt.

Sofern Sie wollen, dass von mir die Erfolgsaussichten eines Berufungsverfahrens geprüft werden, bitte ich um eine ausdrückliche dementsprechende Anweisung, da die Prüfung der Erfolgsaussichten eines Rechtsmittels nicht mehr zu den der Ausgangsinstanz zugeordneten anwaltlichen Tätigkeiten gehört.[658]

Mit freundlichen Grüßen

■■■

(Rechtsanwalt)

Herrn/Frau ■■■

■■■ (Straße)

■■■ (PLZ, Ort)

Kostennote

    Rechnungsnummer ■■■

    Leistungszeitraum ■■■

    Steuer-Nr. oder Umsatzsteuerident-Nr. ■■■

Verfahrensgebühr VV Nr. 3100, 1,3	1.079,00 Euro
(Gegenstandswert: 35.000 Euro)	
Terminsgebühr VV Nr. 3104, 1,2	996,00 Euro
(Gegenstandswert: 35.000 Euro)	
Post- und Telekommunikationspauschale VV Nr. 7002	20,00 Euro
Zwischensumme	2.095,00 Euro
19 % Umsatzsteuer, VV Nr. 7008	398,05 Euro
Summe	2.493,05 Euro

■■■

(Rechtsanwalt)

---

[658] Die Prüfung der Erfolgsaussichten eines Rechtsmittels gehört nicht zur Instanz, Mayer/Kroiß-*Winkler*, VV Nr. 2100 Rn 13.

E. Abrechnung nach § 10 RVG

2. Muster: Vergütungsberechnung unter Berücksichtigung einer Vorschusszahlung

Die Anrechnung des Vorschusses auf die Vergütung muss auf Nettobasis erfolgen um zu verhindern, dass die Umsatzsteuer doppelt ausgewiesen wird.[659]

376

58

Sehr geehrte(r) Frau/Herr ▪▪▪,

in der Anlage übermittle ich in Abschrift das Urteil des Amtsgerichts ▪▪▪ vom ▪▪▪

Wie Sie dem Urteil entnehmen können, hat das AG ▪▪▪ unserer Klage in vollem Umfang stattgegeben. Es bleibt jedoch abzuwarten, ob die Gegenseite gegen das Urteil Berufung einlegen wird.

Auf der beiliegenden Vergütungsabrechnung gebe ich die bei mir angefallenen Gebühren mit der höflichen Bitte um Überweisung innerhalb von 14 Tagen auf eines der untenstehenden Konten bekannt. Bei der Berechnung wurde Ihre Vorschusszahlung in Höhe von 500 Euro zzgl Umsatzsteuer, also 595 Euro, berücksichtigt. Der von Ihnen ebenfalls hier eingezahlte Gerichtskostenvorschuss in Höhe von 498 Euro taucht auf der beiliegenden Abrechnung nicht mehr auf, da dieser Betrag von mir in voller Höhe an das Gericht weitergeleitet worden ist.

Da nach dem Urteil des Amtsgerichts ▪▪▪ die Gegenseite die Kosten des Rechtsstreits zu tragen hat, habe ich das gerichtliche Kostenfestsetzungsverfahren nach den §§ 104 ff. ZPO eingeleitet. Vom Fortgang werde ich berichten.

Mit freundlichen Grüßen

▪▪▪

(Rechtsanwalt)

Herrn/Frau ▪▪▪

▪▪▪ (Straße)

▪▪▪ (PLZ, Ort)

Vergütungsabrechnung

    Rechnungsnummer ▪▪▪

    Leistungszeitraum ▪▪▪

    Steuer-Nr. oder Umsatzsteuerident-Nr. ▪▪▪

Verfahrensgebühr VV Nr. 3100, 1,3	535,60 Euro
(Gegenstandswert: 8.000 Euro)	
Terminsgebühr VV Nr. 3104, 1,2	494,40 Euro
(Gegenstandswert: 8.000 Euro)	
Post- und Telekommunikationspauschale VV Nr. 7002	20,00 Euro
Zwischensumme	1.050,00 Euro
Abzüglich Vorschuss netto	-500,00 Euro
Zwischensumme	550,00 Euro
19 % Umsatzsteuer, VV Nr. 7008	104,50 Euro
Summe	654,50 Euro

---

[659] S. hierzu näher das Beispiel Mayer/Kroiß-*Klees*, § 9 Rn 43.

§ 1 Allgemeine Korrespondenz

■■■

(Rechtsanwalt)

3. Muster: Vergütungsabrechnung auf der Basis einer Vergütungsvereinbarung (Zeithonorar)

Sehr geehrte Damen und Herren,

wir nehmen Bezug auf die Vergütungsvereinbarung vom ■■■ und geben auf der beiliegenden Vergütungsabrechnung den bei uns im Monat ■■■ weiter angefallenen Zeitaufwand auf der beiliegenden Vergütungsabrechnung mit der höflichen Bitte um baldigen Rechnungsausgleich bekannt.

Mit freundlichen Grüßen

■■■

(Rechtsanwalt)

Firma ■■■

■■■ (Straße)

■■■ (PLZ, Ort)

Vergütungsabrechnung

    Rechnungsnummer ■■■

    Leistungszeitraum ■■■

    Steuer-Nr. oder Umsatzsteuerident-Nr. ■■■

Vereinbartes Honorar gemäß § 4 RVG

Zeithonorar gemäß beiliegender Aufstellung	3.000,00 Euro
19 % Umsatzsteuer, VV Nr. 7008	570,00 Euro
Summe	3.570,00 Euro

■■■

(Rechtsanwalt)

Anlage Abrechnung Zeithonorar zur Akte ■■■ vom 1.3.2007–31.3.2007

Datum	Bearbeiter	Tätigkeit	von	bis	Min	Betrag
2.3.2007	RA Dr. X	Anfertigung Vertragsentwurf iS A-GmbH	8.30	10.30	120	600
6.3.2007	RA Dr. X	Besprechung des Entwurfs	9.15	10.15	60	300
8.3.2007	RA Dr. X	Umsetzung der Änderungswünsche im Vertragsentwurf	14.30	16.30	120	600

E. Abrechnung nach § 10 RVG

Datum	Bearbeiter	Tätigkeit	von	bis	Min	Betrag
14.3.2007	RA Dr. X	Prüfung des Schreibens der Ggs. iS X vom ▪▪▪. und Abfassung der Stellungnahme (E-Mail vom ▪▪▪.)	16.00	17.30	90	450
15.3.2007	RA Dr. X	Besprechung mit Ggs. iS A-GmbH	9.30	11.30	120	600
20.3.2007	RA Dr. X	Anfertigung Berufungsbegründung iS ▪▪▪.	15.30	17.00	90	450
		Zeitaufwand				**10 h**
		Summe				**3.000,00**

4. Muster: Vergütungsabrechnung auf der Grundlage einer Gebührenvereinbarung nach § 34 I 1 RVG

Sehr geehrte(r) Frau/Herr ▪▪▪,

wir nehmen Bezug auf die Gebührenvereinbarung vom ▪▪▪ und geben auf der beiliegenden Vergütungsabrechnung die vereinbarte Gebühr für die Beratung am ▪▪▪ in der Angelegenheit ▪▪▪ mit der höflichen Bitte um baldigen Rechnungsausgleich bekannt.

Sollte die Angelegenheit wie von uns empfohlen von Ihnen weiterverfolgt werden, wird die hier angefallene Gebühr auf die dann anfallenden weiteren Gebühren nach den Vorschriften des Rechtsanwaltsvergütungsgesetzes angerechnet.

Mit freundlichen Grüßen

▪▪▪

(Rechtsanwalt)

Herrn/Frau ▪▪▪

▪▪▪ (Straße)

▪▪▪ (PLZ, Ort)

Vergütungsabrechnung

     Rechnungsnummer ▪▪▪

     Leistungszeitraum ▪▪▪

     Steuer-Nr. oder Umsatzsteuerident-Nr. ▪▪▪

Vereinbarte Gebühr gemäß § 34 I 1 RVG	300,00 Euro
19 % Umsatzsteuer, VV Nr. 7008	57,00 Euro
Summe	357,00 Euro

▪▪▪

(Rechtsanwalt)

§ 1 Allgemeine Korrespondenz

5. Muster: Vergütungsabrechnung auf der Basis einer Gebührenvereinbarung nach § 34 I 1 RVG mit Ausschluss der Anrechnung nach § 34 II RVG

Sehr geehrte(r) Frau/Herr ▬▬▬,

wir nehmen Bezug auf die Gebührenvereinbarung vom ▬▬▬ und geben auf der beiliegenden Vergütungsabrechnung die vereinbarte Gebühr für die Beratung am ▬▬▬ in der Angelegenheit ▬▬▬ mit der höflichen Bitte um baldigen Rechnungsausgleich bekannt.

Für den Fall, dass Sie die Angelegenheit wie von uns empfohlen außergerichtlich weiterverfolgen wollen, halten wir bei dieser Gelegenheit fest, dass wir vereinbart haben, dass die Gebühr für die Beratung am ▬▬▬ nicht auf weitere Gebühren für sonstige Tätigkeiten, die mit der Beratung zusammenhängen, anzurechnen ist.

Mit freundlichen Grüßen

▬▬▬

(Rechtsanwalt)

Herrn/Frau ▬▬▬

▬▬▬ (Straße)

▬▬▬ (PLZ, Ort)

Vergütungsabrechnung

    Rechnungsnummer ▬▬▬

    Leistungszeitraum ▬▬▬

    Steuer-Nr. oder Umsatzsteuerident-Nr. ▬▬▬

Vereinbarte Gebühr gemäß § 34 I 1 RVG	800,00 Euro
19 % Umsatzsteuer, VV Nr. 7008	152,00 Euro
Summe	952,00 Euro

▬▬▬

(Rechtsanwalt)

6. Muster: Vergütungsabrechnung auf der Basis einer Vergütung nach den Vorschriften des bürgerlichen Rechts nach § 34 I 2 RVG

Sehr geehrte Damen und Herren,

in der Anlage überlassen wir angeschlossen das von Ihnen gewünschte Gutachten zu der Frage, ob der von Ihnen geschilderte Sachverhalt hinreichend den Anlass bietet, mit Aussicht auf Erfolg eine außerordentliche Kündigung des Betriebsrats Herrn ▬▬▬ auszusprechen.

Die hier angefallenen Kosten entnehmen Sie bitte beiliegender Vergütungsabrechnung. Wir haben dabei den in unserer Praxisbroschüre sowie auf unserer Homepage angegebenen Pauschalbetrag in Rechnung gestellt.[660]

Mit freundlichen Grüßen

▬▬▬

(Rechtsanwalt)

---

[660] S. hierzu näher oben unter § 1 Rn 229.

E. Abrechnung nach § 10 RVG

Firma ▪▪▪
▪▪▪ (Straße)
▪▪▪ (PLZ, Ort)
Vergütungsabrechnung
    Rechnungsnummer ▪▪▪
    Leistungszeitraum ▪▪▪
    Steuer-Nr. oder Umsatzsteuerident-Nr. ▪▪▪

Gebühr nach § 34 I 2 RVG	1.000,00 Euro
19 % Umsatzsteuer	190,00 Euro
Summe	1.190,00 Euro

▪▪▪
(Rechtsanwalt)

7. Muster: Vergütungsabrechnung für erstes Beratungsgespräch mit Verbraucher ohne Abschluss einer Gebührenvereinbarung

Sehr geehrte(r) Frau/Herr ▪▪▪,

wir nehmen Bezug auf das Beratungsgespräch vom ▪▪▪ und überlassen in der Anlage unsere diesbezügliche Vergütungsabrechnung.

Wir bitten um Rechnungsausgleich binnen 2 Wochen.

Mit freundlichen Grüßen

▪▪▪

(Rechtsanwalt)

Herrn/Frau ▪▪▪
▪▪▪ (Straße)
▪▪▪ (PLZ, Ort)
Vergütungsabrechnung
    Rechnungsnummer ▪▪▪
    Leistungszeitraum ▪▪▪
    Steuer-Nr. oder Umsatzsteuerident-Nr. ▪▪▪

Gebühr nach § 34 I 2, 3 RVG	150,00 Euro
19 % Umsatzsteuer	28,50 Euro
Summe	178,50 Euro

▪▪▪
(Rechtsanwalt)

§ 1 Allgemeine Korrespondenz

8. Muster: Vergütungsabrechnung bei Beratung eines Verbrauchers ohne Abschluss einer Gebührenvereinbarung

Sehr geehrte(r) Frau/Herr ■■■,

wir nehmen Bezug auf das Beratungsgespräch vom ■■■

Wir waren dahingehend verblieben, dass wir die Frage, ob auch Ihre Einkünfte aus ■■■ in die Berechnung des Unterhaltsanspruchs Ihrer geschiedenen Ehefrau einzustellen sind, noch gesondert anhand von Rechtsprechung und Literatur prüfen. Diese Prüfung hat ergeben, dass ■■■

■■■

■■■

■■■

Für weitere Rückfragen stehen wir Ihnen gerne zur Verfügung. Weiter erlauben wir uns, unsere bisherige Beratungstätigkeit mit dem aus der beiliegenden Vergütungsabrechnung ersichtlichen Betrag in Rechnung zu stellen.

Wir bitten um Überweisung auf eines der untenstehenden Konten binnen 2 Wochen.

Mit freundlichen Grüßen

■■■

(Rechtsanwalt)

Herrn/Frau ■■■

■■■ (Straße)

■■■ (PLZ, Ort)

Vergütungsabrechnung

    Rechnungsnummer ■■■

    Leistungszeitraum ■■■

    Steuer-Nr. oder Umsatzsteuerident-Nr. ■■■

Gebühr gemäß § 34 I 2, 3 RVG, Beratung	250,00 Euro
19 % Umsatzsteuer	47,50 Euro
Summe	297,50 Euro

■■■

(Rechtsanwalt)

9. Muster: Vergütungsabrechnung bei Erstattung eines schriftlichen Gutachtens an einen Verbraucher ohne vorherigen Abschluss einer Gebührenvereinbarung

Sehr geehrte(r) Frau/Herr ■■■,

in der Anlage überlassen wir das von Ihnen gewünschte Gutachten zu der Frage, welche rechtlichen Möglichkeiten bestehen, gegen die grenznahe Bepflanzung auf dem Grundstück Ihres Nachbarn ■■■ vorzugehen.

Für unsere gutachterliche Tätigkeit erlauben wir uns, den aus der beiliegenden Vergütungsabrechnung ersichtlichen Betrag in Rechnung zu stellen. Wir bitten um Überweisung innerhalb von 2 Wochen.

Mit freundlichen Grüßen

■■■

(Rechtsanwalt)

Herrn/Frau ■■■

■■■ (Straße)

■■■ (PLZ, Ort)

Vergütungsabrechnung

    Rechnungsnummer ■■■

    Leistungszeitraum ■■■

    Steuer-Nr. oder Umsatzsteuerident-Nr. ■■■

Gebühr gemäß § 34 I 2, 3 RVG, schriftliches Gutachten	250,00 Euro
19 % Umsatzsteuer	47,50 Euro
Summe	297,50 Euro

■■■

(Rechtsanwalt)

F. Bestimmung der angemessenen Gebühr – § 14 RVG

I. Allgemeines

Soweit das RVG für die Vergütung Satzrahmengebühren (zB VV Nr. 2300) oder Betragsrahmengebühren (zB VV Nr. 5107) vorsieht, muss der Anwalt im Einzelfall die konkret zu entrichtende Gebühr innerhalb des Rahmens bestimmen. Die Grundsätze, nach denen dies zu erfolgen hat, werden in § 14 RVG geregelt.   **384**

Nach § 14 I 1 RVG bestimmt bei Rahmengebühren der Rechtsanwalt die Gebühr im Einzelfall unter Berücksichtigung aller Umstände, vor allem des Umfangs und der Schwierigkeit der anwaltlichen Tätigkeit, der Bedeutung der Angelegenheit sowie der Einkommens- und Vermögensverhältnisse des Auftraggebers, nach billigem Ermessen. Nach § 14 I 2 RVG kann ein besonderes Haftungsrisiko des Rechtsanwalts bei der Bemessung herangezogen werden. Bei Rahmengebühren, die sich nicht nach Gegenstandswert richten, ist das Haftungsrisiko nach § 14 I 3 RVG zu berücksichtigen.   **385**

II. Ausübung der Bestimmung

Die Ausübung der Bestimmung erfolgt **durch Erklärung** gegenüber dem Mandanten, üblicherweise in der Übermittlung der Gebührenrechnung gem. § 10 RVG.[661] Hat der Anwalt einmal seine Bestimmung getroffen, ist er an diese **gebunden**. Dies gilt auch dann, wenn sich später herausstellt, dass er bestimmte Umstände bei der Ausübung seines Bestimmungsrechts übersehen hat.[662]   **386**

---

[661] Mayer/Kroiß-*Winkler*, § 14 Rn 42; AnwK-RVG/*Rick*, § 14 Rn 71.
[662] Mayer/Kroiß-*Winkler*, § 14 Rn 43.

387 Die vom Anwalt getroffene Bestimmung ist verbindlich, wenn sie der Billigkeit entspricht, eine unbillige Gebühr wird vom Mandanten nicht geschuldet.[663] Dabei trägt der Rechtsanwalt die **Beweislast** für die Billigkeit der getroffenen Bestimmung.[664]

388 Soweit ein Dritter die Gebühren ersetzen und erstatten muss, liegt die Darlegungs- und Beweislast nach § 14 I 4 RVG beim Dritten.[665] Der Grund für diese gesetzliche Differenzierung dürfte darin liegen, dass der Auftraggeber grundsätzlich berechtigt sein soll, die von seinem Anwalt festgesetzten Rahmengebühren in dieser Höhe auch von einem Dritten ersetzt zu verlangen, es sei denn, dass der Dritte beweist, dass die Ermessensausübung unbillig ist.[666] Dritter im Sinne dieser Vorschrift ist auch der Rechtsschutzversicherer.[667]

III. Bei der Ermessenausübung zu berücksichtigende Umstände

1. Umfang

389 Dieses Kriterium bezieht sich im Wesentlichen auf den **zeitlichen Aufwand** des Anwalts bei der Bearbeitung des Mandats.[668] Dabei kommt es nicht darauf an, wie intensiv die Tätigkeit im Einzelnen ist, es kommt allein darauf an, ob der Anwalt durch die Bearbeitung des Mandats gehindert ist, sich anderen Angelegenheiten zu widmen.[669] Wartezeiten zählen deshalb beispielsweise hinzu.[670] Im Übrigen siehe zu diesem Kriterium noch näher die Ausführungen unten unter § 3 Rn 125.

2. Schwierigkeit der anwaltlichen Tätigkeit

390 Dieses Merkmal betrifft die Intensität der anwaltlichen Arbeit, die losgelöst von ihrem Umfang betrachtet werden muss.[671] Objektiver Maßstab für die Beurteilung der Schwierigkeit anwaltlicher Tätigkeit ist die **Sicht des Allgemeinanwalts**.[672] Es gilt ein objektiv genereller Maßstab.[673]

391 Schwierig ist die anwaltliche Tätigkeit dann, wenn der Anwalt erheblich über dem Durchschnitt liegende Probleme zu lösen hat,[674] diese Probleme können sowohl im tatsächlichen als auch im juristischen Bereich liegen.[675] Siehe auch zu diesem Kriterium näher die Ausführungen unten unter § 3 Rn 126 ff.

---

663 Mayer/Kroiß-*Winkler*, § 14 Rn 45.
664 Mayer/Kroiß/*Teubel*, Das neue Gebührenrecht, § 4 Rn 53; BGHZ 41, 279; 97, 220.
665 AnwK-RVG/*Rick*, § 14 Rn 80.
666 Mayer/Kroiß/*Teubel*, Das neue Gebührenrecht, § 4 Rn 53.
667 AnwK-RVG/*Rick*, § 14 Rn 79; aA Gerold/Schmidt-*Madert*, § 14 Rn 7.
668 Mayer/Kroiß-*Winkler*, § 14 Rn 16.
669 Mayer/Kroiß/*Teubel*, Das neue Gebührenrecht, § 4 Rn 59.
670 AnwK-RVG/*Rick*, § 14 Rn 28.
671 Mayer/Kroiß-*Winkler*, § 14 Rn 20.
672 AnwK-RVG/*Rick*, § 14 Rn 32.
673 AnwK-RVG/*Rick*, § 14 Rn 23.
674 AnwK-RVG/*Rick*, § 14 Rn 33.
675 AnwK-RVG/*Rick*, § 14 Rn 33; Mayer/Kroiß-*Winkler*, § 14 Rn 20.

3. Bedeutung der Angelegenheit

Maßgeblich ist, welche Bedeutung die Angelegenheit **subjektiv für den Auftraggeber** hat.[676] Als Beispiele werden in diesem Zusammenhang genannt Verlust der beruflichen Existenz, gesellschaftliche Stellung, öffentliche Aufmerksamkeit oder Vorstrafe für bislang nicht Vorbestrafte.[677]

392

Bei Wertgebühren bleibt das wirtschaftliche Interesse an der Angelegenheit für die Bemessung grundsätzlich außer Betracht, weil sich die wirtschaftliche Bedeutung bereits im Gegenstandswert niederschlägt; eine erneute Berücksichtigung im Rahmen des Bemessungskriteriums „Bedeutung der Angelegenheit" würde daher zu einer unzulässigen doppelten Gewichtung führen.[678]

393

Eine Korrektur unter besonderer Berücksichtigung der Bedeutung der Angelegenheit für den Auftraggeber hat jedoch immer dann stattzufinden, wenn der Gesetzgeber bei der Streitwertbemessung Beschränkungen angeordnet hat, wenn also der gesetzlich festgelegte Streitwert den wahren wirtschaftlichen Wert nicht vollständig abbildet.[679] Dies gilt beispielsweise bei arbeitsrechtlichen Bestandsstreitigkeiten, für die § 42 IV GKG als Streitwert einen Quartalsverdienst festlegt, der Verdienst eines Vierteljahres ist jedoch nicht identisch mit dem „wirtschaftlichen Wert" eines ungekündigten Arbeitsplatzes. In diesen Fällen liegt daher eine besondere Bedeutung der Angelegenheit für den Auftraggeber vor.[680]

394

4. Einkommensverhältnisse des Auftraggebers

Auszugehen ist hier von den durchschnittlichen Einkommensverhältnissen, wie sie das statistische Bundesamt jährlich feststellt.[681] Bei einem durchschnittlichen Einkommen ist eine höhere Gebühr gerechtfertigt, bei einem unterdurchschnittlichen Einkommen eine geringere Gebühr.[682]

395

5. Vermögensverhältnisse des Auftraggebers

Bei diesem Merkmal sind als Maßstab die **durchschnittlichen Vermögensverhältnisse** in Deutschland anzulegen, wobei der übliche Hausrat und ein kleineres Sparguthaben als Normalfall anzusehen sind.[683] Strittig ist, auf welchen Zeitpunkt bei der Bewertung der wirtschaftlichen Verhältnisse des Auftraggebers abzustellen ist.[684] Teilweise wird vertreten, dass grundsätzlich auf die wirtschaftlichen Verhältnisse zum Zeitpunkt der Abrechnung abzustellen ist, da der Auftraggeber erst zu diesem Zeitpunkt die Kostenrechnung aus seinem Vermögen begleichen müsse.[685] Richtiger Auffassung

396

---

676 Mayer/Kroiß/*Teubel*, Das neue Gebührenrecht, § 4 Rn 74.
677 Mayer/Kroiß-*Winkler*, § 14 Rn 22 mwN
678 Mayer/Kroiß/*Teubel*, Das neue Gebührenrecht, § 4 Rn 74.
679 Mayer/Kroiß/*Teubel*, Das neue Gebührenrecht, § 4 Rn 76.
680 Vgl Mayer/Kroiß/*Teubel*, Das neue Gebührenrecht, § 4 Rn 76.
681 Mayer/Kroiß-*Winkler*, § 14 Rn 23.
682 AnwK-RVG/*Rick*, § 14 Rn 40.
683 AnwK-RVG/*Rick*, § 14 Rn 41.
684 S. hierzu näher Mayer/Kroiß-*Winkler*, § 14 Rn 24.
685 AnwK-RVG/*Rick*, § 14 Rn 44.

nach jedoch kommt es auf den Zeitpunkt an, an dem der Mandant wirtschaftlich am besten gestellt ist.[686]

6. Haftungsrisiko

397 Das RVG unterscheidet insoweit 2 Fälle:[687] So kann zunächst ein besonderes Haftungsrisiko des Rechtsanwalts nach § 14 I 2 RVG bei der Bemessung herangezogen werden. Bei Rahmengebühren, die sich nicht nach Gegenstandswert richten, dies sind Betragsrahmengebühren, ist nach § 14 I 3 RVG das Haftungsrisiko zu berücksichtigen.

398 Das sogenannte „besondere Haftungsrisiko" liegt beispielsweise vor, wenn der Anwalt beauftragt ist, allgemeine Geschäftsbedingungen zu entwerfen, da bei unzureichenden Geschäftsbedingungen ein nicht unerheblicher Schaden des Mandanten entstehen kann,[688] und generell dann, wenn der Anwalt rechtsberatend oder rechtsgestaltend für zukünftige Rechtsbeziehungen tätig wird, da sich aus einer unzureichenden Gestaltung in der Zukunft erhebliche weitere Schäden mit entsprechendem Haftungsrisiko ergeben können.[689] Aber auch in den Fällen, in denen Streitwertbestimmungen nicht das Haftungsrisiko des Anwalts widerspiegeln, beispielsweise durch die Festlegung des Einjahreswertes bei Unterhaltsklagen (§ 42 I GKG) oder des Quartalsverdienstes bei arbeitsrechtlichen Bestandsschutzverfahren (§ 42 IV GKG), liegt ein besonderes, weil nicht durch den Gegenstandswert und die daran geknüpfte Höhe der Wertgebühren abgedecktes besonderes Haftungsrisiko vor.[690]

7. Sonstige Bewertungskriterien

399 Die Aufzählung der Bemessungskriterien in § 14 RVG ist **nicht abschließend**.[691] Sonstige für die Gebührenbemessung wichtige Gesichtspunkte können die Arbeit an Sonn- und Feiertagen oder in der Nacht sowie die Interessenvertretung des Mandanten in der Öffentlichkeit, namentlich gegenüber der Presse, angesehen werden.[692] Auch die Reputation[693] sowie die Berufserfahrung und auch die Fachanwaltsqualifikation können gebührensteigernd berücksichtigt werden.[694]

8. Toleranzgrenze

400 Selbstverständlich ist, dass der Rechtsanwalt für die Gebührenbestimmung keine unsachlichen Gründe berücksichtigen darf.[695] Auch andere, offenbar vom Gesetz nicht gedeckte Gründe für die Gebührenbestimmung dürfen nicht berücksichtigt werden.[696] Liegen aber solche „absolute" Ermessensfehler nicht vor, so kann die vom

---

686 Gerold/Schmidt-*Madert*, § 14 Rn 18; Mayer/Kroiß-*Winkler*, § 14 Rn 25.
687 Mayer/Kroiß-*Winkler*, § 14 Rn 27.
688 Mayer/Kroiß/*Teubel*, Das neue Gebührenrecht, § 4 Rn 84.
689 Mayer/Kroiß/*Teubel*, Das neue Gebührenrecht, § 4 Rn 84.
690 Vgl Mayer/Kroiß-*Winkler*, § 14 Rn 30.
691 Mayer/Kroiß/*Teubel*, Das neue Gebührenrecht, § 4 Rn 85.
692 AnwK-RVG/*Rick*, § 14 Rn 53.
693 AnwK-RVG/*Rick*, § 14 Rn 52; Mayer/Kroiß/*Teubel*, Das neue Gebührenrecht, § 4 Rn 86.
694 Mayer/Kroiß/*Teubel*, Das neue Gebührenrecht, § 4 Rn 86.
695 Mayer/Kroiß/*Teubel*, Das neue Gebührenrecht, § 4 Rn 90.
696 Mayer/Kroiß/*Teubel*, Das neue Gebührenrecht, § 4 Rn 91.

F. Bestimmung der angemessenen Gebühr – § 14 RVG

Anwalt getroffene Gebührenbestimmung nur bei einer deutlichen Abweichung vom richtigen Ergebnis korrigiert werden.[697] Diese sogenannte Toleranzgrenze wurde unter der Geltung der BRAGO regelmäßig mit 20 % Abweichung vom angemessenen Ergebnis angenommen.[698] Auch unter der Geltung des RVG wird von der Rechtsprechung ein **mindestens 20 %iger Toleranzbereich** bejaht.[699] Vielfach wird nunmehr unter der Geltung des RVG sogar eine Toleranzgrenze von 30 % als angemessen angesehen.[700]

---

[697] Mayer/Kroiß/*Teubel*, Das neue Gebührenrecht, § 4 Rn 93.
[698] Mayer/Kroiß/*Teubel*, Das neue Gebührenrecht, § 4 Rn 93; vgl auch AnwK-RVG/*Rick*, § 14 Rn 75.
[699] AG Aachen, NJOZ 2005, 2290 ff. mit Bespr. Mayer, RVG-Letter 2005, 42 f.; OLG Hamm, BeckRS 2007, 05614.
[700] Mayer/Kroiß/*Teubel*, Das neue Gebührenrecht, § 4 Rn 95; AnwK-RVG/*Rick*, § 14 Rn 76; aA weiterhin 20 % Hansens/*Braun/Schneider*, Praxis des Vergütungsrechts, Teil 1 Rn 159; 20 %–25 % Hartung/*Römermann*/Schons, § 14 Rn 91.

§ 2 Allgemeine Gebühren – Teil 1 VV

A. Anwendungsbereich

1 Teil 1 des Vergütungsverzeichnisses umfasst die Vergütungstatbestände Nrn. 1000–1009, dabei betreffen die Vergütungstatbestände Nrn. 1000–1007 die „Einigung" der Parteien in unterschiedlichen Fallgestaltungen und über unterschiedliche Gegenstände, der Vergütungstatbestand VV Nr. 1008 regelt den Mehrvertretungszuschlag und die Nr. 1009 des Vergütungsverzeichnisses schließlich die Hebegebühr.

2 Generell gilt, dass Teil 1 des Vergütungsverzeichnisses die Tatbestände für solche Gebühren enthält, die unabhängig davon entstehen können, welchen Tätigkeitsbereich der dem Rechtsanwalt erteilte Auftrag umfasst und nach welchen weiteren Teilen des Vergütungsverzeichnisses Gebühren anfallen.[1]

B. Gebührentatbestände

I. Einigungsgebühr Nr. 1000 VV

1. Allgemeines

3 Zu den Zielen, die der Gesetzgeber mit dem RVG verfolgte, gehörte u.a. die Förderung der außergerichtlichen Erledigung. Daher wurde ihrer Bedeutung entsprechend mit der 1. – symbolträchtigen – Nr. 1000 die Einigungsgebühr in das Vergütungsverzeichnis eingestellt.[2] Die Einigungsgebühr trat an die Stelle der bisherigen Vergleichsgebühr des § 23 BRAGO. Die Einigungsgebühr nach Nr. 1000 VV hat jedoch gegenüber der früheren Vergleichsgebühr des § 23 BRAGO einen weiteren Anwendungsbereich. Sie setzt nämlich nicht mehr wie die frühere Regelung in § 23 BRAGO voraus, dass ein Vergleich iS des § 779 ZPO zustande gekommen ist, sondern es **genügt, wenn durch Vertrag der Streit oder die Ungewissheit der Parteien über ein Rechtsverhältnis beseitigt wird**.[3] Die Einigungsgebühr gelangt nur dann nicht zur Entstehung, wenn der von den Beteiligten geschlossene Vertrag das Anerkenntnis der gesamten Forderung durch den Schuldner oder den Verzicht des Gläubigers auf den gesamten Anspruch ausschließlich zum Inhalt hat.[4] Eine Einigung mit Entstehung der Einigungsgebühr nach Nr. 1000 VV ist somit auch dann zu bejahen, wenn in einem Rechtsstreit der Kläger die Klage zum Teil zurücknimmt und der Beklagte im Übrigen die Klageforderung anerkennt. Haben die Parteien dies verabredet und beruht diese Entscheidung nicht nur auf einem einseitigen Entschluss des Klägers bzw einem entsprechenden Entschluss des Beklagten, ist die Einigungsgebühr entstanden.[5] Werden nicht lediglich eine Klagerücknahme protokolliert ohne sonstige Vereinbarungen oder ein Anerkenntnis, entsteht in aller Regel die Einigungsgebühr, wird allerdings nur das Rechtsmittel zurückgenommen ohne eine sonstige Einigung, liegt lediglich ein Verzicht vor, der nicht zur Einigungsgebühr führt.[6]

---

1 BT-Drucks. 15/1971, S. 204.
2 BT-Drucks. 15/1971, S. 147.
3 BT-Drucks. 15/1971, S. 204.
4 BGH, NJW-RR 2007, 359 f. mit Bespr. Mayer, RVG-Letter 2007, 5.
5 Mayer/Kroiß-*Klees*, Nr. 1000 VV Rn 28.
6 Mayer/Kroiß-*Klees*, Nr. 1000 VV Rn 29.

B. Gebührentatbestände

Aus ihrer Stellung in Teil 1 des Vergütungsverzeichnisses folgt, dass die Einigungsgebühr **nie isoliert** entsteht, sondern nur in Verbindung mit einer sonstigen Gebühr, allerdings nicht neben einer Gebühr des Teils 1 VV.[7] Der Hauptanwendungsfall für das Entstehen der Einigungsgebühr nach Nr. 1000 VV sind zivilrechtliche Angelegenheiten.[8] Soweit über die Ansprüche vertraglich verfügt werden kann, kann die Einigungsgebühr nach Absatz 4 der Anmerkung auch bei Rechtsverhältnissen des öffentlichen Rechts entstehen. In Privatklageverfahren tritt nach Satz 3 von Absatz 1 der Anmerkung zum Vergütungstatbestand an Stelle der als Wertgebühr ausgestalteten Einigungsgebühr der Nr. 1000 VV die Betragsrahmengebühr Nr. 4147 VV mit einem Rahmen von 20 Euro–150 Euro für den Wahlanwalt und einer Festgebühr von 68 Euro für den gerichtlich bestellten oder beigeordneten Rechtsanwalt.[9]

Nach Absatz 2 der Anmerkung zum Vergütungstatbestand entsteht die Einigungsgebühr auch für die **Mitwirkung bei Vertragsverhandlungen**, es sei denn, dass diese für den Abschluss des Vertrages iS von Absatz 1 der Anmerkung nicht ursächlich war. Damit ist klargestellt, dass der Rechtsanwalt die Einigungsgebühr auch dann verdient, wenn er nicht unmittelbar bei dem Abschluss des Vertrages zugegen ist, sondern seine Mitwirkung sich in der Beteiligung an den Verhandlungen erschöpft.[10] Weiter stellt Absatz 2 der Anmerkung zum Vergütungstatbestand eine Beweislastregelung auf, wonach der Mandant beweisen muss, dass die Mitwirkung des Rechtsanwalts für die Einigung letztlich doch nicht ursächlich war, wobei die Beweislastumkehr dem Wortsinn nach sich nicht auf die Mitwirkung als solche, sondern die Ursächlichkeit, wobei Mitursächlichkeit ausreicht, bezieht.[11]

Im Regelfall bedarf der Einigungsvertrag keiner besonderen Form, um die Einigungsgebühr auszulösen; so kann die Einigung mündlich, telefonisch, schriftlich, und auch zu gerichtlichem Protokoll geschlossen werden.[12] Etwas anderes gilt, wenn materiellrechtlich eine besondere Form vorgeschrieben ist. Ist diese nicht erfüllt, fehlt es bereits an einer wirksamen Einigung und somit an einer Voraussetzung für das Entstehen der Einigungsgebühr.[13] Die Einigungsgebühr nach Nr. 1000 VV entsteht mit dem Gebührensatz von 1,5.

2. Sonderfälle

a) Unfallregulierung

Nach überwiegender Meinung fällt in **reinen Abrechnungsfällen** keine Einigungsgebühr an.[14] Eine differenzierte Betrachtung ist jedoch für den Fall angebracht, wenn die Zahlung der Versicherung nicht darauf beruht, dass sie nur den nach ihrer Ansicht berechtigten Betrag zahlen will, sondern wenn sie einen Betrag zahlt, der nach ihrer Auffassung im Bereich des Vertretbaren liegt, weil sie die Sache abschließen möchte.

---

7 Mayer/Kroiß-*Klees*, Nr. 1000 VV Rn 1; *Hansens*/Braun/Schneider, Praxis des Vergütungsrechts, Teil 6 Rn 4.
8 *Hansens*/Braun/Schneider, Praxis des Vergütungsrechts, Teil 6 Rn 9.
9 Mayer/Kroiß-*Klees*, Nr. 1000 VV Rn 4.
10 Mayer/Kroiß-*Klees*, Nr. 1000 VV Rn 34.
11 Mayer/Kroiß-*Klees*, Nr. 1000 VV Rn 34.
12 *Hansens/Braun*/Schneider, Praxis des Vergütungsrechts, Teil 6 Rn 19.
13 *Hansens/Braun*/Schneider, Praxis des Vergütungsrechts, Teil 6 Rn 20.
14 Mayer/Kroiß-*Klees*, Nr. 1000 VV Rn 12; AnwK-RVG/*N.Schneider*, VV Nr. 1000 Rn 78; BGH, NJW-RR 2007, 359 f. mit Bespr. Mayer, RVG-Letter 2007, 5.

In einem solchen Fall liegt zumindest ein konkludentes Angebot auf eine gütliche Einigung vor, so dass die Einigungsgebühr entstehen kann.[15]

b) Ratenzahlungsvergleich

8 Auch im Rahmen der Zwangsvollstreckung kann durch eine Ratenzahlungsvereinbarung die Einigungsgebühr entstehen.[16]

c) Familienrecht

9 Eine Vielzahl von Anwendungsfragen der Einigungsgebühr stellt sich im Familienrecht. Obwohl es der Begriff zunächst nicht ohne Weiteres nahe legt, führt jedoch der **gegenseitige Unterhaltsverzicht** im Scheidungsverfahren zum Entstehen der Einigungsgebühr, zumindest dann, wenn zwar aktuell kein Unterhalt geltend gemacht wird, dies aber in der Zukunft möglich gewesen wäre, und zwar auf beiden Seiten.[17] Auch im **isolierten Sorgerechtsverfahren** kann die Einigungsgebühr entstehen.[18] So reicht es beispielsweise aus, dass die Eltern zunächst gegenläufige Anträge auf Übertragung der elterlichen Alleinsorge gestellt haben und nach Einholung eines kinderpsychologischen Gutachtens anlässlich ihrer Anhörung auf Vorschlag des Familiengerichts eine Einigung dahingehend erzielen, dass es bei der gemeinsamen elterlichen Sorge bewenden und der Mutter das Recht der Aufenthaltsbestimmung und der Gesundheitsfürsorge übertragen werden soll; die Einigungsgebühr ist auch dann entstanden, wenn das Familiengericht das Verfahren durch Beschluss beendet und der Mutter das Aufenthaltsbestimmungsrecht und das Recht der Gesundheitsfürsorge überträgt.[19] Differenzierter ist das Meinungsbild in der Rechtsprechung beim **Verzicht auf den Versorgungsausgleich**. Nach dem OLG Hamm entsteht keine Einigungsgebühr bei gegenseitigem Verzicht auf die Durchführung des Versorgungsausgleichs im Ehescheidungsverbund.[20] Eine Einigungsgebühr hingegen zugebilligt hat das OLG Nürnberg für einen Verzicht auf die Durchführung des Versorgungsausgleichs im Rahmen einer Einigung nach § 1587o BGB, dort stand allerdings vor dem Verzicht auf die Durchführung des Versorgungsausgleichs die Frage im Raum, ob der an sich zugunsten des Antragstellers durchzuführende Versorgungsausgleich nach § 1587c Nr. 1 BGB als unbillig auszuschließen oder zu beschränken war.[21]

d) Arbeitsrecht

10 Im Arbeitsrecht hat die **„Rücknahme" einer Kündigung** große praktische Bedeutung für das Entstehen einer Einigungsgebühr. So löst die „Rücknahme" einer Kündigung durch den Arbeitgeber verbunden mit dem Angebot, das Arbeitsverhältnis „infolge veränderter Umstände" fortzusetzen, bei Annahme durch den Arbeitnehmer eine Einigungsgebühr aus.[22] Auf der gleichen Linie liegt auch die Entscheidung des LAG

---

15 AnwK-RVG-*N.Schneider*, VV Nr. 1000 Rn 79.
16 S. hierzu unten § 8 Rn 57 ff.
17 OLG Koblenz, NJW 2006, 850 mit Bespr. Mayer, RVG-Letter 2005, 124; OLG Frankfurt, NJOZ 2006, 3708 f. mit Bespr. Mayer, RVG-Letter 2006, 111 f.
18 OLG Zweibrücken, NJOZ 2006, 1931 ff. mit Bespr. Mayer, RVG-Letter 2006, 50 f.; OLG Zweibrücken, NJOZ 2006, 3975 f. mit Bespr. Mayer, RVG-Letter 2006, 119 f.
19 OLG Zweibrücken, NJOZ 2006, 3975 f. mit Bespr. Mayer, RVG-Letter 2006, 119 f.
20 OLG Hamm, BeckRS 2007, 09758 mit Anm. Mayer, FD-RVG 2007, 231453; OLG Stuttgart, NJW 2007, 1072.
21 OLG Nürnberg, NJW 2007, 1071 f. mit Bespr. Mayer, RVG-Letter 2006, 122 f.
22 LAG Berlin, NZA-RR 2005, 488 mit Bespr. Mayer, RVG-Letter 2005, 92.

Düsseldorf,[23] sie geht sogar noch einen kleinen Schritt weiter. Denn während in dem der Entscheidung des LAG Berlin zugrunde liegenden Verfahren die Beklagte der Klägerin des Kündigungsrechtsstreits die Fortsetzung des Arbeitsverhältnisses „infolge veränderter Umstände" und damit gerade unabhängig von der sozialen Rechtfertigung der ausgesprochenen Kündigung angeboten hätte, ließ das LAG Düsseldorf für die Entstehung der Einigungsgebühr selbst die „Minimalformulierung" gelten, dass die Parteien sich einig sind, dass ihr Arbeitsverhältnis ungekündigt fortbesteht und dass damit der Rechtsstreit erledigt sei. Zum gleichen Ergebnis, wenn auch mit anderer Begründung, kam das LAG Köln.[24] Während das LAG Düsseldorf darauf abstellte, dass es sich bei der Kündigung um eine einseitige, empfangsbedürftige Willenserklärung handelt, die nach Zugang vom Kündigenden nicht mehr einseitig zurückgenommen werden kann, so dass mit der Vereinbarung über den Fortbestand des Arbeitsverhältnisses mehr geregelt werde, als einseitig durch ein Anerkenntnis zu erzielen wäre, war für das LAG Köln entscheidend, dass durch die mit dem Vergleichsabschluss verbundene Kostenaufhebung zumindest auf eine Kostenerstattung für eigene Kosten oder fiktive Reisekosten des Prozessbevollmächtigten verzichtet werde, so dass aus diesem Grunde kein bloßes Anerkenntnis vorliege. Auch das BAG hat schließlich anerkannt, dass dann, wenn die Prozessparteien im Rahmen eines Kündigungsrechtsstreits eine Einigung darüber treffen, dass der Arbeitgeber die Kündigung und der Arbeitnehmer die Kündigungsschutzklage zurücknimmt, für die beteiligten Rechtsanwälte eine Einigungsgebühr anfällt, da die Vereinbarung über die Wirkung eines bloßen Anerkenntnisses hinausgehe, weil der Arbeitnehmer auf die Möglichkeit eines Auflösungsantrags nach § 9 KSchG verzichtet. Darauf, ob ein derartiger Antrag im Raum stand, kommt es nach dem BAG nicht an.[25]

e) Festsetzbarkeit der Einigungsgebühr

In der Rechtsprechung herrschte zunächst die Auffassung vor, dass die Festsetzung der Einigungsgebühr nach VV Nrn. 1000, 1003 im Kostenfestsetzungsverfahren nach den §§ 103, 104 ZPO erfordert, dass die Parteien einen als Vollstreckungstitel tauglichen Vergleich nach § 794 I ZPO haben protokollieren lassen.[26] Mittlerweile hat aber der **BGH** seine frühere **Rechtsprechung geändert**. Der 2. Senat hat entschieden, dass für die Festsetzbarkeit einer Einigungsgebühr ausreichend ist, dass glaubhaft gemacht wird, dass die Parteien eine Vereinbarung im Sinne des Vergütungstatbestandes VV Nr. 1000 geschlossen haben. Die Protokollierung eines als Vollstreckungstitel tauglichen Vergleichs nach § 794 I Nr. 1 ZPO ist nicht erforderlich.[27] Der 8. Zivilsenat hält an seiner gegenteiligen Auffassung nicht mehr fest.[28]

---

23 LAG Düsseldorf, NZA-RR 2005, 604 mit Bespr. Mayer, RVG-Letter 2005, 116 f.
24 LAG Köln, NZA-RR 2006, 44 mit Bespr. Mayer, RVG-Letter 2006, 10 f.
25 BAG, NJW 2006, 1997 f. mit Bespr. Mayer, RVG-Letter 2006, 69 f.
26 BGH, NJW 2006, 1523 ff. mit Bespr. Mayer, RVG-Letter 2007, 57 ff.; OLG Frankfurt, BeckRS 2007, 09843; OLG München, BeckRS 2007, 02914 mit Bespr. Mayer, RVG-Letter 2007, 27 f.
27 BGH, BeckRS 2007, 08699 mit Anm. Mayer, FD-RVG 2007, 225673; ihm folgend OLG Stuttgart, BeckRS 2007, 11325.
28 Vgl BGH, BeckRS 2007, 08699.

II. Aussöhnungsgebühr VV Nr. 1001

1. Allgemeines

12 Die Aussöhnungsgebühr entsteht für die Mitwirkung bei der Aussöhnung, wenn der ernstliche Wille eines Ehegatten, eine Scheidungssache oder ein Verfahren auf Aufhebung der Ehe anhängig zu machen, hervorgetreten ist und die Ehegatten die eheliche Lebensgemeinschaft fortsetzen oder die eheliche Lebensgemeinschaft wieder aufnehmen, entsprechendes gilt bei Lebenspartnerschaften. Der Gesetzgeber will damit der Bedeutung der Ehe oder Lebenspartnerschaft Rechnung tragen und ist gesetzestechnisch notwendig, weil die Aussöhnung kein Vertrag iS von Absatz 1 Satz 1 der Anmerkung zu VV Nr. 1000 darstellt.[29]

2. Höhe der Gebühr

13 Soweit nicht die Voraussetzungen des Vergütungstatbestandes VV Nr. 1003 erfüllt sind, entsteht die Aussöhnungsgebühr nach VV Nr. 1001 mit dem Gebührensatz von 1,5.

III. Erledigungsgebühr VV Nr. 1002

1. Allgemeines

14 In Rechtsverhältnissen des öffentlichen Rechts kann die Einigungsgebühr nach Nr. 1000 VV für die Mitwirkung beim Abschluss eines Vertrages, durch den der Streit oder die Ungewissheit der Parteien über ein Rechtsverhältnis beseitigt wird, oder für die Mitwirkung bei Vertragsverhandlungen nur insoweit anfallen, als über die Ansprüche vertraglich verfügt werden kann. Soweit jedoch in den Rechtsverhältnissen des öffentlichen Rechts die Einigungsgebühr nach Nr. 1000 VV nicht entstehen kann, dient die Erledigungsgebühr nach Nr. 1002 VV dazu, den Anwalt mit einer zusätzlichen Gebühr zu entlohnen, wenn aufgrund seiner über das normale, mit dem Betreiben des Verfahrens üblicherweise verbundenen Maß hinausgehenden Tätigkeit der angefochtene Verwaltungsakt aufgehoben oder geändert oder der bislang abgelehnte Verwaltungsakt ganz oder teilweise erlassen wird, so dass sich die Rechtssache erledigt und für alle Parteien nützlich eine Lösung ohne gerichtliche Entscheidung erreicht wird.[30]

15 Hinsichtlich desselben Gegenstands kann eine Erledigungsgebühr nach Nr. 1002 VV nicht zusätzlich zu einer Einigungsgebühr nach Nr. 1000 VV geltend gemacht werden.[31] Die Gebühr kann für jeden Anwalt entstehen, auch für den, der nur beratend tätig geworden ist, wenn er nur in dem erforderlichen Maße an der Erledigung mitgewirkt hat.[32]

16 Der Gebührentatbestand VV Nr. 1002 ist in Teil 1 – allgemeine Gebühren – des Vergütungsverzeichnisses aufgeführt. Dies bedeutet, dass die Erledigungsgebühr in allen in den folgenden Teilen des Vergütungsverzeichnisses genannten Verfahren entstehen

---

29 BT-Drucks. 15/1971, S. 204.
30 AnwK-RVG/*Wolf*, VV Nr. 1002 Rn 2.
31 Gerold/Schmidt-*v.Eicken*, VV Nr. 1002 Rn 3; AnwK-RVG/*Wolf*, VV Nr. 1002 Rn 2.
32 AnwK-RVG/*Wolf*, VV Nr. 1002 Rn 3.

kann, sofern die Tatbestandsvoraussetzungen für das Entstehen der Erledigungsgebühr nach Nr. 1002 VV in diesem Verfahren gegeben sind.[33]

Des Weiteren steht der Gebührentatbestand Nr. 1002 VV in einem Komplementärverhältnis zum Gebührentatbestand Nr. 1005 VV. Die Erledigungsgebühr nach Nr. 1002 VV entsteht nur dann, soweit nicht der Gebührentatbestand Nr. 1005 VV, die Einigung oder Erledigung in sozialrechtlichen Angelegenheiten, in denen im gerichtlichen Verfahren Betragsrahmengebühren entstehen, vorliegt.[34]   17

2. Voraussetzungen des Vergütungstatbestands

a) Rechtssache

Die Erledigungsgebühr Nr. 1002 VV entsteht, wenn sich eine Rechtssache ganz oder teilweise **nach Aufhebung oder Änderung** des mit einem Rechtsbehelf angefochtenen Verwaltungsakts durch anwaltliche Mitwirkung erledigt. Nach Satz 2 der Anmerkung zum Vergütungstatbestand entsteht die Erledigungsgebühr nach Nr. 1002 VV auch, wenn sich eine Rechtssache ganz oder teilweise durch Erlass eines bisher abgelehnten Verwaltungsakts erledigt.   18

Der Vergütungstatbestand VV Nr. 1002 VV ist **erweiternd auszulegen** und findet auch Anwendung in: 19

- Verfahren wegen Untätigkeit der Behörde (Untätigkeitsklagen)[35]
- Verfahren auf Feststellung der Nichtigkeit oder Unwirksamkeit eines Verwaltungsakts (Nichtigkeitsklage)[36]
- Verfahren nach § 80 V und VI VwGO/§ 69 III FGO[37]

Keine Anwendung findet der Vergütungstatbestand VV Nr. 1002 dagegen bei: 20

- reinen Leistungsklagen[38]
- Feststellungsklagen, die nicht die Unwirksamkeit oder Nichtigkeit eines Verwaltungsakts zum Gegenstand haben[39]
- Normenkontrollverfahren (§ 47 VwGO)[40]

Der Zweig der Gerichtsbarkeit ist bei den gerichtlichen Verfahren ohne Bedeutung; in Betracht kommen insbesondere Anfechtungs-, Verpflichtungs- sowie Untätigkeitsklagen vor den Verwaltungs- und Finanzgerichten.[41] Rechtssachen im Sinne des Gebührentatbestandes sind aber auch Verfahren vor den ordentlichen Gerichten oder Landwirtschaftsgerichten, die auf Aufhebung oder Änderung von Verwaltungsakten ge-   21

---

33 Mayer/Kroiß-*Mayer*, VV Nr. 1002 Rn 4.
34 Mayer/Kroiß-*Mayer*, VV Nr. 1002 Rn 5.
35 VGH Baden-Württemberg, JurBüro 1991, 679; Hansens, § 24 BRAGO Rn 2; Mayer/Kroiß-*Mayer*, VV Nr. 1002 Rn 8.
36 AnwK-RVG/*Wolf*, VV Nr. 1002 Rn 7.
37 Strittig, dafür Gerold/Schmidt-*v.Eicken*, VV Nr. 1002 Rn 25; Hartmann, VV Nr. 1002 Rn 5; AnwK-RVG/*Wolf*, VV Nr. 1002 Rn 7; aA BFH, NJW 1969, 344.
38 AnwK-RVG/*Wolf*, VV Nr. 1002 Rn 8; Hansens, § 24 BRAGO Rn 2.
39 AnwK-RVG/*Wolf*, VV Nr. 1002 Rn 8.
40 AnwK-RVG/*Wolf*, VV Nr. 1002 Rn 8; Hansens, § 24 BRAGO Rn 2.
41 Mayer/Kroiß-*Mayer*, VV Nr. 1002 Rn 10.

richtet sind. Hierzu gehören beispielsweise Verfahren nach den §§ 217ff. BauGB, § 212 BEG; § 111 BNotO, §§ 37ff., 223 BRAO, § 23 EGGVG.[42]

b) Erledigung

22 Der Gebührentatbestand setzt voraus, dass sich die Rechtssache ganz oder teilweise nach Aufhebung oder Änderung des mit einem Rechtsbehelf angefochtenen Verwaltungsakts oder Erlass des bisher abgelehnten Verwaltungsakts erledigt hat. Eine Erledigung im Sinne der Nr. 1002 VV liegt vor, wenn eine abschließende streitige Entscheidung in der Hauptsache ganz oder auch nur teilweise nicht mehr notwendig ist.[43] Eine Erledigung ist auch noch im Rechtsmittelverfahren möglich.[44] Ein gegenseitiges Nachgeben ist ebenso wenig erforderlich wie eine übereinstimmende Erledigungserklärung.[45] Zusätzlich muss die Behörde von einem gegenüber dem Antragsteller eingenommenen ungünstigen Rechtsstandpunkt ganz oder teilweise abgerückt sein; sie muss also einen erlassenden Verwaltungsakt teilweise, sei es auch nur geringfügig, zurückgenommen oder abgeändert oder einen bislang verweigerten Verwaltungsakt jedenfalls in Teilbereichen erlassen haben.[46]

23 In der Frage, ob eine Erledigung in diesem Sinne vorliegt, liegt eine **reichhaltige Kasuistik** vor; **Erledigung** wurde in folgenden Fällen **bejaht**:

- Dem Entstehen der Erledigungsgebühr steht nicht entgegen, dass der Rechtsstreit nicht aufgrund übereinstimmender Erledigungserklärungen endet, sondern der Gebührentatbestand greift auch ein, wenn der Beklagte die Erledigung bestreitet und sie durch Urteil festgestellt wird.[47]
- Eine Erledigungsgebühr kommt auch in Betracht, wenn ein Verwaltungsakt noch nicht ergangen war, die Voraussetzungen für die Untätigkeitsklage aber zu bejahen waren und die Hauptsache nach außergerichtlichen Verhandlungen durch den Erlass der erstrebten Genehmigung erledigt worden ist.[48]
- Eine Erledigung ist auch zu bejahen, wenn die Behörde in der Weise nachgibt, dass sie einen dem abgelehnten Verwaltungsakt ähnlichen, den Antragsteller ebenfalls zufriedenstellenden Verwaltungsakt erlässt.[49]
- Erledigung liegt vor, wenn ein Asylbewerber sich auf Betreiben seines bevollmächtigten Anwalts mit einer ihm erteilten befristeten Aufenthaltserlaubnis zufrieden gibt und seine Asylklage zurückzieht.[50]

24 Eine **Erledigung** liegt hingegen **nicht** vor, wenn

- bei einem teilbaren Verwaltungsakt hinsichtlich eines Teils die Hauptsache durch Einlenken der Behörde nach einem Hinweis des Gerichts in der Hauptsache erledigt wurde und hinsichtlich des anderen Teils der Rechtsanwalt auf seinen Man-

---

42 AnwK-RVG/ *Wolf,* VV Nr. 1002 Rn 10.
43 AnwK-RVG/ *Wolf,* VV Nr. 1002 Rn 11; Hartmann, VV Nr. 1002 Rn 8; Hansens, § 24 BRAGO Rn 3.
44 AnwK-RVG/ *Wolf,* VV Nr. 1002 Rn 11.
45 AnwK-RVG/ *Wolf,* VV Nr. 1002 Rn 11 mwN
46 AnwK-RVG/ *Wolf,* VV Nr. 1002 Rn 13; AG Delbrück, AnwBl. 2001, 184 f.
47 VG Wiesbaden, JurBüro 2001, 250 f.
48 VGH Baden-Württemberg, JurBüro 1991, 1357 f.
49 VGH Baden-Württemberg, AnwBl. 1982, 208.
50 OVG Bremen, JurBüro 1991, 1071 f.

danten im Wege der Beratung einwirkt, die Klage trotz des fehlenden Einlenkens der Behörde zurückzunehmen,[51]
- die Behörde im Verpflichtungsrechtsstreit den den Ablehnungsbescheid bestätigenden Widerspruchsbescheid aufhebt und der Kläger daraufhin die Klage zurücknimmt,[52]
- der angefochtene Verwaltungsakt weder abgeändert noch zurückgenommen wird, sondern sich allein durch nachträglich eingetretene Umstände erledigt,[53]
- sich ein Verfahren auf Erteilung einer Aufenthaltsgenehmigung gegen die bisher zuständige Ausländerbehörde dadurch erledigt, dass die nunmehr zuständige Ausländerbehörde die begehrte Erlaubnis erteilt,[54]
- die Behörde ein Rechtsmittel gegen ein Urteil zurücknimmt, durch das der angefochtene Verwaltungsakt aufgehoben worden ist,[55]
- vor Einleitung eines förmlich gegen den Verwaltungsakt gerichteten Anfechtungsverfahrens die Behörde bereits auf eine formlose Gegenvorstellung hin ihren Verwaltungsakt zurücknimmt,[56]
- der Rechtsanwalt eines Asylbewerbers es aufgrund besonderer Bemühungen erreicht, dass der Bundesbeauftragte für Asylangelegenheiten die Berufung gegen ein der Asylverpflichtungsklage stattgebendes Urteil zurücknimmt,[57]
- sich die Verwaltungsbehörde lediglich aufschiebend bedingt verpflichtet, dem ursprünglichen Antrag des Rechtsuchenden zu entsprechen und damit den angefochtenen Verwaltungsakt durch einen für den Antragsteller positiven Verwaltungsakt zu ersetzen,[58]
- die Erledigung durch andere Umstände als durch Aufhebung oder Änderung des angefochtenen Verwaltungsakts herbeigeführt wird,[59]
- die Hauptsache wegen Zurücknahme des angefochtenen Verwaltungsakts durch die Ausgangsbehörde im Hinblick auf eine Entscheidung des Bundesverwaltungsgerichts in einer gleichgelagerten Streitsache für erledigt erklärt wird,[60]
- der Verwaltungsakt erlassen wird, weil der Antragsteller alle geforderten Voraussetzungen erfüllt hat.[61]

Die gelegentlich anzutreffende Aussage, eine Angelegenheit sei auch dann erledigt, wenn sich der Antragsteller mit einem Weniger, als er begehrt hat, zufrieden gibt,[62] ist zu undifferenziert.[63] Eine Erledigung liegt nicht vor, wenn der Auftraggeber lediglich

25

---

[51] VG Weimar, ThürVBl 2003, 42.
[52] OVG für das Land Nordrhein-Westfalen, AnwBl. 1998, 345 f.
[53] AG Bad Neuenahr-Ahrweiler, JurBüro 1996, 379.
[54] OVG Hamburg, NVwZ-RR 1994, 621 f.
[55] BVerwG, DVBl. 1964, 79.
[56] LG Aachen, JurBüro 1987, 923 f.
[57] Hessischer VGH, AnwBl. 1986, 411 f.
[58] LG Braunschweig, JurBüro 1985, 398 f.
[59] OVG Lüneburg, AnwBl. 1982, 537 f.
[60] VGH München, BayVBl. 1972, 615 f.
[61] LG Berlin, JurBüro 1989, 1270 ff.
[62] Gerold/Schmidt-*v.Eicken*, VV Nr. 1002 Rn 10.
[63] Mayer/Kroiß-*Mayer*, VV Nr. 1002 Rn 15.

ein Aliud begehrt, die an dem Verfahren beteiligte Behörde ihren Rechtsstandpunkt somit nicht aufgegeben hat.[64]

c) Mitwirkung des Rechtsanwalts

26 Der Gebührentatbestand Nr. 1002 VV setzt voraus, dass sich die Rechtssache nach Aufhebung oder Änderung des angefochtenen oder durch Erlass eines bislang abgelehnten Verwaltungsakts *durch die anwaltliche Mitwirkung* erledigt.

27 Unter anwaltlicher Mitwirkung ist **mehr als bloße Kausalität** zu verstehen. Vielmehr verlangt die herrschende Meinung eine besondere, nicht nur unwesentliche und gerade auf die außergerichtliche Erledigung gerichtete Tätigkeit des Anwalts.[65]

28 Zu der Frage, wann eine solche besondere und gerade auf die außergerichtliche Erledigung gerichtete Tätigkeit des Anwalts vorhanden ist, liegt eine reichhaltige, zum Teil auch widersprüchliche **Kasuistik** vor:[66]

- Regelmäßig wird eine Mitwirkung im Sinne des Gebührentatbestandes nur dann angenommen, wenn der Rechtsanwalt an der Erledigung durch eine Tätigkeit in dem Umfang mitgewirkt hat, die über das hinausgeht, was von ihm allgemein im Rahmen seiner Bevollmächtigung zu erwarten ist und durch die bis dahin entstandenen Gebühren noch nicht als abgegolten angesehen werden kann.[67]

- Dementsprechend lösen die mit der Verfahrensgebühr abgegoltenen Tätigkeiten die Erledigungsgebühr nicht aus. Also reicht der bloße schriftsätzliche oder mündliche Vortrag in einem gerichtlichen Verfahren nicht aus.[68]

- Dies gilt selbst bei einer überzeugenden[69] oder ausführlichen[70] Klagebegründung, oder wenn die an den Spruchkörper gerichtete Bitte des Rechtsanwalts um baldige Entscheidung, verbunden mit seinen bisherigen Rechtsausführungen den Beklagten zur Zurücknahme oder Änderung des Verwaltungsakts veranlasst hat.[71] Auch das Vorbringen besonders überzeugender Rechtsargumente reicht nicht aus.[72] Eine überzeugende Widerspruchsbegründung reicht für sich allein auch dann nicht aus, wenn die Behörde infolge der Begründung dem Widerspruch abhilft.[73] Auch Einlegung oder Begründung eines Widerspruchs genügen nicht, um die Erledigungsgebühr entstehen zu lassen, sie setzt vielmehr ein zweites (zusätzliches) Tätigwerden voraus.[74]

- Auch Handlungen, die über die normale Prozessführung hinausgehen oder Reaktionen auf eingetretene Prozesslagen darstellen, führen vielfach nicht zum Anfall der

---

64 AnwK-RVG/*Wolf*, VV Nr. 1002 Rn 17.
65 AnwK-RVG/*Wolf*, VV Nr. 1002 Rn 18; OVG Lüneburg, BeckRS 2007, 24208 mit Anm. Mayer, FD-RVG 2007, 233544.
66 Mayer/Kroiß-*Mayer*, VV Nr. 1002 Rn 18.
67 OVG Sachsen-Anhalt, Beschluss vom 21.2.2006–2 O 223/05, Juris; Sächsisches OVG, JurBüro 2003, 136; VG Leipzig, JurBüro 2001, 136; OVG Lüneburg, JurBüro 2001, 249 f.; OVG für das Land Nordrhein-Westfalen, AGS 2000, 51; VG Dresden, NJ 1999, 664; LG Osnabrück, JurBüro 1996, 378 f.; BVerwG, JurBüro 1986, 215 f.
68 VGH Baden-Württemberg, NVwZ-RR 1993, 448.
69 VGH Baden-Württemberg, NJW 1975, 949 f.; OVG für das Land Nordrhein-Westfalen, NJW 1976, 261.
70 OVG Sachsen-Anhalt, Beschluss vom 21.2.2006–2 O 223/05, Juris.
71 OVG für das Land Nordrhein-Westfalen, NJW 1973, 112.
72 FG Baden-Württemberg, JurBüro 1983, 704 ff.
73 VGH Baden-Württemberg, DED 1982, 60 f.
74 LSG Nordrhein-Westfalen, BeckRS 2005, 44069 mit Bespr. Mayer, RVG-Letter 2006, 19 f.

Erledigungsgebühr,⁷⁵ so zB wenn der Anwalt in der mündlichen Verhandlung auf eine ohne sein Zutun erfolgte Beitragsreduzierung mit einer umfassenden Erledigungserklärung reagiert.⁷⁶ Weder die Stellung oder Begründung eines Antrags nach § 80 V VwGO, die zur Aussetzung der Vollziehung durch die Verwaltungsbehörde geführt haben, noch die daraufhin abgegebene Erledigungserklärung reichen aus.⁷⁷ Nicht ausreichend ist auch, wenn der Kläger selbst Handlungen vornimmt, die über den Rahmen der gewöhnlichen Prozessführung hinausgehen, ohne dass der Rechtsanwalt dabei mitwirkt.⁷⁸ Auch die Erklärung des Einverständnisses, dass Gericht und Beteiligte bis zum Abschluss eines anderen Verfahrens (Musterverfahrens) nicht weiter tätig werden, stellt noch keine zur Entstehung der Erledigungsgebühr führende Mitwirkung dar;⁷⁹ Gleiches gilt, wenn der Rechtsanwalt im Hinblick auf ein Musterklageverfahren lediglich einen Ruhensantrag stellt und sich das Verfahren aufgrund des Musterklageverfahrens erledigt.⁸⁰ Die Abgabe einer Erledigungserklärung, das Einwirken auf die Partei, von einem Übergang auf eine Fortsetzungsfeststellungsklage abzusehen, und die Erhebung und die Begründung eines Widerspruchs, einer Anfechtungsklage oder eines Antrags in einem dazugehörigen einstweiligen Rechtsschutzverfahren genügen nicht.⁸¹ Auch der erstmalige Nachweis nach Klageerhebung durch Vorlage der im Besitz des Klägers befindlichen Rechnungen von Werbungskosten und die Einreichung der Belege unter Umgehung des Gerichts unmittelbar bei der beklagten Behörde, die daraufhin einen Abhilfebescheid erlässt, führen nicht zur Erledigungsgebühr.⁸² Ebenso löst der schriftsätzliche Hinweis außerhalb der Klagebegründung auf ein einschlägiges BFH-Urteil, der nach seiner Weitergabe an das Finanzamt zur Erledigung des Rechtsstreits führt, keine Erledigungsgebühr aus.⁸³

Dagegen wurde die für das Entstehen der **Erledigungsgebühr** erforderliche Mitwirkung des Rechtsanwalts **bejaht**, zB in folgenden Fällen:

- Wenn der Rechtsanwalt selbst einen Vorschlag zur nichtstreitigen Erledigung des Rechtsstreits in das Verfahren einbringt oder auf einen entsprechenden Vorschlag des Gerichts seine Mandantschaft zur Abgabe einer Erledigungserklärung bewegt.⁸⁴
- Wenn bei einer Ausweisungsverfügung nebst Einreise- und Aufenthaltsverbot der Rechtsanwalt um die Aufhebung oder Abänderung des Wiedereinreiseverbots bittet, die Behörde den Vorschlag aufgreift und den Vorschlag unterbreitet, gegen Rücknahme der Klage die Wirkungen der Ausweisung zu beschränken, eine solche Einigung einschließlich auch hinsichtlich der Kosten zustande kommt.⁸⁵

---

75 Mayer/Kroiß-*Mayer*, VV Nr. 1002 Rn 18.
76 OVG für das Land Nordrhein-Westfalen, NVwZ-RR 1999, 812 f.
77 Hamburgisches OVG, JurBüro 1999, 361 f.
78 VG Hannover, DÖV 1961, 915.
79 Hessischer VGH, NVwZ-RR 1994, 300.
80 OVG Lüneburg, BeckRS 2007, 24208 mit Anm. Mayer, FD-RVG 2007, 233544.
81 OVG für das Land Nordrhein-Westfalen, NVwZ-RR 1993, 111 f.
82 Hessisches FG; AGS 2000, 246 f.
83 FG Baden-Württemberg, EFG 1995, 1077.
84 OVG Koblenz, BeckRS 2007, 23172 mit Bespr. Mayer, RVG-Letter 2007, 70 f.
85 VGH München, NVwZ-RR 2007, 497 ff. mit Anm. Mayer, RVG-Letter 2007, 34 f.

- Wenn nach einem Widerspruch gegen einen Vorausleistungsbescheid für Ausbaubeiträge und einer anstehenden Änderung der zugrunde liegenden Satzung der Rechtsanwalt ankündigt, eine außergerichtliche Erledigung könne nur in der Weise erfolgen, dass der angefochtene Bescheid nach Wegfall der zugrunde liegenden Satzung zurückzunehmen sei, so dass dann auf der Grundlage der neuen Satzung ein neuer Bescheid ergehen könne, selbst wenn schließlich lediglich ein Änderungsbescheid ergeht.[86]
- Abhilfe durch die Behörde nach besonders eindringlicher Widerspruchsbegründung oder nach Einsenung geeigneter Atteste oder Unterlagen.[87]
- Der Rechtsanwalt beantragt das Ruhen des Verfahrens bis zum Abschluss eines von den Parteien übereinstimmend als „Musterverfahren" angesehenen anderen Verfahrens und das zurückgestellte Verfahren erledigt sich nach Abschluss des anderen Verfahrens ohne streitige Entscheidung.[88]
- Der Rechtsanwalt wird während des vom Gericht angeordneten Ruhens des Verfahrens gegenüber der Behörde tätig und diese erlässt den erstrebten Verwaltungsakt.[89]
- Der Rechtsanwalt teilt der Behörde, die den Antrag bislang unter Hinweis auf ihre örtliche Unzuständigkeit abgelehnt hatte, die Rechtsgrundlage mit, nach der die Behörde zur Weiterleitung des Anspruchsschreibens verpflichtet war und die Behörde kommt dieser Verpflichtung nunmehr nach.[90]
- Der Asylbewerber gibt sich auf Betreiben seines Rechtsanwalts mit einer ihm erteilten befristeten Aufenthaltserlaubnis zufrieden und zieht seine Asylklage zurück.[91]
- Der zunächst abgelehnte Führerscheinbewerber holt im Klageverfahren ein neues medizinisch-psychologisches Gutachten ein und dieses wird durch den Prozessbevollmächtigten in den Prozess eingeführt, woraufhin die zunächst abgelehnte Fahrerlaubnis erteilt und das Verfahren eingestellt wird.[92]
- Der Prozessbevollmächtigte eines Asylbewerbers weist auf eine geänderte Verwaltungspraxis des Bundesamtes hin und die Behörde erlässt daraufhin einen entsprechenden Abhilfebescheid.[93]
- Der Rechtsanwalt veranlasst eine Untersuchung des Betroffenen und die Verwaltungsbehörde hebt aufgrund des Ergebnisses dieser Untersuchung den angefochtenen Bescheid teilweise auf.[94]
- Der Rechtsanwalt bestimmt nach der Änderung des Verwaltungsakts den Auftraggeber, von seinem Vorhaben, den Rechtsstreit trotz der Änderung fortzuführen, abzusehen.[95]

---

[86] VG Frankfurt, BeckRS 2006, 23853 mit Bespr. Mayer, RVG-Letter 2006, 95 f.
[87] SG München, rv 2001, 133 ff. in bewusstem Widerspruch zur engeren Auffassung des BSG.
[88] OVG für das Land Nordrhein-Westfalen, MDR 1983, 872 f.
[89] VGH Baden-Württemberg, JurBüro 1992, 96 f.
[90] LG Göttingen, JurBüro 1991, 1094.
[91] OVG Bremen, JurBüro 1991, 1071 f.
[92] OVG Lüneburg, JurBüro 1990, 1449 f.
[93] InfAuslR 1987, 200.
[94] VG Ansbach, AnwBl. 1984, 54 f.
[95] VGH München, DVBL 1961, 678.

- Der Hinweis des Bevollmächtigten außerhalb seiner Klagebegründung auf ein einschlägiges BFH-Urteil, der zur Erledigung des Rechtsstreits führt, kann eine Mitwirkungshandlung darstellen, wenn er nicht nur als Entscheidungshilfe für das Gericht, sondern auch und gerade die Finanzbehörde zur Änderung des angegriffenen Bescheides veranlassen sollte.[96]
- Der Steuerberater wendet sich an das Finanzministerium und die OFD und deren Stellungnahme führt dazu, dass die angefochtenen Feststellungsbescheide und darüber hinaus die Einkommensteuerbescheide der Gesellschafter geändert werden und die Hauptsache für erledigt erklärt wird.[97]
- Der Rechtsanwalt wirkt in einer Verhandlungsunterbrechung auf seinen Mandanten dahingehend mit Erfolg ein, dass bei einer Beitragsreduzierung eines Erschließungsbeitragsbescheids der Rechtsstreit insgesamt in der Hauptsache für erledigt erklärt wird.[98]
- Der Sachvortrag des Rechtsanwalts wirkt gezielt darauf hin, dass sich der Prozessgegner veranlasst sieht, seinen Rechtsstandpunkt zu überdenken und im Sinne einer ganzen oder teilweisen Zurücknahme oder Änderung des Verwaltungsakts zu revidieren.[99]

d) Vermutung für Ursächlichkeit der Mitwirkung

Im Gegensatz zum Vergütungstatbestand VV Nr. 1000 enthält der Vergütungstatbestand VV Nr. 1002 keine rechtliche Vermutung für die Ursächlichkeit der Tätigkeit des Rechtsanwalts; es spricht jedoch eine tatsächliche Vermutung für die Ursächlichkeit des Handelns des Rechtsanwalts, wenn der Rechtsanwalt in Richtung Aufhebung des Verwaltungsakts tätig geworden ist und die Verwaltungsbehörde den Verwaltungsakt aufhebt oder abändert.[100] Soll die Erledigungsgebühr versagt werden, muss der Sachverhalt einen Anhalt dafür geben, dass die Tätigkeit des Rechtsanwalts für die abändernde Entscheidung nicht ursächlich war.[101]

30

3. Höhe der Gebühr

Die Erledigungsgebühr Nr. 1002 VV entsteht mit einem Gebührensatz von 1,5 und somit in der gleichen Höhe wie die Einigungsgebühr nach Nr. 1000 VV.

31

IV. Nr. 1003 VV

1. Allgemeines

Nach dem Gebührentatbestand VV Nr. 1003 erwachsen die Einigungsgebühr Nr. 1000 VV, die Aussöhnungsgebühr Nr. 1001 VV und die Erledigungsgebühr Nr. 1002 VV nur mit einem Gebührensatz von 1,0, wenn über den Gegenstand ein anderes gerichtliches Verfahren als ein selbstständiges Beweisverfahren anhängig ist.

32

---

96 VG des Saarlandes, EFG 1983, 253.
97 FG Köln, JurBüro 2000, 434 f. zu § 45 StBGebV.
98 OVG Münster, NVwZ-RR 1999, 348.
99 SG Düsseldorf, AGS 2001, 226 f.
100 Gerold/Schmidt-*v.Eicken*, VV Nr. 1002 Rn 21; AnwK-RVG/*Wolf*, VV Nr. 1002 Rn 22; VGH München, NJW-RR 2007, 497 ff. mit Bespr. Mayer, RVG-Letter 2007, 34 f.
101 Gerold/Schmidt-*v.Eicken*, VV Nr. 1002 Rn 21.

Nach der Anmerkung zum Gebührentatbestand tritt die Gebührenreduktion auch ein, wenn ein Verfahren über die Prozesskostenhilfe anhängig ist, soweit nicht lediglich Prozesskostenhilfe für ein selbstständiges Beweisverfahren oder für die gerichtliche Protokollierung eines Vergleichs beantragt wird oder sich die Beiordnung auf den Abschluss eines Vertrages im Sinne der Nr. 1000 erstreckt (§ 48 III RVG). Nach Satz 2 der Anmerkung wird jedoch das Verfahren vor dem Gerichtsvollzieher einem gerichtlichen Verfahren gleichgestellt.

2. Anhängigkeit eines anderen gerichtlichen Verfahrens

a) Anhängigkeit

33 Ist über den Gegenstand der Gebührentatbestände VV Nrn. 1000–1002 ein gerichtliches Verfahren anhängig, so entsteht lediglich eine Gebühr mit einem Gebührensatz von 1,0. Dabei muss der Gegenstand nicht in dem Verfahren anhängig sein, in dem die Einigungsgebühr nach Nr. 1000 VV, die Aussöhnungsgebühr nach Nr. 1001 VV oder die Erledigungsgebühr nach Nr. 1002 VV anfallen. Auch bei anderweitiger Anhängigkeit entsteht nur die reduzierte Gebühr mit einem Gebührensatz von 1,0.[102] **Ausreichend ist die Anhängigkeit**, also der Eingang der Klage oder einer Antragsschrift bei Gericht, auf die Zustellung kommt es nicht an.[103]

aa) Zeitpunkt der Anhängigkeit

34 Die Anhängigkeit des Gegenstands in einem anderen gerichtlichen Verfahren als einem selbstständigen Beweisverfahren muss im Zeitpunkt des Entstehens der Vergütungstatbestände Nrn. 1000 VV–1002 VV bestehen, um die Reduktion auf den Gebührensatz von 1,0 auszulösen.[104] Eine frühere gerichtliche Anhängigkeit löst den Reduktionstatbestand nicht aus.[105]

bb) Sonderfälle

35 Der **Hilfsantrag** begründet eine auflösend bedingte Rechtshängigkeit des Hilfsanspruchs,[106] so dass die Reduktion der Gebühr bereits eintritt, sobald der Gegenstand der Vergütungstatbestände Nrn. 1000 VV–100? VV gerichtlich im Wege eines Hilfsantrags geltend gemacht wird.[107]

36 Anders ist es jedoch bei **Hilfsaufrechnung**. Eine Anhängigkeit iS der Nr. 1003 VV liegt nur insoweit vor, als es zu einer Entscheidung über die Gegenforderung kommt.[108] Ist aber der Gegenstand der Vergütungstatbestände Nrn. 1000 VV–1002 VV Gegenstand einer Hilfswiderklage, so tritt die Gebührenreduktion ein.[109]

---

102 Vgl Enders, RVG für Anfänger Rn 334; Mayer/Kroiß-*Mayer*, VV Nr. 1003 Rn 3.
103 Gerold/Schmidt-*v.Eicken*, VV Nrn. 1003, 1004 Rn 5; Mayer/Kroiß-*Mayer*, VV Nr. 1003 Rn 3.
104 Mayer/Kroiß-*Mayer*, VV Nr. 1003 Rn 4.
105 Gerold/Schmidt-*v.Eicken*, VV Nrn. 1003, 1004 Rn 5; aA offenbar AG Hildesheim, JurBüro 1999, 138.
106 Zöller-*Greger*, § 260 Rn 4.
107 Mayer/Kroiß-*Mayer*, VV Nr. 1003 Rn 5; Hansens/Braun/Schneider, Praxis des Vergütungsrechts, Teil 6 Rn 39.
108 OLG Hamm, JurBüro 1999, 74.
109 Hansens/Braun/Schneider, Praxis des Vergütungsrechts, Teil 6 Rn 39.

3. Anderes gerichtliches Verfahren als selbstständiges Beweisverfahren

Nur andere gerichtliche Verfahren als ein selbstständiges Beweisverfahren lösen die Gebührenreduzierung aus. Die Anhängigkeit eines selbstständigen Beweisverfahrens soll dem Entstehen der höheren Einigungsgebühr nach Nr. 1000 VV mit dem Gebührensatz von 1,5 nicht entgegenstehen. Der Gesetzgeber erhoffte sich mit dieser Regelung einen weiteren Beitrag zur Vermeidung streitiger Verfahren.[110]

37

4. Prozesskostenhilfeverfahren

a) Grundsatz

Nach der Anmerkung zum Gebührentatbestand Nr. 1003 VV tritt die Gebührenreduzierung bereits ein, wenn ein Verfahren über die Prozesskostenhilfe anhängig ist, soweit nicht lediglich Prozesskostenhilfe für ein selbstständiges Beweisverfahren oder die gerichtliche Protokollierung des Vergleichs beantragt wird oder sich die Beiordnung auf den Abschluss eines Vertrages iS der Nr. 1000 VV erstreckt.

38

Sind Ansprüche gerichtlich anhängig, tritt die Gebührenreduktion auf 1,0 ein, unabhängig davon, ob Prozesskostenhilfe beantragt wurde oder nicht. Ist der Gegenstand noch nicht gerichtlich anhängig, hat aber eine der Parteien zur gerichtlichen Durchsetzung ihrer Ansprüche Prozesskostenhilfe beantragt, so ist bereits eine Anhängigkeit iS der Nr. 1003 VV gegeben, die Gebührenreduktion tritt ein, und zwar auch für den Anwalt des Gegners und selbst dann, wenn er keine Kenntnis von dem Prozesskostenhilfeantrag hatte.[111]

39

b) Prozesskostenhilfe nur für ein selbstständiges Beweisverfahren

Nach der Anmerkung zum Gebührentatbestand VV Nr. 1003 tritt die Gebührenreduktion dann nicht ein, wenn lediglich Prozesskostenhilfe für ein selbstständiges Beweisverfahren beantragt wird. Der Gesetzgeber hat diese Klarstellung in die Anmerkung zum Vergütungstatbestand durch das 2. Gesetz zur Modernisierung der Justiz[112] eingeführt, im Fall der Anhängigkeit nur eines PKH-Verfahrens für ein selbstständiges Beweisverfahren soll nicht die Gebühr nach Nr. 1003 VV, sondern die Gebührentatbestände nach Nrn. 1000–1002 VV eingreifen.[113]

40

c) Prozesskostenhilfe nur für die gerichtliche Protokollierung des Vergleichs beantragt

Nach der Anmerkung zum Gebührentatbestand Nr. 1003 VV tritt die Gebührenreduktion dann nicht ein, wenn lediglich Prozesskostenhilfe für die gerichtliche Protokollierung des Vergleichs beantragt wird. Zu begründen ist diese Regelung damit, dass das Gericht nur als Beurkundungsorgan tätig werden soll und der Einigungsgegenstand nicht anhängig wird.[114]

41

---

110 BT-Drucks. 15/1971, S. 2004.
111 Schneider/Mock, Das neue Gebührenrecht für Anwälte, § 10 Rn 50; vgl in diesem Zusammenhang auch Gerold/Schmidt-*v.Eicken*, VV Nrn. 1003, 1004 Rn 5.
112 BGBl. I 2006, S. 3416.
113 BT-Drucks. 16/3038, S. 55.
114 Gerold/Schmidt-*v.Eicken*, VV Nrn. 1003, 1004 Rn 7; Mayer/Kroiß-*Mayer*, VV Nr. 1003 Rn 10.

§ 2 Allgemeine Gebühren – Teil 1 VV

d) Beiordnung nach § 48 III RVG

42 Nach § 48 III RVG erstreckt sich die Beiordnung in einer Ehesache auf den Abschluss eines Vertrages iS der Nr. 1000 VV, der ganz bestimmte Regelungsbereiche zu betreffen hat. Die Anmerkung zum Gebührentatbestand Nr. 1003 VV bestimmt, dass bei einer solchen Erstreckung der Prozesskostenhilfe kraft Gesetzes nach § 48 III RVG eine Gebührenreduktion nicht eintritt.[115]

43 Mit der Regelung soll vermieden werden, dass sich die Protokollierung eines oft nur schwer zu erreichenden **umfassenden Scheidungsvergleichs**, den § 48 III RVG mit der Erstreckung der Beiordnung für die Ehesache auf die Einigung über die dort aufgeführten Scheidungsfolgesachen fördern will, sich zum Nachteil des beigeordneten Rechtsanwalts durch Herabsetzung des Gebührensatzes von 1,5 auf 1,0 auswirkt.[116]

5. Verfahren vor dem Gerichtsvollzieher

44 Nach Satz 2 der Anmerkung zum Vergütungstatbestand steht das Verfahren vor dem Gerichtsvollzieher einem gerichtlichen Verfahren gleich. Diese Regelung wurde erst durch das 2. Gesetz zur Modernisierung der Justiz[117] in das Vergütungsverzeichnis aufgenommen. Der Gesetzgeber wollte mit dieser Ergänzung klarstellen, dass auch eine **Einigung im Verfahren vor dem Gerichtsvollzieher** nur die Einigungsgebühr nach Nr. 1003 entstehen lässt.[118]

6. Mischfälle

45 Fallen in einem Verfahren die Gebührentatbestände Nrn. 1000 VV–1002 VV hinsichtlich eines Teils des Gegenstands mit einem Gebührensatz von 1,5 und hinsichtlich eines anderen Teils des Gegenstands nach Nr. 1003 VV lediglich mit dem reduzierten Gebührensatz von 1,0 an, ist die Begrenzung nach **§ 15 III RVG zu beachten**. Es entstehen dann zwar für die jeweiligen Teile des Gegenstandes gesondert berechnete Gebühren, diese dürfen jedoch insgesamt nicht mehr als die aus dem Gesamtbetrag der Wertteile nach dem höchsten Gebührensatz, also nach dem Satz von 1,5, berechnete Gebühr betragen.[119]

V. Nr. 1004 VV

1. Allgemeines

46 Der Gebührentatbestand VV Nr. 1004 bestimmt, dass die **innerhalb eines anhängigen Berufungs- oder Revisionsverfahrens** anfallende Einigungs-, Aussöhnungs- oder Erledigungsgebühr um 0,3 höher ausfällt als in 1. Instanz.[120] Im Falle des Mitvergleichs nicht rechtshängiger Ansprüche im Berufungs- und Revisionsverfahren verbleibt es bei dem in den Nrn. 1000 VV–1002 VV vorgesehenen Gebührensatz von 1,5.[121]

---

115 Mayer/Kroiß-*Mayer*, VV Nr. 1003 Rn 11.
116 Gerold/Schmidt-*v.Eicken*, VV Nrn. 1003, 1004 Rn 8.
117 BGBl. 2006 I, S. 3416.
118 BT-Drucks. 16/3038, S. 55.
119 Mayer/Kroiß-*Mayer*, VV Nr. 1003 Rn 12.
120 Mayer/Kroiß-*Mayer*, VV Nr. 1004 Rn 2.
121 BT-Drucks. 15/1971, 204 f.

2. Anhängigkeit im Berufungs- oder Revisionsverfahren

Ist über den Gegenstand ein Berufungs- oder Revisionsverfahren anhängig, so tritt nicht nach Nr. 1003 VV eine Reduktion der Gebühren Nrn. 1000 VV–1002 VV auf 1,0, sondern nach Nr. 1004 VV auf einen Gebührensatz von 1,3 ein.[122]

47

3. Erweiternde Auslegung des Gebührentatbestands

Obwohl im Gebührentatbestand nicht ausdrücklich genannt, entstehen die Gebühren nach Nrn. 1000 VV–1002 VV nach Nr. 1004 VV auch dann mit dem Gebührensatz von 1,3, wenn der Gegenstand im **Nichtzulassungsbeschwerdeverfahren** oder im **Verfahren auf Zulassung der Sprungrevision** anhängig ist.[123]

48

Nach Absatz 1 Nr. 1 der Vorbemerkung 3.2.1 VV gelten für das **erstinstanzliche Verfahren vor dem Finanzgericht** die Gebührentatbestände des Unterabschnitts 1 von Abschnitt 2 des Teils 3 VV und damit dieselben wie im Berufungsverfahren. Der Gesetzgeber begründet dies damit, dass das Finanzgericht seiner Struktur nach ein Obergericht wie das Oberverwaltungsgericht/Verwaltungsgerichtshof sei und die anwaltliche Tätigkeit vor diesem Gericht vergleichbar mit der anwaltlichen Tätigkeit vor Berufungsgerichten sei.[124] Diese Einordnung des erstinstanzlichen finanzgerichtlichen Verfahrens und die Zuordnung der Vergütungstatbestände, die sonst für das Berufungsverfahren gelten, zum erstinstanzlichen finanzgerichtlichen Verfahren sprechen dafür, Nr. 1004 VV auch dann anzuwenden, wenn über den Gegenstand ein erstinstanzliches finanzgerichtliches Verfahren anhängig ist.[125]

49

Absatz 1 Nr. 2a der Vorbemerkung 3.2.1 stellt ferner Beschwerden gegen die den Rechtszug beendende Entscheidungen in Familiensachen hinsichtlich der Verfahrens- und der Terminsgebühr der Berufung gleich. Da eine Differenzierung zwischen der Verfahrens- und der Terminsgebühr einerseits und der Einigungsgebühr bei gerichtlich anhängigen Gegenständen andererseits sachlich nicht geboten ist, ist auch in Verfahren über **Beschwerden gegen die den Rechtszug beendende Entscheidungen in Familiensachen**, für die Teil 3 Abschnitt 2 Unterabschnitt 1 gilt, die Einigungsgebühr mit dem Gebührensatz von 1,3 nach VV Nr. 1004 anzuwenden.[126]

50

4. Mischfälle

Werden in einem Berufungs- oder Revisionsverfahren die Vergütungstatbestände Nrn. 1000 VV–1002 VV sowohl für die in dem jeweiligen Verfahren anhängige Gegenstände als auch für nicht rechtshängige Gegenstände verwirklicht, ist die **Begrenzungsvorschrift des § 15 III RVG** zu beachten. Für die im Berufungs- oder Revisionsverfahren anhängigen Gegenstände entstehen die Gebühren Nrn. 1000 VV–1002 VV

51

---

122 Mayer/Kroiß-*Mayer*, VV Nr. 1004 Rn 3.
123 Schneider/Mock, Das neue Gebührenrecht für Anwälte, § 10 Rn 54; nur für die Beschwerde gegen die Nichtzulassung der Berufung oder der Revision AnwK-RVG/*N.Schneider/Wolf*, VV Nr. 1004 Rn 2; Mayer/Kroiß-*Mayer*, VV Nr. 1004 Rn 4; *Hansens/Braun*/Schneider, Praxis des Vergütungsrechts, Teil 6 Rn 37.
124 BT-Drucks. 15/1971, S. 213.
125 Mayer/Kroiß-*Mayer*, VV Nr. 1004 Rn 6; Schneider/Mock, Das neue Gebührenrecht für Anwälte, § 10 Rn 55; AnwK-RVG/*N.Schneider/Wolf*, VV Nr. 1004 Rn 3; *Hansens/Braun*/Schneider, Praxis des Vergütungsrechts, Teil 6 Rn 37.
126 Vgl OLG Nürnberg für die Beschwerde nach § 621e ZPO, BeckRS 2007, 10064 mit Anm. Mayer, FD-RVG 2007, 237555.

nach Nr. 1004 VV mit einem Gebührensatz von 1,3, für die nicht rechtshängigen Gegenstände gilt nach VV Nrn. 1000-1002 ein Gebührensatz von 1,5; allerdings dürfen die gesondert berechneten Gebühren mit den Gebührensätzen von 1,3 bzw 1,5 zusammengerechnet nicht die aus dem Gesamtbetrag der Wertteile mit dem Gebührensatz von 1,5 berechnete Gebühr übersteigen.

VI. VV Nrn. 1005, 1006 und 1007

52 Die Vergütungstatbestände VV Nrn. 1005–1007 regeln die **Einigungs-** und die **Erledigungsgebühr** in **sozialrechtlichen Angelegenheiten**, in denen im gerichtlichen Verfahren **Betragsrahmengebühren** entstehen (§ 3 RVG). Grundtatbestand ist der Vergütungstatbestand VV Nr. 1005, der für eine Einigung oder Erledigung eine Betragsrahmengebühr von 40 Euro–520 Euro vorsieht, die Mittelgebühr beträgt 280 Euro. Ist über den Gegenstand ein gerichtliches Verfahren anhängig, so fällt nach VV Nr. 1006 die Gebühr nach VV Nr. 1005 lediglich mit dem Rahmen von 30 Euro–350 Euro, Mittelgebühr 190 Euro, an. Ist schließlich über den Gegenstand ein Berufungs- oder Revisionsverfahren anhängig, so erhöht sich nach VV Nr. 1007 der Rahmen der Gebühr VV Nr. 1005 auf 40 Euro–460 Euro, Mittelgebühr 250 Euro.

VII. VV Nr. 1008

1. Allgemeines

53 Der Vergütungstatbestand VV Nr. 1008 regelt den sogenannten **Mehrvertretungszuschlag**. Sind Auftraggeber in derselben Angelegenheit mehrere Personen, so erhöht sich die Verfahrens- oder Geschäftsgebühr für jede weitere Person um 0,3, bei Festgebühren um 30 %, bei Betragsrahmengebühren erhöhen sich der Mindest- und der Höchstbetrag um 30 %. Nach Absatz 1 der Anmerkung gilt dies bei Wertgebühren nur, soweit der Gegenstand der anwaltlichen Tätigkeit derselbe ist; bei Fest- oder Betragsrahmengebühren tritt die Erhöhung unabhängig davon ein, ob die einzelnen Auftraggeber am betreffenden Gegenstand der anwaltlichen Tätigkeit gemeinschaftlich beteiligt sind.[127]

54 Nach Absatz 3 der Anmerkung zum Vergütungstatbestand dürfen mehrere Erhöhungen bei Wertgebühren einen Gebührensatz von 2,0 nicht übersteigen, bei Festgebühren dürfen die Erhöhungen das Doppelte der Festgebühr und bei Betragsrahmengebühren das Doppelte des Mindest- und Höchstbetrages nicht übersteigen.

2. Sonderfragen

55 Zu beachten ist, dass die Erhöhung um 0,3 bei Wertgebühren eine statische Regelung ist, der Erhöhungsbetrag ist **unabhängig von der Höhe der Ausgangsgebühr**. Dies führt beispielsweise im Rahmen der Zwangsvollstreckung dazu, dass sich das Gebührenaufkommen schon bei 2 Auftraggebern verdoppelt.[128]

56 Die Wendung im Gebührentatbestand, dass sich die Verfahrens- „oder" Geschäftsgebühr für jede weitere Person erhöht, ist nicht so zu verstehen, dass entweder die Ge-

---

127 Mayer/Kroiß-*Dinkat*, VV Nr. 1008 Rn 4.
128 Mayer/Kroiß-*Dinkat*, VV Nr. 1008 Rn 6.

schäftsgebühr oder die Verfahrensgebühr erhöht werden; vielmehr erhöhen sich durch den Mehrvertretungszuschlag **sowohl die Geschäfts- als auch die Verfahrensgebühr**; wird der Rechtsanwalt zunächst außergerichtlich und sodann gerichtlich tätig, tritt die Erhöhung sowohl bei der Geschäftsgebühr nach Nr. 2300 VV als auch bei der Verfahrensgebühr nach Nr. 3100 VV ein.[129]

VIII. VV Nr. 1009

1. Allgemeines

Dem Rechtsanwalt steht für den verantwortungsvollen Umgang mit der Annahme und Weiterleitung von Fremdgeld eine Gebühr unabhängig von den sonstigen aus dem Auftragsverhältnis entstehenden Gebühren zu.[130] So erhält der Anwalt nach VV Nr. 1009 eine Hebegebühr bis einschließlich 2.500 Euro iHv 1 %, von dem Mehrbetrag bis einschließlich 10.000 Euro iHv 0,5 % und von dem Mehrbetrag über 10.000 Euro iHv 0,25 % des aus- oder eingezahlten Betrages, mindestens jedoch 1 Euro.

Das Entstehen der Gebühr setzt jedoch einen **Auftrag des Mandanten** zu einem entsprechenden Tätigwerden voraus,[131] dieser kann auch konkludent erteilt werden, wie in aller Regel dann, wenn der Anwalt nach dem Inhalt seines Mandats Gelder bei der Gegenseite beitreiben und auch einziehen soll oder der Auftraggeber dem Anwalt Gelder zur Weiterleitung übergibt.[132]

Die Hebegebühr kommt, wie sich aus Vorbemerkung 1 zu Teil 1 VV ergibt, neben Gebühren zur Anwendung, die in den Teilen 2 ff. des Vergütungsverzeichnisses geregelt sind; hieraus folgt, dass die Hebegebühr aber nur dann beansprucht werden kann, wenn sonstige Gebührentatbestände der Teile 2 ff. des Vergütungsverzeichnisses erfüllt sind. Dies ist nicht der Fall, wenn der Geltungsbereich des RVG durch die Tätigkeit des Rechtsanwalts nicht betroffen ist, beispielsweise dann, wenn der Rechtsanwalt in den in § 1 II genannten Formen tätig ist.[133]

2. Auszahlung und Rückzahlung

Nach Absatz 1 der Anmerkung zum Vergütungstatbestand fällt die Gebühr für die Auszahlung oder Rückzahlung von entgegengenommenen Geldbeträgen an. Erhält der Rechtsanwalt vom Mandanten lediglich Geld, fällt somit hierdurch noch keine Hebegebühr an, vielmehr erst dann, wenn er das empfangene Geld bestimmungsgemäß an einen Dritten weiterleitet.[134] Die Hebegebühr fällt umgekehrt ebenso auch erst dann an, wenn der Rechtsanwalt Geldbeträge, die er für seinen Mandanten von Dritten in Empfang genommen hat, an seinen Mandanten weiterleitet.[135] Die Hebe-

---

129 Mayer/Kroiß-*Dinkat*, VV Nr. 1008 Rn 5; LG Düsseldorf, BeckRS 2007, 10747 mit Anm. Mayer, FD-RVG 2007, 233555.
130 Mayer/Kroiß-*Klees*, VV Nr. 1009 Rn 1.
131 Mayer/Kroiß-*Klees*, VV Nr. 1009 Rn 1.
132 AnwK-RVG/*N.Schneider*, VV Nr. 1009 Rn 12 mwN
133 Mayer/Kroiß-*Klees*, VV Nr. 1009 Rn 2.
134 Mayer/Kroiß-*Klees*, VV Nr. 1009 Rn 8.
135 Mayer/Kroiß-*Klees*, VV Nr. 1009 Rn 8.

gebühr entsteht auch dann, wenn der Anwalt den Zahlbetrag aus eigenen Mitteln vorlegt und erst anschließend beim Mandanten einfordert.[136]

61 Nach Absatz 5 der Anmerkung zum Vergütungstatbestand entsteht die Hebegebühr nicht, soweit Kosten an ein Gericht oder eine Behörde weitergeleitet oder eingezogene Kosten an den Auftraggeber abgeführt oder eingezogene Beträge auf die Vergütung verrechnet werden. Eine Hebegebühr fällt somit nicht an, wenn Kosten an ein Gericht oder eine Behörde weitergeleitet werden. Über den Wortlaut hinaus wird die Hebegebühr auch bei Weiterleitung von Kosten an den Gerichtsvollzieher verneint.[137] Eine Hebegebühr fällt ebenfalls nicht an, wenn der Anwalt eingezogene Kosten an den Auftraggeber abführt, wobei unter Kosten in diesem Zusammenhang nur die mit der Erledigung des zugrunde liegenden Auftrags verbundenen Kosten als Nebenforderung zu verstehen sind.[138]

62 Eine Hebegebühr fällt an, wenn aus einem **Kostenfestsetzungsbeschluss** Beträge beigetrieben werden; die Forderung aus dem Kostenfestsetzungsbeschluss ist Hauptforderung, für die die Hebegebühr entsteht; die Vollstreckungskosten sind demgegenüber Kosten im Sinne von Absatz 5 der Anmerkung zu VV Nr. 1009, so dass für die Einziehung dieser Beträge keine Hebegebühr entsteht.[139] Werden eingezogene Beträge auf die Vergütung des Rechtsanwalts **verrechnet**, entfällt für diesen Teil die Hebegebühr, der Betrag für die Hebegebühr bleibt allerdings unberücksichtigt.[140]

3. Erstattungsfähigkeit

63 Ob der Gegner verpflichtet ist, die Hebegebühr zu erstatten, hängt davon ab, ob eine **materiell-rechtliche Anspruchsgrundlage** besteht. Hier kommt insbesondere § 249 BGB als Anspruchsgrundlage in Betracht.[141] Überwiegend wird jedoch die Erstattung der Hebegebühr im Rahmen einer außergerichtlichen Vertretung – insbesondere bei Verkehrsunfallregulierung – verneint, für die Entgegennahme der Ersatzleistung sei keine anwaltliche Hilfe erforderlich.[142] Die Erstattungsfähigkeit der Hebegebühr im außergerichtlichen Bereich wird aber grundsätzlich dann bejaht, wenn der Schuldner ohne vom Rechtanwalt des Gläubigers hierzu aufgefordert worden zu sein, Zahlungen an den Rechtsanwalt leistet.[143] Bei der **prozessualen Erstattungspflicht** im Rahmen der §§ 91, 103 ff. ZPO kommt es darauf an, ob die Hebegebühren Kosten des Rechtsstreits oder Kosten der Zwangsvollstreckung sind.[144] Strittig ist, ob Hebegebühren im Rahmen der Rechtsschutzversicherung vom Deckungsschutz grundsätzlich erfasst sind.[145]

---

136 AnwK-RVG/*N.Schneider*, VV Nr. 1009 Rn 23; *Hansens/Braun*/Schneider, Praxis des Vergütungsrechts, Teil 6 Rn 116.
137 AnwK-RVG/*N.Schneider*, VV Nr. 1009 Rn 32; *Hansens/Braun*/Schneider, Praxis des Vergütungsrechts, Teil 6 Rn 117.
138 AnwK-RVG/*N.Schneider*, VV Nr. 1009 Rn 35.
139 *Hansens/Braun*/Schneider, Praxis des Vergütungsrechts, Teil 6 Rn 120.
140 Mayer/Kroiß-*Klees*, VV Nr. 1009 Rn 13.
141 AnwK-RVG/*N.Schneider*, VV Nr. 1009 Rn 23; *Hansens/Braun*/Schneider, Praxis des Vergütungsrechts, Teil 6 Rn 135.
142 AnwK-RVG/*N.Schneider*, VV Nr. 1009 Rn 66.
143 Mayer/Kroiß-*Klees*, VV Nr. 1009 Rn 23.
144 Mayer/Kroiß-*Klees*, VV Nr. 1009 Rn 23; s. zur Frage der Erstattungsfähigkeit insbesondere die alphabetische Übersicht bei Hartmann, VV Nr. 1009 Rn 20 ff.
145 Bejahend *Hansens/Braun*/Schneider, Praxis des Vergütungsrechts, Teil 6 Rn 143; aA Mayer/Kroiß-*Klees*, VV Nr. 1009 Rn 24; Hartmann, VV Nr. 1009 Rn 24.

C. Muster

I. Einigungs- und Erledigungsgebühr

1. Muster: Beratung mit Einigung (Gegenstandswert: 10.000 Euro)

Frau/Herrn ▪▪▪
▪▪▪ (Straße)
▪▪▪ (PLZ, Ort)

Vergütungsabrechnung

    Rechnungsnummer ▪▪▪
    Leistungszeitraum ▪▪▪
    Steuer-Nr. oder Umsatzsteuerident-Nr. ▪▪▪

Vereinbarte Gebühr gem. § 34 I 1 RVG	250,00 Euro
Einigungsgebühr VV Nr. 1000, 1,5	729,00 Euro
(Gegenstandswert: 10.000 Euro)	
Zwischensumme	979,00 Euro
19 % Umsatzsteuer, VV Nr. 7008	186,01 Euro
Summe	1.165,01 Euro

▪▪▪
(Rechtsanwalt)

2. Muster: Einigung im erstinstanzlichen zivilrechtlichen Verfahren (Gegenstandswert: 10.000 Euro)[146]

Frau/Herrn ▪▪▪
▪▪▪ (Straße)
▪▪▪ (PLZ, Ort)

Vergütungsabrechnung

    Rechnungsnummer ▪▪▪
    Leistungszeitraum ▪▪▪
    Steuer-Nr. oder Umsatzsteuerident-Nr. ▪▪▪

Einigungsgebühr VV Nrn. 1003, 1000, 1,0	486,00 Euro
(Gegenstandswert: 10.000 Euro)	
Zwischensumme	486,00 Euro
19 % Umsatzsteuer, VV Nr. 7008	92,34 Euro
Summe	578,34 Euro

▪▪▪
(Rechtsanwalt)

---

[146] Abrechnung bezieht sich nur auf die Einigungsgebühr.

3. Muster: Einigung im Berufungsverfahren (Gegenstandswert: 10.000 Euro)[147]

66
68

Frau/Herrn ▪▪▪

▪▪▪ (Straße)

▪▪▪ (PLZ, Ort)

Vergütungsabrechnung

  Rechnungsnummer ▪▪▪

  Leistungszeitraum ▪▪▪

  Steuer-Nr. oder Umsatzsteuerident-Nr. ▪▪▪

Einigungsgebühr VV Nrn. 1004, 1000, 1,3	<u>631,80 Euro</u>
(Gegenstandswert: 10.000 Euro)	
Zwischensumme	631,80 Euro
19 % Umsatzsteuer, VV Nr. 7008	<u>120,04 Euro</u>
Summe	751,84 Euro

▪▪▪

(Rechtsanwalt)

4. Muster: Einigung über nicht anhängige (Wert: 5.000 Euro), in 1. Instanz anhängige (Wert: 10.000 Euro) und in der Berufungsinstanz anhängige Gegenstände (Wert: 6.000 Euro)[148]

67

69

Frau/Herrn ▪▪▪

▪▪▪ (Straße)

▪▪▪ (PLZ, Ort)

Vergütungsabrechnung

  Rechnungsnummer ▪▪▪

  Leistungszeitraum ▪▪▪

  Steuer-Nr. oder Umsatzsteuerident-Nr. ▪▪▪

Einigungsgebühr VV Nrn. 1003, 1000, 1,0	486,00 Euro
(Gegenstandswert: 10.000 Euro)	
Einigungsgebühr VV Nr. 1000, 1,5	451,50 Euro
(Gegenstandswert: 5.000 Euro)	
Einigungsgebühr VV Nrn. 1004, 1000, 1,3	
(Gegenstandswert: 6.000 Euro)	
Nach Prüfung gem. § 15 III RVG	<u>31,50 Euro</u>
Zwischensumme	969,00 Euro
19 % Umsatzsteuer, VV Nr. 7008	<u>184,11 Euro</u>
Summe	1.153,11 Euro

▪▪▪

(Rechtsanwalt)

---

147 Abrechnung bezieht sich nur auf die Einigungsgebühr.
148 Abrechnung bezieht sich nur auf die Einigungsgebühr.

§ 3 Außergerichtliche Tätigkeiten einschließlich der Vertretung in Verwaltungsverfahren – Teil 2 VV

A. Prüfung der Erfolgsaussicht eines Rechtsmittels

I. Gebührentatbestände

Abschnitt 1 von Teil 2 VV enthält **vier Gebührentatbestände**, die sich in zwei Gruppen einteilen lassen. Der Vergütungstatbestand VV Nr. 2100 betrifft die Prüfung der Erfolgsaussicht eines Rechtsmittels, soweit in dem Vergütungstatbestand VV Nr. 2102 nichts anderes bestimmt ist. Der Vergütungstatbestand VV Nr. 2102 hingegen regelt die Prüfung der Erfolgsaussicht eines Rechtsmittels in sozialrechtlichen Angelegenheiten, in denen im gerichtlichen Verfahren Betragsrahmengebühren entstehen, und in den Angelegenheiten, für die nach den Teilen 4–6 des Vergütungsverzeichnisses Betragsrahmengebühren entstehen. Die Gebührentatbestände VV Nr. 2101 und VV Nr. 2103 regeln jeweils die Gebühr für die Fälle, in denen die Prüfung der Erfolgsaussicht des Rechtsmittels mit der Ausarbeitung eines schriftlichen Gutachtens verbunden ist.

1. Vergütungstatbestand VV Nr. 2100

a) Anwendungsbereich

Die Gebühr ist nicht mehr wie die Vorgängerregelung des § 20 II BRAGO als Abrategebühr ausgestaltet, sondern fällt für jeden Rat im Zusammenhang mit der Prüfung der Erfolgsaussichten eines Rechtsmittels an.[1]

Der Vergütungstatbestand gilt **grundsätzlich für jeden Anwalt**, unabhängig davon, ob er bereits in der Vorinstanz tätig war oder nicht, und auch unabhängig davon, ob ihm später der Rechtsmittelauftrag erteilt wird oder nicht.[2] Wird jedoch der Rechtsanwalt, der die Gebühr VV Nr. 2100 verdient hat, später mit der Durchführung des Rechtsmittels beauftragt, ist die Gebühr VV Nr. 2100 auf die Verfahrensgebühr des Rechtsmittels anzurechnen.[3]

Der Vergütungstatbestand VV Nr. 2100 greift nur dann ein, wenn im Rechtsmittelverfahren nach Wertgebühren abzurechnen ist; er gilt also für:

- Rechtsmittelverfahren in Zivilsachen,[4]
- Rechtsmittelverfahren in Arbeitsgerichtsstreitigkeiten,[5]
- Rechtsmittel in Verwaltungsrechtsstreitigkeiten,[6]
- Rechtsmittel in sozialgerichtlichen Verfahren, in denen nach § 3 I 2 RVG nach dem Wert abzurechnen ist,[7]
- Rechtsmittel in finanzgerichtlichen Verfahren,[8]

---

1 Mayer/Kroiß-*Winkler*, VV Nr. 2100 Rn 3.
2 AnwK-RVG/*N.Schneider*, VV Nr. 2100 Rn 6.
3 AnwK-RVG/*N.Schneider*, VV Nr. 2100 Rn 6.
4 AnwK-RVG/*N.Schneider*, VV Nr. 2100 Rn 7.
5 AnwK-RVG/*N.Schneider*, VV Nr. 2100 Rn 7.
6 AnwK-RVG/*N.Schneider*, VV Nr. 2100 Rn 7.
7 AnwK-RVG/*N.Schneider*, VV Nr. 2100 Rn 7.
8 AnwK-RVG/*N.Schneider*, VV Nr. 2100 Rn 7.

- Patentgerichtssachen,⁹
- Vergabeverfahren,¹⁰
- Isolierte Rechtsmittel in Adhäsionsverfahren.¹¹

b) Voraussetzungen des Vergütungstatbestands

5   Nach überwiegender Meinung ist der Vergütungstatbestand nicht erfüllt, wenn die Partei vom Anwalt lediglich über das zulässige Rechtsmittel belehrt wird; dies soll noch zur Vorinstanz gehören.¹² Nach der Gegenauffassung löst bereits schon die Belehrung über das zulässige Rechtsmittel den Vergütungstatbestand aus.¹³ Richtiger Auffassung nach dürfte aber die Belehrung des Mandanten über die Zulässigkeit der regulären Rechtsmittel wie Berufung, Revision und Beschwerde den Vergütungstatbestand noch nicht erfüllen.

6   Auf demselben Hintergrund ist auch die Frage zu sehen, ob Voraussetzung für das Entstehen der Gebühr ist, dass ein Rechtsmittel überhaupt zulässig ist. So wird vertreten, dass dann, wenn ein Urteil oder eine Entscheidung schon aus formellen Gründen nicht angreifbar ist, auch keine Erfolgsaussichten geprüft werden können, die Gebühr also dann nicht entstehen kann.¹⁴ Richtiger Ansicht nach kann dies nur für die regulären Rechtsmittel gelten, wünscht der Mandant beispielsweise die Überprüfung der Frage, ob gegen eine bestimmte Entscheidung Verfassungsbeschwerde eingelegt werden kann, dürfte der Vergütungstatbestand erfüllt sein, selbst wenn die Prüfung ergibt, dass eine Verfassungsbeschwerde unzulässig wäre.

7   Umstritten ist, ob der Vergütungstatbestand **einen besonderen Auftrag des Mandanten** voraussetzt. So ist nach einer Auffassung erforderlich, dass dem Anwalt der Auftrag zur Prüfung der Erfolgsaussicht eines Rechtsmittels erteilt worden ist, wenn er unaufgefordert über die Aussichten eines Rechtsmittels berät, soll er nach dieser Auffassung hierfür keine Vergütung erhalten.¹⁵ Da im Gegensatz zur Vorgängerregelung in § 20 II 1 BRAGO das Tatbestandsmerkmal des Auftrags an den Rechtsanwalt bei Vergütungstatbestand VV Nr. 2100 entfallen ist, eine besondere Beauftragung des Rechtsanwalts mit der Prüfung der Erfolgsaussicht eines Rechtsmittels vom Gesetzgeber offensichtlich als weltfremd angesehen wird und der Mandant üblicherweise nach Abschluss einer Instanz Erläuterungen seines Anwalts über die Erfolgsaussichten eines Rechtsmittels, insbesondere dann, wenn in dieser Instanz der Prozess ganz oder teilweise verloren wurde, erwartet, ist nach der Gegenauffassung die Gebühr VV Nr. 2100 bereits schon verdient, wenn der Rechtsanwalt, der nach Erhalt des Urteils eine Prüfung der Erfolgsaussicht vornimmt und dem Auftraggeber das Urteil mit dem Ergebnis dieser Prüfung übermittelt.¹⁶ Da die Überprüfung der Erfolgsaussichten eines

---

9 Bischof/*Jungbauer*, VV Nr. 2100 Rn 2.
10 Bischof/*Jungbauer*, VV Nr. 2100 Rn 2.
11 Bischof/*Jungbauer*, VV Nr. 2100 Rn 2.
12 Gerold/Schmidt-*Madert*, VV Nrn. 2100–2103 Rn 1; AnwK-RVG/*N.Schneider*, VV Nr. 2100 Rn 3; so wohl auch Mayer/Kroiß-*Winkler*, VV Nr. 2100 Rn 11; Hartmann, Kostengesetze, VV Nr. 2100 Rn 2.
13 Bischof/*Jungbauer*, VV Nr. 2100 Rn 21 ff.
14 Mayer/Kroiß-*Winkler*, VV Nr. 2100 Rn 11; Hartung/Römermann/*Schons*, VV Nr. 2100 Rn 7.
15 Gerold/Schmidt-*Madert*, VV Nrn. 2100–2103 Rn 1; AnwK-RVG/*N.Schneider*, VV Nr. 2100 Rn 15; Hartmann, Kostengesetze, VV Nr. 2100 Rn 2.
16 Mayer/Kroiß-*Winkler*, VV Nr. 2100 Rn 12 ff.; Hartung/Römermann/*Schons*, VV Nr. 2100 Rn 8.

A. Prüfung der Erfolgsaussicht eines Rechtsmittels

Rechtsmittels im Regelfall eine sehr anspruchsvolle anwaltliche Tätigkeit ist, die auch Haftungsrisiken in sich birgt, empfiehlt es sich, auf jeden Fall auf einem ausdrücklichen Auftrag des Mandanten zur Überprüfung der Erfolgsaussichten des Rechtsmittels zu bestehen.

Erfasst werden vom Vergütungstatbestand 8

- Berufungen im Zivilprozess, Verwaltungsgerichtsverfahren und Arbeitsgerichtsverfahren,[17]
- Revision im Zivilprozess, Arbeitsgerichtsverfahren, Finanzgerichtsverfahren und Verwaltungsgerichtsverfahren,[18]
- Beschwerde im Zivilprozess, Arbeitsgerichtsverfahren, Finanzgerichtsverfahren und Verwaltungsgerichtsverfahren,[19]
- Nichtzulassungsbeschwerde,[20]
- Rechtsbeschwerde,[21]
- Verfassungsbeschwerde,[22]
- Einspruch, Widerspruch und Beschwerde in Steuersachen und Verwaltungsverfahren, soweit letztere streitwertabhängig sind, da auch hier entweder eine andere Behörde oder innerhalb der gleichen Behörde eine „höhere" Abteilung mit der Bearbeitung des Rechtsbehelfs befasst ist und aufgrund des Rechtsbehelfs die ursprüngliche Entscheidung aufheben kann.[23]

Keine Rechtsmittel im Sinne des Vergütungstatbestandes VV Nr. 2100 sind 9

- Erinnerung, § 11 RpflG,[24]
- Gegenvorstellungen,[25]
- Nichtigkeits- und Restitutionsklage, §§ 578 ff. ZPO,[26]
- Einspruch gegen einen Vollstreckungsbescheid oder ein Versäumnisurteil,[27]
- Wiedereinsetzungs- und Wiederaufnahmeanträge,[28]
- Anträge auf Urteilsergänzung oder -berichtigung,[29]
- Anträge auf gerichtliche Entscheidung in Bußgeldsachen, soweit Vorbemerkung 5 Absatz 4 greift,[30]
- Widerspruch gegen den Mahnbescheid,[31]
- Antrag auf Tatbestandsberichtigung.[32]

---

17 Mayer/Kroiß-*Winkler*, VV Nr. 2100 Rn 23.
18 Mayer/Kroiß-*Winkler*, VV Nr. 2100 Rn 23.
19 Mayer/Kroiß-*Winkler*, VV Nr. 2100 Rn 23.
20 AnwK-RVG/*N.Schneider*, VV Nr. 2100 Rn 10.
21 AnwK-RVG/*N.Schneider*, VV Nr. 2100 Rn 10.
22 Bischof/*Jungbauer*, VV Nr. 2100 Rn 9.
23 Mayer/Kroiß-*Winkler*, VV Nr. 2100 Rn 24.
24 Mayer/Kroiß-*Winkler*, VV Nr. 2100 Rn 25; AnwK-RVG/*N.Schneider*, VV Nr. 2100 Rn 11.
25 Mayer/Kroiß-*Winkler*, VV Nr. 2100 Rn 25; AnwK-RVG/*N.Schneider*, VV Nr. 2100 Rn 11.
26 Mayer/Kroiß-*Winkler*, VV Nr. 2100 Rn 25; AnwK-RVG/*N.Schneider*, VV Nr. 2100 Rn 11.
27 Mayer/Kroiß-*Winkler*, VV Nr. 2100 Rn 25; AnwK-RVG/*N.Schneider*, VV Nr. 2100 Rn 11.
28 AnwK-RVG/*N.Schneider*, VV Nr. 2100 Rn 11.
29 AnwK-RVG/*N.Schneider*, VV Nr. 2100 Rn 11.
30 AnwK-RVG/*N.Schneider*, VV Nr. 2100 Rn 11.
31 Bischof/*Jungbauer*, VV Nr. 2100 Rn 11.
32 Bischof/*Jungbauer*, VV Nr. 2100 Rn 11.

10 Strittig ist die Behandlung der **Anhörungsrüge nach § 321a ZPO**. Überwiegend wird sie nicht als ein Rechtsmittel im Sinne des Vergütungstatbestands VV Nr. 2100 angesehen.[33] Nach anderer Auffassung sollte der Vergütungstatbestand auch auf die Anhörungsrüge Anwendung finden, da die Beantwortung der Frage, ob eine Anhörungsrüge nach § 321a ZPO gegen ein Urteil eingereicht werden kann, unter Umständen den gleichen zeitlichen Aufwand wie die Beantwortung der Frage, ob eine Berufung gegen ein Urteil Aussicht auf Erfolg hat, erfordert.[34]

11 Problematisch ist auch die Einordnung des **Antrags auf Zulassung der Berufung nach § 124 VwGO**. Da in diesem Verfahren die angefochtene gerichtliche Entscheidung nicht wie bei einem Rechtsmittel nachgeprüft, sondern ihr Ziel lediglich ist, diese Nachprüfung in einem Rechtsmittelverfahren erst zu ermöglichen, somit ein besonderer Rechtsbehelf verfahrensrechtlicher Art vorliegt,[35] dürfte trotz des mit dem Antrag auf Zulassung der Berufung verbundenen Suspensiveffekts (vgl § 124a IV 4 VwGO) kein Rechtsmittel im Sinne des Vergütungstatbestands VV Nr. 2100 gegeben sein.

12 Aus dem Wortlaut des Vergütungstatbestands ergibt sich nicht, dass es sich um das eigene Rechtsmittel der Partei handeln muss. Die Gebühr fällt daher auch an, wenn der Anwalt über die Aussicht eines Rechtsmittels beraten soll, das die Gegenseite eingelegt hat oder einzulegen beabsichtigt.[36] Möglich ist auch die Beratung über die Erfolgsaussichten von Rechtsmitteln Dritter, beispielsweise einem evtl Rechtsmittel eines Nebenintervenienten.[37]

13 Postulationsfähigkeit ist nicht Voraussetzung für den Vergütungstatbestand. Die Prüfung der Erfolgsaussicht eines Rechtsmittels kann durch jeden Anwalt erfolgen, auch wenn es sich um ein Rechtsmittel handelt, zu dessen Durchführung er mangels Postulationsfähigkeit nicht in der Lage ist; dies gilt beispielsweise für Revisions- und Rechtsbeschwerdesachen beim Bundesgerichtshof in Zivilsachen genauso wie für Berufungssachen in Zivilsachen vor den Oberlandesgerichten, soweit der Anwalt die OLG-Zulassung noch nicht hat.[38]

14 Hat der Anwalt bereits einen **unbedingten Prozessauftrag** für das Rechtsmittelverfahren erhalten und rät er anschließend von der Einlegung oder Durchführung des Rechtsmittels ab, entsteht zwar die Verfahrensgebühr des jeweiligen Rechtsmittelverfahrens, für den Vergütungstatbestand VV Nr. 2100 ist daneben allerdings kein

---

33 Mayer/Kroiß-*Winkler*, VV Nr. 2100 Rn 25; AnwK-RVG/*N.Schneider*, VV Nr. 2100 Rn 12.
34 Bischof/*Jungbauer*, VV Nr. 2100 Rn 13 ff., die aber empfiehlt, in diesen Fällen eine Vergütungsvereinbarung zu schließen, da nach dem Wortlaut die Anhörungsrüge nicht vom Vergütungstatbestand VV Nr. 2100 umfasst ist.
35 HK-Verwaltungsrecht/VwGO/*Himstedt*, § 124 VwGO Rn 5.
36 AnwK-RVG/*N.Schneider*, VV Nr. 2100 Rn 13; Gerold/Schmidt-*Madert*, VV Nrn. 2100–2103 Rn 3; Mayer/Kroiß-*Winkler*, VV Nr. 2100 Rn 27 f.
37 AnwK-RVG/*N.Schneider*, VV Nr. 2100 Rn 14; Gerold/Schmidt-*Madert*, VV Nrn. 2100–2103 Rn 3.
38 Mayer/Kroiß-*Winkler*, VV Nr. 2100 Rn 19; AnwK-RVG/*N.Schneider*, VV Nr. 2100 Rn 22; Bischof/*Jungbauer*, VV Nr. 2100 Rn 26, allerdings mit der Einschränkung, dass sich für den Rechtsanwalt aus seiner Pflicht, dem Mandanten die kostengünstigste Variante der Durchführung eines Verfahrens aufzuzeigen, eine Hinweispflicht dahingehend ergibt, dass eine Anrechnung auf die später für den Prozessbevollmächtigten entstehende Verfahrensgebühr entfällt, da eine Anrechnungsvorschrift sich immer nur auf „denselben" Rechtsanwalt beziehen kann.

Raum, da es an einem gesonderten Auftrag fehlt.[39] Die Beratungstätigkeit des Anwalts ist in diesem Fall mit der Verfahrensgebühr abgegolten.[40]

Wird das Rechtsmittel eingelegt, entsteht die volle Verfahrensgebühr in der Rechtsmittelinstanz, auch wenn nach erfolgter Beratung das Rechtsmittel dann wieder zurückgenommen wird.[41] Hat der Anwalt zwar bereits den Rechtsmittelauftrag erhalten, rät er aber von der Durchführung des Rechtsmittels ab und dieses wird auch seinem Rat entsprechend nicht mehr eingelegt, bleibt es zwar bei der Verfahrensgebühr des Rechtsmittelverfahrens, diese entsteht jedoch nur in reduzierter Höhe wie beispielsweise nach Nr. 1 der Anmerkung zu VV Nr. 3201.[42]

Das **Ergebnis der Prüfung** der Erfolgsaussichten des Rechtsmittels ist für den Vergütungstatbestand unerheblich; die Gebühr fällt also unabhängig davon an, ob der Anwalt zum Rechtsmittel rät oder nicht, unerheblich ist auch, ob der Mandant dem Rat folgt oder nicht.[43]

c) Höhe der Gebühr

Der Vergütungstatbestand sieht eine Satzrahmengebühr von 0,5–1,0 vor, die Mittelgebühr liegt bei 0,75. Bei der Bemessung der Gebühr sind die Kriterien des § 14 RVG maßgebend.[44]

Der Mehrvertretungszuschlag nach VV Nr. 1008 gilt auch für die Gebühr VV Nr. 2100; bei mehreren Auftraggebern erhöht sich für jede weitere Person die Gebühr um 0,3 bis maximal 2,0, ein Wert, der ab 7 zusätzlichen Auftraggebern erreicht ist.[45]

Nach *Winkler*[46] ergibt sich folgende Staffelung:

Zahl der Auftraggeber	Untere Rahmengebühr	Obere Rahmengebühr	„Mittelgebühr"
1	0,5	1,0	0,75
2	0,8	1,3	1,05
3	1,1	1,6	1,35
4	1,4	1,9	1,65
5	1,7	2,2	1,95
6	2,0	2,5	2,25
7	2,3	2,8	2,55
8 und mehr	2,5	3,0	2,75

---

[39] AnwK-RVG/*N.Schneider*, VV Nr. 2100 Rn 17; Gerold/Schmidt-*Madert*, VV Nrn. 2100–2103 Rn 1.
[40] AnwK-RVG/*N.Schneider*, VV Nr. 2100 Rn 17; Gerold/Schmidt-*Madert*, VV Nrn. 2100–2103 Rn 1.
[41] AnwK-RVG/*N.Schneider*, VV Nr. 2100 Rn 18.
[42] AnwK-RVG/*N.Schneider*, VV Nr. 2100 Rn 19.
[43] AnwK-RVG/*N.Schneider*, VV Nr. 2100 Rn 21.
[44] Mayer/Kroiß-*Winkler*, VV Nr. 2100 Rn 29 f.; AnwK-RVG/*N.Schneider*, VV Nr. 2100 Rn 23.
[45] Mayer/Kroiß-*Winkler*, VV Nr. 2100 Rn 31 f.; AnwK-RVG/*N.Schneider*, VV Nr. 2100 Rn 24.
[46] Mayer/Kroiß-*Winkler*, VV Nr. 2100 Rn 33.

d) Anrechnung

20 Nach der Anmerkung zum Vergütungstatbestand ist die Gebühr auf eine Gebühr für das Rechtsmittelverfahren anzurechnen. Die Anrechnung erfolgt vollständig, eine Quotierung beispielsweise in der Anmerkung zum Vergütungstatbestand VV Nr. 2303 vorgesehen erfolgt nicht.[47]

21 Wird das Rechtsmittel **nur wegen eines Teils** des Gegenstandes eingelegt, während die Prüfung der Erfolgsaussichten des Rechtsmittels sich auf den gesamten Gegenstand bezog, erfolgt die Anrechnung nur teilweise, und zwar in Höhe des Betrages, der in das Rechtsmittelverfahren übergegangen ist.[48]

22 Angerechnet wird auch nur auf die Gebühren eines Verfahrens, über dessen Erfolgsaussicht der Anwalt auch beraten hat. Berät der Anwalt über die Erfolgsaussicht eines Rechtsmittels und kommt er zu dem Ergebnis, dass dieses Rechtsmittel erfolglos ist, und wird daraufhin ein anderes Rechtsmittel eingelegt, so wird nicht angerechnet.[49]

e) Gegenstandswert

23 Der Gegenstandswert bemisst sich nach dem Umfang des Prüfauftrags; soll der Anwalt über ein uneingeschränktes Rechtsmittel beraten, ist der volle Wert der Beschwer maßgebend, beschränkt sich der Auftrag dagegen auf einzelne Gegenstände, ist bei diesem beschränkten Prüfungsauftrag nur der Wert maßgebend, auf den sich die Prüfung der Erfolgsaussichten des Rechtsmittels bezieht.[50]

f) Kostenerstattung

24 **Strittig** ist die Erstattungsfähigkeit der Gebühr VV Nr. 2100. Diese wird überwiegend verneint; bei eigenem Rechtsmittel fehle es an der Anhängigkeit und damit einem Prozessrechtsverhältnis, bei einem Rechtsmittel des Gegners bestehe kein Anlass für eine Prüfung.[51] Nach anderer Auffassung kommt eine Erstattungsfähigkeit der Gebühr VV Nr. 2100 in Ausnahmesituationen in Betracht.[52] Droht nämlich der unterlegene Prozessgegner ein Rechtsmittel lediglich an und prüft der Anwalt die Erfolgsaussichten eines angedrohten Rechtsmittels, so ergibt sich nach dieser Auffassung eine Erstattungsfähigkeit als materieller Schaden, wenn es zu einem Rechtsmittelverfahren nicht kommt.[53]

g) Rechtsschutzversicherung

25 Bestand für das beendete Verfahren Kostendeckung in einer Rechtsschutzversicherung, so hat die Rechtsschutzversicherung auch die Gebühr für die Prüfung der Erfolgsaussichten eines Rechtsmittels nach VV Nr. 2100 zu ersetzen.[54] Da sich die Prüfung allgemein auf die Erfolgsaussichten eines Rechtsmittels bezieht, der Gebühren-

---

[47] Mayer/Kroiß-*Winkler*, VV Nr. 2100 Rn 35.
[48] Mayer/Kroiß-*Winkler*, VV Nr. 2100 Rn 36 ff.
[49] AnwK-RVG/*N.Schneider*, VV Nr. 2100 Rn 28.
[50] AnwK-RVG/*N.Schneider*, VV Nr. 2100 Rn 29; Gerold/Schmidt-*Madert*, VV Nrn. 2100–2103 Rn 5.
[51] AnwK-RVG/*N.Schneider*, VV Nr. 2101 Rn 34; vgl auch Bischof/*Jungbauer*, VV Nr. 2100 Rn 53.
[52] Mayer/Kroiß-*Winkler*, VV Nr. 2100 Rn 40.
[53] Mayer/Kroiß-*Winkler*, VV Nr. 2100 Rn 41.
[54] Mayer/Kroiß-*Winkler*, VV Nr. 2100 Rn 43; Gerold/Schmidt-*Madert*, VV Nrn. 2100–2103 Rn 7.

tatbestand demnach völlig offen ist, können Mutwilligkeit und offensichtlich fehlende Erfolgsaussicht iS von § 1 ARB 75 fast nie festgestellt werden.[55]

h) Vergütungsfestsetzungsverfahren nach § 11 RVG

Ob der Vergütungstatbestand VV Nr. 2100 nach § 11 RVG festsetzbar ist, ist strittig. Teilweise wird dies mit der Begründung, der Gebührentatbestand VV Nr. 2100 habe einen weiteren Anwendungsbereich als die Abrategebühr des § 20 II BRAGO, verneint.[56] Nach anderer Auffassung wird die Festsetzbarkeit mit der Begründung bejaht, dass es dem Zweck des § 11 RVG widerspricht, die Gerichte zu entlasten und zügig einen Titel zu schaffen, wenn im Falle der Abrategebühr die Festsetzung ausgeschlossen sei. Auch sei eine nicht zu vertretende Ungleichbehandlung gegenüber dem Fall gegeben, in dem der abratende Anwalt bereits einen Prozessauftrag hatte und das Rechtsmittel mangels Erfolgsaussicht nicht mehr eingelegt hat.[57]

2. VV Nr. 2101 – Prüfung der Erfolgsaussicht eines Rechtsmittels mit Ausarbeitung eines schriftlichen Gutachtens

a) Anwendungsbereich

Ist in Fällen des Vergütungstatbestands VV Nr. 2100 die Prüfung der Erfolgsaussichten eines Rechtsmittels mit der Ausarbeitung eines schriftlichen Gutachtens verbunden, fällt nach VV Nr. 2101 eine Gebühr mit dem Gebührensatz von 1,3 an.

b) Voraussetzungen des Vergütungstatbestands

Über die Prüfung der Erfolgsaussichten eines Rechtsmittels gemäß VV Nr. 2100 hinausgehend bedarf es zur Erfüllung des Gebührentatbestands VV Nr. 2101 der Ausarbeitung eines schriftlichen Gutachtens; die Schriftform wird auch durch vergleichbare Formen wie Übermittlung per Telefax, elektronische Form gemäß § 126a BGB und Textform gemäß § 126b BGB gewahrt.[58] Eine mündliche oder fernmündliche Äußerung, mag diese noch so umfassend sein und sämtliche sonstige Kriterien ausfüllen, genügt für diesen Vergütungstatbestand nicht.[59]

Unter „Gutachten" wird eine eingehende Untersuchung eines Falles unter Berücksichtigung der Rechtsprechung und Rechtslehre mit eigener Stellungnahme, die zu einer bestimmten Beurteilung des Falles führt, verstanden.[60] Formal erfordert das Gutachten, dass es schriftlich erstellt wird, der zu beurteilende Sachverhalt muss geordnet dargestellt werden, die rechtlichen Probleme des Falles sind darzustellen, die Auffassungen von Rechtsprechung und Literatur mitzuteilen, erforderlich ist ferner eine eigene Stellungnahme des gutachtenden Rechtsanwalts zu Rechtsprechung und Litera-

---

55 Mayer/Kroiß-*Winkler*, VV Nr. 2100 Rn 44; strenger wohl AnwK-RVG/*N.Schneider*, VV Nr. 2100 Rn 33; Bischof/ Jungbauer, VV Nr. 2100 Rn 55.
56 So Schneider/Mock, Das neue Gebührenrecht für Anwälte, § 35 Rn 4.
57 AnwK-RVG/*N.Schneider*, § 11 Rn 51; VV Nr. 2100 Rn 30; s. hierzu auch Mayer/Kroiß-*Mayer*, § 11 Rn 16 Stichwort Abrategebühr; Bischof/Jungbauer, VV Nr. 2100 Rn 56; kritisch zur Festsetzbarkeit Hartung/Römermann/*Schons*, VV Nr. 2100 Rn 29.
58 Mayer/Kroiß-*Winkler*, VV Nr. 2101 Rn 6; AnwK-RVG/*N.Schneider*, VV Nr. 2101 Rn 5.
59 Mayer/Kroiß-*Winkler*, VV Nr. 2101 Rn 10.
60 Mayer/Kroiß-*Winkler*, VV Nr. 2101 Rn 7.

tur, schließlich sind die daraus gezogenen Schlüsse für den Auftraggeber im Gutachten darzustellen.[61]

30 Im Gutachten ist der zu beurteilende Sachverhalt geordnet darzustellen,[62] der Auftraggeber soll alleine schon aus der geordneten Sachverhaltsdarstellung erkennen können, von welcher Tatsachengrundlage der Gutachter ausgeht; dies entspricht letztendlich auch der Tatbestands- bzw Sachverhaltsdarstellung in einem Urteil (§ 313 ZPO, § 267 StPO).[63]

31 Erforderlich ist die Darstellung der rechtlichen Probleme des zu begutachtenden Falles, um dem Auftraggeber die weiter darzustellenden Rechtsauffassungen in Rechtsprechung, Literatur und Kommentierung zu vermitteln.[64] Ferner muss die Darstellung von Rechtsprechung, Schrifttum und Literatur den Streitstand der Meinungen und Gegenmeinungen enthalten, wobei zur Überprüfbarkeit sinnvollerweise auch die Fundstellen anzugeben sind. Der Sinn des Gutachtens verbietet eine einseitige Auswahl der Entscheidungen und Literaturmeinungen; die Darstellung der Rechtsmeinungen soll belegen, dass sich der Rechtsanwalt vor Abgabe seiner eigenen Stellungnahme umfassend mit der Rechtsproblematik auseinandergesetzt hat.[65]

32 Schließlich ist eine eigene Stellungnahme des Rechtsanwalts erforderlich, andernfalls läge lediglich eine Sachverhaltsdarstellung und Bestandsaufnahme von Rechtsprechung und Literatur vor;[66] die Stellungnahme muss sich mit den Rechtsmeinungen in Rechtsprechung und Literatur auseinandersetzen und darlegen, aus welchem Grunde der Rechtsanwalt zu seiner eigenen Meinung gelangt.[67]

33 Die verständliche Darstellung des Gutachtens soll dem Auftraggeber lediglich ermöglichen, die Rechtsproblematik zu erkennen und eine eigene Entscheidung – ggf auch aufgrund der Empfehlung des Gutachters – zu treffen; ob der Auftraggeber vom Gutachten überzeugt ist oder nicht, ist nicht entscheidend.[68] **Gutachter** im Sinne des Vergütungstatbestands VV Nr. 2101 kann grundsätzlich **jeder Rechtsanwalt** sein, die Zulassung beim Rechtsmittelgericht ist nicht erforderlich.[69]

34 Eine ausdrückliche **Anrechnungsvorschrift** ist im Vergütungstatbestand VV Nr. 2101 nicht enthalten, da aber dort auf den Vergütungstatbestand VV Nr. 2100 verwiesen wird, ist nach überwiegender Meinung auch die Gebühr VV Nr. 2101 auf eine Gebühr im Rechtsmittelverfahren anzurechnen.[70] Nach der Mindermeinung ist jedoch die Gebühr für das Aussichtengutachten nicht auf eine Gebühr anzurechnen, die im Rechtsmittelverfahren entsteht. Der Vergütungstatbestand VV Nr. 2101 verweise zwar auf die Gebühr „2100" und diese enthalte in ihrer amtlichen Anmerkung eine

---

61 Mayer/Kroiß-*Winkler*, VV Nr. 2101 Rn 7.
62 Mayer/Kroiß-*Winkler*, VV Nr. 2101 Rn 12.
63 Mayer/Kroiß-*Winkler*, VV Nr. 2101 Rn 13.
64 Mayer/Kroiß-*Winkler*, VV Nr. 2101 Rn 14.
65 Mayer/Kroiß-*Winkler*, VV Nr. 2101 Rn 15.
66 Mayer/Kroiß-*Winkler*, VV Nr. 2101 Rn 18.
67 Mayer/Kroiß-*Winkler*, VV Nr. 2101 Rn 19.
68 Mayer/Kroiß-*Winkler*, VV Nr. 2101 Rn 26.
69 Mayer/Kroiß-*Winkler*, VV Nr. 2101 Rn 27; AnwK-RVG/*N.Schneider*, VV Nr. 2101 Rn 10; Gerold/Schmidt-*Madert*, VV 2100-2103 Rn 9.
70 Gerold/Schmidt-*Madert*, VV 2100–2103 Rn 12; AnwK-RVG/*N.Schneider*, VV Nr. 2101 Rn 19; Mayer/Kroiß-*Winkler*, VV Nr. 2101 Rn 45 f; Hartung/Römermann/*Schons*, VV 2101 Rn 5.

A. Prüfung der Erfolgsaussicht eines Rechtsmittels

Anrechnungsvorschrift. Der Vergütungstatbestand VV Nr. 2101 enthalte jedoch nicht auch selbst eine entsprechende Anrechnungsklausel; die Wendung „Gebühr 2100" meine jedenfalls keineswegs eindeutig mehr als den eigentlichen Gebührentatbestand und damit auch keineswegs dessen amtliche Anmerkung.[71]

Bei **mehreren Auftraggebern** erhöht sich die Gebühr gemäß VV Nr. 1008 um jeweils 0,3 bis zu maximal der Erhöhungsgebühr von 2,0.[72] **35**

Die Gebühr für ein Gutachten über die Aussichten des Rechtsmittels ist im Rahmen der **Rechtsschutzversicherung** grundsätzlich mitversichert, soweit derjenige Anwalt beauftragt wird, der später auch das Rechtsmittel durchführen soll.[73] Vielfach sind Rechtsschutzversicherer auch erst bereit, Deckungszusage für die Einlegung eines Rechtsmittels zu bewilligen, wenn ihnen die Erfolgsaussichten im Rahmen eines Gutachtens dargelegt worden sind. **36**

Die Kosten für die Prüfung der Erfolgsaussichten eines Rechtsmittels mittels eines schriftlichen Gutachtens sind im Regelfall nicht erstattungsfähig.[74] Ausnahmen können in Betracht kommen, wenn das Gutachten fernliegende Rechtsfragen aus Sondergebieten behandelt, deren Kenntnis bei Rechtsanwälten und Richtern nicht vorhanden ist und auch nicht unter Benutzung der üblichen Literatur erworben werden kann.[75] Für die Frage der Festsetzbarkeit der Gebühr VV Nr. 2102 nach § 11 RVG gelten die Ausführungen oben unter § 3 Rn 26 entsprechend. **37**

Zu betonen ist, dass dem Anwalt ein Auftrag zur Erstellung eines Gutachtens bei diesem Vergütungstatbestand erteilt worden sein muss.[76] Auch aus Sicht des Anwalts kann es durchaus **empfehlenswert** sein, sich vom Mandanten nicht sofort einen Verfahrensauftrag für die Einlegung eines Rechtsmittels erteilen zu lassen, insbesondere dann, wenn auf den ersten Blick die Erfolgsaussichten zweifelhaft sind. Denn wenn der Anwalt den Auftrag erhalten hat, Berufung einzulegen, und er bei der inzident vor der Berufungseinlegung vorzunehmenden Überprüfung der Erfolgsaussichten des beabsichtigten Rechtsmittels zu dem Ergebnis gelangt, dass die Berufung keine Aussicht auf Erfolg hat, wird er den Auftraggeber hierauf hinweisen müssen, so dass dieser dann im Regelfall der Empfehlung des Anwalts folgend von der Berufungseinlegung Abstand nehmen wird. Der Anwalt hat dann lediglich eine reduzierte Verfahrensgebühr nach VV Nr. 3201 Nr. 1 mit einem Gebührensatz von 1,1 verdient. Hatte der Anwalt jedoch ausdrücklich den Auftrag, die Erfolgsaussichten der Berufung in Form eines schriftlichen Gutachtens zu überprüfen, verdient der Rechtsanwalt die Gebühr VV Nr. 2101 mit einem Gebührensatz von 1,3. Da die Entscheidung der Frage, ob einem zur Rechtsmitteleinlegung entschlossenen Mandanten ausdrücklich von der Rechtsmitteleinlegung abzuraten ist, weil die Erfolgsaussichten fehlen, erfordert, sowohl den Sachverhalt wie auch die Rechtslage voll zu durchdringen, ist auch der Mehraufwand, diese Überlegungen dem Mandanten in Form eines schriftlichen **38**

---

71 Hartmann, VV 2101 Rn 7.
72 Mayer/Kroiß-*Winkler*, VV Nr. 2101 Rn 32; AnwK-RVG/*N.Schneider*, VV Nr. 2101 Rn 14; Bischof/*Jungbauer*, VV Nr. 2101 Rn 13.
73 AnwK-RVG/*N.Schneider*, VV Nr. 2101 Rn 26; vgl auch Mayer/Kroiß-*Winkler*, VV Nr. 2101 Rn 58.
74 Mayer/Kroiß-*Winkler*, VV Nr. 2101 Rn 52; AnwK-RVG/*N.Schneider*, VV Nr. 2101 Rn 22.
75 Mayer/Kroiß-*Winkler*, VV Nr. 2101 Rn 54 f.; vgl auch AnwK-RVG/*N.Schneider*, VV Nr. 2101 Rn 24.
76 AnwK-RVG/*N.Schneider*, VV Nr. 2101 Rn 4; Gerold/Schmidt-*Madert*, VV 2100-2103 Rn 9.

Gutachtens mitzuteilen, allenfalls gering. Hinzu kommt ferner, dass vielfach auch der Anwalt für sich selbst in Form einer Aktennotiz dann, wenn er dem Mandanten von der Einlegung eines Rechtsmittels abraten möchte, die entscheidenden Überlegungen ohnehin festhält. Auch für den Mandanten schafft ein solches schriftliches Gutachten eine eindeutige Entscheidungsgrundlage.

3. Vergütungstatbestand VV Nr. 2102

a) Anwendungsbereich

39 Der Vergütungstatbestand VV Nr. 2102 bestimmt eine Betragsrahmengebühr von 10 Euro–260 Euro für die Prüfung der Erfolgsaussichten eines Rechtsmittels in sozialrechtlichen Angelegenheiten, in denen im gerichtlichen Verfahren Betragsrahmengebühren entstehen (§ 3 RVG), und in den Angelegenheiten, für die nach den Teilen 4–6 des Vergütungsverzeichnisses Betragsrahmengebühren entstehen.

40 Nach § 3 I 1 RVG entstehen in Verfahren vor Gerichten der Sozialgerichtsbarkeit, in denen das Gerichtskostengesetz nicht anzuwenden ist, Betragsrahmengebühren. Nach § 1 I Nr. 4 GKG werden Kosten nach dem GKG erhoben vor den Gerichten der Sozialgerichtsbarkeit nach dem Sozialgerichtsgesetz, soweit nach diesem Gesetz das GKG anzuwenden ist. Die Vorschrift macht das GKG somit ausdrücklich auch für die Sozialgerichtsbarkeit anwendbar, soweit das SGG auf das GKG verweist.[77] Nach § 197a I 1 SGG werden die Kosten nach den Vorschriften des Gerichtskostengesetzes erhoben, wenn in einem Rechtszug weder der Kläger noch der Beklagte zu den in § 183 SGG genannten Personen gehört. Somit entstehen für den Rechtsanwalt Betragsrahmengebühren in sozialgerichtlichen Verfahren dann, wenn an einem Rechtsstreit im betreffenden Rechtszug ein Versicherter, ein Leistungsempfänger, ein Hinterbliebenenleistungsempfänger oder ein Behinderter in dieser jeweiligen Eigenschaft als Kläger oder Beklagter beteiligt ist.[78] Dies gilt auch für die in § 56 SGB I genannten Sonderrechtsnachfolger, also für den Ehegatten, den Lebenspartner, die Kinder, die Eltern und den Haushaltsführer.[79] Das GKG findet auch dann keine Anwendung, wenn ein sonstiger Rechtsnachfolger der vorstehend genannten Personen das jeweilige Verfahren aufnimmt, wobei sich die Kostenfreiheit jedoch auf den Rechtszug beschränkt, in dem das Verfahren aufgenommen wird.[80] Auch wenn erst die Zugehörigkeit zu den in § 183 S. 1 und 2 SGG genannten Personen erstritten werden muss, findet das GKG nach § 183 S. 3 SGG keine Anwendung.[81]

41 § 3 I 2 RVG bestimmt, dass in sonstigen Verfahren in sozialrechtlichen Angelegenheiten die Gebühren nach dem Gegenstandswert berechnet werden. Der weitere Zusatz in § 3 I 2 Halbs. 2 RVG – wenn der Auftraggeber nicht zu den in § 183 des Sozialgerichtsgesetzes genannten Personen gehört – dürfte keine eigenständige regelnde Bedeutung haben, sondern es handelt sich nur um die Kehrseite der Anwendbarkeit des GKG. Die Anwendbarkeit des GKG richtet sich nämlich gerade danach, ob der Man-

---

[77] Hartmann, § 1 GKG Rn 10.
[78] Mayer/Kroiß-*Dinkat*, § 3 Rn 9.
[79] Mayer/Kroiß-*Dinkat*, § 3 Rn 9.
[80] Mayer/Kroiß-*Dinkat*, § 3 Rn 10; Hartung/*Römermann*/Schons, § 3 Rn 15.
[81] Mayer/Kroiß-*Dinkat*, § 3 Rn 10.

dant den Personengruppen nach § 183 SGG zugehört oder nicht.[82] Ist die Person in § 183 SGG genannt, folgt daraus die Unanwendbarkeit des GKG und damit nach § 3 I 1 RVG die Betragsrahmengebühr, ist sie nicht genannt, kommt es zur Anwendung von § 3 I 2 RVG und damit zur Wertgebühr, ohne dass nochmals die Zugehörigkeit der Person zu dem in § 183 SGG genannten Personenkreis geprüft werden müsste.[83]

Entstehen im sozialgerichtlichen Verfahren Wertgebühren, so ist insbesondere der **Streitwertkatalog für die Sozialgerichtsbarkeit 2006**[84] von Bedeutung. Nach § 3 II RVG gilt die Abgrenzung von sozialrechtlichen Angelegenheiten, in denen Betragsrahmengebühren und in denen Wertgebühren entstehen, **entsprechend auch für eine Tätigkeit außerhalb eines gerichtlichen Verfahrens** und damit auch für den Vergütungstatbestand VV Nr. 2102.

42

Der weitere Anwendungsbereich des Vergütungstatbestands VV Nr. 2102 liegt in den Angelegenheiten, für die nach den Teilen 4–6 Betragsrahmengebühren entstehen. Der ursprüngliche Wortlaut („… und in den Angelegenheiten, die in den Teilen 4–6 geregelt sind") wurde durch das zweite Gesetz zur Modernisierung der Justiz[85] geändert; durch die neue Formulierung wollte der Gesetzgeber klarstellen, dass der Vergütungstatbestand VV Nr. 2102 nur anfällt, wenn nach den Teilen 4–6 Betragsrahmengebühren anfallen; betrifft die Prüfung der Erfolgsaussicht eines Rechtsmittels eine Angelegenheit, für die nach den Teilen 4–6 Wertgebühren entstehen, soll nach dem Willen des Gesetzgebers der Gebührentatbestand VV Nr. 2100 zum Ansatz kommen.[86]

43

b) Voraussetzungen des Vergütungstatbestands

Für das Tatbestandsmerkmal Prüfung der Erfolgsaussicht eines Rechtsmittels ist auf die Ausführungen oben unter § 3 Rn 5 ff. zu verweisen. Bei der Gebührenhöhe sieht der Vergütungstatbestand eine Rahmengebühr von 10 Euro–260 Euro und mithin eine „Mittelgebühr" von 135 Euro (10 + 260 = 270 : 2) vor. Bei der Ausfüllung des Gebührenrahmens gelten die in § 14 RVG geregelten Kriterien.[87]

44

c) Mehrvertretungszuschlag

Nach VV Nr. 1008 erhöhen sich dann, wenn Auftraggeber in derselben Angelegenheit mehrere Personen sind, bei Betragsrahmengebühren der Mindest- und der Höchstbetrag um 30 %. Nach Absatz 3 der Anmerkung zum Vergütungstatbestand VV Nr. 1008 dürfen mehrere Erhöhungen bei Betragsrahmengebühren das Doppelte des Mindest- und Höchstbetrags nicht übersteigen.

45

---

82 Hartung/*Römermann*/Schons, § 3 Rn 19.
83 Hartung/*Römermann*/Schons, § 3 Rn 19; unklar, ob nochmals die Zugehörigkeit des Auftraggebers zu den in § 183 SGG genannten Personen zu prüfen ist, Hartmann, § 3 RVG Rn 11.
84 AGS 2007, 2 ff.
85 BGBl. I 2006, S. 3416.
86 BT-Drucks. 16/3038, S. 56; s. hierzu auch näher Mayer, Die Änderungen im RVG und im Vergütungsverzeichnis durch das Zweite Justizmodernisierungsgesetz und das EG-Verbraucherschutz-Durchsetzungsgesetz, RVG-Letter 2007, 2 ff.
87 Mayer/Kroiß-*Winkler*, VV Nr. 2102 Rn 7.

§ 3 Außergerichtliche Tätigkeiten einschl. Vertretung in Verwaltungsverfahren

46 Nach *Winkler*[88] ergibt sich somit folgende Übersicht bei mehreren Auftraggebern:

Auftraggeber	Mindestbetrag	Höchstbetrag	Mittelgebühr
1	10 Euro	260 Euro	135 Euro
2	13 Euro	338 Euro	175,50 Euro
3	16 Euro	416 Euro	216 Euro
4	19 Euro	494 Euro	256,50 Euro
5	22 Euro	572 Euro	297 Euro
6	25 Euro	650 Euro	337,50 Euro
7	28 Euro	728 Euro	378 Euro
ab 8	30 Euro	780 Euro	405 Euro

d) Anrechnung

47 Nach der Anmerkung zum Vergütungstatbestand ist die Gebühr VV Nr. 2102 auf eine Gebühr für das Rechtsmittelverfahren anzurechnen. Das kann dazu führen, dass bei Durchführung des Rechtsmittelverfahrens die Gebühr VV Nr. 2102 in der Verfahrensgebühr des Rechtsmittelverfahrens vollständig aufgeht.[89]

48 Die Anrechnung einer Betragsrahmengebühr auf eine andere Betragsrahmengebühr wirft in der Praxis vielfach Probleme auf: So ist dann, wenn der Rechtsmittelauftrag gegenüber dem erstinstanzlichen Urteil, auf das sich die Prüfung der Erfolgsaussichten des Rechtsmittels bezog, eingeschränkt wurde, entsprechend den Grundsätzen bei Wertgebühren nur **eine anteilige Anrechnung** vorzunehmen.[90] Bei der Ermittlung des Anteils der Gebühr für die Prüfung der Erfolgsaussichten des Rechtsmittels, welches auf denjenigen Verfahrensgegenstand entfällt, hinsichtlich dessen das Rechtsmittel nicht eingelegt worden ist, kann nicht auf einen Wert zurückgegriffen werden; teilweise wird empfohlen, entsprechend der betroffenen Gegenstände zu quoteln,[91] nach anderer Auffassung ist dies zu schematisch, stattdessen wird geraten, entweder eine Vergütungsvereinbarung abzuschließen, und für den Fall, dass eine solche nicht abgeschlossen werden konnte, dem Anwalt das Recht zuzubilligen, die Anrechnung analog § 14 RVG nach billigem Ermessen vorzunehmen, wobei hieran keine übersteigerten Anforderungen nach dieser Auffassung gestellt werden dürfen, nur ein völlig willkürliches, in keiner Weise nachvollziehbares Anrechnungsergebnis sei zu missbilligen.[92] Da eine schematische Anrechnung in vielen Fällen zu Ergebnissen führen dürfte, die mit dem Bemessungskriterium des § 14 RVG nicht im Einklang stehen, dürfte es richtig sein, in solchen Fällen die Anrechnung dem Leistungsbestimmungsrecht des Anwalts nach § 315 I BGB zu unterstellen.

---

88 Mayer/Kroiß-*Winkler*, VV Nr. 2102 Rn 8.
89 Mayer/Kroiß-*Winkler*, VV Nr. 2102 Rn 9.
90 AnwK-RVG/*N.Schneider*, VV Nr. 2102 Rn 6.
91 So wohl AnwK-RVG/*N.Schneider*, VV Nr. 2102 Rn 6.
92 Bischof/*Jungbauer*, VV Nr. 2102 Rn 12.

4. Vergütungstatbestand VV Nr. 2103

a) Anwendungsbereich

Der Vergütungstatbestand VV Nr. 2103 sieht eine Rahmengebühr von 40 Euro–400 Euro vor, wenn die Prüfung der Erfolgsaussicht eines Rechtsmittels in sozialrechtlichen Angelegenheiten, in denen im gerichtlichen Verfahren Betragsrahmengebühren entstehen (§ 3 RVG), und in den Angelegenheiten, für die nach den Teilen 4–6 des Vergütungsverzeichnisses Betragsrahmengebühren entstehen, mit der Ausarbeitung eines schriftlichen Gutachtens verbunden ist.

b) Voraussetzungen des Vergütungstatbestands

Für das Tatbestandsmerkmal Prüfung der Erfolgsaussicht eines Rechtsmittels ist auf die Ausführungen oben unter § 3 Rn 5 ff. zu verweisen. Was das Erfordernis anbelangt, ein schriftliches Gutachten auszuarbeiten, gelten die Ausführungen unter oben § 3 Rn 29 ff. entsprechend.

Bei der Gebührenhöhe sieht der Vergütungstatbestand eine Rahmengebühr von 40 Euro–400 Euro, mithin also eine „Mittelgebühr" von 220 Euro (40 + 400 = 440 : 2) vor. Bei der Ausfüllung des Gebührenrahmens gelten die in § 14 RVG geregelten Kriterien.[93]

c) Mehrvertretungszuschlag

Auch der Mehrvertretungszuschlag nach VV Nr. 1008 gilt bei diesem Vergütungstatbestand gleichermaßen. Mindest- und Höchstbetrag der Betragsrahmengebühren erhöhen sich um 30 % je weiterem Auftraggeber, beschränkt auf das Doppelte der Mindest- bzw Höchstbetragsgebühr.[94]

Nach „Winkler"[95] ergibt sich folgende Übersicht bei mehreren Auftraggebern:

Auftraggeber	Mindestbetrag	Höchstbetrag	Mittelgebühr
1	40 Euro	400 Euro	220 Euro
2	52 Euro	520 Euro	286 Euro
3	54 Euro	640 Euro	352 Euro
4	76 Euro	760 Euro	418 Euro
5	88 Euro	880 Euro	484 Euro
6	100 Euro	1.000 Euro	550 Euro
7	112 Euro	1.120 Euro	616 Euro
8 und mehr	124 Euro	1.240 Euro	682 Euro

d) Anrechnung

Bei der Frage der Anrechnung der Gebühr VV Nr. 2103 auf eine Gebühr im Rechtsmittelverfahren stellen sich zwei Probleme: Zum einen stellt sich auch hier das gene-

---

93 Mayer/Kroiß-*Winkler*, VV Nr. 2103 Rn 6.
94 Mayer/Kroiß-*Winkler*, VV Nr. 2103 Rn 7.
95 Mayer/Kroiß-*Winkler*, VV Nr. 2103 Rn 7.

relle Problem, ob die Gebühr für das Aussichtengutachten auf die Verfahrensgebühr für das Rechtsmittelverfahren anrechenbar ist,[96] hinzu kommt ferner noch das Problem der Anrechnung einer Betragsrahmengebühr auf eine andere Betragsrahmengebühr.[97]

55 Auch beim Vergütungstatbestand VV Nr. 2103 ist eine ausdrückliche Anrechnungsvorschrift nicht enthalten, da aber dort auf den Vergütungstatbestand VV Nr. 2102 verwiesen wird, ist nach überwiegender Meinung auch die Gebühr VV Nr. 2103 auf eine Gebühr für das Rechtsmittelverfahren anzurechnen.[98] Nach der Mindermeinung ist jedoch die Gebühr für das Aussichtengutachten aus denselben Gründen, die bereits schon für den Vergütungstatbestand VV Nr. 2101 gelten, nicht auf eine Gebühr für das Rechtsmittelverfahren anzurechnen.[99]

56 Weitere Probleme weist die Anrechnung bei diesem Vergütungstatbestand VV Nr. 2103 dann auf, wenn der Rechtsmittelauftrag gegenüber dem erstinstanzlichen Urteil, auf das sich die Prüfung der Erfolgsaussichten des Rechtsmittels bezog, eingeschränkt wurde. Richtiger Auffassung nach ist es richtig, in solchen Fällen die Anrechnung dem Leistungsbestimmungsrecht des Anwalts nach § 315 I BGB zu unterstellen.[100]

II. Muster

1. Muster: Prüfung der Erfolgsaussichten eines Rechtsmittels nach VV Nr. 2100 (Normalfall)

57 Sehr geehrte(r) Frau/Herr ■■■,

70 in der oben bezeichneten Angelegenheit haben Sie mich darum gebeten, die Erfolgsaussichten einer Berufung gegen das Urteil des LG ■■■ vom ■■■ zu überprüfen.

Das Landgericht ■■■ hat sein klagabweisendes Urteil ausschließlich darauf gestützt, dass ■■■

Dabei hat das Gericht jedoch übersehen, dass nach der Rechtsprechung des BGH (NJW ■■■) die Beweislast bei ■■■ für ■■■ der ■■■ trägt. Legt man die richtige Beweislast zugrunde, hat die Gegenseite entgegen der Auffassung des LG ■■■ den Beweis dafür, dass ■■■ nicht erbracht, so dass aus meiner Sicht eine Berufung, mit der der gesamte bereits in 1. Instanz geltend gemachte Anspruch gegen ■■■ weiterverfolgt wird, Aussicht auf Erfolg hat.

Die Kosten für die auftragsgemäß durchgeführte Prüfung der Erfolgsaussichten der Berufung gegen das Urteil des LG ■■■ vom ■■■ gebe ich auf der beiliegenden Kostennote bekannt. Ich bitte um Vergütung auf eines der unten stehenden Konten bis spätestens ■■■

Mit freundlichen Grüßen

■■■

(Rechtsanwalt)

---

96 Vgl oben hierzu § 3 Rn 34.
97 S. hierzu auch oben unter § 3 Rn 48.
98 Gerold/Schmidt-*Madert*, VV 2100-2103 Rn 16; AnwK-RVG/*N.Schneider*, VV Nr. 2103 Rn 2; Mayer/Kroiß-*Winkler*, VV Nr. 2102 Rn 9; Hartung/Römermann/*Schons*, VV Nrn. 2102, 2103 Rn 4.
99 Hartmann, VV 2102, 2103 Rn 6.
100 S. hierzu näher oben § 3Rn 48.

Herrn/Frau ▪▪▪

▪▪▪ (Straße)

▪▪▪ (PLZ, Ort)

Vergütungsabrechnung

    Rechnungsnummer ▪▪▪

    Leistungszeitraum ▪▪▪

    Steuer-Nr. oder Umsatzsteuerident-Nr. ▪▪▪

Gebühr VV Nr. 2100, 0,75	784,50 Euro
(Gegenstandswert: 50.000 Euro)	
Auslagenpauschale VV Nr. 7002	20,00 Euro
Zwischensumme	804,50 Euro
19 % Umsatzsteuer, VV Nr. 7008	152,86 Euro
Summe	957,36 Euro

▪▪▪

(Rechtsanwalt)

2. Muster: Prüfung der Erfolgsaussichten eines Rechtsmittels mit extremem Schwierigkeitsgrad

Sehr geehrte(r) Frau/Herr ▪▪▪,

Sie hatten mich mit der Überprüfung der Frage beauftragt, ob gegen die Entscheidung des Bundesverwaltungsgerichts vom ▪▪▪ noch „irgendetwas mit Aussicht auf Erfolg zu machen" ist.

Gegen die Entscheidung des Bundesverwaltungsgerichts stehen keine regulären Rechtsmittel mehr zur Verfügung, allerdings kommt die Einlegung einer Verfassungsbeschwerde zum Bundesverfassungsgericht in Betracht. Die Erfolgsaussichten einer Verfassungsbeschwerde in dieser Angelegenheit beurteile ich durchaus erfolgversprechend, denn ▪▪▪

Bitte beachten Sie, dass die Verfassungsbeschwerde bis spätestens ▪▪▪ nach § 93 BVerfGG beim Bundesverfassungsgericht eingelegt und begründet werden müsste.

Die Kosten ab der auftragsgemäß durchgeführten Prüfung der Erfolgsaussichten einer Verfassungsbeschwerde gebe ich auf der beiliegenden Vergütungsabrechnung bekannt. Ich bitte um Überweisung auf eines der unten stehenden Konten.

Mit freundlichen Grüßen

▪▪▪

(Rechtsanwalt)

Herrn/Frau ▪▪▪

▪▪▪ (Straße)

▪▪▪ (PLZ, Ort)

Vergütungsabrechnung

    Rechnungsnummer ▪▪▪

    Leistungszeitraum ▪▪▪

§ 3 Außergerichtliche Tätigkeiten einschl. Vertretung in Verwaltungsverfahren

Steuer-Nr. oder Umsatzsteuerident-Nr. ■■■

Gebühr VV Nr. 2100, 1,0	486,00 Euro
(Gegenstandswert: 10.000 Euro)	
Auslagenpauschale VV Nr. 7002	20,00 Euro
Zwischensumme	506,00 Euro
19 % Umsatzsteuer, VV Nr. 7008	96,14 Euro
Summe	602,14 Euro

■■■

(Rechtsanwalt)

3. Muster: Prüfung der Erfolgsaussichten der Beschwerde bei besonderer Bedeutung der Angelegenheit für den Auftraggeber

Sehr geehrte(r) Frau/Herr ■■■,

nachdem das Verwaltungsgericht ■■■ die aufschiebende Wirkung des Widerspruchs Ihres Nachbarn Herrn ■■■ gegen die Ihnen von der Stadt ■■■ am ■■■ erteilte Baugenehmigung angeordnet hat, habe ich wie von Ihnen gewünscht die Aussichten der Beschwerde gegen den Beschluss des VG ■■■ vom ■■■ überprüft. Aus meiner Sicht bestehen gute Chancen, dass durch die Einlegung der Beschwerde gegen den Beschluss des VG ■■■ die Aufhebung dieser Entscheidung erreicht werden kann, da ■■■

Die bei mir angefallenen Gebühren entnehmen Sie bitte beiliegender Vergütungsabrechnung. Bei der Gebührenbemessung war zu berücksichtigen, dass die Anordnung der aufschiebenden Wirkung des Widerspruchs Ihres Nachbars gegen die Ihnen erteilte Baugenehmigung erhebliche wirtschaftliche Auswirkungen hat, da Sie dann Ihre bereits gegenüber ■■■ eingegangenen vertraglichen Verpflichtungen nicht einhalten können.

Mit freundlichen Grüßen

■■■

(Rechtsanwalt)

Herrn/Frau ■■■

■■■ (Straße)

■■■ (PLZ, Ort)

Vergütungsabrechnung

Rechnungsnummer ■■■

Leistungszeitraum ■■■

Steuer-Nr. oder Umsatzsteuerident-Nr. ■■■

Gebühr VV Nr. 2100, 0,9[101]	437,40 Euro
(Gegenstandswert: 10.000 Euro)	
Auslagenpauschale VV Nr. 7002	20,00 Euro
Zwischensumme	457,40 Euro

---

[101] Der Wert liegt über der Mittelgebühr von 0,75, aber noch innerhalb der von der Rechtsprechung allgemein akzeptierten Toleranzgrenze von 20 %, s. hierzu näher § 1 Rn 399.

A. Prüfung der Erfolgsaussicht eines Rechtsmittels

19 % Umsatzsteuer, VV Nr. 7008	86,91 Euro
Summe	544,31 Euro

■■■

(Rechtsanwalt)

4. Muster: Prüfung der Erfolgsaussichten eines Rechtsmittels bei mehreren Auftraggebern

Sehr geehrte Frau ■■■,

sehr geehrter Herr ■■■,

in der oben bezeichneten Angelegenheit haben Sie mich darum gebeten, die Erfolgsaussichten einer Berufung gegen das Urteil des LG ■■■ vom ■■■ zu überprüfen.

Das Landgericht ■■■ hat sein klagabweisendes Urteil ausschließlich darauf gestützt, dass ■■■

Dabei hat das Gericht jedoch übersehen, dass nach der Rechtsprechung des BGH (NJW ■■■) die Beweislast bei ■■■ für ■■■ der ■■■ trägt. Legt man die richtige Beweislast zugrunde, hat die Gegenseite entgegen der Auffassung des LG ■■■ den Beweis dafür, dass ■■■ nicht erbracht, so dass aus meiner Sicht eine Berufung, mit der der gesamte bereits in 1. Instanz geltend gemachte Anspruch gegen ■■■ weiterverfolgt wird, Aussicht auf Erfolg hat.

Die Kosten für die auftragsgemäß durchgeführte Prüfung der Erfolgsaussichten der Berufung gegen das Urteil des LG ■■■ vom ■■■ gebe ich auf der beiliegenden Kostennote bekannt. Ich bitte um Vergütung auf eines der unten stehenden Konten bis spätestens ■■■

Mit freundlichen Grüßen

■■■

(Rechtsanwalt)

Herrn/Frau ■■■

■■■ (Straße)

■■■ (PLZ, Ort)

Vergütungsabrechnung

  Rechnungsnummer ■■■

  Leistungszeitraum ■■■

  Steuer-Nr. oder Umsatzsteuerident-Nr. ■■■

Gebühr VV Nr. 2100, 0,75	784,50 Euro
(Gegenstandswert: 50.000 Euro)	
Erhöhungsgebühr VV Nr. 1008, 0,3	313,80 Euro
(Gegenstandswert: 50.000 Euro)	
Auslagenpauschale VV Nr. 7002	20,00 Euro
Zwischensumme	1.118,30 Euro
19 % Umsatzsteuer, VV Nr. 7008	212,48 Euro
Summe	1.330,78 Euro

■■■

(Rechtsanwalt)

5. Muster: Prüfung der Erfolgsaussichten eines Rechtsmittels mit Anrechnung auf die im Rechtsmittelverfahren anfallende Verfahrensgebühr bei gleichem Gegenstandswert

Sehr geehrte(r) Frau/Herr ■■■,

Sie hatten uns mit Schreiben vom ■■■ beauftragt, die Erfolgsaussichten der Berufung gegen das Urteil des LG ■■■ vom ■■■ zu überprüfen. Weisungsgemäß haben wir diesen Auftrag ausgeführt und Ihnen das Ergebnis unserer Prüfung der Erfolgsaussichten der Berufung gegen das Urteil des LG ■■■ mit Schreiben vom ■■■ mitgeteilt.

Weiter beziehen wir uns auf Ihre in der Folge erteilte Anweisung, gegen das Urteil des LG ■■■ in vollem Umfang Berufung einzulegen. Wie Sie wissen, endete das Berufungsverfahren im Termin vom ■■■ durch Vergleich.

Die bei uns angefallenen Gebühren entnehmen Sie bitte beiliegender Vergütungsabrechnung. Wir bitten um Überweisung auf eines der untenstehenden Konten binnen 2 Wochen.

Mit freundlichen Grüßen

■■■

(Rechtsanwalt)

Herrn/Frau ■■■

■■■ (Straße)

■■■ (PLZ, Ort)

Vergütungsabrechnung

  Rechnungsnummer ■■■

  Leistungszeitraum ■■■

  Steuer-Nr. oder Umsatzsteuerident-Nr. ■■■

I. Prüfung der Erfolgsaussichten der Berufung

Gebühr VV Nr. 2100, 0,75	514,50 Euro
(Gegenstandswert: 25.000 Euro)	
Auslagenpauschale VV Nr. 7002	20,00 Euro
Zwischensumme	534,50 Euro
19 % Umsatzsteuer, VV Nr. 7008	101,56 Euro
Summe	636,06 Euro

II. Berufungsverfahren

Verfahrensgebühr VV Nr. 3200, 1,6	1.097,60 Euro
(Gegenstandswert: 25.000 Euro)	
gemäß Anmerkung zu VV Nr. 2100 anzurechnen	-514,50 Euro
Terminsgebühr VV Nr. 3202, 1,2	823,20 Euro
(Gegenstandswert: 25.000 Euro)	
Einigungsgebühr VV Nr. 1004, 1000, 1,3	891,80 Euro
(Gegenstandswert: 25.000 Euro)	

Auslagenpauschale VV Nr. 7002	20,00 Euro
Zwischensumme	2.318,10 Euro
19 % Umsatzsteuer, VV Nr. 7008	440,44 Euro
Summe	2.758,54 Euro
III. Gesamtsumme aus I. und II.:	3.394,60 Euro

■■■

(Rechtsanwalt)

6. Muster: Prüfung der Erfolgsaussichten der Berufung und Einlegung der Berufung wegen eines Teilbetrages

Sehr geehrte(r) Frau/Herr ■■■,

wie ich Ihnen nach der auftragsgemäßen Überprüfung der Erfolgsaussicht der Berufung gegen das Urteil des Landgerichts ■■■ vom ■■■ mit Schreiben vom ■■■ mitteilte, sind die Erfolgsaussichten lediglich für den von Ihnen geltend gemachten Schadensersatzanspruch, nicht aber auch für den Herausgabeanspruch zu bejahen.

In der Folge entschlossen Sie sich, lediglich den Schadensersatzanspruch in der Berufungsinstanz weiterzuverfolgen.

Nach Abschluss auch der Berufungsinstanz gebe ich die bei mir insgesamt angefallenen Gebühren auf der beiliegenden Vergütungsabrechnung bekannt. Ich bitte höflichst um Überweisung auf eines der untenstehenden Konten binnen 2 Wochen.

Mit freundlichen Grüßen

■■■

(Rechtsanwalt)

Herrn/Frau ■■■

■■■ (Straße)

■■■ (PLZ, Ort)

Vergütungsabrechnung

    Rechnungsnummer ■■■

    Leistungszeitraum ■■■

    Steuer-Nr. oder Umsatzsteuerident-Nr. ■■■

I. Prüfung der Erfolgsaussichten der Berufung

Gebühr VV Nr. 2100, 0,75	784,50 Euro
(Gegenstandswert: 50.000 Euro)	
Auslagenpauschale VV Nr. 7002	20,00 Euro
Zwischensumme	804,50 Euro
19 % Umsatzsteuer, VV Nr. 7008	152,86 Euro
Summe	957,36 Euro
II. Berufungsverfahren	
Verfahrensgebühr VV Nr. 3200, 1,6	1.212,80 Euro

§ 3 Außergerichtliche Tätigkeiten einschl. Vertretung in Verwaltungsverfahren

(Gegenstandswert: 30.000 Euro)	
gemäß Anmerkung zu VV Nr. 2100 anzurechnen eine 0,75 Gebühr aus einem Wert von 30.000 Euro, also	-568,50 Euro
Terminsgebühr VV Nr. 3202, 1,2	909,60 Euro
(Gegenstandswert: 30.000 Euro)	
Auslagenpauschale VV Nr. 7002	20,00 Euro
Zwischensumme	1.573,90 Euro
19 % Umsatzsteuer, VV Nr. 7008	299,04 Euro
Summe	1.872,94 Euro
III. Gesamtsumme aus I. und II.:	2.830,30 Euro

■■■

(Rechtsanwalt)

7. Muster: Prüfung der Erfolgsaussichten des Rechtsmittels bei vorzeitiger Beendigung des Verfahrensauftrags in der Rechtsmittelinstanz und insgesamt 3 Auftraggebern

Sehr geehrte Damen und Herren ■■■,

auftragsgemäß hatte ich die Erfolgsaussichten der Berufung gegen das Urteil des LG ■■■ vom ■■■ überprüft und Ihnen das Ergebnis mit Schreiben vom ■■■ mitgeteilt. In der Folgezeit entschlossen Sie sich zunächst, Berufung einzulegen und erteilten mir einen dementsprechenden Auftrag, bevor es jedoch zur Berufungseinlegung kam, teilten Sie mir mit weiterem Schreiben mit, dass Sie nunmehr lieber doch von der Durchführung des Berufungsverfahrens gegen das Urteil des LG ■■■ Abstand nehmen wollten.

Die bei mir angefallenen Gebühren entnehmen Sie bitte beiliegender Vergütungsabrechnung. Ich bitte um Überweisung auf eines der unten stehenden Konten bis spätestens ■■■

Mit freundlichen Grüßen

■■■

(Rechtsanwalt)

Firma ■■■

■■■ (Straße)

■■■ (PLZ, Ort)

Vergütungsabrechnung

    Rechnungsnummer ■■■

    Leistungszeitraum ■■■

    Steuer-Nr. oder Umsatzsteuerident-Nr. ■■■

I. Prüfung der Erfolgsaussichten der Berufung

Gebühr VV Nr. 2100, 0,75	514,50 Euro
(Gegenstandswert: 25.000 Euro)	
Erhöhungsgebühr VV Nr. 1008, 0,6	411,60 Euro
(Gegenstandswert: 25.000 Euro)	

A. Prüfung der Erfolgsaussicht eines Rechtsmittels

Auslagenpauschale VV Nr. 7002	20,00 Euro
Zwischensumme	946,10 Euro
19 % Umsatzsteuer, VV Nr. 7008	179,76 Euro
Summe	1.125,86 Euro
II. Berufungsverfahren	
Gebühr VV Nr. 3201, 1,1	754,60 Euro
(Gegenstandswert: 25.000 Euro)	
Erhöhungsgebühr VV Nr. 1008, 0,6	411,60 Euro
(Gegenstandswert: 25.000 Euro)	
gemäß Anmerkung zu VV Nr. 2100 anzurechnen iVm VV Nr. 1008, 1,35 Gebühr	-926,10 Euro
Auslagenpauschale VV Nr. 7002	20,00 Euro
Zwischensumme	260,10 Euro
19 % Umsatzsteuer, VV Nr. 7008	49,42 Euro
Summe	309,52 Euro
III. Gesamtsumme I. und II.:	1.435,38 Euro

■■■

(Rechtsanwalt)

8. Muster: Prüfung der Erfolgsaussichten des Rechtsmittels mit schriftlichem Gutachten

Sehr geehrte(r) Frau/Herr ■■■,

weisungsgemäß habe ich die Erfolgsaussichten der Berufung gegen das Urteil des Landgerichts ■■■ vom ■■■ in Form eines schriftlichen Gutachtens überprüft. Dieses finden Sie in der Anlage.

Bitte lassen Sie mich rechtzeitig vor der am ■■■ ablaufenden Berufungsfrist wissen, ob Sie das Rechtsmittel einlegen wollen. Der guten Ordnung halber und zur Vermeidung von Missverständnissen halte ich bei dieser Gelegenheit weiter fest, dass ich ohne Ihre ausdrückliche anderslautende schriftliche Anweisung rechtzeitig vor dem ■■■ gegen das Urteil des LG ■■■ vom ■■■, Aktenzeichen ■■■, keine Berufung einlegen werde, so dass dieses dann mit Ablauf der Rechtsmittelfrist rechtskräftig, dh für Sie nicht weiter anfechtbar wird.

Die bei mir aus Anlass der Überprüfung der Erfolgsaussichten der Berufung in Form des beiliegenden schriftlichen Gutachtens angefallenen Gebühren gebe ich auf der beiliegenden Vergütungsabrechnung bekannt. Ich bitte um Überweisung auf eines der untenstehenden Konten bis ■■■

Mit freundlichen Grüßen

■■■

(Rechtsanwalt)

Herrn/Frau ▪▪▪
▪▪▪ (Straße)
▪▪▪ (PLZ, Ort)
Vergütungsabrechnung
    Rechnungsnummer ▪▪▪
    Leistungszeitraum ▪▪▪
    Steuer-Nr. oder Umsatzsteuerident-Nr. ▪▪▪

Gebühr VV Nr. 2101, 1,3	1.079,00 Euro
(Gegenstandswert: 35.000 Euro)	
Auslagenpauschale VV Nr. 7002	20,00 Euro
Zwischensumme	1.099,00 Euro
19 % Umsatzsteuer, VV Nr. 7008	208,81 Euro
Summe	1.307,81 Euro

▪▪▪

(Rechtsanwalt)

9. Muster: Prüfung der Erfolgsaussichten eines Rechtsmittels mit Ausarbeitung eines schriftlichen Gutachtens und zwei Auftraggebern

Sehr geehrte Frau ▪▪▪,

sehr geehrter Herr ▪▪▪,

wie besprochen haben wir die Aussichten der Berufung gegen das Urteil des LG ▪▪▪ vom ▪▪▪ in Form eines schriftlichen Gutachtens geprüft. Dieses finden Sie in der Anlage.

Die bei uns angefallenen Gebühren geben wir auf der beiliegenden Vergütungsabrechnung bekannt. Wir bitten höflichst um kurzfristigen Rechnungsausgleich.

Bitte lassen Sie uns rechtzeitig vor Ablauf der am ▪▪▪ ablaufenden Berufungsfrist wissen, ob durch uns Berufung gegen das Urteil des LG ▪▪▪ vom ▪▪▪ eingelegt werden soll.

Mit freundlichen Grüßen

▪▪▪

(Rechtsanwalt)

Frau ▪▪▪
Herrn ▪▪▪
▪▪▪ (Straße)
▪▪▪ (PLZ, Ort)
Vergütungsabrechnung
    Rechnungsnummer ▪▪▪
    Leistungszeitraum ▪▪▪
    Steuer-Nr. oder Umsatzsteuerident-Nr. ▪▪▪

Gebühr VV Nr. 2101, 1,3	1.079,00 Euro
(Gegenstandswert: 35.000 Euro)	

A. Prüfung der Erfolgsaussicht eines Rechtsmittels

Erhöhungsgebühr VV Nr. 1008, 0,3	249,00 Euro
(Gegenstandswert: 35.000 Euro)	
Auslagenpauschale VV Nr. 7002	20,00 Euro
Zwischensumme	1.348,00 Euro
19 % Umsatzsteuer, VV Nr. 7008	256,12 Euro
Summe	1.604,12 Euro

■■■

(Rechtsanwalt)

10. Muster: Prüfung der Erfolgsaussichten eines Rechtsmittels verbunden mit schriftlichem Gutachten und Anrechnung auf die Gebühr im Rechtsmittelverfahren

Sehr geehrte(r) Frau/Herr ■■■,

nachdem das Berufungsverfahren durch Vergleich vom ■■■ beendet ist, gebe ich auf der beiliegenden Vergütungsabrechnung die bislang noch nicht abgerechneten Gebühren mit der höflichen Bitte um restliche Vergütung bekannt. Abgerechnet wurden die Kosten für das von Ihnen gewünschte schriftliche Gutachten über die Erfolgsaussichten des Berufungsverfahrens, welches Ihnen seinerzeit mit Schreiben vom ■■■ übersandt worden war, sowie die weiteren Gebühren in der Berufungsinstanz.

Ich bitte höflichst um Ausgleich der beiliegenden Vergütungsabrechnung binnen 2 Wochen.

Mit freundlichen Grüßen

■■■

(Rechtsanwalt)

Frau/Herrn ■■■

■■■ (Straße)

■■■ (PLZ, Ort)

Vergütungsabrechnung

    Rechnungsnummer ■■■

    Leistungszeitraum ■■■

    Steuer-Nr. oder Umsatzsteuerident-Nr. ■■■

I. Schriftliches Gutachten

Gebühr VV Nr. 2101, 1,3	839,80 Euro
(Gegenstandswert: 20.000 Euro)	
Auslagenpauschale VV Nr. 7002	20,00 Euro
Zwischensumme	859,80 Euro
19 % Umsatzsteuer, VV Nr. 7008	163,36 Euro
Summe	1.023,16 Euro

II. Berufungsverfahren

Verfahrensgebühr VV Nr. 3200, 1,6	1.033,60 Euro

§ 3 Außergerichtliche Tätigkeiten einschl. Vertretung in Verwaltungsverfahren

(Gegenstandswert: 20.000 Euro) gemäß VV Nr. 2101 iVm Anmerkung zu VV Nr. 2100 anzurechnen, 1,3	-839,80 Euro
Terminsgebühr VV Nr. 3202, 1,2	775,20 Euro
(Gegenstandswert: 20.000 Euro) Einigungsgebühr VV Nr. 1004, 1000, 1,3	839,80 Euro
(Gegenstandswert: 20.000 Euro) Auslagenpauschale VV Nr. 7002	20,00 Euro
Zwischensumme	1.828,80 Euro
19 % Umsatzsteuer, VV Nr. 7008	347,47 Euro
Summe	2.176,27 Euro
III. Gesamtsumme aus I. und II.:	3.199,43 Euro

■■■

(Rechtsanwalt)

11. Muster: Prüfung der Erfolgsaussichten eines Rechtsmittels durch schriftliches Gutachten und anschließendes Rechtsmittelverfahren ohne Anrechnung

Sehr geehrte(r) Frau/Herr ■■■,

nach Abschluss des Berufungsverfahrens vor dem OLG ■■■ geben wir auf der beiliegenden Vergütungsabrechnung die bislang noch nicht abgerechneten Gebühren mit der höflichen Bitte um restliche Vergütung bekannt. Abzurechnen waren unsere Gebühren für das schriftliche Gutachten vom ■■■, mit dem wir für Sie auftragsgemäß die Erfolgsaussichten der Berufung gegen das landgerichtliche Urteil prüften.

Weiter haben wir auf der beiliegenden Vergütungsabrechnung die bei uns im Berufungsverfahren weiter angefallenen Gebühren abgerechnet. Eine Anrechnung der Gebühr für die Erstellung des schriftlichen Gutachtens über die Erfolgsaussichten der Berufung auf die Verfahrensgebühr im Berufungsverfahren war nicht vorzunehmen, da der Vergütungstatbestand VV Nr. 2101 keine Anrechnungsvorschrift enthält und nach dem eindeutigen Wortlaut nur die Gebühr 2100, nicht aber auch die amtliche Anmerkung zu diesem Gebührentatbestand in Bezug nimmt (vgl. Hartmann, Kostengesetze, 37. Aufl., VV 2101 Rn 7).

Wir bitten höflichst um Vergütung.

Mit freundlichen Grüßen

■■■

(Rechtsanwalt)

Frau/Herrn ■■■
■■■ (Straße)
■■■ (PLZ, Ort)
Vergütungsabrechnung
     Rechnungsnummer ■■■
     Leistungszeitraum ■■■

A. Prüfung der Erfolgsaussicht eines Rechtsmittels

Steuer-Nr. oder Umsatzsteuerident-Nr. ▪▪▪	
I. Gutachten über die Erfolgsaussichten der Berufung	
Gebühr VV Nr. 2101, 1,3	1.760,20 Euro
(Gegenstandswert: 100.000 Euro)	
Auslagenpauschale VV Nr. 7002	20,00 Euro
Zwischensumme	1.780,20 Euro
19 % Umsatzsteuer, VV Nr. 7008	338,24 Euro
Summe	2.118,44 Euro
II. Berufungsverfahren	
Verfahrensgebühr VV Nr. 3200, 1,6	2.166,40 Euro
(Gegenstandswert: 100.000 Euro)	
Terminsgebühr VV Nr. 3202, 1,2	1.624,80 Euro
(Gegenstandswert: 100.000 Euro)	
Einigungsgebühr VV Nr. 1004, 1000, 1,3	1.760,20 Euro
(Gegenstandswert: 100.000 Euro)	
Auslagenpauschale VV Nr. 7002	20,00 Euro
Zwischensumme	5.571,40 Euro
19 % Umsatzsteuer, VV Nr. 7008	1.058,57 Euro
Summe	6.629,97 Euro
III. Gesamtsumme aus I. und II.:	8.748,41 Euro

▪▪▪

(Rechtsanwalt)

12. Muster: Prüfung der Erfolgsaussichten eines Rechtsmittels verbunden mit schriftlichem Gutachten und späterer teilweiser Rechtsmitteleinlegung, 2 Auftraggeber

Sehr geehrte Frau ▪▪▪,

sehr geehrter Herr ▪▪▪,

nach Abschluss der Berufungsinstanz gebe ich auf der beiliegenden Vergütungsabrechnung die von mir bislang noch nicht abgerechneten Gebühren bekannt. Es handelt sich zum einen um die Kosten meines von Ihnen gewünschten schriftlichen Gutachtens über die Erfolgsaussichten der Berufung gegen das Urteil des LG ▪▪▪, zum anderen handelt es sich um die im Berufungsverfahren weiter angefallenen Gebühren, bekanntermaßen war im Berufungsverfahren lediglich noch der Schadensersatzanspruch, nicht aber auch der Herausgabeanspruch weiterverfolgt worden.

Ich bitte um Ausgleich der beiliegenden Vergütungsabrechnung bis ▪▪▪

Mit freundlichen Grüßen

▪▪▪

(Rechtsanwalt)

§ 3 Außergerichtliche Tätigkeiten einschl. Vertretung in Verwaltungsverfahren

Frau ▪▪▪
Herrn ▪▪▪
▪▪▪ (Straße)
▪▪▪ (PLZ, Ort)
Vergütungsabrechnung
    Rechnungsnummer ▪▪▪
    Leistungszeitraum ▪▪▪
    Steuer-Nr. oder Umsatzsteuerident-Nr. ▪▪▪

I. Prüfung der Erfolgsaussichten mit Ausarbeitung eines schriftlichen Gutachtens

Gebühr VV Nr. 2101, 1,3	1.560,00 Euro
(Gegenstandswert: 80.000 Euro)	
Erhöhungsgebühr VV Nr. 1008, 0,3	360,00 Euro
(Gegenstandswert: 80.000 Euro)	
Auslagenpauschale VV Nr. 7002	20,00 Euro
Zwischensumme	1.940,00 Euro
19 % Umsatzsteuer, VV Nr. 7008	368,60 Euro
Summe	2.308,60 Euro

II. Berufungsverfahren

Verfahrensgebühr VV Nr. 3200, 1,6	1.443,20 Euro
(Gegenstandswert: 40.000 Euro)	
Erhöhungsgebühr VV Nr. 1008, 0,3	270,60 Euro
gem. VV Nr. 2101,1008 i. V. mit	
Anm. zu VV Nr.2100 anzurechnen	
Gebühr aus Wert 40.000 Euro, 1,6	-1.443,20 Euro
Terminsgebühr VV Nr. 3202, 1,2	1.082,40 Euro
(Gegenstandswert: 40.000 Euro)	
Einigungsgebühr VV Nr. 1004, 1000, 1,3	1.172,60 Euro
(Gegenstandswert: 40.000 Euro)	
Auslagenpauschale VV Nr. 7002	20,00 Euro
Zwischensumme	2.545,60 Euro
19 % Umsatzsteuer, VV Nr. 7008	483,66 Euro
Summe	3.029,26 Euro
Gesamtsumme aus I. und II.:	5.337,86 Euro

▪▪▪

(Rechtsanwalt)

13. Muster: Abrechnung Vergütungstatbestand VV Nr. 2102 (Basisversion)

Sehr geehrte(r) Frau/Herr ■■■,

weisungsgemäß habe ich die Erfolgsaussichten einer Berufung gegen den Gerichtsbescheid des Sozialgerichts ■■■ vom ■■■, Aktenzeichen ■■■, geprüft. Das Ergebnis dieser Prüfung hatte ich Ihnen mit Schreiben vom ■■■ mitgeteilt. Da Sie sich daraufhin entschlossen haben, keine Berufung gegen den Gerichtsbescheid des Sozialgerichts ■■■ vom ■■■ einlegen zu lassen, gebe ich auf der beiliegenden Vergütungsabrechnung die bei mir für die Prüfung der Erfolgsaussichten des Rechtsmittels angefallenen Gebühren mit der höflichen Bitte um Vergütung bekannt.

Mit freundlichen Grüßen

■■■

(Rechtsanwalt)

Frau/Herrn ■■■

■■■ (Straße)

■■■ (PLZ, Ort)

Vergütungsabrechnung

    Rechnungsnummer ■■■

    Leistungszeitraum ■■■

    Steuer-Nr. oder Umsatzsteuerident-Nr. ■■■

Gebühr VV Nr. 2102, Prüfung der Erfolgsaussicht eines Rechtsmittels	135,00 Euro
Auslagenpauschale VV Nr. 7002	20,00 Euro
Zwischensumme	155,00 Euro
19 % Umsatzsteuer, VV Nr. 7008	29,45 Euro
Summe	184,45 Euro

■■■

(Rechtsanwalt)

14. Muster: Abrechnung Vergütungstatbestand VV Nr. 2102 mit Anrechnung auf nachfolgenden Rechtsstreit

Sehr geehrte(r) Frau/Herr ■■■,

nach Abschluss der Angelegenheit erteile ich auf der beiliegenden Vergütungsabrechnung Endabrechnung der hier angefallenen Gebühren.

Sie hatten mich zunächst damit beauftragt, die Erfolgsaussichten der Berufung gegen den Gerichtsbescheid des Sozialgerichts ■■■ vom ■■■ zu überprüfen. Das Ergebnis dieser Überprüfung hatte ich Ihnen mit Schreiben vom ■■■ mitgeteilt.

Sie haben sich daraufhin entschlossen, gegen den vorgenannten Gerichtsbescheid Berufung einlegen zu lassen. Diese war – wie Sie dem in Ihrer Gegenwart verkündeten Urteil entnehmen konnten – erfolgreich.

Ich bitte höflichst um Vergütung binnen 2 Wochen.

§ 3 Außergerichtliche Tätigkeiten einschl. Vertretung in Verwaltungsverfahren

Das Kostenfestsetzungsverfahren habe ich eingeleitet.

Mit freundlichen Grüßen

■■■

(Rechtsanwalt)

Frau/Herrn ■■■

■■■ (Straße)

■■■ (PLZ, Ort)

Vergütungsabrechnung

    Rechnungsnummer ■■■

    Leistungszeitraum ■■■

    Steuer-Nr. oder Umsatzsteuerident-Nr. ■■■

I. Prüfung der Erfolgsaussichten der Berufung

Gebühr VV Nr. 2102, Prüfung der Erfolgsaussicht eines Rechtsmittels	135,00 Euro
Auslagenpauschale VV Nr. 7002	20,00 Euro
Zwischensumme	155,00 Euro
19 % Umsatzsteuer, VV Nr. 7008	29,45 Euro
Summe	184,45 Euro

II. Berufungsverfahren

Verfahrensgebühr VV Nr. 3204	310,00 Euro
gemäß Anmerkung zu VV Nr. 2102 anzurechnen	-135,00 Euro
Terminsgebühr VV Nr. 3205	200,00 Euro
Auslagenpauschale VV Nr. 7002	20,00 Euro
Zwischensumme	395,00 Euro
19 % Umsatzsteuer, VV Nr. 7008	75,05 Euro
Summe	470,05 Euro
III. Gesamtsumme aus I. und II.:	654,50 Euro

■■■

(Rechtsanwalt)

15. Muster: Abrechnung Vergütungstatbestand VV Nr. 2102 mit gequotelter Anrechnung auf nachfolgendes Verfahren

Sehr geehrte(r) Frau/Herr ■■■,

nach Abschluss der Angelegenheit gebe ich auf der beiliegenden Vergütungsabrechnung die von mir bislang noch nicht abgerechneten Gebühren mit der höflichen Bitte um restliche Vergütung bekannt. Im Einzelnen waren die Gebühren für die Prüfung der Erfolgsaussichten der Rechtsbeschwerde gegen das Urteil des AG ■■■ sowie die Gebühren im Rechtsbeschwerdeverfahren abzurechnen.

A. Prüfung der Erfolgsaussicht eines Rechtsmittels

Sie hatten mich zunächst damit beauftragt, die Erfolgsaussichten der Rechtsbeschwerde gegen das Urteil des AG ▪▪▪ vom ▪▪▪ zu überprüfen, welches Sie in Tatmehrheit wegen Nichteinhaltens des Abstandes zu einem vorausfahrenden Fahrzeug bei einer Geschwindigkeit von mehr als 130 km/h sowie wegen einer außerörtlichen Geschwindigkeitsüberschreitung von mehr als 60 km/h verurteilt hatte. Nachdem ich Ihnen mit Schreiben vom ▪▪▪ das Ergebnis meiner Überprüfung mitgeteilt hatte, erteilten Sie den Auftrag, lediglich hinsichtlich der Ihnen vorgeworfenen außerörtlichen Geschwindigkeitsüberschreitung Rechtsbeschwerde einzulegen. Wie Sie wissen, ist das Rechtsbeschwerdeverfahren mittlerweile abgeschlossen. Da die Prüfung der Frage, ob auch hinsichtlich der Verurteilung wegen Nichteinhaltens des Abstandes von einem vorausfahrenden Fahrzeug bei einer Geschwindigkeit von mehr als 130 km/h erheblicher Überprüfungsaufwand gegeben war, da insoweit eine Geldbuße von 200 Euro, eine Bestrafung mit 4 Punkten und 2 Monaten Fahrverbot gegen Sie ausgesprochen war, war für die Überprüfung der Erfolgsaussichten des Rechtsmittels im Rahmen des Vergütungstatbestands VV Nr. 2102 eine um 30 % erhöhte Mittelgebühr anzusetzen, die auf die ihm Rechtsbeschwerdeverfahren angefallene Verfahrensgebühr nur in Höhe der dort angewandten Gebührenbestimmung, nämlich einer um 10 % erhöhten Mittelgebühr, anzurechnen war.

Ich bitte höflichst um Vergütung.

Mit freundlichen Grüßen

▪▪▪

(Rechtsanwalt)

Frau/Herrn ▪▪▪
▪▪▪ (Straße)
▪▪▪ (PLZ, Ort)

Vergütungsabrechnung

    Rechnungsnummer ▪▪▪
    Leistungszeitraum ▪▪▪
    Steuer-Nr. oder Umsatzsteuerident-Nr. ▪▪▪

I. Prüfung der Erfolgsaussichten der Rechtsbeschwerde

Gebühr VV Nr. 2102, Prüfung der Erfolgsaussicht eines Rechtsmittels	175,50 Euro
Auslagenpauschale VV Nr. 7002	20,00 Euro
Zwischensumme	195,50 Euro
19 % Umsatzsteuer, VV Nr. 7008	37,15 Euro
Summe	232,65 Euro

II. Rechtsbeschwerdeverfahren

Verfahrensgebühr VV Nr. 5113, Mittelgebühr um 10 % erhöht	297,00 Euro
gemäß Anmerkung zu VV Nr. 2102 anzurechnen	-148,50 Euro
Auslagenpauschale VV Nr. 7002	20,00 Euro
Zwischensumme	168,50 Euro

§ 3 Außergerichtliche Tätigkeiten einschl. Vertretung in Verwaltungsverfahren

19 % Umsatzsteuer, VV Nr. 7008	32,02 Euro
Summe	200,52 Euro
III. Gesamtsumme aus I. und II.:	433,17 Euro

■■■

(Rechtsanwalt)

16. Muster: Prüfung der Erfolgsaussichten eines Rechtsmittels verbunden mit schriftlichem Gutachten nach VV Nr. 2103 und Anrechnung auf die Gebühr im Rechtsmittelverfahren

Sehr geehrte(r) Frau/Herr ■■■,

nachdem das Berufungsverfahren nunmehr beendet ist, gebe ich auf der beiliegenden Vergütungsabrechnung die bislang noch nicht abgerechneten Gebühren mit der höflichen Bitte um restliche Vergütung bekannt. Abgerechnet wurden die Kosten für das von Ihnen gewünschte schriftliche Gutachten über die Erfolgsaussichten des Berufungsverfahrens, welches Ihnen seinerzeit mit Schreiben vom ■■■ übersandt worden war, sowie die weiteren Gebühren in der Berufungsinstanz.

Ich bitte höflichst um Ausgleich der beiliegenden Vergütungsabrechnung binnen 2 Wochen.

Mit freundlichen Grüßen

■■■

(Rechtsanwalt)

Frau/Herrn ■■■

■■■ (Straße)

■■■ (PLZ, Ort)

Vergütungsabrechnung

    Rechnungsnummer ■■■

    Leistungszeitraum ■■■

    Steuer-Nr. oder Umsatzsteuerident-Nr. ■■■

I. Schriftliches Gutachten

Gebühr VV Nr. 2103	220,00 Euro
Auslagenpauschale VV Nr. 7002	20,00 Euro
Zwischensumme	240,00 Euro
19 % Umsatzsteuer, VV Nr. 7008	45,60 Euro
Summe	285,60 Euro

II. Berufungsverfahren

Verfahrensgebühr VV Nr. 3204	310,00 Euro
gemäß VV Nr. 2103 iVm Anm. zu VV Nr. 2102 anzurechnen	-220,00 Euro
Terminsgebühr VV Nr. 3205	200,00 Euro
Auslagenpauschale VV Nr. 7002	20,00 Euro

Zwischensumme	310,00 Euro
19 % Umsatzsteuer, VV Nr. 7008	58,90 Euro
Summe	368,90 Euro
III. Gesamtsumme aus I. und II.:	654,50 Euro

■■■

(Rechtsanwalt)

17. Muster: Prüfung der Erfolgsaussichten eines Rechtsmittels durch schriftliches Gutachten nach VV Nr. 2103 und anschließendes Rechtsmittelverfahren ohne Anrechnung

Sehr geehrte(r) Frau/Herr ■■■,

nach Abschluss des Berufungsverfahrens vor dem Landessozialgericht ■■■ geben wir auf der beiliegenden Vergütungsabrechnung die bislang noch nicht abgerechneten Gebühren mit der höflichen Bitte um Vergütung bekannt. Abzurechnen waren unsere Gebühren für das schriftliche Gutachten vom ■■■, mit dem wir für Sie auftragsgemäß die Erfolgsaussichten der Berufung gegen das Urteil des Sozialgerichts ■■■ prüften.

Weiter haben wir auf der beiliegenden Vergütungsabrechnung die bei uns im Berufungsverfahren weiter angefallenen Gebühren abgerechnet. Eine Anrechnung der Gebühr für die Erstellung des schriftlichen Gutachtens über die Erfolgsaussichten der Berufung auf die Verfahrensgebühr im Berufungsverfahren war nicht vorzunehmen, da der Vergütungstatbestand VV Nr. 2103 keine Anrechnungsvorschrift enthält und nach dem eindeutigen Wortlaut nur die Gebühr VV Nr. 2102, nicht aber auch die amtliche Anmerkung zu diesem Gebührentatbestand in Bezug nimmt (vgl. Hartmann, Kostengesetze, 37. Auflage, VV Nr. 2102/2103 Rn 6).

Ich bitte höflichst um Vergütung.

Mit freundlichen Grüßen

■■■

(Rechtsanwalt)

Frau/Herrn ■■■

■■■ (Straße)

■■■ (PLZ, Ort)

Vergütungsabrechnung

  Rechnungsnummer ■■■

  Leistungszeitraum ■■■

  Steuer-Nr. oder Umsatzsteuerident-Nr. ■■■

I. Gutachten über die Erfolgsaussichten der Berufung

Gebühr VV Nr. 2103	200,00 Euro
Auslagenpauschale VV Nr. 7002	20,00 Euro
Zwischensumme	220,00 Euro
19 % Umsatzsteuer, VV Nr. 7008	41,80 Euro
Summe	261,80 Euro

II. Berufungsverfahren

Verfahrensgebühr VV Nr. 3204	310,00 Euro
Terminsgebühr VV Nr. 3205	200,00 Euro
Auslagenpauschale VV Nr. 7002	20,00 Euro
Zwischensumme	530,00 Euro
19 % Umsatzsteuer, VV Nr. 7008	100,70 Euro
Summe	630,70 Euro
III. Gesamtsumme aus I. und II.:	892,50 Euro

■■■

(Rechtsanwalt)

18. Muster: Abrechnung Vergütungstatbestand VV Nr. 2103 mit gequotelter Anrechnung auf nachfolgendes Verfahren

Sehr geehrte(r) Frau/Herr ■■■,

nach Abschluss der Angelegenheit gebe ich auf der beiliegenden Vergütungsabrechnung die von mir bislang noch nicht abgerechneten Gebühren mit der höflichen Bitte um restliche Vergütung bekannt. Im Einzelnen waren die Gebühren für die Prüfung der Erfolgsaussicht der Rechtsbeschwerde gegen das Urteil des AG ■■■ vom ■■■, Aktenzeichen ■■■, sowie die Gebühren im Rechtsbeschwerdeverfahren abzurechnen.

Sie hatten mich zunächst damit beauftragt, in Form eines schriftlichen Gutachtens die Erfolgsaussichten der Rechtsbeschwerde gegen das Urteil des AG ■■■ vom ■■■ zu überprüfen, welches Sie in Tatmehrheit wegen Nichteinhaltens des Abstandes zu einem vorausfahrenden Fahrzeug bei einer Geschwindigkeit von mehr als 130 km/h sowie wegen einer außerörtlichen Geschwindigkeitsüberschreitung von mehr als 60 km/h verurteilt hatte.

Nachdem ich Ihnen mit Schreiben vom ■■■ das gewünschte schriftliche Gutachten über die Erfolgsaussichten des Rechtsbeschwerdeverfahrens übermittelt hatte, erteilten Sie den Auftrag, lediglich hinsichtlich der Ihnen vorgeworfenen außerörtlichen Geschwindigkeitsüberschreitung Rechtsbeschwerde einzulegen.

Wie Sie wissen, ist das Rechtsbeschwerdeverfahren mittlerweile abgeschlossen. Da die Prüfung der Frage, ob auch hinsichtlich der Verurteilung wegen Nichteinhaltens des Abstandes von einem vorausfahrenden Fahrzeug bei einer Geschwindigkeit von mehr als 130 km/h erheblicher Aufwand erforderte, zumal insoweit eine Geldbuße von 200 Euro, eine Bestrafung mit 4 Punkten und 2 Monaten Fahrverbot gegen Sie ausgesprochen war, war für die Überprüfung der Erfolgsaussichten des Rechtsmittels im Rahmen des Vergütungstatbestandes VV Nr. 2103 eine um 30 % erhöhte Mittelgebühr anzusetzen, die auf die im Rechtsbeschwerdeverfahren angefallene Verfahrensgebühr nur in Höhe der dort getroffenen Gebührenbestimmung, nämlich einer um 10 % erhöhten Mittelgebühr, anzurechnen war.

Ich bitte höflichst um Vergütung.

Mit freundlichen Grüßen

■■■

(Rechtsanwalt)

Frau/Herrn ▄▄▄

▄▄▄ (Straße)

▄▄▄ (PLZ, Ort)

Vergütungsabrechnung

    Rechnungsnummer ▄▄▄

    Leistungszeitraum ▄▄▄

    Steuer-Nr. oder Umsatzsteuerident-Nr. ▄▄▄

I. Prüfung der Erfolgsaussichten der Rechtsbeschwerde durch schriftliches Gutachten

Gebühr VV Nr. 2103	286,00 Euro
Auslagenpauschale VV Nr. 7002	20,00 Euro
Zwischensumme	306,00 Euro
19 % Umsatzsteuer, VV Nr. 7008	58,14 Euro
Summe	364,14 Euro

II. Rechtsbeschwerdeverfahren

Verfahrensgebühr VV Nr. 5113, Mittelgebühr um 10 % erhöht	297,00 Euro
gemäß VV Nr. 2103 iVm der Anmerkung zu VV Nr. 2102 anzurechnen	-242,00 Euro
Auslagenpauschale VV Nr. 7002	20,00 Euro
Zwischensumme	75,00 Euro
19 % Umsatzsteuer, VV Nr. 7008	14,25 Euro
Summe	89,25 Euro
III. Gesamtsumme aus I. und II.:	453,39 Euro

▄▄▄

(Rechtsanwalt)

B. Herstellung des Einvernehmens

I. Gebührentatbestände

1. Vergütungstatbestand VV Nr. 2200

a) Anwendungsbereich

Das Gesetz über die Tätigkeit europäischer Anwälte in Deutschland (EuRAG) regelt für Staatsangehörige der Mitgliedsstaaten der Europäischen Union, der anderen Vertragsstaaten des Abkommens über den europäischen Wirtschaftsraum und der Schweiz, die berechtigt sind, als Rechtsanwalt unter einer der in der Anlage zu § 1 EuRAG genannten Berufsbezeichnungen selbstständig tätig zu sein (europäische Rechtsanwälte), die Berufsausübung und die Zulassung zur Rechtsanwaltschaft in Deutschland. Das EuRAG unterscheidet zwischen dem in Deutschland niedergelassenen europäischen Rechtsanwalt (§§ 2 ff. EuRAG) und dem sogenannten dienstleistenden europäischen Rechtsanwalt (§ 25 ff. EuRAG).

75

76 Der Vergütungstatbestand VV Nr. 2200 regelt die **Zusammenarbeit eines deutschen Rechtsanwalts mit einem dienstleistenden europäischen Rechtsanwalt iS von § 25 EuRAG**.[102] Nach § 25 I EuRAG darf ein europäischer Rechtsanwalt, sofern er Dienstleistungen im Sinne des Artikel 50 des Vertrags zur Gründung der Europäischen Gemeinschaft erbringt, vorübergehend in Deutschland die Tätigkeit eines Rechtsanwalts nach den folgenden Vorschriften ausüben. § 28 I EuRAG bestimmt, dass der dienstleistende europäische Rechtsanwalt in gerichtlichen Verfahren sowie in behördlichen Verfahren wegen Straftaten, Ordnungswidrigkeiten, Dienstvergehen oder Berufspflichtverletzungen, in denen der Mandant nicht selbst den Rechtsstreit führen oder sich verteidigen kann, als Vertreter oder Verteidiger eines Mandanten nur im Einvernehmen mit einem Rechtsanwalt (Einvernehmensanwalt) handeln darf. Der Vergütungstatbestand VV Nr. 2200 regelt die Vergütung des Einvernehmensanwalts. Dieser muss nach § 28 II 1 EuRAG zur Vertretung oder Verteidigung bei dem Gericht oder der Behörde befugt sein, vor der der dienstleistende europäische Rechtsanwalt tätig werden soll. Der Einvernehmensanwalt kann auch ein ausländischer Rechtsanwalt sein, der in Deutschland als Rechtanwalt zugelassen ist.[103]

77 Wer unter die Kategorie „europäische Rechtsanwälte" fällt und mithin berechtigt ist, in Deutschland auch als dienstleistender europäischer Rechtsanwalt iS von § 25 EuRAG tätig zu werden, bestimmt sich nach der Anlage zu § 1 EuRAG. Im Einzelnen ist entscheidend, wer im jeweiligen Land unter der hierfür vorgesehenen Berufsbezeichnung selbstständig tätig sein darf; dies sind:

- in Belgien: Avocat/Advocaat/Rechtsanwalt
- in Bulgarien: Adeveokaate (Advokat)
- in Dänemark: Advokat
- in Estland: Vandeadvokaat
- in Finnland: Asianajaja/Advokat
- in Frankreich: Avocat
- in Griechenland: Dikigoros
- in Großbritannien: Advocate/Barrister/Solicitor
- in Irland: Barrister/Solicitor
- in Island: Lögmaur
- in Italien: Avvocato
- in Lettland: Zverinats advokats
- in Liechtenstein: Rechtsanwalt
- in Litauen: Advokatas
- in Luxemburg: Avocat
- in Malta: Avukat/Prokuratur Legali
- in den Niederlanden: Advocaat
- in Norwegen: Advokat

---

102 Hansens/*Braun/Schneider*, Teil 6 Rn 85.
103 Mayer/Kroiß-*Klees*, VV Nrn. 2200–2201 Rn 5.

▪ in Österreich:	Rechtsanwalt
▪ in Polen:	Adwokat/Radca prawny
▪ in Portugal:	Advogado
▪ in Rumänien:	Avocat
▪ in Schweden:	Advokat
▪ in der Schweiz:	Advokat, Rechtanwalt, Anwalt, Fürsprecher, Fürsprech/Avocat/Avvocato
▪ in der Slowakei:	Advokát/Komercný právnik
▪ in Slowenien:	Odvetnik/Odvetnica
▪ in Spanien:	Abogado/Advocat/Avogado/Abokatu
▪ in der Tschechischen Republik:	Advokát
▪ in Ungarn:	Ügyvéd
▪ in Zypern:	Dikigoros

b) Vergütung des dienstleistenden europäischen Rechtsanwalts

Strittig ist, nach welchem Recht und damit **nach welchem Vergütungssystem** sich die Gebühren des dienstleistenden europäischen Rechtsanwalts bestimmen. Teilweise wird vertreten, dass sich diese nach dem Recht, das auf ihn und seinen Mandanten Anwendung findet, also nach dem Gebührenrecht, das am Sitz der Kanzlei gilt, richten, mithin also das Niederlassungsstatut gilt.[104] Überwiegend wird jedoch vertreten, dass auch der in Deutschland dienstleistende europäische Rechtsanwalt für seine Tätigkeit nach den für inländische Rechtsanwälte geltenden Normen abrechnen kann.[105] Begründet wird dies damit, dass der dienstleistende europäische Rechtsanwalt, der im Inland tätig wird, die Stellung und die Rechte und Pflichten eines inländischen Rechtsanwalts habe und somit gegenüber inländischen Mandanten nach für inländische Rechtsanwälte geltendem Vergütungsrecht abrechnen könne.[106] Zum selben Ergebnis führt aber auch Art. 28 V EGBGB. Bei einem in Deutschland dienstleistenden europäischen Rechtsanwalt iS von § 25 I EuRAG, der für einen inländischen Mandanten tätig wird, liegt ein Sachverhalt vor, in dem der Anwaltsvertrag **nähere Verbindungen zu Deutschland** als zu dem Staat der ausländischen Niederlassung des Anwalts aufweist, so dass die Vermutungsregelung des Art. 28 II EGBGB außer Kraft gesetzt und eine Schwerpunktanknüpfung nach Art. 28 I EGBGB vorzunehmen ist, die zu dem Ergebnis führt, dass ein derartiger Anwaltsvertrag die engsten Verbindungen zu Deutschland aufweist.[107] Anders dürfte jedoch der Sachverhalt dann zu beurteilen sein, wenn der dienstleistende europäische Rechtsanwalt in Deutschland für einen Mandanten aus seinem Heimatland tätig wird. Denn dann weist der Anwaltsvertrag nicht mehr nähere Verbindung zu Deutschland als zu dem Staat der

---

104 Hansens/*Braun/Schneider*, Teil 6 Rn 88.
105 Gerold/Schmidt-*Madert*, § 1 RVG Rn 278; Hartmann, Grundzüge Rn 43; LG Hamburg, NJW-RR 2000, 510 ff.
106 Gerold/Schmidt-*Madert*, § 1 RVG Rn 278; LG Hamburg, NJW-RR 2000, 510 ff.
107 Mayer/Kroiß-*Mayer*, § 1 Rn 244.

ausländischen Niederlassung des Rechtsanwalts auf, so dass dann das Niederlassungsstatut wieder greift.[108]

c) Gebührenschuldner

79 Nach § 28 III EuRAG kommt zwischen dem Einvernehmensanwalt und dem Mandanten **kein Vertragsverhältnis** zu Stande, wenn die Parteien nichts anderes bestimmt haben. Das EuRAG will hierdurch die europarechtliche Vorgabe sicherstellen, dass das Vertragsverhältnis zwischen dem dienstleistenden europäischen Rechtsanwalt und seinem Mandanten nicht durch ein zusätzliches Vertragsverhältnis mit dem Einvernehmensanwalt belastet wird.[109]

80 Liegt keine solche anderweitige Vereinbarung iS von § 28 III EuRAG vor, ist der dienstleistende europäische Rechtsanwalt verpflichtet, die Gebühr nach VV Nr. 2200 an den Einvernehmensanwalt zu zahlen.[110] Der Gesetzestext zeigt aber auch, dass es nicht schadet, wenn der Auftraggeber selbst oder über seinen ausländischen Anwalt den deutschen Anwalt gebeten hat, das Einvernehmen mit dem Hauptbevollmächtigten des Auftraggebers herzustellen.[111] Liegt ein solches unmittelbares Vertragsverhältnis zwischen dem Einvernehmensanwalt und dem Mandanten vor, haftet auch der Mandant für die Gebühren nach VV Nr. 2200 bzw 2201.[112]

81 **Empfohlen wird,** eine solche anderweitige vertragliche Regelung iS von § 28 III EuRAG schriftlich niederzulegen,[113] ratsam ist auch, dass der Einvernehmensanwalt dafür sorgt, dass er einen Vorschuss auf die bei ihm anfallenden Gebühren von dem dienstleistenden europäischen Rechtsanwalt erhält.[114]

d) Voraussetzungen des Vergütungstatbestands

82 Nach § 28 II 1 EuRAG muss der Einvernehmensanwalt zur Vertretung oder Verteidigung bei dem Gericht oder der Behörde befugt sein, vor der der dienstleistende europäische Rechtsanwalt tätig werden soll. Dem Einvernehmensanwalt obliegt es nach § 28 II 2 EuRAG, gegenüber dem dienstleistenden europäischen Rechtsanwalt darauf hinzuwirken, dass dieser bei der Vertretung oder Verteidigung die Erfordernisse einer geordneten Rechtspflege beachtet. Nach § 29 I EuRAG ist das Einvernehmen bei der ersten Handlung gegenüber dem Gericht oder der Behörde schriftlich nachzuweisen, wirksam bleibt das Einvernehmen bis zu dessen schriftlichem Widerruf nach § 29 II 1 und 2 EuRAG.

83 Die Gebühr entsteht in dem Moment, in dem der Rechtsanwalt den Auftrag zur Herstellung des Einvernehmens **annimmt**, wobei sich die Höhe der Gebühr danach richtet, ob das Einvernehmen hergestellt wird – dann gilt der Vergütungstatbestand VV Nr. 2200 – oder nicht, in diesem Fall greift der Vergütungstatbestand VV Nr. 2201

---

108 S. hierzu auch Mayer/Kroiß-*Mayer*, § 1 Rn 226 ff.
109 Mayer/Kroiß-*Klees*, VV Nrn. 2200–2201 Rn 6.
110 Hansens/*Braun/Schneider*, Teil 6 Rn 89.
111 Hartmann, VV Nrn. 2200–2201 Rn 2.
112 Hansens/*Braun/Schneider*, Teil 6 Rn 89.
113 Hartung/Römermann/*Schons*, VV Nrn. 2200, 2201 Rn 8.
114 Hansens/*Braun/Schneider*, Teil 6 Rn 90.

ein.[115] Auch der Widerruf des Einvernehmens ist durch die Geschäftsgebühr VV Nr. 2200 abgegolten.[116]

Die Herstellung des Einvernehmens bezieht sich jeweils nur auf das Verfahren, für das Einvernehmen hergestellt wird, also für den behördlichen Rechtszug oder den gerichtlichen Rechtszug, für den der schriftliche Nachweis iS von § 29 I EuRAG erbracht worden ist.[117]   84

e) Abgeltungsbereich

Auch beim Einvernehmensanwalt ist für die Anzahl der Angelegenheiten auf die §§ 15–18 RVG abzustellen.[118] Verschiedene Gebührenangelegenheiten bilden somit auch verschiedene Angelegenheiten im Sinne der Herstellung des Einvernehmens, so dass für jede Angelegenheit gesonderte Gebühren nach VV Nr. 2200 entstehen.[119] Unstreitig ist, dass der Anwalt die Einvernehmensgebühr für jeden Rechtszug gesondert erhält.[120]   85

Soweit vertreten wird, dass dann, wenn das RVG anordne, dass innerhalb desselben prozessualen Rechtszugs eine neue Gebührenangelegenheit beginnt (etwa im Urkunden- und Nachverfahren, § 17 Nr. 5 RVG) gleichwohl nur eine Einvernehmensgebühr entstehe, da das Einvernehmen nicht erneut hergestellt werden müsse,[121] überzeugt diese Auffassung nicht. Denn es ist kein Grund ersichtlich, weshalb von der **generellen Anknüpfung an den Begriff der Angelegenheit** bei der Abgeltung der Gebühren des Einvernehmensanwalts in bestimmten Einzelfällen abgewichen werden sollte. Auch muss der Einvernehmensanwalt den dienstleistenden europäischen Rechtsanwalt in jeder einzelnen Angelegenheit „beaufsichtigen".[122] Wirtschaftlich halten sich die Auswirkungen dieses Meinungsstreits jedoch vielfach in Grenzen, da die Geschäftsgebühr VV Nr. 2200 an die Höhe der dem Bevollmächtigten zustehenden Verfahrensgebühr anknüpft und die Verfahrensgebühr für einen Urkunden- oder Wechselprozess nach Absatz 2 der Anmerkung zum Vergütungstatbestand VV Nr. 3100 auf die Verfahrensgebühr für das ordentliche Verfahren angerechnet wird, so dass es allenfalls noch um die zusätzliche Auslagenpauschale und Umsatzsteuer geht.   86

Zu beachten ist aber, dass auch das Einvernehmen nach § 28 I EuRAG und nach § 30 I 2 EuRAG verschiedene Gebührenangelegenheiten bilden; sofern der Anwalt also nicht nur das Einvernehmen für die Vertretung in einem behördlichen oder gerichtlichen Verfahren herstellen soll, sondern auch das Einvernehmen für den Verkehr mit dem inhaftierten Mandanten oder dessen Besuch, erhält der Einvernehmensanwalt die Gebühr nach VV Nr. 2200 mehrmals.[123]   87

---

115 Hartung/Römermann/*Schons*, VV Nrn. 2200, 2201 Rn 9; strenger wohl Hartmann, VV Nrn. 2200–2201 Rn 9, wonach die Vergütungstatbestände VV Nr. 2200 und 2201 gelten, soweit der Anwalt den Auftrag zur Herstellung des Einvernehmens annimmt und demgemäß anschließend tätig wird.
116 Mayer/Kroiß-*Klees*, VV Nrn. 2200–2201 Rn 9.
117 Mayer/Kroiß-*Klees*, VV Nrn. 2200–2201 Rn 9.
118 Bischof/*Jungbauer*, VV Nr. 2200 Rn 16.
119 Mayer/Kroiß-*Klees*, VV Nrn. 2200–2201 Rn 9; AnwK-RVG/*N.Schneider*, VV Nrn. 2200–2201 Rn 22.
120 AnwK-RVG/*N.Schneider*, VV Nrn. 2200–2201 Rn 24; Mayer/Kroiß-*Klees*, VV Nrn. 2200–2201 Rn 9.
121 AnwK-RVG/*N.Schneider*, VV Nrn. 2200–2201 Rn 25.
122 Hansens/*Braun/Schneider*, Teil 6 Rn 94.
123 AnwK-RVG/*N.Schneider*, VV Nr. 2200–2201 Rn 27.

f) Höhe der Gebühr

88 Die Geschäftsgebühr für die Herstellung des Einvernehmens entsteht in Höhe der einem Bevollmächtigten oder Verteidiger zustehenden **Verfahrensgebühr**. Es ist deshalb zunächst zu klären, in welcher Höhe eine Verfahrensgebühr angefallen wäre, wenn der Anwalt selbst „Bevollmächtigter" wäre, wenn er also Prozessbevollmächtigter oder Verkehrsanwalt usw gewesen wäre.[124] Allerdings erhält der Einvernehmensanwalt nicht die Verfahrens- oder Geschäftsgebühr, die er als Bevollmächtigter verdient hätte, sondern eine eigenständige Geschäftsgebühr nach VV Nr. 2200, für deren Höhe lediglich die fiktive Verfahrens- oder Geschäftsgebühr als Maßstab heranzuziehen ist.[125]

89 In allen Verfahren, in denen der Einvernehmensanwalt seine Gebühren bei Erteilung eines umfassenden Anwaltsauftrags nach § 2 RVG berechnen könnte, entsteht auch für die Herstellung des Einvernehmens eine Wertgebühr in Höhe der dem Bevollmächtigten zustehenden Verfahrensgebühr.[126] Wird das Einvernehmen für ein Verfahren hergestellt, in dem sich die Gebühren nicht nach dem Gegenstandswert richten, also insbesondere bei einem Einvernehmen für ein Strafverfahren oder ein sozialgerichtliches Verfahren nach § 3 I 1 RVG, erhält der Einvernehmensanwalt eine Geschäftsgebühr in Höhe der Gebühr, die ihm zustünde, wenn er als Bevollmächtigter oder Verteidiger beauftragt wäre.[127] Dabei ist zunächst zu ermitteln, welche Gebühren ein inländischer Anwalt unter Berücksichtigung der Kriterien des § 14 I RVG verdient hätte.[128] Da Maßstab für die Gebührenbestimmung die Kriterien des § 14 RVG aus Sicht des ausländischen, dienstleistenden Rechtsanwalt sind, verbietet sich auch eine Berücksichtigung der Umstände der Herstellung des Einvernehmens, also des Verhältnisses zwischen Einvernehmensanwalt und ausländischem dienstleistenden Rechtsanwalt.[129]

90 Strittig ist, **wie streng die Anknüpfung** der Gebührenhöhe an den Begriff der „Verfahrensgebühr" zu handhaben ist. So wird teilweise vertreten, dass die Geschäftsgebühr des Einvernehmensanwalts in einem Strafverfahren beispielsweise zwar in Höhe der Verfahrensgebühr (ggf auch mit Zuschlag) entsteht, der Einvernehmensanwalt nicht aber eine Gebühr in Höhe der Grundgebühr in Rechnung stellen kann.[130] Für diese Ansicht spricht zwar der Gesetzeswortlaut, der sich ausschließlich an dem Begriff der Verfahrensgebühr orientiert. Allerdings gibt es im Strafrecht keine Verfahrensgebühr ohne Grundgebühr, mit der Grundgebühr soll die erstmalige Einarbeitung in den Rechtsfall abgegolten werden. Da sich auch der Einvernehmensanwalt zur Erfüllung seiner Verpflichtungen in die Akte einarbeiten muss, ist es angezeigt, wenn beim dienstleistenden ausländischen Rechtsanwalt auch die Grundgebühr anfallen würde,

---

124 Hartmann, VV Nrn. 2200, 2201 Rn 6.
125 AnwK-RVG/*N.Schneider*, VV Nrn. 2200–2201 Rn 30.
126 Mayer/Kroiß-*Klees*, VV Nrn. 2200–2201 Rn 10.
127 AnwK-RVG/*N.Schneider*, VV Nrn. 2200–2201 Rn 38.
128 AnwK-RVG/*N.Schneider*, VV Nrn. 2200–2201 Rn 38.
129 Göttlich/Mümmler, Einvernehmensgebühr, 3.1; AnwK-RVG/*N.Schneider*, VV Nr. 2200–2201 Rn 38.
130 Gerold/Schmidt-*Madert*, VV Nrn. 2200, 2201 Rn 6; Hartung/Römermann/*Schons*, VV Nrn. 2200, 2201 Rn 12; Hartmann, VV Nrn. 2200–2201 Rn 6.

für die Geschäftsgebühr des Einvernehmensanwalts Verfahrens- und Grundgebühr zugrunde zu legen.[131]

g) Mehrere Auftraggeber

Sowohl der ausländische dienstleistende Rechtsanwalt als auch der Einvernehmensanwalt können jeweils für sich mehrere Auftraggeber haben. Wird der ausländische dienstleistende Anwalt für mehrere Auftraggeber tätig, so erhöht sich dessen Verfahrensgebühr um den Mehrvertretungszuschlag nach VV Nr. 1008 und damit auch die Geschäftsgebühr des Einvernehmensanwalts nach VV Nr. 2200.[132] Die Gegenauffassung stellt darauf ab, dass nach § 28 III EuRAG zwischen Einvernehmensanwalt und dem Mandanten, sofern die Beteiligten nichts anderes bestimmt haben, kein Vertrag zustande kommt, so dass nach dieser Auffassung irrelevant sein soll, ob der dienstleistende europäische Anwalt mehrere Personen vertritt.[133] Dabei wird aber von dieser Auffassung verkannt, dass die Geschäftsgebühr nach VV Nr. 2200 in der Höhe entsteht, in der sie fiktiv entstehen würde, wäre der Einvernehmensanwalt in der Position des ausländischen dienstleistenden Rechtsanwalts. Hat dieser mehrere Auftraggeber, so erhöht sich die ihm zustehende Verfahrensgebühr um den Mehrvertretungszuschlag und mithin auch die Geschäftsgebühr nach VV Nr. 2200.[134]

91

Wird der Einvernehmensanwalt in einer Sache **von mehreren dienstleistenden europäischen Rechtsanwälten beauftragt**, stellt sich ebenfalls die Frage nach einem Mehrvertretungszuschlag der Geschäftsgebühr VV Nr. 2200. Teilweise wird auf die konkret anfallende fiktive Verfahrensgebühr abgestellt und eine Erhöhungsgebühr von 0,3 oder 30 % bei Festgebühren bzw bei Betragsrahmengebühren eine Erhöhung um 30 % der Mindest- bzw Höchstbeträge vorgenommen.[135] Nach anderer Auffassung beträgt die Erhöhung auf jeden Fall 30 % und nicht 0,3, da der Einvernehmensanwalt keine Wertgebühr, sondern eine feste Gebühr erhalte, die sich ggf lediglich nach einer fiktiven Wertgebühr berechnet.[136] So soll nach der zuletzt genannten Auffassung sogar eine doppelte Anwendung des Mehrvertretungszuschlages in Betracht kommen, nämlich dann, wenn ein ausländischer dienstleistender Rechtsanwalt mehrere Auftraggeber hat und der Einvernehmensanwalt das Einvernehmen für mehrere ausländische Anwälte herstellt.[137] Die Anwendung des Mehrvertretungszuschlags nach Nr. 1008 VV auf die Geschäftsgebühr nach VV Nr. 2200 dann, wenn der Einvernehmensanwalt von mehreren dienstleistenden europäischen Rechtsanwälten beauftragt wird, dürfte aber bereits deshalb ausscheiden, weil nicht mehr „dieselbe Angelegenheit" vorliegt. Die Herstellung des Einvernehmens zu Anwalt A, Anwalt B und Anwalt C sind getrennte Angelegenheiten und lösen jeweils für sich die Geschäftsgebühr nach VV Nr. 2200 aus, selbst wenn der Anwalt das Einvernehmen für mehrere ausländische Anwälte im selben Verfahren herstellt. Dem Einvernehmensanwalt obliegt gegenüber jedem einzelnen der ausländischen dienstleistenden Rechtsanwälte,

92

---

131 Göttlich/Mümmler, Einvernehmensgebühr, 3.2.
132 Hartung/Römermann/*Schons*, VV Nrn. 2200, 2201 Rn 11; AnwK-RVG/*N.Schneider*, VV Nrn. 2200-2201 Rn 43.
133 Mayer/Kroiß-*Klees*, VV Nrn. 2200-2201 Rn 10; Hansens/*Braun/Schneider*, Teil 6 Rn 96.
134 So auch Hartung/Römermann/*Schons*, VV Nrn. 2200, 2201 Rn 11.
135 Mayer/Kroiß-*Klees*, VV Nrn. 2200-2201 Rn 10.
136 AnwK-RVG/*N.Schneider*, VV Nrn. 2200-2201 Rn 42.
137 AnwK-RVG/*N.Schneider*, VV Nrn. 2200-2201 Rn 43; ablehnend hierzu Bischof/*Jungbauer*, VV Nr. 2200 Rn 15.

darauf nach § 28 II 2 EuRAG hinzuwirken, dass dieser bei der Vertretung oder Verteidigung die Erfordernisse einer geordneten Rechtspflege beachtet. Dies kann bei drei verschiedenen ausländischen Rechtsanwälten völlig unterschiedliche Tätigkeiten erfordern, so dass es nicht mehr angemessen ist, insoweit von derselben Angelegenheit zu sprechen, somit der Anwendungsbereich des Mehrvertretungszuschlags nach Nr. 1008 VV nicht eröffnet ist.

h) Weitere Vergütungstatbestände für den Einvernehmensanwalt

93 Teilweise wird – jeweils ohne Begründung – vertreten, weitere Gebühren, die über die Gebühr VV Nr. 2200 hinausgehen, wie zB eine **Terminsgebühr** oder eine **Einigungsgebühr**, könne der Einvernehmensanwalt nicht verdienen,[138] bzw der Einvernehmensanwalt könne auch eine Einigungsgebühr nach Nr. 1000 ff. VV verdienen.[139] Richtiger Auffassung nach muss man darauf abstellen, ob dem Einvernehmensanwalt ein über die Herstellung des Einvernehmens hinausgehender Auftrag erteilt worden ist. So ist nicht ausgeschlossen, dass dem Einvernehmensanwalt ein eigener Verfahrensauftrag erteilt wird, dann erhält er selbstverständlich auch die Gebühren, die er nach dem RVG für die nunmehr entfaltete Tätigkeit beanspruchen kann, und zwar zusätzlich zu den als Einvernehmensanwalt verdienten Gebühren.[140] Insbesondere ist auch nicht ausgeschlossen, dass dem Einvernehmensanwalt für die auftragsgemäße Mitwirkung beim Abschluss eines – auch außergerichtlichen – Einigungsvertrags die Einigungsgebühr des Vergütungstatbestandes Nr. 1000 ff. entsteht, wenn ihm von der Partei oder dem dienstleistenden ausländischen Rechtsanwalt namens der Partei ein besonderer Auftrag zur Mitwirkung bei dem Abschluss der Einigung erteilt worden ist.[141]

i) Anrechnung

94 Eine Anrechnung der Geschäftsgebühr nach VV Nr. 2200 auf andere Vergütungstatbestände findet nicht statt. Nach Auffassung des Gesetzgebers rechtfertigen die dem Einvernehmensanwalt nach § 28 II 2 EuRAG obliegenden spezifischen Pflichten es nicht, die dafür angesetzten Gebühren auf entsprechende Gebühren für eine völlig anders strukturierte Tätigkeit als Bevollmächtigter oder Verteidiger anzurechnen.[142] Ist der Einvernehmensanwalt als Verfahrens- oder Prozessbevollmächtigter bzw Verteidiger mandatiert gewesen oder wird er entsprechend mandatiert bzw erhält einen Auftrag zu einer Einzeltätigkeit, so sind diese entsprechend im RVG gesondert abrechenbar neben den Gebühren als Einvernehmensanwalt.[143]

j) Vergütungsfestsetzung

95 **Strittig** ist, ob die Geschäftsgebühr nach VV Nr. 2200 im Vergütungsfestsetzungsverfahren nach § 11 RVG festsetzbar ist. Nach einer Auffassung ist die Festsetzung grundsätzlich ausgeschlossen, da der deutsche Anwalt nicht in einem gerichtlichen

---

138 So Bischof/*Jungbauer*, VV Nr. 2200 Rn 17.
139 Göttlich/Mümmler, Einvernehmensgebühr, 3.5.
140 Gerold/Schmidt-*Madert*, VV Nrn. 2200, 2201 Rn 8.
141 Gerold/Schmidt-*Madert*, VV Nrn. 2200, 2201 Rn 9.
142 BT-Drucks. 15/1971, S. 206.
143 Göttlich/Mümmler, Einvernehmensgebühr, 3.3; Bischof/*Jungbauer*, VV Nr. 2200 Rn 18; AnwK-RVG/*N.Schneider*, VV Nrn. 2200-2201 Rn 52; Gerold/Schmidt-*Madert*, VV Nrn. 2200, 2201 Rn 8.

B. Herstellung des Einvernehmens

Verfahren tätig werde.[144] Die andere Auffassung geht zu Recht davon aus, dass auch bei der Geschäftsgebühr nach VV Nr. 2200 die Vergütungsfestsetzung nach § 11 RVG grundsätzlich möglich ist. Dies folgt nicht zuletzt daraus, dass der Einvernehmensanwalt den ausländischen dienstleistenden Rechtsanwalt in Verfahren zu „beaufsichtigen" hat und in den nach § 28 I EuRAG aufgeführten Verfahren nach § 31 II EuRAG als Zustellbevollmächtigter gilt, wenn ein Zustellungsbevollmächtigter nicht benannt ist.[145] Erwächst die Geschäftsgebühr nach VV Nr. 2100 fiktiv in einer fiktiven streitwertunabhängigen Verfahrensgebühr, besteht eine Festsetzungsmöglichkeit nach § 11 RVG jedoch nur dann, wenn entweder nur die Mindestgebühren geltend gemacht werden (§ 11 VIII 1 Alt. 1) oder der Auftraggeber der Höhe der Gebühren ausdrücklich zugestimmt hat (§ 11 VIII 1 Alt. 2).[146] Unzulässig wäre es jedoch, wenn der Einvernehmensanwalt bei den streitwertunabhängigen Gebühren nur die Mindestgebühr geltend macht und sich vorbehält, die darüber hinausgehenden Gebühren einzuklagen.[147]

k) Kostenerstattung

Nach weit überwiegender Meinung sind die Kosten des Einvernehmensanwalts **erstattungsfähig**.[148] Allerdings beschränkt sich der Kostenerstattungsanspruch wegen der Kosten des ausländischen Prozessbevollmächtigten auf die Kosten, die bei Beauftragung eines deutschen Rechtsanwalts angefallen wären, dies gilt auch für die ggf anfallende ausländische Mehrwertsteuer.[149]

96

2. Vergütungstatbestand VV Nr. 2201

a) Voraussetzungen des Vergütungstatbestands

Eine reduzierte Geschäftsgebühr entsteht nach VV Nr. 2201, wenn das Einvernehmen nicht hergestellt wird. Gemeint ist der Fall, dass der Anwalt einen Auftrag zur Herstellung des Einvernehmens erhält und auch in eine Prüfung eintritt, dann aber doch kein Einvernehmen erzielt.[150] Aber auch die Fälle, in denen das Einvernehmen aus anderen Gründen nicht mehr hergestellt wird, etwa weil der ausländische Anwalt kündigt oder weil sich das Verfahren, für das das Einvernehmen hergestellt werden soll, anderweitig erledigt hat, fallen unter diesen Vergütungstatbestand.[151]

97

b) Höhe der Gebühr

Wird das Einvernehmen nicht hergestellt, so entsteht die Gebühr VV Nr. 2200 bei Wertgebühren mit einem Satz von 0,1–0,5 und bei Betragsrahmengebühren in Höhe

98

---

144 AnwK-RVG/*N.Schneider*, VV Nrn. 2200-2201 Rn 53; Göttlich/Mümmler, Einvernehmensgebühr, 5.
145 Hansens/*Braun/Schneider*, Teil 6 Rn 101.
146 Hansens/*Braun/Schneider*, Teil 6 Rn 102.
147 Mayer/Kroiß-*Mayer*, § 11 Rn 34; anderer Auffassung – Teilkostenfestsetzungsantrag zulässig – Hansens/*Braun/ Schneider*, Teil 6 Rn 102.
148 OLG München, NJW-RR 2004, 1508; Hansens/*Braun/Schneider*, Teil 6 Rn 104; Bischof/*Jungbauer*, VV Nr. 2200 Rn 19; Göttlich/Mümmler, Einvernehmensgebühr, 6; aA Gerold/Schmidt-*Madert*, VV Nrn. 2200, 2201 Rn 11.
149 OLG München, NJW-RR 2004, 1508; Göttlich/Mümmler, Einvernehmensgebühr, 6; Hansens/*Braun/Schneider*, Teil 6 Rn 104.
150 Hartmann, VV Nrn. 2200, 2201 Rn 13.
151 Mayer/Kroiß-*Klees*, VV Nrn. 2200-2201 Rn 124; AnwK-RVG/*N.Schneider*, VV Nrn. 2200-2201 Rn 44.

des Mindestbetrags der einem Bevollmächtigten oder Verteidiger zustehenden Verfahrensgebühr.

99 Bei Wertgebühren ist nunmehr für den Einvernehmensanwalt ein eigener Gebührenrahmen vorgesehen; die Höhe der Gebühr bestimmt der Einvernehmensanwalt unter Berücksichtigung der Bemessungskriterien des § 14 I RVG, die Mittelgebühr liegt bei 0,3.[152] Soweit in dem zugrunde liegenden Verfahren Betragsrahmengebühren anfallen, erhält der Einvernehmensanwalt lediglich den Mindestbetrag der Verfahrensgebühr, die er als Bevollmächtigter oder Verteidiger in dem betreffenden Verfahren erhalten hätte.[153]

3. Muster

a) Muster: Vergütungsabrechnung des Einvernehmensanwalts, wenn der ausländische dienstleistende Rechtsanwalt in 1. Instanz vor dem LG tätig ist (Streitwert zB 20.000 Euro)

100
88

Frau/Herrn ▪▪▪

▪▪▪ (Straße)

▪▪▪ (PLZ, Ort)

Vergütungsabrechnung

    Rechnungsnummer ▪▪▪

    Leistungszeitraum ▪▪▪

    Steuer-Nr. oder Umsatzsteuerident-Nr. ▪▪▪

Geschäftsgebühr VV Nr. 2200, 1,3	839,80 Euro
(Gegenstandswert: 20.000 Euro)	
Auslagenpauschale VV Nr. 7002	20,00 Euro
Zwischensumme	859,80 Euro
19 % Umsatzsteuer, VV Nr. 7008	163,36 Euro
Summe	1.023,16 Euro

▪▪▪

(Rechtsanwalt)

b) Muster: Vergütungsabrechnung des Einvernehmensanwalts, wenn der ausländische dienstleistende Rechtsanwalt in 1. Instanz vor dem LG tätig ist, bei vorzeitiger Beendigung des Auftrags des dienstleistenden Rechtsanwalts (Streitwert zB 20.000 Euro)

101
89

Frau/Herrn ▪▪▪

▪▪▪ (Straße)

▪▪▪ (PLZ, Ort)

Vergütungsabrechnung

    Rechnungsnummer ▪▪▪

---

152 AnwK-RVG/ *N.Schneider*, VV Nrn. 2200-2201 Rn 46.
153 AnwK-RVG/ *N.Schneider*, VV Nrn. 2200-2201 Rn 48.

B. Herstellung des Einvernehmens

Leistungszeitraum ▪▪▪
Steuer-Nr. oder Umsatzsteuerident-Nr. ▪▪▪

Geschäftsgebühr VV Nr. 2200, 0,8	516,80 Euro
(Gegenstandswert: 20.000 Euro)	
Auslagenpauschale VV Nr. 7002	20,00 Euro
Zwischensumme	536,80 Euro
19 % Umsatzsteuer, VV Nr. 7008	101,99 Euro
Summe	638,79 Euro

▪▪▪

(Rechtsanwalt)

c) Muster: Vergütungsabrechnung des Einvernehmensanwalts, wenn der ausländische dienstleistende Rechtsanwalt im Berufungsverfahren (zB Bürgerliche Rechtsstreitigkeiten, arbeitsgerichtliches Verfahren und Verfahren der Verwaltungsgerichtsbarkeit) tätig ist (Streitwert 20.000 Euro)

Frau/Herrn ▪▪▪

▪▪▪ (Straße)

▪▪▪ (PLZ, Ort)

Vergütungsabrechnung

Rechnungsnummer ▪▪▪

Leistungszeitraum ▪▪▪

Steuer-Nr. oder Umsatzsteuerident-Nr. ▪▪▪

Geschäftsgebühr VV Nr. 2200, 1,6	1.033,60 Euro
(Gegenstandswert: 20.000 Euro)	
Auslagenpauschale VV Nr. 7002	20,00 Euro
Zwischensumme	1.053,60 Euro
19 % Umsatzsteuer, VV Nr. 7008	200,18 Euro
Summe	1.253,78 Euro

▪▪▪

(Rechtsanwalt)

d) Muster: Vergütungsabrechnung des Einvernehmensanwalts, wenn der ausländische dienstleistende Rechtsanwalt im Berufungsverfahren (Bürgerliche Rechtsstreitigkeiten, arbeitsgerichtliches Verfahren und Verfahren der Verwaltungsgerichtsbarkeit) tätig ist, bei vorzeitiger Beendigung des Auftrags des dienstleistenden Rechtsanwalts (Streitwert 20.000 Euro)

Frau/Herrn ▪▪▪

▪▪▪ (Straße)

▪▪▪ (PLZ, Ort)

Vergütungsabrechnung

Rechnungsnummer ▪▪▪

§ 3 Außergerichtliche Tätigkeiten einschl. Vertretung in Verwaltungsverfahren

      Leistungszeitraum ▪▪▪

      Steuer-Nr. oder Umsatzsteuerident-Nr. ▪▪▪

Geschäftsgebühr VV Nr. 2200, 1,1	710,60 Euro
(Gegenstandswert: 20.000 Euro)	
Auslagenpauschale VV Nr. 7002	20,00 Euro
Zwischensumme	730,60 Euro
19 % Umsatzsteuer, VV Nr. 7008	138,81 Euro
Summe	869,41 Euro

▪▪▪

(Rechtsanwalt)

e) Muster: Vergütungsabrechnung des Einvernehmensanwalts, wenn der ausländische dienstleistende Rechtsanwalt im Revisionsverfahren vor dem BAG oder dem BVerwG[154] tätig ist (Streitwert 20.000 Euro)

Frau/Herrn ▪▪▪

▪▪▪ (Straße)

▪▪▪ (PLZ, Ort)

Vergütungsabrechnung

      Rechnungsnummer ▪▪▪

      Leistungszeitraum ▪▪▪

      Steuer-Nr. oder Umsatzsteuerident-Nr. ▪▪▪

Geschäftsgebühr VV Nr. 2200, 1,6	1.033,60 Euro
(Gegenstandswert: 20.000 Euro)	
Auslagenpauschale VV Nr. 7002	20,00 Euro
Zwischensumme	1.053,60 Euro
19 % Umsatzsteuer, VV Nr. 7008	200,18 Euro
Summe	1.253,78 Euro

▪▪▪

(Rechtsanwalt)

f) Muster: Vergütungsabrechnung des Einvernehmensanwalts, wenn der ausländische dienstleistende Rechtsanwalt im Revisionsverfahren vor dem BAG oder dem BVerwG tätig ist, bei vorzeitiger Beendigung des Auftrags des dienstleistenden Rechtsanwalts (Streitwert 20.000 Euro)

Frau/Herrn ▪▪▪

▪▪▪ (Straße)

▪▪▪ (PLZ, Ort)

---

[154] Nicht möglich ist es, dass der dienstleistende europäische Rechtsanwalt vor dem BGH in Zivilsachen auftritt; vor dem BGH muss der Mandant oder der europäische dienstleistende Rechtsanwalt einen beim BGH zugelassenen Rechtsanwalt mit der Wahrnehmung der Interessen des Mandanten beauftragen – Hansens/*Braun/Schneider*, Teil 6 Rn 91.

B. Herstellung des Einvernehmens

Vergütungsabrechnung

    Rechnungsnummer ▪▪▪

    Leistungszeitraum ▪▪▪

    Steuer-Nr. oder Umsatzsteuerident-Nr. ▪▪▪

Geschäftsgebühr VV Nr. 2200, 1,1	710,60 Euro
(Gegenstandswert: 20.000 Euro)	
Auslagenpauschale VV Nr. 7002	20,00 Euro
Zwischensumme	730,60 Euro
19 % Umsatzsteuer, VV Nr. 7008	138,81 Euro
Summe	869,41 Euro

▪▪▪

(Rechtsanwalt)

g) Muster: Vergütungsabrechnung des Einvernehmensanwalts, wenn der ausländische dienstleistende Rechtsanwalt in 1. Instanz vor dem OVG tätig ist (Streitwert 20.000 Euro)

Frau/Herrn ▪▪▪   106

▪▪▪ (Straße)

▪▪▪ (PLZ, Ort)   94

Vergütungsabrechnung

    Rechnungsnummer ▪▪▪

    Leistungszeitraum ▪▪▪

    Steuer-Nr. oder Umsatzsteuerident-Nr. ▪▪▪

Geschäftsgebühr VV Nr. 2200, 1,6	1.033,60 Euro
(Gegenstandswert: 20.000 Euro)	
Auslagenpauschale VV Nr. 7002	20,00 Euro
Zwischensumme	1.053,60 Euro
19 % Umsatzsteuer, VV Nr. 7008	200,18 Euro
Summe	1.253,78 Euro

▪▪▪

(Rechtsanwalt)

h) Muster: Vergütungsabrechnung des Einvernehmensanwalts, wenn der ausländische dienstleistende Rechtsanwalt in 1. Instanz vor dem OVG tätig ist, bei vorzeitiger Beendigung des Auftrags des dienstleistenden Rechtsanwalts (Streitwert 20.000 Euro)

Frau/Herrn ▪▪▪   107

▪▪▪ (Straße)

▪▪▪ (PLZ, Ort)   95

§ 3 Außergerichtliche Tätigkeiten einschl. Vertretung in Verwaltungsverfahren

Vergütungsabrechnung

    Rechnungsnummer ▪▪▪

    Leistungszeitraum ▪▪▪

    Steuer-Nr. oder Umsatzsteuerident-Nr. ▪▪▪

Geschäftsgebühr VV Nr. 2200, 1,0	646,00 Euro
(Gegenstandswert: 20.000 Euro)	
Auslagenpauschale VV Nr. 7002	20,00 Euro
Zwischensumme	666,00 Euro
19 % Umsatzsteuer, VV Nr. 7008	126,54 Euro
Summe	792,54 Euro

▪▪▪

(Rechtsanwalt)

i) Muster: Vergütungsabrechnung des Einvernehmensanwalts, wenn der ausländische dienstleistende Rechtsanwalt im Verfahren mit Anwaltszwang, im Urkunden- oder Wechselprozess sowie im Nachverfahren tätig ist (Streitwert 20.000 Euro)

Frau/Herrn ▪▪▪

▪▪▪ (Straße)

▪▪▪ (PLZ, Ort)

Vergütungsabrechnung

    Rechnungsnummer ▪▪▪

    Leistungszeitraum ▪▪▪

    Steuer-Nr. oder Umsatzsteuerident-Nr. ▪▪▪

I. Urkundenprozess

Geschäftsgebühr VV Nr. 2200, 1,3	839,80 Euro
(Gegenstandswert: 20.000 Euro)	
Auslagenpauschale VV Nr. 7002	20,00 Euro
Zwischensumme	859,80 Euro
19 % Umsatzsteuer, VV Nr. 7008	163,36 Euro
Summe	1.023,16 Euro
II. Nachverfahren	
Geschäftsgebühr VV Nr. 2200,	0,00 Euro[155]
(Gegenstandswert: 20.000 Euro)	
Auslagenpauschale VV Nr. 7002	20,00 Euro
Zwischensumme	20,00 Euro

---

[155] Da nach Absatz 2 der Anmerkung zu VV Nr. 3100 die Verfahrensgebühr für einen Urkunden- oder Wechselprozess auf die Verfahrensgebühr für das ordentliche Verfahren angerechnet wird, wenn dieses nach Abstandnahme vom Urkunden- oder Wechselprozess oder nach einem Vorbehaltsurteil anhängig bleibt, ist die Verfahrensgebühr im Nachverfahren durch die Anrechnung kompensiert, so dass auch die Geschäftsgebühr nach VV Nr. 2200 von der Kompensation betroffen ist.

B. Herstellung des Einvernehmens

19 % Umsatzsteuer, VV Nr. 7008	3,80 Euro
Summe	23,80 Euro
III. Gesamtsumme aus I. und II.:	1.046,96 Euro

■■■

(Rechtsanwalt)

j) Muster: Vergütungsabrechnung des Einvernehmensanwalts, wenn der ausländische dienstleistende Rechtsanwalt im Revisionsverfahren vor dem BSG in einem Verfahren, in dem Betragsrahmengebühren entstehen, tätig ist

Frau/Herrn ■■■

■■■ (Straße)

■■■ (PLZ, Ort)

Vergütungsabrechnung

    Rechnungsnummer ■■■

    Leistungszeitraum ■■■

    Steuer-Nr. oder Umsatzsteuerident-Nr. ■■■

Geschäftsgebühr VV Nr. 2200,	440,00 Euro[156]
Auslagenpauschale VV Nr. 7002	20,00 Euro
Zwischensumme	460,00 Euro
19 % Umsatzsteuer, VV Nr. 7008	87,40 Euro
Summe	547,40 Euro

■■■

(Rechtsanwalt)

k) Muster: Vergütungsabrechnung des Einvernehmensanwalts, wenn der ausländische dienstleistende Rechtsanwalt erstmals im 1. Rechtszug vor dem OLG, dem Schwurgericht oder der Strafkammer nach den §§ 74a, 74c GVG einen in Haft befindlichen Beschuldigten verteidigt

Frau/Herrn ■■■

■■■ (Straße)

■■■ (PLZ, Ort)

Vergütungsabrechnung

    Rechnungsnummer ■■■

    Leistungszeitraum ■■■

    Steuer-Nr. oder Umsatzsteuerident-Nr. ■■■

Geschäftsgebühr VV Nr. 2200,	605,00 Euro[157]
Auslagenpauschale VV Nr. 7002	20,00 Euro

---

156 Zugrunde gelegt wurde, dass für den europäischen dienstleistenden Rechtsanwalt die Verfahrensgebühr in Höhe der Mittelgebühr erwächst.

157 Zugrunde gelegt wurde die Mittelgebühr nach VV Nr. 4119 und zusätzlich – nach der hier vertretenen Auffassung vgl oben § 3 Rn 90 die Grundgebühr VV Nr. 4101 mit 202,50 Euro.

§ 3 Außergerichtliche Tätigkeiten einschl. Vertretung in Verwaltungsverfahren

Zwischensumme	625,00 Euro
19 % Umsatzsteuer, VV Nr. 7008	118,75 Euro
Summe	743,75 Euro

▪▪▪

(Rechtsanwalt)

l) Muster: Vergütungsabrechnung des Einvernehmensanwalts, wenn der ausländische dienstleistende Rechtsanwalt in 1. Instanz vor dem Landgericht tätig ist und es nicht zur Herstellung des Einvernehmens kommt (Streitwert: 20.000 Euro)

Frau/Herrn ▪▪▪

▪▪▪ (Straße)

▪▪▪ (PLZ, Ort)

Vergütungsabrechnung

    Rechnungsnummer ▪▪▪

    Leistungszeitraum ▪▪▪

    Steuer-Nr. oder Umsatzsteuerident-Nr. ▪▪▪

Geschäftsgebühr VV Nrn. 2200, 2201 0,3	193,80 Euro
Auslagenpauschale VV Nr. 7002	20,00 Euro
Zwischensumme	213,80 Euro
19 % Umsatzsteuer, VV Nr. 7008	40,62 Euro
Summe	254,42 Euro

▪▪▪

(Rechtsanwalt)

m) Muster: Vergütungsabrechnung des Einvernehmensanwalts, wenn der ausländische dienstleistende Rechtsanwalt im Revisionsverfahren vor dem BSG in einem Verfahren, in dem Betragsrahmengebühren entstehen, tätig ist, wenn es nicht zur Herstellung des Einvernehmens kommt

Frau/Herrn ▪▪▪

▪▪▪ (Straße)

▪▪▪ (PLZ, Ort)

Vergütungsabrechnung

    Rechnungsnummer ▪▪▪

    Leistungszeitraum ▪▪▪

    Steuer-Nr. oder Umsatzsteuerident-Nr. ▪▪▪

Geschäftsgebühr VV Nrn. 2200, 2201	80,00 Euro
Auslagenpauschale VV Nr. 7002	16,00 Euro
Zwischensumme	96,00 Euro
19 % Umsatzsteuer, VV Nr. 7008	18,24 Euro
Summe	114,24 Euro

B. Herstellung des Einvernehmens

■■■
(Rechtsanwalt)

n) Muster: Vergütungsabrechnung des Einvernehmensanwalts, wenn der ausländische dienstleistende Rechtsanwalt erstmals im 1. Rechtszug vor dem OLG, dem Schwurgericht oder der Strafkammer nach den §§ 74a, 74c GVG einen in Haft befindlichen Beschuldigten verteidigt, wenn es nicht zur Herstellung des Einvernehmens kommt

Frau/Herrn ■■■		113
■■■ (Straße)		
■■■ (PLZ, Ort)		101
Vergütungsabrechnung		
Rechnungsnummer ■■■		
Leistungszeitraum ■■■		
Steuer-Nr. oder Umsatzsteuerident-Nr. ■■■		
Geschäftsgebühr VV Nrn. 2200, 2201	110,00 Euro[158]	
Auslagenpauschale VV Nr. 7002	20,00 Euro	
Zwischensumme	130,00 Euro	
19 % Umsatzsteuer, VV Nr. 7008	24,70 Euro	
Summe	154,70 Euro	

■■■
(Rechtsanwalt)

o) Muster: Vergütungsabrechnung des Einvernehmensanwalts im erstinstanzlichen Verfahren vor dem Landgericht, wenn das Einvernehmen teilweise nicht hergestellt wird, weil sich der Verfahrensauftrag des europäischen dienstleistenden Rechtsanwalts vorzeitig teilweise erledigt, Beispiel: 20.000 Euro, vorzeitig in Höhe von 5.000 Euro erledigt

Frau/Herrn ■■■		114
■■■ (Straße)		
■■■ (PLZ, Ort)		102
Vergütungsabrechnung		
Rechnungsnummer ■■■		
Leistungszeitraum ■■■		
Steuer-Nr. oder Umsatzsteuerident-Nr. ■■■		
Geschäftsgebühr VV Nr. 2200, 1,3 (Gegenstandswert 15.000 Euro)	735,80 Euro	
Geschäftsgebühr VV Nrn. 2200, 2201, 0,3 (Gegenstandswert 5.000 Euro)	90,30 Euro	

---

[158] Entstanden sind die Mindestgebühr nach VV Nr. 4119 (80 Euro) und nach VV Nr. 4101 (30 Euro), s. hierzu auch oben§ 3 Rn 90.

ergibt 826,10 Euro	
analog § 15 III RVG aber nicht mehr als 1,3 aus 20.000 Euro[159] (839,80 Euro)	
Auslagenpauschale VV Nr. 7002	20,00 Euro
Zwischensumme	846,10 Euro
19 % Umsatzsteuer, VV Nr. 7008	160,76 Euro
Summe	1.006,86 Euro

■■■

(Rechtsanwalt)

C. Vertretung

I. Allgemeines

115 Abschnitt 3 von Teil 2 mit dem Titel Vertretung umfasst die Vergütungstatbestände VV Nr. 2300–2303. Der Gesetzgeber wollte in diesem Abschnitt **nahezu alle Fälle** der außergerichtlichen Vertretung, soweit es sich nicht um die in den Teilen 4–6 VV geregelten Angelegenheiten handelt, zusammenfassen; hierzu gehören alle bürgerlich-rechtlichen und öffentlich-rechtlichen Streitigkeiten und solche Angelegenheiten, für die im gerichtlichen Verfahren das FGG gilt.[160]

116 **Absatz 1 der Vorbemerkung 2.3** bestimmt, dass im Verwaltungszwangsverfahren Teil 3 Abschnitt 3 Unterabschnitt 3 entsprechend anzuwenden ist. Im Verwaltungszwangsverfahren sollen sich somit die Gebühren nach den für die Zwangsvollstreckung vorgesehenen Gebühren richten. Der Hinweis war erforderlich, weil das Verwaltungszwangsverfahren ein außergerichtliches Verfahren ist und sich für außergerichtliche Tätigkeiten die Gebühren grundsätzlich nach Teil 2 VV richten.[161] **Absatz 2 der Vorbemerkung 2.3** stellt klar, dass Abschnitt 3 – Vertretung – nicht für die in Abschnitt 4 geregelten Tätigkeitsbereiche, in denen Betragsrahmengebühren anfallen, gilt.[162]

II. VV Nr. 2300

1. Allgemeines

117 Die **zentrale Gebühr** bei außergerichtlicher Vertretung ist die Geschäftsgebühr VV Nr. 2300. Gemäß Absatz 3 der Vorbemerkung 2.3 entsteht sie für das Betreiben des Geschäfts einschließlich der Information und für die Mitwirkung bei der Gestaltung eines Vertrages.

118 Die Gebühr ist somit bereits verdient mit dem Anwaltsauftrag und der ersten aufgrund des Auftrags erbrachten Tätigkeit des Anwalts, also regelmäßig mit der Entgegennahme der vom Auftraggeber erteilten Information durch den Anwalt.[163] Nach

---

159 Für die analoge Anwendung von § 15 III RVG AnwK-RVG/*N.Schneider*, VV Nrn. 2200–2201 Rn 50.
160 BT-Drucks. 15/1971, S. 206.
161 BT-Drucks. 15/1971, S. 206.
162 BT-Drucks. 15/1971, S. 206.
163 Mayer/Kroiß-*Teubel*, Vorb. 2.3 Rn 4.

Absatz 3 der Vorbemerkung 2.3 entsteht die Geschäftsgebühr auch für die Mitwirkung bei der Gestaltung eines Vertrages. Damit ist klargestellt, dass beispielsweise schon die Überprüfung eines vorgelegten notariellen Vertragsentwurfs die Geschäftsgebühr auslöst, da es sich um die Mitwirkung bei der Gestaltung eines Vertrages handelt.[164]

Im Gegensatz zur Formulierung der entsprechenden Regelung in der BRAGO, dem § 118 I Nr. 1 BRAGO, ist das **Entwerfen einer Urkunde** jedoch nicht mehr erwähnt.[165] Es ist deshalb zweifelhaft geworden, ob das Entwerfen eines vom Auftraggeber zu unterzeichnenden Schreibens oder einer sonstigen einseitigen Erklärung wie zB eines Testamentes unter den Vergütungstatbestand der Geschäftsgebühr fällt.[166] Über den Wortlaut der Regelung in Absatz 3 der Vorbemerkung 2.3 hinausgehend wird gleichwohl vertreten, auch die Anfertigung von Urkunden und einseitigen Erklärungen, insbesondere Testamenten, sei unter den Vergütungstatbestand der Geschäftsgebühr falle.[167]

2. Höhe der Geschäftsgebühr

a) Gebührenrahmen

Der Vergütungstatbestand VV Nr. 2300 sieht eine Geschäftsgebühr mit einem Rahmen von 0,5–2,5 vor. Die **Mittelgebühr** beträgt somit 1,5.[168]

b) Schwellengebühr

Die Anmerkung zum Vergütungstatbestand VV Nr. 2300 bestimmt, dass eine Gebühr von mehr als 1,3 nur gefordert werden kann, wenn die Tätigkeit umfangreich oder schwierig war. Diese Bestimmung löste bereits vor Inkrafttreten des RVG eine heftige juristische Kontroverse aus. Eine Meinung vertrat nämlich zu dieser Regelung, dass eine Gebühr von mehr als 1,3 nur gefordert werden könne, wenn die Tätigkeit umfangreich oder schwierig war, die Auffassung, dass das Vergütungsverzeichnis bei der Geschäftsgebühr nicht einen, sondern zwei Gebührenrahmen vorsieht. Ist die Angelegenheit umfangreich oder schwierig, so sollte ein Gebührenrahmen zwischen 1,3 und 2,5 mit einer Mittelgebühr von 1,9 zur Verfügung stehen, wenn die Angelegenheit nicht umfangreich oder schwierig ist, so sollte lediglich ein Gebührenrahmen von 0,5–1,3 mit einer Mittelgebühr von 0,9 zur Verfügung stehen.[169] Diese Auffassung blieb jedoch nach überzeugendem heftigem Widerspruch in der Literatur[170] vereinzelt und wird auch jetzt nicht mehr vertreten.[171]

---

164 Mayer/Kroiß-*Teubel*, Vorb. 2.3 Rn 7.
165 Vgl Gerold/Schmidt-*Madert*, VV Nrn. 2300, 2301 Rn 13.
166 Vgl Mayer/Kroiß-*Teubel*, Vorb. 2.3 Rn 8.
167 Mayer/Kroiß-*Teubel*, Vorb. 2.3 Rn 8; Gerold/Schmidt-*Madert*, VV Nrn. 2300, 2301 Rn 13; AnwK-RVG/*Onderka*, VV Vorb. 2.3 Rn 29; *Hansens*/Braun/Schneider, Praxis des Vergütungsrechts, Teil 8 Rn 105; Hartmann, VV Nr. 2300 Rn 12; vgl auch Schneider, AGS 2006, 60 f.
168 *Hansens*/Braun/Schneider, Praxis des Vergütungsrechts, Teil 8 Rn 106.
169 Braun, Gebührenabrechnung nach dem neuen Rechtsanwaltsvergütungsgesetz (RVG), 62.
170 Otto, NJW 2004, 1240; Mayer/Kroiß/*Teubel*, § 4 Rn 100 ff.; Schneider/Mock, Das neue Gebührenrecht für Anwälte, § 13 Rn 9; Madert, AGS 2004, 185 ff.; *Hansens*/Braun/Schneider, Praxis des Vergütungsrechts, Teil 8 Rn 108.
171 *Hansens*/Braun/Schneider, Praxis des Vergütungsrechts, Teil 8 Rn 107; Mayer/Kroiß-*Teubel*, VV Nr. 2300 Rn 6.

122 In der Gesetzesbegründung[172] wird darauf hingewiesen, dass der erweiterte Abgeltungsbereich der Geschäftsgebühr eine andere Einordnung der unterschiedlichen außergerichtlichen Vertretungsfälle in dem zur Verfügung stehenden größeren Gebührenrahmen erfordert. Dies führe zwangsläufig zu einer neuen Definition des „Normalfalls". Nur dann, wenn Umfang oder Schwierigkeit über dem Durchschnitt liegen, sei es gerechtfertigt, über die Schwellengebühr von 1,3 hinaus zu gehen, in allen anderen Fällen dürfte die Gebühr von 1,3 zur Regelgebühr werden. Damit ist die Regelung zur Schwellengebühr von 1,3 grundsätzlich als **Kappungsgrenze** ausgestaltet.[173]

123 Praktisch ist wie folgt vorzugehen:[174]

- Zunächst ist unter Ausnutzung es vollen Gebührenrahmens der Vergütungstatbestände VV Nrn. 2300, 2301, 2400 und 2401 und unter Berücksichtigung aller in § 14 genannten Ermessenskriterien die Gebühr zu bestimmen.
- Für den Fall, dass die für den jeweiligen Vergütungstatbestand geltende Schwellengebühr überschritten wird, ist in einem zweiten Schritt zu prüfen, ob die Tätigkeit umfangreich oder schwierig war.
- Wird dies bejaht, bleibt es bei der bestimmten Gebühr, wird die Frage verneint, greift die Kappungsgrenze (Schwellengebühr) ein.

124 Bei der Entscheidung der Frage, ob die anwaltliche Tätigkeit umfangreich oder schwierig war, ist zu berücksichtigen, dass es entsprechend der Entstehungsgeschichte des Gesetzes **nicht** darauf ankommt, ob die Tätigkeit **besonders umfangreich oder besonders schwierig** war.[175] Ausreichend ist bereits eine geringfügig höhere Schwierigkeit als eine durchschnittliche Schwierigkeit bzw eine geringfügige Überschreitung des durchschnittlichen Umfangs; misst man Umfang und Schwierigkeit in einer Bewertungsskala von 1–100, so ist nur die Bewertung bis einschließlich 50 durch die „Schwellengebühr" gedeckt, schon die Bewertung mit 51 reicht aus, um die Überschreitung der Kappungsgrenze zu ermöglichen.[176]

125 Bei der Frage, ob die anwaltliche Tätigkeit umfangreich war, ist primär auf den **zeitlichen Aufwand** abzustellen.[177] Allgemein gültige Aussagen, ab wann die anwaltliche Tätigkeit im Sinne der Kappungsgrenze umfangreich ist, sind schwer zu treffen.[178] Einen praktikablen Anhaltspunkt liefert jedoch die Auffassung, wonach bei Betragsrahmengebühren und einer Mittelgebühr von 300 Euro die Tätigkeit dann in der Regel als umfangreich zu bewerten ist, wenn sie deutlich mehr als 2 Stunden in Anspruch nimmt.[179] Bei Satzrahmengebühren geht diese Auffassung davon aus, dass der Umfang der anwaltlichen Vertretungstätigkeit als durchschnittlich zu bewerten ist, wenn sie etwa 3 Stunden in Anspruch nimmt, wobei der Zeitraum unabhängig davon gilt, wie hoch der Gegenstandswert im konkreten Einzelfall tatsächlich ist.[180] Auch

---

172 BT-Drucks. 15/1971, S. 207.
173 Mayer/Kroiß/*Teubel*, § 4 Rn 102; Mayer/Kroiß-*Teubel*, VV Nr. 2300 Rn 7; *Hansens*/Braun/Schneider, Praxis des Vergütungsrechts, Teil 8 Rn 107.
174 Mayer/Kroiß/*Teubel*, § 4 Rn 105; Mayer/Kroiß-*Teubel*, VV Nr. 2300 Rn 4.
175 Mayer/Kroiß-*Teubel*, VV Nr. 2300 Rn 9.
176 Mayer/Kroiß-*Teubel*, VV Nr. 2300 Rn 12.
177 Mayer/Kroiß-*Teubel*, VV Nr. 2300 Rn 17.
178 AnwK-RVG/*Onderka*, VV Nr. 2300 Rn 12.
179 Otto, NJW 2006, 1472 ff., 1474.
180 Otto, NJW 2006, 1472 ff., 1474.

wenn man über die Herleitung dieser Werte aus statistischem Material sicherlich streiten kann, liefert diese Auffassung jedoch zumindest praxistaugliche Orientierungswerte, mit denen eine Vielzahl von Fallgestaltungen gebührenrechtlich eingeordnet werden können.

Für die **Schwierigkeit der anwaltlichen Tätigkeit** ist zunächst zu berücksichtigen, dass Maßstab die Intensität der Arbeit ist, wobei ein objektiver Maßstab anzulegen ist; unerheblich ist, ob der Anwalt – etwa aufgrund geringer Berufserfahrung – besondere Schwierigkeiten bei der Bewältigung der Aufgabe hat oder der Anwalt aufgrund seiner besonderen Fachkenntnisse das Mandat leichter bewältigen kann.[181] Zu unterscheiden sind tatsächliche wie rechtliche Schwierigkeiten;[182] zu den tatsächlichen Schwierigkeiten gehören die Probleme der Klärung des Sachverhalts, aber auch die Schwierigkeiten der Informationsbeschaffung.[183]

126

Auf der Suche nach in der Praxis handhabbaren Kriterien für die Beurteilung, ob eine Schwierigkeit der anwaltlichen Tätigkeit iS der Kappungsgrenze vorhanden ist, bietet es sich weiter an, **die verschiedenen Tätigkeitsfelder** des Rechtsanwalts nach Schwierigkeitsgraden zu ordnen.[184]

127

So werden als durchschnittlich schwierig folgende Tätigkeitsfelder eingeordnet:[185]

128

- Verkehrsunfallregulierung,
- Mietangelegenheiten (einschließlich Kündigung, Räumung, Mieterhöhung und Nebenforderungen),
- Scheidungsangelegenheiten, bei denen sich bei Beauftragung des Anwalts die Ehegatten bereits geeinigt haben,
- Kündigungsschutzklage im Arbeitsrecht,
- Auseinandersetzungen bei Mängeln beim Autokauf.

An anwaltlichen Tätigkeitsfeldern, die in diesem Sinne eher als schwierig anzusehen sind, werden genannt:

129

- Vergaberecht,[186]
- Konzernrecht,[187]
- EU-Beihilferecht,[188]
- Umsatzsteuerrecht,[189]
- Urheberrecht,[190]
- EG-Recht,[191]

---

[181] Mayer/Kroiß-*Teubel*, VV Nr. 2300 Rn 27.
[182] Mayer/Kroiß-*Teubel*, VV Nr. 2300 Rn 28.
[183] Mayer/Kroiß-*Teubel*, VV Nr. 2300 Rn 29.
[184] Otto, NJW 2006, 1472 ff., 1474 f.
[185] Aufzählung nach Otto, NJW 2006, 1472 ff., 1474 f.
[186] OLG Jena, NZ Bau 2005, 356 ff. mit Bespr. Mayer, RVG-Letter 2005, 28 ff.
[187] Otto, NJW 2006, 1472 ff., 1475; Hartung/*Römermann*/Schons, § 14 Rn 26; Enders, JurBüro 2004, 515.
[188] Otto, NJW 2006, 1472 ff., 1475; Hartung/*Römermann*/Schons, § 14 Rn 26; Enders, JurBüro 2004, 515.
[189] Otto, NJW 2006, 1472 ff., 1475; Hartung/*Römermann*/Schons, § 14 Rn 26; Enders, JurBüro 2004, 515.
[190] Otto, NJW 2006, 1472 ff., 1476; Enders, JurBüro 2004, 515.
[191] Otto, NJW 2006, 1472 ff., 1475; Enders, JurBüro 2004, 515 ff., 516.

- Wettbewerbsrecht,[192]
- Entlegene Spezialgebiete.[193]

130 Der Auffassung, dass auch bereits die Tatsache, dass für ein bestimmtes Rechtsgebiet eine **Fachanwaltschaft** eingeführt worden sei, dafür spreche, dass es sich um schwierigere Rechtsgebiete handle,[194] kann nur begrenzt zugestimmt werden. Angesichts der stark angestiegenen Anzahl zulässiger Fachanwaltschaften dürfte dieses Kriterium kaum tauglich sein. Zumindest aber für den Bereich des Arbeitsrechts dürfte gelten, dass zumindest alle Fragen des kollektiven Arbeitsrechts als schwierig im Sinne der Kappungsgrenze anzusehen sind.

131 Aber auch Tätigkeiten, die „normale" anwaltliche Tätigkeitsfelder betreffen, können wegen der besonderen Umstände schwierig im Sinne der Kappungsgrenze werden.[195] Genannt werden in diesem Zusammenhang folgende Umstände:

- Verkehrsunfälle mit Beteiligung mehrerer Fahrzeuge (Kettenunfallsachen), außergewöhnlich komplizierte Unfallfolgen oder Mitbeeinträchtigung von Verwandten infolge von Verletzung oder Tod des unmittelbar am Unfall Beteiligten,[196]
- Bewertung eines umfangreichen medizinischen Gutachtens,[197]
- Tätigkeiten, die einerseits außerjuristischen Sachverstand erfordern, andererseits den Mandanten persönlich unmittelbar betreffen, wie beispielsweise Arzthaftpflichtsachen,[198]
- Tätigkeiten, die komplizierte technische Fragen betreffen,[199]
- Anwaltliche Tätigkeiten, die nicht abgeschlossene Fälle betreffen, sondern während des Mandats sich weiterentwickeln, beispielsweise familienrechtliche Auseinandersetzungen mit sich ändernden wirtschaftlichen Verhältnissen und ständiger Anteilnahme des Mandanten,[200]
- Tätigkeiten, bei denen die Rechtslage objektiv ungeklärt ist, weil die Tätigkeit ein Gebiet betrifft, in dem neue Gesetze noch ungeklärte, insbesondere noch nicht abschließend kommentierte oder durch die Rechtsprechung geklärte Rechtsfragen aufwerfen,[201]
- Tätigkeiten, bei denen kontroverse Fragen in Literatur und Rechtsprechung ausgewertet werden müssen,[202]
- Tätigkeiten, bei denen die Frage geklärt werden muss, ob eine bestimmte höchstrichterliche Rechtsprechung unter Berücksichtigung des konkreten Einzelfalls zu korrigieren ist.[203]

---

192 Bischof-*Jungbauer*, § 14 Rn 26.
193 Enders, JurBüro 2004, 515 ff., 516; Bischof-*Jungbauer*, § 14 Rn 26.
194 Bischof-*Jungbauer*, § 14 Rn 31.
195 Mayer/Kroiß-*Teubel*, VV Nr. 2300 Rn 32.
196 Mayer/Kroiß-*Teubel*, VV Nr. 2300 Rn 32.
197 Otto, NJW 2006, 1472 ff., 1475.
198 Otto, NJW 2006, 1472 ff., 1475.
199 Otto, NJW 2006, 1472 ff., 1475.
200 Otto, NJW 2006, 1472 ff., 1475.
201 Mayer/Kroiß-*Teubel*, VV Nr. 2300 Rn 31.
202 Mayer/Kroiß-*Teubel*, VV Nr. 2300 Rn 31.
203 Mayer/Kroiß-*Teubel*, VV Nr. 2300 Rn 31.

Aber auch bei einer Tätigkeit in einem an sich nicht schwierigen Rechtsgebiet können rechtliche Schwierigkeiten in der besonderen Fallgestaltung auftreten, so dass stets eine Einzelfallbetrachtung vorzunehmen ist.[204]

c) Regelgeschäftsgebühr

Der Gesetzgeber hat in der Gesetzesbegründung die Geschäftsgebühr mit dem Gebührensatz von 1,3 mehrfach als „**Regelgebühr**" bezeichnet.[205] Auch wenn sich die Erwartung, dass die Einführung der Schwellengebühr den Vorteil habe, dass der 1,3-fache Satz regelmäßig anzusetzen sei, also – ähnlich wie bei privatärztlichen Gebührenrechnungen – eine Überprüfung des 1,3-fachen Satzes in der Regel nicht mehr stattfinden werde,[206] in der Praxis nicht in vollem Ausmaß durchgesetzt hat, ist jedoch zumindest eindeutig, dass für durchschnittliche Angelegenheiten eine Geschäftsgebühr mit einem Gebührensatz von 1,3 in der Literatur durchweg bejaht wird.[207] Auch in der Rechtsprechung hat sich die Geschäftsgebühr von 1,3 als „**Regelgeschäftsgebühr**" überwiegend durchgesetzt, insbesondere bei Streitigkeiten um die anwaltliche Vergütung bei Verkehrsunfallregulierungen.[208]

132

Auch der BGH hat mittlerweile entschieden, dass es nicht unbillig ist, wenn der Rechtsanwalt für seine Tätigkeit **bei einem durchschnittlichen Verkehrsunfall** eine Geschäftsgebühr von 1,3 bestimmt,[209] wobei allerdings der BGH in dem zur Entscheidung anstehenden Sachverhalt aufgrund der besonderen Umstände lediglich eine unterdurchschnittliche anwaltliche Tätigkeit, die mit einer Geschäftsgebühr von 1,0 angemessen honoriert war, angenommen hat.

133

d) Mehrvertretungszuschlag

Die Kappungsgrenze von 1,3 der Schwellengebühr gilt nur für einen Auftraggeber. Die Erhöhung um den Mehrvertretungszuschlag ist diesem Satz hinzuzurechnen.[210] Bei zwei Auftraggebern liegt somit die Kappungsgrenze bei dem Satz von 1,6.

134

e) Toleranzgrenze

Die Kappung der Geschäftsgebühr in der Anmerkung zum Vergütungstatbestand bei dem Satz von 1,3 kann auch nicht durch die sogenannte Toleranzgrenze bei der Ge-

135

---

204 Enders, JurBüro 2004, 515 ff., 516; Hartung/*Römermann*/Schons, § 14 Rn 28; Otto, NJW 2006, 1472 ff., 1475.
205 BT-Drucks. 15/1971, S. 207.
206 Mayer/Kroiß-*Teubel*, § 4 Rn 107.
207 Bischof-*Jungbauer*, VV Nr. 2300 Rn 30 mwN
208 Vgl AG Achern, JurBüro 2005, 192; AG Bielefeld, JurBüro 2005, 193; AG Brilon, NJOZ 2005, 2285 ff. mit Bespr. Mayer, RVG-Letter 2005, 53; AG Chemnitz, AGS 2005, 252; AG Delbrück, AGS 2005, 248; AG Frankenthal, JurBüro 2005, 254; AG Gelsenkirchen, AGS 2005, 250; AG Gießen, JurBüro 2005, 1230 ff. mit Bespr. Mayer, RVG-Letter 2005, 33; AG Greifswald, NJOZ 2005, 1696 f. mit Bespr. Mayer, RVG-Letter 2005, 33; AG Hagen, JurBüro 2005, 194; AG Heidelberg, JurBüro 2005, 254; AG Hof, NJOZ 2005, 1693 f. mit Bespr. Mayer, RVG-Letter 2005, 42; AG Iserlohn, JurBüro 2005, 254; AG Kaiserslautern, NJOZ 2005, 4845 ff. mit Bespr. Mayer, RVG-Letter 2005, 52; AG Karlsruhe, JurBüro 2005, 194; AG Kelheim, JurBüro 2005, 195; AG Kempen, AGS 2005, 252; AG Lörrach, JurBüro 2005, 255; AG Lüdenscheid, JurBüro 2005, 196; AG München, JurBüro 2005, 196; AG Bad Neustadt a.d. Saale, AGS 2005, 254; AG Pinneberg, AGS 2005, 249; AG Saarlouis, AGS 2005, 249; AG Singen, NJOZ 2005, 1694 ff. mit Bespr. Mayer, RVG-Letter 2005, 34; AG Würzburg, AGS 2005, 247; AG Zweibrücken, NJOZ 2005, 2289 mit Bespr. Mayer, RVG-Letter 2005, 54.
209 BGH, NJW-RR 2007, 420 mit Anm. Kääb, FD-StrVR 2007, 210180.
210 *Hansens*/Braun/Schneider, Praxis des Vergütungsrechts, Teil 8 Rn 118; AnwK-RVG/*Onderka*, VV Nr. 2300 Rn 15.

bührenbestimmung, die überwiegend mit 20 % angesetzt wird, überwunden werden.[211]

III. Nachprüfungsverfahren VV Nr. 2301

1. Allgemeines

136 Nach § 17 Nr. 1 RVG sind das Verwaltungsverfahren sowie das einem gerichtlichen Verfahren vorausgehende und der Nachprüfung des Verwaltungsakts dienende weitere Verwaltungsverfahren verschiedene Angelegenheiten. Für den Fall, dass der Anwalt bereits im Verwaltungsverfahren tätig war und damit bereits schon die Gebühr VV Nr. 2300 verdient hat, sieht der Gebührentatbestand VV Nr. 2301 für die weitere Tätigkeit in dem der Nachprüfung des Verwaltungsakts dienenden Verfahren eine Geschäftsgebühr nur noch mit einem Gebührenrahmen von 0,5–1,3 vor, wenn derselbe Rechtsanwalt bereits im Verwaltungsverfahren tätig geworden ist. Damit will der Gesetzgeber berücksichtigen, dass die Tätigkeit im Verwaltungsverfahren die Tätigkeit im weiteren Nachprüfungsverfahren erleichtert.[212]

2. Höhe der Gebühr

137 Der Vergütungstatbestand VV Nr. 2301 sieht lediglich noch einen Gebührenrahmen von 0,5–1,3 vor, die **Mittelgebühr** beträgt 0,9.

138 Nach Absatz 1 der Anmerkung zum Vergütungstatbestand soll bei der Bemessung der Gebühr nicht berücksichtigt werden, dass der Umfang der Tätigkeit infolge der Tätigkeit im Verwaltungsverfahren geringer ist. Der Gesetzgeber will damit den durch die vorangegangene Tätigkeit ersparten Aufwand ausschließlich durch die Anwendung des geringeren Gebührenrahmens berücksichtigt wissen.[213] Nach Absatz 2 der Anmerkung zum Vergütungstatbestand kann eine Gebühr von mehr als 0,7 nur gefordert werden, wenn die Tätigkeit umfangreich oder schwierig war. Es gilt somit bei dieser Gebühr eine **Kappungsgrenze von 0,7**.[214]

IV. Einfache Schreiben VV Nr. 2302

1. Allgemeines

139 Beschränkt sich der **Auftrag** auf ein Schreiben einfacher Art, sieht der Vergütungstatbestand VV Nr. 2302 lediglich eine Geschäftsgebühr mit dem Satz von 0,3 vor. Nach der Anmerkung zum Vergütungstatbestand handelt es sich um ein Schreiben einfacher Art, wenn dieses weder schwierige rechtliche Ausführungen noch größere sachliche Auseinandersetzungen enthält.

---

[211] Hansens/Braun/Schneider, Praxis des Vergütungsrechts, Teil 8 Rn 110; OLG Jena, NZ Bau 2005, 356 ff., 357; kritisch zu der Entscheidung des OLG Jena Bischof-*Jungbauer*, VV Nr. 2300 Rn 31.
[212] BT-Drucks. 15/1971, S. 207.
[213] BT-Drucks. 15/1971, S. 207.
[214] S. zu den mit der Kappungsgrenze verbundenen Rechtsfragen oben § 3 Rn 121 ff.

2. Voraussetzungen des Vergütungstatbestands

Maßgeblich für den Vergütungstatbestand ist der dem Rechtsanwalt erteilte Auftrag, nicht die Tätigkeit des Rechtsanwalts.[215] Die Gebühr entsteht somit nur in dem seltenen Fall, dass sich der Auftrag tatsächlich nur auf das Schreiben einfacher Art beschränkt hat, also der Anwalt nicht beauftragt war, die Forderung des Auftraggebers durchzusetzen oder bei einer Kündigung die Kündigungsmöglichkeiten zu überprüfen.[216]

140

V. Güte- und Schlichtungsverfahren VV Nr. 2303

1. Allgemeines

Der Vergütungstatbestand VV Nr. 2303 sieht eine Geschäftsgebühr für folgende Verfahren vor:

141

- Güteverfahren vor einer durch die Landesjustizverwaltung eingerichteten oder anerkannten Gütestelle (§ 794 I Nr. 1 ZPO),
- Gütestellen für das obligatorische Güteverfahren nach § 15a EGZPO,
- In Verfahren vor einem Ausschuss der in § 111 II ArbGG bezeichneten Art (Beilegung von Streitigkeiten zwischen Ausbildenden und Auszubildenden),
- Verfahren vor dem Seemannsamt zur vorläufigen Entscheidung von Arbeitssachen,
- Verfahren vor sonstigen gesetzlich eingerichteten Einigungsstellen, Gütestellen oder Schiedsstellen.

2. Besonderheiten

Die Geschäftsgebühr VV Nr. 2303 entsteht mit dem **festen Gebührensatz von 1,5**; ein Ermessensspielraum steht dem Anwalt somit beim Gebührensatz nicht zu.[217] Eine **Schwellengebühr** ist bei diesem Vergütungstatbestand ebenfalls **nicht vorgesehen**, die Gebühr iHv 1,5 entsteht daher auch dann, wenn die Tätigkeit weder umfangreich noch schwierig war.[218]

142

Nach der Anmerkung zum Vergütungstatbestand VV Nr. 2303 wird, soweit wegen desselben Gegenstands eine Geschäftsgebühr nach Nr. 2300 entstanden ist, die Hälfte dieser Gebühr nach dem Wert des Gegenstands, der in das Verfahren übergegangen ist, höchstens jedoch mit einem Gebührensatz von 0,75, angerechnet. Je nach Höhe der Geschäftsgebühr VV Nr. 2300 verbleibt somit eine nicht anzurechnende Gebühr nach VV Nr. 2300 zwischen 0,25 und 1,75.[219]

143

Bei einem nachfolgenden gerichtlichen Verfahren ist zu beachten, dass nach Vorbemerkung 3 Absatz 4 die Geschäftsgebühr VV Nr. 2303 zur Hälfte, höchstens jedoch mit einem Gebührensatz von 0,75, auf die Verfahrensgebühr des gerichtlichen Verfahrens angerechnet wird.

144

---

215 *Hansens*/Braun/Schneider, Praxis des Vergütungsrechts, Teil 8 Rn 112; Mayer/Kroiß-*Teubel*, VV Nr. 2302 Rn 4.
216 Mayer/Kroiß-*Teubel*, VV Nr. 2302 Rn 5.
217 *Hansens*/Braun/Schneider, Praxis des Vergütungsrechts, Teil 8 Rn 148.
218 *Hansens*/Braun/Schneider, Praxis des Vergütungsrechts, Teil 8 Rn 148.
219 Mayer/Kroiß-*Teubel*, VV Nr. 2303 Rn 5.

§ 3 Außergerichtliche Tätigkeiten einschl. Vertretung in Verwaltungsverfahren

VI. Muster

1. Muster: Geschäftsgebühr, durchschnittliche Angelegenheit, 1 Auftraggeber (Wert: 5.000 Euro)

145

103

Frau/Herrn ▪▪▪
▪▪▪ (Straße)
▪▪▪ (PLZ, Ort)
Vergütungsabrechnung
    Rechnungsnummer ▪▪▪
    Leistungszeitraum ▪▪▪
    Steuer-Nr. oder Umsatzsteuerident-Nr. ▪▪▪

Geschäftsgebühr VV Nr. 2300, 1,3	391,30 Euro
(Gegenstandswert: 5.000 Euro)	
Auslagenpauschale VV Nr. 7002	20,00 Euro
Zwischensumme	411,30 Euro
19 % Umsatzsteuer, VV Nr. 7008	78,15 Euro
Summe	489,45 Euro

▪▪▪
(Rechtsanwalt)

2. Muster: Geschäftsgebühr, durchschnittliche Angelegenheit, 2 Auftraggeber (Wert: 5.000 Euro)

146

104

Frau/Herrn ▪▪▪
▪▪▪ (Straße)
▪▪▪ (PLZ, Ort)
Vergütungsabrechnung
    Rechnungsnummer ▪▪▪
    Leistungszeitraum ▪▪▪
    Steuer-Nr. oder Umsatzsteuerident-Nr. ▪▪▪

Geschäftsgebühr VV Nr. 2300, 1,3	391,30 Euro
(Gegenstandswert: 5.000 Euro)	
Erhöhungsgebühr VV Nr. 1008, 0,3	90,30 Euro
(Gegenstandswert: 5.000 Euro)	
Auslagenpauschale VV Nr. 7002	20,00 Euro
Zwischensumme	501,60 Euro
19 % Umsatzsteuer, VV Nr. 7008	95,30 Euro
Summe	596,90 Euro

▪▪▪
(Rechtsanwalt)

3. **Muster: Verwaltungsrechtliche Angelegenheit, Tätigkeit im Verwaltungsverfahren, im Widerspruchsverfahren und im anschließenden Klageverfahren, durchschnittliche Angelegenheit (Auffangstreitwert gem. § 52 II GKG: 5.000 Euro)**

Frau/Herrn ■■■
■■■ (Straße)
■■■ (PLZ, Ort)

Vergütungsabrechnung
    Rechnungsnummer ■■■
    Leistungszeitraum ■■■
    Steuer-Nr. oder Umsatzsteueridenт-Nr. ■■■

I. Verwaltungsverfahren	
Geschäftsgebühr VV Nr. 2300, 1,3	391,30 Euro
(Gegenstandswert: 5.000 Euro)	
Auslagenpauschale VV Nr. 7002	20,00 Euro
Zwischensumme	411,30 Euro
19 % Umsatzsteuer, VV Nr. 7008	78,15 Euro
Summe	489,45 Euro
II. Widerspruchsverfahren (Nachprüfungsverfahren)	
Geschäftsgebühr VV Nr. 2301, 0,7	210,70 Euro
(Gegenstandswert: 5.000 Euro)	
Auslagenpauschale VV Nr. 7002	20,00 Euro
Zwischensumme	230,70 Euro
19 % Umsatzsteuer, VV Nr. 7008	43,83 Euro
Summe	274,53 Euro
III. Gerichtliches Verfahren	
Verfahrensgebühr VV Nr. 3100, 1,3	391,30 Euro
(Gegenstandswert: 5.000 Euro)	
hierauf anzurechnen gem. Vorb. 3 Abs. 4 Satz 2	
0,35 aus Wert 5.000 Euro	-105,35 Euro
Terminsgebühr VV Nr. 3104, 1,2	361,20 Euro
(Gegenstandswert: 5.000 Euro)	
Auslagenpauschale VV Nr. 7002	20,00 Euro
Zwischensumme	667,15 Euro
19 % Umsatzsteuer, VV Nr. 7008	126,76 Euro
Summe	793,91 Euro
IV. Gesamtsumme aus I., II. und III.:	1.557,89 Euro

■■■

(Rechtsanwalt)

§ 3 Außergerichtliche Tätigkeiten einschl. Vertretung in Verwaltungsverfahren

4. Muster: Abwandlung; Anwaltliche Tätigkeit erst ab Widerspruchsverfahren

148

106

Frau/Herrn ■■■

■■■ (Straße)

■■■ (PLZ, Ort)

Vergütungsabrechnung

    Rechnungsnummer ■■■

    Leistungszeitraum ■■■

    Steuer-Nr. oder Umsatzsteuerident-Nr. ■■■

I. Widerspruchsverfahren (Nachprüfungsverfahren)

Geschäftsgebühr VV Nr. 2300, 1,3	391,30 Euro
(Gegenstandswert: 5.000 Euro)	
Auslagenpauschale VV Nr. 7002	20,00 Euro
Zwischensumme	411,30 Euro
19 % Umsatzsteuer, VV Nr. 7008	78,15 Euro
Summe	489,45 Euro

II. Gerichtliches Verfahren

Verfahrensgebühr VV Nr. 3100, 1,3	391,30 Euro
(Gegenstandswert: 5.000 Euro)	
hierauf anzurechnen gem. Vorb. 3 Abs. 4 Satz 1	
0,65 aus Wert 5.000 Euro, also	-195,65 Euro
Terminsgebühr VV Nr. 3104, 1,2	361,20 Euro
(Gegenstandswert: 5.000 Euro)	
Auslagenpauschale VV Nr. 7002	20,00 Euro
Zwischensumme	576,85 Euro
19 % Umsatzsteuer, VV Nr. 7008	109,60 Euro
Summe	686,45 Euro
IV. Gesamtsumme aus I. und II.:	1.175,90 Euro

■■■

(Rechtsanwalt)

5. Muster: Verfahren vor Ausschuss nach § 111 II ArbGG (Wert: 1.500 Euro)

149

107

Frau/Herrn ■■■

■■■ (Straße)

■■■ (PLZ, Ort)

Vergütungsabrechnung

    Rechnungsnummer ■■■

    Leistungszeitraum ■■■

    Steuer-Nr. oder Umsatzsteuerident-Nr. ■■■

Geschäftsgebühr VV Nr. 2303 Nr. 2, 1,5	157,50 Euro
(Gegenstandswert: 1.500 Euro)	
Auslagenpauschale VV Nr. 7002	20,00 Euro
Zwischensumme	177,50 Euro
19 % Umsatzsteuer, VV Nr. 7008	33,73 Euro
Summe	211,23 Euro

■■■

(Rechtsanwalt)

6. Muster: Abwandlung; es ist bereits eine außergerichtliche Tätigkeit vorausgegangen

Frau/Herrn ■■■
■■■ (Straße)
■■■ (PLZ, Ort)

Vergütungsabrechnung

    Rechnungsnummer ■■■
    Leistungszeitraum ■■■
    Steuer-Nr. oder Umsatzsteuerident-Nr. ■■■

I. Außergerichtliche Tätigkeit

Geschäftsgebühr VV Nr. 2300, 1,3[220]	136,50 Euro
(Gegenstandswert: 1.500 Euro)	
Auslagenpauschale VV Nr. 7002	20,00 Euro
Zwischensumme	156,50 Euro
19 % Umsatzsteuer, VV Nr. 7008	29,74 Euro
Summe	186,24 Euro

II. Verfahren vor dem Schlichtungsausschuss

Geschäftsgebühr VV Nr. 2303 Nr. 2, 1,5	157,50 Euro
(Gegenstandswert: 1.500 Euro)	
hierauf anzurechnen gem. Anm. zu VV Nr. 2303	
0,65 aus 1.500 Euro, also	- 68,25 Euro
Auslagenpauschale VV Nr. 7002	20,00 Euro[221]
Zwischensumme	109,25 Euro
19 % Umsatzsteuer, VV Nr. 7008	20,76 Euro
Summe	130,01 Euro
III. Summe aus I. und II.:	316,25 Euro

■■■

(Rechtsanwalt)

---

[220] Ausgegangen wurde von einer durchschnittlichen Angelegenheit.
[221] Auslagenpauschale ist aus Betrag vor Anrechnung berechnet.

7. Muster: Abwandlung; außergerichtliche Tätigkeit, Tätigkeit vor dem Schlichtungsausschuss und anschließende gerichtliche Tätigkeit

Frau/Herrn ▪▪▪

▪▪▪ (Straße)

▪▪▪ (PLZ, Ort)

Vergütungsabrechnung

    Rechnungsnummer ▪▪▪

    Leistungszeitraum ▪▪▪

    Steuer-Nr. oder Umsatzsteuerident-Nr. ▪▪▪

I. Außergerichtliche Tätigkeit

Geschäftsgebühr VV Nr. 2300, 1,3[222]	136,50 Euro
(Gegenstandswert: 1.500 Euro)	
Auslagenpauschale VV Nr. 7002	20,00 Euro
Zwischensumme	156,50 Euro
19 % Umsatzsteuer, VV Nr. 7008	29,74 Euro
Summe	186,24 Euro

II. Verfahren vor dem Schlichtungsausschuss

Geschäftsgebühr VV Nr. 2303 Nr. 2, 1,5	157,50 Euro
(Gegenstandswert: 1.500 Euro)	
hierauf anzurechnen gem. Anm. zu VV Nr. 2303	
0,65 aus 1.500 Euro, also	- 68,25 Euro
Auslagenpauschale VV Nr. 7002	20,00 Euro[223]
Zwischensumme	109,25 Euro
19 % Umsatzsteuer, VV Nr. 7008	20,76 Euro
Summe	130,01 Euro

III. Gerichtliches Verfahren

Verfahrensgebühr VV Nr. 3100, 1,3	136,50 Euro
(Gegenstandswert: 1.500 Euro)	
hierauf anzurechnen gem. Vorb. 3 Abs. 4 Satz 2 VV	
0,75 aus 1.500 Euro, also	-78,75 Euro
Terminsgebühr VV Nr. 3104, 1,2	126,00 Euro
Auslagenpauschale VV Nr. 7002	20,00 Euro[224]
Zwischensumme	203,75 Euro
19 % Umsatzsteuer, VV Nr. 7008	38,71 Euro
Summe	242,46 Euro

---

222 Ausgegangen wurde von einer durchschnittlichen Angelegenheit.
223 Auslagenpauschale ist aus Betrag vor Anrechnung berechnet.
224 Auslagenpauschale ist aus Betrag vor Anrechnung berechnet.

IV. Summe aus I., II. und III.: 558,71 Euro

■■■

(Rechtsanwalt)

D. Vertretung in bestimmten sozialrechtlichen Angelegenheiten

I. Allgemeines

Abschnitt 4 von Teil 2 regelt mit den Vergütungstatbeständen VV Nrn. 2400 und 2401 die Geschäftsgebühr und die Gebühr im Nachprüfungsverfahren in sozialrechtlichen Angelegenheiten, in denen im gerichtlichen Verfahren Betragsrahmengebühren entstehen. Strukturell entsprechen die Vergütungstatbestände den Vergütungstatbeständen VV Nrn. 2300 und 2301, so dass auf die obigen Ausführungen verwiesen werden kann. **152**

II. Gebührentatbestände VV Nrn. 2400 und 2401

1. VV Nr. 2400

Der Vergütungstatbestand VV Nr. 2400 regelt die Geschäftsgebühr in sozialrechtlichen Angelegenheiten, in denen im gerichtlichen Verfahren Betragsrahmengebühren entstehen. Vorgesehen ist ein Gebührenrahmen von 40 Euro–520 Euro, die **Mittelgebühr** beträgt **280 Euro** (40 Euro + 520 Euro = 560 Euro : 2). **153**

Auch die Geschäftsgebühr nach VV Nr. 2400 ist als **Schwellengebühr** gestaltet, nach der Anmerkung zum Vergütungstatbestand kann eine Gebühr von mehr als 240 Euro nur gefordert werden, wenn die Tätigkeit umfangreich oder schwierig war. **154**

2. VV Nr. 2401

Der Vergütungstatbestand VV Nr. 2401 regelt die Geschäftsgebühr im Widerspruchs- bzw Nachprüfungsverfahren dann, wenn bereits der Anwalt im Verwaltungsverfahren tätig war, somit dort bereits die Geschäftsgebühr nach VV Nr. 2400 verdient hat. Der Vergütungstatbetand VV Nr. 2401 sieht einen Rahmen von 40 Euro–260 Euro vor, die **Mittelgebühr** beträgt **150 Euro** (40 Euro + 260 Euro = 300 Euro : 2). **155**

Nach Absatz 1 der Anmerkung zum Vergütungstatbestand ist bei der Bemessung der Gebühr nicht zu berücksichtigen, dass der Umfang der Tätigkeit infolge der Tätigkeit im Verwaltungsverfahren geringer ist. Der Gesetzgeber will mit dieser Anmerkung klarstellen, dass der durch die vorangegangene Tätigkeit ersparte Aufwand ausschließlich durch die Anwendung des geringeren Gebührenrahmens und nicht mehr bei der Bemessung der konkreten Gebühr berücksichtigt werden soll.[225] Der Vergütungstatbestand ist ebenfalls als eine **Schwellengebühr** ausgestaltet. Eine Gebühr von mehr als 120 Euro kann nur gefordert werden, wenn die Tätigkeit umfangreich oder schwierig war. **156**

---

225 BT-Drucks. 15/1971, S. 208.

III. Muster

1. Muster: Vertretung im Verwaltungsverfahren in einer sozialrechtlichen Angelegenheit, in der im gerichtlichen Verfahren Betragsrahmengebühren entstehen, durchschnittliche Angelegenheit

157

110

Frau/Herrn ▪▪▪

▪▪▪ (Straße)

▪▪▪ (PLZ, Ort)

Vergütungsabrechnung

    Rechnungsnummer ▪▪▪

    Leistungszeitraum ▪▪▪

    Steuer-Nr. oder Umsatzsteuerident-Nr. ▪▪▪

Geschäftsgebühr VV Nr. 2400	240,00 Euro
Auslagenpauschale VV Nr. 7002	20,00 Euro
Zwischensumme	260,00 Euro
19 % Umsatzsteuer, VV Nr. 7008	49,40 Euro
Summe	309,40 Euro

▪▪▪

(Rechtsanwalt)

2. Muster: Abwandlung; es schließt sich eine Tätigkeit im Widerspruchsverfahren an

158

111

Frau/Herrn ▪▪▪

▪▪▪ (Straße)

▪▪▪ (PLZ, Ort)

Vergütungsabrechnung

    Rechnungsnummer ▪▪▪

    Leistungszeitraum ▪▪▪

    Steuer-Nr. oder Umsatzsteuerident-Nr. ▪▪▪

I. Verwaltungsverfahren

Geschäftsgebühr VV Nr. 2400	240,00 Euro
Auslagenpauschale VV Nr. 7002	20,00 Euro
Zwischensumme	260,00 Euro
19 % Umsatzsteuer, VV Nr. 7008	49,40 Euro
Summe	309,40 Euro

II. Widerspruchsverfahren

Geschäftsgebühr VV Nr. 2401	120,00 Euro
Auslagenpauschale VV Nr. 7002	20,00 Euro
Zwischensumme	140,00 Euro
19 % Umsatzsteuer, VV Nr. 7008	26,60 Euro
Summe	166,60 Euro

III. Gesamtsumme aus I. und II.: 476,00 Euro

■■■

(Rechtsanwalt)

3. Muster: Weitere Abwandlung; es schließt sich ein erstinstanzliches gerichtliches Verfahren an

Frau/Herrn ■■■
■■■ (Straße)
■■■ (PLZ, Ort)

Vergütungsabrechnung

    Rechnungsnummer ■■■
    Leistungszeitraum ■■■
    Steuer-Nr. oder Umsatzsteueridentifikations-Nr. ■■■

I. Verwaltungsverfahren	
Geschäftsgebühr VV Nr. 2400	240,00 Euro
Auslagenpauschale VV Nr. 7002	20,00 Euro
Zwischensumme	260,00 Euro
19 % Umsatzsteuer, VV Nr. 7008	49,40 Euro
Summe	309,40 Euro
II. Widerspruchsverfahren	
Geschäftsgebühr VV Nr. 2401	120,00 Euro
Auslagenpauschale VV Nr. 7002	20,00 Euro
Zwischensumme	140,00 Euro
19 % Umsatzsteuer, VV Nr. 7008	26,60 Euro
Summe	166,60 Euro
III. Gerichtliches Verfahren	
Verfahrensgebühr VV Nr. 3103	170,00 Euro[226]
Terminsgebühr VV Nr. 3106	200,00 Euro
Auslagenpauschale VV Nr. 7002	20,00 Euro
Zwischensumme	390,00 Euro
19 % Umsatzsteuer, VV Nr. 7008	74,10 Euro
Summe	464,10 Euro
IV. Gesamtsumme aus I., II. und III.:	940,10 Euro

■■■

(Rechtsanwalt)

---

[226] Ausgegangen wurde jeweils von durchschnittlichen Angelegenheiten.

4. Muster: Weitere Abwandlung; Beauftragung des Anwalts erst im Nachprüfungsverfahren, anschließendes gerichtliches Verfahren, durchschnittliche Angelegenheit

Frau/Herrn ▪▪▪

▪▪▪ (Straße)

▪▪▪ (PLZ, Ort)

Vergütungsabrechnung

    Rechnungsnummer ▪▪▪

    Leistungszeitraum ▪▪▪

    Steuer-Nr. oder Umsatzsteuerident-Nr. ▪▪▪

I. Widerspruchsverfahren

Geschäftsgebühr VV Nr. 2400	240,00 Euro
Auslagenpauschale VV Nr. 7002	20,00 Euro
Zwischensumme	260,00 Euro
19 % Umsatzsteuer, VV Nr. 7008	49,40 Euro
Summe	309,40 Euro

II. Gerichtliches Verfahren

Verfahrensgebühr VV Nr. 3103	170,00 Euro[227]
Terminsgebühr VV Nr. 3106	200,00 Euro
Auslagenpauschale VV Nr. 7002	20,00 Euro
Zwischensumme	390,00 Euro
19 % Umsatzsteuer, VV Nr. 7008	74,10 Euro
Summe	464,10 Euro
III. Gesamtsumme aus I. und II.:	773,50 Euro

▪▪▪

(Rechtsanwalt)

---

[227] Ausgegangen wurde jeweils von durchschnittlichen Angelegenheiten.

§ 4 Allgemeine Bestimmungen für bürgerliche Rechtsstreitigkeiten, Verfahren der freiwilligen Gerichtsbarkeit, der öffentlich-rechtlichen Gerichtsbarkeiten, Verfahren nach dem Strafvollzugsgesetz und ähnliche Verfahren

A. Grundsätzliches

I. Gesetzessystematik

Ein gesetzgeberisches Ziel bei der Entwicklung des Kostenrechtsmodernisierungsgesetzes war es, die gesetzlichen Bestimmungen über die Vergütung anwaltlicher Tätigkeiten zu vereinfachen, transparenter zu gestalten und dem Aufbau anderer Kostengesetze anzugleichen.[1] In Umsetzung dieser Zielvorgabe sind nunmehr in Teil 3 VV die Gebührentatbestände für bürgerliche Rechtsstreitigkeiten, Verfahren der freiwilligen Gerichtsbarkeit, der Verwaltungsgerichtsbarkeit, der Finanzgerichtsbarkeit, der Sozialgerichtsbarkeit und ähnliche Verfahren zusammengefasst. Teil 3 des Vergütungsverzeichnisses des RVG regelt die Vergütung für alle anderen Tätigkeiten in gerichtlichen Verfahren, die nicht in den Teilen 4 (Strafsachen), 5 (Bußgeldsachen) und 6 (sonstige Verfahren) geregelt sind.

II. Geltungsbereich

1. Sachlicher Geltungsbereich

Teil 3 des Vergütungsverzeichnisses **gilt insbesondere für alle bürgerliche Rechtsstreitigkeiten** einschließlich der Verfahren vor den Gerichten in Arbeitssachen und für Verfahren vor den Gerichten der Verwaltungs-, Finanz- und Sozialgerichtsbarkeit. Ferner fallen die Verfahren der Zwangsvollstreckung, der Vollziehung der Arreste, einstweiligen Verfügungen und einstweiligen Anordnungen in diesen Teil des Vergütungsverzeichnisses.

Auch die Gebühren in Angelegenheiten der **freiwilligen Gerichtsbarkeit** bestimmen sich nach Teil 3 VV. Im Gegensatz zur Rechtslage unter der Geltung der BRAGO fallen im gerichtlichen FGG-Verfahren nach dem RVG keine Satzrahmengebühren mehr an. Der Gesetzgeber erhoffte sich durch diese Neuregelung zum einen eine Zeitersparnis für Richter, Rechtspfleger und auch Rechtsanwälte, da nunmehr auch in FGG-Verfahren im Kostenfestsetzungsverfahren die Prüfung der Ermessenskriterien nach § 14 RVG entfällt, weil im FGG-Verfahren keine Rahmengebühren mehr anfallen. Auch erwartete der Gesetzgeber von dieser Änderung eine Entlastung der Gerichte von Vergütungsstreitigkeiten, da nunmehr auch in FGG-Verfahren die Vergütung im Vergütungsfestsetzungsverfahren gegen den eigenen Mandanten nach § 11 RVG ohne Einschränkung möglich ist, weil keine Satzrahmengebühren mehr anfallen.[2]

---

1 BT-Drucks. 15/1971, S. 144.
2 BT-Drucks. 15/1971, S. 208.

§ 4 Allgemeine Bestimmungen für bürgerliche Rechtsstreitigkeiten

2. Persönlicher Geltungsbereich

4 Die in Teil 3 des Vergütungsverzeichnisses geregelten Gebührentatbestände gelten zunächst für die Verfahrensbevollmächtigten der Parteien der in diesem Teil des Vergütungsverzeichnisses genannten Verfahren. Darüber hinaus bestimmt Absatz 1 der Vorbemerkung 3, dass auch der Rechtsanwalt als Beistand für einen Zeugen oder Sachverständigen in den in diesem Teil des Vergütungsverzeichnisses geregelten Verfahren die gleichen Gebühren wie ein Verfahrensbevollmächtigter erhält.

B. Inhalt

I. Beistand für einen Zeugen oder Sachverständigen, Vorbemerkung 3 Absatz 1 VV

1. Allgemeines

5 Neben der Vereinfachung und der Angleichung des Gesetzes an den Aufbau der übrigen Kostengesetze war ein gesetzgeberisches Ziel bei der Entwicklung des RVG, bislang nicht geregelte anwaltliche Tätigkeiten im anwaltlichen Vergütungsgesetz zu erfassen. Dieses Ziel wurde u.a. umgesetzt mit der erstmaligen ausdrücklichen Regelung der Tätigkeit des Anwalts als Beistand für einen Zeugen oder Sachverständigen. Gesetzestechnisch wurde dies umgesetzt durch entsprechende Regelungen jeweils in den Vorbemerkungen der einzelnen Teile des Vergütungsverzeichnisses, so in Absatz 2 der Vorbemerkung 2 des Teils 2, in Absatz 1 der Vorbemerkung 3 zu Teil 3, in Absatz 1 der Vorbemerkung 4 zu Teil 4 des Vergütungsverzeichnisses für Strafsachen, in Absatz 1 der Vorbemerkung 5 für Bußgeldsachen sowie in Absatz 1 der Vorbemerkung 6 für sonstige Verfahren in Teil 6 des Vergütungsverzeichnisses.

2. Regelungsgehalt

6 Nach Absatz 1 der Vorbemerkung 3 entstehen für die Tätigkeit als Beistand für einen Zeugen oder Sachverständigen in einem Verfahren, für das sich die Gebühren nach Teil 3 VV bestimmen, die gleichen Gebühren wie für einen Verfahrensbevollmächtigten in diesem Verfahren. Es können daher eine Verfahrens- und eine Terminsgebühr anfallen.

a) Beistand

7 Unter einem Beistand ist der Anwalt zu verstehen, der neben dem Auftraggeber unterstützend und beratend tätig wird.[3] Das Recht, sich in Rechtsangelegenheiten aller Art durch einen Rechtsanwalt seiner Wahl beraten und vor Gerichten, Schiedsgerichten oder Behörden im Rahmen der gesetzlichen Vorschriften vertreten zu lassen, ist bereits in § 3 III BRAO niedergelegt. Nach der Rechtsprechung des Bundesverfassungsgerichts gebietet es die einem fairen Verfahren immanente Forderung nach verfahrensmäßiger Selbstständigkeit des in ein justizförmiges Verfahren hineingezogenen Bürgers bei der Wahrnehmung der ihm eingeräumten prozessualen Rechten und Möglichkeiten, auch als Zeuge einen Rechtsbeistand seines Vertrauens zur Vernehmung hinzuzuziehen, wenn er dies für erforderlich hält, um von seinen prozessualen Befug-

---

[3] Vgl AnwK-BRAGO/*N.Schneider*, § 95 BRAGO Rn 2.

nissen selbstständig und entsprechend sachgerecht Gebrauch zu machen.⁴ Dementsprechend ist es auch in den jeweiligen Verfahrensordnungen anerkannt, dass jeder Zeuge befugt ist, seine Aussage vor Gericht von der Anwesenheit eines eigenen Rechtsbeistands abhängig zu machen.⁵ Spezialgesetzlich anerkannt wurde der anwaltschaftliche Zeugenbeistand in dem durch das Zeugenschutzgesetz vom 30.4.1998 eingefügten § 68b StPO, der auf eine Verbesserung der Rechtsstellung bestimmter schutzbedürftiger Zeugen in Vernehmungssituationen zielt.⁶

b) Zeuge oder Sachverständiger

Die Tätigkeit des Anwalts muss darin bestehen, als Beistand für einen Zeugen oder Sachverständigen tätig zu werden. Zeuge ist eine am Verfahren nicht selbst als Partei oder als gesetzlicher Vertreter einer Partei unmittelbar beteiligte Auskunftsperson, welche durch Aussage über Tatsachen und tatsächliche Verhältnisse Beweis erbringen soll.⁷ In Abgrenzung zum Zeugen, der über eine eigene Wahrnehmung von Tatsachen und tatsächlichen Vorgängen berichtet, unterstützt der Sachverständige das Gericht bei der Auswertung vorgegebener Tatsachen, in dem er aufgrund seines Fachwissens subjektive Wertungen, Schlussfolgerungen und Hypothesen bekundet.⁸

8

c) Verfahren, für die sich die Gebühren nach Teil 3 VV bestimmen

Absatz 1 der Vorbemerkung 3 betrifft nur die Tätigkeit des Rechtsanwalts als Beistand für einen Zeugen oder Sachverständigen in Verfahren, für die sich die Gebühren nach Teil 3 VV bestimmen. Die Regelung betrifft daher insbesondere alle bürgerlich-rechtlichen Streitigkeiten einschließlich der Verfahren vor den Gerichten für Arbeitssachen, die Verfahren vor den Gerichten der Verwaltungs-, Finanz- und Sozialgerichtsbarkeit sowie auch die Angelegenheiten der freiwilligen Gerichtsbarkeit. Eine Regelung über die Vergütung der Tätigkeit als Beistand in anderen Verfahren ist in Vorbemerkung 4 Absatz 1 für Strafsachen, in Vorbemerkung 5 Absatz 1 für Bußgeldsachen sowie in Vorbemerkung 6 Absatz 1 für die sonstigen Verfahren und schließlich in Absatz 2 der Vorbemerkung 2 für die außergerichtliche Tätigkeit einschließlich der Vertretung in Verwaltungsverfahren zu finden.

9

d) Verfahrensgebühr

Liegt ein **Beistandsauftrag** vor, so entsteht die Verfahrensgebühr mit jeder auf den Beistand gerichteten Tätigkeit des Rechtsanwalts, also insbesondere mit der Entgegennahme der Information oder der Einsichtnahme in die Gerichtsakten.⁹ Teilweise wird zusätzlich als Voraussetzung dieses Vergütungstatbestands genannt, dass der Zeuge oder Sachverständige als solcher vom Gericht bereits geladen worden ist. Nicht ausreichend soll sein, wenn der Zeuge oder Sachverständige von einer Prozesspartei bisher nur schriftsätzlich benannt worden ist oder benannt werden könnte.¹⁰ Maßgeblich dürfte jedoch insoweit allein der Inhalt des Auftrags des mit der Beistandsleistung

10

---

4 BVerfG, NJW 1975, 103 ff.
5 S. zur ZPO Zöller-Greger, § 373 Rn 12.
6 KK-StPO-*Senge*, § 68b StPO Rn 1 f.
7 Zöller-Greger, § 373 Rn 1.
8 Zöller-Greger, § 402a Rn 1a.
9 Gerold/Schmidt-*Müller-Rabe*, Vorb. 3 VV Rn 11; Riedel/Sußbauer-*Keller*, VV Teil 3 Vorb. 3 Rn 17.
10 AnwK-RVG/*Onderka*, Vorb. 3 Rn 4.

beauftragten Anwalts sein, unabhängig davon, ob der Auftraggeber bereits formal prozessrechtlich die Stellung eines Zeugen oder Sachverständigen erlangt hat.

11 Der mit der Beistandsleistung beauftragte Rechtsanwalt erhält die gleichen Gebühren wie ein Verfahrensbevollmächtigter in diesem Verfahren, also grundsätzlich eine 1,3 Verfahrensgebühr nach Nr. 3100 VV. Teilweise wird auch die beschränkte Verfahrensgebühr nach VV Nr. 3101 Nr. 1 für den mit der Beistandsleistung beauftragten Anwalt für anwendbar gehalten. So soll sich die Verfahrensgebühr auf eine 0,8 Gebühr reduzieren, wenn der Auftrag vorzeitig endet, sich beispielsweise die Tätigkeit des Rechtsanwalts auf die Entgegennahme der Information beschränke.[11] Liegt jedoch ein Beistandsauftrag vor, entsteht die volle Verfahrensgebühr bereits mit jeder auf den Beistand gerichteten Tätigkeit, also auch schon durch die Entgegennahme der Information. Die im Vergütungstatbestand VV Nr. 3101 Nr. 1 genannten Reduktionstatbestände knüpfen ausschließlich an Verfahrenshandlungen an, die lediglich von einem mit der Vertretung einer Partei im Verfahren beauftragten Verfahrensbevollmächtigten vollzogen werden. Dies gilt auch für die Variante der Wahrnehmung eines gerichtlichen Termins in VV Nr. 3101 Nr. 1, da der Zeuge oder Sachverständige in dem in Frage kommenden Verfahren nicht „Partei" ist. Eine Reduktion auf eine 0,8 Gebühr nach VV Nr. 3101 Nr. 1 kann daher bei dem mit der Beistandsleistung beauftragten Rechtsanwalt nicht eintreten.[12]

12 Ist der Rechtsanwalt mit der Beistandsleistung für mehrere Zeugen in einem Verfahren beauftragt, scheidet eine erhöhte Verfahrensgebühr nach VV Nr. 1008 aus, da keine Identität des Gegenstands vorliegt; Gegenstand des jeweils erteilten Auftrags, der auch jeweils die Verfahrensgebühr auslöst, ist es, jedem einzelnen Mandanten Beistand zu leisten.[13]

e) Terminsgebühr

13 Die Terminsgebühr entsteht, wenn der mit der Beistandsleistung beauftragte Rechtsanwalt an einem Beweisaufnahmetermin teilnimmt, zu dem ein Zeuge oder Sachverständiger, der den Rechtsanwalt beauftragt hat, geladen ist; unerheblich ist, ob es im Termin zur Vernehmung des Zeugen oder Sachverständigen kommt.[14] Ist der Rechtsanwalt mit dem Beistand eines Sachverständigen beauftragt, so kann die Terminsgebühr auch durch die Teilnahme an einem von diesem Sachverständigen anberaumten Termin entstehen.[15] Nach einer Auffassung entsteht bei der Teilnahme an einem gerichtlichen Verhandlungs- oder Erörterungstermin die Terminsgebühr nur dann, wenn in diesem Termin Fragen erörtert werden, die die Interessen des Zeugen oder Sachverständigen berühren; werde im Termin nur der Streitgegenstand verhandelt oder erörtert, sei eine Vertretung der Interessen des Zeugen oder Sachverständigen nicht denkbar und der zum Beistand des Zeugen oder Sachverständigen bestellte Rechtsanwalt verdiene durch seine Teilnahme an diesem Termin nicht die Terminsgebühr.[16] Richti-

---

11 Gerold/Schmidt-*Müller-Rabe*, Vorb. 3 VV Rn 12.
12 Mayer/Kroiß-*Mayer*, Vorb. 3 Rn 12.
13 Gerold/Schmidt-*Müller-Rabe*, VV 1008 Rn 151; anderer Auffassung OLG Koblenz, NJOZ 2005, 4841 f. mit Bespr. Kroiß, RVG-Letter 2005, 112.
14 Riedel/Sußbauer-*Keller*, VV Teil 3 Vorb. 3 Rn 18.
15 Riedel/Sußbauer-*Keller*, VV Teil 3 Vorb. 3 Rn 18.
16 Riedel/Sußbauer-*Keller*, VV Teil 3 Vorb. 3 Rn 18.

ger Auffassung nach entsteht jedoch die Terminsgebühr bereits durch die Anwesenheit des mit der Beistandsleistung beauftragten Rechtsanwalts in einem Termin mit der Bereitschaft, notfalls seinem Mandanten zu helfen, ihn vor Fragen zu schützen.[17] Darauf, dass der Anwalt im Termin tatsächlich eingreifen musste, kommt es nicht an.

f) Vergütungshöhe

Nach Absatz 1 der Vorbemerkung 3 erhält der als Beistand für einen Zeugen oder Sachverständigen tätige Rechtsanwalt in einem Verfahren nach Teil 3 des Vergütungsverzeichnisses die gleichen Gebühren wie ein Verfahrensbevollmächtigter in dem entsprechenden Verfahren. Nach Auffassung des Gesetzgebers ist die Gleichstellung mit dem Verfahrensbevollmächtigten gerechtfertigt, weil sich die Höhe der Gebühren nach dem Gegenstandswert richtet. Maßgeblich sei nicht der Gegenstandswert des Verfahrens, in dem der Zeuge aussagt oder in dem der Sachverständige herangezogen wird, denn Gegenstand dieses Verfahrens sei nicht der Gegenstand der anwaltlichen Tätigkeit, vielmehr bestimmt sich der anzusetzende Wert nach § 23 III 2 RVG.[18]

Nach § 23 III 2 RVG ist der Wert, wenn sich der Gegenstandswert nicht aus den in § 23 III 1 RVG genannten Vorschriften ergibt und auch nicht sonst feststeht, nach billigem Ermessen zu bestimmen, in Ermangelung genügender tatsächlicher Anhaltspunkte für eine Schätzung und bei nicht vermögensrechtlichen Gegenständen ist der Gegenstandswert mit 4.000 Euro, nach Lage des Falles niedriger oder höher, jedoch nicht über 500.000 Euro anzunehmen.

g) Kostenerstattung

Eine Kostenerstattung findet aufgrund der Kostenentscheidung im Verfahren, in dem der Zeuge oder der Sachverständige hinzugezogen wurde, nicht statt, da die Kostenentscheidung keinen Ausspruch zugunsten des Zeugen oder Sachverständigen enthält.[19] Anders ist es jedoch, wenn ein Zwischenstreit darüber geführt wird, ob ein Zeuge zur Zeugnisverweigerung berechtigt ist.[20] Die Kosten des Zwischenstreits trägt bei unberechtigter Zeugnisverweigerung gemäß § 91 ZPO der Zeuge, ansonsten der Antragsteller.[21]

II. Verfahrensgebühr (Vorbemerkung 3 Absatz 2 VV)

1. Allgemeines

Vorbemerkung 3 Absatz 2 VV bestimmt, dass die Verfahrensgebühr für das Betreiben des Geschäfts einschließlich der Information entsteht, und bestimmt so den Abgeltungsbereich der Verfahrensgebühr. Dieser entspricht dem Abgeltungsbereich der früheren Prozessgebühr nach § 31 I Nr. 1 BRAGO, die Gebühr wird aber unter der Geltung des RVG als Verfahrensgebühr bezeichnet, weil sie auch in FGG-Verfahren Anwendung findet.[22]

---

17 Gerold/Schmidt-*Müller-Rabe*, Vorb. 3 Rn 16.
18 BT-Drucks. 15/1971, S. 209.
19 Gerold/Schmidt-*Müller-Rabe*, Vorb. 3 Rn 21.
20 AnwK-RVG/*Onderka*, VV Vorb. 3 Rn 11.
21 Zöller-*Greger*, § 387 ZPO Rn 5.
22 BT-Drucks. 15/1971, S. 209.

§ 4 Allgemeine Bestimmungen für bürgerliche Rechtsstreitigkeiten

2. Regelungsgehalt

a) Grundsatz

18 Der Anspruch auf die Verfahrensgebühr entsteht, sobald der Rechtsanwalt von einer Partei in einem unter Teil 3 des Vergütungsverzeichnisses fallenden Verfahren bestellt wird und eine unter den Gebührentatbestand der Verfahrensgebühr fallende Tätigkeit ausgeübt hat. Im Regelfall entsteht die Verfahrensgebühr **mit der Entgegennahme der ersten Information nach Erteilung des Auftrags** durch den Mandanten.[23]

19 Die Verfahrensgebühr gilt alle Tätigkeiten des Rechtsanwalts ab, die vom Beginn des ihm erteilten Auftrags bis zum Abschluss der Instanz in dem jeweiligen Rechtszug anfallen, falls nicht für sie eine besondere Gebühr vorgesehen ist oder es sich um ein als besondere Angelegenheit in § 18 RVG bezeichnetes Verfahren handelt. Die Verfahrensgebühr gilt ferner auch alle Tätigkeiten ab, die in § 19 RVG dem jeweiligen Rechtszug zugeordnet werden.

b) Information

20 Absatz 2 der Vorbemerkung 3 erwähnt als Entstehungstatbestand für die Verfahrensgebühr ausdrücklich die „Information" und stellt damit klar, dass die Verfahrensgebühr bereits verdient ist, sobald er beauftragt wird, in einem unter Teil 3 des Vergütungsverzeichnisses fallenden Verfahren für seine Partei tätig zu werden und diesbezüglich erste Informationen erhalten hat.

c) Betreiben des Geschäfts

21 Zum Betreiben des Geschäfts gehören u.a. folgende Tätigkeiten des Rechtsanwalts:
- Schriftwechsel und Besprechung mit dem Auftraggeber, dem Gegner oder dem Gericht.[24] Auch in einer Klagerücknahmeerklärung selbst liegt noch ein Betreiben des Geschäfts im Sinne von Vorbemerkung 3 Absatz 2 RVG, welches die Verfahrensgebühr auslöst,[25]
- die laufende Beratung des Mandanten, soweit ein Verfahrens- und nicht nur ein Beratungsauftrag vorliegt,[26]
- die Wahrnehmung von Terminen,[27]
- die Einsicht von fremden Urkunden, zB von Gerichts- und Behördenakten oder auf der Geschäftsstelle niedergelegten Urkunden,[28]
- Streitverkündung,[29]
- Wiedereinsetzungsantrag,[30]
- die Aufnahme eidesstattlicher Versicherungen und ihre Einreichung, insbesondere bei Einstellungsanträgen, Arresten, einstweiligen Verfügungen, Widersprüchskla-

---

[23] Gerold/Schmidt-*Müller-Rabe*, Vorb. 3 Rn 26.
[24] Gerold/Schmidt-*Müller-Rabe*, VV Nr. 3100 Rn 52.
[25] OLG Koblenz, JurBüro 1996, 370 zu § 31 I 1 BRAGO.
[26] Gerold/Schmidt-*Müller-Rabe*, VV Nr. 3100 Rn 52.
[27] Gerold/Schmidt-*Müller-Rabe*, VV Nr. 3100 Rn 52.
[28] Riedel/Sußbauer-*Keller*, VV Teil 3 Vorb. 3 Rn 23.
[29] Gerold/Schmidt-*Müller-Rabe*, VV Nr. 3100 Rn 52.
[30] Gerold/Schmidt-*Müller-Rabe*, VV Nr. 3100 Rn 52; OLG Frankfurt, NJW 1960, 636 f.

gen, gleichviel, ob es sich um solche der Partei oder dritter Personen handelt, da diese Tätigkeit nur der Vorbereitung des Rechtsstreits dient,[31]
- die Tätigkeit in einem Verfahren zur Abgabe der eidesstattlichen Versicherung nach § 261 BGB vor dem Prozessgericht,[32]
- die Abrechnung der Vergütung mit der Partei, die Einforderung der Vergütung nach den §§ 10, 11 RVG, auch die Kostenfestsetzung gehört nach § 19 I 2 Nr. 13 RVG zum Rechtszug und wird mit der Verfahrensgebühr abgegolten.

d) Verwertung besonderer Erkenntnisse und Fähigkeiten

Die Verwertung besonderer Erkenntnisse und Fähigkeiten des Rechtsanwalts wird im Regelfall durch die Verfahrengebühr abgegolten. Hierunter fällt die Korrespondenz des Rechtsanwalts mit dem Mandanten, dem Gegner oder mit Dritten in einer Angelegenheit in einer Fremdsprache oder die Durchführung einer Besprechung mit dem ausländischen Mandanten in dessen Landessprache oder die Erläuterung technischer oder medizinischer Fachbegriffe.[33] Allerdings ist nicht jegliche Art der Verwertung besonderer Sprachkenntnisse des Rechtsanwalts von der Verfahrensgebühr abgedeckt. Als Abgrenzungskriterium gilt, dass nicht besonders vergütet wird, was der Anwalt in der von ihm beherrschten fremden Sprache tut, was er sonst in deutscher Sprache abwickeln müsste.[34]

22

Gesondert zu vergütende Übersetzertätigkeit und nicht Anwaltstätigkeit liegt jedoch beispielsweise dann vor, wenn der Rechtsanwalt die Beweisurkunde für das Gericht oder die Schriftsätze des Gegners und die Entscheidungen des Gerichts in die Sprache seines Auftraggebers übersetzt, diese zusätzliche Tätigkeit wird durch die Verfahrensgebühr nicht mitabgegolten, sondern ist gesondert zu vergüten, etwa gemäß dem §§ 8 ff. JVEG.[35]

23

e) Maßgeblichkeit des Innenverhältnisses

Maßgeblich für das Entstehen der Verfahrensgebühr ist das Innenverhältnis zwischen Anwalt und Mandant und nicht etwa der in § 81 ZPO bestimmte Umfang der Prozessvollmacht. Nach § 81 ZPO ermächtigt die Prozessvollmacht zu allen den Rechtsstreit betreffenden Prozesshandlungen, einschließlich derjenigen, die u.a. durch eine Widerklage veranlasst werden. Erhebt zB in einem Rechtsstreit die Gegenseite Widerklage, so ist zur Entstehung des Anspruchs auf die Verfahrensgebühr für die Vertretung des Auftraggebers in seiner Eigenschaft als Widerbeklagter nicht schon die Erhebung der Widerklage genügend, vielmehr ist zusätzlich die Erteilung eines Auftrags im Innenverhältnis auch zur Vertretung in dem Verfahren über die Widerklage erforderlich.[36]

24

---

31 Gerold/Schmidt-*Müller-Rabe*, VV Nr. 3100 Rn 52.
32 Gerold/Schmidt-*Müller-Rabe*, VV Nr. 3100 Rn 52.
33 Hansens, § 31 Rn 4.
34 Gerold/Schmidt-*Müller-Rabe*, VV Nr. 3100 Rn 53.
35 Gerold/Schmidt-*Müller-Rabe*, VV Nr. 3100 Rn 54.
36 OLG Koblenz, JurBüro 1991, 1430 f.; AnwK-RVG/*Onderka*, VV Vorb. 3 Rn 25; Gerold/Schmidt-*Müller-Rabe*, VV Nr. 3100 Rn 14.

III. Terminsgebühr (Vorbemerkung 3 Absatz 3)

1. Allgemeines

25 Die Terminsgebühr entsteht für die Vertretung in einem Verhandlungs-, Erörterungs- oder Beweisaufnahmetermin oder die Wahrnehmung eines von einem gerichtlich bestellten Sachverständigen anberaumten Termins oder die Mitwirkung an auf die Vermeidung oder Erledigung des Verfahrens gerichteten Besprechungen auch ohne Beteiligung des Gerichts; dies gilt nicht für Besprechungen mit dem Auftraggeber. Die Terminsgebühr hat sowohl die frühere Verhandlungs- (§ 31 I Nr. 2 BRAGO) als auch die Erörterungsgebühr (§ 31 I Nr. 4 BRAGO) ersetzt.

26 Bei der Terminsgebühr kommt es nicht mehr darauf an, ob Anträge gestellt werden oder die Sache erörtert wird. Vielmehr genügt es für das Entstehen der Gebühr, dass der Rechtsanwalt **einen Termin wahrnimmt**. Unterschiede zwischen einer streitigen oder nicht streitigen Verhandlung, ein- oder zweiseitiger Erörterung sowie zwischen Verhandlung zur Sache oder nur zur Prozess- oder Sachleitung sollen nach dem Willen des Gesetzgebers weitgehend entfallen. Vielmehr soll der Anwalt nach seiner Bestellung zum Verfahrens- oder Prozessbevollmächtigten in jeder Phase des Verfahrens zu einer möglichst frühen, der Sach- und Rechtslage entsprechenden Beendigung des Verfahrens beitragen. Deshalb soll die Terminsgebühr auch schon dann verdient sein, wenn der Rechtsanwalt an auf die Erledigung des Verfahrens gerichteten Besprechungen ohne Beteiligung des Gerichts mitwirkt, insbesondere, wenn diese auf den Abschluss des Verfahrens durch eine gütliche Einigung zielen.[37]

2. Regelungsgehalt

a) Bedeutung der Terminsgebühr

27 Die Terminsgebühr, die in jedem Rechtszug einmal entstehen kann, ist ein Herzstück des neu konzipierten RVG und soll zusammen mit der Verfahrensgebühr den Wegfall der Beweisgebühr kompensieren. Die Terminsgebühr ist nicht lediglich eine andere Bezeichnung für die frühere Erörterungs- bzw Verhandlungsgebühr nach § 31 I Nr. 2 und Nr. 4 BRAGO, sondern sowohl der Höhe nach als auch vom Anwendungsbereich neu gestaltet.

b) Vertretung in einem Verhandlungs-, Erörterungs- oder Beweisaufnahmetermin

28 Nach Absatz 3 der Vorbemerkung 3 entsteht die Terminsgebühr für die Vertretung des Auftraggebers in einem Verhandlungs-, Erörterungs- oder Beweisaufnahmetermin. Voraussetzung für das Entstehen der Terminsgebühr ist in den drei genannten Entstehungsvarianten lediglich, dass ein Verhandlungs-, Erörterungs- oder Beweisaufnahmetermin stattfindet und der Anwalt den Auftraggeber in diesem Termin vertritt. Irgendwelche inhaltliche Anforderungen an die Tätigkeit des Anwalts anlässlich der Vertretung seines Auftraggebers in den genannten Terminen werden vom Gebührentatbestand nicht gestellt. **Allein schon die Terminswahrnehmung** löst den Gebühren-

---

[37] BT-Drucks. 15/1971, S. 209.

tatbestand aus, die Terminsgebühr hat insoweit den Charakter einer Anwesenheitsgebühr.[38]

Voraussetzung für das Entstehen der Gebühr ist jedoch, dass in einem in Teil 3 des Vergütungsverzeichnisses vorgesehenen Verfahren ein Verhandlungs-, Erörterungs- oder Beweisaufnahmetermin gerichtlich angeordnet worden ist und der Anwalt diesen Termin wahrnimmt.

29

Bei der Terminsgebühr kommt es nicht mehr darauf an, ob Anträge gestellt werden oder die Sache erörtert wird. Vielmehr genügt es für das Entstehen der Gebühr, dass der Rechtsanwalt einen Termin wahrnimmt. Unterschiede zwischen einer streitigen oder nicht streitigen Verhandlung, ein- oder zweiseitiger Erörterung sowie zwischen Verhandlung zur Sache oder nur zur Prozess- oder Sachleitung sollten nach dem Willen des Gesetzgebers weitgehend entfallen.[39]

30

Es ist eine **vertretungsbereite Anwesenheit** in einem solchen Termin erforderlich; der Rechtsanwalt verdient die Terminsgebühr also nur dafür, dass er an dem Termin teilnimmt und willens ist, im Interesse seines Mandanten die Verhandlung, Erörterung oder Beweisaufnahme zu verfolgen, um, falls dies erforderlich wird, einzugreifen. Bloße Anwesenheit des Anwalts ohne Vertretungsbereitschaft, beispielsweise wenn er erklärt, dass er nicht auftritt oder dass er an der Erörterung nicht teilnehmen wird oder dass er nur seine Mandatsniederlegung mitteilen wolle, lösen die Terminsgebühr nicht aus, und zwar auch dann nicht, wenn der Rechtsanwalt im Termin anwesend bleibt.[40]

31

Die Terminsgebühr entsteht auch in Höhe von 1,2 nach Nr. 3104 VV bei **Flucht in die Säumnis**; ist die Partei beispielsweise bei Aufruf der Sache durch einen Prozessbevollmächtigten vertreten, entschließt sich dieser dann aber aus prozessualen Überlegungen heraus, für seine Partei im Termin nicht aufzutreten, so dass eine Säumnissituation entsteht, entfällt die bereits entstandene volle Terminsgebühr nach Nr. 3104 VV nicht zugunsten einer Terminsgebühr in Höhe von 0,5 nach Nr. 3105 VV.[41] Die volle Terminsgebühr entsteht für den Klägervertreter auch dann, wenn der Beklagte im Verhandlungstermin nicht ordnungsgemäß vertreten ist, der Klägervertreter aber über den Antrag auf Erlass eines Versäumnisurteils hinaus mit dem Gericht die Zulässigkeit seines schriftsätzlich angekündigten Sachantrags erörtert oder mit dem persönlich anwesenden Beklagten Möglichkeiten einer einverständlichen Regelung bespricht.[42] Wird aber ein in einem anderen Verfahren rechtshängiger Anspruch mitverglichen, fällt allein dadurch eine Terminsgebühr und eine Einigungsgebühr in dem anderen Verfahren nicht an.[43]

32

---

38 Mayer/Kroiß-*Mayer*, Vorb. 3 Rn 31; OLG Zweibrücken, BeckRS 2007, 04335.
39 BT-Drucks. 15/1971, S. 209.
40 Gerold/Schmidt-*Müller-Rabe*, VV Vorb. 3 Rn 64 ff.; AnwK-RVG/*Onderka*, VV Vorb. 3 Rn 97 f., der insoweit zwischen passiver und aktiver Anwesenheit unterscheidet.
41 OLG Koblenz, NJW 2005, 1955 f. mit Bespr. Mayer, RVG-Letter 2005, 50 f.
42 BGH, BeckRS 2007, 04104 mit Bespr. Mayer, RVG-Letter 2007, 39 f.
43 OLG Stuttgart NJW-RR 2005, 940 f. mit Bespr. Mayer, RVG-Letter 2005, 39.

c) Wahrnehmung eines von einem gerichtlich bestellten Sachverständigen anberaumten Termins

33 Die Terminsgebühr entsteht ferner, wenn der Anwalt einen von einem gerichtlich bestellten Sachverständigen anberaumten Termin wahrnimmt. Voraussetzung für das Entstehen der Gebühr ist aber, dass der **Sachverständige gerichtlich bestellt** ist, zB im Zuge der Beweisaufnahme in einem gerichtlichen Verfahren oder im Rahmen eines selbstständigen Beweisverfahrens nach den §§ 485 ff ZPO. Des Weiteren muss der gerichtlich bestellte Sachverständige einen Termin, beispielsweise zur Erhebung der für seine gerichtliche Aufgabe erforderlichen Tatsachen, angeordnet haben. Schließlich erfordert der Gebührentatbestand in dieser Variante, dass der Anwalt einen solchen vom gerichtlich bestellten Sachverständigen anberaumten Termin wahrgenommen hat.

34 Eine weiter gehende inhaltliche Tätigkeit über die Wahrnehmung des Termins hinaus fordert der Gebührentatbestand vom Rechtsanwalt ebenfalls nicht. Die Gebühr entsteht bereits mit seiner Anwesenheit in einem solchen Termin. Zwar spricht das Gesetz in Absatz 3 der Vorbemerkung 3 bei den Verhandlungs-, Erörterungs- oder Beweisaufnahmeterminen von einer „Vertretung" durch den Rechtsanwalt, während bei dem vom Sachverständigen anberaumten Termin von einer „Wahrnehmung" eines solchen Termins durch den Rechtsanwalt die Rede ist, eine unterschiedliche Tätigkeitsqualität wird hierdurch aber nicht zum Ausdruck gebracht.[44]

d) Mitwirkung an auf die Vermeidung oder Erledigung des Verfahrens gerichteten Besprechungen ohne Beteiligung des Gerichts

aa) Grundsatz

35 Die Terminsgebühr entsteht ferner auch dann, wenn der Anwalt an auf die Vermeidung oder Erledigung des Verfahrens gerichteten Besprechungen ohne Beteiligung des Gerichts mitwirkt, sie entsteht allerdings nicht für Besprechungen mit dem Auftraggeber.

36 Diese Entstehungsvariante der Terminsgebühr ist die **bedeutendste Neuerung bei der** durch das RVG **neu geschaffenen und gestalteten Terminsgebühr**. Der Gesetzgeber hat mit dieser Regelung das Ziel verfolgt, dass der Anwalt nach seiner Bestellung zum Verfahrens- oder Prozessbevollmächtigten in jeder Phase zu einer möglichst frühen, der Sach- und Rechtslage entsprechenden Beendigung des Verfahrens beitragen soll und hat deshalb es für das Entstehen der Terminsgebühr genügen lassen, wenn der Rechtsanwalt an auf die Erledigung des Verfahrens gerichteten Besprechungen ohne Beteiligung des Gerichts mitwirkt, insbesondere wenn diese auf den Abschluss des Verfahrens durch eine gütliche Einigung zielen. Solche Besprechungen waren unter der Geltung der BRAGO nicht honoriert worden. Dies hatte in der Praxis dazu geführt, dass ein gerichtlicher Verhandlungstermin angestrebt wurde, in dem ein ausgehandelter Vergleich nach "Erörterung der Sach- und Rechtslage" protokolliert wird, so dass die Verhandlungs- bzw Erörterungsgebühr nach § 31 I Nr. 2 bzw Nr. 4 BRAGO entstand. Der Gesetzgeber will mit dem erweiterten Anwendungsbereich der

---

44 AnwK-RVG/*Onderka*, VV Vorb. 3 Rn 128.

Terminsgebühr den Parteien ein oft langwieriges und kostspieliges Verfahren ersparen.[45]

bb) Vermeidung oder Erledigung eines Verfahrens

Der Gebührentatbestand in dieser Entstehungsvariante erfordert zunächst, dass eine auf die Vermeidung oder Erledigung eines Verfahrens gerichtete Besprechung stattfindet. Dies ist auf jeden Fall dann erfüllt, wenn ein in Teil 3 des Vergütungsverzeichnisses genanntes Verfahren gerichtlich anhängig ist. Da jedoch bereits schon auch die Zielrichtung der Vermeidung eines solchen Verfahrens genügt, ist es bereits ausreichend, wenn die Besprechung dazu dienen soll, ein unter Teil 3 des Vergütungsverzeichnisses fallendes Verfahren zu vermeiden und dem Anwalt zumindest ein Prozessauftrag erteilt worden ist.

Die **entscheidende Schnittstelle** bei der Abgrenzung von Besprechungen, die noch in den Anwendungsbereich der Geschäftsgebühr nach VV Nr. 2300 fallen, und den auf die Vermeidung eines Verfahrens gerichteten, eine Terminsgebühr auslösenden Besprechungen ist die Erteilung des Prozessauftrags. Sobald ein **Prozessauftrag** erteilt ist, kann eine Terminsgebühr in der Variante einer auf die Vermeidung eines Verfahrens gerichteten Besprechung auch ohne Beteiligung des Gerichts entstehen, die Anhängigkeit eines Rechtsstreits bei Gericht ist in diesem Fall nicht erforderlich.[46] Die Gegenauffassung, die auch für die Terminsgebühr, die durch eine auf die Vermeidung eines Verfahrens gerichtete Besprechung entsteht, verlangt, dass die Rechtsstreitigkeit anhängig ist,[47] so dass für Gespräche zwischen Klageauftrag und Klageeinreichung keine gesonderte Terminsgebühr anfällt, steht in klarem Widerspruch zum Wortlaut der Vorbemerkung 3 Absatz 3. Ist ein Verfahren erst einmal anhängig, kann es nicht mehr vermieden, sondern nur noch erledigt werden; der Vergütungstatbestand unterscheidet jedoch ausdrücklich auf die Vermeidung und auf die Erledigung eines Verfahrens gerichtete Besprechungen. Auch wollte der Gesetzgeber mit der weit gefassten Terminsgebühr vergütungsrechtliche Anreize für den Anwalt setzen, damit dieser zu einer möglichst frühen, der Sach- und Rechtslage entsprechenden Beendigung des Verfahrens beiträgt.[48] Ferner hat der Rechtsausschuss des Bundestages bei seinem Vorschlag für die Neufassung von Absatz 2 der Anmerkung zu Nr. 3104 VV ausgeführt: „Eine Anrechnung soll auch dann erfolgen, wenn in der anderen Angelegenheit zwar ein Prozessauftrag erteilt wurde, aber ausschließlich außergerichtliche Besprechungen stattfinden, die nach Vorbemerkung 3 Absatz 3 VV ebenfalls die Terminsgebühr auslösen."[49] Mittlerweile hat auch der BGH entschieden, dass dann, wenn der Anwalt bereits einen unbedingten Klageauftrag erhalten hat, eine Terminsgebühr

---

45 BT-Drucks. 15/1971, S. 209.
46 Mayer/Kroiß-*Mayer*, Vorb. 3 Rn 42; Gerold/Schmidt-*Müller-Rabe*, VV Vorb. 3 Rn 85; *Hansens*/Braun/Schneider, Praxis des Vergütungsrechts, Teil 8 Rn 207 ff.; Riedel/Sußbauer-*Keller*, VV Teil 3 Vorb. 3 Rn 48; Hartmann, VV Nr. 3104 Rn 10; Bischof/*Bischof*, Vorb. 3 VV Rn 45; Göttlich/Mümmler, Terminsgebühr des Teils 3, 3.2; Schons, NJW 2005, 3089 ff., 3092; Bischof, JurBüro 2004, 296 ff.; AG Zeven, AGS 2005, 254 ff.; LG Memmingen, NJW 2006, 1295 f. mit Bespr. Mayer, RVG-Letter 2006, 21 f.
47 ZB AG Frankfurt, JurBüro 2006, 252.
48 BT-Drucks. 15/1971, S. 209.
49 BT-Drucks. 15/2487, S. 140.

auch dann entstehen kann, wenn der Rechtsstreit oder das Verfahren noch nicht anhängig ist.[50]

39 Auch bei einem Mediationstermin fällt eine Terminsgebühr an.[51]

cc) Auch ohne Beteiligung des Gerichts

40 Den Irritationen, die dadurch entstanden waren, dass der Gesetzgeber in der ursprünglichen Fassung des Vergütungsverzeichnisses lediglich von Besprechungen ohne Beteiligung des Gerichts sprach, und die darin bestanden, dass bezweifelt wurde, ob die Anwesenheit oder Beteiligung des Gerichts an solchen Besprechungen das Entstehen der Terminsgebühr in dieser Variante hindert,[52] hat der Gesetzgeber durch das Zweite Gesetz zur Modernisierung der Justiz[53] den Boden entzogen und durch die Ergänzung des Wortlauts von Satz 3 der Vorbemerkung 3 („auch" ohne Beteiligung des Gerichts) klargestellt, dass die Terminsgebühr selbstverständlich auch dann entsteht, wenn der Rechtsanwalt an auf die Vermeidung oder Erledigung des Verfahrens gerichteten Besprechungen **mit Beteiligung des Gerichts** mitwirkt.[54]

dd) Mitwirkung

41 Der Gebührentatbestand erfordert jedoch in dieser Entstehungsvariante, dass der Anwalt bei der Besprechung „mitwirkt". Durch die unterschiedliche Formulierung bei den einzelnen Entstehungsvarianten der Terminsgebühr, Vertretung bzw Wahrnehmung einerseits und Mitwirkung andererseits, macht das Gesetz deutlich, dass anders als in den übrigen Entstehungsvarianten der Terminsgebühr eine inhaltliche Anforderung an die Tätigkeit des Rechtsanwalts bei der Besprechung gestellt wird, die über die bloße Teilnahme oder die bloße Anwesenheit bei der Besprechung hinausgeht. Allerdings lässt der Begriff der „Mitwirkung" völlig offen, in welcher Weise der Anwalt bei der Besprechung sich beteiligt. Deshalb dürfte bereits **jede über die bloße passive Teilnahme hinausgehende Tätigkeit** bei einer auf die Vermeidung oder Erledigung eines Verfahrens gerichteten Besprechung als „Mitwirkung" genügen. Für eine „Mitwirkung" reicht es daher beispielsweise aus, wenn die Tätigkeit des Anwalts lediglich darin besteht, die ihm unterbreiteten Vergleichsvorschläge als abwegig abzulehnen.[55]

42 Auch ist nicht erforderlich, dass ein streitiges Gespräch stattfindet. Ruft der Rechtsanwalt den Gegner an und unterbreitet ihm mündlich ein Einigungsangebot, das der Gegner sofort annimmt, fällt die Terminsgebühr an. Allein ausschlaggebend ist, ob das Gespräch mit dem Ziel geführt wurde, das Verfahren zu vermeiden oder zu erledigen.[56]

43 Der Begriff der „Mitwirkung" lässt ferner ebenfalls offen, ob der Anwalt bei der die Terminsgebühr auslösenden Besprechung körperlich anwesend sein muss oder ob auch eine **telefonische Unterredung** für das Entstehen der Terminsgebühr genügt. Die

---

50 BeckRS 2007, 03917 mit Bespr. Mayer, RVG-Letter 2007, 38 f.
51 OLG Hamm, NJW-RR 2006, 1512.
52 Vgl insoweit hierzu näher Gerold/Schmidt-*Müller-Rabe*, Vorb. 3 VV Rn 109.
53 BGBl. I 2006, S. 3416.
54 BT-Drucks. 16/3038, S. 56.
55 Mayer/Kroiß-*Mayer*, Vorb. 3 Rn 45.
56 Gerold/Schmidt-*Müller-Rabe*, VV Vorb. 3 Rn 94.

prozessvermeidende und damit justizentlastende Zielsetzung, die der Gesetzgeber mit der neu geschaffenen Terminsgebühr verfolgt, spricht jedoch eindeutig dafür, insoweit einen großzügigen Maßstab anzulegen und für das Tatbestandsmerkmal der „Mitwirkung" nicht die körperliche Anwesenheit des Anwalts bei der Besprechung zu fordern.[57]

Regt der Prozessbevollmächtigte des Beklagten beispielsweise telefonisch beim Rechtsanwalt des Klägers eine Klagerücknahme an, so entsteht die Terminsgebühr, wenn der Klägeranwalt mit dem Hinweis reagiert, er werde die Angelegenheit mit seinem Auftraggeber besprechen, dabei kommt es nicht darauf an, ob der Anruf tatsächlich ursächlich für eine spätere Klagerücknahme war.[58]   44

ee) Besprechung

Der Gebührentatbestand erfordert in dieser Entstehungsvariante lediglich, dass eine Besprechung, die auf die Vermeidung oder Erledigung eines Verfahrens gerichtet ist, stattfindet. Da lediglich Besprechungen mit dem Auftraggeber ausgenommen sind, ist es für den Gebührentatbestand ausreichend, wenn eine Besprechung mit der Zielsetzung der Vermeidung oder Erledigung eines Verfahrens **mit einem Dritten**, beispielsweise mit einem in Betracht kommenden Zeugen oder einem Sachverständigen, stattfindet. Aus der Formulierung des Gebührentatbestandes ergibt sich nicht, dass die Besprechung notwendigerweise mit dem aktuellen oder potenziellen Verfahrensgegner durchgeführt werden muss.[59]   45

Eine ausdrückliche Regelung der Frage, ob Voraussetzung für die Entstehung der Terminsgebühr in dieser Variante ist, dass die auf Vermeidung oder Erledigung eines Verfahrens gerichtete Besprechung vorher geplant worden sein muss, also ein Termin für die Besprechung vorher vereinbart worden ist, oder auch ein **zufälliges Zusammentreffen aus anderem Anlass** genügt, bei dem das Verfahren nebenbei besprochen und ggf einer gütlichen Einigung zugeführt wird, findet sich im Gesetz nicht. Die Bezeichnung der Gebühr als Terminsgebühr und auch der Umstand, dass die anderen Entstehungsvarianten der Terminsgebühr, nämlich die Vertretung in einem Verhandlungs-, Erörterungs- oder Beweisaufnahmetermin oder die Wahrnehmung eines von einem gerichtlich bestellten Sachverständigen anberaumten Termins jeweils immer einen vorher festgelegten Termin voraussetzen, sprechen dafür, auch bei der Entstehungsvariante der Besprechung auch ohne Beteiligung des Gerichts zu fordern, dass diese Besprechung vorher terminiert worden ist. Andererseits fordert aber der Wortlaut des Absatzes 3 der Vorbemerkung 3 nicht diese strenge Auslegung. Das Gesetz spricht ausdrücklich lediglich von „Besprechungen" und nicht von Besprechungsterminen. Der Begriff einer Besprechung setzt ebenfalls nicht voraus, dass diese vorher geplant und ein Termin für die Besprechung vereinbart wurde, sondern beschreibt lediglich, dass ein Meinungsaustausch über einen bestimmten Sachverhalt stattfinden   46

---

[57] Mayer, RVG-Letter 2004, 2; Gerold/Schmidt-*Müller-Rabe*, VV Vorb. 3 Rn 101; AnwK-RVG/*Onderka*, Vorb. 3 Rn 133 f.; Riedel/Sußbauer-*Keller*, VV Teil 3 Vorb. 3 Rn 49.
[58] OLG Koblenz, NJW 2005, 2162 f. mit Bespr. Mayer, RVG-Letter 2005, 66.
[59] Mayer/Kroiß-*Mayer*, Vorb. 3 Rn 49; Riedel/Sußbauer-*Keller*, VV Teil 3 Vorb. 3 Rn 48; Bischof, JurBüro 2004, 296 ff., 299; strenger *Hansens*/Braun/Schneider, Praxis des Vergütungsrechts, Teil 8 Rn 222 „Gesprächspartner muss ‚außerhalb des Lagers' des eigenen Auftraggebers stehen" und Gerold/Schmidt-*Müller-Rabe*, VV Vorb. 3 Rn 104, der fordert, dass der Gesprächspartner aus dem Lager des Gegners kommt.

muss. Auch der Wille des Gesetzgebers, mit dem weiten Anwendungsbereich der Terminsgebühr den Anwalt zu animieren, möglichst schnell zu einer Beendigung des Verfahrens beizutragen, spricht eindeutig dafür, einen großzügigen Maßstab anzulegen und auch zufällige Besprechungen, die Vermeidung oder Erledigung eines Verfahrens zum Gegenstand haben, für das Entstehen der Terminsgebühr ausreichen zu lassen.[60]

47 Die Terminsgebühr entsteht in dieser Variante demnach bereits dann, wenn bei einem zufälligen Zusammentreffen oder anlässlich eines Telefonats in anderer Sache auch eine andere Angelegenheit mit der Zielsetzung der Vermeidung oder der Erledigung des Verfahrens Gegenstand des Meinungsaustauschs wird.[61]

48 Die in der Rechtsprechung vereinzelt vertretene Auffassung, dass die Voraussetzungen einer Terminsgebühr bei einer außergerichtlichen Erledigungsbesprechung dann, wenn die Besprechung erfolglos bleibt, eng auszulegen sind, dass eine Besprechung mit einem Vertreter der Gegenseite nur dann auf „Erledigung des Verfahrens" gerichtet ist, wenn beide Gesprächspartner das Ziel einer Erledigung des Verfahrens verfolgen und eine außergerichtliche Erledigungsbesprechung eine Verhandlung voraussetzt, die in ihrer Struktur und Zielrichtung einer gerichtlichen Vergleichsverhandlung entspricht, so dass die Erledigungsbesprechung abzugrenzen ist von bloßen Vorgesprächen, die eine Terminsgebühr nicht entstehen lassen,[62] begegnet erheblichen Bedenken. Denn der Begriff des **„Vorgesprächs"** oder **„Sondierungsgesprächs"** spielte weder unter der Geltung der BRAGO gebührenrechtlich eine Rolle, noch findet sich hiervon eine Spur in den Gesetzesmaterialien. Unrichtig ist es ferner, die Terminsgebühr zu einer Erfolgsgebühr zu machen. Weder die Verhandlungs- bzw Erörterungsgebühr sowie die Besprechungsgebühr unter der Geltung der BRAGO noch die jetzige Terminsgebühr weisen erfolgsbezogene Komponenten auf. Die Besprechung muss nur auf die Vermeidung oder Erledigung eines Verfahrens gerichtet sein, ob dieses Ziel auch erreicht wird, ist für die Terminsgebühr unerheblich.[63] Auch soll die Terminsgebühr nach der Gesetzesbegründung, damit der Anwalt nach seiner Bestellung zum Verfahrens- oder Prozessbevollmächtigten in jeder Phase zu einer möglichst frühen, der Sach- und Rechtslage entsprechenden Beendigung des Verfahrens beiträgt, auch schon dann verdient sein, wenn er an auf die Erledigung des Verfahrens gerichteten Besprechungen auch ohne Beteiligung des Gerichts mitwirkt, insbesondere, wenn diese auf den Abschluss des Verfahrens durch eine gütliche Einigung zielen.[64] Die Zielrichtung der Besprechung in Form des Abschlusses des Verfahrens durch eine gütliche Einigung ist somit lediglich eine der Möglichkeiten, die nach dem Willen des Gesetzgebers bereits die Terminsgebühr auslöst. Ausreichend ist jegliche auf die Erledigung des Verfahrens gerichtete Besprechung. In diesem Sinne hat sich mittlerweile auch der **BGH** geäußert, der eine restriktive Entscheidung eines Instanzgerichts, welches die Entstehung einer Terminsgebühr mit dem Hinweis, es habe sich um ein bloßes Sondierungsgespräch gehandelt, aufgehoben und entschieden hat, dass eine **außergericht-**

---

60 Mayer, RVG-Letter 2004, 2; Gerold/Schmidt-*Müller-Rabe*, VV Vorb. 3 Rn 102.
61 Mayer/Kroiß-*Mayer*, Vorb. 3 Rn 50.
62 OLG Karlsruhe, BeckRS 2006, 00508 mit Bespr. Mayer, RVG-Letter 2006, 15 f.
63 Mayer/Kroiß-*Mayer*, Vorb. 3 Rn 50; Riedel/Sußbauer-*Keller*, VV Teil 3, Vorb. 3 Rn 48.
64 BT-Drucks. 15/1971, S. 209.

liche Erledigungsbesprechung eine Terminsgebühr bereits **schon dann** auslöst, wenn bestimmte Rahmenbedingungen für eine mögliche Einigung abgeklärt und/oder unterschiedliche Vorstellungen über die Erledigung ausgetauscht werden, dabei reiche es aus, wenn sich der Gesprächspartner an einer außergerichtlichen Erledigung des Rechtsstreits interessiert zeige, dies gelte auch, wenn die Besprechung mehrere Parallelverfahren betreffe.[65]

Eine die Terminsgebühr auslösende Besprechung liegt daher schon darin, dass der Prozessbevollmächtigte des Beklagten beim Rechtsanwalt des Klägers die Zahlung der Klageforderung ankündigt und um Klagerücknahme bittet, ausreichend ist, wenn die Erledigung der Angelegenheit von einer Seite initiiert wird und die andere sich darauf einlässt, indem sie zuhört.[66] Auch die telefonische Anregung des Prozessbevollmächtigten des Beklagten beim Kläger, die Klage zurückzunehmen, lässt die Terminsgebühr entstehen, wenn der Klägeranwalt mit dem Hinweis reagiert, er werde die Angelegenheit mit seinem Auftraggeber besprechen.[67] Durch die Einführung der Kategorie des „Vorgesprächs" und der Verbindung der Entstehungsvoraussetzungen der Terminsgebühr mit erfolgsbezogenen Elementen wird der erklärte Wille des Gesetzgebers konterkariert, dass durch die neu geschaffene Terminsgebühr es nicht mehr für den Anwalt erforderlich sein soll, einen gerichtlichen Verhandlungstermin anzustreben, damit seine Mitwirkung an auf die Erledigung des Verfahrens gerichteten außergerichtlichen Besprechungen gebührenrechtlich honoriert wird.

49

Vom Wortlaut der gesetzlichen Regelung völlig gelöst und nur noch durch deren Sinn und Zweck begründet ist die in der Rechtsprechung vertretene Auffassung, dass auch der **Austausch anwaltlicher E-Mails** zur Vermeidung oder Erledigung eines gerichtlichen Verfahrens einer Besprechung mit derselben Zielrichtung gleichstehen und die **Terminsgebühr** für eine außergerichtliche Besprechung **auslösen kann**.[68]

50

Abzugrenzen ist die Besprechung von der **Sachstandsnachfrage**; eine reine Nachfrage nach dem Sachstand dient lediglich der Informationsbeschaffung und erfüllt somit nicht die Voraussetzungen, unter denen eine Terminsgebühr ausgelöst wird.[69]

51

Wird der Inhalt einer die Terminsgebühr auslösenden anwaltlichen Erledigungsbesprechung von dem anderen Gesprächsteilnehmer bestritten, muss der Anspruchsteller seine Sachdarstellung beweisen.[70]

52

ff) Nicht für Besprechungen mit dem Auftraggeber

Vorbemerkung 3 Absatz 3 Halbsatz 2 zieht eine eindeutige Grenze für den äußerst weiten Anwendungsbereich der Terminsgebühr in dieser Entstehungsvariante und bestimmt, dass die Terminsgebühr nicht für Besprechungen zwischen dem Rechtsanwalt und seinem Auftraggeber entsteht.

53

---

65 BGH, XI ZB 39/05, BeckRS 2007, 05474 mit Anm. Mayer FD-RVG 2007, 221829.
66 OLG Koblenz, NJW RR 2005, 1592 mit Bespr. Mayer, RVG-Letter 2005, 66 f.
67 OLG Koblenz, NJW 2005, 2162 mit Bespr. Mayer, RVG-Letter 2005, 66.
68 OLG Koblenz, BeckRS 2007, 08741 mit Anm. Mayer FD-RVG 2007, 225672
69 OLG Köln, NJW-RR 2006, 720 mit Bespr. Mayer, RVG-Letter 2006, 26, welches aber in dem der Entscheidung zugrunde liegenden Sachverhalt zu Unrecht davon ausging, dass eine reine Sachstandsnachfrage und kein auf die Erledigung des Verfahrens gerichteter Meinungsaustausch vorlag.
70 OLG Koblenz, NJW 2005, 2162 mit Bespr. Mayer, RVG-Letter 2005, 78 f.

gg) Kostenfestsetzung bei außergerichtlich entstandener Terminsgebühr

54 Problematisch ist, ob eine außergerichtlich entstandene Terminsgebühr Gegenstand der Kostenfestsetzung nach den §§ 103 ff. ZPO sein kann. So ist nach der einen Auffassung die Festsetzung einer außergerichtlich entstandenen Terminsgebühr zu verneinen, da die Festsetzung der von der unterlegenen Partei an die obsiegende Partei zu erstattenden Kosten in dem Verfahren nach den §§ 103 ff. ZPO praktikabler Berechnungsgrundlagen bedürfe, die Tatsachen, die für die Entstehung einer außergerichtlichen Terminsgebühr maßgebend seien, ließen sich jedoch nicht den Akten des gerichtlichen Verfahrens entnehmen.[71] Nach anderer, zutreffender Auffassung jedoch **kann die bei einer außergerichtlichen Besprechung entstandene Terminsgebühr im Kostenfestsetzungsverfahren geltend gemacht werden.**[72] Der BGH hat bei dieser Streitfrage mittlerweile einiges an Klärung gebracht. So hat er zum einen den Anspruch einer Partei auf Festsetzung der Terminsgebühr bejaht, wenn die tatbestandlichen Voraussetzungen des Gebührentatbestands zwischen den Parteien unstreitig sind;[73] auch hat der BGH eine außergerichtlich entstandene Terminsgebühr als im Kostenfestsetzungsverfahren berücksichtigungsfähig anerkannt, wenn der Gegner sich zu dem den Gebührentatbestand begründenden, ihm zur Stellungnahme überreichten Vortrag nicht erklärt und dieser daher nach § 138 III ZPO als unstreitig anzusehen ist.[74]

55 Allerdings muss man bei der außergerichtlich entstandenen Terminsgebühr danach differenzieren, ob es sich um die Entstehungsvariante der Besprechung mit dem Ziel der Erledigung eines Verfahrens handelt. Dann ist die durch die außergerichtliche Besprechung angefallene Terminsgebühr auch im Kostenfestsetzungsverfahren nach den §§ 103 ff. ZPO berücksichtigungsfähig. Handelt es sich jedoch um eine Terminsgebühr, die aus Anlass der Mitwirkung an einer auf die Vermeidung eines Verfahrens gerichteten Besprechung entstanden ist, scheidet eine Festsetzung nach § 104 ZPO aus, denn insoweit handelt es sich nicht um die Kosten eines Rechtsstreits, die sich unter die Bestimmung des § 91 I 1 ZPO einordnen ließen, sondern um eine Gebühr, die auf die Vermeidung eines gerichtlichen Verfahrens gerichtet war.[75]

hh) Ungeschriebenes Tatbestandsmerkmal: nur in Verfahren mit mündlicher Verhandlung

56 Nach einer in der Rechtsprechung vertretenen Auffassung wird der Anwendungsbereich der Terminsgebühr für die außergerichtliche Erledigungsbesprechung und die auf die Vermeidung eines Rechtsstreits gerichtete, außergerichtliche Besprechung durch ein von der Rechtsprechung in den Gebührentatbestand hineingelesenes ungeschriebenes Tatbestandsmerkmal erheblich eingeschränkt. So soll Absatz 3 der Vorbemerkung 3 von Teil 3 des Vergütungsverzeichnisses dahingehend auszulegen

---

71 OLG Stuttgart, NJW-RR 2006, 932 f. mit Bespr. Mayer, RVG-Letter 2006, 17.
72 Bischof/*Bischof*, Vorb. 3 Rn 88 ff.; Mayer/Kroiß-*Mayer*, Vorb. 3 Rn 54; OLG Karlsruhe, NJOZ 2006, 3962 ff. mit Bespr. Mayer, RVG-Letter 2006, 15 f.; OLG Koblenz, NJW 2005, 2162 mit Bespr. Mayer, RVG-Letter 2005, 66; OLG Koblenz, NJW-RR 2005, 1592 mit Bespr. Mayer, RVG-Letter 2005, 66 f.
73 BGH, NJW-RR 2007, 286 mit Bespr. Mayer, RVG-Letter 2007, 4.
74 BGH, BeckRS 2007, 01179 mit Bespr. Mayer, RVG-Letter 2007, 14 f.; noch weitergehend BGH BeckRS 2007, 07039.
75 Mayer/Kroiß-*Mayer*, Vorb. 3 Rn 54; vgl in diesem Zusammenhang auch OLG Koblenz, NJW-RR 2006, 358 f. mit Bespr. Mayer, RVG-Letter 2005, 137 f.

sein, dass eine Terminsgebühr „für eine auf Verfahrensvermeidung oder -erledigung gerichtete Besprechung ohne Beteiligung des Gerichts" nur anfällt, wenn für das betreffende Verfahren eine **mündliche Verhandlung oder Erörterung vorgeschrieben** ist **oder** eine solche in dem betreffenden Fall **ausnahmsweise anberaumt** wurde.[76] Begründet wird dies im Wesentlichen damit, dass die in Teil 3 des Vergütungsverzeichnisses bezeichnete Terminsgebühr nicht durch Absatz 3 der Vorbemerkung in eine allgemeine Korrespondenzgebühr umgestaltet werde, die von der Wahrnehmung eines gerichtlichen Termins vollständig abgekoppelt sei. Dies ergebe sich schon aus der Bezeichnung der Gebühr als Terminsgebühr und aus dem Standort der jeweiligen Gebührentatbestände in Teil 3 des Vergütungsverzeichnisses, der die Gebühren für die Vertretung in gerichtlichen Verfahren bestimme. Etwas anderes ergibt sich nach dieser Auffassung auch nicht aus dem Zweck, den der Gesetzgeber mit der Ausweitung dieser Gebühr auf Besprechungen ohne Mitwirkung des Gerichts zur Vermeidung oder zur Erledigung eines Verfahrens verfolgt hat. Damit sollten dem Anwalt die Bemühungen um die Erledigung der Sache honoriert werden und den Verfahrenbeteiligten sowie dem Gericht unnötige Erörterungen in einem Gerichtstermin allein im Gebühreninteresse erspart bleiben.[77] Diese den Anwendungsbereich der Terminsgebühr in dieser Entstehungsvariante erheblich einschränkende Auffassung steht in dem eindeutigen Widerspruch zu dem in der Gesetzesbegründung klar zum Ausdruck gekommenen Willen des Gesetzgebers, durch die Zubilligung der Terminsgebühr für die außergerichtliche Erledigungsbesprechung zu fördern, dass der Anwalt zu einer möglichst frühen, der Sach- und Rechtslage entsprechenden Beendigung des Verfahrens beiträgt.[78] Nicht der geringste Anhalt findet sich nämlich in den Gesetzesmaterialien dafür, dass der Gesetzgeber lediglich die möglichst frühen, die sachgerechte Beendigung des Verfahrens begünstigenden Bemühungen des Anwalts honorieren wollte, wenn es sich um ein Verfahren mit vorgeschriebener mündlicher Verhandlung handelt. Auch die Tatsache, dass bereits schon Besprechungen, die nicht erst auf die Erledigung eines Verfahrens, sondern bereits schon auf die Vermeidung eines Verfahrens gerichtet sind, die Terminsgebühr auslösen können, deutet darauf hin, dass nicht zwingende Entstehungsvoraussetzung für den Vergütungstatbestand in dieser Variante sein kann, dass es sich um ein Verfahren mit vorgeschriebener mündlicher Verhandlung handelt. Soweit der BGH zur Begründung seiner Auffassung darauf hinweist, ausweislich der Gesetzesbegründung habe der Gesetzgeber den Verfahrensbeteiligten und dem Gericht unnötige Erörterungen in einem Gerichtstermin allein im Gebühreninteresse ersparen wollen, wird der Anlass für eine Neuregelung des Gebührentatbestands mit dessen Tragweite nach der Neugestaltung verwechselt.[79]

---

76 VGH Mannheim, NJW 2007, 860 f.; BGH, NJW 2007, 1461 mit Anmerkung Mayer.
77 BGH, aaO.
78 Anmerkung Mayer zu BGH, NJW 2007,1461; BT-Drucks. 15/1971, S. 209.
79 Mayer, aaO.

IV. Anrechnung der Geschäftsgebühr (Vorbemerkung 3 Absatz 4)

1. Allgemeines

57 Absatz 4 der Vorbemerkung 3 zu Teil 3 VV bestimmt, dass, soweit wegen desselben Gegenstands eine Geschäftsgebühr nach den Nrn. 2300–2303 VV entsteht, diese Gebühr **zur Hälfte**, jedoch **höchstens** mit einem Gebührensatz von **0,75** auf die Verfahrensgebühr des gerichtlichen Verfahrens anzurechnen ist. Sind in derselben Angelegenheit mehrere Geschäftsgebühren entstanden, soll nach Vorbemerkung 3 Absatz 4 Satz 2 die zuletzt entstandene Gebühr maßgebend sein. Nach Vorbemerkung 3 Absatz 4 Satz 3 erfolgt die Anrechnung nach dem Wert des Gegenstandes, der in das gerichtliche Verfahren übergegangen ist. Die Begrenzung der Anrechnung trägt dem Umstand Rechnung, dass in Nr. 2300 VV nur noch eine einheitliche Gebühr mit einem weiten Rahmen für die vorgerichtliche Tätigkeit des Anwalts vorgesehen ist. Weitere Differenzierungen hat der Gesetzgeber aus Gründen der Vereinfachung nicht mehr vorgesehen. Beim Vermittlungsverfahren nach § 52 a FGG verbleibt es allerdings bei der unbeschränkten Vollanrechnung (Absatz 3 der Anmerkung zu Nr. 3100 VV).[80]

58 Die Anrechnung wird zunächst mit systematischen Gründen gerechtfertigt. Denn nach der Definition in Absatz 2 der Vorbemerkung zu Teil 3 VV erhält der Rechtsanwalt die gerichtliche Verfahrensgebühr für das Betreiben des Geschäfts einschließlich der Information. Der Umfang dieser anwaltlichen Tätigkeit wird entscheidend davon beeinflusst, ob der Rechtsanwalt durch die vorgerichtliche Tätigkeit bereits mit der Angelegenheit befasst war. Eine Gleichbehandlung des Rechtsanwalts, der unmittelbar einen Prozessauftrag erhält, mit dem Rechtsanwalt, der zunächst außergerichtlich tätig war, war nach Auffassung des Gesetzgebers nicht zu rechtfertigen.[81] Der Gesetzgeber beabsichtigte aber auch mit der Anrechnung eine Förderung der außergerichtlichen Erledigung. Es müsse der Eindruck vermieden werden, der Rechtsanwalt habe ein gebührenrechtliches Interesse an einem gerichtlichen Verfahren. Denn dieses Interesse kollidiert zwangsläufig mit dem Bestreben einer aufwandsbezogenen Vergütung. Diesen unterschiedlichen Interessen werde die vorgeschlagene Anrechnungsregel gerecht.[82]

59 **Strittig** ist, ob die Begrenzung der Anrechnung auf den Gebührensatz von 0,75 auch dann gilt, wenn die Geschäftsgebühr durch den **Mehrvertretungszuschlag** nach Nr. 1008 VV erhöht ist. Eine ausdrückliche Regelung hierfür findet sich im RVG nicht. Teilweise wird daher die Auffassung vertreten, dass der Höchstsatz der Anrechnung für jeden weiteren Auftraggeber um 0,15 erhöht wird.[83] Eine tragfähige Grundlage für diese Auffassung ist ebenso wenig erkennbar wie eine Rechtfertigung des Erhöhungssatzes von 0,15 je weiterem Auftraggeber bei der Anrechnungsobergrenze. Zu Recht geht daher die überwiegende Meinung davon aus, dass die Geschäftsgebühr auch bei mehreren Auftraggebern in den in der Vorbemerkung 3 Ab-

---

[80] Mayer/Kroiß-*Mayer*, Vorb. 3 Rn 56.
[81] BT-Drucks. 15/1971, S. 209.
[82] BT-Drucks. 15/1971, S. 209.
[83] AnwK-RVG/*Onderka*, VV Vorb. 3 Rn 206; *Schneider/Mock*, Das neue Gebührenrecht für Anwälte, § 14 Rn 60.

satz 4 von Teil 3 genannten Grenzen, also maximal mit einem Gebührensatz von 0,75, auf die Verfahrensgebühr anzurechnen ist.[84]

Mittlerweile selten, aber nach wie vor nicht völlig ohne Bedeutung ist die Streitfrage der Anrechnung einer BRAGO-Geschäftsgebühr in den **Übergangsfällen**, in denen noch unter der Geltung der BRAGO eine Geschäftsgebühr nach § 118 I Nr. 1 BRAGO entstanden ist, bei denen jedoch der Prozessauftrag erst nach Inkrafttreten des RVG erteilt wurde, so dass für das gerichtliche Verfahren das RVG gilt. Überwiegend wird im Schrifttum die Auffassung vertreten, dass in solchen Übergangsfällen die Anrechnung nach der BRAGO vorzunehmen ist, so dass die Geschäftsgebühr nach § 118 I Nr. 1 BRAGO vollständig auf die Verfahrensgebühr nach Nr. 3100 VV anzurechnen ist.[85] Auch die Rechtsprechung ist dieser Auffassung zunächst gefolgt.[86] Die Gegenauffassung jedoch, wonach, da sich die Vergütung im gerichtlichen Verfahren nach dem RVG richtet, auch die Anrechnungsvorschrift des RVG – zumal sie gesetzessystematisch in die Vorbemerkung 3 des Teils 3 VV, also des Teils, der sich den gerichtlichen Verfahren widmet, eingeordnet ist – zur Anwendung zu bringen ist, ist jedoch die überzeugendere Argumentation.[87]

2. Wegen desselben Gegenstands

Vorbemerkung 3 Absatz 4 Satz 1 VV verlangt zunächst, dass wegen desselben Gegenstandes eine Geschäftsgebühr nach den Nrn. 2300–2303 und eine Verfahrensgebühr eines gerichtlichen Verfahrens entstanden ist. Derselbe Gegenstand liegt vor, wenn Gegenstand der Geschäftsgebühr und Gegenstand der Verfahrensgebühr identische Angelegenheiten sind und den gleichen Wert aufweisen. Es kommt also darauf an, dass zwischen dem Gegenstand der Geschäftsgebühr und dem Gegenstand der Verfahrensgebühr des gerichtlichen Verfahrens „Deckungsgleichheit" besteht.[88]

Die Geschäftsgebühr nach Nrn. 2300 VV–2303 VV für die außergerichtliche Vertretung ist nur dann anzurechnen, wenn **derselbe Rechtsanwalt, dieselbe Sozietät oder dieselbe Partnerschaft** den Mandanten sowohl außergerichtlich als auch in dem nachfolgenden gerichtlichen Verfahren vertritt.[89]

Die außergerichtliche und die gerichtliche Tätigkeit muss sich auch gegen **denselben Gegner** richten, damit eine Anrechnung der außergerichtlich angefallenen Geschäftsgebühr anfallen kann.[90] Hieran fehlt es beispielsweise, wenn bei einer Verkehrsunfallregulierung der Rechtanwalt zunächst außergerichtlich die Ansprüche nur gegen den Kfz-Haftpflichtversicherer geltend macht und dann, als dieser nicht zahlt, Klage nur

---

84 Mayer/Kroiß-*Dinkat*, Nr. 1008 VV Rn 6; *Mayer*, RVG-Letter 2004, 86f; *Enders*, RVG für Anfänger Rn 607; *Enders*, JurBüro 2004, 403 ff., 405; *Hansens*/Braun/Schneider, Praxis des Vergütungsrechts, Teil 8 Rn 139; *Hansens*, RVGreport 2004, 95; unentschieden in dieser Frage *Drasdo*, MDR 2004, 428 f.
85 Mayer/Kroiß-*Klees*, § 61 Rn 1; *Schneider*/Mock, Das neue Gebührenrecht für Anwälte, § 34 Rn 27; AnwK-RVG/ *Onderka*, VV Vorb. 3 Rn 210; *Hansens*, RVGreport 2004, 12; *Hansens*, RVGreport 2004, 242 ff., 244; *Hansens*/Braun/ Schneider, Praxis des Vergütungsrechts, Teil 8, Rn 140 f.; Göttlich/Mümmler/Rehberg/Xanke „Übergangsregelung", 4.1.
86 OLG München, NJOZ 2005, 4842 f. mit Bespr. *Mayer*, RVG-Letter 2004, 87 f.; AG Freiburg, JurBüro 2005, 82.
87 *Enders*, RVG für Anfänger Rn 13 ff.; Bischof-*Jungbauer*, § 61 Rn 111; s. hierzu auch *Mayer*, NJ 2004, 490, 493; LG Köln, NJOZ 2006, 443 f. mit Bespr. *Mayer*, RVG-Letter 2006, 5 f.
88 Mayer/Kroiß-*Mayer*, Vorb. 3 Rn 60.
89 AnwK-RVG/*Onderka*, VV Vorb. 3 Rn 196; *Enders*, RVG für Anfänger Rn 590.
90 *Hansens*/Braun/Schneider, Teil 8 Rn 127; AnwK-RVG/*Onderka*, VV Vorb. 3 Rn 196; *Enders*, RVG für Anfänger Rn 596.

gegen den Unfallgegner erhebt; da sich die außergerichtliche Vertretung nicht gegen denselben Gegner wie das gerichtliche Verfahren richtet, unterbleibt die Anrechnung der Geschäftsgebühr auf die im gerichtlichen Verfahren entstehende Verfahrensgebühr.[91]

64 Die für die außergerichtliche Tätigkeit entstandene Geschäftsgebühr ist ferner auf ein anschließendes gerichtliches Verfahren nur dann anzurechnen, wenn auch ein zeitlicher Zusammenhang besteht. Ein solcher zeitlicher Zusammenhang besteht nach § 15 V 2 RVG auf jeden Fall dann nicht mehr, wenn die außergerichtliche Tätigkeit seit mehr als 2 Kalenderjahren erledigt ist und erst dann das gerichtliche Verfahren eingeleitet wird.[92] Nach überwiegender Meinung ist jedoch die durch § 15 V 2 RVG etablierte Zweijahresfrist nicht die entscheidende Grenzziehung, sondern, ob der für eine Anrechnung erforderliche zeitliche Zusammenhang noch besteht, ist anhand der Umstände des Einzelfalles zu beurteilen; entscheidend ist, dass der Rechtsanwalt die Sache nach Abschluss der außergerichtlichen Tätigkeit noch so gegenwärtig hat, dass er sich nicht völlig neu in den Sachverhalt einarbeiten muss.[93] Nach dieser Auffassung ist die Zeitspanne des § 15 V 2 RVG von zwei Kalenderjahren bei der Beurteilung, ob noch ein zeitlicher Zusammenhang besteht, nicht anzuwenden.[94] Als Richtwert wird genannt, dass bei einer Zeitspanne von einem Monat der innere Zusammenhang noch gegeben ist, bei einem Abstand von 6 Monaten aber meist nicht mehr.[95]

3. Anrechnungshöhe

65 Die Geschäftsgebühr nach Nr. 2300 VV kann in einem Gebührensatz von 0,5–2,5, die Geschäftsgebühr nach Nr. 2301 VV mit einem Gebührensatz von 0,5–1,3 und die Geschäftsgebühr nach Nr. 2303 VV mit einem Gebührensatz von 1,5 entstehen, beschränkt sich der Auftrag lediglich auf ein Schreiben einfacher Art, so beträgt die Geschäftsgebühr nach Nr. 2302 VV lediglich 0,3. Die wegen desselben Gegenstands entstandene Geschäftsgebühr wird auf die Verfahrensgebühr des gerichtlichen Verfahrens grundsätzlich zur Hälfte angerechnet, höchstens jedoch mit einem Gebührensatz von 0,75. Die Begrenzung des Anrechnungsbetrages auf einen Gebührensatz von 0,75 wirkt sich somit dann aus, wenn außergerichtlich eine höhere Geschäftsgebühr als eine Geschäftsgebühr mit einem Gebührensatz von 1,5 entstanden ist.

66 Die im Zusammenhang mit der außergerichtlichen Geschäftstätigkeit angefallene Auslagenpauschale nach Nr. 7002 VV ist nicht anzurechnen, da es hierfür an einer gesetzlichen Grundlage fehlt, vorgesehen ist lediglich eine Anrechnung der Geschäftsgebühr.[96] Berechnet wird die Pauschale nicht etwa nach den Beträgen, die nach erfolg-

---

91 *Enders*, RVG für Anfänger Rn 604; vgl auch *Hansens*/Braun/Schneider, Teil 8 Rn 127 Fn 120 mit dem zutreffenden Hinweis auf die haftungsrechtlichen Bedenken einer solchen Vorgehensweise.
92 *Enders*, RVG für Anfänger Rn 604.
93 AnwK-RVG/*Onderka*, VV Vorb. 3 Rn 195; *Hansens*/Braun/Schneider, Teil 8 Rn 129.
94 *Hansens*/Braun/Schneider, Teil 8 Rn 129.
95 *Hansens*/Braun/Schneider, Teil 8 Rn 129.
96 *Enders*, JurBüro 2004, 169 ff., 173; *Enders*, RVG für Anfänger Rn 201 f.; AnwK-RVG/*Onderka*, Vorb. 2 Rn 207; Gerold/Schmidt-*Müller-Rabe*, VV Nrn. 7001, 7002 Rn 36; OLG München, AGS 2005, 344 f.

ter Anrechnung verbleiben. Vielmehr richtet sich die Pauschale nach den gesetzlichen Gebühren, die Gebührenanrechnung bleibt völlig außer Betracht.[97]

4. Mehrere Geschäftsgebühren

Sind ausnahmsweise mehrere der in den Nrn. 2300–2303 VV genannten Gebühren entstanden, ist nach Vorbemerkung 3 Absatz 4 Satz 2 für die Anrechnung die **zuletzt entstandene Gebühr** maßgebend. Das ist in den Güteverfahren die Gebühr nach VV Nr. 2303, in Verwaltungsverfahren regelmäßig die im Nachprüfungsverfahren entstehende Gebühr VV Nr. 2301. In diesen Fällen bleibt die Geschäftsgebühr nach VV Nr. 2300 gegenüber der Verfahrensgebühr für das gerichtliche Verfahren nach VV Nr. 3100 unangerechnet, allerdings kann vorab schon auf die Güteverfahrensgebühr nach VV Nr. 2303 eine wegen desselben Gegenstands entstandene Geschäftsgebühr nach Nr. 2300 VV entsprechend der Anmerkung zum Gebührentatbestand VV Nr. 2303 angerechnet worden sein.[98]

67

5. Nach dem Wert des Gegenstands, der auch Gegenstand des gerichtlichen Verfahrens ist

Vorbemerkung 3 Absatz 4 Satz 3 bestimmt, dass die Anrechnung nach dem Wert des Gegenstands, der auch Gegenstand des gerichtlichen Verfahrens ist, erfolgt. Der Gesetzgeber drückt damit aus, dass nicht etwa eine prozentuale Anrechnung erfolgt, sondern die konkret entstandene Gebühr nach dem **deckungsgleichen Gegenstandswert** zugrunde zu legen ist. Die Anrechnung erfolgt auch hier mit der Hälfte der regelmäßig anzurechnenden Gebühr nach VV Nrn. 2300–2303, aber nicht mehr als einem Gebührensatz von 0,75.

68

Beispiel:

Wird der Anwalt beauftragt, eine Werklohnforderung iHv 10.000 Euro außergerichtlich geltend zu machen, entsteht eine Geschäftsgebühr nach Nr. 2300 VV, wenn die Angelegenheit nicht umfangreich oder schwierig war, mit einem Gebührensatz von 1,3 für die außergerichtliche Tätigkeit des Anwalts. Entschließt sich daraufhin der Mandant, etwa weil er von einer zulässigen Minderung durch seinen Vertragspartner ausgeht, lediglich einen Rechtsstreit über eine restliche Werklohnforderung iHv 5.000 Euro zu führen, entsteht im gerichtlichen Verfahren eine Verfahrensgebühr nach Nr. 3100 VV mit einem Gebührensatz von 1,3 aus einem Gegenstandswert von 5.000 Euro. Hierauf ist die Hälfte der außergerichtlich entstandenen Geschäftsgebühr nach Nr. 2300 VV anzurechnen, aber nicht aus dem konkret entstandenen Gegenstandswert von 10.000 Euro (631,80 Euro netto), also iHv 315,40 Euro, sondern anzurechnen ist nach Vorbemerkung 3 Absatz 4 Satz 3 die Hälfte einer Geschäftsgebühr mit einem Gebührensatz von 1,3 aus einem Gegenstandswert von 5.000 Euro, also eine Gebühr iHv 391,30 Euro: 2, also 195,65 Euro.

---

[97] Gerold/Schmidt-*Müller-Rabe*, VV Nrn. 7001, 7002 Rn 37; *Enders*, RVG für Anfänger Rn 201 f.; *Enders*, JurBüro 2004, 169 ff., 173.
[98] Mayer/Kroiß-*Mayer*, Vorb. 3 Rn 67.

69 Die ursprüngliche Fassung der Anrechnungsvorschrift, bei der in der Fassung des Kostenrechtsmodernisierungsgesetzes[99] formuliert war, dass die Anrechnung nach dem Wert des Gegenstands erfolgt, der in das gerichtliche Verfahren übergegangen ist, wurde durch das Zweite Gesetz zur Modernisierung der Justiz[100] geändert; mit der jetzigen Formulierung stellt der Gesetzgeber klar, dass eine Anrechnung auch für den Fall erfolgen soll, dass die Geschäftsgebühr Nr. 2300 VV nach der Verfahrensgebühr entsteht, beispielsweise dann, wenn in einem gerichtlichen Verfahren über einen Mehrvergleich erfolglos verhandelt wird und der Anwalt infolgedessen einen Auftrag zur außergerichtlichen Erledigung erhält.[101]

6. Durchsetzung der außergerichtlich entstandenen Geschäftsgebühr

a) Auswirkung der Anrechnung auf die Verfahrensgebühr

70 Die Frage, ob die in der Vorbemerkung 3 Absatz 4 Satz 1 VV vorgesehene Anrechnung der Geschäftsgebühr auf die Verfahrensgebühr eines gerichtlichen Verfahrens die bereits entstandene Geschäftsgebühr nachträglich teilweise in der Verfahrensgebühr aufgehen lässt oder ob die Anrechnung der bereits entstandenen Geschäftsgebühr auf die später entstehende Verfahrensgebühr dazu führt, dass die Verfahrensgebühr in nur vermindertem Umfang entsteht, war lange Zeit streitig. Für die zuerst genannte Auffassung wurde zum einen mit der Gesetzesgeschichte argumentiert; auch die nach der BRAGO außergerichtlich entstandene Geschäftsgebühr sei nach altem Recht in den nachfolgend entstandenen Verfahrensgebühren aufgegangen; das Kostenrechtsmodernisierungsgesetz habe hieran dem Grunde nach nichts geändert, die nun vorzunehmende hälftige Anrechnung beruhe nur darauf, dass die Geschäftsgebühr nach § 118 I Nr. 1 BRAGO und die Besprechungsgebühr nach § 118 I Nr. 2 BRAGO zu einer Gebühr mit einem Gebührenrahmen von 0,5–2,5 zusammengefasst worden seien.[102] Zum anderen wurde für diese Auffassung der Gesichtspunkt der Prozessökonomie ins Feld geführt, wenn die Verfahrensgebühr in vollem Umfang im Kostenfestsetzungsverfahren berücksichtigt werde, habe die obsiegende Partei zumindest bezüglich des anrechenbaren Teils der Geschäftsgebühr die Möglichkeit, auf einfache Weise einen vollstreckbaren Titel gegen die unterlegene Partei zu erlangen.[103] Die Gegenauffassung, dass die Verfahrensgebühr und nicht die Geschäftsgebühr zu kürzen ist, stützt sich hingegen auf den klaren Wortlaut der Vorschrift.[104] Auch der **BGH** hat sich nunmehr dieser **streng am Wortlaut** des Gesetzes orientierten Auffassung angeschlossen. Da „auf" die Verfahrensgebühr anzurechnen ist, bleibt nach dem BGH die bereits entstandene Geschäftsgebühr unangetastet.[105] Juristisch ist die Argumentation des BGH zwar bestechend klar, ob sich seine Auffassung in dieser Frage für die Praxis jedoch sonderlich segensreich auswirkt, ist zu bezweifeln. Der BGH rechtfertigt zwar seine Auffassung gegen den Einwand, der Kostenschuldner könne begünstigt werden, weil die Verfahrensgebühr durch die Anrechnung vermindert sei,

---

99 BGBl. 2004 I, S. 718.
100 BGBl. 2006 I, S. 3416.
101 BT-Drucks. 16/3038, S. 56.
102 KG, BeckRS 2005, 08709.
103 KG, aaO.
104 VGH München, JurBüro 2006, 77.
105 BeckRS 2007, 06510 mit Anmerkung *Mayer*, FD-RVG 2007, 221833.

mit dem Hinweis, dieser sei einem materiell-rechtlichen Kostenerstattungsanspruch ausgesetzt. Problematisch bleiben aber die Fällen, in denen materiell-rechtliche Kostenerstattungsansprüche nicht greifen. Denn dann hat der Kostenschuldner die volle Verfahrensgebühr zu erstatten, wenn der Gegner den Anwalt erstmals im gerichtlichen Verfahren beauftragt hat, hingegen nur eine um den anrechenbaren Teil der Geschäftsgebühr verminderte Verfahrensgebühr, wenn der Gegner sich bereits außergerichtlich anwaltlich hat gegen den Kostenschuldner vertreten lassen. Auf jeden Fall folgt aus der Rechtsprechung des BGH, dass entgegen früher weit verbreiteten Gepflogenheiten nicht mehr lediglich der nicht anrechenbare Anteil der Geschäftsgebühr im Rechtsstreit einzuklagen ist, sondern die volle Geschäftsgebühr, vorausgesetzt, es besteht ein materiell-rechtlicher Kostenerstattungsanspruch. Die nunmehr vom BGH vertretene Auffassung über die Auswirkung der Anrechnungsbestimmung auf die Verfahrensgebühr verstärkt die bereits bislang gegebene Feststellung, dass bei außergerichtlicher und anschließender gerichtlicher Tätigkeit des Rechtsanwalts der Auftraggeber mit der Geschäftsgebühr als einer Art „Kollateralschaden"[106] belastet bleibt. Für die Durchsetzung der Geschäftsgebühr beim Gegner bestehen **mehrere Ansätze:**

b) Durchsetzung im Rahmen der prozessualen Kostenfestsetzung

Nach weit überwiegender Meinung in der Literatur konnte der nicht durch Anrechnung erledigte Anteil der vorprozessual angefallenen Geschäftsgebühr nicht im Wege der prozessualen Kostenfestsetzung gegen den unterlegenen Gegner geltend gemacht werden.[107] Nach anfänglichem Schwanken[108] hat sich in der weit überwiegenden Rechtsprechung die Auffassung durchgesetzt, dass **mangels Prozessbezogenheit** die im Vorfeld eines Rechtsstreits entstandene anwaltliche Geschäftsgebühr nicht im Verfahren nach den §§ 103 ff. ZPO festgesetzt werden kann.[109] Der BGH hat für den Fall der wettbewerbsrechtlichen Abmahnung entschieden, dass die auf die Verfahrensgebühr des gerichtlichen Verfahrens nach Vorbemerkung 3 Absatz 3 VV nicht anrechenbare Geschäftsgebühr nach Nr. 2300 VV für eine wettbewerbsrechtliche Abmahnung nicht zu den Kosten des Rechtsstreits iS von § 91 I 1 ZPO zählt und deshalb nicht im Kostenfestsetzungsverfahren nach den § 103, 104 ZPO, § 11 I 1 RVG festgesetzt werden kann.[110] In einer weiteren Entscheidung hat der BGH diese Auffassung auch für die Kosten eines vorgerichtlichen Mahnschreibens fortgeführt.[111]

71

Die vorstehend geschilderte Auffassung und Rechtsprechung basierte zu weiten Teilen auf der Annahme, dass die durch Vorbemerkung 3 Absatz 4 VV vorgeschriebene Anrechnung der Geschäftsgebühr auf die Verfahrensgebühr die Verfahrensgebühr im Kostenfestsetzungsverfahren in ungeminderter Höhe zugrunde zu legen ist, so dass lediglich noch der nicht anrechenbare Anteil der Geschäftsgebühr beim Gegner

72

---

106 Begriff nach *Schons*, NJW 2005, 3089 ff., 3091.
107 *Schons*, NJW 2005, 3089 ff., 3091; Eulerich, NJW 2005, 3097 ff., 3099; *Enders*, JurBüro 2004, 571 ff., 572; *Enders*, RVG für Anfänger Rn 624; *Hergenröder*, AGS 2005, 274 ff. 275; aA *Stöber*, AGS 2005, 45 ff., 47.
108 Für die Geltendmachung des nicht anrechenbaren Teils der Geschäftsgebühr im Kostenfestsetzungsverfahren AG Hamburg, RVGreport 2005, 75 f.
109 OLG Koblenz, JurBüro 2005, 313; OLG Köln, RVGreport 2005, 76; OLG Frankfurt, NJW 2005, 759; OLG Zweibrücken, JurBüro 2005, 313.
110 BGH, BB 2006, 127 f. mit Bespr. *Mayer*, RVG-Letter 2006, 2 f.
111 BGH, NJW 2006, 2560 f.

§ 4 Allgemeine Bestimmungen für bürgerliche Rechtsstreitigkeiten

durchzusetzen ist. Aber auch nachdem nunmehr der BGH in der Entscheidung vom 7.3.2007, Az VIII ZR 86/06,[112] entschieden hat, dass die Anrechnung der Geschäftsgebühr auf die Verfahrensgebühr dazu führt, dass die Verfahrensgebühr nur in geminderter Höhe entsteht, somit also noch die volle Geschäftsgebühr gegen den Gegner durchzusetzen ist, dürfte sich nichts an der überwiegenden Auffassung in Literatur und Rechtsprechung ändern, dass die außergerichtlich entstandene Geschäftsgebühr nicht im Rahmen der prozessualen Kostenfestsetzung gegen den Gegner durchgesetzt werden kann.

c) Durchsetzung der Geschäftsgebühr durch eigenständigen Klagantrag oder im Mahnverfahren

73 Soweit eine materiell-rechtliche Anspruchsgrundlage vorhanden ist, kann die außergerichtlich entstandene Geschäftsgebühr mit der Hauptforderung eingeklagt werden.[113] Als mögliche **materielle Anspruchsgrundlagen** kommen Schadensersatz wegen Verzugs, Schadensersatz aus unerlaubter Handlung u.Ä. in Betracht.[114]

74 Vorprozessual aufgewendete Kosten zur Durchsetzung des im laufenden Verfahren geltend gemachten Hauptanspruchs – dazu gehört auch die außergerichtliche Geschäftsgebühr – wirken nach dem BGH nicht werterhöhend, unabhängig davon, ob diese Kosten der Hauptforderung hinzugerechnet werden oder neben der im Klagewege geltend gemachten Hauptforderung Gegenstand eines eigenen Antrags sind.[115]

d) Kein Kammergutachten

75 Nach überwiegender Meinung in der Literatur ist unter Rechtsstreit iS des § 14 II RVG lediglich der Gebührenprozess zwischen dem Anwalt und seinem Auftraggeber zu verstehen,[116] so dass dann, wenn die Geschäftsgebühr neben der Hauptforderung eingeklagt wird und der Gegner die Höhe des vom klägerischen Anwalt für seine außergerichtliche Tätigkeit abgerechneten Gebührensatzes bestreitet, nach § 14 II RVG kein Gutachten des Vorstands der Rechtsanwaltskammer vom Gericht eingeholt werden muss.[117]

e) Durchsetzung der Geschäftsgebühr durch eigenständige Klage oder selbstständigen Mahnbescheid

76 Theoretisch kommt auch in Betracht, wenn eine materiell-rechtliche Anspruchsgrundlage vorhanden ist, die außergerichtlich entstandene Geschäftsgebühr durch eine eigenständige Klage oder durch einen selbstständigen Mahnbescheid gegen den Gegner geltend zu machen. Allerdings besteht dann die Gefahr, dass der Beklagte in dem gesonderten Rechtsstreit oder nach Widerspruch gegen den Mahnbescheid erfolgreich die Notwendigkeit des gesonderten Verfahrens rügt, da der Anspruch auf Erstattung

---

[112] BeckRS 2007, 06510.
[113] So *Schons*, NJW 2005, 3089 ff., 3091, noch bezogen auf den nicht anrechenbaren Anteil der Geschäftsgebühr.
[114] *Enders*, RVG für Anfänger Rn 625.
[115] BeckRS 2007, 05213.
[116] Gerold/Schmidt-*Madert*, § 14 Rn 36; AnwK-RVG/*Rick*, § 14 Rn 87.
[117] *Enders*, RVG für Anfänger Rn 628 mwN, noch bezogen auf den nicht anrechenbaren Teil der Geschäftsgebühr vor der Entscheidung des BGH vom 7.3.2007 – s. oben § 4 Rn 70; aA *Schons*, NJW 2005, 1024 f., der die Einholung eines Gebührengutachtens auch in diesen Fällen für wünschenswert hält.

der Geschäftsgebühr bereits ohne Mehrkosten im Rechtsstreit über die Hauptforderung hätte geltend gemacht werden können.[118]

f) Sonderfragen

aa) Mehrere Verfahrensgebühren

Entstehen nach der außergerichtlichen Tätigkeit im gerichtlichen Verfahren mehrere Verfahrensgebühren, beispielsweise eine Verfahrensgebühr nach Nr. 3100 und eine Verfahrensgebühr nach Nr. 3101 VV, ist streitig, ob die Anrechnung der Geschäftsgebühr einheitlich auf die Summe der Verfahrensgebühren nach Nr. 3100 VV und Nr. 3101 VV zu erfolgen hat oder ob die außergerichtlich angefallene Geschäftsgebühr fiktiv auf die beiden entstandenen Verfahrensgebühren aufzuteilen und jeweils getrennt anzurechnen ist.

77

Beispiel:
Macht der Rechtsanwalt außergerichtlich zunächst eine Forderung in Höhe von 30.000 Euro geltend und zahlt der Gegner dann nach dem Scheitern der außergerichtlichen Bemühungen des Rechtsanwalts nach Erteilung des Prozessauftrags durch den Auftraggeber, aber vor Einreichung der Klage, einen Teilbetrag von 20.000 Euro, so dass im gerichtlichen Verfahren lediglich noch der Differenzbetrag von 10.000 Euro eingeklagt wird, ergeben sich folgende unterschiedlichen Berechnungsweisen:

Nach der einen Auffassung ist die konkret entstandene Geschäftsgebühr nach Nr. 2300 VV aus einem Streitwert von 30.000 Euro auf die Summe der im Rechtsstreit angefallenen Verfahrensgebühren anzurechnen.[119] Nach dieser Auffassung ist wie folgt zu rechnen: Außergerichtlich entstanden ist eine 1,3 Geschäftsgebühr nach Nr. 2300 VV iHv 985,40 Euro nebst Auslagenpauschale und Umsatzsteuer. Im gerichtlichen Verfahren ist angefallen eine 1,3 Verfahrensgebühr nach Nr. 3100 VV aus einem Streitwert von 10.000 Euro, ergibt 631,80 Euro, sowie zusätzlich eine Verfahrensgebühr nach Nr. 3101 VV iHv 0,8 aus einem Streitwert von 20.000 Euro, also insgesamt weitere 516, 80 Euro. Dies ergibt insgesamt 1.148,60 Euro, hierauf ist die Hälfte der aufgrund der außergerichtlichen Tätigkeit angefallenen Geschäftsgebühr nach Nr. 2300 VV anzurechnen, so dass also 985,40 Euro : 2 = 492,70 Euro, auf die Summe der Verfahrensgebühren anzurechnen ist. Es ergibt sich somit ein Betrag von 1.148,60 Euro – 492,70 Euro = 655,90 Euro. Dieser Betrag ist dann der Kontrollprüfung nach § 15 III RVG zu unterziehen.[120]

Nach anderer Auffassung[121] ist wie folgt zu rechnen:

1,3 Verfahrensgebühr nach Nr. 3100 aus einem Streitwert von 10.000 Euro	631,80 Euro
abzüglich hälftige Geschäftsgebühr aus einem Streitwert von 10.000 Euro, also 0,65 aus 10.000 Euro	-315,90 Euro
verbleiben	315,90 Euro

---

118 *Enders*, RVG für Anfänger Rn 631, noch bezogen auf den nicht anrechenbaren Anteil der Geschäftsgebühr vor der Entscheidung des BGH vom 7.3.2007 – vgl § 4 Rn 70.
119 *Enders*, RVG für Anfänger Rn 613 ff.
120 *Enders*, aaO.
121 *Schneider*, Fälle und Lösungen zum RVG, § 7 Beispiel 22, 134 f.

0,8 Verfahrensgebühr nach Nr. 3101 Nr. 1 VV aus einem Streitwert von 20.000 Euro	516,80 Euro
abzüglich gemäß Vorbemerkung 3 Absatz 4 VV hälftige Geschäftsgebühr aus einem Streitwert von 20.000 Euro, also 0,65 aus 20.000 Euro	-419,90 Euro
	96,90 Euro

Es verbleiben dann insgesamt 412,80 Euro an Verfahrensgebühren. Erst dann ist die Prüfung nach § 15 III RVG vorzunehmen.

78 Der zuerst genannten Auffassung gebührt der Vorzug. Denn im Rahmen der außergerichtlichen Tätigkeit ist eine einheitliche Geschäftsgebühr mit einem einheitlichen Gegenstandswert von 30.000 Euro entstanden, die zur Hälfte, maximal aber mit einem Satz von 0,75, nach Vorbemerkung 3 Absatz 4 VV auf die im Rechtsstreit angefallenen Verfahrensgebühren anzurechnen ist. Teilt man die außergerichtliche Geschäftsgebühr hingegen entsprechend der im Rechtsstreit entstehenden mehreren Verfahrensgebühren fiktiv auf, entstehen aufgrund Degressivität der Gebührentabelle insgesamt wesentlich geringere Gebühren.[122] Zu berücksichtigen ist ferner, dass lediglich eine Geschäftsgebühr nach Nr. 2300 VV aus einem Streitwert von 30.000 Euro angefallen ist und nicht zwei verschiedene Geschäftsgebühren aus Teilstreitwerten iHv 10.000 Euro und 20.000 Euro.[123]

bb) Anrechnung der Geschäftsgebühr und Prozesskostenhilfe

79 Führt der Anwalt zunächst eine außergerichtliche Tätigkeit für den Mandanten aus, die nach Nr. 2300 VV zu einer nach Vorbemerkung 3 Absatz 4 VV hälftig anrechenbaren Geschäftsgebühr führt, ist der anzurechnende Teil der Geschäftsgebühr dann, wenn dem Mandanten für die gerichtliche Tätigkeit Prozesskostenhilfe bewilligt wird, nach § 58 II RVG zunächst auf die Vergütung anzurechnen, für die ein Anspruch gegen die Staatskasse nur unter den Voraussetzungen des § 50 RVG besteht.[124]

Beispiel:

Der Anwalt wird auftragsgemäß außergerichtlich tätig zur Durchsetzung einer Forderung iHv 30.000 Euro. Die für die außergerichtliche Tätigkeit anfallenden Gebühren rechnet der Anwalt ab und diese werden vom Mandanten bezahlt. Nach Scheitern der außergerichtlichen Bemühungen wird der Anspruch gerichtlich geltend gemacht, dem Mandanten wird Prozesskostenhilfe ohne Ratenzahlungsbewilligung gewährt. Im Prozess fallen Verfahrens- und Terminsgebühr an.

Wenn die außergerichtliche Tätigkeit des Anwalts weder umfangreich noch schwierig war, ist auf der Basis der Regelgeschäftsgebühr wie folgt insoweit abzurechnen:

Gegenstandswert: 30.000 Euro	
Geschäftsgebühr VV Nr. 2300, 1,3	985,40 Euro
Auslagenpauschale VV Nr. 7002	20,00 Euro

---

122 *Enders*, RVG für Anfänger Rn 616.
123 Mayer/Kroiß-*Mayer*, Vorb. 3 Rn 78.
124 *Enders*, RVG für Anfänger Rn 618; *Enders*, JurBüro 2005, 281 ff.

Zwischensumme	1.005,40 Euro
19 % Umsatzsteuer VV Nr. 7008	191,03 Euro
Summe	1.196,43 Euro

Der nach Vorbemerkung 3 Absatz 4 anzurechnende Anteil
der Geschäftsgebühr beträgt 985,40 Euro : 2, also   492,70 Euro

Sodann sind die Wahlanwaltsgebühren des gerichtlichen Verfahrens zu ermitteln, wobei es sich empfiehlt, bei der Berechnung, inwieweit der anzurechnende Teil der Geschäftsgebühr auf die aus der Staatskasse zu zahlende Vergütung anzurechnen ist, von Nettobeträgen auszugehen.[125]

Gegenstandswert: 30.000 Euro	
Verfahrensgebühr VV Nr. 3100 1,3	985,40 Euro
Terminsgebühr VV Nr. 3104 1,2	909,60 Euro
Auslagenpauschale	20,00 Euro
Summe	1.915,00 Euro

Die Prozesskostenhilfevergütung berechnet sich wie folgt:

Gegenstandswert: 30.000 Euro	
Verfahrensgebühr §§ 2, 49 RVG iVm VV Nr. 3100 1,3	460,20 Euro
Terminsgebühr §§ 2, 49 RVG iVm VV Nr. 3104 1,2	424,80 Euro
Auslagenpauschale	20,00 Euro
Summe	905,00 Euro

Die Differenz zwischen der Prozesskostenhilfevergütung und der Wahlanwaltsvergütung beträgt 1.915,00 Euro – 905,00 Euro netto, also 1.010,00 Euro netto. Auf diese Differenz ist der Anteil der Geschäftsgebühr iHv 492,70 Euro anzurechnen. Da der anzurechnende Betrag geringer ist als die Differenz zwischen Prozesskostenhilfevergütung und Wahlanwaltsvergütung, kann der Anwalt die Prozesskostenhilfevergütung in ungeminderter Höhe aus der Staatskasse beanspruchen.

Abwandlung:

Wenn der Gegenstandswert nicht 30.000 Euro, sondern lediglich 4.000 Euro beträgt, ergibt sich folgende Berechnung:

Die Gebühren für die außergerichtliche Tätigkeit betragen:

Gegenstandswert: 4.000 Euro	
Geschäftsgebühr VV Nr. 2300, 1,3	318,50 Euro
Auslagenpauschale VV Nr. 7002	20,00 Euro
Zwischensumme	338,50 Euro
19 % Umsatzsteuer VV Nr. 7008	64,32 Euro
Summe	402,82 Euro

---

125 So *Enders*, JurBüro 2005, 341 f.; vgl auch *Enders*, JurBüro 2005, 281 ff.

Wenn der Mandant diesen Betrag bereits bezahlt hat, ist die Anrechnung auf die Prozesskostenhilfevergütung wie folgt vorzunehmen:

Die Wahlanwaltsvergütung beträgt:

Gegenstandswert: 4.000 Euro

Verfahrensgebühr VV Nr. 3100 1,3	318,50 Euro
Terminsgebühr VV Nr. 3104 1,2	294,00 Euro
Auslagenpauschale	20,00 Euro
Summe	632,50 Euro

Die Prozesskostenhilfevergütung berechnet sich wie folgt:

Gegenstandswert: 4.000 Euro

Verfahrensgebühr §§ 2, 49 RVG iVm VV Nr. 3100 1,3	265,20 Euro
Terminsgebühr §§ 2, 49 RVG iVm VV Nr. 3104 1,2	244,80 Euro
Auslagenpauschale	20,00 Euro
Summe	530,00 Euro

Die Differenz zwischen der Prozesskostenhilfevergütung und der Wahlanwaltsvergütung beträgt 632,50 Euro – 530,00 Euro netto, also 102,50 Euro netto. Auf diese Differenz ist der anzurechnende Anteil der Geschäftsgebühr, also 0,65 aus dem Wert von 4.000 Euro = 159,25 Euro anzurechnen. Es verbleibt noch ein Überschuss iHv 56,75 Euro (159,25 Euro – 102,50 Euro = 56,75 Euro). Dieser Nettobetrag ist auf die Prozesskostenhilfevergütung anzurechnen, so dass aus der Staatskasse lediglich 463,75 Euro netto (530 Euro – 56,75 Euro) zu erstatten sind, inklusive Umsatzsteuer ergibt sich somit ein Betrag von 563,17 Euro für die Prozesskostenhilfevergütung aus der Staatskasse.

7. Muster

a) Muster: Anrechnung der Regelgeschäftsgebühr von 1,3 nach VV Nr. 2300 auf das gerichtliche Verfahren, bei identischem Gegenstandswert, personeller und zeitlicher Zusammenhang gegeben

Frau/Herrn ▪▪▪

▪▪▪ (Straße)

▪▪▪ (PLZ, Ort)

Vergütungsabrechnung

    Rechnungsnummer ▪▪▪

    Leistungszeitraum ▪▪▪

    Steuer-Nr. oder Umsatzsteueridentnr. ▪▪▪

I. Außergerichtliche Tätigkeit

Geschäftsgebühr VV Nr. 2300, 1,3	985,40 Euro
(Gegenstandswert: 30.000 Euro)	
Auslagenpauschale VV Nr. 7002	20,00 Euro

Zwischensumme	1.005,40	Euro
19 % Umsatzsteuer, VV Nr. 7008	191,03	Euro
Summe	1.196,43	Euro
II. Gerichtliches Verfahren		
Verfahrensgebühr VV Nr. 3100, 1,3	985,40	Euro
(Gegenstandswert: 30.000 Euro)		
hiervon anzurechnen lt. Vorb. 3 Abs. 4 VV		
½ von 985,40 Euro	-492,70	Euro
Auslagenpauschale VV Nr. 7002	20,00	Euro
Zwischensumme	512,70	Euro
19 % Umsatzsteuer, VV Nr. 7008	97,41	Euro
Summe	610,11	Euro
III. Gesamtsumme aus I. und II.:	1.806,54	Euro

■■■

(Rechtsanwalt)

b) Muster: Anrechnung der Geschäftsgebühr nach VV Nr. 2300 in Höhe der Mittelgebühr von 1,5 auf das gerichtliche Verfahren, bei identischem Gegenstandswert, personeller und zeitlicher Zusammenhang gegeben

Frau/Herrn ■■■

■■■ (Straße)

■■■ (PLZ, Ort)

Vergütungsabrechnung

    Rechnungsnummer ■■■

    Leistungszeitraum ■■■

    Steuer-Nr. oder Umsatzsteuerident-Nr. ■■■

I. Außergerichtliche Tätigkeit		
Geschäftsgebühr VV Nr. 2300, 1,5	1.137,00	Euro
(Gegenstandswert: 30.000 Euro)		
Auslagenpauschale VV Nr. 7002	20,00	Euro
Zwischensumme	1.157,00	Euro
19 % Umsatzsteuer, VV Nr. 7008	219,83	Euro
Summe	1.376,83	Euro
II. Gerichtliches Verfahren		
Verfahrensgebühr VV Nr. 3100, 1,3	985,40	Euro
(Gegenstandswert: 30.000 Euro)		
hiervon anzurechnen lt. Vorb. 3 Abs. 4 VV		
½ von 1.137,00 Euro	-568,50	Euro
Auslagenpauschale VV Nr. 7002	20,00	Euro

§ 4 Allgemeine Bestimmungen für bürgerliche Rechtsstreitigkeiten

Zwischensumme	436,90 Euro
19 % Umsatzsteuer, VV Nr. 7008	83,01 Euro
Summe	519,91 Euro
III. Gesamtsumme aus I. und II.:	1.896,74 Euro

■■■

(Rechtsanwalt)

c) Muster: Anrechnung der Geschäftsgebühr nach VV Nr. 2300 mit einem Gebührensatz von 2,0 auf das gerichtliche Verfahren, bei identischem Gegenstandswert, personeller und zeitlicher Zusammenhang gegeben

Frau/Herrn ■■■

■■■ (Straße)

■■■ (PLZ, Ort)

Vergütungsabrechnung

    Rechnungsnummer ■■■

    Leistungszeitraum ■■■

    Steuer-Nr. oder Umsatzsteuerident-Nr. ■■■

I. Außergerichtliche Tätigkeit

Geschäftsgebühr VV Nr. 2300, 2,0	1.516,00 Euro
(Gegenstandswert: 30.000 Euro)	
Auslagenpauschale VV Nr. 7002	20,00 Euro
Zwischensumme	1.536,00 Euro
19 % Umsatzsteuer, VV Nr. 7008	291,84 Euro
Summe	1.827,84 Euro

II. Gerichtliches Verfahren

Verfahrensgebühr VV Nr. 3100, 1,3	985,40 Euro
(Gegenstandswert: 30.000 Euro)	
hiervon anzurechnen lt. Vorb. 3 Abs. 4 VV die Hälfte der bereits außergerichtlich entstandenen Geschäftsgebühr, begrenzt auf maximal 0,75	-568,50 Euro
Auslagenpauschale VV Nr. 7002	20,00 Euro
Zwischensumme	436,90 Euro
19 % Umsatzsteuer, VV Nr. 7008	83,01 Euro
Summe	519,91 Euro
III. Gesamtsumme aus I. und II.:	2.347,75 Euro

■■■

(Rechtsanwalt)

d) Muster: Anrechnung der Geschäftsgebühr nach VV Nr. 2300 mit einem Gebührensatz von 2,0 auf das gerichtliche Verfahren, bei identischem Gegenstandswert, personeller, nicht jedoch zeitlicher Zusammenhang gegeben

Sehr geehrte(r) Frau/Herr ▪▪▪,

83

117

nach Abschluss der Angelegenheit überlassen wir angeschlossen unsere Vergütungsabrechnung mit der höflichen Bitte um Vergütung.

Eine Anrechnung der außergerichtlich entstandenen Geschäftsgebühr war nicht vorzunehmen, da Sie uns zunächst im Februar 2006 mit der außergerichtlichen Geltendmachung Ihrer Forderung beauftragt hatten. Nach dem Scheitern der außergerichtlichen Bemühungen, Ihren Anspruch durchzusetzen, im Juni 2006, zögerten Sie zunächst bis Mitte Januar 2007, bevor uns Klagauftrag erteilt wurde. Aufgrund dieser zeitlichen Abfolge ist eine hälftige Anrechnung der vorgerichtlich entstandenen Geschäftsgebühr auf die Verfahrensgebühr nicht vorzunehmen.

Mit freundlichen Grüßen

▪▪▪

(Rechtsanwalt)

Frau/Herrn ▪▪▪

▪▪▪ (Straße)

▪▪▪ (PLZ, Ort)

Vergütungsabrechnung

    Rechnungsnummer ▪▪▪

    Leistungszeitraum ▪▪▪

    Steuer-Nr. oder Umsatzsteuerident-Nr. ▪▪▪

I. Außergerichtliche Tätigkeit

Geschäftsgebühr VV Nr. 2300, 1,3	985,40 Euro
(Gegenstandswert: 30.000 Euro)	
Auslagenpauschale VV Nr. 7002	20,00 Euro
Zwischensumme	1.005,40 Euro
19 % Umsatzsteuer, VV Nr. 7008	191,03 Euro
Summe	1.196,43 Euro

II. Gerichtliches Verfahren

Verfahrensgebühr VV Nr. 3100, 1,3	985,40 Euro
(Gegenstandswert: 30.000 Euro)	
Auslagenpauschale VV Nr. 7002	20,00 Euro
Zwischensumme	1.005,40 Euro
19 % Umsatzsteuer, VV Nr. 7008	191,03 Euro
Summe	1.196,43 Euro
III. Gesamtsumme aus I. und II.:	2.392,86 Euro

▪▪▪

(Rechtsanwalt)

e) **Muster: Anrechnung der Geschäftsgebühr nach VV Nr. 2300 mit einem Gebührensatz von 2,0 auf die Verfahrensgebühr, die aufgrund vorzeitiger Beendigung des Auftrags nur in beschränkter Höhe entsteht**

Frau/Herrn ▪▪▪
▪▪▪ (Straße)
▪▪▪ (PLZ, Ort)

Vergütungsabrechnung

    Rechnungsnummer ▪▪▪
    Leistungszeitraum ▪▪▪
    Steuer-Nr. oder Umsatzsteuerident-Nr. ▪▪▪

I. Außergerichtliche Tätigkeit

Geschäftsgebühr VV Nr. 2300, 2,0	1.516,00 Euro
(Gegenstandswert: 30.000 Euro)	
Auslagenpauschale VV Nr. 7002	20,00 Euro
Zwischensumme	1.536,00 Euro
19 % Umsatzsteuer, VV Nr. 7008	291,84 Euro
Summe	1.827,84 Euro

II. Gerichtliches Verfahren

Verfahrensgebühr VV Nr. 3101 Nr. 1, 0,8	606,40 Euro
(Gegenstandswert: 30.000 Euro)	
hiervon anzurechnen lt. Vorb. 3 Abs. 4 VV	
$^1\!/_2$ von 1.137,00 Euro	-568,50 Euro
Auslagenpauschale VV Nr. 7002	20,00 Euro[126]
Zwischensumme	57,90 Euro
19 % Umsatzsteuer, VV Nr. 7008	11,00 Euro
Summe	68,90 Euro
III. Gesamtsumme aus I. und II.:	1.896,74 Euro

▪▪▪

(Rechtsanwalt)

f) **Muster: Anrechnung der Geschäftsgebühr nach VV Nr. 2300 in Höhe der Mittelgebühr von 1,5 auf die Verfahrensgebühr, die aufgrund vorzeitiger Beendigung des Auftrags nur in beschränkter Höhe entsteht**

Frau/Herrn ▪▪▪
▪▪▪ (Straße)
▪▪▪ (PLZ, Ort)

Vergütungsabrechnung

    Rechnungsnummer ▪▪▪

---

[126] Die Höhe der Auslagenpauschale ist aus der Verfahrensgebühr vor der Anrechnung zu bestimmen, s. hierzu näher oben § 4 Rn 66 und das Berechnungsbeispiel bei *Hansens*/Braun/Schneider, Teil 8 Rn 133.

B. Inhalt 4

Leistungszeitraum ▪▪▪
Steuer-Nr. oder Umsatzsteuerident-Nr. ▪▪▪

I. Außergerichtliche Tätigkeit

Geschäftsgebühr VV Nr. 2300, 1,5	1.137,00 Euro
(Gegenstandswert: 30.000 Euro)	
Auslagenpauschale VV Nr. 7002	20,00 Euro
Zwischensumme	1.157,00 Euro
19 % Umsatzsteuer, VV Nr. 7008	219,83 Euro
Summe	1.376,83 Euro

II. Gerichtliches Verfahren

Verfahrensgebühr VV Nr. 3101 Nr. 1, 0,8	606,40 Euro
(Gegenstandswert: 30.000 Euro)	
hiervon anzurechnen lt. Vorb. 3 Abs. 4 VV	
½ von 1.137,00 Euro	-568,50 Euro
Auslagenpauschale VV Nr. 7002	20,00 Euro[127]
Zwischensumme	57,90 Euro
19 % Umsatzsteuer, VV Nr. 7008	11,00 Euro
Summe	68,90 Euro
III. Gesamtsumme aus I. und II.:	1.445,73 Euro

▪▪▪

(Rechtsanwalt)

g) Muster: Anrechnung der Regelgeschäftsgebühr von 1,3 nach VV Nr. 2300 auf die Verfahrensgebühr des anschließenden Mahnverfahrens

Frau/Herrn ▪▪▪
▪▪▪ (Straße)
▪▪▪ (PLZ, Ort)

Vergütungsabrechnung

Rechnungsnummer ▪▪▪
Leistungszeitraum ▪▪▪
Steuer-Nr. oder Umsatzsteuerident-Nr. ▪▪▪

I. Außergerichtliche Tätigkeit

Geschäftsgebühr VV Nr. 2300, 1,3	84,50 Euro
(Gegenstandswert: 900,00 Euro)	
Auslagenpauschale VV Nr. 7002	16,90 Euro
Zwischensumme	101,40 Euro
19 % Umsatzsteuer, VV Nr. 7008	19,27 Euro

---

127 Die Höhe der Auslagenpauschale ist aus der Verfahrensgebühr vor der Anrechnung zu bestimmen, s. hierzu näher oben § 4 Rn 66 und das Berechnungsbeispiel bei *Hansens*/Braun/Schneider, Teil 8 Rn 133.

§ 4 Allgemeine Bestimmungen für bürgerliche Rechtsstreitigkeiten

Summe	120,67 Euro
II. Gerichtliches Mahnverfahren	
Verfahrensgebühr VV Nr. 3305, 1,0	65,00 Euro
(Gegenstandswert: 900,00 Euro)	
hiervon anzurechnen lt. Vorb. 3 Abs. 4 VV	
1/2 von 84,50 Euro	-42,25 Euro
Auslagenpauschale VV Nr. 7002	13,00 Euro[128]
Zwischensumme	35,75 Euro
19 % Umsatzsteuer, VV Nr. 7008	6,79 Euro
Summe	42,54 Euro
III. Gesamtsumme aus I. und II.:	163,21 Euro

▪▪▪

(Rechtsanwalt)

h) Muster: Anrechnung der Regelgeschäftsgebühr von 1,3 nach VV Nr. 2300 auf die Verfahrensgebühr, die jedoch niedriger ist als die hälftige anzurechnende Geschäftsgebühr[129]

Frau/Herrn ▪▪▪

▪▪▪ (Straße)

▪▪▪ (PLZ, Ort)

Vergütungsabrechnung

    Rechnungsnummer ▪▪▪

    Leistungszeitraum ▪▪▪

    Steuer-Nr. oder Umsatzsteuerident-Nr. ▪▪▪

I. Außergerichtliche Tätigkeit	
Geschäftsgebühr VV Nr. 2300, 1,3	631,80 Euro
(Gegenstandswert: 10.000 Euro)	
Auslagenpauschale VV Nr. 7002	20,00 Euro
Zwischensumme	651,80 Euro
19 % Umsatzsteuer, VV Nr. 7008	123,84 Euro
Summe	775,64 Euro
II. Zwangsvollstreckung	
Verfahrensgebühr VV Nr. 3309, 0,3	145,80 Euro
(Gegenstandswert: 10.000 Euro)	

---

[128] Die Höhe der Auslagenpauschale ist aus der Verfahrensgebühr vor der Anrechnung zu bestimmen, s. hierzu näher oben § 4 Rn 66 und das Berechnungsbeispiel bei *Hansens*/Braun/Schneider, Teil 8 Rn 133.

[129] Vgl das Beispiel nach *Hansens*/Braun/Schneider, Teil 8 Rn 134, wonach eine solche Konstellation entstehen kann, wenn aufgrund eines vom Auftraggeber erwirkten Vollstreckungstitels der Rechtsanwalt zunächst außergerichtliche Verhandlungen über die freiwillige Zahlung des titulierten Anspruchs führt und nach deren Scheitern mit der Zwangsvollstreckung beauftragt wird.

hiervon anzurechnen lt. Vorb. 3 Abs. 4 VV	
1/2 von 631,80 Euro, allerdings höchstens	-145,80 Euro[130]
Auslagenpauschale VV Nr. 7002	20,00 Euro[131]
Zwischensumme	20,00 Euro
19 % Umsatzsteuer, VV Nr. 7008	3,80 Euro
Summe	23,80 Euro
III. Gesamtsumme aus I. und II.:	799,44 Euro

■■■

(Rechtsanwalt)

i) Muster: Anrechnung der Regelgeschäftsgebühr von 1,3 nach VV Nr. 2300 auf das gerichtliche Verfahren, der Gegenstandswert der Verfahrensgebühr ist höher als der Gegenstandswert der außergerichtlichen Tätigkeit

Frau/Herrn ■■■

■■■ (Straße)

■■■ (PLZ, Ort)

Vergütungsabrechnung

  Rechnungsnummer ■■■

  Leistungszeitraum ■■■

  Steuer-Nr. oder Umsatzsteuerident-Nr. ■■■

I. Außergerichtliche Tätigkeit	
Geschäftsgebühr VV Nr. 2300, 1,3	985,40 Euro
(Gegenstandswert: 30.000 Euro)	
Auslagenpauschale VV Nr. 7002	20,00 Euro
Zwischensumme	1.005,40 Euro
19 % Umsatzsteuer, VV Nr. 7008	191,03 Euro
Summe	1.196,43 Euro
II. Gerichtliches Verfahren	
Verfahrensgebühr VV Nr. 3100, 1,3	1.172,60 Euro
(Gegenstandswert: 40.000 Euro)	
hiervon anzurechnen lt. Vorb. 3 Abs. 4 VV	
1/2 von 985,40 Euro	-492,70 Euro
Auslagenpauschale VV Nr. 7002	20,00 Euro
Zwischensumme	699,90 Euro
19 % Umsatzsteuer, VV Nr. 7008	132,98 Euro

---

[130] Nach *Hansens*/Braun/Schneider, Teil 8 Rn 144 kann die Geschäftsgebühr höchstens bis zu dem Betrag der Verfahrensgebühr für das gerichtliche Verfahren angerechnet werden; ist die Verfahrensgebühr geringer als der Anrechnungsbetrag, kommt eine weitergehende Anrechnung der Geschäftsgebühr nicht in Betracht, da Vorbemerkung 3 Absatz 4 Satz 1 VV lediglich die Anrechnung auf die Verfahrensgebühr anordnet.

[131] Die Höhe der Auslagenpauschale ist aus der Verfahrensgebühr vor der Anrechnung zu bestimmen, s. hierzu näher oben § 4 Rn 66 und das Berechnungsbeispiel bei *Hansens*/Braun/Schneider, Teil 8 Rn 133.

§ 4 Allgemeine Bestimmungen für bürgerliche Rechtsstreitigkeiten

Summe	832,88 Euro
III. Gesamtsumme aus I. und II.:	2.029,31 Euro

■■■
(Rechtsanwalt)

j) Muster: Anrechnung der Regelgeschäftsgebühr von 1,3 nach VV Nr. 2300 auf das gerichtliche Verfahren, der Gegenstandswert der Verfahrensgebühr ist niedriger als der Gegenstandswert der außergerichtlichen Tätigkeit

Frau/Herrn ■■■

■■■ (Straße)

■■■ (PLZ, Ort)

Vergütungsabrechnung

    Rechnungsnummer ■■■

    Leistungszeitraum ■■■

    Steuer-Nr. oder Umsatzsteuerident-Nr. ■■■

I. Außergerichtliche Tätigkeit

Geschäftsgebühr VV Nr. 2300, 1,3	985,40 Euro
(Gegenstandswert: 30.000 Euro)	
Auslagenpauschale VV Nr. 7002	20,00 Euro
Zwischensumme	1.005,40 Euro
19 % Umsatzsteuer, VV Nr. 7008	191,03 Euro
Summe	1.196,43 Euro

II. Gerichtliches Verfahren

Verfahrensgebühr VV Nr. 3100, 1,3	839,80 Euro
(Gegenstandswert: 20.000 Euro)	
hiervon anzurechnen lt. Vorb. 3 Abs. 4 VV	
½ von 839,80 Euro	-419,90 Euro
Auslagenpauschale VV Nr. 7002	20,00 Euro
Zwischensumme	439,90 Euro
19 % Umsatzsteuer, VV Nr. 7008	83,58 Euro
Summe	523,48 Euro
III. Gesamtsumme aus I. und II.:	1.719,91 Euro

■■■
(Rechtsanwalt)

k) Muster: Anrechnung der Geschäftsgebühr von 1,5 nach VV Nr. 2300 auf das gerichtliche Verfahren, bei mehreren Auftraggebern, identischem Gegenstandswert, personeller und zeitlicher Zusammenhang gegeben

Frau/Herrn ■■■

■■■ (Straße)

▬▬▬ (PLZ, Ort)

Vergütungsabrechnung

    Rechnungsnummer ▬▬▬

    Leistungszeitraum ▬▬▬

    Steuer-Nr. oder Umsatzsteuerident-Nr. ▬▬▬

I. Außergerichtliche Tätigkeit

Geschäftsgebühr VV Nr. 2300, 1,5	1137,00 Euro
(Gegenstandswert: 30.000 Euro)	
Erhöhungsgebühr VV Nr. 1008, 0,3	227,40 Euro
(Gegenstandswert: 30.000 Euro)	
Auslagenpauschale VV Nr. 7002	20,00 Euro
Zwischensumme	1.384,40 Euro
19 % Umsatzsteuer, VV Nr. 7008	263,04 Euro
Summe	1.647,44 Euro

II. Gerichtliches Verfahren

Verfahrensgebühr VV Nr. 3100, 1,3	985,40 Euro
(Gegenstandswert: 30.000 Euro)	
Erhöhungsgebühr VV Nr. 1008, 0,3	227,40 Euro
(Gegenstandswert: 30.000 Euro)	
hiervon anzurechnen lt. Vorb. 3 Abs. 4 VV	
$1/2$ von 985,40 Euro	-568,50 Euro
Auslagenpauschale VV Nr. 7002	20,00 Euro
Zwischensumme	664,30 Euro
19 % Umsatzsteuer, VV Nr. 7008	126,22 Euro
Summe	790,52 Euro
III. Gesamtsumme aus I. und II.:	2.437,96 Euro

▬▬▬

(Rechtsanwalt)

l) Muster: Anrechnung der Geschäftsgebühr nach VV Nr. 2300 in Höhe der Mittelgebühr von 1,5 auf das gerichtliche Verfahren, bei 8 Auftraggebern, identischem Gegenstandswert, personeller und zeitlicher Zusammenhang gegeben

Frau/Herrn ▬▬▬

▬▬▬ (Straße)

▬▬▬ (PLZ, Ort)

Vergütungsabrechnung

    Rechnungsnummer ▬▬▬

    Leistungszeitraum ▬▬▬

    Steuer-Nr. oder Umsatzsteuerident-Nr. ▬▬▬

§ 4 Allgemeine Bestimmungen für bürgerliche Rechtsstreitigkeiten

I. Außergerichtliche Tätigkeit	
Geschäftsgebühr VV Nr. 2300, 1,5	1.137,00 Euro
(Gegenstandswert: 30.000 Euro)	
Erhöhungsgebühr VV Nr. 1008, 2,0	1.516,00 Euro
(Gegenstandswert: 30.000 Euro)	
Auslagenpauschale VV Nr. 7002	20,00 Euro
Zwischensumme	2.673,00 Euro
19 % Umsatzsteuer, VV Nr. 7008	507,87 Euro
Summe	3.180,87 Euro
II. Gerichtliches Verfahren	
Verfahrensgebühr VV Nr. 3100, 1,3	985,40 Euro
(Gegenstandswert: 30.000 Euro)	
Erhöhungsgebühr VV Nr. 1008, 2,0	1.516,00 Euro
(Gegenstandswert: 30.000 Euro)	
hiervon anzurechnen lt. Vorb. 3 Abs. 4 VV	
½ von 1.137,00 Euro	-568,50 Euro
Auslagenpauschale VV Nr. 7002	20,00 Euro
Zwischensumme	1.952,90 Euro
19 % Umsatzsteuer, VV Nr. 7008	371,05 Euro
Summe	2.323,95 Euro
III. Gesamtsumme aus I. und II.:	5.504,82 Euro

■■■

(Rechtsanwalt)

m) Muster: Anrechnung der Geschäftsgebühr auf das gerichtliche Verfahren, wenn mehrere Geschäftsgebühren entstanden sind, der Umfang der Tätigkeit nicht umfangreich oder schwierig war, bei identischem Gegenstandswert, personeller und zeitlicher Zusammenhang gegeben

Frau/Herrn ■■■

■■■ (Straße)

■■■ (PLZ, Ort)

Vergütungsabrechnung

    Rechnungsnummer ■■■

    Leistungszeitraum ■■■

    Steuer-Nr. oder Umsatzsteuerident-Nr. ■■■

I. Verwaltungsverfahren

Geschäftsgebühr VV Nr. 2300, 1,3	391,30 Euro
(Gegenstandswert: Auffangstreitwert nach § 52 II GKG: 5.000 Euro)	
Auslagenpauschale VV Nr. 7002	20,00 Euro

Zwischensumme	411,30	Euro
19 % Umsatzsteuer, VV Nr. 7008	78,15	Euro
Summe	489,45	Euro
II. Nachprüfungsverfahren		
Geschäftsgebühr VV Nr. 2301, 0,7	210,70	Euro
(Gegenstandswert: Auffangstreitwert nach § 52 II GKG: 5.000 Euro)		
Auslagenpauschale VV Nr. 7002	20,00	Euro
Zwischensumme	230,70	Euro
19 % Umsatzsteuer, VV Nr. 7008	43,83	Euro
Summe	274,53	Euro
III. Gerichtliches Verfahren		
Verfahrensgebühr VV Nr. 3100, 1,3	391,30	Euro
(Gegenstandswert: Auffangstreitwert nach § 52 II GKG: 5.000 Euro)		
hierauf anzurechnen lt. Vorb. 3 Abs. 4 S. 1, 2 VV		
½ von 210,70 Euro	-105,35	Euro
Auslagenpauschale VV Nr. 7002	20,00	Euro
Zwischensumme	305,95	Euro
19 % Umsatzsteuer, VV Nr. 7008	58,13	Euro
Summe	364,08	Euro
IV. Gesamtsumme aus I. – III.:	1.128,06	Euro

■■■

(Rechtsanwalt)

n) Muster: Anrechnung der Geschäftsgebühren nach VV Nrn. 2300 und 2303 Nr. 2 auf das gerichtliche Verfahren, bei identischem Gegenstandswert, personeller und zeitlicher Zusammenhang gegeben[132]

Frau/Herrn ■■■

■■■ (Straße)

■■■ (PLZ, Ort)

Vergütungsabrechnung

    Rechnungsnummer ■■■

    Leistungszeitraum ■■■

    Steuer-Nr. oder Umsatzsteuerident-Nr. ■■■

I. Außergerichtliche Tätigkeit

Geschäftsgebühr VV Nr. 2300, 1,3	110,50	Euro
(Gegenstandswert: 1.200 Euro)		
Auslagenpauschale VV Nr. 7002	20,00	Euro
Zwischensumme	130,50	Euro

---

[132] S. hierzu näher *Hergenröder*, AGS 2007, 161 ff.

19 % Umsatzsteuer, VV Nr. 7008	24,80 Euro
Summe	155,30 Euro
II. Verfahren vor dem Ausschuss iS von § 111 II ArbGG	
Geschäftsgebühr VV Nr. 2303, 1,5	127,50 Euro
(Gegenstandswert: 1.200 Euro)	
hierauf anzurechnen lt. Anm. zu VV Nr. 2303 ½ von 110,50 Euro	-55,25 Euro
Auslagenpauschale VV Nr. 7002	20,00 Euro[133]
Zwischensumme	92,25 Euro
19 % Umsatzsteuer, VV Nr. 7008	17,53 Euro
Summe	109,78 Euro
III. Gerichtliches Verfahren	
Verfahrensgebühr VV Nr. 3100, 1,3	110,50 Euro
(Gegenstandswert: 1.200 Euro)	
hierauf anzurechnen lt. Vorb. 3 Abs. 4 VV ½ von 127,50 Euro	-63,75 Euro
Auslagenpauschale VV Nr. 7002	20,00 Euro[134]
Zwischensumme	66,75 Euro
19 % Umsatzsteuer, VV Nr. 7008	12,68 Euro
Summe	79,43 Euro
IV. Gesamtsumme aus I., II. und III.:	344,51 Euro

▪▪▪

(Rechtsanwalt)

o) Muster: Anrechnung, wenn die Geschäftsgebühr erst nach der Verfahrensgebühr entsteht (Verhandlungen vor Gericht zur Einigung über in einem Verfahren nicht rechtshängige Ansprüche führen erst nach deren Scheitern und Beendigung des Verfahrens zum Auftrag einer Geschäftstätigkeit)[135]

Frau/Herrn ▪▪▪

▪▪▪ (Straße)

▪▪▪ (PLZ, Ort)

Vergütungsabrechnung

    Rechnungsnummer ▪▪▪

    Leistungszeitraum ▪▪▪

---

133 Die Höhe der Auslagenpauschale ist aus der Verfahrensgebühr vor der Anrechnung zu bestimmen, s. hierzu näher oben § 4 Rn 66 und das Berechnungsbeispiel bei *Hansens*/Braun/Schneider, Teil 8 Rn 133.

134 Die Höhe der Auslagenpauschale ist aus der Verfahrensgebühr vor der Anrechnung zu bestimmen, s. hierzu näher oben § 4 Rn 66 und das Berechnungsbeispiel bei *Hansens*/Braun/Schneider, Teil 8 Rn 133.

135 Beachte in diesem Zusammenhang aber auch BGH, BeckRS 2007, 06510 mit Anm. *Mayer*, FD-RVG 2007, 221833, wonach die Anrechnung der Geschäftsgebühr nach Vorbemerkung 3 Absatz 4 VV nicht die bereits entstandene Geschäftsgebühr, sondern die Verfahrensgebühr mindert; da in der vorliegenden Konstellation jedoch die Verfahrensgebühr vor der Geschäftsgebühr entstanden ist, ist die Berücksichtigung des Anrechnungsbetrags bei der später anfallenden Geschäftsgebühr nicht zu beanstanden.

B. Inhalt 4

Steuer-Nr. oder Umsatzsteuerident-Nr. ▪▪▪

I. gerichtliches Verfahren

Verfahrensgebühr VV Nr. 3100, 1,3	839,80 Euro
(Gegenstandswert: 20.000 Euro)	
Verfahrensgebühr VV Nr. 3101 Nr. 2, 0,8	
(Gegenstandswert: 10.000 Euro)	
gekappt gemäß § 15 III RVG auf	145,60 Euro
Terminsgebühr VV Nr. 3104, 1,2	909,60 Euro
(Gegenstandswert: 30.000 Euro)	
Auslagenpauschale VV Nr. 7002	20,00 Euro
Zwischensumme	1.915,00 Euro
19 % Umsatzsteuer, VV Nr. 7008	363,85 Euro
Summe	2.278,85 Euro

II. Geschäftstätigkeit

Geschäftsgebühr VV Nr. 2300, 1,3	631,80 Euro
(Gegenstandswert: 10.000)	
hierauf anzurechnen lt. Anm. zu VV Nr. 2300	-145,60 Euro[136]
Auslagenpauschale VV Nr. 7002	20,00 Euro
Zwischensumme	506,20 Euro
19 % Umsatzsteuer, VV Nr. 7008	96,18 Euro
Summe	602,38 Euro
III. Gesamtsumme aus I. und II.:	2.881,23 Euro

▪▪▪

(Rechtsanwalt)

V. Anrechnung bei selbstständigem Beweisverfahren (Absatz 5 der Vorbemerkung 3 VV)

1. Allgemeines

Eine **besondere Anrechnungsvorschrift** für die im selbstständigen Beweisverfahren entstandene Verfahrensgebühr auf die in dem Rechtszug entstehende Verfahrensgebühr ist deshalb erforderlich geworden, weil das selbstständige Beweisverfahren in § 19 RVG nicht mehr genannt ist und somit immer eine selbstständige Angelegenheit darstellt. Der Gesetzgeber hoffte mit dieser Maßnahme, den durch die streitschlichtende Wirkung eines selbstständigen Beweisverfahrens für die Gerichte gegebenen Entlastungseffekt zu stärken, zumal auch dann, wenn eine mündliche Verhandlung, ein sonstiger Termin oder eine auf die Erledigung des Verfahrens gerichtete Bespre-

95

---

[136] Nach *Hansens*/Braun/Schneider, Teil 8 Rn 134 kann die Geschäftsgebühr höchstens bis zu dem Betrag der Verfahrensgebühr für das gerichtliche Verfahren angerechnet werden; ist die Verfahrensgebühr niedriger als der Anrechnungsbetrag, kommt eine weitergehende Anrechnung der Geschäftsgebühr nicht in Betracht, da Vorbemerkung 3 Absatz 4 Satz 1 VV lediglich die Anrechnung auf die Verfahrensgebühr anordnet. Diese Begrenzung der Anrechnungshöhe muss auch dann gelten, wenn die Geschäftsgebühr nach der Verfahrensgebühr entsteht.

chung ohne Beteiligung des Gerichts stattfindet, der Rechtsanwalt die Terminsgebühr nach Nr. 3104 VV auch im selbstständigen Beweisverfahren erhalten kann.[137]

2. Voraussetzungen

96 Nach Absatz 5 der Vorbemerkung 3 wird die Verfahrensgebühr eines selbstständigen Beweisverfahrens, soweit der Gegenstand des selbstständigen Beweisverfahrens auch Gegenstand des Rechtsstreits ist oder wird, auf die Verfahrensgebühr des Rechtszugs angerechnet. Auch sachlich ist die Anrechnungsvorschrift gerechtfertigt, denn die für einen Antrag auf Durchführung eines selbstständigen Beweisverfahrens erforderlichen Vorarbeiten erleichtern die bei Durchführung eines gerichtlichen Verfahrens anfallenden Tätigkeiten.

97 Eine Anrechnung der im selbstständigen Beweisverfahren angefallenen Verfahrensgebühr auf die im Hauptverfahren entstehende Verfahrensgebühr setzt in jedem Fall voraus, dass **derselbe Rechtsanwalt** für die Partei sowohl im selbstständigen Beweisverfahren als auch im Hauptsacheverfahren tätig wird, wobei die Tätigkeit als Verkehrsanwalt genügt.[138]

98 **Strittig** ist, ob die Anrechnung nach Vorbemerkung 3 Absatz 5 VV die Identität der Parteien des selbstständigen Beweisverfahrens und des Rechtsstreits erfordert. Nach zutreffender Auffassung ist Voraussetzung für die Anrechnung der im selbstständigen Beweisverfahren entstandenen Verfahrensgebühr auf die im Hauptsacheverfahren anfallende Verfahrensgebühr, dass der Prozessbevollmächtigte für die gleiche Partei sowohl im selbstständigen Beweisverfahren als auch im nachfolgenden oder parallel laufenden Rechtsstreit tätig war und zumindest in der Regel der Gegner auch am selbstständigen Beweisverfahren beteiligt gewesen ist.[139] Die Anrechnung der Verfahrensgebühr des selbstständigen Beweisverfahrens setzt voraus, dass das Ergebnis des Beweisverfahrens gemäß § 493 I ZPO benutzt werden kann, dh, dass es ohne Weiteres einer Beweisaufnahme vor dem Prozessgericht gleichsteht, wenn sich eine Partei auf eine Tatsache beruft, über die selbstständig Beweis erhoben wurde.[140] Eine Ausnahme hiervon dürfte dann zu machen sein, wenn der Gegner des selbstständigen Beweisverfahrens deshalb nicht mehr Partei des Hauptprozesses ist, weil er die klagegegenständliche Forderung nach Durchführung des selbstständigen Beweisverfahrens abgetreten hat, weil im Prozess an die Stelle der am selbstständigen Beweisverfahren beteiligten Berechtigten ein Dritter in gewillkürter Prozessstandschaft oder an die Stelle des Gemeinschuldners der Insolvenzverwalter tritt.[141] Nach anderer Auffassung jedoch erfordert Vorbemerkung 3 Absatz 5 VV nicht auch eine Identität der Parteien des selbstständigen Beweisverfahrens und des Rechtsstreits.[142] Eine Anrechnung der im selbstständigen Beweisverfahren angefallenen Verfahrensgebühr erfolgt auch dann, wenn in diesem Verfahren zB durch eine Streitverkündung eine weitere Partei in das Verfahren einbezogen wurde, die im nachfolgenden Hauptsacheprozess nicht mehr

---

137 BT-Drucks. 15/1971, S. 193.
138 Riedel/Sußbauer-*Keller*, VV Teil 3 Vorb. 3 Rn 73.
139 Riedel/Sußbauer-*Keller*, VV Teil 3 Vorb. 3 Rn 74; *Enders*, RVG für Anfänger Rn 1186.
140 Riedel/Sußbauer-*Keller*, VV Teil 3 Vorb. 3 Rn 74.
141 Riedel/Sußbauer-*Keller*, VV Teil 3 Vorb. 3 Rn 74.
142 *Hansens*/Braun/Schneider, Teil 8 Rn 449.

beteiligt war.[143] Anders ist es aber für den Prozessbevollmächtigten, der im selbstständigen Beweisverfahren für den Streitverkündeten tätig war und diesen auch im nachfolgenden Hauptsacheprozess vertritt; da der Streitverkündete weder Partei noch Verfahrensbeteiligter des selbstständigen Beweisverfahrens ist, findet die Anrechnungsvorschrift keine Anwendung. Das selbstständige Beweisverfahren und das Klageverfahren sind gebührenrechtlich zwei selbstständige Angelegenheiten.[144]

Die Verfahrensgebühr des selbstständigen Beweisverfahrens ist nur insoweit auf die Verfahrensgebühr des Hauptverfahrens anzurechnen, als der Gegenstand des selbstständigen Beweisverfahrens auch Gegenstand des Rechtsstreits ist; ist nur ein Teil des Gegenstands des selbstständigen Beweisverfahrens Gegenstand des Hauptsacheverfahrens, wird die Verfahrensgebühr des selbstständigen Beweisverfahrens nur in Höhe des Teilstreitwerts, der im Hauptsacheverfahren weiterverfolgt wird, auf die Verfahrensgebühr im Hauptsacheverfahren angerechnet.[145]

Eine Anrechnung der Verfahrensgebühr aus dem selbstständigen Beweisverfahren unterbleibt, wenn zwischen der Beendigung des selbstständigen Beweisverfahrens und dem Beginn des Hauptsacherechtsstreits **mehr als 2 Kalenderjahre** verstrichen sind, § 15 V 2 RVG.[146]

Anzurechnen ist nur die im selbstständigen Beweisverfahren entstandene Verfahrensgebühr, nicht aber eine im selbstständigen Beweisverfahren anfallende **Terminsgebühr** nach VV Nr. 3104.[147] Im selbstständigen Beweisverfahren kann die 1,2 Terminsgebühr für die Vertretung in einem Erörterungstermin gemäß § 492 III ZPO, bei Vertretung in einem Beweisaufnahmetermin, bei Wahrnehmung eines von dem gerichtlich bestellten Sachverständigen anberaumten Termins sowie bei der Mitwirkung an auf die Vermeidung oder Erledigung des Verfahrens gerichteten Besprechungen auch ohne Beteiligung des Gerichts, mit Ausnahme von Besprechungen mit dem Auftraggeber, entstehen.[148]

3. Anrechnung bei vorausgegangener Vertretungstätigkeit

Ist dem selbstständigen Beweisverfahren und dem Hauptsacheverfahren noch eine außergerichtliche Vertretungstätigkeit desselben Anwalts vorausgegangen, wird vertreten, dass nach Vorbemerkung 3 Absatz 4 die Geschäftsgebühr zur Hälfte, höchstens jedoch mit dem Satz von 0,75, auf die Verfahrensgebühr des Beweisverfahrens anzurechnen ist und die Verfahrensgebühr des Beweisverfahrens wiederum nach Vorbemerkung 3 Absatz 5 auf die Verfahrensgebühr des Hauptsacheverfahrens.[149] Diese Auffassung ist jedoch zu pauschal. Es ist nämlich zu berücksichtigen, dass nach dem RVG das selbstständige Beweisverfahren und das Hauptsacheverfahren zwei selbstständige Angelegenheiten sind. Deshalb muss **danach differenziert** werden, ob sich die außergerichtliche Vertretungstätigkeit auf das selbstständige Beweisverfahren bezieht,

---

143 AnwK-RVG/*Onderka*, VV Vorb. 3 Rn 217.
144 AnwK-RVG/*Onderka*, VV Vorb. 3 Rn 218.
145 BGH, BeckRS 2007, 08435.
146 AnwK-RVG/*Onderka*, VV Vorb. 3 Rn 219. Vgl auch *Hansens*/Braun/Schneider, Teil 8 Rn 453.
147 AnwK-RVG/*Onderka*, VV Vorb. 3 Rn 214.
148 *Hansens*/Braun/Schneider, Teil 8 Rn 454; Bischof/*Bischof*, Vorb. 3 VV Rn 125 ff.
149 *Schneider*, Fälle und Lösungen zum RVG, § 11, Beispiel 10, S. 180; Bischof/*Bischof*, Vorb. 3 VV Rn 128.

dann ist die insoweit angefallene Geschäftsgebühr nach Vorbemerkung 3 Absatz 4 auf die Verfahrensgebühr im selbstständigen Beweisverfahren anzurechnen, oder auf das spätere Hauptsacheverfahren; in einem solchen Fall ist die außergerichtlich angefallene Geschäftsgebühr auf die Verfahrensgebühr des Hauptsacheverfahrens anzurechnen. Die Anrechnung der Geschäftsgebühr nach Vorbemerkung 3 Absatz 4 auf die Verfahrensgebühr im Hauptsacheverfahren und die Anrechnung der Verfahrensgebühr des selbstständigen Beweisverfahrens ebenfalls auf die Verfahrensgebühr des Hauptsacheverfahrens nach Vorbemerkung 3 Absatz 5 VV können dazu führen, dass letztlich die Anrechnung der Geschäftsgebühr auf die Verfahrensgebühr des Hauptsacheverfahrens im wirtschaftlichen Ergebnis leerläuft.

4. Gegenstandswert des selbstständigen Beweisverfahrens

103 Der Gegenstandswert des selbstständigen Beweisverfahrens bestimmt sich nach dem Interesse des Antragstellers, das nach § 3 ZPO zu schätzen ist. Auszugehen ist von dem Wert des Anspruchs, der durch die selbstständige Beweiserhebung gesichert oder abgewehrt werden soll.[150] Überwiegend wird der volle Hauptsachewert auch im selbstständigen Beweisverfahren angesetzt und ein Abschlag abgelehnt.[151] Für die Bemessung des Streitwerts im selbstständigen Beweisverfahren kommt es nicht auf die vom Sachverständigen geschätzten Mangelbeseitigungskosten sowie eine evtl eintretende Wertminderung an, sondern auf das vom Antragsteller verfolgte Interesse.[152]

5. Übergangsrecht

104 Ist ein selbstständiges Beweisverfahren vor dem 1.7.2004 durchgeführt worden und schließt sich ein Rechtsstreit an, für den der Prozessauftrag nach dem 1.7.2004 erteilt wurde, richten sich die anwaltlichen Gebühren für das Beweisverfahren nach der BRAGO, im Übrigen jedoch nach dem RVG, dabei ist die Verfahrensgebühr des Beweisverfahrens auf die Verfahrensgebühr des Rechtszugs anzurechnen.[153] Dieser Auffassung hat sich jetzt auch der BGH angeschlossen.[154]

6. Muster

a) Muster: Anrechnung der Verfahrensgebühr des selbstständigen Beweisverfahrens auf die Verfahrensgebühr des Hauptsacheverfahrens bei identischem Streitwert

105

129

Frau/Herrn ▪▪▪

▪▪▪ (Straße)

▪▪▪ (PLZ, Ort)

Vergütungsabrechnung

    Rechnungsnummer ▪▪▪

    Leistungszeitraum ▪▪▪

---

150 Riedel/Sußbauer-*Keller*, VV Teil 3 Vorb. 3 Rn 69.
151 Gerold/Schmidt-*Müller-Rabe*, Anhang III Rn 51; Riedel/Sußbauer-*Keller*, VV Teil 3, Vorb. 3 Rn 71; OLG Celle, NJOZ 2004, 893 mit Bespr. Kroiß, RVG-Letter 2004, 35; s. zum Streitstand auch Musiliak-*Heinrich*, § 3 ZPO Rn 34.
152 OLG Celle, NJOZ 2004, 893 mit Bespr. Kroiß, RVG-Letter 2004, 35.
153 OLG Koblenz, BeckRS 2006, 00517 mit Bespr. Kroiß, RVG-Letter 2006, 18 f.
154 BeckRS 2007, 08435 mit Anm. *Mayer*, FD-RVG 2007, 225667.

Steuer-Nr. oder Umsatzsteuerident-Nr. ▪▪▪

I. Selbstständiges Beweisverfahren

Verfahrensgebühr VV Nr. 3100, 1,3	985,40 Euro
(Gegenstandswert: 30.000 Euro)	
Auslagenpauschale VV Nr. 7002	20,00 Euro
Zwischensumme	1.005,40 Euro
19 % Umsatzsteuer, VV Nr. 7008	191,03 Euro
Summe	1.196,43 Euro

II. Hauptsacheverfahren

Verfahrensgebühr VV Nr. 3100, 1,3	985,40 Euro
(Gegenstandswert: 30.000 Euro)	
hiervon anzurechnen nach Vorb. 3 Abs. 5 VV	-985,40 Euro
Auslagenpauschale VV Nr. 7002	20,00 Euro[155]
Zwischensumme	20,00 Euro
19 % Umsatzsteuer, VV Nr. 7008	3,80 Euro
Summe	23,80 Euro
III. Gesamtsumme aus I. und II.	1.220,23 Euro

▪▪▪

(Rechtsanwalt)

b) Muster: Anrechnung der Verfahrensgebühr des selbstständigen Beweisverfahrens auf die Verfahrensgebühr des Hauptsacheverfahrens, Gegenstand des selbstständigen Beweisverfahrens ist höher als der Gegenstandswert im Hauptsacheverfahren

Frau/Herrn ▪▪▪

▪▪▪ (Straße)

▪▪▪ (PLZ, Ort)

Vergütungsabrechnung

    Rechnungsnummer ▪▪▪

    Leistungszeitraum ▪▪▪

    Steuer-Nr. oder Umsatzsteuerident-Nr. ▪▪▪

I. Selbstständiges Beweisverfahren

Verfahrensgebühr VV Nr. 3100, 1,3	1.560,00 Euro
(Gegenstandswert: 80.000 Euro)	
Auslagenpauschale VV Nr. 7002	20,00 Euro
Zwischensumme	1.580,00 Euro

---

[155] Die Höhe der Auslagenpauschale ist aus der Verfahrensgebühr vor der Anrechnung zu bestimmen, s. hierzu näher oben § 4 Rn 66.

§ 4 Allgemeine Bestimmungen für bürgerliche Rechtsstreitigkeiten

19 % Umsatzsteuer, VV Nr. 7008	300,20 Euro
Summe	1.880,20 Euro
II. Hauptsacheverfahren	
Verfahrensgebühr VV Nr. 3100, 1,3	985,40 Euro
(Gegenstandswert: 30.000 Euro)	
hiervon anzurechnen nach Vorb. 3 Abs. 5 VV	
1,3 Verfahrensgebühr Nr. 3100 VV Wert: 30.000 Euro	-985,40 Euro
Auslagenpauschale VV Nr. 7002	20,00 Euro[156]
Zwischensumme	20,00 Euro
19 % Umsatzsteuer, VV Nr. 7008	3,80 Euro
Summe	23,80 Euro
III. Gesamtsumme aus I. und II.	1.904,00 Euro

■■■

(Rechtsanwalt)

c) Muster: Anrechnung der Verfahrensgebühr des selbstständigen Beweisverfahrens auf die Verfahrensgebühr des Hauptsacheverfahrens, Gegenstand des Hauptsacheverfahrens ist höher als der Gegenstandswert des selbstständigen Beweisverfahrens

Frau/Herrn ■■■

■■■ (Straße)

■■■ (PLZ, Ort)

Vergütungsabrechnung

    Rechnungsnummer ■■■

    Leistungszeitraum ■■■

    Steuer-Nr. oder Umsatzsteuerident-Nr. ■■■

I. Selbstständiges Beweisverfahren	
Verfahrensgebühr VV Nr. 3100, 1,3	985,40 Euro
(Gegenstandswert: 30.000 Euro)	
Auslagenpauschale VV Nr. 7002	20,00 Euro
Zwischensumme	1.005,40 Euro
19 % Umsatzsteuer, VV Nr. 7008	191,03 Euro
Summe	1.196,43 Euro
II. Hauptsacheverfahren	
Verfahrensgebühr VV Nr. 3100, 1,3	1.359,80 Euro
(Gegenstandswert: 50.000 Euro)	
hiervon anzurechnen nach Vorb. 3 Abs. 5 VV	
1,3 Verfahrensgebühr Nr. 3100 VV Wert: 30.000 Euro	-985,40 Euro

---

[156] Die Höhe der Auslagenpauschale ist aus der Verfahrensgebühr vor der Anrechnung zu bestimmen, s. hierzu näher oben § 4 Rn 66.

Auslagenpauschale VV Nr. 7002	20,00 Euro
Zwischensumme	394,40 Euro
19 % Umsatzsteuer, VV Nr. 7008	74,94 Euro
Summe	469,34 Euro
III. Gesamtsumme aus I. und II.	1.665,77 Euro

■■■

(Rechtsanwalt)

d) Muster: Vertretungstätigkeit in der Angelegenheit selbstständiges Beweisverfahren, anschließendes selbstständiges Beweisverfahren und nachfolgendes Hauptsacheverfahren, identischer Streitwert

Frau/Herrn ■■■

■■■ (Straße)

■■■ (PLZ, Ort)

Vergütungsabrechnung

    Rechnungsnummer ■■■

    Leistungszeitraum ■■■

    Steuer-Nr. oder Umsatzsteuerident-Nr. ■■■

I. Außergerichtliche Tätigkeit	
Geschäftsgebühr VV Nr. 2300, 1,3	985,40 Euro
(Gegenstandswert: 30.000 Euro)	
Auslagenpauschale VV Nr. 7002	20,00 Euro
Zwischensumme	1.005,40 Euro
19 % Umsatzsteuer, VV Nr. 7008	191,03 Euro
Summe	1.196,43 Euro
II. Selbstständiges Beweisverfahren	
Verfahrensgebühr VV Nr. 3100, 1,3	985,40 Euro
(Gegenstandswert: 30.000 Euro)	
hiervon anzurechnen lt. Vorb. 3 Abs. 4	
$^1/_2$ von 985,40 Euro	-492,70 Euro
Auslagenpauschale VV Nr. 7002	20,00 Euro
Zwischensumme	512,70 Euro
19 % Umsatzsteuer, VV Nr. 7008	97,41 Euro
Summe	610,11 Euro
III. Hauptsacheverfahren	
Verfahrensgebühr VV Nr. 3100, 1,3	985,40 Euro
(Gegenstandswert: 30.000 Euro)	
hiervon anzurechnen nach Vorb. 3 Abs. 5 VV	
1,3 Verfahrensgebühr Nr. 3100 VV Wert: 30.000 Euro	-985,40 Euro

Auslagenpauschale VV Nr. 7002	20,00 Euro[157]
Zwischensumme	20,00 Euro
19 % Umsatzsteuer, VV Nr. 7008	3,80 Euro
Summe	23,80 Euro
IV. Gesamtsumme aus I. – III.	1.830,34 Euro

■■■

(Rechtsanwalt)

e) Muster: Außergerichtliche Vertretungstätigkeit im Hinblick auf das Hauptsacheverfahren, anschließenden selbstständiges Beweisverfahren sowie nachfolgendes Hauptsacheverfahren, identischer Streitwert

Frau/Herrn ■■■

■■■ (Straße)

■■■ (PLZ, Ort)

Vergütungsabrechnung

    Rechnungsnummer ■■■

    Leistungszeitraum ■■■

    Steuer-Nr. oder Umsatzsteuerident-Nr. ■■■

I. Außergerichtliche Tätigkeit

Geschäftsgebühr VV Nr. 2300, 1,3	985,40 Euro
(Gegenstandswert: 30.000 Euro)	
Auslagenpauschale VV Nr. 7002	20,00 Euro
Zwischensumme	1.005,40 Euro
19 % Umsatzsteuer, VV Nr. 7008	191,03 Euro
Summe	1.196,43 Euro

II. Selbstständiges Beweisverfahren

Verfahrensgebühr VV Nr. 3100, 1,3	985,40 Euro
(Gegenstandswert: 30.000 Euro)	
Auslagenpauschale VV Nr. 7002	20,00 Euro
Zwischensumme	1.005,40 Euro
19 % Umsatzsteuer, VV Nr. 7008	191,03 Euro
Summe	1.196,43 Euro

III. Hauptsacheverfahren

Verfahrensgebühr VV Nr. 3100, 1,3	985,40 Euro
(Gegenstandswert: 30.000 Euro)	
hiervon anzurechnen nach Vorb. 3 Abs. 4 VV	
$^1/_2$ von 985,40 Euro	-492,70 Euro

---

157 Die Höhe der Auslagenpauschale ist aus der Verfahrensgebühr vor der Anrechnung zu bestimmen, s. hierzu näher oben § 4 Rn 66.

weiter anzurechnen lt. Vorb. 3 Abs. 5 VV an sich 1,3 aus einem Streitwert von 30.000 Euro, 985,40 Euro, hier aber begrenzt auf den restlich verbliebenen Betrag von	-492,70 Euro
Auslagenpauschale VV Nr. 7002	20,00 Euro[158]
Zwischensumme	20,00 Euro
19 % Umsatzsteuer, VV Nr. 7008	3,80 Euro
Summe	23,80 Euro
IV. Gesamtsumme aus I. – III.	2.416,66 Euro

■■■

(Rechtsanwalt)

f) Muster: Anrechnung der BRAGO-Prozessgebühr in den Fällen des Übergangsrechts

Frau/Herrn ■■■

■■■ (Straße)

■■■ (PLZ, Ort)

Vergütungsabrechnung

    Rechnungsnummer ■■■

    Leistungszeitraum ■■■

    Steuer-Nr. oder Umsatzsteueridentnr. ■■■

I. Selbstständiges Beweisverfahren	
Prozessgebühr § 31 I Nr. 1 BRAGO 10/10	758,00 Euro
(Gegenstandswert: 30.000 Euro)	
Auslagenpauschale § 26 BRAGO	20,00 Euro
Zwischensumme	778,00 Euro
16 % Umsatzsteuer, § 25 BRAGO	124,48 Euro
Summe	902,48 Euro
II. Hauptsacheverfahren	
Verfahrensgebühr VV Nr. 3100, 1,3	985,40 Euro
(Gegenstandswert: 30.000 Euro)	
hiervon anzurechnen in entsprechender Anwendung von VV Vorb. 3 Abs. 5	-758,00 Euro
Auslagenpauschale VV Nr. 7002	20,00 Euro
Zwischensumme	247,40 Euro
19 % Umsatzsteuer0, VV Nr. 7008	47,01 Euro
Summe	294,41 Euro
III. Gesamtsumme aus I. und II.	1.196,89 Euro

■■■

(Rechtsanwalt)

---

[158] Die Höhe der Auslagenpauschale ist aus der Verfahrensgebühr vor der Anrechnung zu bestimmen, s. hierzu näher oben § 4 Rn 66.

VI. Anrechnung der Verfahrensgebühr bei Zurückverweisung der Sache (Absatz 6 der Vorbemerkung 3 VV)

1. Allgemeines

111 Absatz 6 der Vorbemerkung 3 sieht vor, dass im Falle der Zurückverweisung an ein untergeordnetes Gericht, das mit der Sache bereits befasst war, die vor diesem Gericht bereits entstandene Verfahrensgebühr auf die Verfahrensgebühr für das erneute Verfahren anzurechnen ist.

2. Regelungsgehalt

112 Die Regelung ergänzt die Bestimmung des § 21 I RVG, wonach bei Zurückverweisung einer Sache das weitere Verfahren vor dem untergeordneten Gericht gebührenrechtlich ein neuer Rechtszug ist.[159] Die Anrechnungsvorschrift gilt die für die Verfahrensgebühr des Prozessbevollmächtigten ebenso wie für die Verfahrensgebühr des Korrespondenzanwalts nach Nr. 3400 VV.[160]

113 Liegen zwischen der Beendigung des Ausgangsverfahrens und dem Neubeginn des Verfahrens nach Zurückverweisung mehr als zwei Kalenderjahre, so ist nach § 15 II 2 RVG die Anrechnung ausgeschlossen, nach der Zurückverweisung verbleibt dann auch die Verfahrensgebühr anrechnungsfrei bei dem Anwalt.[161]

VII. Vorrang der Gebührenvorschriften von Teil 6 VV

1. Allgemeines

114 Absatz 7 der Vorbemerkung 3 VV regelt das Verhältnis der Gebührenvorschriften in Teil 6 VV in gerichtlichen Verfahren zu den Gebührenvorschriften in Teil 3 VV. So sehen beispielsweise Nr. 6300 VV und Nr. 6302 VV Verfahrensgebühren und Nr. 6301 VV und Nr. 6303 VV Terminsgebühren im gerichtlichen Verfahren bei Freiheitsentziehung und Unterbringungssachen vor, auch in gerichtlichen Verfahren in Disziplinarangelegenheiten werden mit Nr. 6203 VV und Nr. 6204 VV Verfahrens- und Terminsgebühren vorgesehen.[162]

2. Regelungsgehalt

115 Absatz 7 der Vorbemerkung 3 VV bestimmt, dass, soweit Teil 6 VV besondere Vorschriften enthält, die Vorschriften aus Teil 6 vorgehen und die Vorschriften von Teil 3 VV nicht anzuwenden sind. Obwohl ausdrücklich nicht erwähnt, gelten die Vorschriften der VV Nr. 3100 ff. auch nicht in Verfahren nach Teil 4 des Vergütungsverzeichnisses, wenn dort zivilrechtliche Ansprüche geltend gemacht werden. Insoweit enthalten die VV Nrn. 4143 ff. gesonderte Regelungen, die den Gebühren des Teils 3 vorgehen. Nur dann, wenn die Sache im Adhäsionsverfahren nicht zu einer Entscheidung kommt und sich ein Verfahren vor dem Zivilgericht anschließt, richtet sich die Vergütung nach VV Teil 3.[163]

---

159 Riedel/Sußbauer-*Keller*, VV Teil 3 Vorb. 3 Rn 82.
160 Riedel/Sußbauer-*Keller*, VV Teil 3 Vorb. 3 Rn 85; Göttlich/Mümmler/Rehberg/Xanke, „Zurückverweisung" Nr. 3.4.3; OLG München, JurBüro 1992, 167 zur BRAGO.
161 AnwK-RVG/*N.Schneider*, VV Vorb. 3 Rn 262.
162 Vgl die Übersicht in AnwK-RVG/*N.Schneider*, VV Vorb. 3 Rn 263.
163 AnwK-RVG/*N.Schneider*, VV Vorb. 3 Rn 267.

§ 5 Erster Rechtszug in bürgerlichen Rechtsstreitigkeiten, Verfahren der freiwilligen Gerichtsbarkeit, der öffentlich-rechtlichen Gerichtsbarkeiten, Verfahren nach dem Strafvollzugsgesetz und ähnliche Verfahren

A. Anwendungsbereich

Nach Absatz 1 der Vorbemerkung 3.1 entstehen die Gebühren des Abschnitts 1 von Teil 3 VV in allen Verfahren, für die in den nachfolgenden Abschnitten dieses Teils keine Gebühren bestimmt sind. Somit bildet dieser Abschnitt eine **Auffangregelung**, mit der Neufassung des Absatzes 1 der Vorbemerkung durch das Anhörungsrügengesetz[1] wurde der Anwendungsbereich der Terminsgebühr nach Abschnitt 1 des Teils 3 klargestellt.[2]

Absatz 2 der Vorbemerkung 3.1 bestimmt, dass Abschnitt 1 auch für das Rechtsbeschwerdeverfahren nach § 1065 ZPO anzuwenden ist. In den genannten Rechtsbeschwerdeverfahren entsteht somit eine Verfahrensgebühr nach VV Nr. 3100 f.,[3] auch kann eine 1,2 Terminsgebühr nach Nr. 3104 anfallen. Der Vergütungstatbestand VV Nr. 3104 Anmerkung Absatz 1 Nr. 1 ist nicht anzuwenden, da gemäß §§ 577 VI 1, 128 IV ZPO durch Beschluss ohne notwendige mündliche Verhandlung entschieden wird.[4] Wird gegen Entscheidungen des Oberlandesgerichts in Fällen, in denen § 1065 ZPO keine Rechtsbeschwerde zulässt, eine (unzulässige) Rechtsbeschwerde eingelegt, entstehen ebenfalls die Gebühren gemäß VV Nr. 3100 f.[5] Die Verfahrensgebühr bei der Rechtsbeschwerde gemäß § 574 ZPO und § 78 S. 2 ArbGG bestimmt sich nach dem Vergütungstatbestand VV Nr. 3502.

B. Verfahrensgebühr VV Nr. 3100

I. Grundsätzliches

Der Gebührentatbestand VV Nr. 3100 gilt für die Verfahrensgebühr im 1. Rechtszug der in Teil 3 des Vergütungsverzeichnisses fallenden Verfahren, soweit in Nr. 3102 VV nichts anderes bestimmt ist. Der Gebührentatbestand VV Nr. 3102 regelt die Verfahrensgebühr für Verfahren vor den Sozialgerichten, in denen Betragsrahmengebühren entstehen (§ 3 RVG). Die Verfahrensgebühr Nr. 3100 VV entsteht somit in allen anderen gerichtlichen Verfahren des 1. Rechtszugs, die in Teil 3 des Vergütungsverzeichnisses fallen, mit Ausnahme der Verfahren vor den Sozialgerichten, in denen Betragsrahmengebühren entstehen.

---

1 BGBl. I 2004, S. 3220 ff.
2 BT-Drucks. 15/3706, S. 24.
3 Gerold/Schmidt-*Müller-Rabe*, Vorb. 3.1 Rn 3.
4 Gerold/Schmidt-*Müller-Rabe*, Vorb. 3.1 Rn 4.
5 Gerold/Schmidt-*Müller-Rabe*, Vorb. 3.1 Rn 5.

§ 5 Erster Rechtszug in bürgerlichen Rechtsstreitigkeiten

II. Inhalt

1. Entstehen der Gebühren

4   Die Verfahrensgebühr Nr. 3100 VV entsteht für das Betreiben des Geschäfts einschließlich der Information, sie deckt die gesamte Tätigkeit des Rechtsanwalts ab – ausgenommen die Wahrnehmung von Terminen und Besprechungen sowie der Abschluss einer Einigung –, und zwar vom Beginn des ihm erteilten Auftrags bis zum Abschluss der Instanz, unerheblich ist, in welchem Verfahrensstadium der Rechtsanwalt zum Prozessbevollmächtigten bestellt wird. Gleichgültig ist für das Entstehen der Verfahrensgebühr auch, ob ein Rechtsstreit schon anhängig ist oder erst anhängig gemacht werden soll.[6] Zu den Voraussetzungen des Gebührentatbestands vgl näher oben § 4 Rn 17 ff.

5   Eine bei Gericht eingereichte **Schutzschrift** löst in der Regel eine volle Verfahrensgebühr nach Nr. 3100 VV aus, wenn der Gegner später einen Antrag auf Erlass einer einstweiligen Verfügung stellt. Dies gilt nur dann nicht, wenn die Schutzschrift aufgrund eines Auftrags zu einer reinen Einzeltätigkeit und damit nicht aufgrund einer generellen Beauftragung für ein zukünftiges einstweiliges Verfügungsverfahren gefertigt und eingereicht wird. In einem solchen Fall entsteht eine 0,8 Verfahrensgebühr gemäß Nr. 3403 VV.[7] Die durch die Einreichung einer Schutzschrift nach Rücknahme des Antrags auf Erlass einer einstweiligen Verfügung entstandenen Kosten sind auch dann nicht erstattungsfähig, wenn der Antragsgegner die Antragsrücknahme nicht kannte oder kennen musste.[8] Hat der Verfahrensbevollmächtigte des Antragsgegners das Geschäft iS von Vorbemerkung 3 Absatz 2 VV bereits vor der Rücknahme des Verfügungsantrags betrieben, etwa durch Entgegennahme des Auftrags sowie erster Information, ist nach dem BGH dadurch eine 0,8 Verfahrensgebühr nach VV Nrn. 3100, 3101 Nr. 1 angefallen.[9]

6   Die Einlegung des Widerspruchs im Mahnverfahren ist mit der Gebühr Nr. 3307 VV abgegolten und löst keine Verfahrensgebühr nach Nr. 3100 VV aus. Eine Verfahrensgebühr nach Nr. 3100 VV entsteht nach dem Übergang ist das streitige Verfahren, wenn der Antragsgegner nach Klagerücknahme Kostenantrag nach § 269 IV ZPO stellt, Gegenstand sind dann die bis zur Rücknahme angefallenen Kosten des Rechtsstreits.[10]

2. Höhe der Gebühr

7   Die Verfahrensgebühr Nr. 3100 VV entsteht mit einem Gebührensatz von 1,3.

---

6 *Schneider/Mock*, Das neue Gebührenrecht für Anwälte, § 14 Rn 26.
7 OLG Nürnberg, NJW-RR 2005, 941 f. mit Bespr. *Mayer*, RVG-Letter 2005, 65.
8 BGH, BeckRS 2007, 08380 mit Anm. *Mayer*, FD-RVG 2007, 225668.
9 BGH, BeckRS 2007, 08380 mit Anm. *Mayer*, FD-RVG 2007, 225668.
10 OLG Düsseldorf, NJW-RR 2005, 1231.

3. Besondere Anrechnungsvorschriften

a) Vereinfachtes Verfahren über den Unterhalt Minderjähriger (Absatz 1 der Anmerkung zu Nr. 3100 VV)

Nach Absatz 1 der Anmerkung zum Gebührentatbestand Nr. 3100 VV wird die Verfahrensgebühr für ein vereinfachtes Verfahren über den Unterhalt Minderjähriger auf die Verfahrensgebühr angerechnet, die in dem nachfolgenden Rechtsstreit entsteht (§§ 651, 656 ZPO).

Im vereinfachten Verfahren nach § 645 ZPO fallen die Gebühren gemäß VV Nr. 3100 f. an, bei vorzeitigem Ende des Auftrags ist VV Nr. 3101 anwendbar.[11] Neben der Verfahrensgebühr kann auch eine Terminsgebühr sowie eine Einigungsgebühr verdient werden.[12] Kommt es im weiteren Verlauf zum streitigen Verfahren nach § 651 ZPO, ist das streitige Verfahren eine eigene gebührenrechtliche Angelegenheit, jedoch wird die Verfahrensgebühr des vereinfachten Verfahrens auf die Verfahrensgebühr, die im streitigen Verfahren entsteht, angerechnet. Eine Terminsgebühr, falls sie im vereinfachten Verfahren entstanden ist, wird jedoch nicht angerechnet.[13] Erfolgt im vereinfachten Verfahren nach § 655 ZPO eine **Abänderung eines Unterhaltstitels** und wird anschließend gemäß § 656 ZPO Klage gegen den Abänderungsbeschluss erhoben, sind das vereinfachte Verfahren und das anschließende Klageverfahren zwei verschiedene Angelegenheiten.[14] Die Vergütung des Rechtsanwalts für seine Tätigkeit im vereinfachten Verfahren auf Abänderung eines Unterhaltstitels nach § 655 ZPO bestimmt sich nach VV Nr. 3331 und VV Nr. 3332.[15] Die Verfahrensgebühr des vereinfachten Verfahrens aus VV Nr. 3331 ist auf die Verfahrensgebühr nach VV Nr. 3100 des Klageverfahrens gegen den Abänderungsbeschluss nach § 656 ZPO anzurechnen.[16]

Der Gegenstandswert des Verfahrens nach § 645 ZPO bestimmt sich nach § 42 GKG; zunächst ist derjenige Monatsbetrag der Regelbetrags-Verordnung zu ermitteln, der im Zeitpunkt der Einreichung des Antrags gilt, und zwar nach dem jeweiligen Vomhundertsatz des Regelbetrags und nach der jeweiligen Altersstufe, sodann ist der so ermittelte Monatsbetrag mit 12 zu multiplizieren, der Jahresbetrag ist anschließend nach § 42 I 1 GKG weiter zu prüfen.[17] Der Gegenstandswert bei der Abänderung des Titels bei wiederkehrenden Unterhaltsleistungen nach § 655 ZPO ergibt sich ebenfalls aus § 42 GKG.[18] Da hier nur Abänderung geltend gemacht wird, kommt es nicht auf die vollen Unterhaltsbeträge an, sondern nur auf die begehrte Herauf- oder Herabsetzung.[19]

---

11 Gerold/Schmidt-*Müller-Rabe*, VV Nr. 3100 Rn 214.
12 Gerold/Schmidt-*Müller-Rabe*, VV Nr. 3100 Rn 214.
13 Riedel/Sußbauer-*Keller*, VV Teil 3 Abschnitt 1 Rn 11.
14 AnwK-RVG/*N.Schneider*, VV Nr. 3100 Rn 4.
15 Riedel/Sußbauer-*Keller*, VV Teil 3 Abschnitt 1 Rn 12.
16 Riedel/Sußbauer-*Keller*, VV Teil 3 Abschnitt 1 Rn 12; AnwK-RVG/*N.Schneider*, VV Nr. 3100 Rn 5.
17 Hartmann, Kostengesetze, § 42 GKG Rn 15.
18 Vgl Anmerkung zu VV Nr. 3331.
19 *Schneider*, Fälle und Lösungen, § 28 Rn 22.

b) Urkunden- oder Wechselprozess (Absatz 2 der Anmerkung zu Nr. 3100 VV)

11 Absatz 2 der Anmerkung zum Gebührentatbestand Nr. 3100 VV bestimmt, dass die Verfahrensgebühr für einen Urkunden- oder Wechselprozess auf die Verfahrensgebühr für das ordentliche Verfahren angerechnet wird, wenn dieses nach Abstandnahme vom Urkunden- oder Wechselprozess oder nach einem Vorbehaltsurteil anhängig bleibt (§§ 596, 600 ZPO).

12 Der Anwalt muss die im Urkunden- oder Wechselprozess entstandene Verfahrensgebühr auf die Verfahrensgebühr des ordentlichen Verfahrens anrechnen. Die **Anrechnung** lässt die Verfahrensgebühr des Urkunden- oder Wechselprozesses unberührt; die Verfahrensgebühr im ordentlichen Verfahren mindert sich jedoch um den Betrag der früher entstandenen Verfahrensgebühr im Urkunden- oder Wechselprozess. Die hat bei gleichbleibendem Wert zur Folge, dass für das ordentliche Verfahren keine Verfahrensgebühr übrig bleibt.[20]

13 Absatz 2 der Anmerkung zu Nr. 3100 VV erwähnt den Scheckprozess gemäß § 605a ZPO nicht, da der Scheckprozess als eine Art Urkundsprozess angesehen wird, gilt auch für ihn die Regelung des Absatzes 2 der Anmerkung zum Gebührentatbestand VV Nr. 3100.[21] Auch die Verfahrensgebühr des Verkehrsanwalts nach Nr. 3400 VV fällt unter die Anrechnungsvorschrift, so, wenn derselbe Rechtsanwalt Verkehrsanwalt des Urkundenprozesses und des ordentlichen Verfahrens ist oder wenn er in dem einen Verfahren Prozessbevollmächtigter, im anderen Verkehrsanwalt ist.[22]

14 Erkennt der Beklagtenvertreter im Termin an und behält sich nur die Geltendmachung seiner Rechts im Nachverfahren vor, so verdienen beide Anwälte trotzdem eine 1,2 Terminsgebühr.[23] Nimmt im Termin des Urkunden- oder Wechselprozesses der Klägervertreter vom Urkunden- oder Wechselprozess Abstand und wird der Termin dann sogleich fortgesetzt, so fällt die Terminsgebühr ohne Anrechnung zweimal an, und zwar auch dann, wenn der Klägervertreter sofort nach Aufruf der Sache erklärt, vom Urkunden- oder Wechselprozess Abstand zu nehmen.[24]

15 Sofern der Prozessbevollmächtigte bereits im Urkunden- oder Wechselprozess beigeordnet worden ist, bedarf es für das Nachverfahren keiner erneuten Beiordnung. Die Beiordnung im Urkundenprozess erstreckt sich automatisch auf das ordentliche Verfahren, da gemäß § 600 I ZPO das Verfahren anhängig bleibt, es sich prozessrechtlich um ein einheitliches Verfahren handelt.[25] Der Rechtsanwalt, der im Wege der Prozesskostenhilfe erst für das Nachverfahren beigeordnet worden ist, kann die Verfahrensgebühr, die er im Nachverfahren verdient hat, aus der Staatskasse auch dann vergütet verlangen, wenn er im Urkunden- oder Wechselprozess als Wahlanwalt tätig war, die Verfahrensgebühr aber von der Partei nicht erhalten hat.[26]

---

20 Riedel/Sußbauer-*Keller*, VV Teil 3 Abschnitt 1 Rn 14.
21 AnwK-RVG/*Onderka*, VV 3100 Rn 12; Riedel/Sußbauer-*Keller*, VV Teil 3, Abschnitt 1 Rn 13; Gerold/Schmidt-*Müller-Rabe*, VV Nr. 3100 Rn 224.
22 Riedel/Sußbauer-*Keller*, VV Teil 3 Abschnitt 1 Rn 14; Gerold/Schmidt-*Müller-Rabe*, VV Nr. 3100 Rn 226.
23 Gerold/Schmidt-*Müller-Rabe*, VV Nr. 3100 Rn 228; vgl auch AnwK-RVG/*Onderka*, Vorb. 3 Rn 156.
24 Gerold/Schmidt-*Müller-Rabe*, VV Nr. 3100 Rn 230.
25 Gerold/Schmidt-*Müller-Rabe*, VV Nr. 3100 Rn 240; AnwK-RVG/*Onderka*, VV 3100 Rn 23.
26 Gerold/Schmidt-*Müller-Rabe*, VV Nr. 3100 Rn 241; AnwK-RVG/*Onderka*, VV 3100 Rn 25.

Der **Gegenstandswert** des Nachverfahrens richtet sich nach dem Gegenstand, bezüglich dessen dem Beklagten die Ausführung seiner Rechte vorbehalten worden ist. Ist das wegen des ganzen Gegenstands geschehen, so ist der Gegenstandswert des Nachverfahrens der gleiche wie der des Urkunden- oder Wechselprozesses, und zwar nicht nur dann, wenn der Beklagte die Aufhebung des ganzen Vorbehaltsurteils beantragt, sondern auch dann, wenn der Beklagte im Nachverfahren die Abweisung der Klage nur zum Teil beantragt, da der Rechtsstreit verfahrensrechtlich eine Einheit bildet und gemäß § 600 I ZPO in vollem Umfang im ordentlichen Verfahren anhängig ist.[27] Der Gegenstandswert mindert sich nur, wenn eine Minderung bereits im Vorverfahren, etwa wegen Teilanerkenntnis mit Teilurteil im Urkundenprozess, eingetreten ist oder wenn der Kläger die Klage teilweise zurücknimmt oder teilweise Erledigung eingetreten ist.[28] Eine Erhöhung des Gegenstandswerts kann im Nachverfahren eintreten durch Klageerweiterung, durch die Erhebung einer nicht den gleichen Gegenstand treffenden Widerklage, nicht aber durch die Rückforderung des aufgrund des Vorbehaltsurteils gezahlten Betrages des Hauptanspruchs einschließlich der beigetriebenen bezahlten Zinsen und Kosten.[29] Bei einer Erhöhung des Wertes erhält der Rechtsanwalt im Nachverfahren die Verfahrensgebühr nach den zusammengerechneten Werten, muss sich aber die im Urkunden- oder Wechselprozess entstandene Verfahrensgebühr darauf anrechnen lassen.[30]

16

c) Vermittlungsverfahren nach § 52a FGG (Absatz 3 der Anmerkung zu Nr. 3100 VV)

Nach Absatz 3 der Anmerkung zum Gebührentatbestand Nr. 3100 VV wird die Verfahrensgebühr für ein Vermittlungsverfahren nach § 52a FGG auf die Verfahrensgebühr für ein sich anschließendes Verfahren angerechnet. Nach § 52a I 1 FGG vermittelt das Familiengericht auf Antrag eines Elternteils zwischen den Eltern, wenn ein Elternteil geltend macht, dass der andere Elternteil die Durchführung einer gerichtlichen Verfügung über den Umfang mit dem gemeinschaftlichen Kind vereitelt oder erschwert. Nach § 52a II 1 FGG hat das Gericht die Eltern zu einem Verhandlungstermin zu laden. In diesem Termin erörtert nach § 52a III 1 FGG das Gericht mit den Eltern, welche Folgen das Unterbleiben des Umgangs für das Wohl des Kindes haben kann und weist nach § 52a III 2 FGG auf die Rechtsfolgen hin, die sich aus einer Vereitelung oder Erschwerung des Umgangs ergeben können, insbesondere auf die Möglichkeiten der Durchsetzung mit Zwangsmitteln nach § 33 FGG oder der Beschränkung oder des Entzugs der Sorge unter den Voraussetzungen der §§ 1666, 1671 und 1696 BGB. Nach § 52a IV 1 FGG soll das Gericht darauf hinwirken, dass die Eltern Einvernehmen über die Ausübung des Umgangs erzielen.

17

Scheitert das Vermittlungsverfahren, so bestimmt Absatz 3 der Anmerkung zum Gebührentatbestand Nr. 3100 VV, dass die im Vermittlungsverfahren nach § 52a FGG entstandene Verfahrensgebühr auf die Verfahrensgebühr für ein sich anschließendes gerichtliches Verfahren angerechnet wird.

18

---

27 Gerold/Schmidt-*Müller-Rabe*, VV Nr. 3100 Rn 233; AnwK-RVG/*Onderka*, VV 3100 Rn 28.
28 Gerold/Schmidt-*Müller-Rabe*, VV Nr. 3100 Rn 234; AnwK-RVG/*Onderka*, VV 3100 Rn 29.
29 Gerold/Schmidt-*Müller-Rabe*, VV Nr. 3100 Rn 236.
30 Gerold/Schmidt-*Müller-Rabe*, VV Nr. 3100 Rn 237; AnwK-RVG/*Onderka*, VV 3100 Rn 31.

19 Für die Vertretung bei einem Vermittlungsgespräch gemäß § 52a FGG fällt eine Verfahrensgebühr gemäß VV Nr. 3100 f. an.[31] Im Vermittlungsverfahren gemäß § 52a FGG kann auch eine Terminsgebühr entstehen.[32] Schließt sich ein gerichtliches Umgangsrechtsverfahren an, wird die Verfahrensgebühr, nicht aber die Terminsgebühr nach Absatz 3 der Anmerkung zu VV Nr. 3100 auf die Verfahrensgebühr des gerichtlichen Verfahrens angerechnet.[33]

20 Die Anrechnung der Verfahrensgebühr setzt voraus, dass das Anschlussverfahren in einem zeitlichen und sachlichen Zusammenhang mit dem Scheitern des Vermittlungsverfahrens steht. Kommt das Anschlussverfahren auf Antrag eines Elternteils zustande, so muss der Antrag innerhalb eines Monats nach der Feststellung gestellt werden, dass die Vermittlung erfolglos geblieben ist; wenn das Verfahren von Amts wegen eingeleitet wird, ist die Verfahrensgebühr für das Vermittlungsverfahren auf die Gebühr des nachfolgenden Verfahrens nur anzurechnen, wenn dieses wegen des gescheiterten Vermittlungsverfahrens und einer dementsprechenden Frist, die normalerweise 3 Monate nicht übersteigen darf, eingeleitet wird.[34] Wird später wegen neu aufgetretener Probleme, die nicht Gegenstand des Vermittlungsverfahrens waren, ein Verfahren eingeleitet, so ist die Verfahrensgebühr nicht anzurechnen.[35]

21 Die Höhe des zugrunde zu legenden Gegenstandswerts ist umstritten. Nach einer Auffassung bemisst er sich gemäß §§ 34, 30 II KostO und beträgt somit in der Regel 3.000 Euro.[36] Nach anderer Auffassung ist § 23 III 2 RVG anzuwenden, der Gegenstandswert kann somit nach den Umständen des Falles über oder unter 4.000 Euro liegen.[37]

4. Muster

a) Muster: Vereinfachtes Verfahren zur erstmaligen Festsetzung des gesetzlich geschuldeten Unterhalts nach den §§ 645 ff.

22 Frau/Herrn ■■■

■■■ (Straße)

■■■ (PLZ, Ort)

Vergütungsabrechnung

    Rechnungsnummer ■■■

    Leistungszeitraum ■■■

    Steuer-Nr. oder Umsatzsteuerident-Nr. ■■■

Verfahrensgebühr VV Nr. 3100, 1,3   245,70 Euro

Gegenstandswert: (250 Euro x 12 = 3.000 Euro)

Auslagenpauschale VV Nr. 7002   20,00 Euro

---

[31] Gerold/Schmidt-*Müller-Rabe*, VV Nr. 3100 Rn 243.
[32] Gerold/Schmidt-*Müller-Rabe*, VV Nr. 3100 Rn 244.
[33] Gerold/Schmidt-*Müller-Rabe*, VV Nr. 3100 Rn 246; AnwK-RVG/*N.Schneider*, VV Nr. 3100 Rn 36.
[34] Riedel/Sußbauer-*Keller*, VV Teil 3 Abschnitt 1 Rn 18.
[35] Riedel/Sußbauer-*Keller*, VV Teil 3 Abschnitt 1 Rn 18.
[36] Hansens/Braun/*Schneider*, Praxis des Vergütungsrechts, Teil 10 Rn 246.
[37] Gerold/Schmidt-*Müller-Rabe*, VV Nr. 3100 Rn 247.

B. Verfahrensgebühr VV Nr. 3100

Zwischensumme	265,70 Euro
19 % Umsatzsteuer, VV Nr. 7008	50,48 Euro
Summe	316,18 Euro

■■■
(Rechtsanwalt)

b) Muster: Vereinfachtes Verfahren auf Unterhaltsfestsetzung und nachfolgendes streitiges Verfahren

Frau/Herrn ■■■
■■■ (Straße)
■■■ (PLZ, Ort)

Vergütungsabrechnung
    Rechnungsnummer ■■■
    Leistungszeitraum ■■■
    Steuer-Nr. oder Umsatzsteuerident-Nr. ■■■

I. Vereinfachtes Verfahren

Verfahrensgebühr VV Nr. 3100, 1,3	245,70 Euro
(Gegenstandswert: 250 Euro x 12 = 3.000 Euro)	
Terminsgebühr VV Nr. 3104, 1,2	226,80 Euro
(Gegenstandswert: 250 Euro x 12 = 3.000 Euro)	
Auslagenpauschale VV Nr. 7002	20,00 Euro
Zwischensumme	492,50 Euro
19 % Umsatzsteuer, VV Nr. 7008	93,58 Euro
Summe	586,08 Euro

II. Streitiges Verfahren

Verfahrensgebühr VV Nr. 3100, 1,3	245,70 Euro
(Gegenstandswert: 250 Euro x 12 = 3.000 Euro)	
Anrechnung gemäß Abs. 1 der Anm. zu VV Nr. 3100	-245,70 Euro
Terminsgebühr VV Nr. 3104, 1,2	226,80 Euro
Auslagenpauschale VV Nr. 7002	20,00 Euro
Zwischensumme	246,80 Euro
19 % Umsatzsteuer, VV Nr. 7008	46,89 Euro
Summe	293,69 Euro
III. Summe aus I. und II.	879,77 Euro

■■■
(Rechtsanwalt)

c) Muster: Abänderung des Titels bei wiederkehrenden Unterhaltsleistungen im vereinfachten Verfahren

Frau/Herrn ▪▪▪

▪▪▪ (Straße)

▪▪▪ (PLZ, Ort)

Vergütungsabrechnung

    Rechnungsnummer ▪▪▪

    Leistungszeitraum ▪▪▪

    Steuer-Nr. oder Umsatzsteuerident-Nr. ▪▪▪

Verfahrensgebühr VV Nr. 3331, 0,5	22,50 Euro
(Gegenstandswert: 40 Euro x 12 = 480 Euro)	
Auslagenpauschale VV Nr. 7002	4,50 Euro
Zwischensumme	27,00 Euro
19 % Umsatzsteuer, VV Nr. 7008	5,13 Euro
Summe	32,13 Euro

▪▪▪

(Rechtsanwalt)

d) Muster: Abänderung des Titels bei wiederkehrenden Unterhaltsleistungen im vereinfachten Verfahren und anschließende Klage gemäß § 656 ZPO gegen den Abänderungsbeschluss

Frau/Herrn ▪▪▪

▪▪▪ (Straße)

▪▪▪ (PLZ, Ort)

Vergütungsabrechnung

    Rechnungsnummer ▪▪▪

    Leistungszeitraum ▪▪▪

    Steuer-Nr. oder Umsatzsteuerident-Nr. ▪▪▪

I. Vereinfachtes Verfahren

Verfahrensgebühr VV Nr. 3331, 0,5	22,50 Euro
(Gegenstandswert: 40 Euro x 12 = 480 Euro)	
Terminsgebühr VV Nr. 3332, 0,5	22,50 Euro
(Gegenstandswert: 40 Euro x 12 = 480 Euro)	
Auslagenpauschale VV Nr. 7002	9,00 Euro
Zwischensumme	54,00 Euro
19 % Umsatzsteuer, VV Nr. 7008	10,26 Euro
Summe	64,26 Euro

II. Klageverfahren nach § 656 ZPO

Verfahrensgebühr VV Nr. 3100, 1,3	58,50 Euro

B. Verfahrensgebühr VV Nr. 3100

(Gegenstandswert: 40 Euro x 12 = 480 Euro)	
anzurechnen gem. Abs. 1 der Anm. zu VV Nr. 3100	-22,50 Euro
Terminsgebühr VV Nr. 3104, 1,2	54,00 Euro
(Gegenstandswert: 40 Euro x 12 = 480 Euro)	
Auslagenpauschale VV Nr. 7002	20,00 Euro
Zwischensumme	110,00 Euro
19 % Umsatzsteuer, VV Nr. 7008	20,90 Euro
Summe	130,90 Euro
III. Summe aus I. und II.:	195,16 Euro

■■■

(Rechtsanwalt)

e) Muster: Identischer Streitwert im Urkundenprozess und im Nachverfahren, es wird jeweils mündlich verhandelt

Frau/Herrn ■■■
■■■ (Straße)
■■■ (PLZ, Ort)

Vergütungsabrechnung

    Rechnungsnummer ■■■
    Leistungszeitraum ■■■
    Steuer-Nr. oder Umsatzsteuerident-Nr. ■■■

I. Urkundenprozess	
Verfahrensgebühr VV Nr. 3100, 1,3	985,40 Euro
(Gegenstandswert: 30.000 Euro)	
Terminsgebühr VV Nr. 3104, 1,2	909,60 Euro
(Gegenstandswert: 30.000 Euro)	
Auslagenpauschale VV Nr. 7002	20,00 Euro
Zwischensumme	1.915,00 Euro
19 % Umsatzsteuer, VV Nr. 7008	363,85 Euro
Summe	2.278,85 Euro
II. Nachverfahren	
Verfahrensgebühr VV Nr. 3100, 1,3	985,40 Euro
(Gegenstandswert: 30.000 Euro)	
hierauf anzurechnen gem. Anm. 2 zu VV Nr. 3100	-985,40 Euro
Terminsgebühr VV Nr. 3104, 1,2	909,60 Euro
(Gegenstandswert: 30.000 Euro)	
Auslagenpauschale VV Nr. 7002	20,00 Euro
Zwischensumme	929,60 Euro

§ 5 Erster Rechtszug in bürgerlichen Rechtsstreitigkeiten

19 % Umsatzsteuer, VV Nr. 7008	176,62 Euro
Summe	1.106,22 Euro
III. Summe aus I. und II.:	3.385,07 Euro

■■■

(Rechtsanwalt)

f) Muster: Streitwert im Nachverfahren ist niedriger als Streitwert im Urkundenprozess, es wird jeweils mündlich verhandelt

Frau/Herrn ■■■

■■■ (Straße)

■■■ (PLZ, Ort)

Vergütungsabrechnung

    Rechnungsnummer ■■■

    Leistungszeitraum ■■■

    Steuer-Nr. oder Umsatzsteuerident-Nr. ■■■

I. Urkundenprozess

Verfahrensgebühr VV Nr. 3100, 1,3	985,40 Euro
(Gegenstandswert: 30.000 Euro)	
Terminsgebühr VV Nr. 3104, 1,2	909,60 Euro
(Gegenstandswert: 30.000 Euro)	
Auslagenpauschale VV Nr. 7002	20,00 Euro
Zwischensumme	1.915,00 Euro
19 % Umsatzsteuer, VV Nr. 7008	363,85 Euro
Summe	2.278,85 Euro

II. Nachverfahren

Verfahrensgebühr VV Nr. 3100, 1,3	839,80 Euro
(Gegenstandswert: 20.000 Euro)	
hierauf anzurechnen gem. Abs. 2 der Anm. zu VV Nr. 3100	-839,80 Euro
Terminsgebühr VV Nr. 3104, 1,2	775,20 Euro
(Gegenstandswert: 20.000 Euro)	
Auslagenpauschale VV Nr. 7002	20,00 Euro
Zwischensumme	795,20 Euro
19 % Umsatzsteuer, VV Nr. 7008	151,09 Euro
Summe	946,29 Euro
III. Summe aus I. und II.:	3.225,14 Euro

■■■

(Rechtsanwalt)

g) Muster: Streitwert im Nachverfahren ist höher als Streitwert im Urkundenprozess, es wird jeweils mündlich verhandelt

Frau/Herrn ▪▪▪
▪▪▪ (Straße)
▪▪▪ (PLZ, Ort)
Vergütungsabrechnung
      Rechnungsnummer ▪▪▪
      Leistungszeitraum ▪▪▪
      Steuer-Nr. oder Umsatzsteuerident-Nr. ▪▪▪

I. Urkundenprozess

Verfahrensgebühr VV Nr. 3100, 1,3	985,40 Euro
(Gegenstandswert: 30.000 Euro)	
Terminsgebühr VV Nr. 3104, 1,2	909,60 Euro
(Gegenstandswert: 30.000 Euro)	
Auslagenpauschale VV Nr. 7002	20,00 Euro
Zwischensumme	1.915,00 Euro
19 % Umsatzsteuer, VV Nr. 7008	363,85 Euro
Summe	2.278,85 Euro

II. Nachverfahren

Verfahrensgebühr VV Nr. 3100, 1,3	1.266,20 Euro
(Gegenstandswert: 45.000 Euro)	
Hierauf anzurechnen gem. Abs. 2 der Anm. zu VV Nr. 3100	-985,40 Euro
Terminsgebühr VV Nr. 3104, 1,2	1.168,80 Euro
(Gegenstandswert: 45.000 Euro)	
Auslagenpauschale VV Nr. 7002	20,00 Euro
Zwischensumme	1.469,60 Euro
19 % Umsatzsteuer, VV Nr. 7008	279,22 Euro
Summe	1.748,82 Euro
III. Summe aus I. und II.:	4.027,67 Euro

▪▪▪
(Rechtsanwalt)

h) Muster: Vermittlungsverfahren gem. § 52a FGG nebst anschließendem gerichtlichen Umgangsverfahren

Frau/Herrn ▪▪▪
▪▪▪ (Straße)
▪▪▪ (PLZ, Ort)
Vergütungsabrechnung
      Rechnungsnummer ▪▪▪

§ 5 Erster Rechtszug in bürgerlichen Rechtsstreitigkeiten

Leistungszeitraum ▪▪▪	
Steuer-Nr. oder Umsatzsteuerident-Nr. ▪▪▪	
I. Verfahren nach § 52a FGG	
Gegenstandswert: 4.000 Euro	
Verfahrensgebühr VV Nr. 3100, 1,3	318,50 Euro
Terminsgebühr VV Nr. 3104, 1,2	294,00 Euro
Auslagenpauschale VV Nr. 7002	20,00 Euro
Zwischensumme	632,50 Euro
19 % Umsatzsteuer, VV Nr. 7008	120,18 Euro
Summe	752,68 Euro
II. Umgangsverfahren	
Gegenstandswert: 4.000 Euro	
Verfahrensgebühr VV Nr. 3100, 1,3	318,50 Euro
anzurechnen gem. Abs. 3 der Anm. zu VV Nr. 3100	-318,50 Euro
Terminsgebühr VV Nr. 3104, 1,2	294,00 Euro
Auslagenpauschale VV Nr. 7002	20,00 Euro
Zwischensumme	314,00 Euro
19 % Umsatzsteuer, VV Nr. 7008	59,66 Euro
Summe	373,66 Euro
III. Summe aus I. und II.:	1.126,34 Euro

▪▪▪

(Rechtsanwalt)

C. Beschränkte Verfahrensgebühr VV Nr. 3101

I. Normzweck

30 Die im Gebührentatbestand VV Nr. 3101 geregelte beschränkte Verfahrensgebühr stellt eine **Ausnahme zur Regelung des § 15 IV RVG** dar, weil sich die bereits mit Auftragserteilung entstandene Gebühr auf 0,8 ermäßigt, wenn sich die Angelegenheit vorzeitig erledigt. Die Beendigung des Auftrags kann auf verschiedene Art und Weise erfolgen, zB aufgrund einer Mandatskündigung durch den Mandanten oder durch eine gütliche Einigung. Nach Auffassung des Gesetzgebers wird der Rechtsanwalt, nicht zuletzt mit Rücksicht auf die gebührenmäßige Privilegierung der außergerichtlichen Einigung nach Nr. 1000 VV, auch in dem Zeitraum nach Klageauftrag bis zur Einreichung der Klage bei Gericht versuchen, die Gegenseite zunächst für eine Einigung zu gewinnen. Gelingt ihm dies, wird dadurch ein gerichtliches Verfahren überflüssig.[38]

31 Der Anwalt hat in der Regel bereits eine meist auch zeitaufwendige Vorarbeit unter Einsatz seines Fachwissens und seiner beruflichen Erfahrung geleistet, die sich schon in der Fertigung der Klageschrift und direkter Übermittlung an die Gegenseite nieder-

---

[38] BT-Drucks. 15/1971, S. 211.

geschlagen haben kann, um der Gegenseite noch einmal die Chance zum Einlenken einzuräumen und den Ernst der Lage vor Augen zu führen. Oft kämen nach der Gesetzesbegründung überhaupt erst dadurch Einigungsverhandlungen in Gang, die vielfach zur gütlichen und außergerichtlichen Beendigung des Rechtsstreits führten. Dies bedeutet zugleich eine nachhaltige Entlastung der Justiz durch den frühzeitigen professionellen Einsatz des mit der Prozessführung beauftragten Rechtsanwalts, deshalb sei mit Rücksicht auf die Verfahrensgebühr nach Nr. 3100 VV mit einem Gebührensatz von 1,3 in diesen Fällen der vorzeitigen Beendigung des Auftrags ein Gebührensatz von 0,8 gerechtfertigt, ebenso bei einer gerichtlichen Protokollierung eines Vergleichs.[39]

II. Inhalt

Der Gesetzgeber fasst im Gebührentatbestand VV Nr. 3101 **verschiedene Verfahrensvarianten** zusammen, in denen er die anwaltliche Tätigkeit nicht mit der vollen, aber einer auf den Gebührensatz von 0,8 beschränkten Verfahrensgebühr honorieren will. Die beschränkte Verfahrensgebühr nach Nr. 3101 VV entsteht zunächst bei vorzeitiger Beendigung des Auftrags (VV Nr. 3101 Nr. 1). Sie entsteht ferner, wenn lediglich beantragt wird, eine Einigung zwischen den Parteien über die in diesem Verfahren nicht rechtshängige Ansprüche oder mit Dritten (zB Streithelfer) vor Gericht zu protokollieren oder nach § 278 VI ZPO festzustellen (Nr. 3101 Nr. 2 1. Alternative VV), die beschränkte Verfahrengebühr entsteht ferner, sofern Verhandlungen vor Gericht zur Einigung über die in Nr. 3101 Nr. 2 1. Alternative VV genannten Ansprüche geführt werden (Nr. 3101 Nr. 2 2. Alternative VV), und schließlich nach Nr. 3101 Nr. 3 VV, soweit in einem FGG-Verfahren lediglich ein Antrag gestellt und eine Entscheidung entgegengenommen wird.

1. Vorzeitiges Auftragsende (Nr. 3101 Nr. 1 VV)

a) Allgemeines

Nach Nr. 1 der Nr. 3101 VV entsteht eine Verfahrensgebühr mit einem Satz von 0,8 bei Auftragsende in folgenden Stadien des Mandats:

- vor Einreichung der Klage,
- vor Einreichung des ein Verfahren einleitenden Antrags,
- vor Einreichung eines Schriftsatzes mit Sachanträgen,
- vor Einreichung eines Schriftsatzes mit Sachvortrag,
- vor Einreichung eines Schriftsatzes mit der Zurücknahme der Klage,
- vor Einreichung eines Schriftsatzes mit der Zurücknahme des Antrags,
- vor Wahrnehmung eines gerichtlichen Termins für die Partei.

b) Beendigung des Auftrags

Der Auftrag des Rechtsanwalts endigt, wenn die Voraussetzungen für die weitere Tätigkeit des Rechtsanwalts weggefallen sind, zB

---

39 BT-Drucks. 15/1971, S. 211.

- durch Kündigung des Anwaltsdienstvertrags durch den Rechtsanwalt oder den Auftraggeber oder bei Vertragsaufhebung;
- durch den Tod des Rechtsanwalts;
- durch Erlöschen oder Zurücknahme seiner Zulassung;
- durch die Erledigung der Angelegenheit;
- durch den Tod des Auftraggebers, wenn Zweifel iS von § 672 S. 1 BGB nicht bestehen.[40]

35 Der **maßgebliche Zeitpunkt** für die Beendigung des Auftrags bestimmt sich anhand objektiver Kriterien. In Betracht kommen der Zugang der Kündigung an den Rechtsanwalt oder den Auftraggeber, der Zeitpunkt des Todes des Rechtsanwalts oder das Ende seiner Zulassung, der Zeitpunkt der Erledigung der Angelegenheit, beispielsweise durch Eingang des geschuldeten Betrages und der Zeitpunkt des Todes des Auftraggebers.[41] Erlischt der Auftrag in anderer Weise als durch Kündigung, so gilt er zugunsten des Rechtsanwalts gleichwohl als fortbestehend, bis der Rechtsanwalt von dem Erlöschen Kenntnis erlangt oder das Erlöschen kennen muss, §§ 674, 675 BGB.[42] Endet zB der Auftrag des Beklagtenanwalts infolge einer Klagerücknahme, so tritt die Ermäßigung auf eine 0,8 Verfahrensgebühr nach VV Nr. 3101 Nr. 1 nur ein, wenn der Anwalt vor Einreichung der Klageerwiderung von der Klagerücknahme Kenntnis hatte oder hätte haben müssen.[43]

c) „Bevor"

36 Das Wort „bevor" in Nr. 3101 VV Nr. 1 ist nicht allein als zeitliche Bestimmung anzusehen. Wird der Rechtsanwalt beispielsweise erst nach Beendigung des Rechtsstreits zum Prozessbevollmächtigten bestellt, würde er bei strenger Anwendung des Wortlauts von Nr. 3101 Nr. 1 VV stets die volle Verfahrensgebühr verdienen, da sein Auftrag wegen der späteren Auftragserteilung gerade nicht endet, „bevor" er die dort genannten Tätigkeiten ausgeübt hat. Vielmehr ist der Gebührentatbestand so auszulegen, dass das Wort „bevor" durch die Worte „ohne dass" zu ersetzen ist.[44]

d) Einreichung

37 Die volle Verfahrensgebühr ist auf jeden Fall dann entstanden, wenn die in Nr. 1 der Nr. 3101 VV genannten Schriftsätze mit den dort ausgeführten Inhalten bei Gericht tatsächlich eingegangen sind. **Strittig** ist jedoch, ob bereits die Absendung an das Gericht genügt oder ob die genannten Schriftsätze bei Gericht eingegangen sein müssen. Nach der überwiegenden Meinung ist es notwendig, dass die in Nr. 1 der Nr. 3101 VV genannten Schriftsätze bei Gericht eingegangen sind, ihre Zustellung ist ebenso wenig notwendig sie es auch nicht erforderlich ist, dass das Gericht etwas

---

40 Hansens, § 32 BRAGO Rn 3.
41 Gerold/Schmidt-Müller-Rabe, VV Nr. 3101 Rn 9.
42 Gerold/Schmidt-Müller-Rabe, VV Nr. 3101 Rn 10; Hansens, § 32 BRAGO Rn 3.
43 OLG Koblenz, AGS 2000, 4; OLG Karlsruhe, JurBüro 1996, 420.
44 Hansens/Braun/Schneider, Praxis des Vergütungsrechts, Teil 8 Rn 162.

veranlasst hat, zB Akten angelegt, eine Eintragung in ein Register vorgenommen oder einen Termin anberaumt hat.[45]

Nach anderer Meinung kann man von einer Einreichung schon dann ausgehen, wenn der entsprechende Schriftsatz bei Gericht zwar noch nicht eingegangen, aber vom Prozessbevollmächtigten so auf den Weg gebracht worden ist, dass der tatsächliche Zugang bei Gericht ausschließlich von der Tätigkeit Dritter (etwa der Deutschen Post AG) und nicht mehr von einer Tätigkeit des Anwalts abhängig ist, da es in einem derartigen Fall unbillig wäre, die Verfahrensgebühr zu reduzieren.[46] In der gleichen Weise will diese Meinung auch entscheiden, wenn die Übermittlung des bereits angefertigten Schriftsatzes an das Gericht aus Gründen scheitert, die außerhalb des Verantwortungsbereichs des Prozessbevollmächtigten liegen, also etwa in Fällen eines Streiks des Postzustellungsdienstes oder bei technischen Schwierigkeiten des Telefax-Gerätes auf Empfängerseite.[47]

Der zuletzt genannten Auffassung ist der Vorzug zu geben. **Entscheidendes Kriterium** für die Beschränkung der Verfahrensgebühr ist, dass in den unter Nr. 1 der Nr. 3101 VV genannten Konstellationen der Aufwand des Anwalts gegenüber dem Normalfall signifikant geringer ist. Deshalb muss man von Einreichung bereits dann ausgehen können, wenn der tatsächliche Zugang bei Gericht ausschließlich von der Tätigkeit Dritter abhängig ist.[48] Eingereicht iS von Nr. 1 der Nr. 3101 VV ist ein Schriftsatz im Übrigen auch dann, wenn er beim unzuständigen Gericht eingereicht worden ist, da der Prozessbevollmächtigte damit in der Sache selbst nach außen hervorgetreten ist.[49]

e) Die die volle Verfahrensgebühr auslösenden Handlungen

aa) Klage

Mit „Klage" ist eine Klageschrift in der der jeweiligen Gerichtsbarkeit erforderlichen Form gemeint. Auch Widerklage und Klageerweiterung sind „Klage" im Sinne des Gebührentatbestands.[50]

bb) Der ein Verfahren einleitende Antrag

Diese Alternative betrifft alle diejenigen Fälle, in denen ein in Teil 3 des Vergütungsverzeichnisses fallendes Verfahren nicht durch eine Klage, sondern durch einen bloßen Antrag eingeleitet wird, beispielsweise das Ehescheidungsverfahren nach § 622 ZPO, Anträge über den Erlass eines Arrestes oder einer einstweiligen Verfügung, Anträge im FGG-Verfahren. Wird ein „einleitender Antrag" in einem Verfahren gestellt, das zu seiner Einleitung keines Antrags bedarf (zB in FGG-Amtsverfahren), so löst dieser bedeutungslose Antrag keine 1,3 Verfahrensgebühr aus.[51] Ist er aber mit Sachvortrag

---

[45] Gerold/Schmidt-*Müller-Rabe*, VV Nr. 3101 Rn 15; Riedel/Sußbauer-*Keller*, VV Teil 3 Abschnitt 1 Rn 28; *Hansens*/Braun/Schneider, Praxis des Vergütungsrechts, Teil 8 Rn 164.
[46] AnwK-RVG/*Onderka*, VV Nr. 3101 Rn 24.
[47] AnwK-RVG/*Onderka*, VV Nr. 3101 Rn 25.
[48] Mayer/Kroiß-*Mayer*, VV Nr. 3101 Rn 12.
[49] AnwK-RVG/*Onderka*, VV Nr. 3101 Rn 27; im Ergebnis auch so *Hansens*/Braun/Schneider, Praxis des Vergütungsrechts, Teil 8 Rn 164.
[50] Gerold/Schmidt-*Müller-Rabe*, VV Nr. 3101 Rn 19.
[51] Gerold/Schmidt-*Müller-Rabe*, VV Nr. 3101 Rn 21; BT-Drucks. 15/1971, S. 212.

verbunden, fällt aufgrund der Einreichung eines Schriftsatzes mit Sachvortrag die 1,3 Verfahrensgebühr an.[52]

cc) Schriftsatz mit Sachvortrag

42 Die Reduktion der Verfahrensgebühr tritt auch dann nicht ein, wenn der Auftrag endet, nachdem der Rechtsanwalt einen Schriftsatz mit Sachvortrag eingereicht hat. Der Gesetzgeber wollte mit dieser zusätzlich eingefügten Alternative klarstellen, dass der Reduktionstatbestand auch in besondere Sachanträge der Parteien nicht erfordernden Verfahren (insbesondere nach dem FGG) anzuwenden sein soll. Damit sei zwar zwangsläufig auch eine Erweiterung des Anwendungsbereichs der unbeschränkten Verfahrensgebühr in Streitverfahren verbunden. Dies sei aber auch sachgerecht, wenn der Beklagtenvertreter auf eine Klage erwidere, ohne ausdrücklich Klageabweisung zu beantragen. Dann sei kein Grund ersichtlich, weshalb nicht auch in diesem Fall die volle Verfahrensgebühr anfallen solle.[53]

dd) Schriftsatz mit Sachanträgen

43 Endet der Auftrag, nachdem der Rechtsanwalt einen Schriftsatz mit Sachanträgen eingereicht hat, entsteht weiterhin die volle Verfahrensgebühr. Der Gesetzgeber begründet dies damit, dass in allgemeinen Zivilsachen das Verfahren mit den Anträgen der Parteien stehe und falle. Welche Anträge der Prozessbevollmächtigte stelle, sei für diesen im Unterschied zu den Angelegenheiten der freiwilligen Gerichtsbarkeit ungleich bedeutender. Für die besondere Verantwortung im Hinblick auf die Stellung eines sachgerechten Antrags in Zivilsachen oder in originären Streitverfahren im Übrigen, welche für das Obsiegen oder Unterliegen seiner Partei entscheidend sein können, solle dem Rechtsanwalt die reguläre Verfahrensgebühr mit einem Satz von 1,3 – gleichsam als Entschädigung in Anbetracht seines erhöhten Haftungsrisikos – weiterhin bereits durch die Antragstellung erwachsen. Da jedoch das FGG-Amtsverfahren keiner Sachanträge bedürfe, sei das Haftungsrisiko des Anwalts (im Hinblick auf eine fehlerhafte Antragstellung) zur Einleitung des Verfahrens deutlich niedriger einzustufen, so dass es angemessen ist, dem Anwalt hier erst dann die volle Verfahrensgebühr zuzubilligen, wenn er für seinen Mandanten in der Sache vortrage.[54]

44 **Sachanträge** sind zB:
- Klageerweiterung oder Klagebeschränkung;
- Anträge auf Ergänzung der Entscheidung oder Berichtigung des Tatbestands;
- Verweisungsanträge;
- Anträge auf Durchführung des streitigen Verfahrens nach § 696 I ZPO;
- Erledigungserklärungen nach § 91a ZPO;
- Anträge auf Abweisung der Klage als unbegründet oder als unzulässig;[55]
- Anträge auf Zurückweisung eines Wiedereinsetzungsantrags gegen die Versäumung der Berufungsfrist;[56]

---

52 Gerold/Schmidt-*Müller-Rabe*, VV Nr. 3101 Rn 21; BT-Drucks. 15/1971, S. 212.
53 BT-Drucks. 15/1971, S. 211.
54 BT-Drucks. 15/1971, S. 211 f.
55 Riedel/Sußbauer-*Keller*, VV Teil 3 Abschnitt 1 Rn 24.

- Rüge der örtlichen Unzuständigkeit, da dies inzidenter den Antrag beinhaltet, die Klage als unzulässig abzuweisen, wenn kein Verweisungsantrag gestellt wird;[57]

Keine Sachanträge sind insbesondere Anträge, die nur den Verfahrensgang betreffen, zB: 45

- Aussetzungsantrag;
- Anwaltsbestellung;
- Anzeige, dass die Partei verstorben ist,
- Mitteilung des Rechtsanwalts, seine Partei sei am persönlichen Erscheinen verhindert;
- Bitte um Fristverlängerung;
- Niederlegung des Mandats;
- Antrag auf Streitwertfestsetzung;
- Antrag auf Terminsverlegung;
- Erklärung der Verteidigungsabsicht nach § 276 I 1 ZPO (strittig);[58]
- Vertretungsanzeige;
- bloßer Beitritt des Streitverkündeten;[59]
- Antrag auf Terminsbestimmung gem. § 697 III ZPO;[60]
- Aufnahme eines unterbrochenen oder ausgesetzten Verfahrens gem. § 250 ZPO;[61]

ee) Zurücknahme der Klage und Zurücknahme des Antrags

Weiter führt die Einreichung eines Schriftsatzes, in dem die Rücknahme der Klage oder die Rücknahme des Antrags enthalten ist, zum Entstehen der vollen Verfahrensgebühr. Eine Rücknahme der Widerklage ist der Rücknahme der Klage gleichzustellen.[62] 46

ff) Wahrnehmung eines gerichtlichen Termins

Die volle Verfahrensgebühr und nicht die beschränkte nach VV Nr. 3101 entsteht, wenn der Auftrag endet, nachdem der Rechtsanwalt für seine Partei einen gerichtlichen Termin wahrgenommen hat. Der Vergütungstatbestand VV Nr. 3101 spricht ausdrücklich von einem „gerichtlichen" Termin. Für die die volle Verfahrensgebühr auslösende Wahrnehmung eines Termins iS von Nr. 3101 Nr. 1 VV genügt die Anwesenheit des Rechtsanwalts bei Aufruf der Sache, in der Absicht, die Interessen seiner Partei angemessen vor Gericht, insbesondere bei dem Versuch einer gütlichen Bereinigung der Streitsache, zu vertreten.[63] 47

---

[56] OLG München, JurBüro 1994, 603.
[57] Gerold/Schmidt-*Müller-Rabe*, VV Nr. 3101 Rn 27a; OLG Schleswig, JurBüro 1997, 86 f.
[58] Gerold/Schmidt-*Müller-Rabe*, VV Nr. 3101 Rn 31; Riedel/Sußbauer-*Keller*, VV Teil 3, Abschnitt 1 Rn 24; aA für die Annahme eines Sachantrags AnwK-RVG/*Onderka*, VV Nr. 3101 Rn 41.
[59] Gerold/Schmidt-*Müller-Rabe*, VV Nr. 3101 Rn 31; ein Sachantrag liegt aber vor, wenn der Streithelfer sich dem Antrag der Partei anschließt, auf deren Seite er beigetreten ist, vgl Gerold/Schmidt-*Müller-Rabe*, VV Nr. 3101 Rn 67.
[60] OLG Karlsruhe, JurBüro 1994, 431.
[61] OLG Karlsruhe, JurBüro 1997, 108.
[62] Gerold/Schmidt-*Müller-Rabe*, VV Nr. 3101 Rn 42.
[63] AnwK-RVG/*Onderka*, VV Nr. 3101 Rn 55.

48 Im Falle einer Streitverkündung ist zunächst erforderlich, dass der Streitverkündete seinen Beitritt zum Rechtsstreit erklärt hat,[64] eine Anwesenheit allein zum Zwecke der Mitteilung des Prozessbevollmächtigten, dass er das Mandat niederlege, stellt jedoch keine Terminswahrnehmung dar, da es ihm nicht mehr um die Wahrnehmung der Interessen des Mandanten geht.[65]

2. Antrag, eine Einigung vor Gericht zu protokollieren oder nach § 278 VI ZPO festzustellen (Nr. 3101 Nr. 2 1. Alternative VV)

49 Nach der 1. Alternative des Gebührentatbestands Nr. 2 bei Nr. 3101 VV entsteht die beschränkte Verfahrensgebühr ferner, soweit lediglich beantragt ist, eine Einigung der Parteien oder mit Dritten über in diesem Verfahren nicht rechtshängige Ansprüche zu Protokoll zu nehmen oder nach § 278 VI ZPO festzustellen.

a) Antragsgebühr

50 Eine reduzierte Verfahrensgebühr iHv 0,8 entsteht nach Nr. 3101 Nr. 2 1. Alternative VV für den Antrag, eine Einigung der Parteien oder mit Dritten über in diesem Verfahren nicht rechtshängige Ansprüche zu Protokoll zu nehmen oder nach § 278 VI ZPO festzustellen. Dieser Gebührentatbestand entspricht im Wesentlichen dem früheren § 32 II BRAGO und regelt die sogenannte Differenzverfahrensgebühr.

51 Der Gebührentatbestand ist bereits erfüllt, wenn ein Antrag, eine Einigung der Parteien oder mit Dritten über in diesem Verfahren nicht rechtshängige Ansprüche zu Protokoll zu nehmen oder nach § 278 VI ZPO festzustellen, gestellt wird.[66] Voraussetzung ist nicht, dass die Einigung auch Bestand behält. Die Gebühr bleibt auch dann erhalten, wenn die getroffene Einigung wieder entfällt, so zB bei Widerrufsvergleichen. Eine der Anmerkung Absatz 3 zu VV Nr. 1000 entsprechende Regelung fehlt bei der Differenzverfahrensgebühr.[67]

b) Einigung

52 Der Gebührentatbestand VV Nr. 3101 Nr. 2 1. Alternative verlangt lediglich die Protokollierung einer Einigung. Ein Vergleich, der ein gegenseitiges Nachgeben voraussetzen würde, ist nicht erforderlich. Die **Einigung** bezieht als **Oberbegriff** den Vergleich mit ein.[68] Die Annahme einer Einigung setzt jedoch zumindest voraus, dass eine über die bloß deklaratorische Feststellung bestehender tatsächlicher Verhältnisse hinaus verwertbare Regelung getroffen worden ist, sofern lediglich die tatsächlichen Verhältnisse festgestellt wurden, ist dies keine Einigung iS von Nr. 3101 Nr. 2 VV.[69]

---

64 AnwK-RVG/*Onderka*, VV Nr. 3101 Rn 56.
65 AnwK-RVG/*Onderka*, VV Nr. 3101 Rn 57.
66 Mayer/Kroiß-*Mayer*, VV Nr. 3101 Rn 24; Enders, RVG für Anfänger Rn 987; vgl auch AnwK-RVG/*Onderka*, VV Nr. 3101 Rn 88; missverständlich insoweit Riedel/Sußbauer-*Keller*, VV Teil 3 Abschnitt 1 Rn 34, der offenbar den bloßen Auftrag genügen lässt.
67 Schneider/Mock, Das neue Gebührenrecht für Anwälte, § 14 Rn 36; Mock, AGS 2004, 45 ff.; vgl auch AnwK-RVG/*Onderka*, VV Nr. 3101 Rn 103; Gerold/Schmidt-*Müller-Rabe*, VV Nr. 3101 Rn 90.
68 Gerold/Schmidt-*Müller-Rabe*, VV Nr. 3101 Rn 81; Riedel/Sußbauer-*Keller*, VV Teil 3 Abschnitt 1 Rn 34; AnwK-RVG/*Onderka*, VV Nr. 3101 Rn 89; Hartmann, RVG, VV Nr. 3101 Rn 60.
69 AnwK-RVG/*Onderka*, VV Nr. 3101 Rn 92.

c) Der Parteien oder mit Dritten

Der Gebührentatbestand Nr. 2 1. Alternative der Nr. 3101 umfasst zunächst den früher in § 32 II BRAGO geregelten Fall der Protokollierung einer Einigung der Parteien über die in diesem Verfahren nicht rechtshängigen Ansprüche, erweitert aber den Anwendungsbereich, da auch Vergleiche mit Dritten (zB Streithelfer) miteinbezogen werden. Der Gesetzgeber will damit dem Umstand Rechnung tragen, dass einem solchen Vergleich regelmäßig erhebliche Bemühungen des Anwalts vorausgehen, die eine Anhebung auf eine Gebühr mit einem Gebührensatz von 0,8 rechtfertigen. Darüber hinaus habe eine solche Regelung einen hohen Entlastungseffekt, weil die Prozess- bzw die Verfahrensbevollmächtigten durch die Einbeziehung von Gegenständen, die bislang nicht bei dem Gericht an- bzw rechtshängig gemacht worden sind, helfen, ein langwieriges weiteres gerichtliches Verfahren zu vermeiden.[70] Der Dritte muss außer im Rahmen der Einigung nicht Beteiligter des Rechtsstreits sein.[71]

53

d) Vergleich nach § 278 VI ZPO

Nach § 278 VI ZPO kann ein gerichtlicher Vergleich auch dadurch geschlossen werden, dass die Parteien einen schriftlichen Vergleichsvorschlag des Gerichts durch Schriftsatz gegenüber dem Gericht annehmen. Nach § 278 VI 2 ZPO stellt dann das Gericht das Zustandekommen und den Inhalt eines nach § 278 VI 1 ZPO geschlossenen Vergleichs durch Beschluss fest. Da auch derartige Vergleiche eine justizentlastende Wirkung haben, gleichzeitig aber auch wiederum umfangreiche anwaltliche Tätigkeiten voraussetzen, soll der Anwalt auch bei einem Vergleich, der im Rahmen eines Verfahrens nach § 278 VI ZPO geschlossen wird, die Differenzverfahrensgebühr nach Nr. 3101 Nr. 2 1. Alternative VV iHv 0,8 verdienen.

54

Der Gebührentatbestand verlangt die Beantragung der Feststellung einer Einigung im Wege des § 278 VI ZPO. Teilweise wird vertreten, in Nr. 3101 Nr. 2 VV sei insoweit ein Sachverhalt geregelt, der nach dem Verfahrensrecht nicht vorkomme. § 278 VI ZPO sehe lediglich die Feststellung des Zustandekommens eines Vergleichs vor, dieser müsse die materiell-rechtlichen Voraussetzungen des § 779 BGB erfüllen, bei einer Einigung sei jedoch ein gegenseitiges Nachgeben nicht erforderlich. Das Gericht müsse die Feststellung nach § 278 VI 2 ZPO ablehnen, wenn die Einigung nicht auch die materiell-rechtlichen Voraussetzungen des § 779 BGB erfüllen.[72] Diese Auffassung verkennt jedoch, dass der Vergütungstatbestand lediglich an den Antrag anknüpft, eine Einigung im Wege des § 278 VI ZPO festzustellen. Schon **der bloße Feststellungsantrag** löst die Gebühr aus.[73] Das Zustandekommen eines Vergleichs nach § 278 VI ZPO stellt das Gericht durch Beschluss fest, ohne dass es hierzu – verfahrensrechtlich – eines Antrags der Partei bedarf. Deshalb ist der Vergütungstatbestand auch dann erfüllt, wenn in einem Rechtsstreit eine Einigung der Parteien oder mit Dritten

55

---

[70] BT-Drucks. 15/1971, S. 211.
[71] Gerold/Schmidt-*Müller-Rabe*, VV Nr. 3101 Rn 86; enger AnwK-RVG/*Onderka*, VV Nr. 3101 Rn 95 f., der bei einem nicht am Rechtsstreit beteiligten Dritten eine Einigung in Form eines echten Vertrags zugunsten Dritter verlangt.
[72] *Hansens*/Braun/Schneider, Praxis des Vergütungsrechts, Teil 8 Rn 174.
[73] Mayer/Kroiß-*Mayer*, VV Nr. 3101 Rn 28.

über in diesem Verfahren nicht rechtshängige Ansprüche nach § 278 VI ZPO vom Gericht festgestellt wurde.[74]

56 Nach § 106 S. 2 VwGO kann ein gerichtlicher Vergleich auch dadurch geschlossen werden, dass die Beteiligten einen in Form eines Beschlusses ergangenen Vorschlag des Gerichts, des Vorsitzenden oder des Berichterstatters schriftlich gegenüber dem Gericht annehmen. Strukturell unterscheiden sich § 278 VI 1 und 2 ZPO und § 106 S. 2 VwGO nur wenig. Hinzu kommt ferner, dass die vom Gesetzgeber für die Zuerkennung einer beschränkten Verfahrensgebühr iHv 0,8 durch VV Nr. 3101 Nr. 2 1. Alternative genannten Erwägungen, nämlich dass einem derartigen Vergleich, in dem auch in diesem Verfahren nicht rechtshängige Ansprüche miteinbezogen sind, regelmäßig erhebliche Bemühungen des Rechtsanwalts vorausgehen, ebenso wie der Umstand, dass eine solche Regelung einen hohen Entlastungseffekt für die Justiz hat, weil die Prozessbevollmächtigten durch die Einbeziehung von Gegenständen, die bislang nicht bei dem Gericht anhängig bzw rechtshängig gemacht worden sind, helfen, ein langwieriges weiteres gerichtliches Verfahren zu vermeiden,[75] auf einen schriftlichen Vergleich nach § 106 S. 2 VwGO in gleicher Weise zutreffen. Daher ist bei einem Vergleich nach § 106 S. 2 VwGO der Vergütungstatbestand VV Nr. 3101 Nr. 2 1. Alternative analog anzuwenden.[76]

e) Nicht in diesem Verfahren rechtshängige Ansprüche

57 Die Differenzverfahrensgebühr fällt nur an, wenn sich die Einigung auf gerichtlich nicht anhängige Gegenstände oder in einem anderen Verfahren anhängige Gegenstände bezieht. Die im selben Verfahren anhängigen Ansprüche werden ohnehin durch die Verfahrensgebühr Nr. 3100 VV abgedeckt.[77] An der Höhe der Gebühr ändert sich nichts dadurch, dass in höherer Instanz anhängige Ansprüche beim Erstgericht in die Einigungsbemühungen miteinbezogen werden.[78] Die Höhe der Gebühr richtet sich nur danach, vor welchem Gericht die Einigung protokolliert werden soll bzw der Vergleich nach § 278 VI ZPO festgestellt wird; so VV Nr. 3101 Nr. 2, wenn dies im 1. Rechtszug erfolgt und Nr. 2 der Anmerkung zu VV Nr. 3201, wenn dies in der Berufungsinstanz erfolgt.[79]

f) Muster

aa) Muster: Protokollierung einer Einigung auch über in diesem Verfahren nicht rechtshängige Ansprüche

58 In einem Verfahren mit Streitwert 30.000 Euro werden im Vergleich Gegenstände im Wert von 20.000 Euro auf Wunsch des Mandanten mitprotokolliert, wobei die Einigung über diese Gegenstände ohne anwaltliche Mitwirkung und ohne anwaltlichen Verhandlungsauftrag unmittelbar zwischen den Parteien ausgehandelt wurde.

---

[74] AnwK-RVG/*Onderka*, VV Nr. 3101 Rn 101; vgl auch Gerold/Schmidt-*Müller-Rabe*, VV Nr. 3101 Rn 87.
[75] BT-Drucks. 15/1971, S. 211.
[76] S. hierzu auch Mayer, RVG-Letter 2005, 14 f.
[77] Mayer/Kroiß-*Mayer*, VV Nr. 3101 Rn 30.
[78] Gerold/Schmidt-*Müller-Rabe*, VV Nr. 3101 Rn 92; Riedel/Sußbauer-*Keller*, VV Teil 3 Abschnitt 1 Rn 36.
[79] Gerold/Schmidt-*Müller-Rabe*, VV Nr. 3101 Rn 92.

C. Beschränkte Verfahrensgebühr VV Nr. 3101

143

Frau/Herrn ▪▪▪
▪▪▪ (Straße)
▪▪▪ (PLZ, Ort)
Vergütungsabrechnung
    Rechnungsnummer ▪▪▪
    Leistungszeitraum ▪▪▪
    Steuer-Nr. oder Umsatzsteuerident-Nr. ▪▪▪

Verfahrensgebühr VV Nr. 3100, 1,3	985,40 Euro
(Gegenstandswert: 30.000 Euro)	
Verfahrensgebühr VV Nr. 3101 Nr. 2 1. Alt. , 0,8	
(Gegenstandswert: 20.000 Euro)	
nach Prüfung gem. § 15 III RVG	374,40 Euro
Terminsgebühr VV Nr. 3104, 1,2	909,60 Euro
(Gegenstandswert: 30.000 Euro)	
Einigungsgebühr[80] VV Nrn. 1000, 1003, 1,0	758,00 Euro
(Gegenstandswert: 30.000 Euro)	
Auslagenpauschale VV Nr. 7002	20,00 Euro
Zwischensumme	3.047,40 Euro
19 % Umsatzsteuer, VV Nr. 7008	579,01 Euro
Summe	3.626,41 Euro

▪▪▪
(Rechtsanwalt)

bb) Muster: Abwandlung; wie Muster aa), aber mit nachträglichem Widerruf des Vergleichs

59

144

Frau/Herrn ▪▪▪
▪▪▪ (Straße)
▪▪▪ (PLZ, Ort)
Vergütungsabrechnung
    Rechnungsnummer ▪▪▪
    Leistungszeitraum ▪▪▪
    Steuer-Nr. oder Umsatzsteuerident-Nr. ▪▪▪

Verfahrensgebühr VV Nr. 3100, 1,3	985,40 Euro
(Gegenstandswert: 30.000 Euro)	
Verfahrensgebühr VV Nr. 3101 Nr. 2 1. Alt. , 0,8	
(Gegenstandswert: 20.000 Euro)	
nach Prüfung gem. § 15 III RVG	374,40 Euro

---

[80] Eine Mitwirkung der Anwälte bei der Einigung wäre aber dann gegeben, wenn die Einigung über die weiteren Gegenstände zu ihrer Wirksamkeit gem. § 127a der Protokollierung als Vergleich bedurft hätte, vgl AnwK-RVG/ *N.Schneider*, VV Nr. 1000 Rn 118; Schneider, AGS 2007, 277 ff., 278,.

Terminsgebühr VV Nr. 3104, 1,2	909,60 Euro
(Gegenstandswert: 30.000 Euro)	
Auslagenpauschale VV Nr. 7002	20,00 Euro
Zwischensumme	2.289,40 Euro
19 % Umsatzsteuer, VV Nr. 7008	434,99 Euro
Summe	2.724,39 Euro

■■■

(Rechtsanwalt)

cc) Muster: Vergleich nach § 278 VI ZPO mit Mehrwert

60 In einem Verfahren mit vorgeschriebener mündlicher Verhandlung und Gegenstandswert 30.000 Euro stimmen die Parteien einem Vergleichsvorschlag nach § 278 VI ZPO zu, der auch einen Streit der Parteien mit einem Gegenstand von 20.000 Euro, welcher in der Berufungsinstanz schwebt, mit einbezieht.

145

Frau/Herrn ■■■

■■■ (Straße)

■■■ (PLZ, Ort)

Vergütungsabrechnung

    Rechnungsnummer ■■■

    Leistungszeitraum ■■■

    Steuer-Nr. oder Umsatzsteuerident-Nr. ■■■

Verfahrensgebühr VV Nr. 3100, 1,3	985,40 Euro
Gegenstandswert: 30.000 Euro)	
Verfahrensgebühr VV Nr. 3101 Nr. 2 1. Alt. , 0,8	
(Gegenstandswert: 20.000 Euro)	
nach Prüfung gem. § 15 III RVG	374,40 Euro
Terminsgebühr VV Nr. 3104, 1,2	1.255,20 Euro[81]
(Gegenstandswert: 50.000 Euro)	
Einigungsgebühr VV Nrn. 1000, 1003, 1,0	758,00 Euro
(Gegenstandswert: 30.000 Euro)	
Einigungsgebühr VV Nrn. 1000, 1004, 1,3	
(Gegenstandswert: 20.000 Euro)	
nach Prüfung gem. § 15 III RVG	601,80 Euro
Auslagenpauschale VV Nr. 7002	20,00 Euro
Zwischensumme	3.994,80 Euro
19 % Umsatzsteuer, VV Nr. 7008	759,01 Euro
Summe	4.753,81 Euro

---

[81] Vgl Absatz 1 Nr. 1 der Anmerkung zu VV Nr. 3104.

■■■

(Rechtsanwalt)

dd) Muster: Abwandlung; es handelt sich nicht um ein Verfahren mit vorgeschriebener mündlicher Verhandlung[82]

Frau/Herrn ■■■	
■■■ (Straße)	
■■■ (PLZ, Ort)	
Vergütungsabrechnung	
Rechnungsnummer ■■■	
Leistungszeitraum ■■■	
Steuer-Nr. oder Umsatzsteuerident-Nr. ■■■	
Verfahrensgebühr VV Nr. 3100, 1,3	985,40 Euro
(Gegenstandswert: 30.000 Euro)	
Verfahrensgebühr VV Nr. 3101 Nr. 2 1. Alt. , 0,8	
(Gegenstandswert: 20.000 Euro)	
nach Prüfung gem. § 15 III RVG	374,40 Euro
Einigungsgebühr VV Nrn. 1000, 1003, 1,0	758,00 Euro
(Gegenstandswert: 30.000 Euro)	
Einigungsgebühr VV Nrn. 1000, 1004, 1,3	
(Gegenstandswert: 20.000 Euro)	
nach Prüfung gem. § 15 III RVG	601,80 Euro
Auslagenpauschale VV Nr. 7002	20,00 Euro
Zwischensumme	2.739,60 Euro
19 % Umsatzsteuer, VV Nr. 7008	520,52 Euro
Summe	3.260,12 Euro

146

■■■

(Rechtsanwalt)

ee) Muster: Einigung der Parteien über rechtshängige Ansprüche

Nach Klageeinreichung einigen sich die Parteien ohne anwaltliche Mitwirkung und beauftragen ihre Anwälte mit der Protokollierung der von ihnen getroffenen Einigung, Streitwert 20.000 Euro.

Frau/Herrn ■■■

■■■ (Straße)

■■■ (PLZ, Ort)

Vergütungsabrechnung

    Rechnungsnummer ■■■

---

[82] Eine Terminsgebühr fällt dann durch den Abschluss des Vergleichs nach § 278 VI ZPO nicht an, vgl OLG München, NJOZ 2005, 4946 mit Bespr. Mayer, RVG-Letter 2005, 123 f.

Leistungszeitraum ■■■	
Steuer-Nr. oder Umsatzsteuerident-Nr. ■■■	
Verfahrensgebühr VV Nr. 3100, 1,3	839,80 Euro
(Gegenstandswert: 20.000 Euro)	
Terminsgebühr VV Nr. 3104, 1,2	775,20 Euro[83]
(Gegenstandswert: 20.000 Euro)	
Auslagenpauschale VV Nr. 7002	20,00 Euro
Zwischensumme	1.635,00 Euro
19 % Umsatzsteuer, VV Nr. 7008	310,65 Euro
Summe	1.945,65 Euro

■■■

(Rechtsanwalt)

3. Führen von Verhandlungen vor Gericht (VV Nr. 3102 Nr. 2, 2. Alternative)

a) Allgemeines

63   Nach Nr. 2, 2. Alternative des Gebührentatbestandes Nr. 3101 VV entsteht die Differenzverfahrensgebühr auch dann, wenn vor Gericht zur Einigung über die in Nr. 2 des Gebührentatbestands VV Nr. 3101, 1. Alternative genannten Ansprüche Verhandlungen geführt werden.

b) Gebührentatbestand

aa) Verhandlungen zur Einigung

64   Der Gebührentatbestand Nr. 3101 Nr. 2, 2. Alternative VV verlangt ein Führen von Verhandlungen. Was unter **Verhandlung** zu verstehen ist, ist im RVG nicht geregelt. Insbesondere kann nach der Neufassung der Terminsgebühr, die unabhängig von der Antragstellung anfällt, nicht mehr davon ausgegangen werden, dass ein Verhandeln gleichgesetzt werden müsste mit dem Stellen von Anträgen, abgesehen davon, dass ohnehin über in einem Verfahren nicht rechtshängige Ansprüche im Regelfall keine Anträge gestellt werden können. Unter „Verhandlung" iS von Nr. 3101 Nr. 2, 2. Alternative VV ist daher entsprechend den Entstehungsvoraussetzungen der Terminsgebühr eine Besprechung über in diesem Verfahren nicht rechtshängige Ansprüche mit dem Ziel der Einigung zu verstehen. Eine Verhandlung zur Einigung liegt aber dann nicht vor, wenn beispielsweise in einem gerichtlichen Verhandlungstermin Einigungsgespräche über in diesem Verfahren nicht rechtshängige Ansprüche geführt werden und die eine Partei einen bestimmten Sachverhalt mitregeln möchte, die andere Seite jedoch nicht bereit ist, in diesem Punkt „zu verhandeln".

65   Der Gebührentatbestand ist nicht nur anwendbar, wenn mit der Zielrichtung einer Einigung iS des Vergütungstatbestands VV Nr. 1000 verhandelt wird, sondern gilt auch gleichermaßen, wenn beispielsweise in einem verwaltungsgerichtlichen Verfah-

---

[83] Im Gegenschluss aus Absatz 3 der Anmerkung zu Nr. 3104 VV ergibt sich, dass die Terminsgebühr mit dem Gebührensatz von 1,2 entsteht, soweit beantragt ist, eine Einigung der Parteien über rechtshängige Ansprüche zu Protokoll zu nehmen; aA ohne Begründung Schneider, Fälle und Lösungen, § 12 Rn 20, Beispiel 28.

ren **Verhandlungen mit der Zielrichtung einer Erledigung** der Rechtssache iS von VV Nr. 1002 geführt werden, da ein sachlicher Grund für eine Differenzierung nicht ersichtlich ist.[84] Als Voraussetzung für das Entstehen der beschränkten Verfahrensgebühr nach Nr. 3101 Nr. 2, 2. Alternative VV ist, dass der Rechtsanwalt den **Auftrag erhalten hat, über den Gegenstand bei Gericht zu verhandeln**; ein bloßer Auftrag zur außergerichtlichen Tätigkeit genügt nicht.[85] Erforderlich ist aber auch nicht die Erteilung eines Prozessauftrags hinsichtlich der Ansprüche, über die Verhandlungen vor Gericht zur Einigung iS von VV Nr. 3101 Nr. 2, 2. Alternative geführt werden.[86] Denn dann bliebe dem Vergütungstatbestand VV Nr. 3101 Nr. 2, 2. Alternative kein eigenständiger Anwendungsbereich, da nach Erteilung des Prozessauftrags bereits für die Entgegennahme der Information die Verfahrensgebühr nach VV Nr. 3100 in voller Höhe, zumindest aber die Verfahrensgebühr nach VV Nr. 3101 Nr. 1 anfällt.[87] Zu weitgehend dürfte jedoch die Auffassung sein, dass bereits schon der Auftrag, über nicht rechtshängige Ansprüche vor Gericht Einigungsgespräche zu führen und die Aufnahme der diesbezüglichen Informationen genügt, um den Vergütungstatbestand zu erfüllen,[88] denn der Vergütungstatbestand knüpft ausdrücklich an das Führen von Verhandlungen an, so dass zumindest auf jeden Fall diese Tätigkeit ausgeführt worden sein muss, damit der Vergütungstatbestand in dieser Entstehungsvariante erfüllt ist.

bb) Vor Gericht

Nach dem ausdrücklichen Wortlaut des Gebührentatbestandes müssen die Verhandlungen **vor Gericht** geführt werden. Verhandlungen außerhalb des Gerichts fallen nicht unter den Wortlaut des Gebührentatbestandes Nr. 3101 Nr. 2 2. Alternative VV.[89] Zu der Frage einer etwaigen analogen Anwendung des Gebührentatbestandes bei außergerichtlichen Verhandlungen zur Einigung siehe unten § 5 Rn 69 f.

66

cc) In diesem Verfahren nicht rechtshängige Ansprüche

Gegenstand der Verhandlungen vor Gericht zur Einigung müssen nach Nr. 3101 Nr. 2 2. Alternative VV nicht in diesem Verfahren rechtshängige Ansprüche sein. Es kann sich somit um Ansprüche handeln, die bislang noch in keinem Verfahren rechtshängig sind, oder um Ansprüche, die in einem anderen Verfahren bereits rechtshängig sind. Der Begriff „Anspruch" ist in diesem Zusammenhang weit zu verstehen. Darunter fallen nicht nur Verhandlungen über Ansprüche iS von § 194 I BGB, sondern auch über Feststellungen oder Rechtsverhältnisse.

67

dd) Lediglich Entgegennahme der Information

Erhält der Rechtsanwalt beispielsweise den Auftrag, über nicht rechtshängige Ansprüche vor Gericht Einigungsgespräche zu führen und nimmt er hierfür bereits die Informationen entgegen, fällt nach einer Auffassung bereits eine 0,8 Verfahrensgebühr an, auch wenn sich beispielsweise die Parteien einigen, bevor es zum Gerichtstermin

68

---

84 Mayer/Kroiß-*Mayer*, VV Nr. 3101 Rn 33.
85 Gerold/Schmidt-*Müller-Rabe*, VV Nr. 3101 Rn 79 f.; vgl auch AnwK-RVG/*Onderka*, VV Nr. 3101 Rn 105.
86 Mayer/Kroiß-*Mayer*, VV Nr. 3101 Rn 34; aA *Hansens*/Braun/Schneider, Praxis des Vergütungsrechts, Teil 8 Rn 175.
87 Vgl *Hansens*/Braun/Schneider, Praxis des Vergütungsrechts, Teil 8 Rn 175.
88 So aber Gerold/Schmidt-*Müller-Rabe*, VV Nr. 3101 Rn 89.
89 So auch AnwK-RVG/*Onderka*, VV Nr. 3101 Rn 104; Enders, RVG für Anfänger Rn 1001.

kommt; dabei lässt diese Auffassung dahingestellt, ob VV Nr. 3101 Nr. 1 oder Nr. 2 angewandt wird.[90]

c) Verhandlungen außerhalb des Gerichts zur Einigung über nicht rechtshängige Ansprüche

69 Der Gebührentatbestand Nr. 3101 Nr. 2 2. Alternative VV setzt für das Entstehen der Gebühr voraus, dass über die in diesem Verfahren nicht rechtshängigen Ansprüche zur Einigung vor Gericht verhandelt wird. Teilweise wird eine Lücke darin gesehen, dass der **Fall außergerichtlicher Verhandlungen** nicht geregelt ist. Solche außergerichtlichen Verhandlungen gehörten zum Rechtszug und lösen sogar eine volle Terminsgebühr aus. Nach dieser Meinung ist kein Grund dafür ersichtlich, weshalb der Anwalt in den Fällen der außergerichtlichen Verhandlungen keine Verfahrensgebühr erhalten soll, zumal dies dem Grundsatz widerspricht, dass keine Gebühr nach einem höheren Wert anfallen kann als die jeweilige Verfahrensgebühr. Nach dieser Meinung ist im Falle außergerichtlicher Verhandlungen der Gebührentatbestand Nr. 3101 Nr. 2 VV analog anzuwenden, da es sonst für den Anwalt günstiger wäre, es zu einem gerichtlichen Termin kommen zu lassen, gerade dies aber habe nach dem erklärten Willen des Gesetzgebers durch die neuen Regelungen vermieden werden sollen, vielmehr sollte gerade ein Anreiz für außergerichtliche Verhandlungen geschaffen werden.[91]

70 Die Voraussetzungen für eine analoge Anwendung des Gebührentatbestandes Nr. 3101 Nr. 2 2. Alternative VV sind entgegen dieser Auffassung jedoch nicht gegeben, da keine planwidrige Lücke im Gesetz vorhanden ist. Handelt es sich bei den Ansprüchen, die Gegenstand der außergerichtlichen Verhandlungen zur Einigung sind, um anderweitig bereits rechtshängige Ansprüche, so ist in den jeweiligen Verfahren die Verfahrensgebühr bereits angefallen. Handelt es sich dagegen um Ansprüche, die bislang noch nicht rechtshängig waren und bezüglich derer auch noch kein Prozessauftrag erteilt ist, entsteht in jedem Fall die Geschäftsgebühr nach Nr. 2300 VV. Der insoweit zur Verfügung stehende Gebührenrahmen erlaubt es ohne Weiteres, im Rahmen der Bemessung der konkreten Gebühr unter Berücksichtigung der Bemessungskriterien des § 14 RVG auch den durch die außergerichtlichen Verhandlungen entstandenen zusätzlichen Aufwand bei der Festlegung der konkreten Gebühr zu berücksichtigen. Darüber hinaus ist kein Grund dafür ersichtlich, weshalb außergerichtliche Verhandlungen über nicht rechtshängige Ansprüche zum Entstehen einer Differenzverfahrensgebühr führen sollen, nur weil zufällig zwischen den Parteien noch ein anderer Anspruch rechtshängig ist.[92]

d) Beispielsfall zur Abgrenzung von Vertretungsauftrag und Auftrag auch für Verhandlungen vor Gericht

71 In einem arbeitsgerichtlichen Verfahren ist eine Kündigungsschutzklage eines Arbeitnehmers anhängig. Der nach § 42 IV GKG maßgebliche Vierteljahresverdienst für den

---

[90] Gerold/Schmidt-*Müller-Rabe*, VV Nr. 3101 Rn 89.
[91] Schneider/Mock, Das neue Gebührenrecht für Anwälte, § 14 Rn 42.
[92] Mayer/Kroiß-*Mayer*, VV Nr. 3101 Rn 39; im Ergebnis so auch *Hansens*/Braun/Schneider, Praxis des Vergütungsrechts, Teil 8 Rn 176; vgl auch Riedel/Sußbauer-*Keller*, VV Teil 3 Abschnitt 1 Rn 38, der bei außergerichtlichen Verhandlungen mit sogar stillschweigend vereinbarter Protokollierungsabsicht den Anwendungsbereich des Vergütungstatbestandes VV Nr. 3101 Nr. 2 für eröffnet ansieht.

Streitwert der Kündigungsschutzklage beträgt 27.000 Euro. Im Gütetermin versucht das Arbeitsgericht eine Globalbereinigung der Parteien, es wird über die Rückgabe des Firmenfahrzeugs, über eine Verdienst- und Freistellungsregelung, über die Aufhebung eines Wettbewerbsverbotes sowie über Umzugskosten verhandelt, diese Verhandlungen führen jedoch zu keiner Einigung. Der Wert der im Kündigungsschutzverfahren nicht anhängigen Ansprüche, über die Verhandlungen zur Einigung im Gütertermin geführt wurden, beträgt 80.000 Euro. Bei der Gebührenabrechnung kommt es entscheidend darauf an, welchen Auftrag der gekündigte Arbeitnehmer dem für ihn tätigen Rechtsanwalt erteilt hat:

aa) Vertretungsauftrag und anschließend Auftrag auch für Verhandlungen vor Gericht

Hat der Anwalt von seinem Mandanten für Ansprüche, über die im Gütertermin Verhandlungen zur Einigung geführt wurden, lediglich Auftrag zur außergerichtlichen Vertretung erhalten, ist eine Differenzverfahrensgebühr nach Nr. 3101 Nr. 2 2. Alternative VV nicht entstanden.[93] Anders ist es aber, wenn der Rechtsanwalt nicht nur den Auftrag zur außergerichtlichen Vertretung erhalten hat, sondern auch den Auftrag bekommen hat, über diese Ansprüche bei Gericht zu verhandeln. Der Anwalt verdient zwar jetzt die Verfahrensgebühr nach VV Nr. 3101 Nr. 2 2. Alternative VV, muss sich aber die zuvor verdiente Geschäftsgebühr zur Hälfte auf die 0,8 Verfahrensgebühr anrechnen lassen.[94] Im konkreten Fall bedeutet dies für die **Verfahrensgebühr**:

72

Entstanden sind:

1,3 Verfahrengebühr nach Nr. 3100 VV (Wert: 27.000 Euro)	985,40 Euro
0,8 Verfahrensgebühr nach Nr. 3101 Nr. 2 VV (Wert: 80.000 Euro)	960,00 Euro
	1.945,40 Euro
gem. § 15 III RVG aber maximal 1,3 Verfahrensgebühr aus 107.000 Euro	1.760,20 Euro

Die Geschäftsgebühr, die aus dem Wert der gerichtlich nicht anhängigen Ansprüche angefallen ist, errechnet sich wie folgt:

1,3 Geschäftsgebühr nach Nr. 2300 VV (Wert: 80.000 Euro)	1.560,00 Euro
anzurechnen hiervon gem. Vorb.3 Abs. 4 die Hälfte, also	-780,00 Euro

Die Anrechnung der hälftigen Geschäftsgebühr auf die Differenzverfahrensgebühr ist aufgrund der Begrenzungswirkung des § 15 III RVG im vorliegenden Fall nicht unproblematisch. Denn aufgrund der Begrenzung des § 15 III RVG betragen die Verfahrensgebühren maximal 1.760,20 Euro

---

[93] Vgl oben § 5 Rn 65.
[94] Vgl oben § 4 Rn 57 ff.

§ 5 Erster Rechtszug in bürgerlichen Rechtsstreitigkeiten

Zieht man hiervon die aus dem anhängigen Gegenstandswert ohnehin bereits gegebene 1,3 Verfahrensgebühr nach Nr. 3100 aus einem Streitwert von 27.000 Euro i.h: von 985,40 Euro ab, so bleibt wegen der Begrenzungswirkung des § 15 III RVG von der Differenzverfahrensgebühr lediglich noch ein Restbetrag iHv   774,80 Euro übrig.

73   Nach Vorbemerkung 3 Absatz 4 VV ist hierauf die hälftige Geschäftsgebühr, also 780 Euro, anzurechnen. Der anzurechnende Teil der Geschäftsgebühr ist somit höher als die Differenzverfahrensgebühr, die sich nach der Berücksichtigung von § 15 III RVG restlich ergibt. Man könnte zunächst daran denken, diese Problemlage mit dem Rechtsgedanken der Anmerkung 1 zum Gebührentatbestand VV Nr. 3101 zu lösen, in der bestimmt ist, dass bei der Anrechnung der Differenzverfahrensgebühr auf eine andere Verfahrensgebühr lediglich der sich nach § 15 III RVG ergebende Rest über die ohnehin bereits entstehende Verfahrensgebühr nach Nr. 3101 VV hinaus auf die andere Verfahrensgebühr anzurechnen ist. Allerdings ist Anmerkung 1 zum Gebührentatbestand auf das vorliegende Problem nicht analog anwendbar, denn Anmerkung 1 zum Gebührentatbestand regelt die Anrechnung der Differenzverfahrensgebühr auf eine andere Verfahrensgebühr, vorliegend geht es jedoch um die Anrechnung der Geschäftsgebühr auf die Verfahrensgebühr.[95] Da aber die Anrechnung der hälftigen Geschäftsgebühr nicht den Wert der Verfahrensgebühr, auf den sie anzurechnen ist, übersteigen kann, bleibt es im Ausgangsfall dabei, dass die hälftige Geschäftsgebühr lediglich iHv 774,80 Euro auf die nach § 15 III RVG restlich verbliebene Differenzverfahrensgebühr anzurechnen ist.[96]

74   Im Gütetermin ist spätestens auch eine **Terminsgebühr** angefallen. Fraglich ist, ob die Terminsgebühr lediglich aus dem Wert des Kündigungsschutzantrages oder dem Gesamtwert der Ansprüche entstanden ist, über die im Gütetermin verhandelt wurde. Nach Vorbemerkung 3 Absatz 3 VV entsteht die Terminsgebühr u.a. bei der Mitwirkung an auf die Vermeidung oder Erledigung des Verfahrens gerichteten Besprechungen auch ohne Beteiligung des Gerichts, allerdings nicht für Besprechungen mit dem Auftraggeber. Allerdings gilt nach weit überwiegender Meinung, der sich auch der BGH angeschlossen hat,[97] dass der Gebührentatbestand der Terminsgebühr in dieser Entstehungsvariante verlangt, dass dem Anwalt Prozessauftrag erteilt worden ist. Im Beispielsfall hatte der Prozessbevollmächtigte des Klägers jedoch lediglich den Auftrag, im Gütetermin Verhandlungen zur Einigung zu führen. Da dieser Auftrag inhaltlich geradezu das Gegenteil eines Prozessauftrags ist, kann eine Terminsgebühr in dieser Entstehungsvariante nicht entstanden sein. Allerdings enthält Anmerkung 2 zum Vergütungstatbestand VV Nr. 3104 eine Anrechnungsvorschrift, wenn in einem Termin auch „Verhandlungen zur Einigung über in diesem Verfahren nicht rechtshängige Ansprüche" geführt worden sind. Da eine eigenständige Anrechnungsvorschrift vorgesehen ist, lösen auch Verhandlungen über nicht rechtshängige Ansprüche

---

95 Mayer/Kroiß-*Mayer*, VV Nr. 3101 Rn 41; vgl hierzu auch Mayer, RVG-Letter 2005, 15 ff., 16.
96 So im Ergebnis auch Schneider, Fälle und Lösungen zum RVG, § 7, Beispiel 19, S. 133, zu dem wohl vergleichbaren Fall der Anrechnung der Geschäftsgebühr auf eine nachfolgende Gebühr mit einem geringeren Gebührensatz.
97 S. oben näher § 4 Rn 38.

C. Beschränkte Verfahrensgebühr VV Nr. 3101

in einem gerichtlichen Termin eine Terminsgebühr aus.[98] Die gegenteilige Auffassung des Verfassers,[99] wonach in dieser Konstellation keine Terminsgebühr aus den nicht anhängigen Gegenständen angefallen ist, wird hiermit ausdrücklich aufgegeben. Die **innere Rechtfertigung** für das Entstehen der Terminsgebühr in dieser Sachverhaltsgestaltung ist darin zu sehen, dass die Verhandlungen zur Einigung in einem Termin vor Gericht geführt werden.

An Geschäfts-, Verfahrens- und Terminsgebühren sind somit in dieser Konstellation entstanden: **75**

1,3 Verfahrensgebühr Nr. 3100 VV (Wert: 27.000 Euro)	985,40 Euro
1,2 Terminsgebühr Nr. 3104 VV (Wert: 107.000 Euro)	1.624,80 Euro
1,3 Geschäftsgebühr Nr. 2300 VV (Wert: 80.000 Euro)	<u>1.560,00 Euro</u>
	4.170,20 Euro

Da der anzurechnende Teil der Geschäftsgebühr auf die Differenzverfahrensgebühr den nach der Anwendung von § 15 III RVG verbleibenden Restbetrag übersteigt, taucht die angefallene Differenzverfahrensgebühr nach Nr. 3101 VV nicht mehr gesondert auf. Die Anrechnung der Geschäftsgebühr auf die Verfahrensgebühr mindert die Verfahrensgebühr.[100]

bb) Kein außergerichtlicher Vertretungsauftrag, sondern nur Auftrag, Verhandlungen zur Einigung vor Gericht zu führen

Fraglich ist zunächst, ob überhaupt eine Konstellation denkbar ist, in der der Anwalt lediglich den Auftrag hat, hinsichtlich der in einem Verfahren nicht rechtshängigen anderweitigen Ansprüche nur Verhandlungen vor Gericht zur Einigung zu führen oder ob nicht stets – quasi eine logische Sekunde vorausgehend – ein Vertretungsauftrag hinsichtlich dieser Ansprüche denknotwendig erteilt wird. Geht man aber davon aus, dass ein solcher **isolierter Verhandlungsauftrag** möglich ist, ergibt sich folgende Abrechnung: **76**

1,3 Verfahrensgebühr VV Nr. 3100 (Wert: 27.000 Euro)	985,40 Euro
0,8 Verfahrensgebühr VV Nr. 3101 Nr. 2 (Wert: 80.000 Euro)	<u>960,00 Euro</u>
	1.945,40 Euro
gemäß § 15 III RVG aber nicht mehr als 1,3 aus 107.000 Euro	
also	1.760,20 Euro
1,2 Terminsgebühr nach Nr. 3104 VV (Wert: 107.000 Euro)	<u>1.624,80 Euro</u>
Gesamtsumme	3.385,00 Euro

Verhandlungen zur Einigung in einem gerichtlichen Termin über in diesem Verfahren nicht rechtshängige Ansprüche führen zu einer Terminsgebühr.[101] Die entgegenstehende Auffassung[102] wird hiermit ausdrücklich aufgegeben.

---

98 Jungbauer, Rechtsanwaltsvergütung, 4. Aufl. Rn 1699.
99 Mayer/Kroiß-*Mayer*, VV Nr. 3101 Rn 41; RVG-Letter 2005, 15 ff., 16 f.
100 S. oben hierzu näher § 4 Rn 70.
101 Jungbauer, Rechtsanwaltsvergütung, 4. Aufl. Rn 1699.
102 Mayer/Kroiß-*Mayer*, VV Nr. 3101 Rn 42 bzw RVG-Letter 2005, 15 ff., 17.

cc) Prozessauftrag für die noch nicht rechtshängigen Ansprüche

77 Denkbar ist auch, dass der Prozessbevollmächtigte des Klägers die Kündigungsschutzklage, ggf aus Fristgründen, bereits eingereicht hat, bezüglich der anderen Gegenstände, die im Gütetermin zur Sprache kommen, aber ebenfalls **bereits schon Prozessauftrag** hat. Teilweise wird vertreten, dass dann, wenn hinsichtlich der nicht rechtshängigen Ansprüche bereits Prozessauftrag vorliegt, schon für die Entgegennahme der Information die Verfahrensgebühr nach Nr. 3100 in voller Höhe, jedenfalls die ermäßigte Verfahrensgebühr nach Nr. 3101 Nr. 1 VV anfällt.[103] Gegen diese Auffassung spricht jedoch, dass sie dazu führt, dass dem Gebührentatbestand des Führens von Verhandlungen zur Einigung vor Gericht nach Nr. 3101 Nr. 2 VV kein eigenständiger Anwendungsbereich mehr verbleibt. Im Ergebnis führt diese Auffassung jedoch zu keiner unterschiedlichen Vergütung, da auch sie nur zu einer Gebühr mit einem Gebührensatz von 0,8 kommt, allerdings über VV Nr. 3101 Nr. 1. Als speziellere Regelung ist jedoch in der vorliegenden Konstellation VV Nr. 3101 Nr. 2 2. Alternative anzuwenden, so dass sich bei den Verfahrensgebühren folgende Abrechnung ergibt:

1,3 Verfahrensgebühr Nr. 3100 VV (Wert: 27.000 Euro)	985,40 Euro
0,8 Verfahrensgebühr Nr. 3101 Nr. 2 VV (Wert: 80.000 Euro)	960,00 Euro
	1.945,40 Euro
gem. § 15 III RVG aber nicht mehr als 1,3 aus 107.000 Euro, also	1.760,20 Euro

Die Terminsgebühr ist ebenfalls aus dem vollen Gegenstandswert angefallen, und zwar unter Berücksichtigung der Anmerkung 2 zum Vergütungstatbestand VV Nr. 3104 sowie ebenfalls jetzt in der Entstehungsvariante der außergerichtlichen, auf Vermeidung oder Erledigung eines Verfahrens gerichteten Besprechung nach Vorbemerkung 3 Absatz 3 VV, da in dieser Variante nunmehr Prozessauftrag auch vorliegt.

Es ergibt sich also folgende Gesamtabrechnung:

1,3 Verfahrensgebühr Nr. 3100 VV (Wert: 27.000 Euro)	985,40 Euro
0,8 Verfahrensgebühr Nr. 3101 Nr. 2 VV (Wert: 80.000 Euro)	960,00 Euro
	1.945,40 Euro
gem. § 15 III RVG aber nicht mehr als 1,3 aus 107.000 Euro, also	1.760,20 Euro
1,2 Terminsgebühr Nr. 3104 VV (Wert: 107.000 Euro)	1.624,80 Euro
Gesamtsumme	3.385,00 Euro

78 **Entscheidend wichtig** für die Gebührenabrechnung ist, dass auch bei einem gescheiterten Gütetermin das Gericht veranlasst wird, im **Protokoll** präzise festzuhalten, über welche in diesem Verfahren nicht rechtshängigen Ansprüche im Gütetermin Verhandlungen zur Einigung geführt worden sind. Denn nur so wird es möglich sein, die insoweit angefallenen Differenzverfahrensgebühren sowie die Terminsgebühr für den Mandanten oder gegenüber der Rechtsschutzversicherung nachvollziehbar abzurech-

---

103 Hansens/Braun/Schneider, Praxis des Vergütungsrechts, Teil 8 Rn 175.

nen.[104] Auch ist darauf zu achten, dass sich der Anwalt nicht nur einen Vertretungsauftrag, sondern ausdrücklich auch den Auftrag durch seinen Mandanten erteilen lässt, für ihn im Gütetermin Verhandlungen zur Einigung vor Gericht zu führen.[105]

4. Führen von erfolgreichen Verhandlungen vor Gericht

Nachdem nach VV Nr. 3101 Nr. 2 1. Alternative schon wenn „lediglich" beantragt ist, eine Einigung zu Protokoll zu nehmen oder nach § 278 VI ZPO festzustellen, der Gebührentatbestand erfüllt ist, und da „lediglich" bereits Verhandlungen vor Gericht zur Einigung über in diesem Verfahren nicht rechtshängige Ansprüche nach der Alternative 2 von Nr. 2 VV Nr. 3101 eine beschränkte Verfahrensgebühr iHv 0,8 auslösen, folgt im Gegenschluss, dass der Anwalt, der vor Gericht über in diesem Verfahren nicht rechtshängige Ansprüche Verhandlungen führt und die Protokollierung der dort gefundenen Einigung herbeiführt, hinsichtlich der nicht rechtshängigen Ansprüche nicht nur eine beschränkte Verfahrensgebühr nach Nr. 3101 Nr. 2 VV verdient, sondern die **volle Verfahrensgebühr** nach Nr. 3100 VV.[106]

79

5. Einfache FGG-Verfahren (Nr. 3101 Nr. 3 VV).

a) Gebührentatbestand

Teil 3 des Vergütungsverzeichnisses gilt auch für Verfahren der freiwilligen Gerichtsbarkeit. Nach Nr. 3101 Nr. 1 VV entsteht schon die volle Verfahrensgebühr nach Nr. 3100 VV, sobald ein das Verfahren einleitender Antrag gestellt wird. In den allgemeinen Zivilsachen steht und fällt das Verfahren mit den **Anträgen der Parteien**. Es gelten die Partei- und Dispositionsmaxime. Welche Anträge der Rechtsanwalt als Prozessbevollmächtigter stellt, ist für diesen Bereich ungleich bedeutsamer als bei Angelegenheiten der freiwilligen Gerichtsbarkeit. Der Gesetzgeber hat daher, um der besonderen Verantwortung des Anwalts im Hinblick auf die Stellung eines sachgerechten Antrags in Zivilsachen und in originären Streitverfahren Rechnung zu tragen, weiterhin vorgesehen, dass bereits mit der Antragstellung die reguläre Verfahrensgebühr mit einem Satz von 1,3 erwächst, nicht zuletzt auch als Entschädigung des mit der Antragstellung verbundenen Haftungsrisikos des Anwalts.[107]

80

Da es jedoch unverhältnismäßig wäre, auch schon in einfachen FGG-Angelegenheiten die reguläre Verfahrensgebühr mit einem Gebührensatz von 1,3 für die **bloße Antragstellung** erwachsen zu lassen, sieht der Gebührentatbestand Nr. 3101 Nr. 3 VV vor, dass lediglich die **beschränkte Verfahrensgebühr** mit einem Gebührensatz von 0,8 entsteht, wenn in einem Verfahren der freiwilligen Gerichtsbarkeit lediglich vom Anwalt ein Antrag gestellt und die Entscheidung entgegengenommen wird, beispielsweise bei der Beantragung der Erteilung einer vormundschaftlichen Genehmigung, bei der sich die Tätigkeit des Anwalts darauf beschränkt, den Antrag auf Erteilung der Genehmigung zu stellen und die Entscheidung entgegenzunehmen.

81

---

104 Mayer/Kroiß-*Mayer*, VV Nr. 3101 Rn 44; Jungbauer, Rechtsanwaltsvergütung, 4. Aufl. Rn 1510.
105 Mayer/Kroiß-*Mayer*, VV Nr. 3101 Rn 44.
106 Mayer/Kroiß-*Mayer*, VV Nr. 3101 Rn 45; im Ergebnis auch AnwK-RVG/*N.Schneider*, VV Nr. 3101 Rn 182; Schneider, AGS 2007, 277 ff.; kritisch hierzu Enders, JurBüro 2007, 113 ff.
107 BT-Drucks. 15/1971, S. 212.

b) Bedeutung der Anmerkung Abs. 2 zu Nr. 3101 VV

82 Die Anmerkung 2 zum Gebührentatbestand Nr. 3101 VV bestimmt, dass die Regelung unter Nr. 3 des Gebührentatbestandes Nr. 3101 VV **in streitigen Verfahren der freiwilligen Gerichtsbarkeit**, insbesondere in Familiensachen und in Verfahren nach dem Gesetz über das gerichtliche Verfahren in Landwirtschaftssachen nicht anzuwenden ist. In diesen Verfahren entsteht somit weiterhin mit der Antragstellung die reguläre Verfahrensgebühr nach Nr. 3100 VV, in den anderen Verfahren der freiwilligen Gerichtsbarkeit, wenn lediglich ein Antrag gestellt und eine Entscheidung entgegengenommen wird, entsteht nur die beschränkte Verfahrensgebühr mit dem Gebührensatz von 0,8.

83 Handelt es sich um ein nichtstreitiges FGG-Verfahren und beschränkt sich die Tätigkeit des Anwalts nicht auf die Stellung des Antrags und die Entgegennahme der Entscheidung, sondern wird – wie in nichtstreitigen FGG-Verfahren häufig der Fall – der Antrag begründet, ist der Vergütungstatbestand VV Nr. 3101 Nr. 3 nicht anzuwenden, sondern es entsteht eine 1,3 Verfahrensgebühr nach der Nr. 3100 VV.[108] Die Gegenauffassung,[109] die den Vergütungstatbestand VV Nr. 3101 auch dann nicht eingreifen lässt, wenn in einem nichtstreitigen FGG-Verfahren die Anträge sogar ausführlich begründet werden, vielmehr die 1,3 Verfahrensgebühr erst dann zubilligt, wenn das Gericht sich nicht mit den Ausführungen in der Antragsschrift zufrieden gibt und den Antragsteller zu weiteren Ausführungen auffordert und der Rechtsanwalt entsprechend Stellung nimmt, dabei auch zu dem kuriosen Ergebnis gelangt, dass der Rechtsanwalt, der die Antragsschrift schlampig begründet, mehr verdient als der sorgfältige Rechtsanwalt,[110] verkennt, dass es keinen Unterschied machen kann, ob der Anwalt erst auf Aufforderung des Gerichts oder bereits bei Antragstellung vorträgt. Denn in jedem Fall muss der Anwalt den Sachverhalt rechtlich durchdringen, er übernimmt inhaltlich die Verantwortung für die Ausführungen und es entsteht ihm entsprechender Aufwand, so dass es auch in nichtstreitigen FGG-Verfahren dann, wenn sich die Tätigkeit des Anwalts nicht lediglich auf die Stellung des Antrags und die Entgegennahme der Entscheidung beschränkt, die volle Verfahrensgebühr angemessen ist.[111]

6. Begrenzung nach § 15 III RVG

84 § 15 III RVG bestimmt, dass, wenn für Teile des Gegenstands verschiedene Gebührensätze anzuwenden sind, **die für die Teile gesondert berechneten Gebühren** entstehen, allerdings **nicht mehr als die aus dem Gesamtbetrag der Wertteile nach dem höchsten Gebührensatz** berechnete Gebühr. Diese Begrenzungsvorschrift kommt in allen Fällen der beschränkten Verfahrensgebühr nach Nr. 3101 VV zum Tragen. Insgesamt darf die Summe aus der 1,3 Verfahrensgebühr und der in den Varianten des Gebührentatbestands Nr. 3101 VV entstandenen, auf 0,8 ermäßigten Verfahrensgebühr, nicht mehr als eine 1,3 Gebühr aus dem Gesamtwert, also aus dem Teilwert,

---

108 Mayer/Kroiß-*Mayer*, VV Nr. 3101 Rn 49.
109 Gerold/Schmidt-*Müller-Rabe*, VV Nr. 3101 Rn 110 ff.; vgl auch Hartmann, VV Nr. 3101 Rn 67.
110 Gerold/Schmidt-*Müller-Rabe*, VV Nr. 3101 Rn 112.
111 Mayer/Kroiß-*Mayer*, VV Nr. 3101 Rn 49; vgl auch AnwK-RVG/*N.Schneider*, VV Nr. 3101 Rn 129.

aus dem die 1,3 Verfahrensgebühr entstanden ist, und aus dem Teilwert, für den lediglich die auf 0,8 ermäßigte Verfahrensgebühr entstanden ist, ergeben.

Beispiel:

In einem Verfahren wird eine Zahlungsforderung iHv 8.000 Euro geltend gemacht. Im Termin werden vor Gericht über eine noch nicht rechtshängige weitere Zahlungsforderung iHv 2.000 Euro zur Einigung Verhandlungen geführt.

Es sind folgende Verfahrensgebühren angefallen:

Verfahrensgebühr Nr. 3100 VV, 1,3 (Wert: 8.000 Euro)	535,60 Euro
Verfahrensgebühr Nr. 3101 Nr. 2 2. Alternative VV 0,8 (Wert: 2.000 Euro)	106,40 Euro
Dies ergibt insgesamt	642,00 Euro

Nach § 15 III RVG ist jedoch die Begrenzung auf eine Verfahrensgebühr mit einem Gebührensatz von 1,3 aus einem Gegenstandswert von 10.000 Euro zu beachten. Eine Gebühr mit einem Gebührensatz von 1,3 mit einem Wert von 10.000 Euro beläuft sich auf 631,80 Euro. Der Gesamtbetrag der Verfahrensgebühren nach Nr. 3100 VV und Nr. 3101 VV darf somit im Beispielsfalls 631,80 Euro nicht übersteigen.

7. Anrechnung bei anderweitiger Anhängigkeit

a) Allgemeines

Unter der Geltung der BRAGO war streitig, ob eine Differenzprozessgebühr nach § 32 BRAGO auch dann entsteht, wenn Ansprüche mitverglichen wurden, die bereits Gegenstand eines anderen Prozesses sind, für die derselbe Prozessbevollmächtigte bereits die volle Gebühr verdient hatte. Eine ähnliche Problematik stellte sich ferner dann, wenn in der Berufungsinstanz Ansprüche mitverglichen wurden, die in einem anderen Rechtsstreit noch in 1. Instanz anhängig waren.[112] Der Gesetzgeber hat versucht, diese Streitfrage mit der Anmerkung 1 zum Gebührentatbestand Nr. 3101 VV zu regeln. 85

Nach der Anmerkung 1 zum Gebührentatbestand Nr. 3101 VV ist, soweit in den Fällen der Nr. 3101 Nr. 2, also der Differenzverfahrensgebühr, der sich nach § 15 III RVG ergebende Gesamtbetrag der Verfahrensgebühren die Gebühr Nr. 3100 VV übersteigt, **der übersteigende Betrag** auf eine Verfahrensgebühr **anzurechnen**, die wegen desselben Gegenstands in einer anderen Angelegenheit entsteht. 86

b) Regelungsgehalt

Die auf Vorschlag des Rechtsausschusses neu formulierte Anrechnungsbestimmung stellt sicher, dass der Abschluss eines **Mehrvergleichs** dem Rechtsanwalt die Verfahrensgebühr in der anderen Angelegenheit in voller Höhe erhalten bleibt.[113] Im Gesetzesentwurf lautete die entsprechende Anrechnungsbestimmung noch wie folgt: 87

---

112 Vgl zum Streitstand nach der BRAGO AnwK-RVG/*Onderka*, VV Nr. 3101 Rn 110 f.
113 BT-Drucks. 15/2487, S. 140.

„In den Fällen der Nr. 2 wird eine Gebühr nach dem Wert der nicht rechtshängigen Ansprüche auf eine Verfahrensgebühr, die wegen desselben Gegenstands in einem anderen Verfahren entsteht, angerechnet."

Der **Unterschied** liegt im Folgenden: Werden im Rahmen einer Zahlungsklage über 8.000 Euro vor Gericht im Termin noch mit dem Ziel der Einigung Verhandlungen über eine anderweitig rechtshängige weitere Zahlungsforderung iHv 2.000 Euro geführt, sind folgende Verfahrensgebühren entstanden:

In dem Verfahren der Zahlungsklage über 8.000 Euro:

Verfahrensgebühr Nr. 3100 VV, 1,3 (Wert: 8.000 Euro)	535,60 Euro
Verfahrensgebühr Nr. 3101 Nr. 2 2. Alternative VV, 0,8 (Wert: 2.000 Euro)	106,40 Euro
Dies ergibt insgesamt	642,00 Euro

Nach § 15 III RVG ist jedoch die Begrenzung auf eine Verfahrensgebühr mit einem Gebührensatz von 1,3 aus einem Gegenstandswert von 10.000 Euro zu beachten. Eine Gebühr mit einem Gebührensatz von 1,3 aus einem Wert von 10.000 Euro beläuft sich auf 631,80 Euro.

In dem anderweitig anhängigen Verfahren mit der Forderung über 2.000 Euro ist folgende Verfahrensgebühr entstanden:

Verfahrensgebühr Nr. 3100 VV, 1,3 (Wert: 2.000 Euro)	172,90 Euro

Bei der Anrechnung der Differenzverfahrensgebühr könnte zunächst auf die Rechengröße der konkret berechneten Gebühr Nr. 3101 Nr. 2 VV, also auf den Wert von 106,40 Euro, zurückgegriffen werden. Allerdings können aufgrund der Begrenzung der Gebühren auf die aus dem Gesamtbetrag der Wertteile nach dem höchsten Gebührensatz berechnete Gebühr in dem Verfahren, in dem über die anderweitig rechtshängige Forderung mit dem Ziel der Einigung mitverhandelt wurde, lediglich Verfahrensgebühren in Höhe von insgesamt 631,80 Euro entstehen. Die neu gefasste Anmerkung stellt sicher, dass **nicht die Rechengröße** aus einer Gebühr mit einem Gebührensatz von 0,8 aus einem Gegenstandswert von 2.000 Euro iHv 106,40 Euro auf die Verfahrensgebühr in dem Verfahren über die Forderung mit Wert 2.000 Euro angerechnet wird, **sondern lediglich der Mehrbetrag**, der sich bei den Verfahrensgebühren in dem Verfahren, in dem die Differenzverfahrensgebühr entstanden ist, über die Verfahrensgebühr Nr. 3100 VV hinaus **unter Berücksichtigung der Begrenzung des § 15 III RVG konkret** ergibt. Dies bedeutet, dass im Beispielsfall aufgrund der Begrenzung nach § 15 III RVG der Verfahrensgebühren auf 631,80 Euro lediglich ein Betrag von 96,20 Euro (631,80 Euro abzüglich einer Gebühr Nr. 3100 VV, Gebührensatz 1,3, aus einem Gegenstandswert von 8.000 Euro) auf die in dem anderen Verfahren entstandene Verfahrensgebühr anzurechnen ist.

88 Die nach Anmerkung 1 zum Gebührentatbestand Nr. 3101 VV vorzunehmende Anrechnung lässt sich also in folgender Formel ausdrücken:

Gesamtbetrag der Verfahrensgebühren (ggf gekürzt nach § 15 III RVG)
– Verfahrensgebühr aus dem Wert der anhängigen Gegenstände
= gemäß Anmerkung Absatz 1 zu Nr. 3101 VV anzurechnender Betrag[114]

c) Von der Anrechnung betroffenes Verfahren

Aus dem Wortlaut des Gebührentatbestandes ergibt sich, dass die Anrechnung in der „anderen Angelegenheit" zu erfolgen hat. Die Anrechnung erfolgt somit nicht in dem Verfahren, in dem die beschränkte Verfahrensgebühr nach Nr. 3101 Nr. 2 VV entstanden ist, sondern in dem weiteren Verfahren, und zwar auf die dort entstehende Verfahrensgebühr. Von Bedeutung kann diese Differenzierung insbesondere dann sein, wenn bezüglich des einen Verfahrens eine Kostendeckungszusage der Rechtsschutzversicherung vorliegt und für das andere Verfahren nicht.[115]

89

d) Bereits entstandene Verfahrensgebühren

Die Anmerkung 1 zum Vergütungstatbestand Nr. 3101 VV sieht die Anrechnung auf eine Verfahrensgebühr vor, die wegen desselben Gegenstands in einer anderen Angelegenheit „entsteht". Aus dieser Formulierung folgert eine Meinung, dass eine Anrechnung der Verfahrensgebühr nicht stattfindet, wenn die anderweitige Verfahrensgebühr bereits entstanden ist.[116] Diese Auffassung überzeugt nicht. Denn nach dieser Auffassung bleibt die Differenzverfahrensgebühr unangerechnet, wenn sie aus Anlass bereits rechtshängiger Ansprüche entstanden ist. Sie wird aber angerechnet, wenn sie aus Anlass nicht anderweitig rechtshängiger Ansprüche entsteht. Für die unterschiedliche Behandlung beider Fälle kein sachlicher Grund ersichtlich. Des Weiteren legt auch der Wortlaut der Anrechnungsbestimmung mit dem Wort „entsteht" nicht zwingend eine zeitliche Abfolge fest. Schließlich enthält die Anmerkung zum Gebührentatbestand Nr. 3201 VV eine der Anmerkung Absatz 1 zum Gebührentatbestand Nr. 3101 Nr. 2 VV vergleichbare Anrechnungsbestimmung. Diese Anrechnungsbestimmung zum Gebührentatbestand Nr. 3201 VV wurde vom Rechtsausschuss gegenüber dem ursprünglichen Gesetzesentwurf noch verändert. In der Begründung hierzu wird ausgeführt, dass die Neufassung der Anrechnungsbestimmung der Klarstellung dienen soll, dass die Anrechnung auch dann erfolgen soll, wenn die Verfahrensgebühr in dem anderen Verfahren erst entsteht, nachdem die Gebühr Nr. 3201 VV angefallen ist. Weiter wird in der Gesetzesbegründung ausgeführt, dass diese Formulierung der Regelung der in Absatz 2 der Anmerkung zu Nr. 3101 VV entspricht.[117] Aus den Gesetzesmaterialien ergibt sich somit der klare Wille des Gesetzgebers, eine zeitliche Differenzierung der Anrechnungsbestimmungen nicht vorzunehmen. Die Differenzverfahrensgebühr ist in dem von Anmerkung 1 zum Gebühren-

90

---

114 So auch Schneider/Mock, Das neue Gebührenrecht für Anwälte, § 14 Rn 38; im Ergebnis auch Riedel/Sußbauer-Keller, VV Teil 3 Abschnitt 1 Rn 37; AnwK-RVG/*Onderka*, VV Nr. 3101 Rn 119; Gerold/Schmidt-*Müller-Rabe*, VV Nr. 3101 Rn 100; Hansens/Braun/Schneider, Praxis des Vergütungsrechts, Teil 8 Rn 177; Enders, RVG für Anfänger, Rn 990; s. hierzu auch Mayer, RVG-Letter 2004, 54 ff.
115 S. hierzu AnwK-RVG/*Onderka*, VV Nr. 3101 Rn 113 f.
116 Schneider/Mock, Das neue Gebührenrecht für Anwälte, § 14 Rn 28; Mock, AGS 2004, 47.
117 BT-Drucks. 15/2487, S. 141.

tatbestand Nr. 3101 VV gezogenen Rahmen **auf** die im anderweitigen Verfahren **bereits entstandene oder noch entstehende** Verfahrensgebühr anzurechnen.[118]

e) Tätigkeit eines anderen Rechtsanwalts

91   Eine Meinung problematisiert, ob auch eine Anrechnung der Differenzverfahrensgebühr dann vorzunehmen ist, wenn in dem anderweitig rechtshängigen Verfahren **ein anderer Rechtsanwalt tätig ist**.[119] Insoweit ist jedoch keine Anrechnung vorzunehmen, da die Anrechnungsvorschrift lediglich den Zweck hat, zu verhindern, dass die gleiche oder annähernd gleiche anwaltliche Tätigkeit beim selben Anwalt zweimal honoriert wird.[120]

92   Die in diesem Zusammenhang vertretene Auffassung, die durch die Beauftragung verschiedener Anwälte in den einzelnen Verfahren und die damit einhergehende fehlende Anrechnungsmöglichkeit der evtl entstehenden beschränkten Verfahrensgebühr nach Nr. 3101 Nr. 2 VV habe zumindest erstattungsrechtlich im Rahmen von § 91 ZPO die Auswirkung, dass nur die Kosten als erstattungsfähig anzusehen seien, die angefallen wären, wenn nur ein Rechtsanwalt in beiden Verfahren beauftragt worden wäre,[121] ist abzulehnen. Die Beauftragung verschiedener Anwälte in verschiedenen Angelegenheiten kann durch sachliche Gründe gerechtfertigt sein. Auch führt diese Auffassung faktisch zu einer Einschränkung der freien Anwaltswahl, da der Mandant, um die Anrechenbarkeit einer evtl entstehenden beschränkten Verfahrensgebühr nach Nr. 3101 Nr. 2 VV sicherzustellen, erstattungsrechtlich gezwungen wird, in allen Angelegenheiten denselben Anwalt zu beauftragen.[122]

D. Verfahrensgebühr Nr. 3102 VV

I. Allgemeines

93   Das RVG wendet auch im gerichtlichen Verfahren der Sozialgerichtsbarkeit die allgemeine Gebührenstruktur an, wenn **Betragsrahmengebühren** vorgesehen sind. Auch in sozialgerichtlichen Verfahren, in denen Betragsrahmengebühren entstehen, differenziert das RVG zwischen Verfahrens- und Terminsgebühr.

II. Inhalt

1. Entstehen der Gebühr

94   Die **eigenständige Verfahrensgebühr** nach Nr. 3102 VV entsteht in Verfahren vor den Sozialgerichten, in denen Betragsrahmengebühren entstehen (§ 3 RVG). In Verfahren vor den Gerichten der Sozialgerichtsbarkeit gibt es Verfahren, in denen der Rechtsanwalt Wertgebühren erhält, und Verfahren, in denen er Betragsrahmengebühren erhält. Für den Rechtsanwalt entstehen Betragsrahmengebühren dann, wenn an einem Rechtsstreit im betreffenden Rechtszug ein Versicherter, ein Leistungsempfänger, ein

---

118 Mayer/Kroiß-*Mayer*, VV Nr. 3101 Rn 61; im Ergebnis so auch *Hansens*/Braun/Schneider, Praxis des Vergütungsrechts, Teil 1 Rn 177; Gerold/Schmidt-*Müller-Rabe*, VV Nr. 3101 Rn 101.
119 Mock, AGS 2004, 47.
120 AnwK-RVG/*Onderka*, VV Nr. 3101 Rn 115 f.; Gerold/Schmidt-*Müller-Rabe*, VV Nr. 3101 Rn 98.
121 AnwK-RVG/*Onderka*, VV Nr. 3101 Rn 116.
122 Mayer/Kroiß-*Mayer*, VV Nr. 3101 Rn 63.

Hinterbliebenenleistungsempfänger oder ein Behinderter in dieser jeweiligen Eigenschaft als Kläger oder Beklagter beteiligt ist.[123] Dies gilt auch für die in § 56 SGB I genannten Sonderrechtsnachfolger, also für den Ehegatten, den Lebenspartner, die Kinder, die Eltern und den Haushaltsführer.[124] Das GKG findet auch dann keine Anwendung, wenn ein sonstiger Rechtsnachfolger der in § 183 S. 1 und 2 SGG genannten Personen das jeweilige Verfahren aufnimmt, wobei sich die Kostenfreiheit jedoch auf den Rechtszug beschränkt, in dem das Verfahren aufgenommen wird.[125] Auch wenn erst die Zugehörigkeit zu den in § 183 S. 1 und 2 SGG genannten Personen erstritten werden muss, findet das GKG nach § 183 S. 3 SGG keine Anwendung.[126]

In Verfahren vor den Sozialgerichten, in denen Wertgebühren anfallen, entsteht die Verfahrensgebühr Nr. 3100 VV. In den Verfahren, in denen Betragsrahmengebühren entstehen, erhält der Anwalt die Verfahrensgebühr nach Nr. 3102 VV. Unterliegt das Verfahren nicht dem Gerichtskostengesetz, so entstehen dem Verfahrensbevollmächtigten Betragsrahmengebühren, auch wenn die Partei, die er vertritt, nicht zu den in § 183 SGG genannten Personen gehört, sondern nach § 184 SGG gebührenpflichtig ist.[127]

95

Hinsichtlich der **sonstigen Entstehungsvoraussetzungen** des Abgeltungsbereichs der Verfahrensgebühr Nr. 3102 VV gelten **keine Besonderheiten**, so dass auf die Ausführungen unter § 5 Rn 4 verwiesen werden kann.

96

2. Höhe der Gebühr

Der Gebührentatbestand VV Nr. 3102 sieht einen Rahmen von 40 Euro–460 Euro vor. Die **Mittelgebühr** beträgt **250 Euro**.

97

E. VV Nr. 3103

I. Allgemeines

Nach § 17 Nr. 1 RVG sind u.a. das Verwaltungsverfahren, das einem gerichtlichen Verfahren vorausgehende und der Nachprüfung des Verwaltungsakts dienende weitere Verwaltungsverfahren und das gerichtliche Verfahren verschiedene Angelegenheiten. Um zu berücksichtigen, dass die Tätigkeit in diesem Verwaltungsverfahren die Tätigkeit im gerichtlichen Verfahren erleichtert, sieht Nr. 3103 VV eine Verfahrensgebühr mit einem niedrigeren Rahmen für den Fall vor, dass der Rechtsanwalt bereits im Verwaltungsverfahren oder in einem dem gerichtlichen Verfahren vorausgehenden und der Nachprüfung des Verwaltungsakts dienenden weiteren Verwaltungsverfahren bereits tätig geworden ist.

98

---

[123] Mayer/Kroiß-*Dinkat*, § 3 Rn 9.
[124] Mayer/Kroiß-*Dinkat*, § 3 Rn 9.
[125] Mayer/Kroiß-*Dinkat*, § 3 Rn 10.
[126] Mayer/Kroiß-*Dinkat*, § 3 Rn 10.
[127] Riedel/Sußbauer-*Keller*, VV Teil 3 Abschnitt 1 Rn 40.

II. Inhalt

1. Entstehen der Gebühr

99 Der Gebührentatbestand Nr. 3103 VV ist **eine Abwandlung zu der Verfahrensgebühr Nr. 3102 VV**. In Verfahren vor den Sozialgerichten, in denen Betragsrahmengebühren entstehen, erhält der Rechtsanwalt nur eine Verfahrensgebühr mit dem in Nr. 3103 geregelten Gebührenrahmen, wenn dem gerichtlichen Verfahren, in dem er tätig wird, bereits eine Tätigkeit im Verwaltungsverfahren oder im weiteren, der Nachprüfung des Verwaltungsakts dienenden **Verwaltungsverfahren** vorausgegangen ist. Er hat nämlich dann bereits schon die Geschäftsgebühr nach Nr. 2400 VV verdient, wenn er erst im Nachprüfungsverfahren tätig wurde, bzw. die Geschäftsgebühr Nr. 2400 VV und die Gebühr im Nachprüfungsverfahren Nr. 2401 VV, wenn er sowohl im Verwaltungsverfahren wie auch im **Nachprüfungsverfahren** tätig wurde. Der Gebührentatbestand Nr. 3103 VV soll berücksichtigen, dass die vorausgegangene Tätigkeit des Anwalts im Verwaltungsverfahren und/oder im Nachprüfungsverfahren die Tätigkeit im gerichtlichen Verfahren erleichtert und sieht deshalb einen **verringerteren Gebührenrahmen** als der Gebührentatbestand Nr. 3102 VV vor.

2. Höhe der Gebühr

100 Nach dem Gebührentatbestand Nr. 3103 VV entsteht die Verfahrensgebühr mit einem Gebührenrahmen von 20 Euro–320 Euro, **Mittelgebühr 170 Euro**.

3. Bestimmung der konkreten Gebühr

101 Da es sich um eine Betragsrahmengebühr handelt, ist die konkret entstandene Verfahrensgebühr anhand der **Bemessungskriterien des § 14 RVG** zu bestimmen. Die Anmerkung zum Gebührentatbestand Nr. 3103 VV, die vorsieht, dass bei der Bemessung der konkreten Gebühr **nicht zu berücksichtigen ist**, dass der **Umfang der Tätigkeit infolge der Tätigkeit im Verwaltungsverfahren oder** im weiteren, der **Nachprüfung des Verwaltungsakts dienenden Verwaltungsverfahren geringer** ist, stellt klar, dass der durch die vorangegangene Tätigkeit ersparte Aufwand des Anwalts ausschließlich durch die Anwendung des geringeren Rahmens bei der Verfahrensgebühr berücksichtigt werden soll und nicht mehr bei der Bemessung der konkreten Gebühr. Denn ansonsten würde der ersparte Aufwand doppelt zu Lasten des Anwalts berücksichtigt werden.[128]

F. Terminsgebühr VV Nr. 3104

I. Allgemeines

102 Die Terminsgebühr Nr. 3104 VV, die **in jedem Rechtszug einmal** entstehen kann, ersetzt sowohl die frühere Verhandlungs- (§ 31 I Nr. 2 BRAGO) als auch die frühere Erörterungsgebühr (§ 31 I Nr. 4 BRAGO) und liegt in ihrer Höhe um 0,2 über den in der BRAGO geltenden Gebührensätzen dieser Gebühren.

---

[128] Mayer/Kroiß-*Mayer*, VV Nr. 3103 Rn 4.

F. Terminsgebühr VV Nr. 3104

Die Terminsgebühr ist eine gegenüber der Gebührenstruktur der BRAGO völlig neu gestaltete Gebühr. Es kommt nicht mehr darauf an, ob in dem Termin Anträge gestellt werden oder ob die Sache erörtert wird, vielmehr genügt es für das Entstehen der Gebühr, dass der Rechtsanwalt einen Termin wahrnimmt. Die Unterschiede zwischen einer streitigen und nichtstreitigen Verhandlung, ein- oder zweiseitiger Erörterungen sowie zwischen Verhandlungen zur Sache oder nur zur Prozess- oder Sachleitung sind weitgehend entfallen. Der Gesetzgeber erhoffte sich davon eine erhebliche Vereinfachung, auch sollten viele Streitfragen mit der Vereinfachung beseitigt und die Justiz entlastet werden. Der Anwalt soll nach seiner Bestellung zum Verfahrens- oder Prozessbevollmächtigten in jeder Phase des Verfahrens zu einer möglichst frühen, der Sach- und Rechtslage entsprechenden Beendigung des Verfahrens beitragen, dieser Zielsetzung will der Gesetzgeber mit der Ausgestaltung der Terminsgebühr Rechnung tragen.[129]

103

II. Inhalt

1. Entstehung der Terminsgebühr

Die **Entstehungsvoraussetzungen** der Terminsgebühr Nr. 3104 VV sind zum einen in der **Vorbemerkung 3 Absatz 4 geregelt,** zum anderen ergeben sich weitere Entstehungstatbestände der Terminsgebühr aus **Absatz 1 Nrn. 1–3 der Anmerkung** zum Gebührentatbestand Nr. 3104.

104

a) Entstehungsvarianten nach Vorbemerkung 3 Absatz 3 VV

aa) Verhandlungs-, Erörterungs- oder Beweisaufnahmetermin

Die Terminsgebühr Nr. 3104 VV entsteht zunächst für die **Vertretung des Mandanten in einem gerichtlichen Verhandlungs-, Erörterungs- oder Beweisaufnahmetermin** und entspricht somit der klassischen Situation, dass der Anwalt zu einem gerichtlich anberaumten Termin erscheint. Allerdings kommt es jetzt nicht mehr darauf an, ob in diesem Termin verhandelt oder erörtert wird, ob es sich nur um einen Beweistermin handelt oder um einen Gütetermin o.Ä. Aus dem Umkehrschluss aus Absatz 3 der Anmerkung zum Gebührentatbestand Nr. 3104 VV ergibt sich, dass auch die Wahrnehmung eines Termins für die Entstehung der Terminsgebühr ausreicht, um lediglich eine bereits ausgehandelte Einigung über anhängige Gegenstände zu Protokoll zu nehmen.[130] Gleichgültig ist dabei, ob es sich um in diesem Verfahren rechtshängige Ansprüche handelt oder um anderweitig rechtshängige Ansprüche; auch dann entsteht die Terminsgebühr.[131] Vergleiche hierzu im Einzelnen näher oben § 4 Rn 28 ff.

105

---

129 BT-Drucks. 15/1971, S. 209.
130 Schneider/Mock, Das neue Gebührenrecht für Anwälte, § 14 Rn 65; AnwK-RVG/*Onderka*, VV Nr. 3104 Rn 62; Gerold/Schmidt-Müller-Rabe, VV Nr. 3104 Rn 89; Mayer/Kroiß-*Mayer*, VV Nr. 3104 Rn 5.
131 Gerold/Schmidt-Müller-Rabe, VV Nr. 3104 Rn 90.

bb) Wahrnehmung eines von einem gerichtlich bestellten Sachverständigen anberaumten Termins

106 Die Terminsgebühr entsteht nach Vorbemerkung 3 Absatz 3 auch dann, wenn der Anwalt lediglich einen von einem **gerichtlich bestellten Sachverständigen** anberaumten Termin wahrnimmt.[132]

cc) Mitwirkung an auf die Vermeidung oder Erledigung des Verfahrens gerichteten Besprechungen

107 Die Terminsgebühr entsteht ferner auch dann, wenn der Anwalt an auf die **Vermeidung oder Erledigung des Verfahrens** gerichteten **Besprechungen** mit und ohne Beteiligung des Gerichts mitwirkt, allerdings gilt dies nicht für Besprechungen mit dem Auftraggeber. Dass bereits ein gerichtliches Verfahren anhängig ist, ist nicht zwingend erforderlich, da diese Entstehungsvariante des Gebührentatbestands ausdrücklich u.a. von „auf die Vermeidung des Verfahrens" gerichteten Besprechungen spricht. Zur Abgrenzung zu den Fällen der Geschäftsgebühr nach Nr. 2300 VV ist jedoch zwingend erforderlich, dass dem Anwalt zumindest Prozessauftrag erteilt ist.[133] Eine Terminsgebühr entsteht daher auch, wenn bei einer rechtshängigen Angelegenheit die Rechtsanwälte ein Telefonat zur Erledigung des Rechtsstreits führen, ohne dass noch eine mündliche Verhandlung stattfindet.[134]

b) Entscheidung ohne mündliche Verhandlung (Absatz 1 Nr. 1 der Anmerkung zu VV Nr. 3104)

108 Anmerkung 1 Nr. 1 der Terminsgebühr Nr. 3104 regelt verschiedene Fälle, in denen die volle Terminsgebühr anfällt, obwohl ein gerichtliches Verfahren endet, ohne dass eine mündliche Verhandlung stattgefunden hat.

aa) Im Einverständnis der Parteien

109 Nach der Anmerkung Absatz 1 Nr. 1 1. Alternative zu VV Nr. 3104 entsteht die Terminsgebühr auch dann voll, wenn in einem Verfahren, für das mündliche Verhandlung vorgeschrieben ist, im Einverständnis mit den Parteien ohne mündliche Verhandlung entschieden wird.

(1) Mündliche Verhandlung vorgeschrieben

110 Es muss sich um ein Verfahren handeln, in dem eine **mündliche Verhandlung grundsätzlich vorgeschrieben** ist.[135] Der Gebührentatbestand ist nicht anwendbar für Verfahren, in denen das Gericht nach billigem Ermessen entscheiden kann, ob es mündlich verhandeln will.[136]

111 In den Verfahren nach dem FGG greift Nr. 1 der Anmerkung zu Nr. 3104 VV nicht ein, da sowohl schriftlich als auch mündlich verhandelt werden kann.[137] Eine Terminsgebühr entsteht also nicht im schriftlichen Verfahren nach dem FGG, sondern

---

132 S. hierzu im Einzelnen näher oben § 4 Rn 33 f.
133 S. hierzu näher oben § 4 Rn 38.
134 AG Schleiden, NJW-RR 2005, 1232.
135 AnwK-RVG/*Onderka*, VV Nr. 3104 Rn 9.
136 Gerold/Schmidt-*Müller-Rabe*, VV Nr. 3104 Rn 19.
137 Schneider/Mock, Das neue Gebührenrecht für Anwälte, § 14 Rn 74; AnwK-RVG/*Onderka*, VV Nr. 3104 Rn 19.

nur, wenn eine mündliche Verhandlung tatsächlich stattgefunden hat.[138] Eine Terminsgebühr kann in diesen Fällen auch nicht durch eine außergerichtliche Erledigungsbesprechung entstehen.[139]

Nach § 94 V BVerfGG kann das Bundesverfassungsgericht in Verfahren der Verfassungsbeschwerde von mündlicher Verhandlung absehen, so dass auch dieses Verfahren kein Verfahren ist, für das mündliche Verhandlung vorgeschrieben ist. 112

Auch im Normenkontrollverfahren ist keine mündliche Verhandlung vorgeschrieben. Nach § 47 V 1 VwGO liegt es im prozessualen Ermessen des Normenkontrollgerichts,[140] ob mündliche Verhandlung anberaumt und dann durch Urteil entschieden wird oder ob es eine Entscheidung durch Beschluss ohne vorausgehende mündliche Verhandlung trifft. Wird ohne mündliche Verhandlung durch Beschluss entschieden, fällt keine Terminsgebühr nach Absatz 1 Nr. 1 der Anmerkung zu VV Nr. 3104 an.[141] Auch eine Terminsgebühr aufgrund einer außergerichtlichen Erledigungsbesprechung kann in einem solchen Fall nicht anfallen.[142] 113

Absatz 1 Nr. 1 der Anmerkung zu Nr. 3104 ist nicht anwendbar, wenn die Berufung nach § 522 II ZPO zurückgewiesen wird; § 522 ZPO schreibt vor, dass die Berufung durch Beschluss ohne mündliche Verhandlung zurückzuweisen ist, wenn diese keine Aussicht auf Erfolg hat. Erst dann, wenn die Berufung nicht nach § 522 II ZPO zurückgewiesen worden ist, ist ein Termin zur mündlichen Verhandlung zu bestimmen, eine Terminsgebühr kann daher nicht aufgrund des Gebührentatbestands der Anmerkung Absatz 1 Nr. 1 zu VV Nr. 3104 entstehen;[143] auch durch eine Besprechung der Rechtsanwälte ohne Beteiligung des Gerichts kann in einem solchen Fall keine Terminsgebühr entstehen.[144] 114

(2) Einverständnis der Parteien.

Der Gebührentatbestand in dieser Variante setzt voraus, dass in einem Verfahren, für das mündliche Verhandlung vorgeschrieben ist, im Einverständnis mit den Parteien vom Gericht ohne mündliche Verhandlung entschieden wurde. Das Einverständnis der Parteien muss grundsätzlich eindeutig und unbedingt sein.[145] Fehlt das Einverständnis oder ist es unwirksam und trifft das Gericht – unzulässigerweise – seine Entscheidung ohne mündliche Verhandlung, so ist der Gebührentatbestand in dieser Variante gleichwohl erfüllt, wenn die Parteien den Mangel nicht rügen.[146] 115

Teilweise wird zur Voraussetzung für die Entstehung der Terminsgebühr in dieser Entstehungsvariante in subjektiver Hinsicht das Erfordernis gemacht, dass der Anwalt nur dann die Terminsgebühr verdienen soll, wenn er schriftsätzlich zur Förderung der Angelegenheit tätig geworden ist.[147] Dieser Auffassung steht jedoch entgegen, dass ein 116

---

138 AnwK-RVG/*Onderka*, VV Nr. 3104 Rn 19.
139 S. hierzu oben § 4 Rn 56.
140 VGH Baden-Württemberg, JurBüro 1995, 421.
141 Mayer/Kroiß-*Mayer*, VV Nr. 3104 Rn 15.
142 VGH Mannheim, NJW 2007, 860 mit Bespr. Mayer, RVG-Letter 2007, 15 ff.
143 AnwK-RVG/*Onderka*, VV Nr. 3104 Rn 15.
144 BGH, BeckRS 2007 09182 mit Anm. Mayer, FD-RVG 2007, 226575.
145 Hansens, § 35 BRAGO Rn 5.
146 Riedel/Sußbauer-*Keller*, VV Teil 3 Abschnitt 1 Rn 47; vgl auch AnwK-RVG/*Onderka*, VV Nr. 3104 Rn 21 ff.
147 *Hansens*/Braun/Schneider, Praxis des Vergütungsrechts, Teil 8 Rn 232.

solches Erfordernis dem Wortlaut des Gesetzes nicht entnommen werden kann; das Gesetz stellt ausschließlich lediglich darauf ab, dass das Einverständnis der Parteien vorliegt.

(3) Entscheidung des Gerichts

117 Die Terminsgebühr entsteht in dieser Variante nur dann, wenn eine gerichtliche Entscheidung ergeht.[148] Voraussetzung für das Entstehen der Terminsgebühr in dieser Entstehungsvariante ist ferner, dass eigentlich mündliche Verhandlung erforderlich gewesen wäre, wobei allerdings strittig ist, ob es hinsichtlich des Erfordernisses der mündlichen Verhandlung auf **das Verfahren als solches**[149] oder auf die **konkret ergehende Entscheidung** ankommt.[150] Dementsprechend lässt die zuerst genannte Auffassung für die Entstehung der 1,2 Terminsgebühr den Erlass eines Hinweisbeschlusses ausreichen, da mit diesem die Endentscheidung sachlich vorbereitet wird, auch wenn für den Erlass eines Hinweisbeschlusses keine mündliche Verhandlung vorgeschrieben ist,[151] während nach anderer Auffassung die Terminsgebühr in dieser Entstehungsvariante nicht aus Anlass eines Beweisbeschlusses oder eines Aufklärungsbeschlusses entstehen kann, da beide vor der mündlichen Verhandlung ergehen können.[152] Die Auffassung, die nicht auf die konkrete Verfahrenshandlung, sondern auf das Verfahren als solches abstellt, hat unter den in Betracht kommenden Entscheidungen zwangsläufig eine Erheblichkeitsgrenze zu ziehen; so wird verlangt, dass es sich um eine Entscheidung handeln muss, durch die die Endentscheidung wesentlich sachlich vorbereitet wird.[153] Maßnahmen gemäß § 273 ZPO vom Vorsitzenden des Gerichts oder vom Berichterstatter zur Vorbereitung des Haupttermins stellen auch nach dieser Auffassung keine Entscheidung nach Absatz 1 Nr. 1 der Anmerkung zu Nr. 3104 VV dar.[154] Auch wenn der Wortlaut von Absatz 1 Nr. 1 der Anmerkung zu VV Nr. 3104 zwar nicht der – großzügigeren – Auffassung, es komme nicht auf die konkrete Verfahrenshandlung, sondern hinsichtlich des Erfordernisses einer mündlichen Verhandlung auf das Verfahren als solches an, nicht entgegensteht, sprechen systematisch überzeugendere Gründe jedoch dafür, bei dem Erfordernis der mündlichen Verhandlung **auf die konkret ergangene Entscheidung abzustellen**, da die Grenzziehung, ob eine Entscheidung eine Endentscheidung wesentlich sachlich vorbereitet oder nicht, in vielen Fällen eindeutig nicht möglich ist.

bb) Entscheidung nach § 307 ZPO

118 Nach Anmerkung 1 Nr. 1 zu Nr. 3104 VV entsteht die Terminsgebühr auch dann, wenn das Gericht gemäß § 307 ZPO ohne mündliche Verhandlung entscheidet. Nach § 307 S. 1 ZPO ist eine Partei dem Anerkenntnis gemäß zu verurteilen, wenn sie den gegen sie geltend gemachten Anspruch ganz oder zum Teil anerkennt.

---

148 Mayer/Kroiß-*Mayer*, VV Nr. 3104 Rn 18.
149 AnwK-RVG/*Onderka*, VV Nr. 3104 Rn 28.
150 Gerold/Schmidt-*Müller-Rabe*, VV Nr. 3104 Rn 18 und Rn 20.
151 AnwK-RVG/*Onderka*, VV Nr. 3104 Rn 28.
152 Riedel/Sußbauer-*Keller*, VV Teil 3 Abschnitt 1 Rn 50.
153 AnwK-RVG/*Onderka*, VV Nr. 3104 Rn 25.
154 AnwK-RVG/*Onderka*, VV Nr. 3104 Rn 26.

cc) Verfahren nach billigem Ermessen, § 495a ZPO

Nach § 495a S. 1 ZPO kann das Gericht sein Verfahren nach billigem Ermessen bestimmen, wenn der Streitwert 600 Euro nicht übersteigt. Die weiteren Voraussetzungen einer Entscheidung ohne mündliche Verhandlung müssen nicht vorliegen, allerdings muss das Gericht nach § 495a S. 2 ZPO auf Antrag mündlich verhandeln.[155] Ohne mündliche Verhandlung entsteht nach Nr. 1 von Absatz 1 der Anmerkung zu Nr. 3104 VV die 1,2 Terminsgebühr.

119

Anknüpfungspunkt für den Vergütungstatbestand ist das Vorliegen einer Entscheidung nach § 495a ZPO ohne mündliche Verhandlung. Soweit für das Entstehen der Terminsgebühr in den Wortlaut von Absatz 1 Nr. 1 der Anmerkung zusätzlich hineingelesen wird, dass der Rechtsanwalt irgendeine Tätigkeit in Richtung der Förderung des Rechtsstreits entwickelt haben muss,[156] findet dies weder im Wortlaut noch nach Sinn und Zweck der gesetzlichen Regelung eine Stütze. Entscheidend für die Entstehung der Terminsgebühr ist der Erlass einer Entscheidung nach § 495a ZPO ohne mündliche Verhandlung.[157]

120

dd) Schriftlicher Vergleich

Nach Absatz 1 Nr. 1 der Anmerkung zu Nr. 3104 VV entsteht die Terminsgebühr auch dann in Höhe von 1,2, wenn in einem Verfahren, für das mündliche Verhandlung vorgeschrieben wird, ein **schriftlicher Vergleich** geschlossen wird. Das RVG billigt damit dann, wenn ein Vergleich nach § 278 VI ZPO in einem Verfahren, für das mündliche Verhandlung vorgeschrieben ist, geschlossen wird, ohne dass eine mündliche Verhandlung stattgefunden hat, gleichwohl eine 1,2 Terminsgebühr zu.[158] Unter der Geltung der BRAGO entstand in diesen Fällen keine fiktive Verhandlungsgebühr nach § 35 BRAGO.[159]

121

Nach den von der Entscheidung des BGH vom 30.3.2004 ausgelösten[160] und im Rahmen der Entscheidung über die Gegenvorstellung gegen den Beschluss vom 30.3.2004 verstärkten Irritationen,[161] die sogar dazu führten, dass das OLG Nürnberg den Standpunkt einnahm, dass im Falle eines Abschlusses eines Vergleichs nach § 278 VI ZPO ohne mündliche Verhandlung keine Terminsgebühr anfällt, soweit es sich nicht um Verfahren handelt, die nach § 128 II ZPO oder § 495a ZPO keine mündliche Verhandlung erfordern,[162] beendete der BGH diese Kontroverse mit dem Beschluss vom 31.10.2005; danach **entsteht nach Absatz 1 Nr. 1 der Anmerkung** zum Vergütungstatbestand VV Nr. 3104 eine 1,2 **Terminsgebühr, wenn in einem Verfahren, für das mündliche Verhandlung vorgeschrieben wird, ein schriftlicher Vergleich abgeschlossen wird**; er muss nicht in einem schriftlichen Verfahren nach § 128 II ZPO

122

---

155 Mayer/Kroiß-*Mayer*, VV Nr. 3104 Rn 21.
156 So wohl Gerold/Schmidt-*Müller-Rabe*, VV Nr. 3104 Rn 51 und Rn 44.
157 Mayer/Kroiß-*Mayer*, VV Nr. 3104 Rn 22.
158 Mayer/Kroiß-*Mayer*, VV Nr. 3104 Rn 23.
159 OLG Stuttgart, NJW-RR 2004, 423; Hansens, RVGreport 2004, 30 f.
160 BGH, NJW 2004, 2311 f. mit Bespr. Mayer, RVG-Letter 2004, 76 f.
161 BGH, NJOZ 2004, 4083 mit Bespr. Mayer, RVG-Letter 2004, 100; kritisch zur Entscheidung des BGH vom 30.03.2004 auch Henke, Anm. zu BGH, AnwBl. 2004, 593 f.
162 OLG Nürnberg, NJW 2005, 655 mit Bespr. Mayer, RVG-Letter 2005, 32.

oder nach § 495a ZPO geschlossen werden.[163] Der BGH schloss sich damit der weit überwiegenden Meinung in der Literatur an.[164]

123 Erforderlich aber ist, dass es sich um ein Verfahren handelt, für das mündliche Verhandlung vorgeschrieben ist; da im einstweiligen Verfügungsverfahren ohne mündliche Verhandlung durch Beschluss entschieden werden kann, fällt bei einem schriftlichen Vergleich gemäß § 278 VI ZPO keine Terminsgebühr nach Absatz 1 Nr. 1 der Anmerkung zu dem Vergütungstatbestand VV Nr. 3104 an.[165]

124 Die Frage, ob ein Vergleich nach § 278 VI ZPO eine Terminsgebühr nach Nr. 3104 VV ausgelöst hat, ist zu trennen von den anderen Entstehungsvarianten einer Terminsgebühr.[166] Allerdings dürfte die Auffassung in der Rechtsprechung, wonach dann, wenn die Terminsgebühr auf andere Entstehungsvarianten, beispielsweise auf eine außergerichtliche Erledigungsbesprechung, zurückgeht, es gleichgültig ist, ob ein auf diese Weise ausgehandelter Vergleich gemäß § 278 VI ZPO in einem Verfahren geschlossen wird, für das mündliche Verhandlung vorgeschrieben ist oder nicht,[167] nach der neuen Rechtsprechung des BGH, wonach eine Terminsgebühr in der Entstehungsvariante einer außergerichtlichen Erledigungsbesprechung nur entstehen kann, wenn es sich um ein Verfahren mit vorgeschriebener mündlicher Verhandlung handelt,[168] nicht mehr aufrechtzuerhalten sein.

c) Entscheidung durch Gerichtsbescheid im verwaltungsgerichtlichen und sozialgerichtlichen Verfahren (Anmerkung Absatz 1 Nr. 2 zu Nr. 3104 VV)

125 Nach Nr. 2 des Absatzes 1 der Anmerkung zu Nr. 3104 VV entsteht die volle Terminsgebühr von 1,2 auch dann, wenn nach § 84 I 1 VwGO oder § 105 I SGG ohne mündliche Verhandlung durch Gerichtsbescheid entschieden wird.

126 Der Gesetzgeber wollte mit dieser Vorschrift die Regelungen des § 114 III BRAGO übernehmen, zusätzlich hat er den in § 116 II 2 BRAGO geregelten Fall der Entscheidung durch Gerichtsbescheid im sozialgerichtlichen Verfahren nach § 105 I SGG mit aufgenommen. Nach der Gesetzesbegründung geht der Gesetzgeber davon aus, dass dann, wenn das Gericht ohne mündliche Verhandlung durch Gerichtsbescheid entscheidet, die nach der BRAGO bislang zugestandene halbe Verhandlungsgebühr auf eine **volle Terminsgebühr** zu erhöhen ist, da ein Grund, die in Nr. 2 der Anmerkung genannten Fälle anders zu behandeln als die Fälle der Nr. 1, nicht ersichtlich ist.[169] Bewusst nicht mit aufgenommen in die Anmerkung Absatz 1 Nr. 2 hat der Gesetzgeber den ebenfalls in § 116 II 2 BRAGO genannten Fall der Zurückweisung der Berufung durch Beschluss durch das Landessozialgericht nach § 153 IV SGG, da insoweit weder ein besonderer Aufwand des Anwalts ersichtlich sei noch die Parteien eine

---

163 BGH, NJW 2006, 157 ff. mit Bespr. Mayer, RVG-Letter 2005, 134 f.
164 Statt vieler Mayer/Kroiß-*Mayer*, VV Nr. 3104 Rn 24 mwN; kritisch zu der Regelung nach wie vor Hartmann, VV Nr. 3104 Rn 30.
165 OLG München, NJOZ 2005, 4946 mit Bespr. Mayer, RVG-Letter 2005, 123 f.
166 Mayer/Kroiß-*Mayer*, VV Nr. 3104 Rn 26.
167 Vgl OLG Koblenz, BeckRS 2005, 11682 mit Bespr. Mayer, RVG-Letter 2005, 123.
168 BGH, NJW 2007, 1461 ff. mit Anm. Mayer, NJW 2007, 1464.
169 BT-Drucks. 15/1971, S. 212.

Entscheidung ohne mündliche Verhandlung verhinderten könnten, so dass die Notwendigkeit einer besonderen Terminsgebühr nicht ersichtlich sei.[170]

Nicht erwähnt in der Anmerkung Absatz 1 Nr. 2 ist die Regelung des § **93a II 1 VwGO**. Danach kann das Gericht nach Abschluss von Musterverfahren iS des § 93a I VwGO nach Anhörung der Beteiligten über die ausgesetzten Verfahren durch Beschluss entscheiden, wenn es einstimmig der Auffassung ist, dass die Sachen gegenüber rechtskräftig entschiedenen Musterverfahren keine wesentlichen Besonderheiten tatsächlicher und rechtlicher Natur aufweisen und der Sachverhalt geklärt ist. Für dieses Anhörungsverfahren fehlt es aber an einer Absatz 1 Nr. 2 der Anmerkung vergleichbaren Regelung, so dass in diesem Fall der Rechtsanwalt keine Terminsgebühr verdient.[171]

aa) Gerichtsbescheid nach § 84 I 1 VwGO

Nach § 84 I 1 VwGO kann das Gericht ohne mündliche Verhandlung durch Gerichtsbescheid entscheiden, wenn die Sache keine besonderen Schwierigkeiten tatsächlicher und rechtlicher Art aufweist und der Sachverhalt geklärt ist. Nach § 84 I 2 VwGO sind die Beteiligten zu dieser beabsichtigten Entscheidungsform vorher zu hören.

Nach Absatz 1 Nr. 2 der Anmerkung zu Nr. 3104 VV entsteht die volle Terminsgebühr von 1,2, wenn nach § 84 I 1 VwGO ohne mündliche Verhandlung durch Gerichtsbescheid entschieden wird. **Entscheidend** für das Entstehen der Gebühr ist somit, dass es tatsächlich zu einer **Entscheidung durch Gerichtsbescheid** gekommen ist, auf eine Tätigkeit des Anwalts in dem obligatorisch vorausgehenden Anhörungsverfahren kommt es nicht an.[172]

bb) Entscheidung durch Gerichtsbescheid nach § 105 I SGG

Nach § 105 I 1 SGG kann das Gericht ohne mündliche Verhandlung durch Gerichtsbescheid entscheiden, wenn die Sache keine besonderen Schwierigkeiten tatsächlicher oder rechtlicher Art aufweist und der Sachverhalt geklärt ist. Nach § 105 I 2 SGG sind die Beteiligten zu dieser beabsichtigten Entscheidungsform vorher zu hören.

Voraussetzung für das Entstehen der **vollen Terminsgebühr** nach Nr. 3104 VV ist, dass es zu einer Entscheidung durch Gerichtsbescheid ohne mündliche Verhandlung nach § 105 I SGG gekommen ist. Auf eine Tätigkeit des Anwalts in dem obligatorisch vorausgehenden Anhörungsverfahren kommt es nicht an.[173]

d) Ende des Verfahrens vor dem Sozialgericht nach angenommenem Anerkenntnis ohne mündliche Verhandlung (Absatz 1 Nr. 3 der Anmerkung zu Nr. 3104 VV)

Nach § 101 II SGG erledigt das angenommene Anerkenntnis des geltend gemachten Anspruchs insoweit den Rechtsstreit in der Hauptsache. Das Anerkenntnis ist das Zugeständnis, dass ein prozessualer Anspruch besteht, der Beklagte gibt „ohne Drehen und Wenden" zu, dass sich das Begehren des Klägers aus dem von ihm behaupte-

---
170 BT-Drucks. 15/1971, S. 212.
171 AnwK-RVG/*Wahlen*, VV Nr. 3104 Rn 49.
172 Mayer/Kroiß-*Mayer*, VV Nr. 3104 Rn 33.
173 Mayer/Kroiß-*Mayer*, VV Nr. 3104 Rn 36.

133 ten Tatbestand ergibt.[174] Eine Erledigung des Rechtsstreits tritt aber nur bei Annahme des Anerkenntnisses durch den Kläger ein.[175]

133 Nach Nr. 3 des Absatzes 1 der Anmerkung zu Nr. 3104 VV entsteht somit auch die volle Terminsgebühr von 1,2, wenn das sozialgerichtliche Verfahren nach einem angenommenen Anerkenntnis ohne mündliche Verhandlung endet. Auch diese Regelung ist auf dem Hintergrund des gesetzgeberischen Ziels, möglichst frühzeitige gütliche Einigungen zu fördern, zu sehen.[176]

2. Anrechnung der Terminsgebühr (Absatz 2 der Anmerkung zu Nr. 3104 VV)

134 Die Terminsgebühr entsteht auch dann, wenn in einem Termin Verhandlungen zur Einigung über in diesem Verfahren nicht rechtshängige Ansprüche geführt werden. **Vergleichbar zur Differenzverfahrensgebühr** nach Nr. 3101 VV Nr. 2 entsteht bei Verhandlungen zur Einigung über in einem Verfahren nicht rechtshängige Ansprüche aus dem Wert dieser Ansprüche ebenfalls die volle 1,2 Terminsgebühr.[177] Mit der Anrechnungsbestimmung in Absatz 2 der Anmerkung zu Nr. 3104 VV will der Gesetzgeber erreichen, dass die Terminsgebühr nicht doppelt verdient wird.[178]

a) Regelungsgehalt der Anrechnungsbestimmung

135 Nach Absatz 2 der Anmerkung zu Nr. 3104 VV wird die Terminsgebühr, wenn in einem Termin auch Verhandlungen zur Einigung über in diesem Verfahren nicht rechtshängige Ansprüche geführt werden, auf eine Terminsgebühr **angerechnet**, die wegen desselben Gegenstands in einer anderen Angelegenheit entsteht, soweit sie den sich ohne Berücksichtigung der nicht rechtshängigen Ansprüche ergebenden Gebührenbetrag übersteigt.

aa) Höhe des Anrechnungsbetrags

136 Anzurechnen ist nach der Anrechnungsbestimmung in Absatz 2 der Anmerkung zu Nr. 3104 VV die Terminsgebühr nur insoweit, soweit sie den sich ohne Berücksichtigung der nicht rechtshängigen Ansprüche ergebenden Gebührenbetrag übersteigt. **Zu ermitteln** ist daher **zunächst** die **Terminsgebühr aus dem Gesamtwert** der rechtshängigen und nicht rechtshängigen Ansprüche, über die verhandelt wurde. Von dem sich dann ergebenden Gebührenbetrag ist in **Abzug** zu bringen der Gebührenbetrag der **fiktiven Terminsgebühr** aus dem Werk der in diesem Verfahren anhängigen Ansprüche. Der sich dann ergebende Differenzbetrag ist der anzurechnende Betrag.[179]

---

174 Meyer-Ladewig/*Leitherer*, § 101 SGG Rn 20.
175 Meyer-Ladewig/*Leitherer*, § 101 SGG Rn 22.
176 Mayer/Kroiß-*Mayer*, VV Nr. 3104 Rn 42.
177 Schneider/Mock, Das neue Gebührenrecht für Anwälte, § 14 Rn 77; Gerold/Schmidt-*Müller-Rabe*, VV Nr. 3104 Rn 73; AnwK-RVG/*Onderka*, VV Nr. 3104 Rn 56; Riedel/Sußbauer-*Keller*, VV Teil 3 Abschnitt 1 Rn 54; *Hansens*/Braun/Schneider, Praxis des Vergütungsrechts, Teil 8 Rn 237.
178 BT-Drucks. 15/1971, S. 212.
179 Mayer/Kroiß-*Mayer*, VV Nr. 3104 Rn 45.

bb) Anrechnungsgegenstand

Die Anrechnung des in der geschilderten Form ermittelten Gebührenbetrages ist vorzunehmen auf eine Terminsgebühr, die wegen desselben Gegenstands in einer anderen Angelegenheit **entsteht**.

Der Wortlaut dieser Anrechnungsbestimmung wurde auf Anregung des Rechtsausschusses geändert, statt von einem anderen „Verfahren" spricht die Anrechnungsbestimmung in der jetzt zu Gesetz gewordenen Fassung von einer anderen „Angelegenheit". Damit wird ausgedrückt, dass die Anrechnung nicht nur auf eine Terminsgebühr erfolgen soll, die in der anderen Angelegenheit für die Vertretung in einem gerichtlichen Termin entsteht, sondern die Anrechnung soll auch dann erfolgen, wenn in der anderen Angelegenheit zwar ein Prozessauftrag erteilt wurde, aber ausschließlich außergerichtliche Besprechungen stattfinden, die nach Vorbemerkung 3 Absatz 3 VV ebenfalls die Terminsgebühr auslösen.[180] Die Anrechnung hat somit zu erfolgen auf eine Terminsgebühr, die wegen desselben Gegenstands in einer anderen Angelegenheit, sei es durch Tätigkeit vor Gericht oder sei es nach Vorliegen eines Prozessauftrags durch die Mitwirkung an einer auf die Vermeidung des Verfahrens gerichteten Besprechung entsteht.

Wann die Terminsgebühr in der anderen Angelegenheit entsteht, ist für die Frage der Anrechnung **nicht von Bedeutung**, da der Gesetzgeber mit der Anrechnungsbestimmung verhindern will, dass die Terminsgebühr doppelt verdient wird.[181] Eine Anrechnung hat also auch dann stattzufinden, wenn zu dem Zeitpunkt, zu dem die Verhandlungen zur Einigung über in diesem Verfahren nicht rechtshängige Ansprüche geführt werden, die Terminsgebühr bezüglich der in diesem Verfahren nicht anhängigen Ansprüche bereits anderweitig entstanden ist.[182]

Mindestens erforderlich jedoch, damit überhaupt eine Anrechnung auf eine hinsichtlich der in diesem Verfahren nicht anhängigen Ansprüche entstehenden Terminsgebühr vorgenommen werden kann, ist jedoch, dass wegen dieser Ansprüche zumindest ein Prozessauftrag besteht. Fehlt dieser, so kann bezüglich der in diesem Verfahren nicht rechtshängigen Ansprüche außerhalb des Verfahrens, in dem sie einbezogen werden, keine Terminsgebühr entstehen, vielmehr fallen Besprechungen über diese Ansprüche dort noch in den Abgeltungsbereich der Geschäftsgebühr nach Nr. 2300 VV.[183]

Die Anrechnung setzt aber voraus, dass **derselbe Rechtsanwalt** die Terminsgebühr in beiden Verfahren verdient hat.[184]

---

180 BT-Drucks. 15/2487, S. 140.
181 Mayer/Kroiß-*Mayer*, VV Nr. 3104 Rn 48.
182 Mayer/Kroiß-*Mayer*, aaO; so offenbar auch Schneider/Mock, Das neue Gebührenrecht für Anwälte, § 14 Rn 79, der lediglich hinsichtlich der Differenzverfahrensgebühr auf den Zeitpunkt des Entstehens abstellt, vgl hierzu § 5 Rn 90; Riedel/Sußbauer-*Keller*, VV Teil 3 Abschnitt 1 Rn 56.
183 Mayer/Kroiß-*Mayer*, VV Nr. 3104 Rn 49.
184 Riedel/Sußbauer-*Keller*, VV Teil 3 Abschnitt 1 Rn 56; so wohl auch AnwK-RVG/*Onderka*, VV Nr. 3104 Rn 59 f., die allerdings eine Verminderung der Terminsgebühr auch bei verschiedenen Anwälten annimmt, wenn der Mandant den Rechtsanwalt bei Auftragserteilung darauf hingewiesen hat, dass in einem anderen Verfahren bereits eine Verhandlung stattgefunden hat.

b) Beispiel

142 In einem Verfahren sind Ansprüche mit Wert von 10.000 Euro anhängig. In diesem Verfahren werden Verhandlungen zur Einigung über in diesem Verfahren nicht rechtshängige Ansprüche mit Wert 5.000 Euro geführt. Hinsichtlich der Ansprüche mit Wert 5.000 Euro besteht kein Prozessauftrag.

Nach Absatz 2 der Anmerkung zu Nr. 3104 VV wären anrechenbar:

Terminsgebühr Nr. 3104 VV, 1,2, Wert: 15.000 Euro	679,20 Euro
abzüglich Terminsgebühr Nr. 3104 VV, 1,2 (Wert: 10.000 Euro)	-583,20 Euro
Rest	96,00 Euro

Eine Anrechnung wäre in diesem Fall aber nicht vorzunehmen, da mangels Prozessauftrag auch hinsichtlich der Ansprüche mit Wert von 5.000 Euro keine Terminsgebühr anfallen kann, da sich das andere Verfahren noch im Anwendungsbereich der Geschäftsgebühr bewegt.

Abwandlung: Bezüglich der Ansprüche mit Wert von 5.000 Euro besteht Prozessauftrag.

Die Anrechnung ist vorzunehmen, da sie auch erfolgen soll, wenn ausschließlich außergerichtliche Besprechungen die Terminsgebühr bezüglich der in diesem Verfahren nicht rechtshängigen Ansprüche auslöst.[185]

Weitere Abwandlung: Die zweite Angelegenheit (Wert: 5.000 Euro) ist bereits rechtshängig und im gerichtlichen Verfahren ist hinsichtlich dieser Ansprüche bereits eine Terminsgebühr entstanden.

Auch insoweit ist eine Anrechnung vorzunehmen, da der Gesetzgeber mit der Anrechnungsbestimmung verhindern will, dass die Terminsgebühr doppelt verdient wird.

3. Protokollierungstermin (Absatz 3 der Anmerkung zu Nr. 3104 VV)

143 Nach Absatz 3 der Anmerkung zu Nr. 3104 VV entsteht die Terminsgebühr nicht, wenn lediglich beantragt ist, eine Einigung der Parteien oder mit Dritten über nicht rechtshängige Ansprüche zu Protokoll zu nehmen. Im **Gegenschluss** aus Absatz 3 der Anmerkung zu Nr. 3104 VV ergibt sich jedoch, dass die Terminsgebühr mit dem Gebührensatz von 1,2 entsteht, soweit beantragt ist, eine Einigung der Parteien oder mit Dritten über rechtshängige Ansprüche zu Protokoll zu nehmen.[186] Absatz 3 der Anmerkung zu Nr. 3104 VV besagt aber nur, dass die nicht rechtshängigen Ansprüche bei der Bestimmung der Gebühr für den Gerichtstermin, in dem die Einigung über diese Ansprüche protokolliert wurde, nicht berücksichtigt werden. Dies schließt nicht aus, dass in einem Termin die Terminsgebühr aus diesem Wert bereits entstanden ist; gerade wenn die Parteien im gerichtlichen Termin die Einigung über nicht rechtshängige Ansprüche lediglich zu Protokoll geben, liegt es nahe, dass die Verfahrensbevoll-

---

[185] BT-Drucks. 15/2487, S. 140.
[186] Mayer/Kroiß-*Mayer*, VV Nr. 3104 Rn 58; Gerold/Schmidt-*Müller-Rabe*, VV Nr. 3104 Rn 89 f.; aA AnwK-RVG/*Onderka*, VV Nr. 3104 Rn 62, die eine Terminsgebühr auch verneint, wenn nur eine bloße Protokollierung einer Einigung der in dem betreffenden Verfahren anhängigen Ansprüche erfolgt.

mächtigten die Einigung in einer Besprechung ohne Beteiligung des Gerichts herbeigeführt haben.[187]

4. Anrechnung der Terminsgebühr aus vorausgegangenem Mahnverfahren oder vereinfachten Verfahren über den Unterhalt Minderjähriger (Absatz 4 der Anmerkung zu Nr. 3104 VV)

Nach Absatz 4 der Anmerkung zu Nr. 3104 VV ist eine in einem vorausgegangenen Mahnverfahren oder vereinfachten Verfahren über den Unterhalt Minderjähriger entstandene Terminsgebühr auf eine Terminsgebühr des nachfolgenden Rechtsstreits anzurechnen.

144

Die Regelung wurde durch das 2. Gesetz zur Modernisierung der Justiz[188] eingeführt. Der Gesetzgeber will mit der Regelung erreichen, dass eine dem Rechtsanwalt im Mahnverfahren oder im vereinfachten Verfahren über den Unterhalt Minderjähriger erwachsene Terminsgebühr auf eine Terminsgebühr des nachfolgenden Rechtsstreits anzurechnen ist. Gemäß § 17 Nr. 2 RVG sind das Mahnverfahren und nach § 17 Nr. 3 RVG das vereinfachte Verfahren über den Unterhalt Minderjähriger und das sich anschließende streitige Verfahren **verschiedene Angelegenheiten,** so dass die Gebühren für den Rechtsanwalt jeweils gesondert anfallen. Die Regelung entspricht der in Nr. 3305 VV vorgesehenen Anrechnung der Verfahrensgebühr des Mahnverfahrens und der in Absatz 1 der Anmerkung zu Nr. 3100 VV vorgesehenen Anrechnung der Verfahrensgebühr des vereinfachten Verfahrens über den Unterhalt Minderjähriger auf die Verfahrensgebühr für einen nachfolgenden Rechtsstreit.[189]

145

G. Verminderte Terminsgebühr VV Nr. 3105

I. Allgemeines

Die **reduzierte Terminsgebühr** VV Nr. 3105 soll ebenso wie der frühere § 33 BRAGO dem in bestimmten Fallkonstellationen geringeren Umfang der anwaltlichen Tätigkeit Rechnung tragen, ist aber deutlich differenzierter als § 33 BRAGO und zieht die Konsequenzen daraus, dass die Terminsgebühr des RVG im Gegensatz zur Verhandlungsgebühr im Sinne der BRAGO nicht mehr zwischen streitiger und nichtstreitiger Verhandlung unterscheidet.[190]

146

II. Inhalt

1. Entstehen der verminderten Terminsgebühr Nr. 3105 VV

a) Voraussetzungen

Die verminderte Terminsgebühr iHv 0,5 nach Nr. 3105 VV setzt voraus, dass der Anwalt nur einen Termin wahrnimmt, in dem eine Partei nicht erschienen oder nicht ordnungsgemäß vertreten ist, und von ihm lediglich ein Antrag auf Versäumnisurteil

147

---

187 Riedel/Sußbauer-*Keller*, VV Teil 3 Abschnitt 1 Rn 57.
188 BGBl. 2006 I, S. 3416 ff.
189 BT-Drucks. 16/3038, S. 56.
190 Mayer/Kroiß-*Mayer*, VV Nr. 3105 Rn 2.

oder zur Prozess- oder Sachleitung gestellt wird. Der Rechtsanwalt verdient somit eine 0,5 Terminsgebühr nach Nr. 3105 VV, wenn er allein im Termin anwesend ist und nur einen Antrag auf Versäumnisurteil bzw. zur Prozess- oder Sachleitung stellt oder überhaupt nichts tut, aber bereit ist etwas zu tun, wenn es nötig sein sollte; er verdient jedoch die 1,2 Terminsgebühr, wenn er mehr als das zuvor Dargelegte tut, zB eine Entscheidung nach Aktenlage beantragt oder mit dem Gericht die Schlüssigkeit der Klage erörtert.[191]

148 Erforderlich für den Gebührentatbestand VV Nr. 3105 ist, dass der Gegner nicht erschienen oder nicht ordnungsgemäß vertreten ist; die Säumigkeit eines Streitgenossen oder eines Streithelfers ist kein Grund, die Terminsgebühr des Anwalts zu kürzen.[192] Gibt der Rechtsanwalt einer Partei im Termin überhaupt keine Erklärungen ab, ist er aber ebenso wie die andere Partei oder der andere Prozessbevollmächtigte vertretungsbereit anwesend und verhandelt nur nicht zur Sache, entsteht für beide Rechtsanwälte die volle 1,2 Terminsgebühr.[193] Die **reine Anwesenheit** beider Rechtsanwälte im Termin ohne Abgabe irgendwelcher Erklärungen reicht für das Entstehen der vollen Terminsgebühr grundsätzlich aus, und zwar auch dann, wenn trotz der Anwesenheit des Prozessbevollmächtigten einer Partei gegen diese ein Versäumnisurteil ergeht.[194] Umstritten war die gebührenrechtliche Behandlung des 2. **Versäumnisurteils**.[195] Mittlerweile hat jedoch der BGH entschieden, dass dem Prozessbevollmächtigten, der sowohl das 1. als auch das 2. Versäumnisurteil erwirkt, eine 1,2 Terminsgebühr nach Nr. 3104 VV und nicht nur eine 0,5 Terminsgebühr nach Nr. 3105 VV zusteht,[196] dies gilt sogar dann, wenn das 1. Versäumnisurteil nach § 331 III ZPO erging.[197]

149 Wird nach einem Einspruch gegen ein Versäumnisurteil die dort ergangene Kostenentscheidung abgeändert, gehört die Differenz zwischen der im 1. Termin angefallenen 0,5 Terminsgebühr nach Nr. 3105 VV und der im Einspruchstermin entstandenen 1,2 Terminsgebühr nach Nr. 3104 VV nicht zu den Kosten der Säumnis nach § 344 ZPO.[198]

aa) Säumnis einer Partei oder nicht ordnungsgemäße Vertretung der Partei

150 Unabdingbare Voraussetzung für das Entstehen der verminderten Terminsgebühr nach Nr. 3105 VV ist, dass die gegnerische Partei nicht erschienen oder nicht ordnungsgemäß vertreten ist. Ist jedoch die gegnerische Partei erschienen oder ordnungsgemäß vertreten, so fällt die volle Terminsgebühr mit einem Satz von 1,2 an, da bei gleichzeitiger Anwesenheit bzw Vertretung beider Parteien in dem Termin in aller Regel ein Mehr an Tätigkeit durch den Anwalt erfolgt.[199] Erscheinen im Anwaltspro-

---

191 Gerold/Schmidt-*Müller-Rabe*, VV Nr. 3105 Rn 1.
192 Riedel/Sußbauer-*Keller*, VV Teil 3 Abschnitt 1 Rn 60.
193 AnwK-RVG/*Onderka*, VV Nr. 3105 Rn 6; Mayer/Kroiß-*Mayer*, VV Nr. 3105 Rn 6.
194 AnwK-RVG/*Onderka*, VV Nr. 3105 Rn 6; Mayer/Kroiß-*Mayer*, VV Nr. 3105 Rn 6; vgl auch *Hansens*/Braun/Schneider, Praxis des Vergütungsrechts, Teil 8 Rn 250.
195 Vgl zum Streitstand näher Mayer/Kroiß-*Mayer*, VV Nr. 3105 Rn 6 ff.
196 BGH, NJW 2006, 2927 mit Bespr. Mayer, RVG-Letter 2006, 98.
197 BGH, NJW 2006, 3430 mit Bespr. Mayer, RVG-Letter 2006, 86.
198 AG Berlin-Neukölln, RVGreport 2005, 597 f.
199 BT-Drucks. 15/1971, S. 212.

zess beide Parteien nicht, sind sie aber anwaltlich vertreten, so steht den Rechtsanwälten die volle Terminsgebühr zu, auch wenn ein Versäumnisurteil ergeht.[200]

Da das Gesetz auf eine ordnungsgemäße Vertretung abstellt, genügt nicht, wenn im Anwaltsprozess ein nicht postulationsfähiger Rechtsanwalt anwesend ist,[201] was aber nach dem Gesetz zur Stärkung der Selbstverwaltung der Rechtsanwaltschaft[202] im Regelfall nur in Verfahren vor dem Bundesgerichtshof praktisch werden dürfte.

151

Die **volle Terminsgebühr** entsteht aber **trotz einer Säumnissituation** für den Klägervertreter auch dann, wenn der Beklagte im Verhandlungstermin nicht ordnungsgemäß vertreten ist, der Klägervertreter aber über den Antrag auf Erlass eines Versäumnisurteils hinaus mit dem Gericht die Zulässigkeit seines schriftsätzlich angekündigten Sachantrags erörtert oder mit dem persönlich anwesenden Beklagten Möglichkeiten einer einverständlichen Regelung bespricht.[203] Auch bei der sogenannten Flucht in die Säumnis fällt die volle 1,2 Terminsgebühr an, wenn beide Parteien ordnungsgemäß vertreten sind; sind in einem gerichtlichen Termin beide Parteien ordnungsgemäß durch ihre Rechtsanwälte vertreten und erklärt der Rechtsanwalt des Klägers auf den Hinweis des Gerichts, dass Bedenken gegen die Schlüssigkeit der Klage bestehen, keinen Antrag stellen zu wollen, ist trotz des daraufhin beantragten Versäumnisurteils gegen den Kläger die volle Terminsgebühr nach Nr. 3104 VV angefallen.[204]

152

Strittig ist, ob die volle oder die verminderte Terminsgebühr anfällt, wenn der gegnerische Anwalt im Termin erklärt, er trete für seinen Mandanten nicht auf.[205] Da nach der Gesetzesbegründung nicht nur bei Vertretung beider Parteien, sondern schon bei gleichzeitiger „Anwesenheit"[206] die Gebührenreduzierung nicht gelten soll, fällt in den Fällen, in denen der Gegner zwar im Termin erscheint, aber erklärt, nicht aufzutreten, die volle 1,2 Terminsgebühr an.[207]

153

bb) Nur Antrag auf Versäumnisurteil oder zur Prozess- oder Sachleitung

Neben der Säumnis einer Partei oder der nicht ordnungsgemäßen Vertretung einer Partei setzt der Gebührentatbestand voraus, dass von dem erschienenen Rechtsanwalt lediglich ein Antrag auf Versäumnisurteil oder zur Prozess- oder Sachleitung gestellt wird. Die Reduzierung der Terminsgebühr auf 0,5 soll nur dann erfolgen, wenn der Rechtsanwalt im Termin tatsächlich keine weiteren Tätigkeiten als das Stellen eines Antrags auf Erlass eines Versäumnisurteils oder Anträge zur Prozess- oder Sachleitung ausführt.[208] Liegt Säumnis der gegnerischen Partei vor oder ist diese nicht ordnungsgemäß vertreten, findet aber vor Erlass eines Versäumnisurteils eine einseitige Erörterung des erschienenen Anwalts mit dem Gericht statt, so fällt die volle Terminsgebühr

154

---

200 Mayer/Kroiß-*Mayer*, VV Nr. 3105 Rn 11.
201 Gerold/Schmidt-*Müller-Rabe*, VV Nr. 3105 Rn 9.
202 BGBl. 2007, S. 358.
203 BGH, NJW 2007, 1692 f. mit AnmNSchneider, und Besprechung Mayer, RVG-Letter 2007, 39 f.
204 OLG Koblenz, NJW 2005, 1955 f. mit Bespr. Mayer, RVG-Letter 2005, 50 f.; KG, NJOZ 2006, 556 f. mit Bespr. Mayer, RVG-Letter 2006, 5.
205 0,5 nach VV Nr. 3105: Gerold/Schmidt-*Müller-Rabe*, VV Nr. 3105 Rn 12; 1,2 Terminsgebühr nach VV Nr. 3104: N.Schneider, AnwBl. 2004, 129 ff., 138.
206 BT-Drucks. 15/1971, S. 212.
207 Mayer/Kroiß-*Mayer*, VV Nr. 3105 Rn 13.
208 BT-Drucks. 15/1971, S. 212.

mit einem Satz von 1,2 an.²⁰⁹ Als Anträge zur Prozess- und Sachleitung kommen u.a. ein Antrag auf Aussetzung des Verfahrens (§§ 246 ff. ZPO), auf Vertagung (§ 227 ZPO), auf Ruhen des Verfahrens (§ 251 ZPO) sowie auf Einsicht in beigezogene Akten bzw Widerspruch dagegen in Betracht.²¹⁰

b) Entscheidungen zur Prozess- und Sachleitung des Gerichts von Amts wegen (Absatz 1 Nr. 1 der Anmerkung zu Nr. 3105 VV)

155 Nach Absatz 1 Nr. 1 der Anmerkung zu Nr. 3105 VV entsteht die verminderte Terminsgebühr von 0,5 auch dann, wenn das Gericht bei Säumnis lediglich Entscheidungen zur Prozess- oder Sachleitung von Amts wegen trifft. Aber auch bei dieser Entstehungsvariante der verminderten Terminsgebühr ist Voraussetzung, dass die gegnerische Partei nicht erschienen oder nicht ordnungsgemäß vertreten ist.²¹¹ Der Gebührentatbestand greift beispielsweise ein, wenn der Beklagte nicht zum Verhandlungstermin erscheint, der Anwalt des Klägers daraufhin keinen Antrag stellt und das Gericht von Amts wegen die Sache daraufhin vertagt.²¹² Die Terminsgebühr nach VV Nr. 3105 kann in den Fällen von Absatz 1 Nr. 1 der Anmerkung zum Vergütungstatbestand **nur von dem Rechtsanwalt verdient** werden, der den Termin für seinen Mandanten wahrgenommen hat, sie gilt nicht für den Anwalt, der im Termin überhaupt nicht anwesend war; letzterer verdient auch dann keine – weder volle noch reduzierte – Terminsgebühr, wenn das Gericht trotz oder wegen seiner Säumnis nur Entscheidungen zur Prozess- oder Sachleitung getroffen hat.²¹³

156 Im Falle des § 331a ZPO (Entscheidung nach Aktenlage bei Säumnis einer Partei) fällt hingegen die 1,2 Terminsgebühr nach Nr. 3104 VV an, weil der Anwalt einen Termin wahrgenommen und nicht nur ein Versäumnisurteil, sondern eine Entscheidung nach Lage der Akten beantragt hat.²¹⁴

c) Schriftliches Versäumnisurteil nach § 331 III ZPO (Absatz 1 Nr. 2 der Anmerkung zu Nr. 3105 VV)

157 Die verminderte Terminsgebühr nach Nr. 3105 VV entsteht auch nach Absatz 1 Nr. 2 der Anmerkung zum Gebührentatbestand dann, wenn eine Entscheidung gemäß § 331 III ZPO ergeht. Nach § 331 III ZPO ergeht ein schriftliches Versäumnisurteil auf Antrag des Klägers gegen den Beklagten, wenn der Beklagte entgegen § 276 I 1, II ZPO nicht rechtzeitig angezeigt hat, dass er sich gegen die Klage verteidigt.

158 Die Regelung entspricht dem früheren § 35 BRAGO. Zu berücksichtigen ist aber, dass die in Nr. 2 von Absatz 1 der Anmerkung zu Nr. 3105 VV geregelte Entstehungsvariante der verminderten Terminsgebühr ausschließlich daran anknüpft, dass eine Entscheidung des Gerichts gemäß § 331 III ZPO ergeht, so dass die verminderte

---

209 BGH, NJW 2007, 1692 mit Bespr. Mayer, RVG-Letter 2007, 39 f.; Schneider/Mock, Das neue Gebührenrecht für Anwälte, § 14 Rn 83.
210 AnwK-RVG/*Onderka*, VV Nr. 3105 Rn 21.
211 Schneider/Mock, Das neue Gebührenrecht für Anwälte, § 14 Rn 87.
212 Mayer/Kroiß-*Mayer*, VV Nr. 3105 Rn 15.
213 AnwK-RVG/*Onderka*, VV Nr. 3105 Rn 27.
214 Gerold/Schmidt-*Müller-Rabe*, VV Nr. 3104 Rn 25; Riedel/Sußbauer-*Keller*, VV Teil 3 Abschnitt 1 Rn 62.

Terminsgebühr **auch dann** entsteht, **wenn** im schriftlichen Vorverfahren ein Versäumnisurteil **ohne Antrag** des Prozessbevollmächtigten des Klägers ergeht.[215]

Teilweise wird vertreten, dass das Vergütungsverzeichnis im Falle des Erlasses eines **unechten Versäumnisurteils** im Verfahren nach § 331 III ZPO eine Regelungslücke enthalte; die reduzierte Terminsgebühr in Nr. 3105 VV sei mit dem geringen Arbeitsaufwand des Rechtsanwalts im Falle des Erlasses eines Versäumnisurteils begründet, diese Erwägungen können jedoch dann nicht durchgreifen, wenn die Klage durch ein unechtes Versäumnisurteil abgewiesen wird; die Regelung ist nach dieser Auffassung durch eine entsprechende Anwendung der Anmerkung Absatz 1 Nr. 1 zu Nr. 3104 VV zu schließen, so dass eine 1,2 Terminsgebühr anfällt.[216] Nach anderer Auffassung fällt bei einem unechten Versäumnisurteil nur eine 0,5 Terminsgebühr nach VV Nr. 3105 an.[217] Der **Meinungsstreit** hat jedoch **keine große praktische Bedeutung**. Denn nach der Regelung in § 331 III 3 ZPO kann ein schriftliches Versäumnisurteil gegen den Kläger insoweit ergehen, als das Vorbringen des Klägers den Klageantrag in einer Nebenforderung nicht rechtfertigt und der Kläger vor der Entscheidung auf diese Möglichkeit hingewiesen worden ist. Im Gegenschluss folgt hieraus, dass ein weitergehendes Versäumnisurteil (Hauptforderung) gegen den Kläger im schriftlichen Vorverfahren ausgeschlossen ist.[218] Demzufolge wird einem unechten Versäumnisurteil gegen den Kläger, soweit die Hauptforderung betroffen ist, meist eine Besprechung mit dem Gericht zur Schlüssigkeit vorausgehen, so dass aufgrund dieses Gesprächs ohnehin die 1,2 Terminsgebühr nach VV Nr. 3104 anfällt.[219]

d) Nichtverhandeln der erschienenen Partei
(Absatz 3 der Anmerkung zu Nr. 3105 VV)

Nach Absatz 3 der Anmerkung zu Nr. 3105 VV ist § 333 ZPO nicht entsprechend anzuwenden. Nach § 333 ZPO ist als nicht erschienen auch die Partei anzusehen, die zwar in dem Termin erscheint, aber nicht verhandelt.

Absatz 3 der Anmerkung zu Nr. 3105 VV stellt ausdrücklich klar, dass der im Termin anwesende Rechtsanwalt einen Anspruch auf die volle Terminsgebühr mit einem Satz von 1,2 erwirbt, wenn die gegnerische Partei zwar zum Termin erschienen ist, sich aber nicht erklärt bzw. nicht verhandelt.[220] Dasselbe Ergebnis ergibt sich aber auch bereits schon aus der Tatbestandsvoraussetzung der Gebühr, dass es sich um einen Termin handeln muss, in dem eine Partei nicht erschienen oder nicht ordnungsgemäß vertreten ist.[221]

---

215 Mayer/Kroiß-*Mayer*, VV Nr. 3105 Rn 18.
216 AnwK-RVG/*Onderka*, VV Nr. 3104 Rn 13.
217 Gerold/Schmidt-*Müller-Rabe*, VV Nr. 3105 Rn 24; vgl zur BRAGO BGH, JurBüro 2004, 136.
218 Zöller/*Herget*, ZPO, § 331 Rn 13.
219 Gerold/Schmidt-*Müller-Rabe*, VV Nr. 3105 Rn 18; Mayer/Kroiß-*Mayer*, VV Nr. 3105 Rn 19.
220 Mayer/Kroiß-*Mayer*, VV Nr. 3105 Rn 21; Gerold/Schmidt-*Müller-Rabe*, VV Nr. 3105 Rn 11; AnwK-RVG/*Onderka*, VV Nr. 3105 Rn 36.
221 Mayer/Kroiß-*Mayer*, VV Nr. 3105 Rn 21.

2. Entsprechende Anwendung der Anmerkung Absatz 1 Nr. 3104 VV (Absatz 2 der Anmerkung zu Nr. 3105 VV)

162 Nach Anmerkung Absatz 2 Nr. 3105 VV ist die Anmerkung Absatz 1 zu Nr. 3104 VV entsprechend anzuwenden. Der Sinn dieser **Verweisung** ist **unklar**.[222] Gemeint dürfte wohl sein, dass in den in Absatz 1 der Anmerkung zu VV Nr. 3104 aufgeführten Fällen die verminderte Terminsgebühr nach VV Nr. 3105 entsteht, wenn die Voraussetzungen des Gebührentatbestandes VV Nr. 3105 erfüllt sind.[223] So kann der Fall in Betracht kommen, dass sich der Beklagte in einem Verfahren nach § 495a ZPO nicht beteiligt und dort nur eine Entscheidung zur Sach- oder Prozessleitung getroffen wird.[224]

H. Terminsgebühr im Verfahren vor den Sozialgerichten, in denen Betragsrahmengebühren entstehen, VV Nr. 3106

I. Allgemeines

163 Der Gebührentatbestand VV Nr. 3106 bildet das Gegenstück zur Verfahrensgebühr VV Nr. 3102 für Verfahren vor den Sozialgerichten, in denen **Betragsrahmengebühren** entstehen.[225]

II. Inhalt

1. Voraussetzungen des Vergütungstatbestands

164 Die Terminsgebühr VV Nr. 3106 entsteht zunächst in den in Absatz 3 der Vorbemerkung 3 VV geregelten Fällen, also für die Vertretung in einem Verhandlungs-, Erörterungs- oder Beweisaufnahmetermin oder für die Wahrnehmung eines von einem gerichtlich bestellten Sachverständigen anberaumten Termins oder für die Mitwirkung an auf die Vermeidung oder Erledigung des Verfahrens gerichteten Besprechungen mit Ausnahme von Besprechungen mit dem Auftraggeber.[226]

165 Darüber hinaus entsteht die Terminsgebühr VV Nr. 3106 auch in den in den Nrn. 1–3 der Anmerkung zum Vergütungstatbestand geregelten Fällen, also auch, wenn in einem Verfahren, für das mündliche Verhandlung vorgeschrieben ist, im Einverständnis mit den Parteien ohne mündliche Verhandlung entschieden wird, wenn nach § 105 I SGG ohne mündliche Verhandlung durch Gerichtsbescheid entschieden wird oder das Verfahren nach angenommenem Anerkenntnis ohne mündliche Verhandlung endet.[227] Bei einem angenommenen Anerkenntnis ohne Termin wird überwiegend abgelehnt, das Fehlen eines Termins bei der Bemessung der Terminsgebühr herabsetzend zu berücksichtigen.[228]

---

[222] Mayer/Kroiß-*Mayer*, VV Nr. 3105 Rn 22; Schneider/Mock, Das neue Gebührenrecht für Anwälte, § 14 Rn 89; Gerold/Schmidt-*Müller-Rabe*, VV Nr. 3105 Rn 26.
[223] Mayer/Kroiß-*Mayer*, VV Nr. 3105 Rn 22.
[224] Schneider/Mock, Das neue Gebührenrecht für Anwälte, § 14 Rn 92; AnwK-RVG/*Onderka*, VV Nr. 3105 Rn 35; aA Gerold/Schmidt-*Müller-Rabe*, VV Nr. 3105 Rn 26.
[225] Mayer/Kroiß-*Maué*, VV Nr. 3106 Rn 1.
[226] Mayer/Kroiß-*Maué*, VV Nr. 3106 Rn 2.
[227] Mayer/Kroiß-*Maué*, VV Nr. 3106 Rn 3.
[228] Gerold/Schmidt-*Müller-Rabe*, VV Nr. 3106 mwN

Nach Absatz 1 Nr. 1 zu VV Nr. 3104 entsteht die Terminsgebühr ebenfalls, wenn in Verfahren, für welche mündliche Verhandlung vorgeschrieben ist, ein **schriftlicher Vergleich** geschlossen wird. Nach einer Auffassung ist nicht einzusehen, dass diese Alternative nur für die Terminsgebühr in sozialgerichtlichen Verfahren, in welchen das GKG anwendbar ist, gelten soll, nicht aber auch für die Terminsgebühr in Verfahren vor dem Sozialgericht, in denen Betragsrahmengebühren entstehen; diese Auffassung geht von einem **Versehen des Gesetzgebers** aus und wendet die Terminsgebühr auch in diesen Fällen in Verfahren vor den Sozialgerichten an, in welchen das GKG nicht anwendbar ist.[229]

166

2. Höhe der Gebühr

Der Gebührentatbestand sieht einen Rahmen von 20 Euro–380 Euro vor, die **Mittelgebühr** beträgt 200 Euro.

167

I. Muster

I. Verfahrensgebühr

1. Muster: Klageeinreichung, Erledigung bevor es zu einem gerichtlichen Termin oder einer außergerichtlichen Erledigungsbesprechung kommt, Wert 10.000 Euro

Frau/Herrn ▪▪▪	
▪▪▪ (Straße)	
▪▪▪ (PLZ, Ort)	
Vergütungsabrechnung	
Rechnungsnummer ▪▪▪	
Leistungszeitraum ▪▪▪	
Steuer-Nr. oder Umsatzsteueridentn-Nr. ▪▪▪	
Verfahrensgebühr VV Nr. 3104, 1,3	631,80 Euro
(Gegenstandswert: 10.000 Euro)	
Auslagenpauschale VV Nr. 7002	20,00 Euro
Zwischensumme	651,80 Euro
19 % Umsatzsteuer, VV Nr. 7008	123,84 Euro
Summe	775,64 Euro

168

148

▪▪▪

(Rechtsanwalt)

2. Muster: Klageeinreichung, 3 Auftraggeber, Erledigung bevor es zu einem gerichtlichen Termin oder einer außergerichtlichen Erledigungsbesprechung kommt, Wert 10.000 Euro

Frau/Herrn ▪▪▪

▪▪▪ (Straße)

169

149

---

229 AnwK-RVG/*Wahlen*, VV Nr. 3106 Rn 8.

§ 5 Erster Rechtszug in bürgerlichen Rechtsstreitigkeiten

■■■ (PLZ, Ort)

Vergütungsabrechnung

    Rechnungsnummer ■■■

    Leistungszeitraum ■■■

    Steuer-Nr. oder Umsatzsteuerident-Nr. ■■■

Verfahrensgebühr VV Nr. 3104, 1,3	631,80 Euro
(Gegenstandswert: 10.000 Euro)	
0,6 Erhöhungsgebühr für 2 weitere Auftraggeber	291,60 Euro
Auslagenpauschale VV Nr. 7002	20,00 Euro
Zwischensumme	943,40 Euro
19 % Umsatzsteuer, VV Nr. 7008	179,25 Euro
Summe	1.122,65 Euro

■■■

(Rechtsanwalt)

3. Muster: Zunächst Auftrag zur außergerichtlichen Vertretung, anschließend Klagauftrag und Klageeinreichung, Erledigung bevor es zu einem gerichtlichen Termin oder einer außergerichtlichen Erledigungsbesprechung kommt, Wert 20.000 Euro

Frau/Herrn ■■■

■■■ (Straße)

■■■ (PLZ, Ort)

Vergütungsabrechnung

    Rechnungsnummer ■■■

    Leistungszeitraum ■■■

    Steuer-Nr. oder Umsatzsteuerident-Nr. ■■■

I. Außergerichtliche Tätigkeit	
Geschäftsgebühr VV Nr. 2300, 1,3	839,80 Euro
(Gegenstandswert: 20.000 Euro)	
Auslagenpauschale VV Nr. 7002	20,00 Euro
Zwischensumme	859,80 Euro
19 % Umsatzsteuer, VV Nr. 7008	163,36 Euro
Summe	1.023,16 Euro
II. Gerichtliches Verfahren	
Verfahrensgebühr VV Nr. 3104, 1,3	839,80 Euro
(Gegenstandswert: 20.000 Euro)	
Anzurechnen gem. Vorb. 3 Abs. 4 Gebühr 0,65	-419,90 Euro
Auslagenpauschale VV Nr. 7002	20,00 Euro
Zwischensumme	439,90 Euro

19 % Umsatzsteuer, VV Nr. 7008	83,58 Euro
Summe	523,48 Euro
III. Gesamtsumme aus I. und II.:	1.546,64 Euro

▪▪▪

(Rechtsanwalt)

4. Muster: Zunächst Auftrag zur außergerichtlichen Vertretung, anschließend Klagauftrag und Klageeinreichung, 4 Auftraggeber, Erledigung bevor es zu einem gerichtlichen Termin oder einer außergerichtlichen Erledigungsbesprechung kommt, Wert 10.000 Euro

Frau/Herrn ▪▪▪

▪▪▪ (Straße)

▪▪▪ (PLZ, Ort)

Vergütungsabrechnung

    Rechnungsnummer ▪▪▪

    Leistungszeitraum ▪▪▪

    Steuer-Nr. oder Umsatzsteuerident-Nr. ▪▪▪

I. Außergerichtliche Tätigkeit	
Geschäftsgebühr VV Nr. 2300, 1,3	631,80 Euro
(Gegenstandswert: 10.000 Euro)	
0,9 Erhöhungsgebühr für 3 weitere Auftraggeber gem. VV Nr. 1008	437,40 Euro
Auslagenpauschale VV Nr. 7002	20,00 Euro
Zwischensumme	1.089,20 Euro
19 % Umsatzsteuer, VV Nr. 7008	206,95 Euro
Summe	1.296,15 Euro
II. Gerichtliches Verfahren	
Verfahrensgebühr VV Nr. 3104, 1,3	631,80 Euro
(Gegenstandswert: 10.000 Euro)	
0,9 Erhöhungsgebühr für 3 weitere Auftraggeber gem. VV Nr. 1008	437,40 Euro
Anzurechnen gem. Vorb. 3 Abs. 4 Gebühr 0,75[230]	-364,50 Euro
Auslagenpauschale VV Nr. 7002	20,00 Euro
Zwischensumme	724,70 Euro
19 % Umsatzsteuer, VV Nr. 7008	137,69 Euro
Summe	862,39 Euro
III. Gesamtsumme aus I. und II.:	2.158,54 Euro

▪▪▪

(Rechtsanwalt)

---

[230] Vgl LG Düsseldorf, BeckRS 2007, 10747 mit Anm. Mayer, FD-RVG 2007, 233555.

§ 5 Erster Rechtszug in bürgerlichen Rechtsstreitigkeiten

II. Beschränkte Verfahrensgebühr VV Nr. 3101

1. Muster: Nach erteiltem Prozessauftrag, Beendigung des Auftrags bevor die Klageeinreichung erfolgte, Wert 30.000 Euro

172

152

Frau/Herrn ▪▪▪

▪▪▪ (Straße)

▪▪▪ (PLZ, Ort)

Vergütungsabrechnung

    Rechnungsnummer ▪▪▪

    Leistungszeitraum ▪▪▪

    Steuer-Nr. oder Umsatzsteueridentnr. ▪▪▪

Verfahrensgebühr VV Nr. 3101 Nr. 1, 0,8	606,40 Euro
(Gegenstandswert: 30.000 Euro)	
Auslagenpauschale VV Nr. 7002	20,00 Euro
Zwischensumme	626,40 Euro
19 % Umsatzsteuer, VV Nr. 7008	119,02 Euro
Summe	745,42 Euro

▪▪▪

(Rechtsanwalt)

2. Muster: Der Anwalt ist zunächst außergerichtlich in durchschnittlichem Umfang tätig, erhält sodann den Prozessauftrag, vor Einreichung der Klage endet der Auftrag, Wert 30.000 Euro

173

153

Frau/Herrn ▪▪▪

▪▪▪ (Straße)

▪▪▪ (PLZ, Ort)

Vergütungsabrechnung

    Rechnungsnummer ▪▪▪

    Leistungszeitraum ▪▪▪

    Steuer-Nr. oder Umsatzsteueridentnr. ▪▪▪

I. Außergerichtliche Tätigkeit

Geschäftsgebühr VV Nr. 2300, 1,3	985,40 Euro
(Gegenstandswert: 30.000 Euro)	
Auslagenpauschale VV Nr. 7002	20,00 Euro
Zwischensumme	1.005,40 Euro
19 % Umsatzsteuer, VV Nr. 7008	191,03 Euro
Summe	1.196,43 Euro

II. Nach erteiltem Prozessauftrag

Verfahrensgebühr VV Nr. 3101, 0,8	606,40 Euro
(Gegenstandswert: 30.000 Euro)	

Hiervon anzurechnen gem. Vorb. 3 Abs. 4 VV 0,65 Gebühr aus 30.000 Euro	-492,70 Euro
Auslagenpauschale VV Nr. 7002	20,00 Euro
Zwischensumme	133,70 Euro
19 % Umsatzsteuer, VV Nr. 7008	25,40 Euro
Summe	159,10 Euro
III. Gesamtsumme aus I. und II.:	1.355,53 Euro

■■■

(Rechtsanwalt)

3. Muster: Der Anwalt ist zunächst außergerichtlich tätig, die Angelegenheit ist umfangreich iS der Anmerkung zu VV Nr. 2300; nach erteiltem Prozessauftrag endet Auftrag, bevor es zur Klageeinreichung kommt, Wert 30.000 Euro

Frau/Herrn ■■■

■■■ (Straße)

■■■ (PLZ, Ort)

Vergütungsabrechnung

    Rechnungsnummer ■■■

    Leistungszeitraum ■■■

    Steuer-Nr. oder Umsatzsteuerident-Nr. ■■■

I. Außergerichtliche Tätigkeit	
Geschäftsgebühr VV Nr. 2300, 1,5	1.137,00 Euro
(Gegenstandswert: 30.000 Euro)	
Auslagenpauschale VV Nr. 7002	20,00 Euro
Zwischensumme	1.157,00 Euro
19 % Umsatzsteuer, VV Nr. 7008	219,83 Euro
Summe	1.376,83 Euro
II. Nach erteiltem Prozessauftrag	
Verfahrensgebühr VV Nr. 3101 Nr. 1, 0,8	606,40 Euro
(Gegenstandswert: 30.000 Euro)	
Hiervon anzurechnen gem. Vorb. 3 Abs. 4 VV 0,75 Gebühr aus 30.000 Euro	-568,50 Euro
Auslagenpauschale VV Nr. 7002	20,00 Euro[231]
Zwischensumme	57,90 Euro
19 % Umsatzsteuer, VV Nr. 7008	11,00 Euro
Summe	68,90 Euro
III. Gesamtsumme aus I. und II.:	1.445,73 Euro

---

[231] Die Höhe der Auslagenpauschale ist aus der Verfahrensgebühr vor der Anrechnung zu bestimmen, s. näher oben § 4 Rn 66.

§ 5 Erster Rechtszug in bürgerlichen Rechtsstreitigkeiten

■■■
(Rechtsanwalt)

4. Muster: Der Anwalt ist zunächst außergerichtlich tätig, die Angelegenheit ist umfangreich iS der Anmerkung zu VV Nr. 2300; sonstigen Bemessungskriterien sind überdurchschnittlich; nach erteiltem Prozessauftrag endet Auftrag, bevor es zur Klageeinreichung kommt, Wert 30.000 Euro

Frau/Herrn ■■■

■■■ (Straße)

■■■ (PLZ, Ort)

Vergütungsabrechnung

    Rechnungsnummer ■■■

    Leistungszeitraum ■■■

    Steuer-Nr. oder Umsatzsteuerident-Nr. ■■■

I. Außergerichtliche Tätigkeit	
Geschäftsgebühr VV Nr. 2300, 2,0	1.516,00 Euro
(Gegenstandswert: 30.000 Euro)	
Auslagenpauschale VV Nr. 7002	20,00 Euro
Zwischensumme	1.536,00 Euro
19 % Umsatzsteuer, VV Nr. 7008	291,84 Euro
Summe	1.827,84 Euro
II. Gerichtliche Tätigkeit	
Verfahrensgebühr VV Nr. 3101 Nr. 1, 0,8	606,40 Euro
(Gegenstandswert: 30.000 Euro)	
Hiervon anzurechnen gem. Vorb. 3 Abs. 4 VV 0,75 Gebühr aus 30.000 Euro	-568,50 Euro
Auslagenpauschale VV Nr. 7002	20,00 Euro[232]
Zwischensumme	57,90 Euro
19 % Umsatzsteuer, VV Nr. 7008	11,00 Euro
Summe	68,90 Euro
III. Gesamtsumme aus I. und II.:	1.896,74 Euro

■■■
(Rechtsanwalt)

---

[232] Die Höhe der Auslagenpauschale ist aus der Verfahrensgebühr vor der Anrechnung zu bestimmen, s. näher oben § 4 Rn 66.

5. Muster: Die Parteien einigen sich ohne anwaltliche Mitwirkung über einen in diesem Verfahren nicht rechtshängigen Anspruch i.H. von 2.000 Euro und bitten, diese Einigung anlässlich eines Verfahrens mit Streitwert von 8.000 Euro zu Protokoll zu nehmen[233]

Frau/Herrn ▄▄▄
▄▄▄ (Straße)
▄▄▄ (PLZ, Ort)
Vergütungsabrechnung
    Rechnungsnummer ▄▄▄
    Leistungszeitraum ▄▄▄
    Steuer-Nr. oder Umsatzsteuerident-Nr. ▄▄▄

Verfahrensgebühr VV Nr. 3100, 1,3	535,60 Euro
(Gegenstandswert: 8.000 Euro)	
Differenzverfahrensgebühr nach VV Nr. 3101 Nr. 2 VV,	
(Gegenstandswert: 2.000 Euro)	
0,8, nach Prüfung gem. § 15 III RVG	96,20 Euro
Auslagenpauschale VV Nr. 7002	20,00 Euro
Zwischensumme	651,80 Euro
19 % Umsatzsteuer, VV Nr. 7008	123,84 Euro
Summe	775,64 Euro

▄▄▄
(Rechtsanwalt)

6. Muster: Abwandlung; die Ansprüche, über die sich die Parteien geeinigt haben, sind in einem anderen Verfahren anhängig

Frau/Herrn ▄▄▄
▄▄▄ (Straße)
▄▄▄ (PLZ, Ort)
Vergütungsabrechnung
    Rechnungsnummer ▄▄▄
    Leistungszeitraum ▄▄▄
    Steuer-Nr. oder Umsatzsteuerident-Nr. ▄▄▄
I. Verfahren, in dem die Verhandlungen geführt werden

Verfahrensgebühr VV Nr. 3100, 1,3	535,60 Euro
(Gegenstandswert: 8.000 Euro)	
Differenzverfahrensgebühr nach VV Nr. 3101 Nr. 2 VV,	
(Gegenstandswert: 2.000 Euro)	

---

[233] Da die Anwälte an der Einigung nicht mitgewirkt haben, entsteht keine Einigungsgebühr, ebenfalls entsteht keine Terminsgebühr, da für die bloße Protokollierung einer Einigung keine Terminsgebühr nach Absatz 3 der Anmerkung zu Nr. 3104 VV anfällt – vgl Schneider, Fälle und Lösungen, § 12 Rn 20.

§ 5 Erster Rechtszug in bürgerlichen Rechtsstreitigkeiten

0,8, nach Prüfung gem. § 15 III RVG	96,20 Euro
Auslagenpauschale VV Nr. 7002	20,00 Euro
Zwischensumme	651,80 Euro
19 % Umsatzsteuer, VV Nr. 7008	123,84 Euro
Summe	775,64 Euro
II. Weiteres Verfahren[234]	
Verfahrensgebühr VV Nr. 3100, 1,3	172,90 Euro
(Gegenstandswert: 2.000 Euro)	
Hierauf anzurechnen gem. Abs. 1 der Anm. zu VV Nr. 3101	-96,20 Euro[235]
Auslagenpauschale VV Nr. 7002	20,00 Euro[236]
Zwischensumme	96,70 Euro
19 % Umsatzsteuer, VV Nr. 7008	18,37 Euro
Summe	115,07 Euro
III. Summe aus I. und II.:	890,71 Euro

■■■

(Rechtsanwalt)

7. Muster: In einem Verfahren mit einem Streitwert von 10.000 Euro werden vor Gericht Verhandlungen über in diesem Verfahren nicht rechtshängige Ansprüche der Parteien im Wert von weiteren 6.000 Euro geführt

Frau/Herrn ■■■

■■■ (Straße)

■■■ (PLZ, Ort)

Vergütungsabrechnung

    Rechnungsnummer ■■■

    Leistungszeitraum ■■■

    Steuer-Nr. oder Umsatzsteuerident-Nr. ■■■

Verfahrensgebühr VV Nr. 3100, 1,3	631,80 Euro
(Gegenstandswert: 10.000 Euro)	
Differenzverfahrensgebühr nach VV Nr. 3101 Nr. 2 VV,	
(Gegenstandswert: 6.000 Euro)	
0,8, nach Prüfung gem. § 15 III RVG	104,00 Euro
Terminsgebühr VV Nr. 3104, 1,2	679,20 Euro[237]
(Gegenstandswert: 16.000)	

---

[234] In dem anderen Verfahren muss nunmehr die Anrechnung gemäß Absatz 1 der Anmerkung zu VV Nr. 3101 beachtet werden.

[235] Die Berechnung des anzurechnenden Betrages 1,3 Gebühr aus 10.000 Euro abzüglich 1,3 aus 8.000 Euro = 96,20 Euro.

[236] Die Höhe der Auslagenpauschale ist aus der Verfahrensgebühr vor der Anrechnung zu bestimmen, s. näher oben § 4 Rn 66.

[237] S. hierzu näher oben § 5 Rn 74.

Auslagenpauschale VV Nr. 7002	20,00	Euro
Zwischensumme	1.435,00	Euro
19 % Umsatzsteuer, VV Nr. 7008	272,65	Euro
Summe	1.707,65	Euro

■■■

(Rechtsanwalt)

8. Muster: Abwandlung; die Ansprüche, über die Verhandlungen vor Gericht zur Einigung geführt werden, sind in einem anderen Verfahren anhängig

Frau/Herrn ■■■

■■■ (Straße)

■■■ (PLZ, Ort)

Vergütungsabrechnung

    Rechnungsnummer ■■■

    Leistungszeitraum ■■■

    Steuer-Nr. oder Umsatzsteuerident-Nr. ■■■

I. Verfahren, in dem die Verhandlungen geführt werden

Verfahrensgebühr VV Nr. 3100, 1,3	631,80	Euro
(Gegenstandswert: 10.000 Euro)		
Differenzverfahrensgebühr nach VV Nr. 3101 Nr. 2 VV,		
(Gegenstandswert: 6.000 Euro)		
0,8, nach Prüfung gem. § 15 III RVG	104,00	Euro
Terminsgebühr VV Nr. 3104, 1,2	679,20	Euro[238]
(Gegenstandswert: 16.000)		
Auslagenpauschale VV Nr. 7002	20,00	Euro
Zwischensumme	1.435,00	Euro
19 % Umsatzsteuer, VV Nr. 7008	272,65	Euro
Summe	1.707,65	Euro
II. Weiteres Verfahren		
Verfahrensgebühr VV Nr. 3100, 1,3	439,40	Euro
(Gegenstandswert: 6.000 Euro)		
Hierauf anzurechnen gem. Abs. 1 der Anm. zu VV Nr. 3101	-104,00	Euro[239]
Auslagenpauschale VV Nr. 7002	20,00	Euro
Zwischensumme	355,40	Euro
19 % Umsatzsteuer, VV Nr. 7008	67,53	Euro
Summe	422,93	Euro

---

[238] S. hierzu näher oben § 5 Rn 74.

[239] Die Berechnung des anzurechnenden Betrags Gesamtbetrag der Verfahrensgebühren unter Berücksichtigung von § 15 III RVG abzgl der Verfahrensgebühr aus dem in dem Verfahren, in dem die Verhandlungen geführt werden, anhängigen Betrag, (also 1,3 aus 16.000 Euro) 735,80 Euro abzgl (1,3 aus 10.000 Euro) 631,80 Euro = 104 Euro.

§ 5 Erster Rechtszug in bürgerlichen Rechtsstreitigkeiten

III. Summe aus I. und II.:   2.130,58 Euro

■■■

(Rechtsanwalt)

9. Muster: In einem Verfahren mit Streitwert von 10.000 Euro werden noch Verhandlungen zur Einigung über nicht rechtshängige Ansprüche i.H. von 6.000 Euro geführt, die zu einer Gesamteinigung führen

180

160

Frau/Herrn ■■■

■■■ (Straße)

■■■ (PLZ, Ort)

Vergütungsabrechnung

     Rechnungsnummer ■■■

     Leistungszeitraum ■■■

     Steuer-Nr. oder Umsatzsteuerident-Nr. ■■■

Verfahrensgebühr VV Nr. 3100, 1,3	735,80 Euro[240]
(Gegenstandswert: 16.000 Euro)	
Terminsgebühr VV Nr. 3104, 1,2	679,20 Euro
(Gegenstandswert: 16.000 Euro)	
Einigungsgebühr VV Nrn. 1000, 1003, 1,0	486,00 Euro
(Gegenstandswert: 10.000 Euro)	
Einigungsgebühr VV Nr. 1000, 1,5,	
(Gegenstandswert: 6.000 Euro)	
nach Prüfung gem. § 15 III RVG	363,00 Euro
Auslagenpauschale VV Nr. 7002	20,00 Euro
Zwischensumme	2.284,00 Euro
19 % Umsatzsteuer, VV Nr. 7008	433,96 Euro
Summe	2.717,96 Euro

■■■

(Rechtsanwalt)

10. Muster: Verhandlungen außerhalb des Gerichts zur Einigung mit Prozessauftrag

181   Der Prozessbevollmächtigte hat wegen eines Anspruchs mit einem Wert von 10.000 Euro Klage eingereicht. Erfolglos verhandelt er außergerichtlich über die Einigung mit dem Prozessbevollmächtigten der Gegenseite über weitere Ansprüche i.H. eines Wertes von 6.000 Euro, bezüglich dessen er bereits schon Prozessauftrag hat; bevor es bezüglich der weiteren Ansprüche iHv 6.000 Euro zur Klageeinreichung kommt, erledigt sich die Angelegenheit insgesamt.

---

[240] Das Führen erfolgreicher Verhandlungen vor Gericht führt zur vollen Verfahrensgebühr, s. hierzu oben näher § 5 Rn 79.

Frau/Herrn ■■■

■■■ (Straße)

■■■ (PLZ, Ort)

Vergütungsabrechnung

    Rechnungsnummer ■■■

    Leistungszeitraum ■■■

    Steuer-Nr. oder Umsatzsteuerident-Nr. ■■■

I. Verfahren wegen ■■■ (Wert: 10.000 Euro)	
Verfahrensgebühr VV Nr. 3100, 1,3	631,80 Euro[241]
(Gegenstandswert: 10.000 Euro)	
Terminsgebühr VV Nr. 3104, 1,2	679,20 Euro
(Gegenstandswert: 16.000 Euro)	
Auslagenpauschale VV Nr. 7002	20,00 Euro
Zwischensumme	1.331,00 Euro
19 % Umsatzsteuer, VV Nr. 7008	252,89 Euro
Summe	1.583,89 Euro
II. Angelegenheit wegen ■■■ (Wert: 6.000 Euro)	
Verfahrensgebühr VV Nr. 3101 Nr. 1, 0,8	270,40 Euro
(Gegenstandswert: 6.000 Euro)	
Auslagenpauschale VV Nr. 7002	20,00 Euro
Zwischensumme	290,40 Euro
19 % Umsatzsteuer, VV Nr. 7008	55,18 Euro
Summe	345,58 Euro
III. Summe aus I. und II.:	1.929,47 Euro

■■■

(Rechtsanwalt)

11. Muster: Abwandlung: ohne Prozessauftrag

Abwandlung: Der Prozessbevollmächtigte hat wegen eines Anspruchs mit einem Wert von 10.000 Euro Klage eingereicht. Erfolglos verhandelt er außergerichtlich über die Einigung mit dem Prozessbevollmächtigten der Gegenseite über weitere Ansprüche i.H. eines Wertes von 6.000 Euro, bezüglich dessen er noch keinen Prozessauftrag hat; die außergerichtlichen Verhandlungen sind außergewöhnlich umfangreich.

Frau/Herrn ■■■

■■■ (Straße)

■■■ (PLZ, Ort)

---

[241] Zur Frage, dass der Vergütungstatbestand Nr. 3101 Nr. 2 Alt. 2 nicht auf den Fall der außergerichtlichen Verhandlungen zur Einigung über nicht rechtshängige Ansprüche anzuwenden ist, s. näher oben § 5 Rn 69 f.

§ 5 Erster Rechtszug in bürgerlichen Rechtsstreitigkeiten

Vergütungsabrechnung

    Rechnungsnummer ■■■

    Leistungszeitraum ■■■

    Steuer-Nr. oder Umsatzsteuerident-Nr. ■■■

I. Verfahren wegen ■■■ (Wert: 10.000 Euro)	
Verfahrensgebühr VV Nr. 3100, 1,3	631,80 Euro[242]
(Gegenstandswert: 10.000 Euro)	
Terminsgebühr VV Nr. 3104, 1,2	583,20 Euro
(Gegenstandswert: 10.000 Euro)	
Auslagenpauschale VV Nr. 7002	20,00 Euro
Zwischensumme	1.235,00 Euro
19 % Umsatzsteuer, VV Nr. 7008	234,65 Euro
Summe	1.469,65 Euro
II. Angelegenheit wegen ■■■ (Wert: 6.000 Euro)	
Geschäftsgebühr VV Nr. 2300, 1,8	608,40 Euro[243]
(Gegenstandswert: 6.000 Euro)	
Auslagenpauschale VV Nr. 7002	20,00 Euro
Zwischensumme	628,40 Euro
19 % Umsatzsteuer, VV Nr. 7008	119,40 Euro
Summe	747,80 Euro
III. Summe aus I. und II.:	2.217,45 Euro

■■■

(Rechtsanwalt)

III. VV Nr. 3104

1. Muster: Außergerichtliche Vermeidungsbesprechung vor Klageeinreichung

183 Der Mandant erteilt Prozessauftrag für eine Zahlungsklage, mit der eine Forderung iHv 10.000 Euro geltend gemacht werden soll. Vor Einreichung der Klage führt der Anwalt noch erfolglose Gespräche mit der Gegenseite über eine gütliche Einigung, der Auftrag erledigt sich sodann.

Frau/Herrn ■■■

■■■ (Straße)

■■■ (PLZ, Ort)

Vergütungsabrechnung

    Rechnungsnummer ■■■

---

[242] Zur Frage, dass der Vergütungstatbestand Nr. 3101 Nr. 2 Alt. 2 nicht auf den Fall der außergerichtlichen Verhandlungen zur Einigung über nicht rechtshängige Ansprüche anzuwenden ist, s. näher oben § 5 Rn 69 f.

[243] Da noch kein Prozessauftrag bzgl der Ansprüche mit Wert von 6.000 Euro vorliegt, greift insoweit die Geschäftsgebühr ein; der mit der außergerichtlichen Besprechung verbundene Aufwand kann bei der Gebührenhöhe berücksichtigt werden, die Tätigkeit war umfangreich/schwierig iS der Anmerkung zu VV Nr. 2300.

Leistungszeitraum ▪▪▪	
Steuer-Nr. oder Umsatzsteuerident-Nr. ▪▪▪	
Verfahrensgebühr VV Nr. 3101 Nr. 1, 0,8	388,80 Euro
(Gegenstandswert: 10.000 Euro)	
Terminsgebühr VV Nr. 3104, 1,2	583,20 Euro
(Gegenstandswert: 10.000 Euro)	
Auslagenpauschale VV Nr. 7002	20,00 Euro
Zwischensumme	992,00 Euro
19 % Umsatzsteuer, VV Nr. 7008	188,48 Euro
Summe	1.180,48 Euro

▪▪▪

(Rechtsanwalt)

2. Muster: Außergerichtliche Erledigungsbesprechung

Eine Zahlungsklage für eine Zahlungsforderung mit einem Wert von 10.000 Euro ist anhängig; der Prozessbevollmächtigte des Klägers bespricht die Möglichkeiten einer gütlichen Einigung außergerichtlich mit dem Prozessbevollmächtigten des Beklagten, die Angelegenheit erledigt sich sodann.

Frau/Herrn ▪▪▪	
▪▪▪ (Straße)	
▪▪▪ (PLZ, Ort)	
Vergütungsabrechnung	
Rechnungsnummer ▪▪▪	
Leistungszeitraum ▪▪▪	
Steuer-Nr. oder Umsatzsteuerident-Nr. ▪▪▪	
Verfahrensgebühr VV Nr. 3100, 1,3	631,80 Euro
(Gegenstandswert: 10.000 Euro)	
Terminsgebühr VV Nr. 3104, 1,2	583,20 Euro
(Gegenstandswert: 10.000 Euro)	
Auslagenpauschale VV Nr. 7002	20,00 Euro
Zwischensumme	1.235,00 Euro
19 % Umsatzsteuer, VV Nr. 7008	234,65 Euro
Summe	1.469,65 Euro

▪▪▪

(Rechtsanwalt)

3. Muster: Außergerichtliche Erledigungsbesprechung in Verfahren ohne vorgeschriebene mündliche Verhandlung

Der Prozessbevollmächtigte des Bauherrn reicht wegen einer dem Bauvorhaben entgegenstehenden Festsetzung im Bebauungsplan Normenkontrollantrag gegen den Bebauungsplan ein, bespricht sodann mit der Behörde die Möglichkeiten einer gütlichen Einigung durch Modifikation des Bauvorhabens, nach dem Scheitern dieser Verhandlungen nimmt der Prozessbevollmächtigte des Bauherrn den Normenkontrollantrag wieder zurück – Wert: 20.000 Euro.

Frau/Herrn ▪▪▪

▪▪▪ (Straße)

▪▪▪ (PLZ, Ort)

Vergütungsabrechnung

    Rechnungsnummer ▪▪▪

    Leistungszeitraum ▪▪▪

    Steuer-Nr. oder Umsatzsteuerident-Nr. ▪▪▪

Verfahrensgebühr VV Nr. 3100, 1,3	839,80 Euro[244]
(Gegenstandswert: 20.000 Euro)	
Auslagenpauschale VV Nr. 7002	20,00 Euro
Zwischensumme	859,80 Euro
19 % Umsatzsteuer, VV Nr. 7008	163,36 Euro
Summe	1.023,16 Euro

▪▪▪

(Rechtsanwalt)

4. Muster: Das Verwaltungsgericht entscheidet über eine Anfechtungsklage (Streitwert: 5.000 Euro) gem. § 101 II VwGO ohne mündliche Verhandlung

Frau/Herrn ▪▪▪

▪▪▪ (Straße)

▪▪▪ (PLZ, Ort)

Vergütungsabrechnung

    Rechnungsnummer ▪▪▪

    Leistungszeitraum ▪▪▪

    Steuer-Nr. oder Umsatzsteuerident-Nr. ▪▪▪

Verfahrensgebühr VV Nr. 3100, 1,3	391,30 Euro
(Gegenstandswert: 5.000 Euro)	
Terminsgebühr VV Nr. 3104, 1,2	361,20 Euro[245]
(Gegenstandswert: 5.000 Euro)	
Auslagenpauschale VV Nr. 7002	20,00 Euro
Zwischensumme	772,50 Euro
19 % Umsatzsteuer, VV Nr. 7008	146,78 Euro

---

[244] Da nach § 47 V 1 VwGO es im prozessualen Ermessen des Normenkontrollgerichts liegt, ob eine mündliche Verhandlung anberaumt wird, kann aufgrund einer außergerichtlichen Erledigungsbesprechung in diesem Verfahren keine Terminsgebühr anfallen – s. hierzu näher oben § 4 Rn 56.

[245] Vgl Abs. 1 Nr. 1 Alt. 1 der Anmerkung zu VV Nr. 3104.

Summe	919,28	Euro

■■■

(Rechtsanwalt)

5. Muster: Bei einer Zahlungsklage (Wert: 30.000 Euro) erkennt der Beklagte die Forderung schriftlich an und wird aufgrund des bereits schon in der Klageschrift gestellten Antrags im Wege eines Anerkenntnisurteils zur Zahlung verurteilt

Frau/Herrn ■■■

■■■ (Straße)

■■■ (PLZ, Ort)

Vergütungsabrechnung

    Rechnungsnummer ■■■

    Leistungszeitraum ■■■

    Steuer-Nr. oder Umsatzsteuerident-Nr. ■■■

Verfahrensgebühr VV Nr. 3100, 1,3	985,40	Euro
(Gegenstandswert: 30.000 Euro)		
Terminsgebühr VV Nr. 3104, 1,2	909,60	Euro[246]
(Gegenstandswert: 30.000 Euro)		
Auslagenpauschale VV Nr. 7002	20,00	Euro
Zwischensumme	1.915,00	Euro
19 % Umsatzsteuer, VV Nr. 7008	363,85	Euro
Summe	2.278,85	Euro

■■■

(Rechtsanwalt)

6. Muster: Bei einer Zahlungsklage über eine Forderung i.H. von 500 Euro bestimmt das Gericht nach § 495a S. 1 ZPO das Verfahren nach billigem Ermessen, es erfolgt keine mündliche Verhandlung, das Gericht entscheidet durch Urteil über die Klage

Frau/Herrn ■■■

■■■ (Straße)

■■■ (PLZ, Ort)

Vergütungsabrechnung

    Rechnungsnummer ■■■

    Leistungszeitraum ■■■

    Steuer-Nr. oder Umsatzsteuerident-Nr. ■■■

Verfahrensgebühr VV Nr. 3100, 1,3	58,40	Euro
(Gegenstandswert: 500 Euro)		
Terminsgebühr VV Nr. 3104, 1,2	54,00	Euro[247]

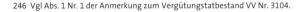

246 Vgl Abs. 1 Nr. 1 der Anmerkung zum Vergütungstatbestand VV Nr. 3104.

§ 5 Erster Rechtszug in bürgerlichen Rechtsstreitigkeiten

(Gegenstandswert: 500 Euro)	
Auslagenpauschale VV Nr. 7002	20,00 Euro
Zwischensumme	132,40 Euro
19 % Umsatzsteuer, VV Nr. 7008	25,16 Euro
Summe	157,56 Euro

■■■

(Rechtsanwalt)

7. Muster: In einem einstweiligen Verfügungsverfahren (Wert: 30.000 Euro) schließen die Parteien einen gerichtlichen Vergleich nach § 278 VI 1 ZPO, eine mündliche Verhandlung findet nicht statt

189

Frau/Herrn ■■■

■■■ (Straße)

■■■ (PLZ, Ort)

Vergütungsabrechnung

 Rechnungsnummer ■■■

 Leistungszeitraum ■■■

 Steuer-Nr. oder Umsatzsteuerident-Nr. ■■■

Verfahrensgebühr VV Nr. 3100, 1,3	985,40 Euro[248]
(Gegenstandswert: 30.000 Euro)	
Einigungsgebühr VV Nrn. 1000, 1003, 1,0	758,00 Euro
(Gegenstandswert: 30.000 Euro)	
Auslagenpauschale VV Nr. 7002	20,00 Euro
Zwischensumme	1.763,40 Euro
19 % Umsatzsteuer, VV Nr. 7008	335,05 Euro
Summe	2.098,45 Euro

■■■

(Rechtsanwalt)

8. Muster: Vergleich nach § 278 VI ZPO in Verfahren mit vorgeschriebener mündlicher Verhandlung

190 Bei einer Zahlungsklage (Wert: 20.000 Euro) unterbreitet das Gericht den Parteien einen gerichtlichen Vergleichsvorschlag gem. § 278 VI 1 ZPO, den die Parteien gegenüber dem Gericht annehmen, das Gericht stellt nach § 278 VI 2 ZPO das Zustandekommen und den Inhalt des geschlossenen Vergleichs durch Beschluss fest.

---

247 Vgl Abs. 1 Nr. 1 der Anmerkung zum Vergütungstatbestand VV Nr. 3104.
248 Eine Terminsgebühr fällt nach Abs. 1 Nr. 1 der Anmerkung zu VV Nr. 3104 nicht an, da im einstweiligen Verfügungsverfahren ohne mündliche Verhandlung durch Beschluss entschieden werden kann.

I. Muster 5

Frau/Herrn ▪▪▪
▪▪▪ (Straße)
▪▪▪ (PLZ, Ort)
Vergütungsabrechnung
    Rechnungsnummer ▪▪▪
    Leistungszeitraum ▪▪▪
    Steuer-Nr. oder Umsatzsteueridentif-Nr. ▪▪▪

Verfahrensgebühr VV Nr. 3100, 1,3	839,80 Euro
(Gegenstandswert: 20.000 Euro)	
Terminsgebühr VV Nr. 3104, 1,2	775,20 Euro[249]
(Gegenstandswert: 20.000 Euro)	
Einigungsgebühr VV Nrn. 1000, 1003, 1,0	646,00 Euro
(Gegenstandswert: 20.000 Euro)	
Auslagenpauschale VV Nr. 7002	20,00 Euro
Zwischensumme	2.281,00 Euro
19 % Umsatzsteuer, VV Nr. 7008	433,39 Euro
Summe	2.714,39 Euro

▪▪▪
(Rechtsanwalt)

9. Muster: Zahlungsklage über eine Forderung i.H. von 5.000 Euro, der Anwalt erklärt nach Aufruf der Sache, dass er nur die Mandatsniederlegung mitteilen wolle

Frau/Herrn ▪▪▪
▪▪▪ (Straße)
▪▪▪ (PLZ, Ort)
Vergütungsabrechnung
    Rechnungsnummer ▪▪▪
    Leistungszeitraum ▪▪▪
    Steuer-Nr. oder Umsatzsteueridentif-Nr. ▪▪▪

Verfahrensgebühr VV Nr. 3100, 1,3	391,30 Euro[250]
(Gegenstandswert: 5.000 Euro)	
Auslagenpauschale VV Nr. 7002	20,00 Euro
Zwischensumme	411,30 Euro
19 % Umsatzsteuer, VV Nr. 7008	78,15 Euro
Summe	489,45 Euro

▪▪▪
(Rechtsanwalt)

---

[249] Vgl Abs. 1 Nr. 1 Alt. 2 der Anmerkung zu VV Nr. 3104.
[250] Eine Terminsgebühr ist nicht verdient, da der Anwalt im Termin nicht vertretungsbereit anwesend ist, s. hierzu näher oben § 4 Rn 31.

10. Muster: Flucht in die Säumnis durch Beklagtenvertreter

192 Zahlungsklage über 8.000 Euro, in der mündlichen Verhandlung entschließt sich der Beklagtenvertreter nach Hinweisen des Gerichts aus prozesstaktischen Gründen heraus zur Flucht in die Säumnis; Abrechnung für den Beklagtenvertreter.

Frau/Herrn ▪▪▪

▪▪▪ (Straße)

▪▪▪ (PLZ, Ort)

Vergütungsabrechnung

    Rechnungsnummer ▪▪▪

    Leistungszeitraum ▪▪▪

    Steuer-Nr. oder Umsatzsteuerident-Nr. ▪▪▪

Verfahrensgebühr VV Nr. 3100, 1,3	535,60 Euro
(Gegenstandswert: 8.000 Euro)	
Terminsgebühr VV Nr. 3104, 1,2	494,40 Euro[251]
(Gegenstandswert: 8.000 Euro)	
Auslagenpauschale VV Nr. 7002	20,00 Euro
Zwischensumme	1.050,00 Euro
19 % Umsatzsteuer, VV Nr. 7008	199,50 Euro
Summe	1.249,50 Euro

▪▪▪

(Rechtsanwalt)

11. Muster: In einem Verfahren (Streitwert: 10.000 Euro) entschließt sich der Klägervertreter im Termin zur mündlichen Verhandlung nach Hinweisen des Gerichts zur Flucht in die Säumnis

193 Frau/Herrn ▪▪▪

▪▪▪ (Straße)

▪▪▪ (PLZ, Ort)

Vergütungsabrechnung

    Rechnungsnummer ▪▪▪

    Leistungszeitraum ▪▪▪

    Steuer-Nr. oder Umsatzsteuerident-Nr. ▪▪▪

Verfahrensgebühr VV Nr. 3100, 1,3	631,80 Euro
(Gegenstandswert: 10.000 Euro)	
Terminsgebühr VV Nr. 3104, 1,2	583,20 Euro[252]
(Gegenstandswert: 10.000 Euro)	
Auslagenpauschale VV Nr. 7002	20,00 Euro

---

251 Zur Terminsgebühr bei Flucht in die Säumnis s. auch oben § 5 Rn 152.
252 Zur Terminsgebühr bei Flucht in die Säumnis s. oben § 5 Rn 152.

Zwischensumme	1.235,00 Euro	
19 % Umsatzsteuer, VV Nr. 7008	234,65 Euro	
Summe	1.469,65 Euro	

■■■
(Rechtsanwalt)

12. Muster: Das Verwaltungsgericht entscheidet ein Verfahren mit einem Streitwert von 5.000 Euro durch Gerichtsbescheid; ein Verhandlungstermin oder eine außergerichtliche Erledigungsbesprechung finden nicht statt

Frau/Herrn ■■■

■■■ (Straße)

■■■ (PLZ, Ort)

Vergütungsabrechnung

    Rechnungsnummer ■■■

    Leistungszeitraum ■■■

    Steuer-Nr. oder Umsatzsteuerident-Nr. ■■■

Verfahrensgebühr VV Nr. 3100, 1,3	391,30 Euro
(Gegenstandswert: 5.000 Euro)	
Terminsgebühr VV Nr. 3104, 1,2	361,20 Euro[253]
(Gegenstandswert: 5.000 Euro)	
Auslagenpauschale VV Nr. 7002	20,00 Euro
Zwischensumme	772,50 Euro
19 % Umsatzsteuer, VV Nr. 7008	146,78 Euro
Summe	919,28 Euro

■■■
(Rechtsanwalt)

13. Muster: Sozialgericht entscheidet eine Konkurrentenklage gegen die Zulassung als Kassenarzt nach § 105 I 1 SGG ohne mündliche Verhandlung durch Gerichtsbescheid, Wert: 15.000 Euro[254]

Frau/Herrn ■■■

■■■ (Straße)

■■■ (PLZ, Ort)

Vergütungsabrechnung

    Rechnungsnummer ■■■

    Leistungszeitraum ■■■

    Steuer-Nr. oder Umsatzsteuerident-Nr. ■■■

---

[253] Vgl Abs. 1 Nr. 2 der Anmerkung zu VV Nr. 3104.
[254] S. hierzu IX Ziff. 16.6 des Streitwertkatalogs für die Sozialgerichtsbarkeit, AGS 2007, 2 ff.

§ 5 Erster Rechtszug in bürgerlichen Rechtsstreitigkeiten

Verfahrensgebühr VV Nr. 3100, 1,3	735,80 Euro
(Gegenstandswert: 15.000 Euro)	
Terminsgebühr VV Nr. 3104, 1,2	679,20 Euro[255]
(Gegenstandswert: 15.000 Euro)	
Auslagenpauschale VV Nr. 7002	20,00 Euro
Zwischensumme	1.435,00 Euro
19 % Umsatzsteuer, VV Nr. 7008	272,65 Euro
Summe	1.707,65 Euro

■■■

(Rechtsanwalt)

14. Muster: Anrechnung der Differenzverfahrens- und der Terminsgebühr bei erfolglosen Verhandlungen über Mehrvergleich

196 In einem Zivilprozess mit Streitwert 6.000 Euro werden im Termin auch Verhandlungen zur Einigung über eine weitere zwischen den Parteien strittige Forderung mit Wert von 2.000 Euro geführt, hinsichtlich dieses Anspruchs besteht zwar schon Prozessauftrag, eine Klageeinreichung war aber noch nicht erfolgt. Die Verhandlungen scheitern. In der Folgezeit ist der Anspruch iHv 2.000 Euro nochmals Gegenstand einer außergerichtlichen Erledigungsbesprechung, sodann erledigt sich die Angelegenheit, bevor es hinsichtlich der Forderung iHv 2.000 Euro zur Klageeinreichung kommt.

176

Frau/Herrn ■■■

■■■ (Straße)

■■■ (PLZ, Ort)

Vergütungsabrechnung

    Rechnungsnummer ■■■

    Leistungszeitraum ■■■

    Steuer-Nr. oder Umsatzsteuerident-Nr. ■■■

I. Verfahren ■■■, Az ■■■

Verfahrensgebühr VV Nr. 3100, 1,3	439,40 Euro
(Gegenstandswert: 6.000 Euro)	
Differenzverfahrensgebühr VV Nr. 3101 Nr. 2 0,8	
(Gegenstandswert: 2.000 Euro)	
nach Prüfung gem. § 15 III RVG	96,20 Euro
Terminsgebühr VV Nr. 3104, 1,2	494,40 Euro
(Gegenstandswert: 8.000 Euro)	
Auslagenpauschale VV Nr. 7002	20,00 Euro
Zwischensumme	1.050,00 Euro

---

[255] Vgl Abs. 1 Nr. 2 der Anmerkung zu VV Nr. 3104.

19 % Umsatzsteuer, VV Nr. 7008	199,50 Euro
Summe	1.249,50 Euro
II. Angelegenheit ▪▪▪ (Wert: 2.000 Euro)	
Verfahrensgebühr VV Nr. 3101 Nr. 1, 0,8	106,40 Euro
(Gegenstandswert: 2.000 Euro)	
hierauf anzurechnen nach Abs. 1 der Anm. zu VV Nr. 3101	-96,20 Euro[256]
Terminsgebühr VV Nr. 3104, 1,2	159,60 Euro
(Gegenstandswert: 2.000 Euro)	
abzgl Anrechnung gem. Abs. 2 der Anm. zu Nr. 3104 VV	-88,80 Euro[257]
Auslagenpauschale VV Nr. 7002	20,00 Euro
Zwischensumme	101,00 Euro
19 % Umsatzsteuer, VV Nr. 7008	19,19 Euro
Summe	120,19 Euro
III. Gesamtsumme aus I. und II.:	1.369,69 Euro

▪▪▪

(Rechtsanwalt)

15. Muster: In einem Verfahren mit Streitwert 20.000 Euro einigen sich die Parteien ohne Mitwirkung ihrer Anwälte nach Klageeinreichung und beauftragen ihre Anwälte mit der Protokollierung der von ihnen bereits ausformulierten Einigung

Frau/Herrn ▪▪▪

▪▪▪ (Straße)

▪▪▪ (PLZ, Ort)

Vergütungsabrechnung

    Rechnungsnummer ▪▪▪

    Leistungszeitraum ▪▪▪

    Steuer-Nr. oder Umsatzsteuerident-Nr. ▪▪▪

Verfahrensgebühr VV Nr. 3100, 1,3	839,80 Euro
(Gegenstandswert: 20.000 Euro)	
Terminsgebühr VV Nr. 3104, 1,2	775,20 Euro[258]
(Gegenstandswert: 20.000 Euro)	
Auslagenpauschale VV Nr. 7002	20,00 Euro
Zwischensumme	1.635,00 Euro
19 % Umsatzsteuer, VV Nr. 7008	310,65 Euro
Summe	1.945,65 Euro

---

[256] Berechnung: 535,60 Euro (1,3 bei Streitwert 8.000 Euro) abzgl 439,40 Euro (1,3 bei Streitwert 6.000 Euro) = 96,20 Euro.

[257] Berechnung: 494,40 Euro (1,2 aus 8.000 Euro) abzgl 405,60 Euro (1,2 aus 6.000 Euro) = 88,80 Euro.

[258] Im Gegenschluss aus Absatz 3 der Anmerkung zu Nr. 3104 VV folgt, dass die Terminsgebühr entsteht, soweit beantragt wird, eine Einigung der Parteien über in diesem Verfahren anhängige Ansprüche zu Protokoll zu nehmen; vgl hierzu näher oben § 5 Rn 142.

§ 5 Erster Rechtszug in bürgerlichen Rechtsstreitigkeiten

▪▪▪

(Rechtsanwalt)

16. Muster: Protokollierung einer ohne anwaltliche Mitwirkung getroffenen Einigung über einen nicht rechtshängigen Gegenstand

198 In einem Verfahren mit Streitwert 20.000 Euro beauftragen die Parteien ihre Anwälte, die zwischen ihnen ohne anwaltliche Mitwirkung im Einzelnen ausgehandelte Vereinbarung über eine weitere Forderung iHv 10.000 Euro zu protokollieren. Das Verfahren erledigt sich, bevor es zu einem Verhandlungstermin in dem gerichtlich anhängigen Verfahren kommt.

178

Frau/Herrn ▪▪▪

▪▪▪ (Straße)

▪▪▪ (PLZ, Ort)

Vergütungsabrechnung

    Rechnungsnummer ▪▪▪

    Leistungszeitraum ▪▪▪

    Steuer-Nr. oder Umsatzsteuerident-Nr. ▪▪▪

Verfahrensgebühr VV Nr. 3100, 1,3	839,80 Euro[259]
(Gegenstandswert: 20.000 Euro)	
Differenzverfahrensgebühr gem. VV Nr. 3101 Nr. 2, 0,8	
(Gegenstandswert: 10.000 Euro)	
nach Prüfung gem. § 15 III RVG	145,60 Euro
Auslagenpauschale VV Nr. 7002	20,00 Euro
Zwischensumme	1.005,40 Euro
19 % Umsatzsteuer, VV Nr. 7008	191,03 Euro
Summe	1.196,43 Euro

▪▪▪

(Rechtsanwalt)

17. Muster: Abwandlung; bezüglich der weiteren Forderung i.H. von 10.000 Euro ist zwischen den Parteien ein weiterer Rechtsstreit anhängig, in dem auch bereits die Terminsgebühr angefallen ist

199 Frau/Herrn ▪▪▪

179

▪▪▪ (Straße)

▪▪▪ (PLZ, Ort)

Vergütungsabrechnung

    Rechnungsnummer ▪▪▪

    Leistungszeitraum ▪▪▪

---

[259] Eine Terminsgebühr fällt für die bloße Protokollierung der ohne anwaltliche Mitwirkung über den nicht rechtshängigen Gegenstand von 10.000 Euro getroffenen Einigung nach Abs. 3 der Anmerkung zu Nr. 3104 VV nicht an.

Steuer-Nr. oder Umsatzsteuerident-Nr. ▪▪▪	
I. Verfahren bei ▪▪▪, Az. ▪▪▪	
Verfahrensgebühr VV Nr. 3100, 1,3	839,80 Euro
(Gegenstandswert: 20.000 Euro)	
Differenzverfahrensgebühr gem. VV Nr. 3101 Nr. 2, 0,8	
Prüfung gem. § 15 III RVG erfolgt	145,60 Euro
(Gegenstandswert: 10.000 Euro)	
Terminsgebühr gem. VV Nr. 3104, 1,2	909,60 Euro[260]
(Gegenstandswert: 30.000 Euro)	
Auslagenpauschale VV Nr. 7002	20,00 Euro
Zwischensumme	1.915,00 Euro
19 % Umsatzsteuer, VV Nr. 7008	363,85 Euro
Summe	2.278,85 Euro
II. Verfahren ▪▪▪, Az. ▪▪▪	
Verfahrensgebühr VV Nr. 3100, 1,3	631,80 Euro
(Gegenstandswert: 10.000 Euro)	
Terminsgebühr gem. VV Nr. 3104, 1,2	583,20 Euro[261]
(Gegenstandswert: 10.000 Euro)	
Auslagenpauschale VV Nr. 7002	20,00 Euro
Zwischensumme	1.235,00 Euro
19 % Umsatzsteuer, VV Nr. 7008	234,65 Euro
Summe	1.469,65 Euro
III. Gesamtsumme aus I. und II.:	3.748,50 Euro

▪▪▪

(Rechtsanwalt)

18. Muster: Mahnverfahren mit außergerichtlicher Erledigungsbesprechung und Anrechnung der Terminsgebühr im späteren streitigen Verfahren

Über eine Forderung von 2.000 Euro wird das Mahnverfahren eingeleitet. Nach Zustellung des Mahnbescheids meldet sich der Antragsgegner telefonisch bei dem Prozessbevollmächtigten des Antragstellers und sie besprechen die Möglichkeiten einer gütlichen Einigung, diese kommt nicht zustande, der Antragsgegner legt Widerspruch gegen den Mahnbescheid ein, das streitige Verfahren wird durch Urteil entschieden.

Frau/Herrn ▪▪▪

▪▪▪ (Straße)

---

[260] Eine Terminsgebühr fällt aus den zusammengerechneten Gegenstandswerten an, vgl Gegenschluss aus Abs. 3 der Anm. zu VV Nr. 3104 und oben § 5 Rn 142.
[261] Eine Anrechnung der im anderen Verfahren entstandenen Terminsgebühr findet nicht statt, da Abs. 2 der Anmerkung zu VV Nr. 3104 nicht eingreift.

§ 5 Erster Rechtszug in bürgerlichen Rechtsstreitigkeiten

▄▄▄ (PLZ, Ort)

Vergütungsabrechnung

    Rechnungsnummer ▄▄▄

    Leistungszeitraum ▄▄▄

    Steuer-Nr. oder Umsatzsteuerident-Nr. ▄▄▄

I. Mahnverfahren

Verfahrensgebühr VV Nr. 3305, 1,0	133,00 Euro
(Gegenstandswert: 2.000 Euro)	
Terminsgebühr gem. Vorb. 3.3.2, 1,2	159,60 Euro
(Gegenstandswert: 2.000 Euro)	
Auslagenpauschale VV Nr. 7002	20,00 Euro
Zwischensumme	312,60 Euro
19 % Umsatzsteuer, VV Nr. 7008	59,39 Euro
Summe	371,99 Euro

II. Verfahren bei dem AG ▄▄▄, Az. ▄▄▄)

Verfahrensgebühr VV Nr. 3100, 1,3	172,90 Euro
(Gegenstandswert: 2.000 Euro)	
hierauf anzurechnen nach der Anm. zu VV Nr. 3305	-133,00 Euro
Terminsgebühr gem. VV Nr. 3104, 1,2	159,60 Euro
(Gegenstandswert: 2.000 Euro)	
hierauf anzurechnen gem. Abs. 4 der Anm. zu VV Nr. 3104	-159,60 Euro
Auslagenpauschale VV Nr. 7002	20,00 Euro
Zwischensumme	59,90 Euro
19 % Umsatzsteuer, VV Nr. 7008	11,38 Euro
Summe	71,28 Euro
III. Gesamtsumme aus I. und II.:	443,27 Euro

▄▄▄

(Rechtsanwalt)

IV. Verminderte Terminsgebühr VV Nr. 3105

1. Muster: Bei einer Zahlungsklage über 10.000 Euro erscheint der Gegner nicht, ohne weitere Erörterungen der Angelegenheit mit dem Gericht beantragt der Klägervertreter Versäumnisurteil, welches ergeht

Frau/Herrn ▄▄▄

▄▄▄ (Straße)

▄▄▄ (PLZ, Ort)

Vergütungsabrechnung

    Rechnungsnummer ▄▄▄

I. Muster 5

Leistungszeitraum ▪▪▪	
Steuer-Nr. oder Umsatzsteuerident-Nr. ▪▪▪	
Verfahrensgebühr VV Nr. 3100, 1,3	631,80 Euro
(Gegenstandswert: 10.000 Euro)	
Terminsgebühr VV Nr. 3105, 0,5	243,00 Euro
(Gegenstandswert: 10.000 Euro)	
Auslagenpauschale VV Nr. 7002	20,00 Euro
Zwischensumme	894,80 Euro
19 % Umsatzsteuer, VV Nr. 7008	170,01 Euro
Summe	1.064,81 Euro

▪▪▪

(Rechtsanwalt)

2. Muster: Abwandlung; der Antragsgegner legt Einspruch ein, erscheint aber wiederum nicht zum Termin zur Verhandlung über den Einspruch, so dass ein 2. Versäumnisurteil ergeht

Frau/Herrn ▪▪▪	
▪▪▪ (Straße)	
▪▪▪ (PLZ, Ort)	
Vergütungsabrechnung	
Rechnungsnummer ▪▪▪	
Leistungszeitraum ▪▪▪	
Steuer-Nr. oder Umsatzsteuerident-Nr. ▪▪▪	
Verfahrensgebühr VV Nr. 3100, 1,3	631,80 Euro
(Gegenstandswert: 10.000 Euro)	
Terminsgebühr VV Nr. 3104, 1,2	583,20 Euro[262]
(Gegenstandswert: 10.000 Euro)	
Auslagenpauschale VV Nr. 7002	20,00 Euro
Zwischensumme	1.235,00 Euro
19 % Umsatzsteuer, VV Nr. 7008	234,65 Euro
Summe	1.469,65 Euro

▪▪▪

(Rechtsanwalt)

---

[262] Der Anwalt, der sowohl das 1. als auch das 2. Versäumnisurteil erwirkt, verdient die 1,2 Terminsgebühr nach Nr. 3104 VV, vgl BGH, NJW 2006, 2927 und oben § 5 Rn 148.

§ 5 Erster Rechtszug in bürgerlichen Rechtsstreitigkeiten

3. Muster: Bei einer Zahlungsklage mit Streitwert 10.000 Euro erscheint der Beklagte nicht zum Verhandlungstermin, der Klägervertreter stellt daraufhin keinen Antrag, das Gericht vertagt die Angelegenheit daraufhin von Amts wegen

Frau/Herrn ▪▪▪
▪▪▪ (Straße)
▪▪▪ (PLZ, Ort)
Vergütungsabrechnung
    Rechnungsnummer ▪▪▪
    Leistungszeitraum ▪▪▪
    Steuer-Nr. oder Umsatzsteuerident-Nr. ▪▪▪

Verfahrensgebühr VV Nr. 3100, 1,3	631,80 Euro
(Gegenstandswert: 10.000 Euro)	
Terminsgebühr VV Nr. 3105, 0,5	243,00 Euro[263]
(Gegenstandswert: 10.000 Euro)	
Auslagenpauschale VV Nr. 7002	20,00 Euro
Zwischensumme	894,80 Euro
19 % Umsatzsteuer, VV Nr. 7008	170,01 Euro
Summe	1.064,81 Euro

▪▪▪
(Rechtsanwalt)

4. Muster: Zahlungsklage, Streitwert 10.000 Euro, nachdem der Beklagte im schriftlichen Vorverfahren seine Verteidigungsabsicht nicht anzeigt, ergeht Versäumnisurteil nach § 331 III ZPO aufgrund des bereits schon in der Klageschrift gestellten Antrags

Frau/Herrn ▪▪▪
▪▪▪ (Straße)
▪▪▪ (PLZ, Ort)
Vergütungsabrechnung
    Rechnungsnummer ▪▪▪
    Leistungszeitraum ▪▪▪
    Steuer-Nr. oder Umsatzsteuerident-Nr. ▪▪▪

Verfahrensgebühr VV Nr. 3100, 1,3	631,80 Euro
(Gegenstandswert: 10.000 Euro)	
Terminsgebühr VV Nr. 3105, 0,5	243,00 Euro[264]
(Gegenstandswert: 10.000 Euro)	
Auslagenpauschale VV Nr. 7002	20,00 Euro

---

[263] S. Anmerkung Abs. 1 Nr. 1 zu VV Nr. 3105.
[264] S. Anmerkung Abs. 1 Nr. 2 zu VV Nr. 3105.

Zwischensumme	894,80	Euro
19 % Umsatzsteuer, VV Nr. 7008	170,01	Euro
Summe	1.064,81	Euro

■■■
(Rechtsanwalt)

V. Einigungsgebühr

1. Muster: In einem Verfahren mit einem Streitwert von 10.000 Euro schließen die Parteien im Termin zur mündlichen Verhandlung einen das Verfahren beendenden Vergleich

205

Frau/Herrn ■■■
■■■ (Straße)
■■■ (PLZ, Ort)
Vergütungsabrechnung
    Rechnungsnummer ■■■
    Leistungszeitraum ■■■
    Steuer-Nr. oder Umsatzsteuerident-Nr. ■■■

Verfahrensgebühr VV Nr. 3100, 1,3	631,80	Euro
(Gegenstandswert: 10.000 Euro)		
Terminsgebühr VV Nr. 3104, 1,2	583,20	Euro
(Gegenstandswert: 10.000 Euro)		
Einigungsgebühr VV Nrn. 1000, 1003, 1,0	486,00	Euro
(Gegenstandswert: 10.000 Euro)		
Auslagenpauschale VV Nr. 7002	20,00	Euro
Zwischensumme	1.721,00	Euro
19 % Umsatzsteuer, VV Nr. 7008	326,99	Euro
Summe	2.047,99	Euro

■■■
(Rechtsanwalt)

2. Abwandlung: Der Vergleichsabschluss erfolgt nicht im gerichtlichen Termin, sondern der Vergleich kommt nach § 278 VI ZPO zustande, ohne dass es zu einem Termin zur mündlichen Verhandlung kommt

Es fällt eine 1,3 Verfahrensgebühr nach VV Nr. 3100 und eine 1,0 Einigungsgebühr nach VV Nrn. 1000, 1003 aus dem Streitwert von 10.000 Euro an, ob jedoch auch eine Terminsgebühr nach Abs. 1 Nr. 1 der Anmerkung zu Nr. 3104 VV anfällt, hängt davon ab, ob es sich um ein Verfahren handelt mit vorgeschriebener mündlicher Verhandlung; siehe hierzu näher oben die Muster unter § 5 Rn 189 und 190.

206

3. Muster: Vergleich über einen Teil des Streitgegenstandes

207 In einem Verfahren mit Streitwert 30.000 Euro schließen die Parteien im Termin zur mündlichen Verhandlung einen Teilvergleich über einen Teil des Streitgegenstandes von 10.000 Euro. Hinsichtlich des Restes von 20.000 Euro wird der Rechtsstreit durch Urteil entschieden.

Frau/Herrn ▬▬▬

▬▬▬ (Straße)

▬▬▬ (PLZ, Ort)

Vergütungsabrechnung

    Rechnungsnummer ▬▬▬

    Leistungszeitraum ▬▬▬

    Steuer-Nr. oder Umsatzsteuerident-Nr. ▬▬▬

Verfahrensgebühr VV Nr. 3100, 1,3	985,40 Euro
(Gegenstandswert: 30.000 Euro)	
Terminsgebühr VV Nr. 3104, 1,2	909,60 Euro
(Gegenstandswert: 30.000 Euro)	
Einigungsgebühr VV Nrn. 1000, 1003, 1,0	486,00 Euro
(Gegenstandswert: 10.000 Euro)	
Auslagenpauschale VV Nr. 7002	20,00 Euro
Zwischensumme	2.401,00 Euro
19 % Umsatzsteuer, VV Nr. 7008	456,19 Euro
Summe	2.857,19 Euro

▬▬▬

(Rechtsanwalt)

4. Muster: In einem Verfahren mit Streitwert 30.000 Euro wird im Termin zur mündlichen Verhandlung ein widerruflicher Vergleich geschlossen, der anschließend von einer der Parteien widerrufen wird

208 Frau/Herrn ▬▬▬

▬▬▬ (Straße)

▬▬▬ (PLZ, Ort)

Vergütungsabrechnung

    Rechnungsnummer ▬▬▬

    Leistungszeitraum ▬▬▬

    Steuer-Nr. oder Umsatzsteuerident-Nr. ▬▬▬

Verfahrensgebühr VV Nr. 3100, 1,3	985,40 Euro
(Gegenstandswert: 30.000 Euro)	
Terminsgebühr VV Nr. 3104, 1,2	909,60 Euro
(Gegenstandswert: 30.000 Euro)	

Auslagenpauschale VV Nr. 7002	20,00 Euro
Zwischensumme	1.915,00 Euro
19 % Umsatzsteuer, VV Nr. 7008	363,85 Euro
Summee	2.278,85 Euro

■■■

(Rechtsanwalt)

5. Muster: Widerruflicher Vergleich mit Mehrwert

In einem Verfahren mit Streitwert 30.000 Euro wird im Termin zur mündlichen Verhandlung ein widerruflicher Vergleich geschlossen, in dem auch in diesem Verfahren nicht rechtshängige Ansprüche im Wert von weiteren 20.000 Euro miteinbezogen werden; der Vergleich wird widerrufen.

Frau/Herrn ■■■

■■■ (Straße)

■■■ (PLZ, Ort)

Vergütungsabrechnung

    Rechnungsnummer ■■■

    Leistungszeitraum ■■■

    Steuer-Nr. oder Umsatzsteuerident-Nr. ■■■

Verfahrensgebühr VV Nr. 3100, 1,3	985,40 Euro
(Gegenstandswert: 30.000 Euro)	
Verfahrensgebühr VV Nr. 3101 Nr. 2 Alt. 1, 0,8	
(Gegenstandswert: 20.000 Euro)	
nach Prüfung gem. § 15 III RVG	374,40 Euro[265]
Terminsgebühr VV Nr. 3104, 1,2	1.255,20 Euro[266]
(Gegenstandswert: 50.000 Euro)	
Auslagenpauschale VV Nr. 7002	20,00 Euro
Zwischensumme	2.635,00 Euro
19 % Umsatzsteuer, VV Nr. 7008	500,65 Euro
Summe	3.135,65 Euro

■■■

(Rechtsanwalt)

6. Muster: Vergleich mit Beitritt eines Nebenintervenienten

In einem Bauprozess mit Streitwert 80.000 Euro schließen die Parteien einen Vergleich, in dem Vergleich wird auch die Höhe der Regressansprüche des Beklagten

---

[265] Der Vergütungstatbestand VV Nr. 3101 Nr. 2 Alt. 1 setzt nicht voraus, dass die Einigung auch Bestand behält, s. hierzu oben näher § 5 Rn 51; die reduzierte Verfahrensgebühr ist aber auch nach VV Nr. 3101 Nr. 2 Alt. 2 gerechtfertigt, wenn im Termin über die nicht rechtshängigen Ansprüche Verhandlungen zur Einigung geführt wurden. Zu beachten ist auch eine evtl Anrechnung nach Abs. 1 der Anmerkung zu VV Nr. 3101.

[266] Zu beachten ist, dass ggf eine Anrechnung gem. Abs. 2 der Anmerkung zu VV Nr. 3104 vorzunehmen ist.

gegen den Streitverkündeten mit Wert 20.000 Euro geregelt, der Streitverkündete tritt dem Rechtsstreit und dem Vergleich bei. Der Anwalt des Nebenintervenienten kann berechnen:

Frau/Herrn ■■■

■■■ (Straße)

■■■ (PLZ, Ort)

Vergütungsabrechnung

    Rechnungsnummer ■■■

    Leistungszeitraum ■■■

    Steuer-Nr. oder Umsatzsteuerident-Nr. ■■■

Verfahrensgebühr VV Nr. 3100, 1,3	1.560,00 Euro[267]
(Gegenstandswert: 80.000 Euro)	
Verfahrensgebühr VV Nr. 3101 Nr. 2 1, 0,8	
(Gegenstandswert: 20.000 Euro)	
nach Prüfung gem. § 15 III RVG	200,20 Euro
Terminsgebühr VV Nr. 3104, 1,2	1.624,80 Euro
(Gegenstandswert: 100.000 Euro)	
Einigungsgebühr VV Nr. 1000, 1,5	969,00 Euro
(Gegenstandswert: 20.000 Euro)	
Einigungsgebühr VV Nrn. 1000, 1003, 1,0	
(Gegenstandswert: 80.000 Euro)	
nach Prüfung gem. § 15 III RVG	1.062,00 Euro[268]
Auslagenpauschale VV Nr. 7002	20,00 Euro
Zwischensumme	5.436,00 Euro
19 % Umsatzsteuer, VV Nr. 7008	1.032,84 Euro
Summe	6.468,84 Euro

■■■

(Rechtsanwalt)

---

[267] Der RA des Streithelfers verdient u.a. durch Terminsteilnahme eine 1,3 Verfahrensgebühr – Gerold/Schmidt-Müller-Rabe, VV Nr. 3101 Rn 68.

[268] Da die Einigung zwischen Kläger und Beklagtem auch die Interessen des Nebenintervenienten betrifft, ist auch für ihn die Einigungsgebühr entstanden – AnwK-RVG/N.Schneider, VV Nr. 1000 Rn 94; Göttlich/Mümmler – Nebenintervention 1.

§ 6 Berufung, Revision, bestimmte Beschwerden und Verfahren vor dem Finanzgericht

A. Allgemeines

I. Anwendungsbereich

Abschnitt 2 von Teil 3 des Vergütungsverzeichnisses regelt die Gebühren für die Berufung und für Beschwerden gegen die den Rechtszug beendenden Entscheidungen in bürgerlichen Rechtsstreitigkeiten einschließlich FGG-Verfahren, Arbeitsgerichtsverfahren, Verfahren vor den Verwaltungs- und Sozialgerichten sowie für erstinstanzliche Verfahren vor den Finanzgerichten (**Unterabschnitt 1**) und für die Revision (**Unterabschnitt 2**).[1]

Nach Absatz 1 von Vorbemerkung 3.2 ist der Abschnitt 2 auch in Verfahren vor dem Rechtsmittelgericht über die **Zulassung des Rechtsmittels** anzuwenden. Nach § 16 Nr. 13 RVG gelten das Verfahren über die Zulassung des Rechtsmittels und das Rechtsmittelverfahren als dieselbe Angelegenheit, dagegen sind das Verfahren über das Rechtsmittel und das Verfahren über die **Beschwerde gegen die Nichtzulassung des Rechtsmittels** verschiedene Angelegenheiten, § 17 Nr. 9 RVG.[2] In Verfahren über die Zulassung eines Rechtsmittels durch das Rechtsmittelgericht gelten die Vergütungstatbestände VV Nr. 3200 ff. bzw 3206 ff.,[3] in Verfahren der Nichtzulassungsbeschwerde entstehen die Vergütungstatbestände nach Nrn. 3504, 3506, 3511 und 3512 VV.[4] Da das Verfahren über die Zulassung eines Rechtsmittels und das sich anschließende Rechtsmittelverfahren nach § 16 Nr. 13 RVG eine Angelegenheit ist, fallen die Gebühren nur einmal an.[5] Das Rechtsmittelverfahren und das Verfahren über die Beschwerde gegen die Nichtzulassung des Rechtsmittels sind nach § 17 Nr. 9 RVG verschiedene Angelegenheiten, daher können die Gebühren im Nichtzulassungsbeschwerdeverfahren und im Rechtsmittelverfahren grundsätzlich doppelt anfallen, deshalb sind die **Anrechnungsvorschriften** in den Anmerkungen zu den Vergütungstatbeständen VV Nrn. 3504, 3506, 3511 und 3512 von Bedeutung.

Das Eilverfahren und die Hauptsache sind nach § 17 Nr. 4 RVG verschiedene Angelegenheiten,[6] findet jedoch ein **erstinstanzliches Anordnungs-, Abänderungs- oder Aufhebungsverfahren vor dem Rechtsmittelgericht** statt, ordnet Absatz 2 Satz 1 von Vorbemerkung 3.2 für die dort genannten Fälle an, dass ungeachtet dessen der Anwalt nur die Gebühren nach Teil 3 Abschnitt 1, also die Gebühren für das erstinstanzliche Verfahren, erhält.[7] Nach Vorbemerkung 3.2 Absatz 2 Satz 2 gelten auch für die Verfahren nach den §§ 80 V, 80a III VwGO iVm §§ 80 V, 123 VwGO vor den Gerichten der Verwaltungsgerichtsbarkeit und für die Verfahren nach § 86b I, II SGG vor den Gerichten der Sozialgerichtsbarkeit die für den ersten Rechtszug bestimmten Gebühren nach Teil 3 Abschnitt 1, sofern eines der genannten Verfahren erstmalig

---
1 Mayer/Kroiß-*Maué*, Vorb. 3.2 Rn 1.
2 Mayer/Kroiß-*Maué*, Vorb. 3.2 Rn 5.
3 Gerold/Schmidt-*Müller-Rabe*, VV Vorb. 3.2 Rn 5.
4 Mayer/Kroiß-*Maué*, Vorb. 3.2 Rn 5.
5 Gerold/Schmidt-*Müller-Rabe*, VV Vorb. 3.2 Rn 7.
6 Mayer/Kroiß-*Maué*, Vorb. 3.2 Rn 6.
7 AnwK-RVG/*N.Schneider*, Vorb. 3.2 Rn 5.

§ 6 Berufung, Revision, bestimmte Beschwerden und Verfahren vor dem Finanzgericht

beim Rechtsmittelgericht (VGH, OVG, LSG) als Gericht der Hauptsache durchgeführt wird.[8] Ist aber das **Bundesverwaltungsgericht** oder ein **Oberverwaltungsgericht** sachlich als **Gericht der Hauptsache** erster Instanz zuständig, so erhält der Rechtsanwalt die Verfahrensgebühren nach VV Nrn. 3300 bzw 3301, die Terminsgebühr bestimmt sich nach Vorbemerkung 3.3.1 nach Abschnitt 1.[9]

4   Satz 3 von Absatz 2 der Vorbemerkung 3.2 wurde vom Gesetzgeber durch das 2. Justizmodernisierungsgesetz[10] eingeführt. Der Gesetzgeber korrigierte damit eine beim Erlass des Kostenrechtsmodernisierungsgesetzes[11] offensichtlich übersehene Unausgewogenheit im Vergütungsverzeichnis.[12] In Verfahren nach § 115 II 2 GWB (Wiederherstellung des Verbots des Zuschlags), § 115 II 3 GWB (Gestattung des sofortigen Zuschlags), § 118 I 3 GWB (Verlängerung der aufschiebenden Wirkung) und § 121 GWB (Gestattung des Zuschlags)[13] fallen die Gebühren nach Abschnitt 1, also nach VV Nrn. 3100 ff., an.

II. Muster

1. Muster: Ein Rechtsstreit über einen Anspruch mit Wert von 30.000 Euro ist in der Berufungsinstanz anhängig. Dort wird erstmals der Erlasse einer einstweiligen Verfügung beantragt

Frau/Herrn ▪▪▪

▪▪▪ (Straße)

▪▪▪ (PLZ, Ort)

Vergütungsabrechnung

    Rechnungsnummer ▪▪▪

    Leistungszeitraum ▪▪▪

    Steuer-Nr. oder Umsatzsteuerident-Nr. ▪▪▪

I. Hauptsacheverfahren

Verfahrensgebühr VV Nr. 3200, 1,6	1.212,80 Euro
(Gegenstandswert: 30.000 Euro)	
Terminsgebühr VV Nr. 3202, 1,2	909,60 Euro
(Gegenstandswert: 30.000 Euro)	
Auslagenpauschale VV Nr. 7002	20,00 Euro
Zwischensumme	2.142,40 Euro
19 % Umsatzsteuer, VV Nr. 7008	407,06 Euro
Summe	2.549,46 Euro
II. Einstweiliges Verfügungsverfahren	
Verfahrensgebühr VV Nr. 3100, 1,3	631,80 Euro

---

8 AnwK-RVG/*Wahlen*, VV Vorb. 3.2 Rn 10.
9 Vgl AnwK-RVG/*Wahlen*, VV Vorb. 3.2 Rn 11; Bischof-*Mathias*, Vorb. 3.2 VV Rn 6.
10 BGBl. I 2006, S. 3416.
11 BGBl. I 2004, S. 718.
12 S. hierzu näher Mayer, RVG-Letter 2005, 2 ff.
13 Schneider, NJW 2007, 325 ff., 330.

(Gegenstandswert: 10.000 Euro)	
Auslagenpauschale VV Nr. 7002	20,00 Euro
Zwischensumme	651,80 Euro
19 % Umsatzsteuer, VV Nr. 7008	123,84 Euro
Summe	775,64 Euro
III. Gesamtsumme aus I. und II.:	3.325,10 Euro

■■■

(Rechtsanwalt)

2. Muster: Bei einer Anfechtungsklage gegen einen belastenden Verwaltungsakt wird erstmals, als sich der Rechtsstreit bereits in der Berufungsinstanz befindet, nach § 80 V VwGO die Wiederherstellung der aufschiebenden Wirkung beantragt

Frau/Herrn ■■■

■■■ (Straße)

■■■ (PLZ, Ort)

Vergütungsabrechnung

    Rechnungsnummer ■■■

    Leistungszeitraum ■■■

    Steuer-Nr. oder Umsatzsteuerident-Nr. ■■■

I. Berufungsverfahren	
Verfahrensgebühr VV Nr. 3200, 1,6	1.443,20 Euro
(Gegenstandswert: 40.000 Euro)	
Terminsgebühr VV Nr. 3202, 1,2	1.082,40 Euro
(Gegenstandswert: 40.000 Euro)	
Auslagenpauschale VV Nr. 7002	20,00 Euro
Zwischensumme	2.545,60 Euro
19 % Umsatzsteuer, VV Nr. 7008	483,66 Euro
Summe	3.029,26 Euro
II. Verfahren nach § 80 V VwGO	
Verfahrensgebühr VV Nr. 3100, 1,3	839,80 Euro
(Gegenstandswert: 20.000 Euro)	
Auslagenpauschale VV Nr. 7002	20,00 Euro
Zwischensumme	859,80 Euro
19 % Umsatzsteuer, VV Nr. 7008	163,36 Euro
Summe	1.023,16 Euro
III. Gesamtsumme aus I. und II.:	4.052,42 Euro

■■■

(Rechtsanwalt)

3. Muster: Normenkontrollverfahren mit einstweiliger Anordnung

Das Oberverwaltungsgericht (VGH) hat nach mündlicher Verhandlung über einen Normenkontrollantrag gegen einen Bebauungsplan nach § 47 VwGO aufgrund mündlicher Verhandlung entschieden. Im Zuge des Verfahrens hatte der VGH auch antragsgemäß eine einstweilige Anordnung nach § 47 VI VwGO erlassen.

Frau/Herrn ▪▪▪

▪▪▪ (Straße)

▪▪▪ (PLZ, Ort)

Vergütungsabrechnung

    Rechnungsnummer ▪▪▪

    Leistungszeitraum ▪▪▪

    Steuer-Nr. oder Umsatzsteuerident-Nr. ▪▪▪

I. Normenkontrollverfahren

Verfahrensgebühr VV Nr. 3300 Nr. 2, 1,6	1.033,60 Euro
(Gegenstandswert: 20.000 Euro)	
Terminsgebühr VV Nr. 3104, 1,2	775,20 Euro
(Gegenstandswert: 20.000 Euro)	
Auslagenpauschale VV Nr. 7002	20,00 Euro
Zwischensumme	1.828,80 Euro
19 % Umsatzsteuer, VV Nr. 7008	347,47 Euro
Summe	2.176,27 Euro

II. Einstweiliges Anordnungsverfahren

Verfahrensgebühr VV Nr. 3300 Nr. 2, 1,6	481,60 Euro
(Gegenstandswert: 5.000 Euro)	
Auslagenpauschale VV Nr. 7002	20,00 Euro
Zwischensumme	501,60 Euro
19 % Umsatzsteuer, VV Nr. 7008	95,30 Euro
Summe	596,90 Euro
III. Gesamtsumme aus I. und II.:	2.773,17 Euro

▪▪▪

(Rechtsanwalt)

4. Muster: Nachprüfungsverfahren vor der Vergabekammer, sofortige Beschwerde und Antrag nach § 118 I 3 GWB

Bei einer Ausschreibung wird das Nachprüfungsverfahren vor der Vergabekammer beantragt. Nach Zurückweisung des Nachprüfungsantrags legt der Antragsteller sofortige Beschwerde ein und beantragt nach § 118 I 3 GWB die Verlängerung des Suspensiveffekts.[14]

---

14 Sachverhalt nebst Streitwert nachgebildet der Entscheidung KG, BeckRS 2005 02384 mit Bespr. Mayer, RVG-Letter 2005, 30 ff.

A. Allgemeines 6

193

Frau/Herrn ▪▪▪
▪▪▪ (Straße)
▪▪▪ (PLZ, Ort)
Vergütungsabrechnung
    Rechnungsnummer ▪▪▪
    Leistungszeitraum ▪▪▪
    Steuer-Nr. oder Umsatzsteuerident-Nr. ▪▪▪

I. Nachprüfungsverfahren vor der Vergabekammer

Geschäftsgebühr VV Nr. 2300 1,5[15]	27.894,00 Euro
(Gegenstandswert: 5.700.000 Euro)	
Auslagenpauschale VV Nr. 7002	20,00 Euro
Zwischensumme	27.914,00 Euro
19 % Umsatzsteuer, VV Nr. 7008	5.303,66 Euro
Summe	33.217,66 Euro

II. Sofortige Beschwerde

Verfahrensgebühr VV Nr. 3200, 1,6	29.753,60 Euro[16]
(Gegenstandswert: 5.700.000 Euro)	
Auslagenpauschale VV Nr. 7002	20,00 Euro
Zwischensumme	29.773,60 Euro
19 % Umsatzsteuer, VV Nr. 7008	5.656,98 Euro
Summe	35.430,58 Euro

III. Antrag nach § 118 I 3 GWB

Verfahrensgebühr VV Nr. 3100, 1,3	24.174,80 Euro
(Gegenstandswert: 5.700.000 Euro)	
Auslagenpauschale VV Nr. 7002	20,00 Euro
Zwischensumme	24.194,80 Euro
19 % Umsatzsteuer, VV Nr. 7008	4.597,01 Euro
Summe	28.791,81 Euro
IV. Gesamtsumme aus I., II. und III.:	97.440,05 Euro

▪▪▪

(Rechtsanwalt)

---

15 Vergaberecht ist „schwierig" iS der Anmerkung zu VV Nr. 2300 – vgl OLG Jena, NZBau 2005, 356 ff. mit Bespr. Mayer, RVG-Letter 2005, 28.
16 Eine Anrechnung der Geschäftsgebühr aus dem Nachprüfungsverfahren gem. Vorbemerkung 3 Abs. 4 VV auf die Verfahrensgebühr im Verfahren der sofortigen Beschwerde ist nicht vorzunehmen, da das vergaberechtliche Beschwerdeverfahren im Gegensatz zum erstinstanzlichen Gerichtsverfahren, auf welches die Anrechnungsregelung abzielt, auch der Sache nach ein Rechtsmittelverfahren gegen die Entscheidung eines kontradiktorisch und gerichtsähnlich ausgestalteten Verfahrens der Vergabekammer darstellt – so KG, BeckRS 2005 02384; vgl zum Charakter des Nachprüfungsverfahrens auch Motzke/Pietzcker/Pries-*Gröning*, GWB, § 116 Rn 2f; aA – Anrechnung vorzunehmen, aber ohne nähere Begründung – N.Schneider, NJW 2007, 325 ff., 331.

B. Berufung, bestimmte Beschwerden und Verfahren vor dem Finanzgericht

I. Anwendungsbereich

9 Die in Unterabschnitt 1 von Abschnitt 2 des Teils 3 VV geregelten Vergütungstatbestände VV Nrn. 3200–3205 gelten **nicht nur für das „klassische" Berufungsverfahren**, sondern der Anwendungsbereich dieser Gebührenvorschriften wird durch Vorbemerkung 3.2.1 Absatz 1 noch erheblich erweitert. Die Vergütungstatbestände des Unterabschnitts 1 gelten somit **auch in folgenden Verfahren:**

- vor dem Finanzgericht (Vorb. 3.2.1 Abs. 1 Nr. 1)
- über Beschwerden oder Rechtsbeschwerden gegen die den Rechtszug beendenden Entscheidungen
  - in Familiensachen
  - in Lebenspartnerschaftssachen
  - in Verfahren nach dem Gesetz über das gerichtliche Verfahren in Landwirtschaftssachen und
  - in Beschlussverfahren vor den Gerichten für Arbeitssachen (Vorb. 3.2.1 Abs. 1 Nr. 2).
- in Beschwerde- und Rechtsbeschwerdeverfahren gegen den Rechtszug beendende Entscheidungen über Anträge auf Vollstreckbarerklärung ausländischer Titel und auf Erteilung der Vollstreckungsklausel zu ausländischen Titeln sowie Anträge auf Aufhebung oder Abänderung der Vollstreckbarerklärung und der Vollstreckungsklausel (Vorb. 3.2.1 Abs. 1 Nr. 3)
- in Beschwerde- und Rechtsbeschwerdeverfahren nach dem GWB (Vorb. 3.2.1 Abs. 1 Nr. 4)
- in Beschwerdeverfahren nach dem WpÜG (Vorb. 3.2.1 Abs. 1 Nr. 5)
- in Beschwerdeverfahren nach dem WpHG (Vorb. 3.2.1 Abs. 1 Nr. 6)
- in Verfahren vor dem Bundesgerichtshof über die Beschwerde oder Rechtsbeschwerde gegen Entscheidungen des Bundespatentgerichts (Vorb. 3.2.1 Abs. 1 Nr. 7)
- in Verfahren über die Rechtsbeschwerde nach § 116 StVollzG (Vorb. 3.2.1 Abs. 1 Nr. 8)
- in Beschwerde- und Rechtsbeschwerdeverfahren nach dem EnWG (Vorb. 3.2.1 Abs. 1 Nr. 9)
- im Beschwerde- und Rechtsbeschwerdeverfahren nach dem VSchDG (Vorb. 3.2.1 Abs. 1 Nr. 10)

Für die vorgenannten Verfahren sind die Gebührenvorschriften aus Unterabschnitt 2 nach Absatz 2 der Vorbemerkung 3.2.1 anzuwenden, wenn sich die Parteien nur durch einen beim Bundesgerichtshof zugelassenen Rechtsanwalt vertreten lassen können.

10 In den genannten Verfahren, soweit nicht nach Absatz 2 der Vorbemerkung 3.2.1 Unterabschnitt 2 anzuwenden ist, bestimmen sich somit die Verfahrens- und Terminsgebühren nach den Vergütungstatbeständen VV Nrn. 3200–3205. **Keine Rege-**

lung enthält dieser Unterabschnitt für die Höhe einer etwa anfallenden Einigungs- oder Erledigungsgebühr nach VV Nrn. 1000 bzw 1002. Denn diese Gebühren steigern sich nach VV Nr. 1004 dann, wenn über den Gegenstand ein Berufungs- oder Revisionsverfahren anhängig ist, auf 1,3 gegenüber dem Satz von 1,0 im erstinstanzlichen Verfahren nach VV Nr. 1003. So hat das OLG Nürnberg[17] den Vergütungstatbestand VV Nr. 1004 zumindest entsprechend im Fall einer Beschwerde nach § 621e ZPO angewandt. Diskutiert wird auch der Ansatz einer 1,3 Erledigungsgebühr nach Nr. 1004 VV im erstinstanzlichen Verfahren vor dem Finanzgericht.[18]

II. Gebührentatbestände

1. VV Nr. 3200

Der Vergütungstatbestand VV Nr. 3200 regelt die **Verfahrensgebühr** in den unter Unterabschnitt 1 fallenden Verfahren mit Ausnahme der Verfahren vor den Landessozialgerichten, in denen Betragsrahmengebühren entstehen. Für letztere regelt der Vergütungstatbestand VV Nr. 3204 die Verfahrensgebühr. **11**

Was die **Entstehungsvoraussetzungen** der Verfahrensgebühr anbelangt, so bestehen keine wesentlichen Unterschiede zu der Verfahrensgebühr im erstinstanzlichen Verfahren, wichtig ist jedoch, dass der Anwalt auch von seiner Partei zur Vertretung in dem von VV Nr. 3200 erfassten Rechtsmittelverfahren einen **Auftrag auch für diese Instanz** erhalten hat; wird der Anwalt von sich aus ohne einen solchen Auftrag tätig, verdient er keine Gebühr.[19] Zu empfehlen ist, dass der Anwalt sich einen ausdrücklichen Auftrag des Mandanten für das Rechtsmittelverfahren erteilen lässt,[20] zumal die Annahme eines konkludenten Auftrags des Mandanten für die Rechtsmittelinstanz vielfach problematisch ist.[21] **Nicht ausreichend** für die Annahme eines ausdrücklichen Auftrags für die Rechtsmittelinstanz ist, dass nach der Vollmacht der Rechtsanwalt auch in der Rechtsmittelinstanz vertretungsberechtigt ist.[22] **12**

Für das Entstehen der vollen Verfahrensgebühr in der Rechtsmittelinstanz ist ausreichend, dass eine der in Nr. 1 der Anmerkung zum Vergütungstatbestand VV Nr. 3201 genannten Tätigkeiten ausgeführt wurde, beispielsweise wenn der Rechtsmittelbeklagte **schriftsätzlich den Zurückweisungsantrag des Rechtsmittels ankündigt**.[23] Von der Entstehung der Gebühr zu unterscheiden ist jedoch die Frage, in welcher Höhe eine Verfahrensgebühr **erstattungsfähig** ist. So ist auch bei einer ausdrücklich nur zur Fristwahrung eingelegten Berufung eine 1,1 Verfahrensgebühr für den Bestellungsschriftsatz erstattungsfähig, denn die mit einem Rechtsmittel überzogene Partei kann regelmäßig nicht selbst beurteilen, was zur Rechtsverteidigung sachgerecht zu veranlassen ist.[24] **13**

---

17 BeckRS 2007, 10064 mit Anm. Mayer, FD-RVG 2007, 237555.
18 S. hierzu die Anwendung des Vergütungstatbestands VV Nr. 1004 ablehnend, Wolf, JurBüro 2007, 229.
19 Gerold/Schmidt-Müller-Rabe, VV Nr. 3200 Rn 3.
20 Gerold/Schmidt-Müller-Rabe, VV Nr. 3200 Rn 13.
21 Gerold/Schmidt-Müller-Rabe, VV Nr. 3200 Rn 5 ff.
22 Gerold/Schmidt-Müller-Rabe, VV Nr. 3200 Rn 4.
23 Mayer/Kroiß-Maué, VV Nrn. 3200–3205 Rn 5.
24 S. hierzu näher Onderka, AGS 2007, 221 ff.

§ 6 Berufung, Revision, bestimmte Beschwerden und Verfahren vor dem Finanzgericht

14 Eine Verfahrensgebühr für die anwaltliche Tätigkeit in den in Teil 3 des Vergütungsverzeichnisses bezeichneten gerichtlichen Verfahren entsteht jedoch nur dann, wenn der Rechtsanwalt bei dem Gericht, vor dem das Verfahren geführt wird, auch **postulationsfähig** ist.[25]

2. VV Nr. 3201

15 Der Vergütungstatbestand VV Nr. 3201 regelt die **beschränkte Verfahrensgebühr** in der Berufungsinstanz und sieht insoweit eine Reduktion der Verfahrensgebühr auf den Satz von 1,1 vor. Inhaltlich knüpft das Gesetz den Vergütungstatbestand an eine „vorzeitige Beendigung des Auftrags", nach Nr. 1 der Anmerkung zum Vergütungstatbestand liegt eine vorzeitige Beendigung in diesem Sinne vor, wenn einer der dort genannten **Reduktionstatbestände** eingreift. Die **Zurücknahme des Rechtsmittels** löst jedoch auf jeden Fall die **volle Verfahrensgebühr** aus.

16 Entsprechend dem Vergütungstatbestand VV Nr. 3101 Nr. 2 in 1. Instanz gilt nach Nr. 2 der Anmerkung zum Vergütungstatbestand der Gebührentatbestand VV Nr. 3201 für die **Verfahrensdifferenzgebühr** in den unter Unterabschnitt 1 fallenden Rechtsmittelverfahren. Ebenfalls wie in 1. Instanz sieht die Anmerkung zum Vergütungstatbestand eine **Anrechnung** in den Fällen der Nr. 2 der Anmerkung auf eine Verfahrensgebühr vor, die wegen desselben Gegenstands in einer anderen Angelegenheit entsteht.

Beispiel:

Im Termin zur mündlichen Verhandlung im Berufungsverfahren (Streitwert: 8.000 Euro) werden noch mit dem Ziel der Einigung Verhandlungen über eine anderweitige rechtshängige weitere Zahlungsforderung iHv 2.000 Euro geführt.

Es sind folgende Verfahrensgebühren in dem Berufungsverfahren angefallen:

VV Nr. 3200, 1,6 aus 8.000 Euro	659,20 Euro
VV Nr. 3201, 1,1 aus 2.000 Euro	146,30 Euro
	805,50 Euro

Nach § 15 III RVG gilt jedoch die Begrenzung auf maximal eine 1,6 Verfahrensgebühr aus einem Streitwert von 10.000 Euro, also auf 777,60 Euro. Nach der Anmerkung zu VV Nr. 3201 kann somit im vorliegenden Fall lediglich ein Betrag iHv 777,60 Euro–659,20 Euro (1,6 Verfahrensgebühr aus 8.000 Euro), also 118,40 Euro angerechnet werden.[26]

3. VV Nr. 3202

17 Der Gebührentatbestand VV Nr. 3202 regelt die **Terminsgebühr** in den unter Unterabschnitt 1 fallenden Rechtsmittelverfahren mit Ausnahme der Verfahren vor den Landessozialgerichten, in denen Betragsrahmengebühren entstehen. In diesen Verfahren wird die Terminsgebühr durch den Vergütungstatbestand VV Nr. 3205 geregelt.

---

25 BGH, NJW 2007, 1461 ff. mit Anm. Mayer, NJW 2007, 1464; aA zB noch Gerold/Schmidt-*Müller-Rabe*, VV Nr. 3200 Rn 82.
26 S. zur Anrechnung auch näher oben § 5 Rn 85 ff.

Die Terminsgebühr nach VV Nr. 3202 entsteht in 2. Instanz ebenfalls mit dem Satz von 1,2. Die **Entstehungsvoraussetzungen** der Terminsgebühr entsprechen denen in 1. Instanz.[27] Nach Absatz 1 der Anmerkung zum Vergütungstatbestand gilt die Anmerkung zu Nr. 3104 entsprechend. Auf die Ausführungen oben unter § 5 Rn 108 ff. wird Bezug genommen. Absatz 2 der Anmerkung zum Vergütungstatbestand bestimmt weiter, dass die Gebühr auch entsteht, wenn nach § 79a II, §§ 90a, 94a FGO oder § 130a VwGO ohne mündliche Verhandlung entschieden wird.

18

Keine Terminsgebühr entsteht im Fall der **Zurückweisung der Berufung** wegen fehlender Erfolgsaussicht **durch Beschluss nach** § 522 II ZPO, da sie gemäß § 128 IV ZPO ohne mündliche Verhandlung ergehen kann.[28] Nach dem **BGH** kann im Falle der Zurückweisung der Berufung nach § 522 II ZPO eine Terminsgebühr **auch nicht** nach Vorbemerkung 3 Absatz 3 VV **durch eine Besprechung** der Rechtsanwälte ohne Beteiligung des Gerichts entstehen.[29]

19

4. VV Nr. 3203

Die Vorschrift **entspricht dem Vergütungstatbestand Nr. 3105 VV im erstinstanzlichen Verfahren**.[30] Die Vorschrift betrifft das erstinstanzliche Verfahren vor dem Finanzgericht, das Berufungsverfahren sowie die in Vorbemerkung 3.2.1 aufgeführten Beschwerden und Rechtsbeschwerden.[31] Im **erstinstanzlichen Verfahren vor dem Finanzgericht** reduziert sich die Terminsgebühr auf 0,5, wenn eine Partei nicht erschienen oder nicht ordnungsgemäß vertreten ist und lediglich ein Antrag auf Versäumnisurteil oder zur Prozess- oder Sachleitung gestellt wird.[32]

20

Im **Berufungsverfahren** ist die **verminderte Terminsgebühr** allerdings auf die Fälle beschränkt, in denen der Berufungskläger säumig ist; nach Auffassung des Gesetzgebers stellt im Fall der Säumnis des Berufungsbeklagten im Hinblick auf § 539 II ZPO der Termin an den Rechtsanwalt des Berufungsklägers größere Anforderungen, so dass eine reduzierte Terminsgebühr nicht gerechtfertigt ist.[33] Erscheint der Berufungskläger in der mündlichen Verhandlung nicht, ist der Vergütungstatbestand VV Nr. 3203 anwendbar.[34] Soweit im Berufungsverfahren **Postulationszwang** herrscht, kommt es darauf an, dass die Partei ordnungsgemäß vertreten ist. Fehlt es an einer ordnungsgemäßen Vertretung, greift der Vergütungstatbestand VV Nr. 3203 ein, unabhängig davon, ob der nicht postulationsfähige Berufungskläger selbst erschienen ist oder nicht.[35] Die Terminsgebühr nach VV Nr. 3203 entsteht bereits dann, wenn der Berufungsbeklagte den Erlass eines Versäumnisurteils beantragt, ob dieses auch ergeht, ist unerheblich; mit der **Antragstellung** ist die Gebühr angefallen.[36]

21

---

27 Mayer/Kroiß-*Maué*, VV Nrn. 3200–3205 Rn 11.
28 Gerold/Schmidt-*Müller-Rabe*, VV Nr. 3202 Rn 8 mwN; Mayer/Kroiß-*Maué*, VV Nrn. 3200–3205 Rn 11.
29 BGH, BeckRS 2007, 09182 mit Anm. Mayer, FD-RVG 2007, 226575.
30 BT-Drucks. 15/1971, S. 214.
31 Bischof-*Mathias*, VV Nrn. 3202–3203 Rn 8.
32 Bischof-*Mathias*, VV Nrn. 3202–3203 Rn 9.
33 BT-Drucks. 15/1971, S. 214.
34 AnwK-RVG/*N.Schneider*, VV Nr. 3203 Rn 4.
35 AnwK-RVG/*N.Schneider*, VV Nr. 3203 Rn 5.
36 AnwK-RVG/*N.Schneider*, VV Nr. 3203 Rn 6.

22 Die Erwägungen, die den Gesetzgeber dazu veranlassten, die verminderte Terminsgebühr auf die Fälle zu beschränken, in denen der Berufungskläger säumig ist, treffen nicht für den Fall zu, dass in der Säumnissituation nicht Versäumnisurteil beantragt, sondern Anträge zur Prozess- oder Sachleitung gestellt werden. Anträge zur Prozess- oder Sachleitung sind für den Berufungskläger und den Berufungsbeklagten gleich mühsam.[37] Da durchgreifende Anhaltspunkte für ein Redaktionsversehen des Gesetzgebers nicht vorliegen,[38] gilt die verminderte Terminsgebühr, wenn lediglich ein **Antrag zur Prozess- oder Sachleitung** gestellt wird, nur dann, wenn der Berufungsbeklagte bei Säumnis des Berufungsklägers einen solchen Antrag stellt. Ist hingegen der Berufungsbeklagte säumig und stellt der Rechtsanwalt des anwesenden Berufungsklägers nur Anträge zur Prozess- oder Sachleitung, verdient er die 1,2 Terminsgebühr.[39]

23 Legen **beide Parteien** gegen ein erstinstanzliches Urteil **Berufung** ein, treffen die Vergütungstatbestände VV Nrn. 3203 und 3202 zusammen. So verdient der allein anwesende Anwalt, soweit er hinsichtlich seiner eigenen Berufung Versäumnisurteil beantragt, eine 1,2 Terminsgebühr (der Vergütungstatbestand VV Nr. 3203 greift insoweit nicht ein, weil bezogen auf die eigene Berufung der Berufungskläger erschienen ist) und eine 0,5 Terminsgebühr nach VV Nr. 3203, soweit er beantragt, die Berufung des Gegners durch Versäumnisurteil zurückzuweisen; allerdings ist die Begrenzung nach § 15 III RVG zu beachten.[40]

5. VV Nr. 3204

24 Der Vergütungstatbestand regelt die **Verfahrensgebühr** für Verfahren vor den **Landessozialgerichten**, in denen **Betragsrahmengebühren** entstehen (§ 3 RVG) und sieht einen Rahmen von 50 Euro–570 Euro vor. Die **Mittelgebühr** beträgt **310 Euro** (570 + 50 = 620 : 2 = 310).

6. VV Nr. 3205

25 Der Vergütungstatbestand regelt die **Terminsgebühr** in Verfahren vor den **Landessozialgerichten**, in denen **Betragsrahmengebühren** entstehen (§ 3 RVG) und sieht einen Rahmen von 20 Euro–380 Euro vor. Die Mittelgebühr beträgt **200 Euro** (380 + 20 = 400 : 2 = 200). Nach der Anmerkung zum Vergütungstatbestand gilt die Anmerkung zu Nr. 3106 entsprechend. Es wird insoweit auf die Ausführungen oben unter § 5 Rn 165 verwiesen.

III. Muster

1. Muster: Klageverfahren vor dem Finanzgericht. Das Gericht entscheidet im Einverständnis der Parteien ohne mündliche Verhandlung durch Urteil

26 Frau/Herrn ▄▄▄

▄▄▄ (Straße)

▄▄▄ (PLZ, Ort)

---

37 Gerold/Schmidt-Müller-Rabe, VV Nr. 3203 Rn 9.
38 Gerold/Schmidt-Müller-Rabe, VV Nr. 3203 Rn 9.
39 Gerold/Schmidt-Müller-Rabe, VV Nr. 3203 Rn 9; AnwK-RVG/*N.Schneider*, VV Nr. 3203 Rn 8.
40 Gerold/Schmidt-Müller-Rabe, VV Nr. 3203 Rn 8; Mayer/Kroiß-*Maué*, VV Nrn. 3200–3205 Rn 12.

B. Berufung, bestimmte Beschwerden und Verfahren vor dem Finanzgericht 6

Vergütungsabrechnung
    Rechnungsnummer ▪▪▪
    Leistungszeitraum ▪▪▪
    Steuer-Nr. oder Umsatzsteuerident-Nr. ▪▪▪

Verfahrensgebühr VV Nr. 3200, 1,6	1.212,80 Euro
(Gegenstandswert: 29.800 Euro)	
Terminsgebühr VV Nr. 3202, 1,2	909,60 Euro
(Gegenstandswert: 29.800 Euro)	
Auslagenpauschale VV Nr. 7002	20,00 Euro
Zwischensumme	2.142,40 Euro
19 % Umsatzsteuer, VV Nr. 7008	407,06 Euro
Summe	2.549,46 Euro

▪▪▪

(Rechtsanwalt)

2. Muster: Beschwerde nach § 621e ZPO

In einem Verfahren nach der Hausratsverordnung auf Zuweisung der Ehewohnung verpflichtet das Amtsgericht den Antragsgegner, der Überlassung der früheren Ehewohnung an die Antragstellerin gegenüber dem Vermieter zuzustimmen. Gegen diese Entscheidung legt der Antragsgegner befristete Beschwerde nach § 621e ZPO ein, das OLG verhandelt mündlich.[41]

27

Frau/Herrn ▪▪▪

▪▪▪ (Straße)

▪▪▪ (PLZ, Ort)

Vergütungsabrechnung
    Rechnungsnummer ▪▪▪
    Leistungszeitraum ▪▪▪
    Steuer-Nr. oder Umsatzsteuerident-Nr. ▪▪▪

195

Verfahrensgebühr VV Nr. 3200, 1,6	392,00 Euro
(Gegenstandswert: 4.000 Euro)	
Terminsgebühr VV Nr. 3202, 1,2	294,00 Euro
(Gegenstandswert: 4.000 Euro)	
Auslagenpauschale VV Nr. 7002	20,00 Euro
Zwischensumme	706,00 Euro
19 % Umsatzsteuer, VV Nr. 7008	134,14 Euro
Summe	840,14 Euro

▪▪▪

(Rechtsanwalt)

---

41 Sachverhalt nachgebildet OLG Nürnberg, BeckRS 2007, 10064.

3. Muster: Abwandlung; im Termin zur mündlichen Verhandlung erledigen die Parteien den Rechtsstreit durch eine Vereinbarung

28

196

Frau/Herrn ■■■

■■■ (Straße)

■■■ (PLZ, Ort)

Vergütungsabrechnung

  Rechnungsnummer ■■■

  Leistungszeitraum ■■■

  Steuer-Nr. oder Umsatzsteuerident-Nr. ■■■

Verfahrensgebühr VV Nr. 3200, 1,6	392,00 Euro
(Gegenstandswert: 4.000 Euro)	
Terminsgebühr VV Nr. 3202, 1,2	294,00 Euro
(Gegenstandswert: 4.000 Euro)	
Einigungsgebühr VV Nrn. 1000, 1004, 1,3[42]	318,50 Euro
(Gegenstandswert: 4.000 Euro)	
Auslagenpauschale VV Nr. 7002	20,00 Euro
Zwischensumme	1.024,50 Euro
19 % Umsatzsteuer, VV Nr. 7008	194,66 Euro
Summe	1.219,16 Euro

■■■

(Rechtsanwalt)

4. Muster: Beendigung des Auftrags vor Berufungseinlegung

29 Der Anwalt wird beauftragt, gegen ein erstinstanzliches Urteil Berufung einzulegen. Bevor die Berufung eingelegt wird, prüft der Anwalt die Urteilsbegründung und kommt zum Ergebnis, dass die Einlegung der Berufung keine Aussicht auf Erfolg hat. Nach telefonischer Rücksprache mit dem Mandanten entschließt sich dieser, die Berufung doch nicht durchzuführen, Streitwert 30.000 Euro.

197

Frau/Herrn ■■■

■■■ (Straße)

■■■ (PLZ, Ort)

Vergütungsabrechnung

  Rechnungsnummer ■■■

  Leistungszeitraum ■■■

  Steuer-Nr. oder Umsatzsteuerident-Nr. ■■■

Verfahrensgebühr VV Nr. 3201, 1,1	833,80 Euro
(Gegenstandswert: 30.000 Euro)	
Auslagenpauschale VV Nr. 7002	20,00 Euro

---

42 S. hierzu näher oben unter § 6 Rn 10.

B. Berufung, bestimmte Beschwerden und Verfahren vor dem Finanzgericht 6

Zwischensumme	853,80 Euro
19 % Umsatzsteuer, VV Nr. 7008	162,22 Euro
Summe	1.016,02 Euro

■■■
(Rechtsanwalt)

5. Muster: Prüfung der Erfolgsaussichten der Berufung in Form eines schriftlichen Gutachtens

Abwandlung: Der Anwalt soll beauftragt werden, gegen ein erstinstanzliches Urteil mit Streitwert 30.000 Euro Berufung einzulegen. Er vereinbart mit dem Mandanten, dass zunächst die Erfolgsaussichten des Rechtsmittels in Form eines schriftlichen Gutachtens geprüft werden sollen. Nach Erstattung des Gutachtens entschließt sich der Mandant, wegen fehlender Erfolgsaussichten die Berufung doch nicht einlegen zu lassen. 30

Frau/Herrn ■■■
■■■ (Straße)
■■■ (PLZ, Ort)
Vergütungsabrechnung
    Rechnungsnummer ■■■
    Leistungszeitraum ■■■
    Steuer-Nr. oder Umsatzsteuerident-Nr. ■■■

198

Gebühr VV Nr. 2101, 1,3	985,40 Euro
(Gegenstandswert: 30.000 Euro)	
Auslagenpauschale VV Nr. 7002	20,00 Euro
Zwischensumme	1.005,40 Euro
19 % Umsatzsteuer, VV Nr. 7008	191,03 Euro
Summe	1.196,43 Euro

■■■
(Rechtsanwalt)

6. Muster: Rücknahme der zur Fristwahrung eingelegten Berufung

Der Anwalt wird beauftragt, Berufung gegen ein erstinstanzliches Urteil einzulegen. Die Berufung wird zur Fristwahrung zunächst eingelegt. Im Zuge der weiteren Prüfung zeigt sich, dass die Erfolgsaussichten der Berufung zu gering sind. In Absprache mit dem Mandanten wird die Berufung wieder zurückgenommen, Streitwert 30.000 Euro. 31

Frau/Herrn ■■■
■■■ (Straße)
■■■ (PLZ, Ort)

199

§ 6 Berufung, Revision, bestimmte Beschwerden und Verfahren vor dem Finanzgericht

Vergütungsabrechnung

    Rechnungsnummer ▪▪▪

    Leistungszeitraum ▪▪▪

    Steuer-Nr. oder Umsatzsteuerident-Nr. ▪▪▪

Verfahrensgebühr VV Nr. 3200, 1,6[43]	1.212,80 Euro
(Gegenstandswert: 30.000 Euro)	
Auslagenpauschale VV Nr. 7002	20,00 Euro
Zwischensumme	1.232,80 Euro
19 % Umsatzsteuer, VV Nr. 7008	234,23 Euro
Summe	1.467,03 Euro

▪▪▪

(Rechtsanwalt)

7. Muster: Zurückweisung der Berufung nach § 522 II ZPO

32 Der Anwalt legt gegen ein erstinstanzliches Urteil auftragsgemäß Berufung ein und begründet dies. Das Berufungsgericht weist die Berufung nach § 522 II ZPO durch einstimmigen Beschluss zurück, Streitwert 30.000 Euro.

200

Frau/Herrn ▪▪▪

▪▪▪ (Straße)

▪▪▪ (PLZ, Ort)

Vergütungsabrechnung

    Rechnungsnummer ▪▪▪

    Leistungszeitraum ▪▪▪

    Steuer-Nr. oder Umsatzsteuerident-Nr. ▪▪▪

Verfahrensgebühr VV Nr. 3200, 1,6[44]	1.212,80 Euro
(Gegenstandswert: 30.000 Euro)	
Auslagenpauschale VV Nr. 7002	20,00 Euro
Zwischensumme	1.232,80 Euro
19 % Umsatzsteuer, VV Nr. 7008	234,23 Euro
Summe	1.467,03 Euro

▪▪▪

(Rechtsanwalt)

8. Muster: Zurückweisung der Berufung nach § 522 II ZPO mit außergerichtlicher Erledigungsbesprechung

33 Der Anwalt legt weisungsgemäß gegen ein erstinstanzliches Urteil mit Streitwert von 30.000 Euro Berufung ein. Er verhandelt außergerichtlich mit dem Gegner über eine

---

43 Die Zurücknahme des Rechtsmittels führt zur vollen Verfahrensgebühr, vgl Nr. 1 der Anmerkung zu VV Nr. 3201.
44 Eine Terminsgebühr fällt nicht an, vgl BeckRS 2007, 09182 mit Anm. Mayer, FD-RVG 2007, 226575.

B. Berufung, bestimmte Beschwerden und Verfahren vor dem Finanzgericht

gütliche Einigung, die Verhandlungen bleiben jedoch erfolglos; das Berufungsgericht weist die Berufung durch einstimmigen Beschluss nach § 522 II ZPO zurück.

Frau/Herrn ▪▪▪

▪▪▪ (Straße)

▪▪▪ (PLZ, Ort)

Vergütungsabrechnung

    Rechnungsnummer ▪▪▪

    Leistungszeitraum ▪▪▪

    Steuer-Nr. oder Umsatzsteuerident-Nr. ▪▪▪

Verfahrensgebühr VV Nr. 3200, 1,6[45]	1.212,80 Euro
(Gegenstandswert: 30.000 Euro)	
Auslagenpauschale VV Nr. 7002	20,00 Euro
Zwischensumme	1.232,80 Euro
19 % Umsatzsteuer, VV Nr. 7008	234,23 Euro
Summe	1.467,03 Euro

▪▪▪

(Rechtsanwalt)

9. Muster: Beiderseitige Berufungseinlegung gegen erstinstanzliches Urteil, Verfahrensverbindung erst im Termin zur mündlichen Verhandlung

Im erstinstanzlichen Verfahren (Streitwert 30.000 Euro) wurde der Klage iHv 20.000 Euro stattgegeben, im Übrigen wurde die Klage abgewiesen. Gegen das erstinstanzliche Urteil legen beide Parteien Berufung ein. Die beiden Berufungsverfahren werden vom Berufungsgericht mit unterschiedlichem Aktenzeichen und unterschiedlich gesetzten Fristen zur Berufungserwiderung geführt. Im Termin zur mündlichen Verhandlung werden die beiden Verfahren nach deren Aufruf zu einem gemeinsamen Verfahren verbunden.

Frau/Herrn ▪▪▪

▪▪▪ (Straße)

▪▪▪ (PLZ, Ort)

Vergütungsabrechnung

    Rechnungsnummer ▪▪▪

    Leistungszeitraum ▪▪▪

    Steuer-Nr. oder Umsatzsteuerident-Nr. ▪▪▪

I. Berufungsverfahren, Az ▪▪▪, (eigene Berufung des Klägers)

Verfahrensgebühr VV Nr. 3200, 1,6	777,60 Euro

---

[45] Eine Terminsgebühr ist nicht angefallen, auch nicht in Form der außergerichtlichen Erledigungsbesprechung, da der Verhandlungsgrundsatz für Berufungen nicht gilt, wenn das Berufungsgericht einstimmig zur Überzeugung gelangt, dass die Berufung keine Aussicht auf Erfolg hat und auch die in § 522 II Nrn. 2 und 3 ZPO bezeichneten Voraussetzungen für eine Entscheidung des Berufungsgerichts durch Urteil nicht vorliegen – BGH, BeckRS 2007, 09182 mit Anm. Mayer, FD-RVG 2007, 226575.

§ 6 Berufung, Revision, bestimmte Beschwerden und Verfahren vor dem Finanzgericht

(Gegenstandswert: 10.000 Euro)	
Terminsgebühr VV Nr. 3202, 1,2	583,20 Euro
(Gegenstandswert: 10.000 Euro)	
Auslagenpauschale VV Nr. 7002	20,00 Euro
Zwischensumme	1.380,80 Euro
19 % Umsatzsteuer, VV Nr. 7008	262,35 Euro
Summe	1.643,15 Euro
II. Berufungsverfahren, Az. ■■■, (Berufung des Beklagten)[46]	
Verfahrensgebühr VV Nr. 3200, 1,6	1.033,60 Euro
(Gegenstandswert: 20.000 Euro)	
Terminsgebühr VV Nr. 3202, 1,2	775,20 Euro
(Gegenstandswert: 20.000 Euro)	
Auslagenpauschale VV Nr. 7002	20,00 Euro
Zwischensumme	1.828,80 Euro
19 % Umsatzsteuer, VV Nr. 7008	347,47 Euro
Summe	2.176,27 Euro
III. Gesamtsumme aus I. und II.:	3.819,42 Euro

■■■

(Rechtsanwalt)

10. Muster: Der Anwalt legt in einem Verfahren mit Streitwert 30.000 Euro auftragsgemäß Berufung ein, das Berufungsverfahren endet nach mündlicher Verhandlung durch Urteil des Berufungsgerichts

Frau/Herrn ■■■

■■■ (Straße)

■■■ (PLZ, Ort)

Vergütungsabrechnung

    Rechnungsnummer ■■■

    Leistungszeitraum ■■■

    Steuer-Nr. oder Umsatzsteuerident-Nr. ■■■

Verfahrensgebühr VV Nr. 3200, 1,6	1.212,80 Euro
(Gegenstandswert: 30.000 Euro)	
Terminsgebühr VV Nr. 3202, 1,2	909,60 Euro
(Gegenstandswert: 30.000 Euro)	
Auslagenpauschale VV Nr. 7002	20,00 Euro
Zwischensumme	2.142,40 Euro

---

46 Werden Berufung von Kläger und Beklagten in getrennten Prozessen verhandelt, liegen verschiedene Angelegenheiten vor; werden die Berufungen erst im Laufe des Verfahrens miteinander verbunden, so liegen bis zur Verbindung verschiedene Angelegenheiten vor – vgl AnwK-RVG/*N.Schneider*, § 15 Rn 97 aE.

B. Berufung, bestimmte Beschwerden und Verfahren vor dem Finanzgericht

19 % Umsatzsteuer, VV Nr. 7008	407,06 Euro
Summe	2.549,46 Euro

■■■

(Rechtsanwalt)

11. Muster: Abwandlung; der Anwalt hat vor Einlegung der Berufung auftragsgemäß die Erfolgsaussichten der Berufung geprüft und diese in vollem Umfang bejaht

Frau/Herrn ■■■

■■■ (Straße)

■■■ (PLZ, Ort)

Vergütungsabrechnung

    Rechnungsnummer ■■■

    Leistungszeitraum ■■■

    Steuer-Nr. oder Umsatzsteueridentifikations-Nr. ■■■

I. Prüfung der Erfolgsaussicht der Berufung	
Gebühr VV Nr. 2100, 0,75	568,50 Euro
(Gegenstandswert: 30.000 Euro)	
Auslagenpauschale VV Nr. 7002	20,00 Euro
Zwischensumme	588,50 Euro
19 % Umsatzsteuer, VV Nr. 7008	111,82 Euro
Summe	700,32 Euro
II. Berufungsverfahren	
Verfahrensgebühr VV Nr. 3200, 1,6	1.212,80 Euro
(Gegenstandswert: 30.000 Euro)	
hierauf anzurechnen nach der Anm. zu VV Nr. 2100	-568,50 Euro
Terminsgebühr VV Nr. 3202, 1,2	909,60 Euro
(Gegenstandswert: 30.000 Euro)	
Auslagenpauschale VV Nr. 7002	20,00 Euro
Zwischensumme	1.573,90 Euro
19 % Umsatzsteuer, VV Nr. 7008	299,04 Euro
Summe	1.872,94 Euro
III. Gesamtsumme aus I. und II.:	2.573,26 Euro

■■■

(Rechtsanwalt)

12. Muster: Prüfung der Erfolgsaussichten der Berufung, Berufungseinlegung wegen Teilforderung

Abwandlung: Die Prüfung der Erfolgsaussichten des Rechtsmittels ergibt, dass die Berufung lediglich in Höhe eines Teilbetrages von 20.000 Euro Erfolgsaussichten hat;

§ 6 Berufung, Revision, bestimmte Beschwerden und Verfahren vor dem Finanzgericht

der Mandant entschließt sich, gemäß der anwaltlichen Empfehlung das Berufungsverfahren auch lediglich bezüglich der Teilforderung von 20.000 Euro zu führen.

205

Frau/Herrn ■■■

■■■ (Straße)

■■■ (PLZ, Ort)

Vergütungsabrechnung

    Rechnungsnummer ■■■

    Leistungszeitraum ■■■

    Steuer-Nr. oder Umsatzsteueridentif-Nr. ■■■

I. Prüfung der Erfolgsaussicht der Berufung

Gebühr VV Nr. 2100, 0,75	568,50 Euro
(Gegenstandswert: 30.000 Euro)	
Auslagenpauschale VV Nr. 7002	20,00 Euro
Zwischensumme	588,50 Euro
19 % Umsatzsteuer, VV Nr. 7008	111,82 Euro
Summe	700,32 Euro

II. Berufungsverfahren

Verfahrensgebühr VV Nr. 3200, 1,6	1.033,60 Euro
(Gegenstandswert: 20.000 Euro)	
hierauf anzurechnen nach der Anm. zu VV Nr. 2100 0,75 aus Wert 20.000 Euro	-484,50 Euro
Terminsgebühr VV Nr. 3202, 1,2	775,20 Euro
(Gegenstandswert: 20.000 Euro)	
Auslagenpauschale VV Nr. 7002	20,00 Euro
Zwischensumme	1.344,30 Euro
19 % Umsatzsteuer, VV Nr. 7008	255,42 Euro
Summe	1.599,72 Euro
III. Gesamtsumme aus I. und II.:	2.300,04 Euro

■■■

(Rechtsanwalt)

13. Muster: Berufungsverfahren mit Verhandlungen zur Einigung über in 1. Instanz anhängige weitere Forderung

38 Im Berufungsverfahren gegen ein erstinstanzliches Urteil (Streitwert 30.000 Euro) werden im Termin zur mündlichen Verhandlung auch Verhandlungen vor Gericht zur Einigung über eine andere Forderung, die zwischen den Parteien in 1. Instanz anhängig ist, iHv 10.000 Euro Verhandlungen zur Einigung geführt, die jedoch scheitern.

Frau/Herrn ■■■

■■■ (Straße)

B. Berufung, bestimmte Beschwerden und Verfahren vor dem Finanzgericht

■■■ (PLZ, Ort)
Vergütungsabrechnung
    Rechnungsnummer ■■■
    Leistungszeitraum ■■■
    Steuer-Nr. oder Umsatzsteuerident-Nr. ■■■

I. Berufungsverfahren	
Verfahrensgebühr VV Nr. 3200, 1,6	1.212,80 Euro
(Gegenstandswert: 30.000 Euro)	
Verfahrensgebühr VV Nr. 3201, 1,1	
(Gegenstandswert: 10.000 Euro)	
nach Prüfung gem. § 15 III RVG	230,40 Euro
Terminsgebühr VV Nr. 3202, 1,2	1.082,40 Euro
(Gegenstandswert: 40.000 Euro)	
Auslagenpauschale VV Nr. 7002	20,00 Euro
Zwischensumme	2.545,60 Euro
19 % Umsatzsteuer, VV Nr. 7008	407,30 Euro
Summe	2.952,90 Euro
II. erstinstanzliches Verfahren	
Verfahrensgebühr VV Nr. 3100, 1,3	631,80 Euro
(Gegenstandswert: 10.000 Euro)	
gem. Anm. zu VV Nr. 3201 anzurechnen	-230,40 Euro
(1,6 Gebühr aus 40.000 Euro abzgl 1,6 Gebühr aus 30.000 Euro)	
Terminsgebühr VV Nr. 3104, 1,2	583,20 Euro
(Gegenstandswert: 10.000 Euro)	
gem. Anm. zu VV Nr. 3202 anzurechnen	-172,80 Euro
(1,2 Gebühr aus 40.000 Euro abzgl 1,2 Gebühr aus 30.000 Euro)	
Auslagenpauschale VV Nr. 7002	20,00 Euro
Zwischensumme	831,80 Euro
19 % Umsatzsteuer, VV Nr. 7008	158,04 Euro
Summe	989,84 Euro
III. Gesamtsumme aus I. und II.:	3.942,74 Euro

■■■
(Rechtsanwalt)

14. Muster: Säumnis des Berufungsklägers

Im Berufungsverfahren gegen ein erstinstanzliches Urteil ist der Berufungskläger säumig, der Berufungsbeklagte beantragt ohne vorhergehende weitere Erörterungen mit dem Gericht ein Versäumnisurteil.

Frau/Herrn ■■■
■■■ (Straße)
■■■ (PLZ, Ort)
Vergütungsabrechnung
    Rechnungsnummer ■■■
    Leistungszeitraum ■■■
    Steuer-Nr. oder Umsatzsteuerident-Nr. ■■■

Verfahrensgebühr VV Nr. 3200, 1,6	1.212,80 Euro
(Gegenstandswert: 30.000 Euro)	
Terminsgebühr VV Nr. 3203, 0,5	379,00 Euro
(Gegenstandswert: 30.000 Euro)	
Auslagenpauschale VV Nr. 7002	20,00 Euro
Zwischensumme	1.611,80 Euro
19 % Umsatzsteuer, VV Nr. 7008	306,24 Euro
Summe	1.918,04 Euro

■■■
(Rechtsanwalt)

15. Muster: Säumnis des Berufungsbeklagten

In einem Berufungsverfahren gegen ein erstinstanzliches Urteil (Streitwert 30.000 Euro) erscheint im Verhandlungstermin der Berufungsbeklagte nicht und ist auch nicht vertreten. Der Berufungskläger beantragt ein Versäumnisurteil, ohne vorhergehende weitere Erörterungen mit dem Gericht.

Frau/Herrn ■■■
■■■ (Straße)
■■■ (PLZ, Ort)
Vergütungsabrechnung
    Rechnungsnummer ■■■
    Leistungszeitraum ■■■
    Steuer-Nr. oder Umsatzsteuerident-Nr. ■■■

Verfahrensgebühr VV Nr. 3200, 1,6	1.212,80 Euro
(Gegenstandswert: 30.000 Euro)	
Terminsgebühr VV Nr. 3202, 1,2[47]	909,60 Euro
(Gegenstandswert: 30.000 Euro)	
Auslagenpauschale VV Nr. 7002	20,00 Euro
Zwischensumme	2.142,40 Euro

---

[47] S. hierzu näher oben § 6 Rn 21.

B. Berufung, bestimmte Beschwerden und Verfahren vor dem Finanzgericht

19 % Umsatzsteuer, VV Nr. 7008	407,06 Euro
Summe	2.549,46 Euro

■■■
(Rechtsanwalt)

16. Muster: Beiderseitige Berufungseinlegung, Säumnis des Beklagten

Das erstinstanzliche Gericht gibt der Klage über 40.000 Euro iHv 25.000 Euro statt. Sowohl der Kläger als auch der Beklagte legen gegen das Urteil Berufung ein. Im Termin zur mündlichen Verhandlung ist der Beklagte säumig, der Kläger beantragt ein Versäumnisurteil gegen den Beklagten, der Klägervertreter kann abrechnen:

Frau/Herrn ■■■
■■■ (Straße)
■■■ (PLZ, Ort)
Vergütungsabrechnung
    Rechnungsnummer ■■■
    Leistungszeitraum ■■■
    Steuer-Nr. oder Umsatzsteueridentifikations-Nr. ■■■

Verfahrensgebühr VV Nr. 3200, 1,6	1.443,20 Euro
(Gegenstandswert: 40.000 Euro)	
Terminsgebühr VV Nr. 3202, 1,2	679,20 Euro
(Gegenstandswert: 15.000 Euro)	
Terminsgebühr VV Nr. 3203, 0,5	
(Gegenstandswert: 25.000 Euro)	
nach Prüfung gem. § 15 III RVG	343,00 Euro
Auslagenpauschale VV Nr. 7002	20,00 Euro
Zwischensumme	2.485,40 Euro
19 % Umsatzsteuer, VV Nr. 7008	472,23 Euro
Summe	2.957,63 Euro

■■■
(Rechtsanwalt)

17. Muster: In einem Berufungsverfahren mit Streitwert 30.000 Euro einigen sich die Parteien im Termin zur mündlichen Verhandlung auf einen Vergleich

Frau/Herrn ■■■
■■■ (Straße)
■■■ (PLZ, Ort)
Vergütungsabrechnung
    Rechnungsnummer ■■■
    Leistungszeitraum ■■■

§ 6 Berufung, Revision, bestimmte Beschwerden und Verfahren vor dem Finanzgericht

Steuer-Nr. oder Umsatzsteuerident-Nr. ▪▪▪	
Verfahrensgebühr VV Nr. 3200, 1,6	1.443,20 Euro
(Gegenstandswert: 30.000 Euro)	
Terminsgebühr VV Nr. 3202, 1,2	909,60 Euro
(Gegenstandswert: 30.000 Euro)	
Einigungsgebühr VV Nrn. 1000, 1004, 1,3	985,40 Euro
(Gegenstandswert: 30.000 Euro)	
Auslagenpauschale VV Nr. 7002	20,00 Euro
Zwischensumme	3.358,20 Euro
19 % Umsatzsteuer, VV Nr. 7008	638,06 Euro
Summe	3.996,26 Euro

▪▪▪

(Rechtsanwalt)

18. Muster: Vergleich mit Mehrwert (nicht anhängiger Anspruch) im Berufungsverfahren

43 In einem Berufungsverfahren mit Streitwert 30.000 Euro einigen sich die Parteien im Termin zur mündlichen Verhandlung nicht nur über den anhängigen Gegenstand, sondern über einen weiteren, nicht anhängigen Anspruch mit Wert von 7.000 Euro.

211

Frau/Herrn ▪▪▪	
▪▪▪ (Straße)	
▪▪▪ (PLZ, Ort)	
Vergütungsabrechnung	
Rechnungsnummer ▪▪▪	
Leistungszeitraum ▪▪▪	
Steuer-Nr. oder Umsatzsteuerident-Nr. ▪▪▪	
Verfahrensgebühr VV Nr. 3200, 1,6[48]	1.673,60 Euro
(Gegenstandswert: 47.000 Euro)	
Terminsgebühr VV Nr. 3202, 1,2	1.255,20 Euro
(Gegenstandswert: 47.000 Euro)	
Einigungsgebühr VV Nrn. 1000, 1004, 1,3	1.172,60 Euro
(Gegenstandswert: 40.000 Euro)	
Einigungsgebühr VV Nr. 1000, 1,5	
(Gegenstandswert: 7.000 Euro),	
nach Prüfung gem. § 15 III RVG	396,40 Euro
Auslagenpauschale VV Nr. 7002	20,00 Euro
Zwischensumme	4.517,80 Euro

---

[48] Das Führen erfolgreicher Verhandlungen vor Gericht führt zur vollen Verfahrensgebühr, s. oben § 5 Rn 79.

19 % Umsatzsteuer, VV Nr. 7008	858,38 Euro
Summe	5.376,18 Euro

■■■

(Rechtsanwalt)

19. Muster: Vergleich mit Mehrwert (sowohl nicht anhängiger als auch in 1. Instanz anhängiger Anspruch) im Berufungsverfahren

Abwandlung: Die Parteien einigen sich nicht nur über den Gegenstand des Berufungsverfahrens und den nicht anhängigen Anspruch mit Wert von 7.000 Euro, sondern über einen weiteren, zwischen ihnen in 1. Instanz in einem anderen Verfahren anhängigen Anspruch von 10.000 Euro.

Frau/Herrn ■■■

■■■ (Straße)

■■■ (PLZ, Ort)

Vergütungsabrechnung

    Rechnungsnummer ■■■

    Leistungszeitraum ■■■

    Steuer-Nr. oder Umsatzsteuerident-Nr. ■■■

I. Berufungsverfahren	
Verfahrensgebühr VV Nr. 3200, 1,6[49]	1.796,80 Euro
(Gegenstandswert: 57.000 Euro)	
Terminsgebühr VV Nr. 3202, 1,2	1.347,60 Euro
(Gegenstandswert: 57.000 Euro)	
Einigungsgebühr VV Nrn. 1000, 1004, 1,3	1.172,60 Euro
(Gegenstandswert: 40.000 Euro)	
Einigungsgebühr VV Nr. 1000, 1,5	
(Gegenstandswert: 7.000 Euro)	
nach Prüfung gem. § 15 III RVG	511,90 Euro
Einigungsgebühr VV Nrn. 1000, 1003, 1,0	
(Gegenstandswert: 10.000 Euro)	
nach Prüfung gem. § 15 III RVG	0,00 Euro
Auslagenpauschale VV Nr. 7002	20,00 Euro
Zwischensumme	4.848,90 Euro
19 % Umsatzsteuer, VV Nr. 7008	921,29 Euro
Summe	5.770,19 Euro
II. Erstinstanzliches Verfahren	
Verfahrensgebühr VV Nr. 3100, 1,3	631,80 Euro[50]

---

[49] Das Führen erfolgreicher Verhandlungen vor Gericht führt zur vollen Verfahrensgebühr, s. oben § 5 Rn 79.

(Gegenstandswert: 10.000 Euro)	
Terminsgebühr VV Nr. 3104, 1,2	583,20 Euro
(Gegenstandswert: 10.000 Euro)	
hierauf anzurechnen gem. Abs. 1 der Anm. zu VV Nr. 3202 (1,2 Terminsgebühr aus 57.000 Euro abzgl 1,2 Terminsgebühr aus 47.000 Euro)	-92,40 Euro
Auslagenpauschale VV Nr. 7002	20,00 Euro
Zwischensumme	1.142,60 Euro
19 % Umsatzsteuer, VV Nr. 7008	217,09 Euro
Summe	1.359,69 Euro
III.: Summe aus I. und II.:	7.129,88 Euro

■■■

(Rechtsanwalt)

---

50 Eine Anrechnung der in der Berufungsinstanz durch die Erhöhung des Gegenstandswerts ebenfalls erhöhten Verfahrensgebühr dürfte nicht vorzunehmen sein, da der Vergütungstatbestand VV Nr. 3200 im Gegensatz zum Vergütungstatbestand VV Nr. 3201 keine Anrechnungsvorschrift enthält.

§ 7 Revision

A. Allgemeines

Unterabschnitt 2 des Abschnitts 2 von Teil 3 VV regelt die Gebühren im **Revisionsverfahren**. Nach Nr. 1 der Vorbemerkung 3.2.2 gilt der Unterabschnitt 2 auch für die in Vorbemerkung 3.2.1 Absatz 1 genannten Verfahren, wenn sich die Parteien nur durch einen beim Bundesgerichtshof zugelassenen Rechtsanwalt vertreten lassen können. Soweit ausnahmsweise in Verfahren vor dem BGH eine Vertretung durch einen BGH-Anwalt nicht erforderlich ist, etwa bei Vertretung des Jugendamtes oder eines gesetzlichen Rentenversicherers (§ 78 IV ZPO), bestimmen sich die Gebühren nach Unterabschnitt 1.[1] Nach Nr. 2 der Vorbemerkung 3.2.2 ist der Unterabschnitt auch anzuwenden in Verfahren über die Rechtsbeschwerde nach § 15 KapMuG.

1

B. Gebührentatbestände

I. VV Nr. 3206

Der Vergütungstatbestand VV Nr. 3206 regelt die **Verfahrensgebühr** in Revisionsverfahren, soweit es sich nicht um Verfahren vor dem Bundessozialgericht handelt, in denen Betragsrahmengebühren entstehen (§ 3 RVG). Für letztere Verfahren gilt der Vergütungstatbestand VV Nr. 3212. Die Verfahrensgebühr nach VV Nr. 3206 entsteht mit dem Gebührensatz von 1,6, Besonderheiten bei den Entstehungsvoraussetzungen der Verfahrensgebühr bestehen nicht.

2

II. VV Nr. 3207

Der Vergütungstatbestand VV Nr. 3207 regelt die **vorzeitige Beendigung des Auftrags** im Revisionsverfahren. Es tritt dann eine Gebührenreduktion auf 1,1 ein. Die Voraussetzungen für die Reduktion der Verfahrensgebühr entsprechen denen des Vergütungstatbestandes VV Nr. 3201, dies stellt die Anmerkung zum Vergütungstatbestand klar.[2]

3

III. VV Nrn. 3208 und 3209

Die Gebührentatbestände regeln die Höhe der **Verfahrensgebühr** und der **Verfahrensgebühr bei vorzeitiger Beendigung des Auftrags**, wenn es sich um Verfahren handelt, in denen sich die Partei nur durch einen beim **BGH** zugelassenen Rechtsanwalt vertreten lassen kann. Die Vergütungstatbestände gelten somit für das Revisionsverfahren vor dem BGH, auch für das Verfahren über eine unzulässige Revision.[3]

4

Der Vergütungstatbestand VV Nr. 3208 gilt auch für das Verfahren auf Zulassung der Sprungrevision.[4] Auch der BGH-Anwalt des Antragsgegners verdient im Verfahren beim BGH über die Zulassung der Sprungrevision eine 2,3 Verfahrensgebühr,

5

---

1 AnwK-RVG/*N.Schneider*, VV Nrn. 3206–3209 Rn 4.
2 Mayer/Kroiß-*Maué*, VV Nrn. 3206–3213 Rn 4.
3 Gerold/Schmidt-*Müller-Rabe*, VV Nrn. 3208, 3209 Rn 2 f.
4 Gerold/Schmidt-*Müller-Rabe*, VV Nrn. 3208, 3209 Rn 4.

§ 7 Revision

wenn er bereits einen Verfahrensauftrag für das Zulassungsverfahren und nicht nur einen Auftrag für eine Einzeltätigkeit hat.[5]

6 VV Nr. 3208 gilt ferner für die in Vorbemerkung 3.2.1 Absatz 1 genannten Rechtsbeschwerden zum BGH.[6] Weiter gilt VV Nr. 3208 gemäß Vorbemerkung 3.2.2 Nr. 2 im Verfahren über die Rechtsbeschwerde nach § 15 KapMuG.[7]

7 Die Vergütungstatbestände VV Nrn. 3208 und 3209 gelten nur für den beim BGH zugelassenen Rechtsanwalt; insoweit **nicht postulationsfähige Rechtsanwälte** können diese Gebühr nicht verdienen.[8]

8 Der Vergütungstatbestand VV Nr. 3208 entsteht mit einem Gebührensatz von 2,3. Bei vorzeitiger Beendigung des Auftrags reduziert sich der Gebührensatz nach VV Nr. 3209 auf 1,8. Nach der Anmerkung zu dem Gebührentatbestand VV Nr. 3209 gilt die Anmerkung zu VV Nr. 3201 entsprechend. Die in der Anmerkung zu VV Nr. 3201 aufgeführten Voraussetzungen für eine **vorzeitige Beendigung** gelten somit entsprechend.

IV. VV Nrn. 3210 und 3211

9 Die Vergütungstatbestände VV Nr. 3210 und VV Nr. 3211 regeln die **Terminsgebühr** und die **verminderte Terminsgebühr** in Revisionsverfahren, soweit nicht die im Vergütungstatbestand VV Nr. 3213 geregelte Terminsgebühr im Verfahren vor dem Bundessozialgericht, in dem Betragsrahmengebühren entstehen, eingreift.

10 Die Terminsgebühr entsteht nach VV Nr. 3210 mit dem Satz von 1,5 und gilt in dieser Höhe gleichermaßen für den beim BGH zugelassenen Rechtsanwalt in Verfahren, in denen sich die Parteien nur durch einen beim BGH zugelassenen Rechtsanwalt vertreten lassen können, wie auch für den nicht beim BGH zugelassenen Anwalt in den sonstigen Revisionsverfahren. Die Terminsgebühr entsteht unter den gleichen Voraussetzungen wie auch die erstinstanzliche Terminsgebühr, es gilt Vorbemerkung 3 Absatz 3, nach der Anmerkung zum Vergütungstatbestand VV Nr. 3210 gilt die Anmerkung zum Vergütungstatbestand VV Nr. 3104 entsprechend.[9]

11 Eine verminderte Terminsgebühr nach VV Nr. 3211 mit dem Gebührensatz von 0,8 entsteht für die Wahrnehmung nur eines Termins, in dem der Revisionskläger nicht ordnungsgemäß vertreten ist und lediglich ein Antrag auf Versäumnisurteil oder zur Prozess- oder Sachleitung gestellt wird. Nach der Anmerkung zum Vergütungstatbestand gelten die Anmerkung zu VV Nr. 3105 und Absatz 2 der Anmerkung zu VV Nr. 3202 entsprechend.

12 Wie in der Berufungsinstanz greift die verminderte Terminsgebühr nach VV Nr. 3211 nur dann ein, wenn der **Revisionskläger nicht ordnungsgemäß vertreten** ist; erscheint der Revisionsbeklagte nicht und wird gegen ihn ein Antrag auf Versäumnisurteil oder

---

5 Gerold/Schmidt-Müller-Rabe, VV Nrn. 3208, 3209 Rn 4.
6 Gerold/Schmidt-Müller-Rabe, VV Nrn. 3208, 3209 Rn 5.
7 Gerold/Schmidt-Müller-Rabe, VV Nrn. 3208, 3209 Rn 6.
8 BGH, NJW 2007, 1461 mit Anm. Mayer zu VV Nr. 3506.
9 AnwK-RVG/N.Schneider, VV Nr. 3210 Rn 25.

zur Prozess- oder Sachleitung gestellt, so entsteht die volle Terminsgebühr nach VV Nr. 3210 mit dem Gebührensatz von 1,5.[10]

V. VV Nrn. 3212 und 3213

Der Vergütungstatbestand VV Nr. 3212 regelt die **Verfahrensgebühr** für Verfahren vor dem **Bundessozialgericht**, in denen Betragsrahmengebühren entstehen und sieht einen Rahmen von 80 Euro–800 Euro vor. Die **Mittelgebühr** beträgt **440 Euro** (800 + 80 = 880 : 2 = 440). Die **Terminsgebühr** in Verfahren vor dem Bundessozialgericht, in denen **Betragsrahmengebühren** entstehen, bestimmt sich nach dem Vergütungstatbestand VV Nr. 3213. Sie entsteht mit einem Rahmen von 40 Euro–700 Euro, die **Mittelgebühr** beträgt **370 Euro** (700 + 40 = 740 : 2 = 370).

Nach der Anmerkung zum Vergütungstatbestand gilt die Anmerkung zu VV Nr. 3106 entsprechend; die Terminsgebühr nach VV Nr. 3213 fällt somit auch dann an, wenn das Bundessozialgericht in einem Verfahren, für das mündliche Verhandlung vorgeschrieben ist, im Einverständnis mit den Parteien ohne mündliche Verhandlung entscheidet (Nr. 1 der Anmerkung zu VV Nr. 3106) oder das Verfahren ohne mündliche Verhandlung nach angenommenem Anerkenntnis endet (Nr. 3 der Anmerkung zu VV Nr. 3106).[11] Die in Nr. 2 der Anmerkung zu VV Nr. 3106 vorgesehene Variante für das Entstehen der Terminsgebühr bei Entscheidung ohne mündliche Verhandlung nach § 105 I SGG durch Gerichtsbescheid scheidet in Revisionsverfahren vor dem Bundessozialgericht aus, da nach § 165 SGG iVm § 153 I SGG im Revisionsverfahren kein Gerichtsbescheid ergehen kann.[12] Absatz 1 Nr. 1 der Anmerkung zu VV Nr. 3104 sieht vor, dass die Terminsgebühr auch dann entsteht, wenn in einem Verfahren, für das mündliche Verhandlung vorgeschrieben ist, ein schriftlicher Vergleich geschlossen wird. Diese Alternative ist in Nr. 1 der Anmerkung zu VV Nr. 3106 nicht aufgeführt. Nach einer Auffassung ist nicht einzusehen, dass die Alternative eines schriftlichen Vergleichs nur für die Terminsgebühr in sozialgerichtlichen Verfahren, in denen das GKG anwendbar ist, gelten soll, nicht aber für die Terminsgebühr in Verfahren vor dem Sozialgericht, in denen Betragsrahmengebühren entstehen, und wird mit einem Versehen des Gesetzgebers erklärt; nach dieser Auffassung entsteht die Terminsgebühr bei einem schriftlichen Vergleich auch in Verfahren vor den Sozialgerichten, in welchen das GKG nicht anwendbar ist.[13]

VI. Muster

1. Muster: Vorzeitige Beendigung bei Revision

Das LAG lässt in einem Urteil die Berufung zum BAG zu; der Anwalt wird zunächst beauftragt, die Revision einzulegen, bevor es jedoch zur Revisionseinlegung kommt, regelt sich der zugrunde liegende arbeitsrechtliche Konflikt auf andere Art und Weise, so dass der Anwalt den Auftrag erhält, die Angelegenheit abzuschließen – Streitwert 12.000 Euro.

---

10 AnwK-RVG/*N.Schneider*, VV Nr. 3211 Rn 27.
11 AnwK-RVG/*Wahlen*, VV Nrn. 3212–3213 Rn 5.
12 Meyer-Ladewig-*Leitherer*, § 105 SGG Rn 4; Meyer-Ladewig-*Meyer-Ladewig*, § 165 SGG Rn 5; vgl AnwK-RVG/*Wahlen*, VV Nrn. 3212–3213 Rn 5.
13 AnwK-RVG/*Wahlen*, VV Nrn. 3212–3213 Rn 5.

§ 7 Revision

213

Frau/Herrn ▪▪▪
▪▪▪ (Straße)
▪▪▪ (PLZ, Ort)
Vergütungsabrechnung
    Rechnungsnummer ▪▪▪
    Leistungszeitraum ▪▪▪
    Steuer-Nr. oder Umsatzsteuerident-Nr. ▪▪▪

Verfahrensgebühr VV Nrn. 3206, 3207, 1,1	578,60 Euro
(Gegenstandswert: 12.000 Euro)	
Auslagenpauschale VV Nr. 7002	20,00 Euro
Zwischensumme	598,60 Euro
19 % Umsatzsteuer, VV Nr. 7008	113,73 Euro
Summe	712,33 Euro

▪▪▪
(Rechtsanwalt)

2. Muster: Das Bundesverwaltungsgericht entscheidet in einem Revisionsverfahren nach mündlicher Verhandlung durch Urteil – Streitwert 50.000 Euro

16

214

Frau/Herrn ▪▪▪
▪▪▪ (Straße)
▪▪▪ (PLZ, Ort)
Vergütungsabrechnung
    Rechnungsnummer ▪▪▪
    Leistungszeitraum ▪▪▪
    Steuer-Nr. oder Umsatzsteuerident-Nr. ▪▪▪

Verfahrensgebühr VV Nr. 3206, 1,6	1.673,60 Euro
(Gegenstandswert: 50.000 Euro)	
Terminsgebühr VV Nr. 3210, 1,5	1.569,00 Euro
(Gegenstandswert: 50.000 Euro)	
Auslagenpauschale VV Nr. 7002	20,00 Euro
Zwischensumme	3.262,60 Euro
19 % Umsatzsteuer, VV Nr. 7008	619,89 Euro
Summe	3.882,49 Euro

▪▪▪
(Rechtsanwalt)

3. Muster: Vorzeitige Beendigung bei Revision vor BGH

17 Nachdem das OLG die Revision im Berufungsurteil zugelassen hat, wird der BGH-Anwalt beauftragt, Revision einzulegen. Bevor es zur Einlegung der Revision kommt,

B. Gebührentatbestände 7

erledigt sich die Angelegenheit anderweitig, so dass der BGH-Anwalt die Anweisung erhält, die Angelegenheit abzuschließen – Streitwert 80.000 Euro.

Frau/Herrn ▬▬▬
▬▬▬ (Straße)
▬▬▬ (PLZ, Ort)
Vergütungsabrechnung
    Rechnungsnummer ▬▬▬
    Leistungszeitraum ▬▬▬
    Steuer-Nr. oder Umsatzsteuerident-Nr. ▬▬▬

Verfahrensgebühr VV Nrn. 3206, 3209, 1,8	2.160,00 Euro
(Gegenstandswert: 80.000 Euro)	
Auslagenpauschale VV Nr. 7002	20,00 Euro
Zwischensumme	2.180,00 Euro
19 % Umsatzsteuer, VV Nr. 7008	414,20 Euro
Summe	2.594,20 Euro

▬▬▬
(Rechtsanwalt)

4. Muster: Nach Zulassung der Revision im Urteil des OLG legt der BGH-Anwalt Revision ein, über die Revision wird mündlich verhandelt – Streitwert 80.000 Euro

Frau/Herrn ▬▬▬
▬▬▬ (Straße)
▬▬▬ (PLZ, Ort)
Vergütungsabrechnung
    Rechnungsnummer ▬▬▬
    Leistungszeitraum ▬▬▬
    Steuer-Nr. oder Umsatzsteuerident-Nr. ▬▬▬

Verfahrensgebühr VV Nrn. 3206, 3208, 2,3	2.760,00 Euro
(Gegenstandswert: 80.000 Euro)	
Terminsgebühr VV Nr. 3210, 1,5	1.800,00 Euro
(Gegenstandswert: 80.000 Euro)	
Auslagenpauschale VV Nr. 7002	20,00 Euro
Zwischensumme	4.580,00 Euro
19 % Umsatzsteuer, VV Nr. 7008	870,20 Euro
Summe	5.450,20 Euro

▬▬▬
(Rechtsanwalt)

§ 7 Revision

5. Muster: Revisionsverfahren vor dem BGH, Revisionskläger im Termin nicht ordnungsgemäß vertreten

19 Nach Zulassung der Revision im Urteil des OLG legt die Gegenseite Revision zum BGH ein. Im Termin zur mündlichen Verhandlung über die Revision der Gegenseite ist diese nicht durch einen beim BGH zugelassenen Anwalt vertreten. Der BGH-Anwalt beantragt Versäumnisurteil – Streitwert 80.000 Euro.

217

Frau/Herrn ▪▪▪

▪▪▪ (Straße)

▪▪▪ (PLZ, Ort)

Vergütungsabrechnung

    Rechnungsnummer ▪▪▪

    Leistungszeitraum ▪▪▪

    Steuer-Nr. oder Umsatzsteuerident-Nr. ▪▪▪

Verfahrensgebühr VV Nrn. 3206, 3208, 2,3	2.760,00 Euro
(Gegenstandswert: 80.000 Euro)	
Terminsgebühr VV Nrn. 3210, 3211, 0,8	960,00 Euro
(Gegenstandswert: 80.000 Euro)	
Auslagenpauschale VV Nr. 7002	20,00 Euro
Zwischensumme	3.740,00 Euro
19 % Umsatzsteuer, VV Nr. 7008	710,60 Euro
Summe	4.450,60 Euro

▪▪▪

(Rechtsanwalt)

6. Muster: Revisionsverfahren vor dem BGH, Revisionsbeklagter im Termin nicht ordnungsgemäß vertreten

20 Nachdem das OLG im Berufungsurteil die Revision zugelassen hat, wird diese vom BGH-Anwalt eingelegt. Im Termin zur mündlichen Verhandlung über die Revision ist die Gegenseite nicht ordnungsgemäß vertreten. Der BGH-Anwalt beantragt ein Versäumnisurteil, der BGH entscheidet über die Revision sachlich durch Versäumnisurteil[14] – Streitwert 80.000 Euro.

218

Frau/Herrn ▪▪▪

▪▪▪ (Straße)

▪▪▪ (PLZ, Ort)

Vergütungsabrechnung

    Rechnungsnummer ▪▪▪

    Leistungszeitraum ▪▪▪

    Steuer-Nr. oder Umsatzsteuerident-Nr. ▪▪▪

---

[14] Vgl BGH, NJW 1962, 1149 ff.

B. Gebührentatbestände

Verfahrensgebühr VV Nrn. 3206, 3208, 2,3	2.760,00 Euro
(Gegenstandswert: 80.000 Euro)	
Terminsgebühr VV Nr. 3210, 1,5	1.800,00 Euro
(Gegenstandswert: 80.000 Euro)	
Auslagenpauschale VV Nr. 7002	20,00 Euro
Zwischensumme	4.580,00 Euro
19 % Umsatzsteuer, VV Nr. 7008	870,20 Euro
Summe	5.450,20 Euro

■■■

(Rechtsanwalt)

7. Muster: Einigung mit Mehrwert (nicht anhängiger Anspruch) im Revisionsverfahren

Im Revisionsverfahren vor dem BAG einigen sich die Parteien nicht nur über den streitgegenständlichen Feststellungsanspruch (Wert 12.000 Euro), sondern auch über einen noch nicht anhängigen weiteren Anspruch ebenfalls mit Wert 12.000 Euro. 21

Frau/Herrn ■■■

■■■ (Straße)

■■■ (PLZ, Ort)

Vergütungsabrechnung

    Rechnungsnummer ■■■

    Leistungszeitraum ■■■

    Steuer-Nr. oder Umsatzsteuerident-Nr. ■■■

Verfahrensgebühr VV Nr. 3206, 1,6[15]	1.097,60 Euro
(Gegenstandswert: 24.000 Euro)	
Terminsgebühr VV Nr. 3210, 1,5	1.029,00 Euro
(Gegenstandswert: 24.000 Euro)	
Einigungsgebühr VV Nrn. 1000, 1004, 1,3	683,80 Euro
(Gegenstandswert: 12.000 Euro)	
Einigungsgebühr VV Nr. 1000, 1,5	
(Gegenstandswert: 12.000 Euro)	
nach Prüfung gem. § 15 III RVG	345,20 Euro
Auslagenpauschale VV Nr. 7002	20,00 Euro
Zwischensumme	3.175,60 Euro
19 % Umsatzsteuer, VV Nr. 7008	603,36 Euro
Summe	3.778,96 Euro

■■■

(Rechtsanwalt)

---

15 Das Führen erfolgreicher Verhandlungen vor Gericht führt zur vollen Verfahrengebühr, s. oben § 5 Rn 79.

§ 7 Revision

8. Muster: Revision vor dem Bundessozialgericht

22 Das Bundessozialgericht entscheidet in einem Revisionsverfahren aufgrund mündlicher Verhandlung durch Urteil. Die Gebührenbemessungskriterien des § 14 RVG liegen im durchschnittlichen Bereich.

Frau/Herrn ■■■

■■■ (Straße)

■■■ (PLZ, Ort)

Vergütungsabrechnung

    Rechnungsnummer ■■■

    Leistungszeitraum ■■■

    Steuer-Nr. oder Umsatzsteuerident-Nr. ■■■

Verfahrensgebühr VV Nr. 3212	440,00 Euro
Terminsgebühr VV Nr. 3213	370,00 Euro
Auslagenpauschale VV Nr. 7002	20,00 Euro
Zwischensumme	830,00 Euro
19 % Umsatzsteuer, VV Nr. 7008	157,70 Euro
Summe	987,70 Euro

■■■

(Rechtsanwalt)

§ 8 Mahnverfahren, Zwangsvollstreckung bei den unter Teil 3 VV fallenden Verfahren

A. Allgemeines

Abschnitt 3 von Teil 3 VV mit den Vergütungstatbeständen VV Nrn. 3300–3337 fasst in 6 Unterabschnitten Regelungen über die anwaltlichen Gebühren in besonderen erstinstanzlichen Verfahren, im Mahnverfahren, in der Zwangsvollstreckung, in der Zwangsversteigerung und Zwangsverwaltung, der Insolvenzverwaltung und dem Verteilungsverfahren nach der Schifffahrtsrechtlichen Verteilungsordnung und in sonstigen besonderen Verfahren zusammen.[1] Entsprechend ihrer praktischen Bedeutung werden an dieser Stelle die für das Mahnverfahren sowie für die Zwangsvollstreckung relevanten Vergütungstatbestände behandelt.

B. Mahnverfahren

I. Allgemeines

Das RVG regelt in Unterabschnitt 2 von Abschnitt 3 mit den Vergütungstatbeständen VV Nrn. 3305–3308 die Gebühren im Mahnverfahren. Mit diesen Vergütungstatbeständen werden **sämtliche Tätigkeiten des Anwalts im Mahnverfahren** abgegolten.[2]

II. Gebühren des Antragstellervertreters

Die Vergütungstatbestände VV Nrn. 3305, 3306 und 3308 gelten nur für den Antragstellervertreter im Mahnverfahren. Durch die Regelung in Vorbemerkung 3.3.2 des Unterabschnitts 2, wonach sich die Terminsgebühr nach Abschnitt 1 bestimmt, wird klargestellt, dass auch im Mahnverfahren eine **Terminsgebühr** verdient werden kann.

1. Verfahrensgebühr VV Nr. 3305

Für die Vertretung des Antragstellers im Mahnverfahren erhält der Anwalt eine **Verfahrensgebühr** nach VV Nr. 3305 mit dem Satz von 1,0. Der Rechtsanwalt des Antragstellers verdient diese Gebühr mit jeder Tätigkeit im Zusammenhang mit dem Mahnbescheidsantrag, die Entgegennahme der Information genügt.[3] Voraussetzung ist jedoch, dass der Anwalt einen Auftrag zur Vertretung im gerichtlichen Mahnverfahren erhalten hat.[4] Die Verfahrensgebühr kann unabhängig davon, in welchem Zeitpunkt des Mahnverfahrens der Anwalt beauftragt worden ist, verdient werden, sofern die Tätigkeit noch dem Verfahrensabschnitt des Mahnverfahrens zugeordnet werden kann; dementsprechend kann die Gebühr grundsätzlich auch dann noch entstehen, wenn der Anwalt nach Erlass des Mahnbescheids tätig wird, so zB wenn er die Anschrift des Antragsgegners ermittelt, den Gerichten anzeigt und der Mahnbescheid

---

1 BT-Drucks. 15/1971, S. 215.
2 Mayer/Kroiß-*Gierl*, VV Nrn. 3305–3308 Rn 1.
3 Gerold/Schmidt-*Müller-Rabe*, VV Nrn. 3305–3308 Rn 7.
4 Vgl Mayer/Kroiß-*Gierl*, VV Nr. 3305 Rn 5.

sodann zugestellt werden kann.[5] Allerdings ist in solchen Fällen abzugrenzen, ob nicht nur ein Einzelauftrag iS von VV Nr. 3403 vorliegt.[6]

5 Vertritt der Anwalt **mehrere Auftraggeber**, so tritt nach VV Nr. 1008 eine Gebührenerhöhung um 0,3 für jede weitere Person bis zu einem Gebührensatz von 2,0 ein, wenn der Gegenstand der anwaltlichen Tätigkeit derselbe ist.[7] Dass der Vergütungstatbestand VV Nr. 3305 bei mehreren Auftraggebern erhöht werden kann, ergibt sich im Gegenschluss aus Satz 2 der Anmerkung zu VV Nr. 3308, welche bestimmt, dass der Vergütungstatbestand VV Nr. 3308 nicht anzuwenden ist, wenn sich bereits die Gebühr nach VV Nr. 3305 wegen mehreren Auftraggebern erhöht hat.

6 Nach der Anmerkung zum Vergütungstatbestand ist die Verfahrensgebühr VV Nr. 3305 auf die Verfahrensgebühr für einen nachfolgenden Rechtsstreit anzurechnen. „Nachfolgender Rechtsstreit" im Sinne der Anmerkung zu VV Nr. 3305 ist **das streitige Verfahren**, in das das Mahnverfahren nach Erhebung des Widerspruchs auf Antrag einer Partei oder auf Einspruch des Antragsgegners übergeht.[8] Ein **nachfolgender Rechtsstreit** im Sinne der Anmerkung liegt aber auch dann vor, wenn eine Klage über die Forderung, die dem ursprünglichen Mahnantrag zugrunde gelegen hat, erhoben wird, nachdem der Antrag auf Erlass eines Mahnbescheids zurückgenommen oder zurückgewiesen wurde.[9] Dies ist insbesondere auch dann der Fall, wenn der erlassene Mahnbescheid unzustellbar ist; da der Mahnbescheid nach § 688 II Nr. 3 ZPO nicht öffentlich zugestellt werden kann, ist in solchen Fällen die Erhebung einer Klage erforderlich.[10]

7 Die Anrechnung kann nur erfolgen, wenn **derselbe Rechtsanwalt** den Mandanten im nachfolgenden Streitverfahren vertritt; bei einem Anwaltswechsel gibt es keine Anrechnung.[11] Ein nachfolgender Rechtsstreit im Sinne der Anmerkung zu VV Nr. 3305 ist nur der erste Rechtszug, nicht auch eine höhere Instanz.[12]

8 Umstritten ist, was unter dem Begriff „nachfolgend" in **zeitlicher Hinsicht** zu verstehen ist; teilweise wird § 15 V 2 RVG entsprechend angewandt, so dass eine Anrechnung nicht erfolgt, wenn seit der Erledigung des Auftrags im Mahnverfahren und Erteilung des unbedingten Prozessauftrags mehr als 2 Kalenderjahre liegen.[13] Nach anderer Auffassung ist auf einen – nicht näher definierten – „zeitlichen Zusammenhang" abzustellen,[14] wobei ein Zeitraum von rund 6 Monaten die Gebührenanrechnung nicht hindern soll, wohl aber der Ablauf einer Zeitspanne von mehr als 2 Kalenderjahren.[15]

---

5 Gerold/Schmidt-*Müller-Rabe*, VV Nrn. 3305–3308 Rn 8; Mayer/Kroiß-*Gierl*, VV Nr. 3305 Rn 5.
6 Gerold/Schmidt-*Müller-Rabe*, VV Nrn. 3305–3308 Rn 8.
7 Mayer/Kroiß-*Gierl*, VV Nr. 3305 Rn 8.
8 Mayer/Kroiß-*Gierl*, VV Nr. 3305 Rn 9.
9 Mayer/Kroiß-*Gierl*, VV Nr. 3305 Rn 9.
10 AnwK-RVG/*Mock*, VV Nrn. 3305–3306 Rn 33; Mayer/Kroiß-*Gierl*, VV Nr. 3305 Rn 9.
11 Gerold/Schmidt-*Müller-Rabe*, VV Nrn. 3305–3308 Rn 59.
12 Gerold/Schmidt-*Müller-Rabe*, VV Nrn. 3305–3308 Rn 61.
13 Gerold/Schmidt-*Müller-Rabe*, VV Nrn. 3305–3308 Rn 62; Mayer/Kroiß-*Gierl*, VV Nr. 3305 Rn 10.
14 *Hansens*/Braun/Schneider, Praxis des Vergütungsrechts, Teil 8 Rn 419.
15 *Hansens*/Braun/Schneider, Praxis des Vergütungsrechts, Teil 8 Rn 419.

2. VV Nr. 3306

Endet der Auftrag des Rechtsanwalts bevor er den verfahrenseinleitenden Antrag oder einen Schriftsatz, der Sachanträge, Sachvortrag oder die Zurücknahme des Antrags enthält, eingereicht hat, so reduziert sich nach VV Nr. 3306 die Verfahrensgebühr auf den Satz von 0,5. Die **Reduktion der Verfahrensgebühr** tritt somit ein, sofern der Auftrag des Anwalts vor Einreichung des verfahrenseinleitenden Antrags beendet ist; darunter fällt der Fall, dass der Antrag ganz unterbleibt, aber auch der, dass die Partei den Antrag selbst einreicht.[16] Von dem Anwendungsbereich des Vergütungstatbestands VV Nr. 3306 werden auch die Fälle umfasst, dass der Auftrag des Anwalts von vornherein nur auf die Fertigung des Antrags auf Erlass eines Mahnbescheids beschränkt war, der Auftraggeber den Mahnbescheid selbst einreicht.[17]

Nach dem Wortlaut der Vorschrift tritt die Gebührenreduktion auch ein, wenn sich der Auftrag zwischen der Absendung des Mahnbescheidsantrags und dem Eingang beim Mahngericht erledigt. Da der Rechtsanwalt zum Zeitpunkt der Erledigung des Auftrags jedoch bereits alles zu seiner Erfüllung erforderliche getan hat, vielmehr von „Einreichung" bereits dann auszugehen ist, wenn der tatsächliche Zugang bei Gericht ausschließlich von der Tätigkeit Dritter abhängig ist,[18] ist in diesen Fällen, in denen der Auftrag **nach Absendung des Mahnbescheids** beendigt wird, keine Gebührenreduzierung vorzunehmen.[19]

3. Terminsgebühr

Nach Vorbemerkung 3.3.2 bestimmt sich die Terminsgebühr nach Abschnitt 1. Damit ist klargestellt, dass auch im Mahnverfahren eine Terminsgebühr iS der Nr. 3104 VV entstehen kann. Allgemein wird daher angenommen, dass im Mahnverfahren eine **Terminsgebühr im Wege der Mitwirkung an auf die Vermeidung oder Erledigung des gerichtlichen Verfahrens gerichteten Besprechungen** entstehen kann.[20] Fraglich ist allerdings, ob diese Auffassung nach den – zu kritisierenden – Entscheidungen des BGH vom 1.2.2007[21] und vom 15.3.2007[22] noch aufrechterhalten werden kann. Denn der BGH hat in den vorgenannten Entscheidungen die – unzutreffende – Auffassung vertreten, dass durch eine Besprechung zwischen den Anwälten ohne Beteiligung des Gerichts auch nach Vorbemerkung 3 die Terminsgebühr nicht entstehen kann, wenn für das gerichtliche Verfahren eine mündliche Verhandlung nicht vorgeschrieben ist. Da für das Mahnverfahren eine mündliche Verhandlung – naturgemäß – nicht vorgeschrieben ist, führt die Auffassung des BGH zu dem Ergebnis, dass letztlich – trotz der Regelung in Vorbemerkung 3.3.2 – im Mahnverfahren keine Terminsgebühr anfallen kann, weil das Mahnverfahren kein Verfahren mit vorgeschriebener mündlicher Verhandlung ist, und weil die übrigen Entstehungsvarianten der Terminsgebühr nach Vorbemerkung 3 Absatz 3, nämlich Vertretung in einem Verhandlungs-,

---

16 Mayer/Kroiß-*Gierl*, VV Nr. 3306 Rn 3.
17 Riedel/Sußbauer-*Keller*, VV Teil 3 Abschnitt 3 Rn 13; Mayer/Kroiß-*Gierl*, VV Nr. 3306 Rn 4.
18 Vgl insoweit Mayer/Kroiß-*Mayer*, VV Nr. 3101 Rn 12 zur vergleichbaren Problematik bei VV Nr. 3101 Nr. 1.
19 AnwK-RVG/*Mock*, VV Nrn. 3305–3306 Rn 64.
20 Mayer/Kroiß-*Gierl*, VV Nrn. 3305–3308 Rn 3; Gerold/Schmidt-*Müller-Rabe*, VV Nrn. 3305–3308 Rn 68; AnwK-RVG/ *Mock*, VV Nrn. 3305–3306 Rn 76 und Rn 81.
21 NJW 2007, 1461 mit Anm. Mayer.
22 BeckRS 2007, 09182 mit Anm. Mayer, FD-RVG 2007, 226575.

Erörterungs- oder Beweisaufnahmetermin oder für die Wahrnehmung eines von einem gerichtlich bestellten Sachverständigen anberaumten Termins im Mahnverfahren nicht greifen. Da der **Gesetzgeber** jedoch ausdrücklich mit Vorbemerkung 3.3.2 **klargestellt** hat, dass **auch im Mahnverfahren** eine **Terminsgebühr** anfallen kann, deren Entstehungsvoraussetzungen jedoch nur in den Varianten der außergerichtlichen Vermeidungs- oder Erledigungsbesprechung erfüllt sein können, wird einmal mehr deutlich, dass der Ansatz des BGH in den beiden vorgenannten Entscheidungen unzutreffend ist.[23]

4. VV Nr. 3308

12   Nach dem Vergütungstatbestand VV Nr. 3308 entsteht eine **Verfahrensgebühr** mit dem Gebührensatz von 0,5 für die Vertretung des Antragstellers im Verfahren über den **Antrag auf Erlass eines Vollstreckungsbescheids**. Wird durch den Antragsgegner kein Widerspruch gegen den Mahnbescheid eingelegt oder der Widerspruch gem. § 700a II Nr. 4 ZPO beschränkt, so wird gem. § 699 I 1 ZPO auf Antrag des Antragstellers, der nach § 699 I 2 ZPO nicht vor Ablauf der Widerspruchsfrist gestellt werden kann, ein Vollstreckungsbescheid – ggf mit Vorbehalt – erlassen; der Vergütungstatbestand VV Nr. 3308 regelt die Tätigkeit des Anwalts im Zusammenhang mit der Vertretung des Antragstellers nach Ablauf der Widerspruchsfrist.[24]

13   Die Verfahrensgebühr nach VV Nr. 3308 kann **nur der Rechtsanwalt des Antragstellers** verdienen, nicht jedoch der Rechtsanwalt des Antragsgegners; dieser verdient unabhängig vom Zeitpunkt seiner Beauftragung eine 0,5 Gebühr gem. VV Nr. 3307.[25]

14   Der Auftrag, den Erlass eines Vollstreckungsbescheids zu beantragen, kann schon vor Ablauf der Widerspruchsfrist erteilt werden, steht aber dann unter der Bedingung, dass bis zum Ablauf der Widerspruchsfrist kein Widerspruch eingelegt ist.[26]

15   Voraussetzung für das Entstehen der Gebühr ist, dass innerhalb der zweiwöchigen Widerspruchsfrist durch den Antragsgegner kein Widerspruch eingelegt wird; legt der Antragsgegner innerhalb der Widerspruchsfrist Widerspruch ein, kann die Gebühr nicht entstehen.[27] Wird der Widerspruch nach Ablauf der Widerspruchsfrist eingelegt und hat der Antragsteller zum Zeitpunkt der Beantragung des Vollstreckungsbescheids keine Kenntnis vom Widerspruch, entsteht die Gebühr VV Nr. 3308, obwohl trotz Einlegung des Widerspruchs der Vollstreckungsbescheid nicht mehr erlassen werden kann.[28] Entscheidend ist, dass der Entstehung der Gebühr der **Widerspruch** grundsätzlich nur dann entgegensteht, wenn er innerhalb der **Einlegungsfrist** erhoben wird.[29] Hat der Antragsteller im Zeitpunkt der Antragstellung Kenntnis von dem nach Ablauf der Widerspruchsfrist eingelegten Widerspruch, kann der Gebührentatbestand VV Nr. 3308 nicht entstehen, ein Antrag auf Erlass eines Vollstreckungsbe-

---

23   Vgl auch Mayer, Anm. NJW 2007, 1464 zu BGH, NJW 2007, 1461.
24   Mayer/Kroiß-*Gierl*, VV Nr. 3308 Rn 1.
25   BT-Drucks. 15/1971, S. 215; Gerold/Schmidt-*Müller-Rabe*, VV Nrn. 3305–3308 Rn 17.
26   Gerold/Schmidt-*Müller-Rabe*, VV Nrn. 3305–3308 Rn 18.
27   Mayer/Kroiß-*Gierl*, VV Nr. 3308 Rn 10.
28   Mayer/Kroiß-*Gierl*, VV Nr. 3308 Rn 12; Gerold/Schmidt-*Müller-Rabe*, VV Nrn. 3305–3308 Rn 21.
29   Mayer/Kroiß-*Gierl*, VV Nr. 3308 Rn 11.

scheids ist zwecklos, da dieser nicht mehr erlassen werden kann.[30] Wird der Antrag auf Erlass eines Vollstreckungsbescheids nach Ablauf der Widerspruchsfrist gestellt und geht gleichzeitig anschließend erst der Widerspruch – vor Verfügung des Vollstreckungsbescheids – ein, ist die Verfahrensgebühr VV Nr. 3308 entstanden; der Erlass eines Vollstreckungsbescheids ist nicht Entstehungsvoraussetzung für die Gebühr.[31] Wird Widerspruch nach Erlass des Vollstreckungsbescheids eingelegt, so wird er nach § 694 II ZPO als Einspruch behandelt; die Gebühr VV Nr. 3308 ist entstanden.[32] Nimmt der Antragsgegner seinen Widerspruch bis zum Beginn der mündlichen Verhandlung zur Hauptsache zurück, beurteilen sich die weiteren Gebühren des Rechtsanwalts des Antragstellers so, als wäre kein Widerspruch eingelegt worden. Für den alsdann gestellten Antrag auf Erlass eines Vollstreckungsbescheids verdient der Rechtsanwalt die Gebühr VV Nr. 3308.[33] Hatte der Rechtsanwalt des Antragstellers zuvor noch die Durchführung des streitigen Verfahrens oder die Abgabe an das Streitgericht beantragt, so hat er daneben auch noch die Gebühr gem. VV Nr. 3100 verdient, eine Anrechnung der Verfahrensgebühr VV Nr. 3308 erfolgt nicht.[34]

Vertritt der Anwalt **mehrere Auftraggeber** im Verfahren auf Erlass eines Vollstreckungsbescheids, so führt der Mehrvertretungszuschlag nach VV Nr. 1008 nur dann zu einer Gebühr mit Erhöhung um 0,3 für jede weitere Person bis zu einem Gebührensatz von 2,0, wenn nicht bereits die Verfahrensgebühr nach Nr. 3305 durch den Mehrvertretungszuschlag erhöht worden ist; dies ergibt sich aus Satz 2 der Anmerkung zum Gebührentatbestand VV Nr. 3308.[35]

16

Endet der Auftrag des Anwalts, bevor er den Antrag auf Erlass eines Vollstreckungsbescheids eingereicht hat, führt dies nicht zu einer Gebührenreduktion, eine der Regelung der Nr. 3306 VV entsprechende Vorschrift fehlt beim Vergütungstatbestand VV Nr. 3308.[36] Eine **Anrechnung** der Gebühr VV Nr. 3308 auf die Verfahrensgebühr eines nachfolgenden gerichtlichen Verfahrens erfolgt nicht.[37]

17

III. Gebühren des Antragsgegnervertreters

1. VV Nr. 3307

Der **Vertreter des Antragsgegners** kann im Mahnverfahren eine **Verfahrensgebühr** nach VV Nr. 3307 mit dem Gebührensatz von 0,5 verdienen. Die Gebühr wird mit jeder Tätigkeit des Anwalts des Antragsgegners im Zusammenhang mit einem Mahnverfahren verdient, ausreichend ist die Entgegennahme der Information; der Rechtsanwalt kann diese Gebühr auch verdienen, wenn der Mandant bereits vorher Widerspruch eingelegt hatte.[38] Nach den Vorstellungen des Gesetzgebers sollte für den

18

---

30 Gerold/Schmidt-*Müller-Rabe*, VV Nrn. 3305–3308 Rn 21; Mayer/Kroiß-*Gierl*, VV Nr. 3308 Rn 12.
31 Mayer/Kroiß-*Gierl*, VV Nr. 3308 Rn 12.
32 Gerold/Schmidt-*Müller-Rabe*, VV Nrn. 3305–3308 Rn 22.
33 Gerold/Schmidt-*Müller-Rabe*, VV Nrn. 3305–3308 Rn 23; Mayer/Kroiß-*Gierl*, VV Nr. 3308 Rn 13.
34 Gerold/Schmidt-*Müller-Rabe*, VV Nrn. 3305–3308 Rn 23; Mayer/Kroiß-*Gierl*, VV Nr. 3308 Rn 13.
35 Mayer/Kroiß-*Gierl*, VV Nr. 3308 Rn 15.
36 Mayer/Kroiß-*Gierl*, VV Nr. 3308 Rn 15.
37 Mayer/Kroiß-*Gierl*, VV Nr. 3308 Rn 17.
38 Gerold/Schmidt-*Müller-Rabe*, VV Nrn. 3305–3308 Rn 11.

§ 8 Mahnverfahren, Zwangsvollstreckung bei den unter Teil 3 VV fallenden Verfahren

Vertreter des Antragsgegners unabhängig vom Zeitpunkt seiner Beauftragung die Gebühr nach VV Nr. 3307 anfallen.[39]

19 Sind in derselben Angelegenheit mehrere Personen Auftraggeber im Mahnverfahren, wird die Verfahrensgebühr VV Nr. 3307 um den **Mehrvertretungszuschlag** nach VV Nr. 1008 erhöht.[40] Im Falle der vorzeitigen Auftragsbeendigung tritt eine Reduktion der 0,5 Verfahrensgebühr nicht ein.[41]

20 Nach der Anmerkung zum Vergütungstatbestand ist die Gebühr auf die Verfahrensgebühr für einen nachfolgenden Rechtsstreit anzurechnen. Hinsichtlich der Voraussetzungen der **Anrechnung** kann auf die obige Erläuterung zur Anrechnung bei der Verfahrensgebühr VV Nr. 3305 verwiesen werden.[42]

2. Terminsgebühr

21 Durch Vorbemerkung 3.3.2 ist klargestellt, dass auch der Antragsgegnervertreter eine Terminsgebühr verdienen kann. Voraussetzung ist, dass der Rechtsanwalt des Antragsgegners einen unbedingten Auftrag für das Mahnverfahren hat.[43] Da der Rechtsanwalt des Antragsgegners den **unbedingten Verfahrensauftrag** im Regelfall erst nach Einleitung des Mahnverfahrens und Zustellung des Mahnbescheids erhält, sollen nach einer Auffassung die Besprechungen des Vertreters des Antragsgegners lediglich die Erledigung des Mahnverfahrens zum Ziel haben können, nach dieser Auffassung kann der Vertreter des Antragsgegners vor Erlass des Mahnbescheids keine Terminsgebühr verdienen.[44] Denkbar ist jedoch, dass dem Antragsgegner ausdrücklich die Beantragung eines Mahnbescheids angedroht wurde. Beauftragt dieser dann unbedingt einen Anwalt mit seiner Vertretung im Mahnverfahren kann, sofern ein Mahnbescheid tatsächlich beantragt wird, der Anwalt des (potenziellen) Antragsgegners in diesem Stadium die Terminsgebühr in der Variante der außergerichtlichen, auf die Vermeidung eines Verfahrens gerichteten Besprechung verdienen.

22 Im Übrigen gelten die Ausführungen zur Terminsgebühr auf Seiten des Antragstellervertreters für die Terminsgebühr auf Seiten des Vertreters des Antragsgegners entsprechend.[45]

IV. Muster

1. Muster: Der Anwalt erwirkt für seinen Mandanten auftragsgemäß einen Mahnbescheid – Streitwert 30.000 Euro

23 Frau/Herrn ▪▪▪

▪▪▪ (Straße)

▪▪▪ (PLZ, Ort)

---

[39] BT-Drucks. 15/1971, S. 215.
[40] Gerold/Schmidt-*Müller-Rabe*, VV Nrn. 3305–3308 Rn 16.
[41] *Hansens*/Braun/Schneider, Praxis des Vergütungsrechts, Teil 8 Rn 415.
[42] S. oben § 8 Rn 6 ff.
[43] Gerold/Schmidt-*Müller-Rabe*, VV Nrn. 3305–3308 Rn 70.
[44] So ausdrücklich Gerold/Schmidt-*Müller-Rabe*, VV Nrn. 3305–3308 Rn 70; i.d. Sinne wohl auch *Hansens*/Braun/Schneider, Praxis des Vergütungsrechts, Teil B Rn 417.
[45] S. näher oben § 8 Rn 11.

B. Mahnverfahren 8

Vergütungsabrechnung
    Rechnungsnummer ▪▪▪
    Leistungszeitraum ▪▪▪
    Steuer-Nr. oder Umsatzsteuerident-Nr. ▪▪▪

Verfahrensgebühr VV Nr. 3305, 1,0	758,00 Euro
(Gegenstandswert: 30.000 Euro)	
Auslagenpauschale VV Nr. 7002	20,00 Euro
Zwischensumme	778,00 Euro
19 % Umsatzsteuer, VV Nr. 7008	147,82 Euro
Summe	925,82 Euro

▪▪▪
(Rechtsanwalt)

2. Muster: Abwandlung; der Anwalt hat zwei Personen als Auftraggeber in derselben Angelegenheit

Frau/Herrn ▪▪▪   24
▪▪▪ (Straße)
▪▪▪ (PLZ, Ort)   222

Vergütungsabrechnung
    Rechnungsnummer ▪▪▪
    Leistungszeitraum ▪▪▪
    Steuer-Nr. oder Umsatzsteuerident-Nr. ▪▪▪

Verfahrensgebühr VV Nr. 3305, 1,0	758,00 Euro
(Gegenstandswert: 30.000 Euro)	
Erhöhungsgebühr VV Nr. 1008, 0,3	227,40 Euro
(Gegenstandswert: 30.000 Euro)	
Auslagenpauschale VV Nr. 7002	20,00 Euro
Zwischensumme	1.005,40 Euro
19 % Umsatzsteuer, VV Nr. 7008	191,03 Euro
Summe	1.196,43 Euro

▪▪▪
(Rechtsanwalt)

3. Muster: Vorzeitige Beendigung im Mahnverfahren

Der Anwalt erhält den Auftrag, einen Antrag auf Erlass eines Mahnbescheids über eine Forderung von 30.000 Euro einzureichen. Bevor es zur Einreichung des Mahnbescheids kommt, wird die Forderung vom Schuldner ausgeglichen, das Mahnverfahren unterbleibt.   25

§ 8 Mahnverfahren, Zwangsvollstreckung bei den unter Teil 3 VV fallenden Verfahren

223

Frau/Herrn ▪▪▪
▪▪▪ (Straße)
▪▪▪ (PLZ, Ort)
Vergütungsabrechnung
    Rechnungsnummer ▪▪▪
    Leistungszeitraum ▪▪▪
    Steuer-Nr. oder Umsatzsteuerident-Nr. ▪▪▪

Verfahrensgebühr VV Nrn. 3306, 3305, 0,5	379,00 Euro
(Gegenstandswert: 30.000 Euro)	
Auslagenpauschale VV Nr. 7002	20,00 Euro
Zwischensumme	399,00 Euro
19 % Umsatzsteuer, VV Nr. 7008	75,81 Euro
Summe	474,81 Euro

▪▪▪
(Rechtsanwalt)

4. Muster: Abwandlung; Auftraggeber sind in derselben Angelegenheit zwei Personen

26

224

Frau/Herrn ▪▪▪
▪▪▪ (Straße)
▪▪▪ (PLZ, Ort)
Vergütungsabrechnung
    Rechnungsnummer ▪▪▪
    Leistungszeitraum ▪▪▪
    Steuer-Nr. oder Umsatzsteuerident-Nr. ▪▪▪

Verfahrensgebühr VV Nrn. 3306, 3305, 0,5	379,00 Euro
(Gegenstandswert: 30.000 Euro)	
Erhöhungsgebühr VV Nr. 1008, 0,3	227,40 Euro
(Gegenstandswert: 30.000 Euro)	
Auslagenpauschale VV Nr. 7002	20,00 Euro
Zwischensumme	626,40 Euro
19 % Umsatzsteuer, VV Nr. 7008	119,02 Euro
Summe	745,42 Euro

▪▪▪
(Rechtsanwalt)

5. Muster: Mahnverfahren und außergerichtliche Vermeidungsbesprechung

27 Der Anwalt erhält den Auftrag, Antrag auf Erlass eines Mahnbescheids über eine Forderung von 30.000 Euro einzureichen. Bevor er den Mahnbescheid einreicht, setzt

er sich auftragsgemäß nochmals mit dem Schuldner in Verbindung und bespricht mit diesem die Möglichkeiten einer gütlichen Einigung, die Gespräche bleiben erfolglos, so dass Mahnbescheid eingereicht wird.

Frau/Herrn ▪▪▪

▪▪▪ (Straße)

▪▪▪ (PLZ, Ort)

Vergütungsabrechnung

    Rechnungsnummer ▪▪▪

    Leistungszeitraum ▪▪▪

    Steuer-Nr. oder Umsatzsteuerident-Nr. ▪▪▪

Verfahrensgebühr VV Nr. 3305, 1,0	758,00 Euro
(Gegenstandswert: 30.000 Euro)	
Terminsgebühr VV Nr. 3104, 1,2	909,60 Euro
(Gegenstandswert: 30.000 Euro)	
Auslagenpauschale VV Nr. 7002	20,00 Euro
Zwischensumme	1.687,60 Euro
19 % Umsatzsteuer, VV Nr. 7008	320,64 Euro
Summe	2.008,24 Euro

▪▪▪

(Rechtsanwalt)

6. Muster: Abwandlung; die vor Einreichung des Mahnbescheids geführten Gespräche sind erfolgreich und führen zur Einigung

Frau/Herrn ▪▪▪

▪▪▪ (Straße)

▪▪▪ (PLZ, Ort)

Vergütungsabrechnung

    Rechnungsnummer ▪▪▪

    Leistungszeitraum ▪▪▪

    Steuer-Nr. oder Umsatzsteuerident-Nr. ▪▪▪

Verfahrensgebühr VV Nrn. 3306, 3305, 0,5	379,00 Euro
(Gegenstandswert: 30.000 Euro)	
Terminsgebühr VV Nr. 3104, 1,2	909,60 Euro
(Gegenstandswert: 30.000 Euro)	
Einigungsgebühr VV Nr. 1000, 1,5	1.137,00 Euro
(Gegenstandswert: 30.000 Euro)	
Auslagenpauschale VV Nr. 7002	20,00 Euro
Zwischensumme	2.445,60 Euro

| 19 % Umsatzsteuer, VV Nr. 7008 | 464,66 Euro |
| Summe | 2.910,26 Euro |

■■■

(Rechtsanwalt)

7. Muster: Mahnverfahren und außergerichtliche Erledigungsbesprechung

29 Nach dem auftragsgemäß eingereichten Antrag auf Erlass eines Mahnbescheids und nach Zustellung des Mahnbescheids setzt sich der Antragsgegner mit dem Rechtsanwalt des Antragstellers telefonisch in Verbindung und führt mit diesem Einigungsgespräche, die erfolglos bleiben.

227

Frau/Herrn ■■■

■■■ (Straße)

■■■ (PLZ, Ort)

Vergütungsabrechnung

    Rechnungsnummer ■■■

    Leistungszeitraum ■■■

    Steuer-Nr. oder Umsatzsteuerident-Nr. ■■■

Verfahrensgebühr VV Nr. 3305, 1,0	758,00 Euro
(Gegenstandswert: 30.000 Euro)	
Terminsgebühr VV Nr. 3104, 1,2	909,60 Euro
(Gegenstandswert: 30.000 Euro)	
Auslagenpauschale VV Nr. 7002	20,00 Euro
Zwischensumme	1.687,60 Euro
19 % Umsatzsteuer, VV Nr. 7008	320,64 Euro
Summe	2.008,24 Euro

■■■

(Rechtsanwalt)

8. Muster: Abwandlung; die Gespräche zwischen dem Antragsgegner und dem Antragstellervertreter sind erfolgreich und führen zur Einigung

30 Frau/Herrn ■■■

228

■■■ (Straße)

■■■ (PLZ, Ort)

Vergütungsabrechnung

    Rechnungsnummer ■■■

    Leistungszeitraum ■■■

    Steuer-Nr. oder Umsatzsteuerident-Nr. ■■■

| Verfahrensgebühr VV Nr. 3305, 1,0 | 758,00 Euro |
| (Gegenstandswert: 30.000 Euro) | |

B. Mahnverfahren 8

Terminsgebühr VV Nr. 3104, 1,2	909,60 Euro
(Gegenstandswert: 30.000 Euro)	
Einigungsgebühr VV Nrn. 1000, 1003, 1,0	758,00 Euro
(Gegenstandswert: 30.000 Euro)	
Auslagenpauschale VV Nr. 7002	20,00 Euro
Zwischensumme	2.445,60 Euro
19 % Umsatzsteuer, VV Nr. 7008	464,66 Euro
Summe	2.910,26 Euro

■■■

(Rechtsanwalt)

9. Muster: Anrechnung der Verfahrensgebühr VV Nr. 3305 auf die Verfahrensgebühr nach Nr. 3100 VV des nachfolgenden Rechtsstreits bei unverändertem Gegenstandswert

Frau/Herrn ■■■

■■■ (Straße)

■■■ (PLZ, Ort)

Vergütungsabrechnung

    Rechnungsnummer ■■■

    Leistungszeitraum ■■■

    Steuer-Nr. oder Umsatzsteuerident-Nr. ■■■

I. Mahnverfahren

Verfahrensgebühr VV Nr. 3305, 1,0	758,00 Euro
(Gegenstandswert: 30.000 Euro)	
Auslagenpauschale VV Nr. 7002	20,00 Euro
Zwischensumme	778,00 Euro
19 % Umsatzsteuer, VV Nr. 7008	147,82 Euro
Summe	925,82 Euro

II. Gerichtliches Verfahren

Verfahrensgebühr VV Nr. 3100, 1,3	985,40 Euro
(Gegenstandswert: 30.000 Euro)	
hierauf anzurechnen gem. Anm. zu VV Nr. 3305 1,0 aus Streitwert 30.000 Euro	-758,00 Euro
Auslagenpauschale VV Nr. 7002	20,00 Euro
Zwischensumme	247,40 Euro
19 % Umsatzsteuer, VV Nr. 7008	47,01 Euro
Summe	294,41 Euro

31

229

| III. Gesamtsumme aus I. und II.: | 1.220,23 Euro |

∎∎∎

(Rechtsanwalt)

10. Muster: Anrechnung der Verfahrensgebühr VV Nr. 3305 auf die Verfahrensgebühr VV Nr. 3100 bei höherem Streitwert des streitigen Verfahrens (20.000 Euro im Mahnverfahren, 30.000 Euro im gerichtlichen Verfahren)

Frau/Herrn ∎∎∎

∎∎∎ (Straße)

∎∎∎ (PLZ, Ort)

Vergütungsabrechnung

    Rechnungsnummer ∎∎∎

    Leistungszeitraum ∎∎∎

    Steuer-Nr. oder Umsatzsteuerident-Nr. ∎∎∎

I. Mahnverfahren

Verfahrensgebühr VV Nr. 3305, 1,0	646,00 Euro
(Gegenstandswert: 20.000 Euro)	
Auslagenpauschale VV Nr. 7002	20,00 Euro
Zwischensumme	666,00 Euro
19 % Umsatzsteuer, VV Nr. 7008	126,54 Euro
Summe	792,54 Euro

II. Gerichtliches Verfahren

Verfahrensgebühr VV Nr. 3100, 1,3	985,40 Euro
(Gegenstandswert: 30.000 Euro)	
hierauf anzurechnen gem. Anm. zu VV Nr. 3305 1,0 aus Streitwert 20.000 Euro	-646,00 Euro
Auslagenpauschale VV Nr. 7002	20,00 Euro
Zwischensumme	359,40 Euro
19 % Umsatzsteuer, VV Nr. 7008	68,29 Euro
Summe	427,69 Euro
III. Gesamtsumme aus I. und II.:	1.220,23 Euro

∎∎∎

(Rechtsanwalt)

11. Muster: Anrechnung der Verfahrensgebühr des Mahnverfahrens nach VV Nr. 3305 auf die Verfahrensgebühr des gerichtlichen Verfahrens nach VV Nr. 3100 bei niedrigerem Streitwert des gerichtlichen Verfahrens (10.000 Euro statt 30.000 Euro)

Frau/Herrn ∎∎∎

∎∎∎ (Straße)

■■■ (PLZ, Ort)
Vergütungsabrechnung
    Rechnungsnummer ■■■
    Leistungszeitraum ■■■
    Steuer-Nr. oder Umsatzsteuerident-Nr. ■■■

I. Mahnverfahren

Verfahrensgebühr VV Nr. 3305, 1,0	758,00 Euro
(Gegenstandswert: 30.000 Euro)	
Auslagenpauschale VV Nr. 7002	20,00 Euro
Zwischensumme	778,00 Euro
19 % Umsatzsteuer, VV Nr. 7008	147,82 Euro
Summe	925,82 Euro

II. Gerichtliches Verfahren

Verfahrensgebühr VV Nr. 3100, 1,3	631,80 Euro
(Gegenstandswert: 10.000 Euro)	
hierauf anzurechnen gem. Anm. zu VV Nr. 3305 1,0 aus Streitwert 10.000 Euro[46]	-486,00 Euro
Auslagenpauschale VV Nr. 7002	20,00 Euro
Zwischensumme	165,80 Euro
19 % Umsatzsteuer, VV Nr. 7008	31,50 Euro
Summe	197,30 Euro
III. Gesamtsumme aus I. und II.:	1.123,12 Euro

■■■

(Rechtsanwalt)

12. Muster: Anrechnung der Verfahrensgebühr des Mahnverfahrens nach VV Nr. 3305 auf eine reduzierte Verfahrensgebühr VV Nr. 3101 Nr. 1 bei gleich bleibendem Streitwert

Frau/Herrn ■■■
■■■ (Straße)
■■■ (PLZ, Ort)

Vergütungsabrechnung
    Rechnungsnummer ■■■
    Leistungszeitraum ■■■
    Steuer-Nr. oder Umsatzsteuerident-Nr. ■■■

I. Mahnverfahren

Verfahrensgebühr VV Nr. 3305, 1,0	758,00 Euro

---

[46] Nach den Grundsätzen der Entscheidung des BGH vom 7.3.2007 – BeckRS 2007, 06510 mit Anm. Mayer, FD-RVG 2007, 221833 mindert die Anrechnung die Verfahrensgebühr des gerichtlichen Verfahrens; vgl hierzu und zum Streitstand vor der Entscheidung des BGH Mayer/Kroiß-*Gierl*, VV Nr. 3305 Rn 16.

(Gegenstandswert: 30.000 Euro)	
Auslagenpauschale VV Nr. 7002	20,00 Euro
Zwischensumme	778,00 Euro
19 % Umsatzsteuer, VV Nr. 7008	147,82 Euro
Summe	925,82 Euro
II. Gerichtliches Verfahren	
Verfahrensgebühr VV Nr. 3101 Nr. 1, 0,8	606,40 Euro
(Gegenstandswert: 30.000 Euro)	
hierauf anzurechnen gem. Anm. zu VV Nr. 3305 1,0 aus Streitwert 30.000 Euro, also 758,00 Euro, allerdings höchstens[47]	-606,40 Euro
Auslagenpauschale VV Nr. 7002	20,00 Euro[48]
Zwischensumme	20,00 Euro
19 % Umsatzsteuer, VV Nr. 7008	3,80 Euro
Summe	23,80 Euro
III. Gesamtsumme aus I. und II.:	949,62 Euro

■■■

(Rechtsanwalt)

13. Muster: Anrechnung der Verfahrensgebühr des Mahnverfahrens nach VV Nr. 3305 auf eine reduzierte Verfahrensgebühr VV Nr. 3101 Nr. 1 bei höherem Streitwert im gerichtlichen Verfahren (30.000 Euro statt 10.000 Euro)

Frau/Herrn ■■■

■■■ (Straße)

■■■ (PLZ, Ort)

Vergütungsabrechnung

    Rechnungsnummer ■■■

    Leistungszeitraum ■■■

    Steuer-Nr. oder Umsatzsteuerident-Nr. ■■■

I. Mahnverfahren

Verfahrensgebühr VV Nr. 3305, 1,0	486,00 Euro
(Gegenstandswert: 10.000 Euro)	
Auslagenpauschale VV Nr. 7002	20,00 Euro
Zwischensumme	506,00 Euro
19 % Umsatzsteuer, VV Nr. 7008	96,14 Euro
Summe	602,14 Euro

---

[47] Im Ergebnis so wohl auch *Hansens*/Braun/Schneider, Praxis des Vergütungsrechts, Teil 8 Rn 422.
[48] Die Auslagenpauschale ist aus der Verfahrensgebühr vor der Anrechnung zu bestimmen, vgl. hierzu § 4 Rn 66.

B. Mahnverfahren

II. Gerichtliches Verfahren

Verfahrensgebühr VV Nr. 3101 Nr. 1, 0,8	606,40 Euro
(Gegenstandswert: 30.000 Euro)	
hierauf anzurechnen gem. Anm. zu VV Nr. 3305 1,0 aus Streitwert 10.000 Euro	-486,00 Euro
Auslagenpauschale VV Nr. 7002	20,00 Euro
Zwischensumme	140,40 Euro
19 % Umsatzsteuer, VV Nr. 7008	26,68 Euro
Summe	167,08 Euro
III. Gesamtsumme aus I. und II.:	769,22 Euro

■■■
(Rechtsanwalt)

14. Muster: Anrechnung der Verfahrensgebühr des Mahnverfahrens nach VV Nr. 3305 auf eine reduzierte Verfahrensgebühr VV Nr. 3101 Nr. 1 bei geringerem Streitwert im gerichtlichen Verfahren (10.000 Euro statt 30.000 Euro)

Frau/Herrn ■■■
■■■ (Straße)
■■■ (PLZ, Ort)

Vergütungsabrechnung

    Rechnungsnummer ■■■

    Leistungszeitraum ■■■

    Steuer-Nr. oder Umsatzsteueridentifikations-Nr. ■■■

I. Mahnverfahren

Verfahrensgebühr VV Nr. 3305, 1,0	758,00 Euro
(Gegenstandswert: 30.000 Euro)	
Auslagenpauschale VV Nr. 7002	20,00 Euro
Zwischensumme	778,00 Euro
19 % Umsatzsteuer, VV Nr. 7008	147,82 Euro
Summe	925,82 Euro

II. Gerichtliches Verfahren

Verfahrensgebühr VV Nr. 3101 Nr. 1, 0,8	388,80 Euro
(Gegenstandswert: 10.000 Euro)	
hierauf anzurechnen gem. Anm. zu VV Nr. 3305 1,0 aus Streitwert 10.000 Euro, also 486,00 Euro, allerdings maximal[49]	-388,80 Euro
Auslagenpauschale VV Nr. 7002	20,00 Euro[50]
Zwischensumme	20,00 Euro

---

49 Im Ergebnis so wohl auch *Hansens*/Braun/Schneider, Praxis des Vergütungsrechts, Teil 8 Rn 422.
50 Die Auslagenpauschale ist aus der Verfahrensgebühr vor der Anrechnung zu bestimmen, vgl hierzu § 4 Rn 66.

19 % Umsatzsteuer, VV Nr. 7008	3,80 Euro
Summe	23,80 Euro
III. Gesamtsumme aus I. und II.:	949,62 Euro

■■■

(Rechtsanwalt)

15. Muster: Mahnverfahren mit Antrag auf Erlass eines Vollstreckungsbescheids (Streitwert 30.000 Euro)

Frau/Herrn ■■■

■■■ (Straße)

■■■ (PLZ, Ort)

Vergütungsabrechnung

    Rechnungsnummer ■■■

    Leistungszeitraum ■■■

    Steuer-Nr. oder Umsatzsteuerident-Nr. ■■■

Verfahrensgebühr VV Nr. 3305, 1,0	758,00 Euro
(Gegenstandswert: 30.000 Euro)	
Verfahrensgebühr VV Nr. 3308, 0,5	379,00 Euro
(Gegenstandswert: 30.000 Euro)	
Auslagenpauschale VV Nr. 7002	20,00 Euro
Zwischensumme	1.157,00 Euro
19 % Umsatzsteuer, VV Nr. 7008	219,83 Euro
Summe	1.376,83 Euro

■■■

(Rechtsanwalt)

16. Muster: Mahnverfahren mit Antrag auf Erlass eines Vollstreckungsbescheids bei mehreren Auftraggebern (2 Auftraggeber, Streitwert 30.000 Euro)

Frau/Herrn ■■■

■■■ (Straße)

■■■ (PLZ, Ort)

Vergütungsabrechnung

    Rechnungsnummer ■■■

    Leistungszeitraum ■■■

    Steuer-Nr. oder Umsatzsteuerident-Nr. ■■■

Verfahrensgebühr VV Nr. 3305, 1,0	758,00 Euro
(Gegenstandswert: 30.000 Euro)	
Erhöhungsgebühr VV Nr. 1008, 0,3	227,40 Euro
(Gegenstandswert: 30.000 Euro)	

B. Mahnverfahren

Verfahrensgebühr VV Nr. 3308, 0,5	379,00 Euro
(Gegenstandswert: 30.000 Euro)	
Auslagenpauschale VV Nr. 7002	20,00 Euro
Zwischensumme	1.384,40 Euro
19 % Umsatzsteuer, VV Nr. 7008	263,04 Euro
Summe	1.647,44 Euro

■■■

(Rechtsanwalt)

17. Muster: Nur Antrag auf Erlass eines Vollstreckungsbescheids (Streitwert 30.000 Euro)

Frau/Herrn ■■■

■■■ (Straße)

■■■ (PLZ, Ort)

Vergütungsabrechnung

    Rechnungsnummer ■■■

    Leistungszeitraum ■■■

    Steuer-Nr. oder Umsatzsteuerident-Nr. ■■■

Verfahrensgebühr VV Nr. 3308, 0,5	379,00 Euro
(Gegenstandswert: 30.000 Euro)	
Auslagenpauschale VV Nr. 7002	20,00 Euro
Zwischensumme	399,00 Euro
19 % Umsatzsteuer, VV Nr. 7008	75,81 Euro
Summe	474,81 Euro

■■■

(Rechtsanwalt)

18. Muster: Nur Antrag auf Erlass eines Vollstreckungsbescheids bei 2 Auftraggebern (Streitwert 30.000 Euro)

Frau/Herrn ■■■

■■■ (Straße)

■■■ (PLZ, Ort)

Vergütungsabrechnung

    Rechnungsnummer ■■■

    Leistungszeitraum ■■■

    Steuer-Nr. oder Umsatzsteuerident-Nr. ■■■

Verfahrensgebühr VV Nr. 3308, 0,5	379,00 Euro
(Gegenstandswert: 30.000 Euro)	
Erhöhungsgebühr VV Nr. 1008, 0,3	227,40 Euro

§ 8 Mahnverfahren, Zwangsvollstreckung bei den unter Teil 3 VV fallenden Verfahren

(Gegenstandswert: 30.000 Euro)

Auslagenpauschale VV Nr. 7002	20,00 Euro
Zwischensumme	626,40 Euro
19 % Umsatzsteuer, VV Nr. 7008	119,02 Euro
Summe	745,42 Euro

■■■

(Rechtsanwalt)

19. Muster: Vertretung des Antragsgegners – Widerspruch gegen den Mahnbescheid (Streitwert 30.000 Euro)

Frau/Herrn ■■■

■■■ (Straße)

■■■ (PLZ, Ort)

Vergütungsabrechnung

    Rechnungsnummer ■■■

    Leistungszeitraum ■■■

    Steuer-Nr. oder Umsatzsteuerident-Nr. ■■■

Verfahrensgebühr VV Nr. 3307, 0,5	379,00 Euro
(Gegenstandswert: 30.000 Euro)	
Auslagenpauschale VV Nr. 7002	20,00 Euro
Zwischensumme	399,00 Euro
19 % Umsatzsteuer, VV Nr. 7008	75,81 Euro
Summe	474,81 Euro

■■■

(Rechtsanwalt)

20. Muster: Vertretung der Antragsgegner im Mahnverfahren, Auftraggeber sind in derselben Angelegenheit 2 Personen (Streitwert 30.000 Euro)

Frau/Herrn ■■■

■■■ (Straße)

■■■ (PLZ, Ort)

Vergütungsabrechnung

    Rechnungsnummer ■■■

    Leistungszeitraum ■■■

    Steuer-Nr. oder Umsatzsteuerident-Nr. ■■■

Verfahrensgebühr VV Nr. 3307, 0,5	379,00 Euro
(Gegenstandswert: 30.000 Euro)	
Erhöhungsgebühr VV Nr. 1008, 0,3	227,40 Euro
(Gegenstandswert: 30.000 Euro)	

B. Mahnverfahren

Auslagenpauschale VV Nr. 7002	20,00 Euro
Zwischensumme	626,40 Euro
19 % Umsatzsteuer, VV Nr. 7008	119,02 Euro
Summe	745,42 Euro

■■■
(Rechtsanwalt)

21. Muster: Anrechnung der Verfahrensgebühr VV Nr. 3307 auf die Verfahrensgebühr VV Nr. 3100 bei identischem Streitwert

Frau/Herrn ■■■
■■■ (Straße)
■■■ (PLZ, Ort)
Vergütungsabrechnung

    Rechnungsnummer ■■■
    Leistungszeitraum ■■■
    Steuer-Nr. oder Umsatzsteuerident-Nr. ■■■

I. Mahnverfahren

Verfahrensgebühr VV Nr. 3307, 0,5	379,00 Euro
(Gegenstandswert: 30.000 Euro)	
Auslagenpauschale VV Nr. 7002	20,00 Euro
Zwischensumme	399,00 Euro
19 % Umsatzsteuer, VV Nr. 7008	75,81 Euro
Summe	474,81 Euro

II. Streitiges Verfahren

Verfahrensgebühr VV Nr. 3100, 1,3	985,40 Euro
(Gegenstandswert: 30.000 Euro)	
hierauf anzurechnen gem. Anm. zu VV Nr. 3307	
0,5 Gebühr aus 30.000 Euro	-379,00 Euro
Auslagenpauschale VV Nr. 7002	20,00 Euro
Zwischensumme	626,40 Euro
19 % Umsatzsteuer, VV Nr. 7008	119,02 Euro
Summe	745,42 Euro
III. Gesamtsumme aus I. und II.:	1.220,23 Euro

■■■
(Rechtsanwalt)

22. Muster: Abwandlung: Streitwert im Rechtsstreit ist höher

Anrechnung der Verfahrensgebühr VV Nr. 3307 auf die Verfahrensgebühr des nachfolgenden Rechtsstreits, der Streitwert im Rechtsstreit ist höher (Streitwert Mahnverfahren 10.000 Euro, Streitwert streitiges Verfahren 30.000 Euro).

Frau/Herrn ▪▪▪
▪▪▪ (Straße)
▪▪▪ (PLZ, Ort)
Vergütungsabrechnung
    Rechnungsnummer ▪▪▪
    Leistungszeitraum ▪▪▪
    Steuer-Nr. oder Umsatzsteuerident-Nr. ▪▪▪

I. Mahnverfahren

Verfahrensgebühr VV Nr. 3307, 0,5	243,00 Euro
(Gegenstandswert: 10.000 Euro)	
Auslagenpauschale VV Nr. 7002	20,00 Euro
Zwischensumme	263,00 Euro
19 % Umsatzsteuer, VV Nr. 7008	49,97 Euro
Summe	312,97 Euro

II. Streitiges Verfahren

Verfahrensgebühr VV Nr. 3100, 1,3	985,40 Euro
(Gegenstandswert: 30.000 Euro)	
hierauf anzurechnen gem. Anm. zu VV Nr. 3307	
0,5 Gebühr aus 10.000 Euro	-243,00 Euro
Auslagenpauschale VV Nr. 7002	20,00 Euro
Zwischensumme	762,40 Euro
19 % Umsatzsteuer, VV Nr. 7008	144,86 Euro
Summe	907,26 Euro
III. Gesamtsumme aus I. und II.:	1.220,23 Euro

▪▪▪
(Rechtsanwalt)

23. Muster: Abwandlung: Streitwert im Rechtsstreit ist niedriger

45 Anrechnung der Verfahrensgebühr VV Nr. 3307 auf die Verfahrensgebühr VV Nr. 3100, der Streitwert im Rechtsstreit ist geringer (Streitwert Mahnverfahren 30.000 Euro, Streitwert streitiges Verfahren 10.000 Euro).

Frau/Herrn ▪▪▪
▪▪▪ (Straße)
▪▪▪ (PLZ, Ort)
Vergütungsabrechnung
    Rechnungsnummer ▪▪▪
    Leistungszeitraum ▪▪▪
    Steuer-Nr. oder Umsatzsteuerident-Nr. ▪▪▪

B. Mahnverfahren

I. Mahnverfahren
Verfahrensgebühr VV Nr. 3307, 0,5   379,00 Euro
(Gegenstandswert: 30.000 Euro)
Auslagenpauschale VV Nr. 7002   20,00 Euro
Zwischensumme   399,00 Euro
19 % Umsatzsteuer, VV Nr. 7008   75,81 Euro
Summe   474,81 Euro

II. Streitiges Verfahren
Verfahrensgebühr VV Nr. 3100, 1,3   631,80 Euro
(Gegenstandswert: 10.000 Euro)
hierauf anzurechnen gem. Anm. zu VV Nr. 3307
0,5 Gebühr aus 10.000 Euro   -243,00 Euro
Auslagenpauschale VV Nr. 7002   20,00 Euro
Zwischensumme   408,80 Euro
19 % Umsatzsteuer, VV Nr. 7008   77,67 Euro
Summe   486,47 Euro

III. Gesamtsumme aus I. und II.:   961,28 Euro

■■■
(Rechtsanwalt)

24. Muster: Anrechnung der Verfahrensgebühr VV Nr. 3307 auf eine beschränkte Verfahrensgebühr VV Nr. 3101 Nr. 1 bei identischem Streitwert (30.000 Euro)

Frau/Herrn ■■■
■■■ (Straße)
■■■ (PLZ, Ort)
Vergütungsabrechnung
    Rechnungsnummer ■■■
    Leistungszeitraum ■■■
    Steuer-Nr. oder Umsatzsteuerident-Nr. ■■■

I. Mahnverfahren
Verfahrensgebühr VV Nr. 3307, 0,5   379,00 Euro
(Gegenstandswert: 30.000 Euro)
Auslagenpauschale VV Nr. 7002   20,00 Euro
Zwischensumme   399,00 Euro
19 % Umsatzsteuer, VV Nr. 7008   75,81 Euro
Summe   474,81 Euro

II. Streitiges Verfahren
Verfahrensgebühr VV Nr. 3101 Nr. 1, 0,8   606,40 Euro
(Gegenstandswert: 30.000 Euro)

hierauf anzurechnen gem. Anm. zu VV Nr. 3307	
0,5 Gebühr aus 30.000 Euro	−379,00 Euro
Auslagenpauschale VV Nr. 7002	20,00 Euro
Zwischensumme	247,40 Euro
19 % Umsatzsteuer, VV Nr. 7008	47,01 Euro
Summe	294,41 Euro
III. Gesamtsumme aus I. und II.:	769,22 Euro

■■■

(Rechtsanwalt)

25. Muster: Abwandlung: Streitwert des gerichtlichen Verfahrens ist höher

47 Anrechnung der Verfahrensgebühr VV Nr. 3307 auf eine beschränkte Verfahrensgebühr VV Nr. 3101 Nr. 1, der Streitwert des gerichtlichen Verfahrens ist höher (Mahnverfahren 10.000 Euro, gerichtliches Verfahren 30.000 Euro).

Frau/Herrn ■■■

■■■ (Straße)

■■■ (PLZ, Ort)

Vergütungsabrechnung

    Rechnungsnummer ■■■

    Leistungszeitraum ■■■

    Steuer-Nr. oder Umsatzsteuerident-Nr. ■■■

I. Mahnverfahren

Verfahrensgebühr VV Nr. 3307, 0,5	243,00 Euro
(Gegenstandswert: 10.000 Euro)	
Auslagenpauschale VV Nr. 7002	20,00 Euro
Zwischensumme	263,00 Euro
19 % Umsatzsteuer, VV Nr. 7008	49,97 Euro
Summe	312,97 Euro

II. Streitiges Verfahren

Verfahrensgebühr VV Nr. 3101 Nr. 1, 0,8	606,40 Euro
(Gegenstandswert: 30.000 Euro)	
hierauf anzurechnen gem. Anm. zu VV Nr. 3307	
0,5 Gebühr aus 10.000 Euro	−243,00 Euro
Auslagenpauschale VV Nr. 7002	20,00 Euro
Zwischensumme	383,40 Euro
19 % Umsatzsteuer, VV Nr. 7008	72,85 Euro
Summe	456,25 Euro
III. Gesamtsumme aus I. und II.:	769,22 Euro

■■■
(Rechtsanwalt)

26. Muster: Abwandlung: Streitwert des gerichtlichen Verfahrens ist niedriger

Anrechnung der Verfahrensgebühr VV Nr. 3307 auf eine beschränkte Verfahrensgebühr VV Nr. 3101 Nr. 1, der Streitwert des gerichtlichen Verfahrens ist niedriger (Mahnverfahren 30.000 Euro, gerichtliches Verfahren 10.000 Euro).

48

Frau/Herrn ■■■
■■■ (Straße)
■■■ (PLZ, Ort)

246

Vergütungsabrechnung

    Rechnungsnummer ■■■
    Leistungszeitraum ■■■
    Steuer-Nr. oder Umsatzsteuerident-Nr. ■■■

I. Mahnverfahren

Verfahrensgebühr VV Nr. 3307, 0,5	379,00 Euro
(Gegenstandswert: 30.000 Euro)	
Auslagenpauschale VV Nr. 7002	20,00 Euro
Zwischensumme	399,00 Euro
19 % Umsatzsteuer, VV Nr. 7008	75,81 Euro
Summe	474,81 Euro

II. Streitiges Verfahren

Verfahrensgebühr VV Nr. 3101 Nr. 1, 0,8	388,80 Euro
(Gegenstandswert: 10.000 Euro)	
hierauf anzurechnen gem. Anm. zu VV Nr. 3307	
0,5 Gebühr aus 10.000 Euro	-243,00 Euro
Auslagenpauschale VV Nr. 7002	20,00 Euro
Zwischensumme	165,80 Euro
19 % Umsatzsteuer, VV Nr. 7008	31,50 Euro
Summe	197,30 Euro
III. Gesamtsumme aus I. und II.:	672,11 Euro

■■■
(Rechtsanwalt)

27. Muster: Terminsgebühr bei Vertretung des Antragsgegners sowohl im Mahnverfahren wie im gerichtlichen Verfahren (Streitwert 30.000 Euro)

Frau/Herrn ■■■
■■■ (Straße)
■■■ (PLZ, Ort)

49

247

Vergütungsabrechnung
  Rechnungsnummer ∎∎∎
  Leistungszeitraum ∎∎∎
  Steuer-Nr. oder Umsatzsteuerident-Nr. ∎∎∎

I. Mahnverfahren

Verfahrensgebühr VV Nr. 3307, 0,5	379,00 Euro
(Gegenstandswert: 30.000 Euro)	
Terminsgebühr VV Nr. 3104, 1,2	909,60 Euro
(Gegenstandswert: 30.000 Euro)	
Auslagenpauschale VV Nr. 7002	20,00 Euro
Zwischensumme	1.308,60 Euro
19 % Umsatzsteuer, VV Nr. 7008	248,63 Euro
Summe	1.557,23 Euro

II. Streitiges Verfahren

Verfahrensgebühr VV Nr. 3100 1,3	985,40 Euro
(Gegenstandswert: 30.000 Euro)	
hierauf anzurechnen gem. Anm. zu VV Nr. 3307 0,5 Gebühr aus 30.000 Euro	-379,00 Euro
Terminsgebühr VV Nr. 3104, 1,2	909,60 Euro
(Gegenstandswert: 30.000 Euro)	
hierauf anzurechnen gem. Abs. 4 der Anm. zu VV Nr. 3104 1,2 aus 30.000 Euro	-909,60 Euro
Auslagenpauschale VV Nr. 7002	20,00 Euro
Zwischensumme	626,40 Euro
19 % Umsatzsteuer, VV Nr. 7008	119,02 Euro
Summe	745,42 Euro
III. Gesamtsumme aus I. und II.:	2.302,65 Euro

∎∎∎

(Rechtsanwalt)

C. Zwangsvollstreckung

I. Allgemeines

50 Unterabschnitt 3 VV regelt die Gebühren für Tätigkeiten des Anwalts im Rahmen der **Durchsetzung ergangener gerichtlicher Entscheidungen.**[51] Dabei unterscheidet das RVG nicht zwischen gerichtlichen Tätigkeiten, die im Zusammenhang mit Vorschriften der Zwangsvollstreckung nach der ZPO stehen oder die der Vollziehung von Entscheidungen des einstweiligen Rechtsschutzes dienen, und solchen Tätigkeiten, die im Vollzug iS des § 33 FGG oder im gerichtlichen Verfahren über einen Akt der

---

[51] Mayer/Kroiß-*Gierl*, VV Nrn. 3309–3310 Rn 1.

Zwangsvollstreckung vor Verwaltungs- oder Finanzgerichten erfolgen, sondern fasst diese aus Vereinfachungszwecken zusammen.[52] Sonderregelungen bestehen für Tätigkeiten im Bereich des Insolvenz- und Verteilungsverfahrens, nach der Schifffahrtsrechtlichen Verteilungsordnung sowie der Immobiliarvollstreckung, letztere jedoch beschränkt auf die Arten Zwangsversteigerung und Zwangsverwaltung.[53] Auf das Verfahren der Eintragung einer Zwangshypothek (§§ 867, 870a ZPO) ist gemäß Vorbemerkung 3.3.3 Unterabschnitt 3 anzuwenden.[54] Unterabschnitt 3 gilt auch nach Vorbemerkung 2.3 Absatz 1 für außergerichtliche Tätigkeiten im Rahmen des Verwaltungszwangsverfahrens.[55]

II. Gebührentatbestände

1. VV Nr. 3309

Der Vergütungstatbestand VV Nr. 3309 sieht eine **Verfahrensgebühr** mit dem Gebührensatz von 0,3 vor. Nach der Anmerkung zum Vergütungstatbestand entsteht die Gebühr für die Tätigkeit in der Zwangsvollstreckung soweit nachfolgend keine besonderen Gebühren bestimmt sind. Die Tätigkeit des Anwalts in der Zwangsvollstreckung beginnt mit seinem ersten Tätigwerden nach Erteilung des Vollstreckungsauftrags, häufig mit der Entgegennahme der Information.[56] Die Verfahrensgebühr VV Nr. 3309 gilt für sämtliche Tätigkeiten des Rechtsanwalts innerhalb derselben Angelegenheit der Zwangsvollstreckung ab, soweit hierfür nicht die Terminsgebühr nach VV Nr. 3310 entsteht.[57]

Eine Gebührenreduktion im Fall der **vorzeitigen Auftragsbeendigung** erfolgt nicht, da eine entsprechende Ermäßigungsvorschrift wie zB VV Nr. 3101 Nr. 1 für diesen Gebührentatbestand nicht vorhanden ist.[58]

Der Vergütungstatbestand gilt grundsätzlich sowohl für den Anwalt, der nur für das Zwangsvollstreckungsverfahren beauftragt ist als auch für denjenigen, der bereits als Prozessbevollmächtigter im Erkenntnisverfahren bestellt worden war; bei letzterem ist jedoch auch darauf zu achten, dass gewisse Tätigkeiten gebührenrechtlich noch dem Erkenntnisverfahren zuzuordnen sind (vgl zB § 19 I 2 Nrn. 9, 11, 12, 15 RVG) und deren Ausführung daher noch nicht den Anfall der Verfahrensgebühr auslöst.[59] Ob der Anwalt für den Gläubiger, den Schuldner oder einen Dritten tätig wird, spielt für die Entstehung der Gebühr keine Rolle, entscheidend ist lediglich, dass er eine Tätigkeit in der Zwangsvollstreckung ausübt.[60] Die Gebühr entsteht auch dann, wenn der Anwalt nicht mit der Durchführung der ganzen Zwangsvollstreckung beauftragt ist,

---

52 Mayer/Kroiß-*Gierl*, VV Nrn. 3309–3310 Rn 2.
53 Mayer/Kroiß-*Gierl*, VV Nrn. 3309–3310 Rn 2.
54 Mayer/Kroiß-*Gierl*, VV Nrn. 3309–3310 Rn 2.
55 Mayer/Kroiß-*Gierl*, VV Nr. 3309 Rn 3.
56 Gerold/Schmidt-*Müller-Rabe*, VV Nr. 3309 Rn 19; Mayer/Kroiß-*Gierl*, VV Nr. 3309 Rn 8.
57 Hansens/Braun/Schneider-*Volpert*, Praxis des Vergütungsrechts, Teil 18 Rn 15.
58 Hansens/Braun/Schneider-*Volpert*, Praxis des Vergütungsrechts, Teil 18 Rn 16; vgl auch Gerold/Schmidt-*Müller-Rabe*, VV Nr. 3309 Rn 26; Bischof-*Bräuer*, VV Nr. 3309 Rn 38.
59 Mayer/Kroiß-*Gierl*, VV Nr. 3309 Rn 14; AnwK-RVG/*Wolf*, VV Nrn. 3309–3310 Rn 68; Gerold/Schmidt-*Müller-Rabe*, VV Nr. 3309 Rn 34.
60 Mayer/Kroiß-*Gierl*, VV Nr. 3309 Rn 14; AnwK-RVG/*Wolf*, VV Nrn. 3309–3310 Rn 68.

sondern lediglich einen Einzelauftrag im Rahmen der Zwangsvollstreckung erhalten hat.[61]

54 Vertritt der Rechtsanwalt mehrere Auftraggeber und ist der Gegenstand der anwaltlichen Tätigkeit derselbe, erhöht sich die Gebühr um den **Mehrvertretungszuschlag** nach VV Nr. 1008 für jeden weiteren Auftraggeber um 0,3, mehrere Erhöhungen dürfen jedoch den Betrag von 2,0 nicht übersteigen.[62]

2. Gegenstandswert

55 Der Gegenstandswert in der Zwangsvollstreckung wird durch § **25 RVG** bestimmt; die Vorschrift ist **lex specialis** zu § 23 RVG und regelt vorbehaltlich der §§ 26–29 RVG umfänglich und abschließend die Bestimmung des Gegenstandswertes für das gesamte Zwangsvollstreckungsverfahren einschließlich der Vollziehung von Arrest und einstweiliger Verfügung.[63] Bei der Vollstreckung wegen Geldforderungen ist maßgeblich die Höhe des Betrages, für den die Vollstreckung betrieben wird. Erfolgt dies wegen der gesamten titulierten Forderung nebst Nebenkosten, so ist der Gegenstandswert mit dem Wert der titulierten Forderung zzgl Nebenforderungen identisch.[64] Wird jedoch nur wegen eines Teilbetrages vollstreckt, so ergibt sich der Gegenstandswert aus dem geltend gemachten Teilbetrag.[65] Werden Nebenforderungen mitvollstreckt, erhöhen sie den Gegenstandswert.[66] Unter die zu berücksichtigenden Nebenforderungen fallen die einzuziehenden Zinsen und Kosten, dabei sind die Zinsen bis zu dem Tage zu berücksichtigen, an dem die Zwangsvollstreckung ausgeführt oder der Antrag zurückgenommen wird, nicht nur die Zinsen, die bis zur Entstehung des Vollstreckungstitels aufgelaufen sind.[67] Die zu berücksichtigenden Kosten umfassen auch solche einer früheren Zwangsvollstreckung, nicht aber die gerichtlichen und außergerichtlichen Kosten des jeweils in Frage stehenden Vollstreckungsakts.[68]

3. Terminsgebühr VV Nr. 3310

56 Zusätzlich zur Verfahrensgebühr kann der Rechtsanwalt nach VV Nr. 3310 eine 0,3 **Terminsgebühr** verdienen, wenn er in einem der dem Unterabschnitt 3 unterfallenden Verfahren an einem gerichtlichen Termin oder an einem Termin vor dem Gerichtsvollzieher zur Abgabe der eidesstattlichen Versicherung teilnimmt.[69] Die Terminsgebühr VV Nr. 3310 hat somit einen **engeren Anwendungsbereich** als die Terminsgebühr nach Nr. 3104 VV, da sie nur für die Teilnahme an einem gerichtlichen Termin oder an einem Termin zur Abgabe der eidesstattlichen Versicherung anfällt, nicht jedoch auch für die Mitwirkung an auf die Vermeidung oder Erledigung des Verfahrens gerichteten Besprechungen.[70] Begründet wird dies vom Gesetzgeber damit, dass

---

61 Mayer/Kroiß-*Gierl*, VV Nr. 3309 Rn 14.
62 Gerold/Schmidt-*Müller-Rabe*, VV Nr. 3309 Rn 27; Hansens/Braun/Schneider-*Volpert*, Praxis des Vergütungsrechts, Teil 18 Rn 17; AnwK-RVG/*Wolf*, VV Nrn. 3309–3310 Rn 72; Bischof-*Bräuer*, VV Nr. 3309 Rn 39.
63 Mayer/Kroiß-*Gierl*, § 25 Rn 1; Gerold/Schmidt-*Müller-Rabe*, § 25 Rn 3; vgl auch AnwK-RVG/*Wolf*, § 25 Rn 1.
64 Gerold/Schmidt-*Müller-Rabe*, § 25 Rn 5.
65 Gerold/Schmidt-*Müller-Rabe*, § 25 Rn 5.
66 Gerold/Schmidt-*Müller-Rabe*, § 25 Rn 6.
67 Gerold/Schmidt-*Müller-Rabe*, § 25 Rn 6.
68 Gerold/Schmidt-*Müller-Rabe*, § 25 Rn 6.
69 BT-Drucks. 15/1971, S. 215.
70 Mayer, RVG-Letter 2004, 41 f., 42.

im Hinblick auf die eingeführte Einigungsgebühr eine Terminsgebühr für Besprechungen, die auf Erledigung zielen, als verzichtbar angesehen werden kann, weil vielfach die Einigungsgebühr, insbesondere bei Ratenzahlungsvereinbarungen, anfällt.[71] Für das Entstehen der Gebühr ist ausreichend, dass der Anwalt den Termin wahrnimmt, eine Verhandlung zur Sache oder eine Antragstellung ist nicht erforderlich.[72]

4. Einigungsgebühr (Nr. 1000 VV), insbesondere Ratenzahlungsvergleich

Die Einigungsgebühr iS der Nr. 1000 VV kann **auch im Rahmen der Zwangsvollstreckung** erwachsen.[73] Denn auch nach Rechtskraft eines Urteils kann im daran anschließenden Zwangsvollstreckungsverfahren eine Ungewissheit iS der Nr. 1000 VV im Hinblick auf die Verwirklichung des titulierten Anspruchs bestehen, so zB, ob der Schuldner ausreichend solvent ist, den titulierten Anspruch zu erfüllen, oder wenn Klagen des Schuldners im Raum stehen, die dem Titel seine Vollstreckungsfähigkeit wieder nehmen (zB Nichtigkeits-, Restitutions- oder Vollstreckungsgegenklagen).[74]   57

Ist über den Gegenstand der Einigung kein gerichtliches Verfahren oder PKH-Verfahren anhängig, entsteht die Einigungsgebühr nach Nr. 1000 VV mit einem Satz von 1,5; ist über den Gegenstand der Einigung ein gerichtliches Verfahren anhängig, entsteht sie nach Nr. 1003 VV mit einem Satz 1,0; eine Ermäßigung des Gebührensatzes auf 0,3, weil die Einigung in der Zwangsvollstreckung abgeschlossen wurde, erfolgt nicht.[75] Dabei ist für die Anhängigkeit des gerichtlichen Verfahrens nicht auf das der Zwangsvollstreckung vorhergehende Erkenntnisverfahren, in dem der Vollstreckungstitel ergangen ist, abzustellen, sondern auf das Zwangsvollstreckungsverfahren.[76] Die Gebührenreduktion der Einigungsgebühr tritt selbst dann nicht ein, wenn das gerichtliche Verfahren noch nicht rechtskräftig abgeschlossen ist.[77]   58

Die Streitfrage, ob eine Reduzierung der Einigungsgebühr auch dann erfolgt, wenn der Gerichtsvollzieher als Vollstreckungsorgan mit dem Verfahren befasst ist,[78] hat der Gesetzgeber mittlerweile im Rahmen des 2. Justizmodernisierungsgesetzes[79] geklärt; der Gesetzgeber hat nämlich der Anmerkung zu Nr. 1003 VV einen Satz 2 angefügt, der bestimmt, dass das Verfahren vor dem Gerichtsvollzieher einem gerichtlichen Verfahren gleichsteht; der Gesetzgeber wollte mit dieser Ergänzung klarstellen, dass auch eine **Einigung im Verfahren vor dem Gerichtsvollzieher** nur die Einigungsgebühr nach Nr. 1003 VV entstehen lässt.[80]   59

Was den **Ratenzahlungsvergleich** in der Zwangsvollstreckung anbelangt, so zog der Gesetzgeber beim Erlass des Kostenrechtsmodernisierungsgesetzes[81] und ihm folgend die überwiegende Meinung in der Literatur aus der Abkopplung des Vergütungstatbe-   60

---

71 BT-Drucks. 15/1971, S. 215.
72 Mayer/Kroiß-*Gierl*, VV Nr. 3310 Rn 2.
73 Mayer/Kroiß-*Gierl*, VV Nr. 3310 Rn 4 mwN
74 Mayer/Kroiß-*Gierl*, VV Nr. 3310 Rn 4.
75 Hansens/Braun/Schneider-*Volpert*, Praxis des Vergütungsrechts, Teil 18 Rn 40.
76 AnwK-RVG/*Wolf*, VV Nrn. 3309–3310 Rn 92; Hansens/Braun/Schneider-*Volpert*, Praxis des Vergütungsrechts, Teil 18 Rn 41; vgl auch Mayer/Kroiß-*Gierl*, VV Nr. 3310 Rn 9.
77 Mayer/Kroiß-*Gierl*, VV Nr. 3310 Rn 10.
78 S. hierzu Mayer/Kroiß-*Gierl*, VV Nr. 3310 Rn 9.
79 BGBl. 2006 I, S. 3416.
80 BT-Drucks. 16/3038, S. 55.
81 BT-Drucks. 15/1971, S. 217.

stands von dem Erfordernis des gegenseitigen Nachgebens den Schluss, dass nahezu jede Ratenzahlungsvereinbarung in der Zwangsvollstreckung die Voraussetzungen der Einigungsgebühr erfüllt, weil fast immer eine Ungewissheit über die Erfolgsaussichten von Vollstreckungsmaßnahmen, die Zahlungsfähigkeit oder die Zahlungswilligkeit des Schuldners vorliegt.[82] Eine andere Auffassung hingegen schließt aus der bei der Neuregelung fehlenden Inbezugnahme von § 779 II BGB, dass es an einer gesetzlichen Regelung für die Entstehung der Einigungsgebühr bei Abschluss eines Ratenzahlungsvergleichs in der Zwangsvollstreckung fehle.[83] Die bei dem neu gestalteten Vergütungstatbestand der Einigungsgebühr gegebene fehlende Inbezugnahme von § 779 II BGB ist jedoch lediglich bloße Folge der Tatsache, dass der Gesetzgeber den Begriff der Einigung nicht mehr an den Begriff des Vergleichs iS von § 779 BGB anknüpft. Da auch nach Rechtskraft eines Urteils im daran anschließenden Zwangsvollstreckungsverfahren eine Ungewissheit iS der Nr. 1000 im Hinblick auf die Verwirklichung des titulierten Anspruchs bestehen kann,[84] kann im Rahmen der Zwangsvollstreckung durch eine Ratenzahlungsvereinbarung die Einigungsgebühr entstehen. Erklärt sich jedoch der Gläubiger allgemein dem **Gerichtsvollzieher** gegenüber mit der **Gestattung von Ratenzahlungen** durch den Schuldner einverstanden, löst dies **keine Einigungsgebühr** nach Nr. 1000 VV aus, weil der Gerichtsvollzieher nicht aufgrund Privatautonomie, sondern kraft des ihm verliehenen öffentlichen Amtes in Ausübung der staatlichen Vollstreckungsgewalt gehandelt hat und mit der Gestattung der Ratenzahlung eine Abrede zwischen Gerichtsvollzieher und Schuldner auf vertraglicher Basis nicht zustande kommt.[85]

III. Muster

1. Muster: Vollstreckungsauftrag (Hauptforderung, Zinsen, festgesetzte Kosten und Kosten der bisherigen Vollstreckungsmaßnahmen, insgesamt 3.750 Euro)

Frau/Herrn ■■■

■■■ (Straße)

■■■ (PLZ, Ort)

Vergütungsabrechnung

    Rechnungsnummer ■■■

    Leistungszeitraum ■■■

    Steuer-Nr. oder Umsatzsteueridentifikat-Nr. ■■■

Verfahrensgebühr VV Nr. 3309, 0,3	73,50 Euro
(Gegenstandswert: 3.750 Euro)	
Auslagenpauschale VV Nr. 7002	<u>14,70 Euro</u>
Zwischensumme	88,20 Euro

---

82 Gerold/Schmidt-*v.Eicken*, VV Nr. 1000 Rn 64; Mayer/Kroiß-*Klees*, VV Nr. 1000 Rn 17; Hartung/*Römermann*/Schons, Vorb. 1, 1000 Rn 12.
83 Hansens/Braun/Schneider-*Volpert*, Praxis des Vergütungsrechts, Teil 18 Rn 43 ff., 45, vgl auch den dort ausführlich dargestellten Meinungsstand in Rechtsprechung und Literatur.
84 Vgl Mayer/Kroiß-*Gierl*, VV Nr. 3310 Rn 4.
85 BGH, NJW 2006, 3640 mit Anm. Mayer.

19 % Umsatzsteuer, VV Nr. 7008	16,76 Euro
Summe	104,96 Euro

■■■

(Rechtsanwalt)

2. Muster: Vollstreckungsandrohung

Sehr geehrte(r) Frau/Herr,

hiermit zeige ich an, dass mich Herr/Frau ■■■ mit der Zwangsvollstreckung aus dem Urteil des AG ■■■ vom ■■■ und dem Kostenfestsetzungsbeschluss des AG ■■■ vom ■■■ gegen Sie beauftragt hat.

Wie Sie der beiliegenden Forderungsaufstellung entnehmen können, steht meinem Mandanten/meiner Mandantin nach den vorgenannten Titeln nebst den angelaufenen Zinsen gegen Sie eine Forderung iHv 3.750 Euro zu.

Wegen der vorgenannten Forderung drohe ich Ihnen hiermit ausdrücklich die Zwangsvollstreckung aus den eingangs erwähnten Titeln an mit der Aufforderung, umgehend, spätestens aber bis

■■■,

den vorgenannten Betrag nebst den weiter auflaufenden Zinsen iHv ■■■ an meinen Mandanten/meine Mandantin zu bezahlen. Bei fruchtlosem Fristablauf müssen Sie damit rechnen, dass Zwangsvollstreckungsmaßnahmen eingeleitet werden.

Weiter haben Sie auch die Kosten der vorliegenden Vollstreckungsandrohung zu übernehmen. Diese entnehmen Sie bitte beiliegender Kostennote. Ich bitte um Ausgleich auf eines der unten stehenden Konten ebenfalls bis spätestens

■■■.

Hochachtungsvoll

■■■

(Rechtsanwalt)

Frau/Herrn ■■■

■■■ (Straße)

■■■ (PLZ, Ort)

Vergütungsabrechnung

    Rechnungsnummer ■■■

    Leistungszeitraum ■■■

    Steuer-Nr. oder Umsatzsteuerident-Nr. ■■■

Verfahrensgebühr VV Nr. 3309, 0,3	73,50 Euro
(Gegenstandswert: 3.750 Euro)	
Auslagenpauschale VV Nr. 7002	14,70 Euro
Zwischensumme	88,20 Euro
19 % Umsatzsteuer, VV Nr. 7008	16,76 Euro
Summe	104,96 Euro

■■■
(Rechtsanwalt)

3. Muster: Zwangsvollstreckungsauftrag; Auftraggeber in derselben Angelegenheit sind mehrere Personen (insgesamt 3 Auftraggeber)

Frau/Herrn ■■■

■■■ (Straße)

■■■ (PLZ, Ort)

Vergütungsabrechnung

    Rechnungsnummer ■■■

    Leistungszeitraum ■■■

    Steuer-Nr. oder Umsatzsteuerident-Nr. ■■■

Verfahrensgebühr VV Nr. 3309, 0,3	73,50 Euro
(Gegenstandswert: 3.750 Euro)	
Erhöhungsgebühr VV Nr. 1008, 0,6	147,00 Euro
(Gegenstandswert: 3.750 Euro)	
Auslagenpauschale VV Nr. 7002	20,00 Euro
Zwischensumme	240,50 Euro
19 % Umsatzsteuer, VV Nr. 7008	45,70 Euro
Summe	286,20 Euro

■■■
(Rechtsanwalt)

§ 9 Sonderfragen in den unter Teil 3 VV fallenden Verfahren

A. Erinnerung und Beschwerde

I. Gebührentatbestände

1. Erinnerung und Beschwerde außer in Verfahren vor den Gerichten der Sozialgerichtsbarkeit in Verfahren, in denen Betragsrahmengebühren entstehen

Der Vergütungstatbestand VV Nr. 3500 regelt die Verfahrensgebühr für Verfahren über die Beschwerde und die Erinnerung, soweit in Abschnitt 5 keine besonderen Gebühren bestimmt sind. Es handelt sich somit um die **zentrale Vorschrift für alle Beschwerde- und Erinnerungsverfahren**.[1] Da der Vergütungstatbestand VV Nr. 3500 eine Auffangvorschrift ist,[2] ist zu beachten, dass bei Anwendung des Vergütungstatbestands zu prüfen ist, ob nicht speziellere Regelungen für Beschwerden eingreifen.[3]

1

Speziellere Vorschriften sind:

2

- Rechtsbeschwerden in schiedsrichterlichen Verfahren, die sich nach Vorbemerkung 3.1 Absatz 2 nach den Vergütungstatbeständen VV Nrn. 3100 ff. richten.[4]
- Die in der Vorbemerkung 3.2.1 genannten Beschwerde- und Rechtsbeschwerdeverfahren, die dem Berufungsverfahren gleichgestellt und nach VV Nrn. 3200 ff. vergütet werden.[5]
- Die in den Vergütungstatbeständen VV Nrn. 3502 ff. geregelten besonderen Arten von Beschwerden.[6]

Der Vergütungstatbestand VV Nr. 3500 gilt zB für:

3

- Die Beschwerde oder Erinnerung in der Kostenfestsetzung oder beim Kostenansatz,[7] und zwar auch in Strafsachen (VV Vorb. 4 Abs. 5 Nr. 1), Bußgeldsachen (Vorb. 5 Abs. 4 Nr. 1) und sonstigen Verfahren iS von VV Teil 6 Abschnitt 2 (VV Vorb. 6.2 Abs. 3 Nr. 1);[8]
- die Erinnerung nach § 11 II RPflG;[9]
- die Erinnerung nach § 573 ZPO, wenn ein anderer Rechtsanwalt als der Verfahrensbevollmächtigte beauftragt ist;[10]
- die Beschwerde oder Erinnerung im PKH-Antragsverfahren;[11]
- Erinnerung und Beschwerden gegen die Festsetzung der aus der Staatskasse zu zahlenden Vergütungen und Vorschüsse;[12]

---

1 Mayer/Kroiß-*Teubel*, VV Nr. 3500 Rn 1.
2 Hartmann, VV Nr. 3500 Rn 1.
3 Gerold/Schmidt-*Müller-Rabe*, VV Nr. 3500 Rn 3.
4 Gerold/Schmidt-*Müller-Rabe*, VV Nr. 3500 Rn 3; vgl auch Mayer/Kroiß-*Teubel*, Vorb. 3.5 Rn 2.
5 Mayer/Kroiß-*Teubel*, Vorb. 3.5 Rn 1; Gerold/Schmidt-*Müller-Rabe*, VV Nr. 3500 Rn 3.
6 Gerold/Schmidt-*Müller-Rabe*, VV Nr. 3500 Rn 5.
7 Bischof-*Bräuer*, VV Nr. 3500 Rn 3; Gerold/Schmidt-*Müller-Rabe*, VV Nr. 3500 Rn 5.
8 Gerold/Schmidt-*Müller-Rabe*, VV Nr. 3500 Rn 5.
9 Gerold/Schmidt-*Müller-Rabe*, VV Nr. 3500 Rn 5; AnwK-RVG/*N.Schneider*, VV Nr. 3500 Rn 53.
10 Gerold/Schmidt-*Müller-Rabe*, VV Nr. 3500 Rn 5; AnwK-RVG/*N.Schneider*, VV Nr. 3500 Rn 54.
11 Gerold/Schmidt-*Müller-Rabe*, VV Nr. 3500 Rn 5; Bischof-*Bräuer*, VV Nr. 3500 Rn 3.
12 Gerold/Schmidt-*Müller-Rabe*, VV Nr. 3500 Rn 5.

§ 9 Sonderfragen in den unter Teil 3 VV fallenden Verfahren

- Beschwerden gegen die Zurückweisung eines Antrags auf Arrest oder einstweilige Verfügung, selbst wenn das Beschwerdegericht aufgrund mündlicher Verhandlung durch Urteil entscheidet;[13]
- Erinnerung gegen Zurückweisung des Antrags auf Erlass eines Vollstreckungsbescheids;[14]
- Erinnerungen in der Zwangsvollstreckung;[15]
- Beschwerde gegen eine abhelfende Abhilfeentscheidung;[16]
- Beschwerden nach § 78 I 1 ArbGG;[17]
- Rechtsmittelverfahren im Erbscheinerteilungsverfahren oder vergleichbaren Verfahren.[18]

4   Die Gebühr entsteht jeweils mit der auftragsgemäßen **Entgegennahme der Information**, erst recht mit der Einlegung des Rechtsbehelfs oder Rechtsmittels auch beim Vorrichter, selbst beim unzuständigen oder mit der Prüfung des gegnerischen Rechtsbehelfes oder Rechtsmittels.[19] Ein eigener Schriftsatz oder Antrag des Rechtsmittelsgegners ist nicht erforderlich.[20] Eine Reduzierung der Verfahrensgebühr bei **vorzeitigem Auftragsende** gibt es nicht.[21] Soweit auftragsgemäß darüber verhandelt wird, nicht rechtshängige Ansprüche in eine Einigung mit einzubeziehen, entsteht ebenfalls eine 0,5 Verfahrensgebühr nach VV Nr. 3500 und nicht eine 0,8 Verfahrensdifferenzgebühr nach VV Nr. 3101 Nr. 2, da es sich um eine Tätigkeit im Rahmen des Beschwerde- oder Erinnerungsverfahrens handelt.[22]

5   Liegen die Voraussetzungen für den **Mehrvertretungszuschlag** nach VV Nr. 1008 vor, erhöht sich die Verfahrensgebühr nach VV Nr. 3500 für jeden weiteren Auftraggeber um 0,3, maximal jedoch um 2,0.[23]

6   Neben der Verfahrensgebühr nach VV Nr. 3500 kann der Anwalt auch eine 0,5 **Terminsgebühr** nach **VV Nr. 3513** verdienen. Eine Terminsgebühr bei einer Entscheidung im schriftlichen Verfahren kann nicht entstehen, da der Vergütungstatbestand VV Nr. 3513 keine der Anmerkung Absatz 1 Nr. 1 zu VV Nr. 3104 entsprechende Regelung kennt und im Übrigen über Beschwerden durch Beschluss entschieden wird, was ohne mündliche Verhandlung erfolgen kann.[24] Die Terminsgebühr entsteht nicht nur mit dem Satz von 0,5, sondern nach VV Nr. 3514 mit dem Satz von 1,2 nach VV Nr. 3512, wenn das Beschwerdegericht über eine Beschwerde gegen die Zurückweisung des Antrags auf Anordnung eines Arrests oder Erlass einer einstweiligen Verfügung durch Urteil entscheidet.

---

13 Riedel/Sußbauer-*Keller*, VV Teil 3, Abschnitt 5 Rn 4; Gerold/Schmidt-*Müller-Rabe*, VV Nr. 3500 Rn 5.
14 Gerold/Schmidt-*Müller-Rabe*, VV Nr. 3500 Rn 5.
15 Riedel/Sußbauer-*Keller*, VV Teil 3 Abschnitt 5 Rn 3; Bischof-*Bräuer*, VV Nr. 3500 Rn 3; Gerold/Schmidt-*Müller-Rabe*, VV Nr. 3500 Rn 5.
16 Gerold/Schmidt-*Müller-Rabe*, VV Nr. 3500 Rn 5.
17 Gerold/Schmidt-*Müller-Rabe*, VV Nr. 3500 Rn 5; Hartmann, VV Nr. 3500 Rn 3.
18 OLG München, NJW-RR 2006, 1727 f.; OLG München, BeckRS 2006, 15286 mit kritischer Bespr. Kroiß, RVG-Letter 2007, 17.
19 Hartmann, VV Nr. 3500 Rn 3.
20 Hartmann, VV Nr. 3500 Rn 3.
21 Gerold/Schmidt-*Müller-Rabe*, VV Nr. 3500 Rn 14.
22 Gerold/Schmidt-*Müller-Rabe*, VV Nr. 3500 Rn 15.
23 Gerold/Schmidt-*Müller-Rabe*, VV Nr. 3500 Rn 17; OLG Dresden, JurBüro 2005, 656.
24 Gerold/Schmidt-*Müller-Rabe*, VV Nr. 3500 Rn 18.

A. Erinnerung und Beschwerde

Zusätzlich zur Verfahrens- und/oder Terminsgebühr kann auch eine **Einigungsgebühr** entstehen, jedoch nur mit dem Satz von 1,0 nach VV Nr. 1003; auch das Erinnerungs- und das Beschwerdeverfahren sind ein „anderes gerichtliches Verfahren" im Sinne dieser Vorschrift.[25]

2. Erinnerung und Beschwerde in Verfahren vor den Gerichten der Sozialgerichtsbarkeit, wenn in den Verfahren Betragsrahmengebühren entstehen

Der Vergütungstatbestand VV Nr. 3501 regelt die **Verfahrensgebühr** in Verfahren vor den Gerichten der **Sozialgerichtsbarkeit** über die Beschwerde und Erinnerung, wenn in den Verfahren **Betragsrahmengebühren** entstehen, soweit in Abschnitt 5 keine besonderen Gebühren bestimmt sind. Besondere Gebühren in diesem Sinne sind die Verfahrensgebühr VV Nr. 3511 und die Verfahrensgebühr VV Nr. 3512 (Nichtzulassungsbeschwerden gegen die Nichtzulassung der Berufung bzw der Revision).

Der Vergütungstatbestand **VV Nr. 3501** sieht einen Rahmen von 15 Euro–160 Euro vor, die **Mittelgebühr** beträgt **87,50 Euro**. Für das vorzeitige Auftragsende ist kein eigenständiger Vergütungstatbestand vorgesehen, ihm ist bei der Ausfüllung des Gebührenrahmens im Einzelfall gem. § 14 RVG Rechnung zu tragen.[26] In dem vom Vergütungstatbestand VV Nr. 3501 betroffenen Verfahren kann auch eine **Terminsgebühr** entstehen, und zwar nach **VV Nr. 3515**; der Vergütungstatbestand sieht ebenfalls einen Rahmen von 15 Euro–160 Euro, **Mittelgebühr 87,50 Euro**, vor.

II. Muster

1. Muster: Beschwerdeverfahren (Wert 10.000 Euro)

Frau/Herrn ■■■

■■■ (Straße)

■■■ (PLZ, Ort)

251

Vergütungsabrechnung

    Rechnungsnummer ■■■

    Leistungszeitraum ■■■

    Steuer-Nr. oder Umsatzsteuerident-Nr. ■■■

Verfahrensgebühr VV Nr. 3500, 0,5	243,00 Euro
(Gegenstandswert: 10.000 Euro)	
Auslagenpauschale VV Nr. 7002	20,00 Euro
Zwischensumme	263,00 Euro
19 % Umsatzsteuer, VV Nr. 7008	49,97 Euro
Summe	312,97 Euro

■■■

(Rechtsanwalt)

---

[25] Hansens/Braun/*Schneider*, Teil 8 Rn 542, 572; Gerold/Schmidt-*Müller-Rabe*, VV Nr. 3500 Rn 19.
[26] Gerold/Schmidt-*Müller-Rabe*, VV Nr. 3501 Rn 4.

§ 9 Sonderfragen in den unter Teil 3 VV fallenden Verfahren

2. Muster: Beschwerdeverfahren, mehrere Auftraggeber (3 weitere Auftraggeber, Wert 10.000 Euro)

Frau/Herrn ▪▪▪
▪▪▪ (Straße)
▪▪▪ (PLZ, Ort)
Vergütungsabrechnung
    Rechnungsnummer ▪▪▪
    Leistungszeitraum ▪▪▪
    Steuer-Nr. oder Umsatzsteuerident-Nr. ▪▪▪

Verfahrensgebühr VV Nr. 3500, 0,5	243,00 Euro
(Gegenstandswert: 10.000 Euro)	
Erhöhungsgebühr VV Nr. 1008, 0,9	437,40 Euro
(Gegenstandswert: 10.000 Euro)	
Auslagenpauschale VV Nr. 7002	20,00 Euro
Zwischensumme	700,40 Euro
19 % Umsatzsteuer, VV Nr. 7008	133,08 Euro
Summe	833, 48 Euro

▪▪▪
(Rechtsanwalt)

3. Muster: Beschwerdeverfahren, vorzeitiges Auftragsende (Wert 10.000 Euro)

Frau/Herrn ▪▪▪
▪▪▪ (Straße)
▪▪▪ (PLZ, Ort)
Vergütungsabrechnung
    Rechnungsnummer ▪▪▪
    Leistungszeitraum ▪▪▪
    Steuer-Nr. oder Umsatzsteuerident-Nr. ▪▪▪

Verfahrensgebühr VV Nr. 3500, 0,5	243,00 Euro
(Gegenstandswert: 10.000 Euro)	
Auslagenpauschale VV Nr. 7002	20,00 Euro
Zwischensumme	263,00 Euro
19 % Umsatzsteuer, VV Nr. 7008	49,97 Euro
Summe	312,97 Euro

▪▪▪
(Rechtsanwalt)

A. Erinnerung und Beschwerde

4. Muster: Beschwerdeverfahren mit außergerichtlicher Erledigungsbesprechung (Wert 2.000 Euro)

Frau/Herrn ▪▪▪
▪▪▪ (Straße)
▪▪▪ (PLZ, Ort)
Vergütungsabrechnung
     Rechnungsnummer ▪▪▪
     Leistungszeitraum ▪▪▪
     Steuer-Nr. oder Umsatzsteuerident-Nr. ▪▪▪

Verfahrensgebühr VV Nr. 3500, 0,5	66,50 Euro
(Gegenstandswert: 2.000 Euro)	
Terminsgebühr VV Nr. 3513, 0,5	66,50 Euro
(Gegenstandswert: 2.000 Euro)	
Auslagenpauschale VV Nr. 7002	20,00 Euro
Zwischensumme	153,00 Euro
19 % Umsatzsteuer, VV Nr. 7008	29,07 Euro
Summe	182,07 Euro

▪▪▪
(Rechtsanwalt)

5. Muster: Beschwerde gegen die Ablehnung des Antrags auf Erlass einer einstweiligen Verfügung durch Beschluss, Entscheidung des Beschwerdegerichts nach mündlicher Verhandlung durch Urteil (Wert 100.000 Euro)

Frau/Herrn ▪▪▪
▪▪▪ (Straße)
▪▪▪ (PLZ, Ort)
Vergütungsabrechnung
     Rechnungsnummer ▪▪▪
     Leistungszeitraum ▪▪▪
     Steuer-Nr. oder Umsatzsteuerident-Nr. ▪▪▪

Verfahrensgebühr VV Nr. 3500, 0,5	677,00 Euro
(Gegenstandswert: 100.000 Euro)	
Terminsgebühr VV Nrn. 3513, 3514, 1,2	1.624,80 Euro
(Gegenstandswert: 100.000 Euro)	
Auslagenpauschale VV Nr. 7002	20,00 Euro
Zwischensumme	2.321,80 Euro
19 % Umsatzsteuer, VV Nr. 7008	441,14 Euro
Summe	2.762,94 Euro

§ 9 Sonderfragen in den unter Teil 3 VV fallenden Verfahren

▪▪▪

(Rechtsanwalt)

6. Muster: Erinnerung (Wert 1.500 Euro)

Frau/Herrn ▪▪▪

▪▪▪ (Straße)

▪▪▪ (PLZ, Ort)

Vergütungsabrechnung

    Rechnungsnummer ▪▪▪

    Leistungszeitraum ▪▪▪

    Steuer-Nr. oder Umsatzsteuerident-Nr. ▪▪▪

Verfahrensgebühr VV Nr. 3500, 0,5	52,50 Euro
(Gegenstandswert: 1.500 Euro)	
Auslagenpauschale VV Nr. 7002	<u>10,50 Euro</u>
Zwischensumme	63,00 Euro
19 % Umsatzsteuer, VV Nr. 7008	<u>11,97 Euro</u>
Summe	74,97 Euro

▪▪▪

(Rechtsanwalt)

7. Muster: Erinnerung, mehrere Auftraggeber (2 weitere Auftraggeber, Wert 1.500 Euro)

Frau/Herrn ▪▪▪

▪▪▪ (Straße)

▪▪▪ (PLZ, Ort)

Vergütungsabrechnung

    Rechnungsnummer ▪▪▪

    Leistungszeitraum ▪▪▪

    Steuer-Nr. oder Umsatzsteuerident-Nr. ▪▪▪

Verfahrensgebühr VV Nr. 3500, 0,5	52,50 Euro
(Gegenstandswert: 1.500 Euro)	
Erhöhungsgebühr VV Nr. 1008, 0,6	63,00 Euro
(Gegenstandswert: 1.500 Euro)	
Auslagenpauschale VV Nr. 7002	<u>20,00 Euro</u>
Zwischensumme	135,50 Euro
19 % Umsatzsteuer, VV Nr. 7008	<u>25,75 Euro</u>
Summe	161,25 Euro

▪▪▪

(Rechtsanwalt)

8. Muster: Allgemeine Beschwerde in Verfahren vor den Gerichten der Sozialgerichtsbarkeit, wenn im Verfahren Betragsrahmengebühren entstehen

Frau/Herrn ▪▪▪
▪▪▪ (Straße)
▪▪▪ (PLZ, Ort)

Vergütungsabrechnung
    Rechnungsnummer ▪▪▪
    Leistungszeitraum ▪▪▪
    Steuer-Nr. oder Umsatzsteueridentent-Nr. ▪▪▪

Verfahrensgebühr VV Nr. 3501	87,50 Euro
Auslagenpauschale VV Nr. 7002	17,50 Euro
Zwischensumme	105,00 Euro
19 % Umsatzsteuer, VV Nr. 7008	19,95 Euro
Summe	124,95 Euro

▪▪▪
(Rechtsanwalt)

9. Muster: Abwandlung: 2 weitere Auftraggeber

Frau/Herrn ▪▪▪
▪▪▪ (Straße)
▪▪▪ (PLZ, Ort)

Vergütungsabrechnung
    Rechnungsnummer ▪▪▪
    Leistungszeitraum ▪▪▪
    Steuer-Nr. oder Umsatzsteueridentent-Nr. ▪▪▪

Verfahrensgebühr VV Nrn. 3501, 1008[27]	140,00 Euro
Auslagenpauschale VV Nr. 7002	20,00 Euro
Zwischensumme	160,00 Euro
19 % Umsatzsteuer, VV Nr. 7008	30,40 Euro
Summe	190,40 Euro

▪▪▪
(Rechtsanwalt)

---

[27] Nach VV Nr. 1008 erhöhen sich bei Betragsrahmengebühren der Mindest- und Höchstbetrag um 30 % je weiterem Auftraggeber. Dies führt bei zwei weiteren Auftraggebern zu einer Erhöhung auf 24 Euro beim unteren Gebührenrahmen und auf 256 Euro beim oberen Gebührenrahmen.

10. Muster: Abwandlung: 1 Auftraggeber mit außergerichtlicher Erledigungsbesprechung

19 Allgemeine Beschwerde in Verfahren vor Gerichten der Sozialgerichtsbarkeit, wenn in dem Verfahren Betragsrahmengebühren entstehen, mit außergerichtlicher Erledigungsbesprechung.

Frau/Herrn ▪▪▪
▪▪▪ (Straße)
▪▪▪ (PLZ, Ort)

Vergütungsabrechnung

    Rechnungsnummer ▪▪▪
    Leistungszeitraum ▪▪▪
    Steuer-Nr. oder Umsatzsteuerident-Nr. ▪▪▪

Verfahrensgebühr VV Nr. 3501,	87,50 Euro
Terminsgebühr VV Nr. 3515[28]	87,50 Euro
Auslagenpauschale VV Nr. 7002	20,00 Euro
Zwischensumme	195,00 Euro
19 % Umsatzsteuer, VV Nr. 7008	37,05 Euro
Summe	232,05 Euro

▪▪▪
(Rechtsanwalt)

B. Rechtsbeschwerde nach § 574 ZPO, § 78 S. 2 ArbGG

I. Gebührentatbestände

20 Der Vergütungstatbestand **VV Nr. 3502** regelt die **Verfahrensgebühr** für das Verfahren über die Rechtsbeschwerde nach § 574 ZPO, § 78 S. 2 ArbGG, und sieht einen Gebührensatz von 1,0 vor. Bei vorzeitiger Beendigung des Auftrags tritt nach VV Nr. 3503 eine Gebührenreduktion auf den Satz von 0,5 ein. Nach der Anmerkung zum Vergütungstatbestand VV Nr. 3503 ist die Anmerkung zu Nr. 3201 VV entsprechend anzuwenden.

21 Die **Terminsgebühr** im Rechtsbeschwerdeverfahren wird durch den Vergütungstatbestand VV Nr. 3516 geregelt. Dieser sieht u.a. für das Rechtsbeschwerdeverfahren eine Terminsgebühr mit einem Satz von 1,2 vor.

22 Eine **Einigungsgebühr** kann im Rechtsbeschwerdeverfahren hinsichtlich rechtshängiger Ansprüche mit dem Satz von 1,0 (VV Nr. 1003) und hinsichtlich nirgendwo rechtshängiger Ansprüche mit dem Satz von 1,5 anfallen.[29]

---

28 Vgl hierzu auch oben § 9 Rn 9.
29 Gerold/Schmidt-*Müller-Rabe*, VV Nrn. 3502, 3503 Rn 11.

II. Muster

1. Muster: Rechtsbeschwerde, Wert 2.500 Euro

Frau/Herrn ■■■

■■■ (Straße)

■■■ (PLZ, Ort)

Vergütungsabrechnung

    Rechnungsnummer ■■■

    Leistungszeitraum ■■■

    Steuer-Nr. oder Umsatzsteuerident-Nr. ■■■

Verfahrensgebühr VV Nr. 3502, 1,0	161,00 Euro
(Gegenstandswert: 2.500 Euro)	
Auslagenpauschale VV Nr. 7002	20,00 Euro
Zwischensumme	181,00 Euro
19 % Umsatzsteuer, VV Nr. 7008	34,39 Euro
Summe	215,39 Euro

■■■

(Rechtsanwalt)

2. Muster: Rechtsbeschwerde, 2 weitere Auftraggeber, Wert 6.000 Euro

Frau/Herrn ■■■

■■■ (Straße)

■■■ (PLZ, Ort)

Vergütungsabrechnung

    Rechnungsnummer ■■■

    Leistungszeitraum ■■■

    Steuer-Nr. oder Umsatzsteuerident-Nr. ■■■

Verfahrensgebühr VV Nr. 3502, 1,0	338,00 Euro
(Gegenstandswert: 6.000 Euro)	
Erhöhungsgebühr VV Nr. 1008, 0,6	202,80 Euro
(Gegenstandswert: 6.000 Euro)	
Auslagenpauschale VV Nr. 7002	20,00 Euro
Zwischensumme	560,80 Euro
19 % Umsatzsteuer, VV Nr. 7008	106,55 Euro
Summe	667,35 Euro

■■■

(Rechtsanwalt)

3. Muster: Rechtsbeschwerde, vorzeitige Beendigung des Auftrags, Wert 10.000 Euro

25

Frau/Herrn ▪▪▪
▪▪▪ (Straße)
▪▪▪ (PLZ, Ort)

Vergütungsabrechnung

    Rechnungsnummer ▪▪▪
    Leistungszeitraum ▪▪▪
    Steuer-Nr. oder Umsatzsteuerident-Nr. ▪▪▪

Verfahrensgebühr VV Nr. 3503, 0,5	243,00 Euro
(Gegenstandswert: 10.000 Euro)	
Auslagenpauschale VV Nr. 7002	20,00 Euro
Zwischensumme	263,00 Euro
19 % Umsatzsteuer, VV Nr. 7008	49,97 Euro
Summe	312,97 Euro

▪▪▪
(Rechtsanwalt)

4. Muster: Rechtsbeschwerde mit Terminsgebühr, Wert 8.000 Euro

26

Frau/Herrn ▪▪▪
▪▪▪ (Straße)
▪▪▪ (PLZ, Ort)

Vergütungsabrechnung

    Rechnungsnummer ▪▪▪
    Leistungszeitraum ▪▪▪
    Steuer-Nr. oder Umsatzsteuerident-Nr. ▪▪▪

Verfahrensgebühr VV Nr. 3502, 1,0	412,00 Euro
(Gegenstandswert: 8.000 Euro)	
Terminsgebühr VV Nr. 3516, 1,2	494,40 Euro
(Gegenstandswert: 8.000 Euro)	
Auslagenpauschale VV Nr. 7002	20,00 Euro
Zwischensumme	926,40 Euro
19 % Umsatzsteuer, VV Nr. 7008	176,02 Euro
Summe	1.102,42 Euro

▪▪▪
(Rechtsanwalt)

C. Beschwerde gegen die Nichtzulassung der Berufung

5. Muster: Rechtsbeschwerde mit Terminsgebühr und Einigung, Wert 6.000 Euro

Frau/Herrn ▪▪▪	27
▪▪▪ (Straße)	
▪▪▪ (PLZ, Ort)	265
Vergütungsabrechnung	
Rechnungsnummer ▪▪▪	
Leistungszeitraum ▪▪▪	
Steuer-Nr. oder Umsatzsteueridentr-Nr. ▪▪▪	
Verfahrensgebühr VV Nr. 3502, 1,0	338,00 Euro
(Gegenstandswert: 6.000 Euro)	
Terminsgebühr VV Nr. 3516, 1,2	405,60 Euro
(Gegenstandswert: 6.000 Euro)	
Einigungsgebühr VV Nrn. 1003, 1000, 1,0	338,00 Euro
(Gegenstandswert: 6.000 Euro)	
Auslagenpauschale VV Nr. 7002	20,00 Euro
Zwischensumme	1.101,60 Euro
19 % Umsatzsteuer, VV Nr. 7008	209,30 Euro
Summe	1.310,90 Euro

▪▪▪

(Rechtsanwalt)

C. Beschwerde gegen die Nichtzulassung der Berufung

I. Gebührentatbestände

VV Nr. 3504 sieht eine **Verfahrensgebühr** für das Verfahren über die Beschwerde gegen die Nichtzulassung der Berufung vor, soweit nicht im Vergütungstatbestand VV Nr. 3511 etwas anderes bestimmt ist. Der Vergütungstatbestand VV Nr. 3511 betrifft die Verfahrensgebühr für das Verfahren über die Beschwerde gegen die Nichtzulassung der Berufung vor dem Landessozialgericht, wenn in dem Verfahren Betragsrahmengebühren entstehen. Die Vergütungstatbestände VV Nrn. 3504 ff. gelten **grundsätzlich für alle von VV Teil 3 erfasste Verfahren**, Beschwerden gegen die Nichtzulassung von Berufungen kommen vor allem in sozialgerichtlichen Verfahren vor.[30]

28

Nach der Anmerkung zum Vergütungstatbestand wird die Gebühr auf die Verfahrensgebühr für ein nachfolgendes Berufungsverfahren **angerechnet**. Das Ausgangsverfahren, das Verfahren über die Nichtzulassungsbeschwerde und ein nachfolgendes Berufungsverfahren stellen **3 Angelegenheiten** dar, so dass die Gebühren und die Auslagenpauschale dreifach anfallen.[31] Die Verfahrensgebühr für das Beschwerdever-

29

---

[30] Gerold/Schmidt-*Müller-Rabe*, VV Nrn. 3504, 3505 Rn 2.
[31] Gerold/Schmidt-*Müller-Rabe*, VV Nrn. 3504, 3505 Rn 6.

§ 9 Sonderfragen in den unter Teil 3 VV fallenden Verfahren

fahren ist jedoch auf die Verfahrensgebühr für das Berufungsverfahren anzurechnen, bei der Auslagenpauschale findet keine Anrechnung statt.[32]

30 Bei vorzeitiger Beendigung des Auftrags tritt nach VV Nr. 3505 eine Gebührenreduktion auf den Satz von 1,0 ein. Nach der Anmerkung zum Vergütungstatbestand VV Nr. 3505 ist die Anmerkung zu VV Nr. 3201 entsprechend anzuwenden. Gemäß **VV Nr. 3516** kann in dem Nichtzulassungsbeschwerdeverfahren auch eine **Terminsgebühr** mit dem Satz von 1,2 anfallen. Im Falle einer Einigung entsteht eine 1,0 **Einigungsgebühr** gem. VV Nr. 1003.[33]

II. Muster

1. Muster: Nichtzulassungsbeschwerde (Wert 24.000 Euro)

31 Frau/Herrn ■■■

■■■ (Straße)

■■■ (PLZ, Ort)

Vergütungsabrechnung

    Rechnungsnummer ■■■

    Leistungszeitraum ■■■

    Steuer-Nr. oder Umsatzsteuerident-Nr. ■■■

Verfahrensgebühr VV Nr. 3504, 1,6	1.097,60 Euro
(Gegenstandswert: 24.000 Euro)	
Auslagenpauschale VV Nr. 7002	20,00 Euro
Zwischensumme	1.117,60 Euro
19 % Umsatzsteuer, VV Nr. 7008	212,34 Euro
Summe	1.329,94 Euro

■■■

(Rechtsanwalt)

2. Muster: Nichtzulassungsbeschwerde, vorzeitige Beendigung des Auftrags (Wert 24.000 Euro)

32 Frau/Herrn ■■■

■■■ (Straße)

■■■ (PLZ, Ort)

Vergütungsabrechnung

    Rechnungsnummer ■■■

    Leistungszeitraum ■■■

    Steuer-Nr. oder Umsatzsteuerident-Nr. ■■■

Verfahrensgebühr VV Nrn. 3504, 3505, 1,0	686,00 Euro

---

32 Gerold/Schmidt-Müller-Rabe, VV Nrn. 3504, 3505 Rn 6.
33 Gerold/Schmidt-Müller-Rabe, VV Nrn. 3504, 3505 Rn 5.

C. Beschwerde gegen die Nichtzulassung der Berufung

(Gegenstandswert: 24.000 Euro)

Auslagenpauschale VV Nr. 7002	20,00 Euro
Zwischensumme	706,00 Euro
19 % Umsatzsteuer, VV Nr. 7008	134,14 Euro
Summe	840,14 Euro

■■■

(Rechtsanwalt)

3. Muster: Nichtzulassungsbeschwerde mit Terminsgebühr (Wert 24.000 Euro)

Frau/Herrn ■■■

■■■ (Straße)

■■■ (PLZ, Ort)

Vergütungsabrechnung

    Rechnungsnummer ■■■

    Leistungszeitraum ■■■

    Steuer-Nr. oder Umsatzsteueridentent-Nr. ■■■

Verfahrensgebühr VV Nr. 3504, 1,6	1.097,60 Euro
(Gegenstandswert: 24.000 Euro)	
Terminsgebühr VV Nr. 3516, 1,2	823,20 Euro
(Gegenstandswert: 24.000 Euro)	
Auslagenpauschale VV Nr. 7002	20,00 Euro
Zwischensumme	1.940,80 Euro
19 % Umsatzsteuer, VV Nr. 7008	368,75 Euro
Summe	2.309,55 Euro

■■■

(Rechtsanwalt)

4. Muster: Nichtzulassungsbeschwerde mit Terminsgebühr und Einigung (Wert 24.000 Euro)

Frau/Herrn ■■■

■■■ (Straße)

■■■ (PLZ, Ort)

Vergütungsabrechnung

    Rechnungsnummer ■■■

    Leistungszeitraum ■■■

    Steuer-Nr. oder Umsatzsteueridentent-Nr. ■■■

Verfahrensgebühr VV Nr. 3504, 1,6	1.097,60 Euro
(Gegenstandswert: 24.000 Euro)	
Terminsgebühr VV Nr. 3516, 1,2	823,20 Euro

§ 9 Sonderfragen in den unter Teil 3 VV fallenden Verfahren

(Gegenstandswert: 24.000 Euro)	
Einigungsgebühr VV Nrn. 1000, 1003, 1,0	686,00 Euro
(Gegenstandswert: 24.000 Euro)	
Auslagenpauschale VV Nr. 7002	20,00 Euro
Zwischensumme	2.626,80 Euro
19 % Umsatzsteuer, VV Nr. 7008	499,09 Euro
Summe	3.125,89 Euro

■■■

(Rechtsanwalt)

5. Muster: Nichtzulassungsbeschwerde und anschließendes Berufungsverfahren (Wert 24.000 Euro)

Frau/Herrn ■■■

■■■ (Straße)

■■■ (PLZ, Ort)

Vergütungsabrechnung

    Rechnungsnummer ■■■

    Leistungszeitraum ■■■

    Steuer-Nr. oder Umsatzsteuerident-Nr. ■■■

I. Nichtzulassungsbeschwerdeverfahren

Verfahrensgebühr VV Nr. 3504, 1,6	1.097,60 Euro
(Gegenstandswert: 24.000 Euro)	
Auslagenpauschale VV Nr. 7002	20,00 Euro
Zwischensumme	1.117,60 Euro
19 % Umsatzsteuer, VV Nr. 7008	212,34 Euro
Summe	1.329,94 Euro
II. Berufungsverfahren	
Verfahrensgebühr VV Nr. 3200, 1,6	1.097,60 Euro
(Gegenstandswert: 24.000 Euro)	
hierauf anzurechnen 1,6 Gebühr aus 24.000 Euro, also	-1.097,60 Euro
Terminsgebühr VV Nr. 3202, 1,2	823,20 Euro
(Gegenstandswert: 24.000 Euro)	
Auslagenpauschale VV Nr. 7002	20,00 Euro
Zwischensumme	843,20 Euro
19 % Umsatzsteuer, VV Nr. 7008	160,21 Euro
Summe	1.003,41 Euro
III. Gesamtsumme aus I. und II.:	2.333,35 Euro

■■■

(Rechtsanwalt)

D. Beschwerde gegen die Nichtzulassung der Berufung vor dem Landessozialgericht

6. Muster: Nichtzulassungsbeschwerde mit Termin, anschließendes Berufungsverfahren mit mündlicher Verhandlung (Wert 24.000 Euro)

Frau/Herrn ▪▪▪
▪▪▪ (Straße)
▪▪▪ (PLZ, Ort)
Vergütungsabrechnung
    Rechnungsnummer ▪▪▪
    Leistungszeitraum ▪▪▪
    Steuer-Nr. oder Umsatzsteueridentif-Nr. ▪▪▪

I. Nichtzulassungsbeschwerdeverfahren	
Verfahrensgebühr VV Nr. 3504, 1,6	1.097,60 Euro
(Gegenstandswert: 24.000 Euro)	
Terminsgebühr VV Nr. 3516, 1,2	823,20 Euro
(Gegenstandswert: 24.000 Euro)	
Auslagenpauschale VV Nr. 7002	20,00 Euro
Zwischensumme	1.940,80 Euro
19 % Umsatzsteuer, VV Nr. 7008	368,75 Euro
Summe	2.309,55 Euro
II. Berufungsverfahren	
Verfahrensgebühr VV Nr. 3200, 1,6	1.097,60 Euro
(Gegenstandswert: 24.000 Euro)	
hierauf anzurechnen 1,6 Gebühr aus 24.000 Euro, also	-1.097,60 Euro
Terminsgebühr VV Nr. 3202, 1,2	823,20 Euro[1]
(Gegenstandswert: 24.000 Euro)	
Auslagenpauschale VV Nr. 7002	20,00 Euro
Zwischensumme	843,20 Euro
19 % Umsatzsteuer, VV Nr. 7008	160,21 Euro
Summe	1.003,41 Euro
III. Gesamtsumme aus I. und II.:	3.312,96 Euro

▪▪▪
(Rechtsanwalt)

D. Beschwerde gegen die Nichtzulassung der Berufung vor dem Landessozialgericht, wenn Betragsrahmengebühren entstehen

I. Gebührentatbestände

Der Vergütungstatbestand **VV Nr. 3511** sieht eine **Verfahrensgebühr** für das Verfahren über die Beschwerde gegen die Nichtzulassung der Berufung vor dem Landes-

---
[1] Eine Anrechnung von Terminsgebühren ist nicht vorgesehen, AnwK-RVG/*Wahlen*, VV Nr. 3516 Rn 7.

sozialgericht, wenn Betragrahmengebühren entstehen, vor, die Gebühr entsteht mit einem Rahmen von 50 Euro–570 Euro, die **Mittelgebühr** beträgt **310 Euro**. Nach der Anmerkung zum Vergütungstatbestand wird die Gebühr auf die Verfahrensgebühr für ein nachfolgendes Berufungsverfahren angerechnet.

38 Nach **VV Nr. 3517** kann in dem genannten Nichtzulassungsbeschwerdeverfahren auch eine **Terminsgebühr** entstehen, der Gebührentatbestand sieht einen Rahmen von 12,50 Euro–215 Euro vor, die **Mittelgebühr** beträgt **113,75 Euro**.

39 Im Falle einer Einigung über rechtshängige Ansprüche entsteht nach **VV Nr. 1006** eine **Einigungsgebühr** iHv 30 Euro–350 Euro; bei der Einbeziehung nicht rechtshängiger Ansprüche ist VV Nr. 1005 anzuwenden.[2]

II. Muster

1. Muster: Beschwerde gegen die Nichtzulassung der Berufung

40 Frau/Herrn ▪▪▪

▪▪▪ (Straße)

▪▪▪ (PLZ, Ort)

Vergütungsabrechnung

    Rechnungsnummer ▪▪▪

    Leistungszeitraum ▪▪▪

    Steuer-Nr. oder Umsatzsteuerident-Nr. ▪▪▪

Verfahrensgebühr VV Nr. 3511	310,00 Euro
Auslagenpauschale VV Nr. 7002	20,00 Euro
Zwischensumme	330,00 Euro
19 % Umsatzsteuer, VV Nr. 7008	62,70 Euro
Summe	392,70 Euro

▪▪▪

(Rechtsanwalt)

2. Muster: Beschwerde gegen die Nichtzulassung der Berufung mit Terminsgebühr

41 Frau/Herrn ▪▪▪

▪▪▪ (Straße)

▪▪▪ (PLZ, Ort)

Vergütungsabrechnung

    Rechnungsnummer ▪▪▪

    Leistungszeitraum ▪▪▪

    Steuer-Nr. oder Umsatzsteuerident-Nr. ▪▪▪

Verfahrensgebühr VV Nr. 3511	310,00 Euro
Terminsgebühr VV Nr. 3517	113,75 Euro

---

2 Gerold/Schmidt-Müller-Rabe, VV Nr. 3511 Rn 6.

D. Beschwerde gegen die Nichtzulassung der Berufung vor dem Landessozialgericht 9

Auslagenpauschale VV Nr. 7002	20,00 Euro
Zwischensumme	443,75 Euro
19 % Umsatzsteuer, VV Nr. 7008	84,31 Euro
Summe	528,06 Euro

■■■
(Rechtsanwalt)

3. Muster: Nichtzulassungsbeschwerde mit nachfolgendem Berufungsverfahren

Frau/Herrn ■■■　　　　　　　　　　　　　　　　　　　　　　　　42
■■■ (Straße)
■■■ (PLZ, Ort)　　　　　　　　　　　　　　　　　　　　　　　　274

Vergütungsabrechnung
　　　Rechnungsnummer ■■■
　　　Leistungszeitraum ■■■
　　　Steuer-Nr. oder Umsatzsteuerident-Nr. ■■■

I. Nichtzulassungsbeschwerdeverfahren

Verfahrensgebühr VV Nr. 3511	310,00 Euro
Auslagenpauschale VV Nr. 7002	20,00 Euro
Zwischensumme	330,00 Euro
19 % Umsatzsteuer, VV Nr. 7008	62,70 Euro
Summe	392,70 Euro

II. Berufungsverfahren

Verfahrensgebühr VV Nr. 3204	310,00 Euro
hierauf anzurechnen gem. Anm. zu VV Nr. 3511	-310,00 Euro
Terminsgebühr VV Nr. 3205	200,00 Euro
Auslagenpauschale VV Nr. 7002	20,00 Euro
Zwischensumme	220,00 Euro
19 % Umsatzsteuer, VV Nr. 7008	41,80 Euro
Summe	261,80 Euro
III. Gesamtsumme aus I. und II.:	654,50 Euro

■■■
(Rechtsanwalt)

4. Muster: Nichtzulassungsbeschwerdeverfahren mit Terminsgebühr, nachfolgendem Berufungsverfahren mit mündlicher Verhandlung

Frau/Herrn ■■■　　　　　　　　　　　　　　　　　　　　　　　　43
■■■ (Straße)
■■■ (PLZ, Ort)　　　　　　　　　　　　　　　　　　　　　　　　275

§ 9 Sonderfragen in den unter Teil 3 VV fallenden Verfahren

Vergütungsabrechnung

    Rechnungsnummer ■■■

    Leistungszeitraum ■■■

    Steuer-Nr. oder Umsatzsteuerident-Nr. ■■■

I. Nichtzulassungsbeschwerdeverfahren

Verfahrensgebühr VV Nr. 3511	310,00 Euro
Terminsgebühr VV Nr. 3517	113,75 Euro
Auslagenpauschale VV Nr. 7002	20,00 Euro
Zwischensumme	443,75 Euro
19 % Umsatzsteuer, VV Nr. 7008	84,31 Euro
Summe	528,06 Euro

II. Berufungsverfahren

Verfahrensgebühr VV Nr. 3204	310,00 Euro
hierauf anzurechnen gem. Anm. zu VV Nr. 3511	-310,00 Euro
Terminsgebühr VV Nr. 3205	200,00 Euro
Auslagenpauschale VV Nr. 7002	20,00 Euro
Zwischensumme	220,00 Euro
19 % Umsatzsteuer, VV Nr. 7008	41,80 Euro
Summe	261,80 Euro
III. Gesamtsumme aus I. und II.:	789,86 Euro

■■■

(Rechtsanwalt)

E. Beschwerde gegen die Nichtzulassung der Revision

I. Gebührentatbestände

44 Das Vergütungsverzeichnis unterscheidet **drei Arten von Beschwerden gegen die Nichtzulassung der Revision**. So regelt VV Nr. 3506 die Verfahrensgebühr für das Verfahren über die Beschwerde gegen die Nichtzulassung der Revision außer in den Verfahren vor dem Bundessozialgericht, wenn im Verfahren Betragsrahmengebühren entstehen. Im letzteren Fall gilt der Vergütungstatbestand VV Nr. 3512. Der Vergütungstatbestand VV Nr. 3506 entsteht mit einem Gebührensatz von 1,6; nach der Anmerkung zum Vergütungstatbestand wird die Gebühr auf die Verfahrensgebühr für ein nachfolgendes Revisionsverfahren angerechnet. Bei vorzeitiger Beendigung des Auftrags tritt nach VV Nr. 3507 eine Gebührenreduktion auf 1,1 ein, nach der Anmerkung zu diesem Vergütungstatbestand ist die Anmerkung zu VV Nr. 3201 entsprechend anzuwenden. Die Verfahrensgebühr VV Nr. 3512, also die Gebühr für das Verfahren über die Beschwerde gegen die Nichtzulassung der Revision vor dem Bundessozialgericht, wenn im Verfahren Betragsrahmengebühren entstehen, entsteht mit einem Rahmen von 80 Euro–800 Euro, die Mittelgebühr beträgt 440 Euro. Nach der Anmerkung zum Vergütungstatbestand ist auch diese Gebühr auf die Verfahrensgebühr für ein nachfolgendes Revisionsverfahren anzurechnen. Eine ausdrückliche Re-

gelung des Falls der vorzeitigen Auftragsbeendigung enthält dieser Vergütungstatbestand nicht, diesem Umstand kann unter Ausnutzung des Gebührenrahmens und unter Berücksichtigung der Bemessungskriterien des § 14 RVG Rechnung getragen werden.[1]

In den Verfahren, für die der Vergütungstatbestand VV Nr. 3506 gilt, kann auch eine **Terminsgebühr** entstehen, und zwar nach VV Nr. 3516 mit dem Gebührensatz von 1,2. In den Verfahren vor dem Bundessozialgericht, wenn Betragsrahmengebühren entstehen, kann im Nichtzulassungsbeschwerdeverfahren ebenfalls eine Terminsgebühr anfallen, und zwar nach VV Nr. 3518 mit dem Rahmen von 20 Euro–350 Euro, Mittelgebühr 185 Euro.

45

Handelt es sich jedoch um ein Nichtzulassungsbeschwerdeverfahren, in dem sich die Parteien **nur durch einen beim BGH zugelassenen Anwalt** vertreten lassen können, erhöht sich nach VV Nr. 3508 die Verfahrensgebühr VV Nr. 3506 auf den Gebührensatz von 2,3, bei vorzeitiger Beendigung des Auftrags tritt nach VV Nr. 3509 eine Gebührenreduktion auf den Satz von 1,8 ein. Bei der Terminsgebühr jedoch verbleibt es mit dem Vergütungstatbestand VV Nr. 3516 bei dem Satz von 1,2.

46

II. Muster

1. Muster: Beschwerde gegen die Nichtzulassung der Revision durch das LAG (Wert 24.000 Euro)

47

Frau/Herrn ▪▪▪	
▪▪▪ (Straße)	
▪▪▪ (PLZ, Ort)	
Vergütungsabrechnung	
Rechnungsnummer ▪▪▪	
Leistungszeitraum ▪▪▪	
Steuer-Nr. oder Umsatzsteuerident-Nr. ▪▪▪	
Verfahrensgebühr VV Nr. 3506, 1,6	1.097,60 Euro
(Gegenstandswert: 24.000 Euro)	
Auslagenpauschale VV Nr. 7002	20,00 Euro
Zwischensumme	1.117,60 Euro
19 % Umsatzsteuer, VV Nr. 7008	212,34 Euro
Summe	1.329,94 Euro

276

▪▪▪

(Rechtsanwalt)

---

1 Gerold/Schmidt-Müller-Rabe, VV Nr. 3512 Rn 4.

§ 9 Sonderfragen in den unter Teil 3 VV fallenden Verfahren

2. Muster: Beschwerde gegen die Nichtzulassung der Revision durch das LAG, vorzeitige Beendigung des Auftrags (Wert 24.000 Euro)

Frau/Herrn ▪▪▪

▪▪▪ (Straße)

▪▪▪ (PLZ, Ort)

Vergütungsabrechnung

    Rechnungsnummer ▪▪▪

    Leistungszeitraum ▪▪▪

    Steuer-Nr. oder Umsatzsteuerident-Nr. ▪▪▪

Verfahrensgebühr VV Nrn. 3506, 3507, 1,1	754,60 Euro
(Gegenstandswert: 24.000 Euro)	
Auslagenpauschale VV Nr. 7002	20,00 Euro
Zwischensumme	774,60 Euro
19 % Umsatzsteuer, VV Nr. 7008	147,17 Euro
Summe	921,77 Euro

▪▪▪

(Rechtsanwalt)

3. Muster: Beschwerde gegen die Nichtzulassung der Revision im Urteil des LAG, außergerichtliche Erledigungsbesprechung (Wert 24.000 Euro)

Frau/Herrn ▪▪▪

▪▪▪ (Straße)

▪▪▪ (PLZ, Ort)

Vergütungsabrechnung

    Rechnungsnummer ▪▪▪

    Leistungszeitraum ▪▪▪

    Steuer-Nr. oder Umsatzsteuerident-Nr. ▪▪▪

Verfahrensgebühr VV Nr. 3506, 1,6	1.097,60 Euro
(Gegenstandswert: 24.000 Euro)	
Terminsgebühr VV Nr. 3516, 1,2[2]	823,20 Euro
(Gegenstandswert: 24.000 Euro)	
Auslagenpauschale VV Nr. 7002	20,00 Euro
Zwischensumme	1.940,80 Euro
19 % Umsatzsteuer, VV Nr. 7008	368,75 Euro
Summe	2.309,55 Euro

▪▪▪

(Rechtsanwalt)

---

[2] Nach BGH, NJW 2007, 1461 entsteht die Terminsgebühr in den Verfahren der Nichtzulassungsbeschwerde nur dann, wenn ausnahmsweise eine mündliche Verhandlung über die Nichtzulassungsbeschwerde stattfindet, vgl hierzu auch näher oben § 4 Rn 56.

4. Muster: Beschwerde gegen die Nichtzulassung der Revision im Urteil des LAG, anschließendes Revisionsverfahren vor dem BAG (Wert 24.000 Euro)

Frau/Herrn ▪▪▪		50
▪▪▪ (Straße)		
▪▪▪ (PLZ, Ort)		279
Vergütungsabrechnung		
Rechnungsnummer ▪▪▪		
Leistungszeitraum ▪▪▪		
Steuer-Nr. oder Umsatzsteuerident-Nr. ▪▪▪		
I. Nichtzulassungsbeschwerdeverfahren		
Verfahrensgebühr VV Nr. 3506, 1,6	1.097,60 Euro	
(Gegenstandswert: 24.000 Euro)		
Auslagenpauschale VV Nr. 7002	20,00 Euro	
Zwischensumme	1.117,60 Euro	
19 % Umsatzsteuer, VV Nr. 7008	212,34 Euro	
Summe	1.329,94 Euro	
II. Revisionsverfahren		
Verfahrensgebühr VV Nr. 3206, 1,6	1.097,60 Euro	
(Gegenstandswert: 24.000 Euro)		
hierauf anzurechnen gem. Anm. zu VV Nr. 3506 1,6 aus 24.000 Euro	-1.097,60 Euro	
Terminsgebühr VV Nr. 3210, 1,5	1.029,00 Euro	
(Gegenstandswert: 24.000 Euro)		
Auslagenpauschale VV Nr. 7002	20,00 Euro	
Zwischensumme	1.049,00 Euro	
19 % Umsatzsteuer, VV Nr. 7008	199,31 Euro	
Summe	1.248,31 Euro	
III. Gesamtsumme aus I. und II.:	2.578,25 Euro	

▪▪▪

(Rechtsanwalt)

5. Muster: Abwandlung: mit außergerichtlicher Erledigungsbesprechung

Beschwerde gegen die Nichtzulassung der Revision im Urteil des LAG, außergerichtliche Erledigungsbesprechung, anschließendes Revisionsverfahren vor dem BAG mit mündlicher Verhandlung (Wert 24.000 Euro).

51

Frau/Herrn ▪▪▪
▪▪▪ (Straße)
▪▪▪ (PLZ, Ort)

280

§ 9 Sonderfragen in den unter Teil 3 VV fallenden Verfahren

Vergütungsabrechnung
    Rechnungsnummer ▪▪▪
    Leistungszeitraum ▪▪▪
    Steuer-Nr. oder Umsatzsteuerident-Nr. ▪▪▪

I. Nichtzulassungsbeschwerdeverfahren

Verfahrensgebühr VV Nr. 3506, 1,6	1.097,60 Euro
(Gegenstandswert: 24.000 Euro)	
Terminsgebühr VV Nr. 3516, 1,2[3]	823,20 Euro
(Gegenstandswert: 24.000 Euro)	
Auslagenpauschale VV Nr. 7002	20,00 Euro
Zwischensumme	1.940,80 Euro
19 % Umsatzsteuer, VV Nr. 7008	368,75 Euro
Summe	2.309,55 Euro

II. Revisionsverfahren

Verfahrensgebühr VV Nr. 3206, 1,6	1.097,60 Euro
(Gegenstandswert: 24.000 Euro)	
hierauf anzurechnen gem. Anm. zu VV Nr. 3506 1,6 aus 24.000 Euro	-1.097,60 Euro
Terminsgebühr VV Nr. 3210, 1,5	1.029,00 Euro
(Gegenstandswert: 24.000 Euro)	
Auslagenpauschale VV Nr. 7002	20,00 Euro
Zwischensumme	1.049,00 Euro
19 % Umsatzsteuer, VV Nr. 7008	199,31 Euro
Summe	1.248,31 Euro
III. Gesamtsumme aus I. und II.:	3.557,86 Euro

▪▪▪

(Rechtsanwalt)

6. Muster: Beschwerde gegen die Nichtzulassung der Revision zum BGH (Wert 80.000 Euro)

Frau/Herrn ▪▪▪
▪▪▪ (Straße)
▪▪▪ (PLZ, Ort)
Vergütungsabrechnung
    Rechnungsnummer ▪▪▪
    Leistungszeitraum ▪▪▪
    Steuer-Nr. oder Umsatzsteuerident-Nr. ▪▪▪

---

3 S. hierzu näher oben § 9 Rn 49.

Verfahrensgebühr VV Nr. 3506, 3508, 2,3	2.760,00 Euro
(Gegenstandswert: 80.000 Euro)	
Auslagenpauschale VV Nr. 7002	20,00 Euro
Zwischensumme	2.780,00 Euro
19 % Umsatzsteuer, VV Nr. 7008	528,20 Euro
Summe	3.308,20 Euro

■■■

(Rechtsanwalt)

7. Muster: Beschwerde gegen die Nichtzulassung der Revision zum BGH, vorzeitige Beendigung (Wert 80.000 Euro)

Frau/Herrn ■■■

■■■ (Straße)

■■■ (PLZ, Ort)

Vergütungsabrechnung

    Rechnungsnummer ■■■

    Leistungszeitraum ■■■

    Steuer-Nr. oder Umsatzsteuerident-Nr. ■■■

Verfahrensgebühr VV Nr. 3506, 3509, 1,8	2.160,00 Euro
(Gegenstandswert: 80.000 Euro)	
Auslagenpauschale VV Nr. 7002	20,00 Euro
Zwischensumme	2.180,00 Euro
19 % Umsatzsteuer, VV Nr. 7008	414,20 Euro
Summe	2.594,20 Euro

■■■

(Rechtsanwalt)

8. Muster: Beschwerde gegen die Nichtzulassung der Revision zum BGH, ausnahmsweise mündliche Verhandlung über die Nichtzulassungsbeschwerde[4] (Wert 80.000 Euro)

Frau/Herrn ■■■

■■■ (Straße)

■■■ (PLZ, Ort)

Vergütungsabrechnung

    Rechnungsnummer ■■■

    Leistungszeitraum ■■■

    Steuer-Nr. oder Umsatzsteuerident-Nr. ■■■

---

[4] S. hierzu BGH, NJW 2007, 1461.

§ 9 Sonderfragen in den unter Teil 3 VV fallenden Verfahren

Verfahrensgebühr VV Nr. 3506, 3508, 2,3	2.760,00 Euro
(Gegenstandswert: 80.000 Euro)	
Terminsgebühr VV Nr. 3516, 1,2	1.440,00 Euro
(Gegenstandswert: 80.000 Euro)	
Auslagenpauschale VV Nr. 7002	20,00 Euro
Zwischensumme	4.220,00 Euro
19 % Umsatzsteuer, VV Nr. 7008	801,80 Euro
Summe	5.021,80 Euro

■■■

(Rechtsanwalt)

9. Muster: Beschwerde gegen die Nichtzulassung der Revision zum BGH, anschließendes Revisionsverfahren (Wert 80.000 Euro)

Frau/Herrn ■■■

■■■ (Straße)

■■■ (PLZ, Ort)

Vergütungsabrechnung

    Rechnungsnummer ■■■

    Leistungszeitraum ■■■

    Steuer-Nr. oder Umsatzsteuerident-Nr. ■■■

I. Nichtzulassungsbeschwerdeverfahren

Verfahrensgebühr VV Nr. 3506, 3508, 2,3	2.760,00 Euro
(Gegenstandswert: 80.000 Euro)	
Auslagenpauschale VV Nr. 7002	20,00 Euro
Zwischensumme	2.780,00 Euro
19 % Umsatzsteuer, VV Nr. 7008	528,20 Euro
Summe	3.308,20 Euro

II. Revisionsverfahren

Verfahrensgebühr VV Nr. 3206, 3208, 2,3	2.760,00 Euro
(Gegenstandswert: 80.000 Euro)	
hierauf anzurechnen gem. Anm. zu VV Nr. 3506 2,3 aus 80.000 Euro	-2.760,00 Euro
Terminsgebühr VV Nr. 3210, 1,5	1.800,00 Euro
(Gegenstandswert: 80.000 Euro)	
Auslagenpauschale VV Nr. 7002	20,00 Euro
Zwischensumme	1.820,00 Euro
19 % Umsatzsteuer, VV Nr. 7008	345,80 Euro
Summe	2.165,80 Euro

E. Beschwerde gegen die Nichtzulassung der Revision

| III. Gesamtsumme aus I. und II.: | 5.474,00 Euro |

■■■

(Rechtsanwalt)

10. Muster: Beschwerde gegen die Nichtzulassung der Revision zum BGH, mündliche Verhandlung im Nichtzulassungsbeschwerdeverfahren, anschließendes Revisionsverfahren (Wert 80.000 Euro)

Frau/Herrn ■■■

■■■ (Straße)

■■■ (PLZ, Ort)

Vergütungsabrechnung

    Rechnungsnummer ■■■

    Leistungszeitraum ■■■

    Steuer-Nr. oder Umsatzsteuerident-Nr. ■■■

I. Nichtzulassungsbeschwerdeverfahren

Verfahrensgebühr VV Nr. 3506, 3508, 2,3	2.760,00 Euro
(Gegenstandswert: 80.000 Euro)	
Terminsgebühr VV Nr. 3516, 1,2	1.440,00 Euro
(Gegenstandswert: 80.000 Euro)	
Auslagenpauschale VV Nr. 7002	20,00 Euro
Zwischensumme	4.220,00 Euro
19 % Umsatzsteuer, VV Nr. 7008	801,80 Euro
Summe	5.021,80 Euro

II. Revisionsverfahren

Verfahrensgebühr VV Nr. 3206, 3208, 2,3	2.760,00 Euro
(Gegenstandswert: 80.000 Euro)	
hierauf anzurechnen gem. Anm. zu VV Nr. 3506 2,3 aus 80.000 Euro	-2.760,00 Euro
Terminsgebühr VV Nr. 3210, 1,5	1.800,00 Euro
(Gegenstandswert: 80.000 Euro)	
Auslagenpauschale VV Nr. 7002	20,00 Euro
Zwischensumme	1.820,00 Euro
19 % Umsatzsteuer, VV Nr. 7008	345,80 Euro
Summe	2.165,80 Euro
III. Gesamtsumme aus I. und II.:	7.187,60 Euro

■■■

(Rechtsanwalt)

§ 9 Sonderfragen in den unter Teil 3 VV fallenden Verfahren

11. Muster: Beschwerde gegen die Nichtzulassung der Revision vor dem BSG

Frau/Herrn ■■■
■■■ (Straße)
■■■ (PLZ, Ort)
Vergütungsabrechnung
    Rechnungsnummer ■■■
    Leistungszeitraum ■■■
    Steuer-Nr. oder Umsatzsteuerident-Nr. ■■■

Verfahrensgebühr VV Nr. 3512	440,00 Euro
Auslagenpauschale VV Nr. 7002	20,00 Euro
Zwischensumme	460,00 Euro
19 % Umsatzsteuer, VV Nr. 7008	87,40 Euro
Summe	547,40 Euro

■■■
(Rechtsanwalt)

12. Muster: Beschwerde gegen die Nichtzulassung der Revision vor dem BSG mit Termin[5]

Frau/Herrn ■■■
■■■ (Straße)
■■■ (PLZ, Ort)
Vergütungsabrechnung
    Rechnungsnummer ■■■
    Leistungszeitraum ■■■
    Steuer-Nr. oder Umsatzsteuerident-Nr. ■■■

Verfahrensgebühr VV Nr. 3512	440,00 Euro
Terminsgebühr VV Nr. 3518	185,00 Euro
Auslagenpauschale VV Nr. 7002	20,00 Euro
Zwischensumme	645,00 Euro
19 % Umsatzsteuer, VV Nr. 7008	122,55 Euro
Summe	767,55 Euro

■■■
(Rechtsanwalt)

13. Muster: Beschwerde gegen die Nichtzulassung der Revision vor dem BSG, nachfolgendes Revisionsverfahren

Frau/Herrn ■■■
■■■ (Straße)
■■■ (PLZ, Ort)

---

5 Zur Problematik der Terminsgebühr vgl BGH, NJW 2007, 1461.

E. Beschwerde gegen die Nichtzulassung der Revision

Vergütungsabrechnung
    Rechnungsnummer ▪▪▪
    Leistungszeitraum ▪▪▪
    Steuer-Nr. oder Umsatzsteuerident-Nr. ▪▪▪

I. Nichtzulassungsbeschwerdeverfahren

Verfahrensgebühr VV Nr. 3512	440,00 Euro
Auslagenpauschale VV Nr. 7002	20,00 Euro
Zwischensumme	460,00 Euro
19 % Umsatzsteuer, VV Nr. 7008	87,40 Euro
Summe	547,40 Euro

II. Revisionsverfahren

Verfahrensgebühr VV Nr. 3212	440,00 Euro
hierauf anzurechnen nach der Anm. zu VV Nr. 3512	-440,00 Euro
Terminsgebühr VV Nr. 3213	370,00 Euro
Auslagenpauschale VV Nr. 7002	20,00 Euro
Zwischensumme	390,00 Euro
19 % Umsatzsteuer, VV Nr. 7008	74,10 Euro
Summe	464,10 Euro
III. Gesamtsumme aus I. und II.:	1.011,50 Euro

▪▪▪

(Rechtsanwalt)

14. Muster: Beschwerde gegen die Nichtzulassung der Revision vor dem BSG mit Termin, nachfolgendes Revisionsverfahren mit mündlicher Verhandlung

Frau/Herrn ▪▪▪
▪▪▪ (Straße)
▪▪▪ (PLZ, Ort)

Vergütungsabrechnung
    Rechnungsnummer ▪▪▪
    Leistungszeitraum ▪▪▪
    Steuer-Nr. oder Umsatzsteuerident-Nr. ▪▪▪

I. Nichtzulassungsbeschwerdeverfahren

Verfahrensgebühr VV Nr. 3512	440,00 Euro
Terminsgebühr VV Nr. 3518	185,00 Euro
Auslagenpauschale VV Nr. 7002	20,00 Euro
Zwischensumme	645,00 Euro
19 % Umsatzsteuer, VV Nr. 7008	122,55 Euro
Summe	767,55 Euro

II. Revisionsverfahren

Verfahrensgebühr VV Nr. 3212	440,00 Euro

§ 9 Sonderfragen in den unter Teil 3 VV fallenden Verfahren

hierauf anzurechnen nach der Anm. zu VV Nr. 3512	-440,00 Euro
Terminsgebühr VV Nr. 3213	370,00 Euro
Auslagenpauschale VV Nr. 7002	20,00 Euro
Zwischensumme	390,00 Euro
19 % Umsatzsteuer, VV Nr. 7008	74,10 Euro
Summe	464,10 Euro
III. Gesamtsumme aus I. und II.:	1.231,64 Euro

■■■

(Rechtsanwalt)

F. Verfahrensgebühr für Beschwerdeverfahren vor dem Bundespatentgericht

61 Der Vergütungstatbestand VV Nr. 3510 sieht für im Einzelnen aufgeführte Beschwerden beim Bundespatentgericht eine 1,3 **Verfahrensgebühr** vor.[6] In diesen Fällen kann ferner nach VV Nr. 3516 eine **Terminsgebühr** mit dem Satz von 1,2 anfallen.

G. Verfahrensbevollmächtigter und Verkehrsanwalt

I. Gebührentatbestände

62 Nach **VV Nr.** 3400 erhält der Verkehrsanwalt eine **Verfahrensgebühr** in Höhe der dem Verfahrensbevollmächtigten zustehenden Verfahrensgebühr, höchstens jedoch 1,0, bei Betragsrahmengebühren höchstens 260 Euro. Liegt ein Berufungsverfahren vor, erhält der Prozessbevollmächtigte nach Nr. 3200 VV eine 1,6 Verfahrensgebühr, beim Verkehrsanwalt verbleibt es jedoch bei einer 1,0 Verfahrensgebühr nach den Nrn. 3400, 3200 VV.[7]

63 **Endet der Auftrag** des Verkehrsanwalts, bevor der vor dem auswärtigen Gericht tätige Verfahrensbevollmächtigte beauftragt worden oder der Verkehrsanwalt gegenüber dem Verfahrensbevollmächtigten tätig geworden ist, erhält der Verkehrsanwalt nach VV Nr. 3405 Nr. 1 eine Verfahrensgebühr mit dem Satz von höchstens 0,5, bei Betragsrahmengebühren höchstens 130 Euro. Zu unterscheiden hiervon ist der Fall, dass der Prozessauftrag des vor dem auswärtigen Gericht tätigen Rechtsanwalts vorzeitig endet. Dieser erhält dann eine Verfahrensgebühr nach Nr. 3101 VV iHv 0,8 in 1. Instanz, die Gebühr für den Verkehrsanwalt beträgt dann nach den Nrn. 3400, 3101 Nr. 1 VV ebenfalls 0,8.[8]

64 Gemäß Vorbemerkung 3.4 Abs. 1 VV entsteht für die in Abschnitt 4 genannten Tätigkeiten eine Terminsgebühr nur, wenn dies ausdrücklich bestimmt ist. Für den Verkehrsanwalt ist eine **Terminsgebühr nicht vorgesehen**.[9] Soll der Verkehrsanwalt allerdings an einem gerichtlichen Termin oder an einem Ortstermin des vom Gericht bestellten Sachverständigen teilnehmen, so hat er nunmehr einen Auftrag als Termins-

---

6 Gerold/Schmidt-Müller-Rabe, VV Nr. 3510 Rn 1.
7 S. hierzu auch näher Mayer, FPR 2005, 403 ff., 406.
8 Vgl Mayer, aaO.
9 Gerold/Schmidt-Müller-Rabe, VV Nr. 3400 Rn 59; Hansens/Braun/Schneider, Praxis des Vergütungsrechts, Teil 8 Rn 370.

G. Verfahrensbevollmächtigter und Verkehrsanwalt

vertreter, er verdient als solcher die Terminsgebühr VV Nr. 3402.[10] Dasselbe gilt, wenn er an einem Vermeidungs- oder Beendigungsgespräch im Sinne von Vorbemerkung 3 Abs. 3 VV teilnimmt.[11]

Auch der Verkehrsanwalt hat die **Einigungsgebühr** verdient, wenn er an dem Zustandekommen der Einigung ursächlich beteiligt war.[12] Teilweise wird die Auffassung vertreten, der Verkehrsanwalt müsse beratend oder vermittelnd in die Einigungsverhandlungen eingegriffen haben, um die Einigungsgebühr zu verdienen.[13] Diese Auffassung ist jedoch zu eng, da es beispielsweise ausreicht, wenn der Verkehrsanwalt den Vergleichsvorschlag dem Mandanten erläutert und ihm die Annahme empfiehlt.[14] Vielfach wird gerade der Verkehrsanwalt als der dem Mandanten nächste Vertrauensanwalt eine Einigung mit der Partei eingehend besprechen.[15] Der Verkehrsanwalt verdient deshalb eine Einigungsgebühr, wenn zB ein Vergleich mit Widerrufsvorbehalt bei Gericht abgeschlossen worden ist, der Verkehrsanwalt diesen mit dem Mandanten bespricht und schließlich dem Prozessbevollmächtigten mitteilt, dass der Vergleich nicht widerrufen werden solle.[16] Aber auch dann, wenn er bereits vor Abschluss des Vergleichs bei Gericht im Hinblick auf diesen Vergleich tätig geworden ist, beispielsweise mit dem Mandanten Vergleichsvorschläge der Gegenseite erörtert hat, hat der Verkehrsanwalt die Einigungsgebühr verdient.[17]

II. Muster

1. Muster: Prozessbevollmächtigter und Verkehrsanwalt, normaler Verfahrensverlauf, 1. Instanz (Wert: 10.000 Euro)

I. Kostennote des Prozessbevollmächtigten:

Frau/Herrn ▪▪▪

▪▪▪ (Straße)

▪▪▪ (PLZ, Ort)

Vergütungsabrechnung

    Rechnungsnummer ▪▪▪

    Leistungszeitraum ▪▪▪

    Steuer-Nr. oder Umsatzsteuerident-Nr. ▪▪▪

Verfahrensgebühr VV Nr. 3100, 1,3	631,80 Euro
(Gegenstandswert: 10.000 Euro)	
Terminsgebühr VV Nr. 3104, 1,2	583,20 Euro
(Gegenstandswert: 10.000 Euro)	

---

10 Gerold/Schmidt-*Müller-Rabe*, VV Nr. 3400 Rn 59.
11 Gerold/Schmidt-*Müller-Rabe*, VV Nr. 3400 Rn 59; vgl auch Mayer, RVG-Letter 2005, 38 f.; AnwK-RVG/*Mock/N.Schneider*, VV Nr. 3400 Rn 59.
12 Mayer/Kroiß-*Klees*, VV Nr. 1000 Rn 22.
13 AnwK-RVG/*N.Schneider*, VV Nr. 1000 Rn 121,.
14 Mayer/Kroiß-*Klees*, VV Nr. 1000 Rn 22; vgl auch Mayer, FPR 2005, 403 ff., 406.
15 Bischof/*Bischof*, VV Nr. 1000 Rn 31.
16 Enders, RVG für Anfänger Rn 1244.
17 Enders, RVG für Anfänger Rn 1244.

9 § 9 Sonderfragen in den unter Teil 3 VV fallenden Verfahren

Auslagenpauschale VV Nr. 7002	20,00 Euro
Zwischensumme	1.235,00 Euro
19 % Umsatzsteuer, VV Nr. 7008	234,65 Euro
Summe	1.469,65 Euro

■■■

(Rechtsanwalt)

II. Kostennote des Verkehrsanwalts:

Frau/Herrn ■■■

■■■ (Straße)

■■■ (PLZ, Ort)

Vergütungsabrechnung

    Rechnungsnummer ■■■

    Leistungszeitraum ■■■

    Steuer-Nr. oder Umsatzsteuerident-Nr. ■■■

Verfahrensgebühr VV Nrn. 3400, 3100, 1,0	486,00 Euro
(Gegenstandswert: 10.000 Euro)	
Auslagenpauschale VV Nr. 7002	20,00 Euro
Zwischensumme	506,00 Euro
19 % Umsatzsteuer, VV Nr. 7008	96,14 Euro
Summe	602,14 Euro

■■■

(Rechtsanwalt)

2. Muster: Prozessbevollmächtigter und Verkehrsanwalt, Berufungsverfahren (Wert: 30.000 Euro)

I. Kostennote des Prozessbevollmächtigten:

Frau/Herrn ■■■

■■■ (Straße)

■■■ (PLZ, Ort)

Vergütungsabrechnung

    Rechnungsnummer ■■■

    Leistungszeitraum ■■■

    Steuer-Nr. oder Umsatzsteuerident-Nr. ■■■

Verfahrensgebühr VV Nr. 3200, 1,6	1.212,80 Euro
(Gegenstandswert: 30.000 Euro)	
Terminsgebühr VV Nr. 3202, 1,2	909,60 Euro
(Gegenstandswert: 30.000 Euro)	
Auslagenpauschale VV Nr. 7002	20,00 Euro

G. Verfahrensbevollmächtigter und Verkehrsanwalt **9**

Zwischensumme	2.142,40 Euro
19 % Umsatzsteuer, VV Nr. 7008	407,06 Euro
Summe	2.549,46 Euro

■■■
(Rechtsanwalt)

II. Kostennote des Verkehrsanwalts:

Frau/Herrn ■■■
■■■ (Straße)
■■■ (PLZ, Ort)
Vergütungsabrechnung
      Rechnungsnummer ■■■
      Leistungszeitraum ■■■
      Steuer-Nr. oder Umsatzsteuerident-Nr. ■■■

Verfahrensgebühr VV Nrn. 3400, 3200, 1,0	758,00 Euro
(Gegenstandswert: 30.000 Euro)	
Auslagenpauschale VV Nr. 7002	20,00 Euro
Zwischensumme	778,00 Euro
19 % Umsatzsteuer, VV Nr. 7008	147,82 Euro
Summe	925,82 Euro

■■■
(Rechtsanwalt)

3. Muster: Vorzeitiges Ende des Auftrags des Verkehrsanwalts, bevor der Verfahrensbevollmächtigte beauftragt wurde (Wert: 30.000 Euro)

Kostennote des Verkehrsanwalts:

Frau/Herrn ■■■
■■■ (Straße)
■■■ (PLZ, Ort)
Vergütungsabrechnung
      Rechnungsnummer ■■■
      Leistungszeitraum ■■■
      Steuer-Nr. oder Umsatzsteuerident-Nr. ■■■

Verfahrensgebühr VV Nrn. 3400, 3405 Nr. 1, 0,5	379,00 Euro
(Gegenstandswert: 30.000 Euro)	
Auslagenpauschale VV Nr. 7002	20,00 Euro
Zwischensumme	399,00 Euro

§ 9 Sonderfragen in den unter Teil 3 VV fallenden Verfahren

19 % Umsatzsteuer, VV Nr. 7008	75,81 Euro
Summe	474,81 Euro

■■■
(Rechtsanwalt)

4. Muster: Vorzeitiges Ende des Auftrags des Verfahrensbevollmächtigten (Wert: 30.000 Euro)

I. Kostennote des Verfahrensbevollmächtigten:

Frau/Herrn ■■■
■■■ (Straße)
■■■ (PLZ, Ort)
Vergütungsabrechnung
    Rechnungsnummer ■■■
    Leistungszeitraum ■■■
    Steuer-Nr. oder Umsatzsteuerident-Nr. ■■■

Verfahrensgebühr VV Nr. 3101 Nr. 1, 0,8	606,40 Euro
(Gegenstandswert: 30.000 Euro)	
Auslagenpauschale VV Nr. 7002	20,00 Euro
Zwischensumme	626,40 Euro
19 % Umsatzsteuer, VV Nr. 7008	119,02 Euro
Summe	745,42 Euro

■■■
(Rechtsanwalt)

II. Kostennote des Verkehrsanwalts:

Frau/Herrn ■■■
■■■ (Straße)
■■■ (PLZ, Ort)
Vergütungsabrechnung
    Rechnungsnummer ■■■
    Leistungszeitraum ■■■
    Steuer-Nr. oder Umsatzsteuerident-Nr. ■■■

Verfahrensgebühr VV Nrn. 3400, 3101 Nr. 1, 0,8	606,40 Euro
(Gegenstandswert: 30.000 Euro)	
Auslagenpauschale VV Nr. 7002	20,00 Euro
Zwischensumme	626,40 Euro
19 % Umsatzsteuer, VV Nr. 7008	119,02 Euro
Summe	745,42 Euro

■■■
(Rechtsanwalt)

5. Muster: Verkehrsanwalt mit widerruflich abgeschlossenem Vergleich, der nach Besprechung mit der Partei nicht widerrufen wird (Wert: 30.000 Euro)

I. Kostennote des Verfahrensbevollmächtigten:

70

Frau/Herrn ■■■

294

■■■ (Straße)

■■■ (PLZ, Ort)

Vergütungsabrechnung

    Rechnungsnummer ■■■

    Leistungszeitraum ■■■

    Steuer-Nr. oder Umsatzsteuerident-Nr. ■■■

Verfahrensgebühr VV Nr. 3100, 1,3	985,40 Euro
(Gegenstandswert: 30.000 Euro)	
Terminsgebühr VV Nr. 3104, 1,2	909,60 Euro
(Gegenstandswert: 30.000 Euro)	
Einigungsgebühr VV Nrn. 1000, 1003, 1,0	758,00 Euro
(Gegenstandswert: 30.000 Euro)	
Auslagenpauschale VV Nr. 7002	20,00 Euro
Zwischensumme	2.673,00 Euro
19 % Umsatzsteuer, VV Nr. 7008	507,87 Euro
Summe	3.180,87 Euro

■■■

(Rechtsanwalt)

II. Kostennote des Verkehrsanwalts:

Frau/Herrn ■■■

■■■ (Straße)

■■■ (PLZ, Ort)

Vergütungsabrechnung

    Rechnungsnummer ■■■

    Leistungszeitraum ■■■

    Steuer-Nr. oder Umsatzsteuerident-Nr. ■■■

Verfahrensgebühr VV Nrn. 3400, 3100, 1,0	758,00 Euro
(Gegenstandswert: 30.000 Euro)	
Einigungsgebühr VV Nrn. 1000, 1003, 1,0	758,00 Euro
(Gegenstandswert: 30.000 Euro)	
Auslagenpauschale VV Nr. 7002	20,00 Euro
Zwischensumme	1.536,00 Euro

| 19 % Umsatzsteuer, VV Nr. 7008 | 291,84 Euro |
| Summe | 1.827,84 Euro |

■■■

(Rechtsanwalt)

6. Muster: Revisionsverfahren vor dem BSG mit Verkehrsanwalt im Verfahren, in dem Betragsrahmengebühren entstehen

I. Kostennote des Verfahrensbevollmächtigten:

Frau/Herrn ■■■

■■■ (Straße)

■■■ (PLZ, Ort)

Vergütungsabrechnung

    Rechnungsnummer ■■■

    Leistungszeitraum ■■■

    Steuer-Nr. oder Umsatzsteuerident-Nr. ■■■

Verfahrensgebühr VV Nr. 3212	440,00 Euro
Terminsgebühr VV Nr. 3213	370,00 Euro
Auslagenpauschale VV Nr. 7002	20,00 Euro
Zwischensumme	830,00 Euro
19 % Umsatzsteuer, VV Nr. 7008	157,70 Euro
Summe	987,70 Euro

■■■

(Rechtsanwalt)

II. Kostennote des Verkehrsanwalts:

Frau/Herrn ■■■

■■■ (Straße)

■■■ (PLZ, Ort)

Vergütungsabrechnung

    Rechnungsnummer ■■■

    Leistungszeitraum ■■■

    Steuer-Nr. oder Umsatzsteuerident-Nr. ■■■

Verfahrensgebühr VV Nrn. 3400, 3212	170,00 Euro
Auslagenpauschale VV Nr. 7002	20,00 Euro
Zwischensumme	190,00 Euro
19 % Umsatzsteuer, VV Nr. 7008	36,10 Euro
Summe	226,10 Euro

■■■

(Rechtsanwalt)

7. Muster: Revisionsverfahren vor dem BGH mit Verkehrsanwalt (Wert: 80.000 Euro)

I. Kostennote des BGH-Anwalts:

Frau/Herrn ▪▪▪
▪▪▪ (Straße)
▪▪▪ (PLZ, Ort)

Vergütungsabrechnung

    Rechnungsnummer ▪▪▪

    Leistungszeitraum ▪▪▪

    Steuer-Nr. oder Umsatzsteuerident-Nr. ▪▪▪

Verfahrensgebühr VV Nrn. 3206, 3208, 2,3	2.760,00 Euro
(Gegenstandswert: 80.000 Euro)	
Terminsgebühr VV Nr. 3210, 1,5	1.800,00 Euro
(Gegenstandswert: 80.000 Euro)	
Auslagenpauschale VV Nr. 7002	20,00 Euro
Zwischensumme	4.580,00 Euro
19 % Umsatzsteuer, VV Nr. 7008	870,20 Euro
Summe	5.450,20 Euro

▪▪▪
(Rechtsanwalt)

II. Kostennote des Verkehrsanwalts:

Frau/Herrn ▪▪▪
▪▪▪ (Straße)
▪▪▪ (PLZ, Ort)

Vergütungsabrechnung

    Rechnungsnummer ▪▪▪

    Leistungszeitraum ▪▪▪

    Steuer-Nr. oder Umsatzsteuerident-Nr. ▪▪▪

Verfahrensgebühr VV Nrn. 3400, 3206, 3208, 1,0	1.200,00 Euro
(Gegenstandswert: 80.000 Euro)	
Auslagenpauschale VV Nr. 7002	20,00 Euro
Zwischensumme	1.220,00 Euro
19 % Umsatzsteuer, VV Nr. 7008	231,80 Euro
Summe	1.451,80 Euro

▪▪▪
(Rechtsanwalt)

§ 9 Sonderfragen in den unter Teil 3 VV fallenden Verfahren

8. Muster: Verkehrsanwalt und Verhandlungen vor Gericht zur Einigung über in diesem Verfahren nicht rechtshängige Ansprüche (Wert: 10.000 Euro; verhandelt wird über weitere 10.000 Euro), erste Instanz

I. Kostennote des Verfahrensbevollmächtigten:

Frau/Herrn ▪▪▪
▪▪▪ (Straße)
▪▪▪ (PLZ, Ort)
Vergütungsabrechnung
  Rechnungsnummer ▪▪▪
  Leistungszeitraum ▪▪▪
  Steuer-Nr. oder Umsatzsteuerident-Nr. ▪▪▪

Verfahrensgebühr VV Nr. 3100, 1,3	631,80 Euro
(Gegenstandswert: 10.000 Euro)	
Verfahrensgebühr VV Nr. 3101 Nr. 2, 0,8	
(Gegenstandswert: 10.000 Euro)	
nach Prüfung gem. § 15 III RVG	208,00 Euro
Terminsgebühr VV Nr. 3104, 1,2	775,20 Euro
(Gegenstandswert: 20.000 Euro)	
Auslagenpauschale VV Nr. 7002	20,00 Euro
Zwischensumme	1.635,00 Euro
19 % Umsatzsteuer, VV Nr. 7008	310,65 Euro
Summe	1.945,65 Euro

▪▪▪
(Rechtsanwalt)

II. Kostennote des Verkehrsanwalts:

Frau/Herrn ▪▪▪
▪▪▪ (Straße)
▪▪▪ (PLZ, Ort)
Vergütungsabrechnung
  Rechnungsnummer ▪▪▪
  Leistungszeitraum ▪▪▪
  Steuer-Nr. oder Umsatzsteuerident-Nr. ▪▪▪

Verfahrensgebühr VV Nrn. 3400, 3100, 1,0	486,00 Euro
(Gegenstandswert: 10.000 Euro)	
Verfahrensgebühr VV Nrn. 3400, 3101 Nr. 2, 0,8	
(Gegenstandswert: 10.000 Euro)	
nach Prüfung gem. § 15 III RVG	160,00 Euro
Auslagenpauschale VV Nr. 7002	20,00 Euro

Zwischensumme	666,00 Euro
19 % Umsatzsteuer, VV Nr. 7008	126,54 Euro
Summe	792,54 Euro

■■■

(Rechtsanwalt)

H. Terminsvertreter

I. Gebührentatbestände

Der Anwalt, der den **Einzelauftrag** hat, einen Termin iS der Vorbemerkung 3 Abs. 3 wahrzunehmen, erhält die Vergütung nach den Vergütungstatbeständen VV Nrn. 3401 und 3402; für alle anderen Termine gilt der Vergütungstatbestand VV Nr. 3403.[18]   74

Der mit der Terminswahrnehmung beauftragte Rechtsanwalt verdient nach VV Nr. 3401 eine **Verfahrensgebühr** in Höhe der Hälfte der dem Verfahrensbevollmächtigten zustehenden Verfahrensgebühr. Richten sich die Verfahrensgebühren des Verfahrensbevollmächtigten nicht nach Gegenstandswert, so erhält der Terminsvertreter ebenfalls die Hälfte der dem Verfahrensbevollmächtigten zustehenden Verfahrensgebühr; die Berechnung erfolgt allerdings nicht dergestalt, dass der Verfahrensbevollmächtigte seine Gebühr nach den Kriterien des § 14 RVG bestimmt und dann der Terminsvertreter hiervon die Hälfte erhält, vielmehr steht dem Terminsvertreter der halbe Rahmen des dem Verfahrensbevollmächtigten zustehenden Gebührenrahmens zu, also ein Rahmen in Höhe der Hälfte der Mindestgebühr bis zur Hälfte der Höchstgebühr; aus diesem reduzierten Rahmen bemisst dann der Terminsvertreter die für ihn im Einzelfall angemessene Gebühr.[19] Für den **Terminsvertreter** ergeben sich daher **folgende Rahmengebühren:**[20]   75

- In **1. Instanz** gem. VV Nr. 3102 20 Euro–230 Euro, **Mittelgebühr 125 Euro.**
- In der **Berufungsinstanz** gem. VV Nr. 3204 25 Euro–285 Euro, **Mittelgebühr 155 Euro.**
- Im **Revisionsverfahren** gem. VV Nr. 3212 40 Euro–400 Euro, **Mittelgebühr 220 Euro.**

Endet der Auftrag des Terminsvertreters, bevor der Termin begonnen hat, zu dessen Wahrnehmung er beauftragt worden ist, beträgt die Verfahrensgebühr nach VV Nr. 3405 Nr. 2 höchstens 0,5, bei Betragsrahmengebühren höchstens 130 Euro. Der Rahmen für den Terminsvertreter beträgt also   76

- in 1. Instanz gem. VV Nr. 3102 20 Euro–130 Euro,
- bei Berufung gem. VV Nr. 3204 25 Euro–130 Euro,
- bei Revision gem. VV Nr. 3212 40 Euro–130 Euro.[21]

---

18 AnwK-RVG/*Mock/N.Schneider*, VV Nrn. 3401–3402 Rn 1.
19 AnwK-RVG/*Mock/N.Schneider*, VV Nrn. 3401–3402 Rn 58.
20 Gerold/Schmidt-*Müller-Rabe*, VV Nr. 3401 Rn 50.
21 Gerold/Schmidt-*Müller-Rabe*, VV Nr. 3401 Rn 51.

§ 9 Sonderfragen in den unter Teil 3 VV fallenden Verfahren

77 Daneben kann der mit der Terminswahrnehmung beauftragte Rechtsanwalt auch eine **Terminsgebühr** nach VV Nr. 3402 verdienen. Der Terminsvertreter verdient gem. VV Nr. 3402 eine Terminsgebühr in der Höhe, in der sie der Verfahrensbevollmächtigte verdienen würde, würde er an dem Termin teilnehmen.[22] Außer in Verfahren vor den Sozialgerichten, in denen Betragsrahmengebühren entstehen, verdient der Terminsvertreter in 1. Instanz somit eine 1,2 Terminsgebühr nach VV Nrn. 3402, 3104, liegt ein Berufungsverfahren vor, so beträgt die Terminsgebühr außer in den Verfahren vor den Landessozialgerichten, in denen Betragsrahmengebühren entstehen, nach VV Nrn. 3402, 3202 ebenfalls 1,2.[23]

78 Sind in einem Verfahren innerhalb desselben Rechtszugs mehrere Termine wahrzunehmen, so erhält der Terminsvertreter auch für die Vertretung in mehreren Terminen **nur eine einzige Terminsgebühr**. Dies ergibt sich aus dem Grundsatz, dass der Rechtsanwalt innerhalb desselben Gebührenrechtszugs gleichartige Gebühren nur einmal berechnen kann.[24] Die Formulierung in VV Nr. 3401, wonach der Terminsvertreter beauftragt ist, für „die Vertretung in einem Termin", beschränkt den Anwendungsbereich der Verfahrensgebühr nicht auf einen einzigen Termin.[25] Hat der Terminsvertreter in einem Verfahren in derselben Instanz mehrere Verhandlungstermine wahrzunehmen, erhält er gleichwohl nur einmal eine Terminsgebühr nach Nr. 3402 und einmal die Verfahrensgebühr nach VV Nr. 3401.[26]

79 Bei **vorzeitiger Beendigung** des Mandats ist zu unterscheiden: Endet lediglich der Auftrag des Terminsvertreters, bevor der Termin begonnen hat, so beträgt die Verfahrensgebühr des Terminsvertreters nach VV Nrn. 3405 Nr. 2 höchstens 0,5, bei Betragsrahmengebühren höchstens 130 Euro. Soweit teilweise die Auffassung vertreten wird, die Gebührenreduktion der VV Nr. 3405 Nr. 2 trete auch dann ein, wenn der Auftrag des Terminsvertreters endet, nachdem der Termin begonnen hat, aber bevor er an dem Termin teilgenommen hat,[27] ist diese Auffassung abzulehnen. Zum einen findet sie im klaren Wortlaut des Gesetzes keinerlei Stütze, zum anderen wird übersehen, dass es bei der Nr. 3405 Nr. 2 VV um die Gebührenreduktion bei der Verfahrensgebühr geht; eine Terminsgebühr verdient der Terminsvertreter ohnehin nur dann, wenn er einen Termin wahrnimmt. Bei der Frage der Gebührenreduktion der Verfahrensgebühr Kriterien heranzuziehen, die für das Entstehen der Terminsgebühr relevant sind, ist systemwidrig.[28] Endet lediglich der Auftrag des Terminsvertreters vorzeitig nach Nr. 3405 Nr. 2 VV, bleibt es für den Verfahrensbevollmächtigten bei einer 1,3 Verfahrensgebühr nach Nr. 3100 VV.

80 Anders ist es, wenn der **Auftrag des Verfahrensbevollmächtigten vorzeitig endet**. Dieser erhält dann nach VV Nr. 3101 Nr. 1 lediglich eine Verfahrensgebühr mit einem Gebührensatz von 0,8, die Verfahrensgebühr des Terminsvertreters beträgt dann nach VV Nr. 3401 die Hälfte, also 0,4. Dies soll auch dann gelten, wenn der Ter-

---

[22] Gerold/Schmidt-Müller-Rabe, VV Nr. 3402 Rn 2.
[23] Mayer, FPR 2005, 403 ff., 407.
[24] Mayer, FPR 2005, 403 ff., 407.
[25] Hansens/Braun/Schneider, Praxis des Vergütungsrechts, Teil 8 Rn 339.
[26] Mayer, FPR 2005, 403 ff., 407.
[27] Gerold/Schmidt-Müller-Rabe, VV Nr. 3401 Rn 43.
[28] Mayer, FPR 2005, 403 ff., 408.

minsvertreter bereits schon einen Termin wahrgenommen hatte.[29] Diese Auffassung steht zwar im Einklang mit dem Wortlaut des Vergütungstatbestands VV Nr. 3401 VV, das Ergebnis ist jedoch sachlich nicht gerechtfertigt. Zwar dürften derartige Verfahrensentwicklungen eher selten sein, sie sind jedoch nicht gänzlich ausgeschlossen, beispielsweise dann, wenn der Terminsvertreter auf der Beklagtenseite eingesetzt wird und der Auftrag des Verfahrensbevollmächtigten endet, bevor er einen Schriftsatz mit Sachanträgen oder Sachvortrag eingereicht hat. Richtig dürfte es sein, in solchen Fällen keine Gebührenreduktion vorzunehmen, sondern es beim Terminsvertreter bei einer 0,65 Verfahrensgebühr zu belassen, zumal auch die Gebührenreduktion beim Prozessbevollmächtigten nach VV Nr. 3101 nicht mehr eintritt, sobald er für seine Partei einen gerichtlichen Termin wahrgenommen hat.[30]

Liegt schließlich eine **vorzeitige Beendigung des Auftrags des Verfahrensbevollmächtigten und des Terminsvertreters** vor, so verdient der Verfahrensbevollmächtigte eine Verfahrensgebühr nach VV Nr. 3101 Nr. 1 iHv 0,8, die Verfahrensgebühr für den Terminsvertreter beträgt nach VV Nrn. 3401, 3101 Nr. 1, 3405 Nr. 2 0,4.[31] 81

Der Vergütungstatbestand knüpft ausdrücklich an an eine „Vertretung in einem Termin" iS der Vorbemerkung 3 Abs. 3. Dies bedeutet, dass damit nicht nur gerichtliche Verhandlungs-, Erörterungs- oder Beweisaufnahmetermine oder von einem gerichtlich bestellten Sachverständigen anberaumte Termine gemeint sind, sondern auch Besprechungen mit der Gegenseite, die auf die Vermeidung oder Erledigung des Verfahrens gerichtet sind. Die Gegenauffassung, die bei dem Vergütungstatbestand VV Nr. 3401 den Anfall der Terminsgebühr außerhalb der Vertretung in einem Termin, also für Besprechungen zur Vermeidung oder Erledigung des Verfahrens, ausschließt,[32] hat sich zu Recht nicht durchgesetzt.[33] 82

Der Terminsvertreter, der lediglich einen zwischen den Prozessbevollmächtigten bereits ausgehandelten Vergleich im Termin protokollieren soll, erhält keine **Einigungsgebühr**, wenn der Inhalt der Vereinbarung bereits verbindlich zwischen den Verfahrensbevollmächtigten vereinbart worden ist und die Protokollierung lediglich der Schaffung eines Titels dienen soll.[34] Ist aber die gerichtliche Protokollierung Bedingung für das Zustandekommen des Vergleichs, entsteht die Einigungsgebühr auch beim Terminsvertreter,[35] gleiches gilt auch, wenn der Vergleich formbedürftig ist und erst mit der Protokollierung wirksam wird.[36] 83

---

29 *Hansens*/Braun/Schneider, Praxis des Vergütungsrechts, Teil 8 Rn 327.
30 Mayer, FPR 2005, 403 ff., 408.
31 Enders, RVG für Anfänger Rn 1275; Mayer, FPR 2005, 403 ff., 408.
32 Vgl *Hansens*/Braun/Schneider, Praxis des Vergütungsrechts, Teil 8 Rn 335; Enders, JurBüro 2005, 1 ff., 6.
33 Vgl Gerold/Schmidt-*Müller-Rabe*, VV Nr. 3401 Rn 28; AnwK-RVG/*Mock*/*N.Schneider*, VV Nrn. 3401–3402 Rn 20 f.; Riedel/Sußbauer-*Keller*, VV Teil 3, Abschnitt 4 Rn 36.
34 Mayer/Kroiß-*Klees*, Nr. 1000 VV Rn 23.
35 AnwK-RVG/*N.Schneider*, VV Nr. 1000 Rn 122.
36 Mayer/Kroiß-*Klees*, Nr. 1000 VV Rn 23.

II. Muster

1. Muster: Verfahrensbevollmächtigter und Terminsvertreter 1. Instanz, Wert 30.000 Euro

84 I. Kostennote des Verfahrensbevollmächtigten:

Frau/Herrn ▪▪▪

▪▪▪ (Straße)

▪▪▪ (PLZ, Ort)

Vergütungsabrechnung

    Rechnungsnummer ▪▪▪

    Leistungszeitraum ▪▪▪

    Steuer-Nr. oder Umsatzsteuerident-Nr. ▪▪▪

Verfahrensgebühr VV Nr. 3100, 1,3	985,40 Euro
(Gegenstandswert: 30.000 Euro)	
Auslagenpauschale VV Nr. 7002	20,00 Euro
Zwischensumme	1.005,40 Euro
19 % Umsatzsteuer, VV Nr. 7008	191,03 Euro
Summe	1.196,43 Euro

▪▪▪

(Rechtsanwalt)

II. Kostennote des Terminsvertreters:

Frau/Herrn ▪▪▪

▪▪▪ (Straße)

▪▪▪ (PLZ, Ort)

Vergütungsabrechnung

    Rechnungsnummer ▪▪▪

    Leistungszeitraum ▪▪▪

    Steuer-Nr. oder Umsatzsteuerident-Nr. ▪▪▪

Verfahrensgebühr VV Nrn. 3401, 3100, 0,65	492,70 Euro
(Gegenstandswert: 30.000 Euro)	
Terminsgebühr VV Nrn. 3402, 3104, 1,2	909,60 Euro
(Gegenstandswert: 30.000 Euro)	
Auslagenpauschale VV Nr. 7002	20,00 Euro
Zwischensumme	1.422,30 Euro
19 % Umsatzsteuer, VV Nr. 7008	270,24 Euro
Summe	1.692,54 Euro

▪▪▪

(Rechtsanwalt)

2. Muster: Verfahrensbevollmächtigter und Terminsvertreter 1. Instanz in Verfahren vor den Sozialgerichten, in denen Betragsrahmengebühren entstehen

I. Kostennote des Verfahrensbevollmächtigten: 85

299

Frau/Herrn ■■■

■■■ (Straße)

■■■ (PLZ, Ort)

Vergütungsabrechnung

    Rechnungsnummer ■■■

    Leistungszeitraum ■■■

    Steuer-Nr. oder Umsatzsteuerident-Nr. ■■■

Verfahrensgebühr VV Nr. 3102[37]	250,00 Euro[38]
Auslagenpauschale VV Nr. 7002	20,00 Euro
Zwischensumme	270,00 Euro
19 % Umsatzsteuer, VV Nr. 7008	51,30 Euro
Summe	321,30 Euro

■■■

(Rechtsanwalt)

II. Kostennote des Terminsvertreters:

Frau/Herrn ■■■

■■■ (Straße)

■■■ (PLZ, Ort)

Vergütungsabrechnung

    Rechnungsnummer ■■■

    Leistungszeitraum ■■■

    Steuer-Nr. oder Umsatzsteuerident-Nr. ■■■

Verfahrensgebühr VV Nrn. 3401, 3102	125,00 Euro
Terminsgebühr VV Nrn. 3402, 3106,	200,00 Euro
Auslagenpauschale VV Nr. 7002	20,00 Euro
Zwischensumme	345,00 Euro
19 % Umsatzsteuer, VV Nr. 7008	65,55 Euro
Summe	410,55 Euro

■■■

(Rechtsanwalt)

---

[37] Unterstellt, der Anwalt ist im vorausgegangenen Verwaltungsverfahren oder im Nachprüfungsverfahren noch nicht tätig gewesen.

[38] Zum Ansatz wurde die Mittelgebühr gebracht.

§ 9 Sonderfragen in den unter Teil 3 VV fallenden Verfahren

3. Muster: Verfahrensbevollmächtigter im Berufungsverfahren und Terminsvertreter (Wert: 30.000 Euro)

86 I. Kostennote des Verfahrensbevollmächtigten:

Frau/Herrn ▪▪▪

▪▪▪ (Straße)

▪▪▪ (PLZ, Ort)

Vergütungsabrechnung

    Rechnungsnummer ▪▪▪

    Leistungszeitraum ▪▪▪

    Steuer-Nr. oder Umsatzsteuerident-Nr. ▪▪▪

Verfahrensgebühr VV Nr. 3200, 1,6	1.212,80 Euro
(Gegenstandswert: 30.000 Euro)	
Auslagenpauschale VV Nr. 7002	20,00 Euro
Zwischensumme	1.232,80 Euro
19 % Umsatzsteuer, VV Nr. 7008	234,23 Euro
Summe	1.467,03 Euro

▪▪▪

(Rechtsanwalt)

II. Kostennote des Terminsvertreters:

Frau/Herrn ▪▪▪

▪▪▪ (Straße)

▪▪▪ (PLZ, Ort)

Vergütungsabrechnung

    Rechnungsnummer ▪▪▪

    Leistungszeitraum ▪▪▪

    Steuer-Nr. oder Umsatzsteuerident-Nr. ▪▪▪

Verfahrensgebühr VV Nrn. 3401, 3200, 0,8	606,40 Euro
(Gegenstandswert: 30.000 Euro)	
Terminsgebühr VV Nrn. 3402, 3202, 1,2	909,60 Euro
(Gegenstandswert: 30.000 Euro)	
Auslagenpauschale VV Nr. 7002	20,00 Euro
Zwischensumme	1.536,00 Euro
19 % Umsatzsteuer, VV Nr. 7008	291,84 Euro
Summe	1.827,84 Euro

▪▪▪

(Rechtsanwalt)

4. Muster: Verfahrensbevollmächtigter und Terminsvertreter im Berufungsverfahren in Verfahren vor dem Landessozialgericht, in denen Betragsrahmengebühren entstehen

I. Kostennote des Verfahrensbevollmächtigten:

Frau/Herrn ▪▪▪

▪▪▪ (Straße)

▪▪▪ (PLZ, Ort)

Vergütungsabrechnung

    Rechnungsnummer ▪▪▪

    Leistungszeitraum ▪▪▪

    Steuer-Nr. oder Umsatzsteuerident-Nr. ▪▪▪

Verfahrensgebühr VV Nr. 3204	310,00 Euro[39]
Auslagenpauschale VV Nr. 7002	20,00 Euro
Zwischensumme	330,00 Euro
19 % Umsatzsteuer, VV Nr. 7008	62,70 Euro
Summe	392,70 Euro

▪▪▪

(Rechtsanwalt)

II. Kostennote des Terminsvertreters:

Frau/Herrn ▪▪▪

▪▪▪ (Straße)

▪▪▪ (PLZ, Ort)

Vergütungsabrechnung

    Rechnungsnummer ▪▪▪

    Leistungszeitraum ▪▪▪

    Steuer-Nr. oder Umsatzsteuerident-Nr. ▪▪▪

Verfahrensgebühr VV Nrn. 3401, 3204	155,00 Euro
Terminsgebühr VV Nrn. 3402, 3205	200,00 Euro
Auslagenpauschale VV Nr. 7002	20,00 Euro
Zwischensumme	375,00 Euro
19 % Umsatzsteuer, VV Nr. 7008	71,25 Euro
Summe	446,25 Euro

▪▪▪

(Rechtsanwalt)

---

39 Zum Ansatz wurde die Mittelgebühr gebracht.

5. Verfahrensbevollmächtigter und Terminsvertreter im Revisionsverfahren (Wert: 30.000 Euro)

88

I. Kostennote des Verfahrensbevollmächtigten:

Frau/Herrn ▪▪▪
▪▪▪ (Straße)
▪▪▪ (PLZ, Ort)

Vergütungsabrechnung

    Rechnungsnummer ▪▪▪
    Leistungszeitraum ▪▪▪
    Steuer-Nr. oder Umsatzsteuerident-Nr. ▪▪▪

Verfahrensgebühr VV Nr. 3206, 1,6	1.212,80 Euro
(Gegenstandswert: 30.000 Euro)	
Auslagenpauschale VV Nr. 7002	20,00 Euro
Zwischensumme	1.232,80 Euro
19 % Umsatzsteuer, VV Nr. 7008	234,23 Euro
Summe	1.467,03 Euro

▪▪▪

(Rechtsanwalt)

II. Kostennote des Terminsvertreters:

Frau/Herrn ▪▪▪
▪▪▪ (Straße)
▪▪▪ (PLZ, Ort)

Vergütungsabrechnung

    Rechnungsnummer ▪▪▪
    Leistungszeitraum ▪▪▪
    Steuer-Nr. oder Umsatzsteuerident-Nr. ▪▪▪

Verfahrensgebühr VV Nrn. 3401, 3206, 0,8	606,40 Euro
(Gegenstandswert: 30.000 Euro)	
Terminsgebühr VV Nrn. 3402, 3210, 1,5	1.137,00 Euro
(Gegenstandswert: 30.000 Euro)	
Auslagenpauschale VV Nr. 7002	20,00 Euro
Zwischensumme	1.763,40 Euro
19 % Umsatzsteuer, VV Nr. 7008	335,05 Euro
Summe	2.098,45 Euro

▪▪▪

(Rechtsanwalt)

H. Terminsvertreter

6. Muster: Verfahrensbevollmächtigter und Terminsvertreter im Revisionsverfahren vor dem Bundessozialgericht in Verfahren, in den Betragsrahmengebühren entstehen

I. Kostennote des Verfahrensbevollmächtigten:

Frau/Herrn ▪▪▪
▪▪▪ (Straße)
▪▪▪ (PLZ, Ort)

Vergütungsabrechnung

    Rechnungsnummer ▪▪▪

    Leistungszeitraum ▪▪▪

    Steuer-Nr. oder Umsatzsteuerident-Nr. ▪▪▪

Verfahrensgebühr VV Nr. 3212	440,00 Euro[40]
Auslagenpauschale VV Nr. 7002	20,00 Euro
Zwischensumme	460,00 Euro
19 % Umsatzsteuer, VV Nr. 7008	87,40 Euro
Summe	547,40 Euro

▪▪▪

(Rechtsanwalt)

II. Kostennote des Terminsvertreters:

Frau/Herrn ▪▪▪
▪▪▪ (Straße)
▪▪▪ (PLZ, Ort)

Vergütungsabrechnung

    Rechnungsnummer ▪▪▪

    Leistungszeitraum ▪▪▪

    Steuer-Nr. oder Umsatzsteuerident-Nr. ▪▪▪

Verfahrensgebühr VV Nrn. 3401, 3212	220,00 Euro[41]
Terminsgebühr VV Nrn. 3402, 3213	370,00 Euro
Auslagenpauschale VV Nr. 7002	20,00 Euro
Zwischensumme	610,00 Euro
19 % Umsatzsteuer, VV Nr. 7008	115,90 Euro
Summe	725,90 Euro

▪▪▪

(Rechtsanwalt)

---

40 Ausgegangen wurde von der Mittelgebühr.
41 Ausgegangen wurde von der Mittelgebühr.

§ 9 Sonderfragen in den unter Teil 3 VV fallenden Verfahren

7. Muster: Verfahrensbevollmächtigter und Terminsvertreter, vorzeitige Beendigung des Auftrags des Terminsvertreters (Wert: 30.000 Euro)

I. Kostennote des Verfahrensbevollmächtigten:

Frau/Herrn ▪▪▪

▪▪▪ (Straße)

▪▪▪ (PLZ, Ort)

Vergütungsabrechnung

    Rechnungsnummer ▪▪▪

    Leistungszeitraum ▪▪▪

    Steuer-Nr. oder Umsatzsteuerident-Nr. ▪▪▪

Verfahrensgebühr VV Nr. 3100, 1,3	985,40 Euro
(Gegenstandswert: 30.000 Euro)	
Auslagenpauschale VV Nr. 7002	20,00 Euro
Zwischensumme	1.005,40 Euro
19 % Umsatzsteuer, VV Nr. 7008	191,03 Euro
Summe	1.196,43 Euro

▪▪▪

(Rechtsanwalt)

II. Kostennote des Terminsvertreters:

Frau/Herrn ▪▪▪

▪▪▪ (Straße)

▪▪▪ (PLZ, Ort)

Vergütungsabrechnung

    Rechnungsnummer ▪▪▪

    Leistungszeitraum ▪▪▪

    Steuer-Nr. oder Umsatzsteuerident-Nr. ▪▪▪

Verfahrensgebühr VV Nrn. 3405 Nr. 2, 3401, 3100, 0,5	379,00 Euro
(Gegenstandswert: 30.000 Euro)	
Auslagenpauschale VV Nr. 7002	20,00 Euro
Zwischensumme	399,00 Euro
19 % Umsatzsteuer, VV Nr. 7008	75,81 Euro
Summe	474,81 Euro

▪▪▪

(Rechtsanwalt)

H. Terminsvertreter

8. Muster: Verfahrensbevollmächtigter und Terminsvertreter, vorzeitige Beendigung des Auftrags des Terminsvertreters in Verfahren vor den Sozialgerichten, in denen Betragsrahmengebühren entstehen

I. Kostennote des Verfahrensbevollmächtigten:

Frau/Herrn ▪▪▪

▪▪▪ (Straße)

▪▪▪ (PLZ, Ort)

Vergütungsabrechnung

    Rechnungsnummer ▪▪▪

    Leistungszeitraum ▪▪▪

    Steuer-Nr. oder Umsatzsteuerident-Nr. ▪▪▪

Verfahrensgebühr VV Nr. 3102[42]	250,00 Euro[43]
Auslagenpauschale VV Nr. 7002	20,00 Euro
Zwischensumme	270,00 Euro
19 % Umsatzsteuer, VV Nr. 7008	51,30 Euro
Summe	321,30 Euro

▪▪▪

(Rechtsanwalt)

II. Kostennote des Terminsvertreters:

Frau/Herrn ▪▪▪

▪▪▪ (Straße)

▪▪▪ (PLZ, Ort)

Vergütungsabrechnung

    Rechnungsnummer ▪▪▪

    Leistungszeitraum ▪▪▪

    Steuer-Nr. oder Umsatzsteuerident-Nr. ▪▪▪

Verfahrensgebühr VV Nrn. 3405 Nr. 2, 3401, 3102	75,00 Euro[44]
Auslagenpauschale VV Nr. 7002	15,00 Euro
Zwischensumme	90,00 Euro
19 % Umsatzsteuer, VV Nr. 7008	17,10 Euro
Summe	107,10 Euro

▪▪▪

(Rechtsanwalt)

---

42 Es wurde unterstellt, dass der Anwalt nicht im Verwaltungsverfahren oder im Nachprüfungsverfahren bereits tätig war.
43 Ausgegangen wurde von der Mittelgebühr.
44 Ausgegangen wurde von der Mittelgebühr.

§ 9 Sonderfragen in den unter Teil 3 VV fallenden Verfahren

9. Muster: Verfahrensbevollmächtigter und Terminsvertreter in Berufungsverfahren vor dem Landessozialgericht, in denen Betragsrahmengebühren entstehen, vorzeitige Beendigung des Auftrags des Terminsvertreters

I. Kostennote des Verfahrensbevollmächtigten:

Frau/Herrn ▪▪▪

▪▪▪ (Straße)

▪▪▪ (PLZ, Ort)

Vergütungsabrechnung

    Rechnungsnummer ▪▪▪

    Leistungszeitraum ▪▪▪

    Steuer-Nr. oder Umsatzsteuerident-Nr. ▪▪▪

Verfahrensgebühr VV Nr. 3204	310,00 Euro[45]
Auslagenpauschale VV Nr. 7002	20,00 Euro
Zwischensumme	330,00 Euro
19 % Umsatzsteuer, VV Nr. 7008	62,70 Euro
Summe	392,70 Euro

▪▪▪

(Rechtsanwalt)

II. Kostennote des Terminsvertreters:

Frau/Herrn ▪▪▪

▪▪▪ (Straße)

▪▪▪ (PLZ, Ort)

Vergütungsabrechnung

    Rechnungsnummer ▪▪▪

    Leistungszeitraum ▪▪▪

    Steuer-Nr. oder Umsatzsteuerident-Nr. ▪▪▪

Verfahrensgebühr VV Nrn. 3405 Nr. 2, 3401, 3204	77,50 Euro[46]
Auslagenpauschale VV Nr. 7002	15,50 Euro
Zwischensumme	93,00 Euro
19 % Umsatzsteuer, VV Nr. 7008	17,67 Euro
Summe	110,67 Euro

▪▪▪

(Rechtsanwalt)

---

[45] Ausgegangen wurde von der Mittelgebühr.
[46] Ausgegangen wurde von der Mittelgebühr.

H. Terminsvertreter

10. Muster: Verfahrensbevollmächtigter und Terminsvertreter in Revisionsverfahren vor dem Bundessozialgericht in Verfahren, in denen Betragsrahmengebühren entstehen, vorzeitige Beendigung des Auftrags des Terminsvertreters

I. Kostennote des Verfahrensbevollmächtigten:

Frau/Herrn ■■■

■■■ (Straße)

■■■ (PLZ, Ort)

Vergütungsabrechnung

    Rechnungsnummer ■■■

    Leistungszeitraum ■■■

    Steuer-Nr. oder Umsatzsteuerident-Nr. ■■■

Verfahrensgebühr VV Nr. 3212	440,00 Euro[47]
Auslagenpauschale VV Nr. 7002	20,00 Euro
Zwischensumme	460,00 Euro
19 % Umsatzsteuer, VV Nr. 7008	87,40 Euro
Summe	547,40 Euro

■■■

(Rechtsanwalt)

II. Kostennote des Terminsvertreters:

Frau/Herrn ■■■

■■■ (Straße)

■■■ (PLZ, Ort)

Vergütungsabrechnung

    Rechnungsnummer ■■■

    Leistungszeitraum ■■■

    Steuer-Nr. oder Umsatzsteuerident-Nr. ■■■

Verfahrensgebühr VV Nrn. 3405 Nr. 2, 3401, 3212	85,00 Euro[48]
Auslagenpauschale VV Nr. 7002	17,00 Euro
Zwischensumme	102,00 Euro
19 % Umsatzsteuer, VV Nr. 7008	19,38 Euro
Summe	121,38 Euro

■■■

(Rechtsanwalt)

---

[47] Ausgegangen wurde von der Mittelgebühr.
[48] Ausgegangen wurde von der Mittelgebühr.

§ 9 Sonderfragen in den unter Teil 3 VV fallenden Verfahren

11. Muster: Verfahrensbevollmächtigter und Terminsvertreter, vorzeitige Beendigung des Auftrags des Verfahrensbevollmächtigten, bereits Wahrnehmung eines Termins durch den Terminsvertreter (Wert: 5.000 Euro), erste Instanz

I. Kostennote des Verfahrensbevollmächtigten:

Frau/Herrn ▪▪▪

▪▪▪ (Straße)

▪▪▪ (PLZ, Ort)

Vergütungsabrechnung

    Rechnungsnummer ▪▪▪

    Leistungszeitraum ▪▪▪

    Steuer-Nr. oder Umsatzsteuerident-Nr. ▪▪▪

Verfahrensgebühr VV Nr. 3101 Nr. 1, 0,8	240,80 Euro
(Gegenstandswert: 5.000 Euro)	
Auslagenpauschale VV Nr. 7002	20,00 Euro
Zwischensumme	260,00 Euro
19 % Umsatzsteuer, VV Nr. 7008	49,40 Euro
Summe	309,40 Euro

▪▪▪

(Rechtsanwalt)

II. Kostennote des Terminsvertreters:

Frau/Herrn ▪▪▪

▪▪▪ (Straße)

▪▪▪ (PLZ, Ort)

Vergütungsabrechnung

    Rechnungsnummer ▪▪▪

    Leistungszeitraum ▪▪▪

    Steuer-Nr. oder Umsatzsteuerident-Nr. ▪▪▪

Verfahrensgebühr VV Nrn. 3401, 3101 Nr. 1, 0,4[49]	120,40 Euro
(Gegenstandswert: 5.000 Euro)	
Terminsgebühr VV Nrn. 3402, 3104, 1,2	361,20 Euro
(Gegenstandswert: 5.000 Euro)	
Auslagenpauschale VV Nr. 7002	20,00 Euro
Zwischensumme	501,60 Euro
19 % Umsatzsteuer, VV Nr. 7008	95,30 Euro
Summe	596,90 Euro

▪▪▪

(Rechtsanwalt)

---

[49] Strittig, s. hierzu näher oben § 9 Rn 80.

12. Muster: Verfahrensbevollmächtigter und Terminsvertreter, vorzeitige Beendigung des Auftrags des Verfahrensbevollmächtigten, bereits Wahrnehmung eines Termins durch den Terminsvertreter (Wert: 10.000 Euro), Berufungsverfahren

I. Kostennote des Verfahrensbevollmächtigten:

Frau/Herrn ▪▪▪
▪▪▪ (Straße)
▪▪▪ (PLZ, Ort)

Vergütungsabrechnung
    Rechnungsnummer ▪▪▪
    Leistungszeitraum ▪▪▪
    Steuer-Nr. oder Umsatzsteuerident-Nr. ▪▪▪

Verfahrensgebühr VV Nr. 3201 Nr. 1, 1,1	534,60 Euro
(Gegenstandswert: 10.000 Euro)	
Auslagenpauschale VV Nr. 7002	20,00 Euro
Zwischensumme	554,60 Euro
19 % Umsatzsteuer, VV Nr. 7008	105,37 Euro
Summe	659,97 Euro

▪▪▪
(Rechtsanwalt)

II. Kostennote des Terminsvertreters:

Frau/Herrn ▪▪▪
▪▪▪ (Straße)
▪▪▪ (PLZ, Ort)

Vergütungsabrechnung
    Rechnungsnummer ▪▪▪
    Leistungszeitraum ▪▪▪
    Steuer-Nr. oder Umsatzsteuerident-Nr. ▪▪▪

Verfahrensgebühr VV Nrn. 3401, 3201 Nr. 1, 0,55[50]	267,30 Euro
(Gegenstandswert: 10.000 Euro)	
Terminsgebühr VV Nrn. 3402, 3202, 1,2	583,20 Euro
(Gegenstandswert: 10.000 Euro)	
Auslagenpauschale VV Nr. 7002	20,00 Euro
Zwischensumme	870,50 Euro
19 % Umsatzsteuer, VV Nr. 7008	165,40 Euro
Summe	1.035,90 Euro

▪▪▪
(Rechtsanwalt)

---

50 Strittig, s. hierzu näher oben § 9 Rn 80.

§ 9 Sonderfragen in den unter Teil 3 VV fallenden Verfahren

13. Muster: Verfahrensbevollmächtigter und Terminsvertreter, im Termin wird der zwischen den Prozessbevollmächtigten ausgehandelte Vergleich protokolliert, 1. Instanz (Wert: 20.000 Euro)

96

I. Kostennote des Verfahrensbevollmächtigten:

Frau/Herrn ▪▪▪

▪▪▪ (Straße)

▪▪▪ (PLZ, Ort)

Vergütungsabrechnung

    Rechnungsnummer ▪▪▪

    Leistungszeitraum ▪▪▪

    Steuer-Nr. oder Umsatzsteuerident-Nr. ▪▪▪

Verfahrensgebühr VV Nr. 3100 Nr. 1, 1,3	839,80 Euro
(Gegenstandswert: 20.000 Euro)	
Einigungsgebühr VV Nrn. 1000, 1003, 1,0	646,00 Euro
(Gegenstandswert: 20.000 Euro)	
Auslagenpauschale VV Nr. 7002	20,00 Euro
Zwischensumme	1.505,80 Euro
19 % Umsatzsteuer, VV Nr. 7008	286,10 Euro
Summe	1.791,90 Euro

▪▪▪

(Rechtsanwalt)

II. Kostennote des Terminsvertreters:[51]

Frau/Herrn ▪▪▪

▪▪▪ (Straße)

▪▪▪ (PLZ, Ort)

Vergütungsabrechnung

    Rechnungsnummer ▪▪▪

    Leistungszeitraum ▪▪▪

    Steuer-Nr. oder Umsatzsteuerident-Nr. ▪▪▪

Verfahrensgebühr VV Nrn. 3401, 3100, 0,65	419,90 Euro
(Gegenstandswert: 20.000 Euro)	
Terminsgebühr VV Nrn. 3402, 3104, 1,2	775,20 Euro
(Gegenstandswert: 20.000 Euro)	
Auslagenpauschale VV Nr. 7002	20,00 Euro
Zwischensumme	1.215,10 Euro

---

[51] Der Terminsvertreter, der lediglich einen zwischen den Prozessbevollmächtigten bereits ausgehandelten Vergleich im Termin protokolliert, erhält keine Einigungsgebühr, wenn der Inhalt der Vereinbarung bereits verbindlich zwischen den Prozessbevollmächtigten vereinbart worden ist und die Protokollierung lediglich der Schaffung eines Titels dienen soll, s. hierzu näher oben § 9 Rn 83.

H. Terminsvertreter

19 % Umsatzsteuer, VV Nr. 7008	230,87 Euro
Summe	1.445,97 Euro

■■■

(Rechtsanwalt)

14. Muster: Verfahrensbevollmächtigter und Terminsvertreter, im Termin wird ein widerruflicher Vergleich abgeschlossen, der nach Beratung mit dem Verfahrensbevollmächtigten bestandskräftig wird, 1. Instanz (Wert: 20.000 Euro)

I. Vergütungsabrechnung des Verfahrensbevollmächtigten:

Frau/Herrn ■■■

■■■ (Straße)

■■■ (PLZ, Ort)

Vergütungsabrechnung

    Rechnungsnummer ■■■

    Leistungszeitraum ■■■

    Steuer-Nr. oder Umsatzsteuerident-Nr. ■■■

Verfahrensgebühr VV Nr. 3100 Nr. 1, 1,3	839,80 Euro
(Gegenstandswert: 20.000 Euro)	
Einigungsgebühr VV Nrn. 1000, 1003, 1,0	646,00 Euro
(Gegenstandswert: 20.000 Euro)	
Auslagenpauschale VV Nr. 7002	20,00 Euro
Zwischensumme	1.505,80 Euro
19 % Umsatzsteuer, VV Nr. 7008	286,10 Euro
Summe	1.791,90 Euro

■■■

(Rechtsanwalt)

II. Vergütungsabrechnung des Terminsvertreters:

Frau/Herrn ■■■

■■■ (Straße)

■■■ (PLZ, Ort)

Vergütungsabrechnung

    Rechnungsnummer ■■■

    Leistungszeitraum ■■■

    Steuer-Nr. oder Umsatzsteuerident-Nr. ■■■

Verfahrensgebühr VV Nrn. 3401, 3100, 0,65	419,90 Euro
(Gegenstandswert: 20.000 Euro)	
Terminsgebühr VV Nrn. 3402, 3104, 1,2	775,20 Euro
(Gegenstandswert: 20.000 Euro)	

§ 9 Sonderfragen in den unter Teil 3 VV fallenden Verfahren

Einigungsgebühr VV Nrn. 1000, 1003, 1,0	646,00 Euro
(Gegenstandswert: 20.000 Euro)	
Auslagenpauschale VV Nr. 7002	20,00 Euro
Zwischensumme	1.861,10 Euro
19 % Umsatzsteuer, VV Nr. 7008	353,61 Euro
Summe	2.214,71 Euro

■■■

(Rechtsanwalt)

15. Muster: Abwandlung: Nicht anhängige Gegenstände in Vergleich einbezogen

98 Verfahrensbevollmächtigter und Terminsvertreter, Abschluss eines widerruflichen Vergleichs auch über nicht anhängige Gegenstände, Vergleich wird nach Beratung mit dem Verfahrensbevollmächtigten bestandskräftig, 1. Instanz (Wert: 30.000 Euro, nicht anhängige Ansprüche weitere 15.000 Euro).

I. Vergütungsabrechnung des Verfahrensbevollmächtigten:

Frau/Herrn ■■■

■■■ (Straße)

■■■ (PLZ, Ort)

Vergütungsabrechnung

    Rechnungsnummer ■■■

    Leistungszeitraum ■■■

    Steuer-Nr. oder Umsatzsteuerident-Nr. ■■■

Verfahrensgebühr VV Nr. 3100 Nr. 1, 1,3[52]	1.266,20 Euro
(Gegenstandswert: 45.000 Euro)	
Einigungsgebühr VV Nrn. 1000, 1003, 1,0	758,00 Euro
(Gegenstandswert: 30.000 Euro)	
Einigungsgebühr VV Nr. 1000, 1,5	
(Gegenstandswert: 15.000 Euro)	
nach Prüfung gem. § 15 III RVG	703,00 Euro
Auslagenpauschale VV Nr. 7002	20,00 Euro
Zwischensumme	2.747,20 Euro
19 % Umsatzsteuer, VV Nr. 7008	521,97 Euro
Summe	3.269,17 Euro

■■■

(Rechtsanwalt)

---

[52] Nach der hier vertretenen Auffassung führt das Führen erfolgreicher Verhandlungen vor Gericht zur vollen Verfahrensgebühr, s. hierzu näher § 5 Rn 79.

H. Terminsvertreter **9**

II. Vergütungsabrechnung des Terminsvertreters:

Frau/Herrn ■■■

■■■ (Straße)

■■■ (PLZ, Ort)

Vergütungsabrechnung

    Rechnungsnummer ■■■

    Leistungszeitraum ■■■

    Steuer-Nr. oder Umsatzsteuerident-Nr. ■■■

Verfahrensgebühr VV Nrn. 3401, 3100, 0,65	633,10 Euro
(Gegenstandswert: 45.000 Euro)	
Terminsgebühr VV Nrn. 3402, 3104, 1,2	1.168,80 Euro
(Gegenstandswert: 45.000 Euro)	
Einigungsgebühr VV Nrn. 1000, 1003, 1,0	758,00 Euro
(Gegenstandswert: 30.000 Euro)	
Einigungsgebühr VV Nr. 1000 VV, 1,5	
(Gegenstandswert: 15.000 Euro)	
nach Prüfung gem. § 15 III RVG	703,00 Euro
Auslagenpauschale VV Nr. 7002	20,00 Euro
Zwischensumme	3.282,90 Euro
19 % Umsatzsteuer, VV Nr. 7008	623,75 Euro
Summe	3.906,65 Euro

■■■

(Rechtsanwalt)

16. Muster: Abwandlung: Vergleich wird widerrufen

Verfahrensbevollmächtigter und Terminsvertreter, im Termin wird ein widerruflicher Vergleich über die anhängigen Gegenstände und über einen weiteren Anspruch abgeschlossen, Vergleich widerrufen, 1. Instanz (Wert: 30.000 Euro, nicht rechtshängige Ansprüche weitere 15.000 Euro) **99**

I. Vergütungsabrechnung des Verfahrensbevollmächtigten:

Frau/Herrn ■■■

■■■ (Straße)

■■■ (PLZ, Ort)

Vergütungsabrechnung

    Rechnungsnummer ■■■

    Leistungszeitraum ■■■

    Steuer-Nr. oder Umsatzsteuerident-Nr. ■■■

313

Verfahrensgebühr VV Nr. 3100, 1,3	985,40 Euro
(Gegenstandswert: 30.000 Euro)	
Verfahrensgebühr VV Nr. 3101 Nr. 2, 0,8	
(Gegenstandswert: 15.000 Euro)	
nach Prüfung gem. § 15 III RVG	280,80 Euro
Auslagenpauschale VV Nr. 7002	20,00 Euro
Zwischensumme	1.286,20 Euro
19 % Umsatzsteuer, VV Nr. 7008	244,38 Euro
Summe	1.530,58 Euro

■■■

(Rechtsanwalt)

II. Vergütungsabrechnung des Terminsvertreters:

Frau/Herrn ■■■

■■■ (Straße)

■■■ (PLZ, Ort)

Vergütungsabrechnung

    Rechnungsnummer ■■■

    Leistungszeitraum ■■■

    Steuer-Nr. oder Umsatzsteuerident-Nr. ■■■

Verfahrensgebühr VV Nrn. 3401, 3100, 0,65	492,70 Euro
(Gegenstandswert: 30.000 Euro)	
Verfahrensgebühr VV Nr. 3401, 3101 Nr. 2, 0,4	
(Gegenstandswert: 15.000 Euro)	
nach Prüfung gem. § 15 III RVG	140,40 Euro
Terminsgebühr VV Nrn. 3402, 3104, 1,2	1.168,80 Euro
(Gegenstandswert: 45.000 Euro)	
Auslagenpauschale VV Nr. 7002	20,00 Euro
Zwischensumme	1.821,90 Euro
19 % Umsatzsteuer, VV Nr. 7008	346,16 Euro
Summe	2.168,06 Euro

■■■

(Rechtsanwalt)

§ 10 Strafsachen

A. Allgemeines

I. Systematik

Teil 4 des Vergütungsverzeichnisses umfasst die Vergütungstatbestände Nrn. 4100–4304 und ist unterteilt in die Abschnitte 1 „Gebühren des Verteidigers", Abschnitt 2 „Gebühren in der Strafvollstreckung" und Abschnitt 3 „Einzeltätigkeiten". Abschnitt 1 umfasst 4 Unterabschnitte, nämlich Unterabschnitt 1 Allgemeine Gebühren, Unterabschnitt 2 Vorbereitendes Verfahren, Unterabschnitt 3 Gerichtliches Verfahren, Unterabschnitt 4 Wiederaufnahmeverfahren sowie Unterabschnitt 5 Zusätzliche Gebühren.

II. Anwendungsbereich

Vorbemerkung 4 Absatz 1 VV regelt den **persönlichen Anwendungsbereich** der Gebühren des Teils 4.[1] Die Vorschriften aus Teil 4 gelten somit nicht nur für die Tätigkeit als Verteidiger, sondern sind für die Tätigkeit als Beistand oder Vertreter eines Privatklägers, eines Nebenklägers, eines Einziehungs- oder Nebenbeteiligten, eines Verletzten, eines Zeugen oder Sachverständigen und im Verfahren nach dem strafrechtlichen Rehabilitierungsgesetz entsprechend anzuwenden.

III. Gebührentatbestände

1. Verfahrensgebühr

Nach Absatz 2 der Vorbemerkung 4 entsteht die Verfahrensgebühr für das **Betreiben des Geschäfts einschließlich der Information**. Durch die Verfahrensgebühr, die sowohl im vorbereitenden Verfahren als auch im gerichtlichen Verfahren und dort für jeden Verfahrensabschnitt entstehen kann, ist die gesamte Tätigkeit des Rechtsanwalts im jeweiligen Verfahrensabschnitt und jeweiligen Rechtszug abgegolten, soweit hierfür keine besonderen Gebühren vorgesehen sind.[2] Strittig ist, ob die Verfahrensgebühr als Betriebsgebühr immer entsteht, wenn der Anwalt als Verteidiger tätig wird oder ob die Verfahrensgebühr erst entsteht, wenn der Abgeltungsbereich der Grundgebühr Nr. 4100 überschritten ist.[3]

2. Terminsgebühr

Nach Absatz 3 Satz 1 der Vorbemerkung 4 entsteht die Terminsgebühr für die Teilnahme an gerichtlichen Terminen, soweit nichts anderes bestimmt ist. Die Einschränkung „soweit nichts anderes bestimmt ist" war erforderlich, weil insbesondere im Ermittlungsverfahren auch Terminsgebühren für nicht gerichtliche Termine vorgesehen sind, Nr. 4102 VV.[4] Absatz 3 Satz 2 der Vorbemerkung 4 bestimmt, dass der Rechtsanwalt die Terminsgebühr auch für einen „geplatzten" Termin erhält, wenn er

---

1 Burhoff, RVG, Straf- und Bußgeldsachen, Vorb. 4 Rn 4.
2 Burhoff, RVG, Straf- und Bußgeldsachen, Vorb. 4 Rn 34.
3 Verfahrensgebühr entsteht AnwK-RVG/N.Schneider, Vorb. 4 Rn 22; aA Burhoff, RVG, Straf- und Bußgeldsachen, Vorb. 4 Rn 35 f.
4 Mayer/Kroiß-*Kroiß*, VV Nrn. 4100–4103 Rn 9.

also zu einem anberaumten Termin erscheint, dieser aber aus Gründen, die er nicht zu vertreten hat, nicht stattfindet. Nach Absatz 3 Satz 3 der Vorbemerkung 4 gilt dies jedoch nicht, wenn der Anwalt rechtzeitig vor der Aufhebung oder Verlegung des Termins in Kenntnis gesetzt worden ist.

B. Gebühren des Verteidigers

I. Allgemeine Gebühren

1. Grundgebühr

5 Der Vergütungstatbestand VV Nr. 4100 – Grundgebühr – entsteht nach Absatz 1 der Anmerkung zum Vergütungstatbestand für die **erstmalige Einarbeitung** in den Rechtsfall einmal, unabhängig davon, in welchem Verfahrensabschnitt sie erfolgt. Diese Gebühr soll jeder Rechtsanwalt, der in dem Verfahren tätig wird, nur einmal erhalten, dabei kommt es auch nicht darauf an, in wie vielen Verfahrenabschnitten er tätig ist.[5] Mit der Gebühr soll der mit der erstmaligen Einarbeitung in einen Rechtsfall verbundene Aufwand abgegolten werden.[6]

6 Die Grundgebühr ist als Rahmengebühr ausgestaltet und der Höhe nach **nicht von der Ordnung des Gerichts abhängig**; der durch sie honorierte Arbeitsaufwand des Rechtsanwalts ist weitgehend unabhängig von der späteren Gerichtszuständigkeit, auch bietet der Rahmen genügend Raum für die Berücksichtigung der Besonderheiten des jeweiligen Einzelfalls.[7]

7 Mit der Grundgebühr wird die erstmalige Einarbeitung in den Rechtsfall abgegolten; damit ist der Arbeitsaufwand gemeint, der einmalig mit der Übernahme des Mandats entsteht.[8] Zu dem mit der Übernahme des Mandats verbundenen Arbeitsaufwand gehört das erste Gespräch mit dem Mandanten und die Beschaffung der erforderlichen Informationen,[9] also zB die erste Akteneinsicht sowie Telefonate mit Behörden, potentiellen Zeugen etc.[10]

8 Die Grundgebühr entsteht **in jedem Rechtsfall nur einmal**. Allerdings ist der Begriff des Rechtsfalls nicht definiert, auch finden sich keine Anhaltspunkte, wie er von den Begriffen der „Angelegenheit", der „Tat" oder „Handlung" abzugrenzen ist.[11] Entscheidend für die Eingrenzung des Begriffs des „Rechtsfalls" ist der Tatvorwurf, und wie er von den Ermittlungsbehörden verfahrensmäßig behandelt wird.[12] Dabei wird die Faustregel aufgestellt, dass **jedes** von den Strafverfolgungsbehörden betriebene **Ermittlungsverfahren** ein eigenständiger Rechtsfall im Sinne der Nr. 4100 VV ist, solange die Verfahren nicht miteinander verbunden sind.[13]

---

[5] BT-Drucks. 15/1971, S. 221.
[6] BT-Drucks. 15/1971, S. 221.
[7] Mayer/Kroiß-*Kroiß*, VV Nrn. 4100–4103 Rn 19.
[8] Burhoff, RVG, Straf- und Bußgeldsachen, VV Nr. 4100 Rn 19.
[9] BT-Drucks. 15/1971, S. 222.
[10] Mayer/Kroiß-*Kroiß*, VV Nrn. 4100–4103 Rn 22.
[11] Mayer/Kroiß-*Kroiß*, VV Nrn. 4100–4103 Rn 23.
[12] Burhoff, RVG, Straf- und Bußgeldsachen, VV Nr. 4100 Rn 24; Mayer/Kroiß-*Kroiß*, VV Nrn. 4100–4103 Rn 23.
[13] Burhoff, RVG, Straf- und Bußgeldsachen, VV Nr. 4100 Rn 26.

Die Grundgebühr entsteht für den **Wahlanwalt** mit einem Rahmen von 30 Euro–300 Euro, **Mittelgebühr 165 Euro, f**ür den gerichtlich bestellten oder beigeordneten Rechtsanwalt ist eine Festgebühr iHv 132 Euro vorgesehen.

Der Vergütungstatbestand VV Nr. 4101 regelt die Grundgebühr **mit Zuschlag.** Sie entsteht, wenn sich der Mandant in dem Zeitraum, für den die Grundgebühr der Nr. 4101 VV entsteht, (zumindest teilweise) nicht auf freiem Fuß befindet.[14] Unerheblich ist, wie lange der Mandant nicht auf freiem Fuß ist, wird er zB nach seiner ersten Vernehmung sofort wieder entlassen und kein Haftbefehl gegen ihn beantragt, ist dennoch die Gebühr VV Nr. 4101 entstanden, wenn er vorläufig festgenommen war.[15] Der Vergütungstatbestand VV Nr. 4101 sieht für den **Wahlanwalt** einen Rahmen von 30 Euro–375 Euro vor, die **Mittelgebühr** beträgt **202,50 Euro.** Für den gerichtlich bestellten oder beigeordneten Rechtsanwalt ist eine Festgebühr iHv 162 Euro vorgesehen.

2. Terminsgebühr für Termin außerhalb der Hauptverhandlung, VV Nr. 4102

Der Vergütungstatbestand VV Nr. 4102 sieht eine Terminsgebühr für die Teilnahme an einem **Termin außerhalb der Hauptverhandlung** vor; die Gebührentatbestände erfassen im Wesentlichen im Ermittlungsverfahren stattfindende Termine, wie zB die Vernehmungen des Beschuldigten oder von Zeugen.[16]

Nach Satz 1 der Anmerkung zum Vergütungstatbestand gelten mehrere Termine an einem Tag als 1 Termin. Nach Satz 2 der Anmerkung entsteht die Gebühr im vorbereitenden Verfahren und in jedem Rechtszug für die Teilnahme an jeweils bis zu 3 Terminen einmal. Dies soll nach der Vorstellung des Gesetzgebers verhindern, dass solche Termine aus Gebühreninteressen herbeigeführt werden.[17]

Die Terminsgebühr entsteht nach VV Nr. 4102 Nr. 1 für die Teilnahme an **richterlichen Vernehmungen und Augenscheinseinnahmen**; zu beachten ist, dass eine Augenscheinseinnahme durch Polizei oder die Staatsanwaltschaft keine (richterliche) Augenscheinseinnahme ist, so dass dann, wenn der Rechtsanwalt an dieser Augenscheinseinnahme teilnimmt, die Gebühr VV Nr. 4102 Nr. 1 nicht entsteht.[18]

Nach VV Nr. 4102 Nr. 2 entsteht die Gebühr ferner für die Teilnahme an **Vernehmungen durch die Staatsanwaltschaft oder eine andere Strafverfolgungsbehörde.** Unerheblich ist, ob der Rechtsanwalt an der Vernehmung aktiv teilgenommen hat, also zB Fragen gestellt oder sonst auf den Gang der Vernehmung Einfluss genommen hat, die Gebühr entsteht allein durch die Teilnahme.[19] Nach VV Nr. 4102 Nr. 3 entsteht die Terminsgebühr für die Teilnahme an Terminen außerhalb der Hauptverhandlung, in denen über die **Anordnung oder Fortdauer der Untersuchungshaft** oder der **einstweiligen Unterbringung** verhandelt wird. Durch die Aufnahme des Begriffs „verhandelt" will der Gesetzgeber sicherstellen, dass die häufig nur sehr kurzen reinen

---

[14] Burhoff, RVG, Straf- und Bußgeldsachen, VV Nr. 4101 Rn 1.
[15] Burhoff, RVG, Straf- und Bußgeldsachen, VV Nr. 4101 Rn 2.
[16] BT-Drucks. 15/1971, S. 222.
[17] BT-Drucks. 15/1971, S. 222.
[18] Burhoff, RVG, Straf- und Bußgeldsachen, VV Nr. 4102 Rn 17.
[19] Burhoff, RVG, Straf- und Bußgeldsachen, VV Nr. 4102 Rn 24.

Haftbefehlsverkündungstermine vom Vergütungstatbestand nicht erfasst werden; schließt sich allerdings an die Verkündung des Haftbefehls eine Verhandlung über die Fortdauer der Untersuchungshaft an, so entsteht die Terminsgebühr.[20]

15 Nach VV Nr. 4102 Nr. 4 entsteht die Terminsgebühr auch für die Teilnahme an Verhandlungen im Rahmen des **Täter-Opfer-Ausgleichs**. Gemeint ist damit die Teilnahme an (Verhandlungs-)Terminen in den Verfahren nach den §§ 153a I Nr. 5, 155a, 155b StPO.[21]

16 Nach VV Nr. 4102 Nr. 5 entsteht ferner die Terminsgebühr für die Teilnahme an **Sühneterminen nach § 380 StPO**. Nach § 380 I 1 StPO ist die Erhebung einer Privatklage erst zulässig, nachdem von einer durch die Landesjustizverwaltung zu bezeichnenden Vergleichsbehörde erfolglos ein Sühneversuch unternommen worden ist, nimmt der Rechtsanwalt an einem solchen Termin teil, steht ihm die Terminsgebühr nach VV Nr. 4102 Nr. 5 zu.[22] Der Vergütungstatbestand VV Nr. 4102 entsteht für den **Wahlanwalt** mit einem Rahmen von 30 Euro–250 Euro, die **Mittelgebühr** beträgt **140 Euro**; für den gerichtlich bestellten oder beigeordneten Rechtsanwalt ist eine Festgebühr iHv 112 Euro vorgesehen.

17 Befindet sich der Mandant nicht auf freiem Fuß, entsteht die gegenüber der Terminsgebühr der Nr. 4102 erhöhte Terminsgebühr VV Nr. 4103 mit **Haftzuschlag**.[23] Für den **Wahlanwalt** ist von dem Vergütungstatbestand VV Nr. 4103 ein Rahmen von 30 Euro–312,50 Euro, **Mittelgebühr 171,25 Euro**, vorgesehen, für den gerichtlich bestellten oder beigeordneten Rechtsanwalt eine Festgebühr iHv 137 Euro.

II. Vorbereitendes Verfahren

1. Anwendungsbereich

18 Das vorbereitende Verfahren beginnt mit der **Einleitung einer strafrechtlichen Untersuchung**, wobei unerheblich ist, wer die Ermittlungen aufgenommen hat, dies kann die Polizei oder die Staatsanwaltschaft sein.[24] Das vorbereitende Verfahren endet entweder mit der Einstellung des Verfahrens oder der Überleitung in das gerichtliche Verfahren.[25]

2. Verfahrensgebühr VV Nr. 4104

19 Der Vergütungstatbestand VV Nr. 4104 sieht eine Verfahrensgebühr im vorbereitenden Verfahren vor. Die Anmerkung zum Vergütungstatbestand stellt klar, für welchen Zeitraum dem Anwalt die Verfahrensgebühr zustehen soll.[26] Die Verfahrensgebühr gilt die Tätigkeit des Anwalts im Verfahren bis zum Eingang der Anklageschrift, des

---

[20] BT-Drucks. 15/1971, S. 223; vgl auch Burhoff, RVG, Straf- und Bußgeldsachen, VV Nr. 4102 Rn 31.
[21] Burhoff, RVG, Straf- und Bußgeldsachen, VV Nr. 4102 Rn 35.
[22] Burhoff, RVG, Straf- und Bußgeldsachen, VV Nr. 4102 Rn 41.
[23] Burhoff, RVG, Straf- und Bußgeldsachen, VV Nr. 4103 Rn 1.
[24] Burhoff, RVG, Straf- und Bußgeldsachen, VV Nr. 4104 Rn 3.
[25] Burhoff, RVG, Straf- und Bußgeldsachen, VV Nr. 4104 Rn 4.
[26] Mayer/Kroiß-*Kroiß*, VV Nrn. 4104–4105 Rn 45.

Antrags auf Erlass eines Strafbefehls bei Gericht oder im beschleunigten Verfahren bis zum Vortrag der Anklage, wenn diese nur mündlich erhoben wird, ab.[27]

Die Verfahrensgebühr entsteht für den **Wahlanwalt** mit einem Rahmen von 30 Euro– 250 Euro, die **Mittelgebühr beträgt 140 Euro, f**ür den gerichtlich bestellten oder beigeordneten Rechtsanwalt ist eine Festgebühr iHv 112 Euro vorgesehen.

20

Befindet sich der Mandant des Rechtsanwalts während des vorbereitenden Verfahrens nicht auf freiem Fuß, entsteht nach VV Nr. 4105 die **Verfahrensgebühr mit Zuschlag.**[28] Der Vergütungstatbestand VV Nr. 4105 sieht einen Rahmen für den **Wahlanwalt** von 30 Euro–312,50 Euro, **Mittelgebühr 171,25 Euro**, und für den gerichtlich bestellten oder beigeordneten Rechtsanwalt eine Festgebühr iHv 137 Euro vor.

21

III. Gerichtliches Verfahren – 1. Rechtszug

1. Anwendungsbereich

Unterabschnitt 3 von Abschnitt 1 des Teils 4 regelt die Vergütung im gerichtlichen Verfahren. Unterschieden wird die Vergütung im **1. Rechtszug** mit den Vergütungstatbeständen VV Nrn. 4106–4123, im **Berufungsverfahren** mit den Vergütungstatbeständen VV Nrn. 4124–4129 sowie **Revision** mit den Vergütungstatbeständen VV Nrn. 4130–4135.

22

Innerhalb des 1. Rechtszugs unterscheidet das Vergütungsverzeichnis die erstinstanzlichen Verfahren vor dem Amtsgericht, der Strafkammer sowie vor dem Oberlandesgericht, dem Schwurgericht oder der Strafkammer nach den §§ 74a und 74c GVG.

23

Das **gerichtliche Verfahren beginnt,** wie sich aus der Legaldefinition in der Anmerkung zum Vergütungstatbestand VV Nr. 4104 ergibt, mit dem Eingang der Anklageschrift bei Gericht, dem Eingang des Antrags auf Erlass eines Strafbefehls bei Gericht oder dem Vortrag der Anklage im beschleunigten Verfahren, wenn diese nur mündlich erhoben wird.[29]

24

Alle vor diesen Zeitpunkten erbrachten Tätigkeiten werden noch durch die Verfahrensgebühr des vorbereitenden Verfahrens nach VV Nr. 4104 abgegolten, alle nach diesen Zeitpunkten erbrachten Tätigkeiten gehören zum gerichtlichen Verfahren und lösen die Vergütungstatbestände VV Nr. 4106 ff. aus.[30] Die für das gerichtliche Verfahren geltenden Vergütungstatbestände gelten somit auch für die **Beratung über den Einspruch gegen einen Strafbefehl** und die Einlegung des Einspruchs.[31]

25

2. Allgemeine Gebühren

Wird der Anwalt erstmals im gerichtlichen Verfahren des 1. Rechtszugs für den Mandanten tätig, verdient er mit der Übernahme des Mandats die **Grundgebühr** nach VV Nr. 4100. War er jedoch bereits im Ermittlungsverfahren für den Mandanten tätig,

26

---

[27] Mayer/Kroiß-*Kroiß*, VV Nrn. 4104–4105 Rn 45.
[28] Burhoff, RVG, Straf- und Bußgeldsachen, VV Nr. 4105 Rn 1.
[29] Hansens/Braun/*Schneider*, Praxis des Vergütungsrechts, Teil 15 Rn 293; Burhoff, RVG, Straf- und Bußgeldsachen, VV Nr. 4106 Rn 2.
[30] Burhoff, RVG, Straf- und Bußgeldsachen, VV Nr. 4106 Rn 3.
[31] Burhoff, RVG, Straf- und Bußgeldsachen, VV Nr. 4106 Rn 3.

hat er seine Grundgebühr „bereits dort verdient" und kann diese nicht nochmals beanspruchen.[32] Des Weiteren kann der im gerichtlichen Verfahren tätige Anwalt die **Terminsgebühr** VV Nr. 4102 für die Teilnahme an einem der dort genannten Termine verdienen.[33]

3. Gebühren im Rechtszug

a) Rechtszug vor dem Amtsgericht

aa) Verfahrensgebühr

27 Der im 1. Rechtszug vor dem Amtsgericht für den Mandanten tätige Anwalt verdient zunächst die **Verfahrensgebühr VV Nr. 4106.** Durch die Verfahrensgebühr werden alle Tätigkeiten des Rechtsanwalts im gerichtlichen Verfahren abgegolten, soweit dafür keine besonderen Gebühren vorgesehen sind.[34] So wird auch die Beratung des Mandanten über die Einlegung eines Rechtsmittels und auch die Einlegung des Rechtsmittels selbst durch die Verfahrensgebühr noch abgegolten.[35] Denn nach § 19 I Nr. 10 gehört die Einlegung von Rechtsmitteln bei dem Gericht desselben Rechtszugs u.a. in Strafverfahren für den in 1. Instanz tätigen Rechtsanwalt noch zum Rechtszug, so dass der Anwalt, der für den Mandanten in der Ausgangsinstanz tätig war und die dort gefällte Entscheidung mit Berufung oder Revision angreift, hierfür keine gesonderte Vergütung verdient.[36]

28 Die Verfahrensgebühr entsteht für den **Wahlverteidiger** mit einem Rahmen von 30 Euro–250 Euro, **Mittelgebühr 140 Euro;** für den gerichtlich bestellten oder beigeordneten Rechtsanwalt ist eine Festgebühr von 112 Euro vorgesehen. Befindet sich der Mandant nicht auf freiem Fuß, so entsteht nach VV Nr. 4107 die Verfahrensgebühr VV Nr. 4106 **mit Zuschlag,** der Rahmen beträgt dann 30 Euro–312,50 Euro, die **Mittelgebühr** für den **Wahlanwalt** beträgt dann **171,25 Euro,** für den gerichtlich bestellten oder beigeordneten Rechtsanwalt ist eine Festgebühr iHv 137 Euro vorgehen.

bb) Terminsgebühr

29 Der Vergütungstatbestand VV Nr. 4108 sieht eine **Terminsgebühr je Hauptverhandlungstag** in den Verfahren im 1. Rechtszug vor dem Amtsgericht mit einem Rahmen für den **Wahlanwalt** von 60 Euro–400 Euro, **Mittelgebühr 230 Euro,** und eine Festgebühr für den gerichtlich bestellten oder beigeordneten Rechtanwalt iHv 184 Euro vor. Zu beachten ist, dass die Terminsgebühr pro Hauptverhandlungstag entsteht, dh mehrere Termine an einem Tag in derselben Angelegenheit lösen die Terminsgebühr nur einmal aus.[37] Auch ist die Terminsgebühr **unabhängig** davon, ob es sich um den 1. Hauptverhandlungstag handelt oder einen Fortsetzungstermin.[38]

---

[32] Mayer/Kroiß-*Kroiß*, VV Nrn. 4106–4123 Rn 2.
[33] Burhoff, RVG, Straf- und Bußgeldsachen, Unterabschnitt 3 Rn 4.
[34] Burhoff, RVG, Straf- und Bußgeldsachen, VV Nr. 4106 Rn 7.
[35] Burhoff, RVG, Straf- und Bußgeldsachen, VV Nr. 4106 Rn 4.
[36] Mayer/Kroiß-*Ebert*, § 19 Rn 85.
[37] Mayer/Kroiß-*Kroiß*, VV Nrn. 4106–4123 Rn 15.
[38] Mayer/Kroiß-*Kroiß*, VV Nrn. 4106–4123 Rn 15.

B. Gebühren des Verteidigers

Bei der Bemessung der Terminsgebühr des Wahlanwalts ist **grundsätzlich** von der **Mittelgebühr** auszugehen.[39] Zu berücksichtigen sind sodann anhand der Kriterien des § 14 RVG die Besonderheiten des jeweiligen Einzelfalles.[40] Insbesondere bei der Terminsgebühr bietet es sich an, bei der Beurteilung der Höhe der Gebühr an die Dauer des Termins anzuknüpfen. So wurde bei einer 15-minütigen Hauptverhandlung lediglich eine Gebühr von 150 Euro als angemessen angesehen,[41] ebenso bei einer Dauer von 20 Minuten,[42] andererseits wurde auch bei einer nur halbstündigen Hauptverhandlung die Mittelgebühr akzeptiert.[43] Bei der Begründung der Angemessenheit der Terminsgebühr durch den Anwalt sollte nicht übersehen werden, dass die Terminsgebühr nicht nur die eigentliche Teilnahme an dem konkreten Termin honoriert, **sondern auch die Vorbereitung dieses Termins**. Es empfiehlt sich, die hierfür erbrachten Tätigkeiten während der Vorbereitung mit Zeitangaben festzuhalten.[44]

30

Dauert die Hauptverhandlung jedoch **überdurchschnittlich lange**, ist auch eine Erhöhung der Mittelgebühr angebracht. So wurde bei einer Dauer von 155 Minuten eine Terminsgebühr von 240 Euro (und nicht eine Gebühr iHv 300 Euro) als angemessen angesehen,[45] auch wird empfohlen, sich an den Längenzuschlägen für den gerichtlich bestellten oder beigeordneten Anwalt in den Vergütungstatbeständen VV Nrn. 4110 und 4111 zu orientieren und bei einer Hauptverhandlungsdauer von **mehr als 5 bis 8 Stunden** eine erheblich über die Mittelgebühr hinausgehende Terminsgebühr und bei einer Dauer von **mehr als 8 Stunden** die Höchstgebühr anzusetzen.[46]

31

Befindet sich der Mandant nicht auf freiem Fuß, so entsteht die Terminsgebühr VV Nr. 4108 nach dem Vergütungstatbestand VV Nr. 4109 **mit Zuschlag**, der Rahmen beträgt dann für den **Wahlanwalt** 60 Euro–500 Euro, die **Mittelgebühr** somit **280 Euro**, für den gerichtlich bestellten und beigeordneten Rechtsanwalt ist eine Festgebühr von 224 Euro vorgesehen.

32

Da für den gerichtlich bestellten oder beigeordneten Rechtsanwalt die Terminsgebühr als Festgebühr ausgestaltet worden ist, er somit keine Möglichkeit hat, auf eine überlange Hauptverhandlung bei der Gebührenbemessung zu reagieren, sehen die Vergütungstatbestände VV Nr. 4110 und 4111 **Längenzuschläge** vor. Nimmt der gerichtlich bestellte oder beigeordnete Anwalt mehr als 5 bis 8 Stunden an der Hauptverhandlung teil, erhält er nach VV Nr. 4110 eine zusätzliche Gebühr iHv 92 Euro, nimmt er mehr als 8 Stunden an der Hauptverhandlung teil, nach VV Nr. 4111 iHv 184 Euro. Dabei kommt es für die **Berechnung der Dauer** der Hauptverhandlung als Grundlage für den Längenzuschlag des Pflichtverteidigers dann, wenn die Hauptverhandlung verspätet beginnt, auf den Zeitpunkt an, zu dem der Pflichtverteidiger geladen worden und anwesend ist.[47]

33

---

39 Burhoff, RVG, Straf- und Bußgeldsachen, VV Nr. 4108 Rn 21.
40 Burhoff, RVG, Straf- und Bußgeldsachen, VV Nr. 4108 Rn 22.
41 AG Westerburg, BeckRS 2007, 08574.
42 LG Koblenz, NJOZ 2005, 4040 mit Bespr. Kroiß, RVG-Letter 2005, 104.
43 AG Trier, JurBüro 2005, 419.
44 Burhoff, RVG, Straf- und Bußgeldsachen, VV Nr. 4108 Rn 23.
45 AG Betzdorf, BeckRS 2007, 08177.
46 Burhoff, RVG, Straf- und Bußgeldsachen, VV Nr. 4108 Rn 24.
47 Mayer/Kroiß-*Kroiß*, VV Nrn. 4106–4123 Rn 19.

b) 1. Rechtszug vor der Strafkammer

34 Der Vergütungstatbestand VV Nr. 4112 regelt die **Verfahrensgebühr** für den 1. Rechtszug vor der Strafkammer. Nach der Anmerkung zum Vergütungstatbestand entsteht die Gebühr auch für Verfahren vor der Jugendkammer, soweit sich die Gebühr nicht nach VV Nr. 4118 bestimmt und für Verfahren im Rehabilitierungsverfahren nach Abschnitt 2 StrRehaG. Der Vergütungstatbestand sieht für den **Wahlanwalt** einen Gebührenrahmen von 40 Euro–270 Euro vor, die **Mittelgebühr** beträgt somit **155 Euro**; für den gerichtlich bestellten oder beigeordneten Anwalt ist eine Festgebühr iHv 124 Euro vorgesehen.

35 Befindet sich der Mandant **nicht auf freiem Fuß**, so entsteht die Verfahrensgebühr VV Nr. 4112 nach Nr. 4113 für den **Wahlanwalt** mit einem Rahmen von 40 Euro–337,50 Euro, **Mittelgebühr 188,75 Euro**; für den gerichtlich bestellten oder beigeordneten Rechtsanwalt ist eine Festgebühr iHv 151 Euro vorgesehen.

36 Der Vergütungstatbestand VV Nr. 4114 regelt die **Terminsgebühr** in den in VV Nr. 4112 genannten Verfahren; für den **Wahlanwalt** ist ein Rahmen von 70 Euro–470 Euro vorgesehen, die **Mittelgebühr** beträgt **270 Euro**, für den gerichtlich bestellten oder beigeordneten Rechtsanwalt eine Festgebühr von 216 Euro. Befindet sich der Mandant **nicht auf freiem Fuß**, so entsteht die Terminsgebühr VV Nr. 4114 nach dem Vergütungstatbestand VV Nr. 4115 mit dem Rahmen von 70 Euro–587,50 Euro, **Mittelgebühr 328,75 Euro**; für den gerichtlich bestellten oder beigeordneten Rechtsanwalt ist eine Festgebühr iHv 263 Euro vorgesehen.

37 Nimmt der gerichtlich bestellte oder beigeordnete Rechtsanwalt mehr als 5 und bis 8 Stunden an der Hauptverhandlung teil, erhält er eine **zusätzliche Gebühr** neben der Gebühr VV Nr. 4114 oder 4115 nach VV Nr. 4116 iHv 108 Euro, nimmt er mehr als 8 Stunden an der Hauptverhandlung teil, so erhält er nach VV Nr. 4117 einen **Längenzuschlag** iHv 216 Euro.

c) 1. Rechtszug vor dem Oberlandesgericht, dem Schwurgericht oder der Strafkammer nach den §§ 74a und 74c GVG

38 Der Vergütungstatbestand VV Nr. 4118 regelt die **Verfahrensgebühr** für den 1. Rechtszug vor dem Oberlandesgericht, dem Schwurgericht oder der Strafkammer nach den §§ 74a und 74c GVG. Die Gebühr entsteht nach der Anmerkung auch für Verfahren vor der Jugendkammer, soweit diese in Sachen entscheidet, die nach den allgemeinen Vorschriften zur Zuständigkeit des Schwurgerichts gehören.

39 Die Verfahrensgebühr VV Nr. 4118 entsteht mit einem Rahmen für den **Wahlanwalt** von 80 Euro–580 Euro, die Mittelgebühr beträgt **330 Euro**. Für den gerichtlich bestellten oder beigeordneten Rechtsanwalt ist eine Festgebühr iHv 264 Euro vorgesehen. Befindet sich der Mandant **nicht auf freiem Fuß**, so entsteht die Verfahrensgebühr VV Nr. 4118 nach dem Vergütungstatbestand VV Nr. 4119 für den **Wahlanwalt** mit einem Rahmen von 80 Euro–725 Euro, **Mittelgebühr 402,50 Euro**, für den gerichtlich bestellten oder beigeordneten Rechtsanwalt entsteht eine Festgebühr iHv 322 Euro.

Die **Terminsgebühr** in den in VV Nr. 4118 genannten Verfahren je Hauptverhandlungstag entsteht nach VV Nr. 4120 für den Wahlanwalt mit einem Rahmen von 110 Euro–780 Euro, die **Mittelgebühr** beträgt **445 Euro**. Für den gerichtlich bestellten oder beigeordneten Rechtsanwalt entsteht eine Festgebühr iHv 356 Euro. Befindet sich der Mandant **nicht auf freiem Fuß**, so entsteht die Terminsgebühr VV Nr. 4120 nach dem Vergütungstatbestand VV Nr. 4121 mit einem Rahmen von 110 Euro–975 Euro, die **Mittelgebühr** beträgt **542,50 Euro**, für den gerichtlich bestellten oder beigeordneten Rechtsanwalt ist eine Festgebühr iHv 434 Euro vorgesehen. 40

Längenzuschläge für den gerichtlich bestellten oder beigeordneten Rechtsanwalt enthalten die Vergütungstatbestände VV Nr. 4122 mit 178 Euro, wenn er mehr als 5 und bis 8 Stunden an der Hauptverhandlung teilnimmt, bzw iHv 356 Euro, wenn er mehr als 8 Stunden an der Hauptverhandlung teilnimmt. 41

IV. Berufungsverfahren

1. Anwendungsbereich

Die Vergütungstatbestände VV Nrn. 4124–4129 regeln die Vergütung im Berufungsverfahren. Abzugrenzen ist aber, ob dem Verteidiger der volle Verteidigungsauftrag für das Berufungsverfahren erteilt wurde, dann gelten die Vergütungstatbestände VV Nrn. 4124 ff., oder ob ihm nur eine Einzeltätigkeit übertragen wurde, dann bestimmen sich seine Gebühren nach Teil 4 Abschnitt 3 VV.[48] 42

Die **Verfahrensgebühr** VV Nr. 4124 verdient der Rechtsanwalt, wenn er erstmals nach Auftragserteilung für den Mandanten (auch) im Berufungsverfahren tätig wird, wobei zu beachten ist, dass die **Einlegung der Berufung** selbst nach § 19 I Nr. 10 RVG für den Verteidiger, der bereits in 1. Instanz tätig war, noch zum gerichtlichen Verfahren des 1. Rechtszugs gehört.[49] Wird die Berufung von einem anderen Verfahrensbeteiligten, also von der Staatsanwaltschaft, dem Privat- oder Nebenkläger eingelegt, beginnt für den Verteidiger das Berufungsverfahren mit der Erteilung des Auftrags, den Mandanten im Berufungsverfahren zu vertreten.[50] 43

2. Gebührentatbestände

Die **Verfahrensgebühr** VV Nr. 4124 für das Berufungsverfahren entsteht für den **Wahlanwalt** mit einem Rahmen von 70 Euro–470 Euro, **Mittelgebühr 270 Euro**. Für den gerichtlich bestellten oder beigeordneten Rechtsanwalt ist eine Festgebühr iHv 216 Euro vorgesehen. Befindet sich der Mandant **nicht auf freiem Fuß**, so entsteht die Verfahrensgebühr VV Nr. 4124 nach dem Vergütungstatbestand VV Nr. 4125 mit einem Rahmen von 70 Euro–587,50 Euro, die **Mittelgebühr** beträgt **328,75 Euro**, die Festgebühr für den gerichtlich bestellten oder beigeordneten Rechtsanwalt 263 Euro. 44

Die **Terminsgebühr je Hauptverhandlungstag** im Berufungsverfahren wird durch den Vergütungstatbestand VV Nr. 4126 geregelt. Nach der Anmerkung zum Gebührentatbestand entsteht die Gebühr auch für Beschwerdeverfahren nach § 13 StrRehaG. 45

---

48 Burhoff, RVG, Straf- und Bußgeldsachen, Unterabschnitt 3 Rn 7.
49 Burhoff, RVG, Straf- und Bußgeldsachen, VV Nr. 4124 Rn 3.
50 AnwK-RVG/*N.Schneider*, VV Nrn. 4124–4125 Rn 5; Burhoff, RVG, Straf- und Bußgeldsachen, VV Nr. 4124 Rn 5.

Der Vergütungstatbestand sieht für den **Wahlanwalt** einen Rahmen von 70 Euro–470 Euro, **Mittelgebühr 270,00 Euro**, vor, für den gerichtlich bestellten oder beigeordneten Anwalt eine Festgebühr iHv 216 Euro. Befindet sich der Mandant **nicht auf freiem Fuß**, entsteht die Terminsgebühr nach VV Nr. 4126 nach dem Vergütungstatbestand VV Nr. 4127 mit einem Rahmen von 70 Euro–587,50 Euro beim **Wahlanwalt, Mittelgebühr 328,75 Euro**, für den gerichtlich bestellten oder beigeordneten Rechtsanwalt ist eine Festgebühr iHv 263 Euro vorgesehen.

46 Die Vergütungstatbestände VV Nrn. 4128 und 4129 regeln die **Längenzuschläge** des gerichtlich bestellten oder beigeordneten Rechtsanwalts, wenn er mehr als 5 und bis 8 Stunden an der Hauptverhandlung teilnimmt, mit 108 Euro und wenn er mehr als 8 Stunden an der Hauptverhandlung teilnimmt, mit 216 Euro.

V. Revision

1. Anwendungsbereich

47 Die Vergütungstatbestände VV Nrn. 4130–4135 regeln die Vergütung für das Revisionsverfahren. Zu beachten ist auch hier, dass diese Vergütungstatbestände nur dann eingreifen, wenn der Rechtsanwalt den **vollen Verteidigungsauftrag** für das Revisionsverfahren erhalten hat, ist ihm nur eine Einzeltätigkeit übertragen worden, gelten nicht die Nrn. 4130 ff. VV, sondern Teil 4 Abschnitt 3 VV.[51]

2. Vergütungstatbestände

48 Der Vergütungstatbestand VV Nr. 4130 regelt die **Verfahrensgebühr** für das Revisionsverfahren und sieht für den **Wahlanwalt** einen Rahmen von 100 Euro–930 Euro vor, die **Mittelgebühr** beträgt **515 Euro**, die Festgebühr für den gerichtlich bestellten oder beigeordneten Rechtsanwalt 412 Euro. Befindet sich der Mandant **nicht auf freiem Fuß**, so entsteht nach VV Nr. 4131 die Verfahrensgebühr VV Nr. 4130 mit einem Rahmen von 100 Euro–1.162,50 Euro, **Mittelgebühr 631,25 Euro**, die Festgebühr für den gerichtlich bestellten oder beigeordneten Anwalt beläuft sich auf 505 Euro.

49 Die **Terminsgebühr je Hauptverhandlungstag** im Revisionsverfahren beträgt nach VV Nr. 4132 für den **Wahlanwalt** 100 Euro–470 Euro, **Mittelgebühr 285 Euro**, die Festgebühr für den gerichtlich bestellten oder beigeordneten Rechtsanwalt 285 Euro. Befindet sich der Mandant **nicht auf freiem Fuß**, so entsteht nach VV Nr. 4133 der Vergütungstatbestand VV Nr. 4132 mit einem Rahmen von 100 Euro–587,50 Euro, **Mittelgebühr 343,75 Euro**, die Festgebühr für den gerichtlich bestellten oder beigeordneten Rechtsanwalt beträgt 275 Euro.

50 Die **Längenzuschläge** für den gerichtlich bestellten oder beigeordneten Anwalt betragen nach VV Nr. 4143, wenn er mehr als 5 und bis 8 Stunden an der Hauptverhandlung teilnimmt, 114 Euro, und nach VV Nr. 4135, wenn er mehr als 8 Stunden an der Hauptverhandlung teilnimmt, 228 Euro.

---

51 Burhoff, RVG, Straf- und Bußgeldsachen, Unterabschnitt 3 Rn 4.

VI. Zusätzliche Gebühr VV Nr. 4141

1. Allgemeines

Nach dem Vergütungstatbestand VV Nr. 4141 entsteht eine **zusätzliche Gebühr**, und zwar in Höhe der jeweiligen Verfahrensgebühr (ohne Zuschlag), wenn durch die anwaltliche Mitwirkung die Hauptverhandlung entbehrlich wird. Der Gesetzgeber erhofft sich von dieser Gebühr den Anreiz, Verfahren ohne Hauptverhandlung zu erledigen.[52]

Die Gebühr entsteht, wenn das Verfahren nicht nur vorläufig eingestellt wird (Absatz 1 Nr. 1 der Anmerkung zum Vergütungstatbestand), oder das Gericht beschließt, das Hauptverfahren nicht zu eröffnen (Absatz 1 Nr. 2 der Anmerkung zum Vergütungstatbestand) oder sich das gerichtliche Verfahren durch Rücknahme des Einspruchs gegen den Strafbefehl, der Berufung oder der Revision des Angeklagten oder eines anderen Verfahrensbeteiligten erledigt; ist bereits ein Termin zur Hauptverhandlung bestimmt, entsteht die Gebühr nur, wenn der Einspruch, die Berufung oder die Revision früher als 2 Wochen vor Beginn des Tages, der für die Hauptverhandlung vorgesehen war, zurückgenommen wird (Absatz 1 Nr. 3 der Anmerkung zum Vergütungstatbestand).

Nach Absatz 2 der Anmerkung zum Vergütungstatbestand entsteht die Gebühr nicht, wenn eine auf die Förderung des Verfahrens gerichtete Tätigkeit nicht ersichtlich ist. Absatz 3 der Anmerkung bestimmt, dass die Höhe der Gebühr sich nach dem Rechtszug richtet, in dem die Hauptverhandlung vermieden wurde, und dass für den Wahlanwalt sich die Gebühr nach der Rahmenmitte bemisst.

2. Nicht nur vorläufige Einstellung

Mit nicht nur vorläufiger Einstellung ist gemeint, dass die Staatsanwaltschat und/oder das Gericht subjektiv von einer endgültigen Einstellung ausgegangen sind, die Verfahrenseinstellung muss das „Ziel der Endgültigkeit" gehabt haben.[53]

Eine endgültige Einstellung im Sinne des Vergütungstatbestandes wird in folgenden Fällen angenommen:

- § 153 I u. II StPO,[54]
- § 153a I u. II StPO nach erfüllter Auflage,[55]
- § 153b I u. II StPO,[56]
- § 153c I, II u. III StPO,[57]
- § 153e StPO bei tätiger Reue,[58]

---

[52] BT-Drucks. 15/1971, S. 227 f.
[53] AnwK-RVG/*N.Schneider*, VV Nr. 4141 Rn 18; Burhoff, RVG, Straf- und Bußgeldsachen, VV Nr. 4141 Rn 13.
[54] Burhoff, RVG, Straf- und Bußgeldsachen, VV Nr. 4141 Rn 14; AnwK-RVG/*N.Schneider*, VV Nr. 4141 Rn 25; vgl auch Mayer/Kroiß-*Kroiß*, VV Nrn. 4142–4147 Rn 3.
[55] Burhoff, RVG, Straf- und Bußgeldsachen, VV Nr. 4141 Rn 14; AnwK-RVG/*N.Schneider*, VV Nr. 4141 Rn 25; Mayer/Kroiß-*Kroiß*, VV Nrn. 4142–4147 Rn 3.
[56] Burhoff, RVG, Straf- und Bußgeldsachen, VV Nr. 4141 Rn 14; AnwK-RVG/*N.Schneider*, VV Nr. 4141 Rn 25; Mayer/Kroiß-*Kroiß*, VV Nrn. 4142–4147 Rn 3.
[57] Burhoff, RVG, Straf- und Bußgeldsachen, VV Nr. 4141 Rn 14; AnwK-RVG/*N.Schneider*, VV Nr. 4141 Rn 25; Mayer/Kroiß-*Kroiß*, VV Nrn. 4142–4147 Rn 3.
[58] Mayer/Kroiß-*Kroiß*, VV Nrn. 4142–4147 Rn 3.

- § 154 I u. II StPO,[59]
- § 154b III StPO bei Ausweisung aus dem Bundesgebiet,[60]
- § 154c StPO bei Opfern einer Nötigung oder Erpressung,[61]
- § 154d S. 3 StPO,[62]
- § 170 II 1 StPO,[63]
- § 206a StPO,[64]
- § 206b StPO,[65]
- Einstellung und Verweisung auf den Privatklageweg nach Nr. 87 RiStBV,[66]
- § 383 II StPO,[67]
- § 47 JGG,[68]
- § 45 JGG im Jugendgerichtsverfahren,[69]
- Fall des § 37 BtMG.[70]

56 Für die zur Erfüllung des Vergütungstatbestandes gem. Absatz 2 der Anmerkung zum Vergütungstatbestand geforderte **Mitwirkung** des Anwalts bestehen keine Besonderheiten. Ausreichend ist jede Tätigkeit des Verteidigers, die geeignet ist, das Verfahren im Hinblick auf eine Erledigung durch Einstellung zu fördern,[71] auch der Rat des Verteidigers zum „gezielten Schweigen" reicht als Mitwirkung aus.[72]

3. Hauptverhandlung entbehrlich

57 Der Vergütungstatbestand VV Nr. 4141 stellt nicht auf einen 1. Hauptverhandlungstermin ab; vielmehr entsteht die Gebühr auch, wenn nach Aussetzung einer früheren Hauptverhandlung die neu anzuberaumende Hauptverhandlung entbehrlich wird.[73]

4. Sonderfall Rücknahme der Revision

58 **Umstritten** ist, ob im Fall der Rücknahme der Revision auch weitere, über den Wortlaut der Regelung in Absatz 1 Nr. 3 der Anmerkung zum Vergütungstatbestand VV Nr. 4141 hinausgehende Anforderungen zu stellen sind. So wird in der Rechtsprechung vielfach – teilweise wird diese Auffassung mittlerweile als überwiegend be-

---

59 Burhoff, RVG, Straf- und Bußgeldsachen, VV Nr. 4141 Rn 14; AnwK-RVG/*N.Schneider*, VV 4141 Rn 25; Mayer/Kroiß-*Kroiß*, VV Nrn. 4142–4147 Rn 3.
60 Mayer/Kroiß-*Kroiß*, VV Nrn. 4142–4147 Rn 3.
61 Mayer/Kroiß-*Kroiß*, VV Nrn. 4142–4147 Rn 3.
62 Burhoff, RVG, Straf- und Bußgeldsachen, VV Nr. 4141 Rn 14; AnwK-RVG/*N.Schneider*, VV Nr. 4141 Rn 25; Mayer/Kroiß-*Kroiß*, VV Nrn. 4142–4147 Rn 3.
63 Burhoff, RVG, Straf- und Bußgeldsachen, VV Nr. 4141 Rn 14; AnwK-RVG/*N.Schneider*, VV Nr. 4141 Rn 25; Mayer/Kroiß-*Kroiß*, VV Nrn. 4142–4147 Rn 3.
64 Burhoff, RVG, Straf- und Bußgeldsachen, VV Nr. 4141 Rn 14; AnwK-RVG/*N.Schneider*, VV Nr. 4141 Rn 25.
65 Burhoff, RVG, Straf- und Bußgeldsachen, VV Nr. 4141 Rn 14; AnwK-RVG/*N.Schneider*, VV Nr. 4141 Rn 25.
66 Burhoff, RVG, Straf- und Bußgeldsachen, VV Nr. 4141 Rn 14.
67 Burhoff, RVG, Straf- und Bußgeldsachen, VV Nr. 4141 Rn 14; AnwK-RVG/*N.Schneider*, VV Nr. 4141 Rn 25.
68 Burhoff, RVG, Straf- und Bußgeldsachen, VV Nr. 4141 Rn 14; AnwK-RVG/*N.Schneider*, VV Nr. 4141 Rn 25.
69 Burhoff, RVG, Straf- und Bußgeldsachen, VV Nr. 4141 Rn 14.
70 Burhoff, RVG, Straf- und Bußgeldsachen, VV Nr. 4141 Rn 14.
71 Burhoff, RVG, Straf- und Bußgeldsachen, VV Nr. 4141 Rn 20.
72 Burhoff, RVG, Straf- und Bußgeldsachen, VV Nr. 4141 Rn 20 u. Rn 7.
73 LG Düsseldorf, BeckRS 2007, 04891; Burhoff, RVG, Straf- und Bußgeldsachen, VV Nr. 4141 vgl Rn 21.

zeichnet –,⁷⁴ dass für das Entstehen der Gebühr erforderlich ist, dass der Revisionshauptverhandlungstermin anberaumt ist oder zumindest konkrete Anhaltspunkte dafür bestehen, dass im Fall der Fortführung des Revisionsverfahrens eine Hauptverhandlung durchgeführt worden wäre.⁷⁵ Nach anderer Auffassung in der Rechtsprechung⁷⁶ entsteht im Revisionsverfahren die Gebühr VV Nr. 4141 nicht durch die Rücknahme der Revision, wenn das Rechtsmittel nicht zuvor begründet worden ist. Zutreffend dürfte jedoch die mit dem Wortlaut in Einklang stehende Auffassung sein, dass es für die Entstehung der zusätzlichen Gebühr Nr. 4141 VV ausreicht, wenn der Rechtsanwalt dem Mandanten nach Einlegung der Revision rät, diese zurückzunehmen, wobei es nicht auf eine vorherige Begründung der Revision ankommt.⁷⁷

5. Rücknahme des Strafbefehls

Die zusätzliche Gebühr gem. VV Nr. 4141 entsteht auch, wenn die Staatsanwaltschaft den Strafbefehl zurücknimmt und durch die Zustimmung des Verteidigers zur Rücknahme des Strafbefehlsantrags ein weiterer Hauptverhandlungstermin entbehrlich wird.⁷⁸   59

6. Höhe der Gebühr

Die zusätzliche Gebühr für eine Einstellung **im Ermittlungsverfahren** beträgt für den **Wahlanwalt** nach VV Nr. 4141 iVm VV Nr. 4104 **140 Euro** und für den Pflichtverteidiger 112 Euro.⁷⁹   60

Im **erstinstanzlichen Verfahren** vor dem **Amtsgericht** beträgt die zusätzliche Gebühr des Wahlverteidigers nach VV Nr. 4141 iVm VV Nr. 4106 **140 Euro**, für den gerichtlich bestellten oder beigeordneten Rechtsanwalt 112 Euro; im **Verfahren vor der Strafkammer** beträgt die Gebühr VV Nr. 4141 iVm VV Nr. 4112 beim **Wahlanwalt 155 Euro** und für den gerichtlich bestellten oder beigeordneten Rechtsanwalt 124 Euro. Im **Verfahren vor dem Oberlandesgericht**, dem **Schwurgericht** oder der **Strafkammer** nach den §§ 74a und 74c GVG beträgt die Gebühr VV Nr. 4141 iVm VV Nr. 4118 **330 Euro** für den **Wahlanwalt**, für den gerichtlich bestellten oder beigeordneten Anwalt 264 Euro.⁸⁰   61

Im **Berufungsverfahren** beträgt die zusätzliche Gebühr nach VV Nr. 4141 für den **Wahlanwalt 270 Euro** und für den gerichtlich bestellten oder beigeordneten Rechtsanwalt 216 Euro.⁸¹ Im **Revisionsverfahren** beträgt die zusätzliche Gebühr nach VV   62

---

74 Burhoff, RVG, Straf- und Bußgeldsachen, VV Nr. 4141 Rn 43.
75 OLG Stuttgart, BeckRS 2007, 04323 mit Bespr. Kroiß, RVG-Letter 2007, 41 f.; OLG Hamm, NStZ-RR 2007, 160; OLG Saarbrücken, NJOZ 2006, 3242 ff. = JurBüro 2007, 28 mit ablehnender Anm. Madert; OLG Jena, NJOZ 2007, 2956; OLG Zweibrücken, NJOZ 2006, 2530 f. = AGS 2006, 74 f. mit ablehnender Anmerkung N.Schneider.
76 KG, JurBüro 2005, 533; OLG Braunschweig, AGS 2006, 232; OLG Hamm, BeckRS 2007, 03364 mit Bespr. Kroiß, RVG-Letter 2007, 42 ff.; vgl auch die weiteren Nachweise bei Burhoff, RVG, Straf- und Bußgeldsachen, VV Nr. 4141 Rn 43.
77 So OLG Düsseldorf, AGS 2006, 124 f. mit zustimmender AnmNSchneider; LG Hagen, AGS 2006, 233 f.; Burhoff, RVG, Straf- und Bußgeldsachen, VV Nr. 4141 Rn 43; AnwK-RVG/N.Schneider, VV Nr. 4141 Rn 76.
78 AG Bad Urach, BeckRS 2007, 609.
79 Mayer/Kroiß-*Kroiß*, VV Nrn. 4142–4147 Rn 5.
80 Mayer/Kroiß-*Kroiß*, VV Nrn. 4142–4147 Rn 6.
81 Mayer/Kroiß-*Kroiß*, VV Nrn. 4142–4147 Rn 7.

Nrn. 4141, 4130 **515 Euro** für den **Wahlanwalt** und 412 Euro für den gerichtlich bestellten oder beigeordneten Rechtsanwalt.

VII. Pauschgebühr § 42 RVG

63 Nach § 42 I 1 RVG kann u.a. in Strafsachen das Oberlandesgericht, zu dessen Bezirk das Gericht des 1. Rechtszugs gehört, auf Antrag des Rechtsanwalts eine Pauschgebühr für das ganze Verfahren oder für einzelne Verfahrensabschnitte durch unanfechtbaren Beschluss feststellen, wenn die in Teil 4 VV bezeichneten Gebühren eines Wahlanwalts wegen des besonderen Umfangs oder der besonderen Schwierigkeit nicht zumutbar sind. Beschränkt sich die Feststellung auf einzelne Verfahrensabschnitte, so sind nach § 42 I 3 RVG die Gebühren nach dem Vergütungsverzeichnis, an deren Stelle die Pauschgebühr treten soll, zu bezeichnen. Die Pauschgebühr darf nach § 42 I 4 RVG das Doppelte der für die Gebühren eines Wahlanwalts geltenden Höchstbeträge nach Teil 4 VV nicht übersteigen.

64 Unter „Verfahrensabschnitt" will der Gesetzgeber jeden Teil des Verfahrens verstehen, für den besondere Gebühren bestimmt sind.[82] Das sind also die „Grundgebühr", das „vorbereitende Verfahren", das „gerichtliche Verfahren" und jeder Termin, für den eine Terminsgebühr entsteht, also auch die Termine im Sinne des Vergütungstatbestandes VV Nr. 4102.[83]

65 Die Pauschgebühr wird nicht bewilligt, sondern nur der Höhe nach festgestellt.[84] Die Entscheidung ist auch kein Vollstreckungstitel, vielmehr hat die Festsetzung der Vergütung unter Einschluss der Auslagen nach den allgemeinen Vorschriften in den darin vorgesehenen Verfahren, also einem Vergütungsfestsetzungsverfahren nach § 11 RVG, einem Kostenfestsetzungsverfahren oder einem Vergütungsprozess zu erfolgen.[85]

66 § 42 I 1 RVG verlangt, dass die in Teil 4 bestimmten Gebühren eines Wahlanwalts wegen des besonderen Umfangs oder der besonderen Schwierigkeit **nicht zumutbar** sind. Da ein Wahlanwalt, anders als ein gerichtlich bestellter Verteidiger, Betragsrahmengebühren erhält, innerhalb deren unterschiedliche Umstände weitgehend berücksichtigt werden können, liegt eine Unzumutbarkeit nur wesentlich seltener vor als bei einem gerichtlich bestellten oder beigeordneten Rechtsanwalt im Rahmen des § 51 RVG.[86]

67 Eine Pauschgebühr nach § 42 RVG kommt vorrangig dann in Betracht, wenn bereits die Bedeutung der Sache und/oder die Einkommens- und Vermögensverhältnisse des Auftraggebers überdurchschnittlich sind sowie zusätzlich ein besonderer Umfang der anwaltlichen Tätigkeit bzw eine besondere Schwierigkeit derselben gegeben ist.[87]

68 **Empfohlen** wird daher, auf einer **ersten Stufe** zu prüfen, ob (jeweils) im oberen Bereich angesiedelte Rahmengebühren des Wahlverteidigers angemessen gewesen wären,

---

82 BT-Drucks. 15/1971, S. 198.
83 Burhoff, RVG, Straf- und Bußgeldsachen, § 42 Rn 10.
84 BT-Drucks. 15/1971, S. 198.
85 BT-Drucks. 15/1971, S. 198.
86 BGH, BeckRS 2007, 07029; Burhoff, RVG, Straf- und Bußgeldsachen, § 42 Rn 6.
87 OLG Jena, NJW 2006, 933.

unterstellt die anwaltliche Tätigkeit im Übrigen wäre als durchschnittlich schwierig und durchschnittlich umfangreich zu beurteilen.[88] Auf einer **zweiten Stufe** ist dann die „besondere Schwierigkeit" und/oder der „besondere Umfang" der anwaltlichen Tätigkeit zu prüfen, wobei die Pauschgebühr dann festzustellen ist, wenn diese Merkmale zu bejahen sind.[89]

VIII. Muster

1. Muster: Verteidigung im vorbereitenden Verfahren, Beschuldigter auf freiem Fuß, keine Terminswahrnehmung (auf der Grundlage der Mittelgebühr)

69

314

Frau/Herrn ▰▰▰
▰▰▰ (Straße)
▰▰▰ (PLZ, Ort)
Vergütungsabrechnung
    Rechnungsnummer ▰▰▰
    Leistungszeitraum ▰▰▰
    Steuer-Nr. oder Umsatzsteuerident-Nr. ▰▰▰

Grundgebühr VV Nr. 4100	165,00 Euro
Verfahrensgebühr VV Nr. 4104	140,00 Euro
Auslagenpauschale VV Nr. 7002	20,00 Euro
Zwischensumme	325,00 Euro
19 % Umsatzsteuer, VV Nr. 7008	61,75 Euro
Summe	386,75 Euro

▰▰▰
(Rechtsanwalt)

2. Muster: Abwandlung; Mandant befand sich nicht auf freiem Fuß

70

315

Frau/Herrn ▰▰▰
▰▰▰ (Straße)
▰▰▰ (PLZ, Ort)
Vergütungsabrechnung
    Rechnungsnummer ▰▰▰
    Leistungszeitraum ▰▰▰
    Steuer-Nr. oder Umsatzsteuerident-Nr. ▰▰▰

Grundgebühr VV Nrn. 4100, 4101	202,50 Euro
Verfahrensgebühr VV Nrn. 4104, 4105	171,25 Euro
Auslagenpauschale VV Nr. 7002	20,00 Euro
Zwischensumme	393,75 Euro

---

[88] Burhoff, RVG, Straf- und Bußgeldsachen, § 42 Rn 9.
[89] Burhoff, RVG, Straf- und Bußgeldsachen, § 42 Rn 9.

19 % Umsatzsteuer, VV Nr. 7008	74,81 Euro
Summe	468,56 Euro

■■■
(Rechtsanwalt)

3. Muster: Weitere Abwandlung; Mandant auf freiem Fuß, Teilnahme an einer richterlichen Vernehmung

71

Frau/Herrn ■■■
■■■ (Straße)
■■■ (PLZ, Ort)
Vergütungsabrechnung
  Rechnungsnummer ■■■
  Leistungszeitraum ■■■
  Steuer-Nr. oder Umsatzsteuerident-Nr. ■■■

Grundgebühr VV Nr. 4100	165,00 Euro
Verfahrensgebühr VV Nr. 4104	140,00 Euro
Terminsgebühr VV Nr. 4102 Nr. 1	140,00 Euro
Auslagenpauschale VV Nr. 7002	20,00 Euro
Zwischensumme	465,00 Euro
19 % Umsatzsteuer, VV Nr. 7008	88,35 Euro
Summe	553,35 Euro

■■■
(Rechtsanwalt)

4. Muster: Abwandlung; Mandant befand sich nicht auf freiem Fuß

72

Frau/Herrn ■■■
■■■ (Straße)
■■■ (PLZ, Ort)
Vergütungsabrechnung
  Rechnungsnummer ■■■
  Leistungszeitraum ■■■
  Steuer-Nr. oder Umsatzsteuerident-Nr. ■■■

Grundgebühr VV Nrn. 4100, 4101	202,50 Euro
Verfahrensgebühr VV Nrn. 4104, 4105	171,25 Euro
Terminsgebühr VV Nrn. 4102 Nr. 1, 4103	171,25 Euro
Auslagenpauschale VV Nr. 7002	20,00 Euro
Zwischensumme	565,00 Euro
19 % Umsatzsteuer, VV Nr. 7008	107,35 Euro
Summe	672,35 Euro

■■■
(Rechtsanwalt)

5. Muster: 1. Rechtszug vor dem Amtsgericht, 1 Hauptverhandlungstag, Anwalt noch nicht im vorbereitenden Verfahren tätig (auf der Grundlage der Mittelgebühr)

Frau/Herrn ▪▪▪
▪▪▪ (Straße)
▪▪▪ (PLZ, Ort)

Vergütungsabrechnung
    Rechnungsnummer ▪▪▪
    Leistungszeitraum ▪▪▪
    Steuer-Nr. oder Umsatzsteuerident-Nr. ▪▪▪

Grundgebühr VV Nr. 4100	165,00 Euro
Verfahrensgebühr VV Nr. 4106	140,00 Euro
Terminsgebühr VV Nr. 4108	230,00 Euro
Auslagenpauschale VV Nr. 7002	20,00 Euro
Zwischensumme	555,00 Euro
19 % Umsatzsteuer, VV Nr. 7008	105,45 Euro
Summe	660,45 Euro

▪▪▪
(Rechtsanwalt)

6. Muster: Abwandlung; der Mandant befindet sich nicht auf freiem Fuß

Frau/Herrn ▪▪▪
▪▪▪ (Straße)
▪▪▪ (PLZ, Ort)

Vergütungsabrechnung
    Rechnungsnummer ▪▪▪
    Leistungszeitraum ▪▪▪
    Steuer-Nr. oder Umsatzsteuerident-Nr. ▪▪▪

Grundgebühr VV Nrn. 4100, 4101	202,50 Euro
Verfahrensgebühr VV Nrn. 4106, 4107	171,25 Euro
Terminsgebühr VV Nrn. 4108, 4109	280,00 Euro
Auslagenpauschale VV Nr. 7002	20,00 Euro
Zwischensumme	673,75 Euro
19 % Umsatzsteuer, VV Nr. 7008	128,01 Euro
Summe	801,76 Euro

▪▪▪
(Rechtsanwalt)

§ 10 Strafsachen

7. Muster: Weitere Abwandlung; es finden 2 Hauptverhandlungstage statt

75
320

Frau/Herrn ▪▪▪
▪▪▪ (Straße)
▪▪▪ (PLZ, Ort)
Vergütungsabrechnung
    Rechnungsnummer ▪▪▪
    Leistungszeitraum ▪▪▪
    Steuer-Nr. oder Umsatzsteuerident-Nr. ▪▪▪

Grundgebühr VV Nrn. 4100, 4101	202,50 Euro
Verfahrensgebühr VV Nrn. 4106, 4107	171,25 Euro
Terminsgebühr VV Nrn. 4108, 4109	
(Hauptverhandlung am ▪▪▪)	280,00 Euro
Terminsgebühr VV Nrn. 4108, 4109	
(Hauptverhandlung am ▪▪▪)	280,00 Euro
Auslagenpauschale VV Nr. 7002	20,00 Euro
Zwischensumme	953,75 Euro
19 % Umsatzsteuer, VV Nr. 7008	181,21 Euro
Summe	1.134,96 Euro

▪▪▪
(Rechtsanwalt)

8. Muster: 1. Rechtszug vor dem Amtsgericht, Anwalt bereits im vorbereitenden Verfahren tätig (auf der Grundlage der Mittelgebühr)

76
321

Frau/Herrn ▪▪▪
▪▪▪ (Straße)
▪▪▪ (PLZ, Ort)
Vergütungsabrechnung
    Rechnungsnummer ▪▪▪
    Leistungszeitraum ▪▪▪
    Steuer-Nr. oder Umsatzsteuerident-Nr. ▪▪▪

Verfahrensgebühr VV Nr. 4106	140,00 Euro
Terminsgebühr VV Nrn. 4108	230,00 Euro
Auslagenpauschale VV Nr. 7002	20,00 Euro
Zwischensumme	390,00 Euro
19 % Umsatzsteuer, VV Nr. 7008	74,10 Euro
Summe	464,10 Euro

▪▪▪
(Rechtsanwalt)

9. Muster: Abwandlung; der Mandant befindet sich nicht auf freiem Fuß

Frau/Herrn ▪▪▪
▪▪▪ (Straße)
▪▪▪ (PLZ, Ort)
Vergütungsabrechnung
    Rechnungsnummer ▪▪▪
    Leistungszeitraum ▪▪▪
    Steuer-Nr. oder Umsatzsteuerident-Nr. ▪▪▪

Verfahrensgebühr VV Nrn. 4106, 4107	171,25 Euro
Terminsgebühr VV Nrn. 4108, 4109	280,00 Euro
Auslagenpauschale VV Nr. 7002	20,00 Euro
Zwischensumme	471,25 Euro
19 % Umsatzsteuer, VV Nr. 7008	89,54 Euro
Summe	560,79 Euro

▪▪▪
(Rechtsanwalt)

10. Muster: Abwandlung; es finden 2 Hauptverhandlungstage statt

Frau/Herrn ▪▪▪
▪▪▪ (Straße)
▪▪▪ (PLZ, Ort)
Vergütungsabrechnung
    Rechnungsnummer ▪▪▪
    Leistungszeitraum ▪▪▪
    Steuer-Nr. oder Umsatzsteuerident-Nr. ▪▪▪

Verfahrensgebühr VV Nrn. 4106, 4107	171,25 Euro
Terminsgebühr VV Nrn. 4108, 4109	
(Hauptverhandlung am ▪▪▪)	280,00 Euro
Terminsgebühr VV Nrn. 4108, 4109	
(Hauptverhandlung am ▪▪▪)	280,00 Euro
Auslagenpauschale VV Nr. 7002	20,00 Euro
Zwischensumme	751,25 Euro
19 % Umsatzsteuer, VV Nr. 7008	142,74 Euro
Summe	893,99 Euro

▪▪▪
(Rechtsanwalt)

11. Muster: Anwalt nicht im vorbereitenden Verfahren tätig, gerichtliches Verfahren im 1. Rechtszug vor der Strafkammer (auf der Grundlage der Mittelgebühr)

Frau/Herrn ▪▪▪
▪▪▪ (Straße)
▪▪▪ (PLZ, Ort)

Vergütungsabrechnung

    Rechnungsnummer ▪▪▪
    Leistungszeitraum ▪▪▪
    Steuer-Nr. oder Umsatzsteuerident-Nr. ▪▪▪

Grundgebühr VV Nr. 4100	165,00 Euro
Verfahrensgebühr VV Nr. 4112	155,00 Euro
Terminsgebühr VV Nr. 4114	270,00 Euro
Auslagenpauschale VV Nr. 7002	20,00 Euro
Zwischensumme	610,00 Euro
19 % Umsatzsteuer, VV Nr. 7008	115,90 Euro
Summe	725,90 Euro

▪▪▪
(Rechtsanwalt)

12. Muster: Abwandlung; Mandant befindet sich nicht auf freiem Fuß

Frau/Herrn ▪▪▪
▪▪▪ (Straße)
▪▪▪ (PLZ, Ort)

Vergütungsabrechnung

    Rechnungsnummer ▪▪▪
    Leistungszeitraum ▪▪▪
    Steuer-Nr. oder Umsatzsteuerident-Nr. ▪▪▪

Grundgebühr VV Nrn. 4100, 4101	202,50 Euro
Verfahrensgebühr VV Nrn. 4112, 4113	188,75 Euro
Terminsgebühr VV Nrn. 4114, 4115	328,75 Euro
Auslagenpauschale VV Nr. 7002	20,00 Euro
Zwischensumme	740,00 Euro
19 % Umsatzsteuer, VV Nr. 7008	140,60 Euro
Summe	880,60 Euro

▪▪▪
(Rechtsanwalt)

B. Gebühren des Verteidigers **10**

13. Muster: Weitere Abwandlung; es finden 2 Hauptverhandlungstage statt

Frau/Herrn ■■■
■■■ (Straße)
■■■ (PLZ, Ort)
Vergütungsabrechnung
    Rechnungsnummer ■■■
    Leistungszeitraum ■■■
    Steuer-Nr. oder Umsatzsteuerident-Nr. ■■■

Grundgebühr VV Nrn. 4100, 4101	202,50 Euro
Verfahrensgebühr VV Nrn. 4112, 4113	188,75 Euro
Terminsgebühr VV Nrn. 4114, 4115	
(Hauptverhandlung am ■■■)	328,75 Euro
Terminsgebühr VV Nrn. 4114, 4115	
(Hauptverhandlung am ■■■)	328,75 Euro
Auslagenpauschale VV Nr. 7002	20,00 Euro
Zwischensumme	1.068,75 Euro
19 % Umsatzsteuer, VV Nr. 7008	203,06 Euro
Summe	1.271,81 Euro

■■■
(Rechtsanwalt)

14. Muster: Anwalt bereits im vorbereitenden Verfahren tätig, 1. Rechtszug vor der Strafkammer (auf der Grundlage der Mittelgebühr)

Frau/Herrn ■■■
■■■ (Straße)
■■■ (PLZ, Ort)
Vergütungsabrechnung
    Rechnungsnummer ■■■
    Leistungszeitraum ■■■
    Steuer-Nr. oder Umsatzsteuerident-Nr. ■■■

Verfahrensgebühr VV Nr. 4112	155,00 Euro
Terminsgebühr VV Nr. 4114	270,00 Euro
Auslagenpauschale VV Nr. 7002	20,00 Euro
Zwischensumme	445,00 Euro
19 % Umsatzsteuer, VV Nr. 7008	84,55 Euro
Summe	529,55 Euro

■■■
(Rechtsanwalt)

15. Muster: Abwandlung; Mandant befindet sich nicht auf freiem Fuß

Frau/Herrn ▪▪▪
▪▪▪ (Straße)
▪▪▪ (PLZ, Ort)
Vergütungsabrechnung
  Rechnungsnummer ▪▪▪
  Leistungszeitraum ▪▪▪
  Steuer-Nr. oder Umsatzsteuerident-Nr. ▪▪▪

Verfahrensgebühr VV Nrn. 4112, 4113	188,75 Euro
Terminsgebühr VV Nrn. 4114, 4115	328,75 Euro
Auslagenpauschale VV Nr. 7002	20,00 Euro
Zwischensumme	537,50 Euro
19 % Umsatzsteuer, VV Nr. 7008	102,13 Euro
Summe	639,63 Euro

▪▪▪
(Rechtsanwalt)

16. Muster: Weitere Abwandlung; 2 Hauptverhandlungstage

Frau/Herrn ▪▪▪
▪▪▪ (Straße)
▪▪▪ (PLZ, Ort)
Vergütungsabrechnung
  Rechnungsnummer ▪▪▪
  Leistungszeitraum ▪▪▪
  Steuer-Nr. oder Umsatzsteuerident-Nr. ▪▪▪

Verfahrensgebühr VV Nrn. 4112, 4113	188,75 Euro
Terminsgebühr VV Nrn. 4114, 4115 (Hauptverhandlung am ▪▪▪)	328,75 Euro
Terminsgebühr VV Nrn. 4114, 4115 (Hauptverhandlung am ▪▪▪)	328,75 Euro
Auslagenpauschale VV Nr. 7002	20,00 Euro
Zwischensumme	866,25 Euro
19 % Umsatzsteuer, VV Nr. 7008	164,59 Euro
Summe	1.030,84 Euro

▪▪▪
(Rechtsanwalt)

B. Gebühren des Verteidigers

17. Muster: Erstinstanzliches Verfahren vor dem Oberlandesgericht, dem Schwurgericht oder der Strafkammer nach §§ 74a und 74c GVG, Anwalt nicht bereits im vorbereitenden Verfahren tätig (auf der Grundlage der Mittelgebühr)

Frau/Herrn ▪▪▪
▪▪▪ (Straße)
▪▪▪ (PLZ, Ort)
Vergütungsabrechnung
    Rechnungsnummer ▪▪▪
    Leistungszeitraum ▪▪▪
    Steuer-Nr. oder Umsatzsteuerident-Nr. ▪▪▪

Grundgebühr VV Nr. 4100	165,00 Euro
Verfahrensgebühr VV Nr. 4118	330,00 Euro
Terminsgebühr VV Nr. 4120	445,00 Euro
Auslagenpauschale VV Nr. 7002	20,00 Euro
Zwischensumme	960,00 Euro
19 % Umsatzsteuer, VV Nr. 7008	182,40 Euro
Summe	1.142,40 Euro

▪▪▪
(Rechtsanwalt)

85

330

18. Muster: Abwandlung; der Mandant befindet sich nicht auf freiem Fuß

Frau/Herrn ▪▪▪
▪▪▪ (Straße)
▪▪▪ (PLZ, Ort)
Vergütungsabrechnung
    Rechnungsnummer ▪▪▪
    Leistungszeitraum ▪▪▪
    Steuer-Nr. oder Umsatzsteuerident-Nr. ▪▪▪

Grundgebühr VV Nrn. 4100, 4101	202,50 Euro
Verfahrensgebühr VV Nrn. 4118, 4119	402,50 Euro
Terminsgebühr VV Nrn. 4120, 4121	542,50 Euro
Auslagenpauschale VV Nr. 7002	20,00 Euro
Zwischensumme	1.167,50 Euro
19 % Umsatzsteuer, VV Nr. 7008	221,83 Euro
Summe	1.389,33 Euro

▪▪▪
(Rechtsanwalt)

86

331

§ 10 Strafsachen

19. Muster: Abwandlung; 2 Hauptverhandlungstage

87

332

Frau/Herrn ▪▪▪
▪▪▪ (Straße)
▪▪▪ (PLZ, Ort)
Vergütungsabrechnung
    Rechnungsnummer ▪▪▪
    Leistungszeitraum ▪▪▪
    Steuer-Nr. oder Umsatzsteuerident-Nr. ▪▪▪

Grundgebühr VV Nrn. 4100, 4101	202,50 Euro
Verfahrensgebühr VV Nrn. 4118, 4119	402,50 Euro
Terminsgebühr VV Nrn. 4120, 4121 (Hauptverhandlung am ▪▪▪)	542,50 Euro
Terminsgebühr VV Nrn. 4120, 4121 (Hauptverhandlung am ▪▪▪)	542,50 Euro
Auslagenpauschale VV Nr. 7002	20,00 Euro
Zwischensumme	1.710,00 Euro
19 % Umsatzsteuer, VV Nr. 7008	324,90 Euro
Summe	2.034,90 Euro

▪▪▪
(Rechtsanwalt)

20. Muster: 1. Rechtszug vor dem Oberlandesgericht, dem Schwurgericht oder der Strafkammer nach den §§ 74a und 74c GVG, Anwalt bereits im vorbereitenden Verfahren tätig (auf der Grundlage der Mittelgebühr)

88

333

Frau/Herrn ▪▪▪
▪▪▪ (Straße)
▪▪▪ (PLZ, Ort)
Vergütungsabrechnung
    Rechnungsnummer ▪▪▪
    Leistungszeitraum ▪▪▪
    Steuer-Nr. oder Umsatzsteuerident-Nr. ▪▪▪

Verfahrensgebühr VV Nr. 4118	330,00 Euro
Terminsgebühr VV Nr. 4120	445,00 Euro
Auslagenpauschale VV Nr. 7002	20,00 Euro
Zwischensumme	795,00 Euro
19 % Umsatzsteuer, VV Nr. 7008	151,05 Euro
Summe	946,05 Euro

▪▪▪
(Rechtsanwalt)

B. Gebühren des Verteidigers 10

21. Muster: Abwandlung; der Mandant befindet sich nicht auf freiem Fuß

Frau/Herrn ▪▪▪
▪▪▪ (Straße)
▪▪▪ (PLZ, Ort)
Vergütungsabrechnung
    Rechnungsnummer ▪▪▪
    Leistungszeitraum ▪▪▪
    Steuer-Nr. oder Umsatzsteuerident-Nr. ▪▪▪

Verfahrensgebühr VV Nrn. 4118, 4119	402,50 Euro
Terminsgebühr VV Nrn. 4120, 4121	542,50 Euro
Auslagenpauschale VV Nr. 7002	20,00 Euro
Zwischensumme	965,00 Euro
19 % Umsatzsteuer, VV Nr. 7008	183,35 Euro
Summe	1.148,35 Euro

▪▪▪
(Rechtsanwalt)

89

334

22. Muster: Weitere Abwandlung; 2 Hauptverhandlungstage

Frau/Herrn ▪▪▪
▪▪▪ (Straße)
▪▪▪ (PLZ, Ort)
Vergütungsabrechnung
    Rechnungsnummer ▪▪▪
    Leistungszeitraum ▪▪▪
    Steuer-Nr. oder Umsatzsteuerident-Nr. ▪▪▪

Verfahrensgebühr VV Nrn. 4118, 4119	402,50 Euro
Terminsgebühr VV Nrn. 4120, 4121 (Hauptverhandlung am ▪▪▪)	542,50 Euro
Terminsgebühr VV Nrn. 4120, 4121 (Hauptverhandlung am ▪▪▪)	542,50 Euro
Auslagenpauschale VV Nr. 7002	20,00 Euro
Zwischensumme	1.507,50 Euro
19 % Umsatzsteuer, VV Nr. 7008	286,43 Euro
Summe	1.793,93 Euro

▪▪▪
(Rechtsanwalt)

90

335

23. Muster: Berufungsverfahren mit Hauptverhandlung, Anwalt erstmals tätig

Frau/Herrn ▪▪▪
▪▪▪ (Straße)
▪▪▪ (PLZ, Ort)

Vergütungsabrechnung

  Rechnungsnummer ▪▪▪
  Leistungszeitraum ▪▪▪
  Steuer-Nr. oder Umsatzsteuerident-Nr. ▪▪▪

Grundgebühr VV Nr. 4100	165,00 Euro[90]
Verfahrensgebühr VV Nr. 4124	270,00 Euro
Terminsgebühr VV Nr. 4126	270,00 Euro
Auslagenpauschale VV Nr. 7002	20,00 Euro
Zwischensumme	725,00 Euro
19 % Umsatzsteuer, VV Nr. 7008	137,75 Euro
Summe	862,75 Euro

▪▪▪
(Rechtsanwalt)

24. Muster: Abwandlung; der Mandant befindet sich nicht auf freiem Fuß

Frau/Herrn ▪▪▪
▪▪▪ (Straße)
▪▪▪ (PLZ, Ort)

Vergütungsabrechnung

  Rechnungsnummer ▪▪▪
  Leistungszeitraum ▪▪▪
  Steuer-Nr. oder Umsatzsteuerident-Nr. ▪▪▪

Grundgebühr VV Nrn. 4100, 4101	202,50 Euro
Verfahrensgebühr VV Nrn. 4124, 4125	328,75 Euro
Terminsgebühr VV Nrn. 4126, 4127	328,75 Euro
Auslagenpauschale VV Nr. 7002	20,00 Euro
Zwischensumme	880,00 Euro
19 % Umsatzsteuer, VV Nr. 7008	167,20 Euro
Summe	1.047,20 Euro

▪▪▪
(Rechtsanwalt)

---

[90] Zugrunde gelegt wurde die Mittelgebühr, es wird aber auch vertreten, dass im Hinblick auf den Fortschritt des Verfahrens die Grundgebühr im oberen Bereich, zB mit 250 Euro, angesetzt werden kann, vgl Schneider, Fälle und Lösungen zum RVG, § 33 Rn 55 Bspl. 89, S. 547 f.

25. Muster: Weitere Abwandlung; 2 Hauptverhandlungstage

Frau/Herrn ▄▄▄
▄▄▄ (Straße)
▄▄▄ (PLZ, Ort)
Vergütungsabrechnung
    Rechnungsnummer ▄▄▄
    Leistungszeitraum ▄▄▄
    Steuer-Nr. oder Umsatzsteuerident-Nr. ▄▄▄

Grundgebühr VV Nrn. 4100, 4101	202,50 Euro
Verfahrensgebühr VV Nrn. 4124, 4125	328,75 Euro
Terminsgebühr VV Nrn. 4126, 4127 (Hauptverhandlung am ▄▄▄)	328,75 Euro
Terminsgebühr VV Nrn. 4126, 4127 (Hauptverhandlung am ▄▄▄)	328,75 Euro
Auslagenpauschale VV Nr. 7002	20,00 Euro
Zwischensumme	1.208,75 Euro
19 % Umsatzsteuer, VV Nr. 7008	229,66 Euro
Summe	1.438,41 Euro

▄▄▄
(Rechtsanwalt)

26. Muster: Berufungsverfahren, Anwalt war bereits in einem früheren Verfahrensstadium tätig (auf der Grundlage der Mittelgebühr)

Frau/Herrn ▄▄▄
▄▄▄ (Straße)
▄▄▄ (PLZ, Ort)
Vergütungsabrechnung
    Rechnungsnummer ▄▄▄
    Leistungszeitraum ▄▄▄
    Steuer-Nr. oder Umsatzsteuerident-Nr. ▄▄▄

Verfahrensgebühr VV Nr. 4124	270,00 Euro
Terminsgebühr VV Nr. 4126	270,00 Euro
Auslagenpauschale VV Nr. 7002	20,00 Euro
Zwischensumme	560,00 Euro
19 % Umsatzsteuer, VV Nr. 7008	106,40 Euro
Summe	666,40 Euro

▄▄▄
(Rechtsanwalt)

27. Muster: Abwandlung; der Mandant befindet sich nicht auf freiem Fuß

Frau/Herrn ▪▪▪
▪▪▪ (Straße)
▪▪▪ (PLZ, Ort)

Vergütungsabrechnung

    Rechnungsnummer ▪▪▪
    Leistungszeitraum ▪▪▪
    Steuer-Nr. oder Umsatzsteuerident-Nr. ▪▪▪

Verfahrensgebühr VV Nrn. 4124, 4125	328,75 Euro
Terminsgebühr VV Nrn. 4126, 4127	328,75 Euro
Auslagenpauschale VV Nr. 7002	20,00 Euro
Zwischensumme	677,50 Euro
19 % Umsatzsteuer, VV Nr. 7008	128,73 Euro
Summe	806,23 Euro

▪▪▪
(Rechtsanwalt)

28. Muster: Weitere Abwandlung; es finden 2 Hauptverhandlungstage statt

Frau/Herrn ▪▪▪
▪▪▪ (Straße)
▪▪▪ (PLZ, Ort)

Vergütungsabrechnung

    Rechnungsnummer ▪▪▪
    Leistungszeitraum ▪▪▪
    Steuer-Nr. oder Umsatzsteuerident-Nr. ▪▪▪

Verfahrensgebühr VV Nrn. 4124, 4125	328,75 Euro
Terminsgebühr VV Nrn. 4126, 4127 (Hauptverhandlung am ▪▪▪)	328,75 Euro
Terminsgebühr VV Nrn. 4126, 4127 (Hauptverhandlung am ▪▪▪)	328,75 Euro
Auslagenpauschale VV Nr. 7002	20,00 Euro
Zwischensumme	1.006,25 Euro
19 % Umsatzsteuer, VV Nr. 7008	191,19 Euro
Summe	1.197,44 Euro

▪▪▪
(Rechtsanwalt)

B. Gebühren des Verteidigers **10**

29. Muster: Anwalt erstmals tätig, Revisionsverfahren (auf der Grundlage der Mittelgebühr)

Frau/Herrn ■■■
■■■ (Straße)
■■■ (PLZ, Ort)
Vergütungsabrechnung
    Rechnungsnummer ■■■
    Leistungszeitraum ■■■
    Steuer-Nr. oder Umsatzsteueridenti-Nr. ■■■

97

342

Grundgebühr VV Nr. 4100	165,00 Euro[91]
Verfahrensgebühr VV Nr. 4130	515,00 Euro
Terminsgebühr VV Nr. 4132	285,00 Euro
Auslagenpauschale VV Nr. 7002	20,00 Euro
Zwischensumme	985,00 Euro
19 % Umsatzsteuer, VV Nr. 7008	187,15 Euro
Summe	1.172,15 Euro

■■■
(Rechtsanwalt)

30. Muster: Abwandlung; der Beschuldigte befindet sich nicht auf freiem Fuß

Frau/Herrn ■■■
■■■ (Straße)
■■■ (PLZ, Ort)
Vergütungsabrechnung
    Rechnungsnummer ■■■
    Leistungszeitraum ■■■
    Steuer-Nr. oder Umsatzsteueridenti-Nr. ■■■

98

343

Grundgebühr VV Nrn. 4100, 4101	202,50 Euro[92]
Verfahrensgebühr VV Nrn. 4130, 4131	631,25 Euro
Terminsgebühr VV Nrn. 4132, 4133	343,75 Euro
Auslagenpauschale VV Nr. 7002	20,00 Euro
Zwischensumme	1.197,50 Euro
19 % Umsatzsteuer, VV Nr. 7008	227,53 Euro
Summe	1.425,03 Euro

---

91 Zugrunde gelegt wurde die Mittelgebühr, wegen des Fortschritts des Verfahrens kann die Gebühr auch in der Nähe der Höchstgebühr angesiedelt werden, beispielsweise mit 300 Euro angesetzt werden – vgl Schneider, Fälle und Lösungen zum RVG, § 33 Rn 67 Bspl. 112, S. 556.

92 Zugrunde gelegt wurde die Mittelgebühr, denkbar ist auch, aufgrund des Verfahrensfortschritts innerhalb des Gebührenrahmens eine höhere Gebühr anzusetzen.

§ 10 Strafsachen

▪▪▪
(Rechtsanwalt)

31. Muster: Abwandlung; es finden 2 Hauptverhandlungstage statt

Frau/Herrn ▪▪▪
▪▪▪ (Straße)
▪▪▪ (PLZ, Ort)

Vergütungsabrechnung
    Rechnungsnummer ▪▪▪
    Leistungszeitraum ▪▪▪
    Steuer-Nr. oder Umsatzsteuerident-Nr. ▪▪▪

Grundgebühr VV Nrn. 4100, 4101	202,50 Euro[93]
Verfahrensgebühr VV Nrn. 4130, 4131	631,25 Euro
Terminsgebühr VV Nrn. 4132, 4133 (Hauptverhandlung am ▪▪▪)	343,75 Euro
Terminsgebühr VV Nrn. 4132, 4133 (Hauptverhandlung am ▪▪▪)	343,75 Euro
Auslagenpauschale VV Nr. 7002	20,00 Euro
Zwischensumme	1.541,25 Euro
19 % Umsatzsteuer, VV Nr. 7008	292,84 Euro
Summe	1.834,09 Euro

▪▪▪
(Rechtsanwalt)

32. Muster: Anwalt war bereits in einem früheren Verfahrensstadium tätig, weitere Tätigkeit im Revisionsverfahren

Frau/Herrn ▪▪▪
▪▪▪ (Straße)
▪▪▪ (PLZ, Ort)

Vergütungsabrechnung
    Rechnungsnummer ▪▪▪
    Leistungszeitraum ▪▪▪
    Steuer-Nr. oder Umsatzsteuerident-Nr. ▪▪▪

Verfahrensgebühr VV Nr. 4130	515,00 Euro
Terminsgebühr VV Nr. 4132	285,00 Euro
Auslagenpauschale VV Nr. 7002	20,00 Euro
Zwischensumme	820,00 Euro

---

[93] Zugrunde gelegt wurde die Mittelgebühr, denkbar ist auch, aufgrund des Verfahrensfortschritts innerhalb des Gebührenrahmens eine höhere Gebühr anzusetzen.

B. Gebühren des Verteidigers **10**

19 % Umsatzsteuer, VV Nr. 7008	155,80 Euro
Summe	975,80 Euro

■■■
(Rechtsanwalt)

33. Muster: Abwandlung; der Mandant befindet sich nicht auf freiem Fuß

Frau/Herrn ■■■
■■■ (Straße)
■■■ (PLZ, Ort)
Vergütungsabrechnung
    Rechnungsnummer ■■■
    Leistungszeitraum ■■■
    Steuer-Nr. oder Umsatzsteuerident-Nr. ■■■

Verfahrensgebühr VV Nrn. 4130, 4131	631,25 Euro
Terminsgebühr VV Nrn. 4132, 4133	343,75 Euro
Auslagenpauschale VV Nr. 7002	20,00 Euro
Zwischensumme	995,00 Euro
19 % Umsatzsteuer, VV Nr. 7008	189,05 Euro
Summe	1.184,05 Euro

■■■
(Rechtsanwalt)

34. Muster: Weitere Abwandlung; 2 Hauptverhandlungstage

Frau/Herrn ■■■
■■■ (Straße)
■■■ (PLZ, Ort)
Vergütungsabrechnung
    Rechnungsnummer ■■■
    Leistungszeitraum ■■■
    Steuer-Nr. oder Umsatzsteuerident-Nr. ■■■

Verfahrensgebühr VV Nrn. 4130, 4131	631,25 Euro
Terminsgebühr VV Nrn. 4132, 4133 (Hauptverhandlung am ■■■)	343,75 Euro
Terminsgebühr VV Nrn. 4132, 4133 (Hauptverhandlung am ■■■)	343,75 Euro
Auslagenpauschale VV Nr. 7002	20,00 Euro
Zwischensumme	1.338,75 Euro
19 % Umsatzsteuer, VV Nr. 7008	254,36 Euro
Summe	1.593,11 Euro

■■■
(Rechtsanwalt)

IX. Muster zusätzliche Gebühr VV Nr. 4141

1. Muster: Einstellung des Verfahrens im Ermittlungsverfahren durch anwaltliche Mitwirkung

Frau/Herrn ▪▪▪
▪▪▪ (Straße)
▪▪▪ (PLZ, Ort)

Vergütungsabrechnung

    Rechnungsnummer ▪▪▪
    Leistungszeitraum ▪▪▪
    Steuer-Nr. oder Umsatzsteuerident-Nr. ▪▪▪

Grundgebühr VV Nr. 4100	165,00 Euro
Verfahrensgebühr VV Nr. 4104	140,00 Euro
Zusätzliche Gebühr VV Nrn. 4141, 4104	140,00 Euro[94]
Auslagenpauschale VV Nr. 7002	20,00 Euro
Zwischensumme	465,00 Euro
19 % Umsatzsteuer, VV Nr. 7008	88,35 Euro
Summe	553,35 Euro

▪▪▪
(Rechtsanwalt)

2. Muster: Abwandlung; der Mandant befindet sich nicht auf freiem Fuß

Frau/Herrn ▪▪▪
▪▪▪ (Straße)
▪▪▪ (PLZ, Ort)

Vergütungsabrechnung

    Rechnungsnummer ▪▪▪
    Leistungszeitraum ▪▪▪
    Steuer-Nr. oder Umsatzsteuerident-Nr. ▪▪▪

Grundgebühr VV Nrn. 4100, 4101	202,50 Euro
Verfahrensgebühr VV Nrn. 4105, 4104	171,25 Euro
Zusätzliche Gebühr VV Nrn. 4141, 4104	140,00 Euro[95]
Auslagenpauschale VV Nr. 7002	20,00 Euro
Zwischensumme	533,75 Euro
19 % Umsatzsteuer, VV Nr. 7008	101,41 Euro
Summe	635,16 Euro

---

[94] Vgl Mayer/Kroiß-*Kroiß* VV Nrn. 4142–4147 Rn 5; aA Burhoff, RVG, Straf- und Bußgeldsachen, VV Nr. 4141 Rn 47, der auf die Verfahrensgebühren der Nrn 4106 ff. abstellt und fragt, welcher Rechtszug eingeleitet worden wäre, wenn sich das Verfahren nicht erledigt hätte.
[95] Vgl Fn 94.

▬▬▬
(Rechtsanwalt)

3. Muster: Einstellung des Verfahrens durch anwaltliche Mitwirkung außerhalb der Hauptverhandlung, 1. Rechtszug vor dem Amtsgericht (Anwalt bereits im vorbereitenden Verfahren tätig)

Frau/Herrn ▬▬▬	105
▬▬▬ (Straße)	
▬▬▬ (PLZ, Ort)	350

Vergütungsabrechnung

    Rechnungsnummer ▬▬▬

    Leistungszeitraum ▬▬▬

    Steuer-Nr. oder Umsatzsteuerident-Nr. ▬▬▬

Verfahrensgebühr VV Nr. 4106	140,00 Euro
Zusätzliche Gebühr VV Nrn. 4141, 4106	140,00 Euro
Auslagenpauschale VV Nr. 7002	20,00 Euro
Zwischensumme	300,00 Euro
19 % Umsatzsteuer, VV Nr. 7008	57,00 Euro
Summe	357,00 Euro

▬▬▬
(Rechtsanwalt)

4. Muster: Abwandlung; Einstellung im ersten Rechtszug vor der Strafkammer

Frau/Herrn ▬▬▬	106
▬▬▬ (Straße)	
▬▬▬ (PLZ, Ort)	351

Vergütungsabrechnung

    Rechnungsnummer ▬▬▬

    Leistungszeitraum ▬▬▬

    Steuer-Nr. oder Umsatzsteuerident-Nr. ▬▬▬

Verfahrensgebühr VV Nr. 4112	155,00 Euro
Zusätzliche Gebühr VV Nrn. 4141, 4112	155,00 Euro
Auslagenpauschale VV Nr. 7002	20,00 Euro
Zwischensumme	330,00 Euro
19 % Umsatzsteuer, VV Nr. 7008	62,70 Euro
Summe	392,70 Euro

▬▬▬
(Rechtsanwalt)

§ 10 Strafsachen

5. Muster: Abwandlung; Einstellung im ersten Rechtszug vor dem Oberlandesgericht, dem Schwurgericht oder der Strafkammer nach den §§ 74a und 74c GVG

Frau/Herrn ▪▪▪

▪▪▪ (Straße)

▪▪▪ (PLZ, Ort)

Vergütungsabrechnung

    Rechnungsnummer ▪▪▪

    Leistungszeitraum ▪▪▪

    Steuer-Nr. oder Umsatzsteuerident-Nr. ▪▪▪

Verfahrensgebühr VV Nr. 4118	330,00 Euro
Zusätzliche Gebühr VV Nrn. 4141, 4118	330,00 Euro
Auslagenpauschale VV Nr. 7002	20,00 Euro
Zwischensumme	680,00 Euro
19 % Umsatzsteuer, VV Nr. 7008	129,20 Euro
Summe	809,20 Euro

▪▪▪

(Rechtsanwalt)

6. Muster: Einstellung außerhalb der Hauptverhandlung unter Mitwirkung des Verteidigers im Berufungsverfahren

Frau/Herrn ▪▪▪

▪▪▪ (Straße)

▪▪▪ (PLZ, Ort)

Vergütungsabrechnung

    Rechnungsnummer ▪▪▪

    Leistungszeitraum ▪▪▪

    Steuer-Nr. oder Umsatzsteuerident-Nr. ▪▪▪

Verfahrensgebühr VV Nr. 4124	270,00 Euro
Zusätzliche Gebühr VV Nrn. 4141, 4124	270,00 Euro
Auslagenpauschale VV Nr. 7002	20,00 Euro
Zwischensumme	560,00 Euro
19 % Umsatzsteuer, VV Nr. 7008	106,40 Euro
Summe	666,40 Euro

▪▪▪

(Rechtsanwalt)

7. Muster: Zusätzliche Gebühr im Revisionsverfahren

Frau/Herrn ▪▪▪
▪▪▪ (Straße)
▪▪▪ (PLZ, Ort)

Vergütungsabrechnung
      Rechnungsnummer ▪▪▪
      Leistungszeitraum ▪▪▪
      Steuer-Nr. oder Umsatzsteuerident-Nr. ▪▪▪

Verfahrensgebühr VV Nr. 4130	515,00 Euro
Zusätzliche Gebühr VV Nrn. 4141, 4130	515,00 Euro
Auslagenpauschale VV Nr. 7002	20,00 Euro
Zwischensumme	1.050,00 Euro
19 % Umsatzsteuer, VV Nr. 7008	199,50 Euro
Summe	1.249,50 Euro

▪▪▪
(Rechtsanwalt)

§ 11 Bußgeldsachen

A. Allgemeines

I. Gliederung

1 Die Vergütungstatbestände für die anwaltliche Tätigkeit in Bußgeldsachen finden sich in Teil 5 des Vergütungsverzeichnisses. Dieser umfasst die Vergütungstatbestände VV Nrn. 5100–5200. Teil 5 VV ist in zwei Abschnitte gegliedert, nämlich Abschnitt 1 Gebühren des Verteidigers und Abschnitt 2 Einzeltätigkeiten. Abschnitt 1 wiederum ist in 5 weitere Unterabschnitte unterteilt.

II. Anwendungsbereich

2 Teil 5 des Vergütungsverzeichnisses regelt die Vergütung des Rechtsanwalts sowohl als (Wahl-)Verteidiger als auch als Pflichtverteidiger des Betroffenen sowie als Beistand oder Vertreter eines Einziehungs- oder Nebenbeteiligten, eines Zeugen oder eines Sachverständigen in einem Verfahren, für das sich die Gebühren nach Teil 5 VV bestimmen.[1] Das RVG definiert den Begriff der „Bußgeldsache" nicht ausdrücklich, gemeint sind damit alle Verfahren, die sich verfahrensmäßig nach dem OWiG richten.[2]

3 Das Vergütungsverzeichnis nimmt eine **Dreiteilung der Gebühren** in Bußgeldsachen in Abhängigkeit von der Höhe der Geldbuße vor; so werden Bußgeldverfahren bei einer Geldbuße von weniger als 40 Euro, Bußgeldverfahren bei einer Geldbuße von 40 Euro–5.000 Euro sowie Bußgeldverfahren bei einer Geldbuße von mehr als 5.000 Euro unterschieden.[3] Maßgebend ist nach Abs. 2 Satz 1 von Vorbemerkung 5.1 die zum Zeitpunkt des Entstehens der Gebühr zuletzt festgesetzte Geldbuße. Mit der Formulierung „zuletzt festgesetzte Geldbuße" will der Gesetzgeber deutlich machen, dass es sich nicht um die rechtskräftig festgesetzte Geldbuße handelt, sondern um die im jeweiligen Verfahrensstadium zuletzt festgesetzte; wird der Anwalt mit der Verteidigung beauftragt, nachdem ein Bußgeldbescheid erlassen wurde, ist somit die darin festgesetzte Geldbuße zugrunde zu legen.[4]

III. Gebührentatbestände

4 Die Struktur der Gebührentatbestände in Bußgeldsachen entspricht der Struktur in Strafsachen; so sind die Grundgebühr VV Nr. 5100, die Verfahrensgebühr und die Terminsgebühr zu unterscheiden.

B. Gebühren des Verteidigers

I. Allgemeine Gebühren

5 Unterabschnitt 1 von Abschnitt 1 des Teils 5 umfasst lediglich den Vergütungstatbestand VV Nr. 5100, nämlich die **Grundgebühr**. Diese entsteht nach Abs. 1 der An-

---

1 Burhoff, RVG, Straf- und Bußgeldsachen, Vorb. 5 Rn 2.
2 Burhoff, RVG, Straf- und Bußgeldsachen, Vorb. 5 Rn 4.
3 Mayer/Kroiß-*Kroiß*, VV Nrn. 5100–5200 Rn 2 ff.
4 BT-Drucks. 15/1971, S. 230.

merkung zum Vergütungstatbestand für die erstmalige Einarbeitung in den Rechtsfall nur einmal, unabhängig davon, in welchem Verfahrensabschnitt sie erfolgt. Eine Staffelung nach der Höhe der Geldbuße ist bei dieser Gebühr nicht vorgesehen.[5]

Die Grundgebühr entsteht für den Wahlanwalt mit einem Rahmen von 20 Euro– 150 Euro, **Mittelgebühr 85 Euro**, für den gerichtlich bestellten oder beigeordneten Rechtsanwalt ist eine Festgebühr iHv 68 Euro vorgesehen. Nach Abs. 2 der Anmerkung zum Vergütungstatbestand entsteht die Grundgebühr VV Nr. 5100 jedoch dann nicht, wenn in einem vorangegangenen Strafverfahren für dieselbe Handlung oder Tat bereits die (strafrechtliche) Grundgebühr VV Nr. 4100 entstanden ist.

II. Verfahren vor der Verwaltungsbehörde

1. Anwendungsbereich

Das Verfahren vor der Verwaltungsbehörde beginnt mit Aufnahme bzw Bekanntgabe der Ermittlungen und erfasst das gesamte Verfahren vor der Verwaltungsbehörde.[6] Der Verfahrensabschnitt dauert von der Einleitung des OWi-Verfahrens bis zum Eingang der Akten bei Gericht.[7]

Unterabschnitt 2 von Abschnitt 1 ist überschrieben mit „Verfahren vor der Verwaltungsbehörde". Die Vergütung des Rechtsanwalts beurteilt sich jedoch nicht nur dann nach Teil 5 VV, wenn das außergerichtliche Verfahren gemäß den §§ 53 ff. OWiG vor der Verwaltungsbehörde stattfindet, sondern auch dann, wenn es gemäß den §§ 63 ff. OWiG bei der Staatsanwaltschaft stattfindet.[8] Anknüpfungspunkt für die Gebühren ist nämlich nicht die ermittelnde Behörde, sondern die Ermittlungsrichtung.[9]

Das vorbereitende Verfahren vor der Verwaltungsbehörde und das gerichtliche Verfahren sind **verschiedene Angelegenheiten**.[10] Im Bußgeldverfahren gehört der Einspruch noch zum „Verfahren vor der Verwaltungsbehörde"; dies folgt aus dem Verweis in Abs. 1 der Vorbemerkung 5.1.2, wonach auch das Zwischenverfahren (§ 69 OWiG) zu dem Verfahren vor der Verwaltungsbehörde gehört.[11]

2. Gebührentatbestände

a) Verfahrensgebühr

Die Vergütungstatbestände VV Nrn. 5101, 5103 und 5105 regeln die Verfahrensgebühr bei Geldbußen von weniger 40 Euro, bis 5.000 Euro sowie von mehr als 5.000 Euro. So entsteht nach VV Nr. 5101 bei einer Geldbuße von weniger als 40 Euro eine Verfahrensgebühr für den Wahlanwalt mit einem Rahmen von 10 Euro– 100 Euro, **Mittelgebühr 55 Euro**, für den gerichtlich bestellten oder beigeordneten

---

5 AnwK-RVG/*N.Schneider*, VV Nr. 5100 Rn 3.
6 AnwK-RVG/*N.Schneider*, VV Vorb. 5.1.2 Rn 2.
7 Burhoff, RVG, Straf- und Bußgeldsachen, Vorb. 5.1.2 Rn 2.
8 Burhoff, RVG, Straf- und Bußgeldsachen, Vorb. 5.1.2 Rn 3.
9 Burhoff, RVG, Straf- und Bußgeldsachen, Vorb. 5.1.2 Rn 3.
10 AnwK-RVG/*N.Schneider*, VV Vorb. 5.1.2 Rn 7; Burhoff, RVG, Straf- und Bußgeldsachen, Vorb. 5.1.2 Rn 4 mwN; aA Gerold/Schmidt-Müller-Rabe, § 17 Rn 60.
11 Burhoff, RVG, Straf- und Bußgeldsachen, Vorb. 5.1.2 Rn 7.

Rechtsanwalt ist eine Festgebühr von 44 Euro vorgesehen; bei einer Geldbuße von 40 Euro–5.000 Euro sieht der Vergütungstatbestand VV Nr. 5103 eine Verfahrensgebühr für den Wahlanwalt von 20 Euro–250 Euro, **Mittelgebühr 135 Euro**, vor, der gerichtlich bestellte oder beigeordnete Rechtsanwalt erhält eine Festgebühr iHv 108 Euro.

11 Bei einer Geldbuße von mehr als 5.000 Euro sieht schließlich der Vergütungstatbestand VV Nr. 5105 eine Verfahrensgebühr für den Wahlanwalt mit einem Rahmen von 30 Euro–250 Euro vor, **Mittelgebühr sind 140 Euro**. Für den gerichtlich bestellten oder beigeordneten Rechtsanwalt ist bei einer Geldbuße von mehr als 5.000 Euro eine Festgebühr von 112 Euro als Verfahrensgebühr vorgesehen.

b) Terminsgebühr

12 Die Vergütungstatbestände VV Nrn. 5102, 5104 und 5106 regeln die Terminsgebühr im Verfahren vor der Verwaltungsbehörde in Abhängigkeit der Höhe der Geldbuße. Nach Vorbemerkung 5.1.2 Abs. 2 VV sind „Termine" im Sinne des Vergütungstatbestandes VV Nr. 5102 (auch) die Vernehmung vor der Polizei und der Verwaltungsbehörde.[12] Die Terminsgebühr erhält der Rechtsanwalt für jeden Kalendertag, an dem ein Termin stattfindet, mehrere Termine am selben Tag lösen die Terminsgebühr nur einmal aus.[13]

13 Der Vergütungstatbestand VV Nr. 5102 bestimmt für den Wahlanwalt eine Terminsgebühr bei einer Geldbuße von weniger als 40 Euro mit einem Rahmen von 10 Euro–100 Euro, **Mittelgebühr 55 Euro**, der gerichtlich bestellte oder beigeordnete Rechtsanwalt erhält eine Festgebühr iHv 44 Euro. Bei einer Geldbuße von 40 Euro–5.000 Euro sieht der Vergütungstatbestand VV Nr. 5104 eine Terminsgebühr mit einem Rahmen für den Wahlanwalt von 20 Euro–250 Euro, **Mittelgebühr 135 Euro**, vor, für den gerichtlich bestellten oder beigeordneten Anwalt eine Festgebühr iHv 108 Euro. Bei einer Geldbuße von mehr als 5.000 Euro schließlich sieht VV Nr. 5106 eine Terminsgebühr mit einem Rahmen für den Wahlanwalt von 30 Euro–250 Euro, **Mittelgebühr 140 Euro**, vor. Der gerichtlich bestellte oder beigeordnete Rechtsanwalt erhält eine Festgebühr iHv 112 Euro.

III. Gerichtliches Verfahren im 1. Rechtszug

1. Anwendungsbereich

14 Abschnitt 1 Unterabschnitt 3 des Teils 5 VV regelt die Gebühren im OWi-Verfahren für das gerichtliche Verfahren beim Amtsgericht.[14] Der Unterabschnitt gilt aber auch in Verfahren wegen Ordnungswidrigkeiten nach § 81 GWB, § 60 WpÜG sowie § 95 EnWG, für die nach § 83 GWB, § 62 WpÜG und § 98 EnWG das Oberlandesgericht sachlich zuständig ist.[15]

---

12 Burhoff, RVG, Straf- und Bußgeldsachen, VV Nr. 5102 Rn 3.
13 AnwK-RVG/N.Schneider, VV Nr. 5102 Rn 4.
14 Burhoff, RVG, Straf- und Bußgeldsachen, Unterabschnitt 3 Rn 1.
15 Burhoff, RVG, Straf- und Bußgeldsachen, Unterabschnitt 3 Rn 2; vgl auch Mayer, RVG-Letter 2007, 2 ff., 3.

2. Verfahrensgebühr

Die Vergütungstatbestände VV Nrn. 5107, 5109 und 5111 regeln die Verfahrensgebühr im gerichtlichen Bußgeldverfahren im 1. Rechtszug. Bei einer Geldbuße von weniger als 40 Euro sieht der Vergütungstatbestand VV Nr. 5107 für den Wahlanwalt einen Rahmen von 10 Euro–100 Euro, **Mittelgebühr 55,00 Euro**, und für den gerichtlich bestellten oder beigeordneten Rechtsanwalt eine Festgebühr iHv 44 Euro vor. Bei einer Geldbuße von 40 Euro–5.000 Euro ist nach VV Nr. 5109 eine Verfahrensgebühr mit einem Rahmen von 20 Euro–250 Euro, **Mittelgebühr 135 Euro**, vorgesehen, für den gerichtlich bestellten oder beigeordneten Rechtsanwalt eine Festgebühr iHv 108 Euro. Der Vergütungstatbestand VV Nr. 5111 sieht bei einer Geldbuße von mehr als 5.000 Euro eine Verfahrensgebühr für den Wahlanwalt mit einem Rahmen von 40 Euro–300 Euro, **Mittelgebühr 170 Euro**, vor, der gerichtlich bestellte oder beigeordnete Rechtsanwalt erhält eine Festgebühr iHv 136 Euro.

15

Bei der Bemessung der Gebühr innerhalb des für den Wahlanwalt gesetzten Rahmens sind unter Zugrundelegung der Kriterien des § 14 RVG die Besonderheiten des jeweiligen Einzelfalls zu berücksichtigen.[16] Die Höhe der Geldbuße hat jedoch außer Betracht zu bleiben, da diese bereits auf die Bestimmung des konkreten Gebührenrahmens Einfluss hat.[17] Auch für das **straßenverkehrsrechtliche Bußgeldverfahren** gilt, dass grundsätzlich der Ansatz der Mittelgebühr gerechtfertigt und davon bei der Bemessung der konkreten Gebühr auszugehen ist.[18]

16

3. Terminsgebühr

Die Vergütungstatbestände VV Nrn. 5108, 5110 sowie 5112 regeln die Terminsgebühr **je Hauptverhandlungstag**. So entsteht nach VV Nr. 5108 eine Terminsgebühr in Bußgeldverfahren bei einer Geldbuße von weniger als 40 Euro mit einem Rahmen für den Wahlanwalt von 20 Euro–200 Euro, **Mittelgebühr 110 Euro**, der gerichtlich bestellte oder beigeordnete Rechtsanwalt erhält eine Festgebühr iHv 88 Euro. Bei einer Geldbuße von 40 Euro–5.000 Euro entsteht nach VV Nr. 5110 je Hauptverhandlungstag eine Terminsgebühr mit einem Rahmen von 30 Euro–400 Euro, **Mittelgebühr 215 Euro**, für den gerichtlich bestellten oder beigeordneten Rechtsanwalt ist eine Festgebühr iHv 172 Euro vorgesehen. Handelt es sich um ein Bußgeldverfahren mit einer Geldbuße von mehr als 5.000 Euro, so entsteht nach VV Nr. 5112 je Hauptverhandlungstag eine Terminsgebühr für den Wahlanwalt mit einem Rahmen von 70 Euro–470 Euro, **Mittelgebühr 270 Euro**; der gerichtlich bestellte oder beigeordnete Rechtsanwalt erhält eine Festgebühr von 216 Euro.

17

Die Terminsgebühr honoriert die Teilnahme an gerichtlichen Hauptverhandlungsterminen.[19] Termine vor dem beauftragten oder ersuchten Richter, zB zur Vernehmung von Zeugen, sind keine Hauptverhandlung, für sie entsteht nicht die Terminsgebühr

18

---

16 Burhoff, RVG, Straf- und Bußgeldsachen, VV Nr. 5107 Rn 12.
17 Burhoff, RVG, Straf- und Bußgeldsachen, VV Nr. 5107 Rn 12.
18 Burhoff, RVG, Straf- und Bußgeldsachen, Vorb. 5 Rn 39 ff.; Burhoff, RVGreport 2007, 252 ff.; s. hierzu auch AnwK-RVG/N.Schneider, vor VV Teil 5 Rn 52 ff.
19 Burhoff, RVG, Straf- und Bußgeldsachen, VV Nr. 5108 Rn 3.

VV Nr. 5108, sondern die Terminsgebühr für die Teilnahme an gerichtlichen Terminen außerhalb der Hauptverhandlung nach Vorbemerkung 5.1.3 Absatz 1.[20]

IV. Verfahren über die Rechtsbeschwerde

1. Anwendungsbereich

19 Unterabschnitt 4 regelt die Vergütung in Verfahren über die Rechtsbeschwerde und sieht mit den Vergütungstatbeständen VV Nr. 5113 eine **Verfahrensgebühr** und mit VV Nr. 5114 eine **Terminsgebühr** je Hauptverhandlungstag vor. Unerheblich ist, ob über die Rechtsbeschwerde nach § 79 OWiG durch das OLG oder nach § 83 GWB durch den BGH entschieden wird, wenn das OLG erstinstanzlich zuständig war.[21]

20 Nach § 79 I 2 OWiG ist die Rechtsbeschwerde auch zulässig, wenn sie nach § 80 OWiG zugelassen wird. Da das Beschwerdegericht selbst entscheidet, ob es die Rechtsbeschwerde zulässt, greift § 16 Nr. 13 RVG ein; mit der Stellung des Antrags auf Zulassung der Rechtsbeschwerde beginnt gebührenrechtlich bereits das Rechtsbeschwerdeverfahren, so dass die Gebühren nach Abschnitt 4 auch unmittelbar für das Verfahren auf **Zulassung der Rechtsbeschwerde** gelten.[22] Das Verfahren auf Zulassung der Rechtsbeschwerde und ein nach Zulassung durchgeführtes Rechtsbeschwerdeverfahren sind nach § 16 Nr. 13 RVG insgesamt nur eine Angelegenheit, so dass die Gebühren nur einmal entstehen.[23]

2. Verfahrensgebühr

21 Der Vergütungstatbestand VV Nr. 5113 regelt die **Verfahrensgebühr** im Verfahren über die Rechtsbeschwerde; für den Wahlanwalt wird ein Rahmen von 70 Euro–470 Euro, **Mittelgebühr 270 Euro**, vorgesehen, für den gerichtlich bestellten oder beigeordneten Rechtsanwalt eine Festgebühr iHv 216 Euro.

22 Eine Differenzierung nach der Höhe der Geldbuße erfolgt im Rechtsbeschwerdeverfahren nicht. Für den Verteidiger, der bereits in der 1. Instanz tätig war, gehört jedoch die Einlegung der Rechtsbeschwerde selbst nach § 19 I 2 Nr. 10 RVG noch zum amtsgerichtlichen Verfahren; war der Verteidiger erstinstanzlich noch nicht als Verteidiger tätig, beginnt für ihn das Rechtsbeschwerdeverfahren mit der Erteilung des Auftrags, Rechtsbeschwerde einzulegen.[24]

3. Terminsgebühr

23 Der Vergütungstatbestand VV Nr. 5114 sieht im Rechtsbeschwerdeverfahren eine **Terminsgebühr je Hauptverhandlungstag** für den Wahlanwalt mit einem Rahmen von 70 Euro–470 Euro, **Mittelgebühr 270 Euro**, vor; der gerichtlich bestellte oder beigeordnete Rechtsanwalt erhält eine Festgebühr iHv 216 Euro. Wird von einem anderen Verfahrensbeteiligten Rechtsbeschwerde eingelegt, beginnt das Rechtsbeschwerdever-

---

20 Burhoff, RVG, Straf- und Bußgeldsachen, VV Nr. 5108 Rn 3.
21 Burhoff, RVG, Straf- und Bußgeldsachen, Unterabschnitt 4 Rn 2.
22 AnwK-RVG/*N.Schneider*, vor VV 5113 f. Rn 10; Burhoff, RVG, Straf- und Bußgeldsachen, Unterabschnitt 4 Rn 3.
23 AnwK-RVG/*N.Schneider*, vor VV 5113 f. Rn 11.
24 Burhoff, RVG, Straf- und Bußgeldsachen, VV Nr. 5113 Rn 6; AnwK-RVG/*N.Schneider*, VV Nrn. 5113–5114 Rn 9.

fahren für den Verteidiger mit der Erteilung des Auftrags, den Mandanten im Rechtsbeschwerdeverfahren zu vertreten.²⁵

V. Zusätzliche Gebühr VV Nr. 5115

Nach VV Nr. 5115 erhält der Anwalt eine zusätzliche Gebühr in Höhe der jeweiligen Verfahrensgebühr, wenn durch seine Mitwirkung das Verfahren vor der Verwaltungsbehörde erledigt wird oder die Hauptverhandlung entbehrlich wird. Nach Abs. 1 der Anmerkung entsteht die Gebühr, wenn

1. das Verfahren nicht nur vorläufig eingestellt wird oder
2. der Einspruch gegen den Bußgeldbescheid zurückgenommen wird oder
3. der Bußgeldbescheid nach Einspruch von der Verwaltungsbehörde zurückgenommen und gegen einen neuen Bußgeldbescheid kein Einspruch eingelegt wird oder
4. sich das gerichtliche Verfahren durch Rücknahme des Einspruchs gegen den Bußgeldbescheid oder der Rechtsbeschwerde des Betroffenen oder eines anderen Verfahrensbeteiligten erledigt; ist bereits ein Termin zur Hauptverhandlung bestimmt, entsteht die Gebühr nur, wenn der Einspruch oder die Rechtsbeschwerde früher als 2 Wochen vor Beginn des Tages, der für die Hauptverhandlung vorgesehen war, zurückgenommen wird oder
5. das Gericht nach § 72 I 1 OWiG durch Beschluss entscheidet.

Absatz 3 Satz 1 der Anmerkung zum Vergütungstatbestand bestimmt, dass sich die Höhe der Gebühr nach dem Rechtszug richtet, in dem die Hauptverhandlung vermieden wurde. Absatz 3 Satz 2 der Anmerkung sieht vor, dass sich für den Wahlanwalt die Gebühr nach der **Rahmenmitte** bemisst.

Nach Absatz 2 der Anmerkung zum Vergütungstatbestand entsteht die Gebühr nicht, wenn eine auf Förderung des Verfahrens gerichtete Tätigkeit des Anwalts nicht ersichtlich ist. Allerdings ist der Grad der anwaltlichen Mitwirkung auch im OWi-Verfahren unerheblich.²⁶ Auch muss die Tätigkeit des Anwalts nicht ursächlich für die Einstellung gewesen sein, es reicht **jede auf die Förderung der Erledigung** des Verfahrens **gerichtete Tätigkeit** aus.²⁷ Empfohlen wird, sich zur Gewohnheit zu machen, die erste Meldung in einem OWi-Verfahren mit einem Einstellungsantrag zu verbinden und diesen ggf auch noch zu begründen, da dann die Mitwirkung an einer späteren Einstellung nur schwer zu widerlegen sein dürfte.²⁸

Auch sind **keine hohen Anforderungen** an die Mitwirkung des Verteidigers bei der Rücknahme der Rechtsbeschwerde zu stellen; eine Rücknahme nach Rücksprache mit dem Betroffenen ist ausreichend.²⁹ Nicht erforderlich ist auch hier, dass konkrete Anhaltspunkte dafür vorhanden sind, dass eine Hauptverhandlung durchgeführt worden wäre. Einer solchen Auslegung steht der Wortlaut der Vorschrift entgegen.³⁰

---
25 Burhoff, RVG, Straf- und Bußgeldsachen, VV Nr. 5113 Rn 7; AnwK-RVG/*N.Schneider*, VV Nrn. 5113–5114 Rn 9.
26 Burhoff, RVG, Straf- und Bußgeldsachen, VV Nr. 5115 Rn 9.
27 Burhoff, RVG, Straf- und Bußgeldsachen, VV Nr. 5115 Rn 10.
28 Burhoff, RVG, Straf- und Bußgeldsachen, VV Nr. 5115 Rn 10.
29 Burhoff, RVG, Straf- und Bußgeldsachen, VV Nr. 5115 Rn 34.
30 Burhoff, RVG, Straf- und Bußgeldsachen, VV Nr. 5115 Rn 36; AnwK-RVG/*N.Schneider*, VV Nr. 5115 Rn 79; s. auch zur vergleichbaren Problematik bei der Rücknahme der Revision oben § 10 Rn 58.

VI. Muster

1. Muster: Bußgeldverfahren vor der Verwaltungsbehörde, Bußgeld unter 40 Euro

Frau/Herrn ■■■
■■■ (Straße)
■■■ (PLZ, Ort)

Vergütungsabrechnung

    Rechnungsnummer ■■■
    Leistungszeitraum ■■■
    Steuer-Nr. oder Umsatzsteuerident-Nr. ■■■

Grundgebühr VV Nr. 5100	85,00 Euro
Verfahrensgebühr VV Nr. 5101	55,00 Euro
Auslagenpauschale VV Nr. 7002	20,00 Euro
Zwischensumme	160,00 Euro
19 % Umsatzsteuer, VV Nr. 7008	30,40 Euro
Summe	190,40 Euro

■■■
(Rechtsanwalt)

2. Muster: Abwandlung; Geldbuße von 40 Euro–5.000 Euro

Frau/Herrn ■■■
■■■ (Straße)
■■■ (PLZ, Ort)

Vergütungsabrechnung

    Rechnungsnummer ■■■
    Leistungszeitraum ■■■
    Steuer-Nr. oder Umsatzsteuerident-Nr. ■■■

Grundgebühr VV Nr. 5100	85,00 Euro
Verfahrensgebühr VV Nr. 5103	135,00 Euro
Auslagenpauschale VV Nr. 7002	20,00 Euro
Zwischensumme	240,00 Euro
19 % Umsatzsteuer, VV Nr. 7008	45,60 Euro
Summe	285,60 Euro

■■■
(Rechtsanwalt)

B. Gebühren des Verteidigers **11**

3. Muster: Weitere Abwandlung; Geldbuße über 5.000 Euro

Frau/Herrn ■■■
■■■ (Straße)
■■■ (PLZ, Ort)
Vergütungsabrechnung
    Rechnungsnummer ■■■
    Leistungszeitraum ■■■
    Steuer-Nr. oder Umsatzsteuerident-Nr. ■■■

Grundgebühr VV Nr. 5100	85,00 Euro
Verfahrensgebühr VV Nr. 5105	140,00 Euro
Auslagenpauschale VV Nr. 7002	20,00 Euro
Zwischensumme	245,00 Euro
19 % Umsatzsteuer, VV Nr. 7008	46,55 Euro
Summe	291,55 Euro

■■■
(Rechtsanwalt)

30

357

4. Muster: Bußgeldverfahren vor der Verwaltungsbehörde mit Vernehmung, Geldbuße weniger als 40 Euro

Frau/Herrn ■■■
■■■ (Straße)
■■■ (PLZ, Ort)
Vergütungsabrechnung
    Rechnungsnummer ■■■
    Leistungszeitraum ■■■
    Steuer-Nr. oder Umsatzsteuerident-Nr. ■■■

Grundgebühr VV Nr. 5100	85,00 Euro
Verfahrensgebühr VV Nr. 5101	55,00 Euro
Terminsgebühr VV Nr. 5102	55,00 Euro
Auslagenpauschale VV Nr. 7002	20,00 Euro
Zwischensumme	215,00 Euro
19 % Umsatzsteuer, VV Nr. 7008	40,85 Euro
Summe	255,85 Euro

■■■
(Rechtsanwalt)

31

358

5. Muster: Abwandlung; die Geldbuße liegt zwischen 40 Euro und 5.000 Euro

Frau/Herrn ▪▪▪

▪▪▪ (Straße)

▪▪▪ (PLZ, Ort)

Vergütungsabrechnung

    Rechnungsnummer ▪▪▪

    Leistungszeitraum ▪▪▪

    Steuer-Nr. oder Umsatzsteuerident-Nr. ▪▪▪

Grundgebühr VV Nr. 5100	85,00 Euro
Verfahrensgebühr VV Nr. 5103	135,00 Euro
Terminsgebühr VV Nr. 5104	135,00 Euro
Auslagenpauschale VV Nr. 7002	20,00 Euro
Zwischensumme	375,00 Euro
19 % Umsatzsteuer, VV Nr. 7008	71,25 Euro
Summe	446,25 Euro

▪▪▪

(Rechtsanwalt)

6. Muster: Weitere Abwandlung; die Geldbuße liegt über 5.000 Euro

Frau/Herrn ▪▪▪

▪▪▪ (Straße)

▪▪▪ (PLZ, Ort)

Vergütungsabrechnung

    Rechnungsnummer ▪▪▪

    Leistungszeitraum ▪▪▪

    Steuer-Nr. oder Umsatzsteuerident-Nr. ▪▪▪

Grundgebühr VV Nr. 5100	85,00 Euro
Verfahrensgebühr VV Nr. 5105	140,00 Euro
Terminsgebühr VV Nr. 5106	140,00 Euro
Auslagenpauschale VV Nr. 7002	20,00 Euro
Zwischensumme	385,00 Euro
19 % Umsatzsteuer, VV Nr. 7008	73,15 Euro
Summe	458,15 Euro

▪▪▪

(Rechtsanwalt)

7. Muster: Bußgeldverfahren, gerichtliches Verfahren im 1. Rechtszug, 1 Hauptverhandlungstermin, Geldbuße weniger als 40 Euro[31]

Frau/Herrn ■■■
■■■ (Straße)
■■■ (PLZ, Ort)
Vergütungsabrechnung
    Rechnungsnummer ■■■
    Leistungszeitraum ■■■
    Steuer-Nr. oder Umsatzsteuerident-Nr. ■■■

Verfahrensgebühr VV Nr. 5107	55,00 Euro
Terminsgebühr VV Nr. 5108	110,00 Euro
Auslagenpauschale VV Nr. 7002	20,00 Euro
Zwischensumme	185,00 Euro
19 % Umsatzsteuer, VV Nr. 7008	35,15 Euro
Summe	220,15 Euro

■■■
(Rechtsanwalt)

8. Muster: Abwandlung; Bußgeldverfahren mit einer Geldbuße von 40 Euro–5.000 Euro[32]

Frau/Herrn ■■■
■■■ (Straße)
■■■ (PLZ, Ort)
Vergütungsabrechnung
    Rechnungsnummer ■■■
    Leistungszeitraum ■■■
    Steuer-Nr. oder Umsatzsteuerident-Nr. ■■■

Verfahrensgebühr VV Nr. 5109	135,00 Euro
Terminsgebühr VV Nr. 5110	215,00 Euro
Auslagenpauschale VV Nr. 7002	20,00 Euro
Zwischensumme	370,00 Euro
19 % Umsatzsteuer, VV Nr. 7008	70,30 Euro
Summe	440,30 Euro

■■■
(Rechtsanwalt)

---

31 Grundgebühr VV Nr. 5100 bereits im Verfahren vor der Verwaltungsbehörde angefallen.
32 Grundgebühr VV Nr. 5100 bereits im Verfahren vor der Verwaltungsbehörde angefallen.

9. Muster: Weitere Abwandlung; Bußgeldverfahren mit einer Geldbuße von mehr als 5.000 Euro[33]

Frau/Herrn ▪▪▪

▪▪▪ (Straße)

▪▪▪ (PLZ, Ort)

Vergütungsabrechnung

    Rechnungsnummer ▪▪▪

    Leistungszeitraum ▪▪▪

    Steuer-Nr. oder Umsatzsteuerident-Nr. ▪▪▪

Verfahrensgebühr VV Nr. 5111	170,00 Euro
Terminsgebühr VV Nr. 5112	270,00 Euro
Auslagenpauschale VV Nr. 7002	20,00 Euro
Zwischensumme	460,00 Euro
19 % Umsatzsteuer, VV Nr. 7008	87,40 Euro
Summe	547,40 Euro

▪▪▪

(Rechtsanwalt)

10. Muster: Antrag auf Zulassung der Rechtsbeschwerde, der Antrag wird begründet[34]

Frau/Herrn ▪▪▪

▪▪▪ (Straße)

▪▪▪ (PLZ, Ort)

Vergütungsabrechnung

    Rechnungsnummer ▪▪▪

    Leistungszeitraum ▪▪▪

    Steuer-Nr. oder Umsatzsteuerident-Nr. ▪▪▪

Verfahrensgebühr VV Nr. 5113	270,00 Euro
Auslagenpauschale VV Nr. 7002	20,00 Euro
Zwischensumme	290,00 Euro
19 % Umsatzsteuer, VV Nr. 7008	55,10 Euro
Summe	345,10 Euro

▪▪▪

(Rechtsanwalt)

---

[33] Grundgebühr VV Nr. 5100 bereits im Verfahren vor der Verwaltungsbehörde angefallen.
[34] Die Grundgebühr ist bereits in einem früheren Verfahrensstadium verdient worden.

B. Gebühren des Verteidigers **11**

11. Muster: Abwandlung; die Rechtsbeschwerde wird zugelassen und die Hauptverhandlung durchgeführt[35]

Frau/Herrn ▪▪▪
▪▪▪ (Straße)
▪▪▪ (PLZ, Ort)
Vergütungsabrechnung
    Rechnungsnummer ▪▪▪
    Leistungszeitraum ▪▪▪
    Steuer-Nr. oder Umsatzsteuerident-Nr. ▪▪▪

38

365

Verfahrensgebühr VV Nr. 5113	270,00 Euro
Terminsgebühr VV Nr. 5114	270,00 Euro
Auslagenpauschale VV Nr. 7002	20,00 Euro
Zwischensumme	560,00 Euro
19 % Umsatzsteuer, VV Nr. 7008	106,40 Euro
Summe	666,40 Euro

▪▪▪
(Rechtsanwalt)

12. Muster: Rechtsbeschwerde nach § 79 I 1 OWiG zulässig, Einlegung mit Hauptverhandlung, Anwalt erstmals im Rechtsbeschwerdeverfahren beauftragt

Frau/Herrn ▪▪▪
▪▪▪ (Straße)
▪▪▪ (PLZ, Ort)
Vergütungsabrechnung
    Rechnungsnummer ▪▪▪
    Leistungszeitraum ▪▪▪
    Steuer-Nr. oder Umsatzsteuerident-Nr. ▪▪▪

39

366

Grundgebühr VV Nr. 5100	85,00 Euro[36]
Verfahrensgebühr VV Nr. 5113	270,00 Euro
Terminsgebühr VV Nr. 5114	270,00 Euro
Auslagenpauschale VV Nr. 7002	20,00 Euro
Zwischensumme	645,00 Euro
19 % Umsatzsteuer, VV Nr. 7008	122,55 Euro
Summe	767,55 Euro

▪▪▪
(Rechtsanwalt)

---

35 Die Grundgebühr ist bereits in einem früheren Verfahrensstadium verdient worden.
36 Teilweise wird vertreten, dass wegen des Verfahrensfortschritts die Grundgebühr auch deutlich über der Mittelgebühr angesetzt werden kann, vgl Schneider, Fälle und Lösungen, § 34 Rn 41 Bspl. 53 = S. 609.

13. Muster: Verfahren vor der Verwaltungsbehörde mit Einstellung des Bußgeldverfahrens, Geldbuße unter 40 Euro

40

Frau/Herrn ■■■
■■■ (Straße)
■■■ (PLZ, Ort)

Vergütungsabrechnung

    Rechnungsnummer ■■■
    Leistungszeitraum ■■■
    Steuer-Nr. oder Umsatzsteuerident-Nr. ■■■

Grundgebühr VV Nr. 5100	85,00 Euro
Verfahrensgebühr VV Nr. 5101	55,00 Euro
Zusätzliche Gebühr VV Nrn. 5115, 5101	55,00 Euro[37]
Auslagenpauschale VV Nr. 7002	20,00 Euro
Zwischensumme	215,00 Euro
19 % Umsatzsteuer, VV Nr. 7008	40,85 Euro
Summe	255,85 Euro

■■■
(Rechtsanwalt)

14. Muster: Abwandlung; Bußgeldverfahren mit einer Geldbuße zwischen 40 Euro und 5.000 Euro

41

Frau/Herrn ■■■
■■■ (Straße)
■■■ (PLZ, Ort)

Vergütungsabrechnung

    Rechnungsnummer ■■■
    Leistungszeitraum ■■■
    Steuer-Nr. oder Umsatzsteuerident-Nr. ■■■

Grundgebühr VV Nr. 5100	85,00 Euro
Verfahrensgebühr VV Nr. 5103	135,00 Euro
Zusätzliche Gebühr VV Nrn. 5115, 5103	135,00 Euro[38]
Auslagenpauschale VV Nr. 7002	20,00 Euro
Zwischensumme	375,00 Euro
19 % Umsatzsteuer, VV Nr. 7008	71,25 Euro
Summe	446,25 Euro

■■■
(Rechtsanwalt)

---

[37] AA Burhoff, RVG, Straf- und Bußgeldsachen, VV Nr. 5115 Rn 41, der auf die verfahrensgebühr der Stufe abstellt, in der bei Nichterledigung die Hauptverhandlung stattgefunden hätte; der Meinungsunterschied dürfte aber vielfach ohne praktische Konsequenzen bleiben.

[38] Vgl Fn 37.

15. Muster: Weitere Abwandlung; Bußgeldverfahren mit einer Geldbuße von mehr als 5.000 Euro

Frau/Herrn ▄▄▄
▄▄▄ (Straße)
▄▄▄ (PLZ, Ort)
Vergütungsabrechnung
    Rechnungsnummer ▄▄▄
    Leistungszeitraum ▄▄▄
    Steuer-Nr. oder Umsatzsteuerident-Nr. ▄▄▄

Grundgebühr VV Nr. 5100	85,00 Euro
Verfahrensgebühr VV Nr. 5105	140,00 Euro
Zusätzliche Gebühr VV Nrn. 5115, 5105	140,00 Euro[39]
Auslagenpauschale VV Nr. 7002	20,00 Euro
Zwischensumme	385,00 Euro
19 % Umsatzsteuer, VV Nr. 7008	73,15 Euro
Summe	458,15 Euro

▄▄▄
(Rechtsanwalt)

16. Muster: Gerichtliches Verfahren, Rücknahme des Einspruchs mehr als 2 Wochen vor dem Termin der Hauptverhandlung, Bußgeld weniger als 40 Euro[40]

Frau/Herrn ▄▄▄
▄▄▄ (Straße)
▄▄▄ (PLZ, Ort)
Vergütungsabrechnung
    Rechnungsnummer ▄▄▄
    Leistungszeitraum ▄▄▄
    Steuer-Nr. oder Umsatzsteuerident-Nr. ▄▄▄

Verfahrensgebühr VV Nr. 5107	55,00 Euro
Zusätzliche Gebühr VV Nrn. 5115, 5107	55,00 Euro
Auslagenpauschale VV Nr. 7002	20,00 Euro
Zwischensumme	130,00 Euro
19 % Umsatzsteuer, VV Nr. 7008	24,70 Euro
Summe	154,70 Euro

▄▄▄
(Rechtsanwalt)

---

39 Vgl Fn 37.
40 Die Grundgebühr wurde bereits im Verfahren vor der Verwaltungsbehörde verdient.

17. Muster: Abwandlung; Bußgeldverfahren mit einer Geldbuße von 40 Euro–5.000 Euro[41]

Frau/Herrn ■■■

■■■ (Straße)

■■■ (PLZ, Ort)

Vergütungsabrechnung

  Rechnungsnummer ■■■

  Leistungszeitraum ■■■

  Steuer-Nr. oder Umsatzsteuerident-Nr. ■■■

Verfahrensgebühr VV Nr. 5109	135,00 Euro
Zusätzliche Gebühr VV Nrn. 5115, 5109	135,00 Euro
Auslagenpauschale VV Nr. 7002	20,00 Euro
Zwischensumme	290,00 Euro
19 % Umsatzsteuer, VV Nr. 7008	55,10 Euro
Summe	345,10 Euro

■■■

(Rechtsanwalt)

18. Muster: Weitere Abwandlung; Bußgeldverfahren mit einer Geldbuße von über 5.000 Euro[42]

Frau/Herrn ■■■

■■■ (Straße)

■■■ (PLZ, Ort)

Vergütungsabrechnung

  Rechnungsnummer ■■■

  Leistungszeitraum ■■■

  Steuer-Nr. oder Umsatzsteuerident-Nr. ■■■

Verfahrensgebühr VV Nr. 5111	170,00 Euro
Zusätzliche Gebühr VV Nrn. 5115, 5111	170,00 Euro
Auslagenpauschale VV Nr. 7002	20,00 Euro
Zwischensumme	360,00 Euro
19 % Umsatzsteuer, VV Nr. 7008	68,40 Euro
Summe	428,40 Euro

■■■

(Rechtsanwalt)

---

41 Die Grundgebühr wurde bereits im Verfahren vor der Verwaltungsbehörde verdient.
42 Die Grundgebühr wurde bereits im Verfahren vor der Verwaltungsbehörde verdient.

19. Muster: Rechtsbeschwerde wird eingelegt und rechtzeitig vor der Hauptverhandlung (mehr als 2 Wochen) zurückgenommen[43]

Frau/Herrn ▪▪▪
▪▪▪ (Straße)
▪▪▪ (PLZ, Ort)

Vergütungsabrechnung

    Rechnungsnummer ▪▪▪
    Leistungszeitraum ▪▪▪
    Steuer-Nr. oder Umsatzsteuerident-Nr. ▪▪▪

Verfahrensgebühr VV Nr. 5113	270,00 Euro
Zusätzliche Gebühr VV Nrn. 5115, 5113	270,00 Euro
Auslagenpauschale VV Nr. 7002	20,00 Euro
Zwischensumme	560,00 Euro
19 % Umsatzsteuer, VV Nr. 7008	106,40 Euro
Summe	666,40 Euro

▪▪▪
(Rechtsanwalt)

---

43 Die Grundgebühr wurde bereits im Verfahren vor der Verwaltungsbehörde verdient.

TEIL 2 DURCHSETZUNG DES VERGÜTUNGSANSPRUCHS GEGEN DEN MANDANTEN

Gleicht der Mandant die Vergütungsabrechnung des Anwalts nicht freiwillig aus, so bestehen grundsätzlich zwei Möglichkeiten der Durchsetzung des Gebührenanspruchs gegen den Mandanten, und zwar zum einen das Vergütungsfestsetzungsverfahren nach § 11 RVG und zum anderen der Honorarprozess.

§ 12 VERGÜTUNGSFESTSETZUNGSVERFAHREN NACH § 11 RVG

A. Allgemeines

Das Vergütungsfestsetzungsverfahren nach § 11 RVG ist von dem **Kostenfestsetzungsverfahren** nach den §§ 103 ff. ZPO zu **unterscheiden**. Im Kostenfestsetzungsverfahren nach den §§ 103 ff. ZPO wird über den prozessualen Kostenerstattungsanspruch der erstattungsberechtigten Prozesspartei gegen den erstattungspflichtigen Gegner entschieden, dieses Verfahren findet zwischen den Prozessparteien statt. Das Vergütungsfestsetzungsverfahren nach § 11 RVG hingegen findet zwischen dem Anwalt und seinem eigenen Auftraggeber statt. Grundlage ist der materiell-rechtliche Vergütungsanspruch aus dem Anwaltsvertrag.[1]

1

Beide Verfahren sind unabhängig voneinander, eine Bindungswirkung besteht nicht. Das Vergütungsfestsetzungsverfahren nach § 11 RVG ist ein gegenüber dem ursprünglichen Hauptprozess selbstständiges Verfahren,[2] so dass die im Prozessverfahren erteilte Anwaltsvollmacht nicht zugleich das Vergütungsfestsetzungsverfahren umfasst. Ohne zweifelsfrei für das Vergütungsfestsetzungsverfahren erteilte Vollmacht können daher die in diesem Verfahren an die Partei vorzunehmenden Zustellungen wirksam nur an diese selbst bewirkt werden.[3] Im Vergütungsfestsetzungsverfahren können ferner auch vom Auftraggeber zu vergütende Gebühren und Auslagen festgesetzt werden, die im Kostenfestsetzungsverfahren mangels Erstattungsfähigkeit nicht gegen den Prozessgegner nach den §§ 103 ff. ZPO hätten festgesetzt werden können.

2

Soweit eine Vergütungsfestsetzung nach § 11 RVG möglich ist, fehlt einer Honorarklage das **Rechtsschutzbedürfnis**. Sie ist deshalb als unzulässig abzuweisen.[4] Verteidigt sich der Beklagte mit außergebührenrechtlichen Einwendungen, die sonst zur Ablehnung der Festsetzung nach § 11 V 1 RVG führen würden, wird die Klage nachträglich zulässig. Hat der Auftraggeber bereits gegenüber dem Rechtsanwalt derartige Einwendungen oder Einreden erhoben, so ist die Erhebung der Honorarklage nicht von der vorherigen Durchführung des Festsetzungsverfahrens nach § 11 V 2 RVG abhängig.

3

---

1 AnwK-RVG/N.*Schneider*, § 11 Rn 10.
2 Hartmann, § 11 Rn 4; BGH, NJW 1991, 2084.
3 OLG Hamm, JurBüro 1992, 394 f.
4 Mayer/Kroiß-*Mayer*, § 11 Rn 4.

B. Voraussetzungen

I. Verfahrensbeteiligte

4   Nach § 11 I 1 RVG können sowohl der Rechtsanwalt wie auch der Auftraggeber die Durchführung des Vergütungsfestsetzungsverfahrens beantragen.

1. Rechtsanwalt

5   Da § 11 I 1 RVG anders als die Vorgängerregelung des § 19 I 1 BRAGO nicht mehr auf den Begriff des Prozessbevollmächtigten abstellt, sondern allgemein von Rechtsanwalt und gerichtlichem Verfahren spricht, ist antragsberechtigt nicht nur der Prozessbevollmächtigte, sondern **auch der mit Einzeltätigkeiten beauftragte Rechtsanwalt**, beispielsweise der sogenannte Fluranwalt, der nur einen Vergleich protokollieren oder einen Rechtsmittelverzicht abgeben soll.[5]

6   Ist der Rechtsanwalt als gesetzlicher Vertreter oder Partei kraft Amtes tätig geworden, besteht die Möglichkeit der Vergütungsfestsetzung nach § 11 RVG nicht, es fehlt in diesem Fall an einem Auftraggeber.[6] Ein Rechtsnachfolger des Anwalts kann jedoch den Antrag nach § 11 RVG ebenfalls stellen, insbesondere dann, wenn er den Vergütungsanspruch durch Forderungsabtretung im Rahmen eines Praxisübernahmevertrages erworben hat.[7]

2. Auftraggeber

7   Neben dem Rechtsanwalt ist nach § 11 I 1 RVG auch der Auftraggeber für das Vergütungsfestsetzungsverfahren antragsberechtigt und kann die vom Anwalt geltend gemachte Vergütung im Vergütungsfestsetzungsverfahren überprüfen lassen. Der Auftraggeber ist der Vertragspartner des mit dem Rechtsanwalt geschlossenen Geschäftsbesorgungsvertrags. Das kann außer der vertretenden Partei auch ein Dritter sein, der den Rechtsanwalt im eigenen Namen beauftragt hat.[8] Der von einer **Gesellschaft bürgerlichen Rechts beauftragte** Rechtsanwalt kann seine Gebühren nicht gegen einen Gesellschafter festsetzen lassen, der nicht selbst – neben der Gesellschaft – Auftraggeber des Anwalts ist.[9]

II. Gegenstand der Festsetzung

8   Festsetzbar im Vergütungsfestsetzungsverfahren nach § 11 I 1 RVG sind die gesetzliche Vergütung, eine nach § 42 RVG festgestellte Pauschgebühr sowie die zu ersetzenden Aufwendungen (§ 670 BGB), soweit sie zu den Kosten des gerichtlichen Verfahrens gehören.

---

5 Mayer/Kroiß-*Mayer*, § 11 Rn 6; AnwK-RVG/*N.Schneider*, § 11 Rn 14; Gerold/Schmidt-*Müller-Rabe*, § 11 Rn 14.
6 Gerold/Schmidt-*Müller-Rabe*, § 11 Rn 27.
7 AnwK-RVG/*N.Schneider*, § 11 Rn 32.
8 OLG München, JurBüro 1998, 498; Gerold/Schmidt-*Müller-Rabe*, § 11 Rn 33.
9 BGH, NJW 2005, 156 f. zu § 19 BRAGO mit Bespr. Mayer, RVG-Letter 2004, 128.

1. Gesetzliche Vergütung

Nach § 11 I 1 RVG ist die gesetzliche Vergütung festsetzbar. Unter „gesetzlicher" Vergütung ist die Vergütung nach dem RVG und nach dem eine Anlage zum RVG bildenden Vergütungsverzeichnis zu verstehen. Die gesetzliche Vergütung muss aber zu den Kosten eines gerichtlichen Verfahrens gehören.[10] Eine außerhalb des gerichtlichen Verfahrens entstandene Vergütung ist im Vergütungsfestsetzungsverfahren nach § 11 RVG nicht festsetzbar. Nach der Legaldefinition des § 1 I 1 RVG sind unter Vergütung Gebühren und Auslagen im Sinne des RVG und des Vergütungsverzeichnisses zu verstehen.

a) Gebühren

Unter Gebühren sind die Gebührentatbestände Nr. 1000 VV bis einschließlich VV Nr. 6404 zu verstehen.

aa) Grundsatz

Die Gebühren, die zu den Kosten des gerichtlichen Verfahrens gehören, sind grundsätzlich die Gebühren aus Teil 3–Teil 6 des Vergütungsverzeichnisses, also Nr. 3100 VV–Nr. 6404 VV. Allerdings muss bei jedem einzelnen Gebührentatbestand geprüft werden, ob er im Einzelfall auch zu den Kosten eines gerichtlichen Verfahrens gehört. Auch Gebühren aus Teil 1 des Vergütungsverzeichnisses, Nr. 1000 VV–Nr. 1009 VV einschließlich, können für die Vergütungsfestsetzung in Betracht kommen, da in Teil 1 des Vergütungsverzeichnisses die Tatbestände für solche Gebühren zusammengefasst sind, die unabhängig davon entstehen können, welchen Tätigkeitsbereich der dem Anwalt erteilte Auftrag umfasst und nach welchen weiteren Teilen des Vergütungsverzeichnisses Gebühren anfallen.[11]

bb) Sonderfälle

(1) Abrategebühr

An die Stelle der bisherigen Abrategebühr nach § 20 II BRAGO traten die Gebührentatbestände Nr. 2100 VV und Nr. 2102 VV. Die Gebühr Nr. 2100 VV entsteht für die Prüfung der Erfolgsaussicht eines Rechtsmittels, soweit in VV Nr. 2102 nichts anderes bestimmt ist. Die Gebühr Nr. 2102 VV entsteht für die Prüfung der Erfolgsaussicht eines Rechtsmittels in sozialrechtlichen Angelegenheiten, in denen im gerichtlichen Verfahren Betragsrahmengebühren entstehen, und in Straf- und Bußgeldsachen sowie in in Teil 6, sonstige Verfahren, geregelten Angelegenheiten, soweit Betragsrahmengebühren entstehen. Die Gebühren Nr. 2100 VV und Nr. 2102 VV sind nicht mehr wie § 19 II BRAGO als Abrategebühr ausgestaltet, sondern fallen für jeden Rat im Zusammenhang mit der Prüfung der Erfolgsaussichten eines Rechtsmittels an.[12] Ob die Vergütungstatbestände VV Nr. 2100 und VV Nr. 2102 nach § 11 RVG festsetzbar sind, ist streitig. Teilweise wird dies mit der Begründung, die Gebührentatbestände VV Nr. 2100 und VV Nr. 2102 haben einen weiteren Anwendungsbe-

---

10 Mayer/Kroiß-*Mayer*, § 11 Rn 13.
11 BT-Drucks. 15/1971, S. 204.
12 BT-Drucks. 15/1971, S. 206.

reich als die Abrategebühr des § 20 II BRAGO verneint.[13] Nach anderer Auffassung wird die Festsetzbarkeit mit der Begründung bejaht, dass es dem Zweck des § 11 RVG widerspreche, die Gerichte zu entlasten und zügig einen Titel zu schaffen, wenn im Falle der Abrategebühr die Festsetzung ausgeschlossen sei. Auch sei eine nicht zu vertretende Ungleichbehandlung gegenüber dem Fall gegeben, in dem der abratende Anwalt bereits einen Prozessauftrag hatte und das Rechtsmittel mangels Erfolgsaussicht nicht mehr eingelegt hat.[14] Vielfach wird nunmehr die Festsetzbarkeit der Abrategebühr nach VV Nr. 2100 bejaht.[15]

(2) Beratungshilfe

13 Die Beratungshilfegebühr Nr. 2500 VV, wonach der Anwalt eine Gebühr von 10 Euro von dem Beratungshilfe Suchenden fordern oder nach dessen Verhältnissen erlassen kann, ist nicht im Vergütungsfestsetzungsverfahren nach § 11 RVG festsetzbar.[16]

(3) Einigungsgebühr

14 Die Gebührentatbestände VV Nrn. 1003, 1004, 1005, 1006 und 1007 sind in einem Vergütungsfestsetzungsverfahren nach § 11 RVG festsetzbar, wenn ein gerichtliches Verfahren vorhanden ist.[17] Bei der Einigungsgebühr Nr. 1000 VV dürfte eine Festsetzbarkeit im Verfahren nach § 11 RVG nur dann in Betracht kommen, wenn über den Gegenstand zumindest teilweise ein gerichtliches Verfahren anhängig ist, wobei dann hinsichtlich des mit dem gerichtlichen Verfahren identischen Teilgegenstands ohnehin nur die Vergütungstatbestände VV Nr. 1003 oder VV Nr. 1004 anfallen können.[18]

(4) Einzeltätigkeit

15 Unter die Vergütungstatbestände VV Nr. 3403 und VV Nr. 3406 fallen u.a. Tätigkeiten wie die Vertretung im Kostenfestsetzungsverfahren,[19] die Vertretung des Antragsgegners im Vergütungsfestsetzungsverfahren,[20] die Erhebung einer Gegenvorstellung,[21] Fristverlängerungsanträge und Anträge auf Terminsverlegung.[22] Da die Gebührentatbestände VV Nrn. 3403 und 3406 jeweils voraussetzen, dass die Tätigkeit in einem gerichtlichen Verfahren erfolgen muss, sind diese Gebührentatbestände auch einem Vergütungsfestsetzungsverfahren gem. § 11 RVG zugänglich.[23] Dies gilt weiterhin auch für den sogenannten Flouranwalt, der nur einen Vergleich protokollieren oder einen Rechtsmittelverzicht abgeben soll.[24]

---

13 So Schneider/Mock, Das neue Gebührenrecht für Anwälte, § 35 Rn 4.
14 AnwK-RVG/*N.Schneider*, § 11 Rn 51.
15 Mayer/Kroiß-*Winkler*, VV Nr. 2100 Rn 47.
16 Mayer/Kroiß-*Mayer*, § 11 Rn 16; AnwK-RVG/*N.Schneider*, § 11 Rn 53.
17 Mayer/Kroiß-*Mayer*, § 11 Rn 16.
18 Mayer/Kroiß-*Mayer*, § 11 Rn 16; zu den Mischfällen bei Rahmengebühren s. Schneider/Mock, Das neue Gebührenrecht für Anwälte, § 10 Rn 60.
19 AnwK-RVG/*N.Schneider*, VV Nrn. 3403–3404 Rn 21; Gerold/Schmidt-*Müller-Rabe*, VV Nr. 3403 Rn 17.
20 AnwK-RVG/*N.Schneider*, VV Nrn. 3403–3404 Rn 21.
21 AnwK-RVG/*N.Schneider*, VV Nrn. 3403–3404 Rn 21.
22 Schneider/Mock, Das neue Gebührenrecht für Anwälte, § 16 Rn 159; AnwK-RVG/*N.Schneider*, VV Nrn. 3403–3404 Rn 21.
23 Mayer/Kroiß-*Mayer*, § 11 Rn 16.
24 AnwK-RVG/*N.Schneider*, § 11 Rn 14.

Auch die Gebühr VV Nr. 3400 ist im Rahmen des Vergütungsfestsetzungsverfahrens nach § 11 RVG festsetzbar, auch wenn sich die Tätigkeit des die Verfahrensgebühr Nr. 3400 VV berechnenden Rechtsanwalts auf die Vermittlung der Information zwischen der Partei und dem Verfahrensbevollmächtigten beschränkt.[25] Die Verfahrensgebühr VV Nr. 3400 entsteht auch, wenn im Einverständnis mit dem Auftraggeber mit der Übersendung der Akten an den Rechtsanwalt des höheren Rechtszugs gutachterliche Äußerungen verbunden sind. Auch in diesem Fall ist die Festsetzbarkeit der Gebühr Nr. 3400 VV im Vergütungsfestsetzungsverfahren nach § 11 RVG gegeben.[26]

Beim Terminsvertreter ist zu differenzieren. Der Vergütungstatbestand VV Nr. 3401 legt die Verfahrensgebühr für den Fall fest, dass sich der Auftrag des Anwalts auf die Vertretung in einem Termin im Sinne der Vorbemerkung 3 Abs. 3 beschränkt. Der klarstellende Zusatz „im Sinne der Vorbemerkung 3 Absatz 3" wurde auf Vorschlag des Rechtsausschusses in das Vergütungsverzeichnis mit aufgenommen und unterstreicht, dass die Verfahrensgebühr VV Nr. 3401 immer dann anfällt, wenn sich der Auftrag des Rechtsanwalts auf die Wahrnehmung eines Termins oder einer Besprechung im Sinne der Vorbemerkung 3 Abs. 3 VV beschränkt.[27] Der Gebührentatbestand Nr. 3402 VV regelt die Terminsgebühr in den Fällen, in denen die Verfahrensgebühr Nr. 3401 VV anfällt, weil der Auftrag des Anwalts sich beschränkt auf die Vertretung in einem Termin im Sinne der Vorbemerkung 3 Abs. 3. Nach der Vorbemerkung 3 Abs. 3 entsteht die Terminsgebühr für die Vertretung in einem Verhandlungs-, Erörterungs- oder Beweisaufnahmetermin oder für die Wahrnehmung eines von einem gerichtlich bestellten Sachverständigen anberaumten Termins oder sogar für die Mitwirkung an auf die Vermeidung oder Erledigung des Verfahrens gerichteten Besprechungen auch ohne Beteiligung des Gerichts. Beschränkt sich der Auftrag des Anwalts auf die Wahrnehmung eines Verhandlungs-, Erörterungs- oder Beweisaufnahmetermins, liegt der nach § 11 I 1 RVG erforderliche Bezug zu einem gerichtlichen Verfahren evident vor, so dass in diesen Fällen die Gebühren gem. VV Nr. 3401 und VV Nr. 3402 im Vergütungsfestsetzungsverfahren nach § 11 RVG festsetzbar sind. Gleiches wird auch zu gelten haben, wenn sich der Auftrag auf die Wahrnehmung eines von einem gerichtlich bestellten Sachverständigen anberaumten Termins beschränkt, da auch insoweit ein deutlicher Bezug zu einem gerichtlichen Verfahren vorhanden ist. Problematisch sind jedoch die Fälle, in denen sich der Auftrag auf die Vertretung in einem Termin beschränkt, in dem im Hinblick auf die Vermeidung oder Erledigung eines Verfahrens eine Besprechung durchgeführt werden soll. Insoweit ist zu differenzieren: Handelt es sich um die Mitwirkung an einer auf die Erledigung eines Verfahrens gerichteten Besprechung, so sind die Verfahrensgebühr Nr. 3401 VV und die Terminsgebühr Nr. 3402 VV einer Festsetzung im Verfahren nach § 11 RVG zugänglich. Handelt es sich lediglich um die Mitwirkung an einer auf die Vermeidung eines Verfahrens gerichteten Besprechung, dürfte die Festsetzbarkeit der Verfahrensgebühr Nr. 3401 VV und der Terminsgebühr Nr. 3402 VV nach § 11 RVG nicht in Betracht kommen, da bei einer auf die Vermeidung eines Verfahrens gerichteten Besprechung ein Verfahren gerichtlich noch gar nicht anhängig ist

---

25 Mayer/Kroiß-*Mayer*, § 11 Rn 16; AnwK-RVG/*N.Schneider*, § 11 Rn 17.
26 Mayer/Kroiß-*Mayer*, § 11 Rn 16; AnwK-RVG/*N.Schneider*, § 11 Rn 17.
27 BT-Drucks. 15/2487, S. 143.

und es somit an einem für das Vergütungsfestsetzungsverfahren nach § 11 RVG zuständigen Gericht fehlt, weil nach § 11 I 1 RVG das Gericht des 1. Rechtszugs für die Festsetzung zuständig ist.[28]

(5) FGG-Verfahren

18 Die Gebühren im gerichtlichen Verfahren der freiwilligen Gerichtsbarkeit sind nach § 11 RVG festsetzbar, zumal das RVG auch die gerichtlichen Verfahren der freiwilligen Gerichtsbarkeit in Teil 3 des Vergütungsverzeichnisses regelt und für diese Verfahren keine Rahmengebühren mehr vorsieht.[29]

(6) Mahnverfahren

19 Die Gebühren Nrn. 3305 VV ff sind im Verfahren gem. § 11 RVG festsetzbar. Hierbei kommt es nicht darauf an, ob es durch Durchführung des streitigen Verfahrens gekommen ist oder nicht.[30]

20 Zuständig ist weiterhin das Gericht des 1. Rechtszugs, und zwar auch dann, wenn das streitige Verfahren nicht durchgeführt worden ist, und nicht das Mahngericht.[31]

(7) Prozesskostenhilfeprüfungsverfahren

21 Die Verfahrensgebühr VV Nrn. 3335–3337 sind nach § 11 RVG festsetzbar, wenn keine PKH bewilligt worden ist.[32]

(8) Schutzschrift

22 Die Festsetzung der für die Einreichung der Schutzschrift entstandenen anwaltlichen Vergütung im Vergütungsfestsetzungsverfahren nach § 11 RVG ist zu verneinen, wenn es nicht zu einem gerichtlichen Verfahren gekommen ist, da nach § 11 I 1 RVG nur diejenige gesetzliche Vergütung festsetzbar ist, die zu den Kosten des gerichtlichen Verfahrens gehört.[33]

(9) Vorverfahren

23 Die Geschäftsgebühr Nr. 2300 VV und die ggf ebenfalls entstehende Geschäftsgebühr im Nachprüfungsverfahren Nr. 2301 VV bzw in sozialrechtlichen Angelegenheiten, in denen im gerichtlichen Verfahren Betragsrahmengebühren entstehen, die Geschäftsgebühr Nr. 2400 VV und die Geschäftsgebühr für das Nachprüfungsverfahren Nr. 2401 VV, sind dann nach § 11 RVG im Vergütungsfestsetzungsverfahren festsetzbar, wenn es anschließend zu einem gerichtlichen Verfahren gekommen ist.[34]

---

28 Mayer/Kroiß-*Mayer*, § 11 Rn 16; aA für die generelle Festsetzbarkeit der Gebühren des „Unterbevollmächtigten", sofern er vom Hauptbevollmächtigten im Namen der Partei beauftragt wurde AnwK-RVG/*N.Schneider*, § 11 Rn 16; *Hansens*/Braun/Schneider, Praxis des Vergütungsrechts, Teil 4 Rn 102; Gerold/Schmidt-Müller-Rabe, § 11 Rn 15.
29 Mayer/Kroiß-*Mayer*, § 11 Rn 16; AnwK-RVG/*N.Schneider*, § 11 Rn 60.
30 AnwK-RVG/*N.Schneider*, § 11 Rn 65; *Hansens*/Braun/Schneider, Praxis des Vergütungsrechts, Teil 4 Rn 121; Mayer/Kroiß-*Mayer*, § 11 Rn 16.
31 AnwK-RVG/*N.Schneider*, § 11 Rn 117.
32 AnwK-RVG/*N.Schneider*, § 11 Rn 70; *Hansens*/Braun/Schneider, Praxis des Vergütungsrechts, Teil 4 Rn 125; Mayer/Kroiß-*Mayer*, § 11 Rn 16.
33 Mayer/Kroiß-*Mayer*, § 11 Rn 16; *Hansens*/Braun/Schneider, Praxis des Vergütungsrechts, Teil 4 Rn 129; aA AnwK-RVG/*N.Schneider*, § 11 Rn 79.
34 Mayer/Kroiß-*Mayer*, § 11 Rn 16; AnwK-RVG/*N.Schneider*, § 11 Rn 84; *Hansens*/Braun/Schneider, Praxis des Vergütungsrechts, Teil 4 Rn 133.

(10) Vorzeitige Beendigung

Endet der Auftrag, bevor der vom Kläger beauftragte Prozessbevollmächtigte Klage, den ein Verfahren einleitenden Antrag oder einen Schriftsatz, der Sachanträge enthält, bei Gericht eingereicht hat, ist die in seiner Person verdiente Vergütung nach Nr. 3101 VV nicht im Vergütungsfestsetzungsverfahren nach § 11 RVG festsetzbar, da kein gerichtliches Verfahren iS von § 11 I 1 RVG vorliegt. Anders ist es jedoch, wenn der Auftrag des für den Beklagten tätigen Rechtsanwalts endet, bevor der Rechtsanwalt einen Schriftsatz, der Sachanträge oder Sachvortrag enthält, eingereicht hat; die von dem vom Beklagten beauftragten Rechtsanwalt verdiente Vergütung nach Nr. 3101 VV ist, da ein gerichtliches Verfahren gegeben ist, im Vergütungsfestsetzungsverfahren nach § 11 RVG festsetzbar.[35]

24

(11) Zwangsvollstreckung

Die 0,3 Verfahrensgebühr nach VV Nr. 3309 und ggf die Terminsgebühr nach VV Nr. 3310 sind nach § 11 RVG dann einem Vergütungsfestsetzungsverfahren zugänglich, wenn ein gerichtliches Verfahren anhängig gemacht wird. Der bloße Pfändungsauftrag an den Gerichtsvollzieher dürfte für die Anwendbarkeit des Vergütungsfestsetzungsverfahrens nach § 11 I RVG nicht ausreichend sein,[36] da § 11 I 1 RVG ausdrücklich auf das Erfordernis eines gerichtlichen Verfahrens abhebt und diese Beschränkung damit rechtfertigt, dass das Gericht nur insoweit die für die Festsetzung erforderliche Sachkenntnis besitzt.[37]

25

b) Auslagen

Nach der Legaldefinition des § 1 I RVG bilden neben den Gebühren die Auslagen die Vergütung des Rechtsanwalts. Die Auslagen sind in Teil 7 des Vergütungsverzeichnisses mit den Vergütungstatbeständen Nrn. 7000 VV–7008 VV geregelt. Die dort aufgeführten Auslagen sind im Rahmen des Vergütungsfestsetzungsverfahrens nach § 11 RVG festsetzbar.[38]

26

2. Pauschgebühr

Neben der gesetzlichen Vergütung ist auch eine nach § 42 RVG festgestellte Pauschgebühr im Rahmen des Vergütungsfestsetzungsverfahrens nach § 11 RVG festsetzbar.[39] § 42 IV RVG sieht vor, dass die Feststellung der Pauschgebühr für das Kostenfestsetzungsverfahren, das Vergütungsfestsetzungsverfahren nach § 11 RVG und auch für einen Rechtsstreit des Rechtsanwalts auf Zahlung der Vergütung **bindend** sein soll. Mit dieser Regelung soll vermieden werden, dass ggf in einem dieser Verfahren nachträglich divergierende Entscheidungen ergehen. Die mit diesen Entscheidungen befassten Stellen müssen zudem nicht mehr die Frage des „besonderen Umfangs" oder der „besonderen Schwierigkeit" entscheiden, sondern können ihrer Entscheidung die

27

---

35 Mayer/Kroiß-*Mayer*, § 11 Rn 16; AnwK-RVG/*N.Schneider*, § 11 Rn 75.
36 Hansens/Braun/Schneider, Praxis des Vergütungsrechts, Teil 4 Rn 135; aA AnwK-RVG/*N.Schneider*, § 11 Rn 87.
37 BT-Drucks. 15/1971, S. 189.
38 Mayer/Kroiß-*Mayer*, § 11 Rn 18.
39 S. zur Pauschgebühr näher § 10 Rn 63 ff.

§ 12 Vergütungsfestsetzungsverfahren nach § 11 RVG

Feststellung des Oberlandesgerichts zugrunde legen, was nach Auffassung des Gesetzgebers der Verfahrensvereinfachung und der -beschleunigung dient.[40]

28 Das Verfahren nach § 42 RVG erstreckt sich nur auf die Feststellung der Pauschgebühr, ein vollstreckbarer Titel wird dort nicht geschaffen. Zahlt der Mandant nicht freiwillig, so muss die Honorarforderung gerichtlich durchgesetzt werden. Dies ist mit der Vergütungsfestsetzung nach § 11 RVG möglich, eine Honorarklage ist mangels Rechtsschutzbedürfnisses unzulässig, es sei denn, der Auftraggeber hat bereits nichtgebührenrechtliche Einwendungen erhoben.[41]

3. Zu ersetzende Aufwendungen nach § 670 BGB

29 Neben der gesetzlichen Vergütung und der in § 42 RVG vorgesehenen Pauschgebühr können nunmehr auch die zu ersetzenden Aufwendungen, die zu den Kosten des gerichtlichen Verfahrens gehören, im Vergütungsfestsetzungsverfahren nach § 11 RVG festgesetzt werden.

a) Grundsatz

30 Gegenstand der Festsetzung sind die zu ersetzenden Aufwendungen, wobei das RVG durch den Klammerzusatz – § 670 BGB – klarstellt, dass es sich bei den Aufwendungen insoweit nicht nur um die Auslagen nach den Vorschriften des RVG handeln soll.[42] Zulässig ist daher die Festsetzung auch sonstiger Auslagen des Rechtsanwalts, deren Erstattungsfähigkeit durch den Mandanten sich nicht aus dem RVG, insbesondere dem Vergütungsverzeichnis, ergibt, sondern auf § 670 BGB gründet. Allerdings müssen die nach § 670 BGB zu ersetzenden Aufwendungen des Rechtsanwalts nach § 11 I 1 RVG zu den Kosten des gerichtlichen Verfahrens gehören. Mit diesem Tatbestandsmerkmal will der Gesetzgeber erreichen, dass das Festsetzungsverfahren auf solche Aufwendungen beschränkt bleibt, die zu den Kosten des gerichtlichen Verfahrens gehören, weil das Gericht nur insoweit die für die Festsetzung erforderliche Sachkenntnis nach Auffassung des Gesetzgebers besitzt.[43]

31 Voraussetzungen für eine Festsetzbarkeit im Rahmen des Vergütungsfestsetzungsverfahrens nach § 11 RVG für Aufwendungen des Rechtsanwalts, die nicht im RVG und im Vergütungsverzeichnis ausdrücklich geregelt sind, sind zum einen, dass es sich um Aufwendungen handelt, die nach § 670 BGB erstattungsfähig sind, insbesondere es sich um Aufwendungen handelt, die der Rechtsanwalt den Umständen nach für erforderlich halten durfte, und zum anderen, dass es sich um Kosten handelt, die zu den Kosten des gerichtlichen Verfahrens gehören.[44]

b) Einzelfälle

32 Eindeutig ist nunmehr, dass vom Rechtsanwalt **verauslagte Gerichtskosten** im Vergütungsfestsetzungsverfahren nach § 11 RVG festsetzbar sind. Gleiches gilt für Zustellkosten, soweit Schriftsätze, Vergleiche oder gerichtliche Entscheidungen wie zB eine

---

40 BT-Drucks. 15/1971, S. 199.
41 Schneider/Mock, Das neue Gebührenrecht für Anwälte, § 35 Rn 9 f.
42 BT-Drucks. 15/1971, S. 189.
43 BT-Drucks. 15/1971, S. 189.
44 Mayer/Kroiß-*Mayer*, § 11 Rn 27.

einstweilige Verfügung oder ein Arrest im Parteibetrieb zugestellt werden.[45] Auch Aufwendungen für die Einholung von Handelsregisterauskünften und Grundbuchauszügen zur Vorbereitung oder Führung eines Rechtsstreits sind im Vergütungsfestsetzungsverfahren nach § 11 RVG festsetzbar.[46]

Kosten für Meldeamtsauskünfte und Recherchekosten, zB einer Datenbankrecherche, Detektivkosten, aufwandte Kosten für Testkäufe in wettbewerbsrechtlichen Verfahren sind jedenfalls dann nach § 11 RVG festsetzbar, wenn der Auftraggeber weder die Ersatzpflicht nach § 670 BGB dem Grunde nach noch die abgerechneten Positionen der Höhe nach in Frage stellt.[47] Festsetzbar sind ferner auch die Kosten einer Einzelauskunft bei der Kreditreform.[48]

Mit dem Auftraggeber vereinbarte Auslagen, beispielsweise die Übernahme nicht angemessener Übernachtungskosten durch den Auftraggeber, sind nicht im Vergütungsfestsetzungsverfahren nach § 11 RVG festsetzbar, da Grundlage für den Ersatz nicht § 670 BGB, sondern die mit dem Mandanten getroffene Vereinbarung ist.[49]

4. Rahmengebühren

a) Grundsatz

Nach § 11 VIII RVG sind Rahmengebühren einem Vergütungsfestsetzungsverfahren nach § 11 RVG in zwei Konstellationen zugänglich: § 11 I–VII RVG gilt bei Rahmengebühren dann, wenn entweder nur die Mindestgebühren geltend gemacht werden oder der Auftraggeber der Höhe der Gebühren ausdrücklich zugestimmt hat, § 11 VIII 1 RVG. Nach § 11 VIII 2 RVG ist jedoch eine Vergütungsfestsetzung auf Antrag des Rechtsanwalts abzulehnen, wenn der Antrag auf Festsetzung auf die Zustimmung des Auftraggebers zur Höhe der Gebühren gestützt wird, die Zustimmungserklärung des Auftraggebers vom Rechtsanwalt aber nicht mit dem Vergütungsfestsetzungsantrag vorgelegt wird. Nach § 11 VIII RVG sind sämtliche Rahmengebühren grundsätzlich festsetzbar, also Satzrahmengebühren wie auch Betragsrahmengebühren.[50]

b) Festsetzung der Mindestgebühr

§ 11 VIII 1 RVG lässt die Festsetzung von Rahmengebühren im Vergütungsfestsetzungsverfahren nach § 11 RVG ausdrücklich zu, vorausgesetzt es werden lediglich die Mindestgebühren geltend gemacht. Die Mindestgebühr kann jedoch nur dann im Vergütungsfestsetzungsverfahren nach § 11 RVG festgesetzt werden, wenn der Anwalt gem. § 315 BGB verbindlich erklärt, dass er nur die Mindestgebühr geltend macht; **keinesfalls** kann die Mindestgebühr **als Sockelbetrag** festgesetzt werden, so dass wegen eines evtl darüber hinausgehenden Restbetrages dem Rechtsanwalt der Weg der Honorarklage eröffnet wäre.[51] Hat der Anwalt die Mindestgebühr im Vergü-

---

45 Schneider/Mock, Das neue Gebührenrecht für Anwälte, § 35 Rn 14; AnwK-RVG/N.Schneider, § 11 Rn 108.
46 AnwK-RVG/N.Schneider, § 11 Rn 108.
47 Schneider/Mock, Das neue Gebührenrecht für Anwälte, § 35 Rn 16; AnwK-RVG/N.Schneider, § 11 Rn 109.
48 Hansens/Braun/Schneider, Praxis des Vergütungsrechts, Teil 4 Rn 138.
49 Schneider/Mock, Das neue Gebührenrecht für Anwälte, § 35 Rn 17; AnwK-RVG/N.Schneider, § 11 Rn 110.
50 Schneider/Mock, Das neue Gebührenrecht für Anwälte, § 35 Rn 44 f.; AnwK-RVG/N.Schneider, § 11 Rn 89 f.; Hansens/Braun/Schneider, Praxis des Vergütungsrechts, Teil 4 Rn 141 f.; Gerold/Schmidt-Müller-Rabe, § 11 Rn 91.
51 Schneider/Mock, Das neue Gebührenrecht für Anwälte, § 35 Rn 48; AnwK-RVG/N.Schneider, § 11 Rn 93.

tungsfestsetzungsverfahren nach § 11 RVG festsetzen lassen, kann er keine weitere darüber hinausgehende Vergütung mehr verlangen.[52]

37 Eine Ausnahme hiervon gilt lediglich dann, wenn nach erfolgter Festsetzung der Mindestgebühr das zugrunde liegende Verfahren fortgesetzt wird und dem Anwalt eine weitergehende, bei der Festsetzung der Mindestgebühr noch nicht berücksichtigte und die Bestimmung einer höheren Gebühr als die Mindestgebühr rechtfertigende Tätigkeit abverlangt wird.[53]

c) Festsetzung über der Mindestgebühr liegender Gebühren

38 Eine höhere Gebühr als die Mindestgebühr kann im Vergütungsfestsetzungsverfahren nach § 11 RVG bei Rahmengebühren dann festgesetzt werden, wenn der Auftraggeber der Höhe der Gebühr ausdrücklich zugestimmt hat, § 11 VIII 1 RVG. Die Festsetzung auf Antrag des Rechtsanwalts ist allerdings nach § 11 VIII 2 RVG abzulehnen, wenn der Rechtsanwalt die Zustimmungserklärung des Auftraggebers nicht mit dem Antrag vorlegt.

aa) Inhalt der Zustimmungserklärung des Auftraggebers

39 Nach § 11 VIII 1 Alt. 2 RVG muss der **Auftraggeber** „der Höhe der Gebühr ausdrücklich" **zugestimmt haben**. Nach der Gesetzesbegründung geht der Gesetzgeber insoweit davon aus, dass der Auftraggeber der „konkreten Höhe" der Gebühren ausdrücklich zugestimmt haben muss.[54] Ausreichend ist daher auf jeden Fall, wenn der Auftraggeber dem konkreten Euro-Betrag der Gebühr zugestimmt hat. Problematisch ist, ob eine ausdrückliche Zustimmung zur Höhe der Gebühren durch den Auftraggeber noch vorliegt, wenn der Auftraggeber nicht einem konkreten Euro-Betrag, sondern einer anderen Definition für die Gebührenhöhe, zB Nr. 3204 VV Mittelgebühr zzgl 20 %, oder generell für sämtliche Gebührentatbestände und Rechtszüge einer Angelegenheit mit „jeweilige Mittelgebühr zzgl 15 %", zugestimmt hat. Da jedoch auch bei einer so gefassten Zustimmungserklärung die Höhe der zu entrichtenden Gebühr eindeutig definiert ist, dürfte auch dieser Inhalt der Zustimmungserklärung den Anforderungen des § 11 I 1 Alt. 2 RVG genügen.[55]

bb) Form der Zustimmungserklärung des Auftraggebers

40 Eine ausdrückliche Regelung, in welcher **Form die Zustimmungserklärung** des Auftraggebers zur Höhe der Gebühr vorliegen muss, ist im RVG nicht enthalten. Lediglich mittelbar aus der Regelung des § 11 VIII 2 RVG, wonach eine Vergütungsfestsetzung auf Antrag des Rechtsanwalts abzulehnen ist, wenn er die Zustimmungserklärung des Auftraggebers nicht mit dem Antrag vorlegt, folgt, dass zumindest bei einer vom Rechtsanwalt beantragten Vergütungsfestsetzung nach § 11 RVG die Zustimmungserklärung des Auftraggebers zur Höhe der Gebühr in einer Form vorliegen muss, dass sie mit dem Vergütungsfestsetzungsantrag des Rechtsanwalts vorgelegt werden kann. Eine schriftliche Zustimmungserklärung ist insoweit sicher ausrei-

---

52 AnwK-RVG/*N.Schneider*, § 11 Rn 93.
53 Schneider/Mock, Das neue Gebührenrecht für Anwälte, § 35 Rn 49; AnwK-RVG/*N.Schneider*, § 11 Rn 94.
54 BT-Drucks. 15/1971, S. 189.
55 Mayer/Kroiß-*Mayer*, § 11 Rn 37; Hansens/Braun/Schneider, Praxis des Vergütungsrechts, Teil 4 Rn 145.

chend.⁵⁶ Da da Gesetz jedoch nicht ausdrücklich die Papierform vorschreibt, genügt auch jede andere Form, die geeignet ist, als Nachweis der Zustimmung des Auftraggebers zum Antrag auf Vergütungsfestsetzung durch den Rechtsanwalt dem Gericht vorgelegt zu werden. Die Erklärung muss nur in Papierform vorhanden sein, es genügt zB auch der Ausdruck einer entsprechenden E-Mail.⁵⁷ Im Gegenschluss folgt aus § 11 VIII 2 RVG, dass bei einem Vergütungsfestsetzungsantrag nach § 11 RVG des Auftraggebers mit dem Antrag keine Zustimmungserklärung vorgelegt werden muss, vielmehr ergibt sich bereits schon aus dem Antrag auf Vergütungsfestsetzung durch den Auftraggeber, auf welche Höhe der Gebühren sich seine Zustimmung bezieht.⁵⁸

Die mit dem Vergütungsfestsetzungsantrag des Rechtsanwalts nach § 11 VIII 2 RVG einzureichende Zustimmungserklärung des Auftraggebers muss sich grundsätzlich auch **nicht** an den Formvorschriften des **§ 4 RVG** messen lassen.⁵⁹ Dies gilt zumindest jedenfalls dann, wenn ein Gebührensatz oder ein Gebührenbetrag festgelegt wird, der innerhalb des dem Anwalt durch § 14 RVG eingeräumten Ermessens liegt.⁶⁰ Denn wenn die Zustimmungserklärung des Auftraggebers den Anforderungen des § 4 RVG genügen müsste, würde es sich bei § 11 VIII RVG um eine systemwidrige Vergütungsfestsetzung der vereinbarten Vergütung handeln.⁶¹ **41**

Soweit aber ein Gebührensatz oder ein Gebührenbetrag festgelegt wird, der außerhalb des Ermessensspielraums des Anwalts liegt, wird vertreten, dass darin eine formbedürftige Honorarvereinbarung liegt.⁶² Diese Auffassung ist zwar konsequent, führt aber letztlich dazu, dass im Vergütungsfestsetzungsverfahren gem. § 11 VIII 2 RVG wiederum genau die Prüfung durchgeführt werden müsste, die man früher unter der Geltung der BRAGO dem Gericht übertragen wollte und deshalb die Festsetzung von Rahmengebühren im Kostenfestsetzungsverfahren nach § 19 BRAGO generell ausschloss; denn dann müsste im Vergütungsfestsetzungsverfahren nach § 11 VIII 2 RVG stets geprüft werden, ob die Gebühr, auf die sich die Zustimmungserklärung des Auftraggebers bezieht, noch im Rahmen des billigen Ermessens nach § 14 RVG liegt, um beurteilen zu können, ob eine den Anforderungen des § 4 RVG genügende Form der Zustimmungserklärung des Auftraggebers vonnöten ist oder nicht. Da die Einführung der Zulässigkeit der Festsetzung auch von Rahmengebühren in Vergütungsfestsetzungsverfahren insoweit dazu dienen soll, einvernehmlich einen kostengünstigen Titel für den Anwalt zu beschaffen,⁶³ muss die Zustimmungserklärung des Auftraggebers bei einem Vergütungsfestsetzungantrag des Anwalts in keinem Fall den Anforderungen des § 4 RVG genügen. Eine Überprüfung darauf, ob die konkrete Gebühr, die die Zustimmung des Auftraggebers gefunden hat, sich in dem durch § 14 RVG gesteckten Rahmen hält, erfolgt im Vergütungsfestsetzungsverfahren nach § 11 VIII **42**

---

56 Schneider/Mock, Das neue Gebührenrecht für Anwälte, § 35 Rn 51.
57 Hansens/Braun/Schneider, Praxis des Vergütungsrechts, Teil 4 Rn 146; Mayer/Kroiß-*Mayer*, § 11 Rn 38; Gerold/Schmidt-*Müller-Rabe*, § 11 Rn 98.
58 Mayer/Kroiß-*Mayer*, § 11 Rn 38.
59 Mayer/Kroiß-*Mayer*, § 11 Rn 39; Hansens/Braun/Schneider, Praxis des Vergütungsrechts, Teil 4 Rn 146.
60 Mayer/Kroiß-*Mayer*, § 11 Rn 39; Schneider/Mock, Das neue Gebührenrecht für Anwälte, § 35 Rn 55.
61 Mayer/Kroiß-*Mayer*, § 11 Rn 39.
62 Schneider/Mock, Das neue Gebührenrecht für Anwälte, § 35 Rn 55; AnwK-RVG/N.*Schneider*, § 11 Rn 99.
63 BT-Drucks. 15/1971, S. 189.

RVG nicht.[64] Unerheblich ist daher auch, von wann die Zustimmungserklärung des Auftraggebers datiert.[65]

cc) Vorlage der Zustimmungserklärung

43 Nach § 11 VIII 2 RVG ist der Vergütungsfestsetzungsantrag des Rechtsanwalts abzulehnen, wenn er die Zustimmungserklärung des Auftraggebers zur Höhe der Gebühr nicht mit dem Antrag vorlegt. Das Fehlen der Zustimmungserklärung macht den **Vergütungsfestsetzungsantrag** des Rechtsanwalts **unzulässig**. Die Ablehnung des Vergütungsfestsetzungsantrags nach § 11 VIII 2 RVG führt demnach nicht zum Verlust des Vergütungsanspruchs. Dieses rigide Erfordernis für die Zulässigkeit des Vergütungsfestsetzungsantrags nach § 11 VIII 2 RVG ist auf den ersten Blick wenig praktikabel. Insoweit lässt es eine in Teilen der Literatur vertretene Meinung ausreichen, wenn die Zustimmungserklärung des Auftraggebers nachgereicht wird, oder wenn der Antragsteller erklärt, er werde die Zustimmungserklärung im Laufe des Verfahrens noch nachreichen, ggf nach einem entsprechenden Hinweis des Gerichts.[66] Teilweise wird es sogar als ausreichend angesehen, wenn der Auftraggeber die Zustimmungserklärung im Laufe des Festsetzungsverfahrens selbst abgibt.[67] Lediglich ein Nichtbestreiten der Höhe der Vergütung gem. § 138 ZPO reicht nach dieser Auffassung nicht aus.[68]

44 Dieser Auffassung steht jedoch der eindeutige Wortlaut des § 11 VIII 2 RVG entgegen. Die Zustimmungserklärung des Auftraggebers muss von dem die Vergütungsfestsetzung beantragenden Rechtsanwalt mit dem Antrag vorgelegt werden, ansonsten muss der Vergütungsfestsetzungsantrag des Anwalts abgelehnt werden. Der Gesetzgeber wollte mit der Regelung des § 11 VIII 1 Alt. 2 RVG die Möglichkeit für die Parteien eröffnen, auch bei Rahmengebühren über der Mindestgebühr einvernehmlich kostengünstig einen Titel für den Anwalt zu beschaffen.[69] Aus dieser Zielsetzung erklärt sich auch, dass lediglich dem Anwalt das Vergütungsfestsetzungsverfahren gem. § 11 VIII RVG offenstehen soll, der mit seinem Vergütungsfestsetzungsantrag auch die Zustimmungserklärung des Auftraggebers zur Höhe der Gebühr vorlegen kann. Der Gesetzgeber wollte eine Möglichkeit schaffen, im gegebenen Einvernehmen über die Höhe der Gebühr kostengünstig einen Titel für den Anwalt zu schaffen, er wollte aber nicht, dass erst im Zuge des Festsetzungsverfahrens ein Einvernehmen über die Höhe der Gebühr hergestellt wird. Aus diesem Grunde reicht es weder aus, wenn die Zustimmungserklärung des Auftraggebers im Laufe des Kostenfestsetzungsverfahrens vom Anwalt nachgereicht oder vom Auftraggeber selbst abgegeben wird.[70] Die Ablehnung des ohne Zustimmungserklärung des Auftraggebers vom Rechtsanwalt eingereichten Vergütungsfestsetzungsantrags führt nicht zum materiellen Verlust des Vergütungsanspruchs des Rechtsanwalts. Vielmehr kann er das Vergütungsfest-

---

64 Mayer/Kroiß-*Mayer*, § 11 Rn 40.
65 AA AnwK-RVG/*N.Schneider*, § 11 Rn 98; Gerold/Schmidt-*Müller-Rabe*, § 11 Rn 99, die verlangen, dass die Zustimmungserklärung nach Abschluss der Angelegenheit datiert.
66 Hartung/Römermann/Schons, § 11 Rn 94; *Hansens*/Braun/Schneider, Praxis des Vergütungsrechts, Teil 4 Rn 148; Gerold/Schmidt-*Müller-Rabe*, § 11 Rn 101.
67 AnwK-RVG/*N.Schneider*, § 11 Rn 97.
68 Schneider/Mock, Das neue Gebührenrecht für Anwälte, § 35 Rn 52 ff.; AnwK-RVG/*N.Schneider*, § 11 Rn 98.
69 BT-Drucks. 15/1971, S. 189.
70 Mayer/Kroiß-*Mayer*, § 11 Rn 43.

setzungsverfahren nach § 11 VIII RVG **erneut beantragen**, sobald er die von § 11 VIII 2 RVG gestellten formalen Anforderungen erfüllen kann.

5. Vereinbarte Vergütung

Im Rahmen des Vergütungsfestsetzungsverfahrens nach § 11 RVG können nur die gesetzliche Vergütung, eine nach § 42 RVG festgestellte Pauschgebühr sowie die nach § 670 BGB zu ersetzenden Aufwendungen festgesetzt werden, nicht aber auch eine vereinbarte Vergütung.[71] Denn die vereinbarte Vergütung ist nicht die gesetzliche Vergütung.[72] Es kann auch nicht die gesetzliche Vergütung insoweit als **Sockelbetrag** festgesetzt werden, da bei einer Vergütungsvereinbarung die gesetzliche Vergütung gerade nicht geschuldet ist.[73] Eine Festsetzung der vereinbarten Vergütung scheidet auch insoweit aus, als sie die gesetzliche Vergütung nicht übersteigt.[74]

45

6. Vergütung für Hilfskräfte

Eine Vergütung für Hilfskräfte des Rechtsanwalts, die nicht zu den in § 5 RVG genannten Personen gehören, kann nicht im Vergütungsfestsetzungsverfahren nach § 11 RVG geltend gemacht werden.[75] Die Vergütungsansprüche für die Tätigkeit anderer als in § 5 RVG genannten Hilfskräfte des Anwalts, zB des Bürovorstehers, stützen sich auf § 612 BGB. Hierbei handelt es sich aber nicht um die gesetzliche Vergütung iS des § 11 I 1 RVG.[76]

46

7. Zinsen

Gegenstand der Festsetzung sind auch die Zinsen auf die Zahlungsforderung des Rechtsanwalts, soweit die Verzinsung nach § 11 II 3 RVG iVm § 104 ZPO beantragt wird; der Zinssatz beträgt 5 Prozentpunkte über dem Basiszinssatz nach § 247 BGB.[77]

47

III. Verfahren

1. Zuständigkeit

a) Grundsatz

Nach § 11 I 1 RVG ist das Gericht des 1. Rechtszugs für das Vergütungsfestsetzungsverfahren zuständig. Zu beachten ist, dass für Honorarklagen des Anwalts gegen seinen Mandanten ausschließlich der ordentliche Rechtsweg gegeben ist,[78] im Vergütungsfestsetzungsverfahren nach § 11 RVG findet im Gegensatz hierzu die Festsetzung nicht nur vor den ordentlichen Gerichten statt, sondern auch vor den Gerichten der Verwaltungs-, der Finanz- und der Sozialgerichtsbarkeit sowie vor den Arbeitsgerichten. Funktional zuständig ist der Rechtspfleger, § 21 Nr. 2 RPflG; in Verfahren vor den Gerichten der Verwaltungsgerichtsbarkeit, der Finanzgerichtsbarkeit und der

48

---

71 Mayer/Kroiß-*Mayer*, § 11 Rn 44.
72 Vgl AnwK-RVG/*N.Schneider*, § 11 Rn 105.
73 Schneider/Mock, Das neue Gebührenrecht für Anwälte, § 35 Rn 21.
74 AnwK-RVG/*N.Schneider*, § 11 Rn 5.
75 AnwK-RVG/*N.Schneider*, § 11 Rn 104; Mayer/Kroiß-*Mayer*, § 11 Rn 45.
76 Mayer/Kroiß-*Mayer*, § 11 Rn 45; LAG Hamm, JurBüro 1994, 732.
77 Mayer/Kroiß-*Mayer*, § 11 Rn 47.
78 BAG; NJW 1998, 1092 f.; LSG Schleswig-Holstein, AGS 2000, 15 f.

Sozialgerichtsbarkeit erfolgt die Vergütungsfestsetzung nach § 11 III 1 RVG durch den Urkundsbeamten der Geschäftsstelle.

b) Sonderfälle

49 Im Falle einer **Verweisung** des Rechtsstreits ist für die Vergütungsfestsetzung nach § 11 RVG das Gericht zuständig, an das verwiesen ist.[79] Für die im **Mahnverfahren** entstandenen Gebühren ist nicht das Gericht des Mahnverfahrens, sondern das Gericht zuständig, das iS des § 690 I Nr. 5 ZPO das zuständige Prozessgericht des 1. Rechtszugs geworden wäre.[80]

50 Nach § 788 II 1 ZPO ist für die Festsetzung der Kosten der **Zwangsvollstreckung** das Vollstreckungsgericht zuständig. Höchst umstritten war, ob für die Festsetzung der Kosten eines Rechtsanwalts gegen seinen Mandanten aus einer Tätigkeit im Rahmen der Zwangsvollstreckung das Gericht des 1. Rechtszugs oder das Vollstreckungsgericht zuständig ist.[81] Der BGH hat aber diesen Meinungsstreit dahingehend entschieden, dass für die vereinfachte Festsetzung von Kosten anwaltlicher Tätigkeit im Vollstreckungsverfahren das Vollstreckungsgericht zuständig ist.[82]

2. Antrag

a) Form

51 Für die Form des Vergütungsfestsetzungsantrags ist § 11 VI RVG maßgeblich. § 11 VI 2 RVG erklärt § 129a ZPO für entsprechend anwendbar. Der Vergütungsfestsetzungsantrag ist somit entweder **zu Protokoll der Geschäftsstelle** oder **schriftlich** einzureichen.[83] Der Antrag unterliegt nicht dem Anwaltszwang, auch dann nicht, wenn das Verfahren vor dem Landgericht stattfindet.[84] Die Anträge und Erklärungen in einem Vergütungsfestsetzungsverfahren können nach § 129a ZPO vor der Geschäftsstelle eines jeden Amtsgerichts zu Protokoll abgegeben werden.[85]

b) Antrag des Rechtsanwalts

52 Der vom Rechtsanwalt gestellte Vergütungsfestsetzungsantrag muss einen bestimmten und bezifferten Antrag enthalten, aus dem Antrag muss somit hervorgehen, welche Vergütung und in welcher Höhe der Anwalt festsetzen lassen möchte. Soweit eine Verzinsung beansprucht wird, muss sie nach § 104 I 2 ZPO beantragt werden. Der Antrag ist erst zulässig, wenn die Vergütung **fällig** (§ 8 RVG) und einforderbar ist, was voraussetzt, dass dem Auftraggeber eine den Anforderungen des § 10 RVG genügende Honorarabrechnung mitgeteilt wurde.[86] Strittig ist, ob dem Vergütungsfestsetzungsantrag die dem Mandanten übersandte Honorarrechnung beizufügen ist.[87] Aus

---

[79] Riedel/Sußbauer-*Fraunholz*, § 11 Rn 25; LAG Düsseldorf, JurBüro 1995, 649 f.
[80] BGH, NJW 1991, 2084.
[81] Vgl OLG Stuttgart, NJW 2005, 759 unter Darstellung des Streitstands mit Bespr. Mayer, RVG-Letter 2005, 22 f.
[82] BGH, NJW 2005, 1273 mit Bespr. Mayer, RVG-Letter 2005, 50.
[83] Mayer/Kroiß-*Mayer*, § 11 Rn 53.
[84] AnwK-RVG/*N.Schneider*, § 11 Rn 122.
[85] Mayer/Kroiß-*Mayer*, § 11 Rn 53.
[86] Mayer/Kroiß-*Mayer*, § 11 Rn 54.
[87] Nicht erforderlich AnwK-RVG/*N.Schneider*, § 11 Rn 127; erforderlich: *Hansens*/Braun/Schneider, Praxis des Vergütungsrechts, Teil 4 Rn 151.

B. Voraussetzungen **12**

praktischen Gründen heraus ist es jedoch sinnvoll, zumindest eine Kopie der Aktendurchschrift der dem Mandanten erteilten Honorarrechnung mit dem Vergütungsfestsetzungsantrag vorzulegen.[88]

Hat der Auftraggeber bislang noch keine den Anforderungen des § 10 RVG genügende **Kostenrechnung** erhalten, so muss sie spätestens mit dem Vergütungsfestsetzungsantrag in der nach § 10 RVG vorgeschriebenen Form übersandt werden.[89] Problematisch ist, ob die dem Vergütungsfestsetzungsantrag normalerweise beizufügende beglaubigte Abschrift hierfür ausreicht, wenn der Inhalt den Anforderungen des § 10 RVG genügt und die Unterschrift von dem beauftragten Rechtsanwalt stammt.[90] Nach § 11 I 2 RVG sind getilgte Beträge abzusetzen. Im Vergütungsfestsetzungsantrag müssen somit bereits erhaltene Zahlungen oder Vorschüsse angegeben werden, anzugeben sind auch anzurechnende anderweitig gezahlte Gebühren.[91] 53

Der Anwalt hat den Ansatz der von ihm zur Festsetzung angemeldeten Gebühren **glaubhaft** zu **machen** (§ 294 ZPO), bei der Geltendmachung von Auslagen nach VV Nr. 7000 VV genügt die Versicherung des Anwalts, dass die Auslagen entstanden sind.[92] 54

§ 11 II 3 RVG nimmt von der Verweisung ausdrücklich § 104 II 3 ZPO aus. Eine Erklärung nach § 104 II 3 ZPO braucht der Anwalt daher nicht abzugeben, es kommt im Vergütungsfestsetzungsverfahren nicht auf eine **Vorsteuerabzugsberechtigung** an.[93] Im Rahmen eines Vergütungsfestsetzungsverfahrens nach § 11 RVG ist somit auch die vom Rechtsanwalt zu entrichtende Umsatzsteuer als Auslage gem. Nr. 1008 VV gegen den Auftraggeber festsetzbar, ohne dass der Anwalt im Vergütungsfestsetzungsverfahren die Erklärung gem. § 104 II 3 ZPO abgibt.[94] Hat der Auftraggeber die Vergütung **bereits bezahlt**, kommt eine Festsetzung nicht mehr in Betracht, ein entsprechender Antrag ist unzulässig.[95] 55

c) Antrag des Auftraggebers

Das Antragsrecht des Auftraggebers dient dazu, dem Auftraggeber die Möglichkeit zu einer schnellen und billigen Überprüfung des Vergütungsanspruchs des Rechtsanwalts zu bieten.[96] Eine bestimmte Antragstellung kann daher von dem Auftraggeber nicht erwartet werden, vielmehr muss sein Antrag lediglich erkennen lassen, für welche Tätigkeiten welchen Rechtsanwalts die Vergütung festgesetzt werden soll.[97] Da ein Antrag auf Festsetzung gegen sich selbst systemwidrig wäre und hierfür auch ein Rechtsschutzbedürfnis fehlte, geht das dem Auftraggeber eingeräumte Antragsrecht sinnvollerweise nur auf die Feststellung, dass dem Rechtsanwalt die von ihm berech- 56

---

88 Mayer/Kroiß-*Mayer*, § 11 Rn 54.
89 AnwK-RVG/*N.Schneider*, § 11 Rn 128; vgl auch Gerold/Schmidt-*Müller-Rabe*, § 11 Rn 242.
90 Mayer/Kroiß-*Mayer*, § 11 Rn 55; dafür AnwK-RVG/*N.Schneider*, § 11 Rn 128.
91 AnwK-RVG/*N.Schneider*, § 11 Rn 129 f.
92 AnwK-RVG/*N.Schneider*, § 11 Rn 134.
93 AnwK-RVG/*N.Schneider*, § 11 Rn 135.
94 Mayer/Kroiß-*Mayer*, § 11 Rn 57.
95 AnwK-RVG/*N.Schneider*, § 11 Rn 136.
96 Mayer/Kroiß-*Mayer*, § 11 Rn 58.
97 Mayer/Kroiß-*Mayer*, § 11 Rn 58.

57 nete Vergütung in vollem Umfang oder bezüglich bestimmter Positionen nicht oder nicht mehr zusteht.[98]

57 Unschädlich ist es, wenn der Auftraggeber bereits bezahlt hat. Er muss sich nicht auf eine Bereicherungsklage verweisen lassen.[99] Zulässig ist auch, lediglich die Feststellung zu begehren, dass ein bestimmter Vergütungstatbestand nicht angefallen ist, insbesondere dann, wenn lediglich Vorschüsse bezahlt worden sind.[100] Zulässig ist auch der Antrag, dass dem Anwalt über die bereits gezahlte Vergütung hinaus keine weitere Vergütung mehr zusteht.[101] Ein Antrag auf Festsetzung eines vom Rechtsanwalt zurückzuzahlenden Betrages jedoch ist nicht zulässig, da dies über den Zweck der Festsetzung des Vergütungsanspruchs hinausgeht.[102]

d) Rechtliches Gehör

58 Nach § 11 II 2 RVG sind vor der Festsetzung die Beteiligten zu hören. Eine formlose Anhörung reicht meist, im Zweifel sollte sie dem Antragsgegner förmlich zugestellt werden, bei unbekanntem Aufenthalt im Wege der öffentlichen Zustellung.[103] Strittig ist, ob es ausnahmsweise dann keines rechtlichen Gehörs bedarf, wenn der Antrag nach den eigenen Angaben des Antragstellers insgesamt unzulässig oder unbegründet ist (beispielsweise wenn sich aus dem Antrag ergibt, dass der Auftraggeber dem Rechtsanwalt gegenüber außergebührenrechtliche Einwendungen erhoben hat).[104] Richtig ist, dass auch in diesen Fällen rechtliches Gehör zu gewähren ist, da durchaus auch ein Interesse des Antragsgegners bestehen kann, von seinen nicht gebührenrechtlichen Einwendungen Abstand zu nehmen, um einen kostspieligen Honorarprozess zu vermeiden.[105]

59 Lebt der Auftraggeber im Ausland, so muss darauf geachtet werden, dass der Vergütungsfestsetzungsantrag des Rechtsanwalts in einer Form zugestellt wird, die eine spätere Anerkennung des Vergütungsfestsetzungsbeschlusses ermöglicht.[106] Nach Art. 34 Nr. 2 VO (EG) Nr. 44/2001 ist entscheidend, dass dem Auftraggeber, der sich auf das Verfahren nicht eingelassen hat, das verfahrenseinleitende Schriftstück oder ein gleichwertiges Schriftstück so rechtzeitig oder in einer Weise zugestellt worden ist, dass es sich verteidigen konnte, es sei denn, der Auftraggeber hat gegen die Entscheidung keinen Rechtsbehelf eingelegt, obwohl er die Möglichkeit dazu hatte.[107] Entscheidend ist, dass die Zustellung faktisch ihren Informationszweck erfüllt hat und dem Antragsgegner eine sachgerechte Verteidigung ermöglicht hat. Als sicherster Weg ist aber die formell ordnungsgemäße Zustellung zu empfehlen.[108]

---

98 Mayer/Kroiß-*Mayer*, § 11 Rn 58; vgl auch Gerold/Schmidt-Müller-Rabe, § 11 Rn 249; AnwK-RVG/*N.Schneider*, § 11 Rn 138.
99 AnwK-RVG/*N.Schneider*, § 11 Rn 138.
100 LAG Nürnberg, JurBüro 1996, 263.
101 AnwK-RVG/*N.Schneider*, § 11 Rn 138; OLG Nürnberg, BeckRS 2006, 01854 mit Bespr. Mayer, RVG-Letter 2006, 26 f.
102 Gerold/Schmidt-Müller-Rabe, § 11 Rn 250; OLG Nürnberg, BeckRS 2006, 01854 mit Bespr. Mayer, RVG-Letter 2006, 26 f.
103 Gerold/Schmidt-Müller-Rabe, § 11 Rn 239.
104 Kein rechtliches Gehör erforderlich Gerold/Schmidt-Müller-Rabe, § 11 Rn 227.
105 AnwK-RVG/*N.Schneider*, § 11 Rn 141.
106 OLG Hamm, JurBüro 1995, 363 f.; vgl auch Gerold/Schmidt-Müller-Rabe, § 11 Rn 229.
107 Vgl Mayer/Kroiß-*Mayer*, § 11 Rn 62.
108 BLAH, Art. 34 EuGVO Rn 4.

3. Anzuwendende Verfahrensvorschriften

Nach § 11 II 3 RVG gelten die Vorschriften der jeweiligen Verfahrensordnung über das Kostenfestsetzungsverfahren mit Ausnahme des § 104 II 3 ZPO und die Vorschriften der ZPO über die Zwangsvollstreckung aus Kostenfestsetzungsbeschlüssen entsprechend. Der Anwalt muss die **Tatsachen vortragen**, aus denen sich sein Anspruch herleitet.[109] Eines Vortrags bedarf es dann allerdings nicht, wenn sich die Voraussetzungen für die geltend gemachten Gebühren oder Auslagen ohne Weiteres aus der **Akte** ergeben.[110] Über den Antrag darf nicht hinausgegangen werden, § 308 I ZPO.[111] Die Verzinsung der Forderung auf Gebühren und Auslagen ist nur auszusprechen, wenn dies beantragt ist, § 11 II 3 RVG iVm § 104 I 2 ZPO.[112]

60

4. Entscheidung

Die Entscheidung über den Festsetzungsantrag ergeht durch **Beschluss**;[113] er bedarf einer Begründung, soweit dem Antrag oder einer Einwendung ganz oder teilweise nicht gefolgt wird.[114] Zulässig ist ein **Austausch von Positionen**; ist die für eine bestimmte Tätigkeit geltend gemachte Gebühr nicht gegeben, ergibt sich aber, dass für diese Tätigkeit dem Rechtsanwalt eine andere, wesensgleiche Gebühr erwachsen ist, so kann diese von Amts wegen festgesetzt werden.[115]

61

5. Aussetzung nach § 11 IV RVG

Im Rahmen der Vergütungsfestsetzung ist der Rechtspfleger bzw der Urkundsbeamte der Geschäftsstelle an eine nach § 33 RVG getroffene Wertfestsetzung gebunden.[116] Liegt eine Wertfestsetzung für die Gerichtsgebühren nach § 32 RVG vor, hat er zu überprüfen, ob und inwieweit sie für die Gebühren des Rechtsanwalts maßgebend ist.[117] Im Übrigen hat der Rechtspfleger den von dem Rechtsanwalt angegebenen Gegenstandswert frei zu würdigen.[118]

62

Wird jedoch der vom Rechtsanwalt angegebene Gegenstandswert von einem Beteiligten bestritten, ist nach § 11 IV RVG das Verfahren auszusetzen, bis das Gericht nach den §§ 32, 33 und 38 I RVG den Gegenstandswert festgesetzt hat. Diese Aussetzung steht nicht im Ermessen des Rechtspflegers bzw des Urkundsbeamten der Geschäftsstelle, sie ist auch noch im Erinnerungs- und Beschwerdeverfahren anzuordnen,[119]

63

Auszusetzen ist nur, soweit die beantragte Festsetzung der Vergütung von dem streitigen Gegenstandswert abhängt. Soweit das nicht der Fall ist, ist über den Festsetzungs-

64

---

109 Gerold/Schmidt-*Müller-Rabe*, § 11 Rn 221.
110 Gerold/Schmidt-*Müller-Rabe*, § 11 Rn 222.
111 Gerold/Schmidt-*Müller-Rabe*, § 11 Rn 267.
112 Riedel/Sußbauer-*Fraunholz*, § 11 Rn 7.
113 Gerold/Schmidt-*Müller-Rabe*, § 11 Rn 269.
114 Gerold/Schmidt-*Müller-Rabe*, § 11 Rn 274.
115 Gerold/Schmidt-*Müller-Rabe*, § 11 Rn 268.
116 Riedel/Sußbauer-*Fraunholz*, § 11 Rn 77.
117 Riedel/Sußbauer-*Fraunholz*, § 11 Rn 30.
118 Riedel/Sußbauer-*Fraunholz*, § 11 Rn 30.
119 Gerold/Schmidt-*Müller-Rabe*, § 11 Rn 253; vgl auch Mayer/Kroiß-*Mayer*, § 11 Rn 78.

antrag zu entscheiden, die Entscheidung im Übrigen wird dabei vorbehalten.[120] Dem Gesetz ist eine nur teilweise Festsetzung nicht fremd, vgl § 11 V 1 „soweit".[121]

IV. Zwangsvollstreckung

1. Vollstreckbarkeit

65 Der Vergütungsfestsetzungsbeschluss ist nach § 11 II 3 RVG iVm § 794 I Nr. 2 ZPO ein **Vollstreckungstitel**. Vor der Vollstreckung ist die zweiwöchige Wartefrist nach § 798 ZPO einzuhalten.[122]

2. Vollstreckungsgegenklage

66 Nach Rechtskraft des Vergütungsfestsetzungsbeschlusses können Einwendungen nur noch im Wege der Vollstreckungsgegenklage nach § 767 ZPO geltend gemacht werden. Sie sind jedoch gem. § 767 II ZPO nur zulässig, soweit die Gründe, auf denen sie beruhen, nach Beendigung des Festsetzungsverfahrens entstanden sind, und zwar, wenn Erinnerung oder Beschwerde eingelegt worden ist, nach der Beendigung des Erinnerungs- oder des Beschwerdeverfahrens.[123] Berücksichtigt werden können daher nur solche Einwendungen, die **nach Abschluss des Festsetzungsverfahrens entstanden** sind.[124]

67 Nach § 767 I ZPO ist für die Vollstreckungsgegenklage das Prozessgericht des 1. Rechtszugs ausschließlich zuständig. Im Bereich der ordentlichen Gerichtsbarkeit ist dies das Gericht, dessen Rechtspfleger den Vergütungsfestsetzungsbeschluss erlassen hat, bei Festsetzungsbeschlüssen der übrigen Gerichtsbarkeiten ist die Frage umstritten, welches Gericht als „Prozessgericht des 1. Rechtszugs" anzusehen ist.[125] Wegen des zivilrechtlichen Charakters des Vergütungsanspruchs ist als „Prozessgericht des 1. Rechtszugs" stets das Zivilgericht zuständig, und zwar dasjenige Gericht, das in 1. Instanz über die nunmehr erhobene Einwendung zu entscheiden gehabt hätte, wenn Gebührenklage erhoben worden wäre.[126]

V. Nicht gebührenrechtliche Einwendungen

1. Allgemeines

68 Nach § 11 V 1 RVG ist die Festsetzung im Vergütungsfestsetzungsverfahren nach § 11 RVG abzulehnen, wenn der Antragsgegner Einwendungen oder Einreden erhebt, die nicht im Gebührenrecht ihren Grund haben.

---

120 Riedel/Sußbauer-*Fraunholz*, § 11 Rn 31.
121 Riedel/Sußbauer-*Fraunholz*, § 11 Rn 31; kritisch zur teilweisen Festsetzung Gerold/Schmidt-*Müller-Rabe*, § 11 Rn 254.
122 Riedel/Sußbauer-*Fraunholz*, § 11 Rn 50; Mayer/Kroiß-*Mayer*, § 11 Rn 99.
123 Riedel/Sußbauer-*Fraunholz*, § 11 Rn 51.
124 Gerold/Schmidt-*Müller-Rabe*, § 11 Rn 353.
125 Gerold/Schmidt-*Müller-Rabe*, § 11 Rn 355; Riedel/Sußbauer-*Fraunholz*, § 11 Rn 52 f.; Hartung/*Römermann*/ Schons, § 11 Rn 181.
126 Gerold/Schmidt-*Müller-Rabe*, § 11 Rn 355; im Ergebnis ebenso Riedel/Sußbauer-*Fraunholz*, § 11 Rn 53.

2. Gebührenrechtliche Einwendungen

Erhebt der Antragsgegner gebührenrechtliche Einwendungen, so sind diese im Vergütungsfestsetzungsverfahren in vollem Umfang zu überprüfen. Zu solchen Einwendungen gehört zB der Vortrag, die Voraussetzungen eines bestimmten Vergütungstatbestandes seien nicht erfüllt oder der Anwalt habe nach einer unzutreffenden Ziffer des Vergütungsverzeichnisses abgerechnet. Auch der Einwand, die Vergütung sei noch nicht fällig, gehört hierher.[127]

69

3. Nicht gebührenrechtliche Einwendungen

a) Beachtlichkeit des Vorbringens

Im Grundsatz genügt es, dass der Antragsgegner außergebührenrechtliche Einwendungen oder Einreden „erhebt", die hM verlangt, dass der Vortrag lediglich erkennen lassen muss, dass die Einwendungen oder Einreden aus konkreten Umständen hergeleitet werden, die ihren Grund nicht im Gebührenrecht haben; eine **Substantiierung** oder gar **Schlüssigkeit** des Vorbringens ist danach **nicht erforderlich**.[128] Allerdings genügen Einwendungen, die offensichtlich unbegründet, halt- oder substanzlos sind, nicht.[129]

70

Auch Einwendungen, die „aus der Luft gegriffen" sind, genügen nicht, wie zB der Einwand, der Anwalt habe nicht mit dem notwendigen Nachdruck die Beitreibung der Anwaltskosten beim Gegner betrieben.[130] Auch die völlig unsubstantiierte, nicht fallbezogene Einwendung „fühle mich schlecht beraten" ist unbeachtlich.[131] Unzureichend ist auch, wenn der Mandant lediglich vorträgt, er mache Schlechterfüllung des Anwaltsvertrages geltend.[132] Einwendungen, die auch im Falle ihrer Begründetheit den Vergütungsanspruch unter keinem denkbaren Gesichtspunkt berühren können, bleiben ebenfalls unbeachtlich.[133] Gleiches gilt für die Einwendung gegen die Festsetzung, es bestehe eine Rechtsschutzversicherung, die zahle; es handelt sich hierbei zwar um eine Einwendung, die nicht im Gebührenrecht ihren Grund hat, sie kann jedoch dem Anwalt nicht den Anspruch auf Festsetzung nehmen.[134] Rügt der Mandant, er habe dem Rechtsanwalt keinen Auftrag erteilt, hindert dies grundsätzlich die Festsetzung der Vergütung im Verfahren nach § 11 RVG. Die Rüge ist jedoch unbeachtlich, wenn sich aus anderen aktenkundigen Schreiben des Mandanten zweifelsfrei ergibt, dass er den Anwalt bevollmächtigt hat.[135]

71

Strittig ist, ob die Einwendungen des Antragsgegners im Festsetzungsverfahren einer **Schlüssigkeitsprüfung** zu unterziehen sind. Nach hM findet eine Schlüssigkeitsprüfung nicht statt.[136] Nach einer Mindermeinung soll im Vergütungsfestsetzungsverfahren

72

---

127 AnwK-RVG/N.*Schneider*, § 11 Rn 100.
128 *Hansens*/Braun/Schneider, Praxis des Vergütungsrechts, Teil 4 Rn 161.
129 AnwK-RVG/N.*Schneider*, § 11 Rn 153; OVG Bremen, JurBüro 1984, 1181 ff.; OLG Düsseldorf, NJW-RR 2005, 500 mit Bespr. Mayer, RVG-Letter 2004, 141.
130 OLG Koblenz, AGS 1995, 128 ff.
131 OLG München, MDR 1997, 597 f.
132 LAG Düsseldorf, JurBüro 1992, 680 f.
133 OLG Karlsruhe, JurBüro 1992, 740 f.
134 LAG Baden-Württemberg, AP § 19 BRAGO Nr. 1.
135 OLG Koblenz, NJOZ 2005, 1689 f. mit Bespr. Mayer, RVG-Letter 2004, 129 f.
136 AnwK-RVG/N.*Schneider*, § 11 Rn 153; *Hansens*/Braun/Schneider, Praxis des Vergütungsrechts, Teil 4 Rn 161.

eine Plausibilitätsprüfung durchgeführt werden. Der Anwalt müsse zunächst einen nachvollziehbaren und ggf anhand der Gerichtsakte verifizierbaren Anspruch anmelden. Er habe dann aber auch Anspruch auf Festsetzung, wenn nicht durchgreifende Einwendungen entgegenstehen. Wurde ihm allein aufgrund einer allgemeinen Unmutsäußerung der Weg des Festsetzungsverfahrens versperrt, so würde dies dem Zweck des § 11 RVG nicht gerecht, eine einfache und schnelle Beschaffung eines Vollstreckungstitels zu ermöglichen. Die Erhebung einer Einrede oder Einwendung iS des § 11 V 1 RVG müsse daher als eine schlüssige Darlegung verstanden werden.[137]
Die Mindermeinung überzeugt jedoch nicht. Denn der mit der Vergütungsfestsetzung beauftragte Rechtspfleger oder Urkundsbeamte der Geschäftsstelle ist überfordert, wenn er die außergebührenrechtlichen Einwendungen des Antragsgegners auf deren Schlüssigkeit überprüfen soll. Angesichts der Rechtskraftwirkung des Vergütungsfestsetzungsbeschlusses ist daher erforderlich, bei der Bewertung der Einwendungen des Antragsgegners einen sehr großzügigen Maßstab anzulegen und insbesondere keine Überprüfung auf Schlüssigkeit vorzunehmen. Offensichtlich unbegründete, halt- oder substanzlose und aus der Luft gegriffene Einwendungen werden ohnehin von der hM als unbeachtliche, die Vergütungsfestsetzung nach § 11 RVG nicht hindernde Einwendungen angesehen.[138]

b) Einzelfälle

73 Häufig finden sich folgende Einwendungen:
- **Aufrechnung:** Begehrt der Schuldner der anwaltlichen Gebührenforderung Aufrechnung mit einer angeblichen Gegenforderung, gestützt auf anwaltliches Falschverhalten, ist die Festsetzung i.H. der Aufrechnungsforderung gem. § 11 V 1 RVG abzulehnen.[139]
- **Auftrag:** Der Einwand, dem Rechtsanwalt sei kein Auftrag zum Tätigwerden im Prozess erteilt worden, ist eine nicht gebührenrechtliche Einwendung.[140] Dies gilt auch dann, wenn der Rechtsanwalt eine Prozessvollmacht vorlegen kann.[141] Anders ist es aber, wenn sich aus aktenkundigen Schreiben des Mandanten zweifelsfrei ergibt, dass er den Anwalt bevollmächtigt hat.[142]
- **Erfüllung und Stundung:** Wendet der Mandant ein, die Gebührenforderung sei erfüllt, zumindest gestundet, und wendet sich der Anwalt dagegen mit substantiiertem Bestreiten der Erfüllung und der Stundung, kann dieses Vorbringen nicht im vereinfachten Kostenfestsetzungsverfahren geprüft werden, der Anwalt ist auf den Klageweg zu verweisen.[143] Allerdings hindern ratenweise Teilzahlungen der anwaltlichen Gebühr die Kostenfestsetzung nicht, weil sich aus der bloßen Entgegennahme der Zahlungen keine Ratenzahlungsvereinbarung ergibt.[144]

---

[137] Hartung/*Römermann*/Schons, § 11 Rn 133 f.
[138] Mayer/Kroiß-*Mayer*, § 11 Rn 110.
[139] OLG Koblenz, AGS 2000, 37.
[140] OLG Düsseldorf, JurBüro 1994, 425 f.; OLG Koblenz, NJOZ 2005, 1689 f. mit Bespr. Mayer, RVG-Letter 2004, 129 f.
[141] VGH München, BayVBl. 1991, 221 f.; VG Düsseldorf, AnwBl. 1983, 287.
[142] OLG Koblenz, NJOZ 2005, 1689 f. mit Bespr. Mayer, RVG-Letter 2004, 129 f.
[143] OLG Koblenz, AGS 2002, 187.
[144] OLG Koblenz, NJOZ 2004, 2409 mit Bespr. Mayer, RVG-Letter 2004, 82.

- **Anteilige Haftung:** Wendet der Auftraggeber ein, er sei von der Vertretung beider Parteien durch denselben Rechtsanwalt ausgegangen, so dass er nur anteilig hafte, liegt ein nicht gebührenrechtlicher Einwand vor, so dass die Festsetzung abzulehnen ist.[145]
- **Gebührenteilungsabkommen:** Die Behauptung des Auftraggebers, er schulde wegen eines mit ihm abgesprochenen Gebührenteilungsabkommens zwischen dem Prozessbevollmächtigten und dem mit der Führung des Verkehrs beauftragten Verfahrensbevollmächtigten weniger als die gesetzlichen Gebühren, ist eine außergebührenrechtliche Einwendung, die die Gebührenfestsetzung nach § 11 V RVG hindert.[146]
- **Schadensersatz:** Der Einwand, der Anwalt habe den Verlust des Prozesses verschuldet, führt zur Ablehnung der Kostenfestsetzung im Vergütungsfestsetzungsverfahren.[147] Rügt der Auftraggeber des Rechtsanwalts, dieser habe ihn nicht darüber aufgeklärt, dass im PKH-Verfahren Anwaltskosten entstehen, hindert dies die Kostenfestsetzung nach § 11 RVG.[148]
- **Verjährung:** Strittig ist die Behandlung der Einwendung der Verjährung. Nach überwiegender Meinung handelt es sich insoweit um eine nicht gebührenrechtliche Einwendung, die die Festsetzung im Vergütungsfestsetzungsverfahren hindert.[149] Teilweise wird aber auch die Festsetzung trotz des Einwands der Verjährung im Vergütungsfestsetzungsverfahren durchgeführt, wenn die Einrede der Verjährung nach dem Akteninhalt offensichtlich unbegründet ist.[150] Auch dann, wenn der Streit nur darum geht, ob bereits der Eingang des Vergütungsfestsetzungsantrags die Hemmung der Verjährung bewirkt hat, handelt es sich um einen gebührenrechtlichen Einwand, der die Festsetzung im Festsetzungsverfahren nach § 11 RVG nicht hindert.[151]
- **Vergütungsvereinbarung:** Nach überwiegender Meinung schließt der Einwand des Auftraggebers, es sei eine Vergütungs- bzw Honorarvereinbarung geschlossen worden, eine Festsetzung im Vergütungsfestsetzungsverfahren nach § 11 RVG aus, wobei es nicht darauf ankommt, ob der Auftraggeber eine höhere oder geringere vereinbarte Vergütung vorträgt, so dass auch die Festsetzung eines angeblich vereinbarten geringeren Betrages ausscheidet.[152]

VI. Verhältnis des Vergütungsfestsetzungsverfahrens zum Honorarprozess

1. Rechtsschutzbedürfnis

Das Vergütungsfestsetzungsverfahren nach § 11 RVG ist gegenüber dem Honorarprozess das einfachere, kostengünstigere und schnellere Verfahren, so dass, soweit ein

---

145 OLG Naumburg, AGS 2002, 40 f.; aA AnwK-RVG/*N.Schneider*, § 11 Rn 161.
146 AnwK-RVG/*N.Schneider*, § 11 Rn 169; OLG Hamm, AGS 2002, 131 f.
147 LG Berlin, JurBüro 1996, 88 f.
148 OLG Koblenz, BeckRS 2006, 00672 mit Bespr. Mayer, RVG-Letter 2006, 27 f.
149 Gerold/Schmidt-*Müller-Rabe*, § 11 Rn 195; Riedel/Sußbauer-*Fraunholz*, § 11 Rn 29.
150 Hanseatisches OLG Hamburg, JurBüro 1995, 426 f.
151 AnwK-RVG/*N.Schneider*, § 11 Rn 184.
152 AnwK-RVG/*N.Schneider*, § 11 Rn 183; *Hansens*/Braun/Schneider, Praxis des Vergütungsrechts, Teil 4 Rn 172; aA Hartung/Römermann/Schons, § 11 Rn 129, der lediglich eine Festsetzung nur der die gesetzliche Vergütung übersteigenden Vergütung nicht zulassen möchte.

Vergütungsfestsetzungsverfahren nach § 11 RVG in Betracht kommt, das Rechtsschutzbedürfnis für eine Honorarklage[153] oder für ein Mahnverfahren[154] ausscheidet. Zum **schlüssigen Klagvortrag** im Honorarprozess gehört es daher darzulegen, warum eine Festsetzung nach § 11 RVG nicht möglich ist.[155] Betreibt der Rechtsanwalt wegen seiner Vergütung das Mahnverfahren, so muss er erst nach Widerspruch gegen den Mahnbescheid darlegen, dass und warum das Vergütungsfestsetzungsverfahren nicht in Betracht kommt.[156]

2. Nicht gebührenrechtliche Einwendungen

75 Erhebt der Auftraggeber bereits gegenüber dem Anwalt nicht gebührenrechtliche Einwendungen oder Einreden, ist nach § 11 V 2 RVG die Klageerhebung nicht von der vorherigen Einleitung des Festsetzungsverfahrens abhängig. Der Anwalt hat in dieser Situation ein **Wahlrecht**, er kann unmittelbar Klage erheben oder einen Mahnbescheid beantragen oder dennoch das Vergütungsfestsetzungsverfahren einleiten in der Hoffnung darauf, dass der Auftraggeber an seinen früher geltend gemachten Einwendungen nicht festhält.[157]

76 Problematisch ist die Behandlung der Fälle, in denen der Auftraggeber lediglich hinsichtlich **eines Teils der Vergütung** außergebührenrechtliche Einwände erhebt. Da in diesen Fällen ohnehin eine Honorarklage erforderlich ist, braucht sich der Anwalt nach einer Auffassung im Übrigen hinsichtlich des nicht von den außergebührenrechtlichen Einwendungen betroffenen Teils seiner Vergütung nicht auf das Vergütungsfestsetzungsverfahren verweisen lassen, nach dieser Auffassung kann er dann die gesamte Vergütung im Rahmen der Honorarklage geltend machen und ist nicht darauf angewiesen, zwei getrennte Verfahren zu führen.[158] Nach der Gegenmeinung wird der Klageweg nur hinsichtlich des Teils der Vergütung frei, auf den sich die außergebührenrechtlichen Einwendungen des Auftraggebers beziehen; hinsichtlich des von den Einwendungen nicht betroffenen Teils der Vergütung ist nach dieser Auffassung das Festsetzungsverfahren weiterzubetreiben.[159] Begründet wird diese Auffassung mit dem Wortlaut des § 11 V 1 RVG, der ausdrücklich davon spricht, dass die Festsetzung nach § 11 RVG abzulehnen ist, „soweit" der Antragsgegner Einwendungen oder Einreden erhebt, die nicht im Gebührenrecht ihren Grund haben.[160] Weder der Gesichtspunkt, dass es dem Anwalt unzumutbar ist, zwei getrennte parallele Verfahren zu führen, noch der Gesichtspunkt einer strengen wörtlichen Auslegung der gesetzlichen Regelung, die im Übrigen auch nicht letztlich zwingend ist, da der Begriff „soweit" den erfassten Bereich nicht präzise umschreibt, sind die ausschlaggebenden Argumente.[161] Vielmehr ist die Regelung des § 11 V 1 RVG, wonach die Festsetzung abzulehnen ist, soweit der Antragsgegner Einwendungen oder Einreden erhebt, die nicht im Gebührenrecht ihren Grund haben, von ihrem Sinn und Zweck her auszule-

---

153 AnwK-RVG/*N.Schneider*, § 11 Rn 267.
154 AnwK-RVG/*N.Schneider*, § 11 Rn 272; Riedel/Sußbauer-*Fraunholz*, § 11 Rn 56.
155 AnwK-RVG/*N.Schneider*, § 11 Rn 269.
156 Gerold/Schmidt-*Müller-Rabe*, § 11 Rn 377; Mayer/Kroiß-*Mayer*, § 11 Rn 112.
157 Hartung/*Römermann*/Schons, § 11 Rn 190.
158 AnwK-RVG/*N.Schneider*, § 11 Rn 267.
159 Hansens/Braun/Schneider, Praxis des Vergütungsrechts, Teil 4 Rn 165.
160 Hansens/Braun/Schneider, Praxis des Vergütungsrechts, Teil 4 Rn 165.
161 Mayer/Kroiß-*Mayer*, § 11 Rn 114.

gen. Das einfache Vergütungsfestsetzungsverfahren nach § 11 RVG mit seinem nur eingeschränkten Überprüfungsraster ist lediglich darauf ausgelegt, gebührenrechtliche Fragen im Zusammenhang mit der Vergütungsfestsetzung zu entscheiden. Werden außergebührenrechtliche Einwendungen nur hinsichtlich eines Teils der Vergütung erhoben, so ist die Festsetzung nach § 11 V 1 RVG insoweit abzulehnen, als ansonsten die **Gefahr divergierender Entscheidungen** im Vergütungsfestsetzungsverfahren nach § 11 RVG und im Rahmen einer Honorarklage besteht.[162] Wird beispielsweise die Vergütungsfestsetzung für eine anwaltliche Tätigkeit im Rahmen eines Rechtsstreits beantragt und wendet der Auftraggeber ein, der Rechtsanwalt habe abredewidrig einen Teil der erstrittenen Hauptforderung nicht auf die Honorarforderung für diesen Rechtsstreit verrechnet, und verteidigt sich der Anwalt damit, dass der strittige Betrag auf eine Honorarforderung aus einem anderen Rechtsstreit verrechnet wurde,[163] besteht die Gefahr divergierender Entscheidungen im Vergütungsfestsetzungsverfahren und im Honorarprozess, wenn lediglich hinsichtlich des strittigen, angeblich nicht korrekt verrechneten Betrages eine Honorarklage zu führen ist und im Übrigen das Vergütungsfestsetzungsverfahren jedoch zulässig bleibt. Denn wenn im Vergütungsfestsetzungsverfahren und im Honorarprozess das Vorliegen von Vergütungstatbeständen unterschiedlich beurteilt werden, im Beispielsfall dann, wenn in der Honorarklage das Vorliegen einer Terminsgebühr verneint, im Vergütungsfestsetzungsverfahren jedoch bejaht wird, ergeben sich zwangsläufig zwei divergierende, inkohärente Entscheidungen.[164] Hieraus folgt, dass bei außergebührenrechtlichen Einwendungen nur hinsichtlich eines Teils der Vergütung, deren Festsetzung nach § 11 RVG beantragt ist, die Festsetzung nach § 11 V 1 RVG insoweit abzulehnen ist, als die Gefahr divergierender Entscheidungen besteht.[165]

3. Unzutreffender Ablehnungsbeschluss nach § 11 V 1 RVG

Wird der Vergütungsfestsetzungsantrag zu Unrecht nach § 11 V 1 RVG abgelehnt, so ist der Antragsteller zwar berechtigt, aber nicht verpflichtet, den Rechtsmittelweg zu beschreiten. Der kann vielmehr auch **sofort Klage** erheben, ohne im Rechtsmittelweg zu versuchen, eine Änderung des Beschlusses zu erreichen.[166]

77

4. Vergütungsfestsetzungsverfahren und obligatorisches Güteverfahren

Nach § 15a I Nr. 1 EGZPO kann durch Landesgesetz bestimmt werden, dass die Erhebung einer Klage in vermögensrechtlichen Streitigkeiten vor dem Amtsgericht über Ansprüche, deren Gegenstand an Geld oder Geldes Wert die Summe von 750 Euro nicht übersteigt, erst zulässig ist, nachdem von einer durch die Landesjustizverwaltung eingerichteten oder anerkannten Gütestelle versucht worden ist, die Streitigkeit einvernehmlich beizulegen. Von der Möglichkeit eines solchen obligatorischen Schlichtungsverfahrens haben die Bundesländer Baden-Württemberg, Brandenburg, Sachsen-Anhalt, Schleswig-Holstein, Nordrhein-Westfalen und das Saarland

78

---

162 Mayer/Kroiß-*Mayer*, § 11 Rn 114.
163 So das Beispiel in *Hansens*/Braun/Schneider, Praxis des Vergütungsrechts, 1. Aufl, Teil 3 Rn 166.
164 Mayer/Kroiß-*Mayer*, § 11 Rn 114.
165 Mayer/Kroiß-*Mayer*, § 11 Rn 114; vgl auch Mayer, RVG-Letter 2004, 122 ff.
166 Gerold/Schmidt-*Müller-Rabe*, § 11 Rn 371; Riedel/Sußbauer-*Fraunholz*, § 11 Rn 56; Mayer/Kroiß-*Mayer*, § 11 Rn 115.

§ 12 Vergütungsfestsetzungsverfahren nach § 11 RVG

Gebrauch gemacht.[167] Strittig ist in diesem Zusammenhang, ob das obligatorische Güteverfahren nach § 15a EGZPO **auch dann erforderlich** ist, wenn der Anwalt einen Vergütungsfestsetzungsantrag nach § 11 RVG eingereicht hatte und die Festsetzung wegen **außergebührenrechtlichen Einwendungen** abgelehnt wurde. So ist es nach einer Auffassung für den Anwalt unzumutbar, wegen geringfügiger Forderungen erst zwei vorgeschaltete Verfahren durchzuführen, nämlich das Vergütungsfestsetzungsverfahren, in dem außergebührenrechtliche Einwendungen erhoben werden, und sodann das obligatorische Schlichtungsverfahren, bevor der Weg für die Honorarklage frei ist.[168] Wenn bereits im Vergütungsfestsetzungsverfahren Einwände erhoben worden seien und die Parteien sich hierüber nicht verständigen konnten, wird nach dieser Auffassung auch das Schlichtungsverfahren nicht zum Erfolg führen.[169] Dem steht jedoch entgegen, dass das Vergütungsfestsetzungsverfahren nach § 11 RVG nicht dafür angelegt ist, eine Verständigung der Parteien über außergebührenrechtliche Einwendungen herbeizuführen.[170] Gerade in diesen Fällen, in denen es nicht um allzu hohe anwaltliche Honorarforderungen geht, macht das obligatorische Güteverfahren durchaus Sinn.[171]

C. Muster

I. Muster: Vergütungsfestsetzungsantrag gem. § 11 RVG – Zivilverfahren

An das

Amtsgericht ▪▪▪

In Sachen

A ./. B

Aktenzeichen: ▪▪▪

beantrage ich Vergütungsfestsetzung gem. § 11 RVG gegen den Beklagten wie folgt:

Verfahrensgebühr VV Nr. 3100, 1,3	136,50 Euro
(Gegenstandswert: 1.500 Euro)	
Terminsgebühr VV Nr. 3104, 1,2	126,00 Euro
(Gegenstandswert: 1.500 Euro)	
Post- und Telekommunikationdienstleistungspauschale	
VV Nr. 7002	20,00 Euro
Zwischensumme	282,50 Euro
19 % Umsatzsteuer, VV Nr. 7008	53,68 Euro
Summe	336,18 Euro

Zinsen in Höhe von 5 Prozentpunkten über dem Basiszinssatz gem. § 247 BGB bitte ich zuzuschlagen.[172]

---

[167] Vgl hierzu näher Musielak-*Wittschier*, § 495a ZPO Rn 12.
[168] AnwK-RVG/*N.Schneider*, § 11 Rn 273.
[169] AnwK-RVG/*N.Schneider*, § 11 Rn 273.
[170] Mayer/Kroiß-*Mayer*, § 11 Rn 116.
[171] Mayer/Kroiß-*Mayer*, § 11 Rn 116; s. hierzu auch näher Mayer, RVG-Letter 2004, 122 ff.
[172] Strittig ist, ob ein Vorschuss für die Zustellungskosten zu leisten ist vgl AnwK-RVG/*N.Schneider*, § 11 Rn 139; *Hansens*/Braun/Schneider, Praxis des Vergütungsrechts, Teil 4 Rn 154.

Der Beklagte erhielt unter dem Datum des ■■■ eine Kostenrechnung über die vorstehend genannten Gebühren und Auslagen. Die Aktendurchschrift dieser Kostenrechnung ist in der Anlage in Kopie beigefügt.

■■■

(Rechtsanwalt)

II. Muster: Vergütungsfestsetzungsantrag gem. § 11 RVG – Rahmengebühr (Mindestgebühr)

An das

Sozialgericht ■■■

In Sachen

A ./. B

Aktenzeichen: ■■■

beantrage ich Vergütungsfestsetzung gegen den Kläger gem. § 11 RVG wie folgt:

Gebühr VV Nr. 3212	80,00 Euro
Post- und Telekommunikationdienstleistungspauschale VV Nr. 7002	20,00 Euro
Zwischensumme	100,00 Euro
19 % Umsatzsteuer, VV Nr. 7008	19,00 Euro
Summe	119,00 Euro

Zinsen in Höhe von 5 Prozentpunkten über dem Basiszinssatz gem. § 247 BGB bitte ich zuzuschlagen.[173]

Der Kläger erhielt unter dem Datum des ■■■ eine Kostenrechnung über die vorstehend genannten Gebühren und Auslagen. Die Aktendurchschrift dieser Kostenrechnung ist in der Anlage in Kopie beigefügt.

■■■

(Rechtsanwalt)

III. Muster: Vergütungsfestsetzungsantrag gem. § 11 RVG – Rahmengebühren mit Zustimmungserklärung des Auftraggebers

An das

Sozialgericht ■■■

In Sachen

A ./. B

Aktenzeichen: ■■■

beantrage ich Vergütungsfestsetzung gem. § 11 RVG gegen den Kläger wie folgt:

Verfahrensgebühr VV Nr. 3204	310,00 Euro
Terminsgebühr VV Nr. 3205	200,00 Euro

---

[173] Strittig ist, ob ein Vorschuss für die Zustellungskosten zu leisten ist vgl AnwK-RVG/*N.Schneider*, § 11 Rn 139; Hansens/Braun/Schneider, Praxis des Vergütungsrechts, Teil 4 Rn 154.

§ 12 Vergütungsfestsetzungsverfahren nach § 11 RVG

Post- und Telekommunikationdienstleistungspauschale VV Nr. 7002	20,00 Euro
Zwischensumme	530,00 Euro
19 % Umsatzsteuer, VV Nr. 7008	100,70 Euro
Summe	630,70 Euro

Zinsen in Höhe von 5 Prozentpunkten über dem Basiszinssatz gem. § 247 BGB bitte ich zuzuschlagen.[174]

Der Kläger erhielt unter dem Datum des ▬▬▬ eine Kostenrechnung über die vorstehend genannten Gebühren und Auslagen. Die Aktendurchschrift dieser Kostenrechnung ist in der Anlage in Kopie beigefügt.

Ebenso ist anbei gefügt der Ausdruck der E-Mail des Klägers vom ▬▬▬, in der er der Höhe der Verfahrens- und der Terminsgebühr ausdrücklich zugestimmt hat.

▬▬▬

(Rechtsanwalt)

IV. Muster: Stellungnahme im Vergütungsfestsetzungsantrag gem. § 11 RVG bei unbeachtlichen Einwendungen

An das

Amtsgericht ▬▬▬

In Sachen

A ./. B

Aktenzeichen: ▬▬▬

nehme ich Bezug auf das Schreiben des Beklagten vom ▬▬▬ und führe aus:

Nach allgemeiner Meinung hindern Einwendungen, die offensichtlich unbegründet, halt- oder substanzlos sind, die Durchführung des Vergütungsfestsetzungsverfahrens nach § 11 RVG nicht (vgl. Gerold/Schmidt-Müller-Rabe, § 11 Rn 141; Mayer/Kroiß-Mayer, § 11 Rn 108; AnwK-RVG/N.Schneider, § 11 Rn 153). Um eine solche Einwendung handelt es sich auch im vorliegenden Fall. Der Beklagte hat lediglich ausgeführt, die abgerechnete Leistung stünde in keinem Verhältnis zur „eigenen originären Tätigkeit" des Beklagten. Da es vorliegend jedoch um Wertgebühren geht, deren Höhe sich nach dem gerichtlich festgesetzten Streitwert bemisst, handelt es sich um eine solche Einwendung, die schon bei oberflächlicher Betrachtung sich als völlig unbegründet darstellt und offensichtlich aus der Luft gegriffen ist. Die Ausführungen des Beklagten hindern deshalb die Festsetzung der Vergütung im Verfahren nach § 11 RVG nicht. Es wird gebeten, antragsgemäß zu entscheiden.

▬▬▬

(Rechtsanwalt)[175]

---

[174] Strittig ist, ob ein Vorschuss für die Zustellungskosten zu leisten ist vgl AnwK-RVG/*N.Schneider*, § 11 Rn 139; *Hansens*/Braun/Schneider, Praxis des Vergütungsrechts, Teil 4 Rn 154.
[175] Sachverhalt nachgebildet der Entscheidung OLG Frankfurt, BeckRS 2006, 09191 mit Bespr. Mayer, RVG-Letter 2006, 111.

§ 13 Honorarprozess

A. Allgemeines

Erhebt im Vergütungsfestsetzungsverfahren nach § 11 RVG der Antragsgegner Einwendungen oder Einreden, die nicht im Gebührenrecht ihren Grund haben, oder handelt es sich um eine vereinbarte Vergütung, die nicht Gegenstand des Vergütungsfestsetzungsverfahrens nach § 11 RVG sein kann, bleibt als Möglichkeit zur Durchsetzung des Vergütungsanspruchs die Geltendmachung im Rahmen eines Mahnverfahrens oder durch einen Honorarprozess.

B. Honorarprozess

I. Zuständigkeit

1. Gerichtsstand des Hauptprozesses

Eine gewisse Bedeutung für die örtliche und auch sachliche Zuständigkeit der Gerichte für einen Honorarprozess hat § 34 ZPO. Nach dieser Regelung ist für Klagen u.a. der Prozessbevollmächtigten wegen Gebühren und Auslagen das Gericht des Hauptprozesses zuständig.

Voraussetzung ist, dass die Gebühren oder die vereinbarte Vergütung in einem nach der ZPO geführten Verfahren angefallen sind.[1] Zu beachten sind jedoch die Grenzen dieses Gerichtsstandes für Honorarklagen; so ist für eine Klage eines Prozessbevollmächtigten gegen seinen Mandanten wegen Gebühren und Auslagen im Zusammenhang mit einem Rechtsstreit vor dem Arbeitsgericht der Rechtsweg zu den ordentlichen Gerichten und nicht zu den Gerichten für Arbeitssachen gegeben.[2] Sonst wäre durch den Kläger bei mehreren möglichen Gerichtsständen durch Auswahl des Gerichts nach § 34 ZPO die Begründung der Zuständigkeit eines rechtswegfremden Gerichts möglich.[3] Auch Gebühren und Auslagen wegen der Vertretung in Strafverfahren,[4] aus der Vertretung in einem den Gerichten der Sozialgerichtsbarkeit zugewiesenen Rechtsbereich[5] und aus einem Finanzgerichtsprozess[6] begründen nicht den Gerichtsstand des § 34 ZPO, vielmehr ist in diesen Fällen die Honorarklage vor dem Zivilgericht zu erheben.[7] Nach wohl überwiegender Meinung sind die allgemeinen Prozessabteilungen des Amtsgerichts zur Entscheidung der Gebührenklage berufen, die wegen der Vertretung in Familiensachen anfällt.[8] Allerdings sind die Kammern für Handelssachen auch in Prozessen wegen Gebührenforderungen als Gericht des Hauptprozesses zuständig.[9]

---

1 Musielak-*Heinrich*, § 34 ZPO Rn 4.
2 BAG; NJW 1998, 1092 f.
3 Musielak-*Heinrich*, § 34 ZPO Rn 5.
4 Musielak-*Heinrich*, § 34 ZPO Rn 6.
5 LSG Schleswig-Holstein, NZS 2003, 168; *Hansens/Braun*/Schneider, Praxis des Vergütungsrechts, Teil 4 Rn 219.
6 FG Hamburg, DStRE 2002, 256; *Hansens/Braun*/Schneider, Praxis des Vergütungsrechts, Teil 4 Rn 219.
7 *Hansens/Braun*/Schneider, Praxis des Vergütungsrechts, Teil 4 Rn 219.
8 Musielak-*Heinrich*, § 34 ZPO Rn 9 mwN; BGH, NJW 1986, 1178 f.
9 Musielak-*Heinrich*, § 34 ZPO Rn 9 mwN

§ 13 Honorarprozess

2. Gerichtsstand des Erfüllungsortes

4   Die lange Zeit in der Rechtsprechung vorherrschende Auffassung, wonach Erfüllungsort für die Honorarforderung des Anwalts sein Kanzleisitz sei, hielt vor dem BGH nicht stand. Vielmehr hat der BGH entschieden, dass Gebührenforderungen von Rechtsanwälten **in der Regel nicht** gemäß § 29 ZPO am Gericht des Kanzleisitzes geltend gemacht werden können.[10] Nach dem BGH weist auch das Rechtsverhältnis zwischen Anwalt und Mandant keine solchen Besonderheiten auf, die allein einen bestimmten anderen Leistungsort als den jeweiligen Wohnsitz eines Beklagten umständegerecht erscheinen lassen.[11]

3. Allgemeiner Gerichtsstand

5   In der Praxis bleibt es daher häufig im **Regelfall** bei dem allgemeinen Gerichtsstand des Beklagten nach den **§§ 12 ff. ZPO**.

II. Obligatorisches Schlichtungsverfahren

6   Eine Reihe von Bundesländern haben von der durch § 15a I 1 Nr. 1 EGZPO eingeräumten Möglichkeit Gebrauch gemacht, in vermögensrechtlichen Streitigkeiten die Erhebung der Klage vor dem Amtsgericht über Ansprüche, deren Gegenstand an Geld oder Geldeswert die Summe von 750 Euro nicht übersteigt, von der Zulässigkeitsvoraussetzung abhängig zu machen, dass zuvor von einer durch die Landesjustizverwaltung eingerichteten oder anerkannten Gütestelle versucht worden ist, die Streitigkeit einvernehmlich beizulegen.[12] Die Auffassungen darüber, ob es Sinn macht, nach einem gescheiterten Vergütungsfestsetzungsverfahren nach § 11 RVG vor Erhebung der Klage noch ein außergerichtliches Schlichtungsverfahren durchzuführen, sind geteilt;[13] allerdings bietet es sich für denjenigen, der ein solches Schlichtungsverfahren nicht durchführen möchte, an, seine Vergütungsforderung nicht unmittelbar durch Klage, sondern zuvor per **Mahnbescheid** geltend zu machen. Denn von der Verpflichtung, vor Durchführung eines gerichtlichen Verfahrens eine außergerichtliche Schlichtung durchzuführen, werden in den Landesgesetzen regelmäßig die Fälle ausgenommen, in denen der in Rede stehende Anspruch zunächst im Mahnverfahren geltend gemacht wurde.[14]

III. Aktivlegitimation

7   Handelt es sich um einen Einzelanwalt, ist die Aktivlegitimation evident problemlos. Steht die Vergütungsforderung einer Sozietät in Form einer Gesellschaft bürgerlichen Rechts zu, sind grundsätzlich auch alle Mitglieder der Sozietät anspruchsberechtigt, es sei denn, im konkreten Fall ist ausschließlich ein bestimmter Anwalt beauftragt worden.[15] Die Klage kann sowohl im Namen der Sozietät als Gesellschaft bürgerlichen

---

10 BGH, NJW 2004, 54 mit Bespr. Mayer, RVG-Letter 2004, 3 f.
11 BGH, aaO.
12 Vgl Musielak-*Wittschier*, § 495a ZPO Rn 12.
13 S. hierzu näher oben § 12 Rn 78.
14 Vgl zB § 1 II Nr. 5 des Schlichtungsgesetzes Baden-Württemberg und § 1 II Nr. 5 des Landesschlichtungsgesetzes Schleswig-Holstein; vgl hierzu auch *Hansens/Braun/Schneider*, Praxis des Vergütungsrechts, Teil 4 Rn 225.
15 *Schneider*, Vergütungsvereinbarung Rn 2478.

Rechts erhoben werden, es kann aber auch ein Mitglied auf Zahlung an die Gesellschaft bürgerlichen Rechts klagen.[16] Erstattungsrechtlich ist jedoch bei Aktivprozessen einer Sozietät von der Sozietät Vorsorge dafür zu treffen, dass diese Aufgabe durch ein Sozietätsmitglied alleine erledigt wird, ein **Mehrvertretungszuschlag** für den die Anwaltssozietät vertretenden Anwalt fällt nicht an.[17] Es empfiehlt sich daher, dass einer der Sozien auf Zahlung an alle klagt.[18]

IV. Aufbau der Klageschrift

1. Auftrag

Zum schlüssigen Klagevortrag eines Honorarprozesses gehört zu allererst, dass der Anwalt das Zustandekommen des Anwaltsvertrages und den ihm erteilten Auftrag vorträgt.[19]

8

2. Aufklärungs- und Hinweispflicht

Es bietet sich auch an, sofort in der Klageschrift – ohne eine entsprechende Rüge des Beklagten abzuwarten[20] – darzulegen und unter Beweis zu stellen, dass die erforderlichen Hinweis- und Aufklärungspflichten, insbesondere der Wertgebührenhinweis[21] und ggf der Hinweis nach § 12a ArbGG,[22] erteilt wurden.

9

3. Entstehungsvoraussetzungen der Gebührentatbestände

Sodann sind die Entstehungsvoraussetzungen der abgerechneten Gebührentatbestände darzulegen. Der Umfang der Darlegung ist abhängig von dem jeweiligen Vergütungstatbetand. So sind für eine durch eine außergerichtliche Erledigungsbesprechung angefallene Terminsgebühr ausführlichere Darlegungen erforderlich als beispielsweise für das Entstehen der Verfahrensgebühr in einem gerichtlichen Verfahren.

10

Werden Satzrahmen- oder Betragsrahmengebühren geltend gemacht, so gehört zum schlüssigen Sachvortrag, wie der Anwalt zu seiner **Gebührenbestimmung** gelangte, zu den Kriterien des § 14 I RVG muss somit vorgetragen und ggf Beweis angeboten werden.[23] Empfohlen wird auch, vorsorglich darauf hinzuweisen, dass nach § 14 II RVG das Gutachten des Vorstands der Rechtsanwaltskammer einzuholen ist, wenn sich Streit über die Höhe der Vergütung ergibt.[24] Zuständig ist die Rechtsanwaltskammer, welcher der Anwalt zum Zeitpunkt des Rechtsstreits angehört, auf den Prozessort kommt es nicht an.[25]

11

---

16 Schneider, Vergütungsvereinbarung Rn 2481; Hansens/*Schneider*, Teil 6 Rn 90.
17 BGH, NJW-RR 2004, 489 f.
18 Hansens/*Schneider*, Formularbuch Anwaltsvergütung im Zivilrecht, Teil 6 Rn 91.
19 Schneider, Vergütungsvereinbarung Rn 2499.
20 Vgl Schneider, Vergütungsvereinbarung Rn 2513, der empfiehlt, abzuwarten, ob Einwendungen des Mandanten kommen.
21 S. hierzu näher § 1 Rn 18 ff.
22 S. hierzu näher § 1 Rn 30 ff.
23 Hansens/*Schneider*, Formularbuch Anwaltsvergütung im Zivilrecht, Teil 6 Rn 133.
24 Hansens/*Schneider*, Formularbuch Anwaltsvergütung im Zivilrecht, Teil 6 Rn 138.
25 Mayer/Kroiß-*Winkler*, § 14 Rn 66.

4. Vereinbarte Vergütung

12 Wird der Anspruch auf eine Vergütungs- oder Gebührenvereinbarung gestützt, so ist das ordnungsgemäße Zustandekommen der Gebühren- bzw Vergütungsvereinbarung darzulegen sowie die Berechtigung des Vergütungsanspruchs, der sich aus der Vereinbarung ergibt; insbesondere bei Zeitvergütungen ist zu berücksichtigen, dass der Anwalt die Darlegungs- und Beweislast für die angefallenen Stunden trägt.[26] Soweit der Anwalt Tätigkeiten in Gegenwart Dritter ausgeführt hat – beispielsweise Besprechungen mit der Gegenseite, Wahrnehmung von Terminen etc. – kann insoweit Beweis angetreten werden durch Zeugnis der Gesprächspartner oder Vorlage von Besprechungsprotokollen,[27] ansonsten bleibt nichts anderes übrig, als die eigenen Aufzeichnungen des Anwalts über seinen Zeitaufwand vorzulegen;[28] es versteht sich von selbst, dass die Zeiterfassung bei einer Zeithonorarvereinbarung stets möglichst präzise und ausführlich durchgeführt werden sollte. „Zeitnotizen" des Rechtsanwalts bei vereinbartem Zeithonorar unterliegen als „sonstige privaten Urkunden" der freien Beweiswürdigung, ihnen kann ein erheblicher Beweiswert zukommen.[29]

5. Erfolglosigkeit des Vergütungsfestsetzungsverfahrens nach § 11 RVG

13 Soweit das Vergütungsfestsetzungsverfahren nach § 11 RVG möglich ist, ist die Honorarklage unzulässig.[30] Es ist also darzulegen und ggf unter Beweis zu stellen, dass das Vergütungsfestsetzungsverfahren nach § 11 RVG eingeleitet wurde, es aber, weil der Antragsgegner Einwendungen erhoben hatte, die nicht im Gebührenrecht ihren Grund hatten, durch Antragsrücknahme oder Zurückweisung des Antrags endete.

14 Hat der Auftraggeber bereits jedoch dem Anwalt gegenüber vor Einleitung des Vergütungsfestsetzungsverfahrens nach § 11 RVG Einwendungen oder Einreden erhoben, die nicht im Gebührenrecht ihren Grund hatten, ist nach § 11 V 2 RVG der Honorarprozess nicht von der vorherigen Einleitung des Festsetzungsverfahrens abhängig. Auch diese Umstände müssen dargelegt und ggf unter Beweis gestellt werden.

6. Vergütungsabrechnung gem. § 10 RVG

15 Zum schlüssigen Klagvortrag gehört auch, dass der Anwalt vorträgt, der Auftraggeber habe eine den Anforderungen des § 10 RVG genügende ordnungsgemäße Abrechnung erhalten.[31] Eine den Anforderungen des § 10 RVG genügende Berechnung ist Voraussetzung dafür, dass der Rechtsanwalt seine Vergütung einfordern kann.[32] Im Honorarprozess ist deshalb das Fehlen einer ordnungsgemäßen Kostenabrechnung nach § 10 RVG nicht nur auf Einwand des Beklagten, sondern von Amts wegen zu berücksichtigen.[33]

---

26 Schneider, Vergütungsvereinbarung Rn 2550.
27 Schneider, Vergütungsvereinbarung Rn 2553.
28 Schneider, Vergütungsvereinbarung Rn 2554.
29 OLG Hamburg, LSK 2000, 060399; Schneider, Vergütungsvereinbarung Rn 2554.
30 Hansens/Braun/Schneider, Praxis des Vergütungsrechts, Teil 4 Rn 224.
31 Hansens/Schneider, Teil 6 Rn 124.
32 Mayer/Kroiß-Mayer, § 10 Rn 3.
33 Hansens/Schneider, Teil 6 Rn 124.

Es sollte daher ausdrücklich vorgetragen werden, dass dem Beklagten eine den Anforderungen es § 10 RVG genügende Vergütungsabrechnung erteilt worden ist und sinnvollerweise auch eine Kopie der Durchschrift dieser Abrechnung vorgelegt werden. Teilweise wird sogar empfohlen – wohl um dem denkbaren Einwand vorzubeugen, der Beklagte habe die Kostenrechnung nicht erhalten – vorsorglich nochmals der Klageschrift und der für den Beklagten bestimmten Ausfertigung der Klageschrift eine Original-Vergütungsabrechnung jeweils mit Unterschrift beizufügen.[34]

V. Kostenerstattung

Der Honorarprozess ist ein gewöhnlicher Zivilprozess, so dass in 1. Instanz die Gebühren nach den Vergütungstatbeständen VV Nrn. 3100 ff. anfallen.[35] Vertritt der Anwalt sich selbst, entsteht kein Vergütungsanspruch. Soweit er allerdings obsiegt, kann er nach § 91 II 3 ZPO insoweit Kostenerstattung verlangen, als er bei Bevollmächtigung eines anderen Anwalts die an diesen zu zahlende Vergütung hätte erstattet verlangen können.[36] Da der Anwalt in der Regel vorsteuerabzugsberechtigt ist, würde er bei Beauftragung eines anderen Anwalts dessen Kosten lediglich in Höhe der Nettogebühren erstattet erhalten; in eigener Sache kann er folglich somit auch nur eine Erstattung in Höhe der Nettogebühren verlangen.[37]

VI. Muster: Honorarklage

An das
Amtsgericht ■■■
In Sachen
RA AB ■■■

– Kläger –

gegen
CD ■■■

– Beklagter –

zeige ich an, dass ich mich selbst vertrete.
Ich erhebe
Klage
und beantrage:
Der Beklagte wird verurteilt an den Kläger ■■■ Euro nebst Zinsen iHv 5 Prozentpunkten über dem Basiszinssatz seit ■■■ zu bezahlen.
Zur
Begründung
führe ich aus:

---

34 Hansens/*Schneider*, Teil 6 Rn 125 f.
35 Hansens/*Schneider*, Teil 6 Rn 425.
36 Hansens/*Schneider*, Teil 6 Rn 431.
37 Hansens/*Schneider*, Teil 6 Rn 442.

I.

Der Beklagte beauftragte den Kläger mit seiner Vertretung in einer Kündigungsschutzangelegenheit. Das Arbeitsverhältnis des Beklagten war von dessen Arbeitgeber durch Kündigung vom ■■■ gekündigt worden, der Beklagte wollte sich gegen die Kündigung zur Wehr setzen.

Beweis: 1. Kopie der Kündigung vom ■■■ (Anlage K 1),

2. Kopie der Vollmacht vom ■■■ (Anlage K 2)

Vor Erteilung dieses Auftrags wurde der Beklagte vom Kläger gem. § 49b V BRAO darauf hingewiesen, dass sich die in dieser Angelegenheit zu erhebenden Gebühren nach Gegenstandswert berechnen.

Beweis: Kopie des vom Beklagten unterzeichneten Formulars Wertgebührenhinweis (Anlage K 3)

Ebenfalls vor Übernahme des Mandats wurde der Beklagte vom Kläger gem. § 12a ArbGG darauf hingewiesen, dass im Urteilsverfahren des 1. Rechtszugs kein Anspruch der obsiegenden Partei auf Entschädigung wegen Zeitversäumnis und auf Erstattung der Kosten für die Zuziehung eines Bevollmächtigten besteht.

Beweis: Kopie des vom Beklagten unterzeichneten Formulars Belehrung über die Kostentragungspflicht nach § 12a I ArbGG (Anlage K 4)

II.

Auftragsgemäß wurde im Namen des Beklagten Kündigungsschutzklage gegen die Kündigung vom ■■■ beim Arbeitsgericht ■■■ erhoben.

Beweis: 1. Aktendurchschrift der Kündigungsschutzklage vom ■■■ (Anlage K 5)

2. Kopie der Eingangsverfügung des Arbeitsgerichts ■■■ vom ■■■

(Anlage K 6)

Der Kläger nahm ferner zusammen mit dem Beklagten den vom Arbeitsgericht ■■■ anberaumten Gütetermin am ■■■ sowie den späteren Kammertermin am ■■■ wahr.

Beweis: 1. Kopie des Protokolls der Sitzung des Arbeitsgerichts ■■■ vom ■■■

(Anlage K 7),

2. Kopie des Protokolls der Sitzung des Arbeitsgerichts ■■■ vom ■■■

(Anlage K 8)

Das Kündigungsschutzverfahren vor dem Arbeitsgericht ■■■ endete mit Urteil des Arbeitsgerichts vom ■■■. Durch Wertfestsetzungsbeschluss vom ■■■ setzte das Arbeitsgericht ■■■ den Streitwert auf 12.420 Euro fest.[38]

Beweis: 1. Kopie des Urteils des Arbeitsgerichts ■■■ vom ■■■ (Anlage K 9),

2. Kopie des Streitwertfestsetzungsbeschlusses vom ■■■ (Anlage K 10).

Auf der Basis des vom Arbeitsgericht festgesetzten Streitwerts von 12.420 Euro wurden die beim Kläger angefallenen Gebühren dem Beklagten wie folgt in Rechnung gestellt:

Verfahrensgebühr VV Nr. 3100, 1,3   683,80 Euro

(Wert: 12.420 Euro)

---

[38] Im Arbeitsgerichtsverfahren wird zwar im Urteil ein Streitwert festgesetzt, dieser betrifft jedoch nur den Beschwerdewert und damit die Rechtsmittelfähigkeit; der Gebührenstreitwert ist vielmehr nach § 63 GKG gesondert festzusetzen. Die Wertfestsetzung im Urteil hat somit auch keine Bindungswirkung gem. § 32 I RVG hinsichtlich der Rechtsanwaltsgebühren – Rolfs/Giesen/Kreikebohm/Udsching-*Hamacher*, § 61 ArbGG Rn 18.

Terminsgebühr VV Nr. 3104, 1,2	631,20 Euro
(Wert: 12.420 Euro)	
Auslagenpauschale VV Nr. 7002	20,00 Euro
Zwischensumme	1.335,00 Euro
19 % Umsatzsteuer, VV Nr. 7008	253,65 Euro
Summe	1.588,65 Euro

Über diese Gebühren erhielt der Beklagte unter dem Datum des ▬▬▬ eine den Vorschriften des § 10 RVG genügende Kostenabrechnung.

Beweis: Kopie der Aktendurchschrift der Kostenabrechnung vom ▬▬▬

(Anlage K 11)

Nachdem der Beklagte eine Zahlung auf die vorgenannte Kostenrechnung – auch nach Erinnerung – nicht leistete, wurde er mit Schreiben vom ▬▬▬ unter Fristsetzung bis zum ▬▬▬ gemahnt.

Beweis: Kopie der Aktendurchschrift des Anwaltsschreibens vom ▬▬▬

(Anlage K 12)

Nachdem auch diese Zahlungsfrist fruchtlos verstrich, wurde das Vergütungsfestsetzungsverfahren gem. § 11 RVG eingeleitet.

Beweis: Kopie der Aktendurchschrift des Vergütungsfestsetzungsantrags vom ▬▬▬

(Anlage K 13)

Der Beklagte erhob im Vergütungsfestsetzungsverfahren nicht gebührenrechtliche Einwendungen, nämlich ▬▬▬

Beweis: Kopie des Schreibens des Beklagten vom ▬▬▬ (Anlage K 14)

Auf Anregung des Arbeitsgerichts wurde dann der Vergütungsfestsetzungsantrag gem. § 11 RVG vom Kläger zurückgenommen.

Beweis: 1. Kopie des Schreibens des Arbeitsgerichts ▬▬▬ vom ▬▬▬ (Anlage K 15),

2. Kopie der Aktendurchschrift des Schriftsatzes vom ▬▬▬ (Anlage K 16)

Nach alledem muss die Vergütungsforderung des Klägers nunmehr gerichtlich gegen den Beklagten geltend gemacht werden.

Die mit der Klage geltend gemachten Zinsen rechtfertigen sich dadurch, dass der Beklagte seit dem ▬▬▬ mit der Zahlung in Verzug ist.

Gerichtskosten iHv ▬▬▬ werden mit beigefügtem Verrechnungsscheck entrichtet.

▬▬▬

(Rechtsanwalt)

C. Mahnverfahren

I. Allgemeines

Die anwaltliche Vergütungsforderung kann wie ein gewöhnlicher Zahlungsanspruch ohne Weiteres im Mahnverfahren geltend gemacht werden.[39] Es gelten dann die üblichen Anforderungen an den Inhalt eines **Mahnbescheidsantrags**. Hinzuweisen ist aber

19

---

[39] Hansens/*Schneider*, Teil 5 Rn 1.

insbesondere darauf, dass bei der nach § 690 I Nr. 5 ZPO erforderlichen Bezeichnung des Gerichts für ein evtl streitiges Verfahren die neuere Rechtsprechung des BGH berücksichtigt werden muss, wonach im Regelfall keine Zuständigkeit gem. § 29 ZPO am Gericht des Kanzleisitzes besteht.[40]

20 Steht die Vergütungsforderung einer Rechtsanwaltssozietät zu, kann diese den Mahnbescheid im eigenen Namen beantragen.[41] Wird der Mahnbescheid im Namen sämtlicher Gesellschafter beantragt, so ist der Mehrvertretungszuschlag nach Nr. 1008 VV nicht erstattungsfähig.[42] Die Durchführung eines Mahnverfahrens dürfte auch vielfach dann zu erwägen sein, wenn ein ansonsten landesgesetzlich vorgesehenes **Schlichtungsverfahren** vermieden werden soll.[43]

21 Im **automatisierten Mahnverfahren** ist für Vergütungsansprüche die Katalogkennziffer 24 (Rechtsanwalts-/Rechtsbeistandshonorar) einzutragen.[44] Empfehlenswert unter dem Gesichtspunkt der Verjährungsunterbrechung ist es, im Mahnantrag die Rechnung nach Datum und Rechnungsnummer zu bezeichnen.[45]

II. Vortrag zur Zulässigkeit

22 Der Mahnantrag muss nicht die Erklärung enthalten, dass der Mandant nicht gebührenrechtliche Einwendungen erhebt.[46] Erst nach dem Widerspruch gegen den Mahnbescheid muss der Rechtsanwalt darlegen, dass und warum die Vergütungsfestsetzung gem. § 11 RVG nicht gegeben ist.[47]

---

40 S. hierzu näher oben § 13 Rn 4.
41 Hansens/*Schneider*, Teil 5 Rn 13.
42 S. hierzu näher oben § 13 Rn 7 sowie Hansens/*Schneider*, Teil 5 Rn 14.
43 S. hierzu oben § 13 Rn 6.
44 Hansens/*Schneider*, Teil 5 Rn 22.
45 Hansens/*Schneider*, Teil 5 Rn 23 ff.
46 Gerold/Schmidt-*Müller-Rabe*, § 11 Rn 377.
47 Gerold/Schmidt-*Müller-Rabe*, § 11 Rn 377; Mayer/Kroiß-*Mayer*, § 11 Rn 112; aA – im Antragsformular sollte unbedingt darauf hingewiesen werden, dass die Vergütung nicht nach § 11 RVG festsetzbar ist – Hansens/*Schneider*, Teil 5 Rn 10.

Teil 3 Vergütungsanforderung von der Staatskasse

Praktisch am bedeutsamsten ist die Vergütung im Rahmen der **Prozesskostenhilfe**, der **Beratungshilfe** und als **Pflichtverteidiger**. Auch ein sonst bestellter oder beigeordneter Rechtsanwalt in den Angelegenheiten nach den Teilen 4–6 VV,[1] der in Scheidungs- und Lebenspartnerschaftssachen nach § 39 RVG beigeordnete Rechtsanwalt bei Zahlungsverzug des Verpflichteten,[2] der nach § 67a I 2 VwGO bestellte gemeinsame Vertreter ebenfalls bei Zahlungsverzug des Verpflichteten[3] und der Prozesspfleger nach § 41 RVG[4] haben ebenfalls Anspruch auf Vergütung aus der Staatskasse.

§ 14 Beratungshilfe

A. Allgemeines

Die Voraussetzungen für die Bewilligung von Beratungshilfe und das Bewilligungsverfahren werden durch das Gesetz über Rechtsberatung und Vertretung für Bürger mit geringem Einkommen (Beratungshilfegesetz – BerHG) geregelt.[5] § 44 S. 1 RVG stellt klar, dass sich die Vergütung des Rechtsanwalts für die Tätigkeit im Rahmen der Beratungshilfe nach dem RVG bemisst; dies gilt nach § 44 S. 1 Halbs. 2 RVG nicht, wenn der Anwalt die Beratungshilfe in einer Beratungsstelle gewährt hat, die aufgrund einer Vereinbarung mit der Landesjustizverwaltung eingerichtet ist und zwischen der Landesjustizverwaltung und der Beratungsstelle eine besondere Vereinbarung über die Entlohnung der beratenden Rechtsanwälte getroffen worden ist.[6] Das Vergütungsverzeichnis regelt in Abschnitt 5 von Teil 2 die bei der Beratungshilfe in Betracht kommenden Vergütungstatbestände. Daneben kann der Rechtsanwalt unter den Voraussetzungen des § 46 RVG auch Auslagen von der Staatskasse beanspruchen.[7]

1

B. Einzelfragen

I. Sachlicher Geltungsbereich

Nach § 1 I BerHG wird auf Antrag Beratungshilfe gewährt, wenn der Rechtssuchende die erforderlichen Mittel nach seinen persönlichen und wirtschaftlichen Verhältnissen nicht aufbringen kann (§ 1 I Nr. 1 BerHG), nicht andere Möglichkeiten für eine Hilfe zur Verfügung stehen, deren Inanspruchnahme dem Rechtssuchenden zuzumuten ist (§ 1 I Nr. 2 BerHG) und die Wahrnehmung der Rechte nicht mutwillig ist (§ 1 I Nr. 3 BerHG). Was die finanziellen Voraussetzungen für die Gewährung von Beratungshilfe anbelangt, so stellt § 1 II BerHG klar, dass die Voraussetzungen von § 1 I Nr. 1

2

---

1 Hansens/Braun/*Schneider*, Praxis des Vergütungsrechts, Teil 3 Rn 65.
2 Hansens/Braun/*Schneider*, Praxis des Vergütungsrechts, Teil 3 Rn 66.
3 Sodan-Ziekow-*Czybulka*, § 67a Rn 41; Hansens/Braun/*Schneider*, Praxis des Vergütungsrechts, Teil 3 Rn 67.
4 Hansens/Braun/*Schneider*, Praxis des Vergütungsrechts, Teil 3 Rn 68.
5 Hansens/Braun/*Schneider*, Praxis des Vergütungsrechts, Teil 7 Rn 1.
6 AnwK-RVG/*N.Schneider*, § 44 Rn 39.
7 Vgl Mayer/Kroiß-*Ebert*, § 46 Rn 3.

BerHG gegeben sind, wenn dem Rechtssuchenden Prozesskostenhilfe nach den Vorschriften der ZPO ohne Ratenzahlungsverpflichtung zu gewähren wäre.

3 Nach § 2 I BerHG besteht Beratungshilfe in Beratung und, soweit erforderlich, in Vertretung. Beratungshilfe wird nach § 2 II 1 BerHG in Angelegenheiten des Zivilrechts einschließlich der Angelegenheiten, für deren Entscheidung die Gerichte für Arbeitssachen zuständig sind, des Verwaltungsrechts, des Verfassungsrechts und des Sozialrechts gewährt; in Angelegenheiten des Strafrechts und des Ordnungswidrigkeitenrechts hingegen wird nach § 2 II 2 BerHG nur Beratung gewährt.

4 Zu den in § 2 II Nr. 1 BerHG genannten Angelegenheiten des Zivilrechts gehören auch Angelegenheiten des gewerblichen Rechtsschutzes, Verfahren nach § 11 StrEG betreffend die Höhe der Strafentschädigung, Verfahren nach den Unterbringungsgesetzen, Anträge an das Amtsgericht nach § 45 PStG sowie das Verbraucherinsolvenzverfahren.[8]

II. Abwicklung der Beratungshilfe

1. Berechtigungsschein für Beratungshilfe liegt vor

5 Der Rechtssuchende hat die Möglichkeit, bei dem für ihn zuständigen Amtsgericht einen Antrag auf Beratungshilfe zu stellen; sind die Voraussetzungen für die Gewährung von Beratungshilfe gegeben und gewährt nicht der Rechtspfleger des Amtsgerichts gem. § 3 II BerHG selbst die Beratungshilfe,[9] stellt das Amtsgericht dem Rechtssuchenden einen **Berechtigungsschein** für Beratungshilfe durch einen Anwalt seiner Wahl aus.

6 Erscheint der potenzielle Mandant beim Anwalt und legt diesem den Berechtigungsschein für Beratungshilfe vor, so ist die Abwicklung der Beratungshilfe aus Sicht des Anwalts unproblematisch. Denn der Berechtigungsschein kann vom Anwalt als Garant dafür angesehen werden, dass er für seine Tätigkeit aus der Landeskasse grundsätzlich vergütet wird, wobei allerdings die Höhe der Vergütung nicht garantiert wird.[10] Die Höhe der Vergütung ist insbesondere deshalb nicht garantiert, weil bei der Entscheidung über den Antrag des Rechtssuchenden auf Gewährung von Beratungshilfe der Rechtspfleger nicht zu prüfen hat, um wie viele **gebührenrechtliche Angelegenheiten** es sich handelt.[11]

2. Berechtigungsschein für Beratungshilfe liegt nicht vor

7 Erscheint der potenzielle Mandant beim Anwalt und ist er noch nicht im Besitz eines Berechtigungsscheins für Beratungshilfe, so muss vom Anwalt die teilweise sehr **restriktive Auslegung**, die die in § 4 II 4 BerHG geregelte nachträglich beantragte Beratungshilfe erfahren hat, berücksichtigt werden. So wird die Auffassung vertreten, dass die Erteilung eines Berechtigungsscheins durch das Amtsgericht nur dann möglich ist, wenn die Beratung noch nicht begonnen hat. Hat der Anwalt bereits die Beratung

---

8 *Hansens*/Braun/Schneider, Praxis des Vergütungsrechts, Teil 7 Rn 3 mwN
9 *Hansens*/Braun/Schneider, Praxis des Vergütungsrechts, Teil 7 Rn 29.
10 Klein, Die Aufklärungsverpflichtung und Antragstellung des Anwaltes bei Beratungshilfe, JuBüro 2001, 172 ff., 173.
11 *Hansens*/Braun/Schneider, Praxis des Vergütungsrechts, Teil 7 Rn 31; vgl auch Gerold/Schmidt-*Madert*, VV Nrn. 2500–2508 Rn 14.

begonnen, so sei dem Gericht die Erteilung eines Berechtigungsscheins versagt.[12] Darüber hinaus wird in diesem Zusammenhang auch noch teilweise das Erfordernis aufgestellt, dass auch bei nachträglicher Antragstellung der Beratungshilfe der Antrag auf Beratungshilfe vor der ersten Tätigkeit des Anwalts unterzeichnet worden ist.[13] Nach anderer Auffassung kann der Antrag auf Bewilligung von Beratungshilfe auch dann noch gestellt werden, wenn die anwaltliche Tätigkeit bereits begonnen wurde.[14]

III. Angelegenheit

Dem Begriff der Angelegenheit kommt im Rahmen der Beratungshilfe erhebliche Bedeutung zu; da es sich bei den Vergütungstatbeständen VV Nrn. 2501–2508 um Festgebühren handelt, kann kein Ausgleich über die Erhöhung des Gegenstandswerts erfolgen, sondern es gilt insoweit das „Alles-oder-Nichts-Prinzip".[15] Sehr umstritten ist, ob eine Angelegenheit oder mehrere vorliegen, wenn ein Ehegatte sich über die Voraussetzungen der Ehescheidung zusammen mit Fragen des Ehegatten- und Kindesunterhalts, der Hausratsauseinandersetzung und des Versorgungsausgleichs beraten lässt.[16] Da sich eine nähere Bestimmung des Begriffs der „Angelegenheit" im Beratungshilfegesetz nicht findet, bietet es sich an, auf die Definition der Angelegenheit in § 16 ff. RVG in diesem Zusammenhang zurückzugreifen; Regelungen für die Zeit der Trennung vor Rechtskraft der Scheidung einerseits und die Scheidungssache mit den Folgesachen iS des § 16 Nr. 4 RVG andererseits sind somit jeweils eine Angelegenheit.[17]

8

Vom Bewilligungsverfahren der Beratungshilfe ist das **Festsetzungsverfahren** der Beratungshilfevergütung zu unterscheiden. Die Beratungshilfevergütung wird nach § 55 IV RVG vom Urkundsbeamten der Geschäftsstelle festgesetzt. Richtiger Auffassung nach hat dieser eigenverantwortlich zu prüfen, ob ein oder mehrere Beratungshilfeangelegenheiten in gebührenrechtlicher Hinsicht vorliegen, wobei es nicht auf die Anzahl der vom Rechtspfleger erteilten Berechtigungsscheine ankommt.[18] Durch den Urkundsbeamten der Geschäftsstelle findet auch keine Prüfung statt, ob die Beratungshilfe durch den Rechtspfleger zu Recht bewilligt worden ist oder die Vertretung oder die vergleichsweise Regelung zur Rechtsverfolgung „notwendig" iS des § 91 ZPO war.[19]

9

---

12 Klein, Die Aufklärungsverpflichtung und Antragstellung des Anwaltes bei Beratungshilfe, JuBüro 2001, 172 ff., 173.
13 AG Konstanz, BeckRS 2007, 10914; *Hansens*/Braun/Schneider, Praxis des Vergütungsrechts, Teil 7 Rn 21 mwN
14 OLG Naumburg, AGS 2006, 348 f.; *Hansens*/Braun/Schneider, Praxis des Vergütungsrechts, Teil 7 Rn 22.
15 AnwK-RVG/*N.Schneider*, vor VV Nr. 2501 ff. Rn 27.
16 Gerold/Schmidt-*Madert*, VV Nrn. 2500–2508 Rn 26.
17 OLG Stuttgart, BeckRS 2006, 12351 mit Bespr. Mayer, RVG-Letter 2006, 130 ff.
18 S. hierzu und mit Nachweisen zum Streitstand *Hansens*/Braun/Schneider, Praxis des Vergütungsrechts, Teil 7 Rn 105 ff.
19 OLG Stuttgart, BeckRS 2007, 09722 mit Anm. Mayer, FD-RVG 2007, 231455.

C. Beratungshilfevergütung

I. Vergütungstatbestände

1. Beratungshilfegebühr VV Nr. 2500

10 Nach VV Nr. 2500 steht dem Anwalt eine Beratungshilfegebühr iHv 10 Euro zu. Nach der Anmerkung zum Gebührentatbestand kann die Gebühr auch erlassen werden. Nach § 44 S. 2 RVG schuldet der Rechtsuchende die Beratungshilfegebühr. Nach Satz 1 der Anmerkung zu VV Nr. 2500 werden neben der Gebühr keine Auslagen erhoben. Dies gilt auch für die **Umsatzsteuer**.[20] Der in der Regel umsatzsteuerpflichtige Rechtsanwalt muss somit aus dem Betrag von 10 Euro noch die Umsatzsteuer abführen. Bei dem geltenden Umsatzsteuersatz von 19 % verbleibt somit dem Rechtanwalt von der Beratungshilfegebühr **8,40 Euro netto**.[21]

2. Beratungsgebühr VV Nr. 2501

11 Für eine Beratung, wenn die Beratung nicht mit einer anderen gebührenpflichtigen Tätigkeit zusammenhängt, entsteht die Beratungsgebühr VV Nr. 2501 iHv 30 Euro. Was unter Beratung zu verstehen ist, ergibt sich aus der hier zumindest entsprechend geltenden Legaldefinition in § 34 I RVG.[22] Unter Beratung ist somit die Erteilung eines mündlichen oder schriftlichen Rats oder einer Auskunft zu verstehen.

12 Nach Absatz 1 der Anmerkung zu VV Nr. 2501 entsteht die Beratungsgebühr nur, wenn die Beratung nicht mit einer anderen gebührenpflichtigen Tätigkeit zusammenhängt; eine andere gebührenpflichtige Tätigkeit in diesem Sinne ist auch die Vertretung im Rahmen der Beratungshilfe, so dass die Beratungsgebühr VV Nr. 2501 und die Geschäftsgebühr VV Nr. 2503 in derselben Angelegenheit nicht nebeneinander entstehen können.[23]

13 Nach Absatz 2 der Anmerkung ist die Beratungsgebühr auf eine Gebühr für eine sonstige Tätigkeit anzurechnen, die mit der Beratung zusammenhängt; eine spätere Tätigkeit kann eine außergerichtliche, aber auch eine gerichtliche sein.[24] Kommt es zeitlich nach der Beratung zur Vertretung des Rechtsuchenden in derselben Angelegenheit (wiederum mit Berechtigungsschein nach § 6 I BerHG), hat sich der Rechtsanwalt die Beratungsgebühr auf die Geschäftsgebühr nach VV Nr. 2503 anrechnen zu lassen.[25]

14 Richtiger Auffassung nach ist auch bei der Beratung mehrerer Rechtsuchender in derselben Angelegenheit die Beratungsgebühr nach VV Nr. 2501 um den **Mehrvertretungszuschlag** nach VV Nr. 1008 iHv 30 % je weiterem Auftraggeber zu erhöhen; dies führt zu einer Erhöhung der Festgebühr der Nr. 2501 VV um jeweils 9 Euro je weiterem Rechtsuchenden.[26] Der Höchstbetrag der Erhöhung beträgt nach Absatz 3

---

[20] Mayer/Kroiß-*Pukall*, VV Nr. 2500 Rn 3.
[21] *Hansens*/Braun/Schneider, Praxis des Vergütungsrechts, Teil 7 Rn 51.
[22] *Hansens*/Braun/Schneider, Praxis des Vergütungsrechts, Teil 7 Rn 80.
[23] *Hansens*/Braun/Schneider, Praxis des Vergütungsrechts, Teil 7 Rn 81.
[24] Gerold/Schmidt-*Madert*, VV Nrn. 2500–2508 Rn 29.
[25] Mayer/Kroiß-*Pukall*, VV Nr. 2501 Rn 9.
[26] *Hansens*/Braun/Schneider, Praxis des Vergütungsrechts, Teil 7 Rn 83 m. zahlr. Nachw.; Mayer/Kroiß-*Pukall*, VV Nr. 2501 Rn 7.

der Anmerkung zu VV Nr. 1008 60 Euro, so dass sich die höchstmögliche Gebühr auf 90 Euro beläuft.[27]

3. Beratungstätigkeit bei der Schuldenbereinigung VV Nr. 2502

Der Vergütungstatbestand VV Nr. 2502 sieht eine erhöhte Beratungsgebühr bei der Beratungstätigkeit mit dem Ziel einer außergerichtlichen Einigung mit den Gläubigern über die Schuldenbereinigung auf der Grundlage eines Plans (§ 305 I Nr. 1 InsO) vor. Der Vergütungstatbestand trifft somit eine Spezialmaterie, nämlich die Schuldenbereinigung im **Verbraucherinsolvenzverfahren**.[28]

4. Geschäftsgebühr VV Nr. 2503

Der Vergütungstatbestand VV Nr. 2503 sieht eine Geschäftsgebühr iHv 70 Euro vor. Nach Absatz 1 der Anmerkung entsteht die Gebühr für das Betreiben des Geschäfts einschließlich der Information oder die Mitwirkung bei der Gestaltung eines Vertrages, hat somit denselben Anwendungsbereich wie die Geschäftsgebühr nach VV Nr. 2300. Richtiger Auffassung nach ist die Geschäftsgebühr bei mehreren Auftraggebern um den **Mehrvertretungszuschlag** von 30 % je weiterem Auftraggeber, also um jeweils 21 Euro, zu erhöhen.[29]

Nach Absatz 3 der Anmerkung zu VV Nr. 1008 darf die erhöhte Geschäftsgebühr höchstens 210 Euro (70 Euro zzgl 140 Euro) betragen.[30] Da es sich um eine wertunabhängige Festgebühr handelt, gilt die **Sperre des Absatzes 1** der Anmerkung zu VV Nr. 1008 nicht,[31] so dass die Gebührenerhöhung unabhängig davon vorzunehmen ist, ob der Rechtsanwalt für die mehreren Rechtsuchenden hinsichtlich desselben Gegenstands tätig wird.[32]

Nach der Absatz 2 der Anmerkung zu VV Nr. 2503 ist die Geschäftsgebühr auf die Gebühren für ein anschließendes gerichtliches oder behördliches Verfahren zur Hälfte, auf die Gebühren für ein Verfahren auf Vollstreckbarerklärung eines Vergleiches nach den §§ 796a, 796b und 796c II 2 ZPO zu einem Viertel anzurechnen.

Voraussetzung für die Gebührenanrechnung ist, dass sich die Gegenstände im Rahmen der Beratungshilfetätigkeit und des anschließenden Verfahrens zumindest teilweise decken.[33] Zu beachten ist ferner, dass die Geschäftsgebühr nach VV Nr. 2503 im Gegensatz zur Geschäftsgebühr nach VV Nrn. 2300–2303 nicht nur auf die Verfahrensgebühr, sondern **auf sämtliche Gebühren** im anschließenden gerichtlichen oder behördlichen Verfahren zur Hälfte **anzurechnen** ist.[34]

---

27 AnwK-RVG/*N.Schneider*, VV Nr. 2501 Rn 3.
28 Mayer/Kroiß-*Pukall*, VV Nr. 2502 Rn 1.
29 Hansens/Braun/Schneider, Praxis des Vergütungsrechts, Teil 7 Rn 91; vgl auch OLG Nürnberg, BeckRS 2007, 00561 mit Bespr. Mayer, RVG-Letter 2007, 36; KG, BeckRS 2007, 08721.
30 Hansens/Braun/Schneider, Praxis des Vergütungsrechts, Teil 7 Rn 91.
31 Mayer/Kroiß-*Pukall*, VV Nr. 2503 Rn 6.
32 Hansens/Braun/Schneider, Praxis des Vergütungsrechts, Teil 7 Rn 91; aA Hartung/Römermann/*Schons*, VV Nr. 2503 Rn 10.
33 Hansens/Braun/Schneider, Praxis des Vergütungsrechts, Teil 7 Rn 94.
34 Hansens/Braun/Schneider, Praxis des Vergütungsrechts, Teil 7 Rn 94.

5. VV Nrn. 2504–2507

20 Die Höhe der Geschäftsgebühr nach den Nrn. 2504–2507 hängt von der **Anzahl der Gläubiger** ab, mit denen der Anwalt für den Rechtssuchenden über eine beratende Tätigkeit hinaus nach außen Verhandlungen zur Herbeiführung einer außergerichtlichen Einigung über die Schuldenbereinigung auf der Grundlage eines Plans (§ 305 I Nr. 1 InsO) geführt hat, dabei muss der Anwalt nicht mit jedem Gläubiger als Vertreter des Rechtssuchenden korrespondiert oder sonst verhandelt haben.[35]

6. Einigungs- und Erledigungsgebühr VV Nr. 2508

21 Der Vergütungstatbestand VV Nr. 2508 sieht eine Einigungs- und Erledigungsgebühr iHv 125 Euro vor. Hinsichtlich der Voraussetzungen für die Annahme einer Einigung oder einer Erledigung gelten dieselben Anforderungen wie für den Anfall der Einigungsgebühr und der Erledigungsgebühr.[36]

II. Auslagen

22 Der Beratungshilfe gewährende Rechtsanwalt hat gemäß den §§ 44, 46 RVG Anspruch auf Ersatz seiner Auslagen.[37] Steht zB fest, dass der Anwalt im Rahmen seiner Beratungstätigkeit ein **Telefongespräch** geführt hat, kann er die Telekommunikationspauschale nach Nr. 7002 VV abrechnen, ohne die konkret angefallenen Telefonkosten nachweisen zu müssen.[38]

D. Muster

23 Für den Antrag auf Festsetzung der Beratungshilfevergütung besteht Formularzwang.[39] Da der derzeit geltende Vordruck noch auf den früheren Bestimmungen der BRAGO beruht, können bis zur Einführung eines neuen Vordrucks für das RVG eigene Formulare verwendet werden.[40]

24 Folgende Angaben müssen in den Formularen enthalten sein:[41]

- Erklärung des Rechtsanwalts, ob und ggf welche Zahlung über die Beratungshilfegebühr nach Nr. 2500 VV hinaus bis zum Tage der Antragstellung erhalten hat (§ 55 V 2 RVG),
- Erklärung, ob der Gegner erstattungspflichtig ist,
- Erklärung, ob die Beratung in ein gerichtliches oder behördliches Verfahren übergegangen ist,
- Antrag auf Festsetzung der Gebühren und Auslagen,
- Versicherung ihrer Entstehung,
- Kostenberechnung des Rechtsanwalts,

---

35 Mayer/Kroiß-*Pukall*, VV Nrn. 2504–2507 Rn 1.
36 *Hansens*/Braun/Schneider, Praxis des Vergütungsrechts, Teil 7 Rn 98.
37 *Hansens*/Braun/Schneider, Praxis des Vergütungsrechts, Teil 7 Rn 127.
38 AG Aachen, NJOZ 2005, 5172.
39 *Hansens*/Schneider, Formularbuch Anwaltsvergütung im Zivilrecht, Teil 9 Rn 40.
40 *Hansens*/Schneider, Formularbuch Anwaltsvergütung im Zivilrecht, Teil 9 Rn 41 f.
41 Aufzählung nach *Hansens*/Schneider, Formularbuch Anwaltsvergütung im Zivilrecht, Teil 9 Rn 42.

- Unterschrift des Rechtsanwalts,
- Darlegung des Anfalls und ggf der Erforderlichkeit der beantragten Vergütung und deren Glaubhaftmachung.

Dem Antrag ist der Berechtigungsschein für Beratungshilfe bzw der Antrag auf nachträgliche Bewilligung der Beratungshilfe beizufügen.[42] Zur Glaubhaftmachung beispielsweise der Geschäftsgebühr ist sinnvoll, eine Kopie der Aktendurchschrift des für den Mandanten gefertigten Schreibens dem Antrag beizufügen.

---

42 *Hansens*/Schneider, Teil 9 Rn 43.

§ 15 Prozesskostenhilfe

A. Allgemeines

1   Die Vorschriften über die Bewilligung von Prozesskostenhilfe finden sich in den §§ 114–127 ZPO; die übrigen Verfahrensordnungen enthalten in der Regel keine besonderen Bestimmungen über die Prozesskostenhilfe, sondern erklären die Vorschriften der ZPO für entsprechend anwendbar.[1]

2   § 48 RVG bestimmt, inwieweit sich ein Vergütungsanspruch u.a. des im Rahmen der Prozesskostenhilfe beigeordneten Rechtsanwalts gegen die Staatskasse ergibt; maßgeblich ist insoweit grundsätzlich der **Beschluss**, kraft dessen die Beiordnung angeordnet wurde, es bestehen jedoch auch Vergütungspflichten, die aus dem Beschluss nicht unmittelbar ersichtlich, sondern aus gesetzlichen Regelungen abzuleiten sind.[2]

3   So bestimmt § 48 II RVG, dass in Angelegenheiten, in denen sich die Gebühren nach Teil 3 des Vergütungsverzeichnisses bestimmen und die Beiordnung eine Berufung oder Revision betrifft, eine Vergütung aus der Staatskasse auch für die Rechtsverteidigung gegen eine Anschlussberufung oder eine Anschlussrevision, und wenn der Rechtsanwalt für die Erwirkung eines Arrests, einer einstweiligen Verfügung, einer einstweiligen oder vorläufigen Anordnung beigeordnet ist, auch für deren Vollziehung oder Vollstreckung gewährt wird, es sei denn, der Beiordnungsbeschluss bestimmt ausdrücklich etwas anderes. Nach § 48 III RVG erstreckt sich die Beiordnung in einer Ehesache auch auf den Abschluss eines Vertrags iS der Nr. 1000 VV, der den gegenseitigen Unterhalt der Ehegatten, den Unterhalt gegenüber den Kindern im Verhältnis der Ehegatten zueinander, die Sorge für die Person der gemeinschaftlichen minderjährigen Kinder, die Regelung des Umgangs mit einem Kind, die Rechtsverhältnisse an der Ehewohnung und dem Hausrat und die Ansprüche aus dem ehelichen Güterrecht betrifft. Im Fall der Beiordnung in Lebenspartnerschaftssachen nach § 661 I Nrn. 1–3 ZPO gilt dies entsprechend.

4   Nach § 48 IV RVG erhält ein für das Hauptverfahren beigeordneter Rechtsanwalt eine Vergütung aus der Staatskasse für Tätigkeiten in anderen als bislang in § 48 RVG angesprochenen Angelegenheiten, die mit dem Hauptverfahren nur zusammenhängen, nur dann, wenn er auch für diese Angelegenheiten ausdrücklich beigeordnet ist, eine stillschweigende Beiordnung ist insoweit nicht möglich.[3] Beispielhaft werden in § 48 IV 2 RVG insoweit die Zwangsvollstreckung und der Verwaltungszwang, das Verfahren über den Arrest, die einstweilige Verfügung und die einstweilige sowie die vorläufige Anordnung, das selbstständige Beweisverfahren und das Verfahren über die Widerklage, ausgenommen die Rechtsverteidigung gegen die Widerklage in Ehesachen und in Verfahren über Lebenspartnerschaftssachen nach § 661 I Nrn. 1–3 ZPO genannt.[4] Der im Wege der Prozesskostenhilfe beigeordnete Rechtsanwalt erhält grundsätzlich dieselben Gebühren wie ein Wahlanwalt.[5] Allerdings erhält er nach

---

[1] Hansens/Braun/*Schneider*, Praxis des Vergütungsrechts, Teil 3 Rn 1.
[2] Mayer/Kroiß-*Ebert*, § 48 Rn 3.
[3] Mayer/Kroiß-*Ebert*, § 48 Rn 100.
[4] Mayer/Kroiß-*Ebert*, § 48 Rn 100.
[5] Hansens/Braun/*Schneider*, Praxis des Vergütungsrechts, Teil 3 Rn 20.

§ 49 RVG bei **Wertgebühren** ab einem **Gegenstandswert von über 3.000 Euro** geringere Gebühren, bei Gegenstandswerten über 30.000 Euro bleibt die Gebühr sogar auf 391 Euro begrenzt. So beläuft sich beispielsweise eine 1,0 Gebühr bei einem Streitwert von 5.000 Euro für den Wahlanwalt auf 301 Euro, für den im Wege der Prozesskostenhilfe beigeordneten Rechtsanwalt lediglich auf 219 Euro, bei einem Streitwert von 20.000 Euro beträgt die 1,0 Gebühr für den Wahlanwalt 646 Euro und für den im Rahmen der Prozesskostenhilfe beigeordneten Rechtsanwalt 293 Euro, bei einem Streitwert von 50.000 Euro schließlich beträgt die 1,0 Gebühr für den Wahlanwalt 1.046 Euro und für den im Rahmen der Prozesskostenhilfe beigeordneten Anwalt lediglich 391 Euro.

Für den Festsetzungsantrag im Rahmen der Prozesskostenhilfe ist **kein Formzwang** gegeben.[6] Der Festsetzungsantrag muss auch nicht die Formvorschriften der Kostenberechnung (§ 10 RVG) oder die umsatzsteuerrechtlichen Voraussetzungen des § 14 UStG wahren.[7]

Der Antrag hat jedoch folgende Angaben zu enthalten:[8]

- Kostenberechnung,
- Erklärung des Rechtsanwalts, ob und welche Zahlungen er bis zum Tage der Antragstellung erhalten hat (§ 55 V 2 RVG),
- Antrag auf Festsetzung der Gebühren und Auslagen,
- bei Berechnung der tatsächlichen Postentgelte die Versicherung des Rechtsanwalts, dass diese während der Beiordnung entstanden sind,
- Darlegung der Erforderlichkeit von Auslagen und Aufwendungen, soweit sich dies nicht bereits aus dem Gesetz (Postentgeltpauschale nach Nr. 7002 VV) ergibt,
- Unterschrift des Rechtsanwalts.

Ist dem Mandanten Prozesskostenhilfe unter Ratenzahlungsverpflichtung bewilligt worden, empfiehlt es sich, den **Anspruch auf weitere Vergütung** vorsorglich ebenfalls geltend zu machen und eine Berechnung der Wahlanwaltsvergütung einzureichen.[9] In der Praxis **empfiehlt** es sich, für den Festsetzungsantrag entweder auf die im Fachhandel erhältlichen Formularvordrucke zurückzugreifen; bei der Benutzung einer Anwaltssoftware sind ohnehin regelmäßig derartige Formulare bereits in das Gebührenprogramm eingearbeitet.

B. Wichtige Einzelfragen

I. Teilweise Bewilligung von Prozesskostenhilfe

Wird der Partei nur für die Verfolgung eines Teils ihres Anspruchs oder zur Rechtsverteidigung nur eines Teils des gegen sie geltend gemachten Anspruchs wegen mangelnder Erfolgsaussichten Prozesskostenhilfe bewilligt, ist streitig, welche Vergütung der Anwalt neben der Prozesskostenhilfevergütung von der Staatskasse noch an Ver-

---

6 *Hansens*/Schneider, Teil 10 Rn 26.
7 *Hansens*/Schneider, Teil 10 Rn 26.
8 Aufstellung nach *Hansens*/Schneider, Teil 10 Rn 28.
9 Vgl *Hansens*/Schneider, Teil 10 Rn 29.

§ 15 Prozesskostenhilfe

gütung vom Auftraggeber fordern kann. Wird beispielsweise gegen die Partei ein Anspruch von 30.000 Euro gerichtlich geltend gemacht, bewilligt jedoch das Gericht lediglich zur Verteidigung gegen einen Teilbetrag von 20.000 Euro Prozesskostenhilfe, weil iHv 10.000 Euro die Rechtsverteidigung keine hinreichenden Erfolgsaussichten hat, wird der Anwalt jedoch gleichwohl beauftragt, die Partei insgesamt gegen die Klageforderung zu verteidigen, so werden, was die restliche von der Partei neben der Vergütung aus der Staatskasse im Rahmen der Prozesskostenhilfe zu fordernde Vergütung anbelangt, **drei verschiedene Auffassungen** vertreten:

9   Nach einer Auffassung ist **§ 15 III RVG entsprechend** anzuwenden, so dass sich der gegen die Partei bestehende Anspruch aus dem Gegenstandswert der Differenz des Gesamtwertes und des Prozesskostenhilfewertes errechnet.[10] Im Beispielsfalls kann der Anwalt neben der 1,3 Verfahrensgebühr nach Nr. 3100 aus einem Teilstreitwert von 20.000 Euro unter Zugrundelegung der Werte für die Prozesskostenhilfe 380,90 Euro und aus dem Teilstreitwert von 10.000 Euro eine 1,3 Verfahrensgebühr, diesmal auf der Basis der für den Wahlanwalt geltenden Werte, iHv 631,80 Euro beanspruchen, vorausgesetzt dies führt nicht insgesamt zu einem höheren Betrag als einer 1,3 Verfahrensgebühr aus dem vollen Streitwert von 30.000 Euro unter Zugrundelegung der für den Wahlanwalt geltenden Werte. Im Beispielsfall beläuft sich eine 1,3 Gebühr unter Zugrundelegung der Werte für den Wahlanwalt auf 985,40 Euro, die aus den Teilstreitwerten berechneten Verfahrensgebühren jedoch auf insgesamt 1.012,70 Euro (380,90 Euro zzgl 631,80 Euro). Nach dieser Auffassung hat der Anwalt die Wahl, ob er von der Staatskasse die volle Vergütung von 380,90 Euro beansprucht und die durch § 15 III RVG bedingte Begrenzung bei der vom Mandanten anzufordernden Vergütung zum Tragen bringt oder ob er die Begrenzungswirkung des § 15 III RVG bei der von der Staatskasse geforderten Vergütung berücksichtigt.[11] Diese Auffassung verkennt jedoch, dass § 15 III RVG nicht anwendbar ist, da es nicht um verschiedene Gebührensätze geht.[12]

10   Nach einer weiteren Auffassung kann bei teilweiser Prozesskostenhilfebewilligung der Unterschiedsbetrag zwischen der Vergütung des Wahlanwalts bezogen auf den Gesamtgegenstandswert und der Vergütung des Prozesskostenhilfeanwalts gefordert werden.[13] Im Beispielsfall kann von der Partei bei der Verfahrensgebühr die Differenz zwischen einer 1,3 Gebühr aus einem Wert von 30.000 Euro, bezogen auf die Tabelle des Wahlanwalts, iHv 985,40 Euro abzgl einer 1,3 Gebühr aus dem von der Prozesskostenhilfebewilligung gedeckten Streitwerts von 20.000 Euro iHv 293 Euro, also 692,40 Euro, gefordert werden.

11   **Richtiger Auffassung nach** darf jedoch dem Mandanten die durch die Prozesskostenhilfebewilligung bewirkte Freistellung von den Anwaltsgebühren i.H. eines Teilwerts von 20.000 Euro nicht nachträglich wieder entzogen werden, so dass lediglich die Differenz einer 1,3 Verfahrensgebühr aus dem Gesamtstreitwert und einer 1,3 Verfahrensgebühr aus dem Streitwert, für den Prozesskostenhilfe bewilligt worden ist, jeweils bezogen auf die für den Wahlanwalt geltenden Werte, gefordert werden

---

10 Mayer/Kroiß-*Ebert*, § 48 Rn 29; vgl auch den Hinweis bei Gerold/Schmidt-v.*Eicken/Müller-Rabe*, § 48 Rn 12.
11 Vgl Gerold/Schmidt-v.*Eicken/Müller-Rabe*, § 48 Rn 12.
12 Hansens/Braun/*Schneider*, Praxis des Vergütungsrechts, Teil 3 Rn 58.
13 Vgl Mayer/Kroiß-*Ebert*, § 48 Rn 28.

kann.¹⁴ Im vorliegenden Fall kann somit der Anwalt neben einer 1,3 Verfahrensgebühr aus dem von der Prozesskostenhilfebewilligung gedeckten Teilstreitwerts von 20.000 Euro iHv 293 Euro zusätzlich noch die Differenz zwischen einer 1,3 Verfahrensgebühr aus einem Streitwert von 30.000 Euro und einer 1,3 Verfahrensgebühr aus einem Streitwert von 20.000 Euro, jeweils bezogen auf die für den Wahlanwalt geltenden Werte, also 985,40 Euro – 839,80 Euro = restlich 145,60 Euro, fordern.

II. Berechnung von Zahlungen und Vorschüssen

Von erheblicher Auswirkung auf die Vergütung ist insbesondere die Anrechnung von Vorschüssen und Zahlungen nach § 58 II RVG in Angelegenheiten, in denen sich die Gebühren nach Teil 3 des Vergütungsverzeichnisses bestimmen. Nach dieser Vorschrift sind in diesen Angelegenheiten Vorschüsse und Zahlungen, die der Rechtsanwalt vor oder nach der Beiordnung erhalten hat, zunächst auf die Vergütungen anzurechnen, für die ein Anspruch gegen die Staatskasse nicht oder nur unter den Voraussetzungen des § 50 RVG besteht. Von Bedeutung ist dies insbesondere bei der sogenannten weiteren Vergütung nach § 50 RVG. Die weitere Vergütung wird **durch die Wahlanwaltsgebühren** des **§ 13 RVG definiert**.¹⁵ Die Staatskasse hat nach § 50 I 1 RVG die bei Bewilligung der Prozesskostenhilfe oder nachträglich festgelegten Beträge und Raten vom Mandanten nicht nur bis die in § 122 I Nr. 1 ZPO bezeichneten Kosten und Ansprüche gedeckt sind, sondern auch bis zur Deckung der Regelvergütung des Rechtsanwalts einzuziehen.¹⁶

12

Die sogenannte weitere Vergütung iS von § 50 I RVG wird gebildet durch die Differenz zwischen der Vergütung, die dem Anwalt nach den Sätzen der Prozesskostenhilfe zusteht und der Vergütung bezogen auf die für den Wahlanwalt geltenden Werte.

13

Beispiel:

In einem Verfahren mit einem Streitwert von 30.000 Euro berechnet sich die Prozesskostenhilfevergütung wie folgt:

1,3 Verfahrensgebühr VV Nr. 3100, § 49 RVG	460,20 Euro
1,2 Terminsgebühr VV Nr. 3104, § 49 RVG	424,80 Euro
Auslagenpauschale VV Nr. 7002	20,00 Euro
Zwischensumme	905,00 Euro
19 % Umsatzsteuer VV Nr. 7008	171,95 Euro
Summe	1.076,95 Euro

Nach den für den Wahlanwalt geltenden Werten beträgt die Vergütung jedoch:

1,3 Verfahrensgebühr VV Nr. 3100, § 13 RVG	985,40 Euro
1,2 Terminsgebühr VV Nr. 3104, § 13 RVG	909,60 Euro
Auslagenpauschale VV Nr. 7002	20,00 Euro
Zwischensumme	1.915,00 Euro

---

14 Vgl Mayer/Kroiß-*Ebert*, § 48 Rn 27; vgl auch Hansens/Braun/*Schneider*, Praxis des Vergütungsrechts, Teil 3 Rn 58.
15 Mayer/Kroiß-*Klees*, § 50 Rn 11.
16 Riedel/Sußbauer-*Schneider*, § 50 Rn 1.

§ 15 Prozesskostenhilfe

19 % Umsatzsteuer VV Nr. 7008	<u>363,85 Euro</u>
Summe	2.278,85 Euro

14 Die Differenz zwischen der von der Staatskasse zu zahlenden PKH-Vergütung iHv 1.076,95 Euro zu der Vergütung als Wahlanwalt iHv 2.278,85 Euro beträgt 1.201,90 Euro, diese Differenz wird als weitere Vergütung bezeichnet. Hat der Anwalt einen Kostenvorschuss oder eine sonstige Zahlung erhalten, so ist dieser Kostenvorschuss nach § 58 II RVG zunächst auf diese **Differenz zwischen der PKH-Vergütung und der Vergütung des Wahlanwalts** anzurechnen und erst dann, wenn der Differenzbetrag „aufgebraucht" ist, der verbleibende restliche Vorschuss oder die verbleibende restliche Zahlung auf die von der Staatskasse zu fordernde PKH-Vergütung.

C. Muster zur Kostenberechnung im Rahmen der der Prozesskostenhilfe bei teilweiser Bewilligung

15 Vergütungsberechnung gegenüber Staatskasse und Mandant bei teilweiser Bewilligung von Prozesskostenhilfe (Gesamtstreitwert 18.000 Euro); Prozesskostenhilfe bewilligt über Teilstreitwert von 12.000 Euro; Gesamtforderung von 18.000 Euro wird im Rechtsstreit weiterverfolgt.

Muster: Kostenberechnung im Rahmen der Prozesskostenhilfe gegenüber der Staatskasse

16 Verfahrensgebühr VV Nr. 3100, § 49 RVG, 1,3	319,80 Euro
(Wert: 12.000 Euro)	
Terminsgebühr VV Nr. 3104, § 49 RVG, 1,2	295,20 Euro
(Wert: 12.000 Euro)	
Auslagenpauschale VV Nr. 7002	<u>20,00 Euro</u>
Zwischensumme	635,00 Euro
19 % Umsatzsteuer, VV Nr. 7008	<u>120,65 Euro</u>
Summe	755,65 Euro

■■■
(Rechtsanwalt)

Muster: Kostenberechnung gegenüber Mandant

17 Gegenüber dem Mandanten können zusätzlich noch abgerechnet werden:

Frau/Herrn ■■■
■■■ (Straße)
■■■ (PLZ, Ort)
Vergütungsabrechnung
    Rechnungsnummer ■■■
    Leistungszeitraum ■■■

Steuer-Nr. oder Umsatzsteuerident-Nr. ▪▪▪

Verfahrensgebühr VV Nr. 3100, 13 RVG, 1,3	787,80 Euro
(Wert: 18.000 Euro)	
abzügl. 1,3 Verfahrensgebühr VV Nr. 3100, § 13 RVG aus 12.000 Euro	-683,80 Euro
Terminsgebühr VV Nr. 3104, § 13 RVG, 1,2	727,20 Euro
(Wert: 18.000 Euro)	
abzügl. 1,2 Terminsgebühr VV Nr. 3104, § 13 RVG aus 12.000 Euro	-631,20 Euro
Zwischensumme	200,00 Euro
19 % Umsatzsteuer, VV Nr. 7008	38,00 Euro[1]
Summe	238,00 Euro

▪▪▪

(Rechtsanwalt)

---

[1] Da bereits schon gegenüber der Staatskasse eine Auslagenpauschale nach VV Nr. 7002 geltend gemacht wurde, fällt diese bei der Berechnung der Differenzgebühren gegenüber dem Mandanten nicht nochmals an.

§ 16 Vergütung des Pflichtverteidigers

A. Allgemeines

1   Der Pflichtverteidiger gehört zu den sonst gerichtlich bestellten oder beigeordneten Rechtsanwälten iS von § 45 III RVG.[1] Wird der Rechtsanwalt als Pflichtverteidiger gerichtlich bestellt, entsteht der Vergütungsanspruch gegen die Staatskasse allein aufgrund der gerichtlichen Bestellung.[2] Der Pflichtverteidiger erhält aus der Staatskasse die gesetzliche Vergütung nach dem RVG, diese besteht aus Gebühren und Auslagen und ist dem Vergütungsverzeichnis zu entnehmen.[3] Daneben kann der Pflichtverteidiger unter den Voraussetzungen des § 52 RVG von dem Beschuldigten die Wahlanwaltsgebühren verlangen.[4]

2   Die Höhe der dem Pflichtverteidiger zustehenden Gebühren ergibt sich aus dem Vergütungsverzeichnis und den dort vorgesehenen Gebühren für den gerichtlich bestellten oder beigeordneten Rechtsanwalt. Hinsichtlich des Umfangs der einzelnen Vergütungstatbestände ergeben sich gegenüber dem Wahlanwalt keine Unterschiede, was die Höhe der Gebühren anbelangt, so sind für den Pflichtverteidiger keine Betragsrahmengebühren, sondern Festgebühren vorgesehen. Zusätzliche Vergütungstatbestände finden sich in Form des Längenzuschlags bei einer besonderen Länge der Hauptverhandlung (siehe zB VV Nr. 4116 f.).

3   Das **Festsetzungsverfahren** für die dem Pflichtverteidiger aus der Staatskasse zu zahlende Vergütung ist in § 55 RVG geregelt.[5] Die Verwendung der amtlichen Antragsvordrucke für die Festsetzung ist zwar nicht vorgeschrieben, kann aber zweckmäßig sein; werden Festsetzungsanträge formlos oder mit Hilfe von EDV-Anlagen erstellt, sollten diese inhaltlich den amtlichen Vordrucken entsprechen.[6]

B. Einzelfragen

I. Pauschgebühr § 51 RVG

4   Nach § 51 I 1 RVG kann dem Pflichtverteidiger in Straf- und Bußgeldsachen für das ganze Verfahren oder für einzelne Verfahrensabschnitte auf Antrag eine Pauschgebühr bewilligt werden, die über die Gebühren nach dem Vergütungsverzeichnis hinausgeht, wenn die in den Teilen 4–6 des Vergütungsverzeichnisses bestimmten Gebühren wegen des besonderen Umfangs oder der besonderen Schwierigkeit **nicht zumutbar** sind. Da für den Pflichtverteidiger Festgebühren vorgesehen sind, ist die Pauschgebühr nach § 51 RVG von größerer praktischer Bedeutung als die für den Wahlverteidiger in § 42 RVG vorgesehene Pauschgebühr.

---

1 Mayer/Kroiß-*Pukall*, § 45 Rn 38.
2 Burhoff-*Volpert*, RVG, Straf- und Bußgeldsachen, Vergütungsanspruch gegen die Staatskasse Rn 20.
3 Burhoff-*Volpert*, RVG, Straf- und Bußgeldsachen, Vergütungsanspruch gegen die Staatskasse Rn 21.
4 Burhoff-*Volpert*, RVG, Straf- und Bußgeldsachen, Vergütungsanspruch gegen die Staatskasse Rn 21; Burhoff-*Volpert*, RVG, Straf- und Bußgeldsachen, § 52 Rn 3.
5 Mayer/Kroiß-*Pukall*, § 55 Rn 1.
6 Burhoff-*Volpert*, RVG, Straf- und Bußgeldsachen, Vergütungsanspruch gegen die Staatskasse Rn 23.

Bei dem Kriterium des **besonderen Umfangs** wird auf den zeitlichen Aufwand abgestellt, den der Pflichtverteidiger auf die Sache verwenden musste.[7] Von der Rechtsprechung wird bei der Prüfung des besonderen Umfangs teilweise **zweistufig** vorgegangen; auch dann, wenn eine Pauschgebühr nicht nur für einen einzelnen Verfahrensabschnitt beantragt wird, sondern für das gesamte Verfahren, wird in einem ersten Schritt untersucht, inwieweit der besondere Umfang der Tätigkeit hinsichtlich einzelner Verfahrensabschnitte zu bejahen ist; eine Gesamtbetrachtung des Verfahrens in einem zweiten Schritt durchgeführt, wenn zu entscheiden ist, ob zwar nicht ein einzelner Verfahrensabschnitt „besonders umfangreich" gewesen ist, aber das Verfahren insgesamt als „besonders umfangreich" einzustufen ist.[8]

Als Kriterium für eine Pauschgebühr wegen **besonderer Schwierigkeit** werden sprachliche Verständigungsschwierigkeiten mit dem Angeklagten, eine schwierige Beweislage, eine schwierige Persönlichkeit, besondere Kenntnisse ausländischen Rechts, rechtlich und tatsächlich schwierige Fragen der Abfallbeseitigung, des Umweltrechts, des Außenwirtschaftsrechts oder des Patentrechts sowie widersprechende Gutachten hinsichtlich der Schuldfähigkeit und der möglichen Wiederholungsgefahr oder wenn der Verteidiger erst kurz vor Beginn der Hauptverhandlung bestellt wird, genannt.[9]

Nach § 51 I 1 RVG wird die Pauschgebühr nur dann festgesetzt, wenn die in den Teilen 4–6 des Vergütungsverzeichnisses bestimmten Gebühren **nicht zumutbar** sind. Mit dieser Formulierung hat der Gesetzgeber jedoch die (ausnahmsweise) Gewährung von Pauschgebühren nicht darüber hinaus noch weiter einschränken wollen, sondern die Formulierung stellt lediglich klar, dass die Oberlandesgerichte auch verpflichtet sind, ggf durch ausreichend hohe Pauschgebühren dafür Sorge zu tragen, dass im Hinblick auf die Rechtsprechung des Bundesverfassungsgerichts zur öffentlichen Inanspruchnahme Privater die Einbußen, die der Rechtsanwalt durch die Wahrnehmung des Pflichtverteidigungsmandats erleidet, nicht zu groß werden.[10]

II. Anspruch gegen den Beschuldigten oder den Betroffenen gem. § 52 RVG

Wenn der Beschuldigte einen Erstattungsanspruch gegen die Staatskasse hat (§ 52 II 1 Alt. 1 RVG) oder die Leistungsfähigkeit des Beschuldigten gerichtlich festgestellt wird (§ 52 II 1 Alt. 2 RVG),[11] kann der Pflichtverteidiger von dem Beschuldigten die Zahlung der **Gebühren eines Wahlverteidigers** verlangen. Nach § 52 I 2 RVG entfällt der Anspruch gegen den Beschuldigten insoweit, als die Staatskasse Gebühren gezahlt hat.

Im Falle der Verurteilung des Beschuldigten kann der Pflichtverteidiger die Wahlverteidigergebühren nur dann und nur insoweit geltend machen, als das Gericht des 1. Rechtszugs feststellt, dass der Beschuldigte ohne Beeinträchtigung des für ihn und seine Familien notwendigen Unterhalts zur Zahlung oder zur Leistung von Raten in der Lage ist.[12] Eingeleitet wird das Verfahren durch einen **Antrag des Rechtsanwalts**,

---

7 Burhoff, RVG, Straf- und Bußgeldsachen, § 51 Rn 13.
8 Burhoff, RVG, Straf- und Bußgeldsachen, § 51 Rn 14 mwN
9 Burhoff, RVG, Straf- und Bußgeldsachen, § 51 Rn 22 mwN
10 Burhoff, RVG, Straf- und Bußgeldsachen, § 51 Rn 24; vgl auch BVerfG, BeckRS 2007, 22878 mit Anm. Mayer, FD-RVG 2007, 241209.
11 Mayer/Kroiß-*Kroiß*, § 52 Rn 6.
12 Burhoff-*Volpert*, RVG, Straf- und Bußgeldsachen, § 52 Rn 30.

§ 16 Vergütung des Pflichtverteidigers

der schriftlich oder zu Protokoll der Geschäftsstelle gestellt werden kann.[13] Strittig ist, ob der Verteidiger verpflichtet ist, in seinem Antrag anzugeben, welchen Betrag er dem Beschuldigten innerhalb des Gebührenrahmens in Rechnung stellen will.[14] Empfohlen wird daher, zur Sicherheit die geforderte Summe zu nennen.[15]

10 Um dem Gericht Anhaltspunkte bzw eine Entscheidungsgrundlage zu geben, können im Antrag Angaben zu den wirtschaftlichen Verhältnissen des Beschuldigten und zum Wohn- bzw Aufenthaltsort gemacht werden, soweit dem Verteidiger hierzu etwas bekannt ist.[16] Das Gericht hat sodann **von Amts wegen** die Verhältnisse des Beschuldigten zu ermitteln.[17] Der Beschuldigte muss wie bei einem Antrag auf Bewilligung von Prozesskostenhilfe eine Erklärung über seine persönlichen und wirtschaftlichen Verhältnisse auf dem amtlichen Vordruck abgeben und dieser Erklärung die entsprechenden Belege beifügen,[18] das Gericht entscheidet durch begründeten Beschluss.[19]

C. Muster

I. Muster: Antrag auf Festsetzung einer Pauschgebühr

11 An das

380

Oberlandesgericht ■■■

In der Strafsache ■■■

Az ■■■

Gericht: ■■■

beantrage ich, mir gemäß § 51 RVG eine Pauschgebühr iHv ■■■ Euro für das erstinstanzliche Verfahren zu bewilligen.

Zur

Begründung

führe ich aus:

■■■

■■■

(Rechtsanwalt)

II. Muster: Antrag auf Feststellung der Leistungsfähigkeit des Beschuldigten nach § 52 II 1 Alt. 2 RVG

12 An das

381

Amtsgericht ■■■

In der Strafsache ■■■

Az. ■■■

---

13 Burhoff-*Volpert*, RVG, Straf- und Bußgeldsachen, § 52 Rn 31.
14 Burhoff-*Volpert*, RVG, Straf- und Bußgeldsachen, § 52 Rn 32.
15 Hartung/Römermann/Schons, § 52 Rn 49; Burhoff-*Volpert*, RVG, Straf- und Bußgeldsachen, § 52 Rn 32.
16 Burhoff-*Volpert*, RVG, Straf- und Bußgeldsachen, § 52 Rn 33.
17 AnwK-RVG/*N.Schneider*, § 52 Rn 57; Burhoff-*Volpert*, RVG, Straf- und Bußgeldsachen, § 52 Rn 36.
18 Burhoff-*Volpert*, RVG, Straf- und Bußgeldsachen, § 52 Rn 37.
19 Burhoff-*Volpert*, RVG, Straf- und Bußgeldsachen, § 52 Rn 39.

wurde ich dem Angeklagten als Pflichtverteidiger beigeordnet. Ich beantrage gemäß § 52 II 1 Alt. 2 RVG festzustellen, dass der Beschuldigte ohne Beeinträchtigung des für ihn und seine Familie notwendigen Unterhalts zur Zahlung oder zur Leistung in Raten der Gebühren des Wahlverteidigers in der Lage ist.

Zur

Begründung

führe ich aus:

Durch Urteil vom ▬▬▬ wurde der Beschuldigte zu ▬▬▬ verurteilt, auch wurden ihm die Kosten des Verfahrens auferlegt. Das vorgenannte Urteil ist rechtskräftig.

Der von dem Beschuldigten nach § 52 I RVG zu fordernde Betrag beträgt ▬▬▬ Euro [im Einzelnen ausführen].

Die wirtschaftlichen Verhältnisse des Beschuldigten erlauben es, diesen Betrag zumindest in Raten zu begleichen. Denn ▬▬▬

▬▬▬

(Rechtsanwalt)

Teil 4 Vergütungsanforderung von der Rechtsschutzversicherung und vom Gegner

§ 17 Vergütungsanforderung von der Rechtsschutzversicherung

A. Allgemeines

I. Grundlagen

Ob die **Deckungszusage** einer Rechtsschutzversicherung zu erwarten ist, spielt bei der Mandatserteilung in der Praxis eine erhebliche Rolle. Ganz besonders bedeutsam für die Beurteilung der Frage, ob in einer Angelegenheit anwaltliche Hilfe in Anspruch genommen werden soll, ist das Vorliegen einer Rechtsschutzversicherung im Arbeitsrecht, da der Ausschluss der Kostenerstattung auch bei Obsiegen im erstinstanzlichen Urteilsverfahren nach § 12a ArbGG zahlreiche Rechtsstreitigkeiten nur bei Vorliegen einer Rechtsschutzversicherung wirtschaftlich sinnvoll erscheinen lässt. Aber auch in vielen anderen Bereichen ist die Eintrittspflicht einer Rechtsschutzversicherung vielfach die entscheidende Voraussetzung dafür, ob und ggf in welchem Umfang anwaltliche Hilfe in Anspruch genommen wird.   1

Den bestehenden Rechtsschutzverträgen liegen vor allem die **ARB** (Allgemeinen Bedingungen für die Rechtsschutzversicherung) 75 und ARB 94 zugrunde.[1] Die ARB 94 ist die letzte auf Verbandsebene einheitlich erarbeitete und von der Aufsichtsbehörde genehmigte Version. Ab 1.7.1994 ist nach EG-Recht die Pflicht der Versicherer entfallen, von der Aufsichtsbehörde zuvor genehmigte Bedingungen zu verwenden. Der unverbindlichen Empfehlung des Verbands der Schadensversicherer e.V. folgend haben seither die Versicherer die ARB 94 im Wesentlichen weiterverwendet.[2] Die ARB 94 wurden ab Oktober 1999 vom Gesamtverband der deutschen Versicherungswirtschaft e.V. als Musterbedingungen (ARB 2000) den Rechtsschutzversicherern empfohlen. Die ARB 2000 stellen nur eine Weiterentwicklung der ARB 94 dar.[3] In nächster Zukunft ist mit neueren ARB 2008 zu rechnen.[4] Da Rechtsschutzversicherungsverträge meist langfristiger Natur sind, liegen einer Vielzahl von Verträgen noch die ARB 75 zugrunde, im Einzelfall ist es daher stets erforderlich zu überprüfen, welche ARB vertraglich vereinbart sind.[5]   2

II. Deckungsvoraussetzungen und Versicherungsfall

Wenn bei Mandatsannahme geprüft werden soll, ob die Deckung durch eine Rechtsschutzversicherung in Betracht kommt, ist zunächst zu überprüfen, ob der Mandant im Rahmen seines Rechtsschutzversicherungsvertrages die in Betracht kommende Leistungsart versichert hat und ob er auch zu dem durch diesen Versicherungsvertrag versicherten Personenkreis gehört. Kann dies bejaht werden, so ist nächste Vorausset-   3

---

1 van Bühren/*Bauer/Schneider*, Handbuch Versicherungsrecht, § 13 Rn 8.
2 Pauly/Osnabrügge/Arcari, Handbuch Kündigungsrecht, § 35 Rn 1.
3 van Bühren/*Bauer/Schneider*, Handbuch Versicherungsrecht, § 13 Rn 8.
4 van Bühren, Rechtsschutz – Aktuelle Entwicklung des Bedingungsmarktes, AnwBl. 2007, 473.
5 van Bühren, aaO, 473.

zung für einen Versicherungsanspruch des Rechtsschutzversicherten das Vorliegen eines **Versicherungsfalls**.[6]

4 Die Rechtsschutzversicherung kennt verschiedene **Arten von Versicherungsfällen** je nach in Betracht kommender Leistungsart.[7] So gilt nach § 14 I 1 ARB 75 bei Schadensersatzansprüchen aufgrund gesetzlicher Haftpflichtbestimmungen als Versicherungsfall der Eintritt des dem Anspruch zugrunde liegenden Schadensereignisses. In den Fällen, in denen dem Versicherungsnehmer die Verletzung einer Vorschrift des Straf-, Ordnungswidrigkeiten-, Disziplinar- oder Standesrechts vorgeworfen wird, gilt der Versicherungsfall nach § 14 II 1 ARB 75 in dem Zeitpunkt als eingetreten, in dem der Versicherungsnehmer begonnen hat oder begonnen haben soll, die Vorschrift zu verletzen. Bei Verfahren wegen Einschränkung, Entzugs oder Wiedererlangung der Fahrerlaubnis gilt nach § 14 II 2 ARB 75 das Gleiche, soweit die Fahrerlaubnis im Zusammenhang mit der Verletzung einer Vorschrift des Straf- oder Ordnungswidrigkeitenrechts eingeschränkt oder entzogen worden ist. In allen übrigen Fällen gilt nach § 14 III 1 ARB 75 der Versicherungsfall in dem Zeitpunkt als eingetreten, in dem der Versicherungsnehmer, der Gegner oder ein Dritter begonnen hat oder begonnen haben soll, gegen Rechtspflichten oder Rechtsvorschriften zu verstoßen. Der Verstoß ist das Handeln gegen eine – gesetzliche oder vertragliche – Rechtspflicht oder das Unterlassen eines rechtlich gebotenen Tuns, dabei ist gleichgültig, ob die Rechtspflicht auf privatem oder öffentlichem Recht beruht.[8] Für das Vorliegen eines Verstoßes genügt eine objektive Zuwiderhandlung gegen Rechtspflichten oder Rechtsvorschriften, wozu auch Formvorschriften gehören. Darauf, ob der Handelnde sich des Verstoßes bewusst oder infolge von Fahrlässigkeit oder auch unverschuldet nicht bewusst ist, kommt es nicht an, ebenso wenig, ob er geschäfts- oder zurechnungsfähig ist.[9] Als Versicherungsfall gilt nicht nur ein wirklicher, sondern auch ein behaupteter Verstoß gegen Rechtspflichten oder Rechtsvorschriften.[10] Ausreichend ist somit, wenn der Prozessgegner des Mandanten zur Stützung seiner Position einen Pflichtverstoß des Mandanten behauptet; ob dieser Vorwurf berechtigt ist, ist nicht entscheidend. Vielmehr kommt es darauf an, ob eine ernsthafte, zumindest einen Tatsachenkern enthaltende Behauptung aufgestellt und damit ein adäquat kausaler Vorgang für den zwischen den Beteiligten ausgebrochenen Konflikt dargetan wird.[11]

5 Liegt der **Zeitpunkt** des Eintritts des Versicherungsfalls in Form eines behaupteten Verstoßes des Mandanten, des Gegners oder des Dritten fest, dann ändert sich dieser Zeitpunkt nicht mehr dadurch, dass dieser behauptete Verstoß nicht oder für einen späteren Zeitpunkt erwiesen oder die Behauptung später widerrufen oder zurückgenommen wird, denn die Behauptung als solche war ausreichend und geeignet, die rechtliche Auseinandersetzung als mit diesem Zeitpunkt beginnend in Gang zu bringen, der Beginn der Gefahrverwirklichung liegt ohne Rücksicht auf die Richtigkeit der Behauptung im ursprünglich behaupteten Zeitpunkt.[12] Dagegen ist in einem konkret

---

[6] van Bühren/*Bauer/Schneider*, Handbuch Versicherungsrecht, § 13 Rn 391.
[7] van Bühren/*Bauer/Schneider*, Handbuch Versicherungsrecht, § 13 Rn 392.
[8] Harbauer/Maier, Rechtsschutzversicherung, § 14 ARB 75 Rn 40.
[9] Harbauer/Maier, Rechtsschutzversicherung, § 14 ARB 75 Rn 41.
[10] Harbauer/Maier, Rechtsschutzversicherung, § 14 ARB 75 Rn 42.
[11] OLG Frankfurt, NVersZ 1999, 292 f. mwN
[12] Harbauer/Maier, Rechtsschutzversicherung, § 14 ARB 75 Rn 43.

behaupteten Vorgang kein Rechtsverstoß zu sehen, wenn es sich dabei um ein bloßes „Kolorit" handelt, ein Vorgang also nur „colorandi causa" vorgetragen wird.[13]

Problematisch ist, ob der Eintritt eines Versicherungsfalls bereits bejaht werden kann, wenn ein Rechtsverstoß iS von § 14 III ARB 75 zwar noch nicht vorliegt, aber er **ernstlich bevorsteht**. Bei der Prüfung der Frage, ob ein drohender Rechtsverstoß einem endgültigen gleichgestellt werden kann, kommt es auf eine Gesamtwürdigung aller Umstände an.[14] Maier zieht wegen der ähnlichen Interessenlage die Kriterien heran, die die Rechtsprechung zur Zulässigkeit einer Klage auf künftige Leistung nach § 259 ZPO entwickelt hat; notwendig sind hiernach objektive Umstände, die die Besorgnis rechtfertigen, dass sich der Schuldner der rechtzeitigen Leistung entziehen werde; dies kann insbesondere der Fall sein, wenn der Schuldner den Anspruch erkennbar oder nachweislich ernstlich, wenn auch gutgläubig, bestreitet.[15] So wurde jeweils der Eintritt eines Versicherungsfalls bejaht für die Inaussichtstellung der Kündigung durch den Arbeitgeber als Sanktion eines Vorwurfs, den der Arbeitgeber nicht akzeptiert, den Antrag des Arbeitgebers auf Zustimmung des Betriebsrats zur fristlosen Kündigung und für das Betreiben des Verfahrens vor der Hauptfürsorgestelle nach dem Schwerbehindertengesetz, um die Zustimmung zu einer Kündigung zu erreichen.[16]

6

Ob ein Versicherungsfall eingetreten ist, ist im Bereich des Arbeitsrechts regelmäßig dann auch problematisch, wenn der Arbeitgeber dem Arbeitnehmer lediglich den Abschluss eines **Aufhebungsvertrages** angeboten hat. In dem bloßen Angebot eines Aufhebungsvertrages liegt kein Verstoß iS von § 14 III ARB 75, selbst dann, wenn ein solches Angebot mit dem Hinweis verbunden ist, dass andernfalls eine Kündigung des Arbeitsverhältnisses etwa aus betrieblichen Gründen in „Erwägung gezogen" werde.[17]

7

III. Stichentscheid, Schiedsgutachterverfahren und Vorstandsbeschwerde

Der Stichentscheid ist in **§ 17 ARB 75** geregelt.[18] Wenn der Versicherer der Auffassung ist, dass die Wahrnehmung der rechtlichen Interessen des Versicherungsnehmers keine hinreichende Aussicht auf Erfolg bietet oder mutwillig erscheint, kann er nach § 17 I 1 ARB 75 seine Leistungspflicht verneinen. Nach § 17 I 2 ARB 75 hat er dem Versicherungsnehmer dies unverzüglich schriftlich mitzuteilen. Die vom Rechtsschutzversicherer einzuhaltende **Bescheidungsfrist** beträgt 2–3 Wochen nach vollständiger Informierung.[19] Versäumt der Rechtsschutzversicherer diese Frist, kann er sich auf die fehlende Erfolgsaussicht oder Mutwilligkeit nicht mehr berufen.[20] Wenn sich der Rechtsschutzversicherer auf fehlende Erfolgsaussicht oder Mutwilligkeit berufen will, muss er dem Versicherungsnehmer in der Deckungsablehnung auf die Möglichkeit des Stichentscheids und das Schiedsgutachterverfahren hinweisen; unterbleibt der

8

---

13 OLG Frankfurt, NVersZ 1999, 292 f.
14 Harbauer/*Maier*, Rechtsschutzversicherung, § 14 ARB 75 Rn 44.
15 Harbauer/*Maier*, Rechtsschutzversicherung, § 14 ARB 75 Rn 44.
16 AG Singen, NVersZ 2000, 148.
17 Pauly/Osnabrügge/Arcari, Handbuch Kündigungsrecht, § 41 Rn 33; vgl auch Harbauer/*Maier*, Rechtsschutzversicherung, § 14 ARB 75 Rn 53.
18 van Bühren/*Bauer/Schneider*, Handbuch Versicherungsrecht, § 13 Rn 492.
19 OLG Frankfurt, NJW-RR 1997, 1386 ff.; van Bühren/*Bauer/Schneider*, Handbuch Versicherungsrecht, § 13 Rn 484.
20 OLG Köln, NVersZ 2000, 590 ff.; van Bühren/*Bauer/Schneider*, Handbuch Versicherungsrecht, § 13 Rn 484.

Hinweis, gilt das Rechtsschutzbegehren des Versicherungsnehmers im konkreten Fall als anerkannt und der Rechtsschutzversicherer kann sich nicht mehr auf die fehlende Erfolgsaussicht oder Mutwilligkeit berufen.[21]

9 Beim Stichentscheid nach § 17 ARB 75 kann der Versicherungsnehmer, der der Auffassung des Versicherers nicht zustimmt, dass die beabsichtigte Rechtsverfolgung keine hinreichende Aussicht auf Erfolg bietet oder mutwillig ist, den für ihn tätigen oder noch zu beauftragenden Rechtsanwalt auf Kosten des Versicherers veranlassen, diesem gegenüber eine **begründete Stellungnahme** darüber abzugeben, dass die Wahrnehmung der rechtlichen Interessen des Versicherungsnehmers hinreichende Aussicht auf Erfolg bietet und nicht mutwillig erscheint, § 17 II 1 ARB 75. Die Entscheidung des Rechtsanwalts ist für beide Teile bindend, es sei denn, dass sie offenbar von der wirklichen Sach- oder Rechtslage erheblich abweicht, § 17 II 2 ARB 75. Eine Abweichung der rechtlichen Beurteilung durch den den Stichentscheid durchführenden Rechtsanwalt ist nur dann erheblich, wenn die Stellungnahme des Rechtsanwalts die Sach- und Rechtslage gröblich verkennt, offenbar ist eine solche Abweichung dann, wenn die Unrichtigkeit sich dem rechtskundigen Anwalt, sei es auch nach gründlicher Prüfung, mit aller Deutlichkeit hätte aufdrängen müssen.[22] Vertritt der Rechtsanwalt von mehreren Rechtsmeinungen diejenige, die nicht der herrschenden entspricht, die aber andererseits auch nicht ganz abwegig erscheint und die höchstrichterlich noch nicht völlig geklärt ist, dann weicht seine Meinung nicht „offenbar" von der wirklichen Sach- und Rechtslage ab.[23]

10 Nach § 17 II 1 ARB 75 hat der Rechtsschutzversicherer dem Versicherungsnehmer die **Kosten des Stichentscheids** zu erstatten. Der Rechtsanwalt kann für einen – günstigen oder ungünstigen – Stichentscheid eine Geschäftsgebühr nach VV Nr. 2300 RVG geltend machen; Gegenstandswert ist dabei die Kostenlast, die mit der Wahrnehmung der rechtlichen Interessen des Versicherungsnehmers in dem bestimmten Versicherungsfall verbunden ist.[24]

11 Das **Schiedsgutachterverfahren** ist in § 18 ARB 94 geregelt. Wenn der Rechtsschutzversicherer den Versicherungsschutz ablehnt, weil der durch die Wahrnehmung der rechtlichen Interessen voraussichtlich entstehende Kostenaufwand unter Berücksichtigung der berechtigten Belange der Versichertengemeinschaft in einem groben Missverhältnis zum angestrebten Erfolg steht oder in den Fällen des § 2a–g die Wahrnehmung der rechtlichen Interessen keine hinreichende Aussicht auf Erfolg hat, ist dies dem Versicherungsnehmer unverzüglich nach § 18 I ARB 94 unter Angabe der Gründe schriftlich mitzuteilen. Wie schon beim Stichentscheid muss diese Ablehnung „unverzüglich" unter Angabe der Gründe schriftlich mitgeteilt werden. Für die Bescheidungsfrist dürften dieselben zeitlichen Rahmendaten gelten, nämlich 2–3 Wochen nach vollständiger Informationserteilung.[25] Mit der Mitteilung über die Rechtsschutzablehnung ist nach § 18 II 1 ARB 94 der Versicherungsnehmer darauf hinzuweisen,

---

21 OLG Köln, NVersZ 2000, 590; OLG Koblenz, NVersZ 1999, 592 f.; OLG Hamm, NVersZ 1999, 291 f.; van Bühren/*Bauer/Schneider*, Handbuch Versicherungsrecht, § 13 Rn 486.
22 OLG Karlsruhe, NJW-RR 1997, 26; Harbauer/*Bauer*, Rechtsschutzversicherung, § 17 ARB 75 Rn 15.
23 Harbauer/*Bauer*, Rechtsschutzversicherung, § 17 ARB 75 Rn 15.
24 Harbauer/*Bauer*, Rechtsschutzversicherung, § 17 ARB 75 Rn 13; van Bühren/*Bauer/Schneider*, Handbuch Versicherungsrecht, § 13 Rn 494.
25 Vgl oben § 14 Rn 8.

dass er, soweit er der Auffassung des Versicherers nicht zustimmt und seinen Anspruch auf Rechtsschutz aufrechterhält, innerhalb eines Monats die Einleitung eines Schiedsgutachterverfahrens vom Versicherer verlangen kann. Mit diesem Hinweis ist nach § 18 II 2 ARB 94 der Versicherungsnehmer aufzufordern, alle nach seiner Auffassung für die Durchführung des Schiedsgutachterverfahrens wesentlichen Mitteilungen und Unterlagen innerhalb der Monatsfrist dem Versicherer zuzusenden. Verlangt der Versicherungsnehmer die Durchführung eines Schiedsgutachterverfahrens, so hat der Versicherer dieses Verfahren nach § 18 III 1 ARB 94 innerhalb eines Monats einzuleiten und den Versicherungsnehmer hierüber zu unterrichten. Sind zur Wahrnehmung der rechtlichen Interessen des Versicherungsnehmers **Fristen** zu wahren und entstehen hierdurch Kosten, ist der Versicherer verpflichtet, diese Kosten in dem zur Fristwahrung notwendigen Umfang bis zum Abschluss des Schiedsgutachterverfahrens unabhängig von dessen Ausgang nach § 18 III 2 ARB 94 zu tragen. Will der Versicherungsnehmer beispielsweise gegen ein Urteil Berufung einlegen und liegt bis zum Ablauf der Berufungsfrist die Entscheidung des Schiedsgutachters noch nicht vor, kann der Versicherungsnehmer Berufung einlegen. Fällt anschließend die Entscheidung des Schiedsgutachters ungünstig aus und nimmt der Versicherungsnehmer daraufhin die Berufung zurück, trägt der Rechtsschutzversicherer trotz der Entscheidung des Schiedsgutachters die für die Berufungseinlegung angefallenen Kosten und Gebühren.[26] Schiedsgutachter ist nach § 18 IV 1 ARB 94 ein mindestens seit 5 Jahren zur Rechtsanwaltschaft zugelassener Rechtsanwalt, der von dem Präsidenten der für den Wohnsitz des Versicherungsnehmers zuständigen Rechtsanwaltskammer benannt wird. Dieser entscheidet im schriftlichen Verfahren, seine Entscheidung ist für den Versicherer verbindlich, § 18 IV 3 ARB 94.

Die **Kostenregelung** des Schiedsgutachterverfahrens ist für den Versicherungsnehmer ungünstiger als das Stichentscheidsverfahren. Nach § 18 V 1 ARB 94 trägt der Versicherer die Kosten des Schiedsgutachterverfahrens, wenn der Schiedsgutachter feststellt, dass die Leistungsverweigerung des Versicherers ganz oder teilweise unberechtigt war. War die Leistungsverweigerung nach dem Schiedsspruch jedoch berechtigt, trägt nach § 18 V 2 ARB 94 der Versicherungsnehmer seine Kosten und die des Schiedsgutachters. Die dem Versicherer durch das Schiedsgutachterverfahren entstehenden Kosten trägt dieser nach § 18 V 3 ARB 94 in jedem Falle selbst.

Neben diesen beiden förmlichen Verfahren bei Ablehnung der Deckungszusage durch den Rechtsschutzversicherer wegen angeblicher Mutwilligkeit oder angeblich fehlenden Erfolgsaussichten hat sich in der Praxis eine sogenannte **Vorstandsbeschwerde** bewährt. Hierbei handelt es sich um eine formlose Beschwerde, gerichtet an den Vorstand der betreffenden Rechtsschutzversicherungsgesellschaft, in der die Art und Weise der Sachbehandlung durch den oder die für den Rechtsschutzfall zuständigen Sachbearbeiter gerügt wird. Solche Beschwerden haben insbesondere dann hohe Aussicht auf Erfolg, wenn aufgezeigt werden kann, dass die möglicherweise im konkreten Fall buchstabengetreue Anwendung von Richtlinien und Anweisungen auf Sachbearbeiterebene insgesamt gesehen alles andere als eine Werbung für die betreffende Rechtsschutzversicherung darstellt. Entscheidend ist in diesen Fällen häufig, dass der

---

26 van Bühren/*Bauer*/*Schneider*, Handbuch Versicherungsrecht, § 13 Rn 506.

Anwalt eine dem Sachverhalt und dem bisherigen Verhalten des zuständigen Sachbearbeiters angemessene Sprache bei seiner Beschwerde findet.[27]

B. Einzelfragen
I. Deckungsanfrage

14 Vielfach wird der Anwalt damit beauftragt, für den Mandanten die Deckungszusage der Rechtsschutzversicherung einzuholen. Richtiger Auffassung nach ist jedoch die Einholung der Deckungszusage auch durch den Anwalt, der die Sache, für die er Deckungszusage einholen soll, ebenfalls beauftragt wird, eine gesonderte Angelegenheit, für die er grundsätzlich eine Geschäftsgebühr nach VV Nr. 2300 berechnen könnte.[28] In der Praxis wird jedoch vielfach die Einholung der Deckungszusage als kostenlose Servicetätigkeit vom Anwalt miterledigt, ohne hierfür gesonderte Gebühren zu berechnen.

15 Wie ausführlich die Deckungsanfrage gestaltet werden muss, hängt davon ab, ob die Eintrittspflicht der Rechtsschutzversicherung ohne Weiteres ersichtlich ist oder ob diese zusätzlicher Erläuterungen bedarf. Auf jeden Fall muss darauf geachtet werden, dass in der Deckungsanfrage die **vollständige Versicherungsscheinnummer** und auch die **persönlichen Verhältnisse** mitgeteilt werden, falls Versicherungsnehmer nicht der Mandant ist und für eine mitzuversichernde Person Tätigkeiten entfaltet werden sollen. Nur so werden zeitraubende Rückfragen erspart.

II. Vorschussanforderung

16 Auch bei rechtsschutzversicherten Mandanten ist es dringend anzuraten, einen **Kostenvorschuss nach § 9 RVG** von der Rechtsschutzversicherung anzufordern. Im Regelfall bestehen nicht zwischen Rechtsanwalt und der Rechtsschutzversicherung, sondern nur zwischen dem Mandanten und seiner Rechtsschutzversicherung vertragliche Beziehungen. Die weitere Entwicklung des Vertragsverhältnisses zwischen Mandant und Rechtsschutzversicherung kann vom Anwalt nicht ohne Weiteres überblickt werden. So kann sich im Nachhinein ein Risikoausschluss oder eine Obliegenheitsverletzung des Versicherungsnehmers oder auch nur ein Zahlungsrückstand bei den Versicherungsprämien des Versicherungsnehmers ergeben. Daher ist es auf jeden Fall sinnvoll, einen Kostenvorschuss anzufordern.

17 Bei **Satzrahmen- und Betragsrahmengebühren** ist es sinnvoll, lediglich einen pauschalen Geldbetrag als Kostenvorschuss anzufordern; wird nämlich stattdessen bei einer Satzrahmengebühr, zB der Geschäftsgebühr, ein konkreter Gebührensatz (zB 1,3 oder 1,5) angefordert oder bei einer Betragsrahmengebühr die Mittelgebühr, so kann in der Folgezeit eine Auseinandersetzung in der Frage entbrennen, ob bereits durch diese Anforderung der Anwalt bindend sein Leistungsbestimmungsrecht ausgeübt hat. Derartigen Diskussionen ist aber von vornherein die Grundlage entzogen, wenn lediglich ein pauschaler Geldbetrag als Vorschussbetrag nach § 9 RVG angefordert wird.

---

27 Formularbibliothek Zivilprozess-*Mayer*, § 1 Rn 70.
28 AnwK-RVG/*Mock/N.Schneider/Wolf*, § 19 Rn 8; vgl auch Mayer/Kroiß-*Ebert*, § 19 Rn 14 f.

III. Form der Abrechnung

Da der Rechtsschutzversicherer nicht Auftraggeber ist, gilt für ihn die Vorschrift des § 10 RVG nicht unmittelbar, er kann also insbesondere keine auf ihn ausgestellte Rechnung verlangen.[29] Da er aber die Freistellung des Versicherungsnehmers nur insoweit schuldet, als dieser gegenüber dem Anwalt zahlungspflichtig ist, und die Zahlungspflicht des Mandanten wiederum erst mit der Erteilung einer ordnungsgemäßen Berechnung nach § 10 RVG einsetzt,[30] ist es empfehlenswert, der Rechtsschutzversicherung eine vollständige, den Anforderungen des § 10 RVG genügende, **auf den Mandanten ausgestellte Kostenrechnung** zu übersenden mit der Aufforderung, die Rechnung auszugleichen.

IV. Erstattungspflicht der Rechtsschutzversicherung bei Teildeckung

Wird ein Rechtsstreit teils über versicherte, teils über unversicherte Ansprüche geführt, hat der Rechtsschutzversicherer die **Quote der Prozesskosten** zu erstatten, die dem **Anteil am Gesamtstreitwert** entspricht, für den er eintrittspflichtig ist.[31] Mit dieser Entscheidung hat der BGH eine für die Praxis äußerst bedeutsame Rechtsfrage geklärt. Zu der Frage der Teildeckung wurden zuvor drei unterschiedliche Meinungen vertreten. Nach der ersten, für den Versicherungsnehmer günstigsten Meinung hatte auch in den Fällen der Teildeckung der Versicherer die Kosten nach dem vollen Wert des gedeckten Anspruchs zu übernehmen.[32] Hat ein Versicherungsnehmer beispielsweise einen versicherten Anspruch mit einem Wert von 10.000 Euro eingeklagt und wird Widerklage mit einem Streitwert von 20.000 Euro, für die keine Deckung besteht, erhoben, hat der Versicherer nach dieser Auffassung gleichwohl die Kosten eines Rechtsstreits, der fiktiv mit einem Streitwert von 10.000 Euro geführt worden ist, zu übernehmen. Dieser Auffassung hat der BGH in seiner Entscheidung eine eindeutige Absage erteilt. Die beiden anderen in diesem Zusammenhang vertretenen Auffassungen arbeiten jeweils mit Quoten. So sind nach der einen Auffassung, der auch der BGH folgt, im Beispielsfall zunächst die konkret anfallenden Kosten bei einem Streitwert von 30.000 Euro festzustellen, zu übernehmen hat dann der Rechtsschutzversicherer den Anteil an den gesamten tatsächlichen Kosten, der dem Anteil des versicherten Gegenstandswertes zu dem Gesamtgegenstandswert entspricht, dies bedeutet im Beispielsfall also 1/3. Wieder anders rechnete das OLG Köln, dieses ermittelte ebenso wie die vorgenannte Auffassung zunächst die Gesamtkosten, die tatsächlich angefallen sind, rechnete jedoch die Quote nicht im Verhältnis des versicherten Streitwerts zum gesamten Gegenstandswert, sondern ermittelte fiktiv, welche Kosten entstanden wären, wenn ein Prozess nur hinsichtlich der versicherten und ein weiterer hinsichtlich der nicht versicherten Streitgegenstände geführt worden wäre. In diesem Verhältnis sind dann die Gesamtkosten aufzuteilen. Doch auch dieser Auffassung des OLG Köln[33] begegneten in der Entscheidung des BGH Bedenken.

---

[29] Hansens/*Schneider*, Teil 7 Rn 123.
[30] Hansens/*Schneider*, Teil 7 Rn 123.
[31] BGH, NJW 2005, 2228 f. mit Bespr. Mayer, RVG-Letter 2005, 92 f.
[32] Vgl Hansens/*Schneider*, Formularbuch Anwaltsvergütung im Zivilrecht, Teil 7 Rn 192 f.
[33] NVersZ 2002, 30.

§ 17 Vergütungsanforderung von der Rechtsschutzversicherung

V. Deckungszusage für die nächste Instanz

20 Da sich die Deckungszusage der Rechtsschutzversicherung jeweils nur auf die Instanz erstreckt, für die sie erteilt wurde,[34] muss vor der Einlegung eines Rechtsmittels, beispielsweise der Berufung, erneut Deckungszusage für das Berufungsverfahren eingeholt werden. Vielfach fordert vor der Erteilung der Deckungszusage die Rechtsschutzversicherung den Anwalt auf, mitzuteilen, wie denn die Berufung begründet werden solle. Da die – sachgerechte – Beantwortung einer solchen Anfrage stets einen erheblichen Aufwand darstellt, weil im Grunde bereits schon die Struktur der Berufungsbegründung erarbeitet werden muss, sollte darauf geachtet werden, dass auch der diesbezügliche Aufwand von der Rechtsschutzversicherung vergütet wird. Da die Rechtsschutzversicherung auch verpflichtet ist, die Gebühr für die Prüfung der Erfolgsaussichten eines Rechtsmittels nach VV Nr. 2100 zu übernehmen, wenn für das beendete Verfahren Kostendeckung bestand,[35] sollte von der Rechtsschutzversicherung vor Beantwortung der Anfrage die Deckungszusage für die **Überprüfung der Erfolgsaussichten** des Rechtsmittels eingeholt werden. Da vielfach innerhalb des zur Verfügung stehenden zeitlichen Rahmens eine Entscheidung der Rechtsschutzversicherung über die Deckung für das Rechtsmittel nicht herbeigeführt werden kann, sollte gleichzeitig die **Deckungszusage** für die **fristwahrende Einlegung** des Rechtsmittels angefordert werden. Kommt es dann in der Folge dazu, dass Deckungszusage für die Durchführung der Berufung erteilt wird, fallen die für das Berufungsverfahren vorgesehenen Gebühren an, sollte jedoch das Rechtsmittel wieder zurückgenommen werden, ist zumindest ebenfalls die volle Verfahrensgebühr nach VV Nr. 3200 für die Berufungsinstanz bei fristwahrender Einlegung der Berufung angefallen.

C. Muster

I. Muster: Einfache Deckungsanfrage

21 An

XY Rechtsschutzversicherung AG

Betreff: Versicherungsschein-Nr. ▪▪▪

Ihr VN: ▪▪▪ (Name, Anschrift)

Sehr geehrte Damen und Herren,

hiermit zeigen wir an, dass uns Herr ▪▪▪ mit der Wahrnehmung seiner rechtlichen Interessen in einer ▪▪▪ Angelegenheit beauftragt hat. Gegenstand unserer Beauftragung ist die in Kopie als Anlage 1 beigefügte, gegenüber Ihrem VN ausgesprochene schriftliche Kündigung des Mietvertrages vom ▪▪▪ Ebenfalls beigefügt ist eine Kopie des Mietvertrages vom ▪▪▪ Wir bitten um Erteilung der Deckungszusage für unsere außergerichtliche Tätigkeit.

Mit freundlichen Grüßen

▪▪▪

(Rechtsanwalt)

---

[34] Hansens/*Schneider*, Formularbuch Anwaltsvergütung im Zivilrecht, Teil 7 Rn 25.
[35] Vgl Mayer/Kroiß-*Winkler*, VV Nr. 2100 Rn 43.

II. Muster: Ausführliche Deckungsanfrage

An
XY Rechtsschutzversicherung AG
Betreff: Versicherungsschein-Nr. ▪▪▪
      Ihr VN: ▪▪▪ (Name, Anschrift)

Sehr geehrte Damen und Herren,

hiermit zeigen wir an, dass uns Frau ▪▪▪ mit der Wahrnehmung ihrer rechtlichen Interessen in einer ▪▪▪ Angelegenheit beauftragt hat. Unsere Mandantin ist die Ehefrau Ihres VN.

Gegenstand unserer Beauftragung ist ▪▪▪ Ein Versicherungsfall ist bereits jetzt eingetreten, denn ▪▪▪ [hier näher ausführen].

Wir bitten um Erteilung der Deckungszusage für unsere außergerichtliche Tätigkeit.

Mit freundlichen Grüßen

▪▪▪

(Rechtsanwalt)

III. Muster: Vorschussanforderung

An
XY Rechtsschutzversicherung AG
Betreff: Versicherungsschein-Nr. ▪▪▪
      Ihr VN: ▪▪▪ (Name, Anschrift)
      Schaden-Nr.: ▪▪▪

Sehr geehrte Damen und Herren,

wir kommen zurück auf Ihre Deckungszusage vom ▪▪▪ und bitten um Überweisung eines anwaltsüblichen Kostenvorschusses nach § 9 RVG gemäß beigefügter Kostennote.

Mit freundlichen Grüßen

▪▪▪

(Rechtsanwalt)

IV. Muster: Abrechnung gegenüber Rechtsschutzversicherung bei nicht vorsteuerabzugsberechtigtem Mandanten

An
XY Rechtsschutzversicherung AG
Betreff: Versicherungsschein-Nr. ▪▪▪
      Ihr VN: ▪▪▪ (Name, Anschrift)
      Schaden-Nr.: ▪▪▪

Sehr geehrte Damen und Herren,

wir nehmen Bezug auf Ihre Deckungszusage vom ▪▪▪. Nach Abschluss der Instanz geben wir auf der beiliegenden Kostennote die bei uns angefallenen Gebühren bekannt. Wir bitten um Ausgleich auf eines der unten stehenden Konten.

§ 17 Vergütungsanforderung von der Rechtsschutzversicherung

Mit freundlichen Grüßen

■■■

(Rechtsanwalt)

Frau/Herrn ■■■

■■■ (Straße)

■■■ (PLZ, Ort)

Vergütungsabrechnung

    Rechnungsnummer ■■■

    Leistungszeitraum ■■■

    Steuer-Nr. oder Umsatzsteuerident-Nr. ■■■

Verfahrensgebühr VV Nr. 3100, 1,3	631,80 Euro
(Wert: 10.000 Euro)	
Terminsgebühr VV Nr. 3104, 1,2	583,20 Euro
(Wert: 10.000 Euro)	
Auslagenpauschale VV Nr. 7002	20,00 Euro
Zwischensumme	1.235,00 Euro
19 % Umsatzsteuer, VV Nr. 7008	234,65 Euro
Summe	1.469,65 Euro

■■■

(Rechtsanwalt)

V. Muster: Abrechnung gegenüber Rechtsschutzversicherung bei vorsteuerabzugsberechtigtem Mandanten

An

XY Rechtsschutzversicherung AG

Betreff: Versicherungsschein-Nr. ■■■

    Ihr VN: ■■■ (Name, Anschrift)

    Schaden-Nr.: ■■■

Sehr geehrte Damen und Herren,

wir nehmen Bezug auf Ihre Deckungszusage vom ■■■. Nach Abschluss der Instanz geben wir auf der beiliegenden Kostennote die hier angefallenen Gebühren bekannt. Aufgrund der Vorsteuerabzugsberechtigung Ihres VN bitten wir, den aus der Anlage ersichtlichen Nettobetrag[36] iHv ■■■ auf eines der unten stehenden Konten zur Anweisung zu bringen.

Mit freundlichen Grüßen

■■■

(Rechtsanwalt)

---

36 Die Umsatzsteuer ist dann noch gesondert vom Mandanten anzufordern, und zwar unter Übersendung des Originals der Rechnung.

Frau/Herrn ▪▪▪
▪▪▪ (Straße)
▪▪▪ (PLZ, Ort)

Kopie

Vergütungsabrechnung
    Rechnungsnummer ▪▪▪
    Leistungszeitraum ▪▪▪
    Steuer-Nr. oder Umsatzsteueridentnr. ▪▪▪

Verfahrensgebühr VV Nr. 3100, 1,3	631,80 Euro
(Wert: 10.000 Euro)	
Terminsgebühr VV Nr. 3104, 1,2	583,20 Euro
(Wert: 10.000 Euro)	
Auslagenpauschale VV Nr. 7002	20,00 Euro
Zwischensumme	1.235,00 Euro
19 % Umsatzsteuer, VV Nr. 7008	234,65 Euro
Summe	1.469,65 Euro

gez. ▪▪▪
(Rechtsanwalt)

VI. Muster: Übergang von der 1. Instanz ins Berufungsverfahren

An

XY Rechtsschutzversicherung AG

Betreff: Versicherungsschein-Nr. ▪▪▪

    Ihr VN: ▪▪▪ (Name, Anschrift)

    Schaden-Nr.: ▪▪▪

Sehr geehrte Damen und Herren,

wir nehmen Bezug auf das Urteil des LG ▪▪▪, welches Ihnen bereits mit unserem Schreiben vom ▪▪▪ übersandt worden ist.

Ihr VN beabsichtigt, das Berufungsverfahren gegen das Urteil des LG ▪▪▪ durchzuführen, vorausgesetzt, dass ausreichende Erfolgsaussichten bestehen. Wir bitten daher um Deckungszusage für die Überprüfung der Erfolgsaussichten der Berufung gegen das Urteil des LG ▪▪▪ vom ▪▪▪

In Anbetracht der Tatsache, dass allerdings die Berufungsfrist bereits schon am ▪▪▪ abläuft, bitten wir um Erteilung der Deckungszusage auch für die fristwahrende Einlegung der Berufung gegen das Urteil des Landgerichts ▪▪▪ vom ▪▪▪

Mit freundlichen Grüßen

▪▪▪

(Rechtsanwalt)

§ 18 Vergütungsanspruch gegen die Gegenseite

A. Allgemeines

1 Von wirtschaftlicher Bedeutung für die Vergütung des Anwalts sind zunächst die prozessualen Kostenerstattungspflichten, die zugunsten des Mandanten zB nach den §§ 91 ff. oder 154 ff. VwGO bestehen. Von wirtschaftlicher Bedeutung sind ebenfalls für den Mandanten die ihm zustehenden materiell-rechtlichen Kostenerstattungsansprüche, beispielsweise aus Verzug gegen den Prozessgegner. Systematisch hiervon zu trennen sind jedoch **eigene Ansprüche des Anwalts** auf Zahlung der eigenen Vergütung durch die Gegenseite. Von großer praktischer Bedeutung ist dies im Bereich der Beratungshilfe, der Prozesskostenhilfe und bei der Vergütung des Pflichtverteidigers.

B. Einzelfragen

I. Beratungshilfe

2 Nach § 9 S. 1 BerHG hat der Gegner die gesetzliche Vergütung für die Tätigkeit des Rechtsanwalts zu zahlen, wenn er verpflichtet ist, dem Rechtsuchenden die Kosten der Wahrnehmung seiner Rechte zu ersetzen. Nach § 9 S. 2 BerHG geht dieser Anspruch auf den Rechtsanwalt über. Voraussetzung ist, dass der Rechtsuchende einen **materiell-rechtlichen Kostenersatzanspruch** gegen den Gegner, beispielsweise aus Verzug, positiver Vertragsverletzung oder unerlaubter Handlung hat.[1]

3 Nach allgemeiner Meinung wird unter gesetzlicher Vergütung in § 9 S. 1 BerHG die höhere **gesetzliche Vergütung** und nicht die Vergütung nach den Vergütungstatbeständen VV Nrn. 2501–2508 verstanden.[2] Dies ist mit der Intention des Gesetzgebers zu erklären, den Gegner durch die Beratungshilfe nicht zu begünstigen.[3]

4 Macht der Anwalt seine gesetzlichen Gebühren gegen den Gegner geltend, trägt er in einem evtl Rechtsstreit gegen den Dritten das Prozessrisiko, er ist auch in diesem Rechtsstreit darlegungs- und beweispflichtig.[4]

5 Nach § 9 S. 3 BerHG darf der übergegangene Anspruch nicht zum Nachteil des Rechtsuchenden geltend gemacht werden; solange der Dritte materiell-rechtliche Ansprüche des Rechtsuchenden noch nicht voll erfüllt hat, darf der Anwalt seine Kostenerstattung nicht gegen den Dritten verfolgen.[5]

II. Beitreibungsrecht nach § 126 ZPO

6 Der im Rahmen der Prozesskostenhilfe beigeordnete Rechtsanwalt ist nach § 126 I ZPO berechtigt, seine Gebühren und Auslagen von dem in die Prozesskosten verur-

---

[1] Gerold/Schmidt-*Madert*, VV Nrn. 2500–2508 Rn 19.
[2] *Hansens*/Braun/Schneider, Praxis des Vergütungsrechts, Teil 7 Rn 61, Mayer/Kroiß-*Pukall*, § 44 Rn 39.
[3] Gerold/Schmidt-*Madert*, VV Nrn. 2500–2508 Rn 19.
[4] Mayer/Kroiß-*Pukall*, § 44 Rn 40.
[5] Mayer/Kroiß-*Pukall*, § 44 Rn 41.

teilten Gegner **im eigenen Namen** beizutreiben. Dies gilt auch für den Gegner, der sich im Vergleich zur Kostenübernahme erklärt hat.[6]

Der Anwalt hat die **Wahl**, ob er die Wahlanwaltsgebühren nach § 126 ZPO in voller Höhe gegen den Gegner festsetzen lässt, wobei er dann jedoch nicht gleichzeitig die PKH-Vergütung abrechnen kann, oder ob er die PKH-Vergütung gegen die Staatskasse geltend macht und nur den darüber hinausgehenden Differenzbetrag zu den Wahlanwaltsgebühren nach § 126 ZPO gegen die erstattungspflichtige Partei festsetzen lässt.[7]

Das eigene Beitreibungsrecht des Anwalts steht selbstständig neben dem verbleibenden Erstattungsanspruch des Auftraggebers.[8] Betreibt der Rechtsanwalt das **Kostenfestsetzungsverfahren im Namen der Partei** nach den §§ 103 ff. ZPO, verzichtet der PKH-Anwalt stillschweigend auf sein eigenes Beitreibungsrecht. Aber auch nach Erlass eines zugunsten des Auftraggebers ergangenen Kostenfestsetzungsbeschlusses nach § 104 ZPO kann der PKH-Anwalt jedoch sein Beitreibungsrecht nachträglich geltend machen.[9] Strittig ist, ob der beigeordnete Anwalt von dem Gegner die **Umsatzsteuer** ohne Rücksicht auf die Vorsteuerabzugsberechtigung seiner Partei verlangen kann.[10]

III. Anspruch auf Wahlverteidigergebühren gem. § 52 RVG

Nach § 52 I iVm II 1 Alt. 1 RVG kann der gerichtlich bestellte Rechtsanwalt vom Beschuldigten die Zahlung der Gebühren eines gewählten Verteidigers insoweit verlangen, als dem Beschuldigten ein Erstattungsanspruch gegen die Staatskasse zusteht. Der Erstattungsanspruch des Beschuldigten gegen die Staatskasse kann auf unterschiedlichen Anspruchsgrundlagen beruhen, beispielsweise auf § 467 StPO bei Freispruch oder Teilfreispruch, § 467a StPO bei Klagerücknahme oder Einstellung des Verfahrens, § 473 II 1 StPO bei erfolglosem Rechtsmittel der Staatsanwaltschaft, § 473 III StPO bei einem erfolgreich beschränkten Rechtsmittel des Angeklagten oder § 473 IV StPO bei einem teilweisen erfolgreichen Rechtsmittel des Angeklagten.[11]

Um sicherzustellen, dass der Beschuldigte insgesamt nicht mehr als die Wahlverteidigergebühren zahlt und um eine **doppelte Inanspruchnahme** der Staatskasse zu verhindern, geht die gerichtliche Praxis teilweise davon aus, dass sich die Formulierung in § 52 I 2 RVG nicht nur auf tatsächlich erhaltene Zahlungen, sondern von vornherein nur auf die Gebührendifferenz zwischen den Pflicht- und den Wahlverteidigergebühren bezieht.[12] Teilweise wird der Staatskasse im Kostenfestsetzungsverfahren nach § 464b StPO auch ein Leistungsverweigerungsrecht i.H. der Pflichtverteidigergebühren eingeräumt.[13]

---

6 Baumbauch/Lauterbach/Albers/Hartmann, § 126 ZPO Rn 1; Hansens/*Schneider*, Teil 10 Rn 143; OLG Düsseldorf, JurBüro 1993, 29.
7 Hansens/Braun/*Schneider*, Praxis des Vergütungsrechts, Teil 3 Rn 52.
8 Baumbauch/Lauterbach/Albers/Hartmann, § 126 ZPO Rn 1; Hansens/*Schneider*, Teil 10 Rn 145.
9 Hansens/Schneider, Teil 10 Rn 145.
10 Dafür Musielak-*Fischer*, § 126 ZPO Rn 3; OLG Düsseldorf, NJW-RR 1992, 1529; aA Hansens/*Schneider*, Teil 10 Rn 147; OLG Hamm, JurBüro 2002, 33.
11 Mayer/Kroiß-*Kroiß*, § 52 Rn 7.
12 Burhoff-*Volpert*, RVG, Straf- und Bußgeldsachen, § 52 Rn 28.
13 Burhoff-*Volpert*, RVG, Straf- und Bußgeldsachen, § 52 Rn 29.

C. Muster

Muster: Kostenfestsetzungsantrag im eigenen Namen nach § 126 I ZPO

An das

Landgericht ■■■

In Sachen

X ./. Y

Az: ■■■

beantrage ich im eigenen Namen gem. § 126 I ZPO Kostenfestsetzung gegen die Klägerin wie folgt:

Verfahrensgebühr VV Nr. 3100, 1,3	985,40 Euro
(Gegenstandswert: 30.000 Euro)	
Terminsgebühr VV Nr. 3104, 1,2	909,60 Euro
(Gegenstandswert: 30.000 Euro)	
Auslagenpauschale VV Nr. 7002	20,00 Euro
Zwischensumme	1.915,00 Euro
19 % Umsatzsteuer, VV Nr. 7008	363,85 Euro
Summe	2.278,85 Euro
Abzügl. von der Staatskasse bereits erhaltener PKH-Vergütung gem. Erstattungsantrag vom ■■■ iHv	-1.076,95 Euro
Restbetrag	1.201,90 Euro

Zinsen iHv 5 Prozentpunkten über dem Basiszinssatz nach § 247 BGB bitte ich zuzuschlagen.

■■■

(Rechtsanwalt)

Stichwortverzeichnis

Die **fetten** Zahlen verweisen auf Paragrafen, magere Zahlen verweisen auf Randnummern.

Abrechnung, Form **17** 18
Amtsgericht, Rechtszug **10** 27 ff.
– Terminsgebühr **10** 29 ff.
– Verfahrensgebühr **10** 27 f.
Anderweitige Anhängigkeit, Anrechnung **5** 85 ff.
– Betroffenes Verfahren **5** 89
– Tätigkeit eines anderen Rechtsanwalts **5** 91 f.
– Verfahrensgebühren, bereits entstandene **5** 90
Angelegenheit **1** 3 ff.
– Einheitlicher Auftrag **1** 6 ff.
– Gleicher Rahmen **1** 11 ff.
– Innerer Zusammenhang **1** 13 ff.
Angemessene Gebühr, Bestimmung **1** 384 ff.
– Ausübung der Bestimmung **1** 384 ff.
– Bedeutung **1** 392 ff.
– Einkommensverhältnisse **1** 395
– Haftungsrisiko **1** 397 f.
– Schwierigkeit **1** 390 f.
– Sonstige Bewertungskriterien **1** 399
– Toleranzgrenze **1** 400
– Umfang **1** 389
– Vermögensverhältnisse **1** 396
Aufhebungsvertrag **17** 7
Auftrag **1** 17 ff.
Auftrag für Rechtsmittelinstanz **6** 12 ff.
Aussöhnungsgebühr **2** 12 ff.

Beistand für Zeugen oder Sachverständige **4** 5 ff.
– Beistand **4** 7 f.
– Kostenerstattung **4** 16
– Terminsgebühr **4** 13
– Verfahrensgebühr **4** 10 ff.
– Vergütungshöhe **4** 14 f.
Beratungshilfe **14** 1 ff.
– Angelegenheit **14** 8 f.
– Berechtigungsschein **14** 5 ff.
– Sachlicher Geltungsbereich **14** 2 ff.
Beratungshilfevergütung **14** 10 ff.
– Auslagen **14** 22
– Beratungsgebühr, VV Nr. 2501 **14** 11 ff.
– Beratungstätigkeit bei Schuldenbereinigung, VV Nr. 2502 **14** 15

– Einigungs- und Erledigungsgebühr, VV Nr. 2508 **14** 21
– Geschäftsgebühr, VV Nr. 2503 **14** 16 ff.
– Muster **14** 23
Berufung **6** 9 ff.
Berufungsverfahren **6** 21 ff.
– Antrag zu Prozess- oder Sachleitung **6** 22
– Verminderte Terminsgebühr **6** 21
Beschränkte Verfahrensgebühr **6** 15 ff.
– Anrechnung **6** 16
– Rechtsmittel, Rücknahme **6** 15
– Verfahrensdifferenzgebühr **6** 16
Beschwerde **6** 9 ff.
Beschwerdeverfahren vor dem Bundespatentgericht **9** 61 ff.
– Terminsgebühr **9** 61
– Verfahrensgebühr **9** 61
Bußgeldsachen **11** 1 ff.
– Allgemeine Gebühren **11** 5 f.
– Gerichtliches Verfahren, 1. Rechtszug **11** 14
– Rechtsbeschwerdeverfahren **11** 19 f.
– Verfahren vor Verwaltungsbehörde **11** 7 ff.
– Zusätzliche Gebühr, VV Nr. 5115 **11** 24 ff.

Deckungsanfrage **17** 14 f.
Deckungsvoraussetzungen **17** 3 ff.
Deckungszusage **17** 1 ff.
Deckungszusage für Folgeinstanz **17** 20

Einfaches Schreiben, VV Nr. 2302 **3** 139 f.
Einigungsgebühr **2** 3 ff.
– Arbeitsrecht **2** 10
– Familienrecht **2** 9
– Festsetzbarkeit **2** 11
– Ratenzahlungsvergleich **2** 8
– Unfallregulierung **2** 7
Einvernehmen, Herstellung **3** 75 ff.
– Abgeltungsbereich **3** 85 ff.
– Anrechnung **3** 94
– Anwendungsbereich **3** 75
– Dienstleistender Europäischer Rechtsanwalt **3** 78
– Gebührenhöhe **3** 88 ff.
– Gebührenschuldner **3** 79 ff.
– Kostenerstattung **3** 96

Stichwortverzeichnis

- Mehrere Auftraggeber 3 91 f.
- Vergütungsfestsetzung 3 95
- Vergütungstatbestand, Voraussetzungen 3 82 ff.
- Weitere Vergütungstatbestände 3 93
Einvernehmen, nicht hergestelltes 3 97 ff.
- Gebührenhöhe 3 98 ff.
Erfolgsaussicht Rechtsmittel, Prüfung 3 2 ff.
- Anrechnung 3 20 ff.
- Auftrag 3 7 ff.
- Belehrung 3 5 f.
- Gegenstandswert 3 22
- Kostenerstattung 3 24
- Rechtsschutzversicherung 3 25
- Vergütungsfestsetzungsverfahren 3 26
Erfolgsaussicht Rechtsmittel, Prüfung mit Gutachten 3 27 ff.
- Anrechnung 3 34
- Anwendungsbereich 3 27
- Festsetzbarkeit 3 37
- Mehrere Auftraggeber 3 37
- Rechtsschutzversicherung 3 36
- Voraussetzungen 3 28 ff.
Erfolgsaussicht Rechtsmittel, sozialrechtliche Angelegenheit 3 39 ff.
- Anrechnung 3 47 f.
- Mehrvertretungszuschlag 3 45 f.
- Voraussetzungen 3 44
Erfolgsaussicht Rechtsmittel, sozialrechtliche Angelegenheiten mit Gutachten 3 49 ff.
- Anrechnung 3 54 ff.
- Mehrvertretungszuschlag 3 52 f.
- Voraussetzungen 3 50
Erfolgshonorar, Entscheidung des BVerfG 1 96 ff.
Erfolgshonorar, Verbot 1 96 ff.
Erinnerung und Beschwerde 9 1 ff.
- Entgegennahme der Information 9 4
- Mehrvertretungszuschlag 9 5
- Terminsgebühr 9 6, 9
- Verfahrensgebühr 9 1, 8
- Vorzeitiges Auftragsende 9 4
Erledigungsgebühr 2 14 ff.
- Erledigung 2 22 ff.
- Mitwirkung 2 26 ff.
- Rechtssache 2 18 ff.
- Ursächlichkeit der Mitwirkung 2 29
Erstattungspflicht bei Teildeckung 17 19

Fälligkeit der Vergütung 1 320 ff.
- Auftragserledigung 1 324
- Beendigung der Angelegenheit 1 325 ff.
- Kostenentscheidung 1 333 ff.

- Rechtszug, Beendigung 1 336 ff.
- Ruhendes Verfahren 1 339 ff.
Finanzgericht, Verfahren 6 9 ff.
- Einigungs- oder Erledigungsgebühr 6 10

Gebührenvereinbarung 1 213 ff.
- Abrechnung 1 238 ff.
- Anwendungsbereich 1 213
- Begriff 1 222 ff.
- Beratung 1 214
- Entwürfe 1 218 f.
- Form 1 225 f.
- Gebühren nach BGB 1 227 ff.
- Gutachten 1 215 f.
- Mediation 1 217
- Mehrere Auftraggeber 1 235 ff.
- Verbraucher 1 231 ff.
Gegenstand 1 15 ff.
Gerichtliches Verfahren, 1. Rechtszug 10 22 ff.
- Allgemeine Gebühren 10 26
Geschäftsgebühr 3 117 ff.
- Entwerfen von Urkunden 3 119
- Kappungsgrenze 3 122
- Mehrvertretungszuschlag 3 134
- Mittelgebühr 3 120
- Regelgeschäftsgebühr 3 132 f.
- Schwellengebühr 3 121 f.
- Schwierigkeit anwaltlicher Tätigkeit 3 126 ff.
- Toleranzgrenze 3 135
- Umfang anwaltlicher Tätigkeit 3 125
Geschäftsgebühr (außergerichtliche), Durchsetzung 4 70 ff.
- Anrechnung auf Verfahrensgebühr, Auswirkung 4 70
- Klagantrag 4 73 f.
- Klage 4 76
- Mehrere Verfahrensgebühren 4 77 ff.
- Prozesskostenhilfe 4 82 ff.
- Prozessuale Kostenfestsetzung 4 71 f.
Geschäftsgebühr, Anrechnung 4 57 ff.
- Anrechnungshöhe 4 65
- Derselbe Rechtsanwalt 4 62
- Mehrere Geschäftsgebühren 4 67
- Mehrvertretungszuschlag 4 59
- Übergangsfälle 4 60
Grundgebühr 10 5 ff.
Güte- und Schlichtungsverfahren, VV Nr. 2303 3 141 ff.

Hebegebühr 2 57 ff.
- Auszahlung 2 60 ff.
- Erstattungsfähigkeit 2 61

Stichwortverzeichnis

– Rückzahlung 2 60 ff.
Hinweispflicht, § 49b V BRAO 1 18 ff.
– Adressat 1 23 ff.
– Anwendungsbereich 1 19 ff.
– Form 1 24 ff.
– Inhalt 1 26 ff.
– Muster 1 28 ff.
– Unterbliebener Hinweis, Folgen 1 27 ff.
– Zeitpunkt 1 21 ff.
Honorarprozess 13 1 ff.
– Aktivlegitimation 13 7
– Allgemeiner Gerichtsstand 13 5
– Erfüllungsort, Gerichtsstand 13 4
– Hauptprozess, Gerichtsstand 13 2 ff.
– Klageschrift, Aufbau 13 8 ff.
– Kostenerstattung 13 17
– Obligatorisches Schlichtungsverfahren 13 6
– Vergütung, vereinbarte 13 12
– Vergütungsabrechnung 13 15
– Vergütungsfestsetzungsverfahren, Erfolglosigkeit 13 13 f.
– Zuständigkeit 13 2 ff.

Kostenerstattungsanspruch, Abtretung 1 36 ff.
– Grundlagen 1 36 ff.
– Muster 1 39 ff.
Kostentragungspflicht, § 12a I ArbGG 1 30 ff.
– Ausnahmen 1 33 ff.
– Belehrungspflicht 1 32
– Geltungsbereich 1 31
– Kostenerstattung, Ausschluss 1 30

Mahnverfahren 8 2 ff.
– Gebühren des Antragsgegnervertreters 8 18 ff.
– Gebühren des Antragstellervertreters 8 3 ff.
Mandatsbestätigung 1 41 ff.
– Grundlagen 1 41 f.
– Muster 1 43, 48 ff., 53
– Prozesskostenhilfeantrag, Mandatsbestätigung 1 44 ff.
– Rechtsschutzversicherung, Einholung Deckungszusage und Mandatsbestätigung 1 49 ff.

Nachprüfungsverfahren, VV Nr. 2301 3 136 ff.
– Mittelgebühr 3 137 f.
Nichtzulassungsbeschwerde 6 2

Nichtzulassungsbeschwerde, Berufung 9 28 ff.
– Terminsgebühr 9 30
– Verfahrensgebühr 9 28 f.
– Vorzeitige Beendigung des Auftrags 9 30
Nichtzulassungsbeschwerde, Berufung vor dem LSG 9 37 ff.
– Einigungsgebühr 9 39
– Terminsgebühr 9 38
– Verfahrensgebühr 9 37
Nichtzulassungsbeschwerde, Revision 9 44 ff.
– Terminsgebühr 9 45
– Verfahrensgebühr 9 44

Oberlandesgericht, 1. Rechtszug 10 38 ff.
– Berufungsverfahren 10 42 f.
– Revision 10 47 ff.
– Terminsgebühr 10 40
– Verfahrensgebühr 10 38

Pauschgebühr, § 42 RVG 10 63 ff.
Pflichtverteidiger 16 1 ff.
– Anspruch gegen Beschuldigten/Betroffenen, § 52 RVG 16 8 ff.
– Pauschgebühr, § 51 RVG 16 4 ff.
Protokollierungstermin 5 142 f.
Prozesskostenhilfe 15 1 ff.
– Muster 15 15 ff.
– Teilweise Bewilligung 15 8 ff.
– Vorschüsse 15 12 ff.
– Zahlungen 15 12 ff.

Rechtsbeschwerde, 574 ZPO, 78 S, 2 ArbGG 9 20 ff.
– Einigungsgebühr 9 22
– Terminsgebühr 9 21
– Verfahrensgebühr 9 20
Rechtsmittel, Verfahren über Zulassung 6 2
Rechtsschutzversicherung 17 1 ff.
– Deckungszusage 17 1 ff.
Revision 7 1 ff.
– Auftragsende, vorzeitiges 7 3
– Terminsgebühr 7 9 ff.
– Terminsgebühr in Verfahren vor dem BSG 7 13
– Verfahrensgebühr 7 2
– Verfahrensgebühr in Verfahren vor dem BSG 7 13

Schiedsgutachterverfahren 17 8 ff., 11 ff.
Schwurgericht, 1. Rechtszug 10 38 ff.
– Berufungsverfahren 10 42 f.
– Revision 10 47 ff.

Stichwortverzeichnis

- Terminsgebühr 10 40
- Verfahrensgebühr 10 38

Selbstständiges Beweisverfahren, Anrechnung 4 95ff.
- Anrechnung bei vorheriger Vertretungstätigkeit 4 102
- Gegenstandswert 4 103
- Terminsgebühr 4 101
- Übergangsrecht 4 104
- Verfahrensgebühr 4 96 ff.

SGG-Verfahren, VV Nr. 3101 Nr. 3 5 80 ff.

Sozialrechtliche Angelegenheiten, Vertretung 3 152 ff.
- Geschäftsgebühr 3 152 f.
- Nachprüfungsverfahren 3 155 f.
- Widerspruchsverfahren 3 155 f.

Stichentscheid 17 8 ff.

Strafkammer, 1. Rechtszug 10 38 ff.
- Berufungsverfahren 10 42 f.
- Revision 10 47 ff.
- Terminsgebühr 10 40
- Verfahrensgebühr 10 38

Strafkammer, Rechtszug 10 34 ff.
- Terminsgebühr 10 36
- Verfahrensgebühr 10 34 f.
- Zusätzliche Gebühr 10 37

Strafsachen 10 1 ff.
- Geplatzter Termin 10 4
- Terminsgebühr 10 4
- Verfahrensgebühr 10 3

Terminsgebühr 4 25 ff., 99 ff.
- Anerkenntnis ohne mündliche Verhandlung 5 132 f.
- Anwesenheit, vertretungsbereite 4 31
- Bedeutung 4 27
- Besprechung 4 45 f.
- E-Mail 4 50
- Entscheidung durch Gerichtsbescheid, verwaltungsgerichtliches/sozialgerichtliches Verfahren 5 125 ff.
- Entscheidung ohne mündliche Verhandlung 5 108 ff.
- Entstehungsvarianten, Vorbem. 3 Abs. 3 VV 5 105 ff.
- Flucht in die Säumnis 4 32
- Kostenfestsetzung 4 54 f.
- Mündliche Verhandlung 4 56
- Sachstandsnachfrage 4 51
- Schnittstelle 4 38
- Sondierungsgespräch 4 48 f.
- Telefonat 4 43 f.
- Terminswahrnehmung 4 33 ff.
- Verfahrensvermeidung oder -erledigung 4 35 f.
- Vertretung in Verhandlungs-, Erörterungs- und Beweisaufnahmetermin 4 28 ff.
- Vorgespräch 4 48 f.

Terminsgebühr, Anrechnung (Anmerkung zu VV Nr. 3104, Abs. 2) 5 134 ff.
- Anrechnungsbetrag 5 136
- Anrechnungsgegenstand 5 137 ff.

Terminsgebühr, Termin außerhalb Hauptverhandlung 10 11 ff.

Terminsgebühr, Verfahren vor den Sozialgerichten mit Betragsrahmengebühren 5 163 ff.
- Höhe 5 167
- Voraussetzungen 5 164 ff.

Terminsgebühr, verminderte 5 146 ff.
- Antrag auf Versäumnisurteil 5 154
- Antrag zu Prozess- oder Sachleitung 5 154
- Entscheidung zu Prozess- oder Sachleitung vAw 5 155 f.
- Nicht ordnungsgemäße Vertretung 5 150 f.
- Nichtverhandeln 5 160 f.
- Säumnis 5 150 ff.
- Schriftliches Versäumnisurteil, § 331 III ZPO 5 154 ff.
- Voraussetzungen 5 147 ff.

Terminsvertreter 9 74 ff.
- Einigungsgebühr 9 83
- Rahmengebühren 9 75 f.
- Terminsgebühr 9 77 f.
- Verfahrensgebühr 9 75
- Vorzeitige Beendigung 9 79 ff.

Unangemessene Vergütung, Herabsetzung 1 119 ff.

Unfallregulierung 2 7

Vereinbarung höherer als gesetzlicher Vergütung 1 60 ff.
- Absetzung von anderen Vereinbarungen 1 69 ff.
- Bezeichnung 1 67 f.
- Schriftlichkeit 1 61 f.
- Trennung von Vollmacht 1 63
- Vereinbarung über Mandatsinhalt 1 72 f.

Vereinbarung nach § 34 RVG, Muster 1 243 ff.
- Basisversion 1 243
- Gebührenvereinbarung Verbraucher, erstes Beratungsgespräch, Höchstbetragbegrenzung 1 248

Stichwortverzeichnis

- Gebührenvereinbarung VV Nr. 2101 a.F. **1** 248
- Gebührenvereinbarung, Anrechnungsausschluss **1** 245
- Gebührenvereinbarung, Beratungspauschale **1** 246
- Gebührenvereinbarung, Fortgeltung VV Nr. 2100 a.F. **1** 247
Vereinbarung niedrigerer als gesetzlicher Vergütung **1** 130 ff.
- Außergerichtliche Angelegenheit **1** 131 ff.
- Beitreibungssache **1** 133
- Beweislast **1** 136
- Form **1** 136
- Untergrenze **1** 134
- Verbot der Unterschreitung gesetzlicher Gebühren **1** 130
Verfahrensgebühr **4** 17 ff.
- Abgeltungsbereich **4** 17
- Betreiben des Geschäfts **4** 21
- Erkenntnisse und Fähigkeiten, Verwertung **4** 22 f.
- Information **4** 20
Verfahrensgebühr, beschränkte VV Nr. 3101 **5** 30 ff.
- Antrag auf Protokollierung einer Einigung **5** 49 ff.
- Vergleich, § 278 VI ZPO **5** 54 ff.
- Verhandlungsführung vor Gericht **5** 63 ff.
- Vorzeitiges Auftragsende **5** 33 ff.
Verfahrensgebühr, VV Nr. 3100 **5** 3 ff.
- Besondere Anrechnungsvorschriften **5** 8 ff.
- Muster **5** 22 ff.
- Schutzschrift **5** 5 ff.
Verfahrensgebühr, VV Nr. 3102 **5** 93 ff.
Vergütungsanspruch gegen die Gegenseite **18** 1 ff.
- Beitreibungsrecht, 126 ZPO **18** 6 ff.
- Beratungshilfe **18** 2 ff.
- Wahlverteidigergebühren, Anspruch, § 52 RVG **18** 9 ff.
- Vergütungsberechnung **1** 349 ff.
- Angelegenheit **1** 359
- Auslagen **1** 356
- Gebühren- und Auslagenbeträge **1** 353
- Gebührentatbestand, Kurzbezeichnung **1** 355
- Gegenstandswert **1** 358
- Steuerrechtliche Anforderungen **1** 360 f.
- Unterschrift **1** 351 f.

- Vergütungsverzeichnis, Angewandte Nr. **1** 357
- Vorschüsse **1** 354
Vergütungsfestsetzungsverfahren **12** 1 ff.
- Ablehnungsbeschluss, unzutreffender **12** 77
- Abrategebühr **12** 12
- Antrag **12** 51 ff.
- Aufrechnung **12** 73
- Auftrag **12** 73
- Aufwendungen, § 670 BGB **12** 29 ff.
- Auslagen **12** 26
- Aussetzung **12** 62 ff.
- Beratungshilfe **12** 13
- Einigungsgebühr **12** 14
- Einwendungen, gebührenrechtliche **12** 69
- Einwendungen, nicht gebührenrechtliche **12** 70 ff.
- Einzeltätigkeit **12** 15 f.
- Entscheidung **12** 61
- Erfüllung **12** 73
- FGG-Verfahren **12** 18
- Gebührenteilungsabkommen **12** 73
- Gegenstand der Festsetzung **12** 8
- Gesetzliche Vergütung **12** 9
- Güteverfahren, obligatorisches **12** 78
- Haftung, anteilige **12** 73
- Hilfskräfte, Vergütung **12** 46
- Kostenfestsetzungsverfahren **12** 1 f.
- Mahnverfahren **12** 19, 49
- Meldeamtsauskunft **12** 33
- Pauschgebühr **12** 27
- PKH-Prüfungsverfahren **12** 21
- Rahmengebühren **12** 35 ff.
- Recherchekosten **12** 33
- Rechtliches Gehör **12** 58 f.
- Rechtsschutzbedürfnis **12** 3
- Schadensersatz **12** 73
- Schutzschrift **12** 22
- Stundung **12** 73
- Terminsvertreter **12** 17
- Verauslagte Gerichtskosten **12** 32
- Vereinbarte Auslagen **12** 34
- Verfahren **12** 48 ff.
- Verfahrensbeteiligte **12** 4
- Vergütung, vereinbarte **12** 45
- Vergütungsvereinbarung **12** 73
- Verhältnis zum Honorarprozess **12** 74
- Verjährung **12** 73
- Verweisung **12** 49
- Vollstreckungsgegenklage **12** 66
- Vorsteuerabzugsberechtigung **12** 55
- Vorverfahren **12** 23

663

Stichwortverzeichnis

- Vorzeitige Beendigung 12 24
- Zinsen 12 47
- Zustimmungserklärung, Auftraggeber 12 39
- Zustimmungserklärung, Form 12 40
- Zustimmungserklärung, Vorlage 12 43 f.
- Zwangsvollstreckung 12 25, 50, 65 ff.

Vergütungsforderung, anwaltliche 13 19 ff.
- Mahnbescheid 13 19 f.
- Mahnverfahren, automatisiertes 13 21

Vergütungsvereinbarung 1 54 ff.
- Erfolgshonorar 1 57 ff.

Vergütungsvereinbarung, AGB-Kontrolle 1 137 ff.
- AGB 1 138 ff.
- Anwaltliche Verrechnungsstelle 1 153 ff.
- Bedeutung 1 137
- Einziehungsermächtigung 1 156 f.
- Inhaltskontrolle 1 144 ff.
- Kreditkarte, EC-Karte 1 158 f.
- Nachweis anwaltlicher Tätigkeit 1 150 f.
- Prüfprogramme 1 141 ff.
- Vereinbarung der Fortgeltung bisherigen Rechts 1 147 f.
- Verzugswirkung ohne Mahnung 1 152
- Vorschussklausel 1 149

Vergütungsvereinbarung, Arten 1 104 ff.
- Modifikation der gesetzlichen Regelung 1 116 ff.
- Pauschalvergütung 1 105 ff.
- Zeitvergütung 1 108 ff.

Vergütungsvereinbarung, Belehrungspflichten 1 126 ff.
- Belehrungspflicht, § 242 BGB 1 127
- Hinweispflicht, § 49b V BRAO 1 126 f.
- Kostentragungspflicht, § 12a I ArbGG 1 126

Vergütungsvereinbarung, erfolgsbezogen 1 198 ff.
- Muster Strenge Auffassung 1 200
- Muster Vergütungsvereinbarung, erfolgsbezogene Gebührenerhöhung 1 206
- Muster Vergütungsvereinbarung, Erhöhung Einigungsgebühr 1 203
- Muster Vergütungsvereinbarung, Erhöhung Erledigungsgebühr 1 204
- Muster Weite Auffassung 1 201
- Strenge Auffassung 1 198 ff.
- Vergütungsvereinbarung, erfolgsbezogene Gebührenerhöhung 1 205 ff.
- Vergütungsvereinbarung, inhaltlich definierter Erfolgsbezug, Staffelung nach Ergebnis 1 210 f.

- Vergütungsvereinbarung, inhaltliche Voraussetzung für Erhöhung Einigungsgebühr 1 207 f.

Vergütungsvereinbarung, Fehlerquellen 1 80 ff.
- Bestimmbarkeit der Vergütung 1 81
- Erfolgshonorar 1 86 ff.
- Quota litis 1 86 ff.
- Verstoß gegen § 138 BGB 1 82 ff.

Vergütungsvereinbarung, nicht formwirksam abgeschlossene 1 64 ff.
- Freiwilligkeit 1 75 ff.
- Vorbehaltslose 1 79

Vergütungsvereinbarung, Übersteigen gesetzlicher Vergütung 1 160 ff.
- Modifikation Gegenstandswert 1 161
- Modifikation gesetzlicher Regelung 1 160
- Muster Modifikation Gebührentatbestände 1 167 ff.
- Muster Modifikation gesetzlicher Regelung Gegenstandswert 1 164 ff.
- Muster Pauschalvergütung 1 170 ff.
- Muster Vergütungsvereinbarung Zeithonorar 1 175 ff.

Verkehrsanwalt 9 62 ff.
- Einigungsgebühr 9 65
- Terminsgebühr 9 64
- Verfahrensgebühr 9 62

Versicherungsfall 17 3 ff.
Verteidigergebühren, allgemeine 10 5 ff.
Vorbereitendes Verfahren 10 18 ff.
- Verfahrensgebühr VV Nr. 4104 10 19 ff.

Vorschuss 1 250 ff.
- Anwendungsbereich 1 258 ff.
- Form 1 287
- Geschäftsgebühr 1 307 ff.
- Haftungsschuldner 1 284 ff.
- Höhe 1 295 ff.
- Prozesskostenhilfeantrag 1 303 ff.
- Rechtsschutzversicherung 1 253
- Sonderregelungen 1 265 ff.
- Umsatzsteuerrecht 1 288
- Vorschussrechnung 1 300 ff.
- Weiterer Vorschuss 1 315 ff.

Vorschussanforderung 17 16 f.
Vorstandsbeschwerde 17 8 ff., 13

Zurückverweisung 4 111 ff.
Zusätzliche Gebühr, Nr. 4141 VV 10 51 ff.
- Allgemeines 10 51 ff.
- Einstellung, nicht nur vorläufige 10 54 ff.
- Gebührenhöhe 10 60 ff.

Stichwortverzeichnis

– Hauptverhandlung, entbehrlich   10 57 ff.
– Revisionsrücknahme   10 58
– Strafbefehlsrücknahme   10 59
Zwangsvollstreckung   8 50 ff.
– Einigung im Verfahren vor Gerichtsvollzieher   8 59
– Gegenstandswert   8 55
– Ratenzahlungsvergleich   8 60
– Terminsgebühr   8 56
– Verfahrensgebühr   8 51
– Vorzeitige Auftragsbeendigung   8 52 ff.